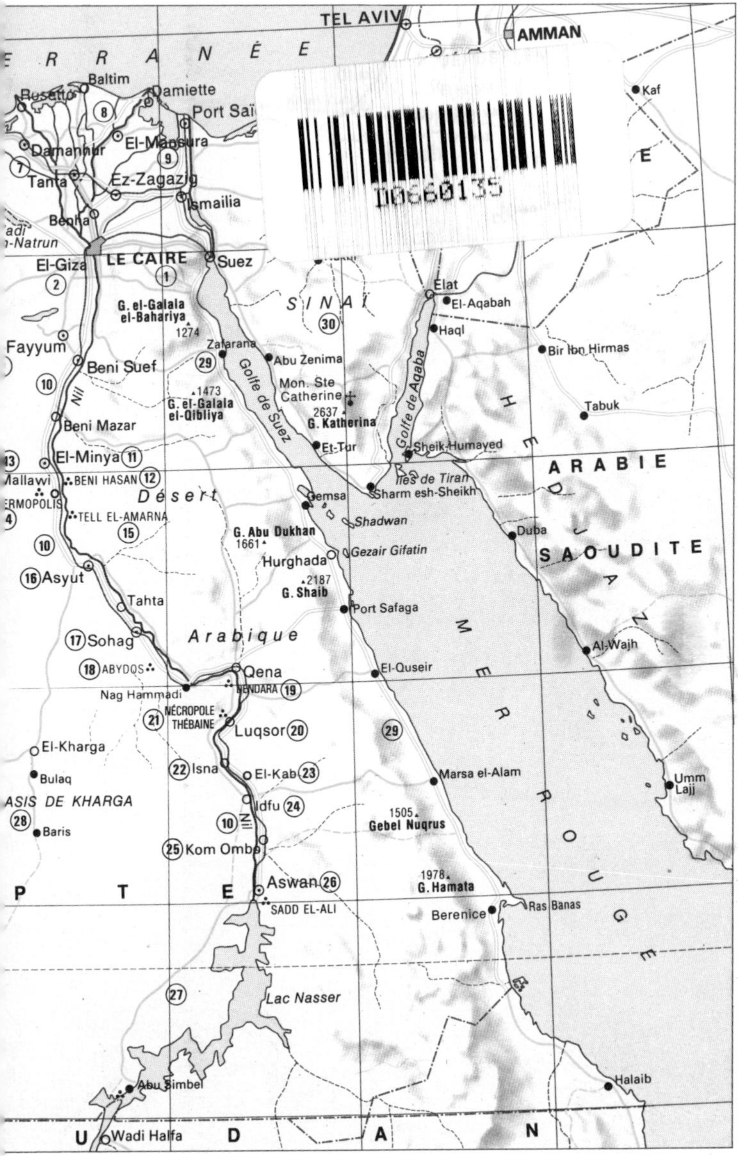
TEL AVIV
AMMAN
E R R A N É E
Baltim
Rosette
Damiette
Port Saïd
8
El-Mansura
9
Damanhur
7
Tanta
Ez-Zagazig
Ismailia
Benha
-Natrun
El-Giza
LE CAIRE
Suez
1
2
G. el-Galala el-Bahariya
1274
Fayyum
Beni Suef
10
Nil
Zafarana
29
Abu Zenima
Golfe de Suez
Mon. Ste Catherine
1473
G. el-Galala el-Qibliya
2637
G. Katherina
Beni Mazar
El-Minya
11
Et-Tur
S I N A Ï
30
Elat
El-Aqabah
Haql
Golfe de Aqaba
Sheik-Humayed
Kaf
Bir Ibn Hirmas
Tabuk
H E D J A Z
A R A B I E
S A O U D I T E
Mallawi
BENI HASAN
12
ERMOPOLIS
TELL EL-AMARNA
15
Désert
Arabique
Iles de Tiran
Sharm esh-Sheikh
Gemsa
Shadwan
G. Abu Dukhan
1661
Gezair Gifatin
Hurghada
2187
G. Shaib
Port Safaga
Duba
16 Asyut
Tahta
17 Sohag
18 ABYDOS
Nag Hammadi
Qena
DENDARA
19
21
NÉCROPOLE THÉBAINE
Luqsor
20
El-Quseir
Al-Wajh
M E R   R O U G E
El-Kharga
Bulaq
OASIS DE KHARGA
28
Baris
22 Isna
El-Kab
23
Idfu
24
Nil
25 Kom Ombo
Aswan
26
SADD EL-ALI
1505
Gebel Nuqrus
Marsa el-Alam
1978
G. Hamata
Berenice
Ras Banas
Umm Lajj
P T E
27
Lac Nasser
Abu Simbel
Wadi Halfa
Halaib
U D A N

Louise et Pierre Bastien
Juin 1997

Egypte

Egypte

GUIDES BLEUS

Direction : Isabelle Jeuge-Maynart.

Direction éditoriale : Isabelle Jendron.

Direction littéraire : François Monmarché.

Rédaction en chef : Jean-Jacques Fauvel.

Rédaction : Jean-Pierre Corteggiani, Bibliothécaire de l'Institut Français d'Archéologie Orientale, et Jean-Jacques Fauvel; Guislaine Alleaume, pensionnaire à l'I. F. A. O., Évelyne Daudé, Sylvie Denoix, pensionnaire à l'I. F. A. O., Alain Fouquet, ancien membre de la Mission archéologique française au Soudan, Maurice Martin, *s. j.*, Dimitri Meeks, Directeur de Recherche au C. N. R. S., Alix Ratouis, Olivier Tiano, Nada Tomiche, Maître-assistant à l'Université de Paris III, Gaston Wiet †, Membre de l'Institut, Professeur honoraire au Collège de France.

Actualisation des renseignements pratiques : Marc Altéa

Lecture-correction : Alix Ratouis, Tatiana Tolstoï-Duchêne.

Cartographie : René Pineau, Alain Mirande, Touring Club Italiano.

Illustrations : René Pineau, Alain Mirande, Archives Hachette, Martine Puchault.

Fabrication : Gérard Piassale, Caroline Garnier.

Couverture : conception, Calligram; maquette, C. Mathieu.

Iconographie couverture : Marie-Christine Petit.

Hachette Tourisme : 43, quai de Grenelle, 75905 Paris Cedex 15.

Sommaire

Cartes, plans et illustrations

Cartes et plans en couleurs

(Cahier spécial au milieu de l'ouvrage)

Cartes

Plans

Illustrations

Comment vous servir de ce guide

Il se divise en cinq grandes sections :

Voyager en Égypte
Vous y trouverez toutes les informations pratiques d'ordre général pour la préparation et l'organisation de votre séjour. Cette section est elle-même divisée en plusieurs chapitres :
— **Votre voyage**, qui, des pp. 17 à 29, vous donne des informations sur les périodes de séjour les plus agréables, les formalités, les moyens d'accès, les différentes formules de voyages organisés, les transports dans le pays;
— **Votre séjour**, des pp. 30 à 39, où vous trouverez tout ce qu'il faut savoir sur les différentes possibilités d'hébergement, les restaurants, la table, la vie quotidienne en Égypte (monnaie, achats, horaires, etc.);
— **Votre lexique**, des pp. 40 à 45, où vous trouverez la traduction des termes et expressions les plus usuels;
— **L'Égypte touristique** vous permet, des pp. 46 à 51, d'établir votre programme de voyage à partir d'un ensemble de propositions de circuits.

Comprendre l'Égypte
Vous disposez, des pp. 55 à 222, d'un ensemble d'introductions aux divers aspects de la civilisation en Égypte : la terre, les hommes et leur histoire, antique et contemporaine, suivie de quelques indications bibliographiques.
Cette section comporte en particulier un **petit dictionnaire** illustré qui, des pp. 151 à 222, explicite quelques notions d'art et d'archéologie, donne la signification de termes d'usage peu courant ou éclaire divers aspects de la mythologie, de l'islam ou de l'Égypte contemporaine.

Visiter l'Égypte
Il s'agit du guide proprement dit, des pp. 226 à 686, où sont décrits villes, sites et monuments.

Carnet d'adresses
Pour choisir un bon hôtel ou un restaurant, obtenir l'adresse ou le numéro de téléphone d'un office de tourisme, connaître les ressources de l'endroit où vous séjournez, vous vous reporterez à cette liste alphabétique des localités citées dans le guide, pp. 689 à 708.

Index
En fin d'ouvrage, il regroupe sous forme de liste alphabétique l'ensemble des lieux, villes, sites et monuments décrits.

Classification des points d'intérêt :

Sites, monuments, musées, œuvres, documents.
Ils sont classés selon deux critères :

— leur place dans une « hiérarchie des valeurs », établie le plus objcctivement possible :

*remarquable	***exceptionnel
**très intéressant	*singulier, insolite, spécial

— le repérage, au moyen de signes conventionnels, des plus importants d'entre eux dans le cours des itinéraires et dans la description des villes.

Signes conventionnels

Vous trouverez ci-après les signes placés en marge des textes descriptifs et utilisés dans l'ensemble des Guides Bleus. Ils ne figurent donc pas tous nécessairement dans cet ouvrage.
D'une grande simplicité de dessin, ils se réfèrent à une symbolique courante et doivent permettre au lecteur de repérer du premier coup d'œil les points d'intérêt de l'itinéraire qu'il suit ou de la localité où il se trouve ; ils peuvent ainsi l'aider à prévoir des haltes ou des incursions jusqu'aux sites ou monuments les plus remarquables.

incursion en dehors d'un itinéraire principal ou secondaire pour la visite d'un lieu ou d'un monument recommandé

panorama, point de vue

localité ou monument dans un site exceptionnel

curiosité

haut lieu historique

château, fortification, rempart

ruine, site archéologique

monument civil intéressant

musée

information ou anecdote concernant l'histoire musicale

œuvre ou document d'un intérêt exceptionnel justifiant la visite d'un musée ou d'un monument

information ou anecdote concernant l'histoire littéraire

église, abbaye

calvaire

mosquée ou monument d'art islamique

monuments et sanctuaires hindous

monuments et sanctuaires bouddhiques

monuments et sanctuaires shintoïques

rassemblement périodique de foule : marché, manifestation religieuse ou folklorique, etc.

artisanat

source thermale

station balnéaire, plage

forêt, parc, espace boisé

excursion à pied

excursion recommandée en montagne

station de sports d'hiver

parc zoologique, réserve naturelle

lieu de pêche

lieu de chasse

palmeraie, oasis

Abréviations

alt.	altitude.
anc.	ancien, ancienne, anciennement.
auj.	aujourd'hui.
av.	avenue.
bd	boulevard.
ch.	chambre.
ch.-l.	chef-lieu.
cm	centimètre.
dim.	dimanche.
dr.	droite.
dyn.	dynastie.
E.	Est.
env.	environ.
g.	gauche.
h	heure.
ha	hectare.
hab.	habitant.
hég.	hégire.
it.	itinéraire.
j.	jour.
kg	kilogramme.
km	kilomètre.
kWh	kilowatt-heure.
L.E. ou £EG	livre égyptienne.
m	mètre.
mer.	mercredi.
mm	millimètre.
mn	minute.
N.	Nord.
O.	Ouest.
p.	page.
pl.	place.
Pl.	plan.
prov.	provenant.
P.T.	piastre.
quot.	quotidien.
reg.	registre.
s.	siècle.
S.	Sud.
sam.	samedi.
sem.	semaine.
sh.	sharia (rue).
t	tonne.
t.a.	toute l'année.
t.l.j.	tous les jours.
vendr	vendredi.
vitr.	vitrine.
vol.	volume.
→	voir.

Voyager en Égypte

Votre voyage

Quand partir ?

En hiver de préférence (de nov. à fév.), compte tenu du climat (méditerranéen sur la côte et dans le Delta, semi-désertique à la hauteur du Caire, désertique dans le S.). Même si certaines journées peuvent être fraîches et les nuits franchement froides, le temps est généralement d'une douceur agréable, idéale pour les visites. Le revers de la médaille existe cependant : l'hiver, c'est aussi la haute saison du tourisme avec des hôtels complets (à Lūqsor et Aswān toutes les chambres sont réservées 9 mois à l'avance) et plus chers, des foules sur tous les sites (en effet, il n'est pas rare d'attendre 45 mn à 1 h pour pénétrer dans le tombeau de Toutankhamon), des avions surbookés.

Le printemps (mars-avril), plus chaud, est à éviter en raison du khamsin, vent de sable et de poussière desséchant et étouffant, qui peut souffler 50 jours d'affilée, paralysant le pays et interdisant tout décollage.

Reste l'été, très chaud, mais sec. Si vous ne pouvez voyager qu'à cette saison, choisissez des hôtels disposant d'air climatisé : quitte à y attraper un rhume, vous vous y reposerez mieux de vos visites matinales. Le rythme de vie, l'été, est en effet tout à fait particulier : si les visites doivent obligatoirement se faire dès 5 h du matin, les après-midi sont consacrés à de longues siestes réparatrices. L'avantage immense du voyage estival reste cependant les sites absolument vides, où l'on peut flâner à sa guise sans se heurter au cinquantième groupe de la journée. En revanche les rivages de la Méditerranée, s'ils sont vides l'hiver en raison de la température qui empêche le plus souvent toute baignade, connaissent une affluence considérable rendant très difficile la recherche d'un hôtel.

Températures moyennes relevées en Égypte

	Janvier		Mars		Mai		Juillet		Septembre		Novembre	
	mini	maxi	mini	maxi	mini	maxi	mini	maxi	mini	maxi	mini	maxi
Le Caire	8,6	19,1	11,3	23,7	17,4	32,4	21,5	35,4	19,9	32,3	13,9	24,1
Lūqsor	5,4	23	10,7	29	20,7	39,3	23,6	40,8	21,5	38,5	12,3	29,6
Aswān	8	23,8	12,6	30,4	21,1	38,5	24,5	41,2	22,2	39,6	14,5	30,2

Que mettre dans vos bagages ?

De déc. à fév. : des vêtements chauds, surtout pour Le Caire et les soirées en Haute-Égypte. A Lūqsor et Aswān, dans la journée, des vêtements de demi-saison suffisent, mais un pull est toujours nécessaire pour les zones d'ombre. Les baignades sont pratiquement impossibles dans les piscines non chauffées. Emportez un pyjama chaud si vous descendez dans un hôtel bon marché : vous n'y trouverez pas de chauffage. Il peut souvent y faire plus froid qu'à l'extérieur.

D'avr. à sep. : des vêtements légers et amples, en coton ou en toile (le nylon est absolument à proscrire), un maillot de bain, un chapeau (indispensable), des lunettes de soleil, un gilet pour les soirées fraîches. Les vêtements sombres, qui absorbent la chaleur solaire, sont à éviter.

Mars, oct. et nov. : vêtements de demi-saison pour le nord et vêtements légers pour le sud, maillot de bain, chapeau, lunettes de soleil. Prévoir un chandail pour les soirées et les zones non ensoleillées.

En toute saison :
— une lampe de poche avec piles et ampoules de rechange (en cas de panne d'électricité dans les mastabas ou pour éclairer certains recoins de temples) ;
— des jumelles, si l'on effectue une croisière sur le Nil ;
— un réveil (les réceptionnistes des hôtels oublient souvent les réveils matinaux de leurs clients, indispensables pour visiter certains sites) ;
— une Thermos, qui vous évitera de vous désaltérer aux buvettes de certains lieux touristiques, qui pratiquent des prix quelque peu excessifs ;
— un produit antimoustiques à appliquer sur le corps, ou à faire brûler dans votre chambre si celle-ci ne comporte pas d'air climatisé ;
— de bonnes chaussures, style espadrilles, pour les visites ;
— un foulard pour vous protéger le nez et la bouche si vous êtes sensible à la poussière, omniprésente en Égypte ;
— une crème défatigante pour les jambes si celles-ci sont sensibles et ont tendance à gonfler ; des gouttes pour le nez si celui-ci est irrité par le sable ; un collyre (toujours le sable et la poussière) ; aspirine, sparadrap, désinfectant ; pastilles contre les maux de gorge (à cause de l'air conditionné) ; un médicament contre les coliques et les diarrhées (indispensable) que vous indiquera votre médecin ; des tablettes de sel pour lutter contre la déshydratation (Haute-Égypte) ;
— une crème solaire et une bombe d'eau minérale pour se rafraîchir sur les sites ;
— des articles de toilette, car ceux-ci sont coûteux et peu faciles à trouver sur place ;
— des serviettes de toilette, selon la catégorie d'hôtel pour laquelle vous avez opté ;
— du papier hygiénique (pour les excursions ou les randonnées et les hôtels très modestes) ;
— des pellicules (64 Asa pour les sites, 200 Asa pour les scènes de rue) et des batteries de rechange pour vos caméras et flashes (chers en Égypte) ; un pare-soleil ; un pinceau soufflant, indispensable pour éliminer sans risque poussière et grains de sable ; un filtre UV si vous photographiez en couleurs (son rôle consistera surtout à protéger la lentille frontale de l'objectif) ; un filtre jaune si vous photographiez en noir (en plus de son rôle protecteur, il accentuera légèrement les contrastes et surtout donnera quelque relief à un ciel trop uniforme) ; un flash pour certaines photos de nuit ; un pied (utile pour les son et lumière).

Conseil. — Une tenue décontractée et pratique ne doit pas être confondue avec une tenue débraillée. Les tenues trop courtes ou trop décolletées (shorts, mini-jupes, bustiers), bien que très répandues parmi les touristes, sont à éviter, car très mal perçues par la population locale. Sur les plages très fréquentées, les bikinis sont autorisés.

Comment s'y rendre ? Formalités de départ et d'arrivée

Passeport. — Il doit être encore valide 6 mois après la date de votre retour. Vous l'obtiendrez au bureau des passeports de la préfecture de police ou, à Paris, dans la mairie de votre arrondissement. Munissez-vous d'une carte nationale d'identité, d'une justification de domicile (quittances de loyer, d'électricité ou de téléphone), de deux photos identiques et d'un timbre fiscal que vous vous procurerez dans un bureau de tabac ou dans un centre d'impôts.

Nota. — Sur place, gardez toujours votre passeport à portée de la main : il vous sera indispensable dans les hôtels, lors des contrôles de police (désert, Sinaï), pour changer de l'argent ou acheter des titres de transport.

Visa. — Valable 3 mois pour un séjour ne pouvant excéder 1 mois, il vous sera délivré en 24 h par un des consulats de la République arabe d'Égypte. Munissez-vous de votre passeport, d'une photo et de 170 F (en 1996) en espèces. Vous pouvez aussi l'obtenir par la poste (paiement par mandat, enveloppe affranchie pour le retour).

Marseille : 166, av. de Hambourg, 13008 (☎ 04-91-25-04-04) ; ouv. de 10 h à 14 h.
Paris : 58, av. Foch, 75016 (☎ 01-45-00-77-10) ; dépôt entre 9 h 30 et 11 h 30, retrait le jour même entre 14 h et 15 h.
Bruxelles : à Uccle, dans les environs, av. Leo-Errera, 44 (☎ [2] 345-50-15) ; ouv. de 10 h à 12 h 30.
Berne : 61, Chancel Elfenauweg (☎ [31] 352-80-12) ; ouv. de 9 h 30 à 12 h 30.
Genève : 47 *ter*, route de Florissant (☎ [22] 347-63-79) ; ouv. de 9 h à 12 h 30 et de 13 h à 15 h.
Montréal : côte des Neiges, 3757 (☎ [514] 861-63-40).

Nota. — Les consulats sont ouverts du lundi au vendredi. Bien qu'il puisse être obtenu à l'aéroport ou au port d'arrivée ainsi qu'à certains postes frontières, nous vous conseillons de vous faire délivrer ce visa avant votre départ : vous éviterez ainsi une attente et des démarches fastidieuses.

Un **visa collectif** peut être obtenu pour les groupes ; consultez pour cela votre agence de voyages.

Prolongation du visa au Caire : building de la Mogamma, mīdān et-Taḥrīr, 1er étage, bureau 12. Aucun supplément ne vous sera demandé, mais vous devrez acquitter des droits pour les formulaires et le timbre officiel, et prouver qu'il vous reste suffisamment d'argent pour faire face aux frais de votre supplément de séjour.

Vaccins. — La réglementation est, en ce domaine, variable suivant les années.

A l'entrée en Égypte, n'est actuellement exigé aucun certificat de vaccination ; toutefois, si vous êtes passé par un pays où ces maladies sont endémiques, on pourra vous demander éventuellement d'être vacciné contre le choléra ou la fièvre jaune, ou les deux.
Stipulations identiques pour l'**entrée en France** lors de votre retour, comme pour les pays que vous êtes susceptible de traverser si l'Égypte n'est pour vous qu'une étape dans un plus long voyage ou lors d'une croisière.
Compte tenu du délai à respecter entre deux vaccinations éventuelles, nous vous conseillons de vous renseigner au moins un mois à l'avance aux offices de tourisme des pays concernés par votre voyage ou à Air France (renseignements téléphonés : ☎ 01-43-17-22-00, et sur Minitel 36-15 code VACAF).

Vous pouvez **vous faire vacciner,** à Paris, au centre officiel de vaccination d'Air France (2, rue Robert-Esnau, 75007, ☎ 01-41-56-66-00 ; ouv. t.l.j. de 9 h à 16 h 30, sam. de 9 h à 12 h et de 14 h à 16 h 30 ; se présenter sans rendez-vous), ou au centre de vaccination de l'Institut Pasteur (209, rue de Vaugirard, 75015, ☎ 01-40-61-38-00 ; ouv. t.l.j. de 9 h à 17 h, sam. de 9 h à 12 h ; se présenter sans rendez-vous) ou à l'hôpital Bichat (46, rue Henri-Huchard, 75018, ☎ 01-40-25-88-85).

Nota. — Vérifiez que votre vaccination antitétanique est à jour.

Assurance. — Contractez une assurance maladie-rapatriement du type de celles offertes par Europ-Assistance ou certaines banques si vous voyagez seul. Si vous partez en voyage organisé, l'agence prendra pour vous une assurance-assistance.

Mondial Assistance : 2, rue Fragonard, 75807 Paris Cedex 17 (☎ 01-40-25-52-04).
Europ-Assistance : 3, rue Scribe, 75009 Paris (☎ 01-41-85-85-85).
Elvia Assurances : 66, av. des Champs-Élysées, 75008 Paris (☎ 01-42-99-02-99).

Nota. — En cas de vol ou de perte sur place d'objets personnels, effectuez sur-le-champ une déclaration à la police locale et réclamez une attestation de vol, indispensable au remboursement des objets subtilisés.
Sachez que les contrats d'assurance ne couvrent pas les vols ou pertes d'appareils photo. Selon l'importance de votre matériel, prenez une assurance complémentaire.

Douane. — Les prescriptions concernant les effets personnels, appareils photographiques, etc., ne diffèrent pas des règles de bon sens en vigueur dans la plupart des pays. Toutefois, pour ce qui est des appareils photographiques, jumelles, minicassettes, etc. (surtout si vous vous déplacez avec un matériel impressionnant), il y a lieu d'en porter à votre arrivée la liste sur le formulaire égyptien dit « 54 KML », fait en double exemplaire ; si vous avez du matériel vidéo, munissez-vous des factures. Les bijoux seront, quant à eux, déclarés sur le « formulaire D » servant aussi pour les devises.

Renseignements douaniers (pour le retour) : 23 *bis*, rue de l'Université, 75007 Paris, ☎ 01-40-24-65-10.

Devises. — Vous en importerez la quantité que vous voudrez, à la seule condition de tout porter sur une déclaration dite « formulaire D » dont un exemplaire est à conserver jusqu'à votre départ.
Le change s'effectue uniquement auprès de banques ou de bureaux de change installés dans les aéroports, ports, hôtels et agences de voyages. Gardez précieusement vos bordereaux : avec le formulaire D, ils vous permettront de ressortir les devises non utilisées ainsi que de rééchanger en monnaie étrangère les livres égyptiennes non dépensées (les pièces ne sont jamais reprises) ; on ne vous reprendra toutefois votre excédent de livres égyptiennes que si vous prouvez avoir dépensé au moins l'équivalent de 60 US $ par personne et par jour. Ne changez donc que le strict nécessaire, au fur et à mesure de vos besoins.

Nota. — L'importation et l'exportation de livres égyptiennes sont limitées à 100 £EG par personne.

— Le change des devises avec des particuliers n'est pas autorisé ; outre qu'il est sévèrement réprimé, le change clandestin est, compte tenu du faible cours de la livre égyptienne, dénué d'intérêt. Vous ne devez en aucun cas, lors de votre retour, avoir sur vous plus d'argent qu'à votre arrivée.

— Pour ce qui concerne la **réglementation française**, vous disposez désormais d'une liberté totale et pouvez emmener ce que vous voulez (il faut tout de même une déclaration pour sortir plus de... 50 000 F). Même si cette libéralisation paraît irréversible, les aléas de la vie politique et économique peuvent éventuellement la remettre en question : votre banque vous fournira toute précision utile.

— En cas d'achats avec une carte de crédit, tenez compte de la majoration de prix qui vous sera comptée, majoration qui couvrirait les frais imposés aux marchands par l'organisme de crédit. Cette pratique paraît légale en Égypte.

Enregistrement. — Dans les 7 jours qui suivent votre arrivée en Égypte, vous devez signaler votre présence en vous faisant enregistrer. Votre hôtel se chargera de cette formalité obligatoire. Si vous habitez chez des amis ou en auberge de jeunesse, vous devrez vous présenter vous-même au service compétent : building de la Mogamma, mīdān et-Taḥrīr, 1er étage, guichet 49 (→ plan du centre du Caire, B3) ; également à Lūqsor, Alexandrie, Sharm el-Sheikh, Nuweiba.

Votre enregistrement n'est valable que pour un seul mois, indépendamment de la durée de votre visa touristique. Ce délai écoulé, vous devrez procéder une nouvelle fois à ces formalités. Si vous n'êtes plus au Caire, adressez-vous au Commissariat de police.

Attention : ne pas accomplir l'enregistrement vous coûterait une forte amende au moment de votre départ d'Égypte.

AIR FRANCE

Le voyage par avion

Air France dessert Le Caire quotidiennement au départ de l'aéroport de Paris-Charles-de-Gaulle, aérogare 2. Le temps moyen de vol est de 4 h 30. La Belgique et la Suisse sont aussi très bien reliées à l'Égypte.
Egyptair, la compagnie nationale égyptienne, dessert Le Caire 6 fois par semaine et Lūqsor au départ d'Orly-Sud ou de Roissy-Charles-de-Gaulle. En haute saison, vols spéciaux Paris-Hūrgada (les samedis et dimanches) ou Paris-Sharm el-Sheikh.

Renseignements et réservations

France :
Par Minitel : 36-15 ou 36-16, code AF.
Aix-en-Provence : 2, rue Aude, 13100 (☎ 04-95-21-63-06).
Ajaccio : 3, bd du Roi-Jérôme, 20000 (☎ 04-95-29-98-20).
Albi : 24, rue Porte-Neuve, 81000 (☎ 05-63-38-30-30).
Amiens : 2 *bis*, bd de Belfort, 80000 (☎ 03-22-92-37-39).
Angers : les Halles de la République, pl. Chanlouineau, 49000 (☎ 02-41-87-60-79).
Angoulême : 19, rue Montmoreau, 16000 (☎ 05-45-95-40-40).
Annecy : résidence du Palais, 17, rue de la Paix, 74000 (☎ 04-50-51-67-79).
Avignon : 7, rue Joseph-Vernet, 84000 (☎ 04-91-54-92-92).
Bastia : 6, av. Émile-Sari, 20200 (☎ 04-95-32-10-29).
Besançon : square Saint-Amour, 15, rue Proudhon, 25000 (☎ 03-81-81-30-31).
Biarritz : aéroport de Parme, 64200 Biarritz (☎ 05-59-23-93-82).
Bordeaux : 29, rue Esprit-des-Lois, 33000 Bordeaux (☎ 05-56-00-03-03) et aéroport de Mérignac, 33705 (☎ 05-56-34-32-32).
Brest : 12, rue Boussingault, 29200 (☎ 02-98-44-15-55).
Caen : 143, rue Saint-Jean, 14300 (☎ 02-31-85-41-26).
Cannes : 2, pl. du Général-de-Gaulle, 06400 (☎ 04-93-39-39-14).
Clermont-Ferrand : aéroport d'Aulnat, BP 16, 63510 Aulnat (☎ 04-73-62-71-71).
Dijon : pavillon du Tourisme, place Darcy, 21000 (☎ 03-80-42-89-90).
Grenoble : 4, pl. Victor-Hugo, 38000 (☎ 04-76-87-63-41).
Lille : 8-10, rue Jean-Roisin, 59040 Lille Cedex (☎ 03-20-57-80-00).
Lyon : 10, quai Jules-Courmont, 69002 (☎ 04-78-92-48-00), 17, rue Victor-Hugo, 69002 (☎ 04-78-92-48-00) et 47, av. Henri-Barbusse, 69100 Villeurbanne (☎ 04-78-92-48-00).

Marseille : 14, la Canebière, 13001 (✆ 04-91-54-92-92) et 331, av. du Prado, 13008 (✆ 04-91-54-92-92).
Metz : 29, rue de la Chèvre, 57000 (✆ 03-87-74-33-10).
Monaco : Air France Héli Air, héliport de Monaco, 98000 (✆ 04-93-30-82-22).
Montpellier : 6, rue Boussairolles, 34000 (✆ 04-67-92-48-28) et aéroport de Fréjorgues, 34130 Maugio (✆ 04-67-64-13-36).
Mulhouse : 7, av. Foch, 68100 (✆ 03-89-46-10-18).
Nancy : 11, pl. Stanislas, 54000 (✆ 03-83-35-05-03).
Nantes : pl. Neptune, 44000 (✆ 02-40-47-12-33).
Nice : 10, av. Félix-Faure, 06000 (✆ 04-93-80-66-11).
Nîmes : aéroport de Nîmes-Garons, 30800 Saint-Gilles (✆ 04-66-70-02-52).
Orléans : 4, rue de la Cerche, 45000 (✆ 02-38-54-82-10).

Paris et banlieue : service central de renseignements et réservations par téléphone (de 8 h à 20 h ; dim. et fêtes de 8 h à 19 h) : ✆ 01-44-08-24-24 ou 22-22.
Paris et banlieue, agences :
Luxembourg : 4, pl. Edmond-Rostand, 75006 ;
Invalides : 2, rue Robert-Esnault-Pelterie, 75007 ;
Champs-Élysées : 119, av. des Champs-Élysées, 75008 ;
Scribe : 2, rue Scribe, 75009 ;
Poissonnière : 30, rue du Faubourg-Poissonnière, 75010 ;
Blanqui : 74-84, bd Auguste-Blanqui, 75013 ;
Hilton : 18, av. de Suffren, 75015 ;
Maine-Montparnasse : 23, bd de Vaugirard, 75015 ;
Radio-France : 116, av. du Président-Kennedy, 75016 ;
Maillot : 2, pl. de la Porte-Maillot, 75017 ;
Villiers : 97, av. de Villiers, 75017 ;
Aéroport Charles-de-Gaulle : BP 10201, 95703 Roissy-Charles-de-Gaulle Cedex.
Pau : 6, rue Adoue, 64000 (✆ 05-59-27-27-28).
Perpignan : 66, av. du Général-de-Gaulle, 66000 (✆ 04-68-35-58-58).
Poitiers : 11 *ter*, rue des Grandes-Écoles, 86000 (✆ 05-49-88-89-63).
Reims : 11, rue Henri-Jadart, 51100 (✆ 03-26-47-17-84).
Rennes : 23, rue du Puits-Mauger, 35000 (✆ 02-99-35-09-09).
La Rochelle : 23, rue Fleuriau, 17000 (✆ 05-46-41-65-33).
Rouen : 15, quai du Havre, 76000 (✆ 02-35-98-24-50).
Saint-Étienne : 29, av. de la Libération, 42000 (✆ 04-77-33-03-03).
Strasbourg : 15, rue des Francs-Bourgeois, 67000 (✆ 03-88-32-99-74).
Toulon : 9, pl. d'Armes, 83100 (✆ 04-91-54-92-92).
Toulouse : 2, bd de Strasbourg, 31000 (✆ 05-61-62-84-04).
Tours : 8-10 pl. de la Victoire, 37000 (✆ 02-47-37-54-54).

Egyptair : 1 *bis*, rue Auber, 75009 Paris (✆ 01-44-94-85-00).

Belgique :
Egyptair : bd Émile-Jacquemain, 4, Bruxelles 1000 (✆ [02] 219-16-14). Vols Bruxelles-Le Caire les vendredis et dimanches.

Suisse :
Swissair : Bahnhofstrasse 27, Zurich 8001 (✆ [1] 258-34-34). 3 liaisons hebdomadaires Zurich-Le Caire.
Egyptair : 2, rue de Berne, Genève (✆ [1] 731-39-37). Vols Zurich-Le Caire les vendredis et dimanches.

N'oubliez pas :
— que vous pouvez bénéficier de divers tarifs réduits selon la durée de votre voyage (de 10 à 14 jours ou de 10 à 35 jours), et selon votre âge (tarif jeune pour les moins de 26 ans et tarif étudiant pour les étudiants de moins de 30 ans) ;
— que certaines agences de voyages (voir les adresses citées) proposent des vols à bas prix, moyennant certaines conditions ;

— qu'il peut être financièrement plus intéressant pour vous — et suivant ce que vous avez l'intention de voir — de vous inscrire à un voyage organisé ;
— que vous pouvez garder un bagage à main avec vous dans l'avion et mettre 20 kg de bagages en soute ;
— que lors de votre retour, vous devez arriver à l'aéroport 2 h avant le départ, les formalités d'enregistrement étant particulièrement longues ;
— qu'il vous sera demandé, lorsque vous procéderez à l'enregistrement de vos bagages avant de quitter le sol égyptien, une taxe d'aéroport de 5 livres. Pensez à garder cette somme dans votre portefeuille.

Les vols charters :
Any Way : 46, rue des Lombards, 75001 Paris (☎ 01-40-28-00-74). Vols sur Le Caire.
Look Voyages : 23, rue de la Paix, 75002 Paris (☎ 01-53-43-13-13). Nombreuses agences en province (11 à Paris). Minitel 36-15 code SOS CHARTER. Vols avec Air Provence : Paris-Le Caire, Paris-Lūqsor et Paris-Hūrgada.
Nouvelles Frontières : 87, bd de Grenelle, 75015 Paris (☎ 01-36-33-33-33). Paris-Lūqsor et Paris-Hūrgada.

Le voyage par bateau

Si vous avez le temps et l'argent (voyage plus cher qu'en avion), ce peut être le plus agréable, encore que le débarquement, en particulier si l'on passe avec une voiture, s'accompagne de formalités souvent fastidieuses ; suivant la ligne et l'époque, il peut vous permettre d'agrémenter votre voyage de courtes escales, voire de véritables étapes — en changeant de bateau — dans les ports fréquentés par les lignes régulières. Il n'y a plus de car-ferries vers Alexandrie (bateaux de croisière seulement). Liaison Le Pirée-Haïfa assurée par Poseidon Lines. Départ le lundi, arrivée le jeudi. Renseignements : **Viamare,** 41, rue d'Amsterdam, 75008 Paris (☎ 01-42-80-94-87).

Les **automobiles** sont en principe admises en Égypte sur présentation de la carte grise et d'un carnet de passage en douane (triptyque) délivré par un automobile-club, lequel vous demandera une caution de 2,5 fois la valeur du véhicule ; la compagnie Adriatica propose une lettre de garantie qui équivaut à ce triptyque ; assurez-vous bien qu'elle suffira à vous éviter d'avoir à déposer une caution (de l'ordre du prix de la voiture) et sachez que, quoi qu'il en soit, vous aurez à payer diverses taxes. Compte tenu, en outre, des risques que présente la circulation et surtout des complications qui peuvent naître à l'occasion d'ennuis mineurs, nous ne saurions trop vous encourager à utiliser plutôt une voiture louée sur place.

Nota. — Pour circuler en Égypte, il vous faudra en outre être porteur d'un permis de conduire international : ce document s'obtient sans délai à la préfecture. La carte verte n'est pas admise et il vous faudra contracter, dès votre arrivée, une assurance tiers-collision ; vous pouvez également avoir intérêt, avant votre départ, à contracter en France une assurance spéciale couvrant les risques courus par votre voiture lors de son chargement sur le bateau et de son déchargement, ces risques n'étant généralement pas couverts par les assurances ordinaires.

Automobile-club de l'Ile-de-France, 14, av. de la Grande-Armée, 75017 Paris (☎ 01-43-80-68-58).
Automobile-club d'Égypte, 10, rue Kasr el-Nil, Le Caire (☎ [02] 574-34-18).

Renseignements et réservations
Paris : Adriatica/C.I.T., 3, bd des Capucines, 75002 (☎ 01-42-66-00-90).
Bruxelles : Adriatica/C.I.T., bd de l'Impératrice, 70-72 (☎ 513-85-99).
Luxembourg : Adriatica/C.I.T., 3, pl. de la Gare (☎ 48-51-02).

Venise : Adriatica, Zattere 1411 (☎ [41] 78-18-16-11).

Le Caire : agence Menatours, 14 sh. Talaat Harb (☎ [02] 348-22-31).

Nota. — Des réductions sur le prix du passage peuvent être consenties sous certaines conditions aux groupes, membres d'une même famille, étudiants, membres de l'automobile-club, en cas de voyage aller-retour des véhicules.

Le voyage organisé

Étant donné les difficultés rencontrées par le voyageur individuel en Égypte, il est souvent plus sage de confier la préparation de son séjour à l'une ou l'autre des organisations de voyages dûment patentées qui en ont l'habitude et en connaissent les embûches. Fortes de leurs expériences, elles ont mis au point des programmes suffisamment variés pour satisfaire les besoins d'une clientèle diversifiée.

Les principaux organisateurs proposent des voyages touristiques dont la durée varie de sept à quinze jours. Plus rares sont les voyages de trois semaines et beaucoup plus en vogue la fameuse croisière sur le Nil.

A chaque circuit correspond bien évidemment un rythme, un mode de transport et un confort qui lui sont propres. De tous, la croisière sur le Nil (→ p. 51) reste la façon la plus reposante de visiter l'Égypte, puisqu'elle permet d'allier visites et détente pendant la navigation.

Les circuits terrestres (train ou car utilisés pour les déplacements), plus fatigants, mais aussi beaucoup moins chers, permettent d'approcher davantage la vie de l'Égypte actuelle.

Les programmes proposant tous les transports intérieurs en avion présentent le grand avantage d'être très bien étudiés, offrant un maximum en un minimum de temps : rien ne garantit cependant que votre avion n'aura pas le retard quasi légendaire que l'on prête, à juste titre, aux vols intérieurs.

Certains organisateurs proposent des séjours libres d'une semaine au Caire : formule intéressante — surtout pour qui connaît déjà l'Égypte — par son prix, inférieur, hôtel compris, au prix du seul passage aérien au tarif « excursion » (auquel vous n'auriez d'ailleurs pas droit ; minimum 10 jours) ; des séjours libres de 7 à 30 jours étendus à toute l'Égypte dont les seules contraintes sont celles des dates et des hôtels imposés par l'organisateur du voyage ; des possibilités d'extension dans un hôtel de bord de mer à Alexandrie ; la mise à disposition d'une voiture ; un arrêt sans supplément de prix, à l'aller ou au retour, à Athènes, Rome ou en Israël, ou même des week-ends au Caire.

Enfin, des séjours de longue durée (20-25 jours) sont notamment organisés par plusieurs agences spécialisées — ou des associations — dans les voyages de jeunes ; le bas prix et le champ laissé à l'initiative individuelle compensent l'inconfort des établissements hôteliers choisis.

Principaux organisateurs

Renseignements et réservations au siège de certaines de ces organisations et dans la plupart des agences de voyages, chacune portant en général en vitrine les macarons ou sigles des organisateurs dont elles diffusent les voyages.

Parmi **les agences,** vous pouvez vous adresser à :

Club Méditerranée : 25, rue Vivienne, 75002 Paris (☎ 01-42-96-10-00). Séjours à la carte dans les deux villas-hôtels du Club, dont l'une est à Lūqsor. Croisières sur les bateaux du Club. Circuits organisés pour 8 jours : *Isis, Osiris, Papyrus, Horus* et *Magie du Sinaï*.

Fram Voyages : 128, rue de Rivoli, 75001 Paris (☎ 01-40-26-30-31). Séjours plongée à Hūrgada (hôtel Hilton), croisière *Framissima* en Haute-Égypte.

Jet Tours : 38, av. de l'Opéra, 75002 Paris (☎ 01-47-42-06-92). Croisières, combinés circuit avion et croisière, séjours plongée à Hūrgada.

Jeunes sans Frontières : 5, rue de la Banque, 75002 Paris (☎ 01-42-61-53-21) ; 20, av. Félix-Viallet, 38000 Grenoble (☎ 04-76-46-36-39) ; 5, pl. Ampère, 69002 Lyon (☎ 04-78-42-65-37).

Kuoni : 33, bd Malesherbes, 75008 Paris (☎ 01-53-43-50-00). Minitel 36-15 code KUONI. Croisières sur le Nil, le lac Nasser, en mer Rouge, du delta du Nil au canal de Suez. Circuits avec des guides conférenciers égyptologues.

Look Voyages : 23, rue de la Paix, 75002 Paris (☎ 01-53-43-13-13). Minitel 36-15 code SOS CHARTER. Nombreuses agences en province, 11 à Paris. Brochure spéciale Égypte avec : croisières sur le Nil, safari en 4x4 dans le Sinaï, séjours à la carte au Caire, à Lūqsor et Aswān, séjours plongée à Hūrgada...

Nouvelles Frontières : 87, bd de Grenelle, 75015 Paris (☎ 01-36-33-33-33). Circuits organisés, séjours à la carte, croisières et plongée, randonnées chamelières dans le Sinaï, expéditions en véhicule tous-terrains.

Auprès des agences **spécialistes de l'Égypte :**

Autrement l'Égypte : 36, rue des Plantes, 75014 Paris (☎ 01-45-39-93-30). Circuits organisés et voyages à la carte. Croisières, oasis, Sinaï en 4x4. Réductions accordées pour des inscriptions à l'avance (5 % à 5 mois du départ, 4 % à 4 mois et 3 % à 3 mois).

Djos'Air Voyages : 20, bâtiment Le Bonaparte, 93153 Le Blanc Mesnil Cedex (☎ 01-48-67-15-60). Spécialiste du Proche-Orient. Grand choix de croisières et circuits, circuits aventure dans les oasis avec nuits en bivouac, trekking 8 jours dans le Sinaï, séjours libres.

Les Voyages de Pharaon : 20, rue des Fossés-Saint-Bernard, 75005 Paris (☎ 01-43-29-36-36). Le directeur, M. Pharaon, est égyptien, c'est dire s'il connaît la destination.

MISR Travel : 90, av. des Champs-Élysées, 75008 Paris (☎ 01-45-62-63-97). Agence de la République arabe égyptienne créée en 1934 avec des bureaux dans le monde entier.

Nomade : 49, rue de la Montagne Sainte-Geneviève, 75005 Paris (☎ 01-46-33-71-71). Déserts de l'Ouest et du Sinaï à pied, en 4x4 ou à dos de chameau.

Voyageurs du Monde au Proche-Orient : 55, rue Sainte-Anne, 75001 Paris (☎ 01-42-86-17-86 et 14). Vols réguliers avec Egyptair. Croisières de 4 ou 7 jours, circuits, séjours balnéaires à Hūrgada et Sharm el-Sheikh.

Auprès des agences spécialisées dans le **voyage culturel :**

Arts & Vie Paris : 251, rue de Vaugirard, 75015 Paris (☎ 01-40-43-20-21). Circuits croisières Nil archéologique et monastères de la mer Rouge et du Sinaï.

Clio : 34, rue du Hameau, 75015 Paris (☎ 01-53-68-82-82). Brochure spéciale Égypte. Croisières sur le Nil de 8, 12 ou 15 jours et en Nubie, de 9 et 11 jours ; circuit en autocar de 19 jours.

Images du Monde Voyages : 14, rue Lahire, 75013 Paris (☎ 01-44-24-87-88). Croisière longue *Au fil du Nil, du Caire à Aswān,* 15 jours.

Intermèdes : 60, rue La-Boétie, 75008 Paris (☎ 01-45-61-90-90). Croisière haut de gamme sur le lac Nasser d'Aswān à Abū Simbel à bord du bateau de luxe *Eugénie.*

La Procure-Terre entière : 10, rue de Mézières, 75006 Paris (☎ 01-44-39-03-03). Pèlerinages et croisières culturelles accompagnées de conférenciers égyptologues.

Nouveaux Continents : 90, rue de la Victoire, 75009 Paris (☎ 01-53-20-02-45). Croisières en Égypte.

S.I.P. Voyages : 21, rue Croulebarbe, 75013 Paris (☎ 01-45-35-07-08). Croisières sur le Nil, circuit Route de l'Exode (pèlerinage au départ du Caire vers le Sinaï, la Jordanie et Israël).

STI Voyages : 16, rue Brunel, 75017 Paris (☎ 01-47-66-80-47).

Et auprès des agences plus spécialisées dans les **formules sports** (plongée sous-marine, randonnée, etc.) :

Aquarev' (Rev' Vacances) : 42, bd Sébastopol, 75003 Paris (✆ 01-48-87-55-78). Croisières et plongée en mer Rouge (Sharm el-Sheikh et Hūrgada).
Club Aventure : 18, rue Séguier, 75006 Paris (✆ 01-44-32-09-30). Minitel 36-15 code CLUBAVT. Trekking 15 jours Égypte-Sinaï.
Fleuves du Monde : 7, rue Cochin, 75005 Paris (✆ 01-43-25-54-19). Circuit de 8 jours dont 3 jours de navigation sur le lac Nasser.
Ultramarina : 4, pl. Dumoustier, 44000 Nantes (✆ 02-40-89-34-44) et 70, rue Pernety, 75014 Paris. Numéro vert : ✆ 08-00-04-06-63. Minitel : 36-15 code ULTRAMARINA. Trois sites de plongée en Égypte : Sharm el-Sheikh, le plus beau et le plus préservé, Safaga et Hūrgada, le plus fréquenté.

Les transports en Égypte

Avions. — Des vols quotidiens sont assurés à raison de 9 vols directs par jour entre Le Caire et Aswān (7 vols par Lūqsor ou Hūrgada), de 6 à 8 fois par jour entre Le Caire et Lūqsor, 15 vols directs depuis Le Caire pour Abū Simbel (45 minutes), 9 vols avec escale (2 h), tous pris d'assaut pendant la haute saison qui s'étale de décembre à avril. D'autres services existent entre Le Caire et Alexandrie (1 ou 2 fois par jour), Le Caire et Hūrgada (5 ou 6 vols quotidiens). Compte tenu de l'afflux de touristes sur Lūqsor et Aswān, il est conseillé de s'inquiéter au plus tôt des réservations, tant à Paris qu'au Caire.

La vigilance n'est pas non plus superflue en matière de **reconfirmation** : non seulement pour bien s'assurer que votre place réservée l'est toujours, mais aussi pour s'informer si l'horaire du vol n'a pas été modifié, voire si le vol n'a pas été annulé. Rien n'empêchera cependant les déboires que connaissent nombre de voyageurs en Égypte : longues attentes dans les aéroports dues à des retards indéterminés, vents de sable causant l'annulation pure et simple de tous les vols de la journée, surbookings et places en liste d'attente sur les vols d'Abū Simbel...

Si tous les vols cités plus haut sont assurés par la compagnie **Egyptair**, il existe également une petite compagnie, **Air Sinaï**, filiale d'Egyptair, qui dessert au départ du Caire : Sharm el-Sheikh, El-'Alamein, Hūrgada, Sainte-Catherine, Taba, El-Arish, Nuweiba, Dahab, Aqaba, Safaga, Qoṣeyr. Renseignements à l'hôtel Hilton du Caire, ✆ [02] 76-09-48 ou 74-47-11.

Trains. — Des trains confortables relient principalement Le Caire à Alexandrie (2 h 30 de trajet, départ toutes les 2 h, pas de réservation) et la Haute-Égypte (Lūqsor et Aswān).
Remède miracle aux retards des lignes aériennes et aux vents de sable qui bloquent les aéroports, le train est une solution idéale pour se rendre à Lūqsor ou à Aswān. Depuis 1980, l'Égypte est dotée d'un matériel moderne comportant des wagons-lits entretenus par le Groupe Wagons-Lits; chaque soir deux trains de wagons-lits quittent Le Caire pour la Haute-Égypte (et vice versa) et atteignent Lūqsor en 10 h et Aswān en 14 h. Le confort (air climatisé et musique d'ambiance entre autres) et le service assuré par un steward attaché à un seul wagon en font un moyen de transport tout à fait agréable : les vieux trains de jadis ne sont plus, désormais, qu'une légende pour qui utilise ces «rapides» dotés d'un bar résolument moderne où l'on danse souvent jusqu'à des heures tardives.

Pour se renseigner et réserver en France : ✆ 01-44-25-39-92.

Cependant, pour ceux qui veulent découvrir la Moyenne-Égypte, cette solution reste inutilisable, aucun arrêt n'étant possible dans les villes traversées.

C'est donc grâce à d'autres trains, **omnibus**, circulant de jour et souvent bondés qu'il vous faudra faire le voyage; le confort y fait place à un pittoresque que tout le monde ne prise pas avec la même bonne humeur (trains surchargés, lents, sièges en bois, parfois fenêtres sans vitres).
Les tarifs sont assez bas; des réductions sont en outre accordées sur les voyages aller-retour, aux étudiants (de 20 à 30 % sur présentation de la carte internationale) et aux personnes voyageant en groupe. Il est prudent de réserver votre place plusieurs jours à l'avance, si vous ne voulez pas rester sur le quai ou payer votre billet très cher au dernier moment.

Autocars. — Très confortables et climatisés, ils relient plusieurs fois par jour Le Caire à Alexandrie, au Fayyūm ou à certaines villes du Delta et de la zone du Canal; d'autres circulent entre les principales villes du Delta et de la Haute-Égypte mais leur tenue et leur rapidité laissent à désirer. Quelques liaisons, cependant, sont assurées par des services confortables, rapides, partant très tôt le matin : réservation indispensable.

Taxis. — Ils sont souvent plus pittoresques que confortables, particulièrement hors des grands centres de tourisme; souvent aussi, vous pourrez avoir quelque difficulté à faire comprendre au chauffeur où vous voulez vous faire conduire; à moins de connaître le chemin et de pouvoir guider le chauffeur — quatre expressions seulement à apprendre : à gauche, à droite, tout droit, ici —, demandez au portier de votre hôtel de vous tirer d'embarras.
Au Caire (bleu et blanc) et à Alexandrie (jaune et noir), les taxis sont en principe munis de taximètres; il est d'usage — pour les Européens surtout — de laisser un pourboire, mais ayez toujours sur vous suffisamment de monnaie pour faire l'appoint, les chauffeurs prétendant en être démunis. Pour les taxis dépourvus de taximètres — ou pour ceux dont on vous dit qu'il ne fonctionne pas —, pour ceux aussi que vous utiliserez pour une excursion de la journée ou de la demi-journée, **entendez-vous toujours à l'avance sur le prix** et ne payez que lorsque la course ou l'excursion est terminée. Il n'existe pas de tarif de nuit.
Une formule rentable pour les longues distances est le **taxi-service** (taxi collectif), qui part dès que la voiture est pleine; les frais sont partagés entre les passagers et le voyage est plus rapide.

Autres modes de transport. — En dehors de l'attraction que constituent les promenades à cheval ou à dos de dromadaire aux pyramides de Giza et de Saqqara, vous utiliserez très probablement des **ânes** (par exemple à la nécropole thébaine) ou des **calèches** (par exemple pour aller de Lūqsor au temple de Karnak, ou comme taxis dans les petites villes de Moyenne-Égypte), et, plus souvent, des **felouques** pour la traversée du Nil : convenez toujours du prix à l'avance. On peut, à Lūqsor, louer des **bicyclettes**.

L'Égypte en voiture

Location des voitures. — Quelques petites entreprises locales et des compagnies internationales **(Avis, Budget, Europcar, Hertz)** offrent un choix suffisant de cylindrées; les tarifs et conditions ne diffèrent pas notablement de ceux appliqués ailleurs.
Ces entreprises, auxquelles s'ajoutent quelques agences de voyages, peuvent vous procurer, à des tarifs à peine supérieurs, des **voitures avec chauffeur**; mettez-vous bien d'accord avec ce dernier et le loueur sur les charges supplémentaires (éventuellement hébergement et nourriture) qui peuvent en découler pour vous.

Essence. — Elle est beaucoup moins chère qu'en France (1 £EG le litre de super, soit 1,50 F), mais son indice d'octane est, aussi bien pour l'ordinaire que pour le super, moins élevé : faites, si c'est possible, régler votre moteur en conséquence. On trouve des pompes (pas toujours approvisionnées en super : complétez donc votre plein chaque fois que vous pourrez) dans les localités d'une certaine importance.

Garages. — L'approvisionnement en pièces détachées restant assez aléatoire, n'allez en Égypte avec votre voiture que si elle est robuste et en très bon état et emportez avec vous les pièces usuelles dont vous pourriez avoir besoin. Avoir quelques notions de mécanique et surtout une trousse à outils bien équipée est une précaution utile — même pour une simple vidange, il peut arriver que le garage (de province) auquel vous vous adressez n'ait pas la bonne dimension de clé!

Routes. — Les routes sont très développées en Égypte. Il y a peu d'autoroutes mais il y a des voies rapides. Au N., liaison Le Caire-Alexandrie, seule autoroute à péage. A l'E., Le Caire-Port Sa'īd, Le Caire-Ismā'īllīyya, Le Caire-Suez; au S. du Delta, route importante vers Lūqsor, Aswān et toutes les villes qui longent le Nil. La vitesse est limitée à 100 km/h. Le réseau asphalté, encore assez dense dans le Delta, fait place en Moyenne et Haute-Égypte à des pistes en terre, parfois assez mauvaises et où, à tout le moins, l'on soulève d'énormes nuages de poussière.

La circulation... — Ne comptez pas trop pouvoir rouler vite : la densité du trafic s'y oppose sur les routes principales, le profil de la chaussée ou son revêtement sur les autres.

D'autre part, rouler seul peut, dès que vous voudrez quitter les grandes routes, poser quelques problèmes : les panneaux indicateurs, lorsqu'ils existent, sont évidemment rédigés en arabe (seuls les accès à quelques grands sites sont indiqués en caractères latins); demander son chemin n'est pas chose facile même si l'on possède quelques rudiments de langue arabe, puisque aussi bien vous ne serez amené à le faire que pour des sites secondaires, inconnus souvent même des habitants des environs.

... et ses dangers. — Conducteur prudent et discipliné (nous n'en doutons pas) vous serez vraisemblablement un peu... surpris lorsque vous serez confronté aux conducteurs égyptiens : un redoutable mépris des autres véhicules, des piétons et du danger les caractérise.

Ne roulez pas trop vite, méfiez-vous des piétons — qui ne sont pas moins méprisants ou inconscients du danger que les motorisés —, faites (c'est hélas souvent nécessaire) un usage abondant de votre avertisseur, évitez absolument de conduire de nuit, bref, aiguisez votre vigilance et observez bien les autres de manière à vous adapter à leurs réactions. **Ne vous considérez jamais «dans votre droit»**. Notez aussi que, pour des raisons de sécurité, la côte de la mer Rouge et les oasis (sauf Siwa) ne sont accessibles que de jour.

En cas d'accident, rendez-vous immédiatement au poste de police le plus proche; vous ne devez en aucun cas agir sur place.

Cartes. — Pour la totalité des sites pouvant susciter votre intérêt, les cartes, plans et schémas de ce guide, assortis au besoin des descriptions que nous donnons des voies d'accès, devraient vous suffire.

Si vous désirez acquérir une carte à petite ou moyenne échelle, vous avez le choix entre :

— la **carte Michelin nº 154 Afrique Nord-Est** qui, bien que desservie par sa très petite échelle (1/4000000, soit 1 cm pour 40 km), donne une bonne vue d'ensemble du pays ;
— la carte **Kümmerly + Frey**, au 1/950000 ; relief par ombrages, tracé très lisible des routes principales et des plus importantes voies secondaires. Compte tenu de l'échelle et du format, elle ne représente pas le désert occidental ni la vallée entre Lūqsor et Aswān mais les fait figurer sur une carte générale au 1/5000000 inscrite dans un cartouche ;
— la carte **Freytag-Berndt** au 1/1000000, comportant diverses informations touristiques et, au verso, quelques plans de villes et de sites ;
— une carte au 1/1000000 éditée par le **ministère de la Défense du Royaume-Uni** d'après un document du service cartographique de l'armée américaine : beaucoup plus détaillée, elle n'est malheureusement pas très à jour et le tracé des routes, en épaisse surcharge et imprécis, entache sa lisibilité ;
— une carte au 1/500000 entre Alexandrie et la Moyenne-Égypte, et au 1/1000000 pour le reste de la vallée, publiée en Égypte par le **Cairo Drafting Office** ; réduite à la seule vallée et au Delta, elle est évidemment plus détaillée, pour les parties au 1/500000, que la précédente, mais son imprécision lui enlève pratiquement toute utilité.

En dehors des deux dernières, les cartes mentionnées ci-dessus sont en vente notamment à :
L'Astrolabe, 46, rue de Provence, 75009 Paris (☎ 01-42-85-42-95) ; ouv. du lundi au samedi de 10 h à 19 h.
I. G. N., 107, rue La-Boétie, 75008 Paris (☎ 01-42-25-87-90) ; ouv. de 8 h à 18 h 50 du lundi au vendredi, le samedi de 10 h à 12 h 30 et de 14 h à 17 h 15 ;
Librairie Itinéraires, 60, rue Saint-Honoré, 75001 Paris (☎ 01-42-36-12-63) ; ouv. t.l.j. sauf dimanche de 10 h à 19 h ; consultable sur place, un ordinateur recense la quasi-totalité des ouvrages en tout genre disponibles sur chaque pays.
Ulysse, 26, rue Saint-Louis-en-l'Ile, 75004 Paris (☎ 01-43-25-17-35) ; ouv. de 14 h à 20 h du mardi au samedi.

Votre séjour

Le gîte

Outre les trois grands centres de tourisme archéologique (Le Caire, Lūqsor et Aswān), où l'infrastructure hôtelière est installée de longue date, l'Égypte a connu récemment une explosion d'investissements hôteliers sur les côtes. La méditerranéenne s'est dotée de nombreuses marinas et de bons hôtels, notamment à Mersa-Matruh, Sidi 'Abd er-Raḥmān et, bien sûr, Alexandrie. Les côtes de la mer Rouge, quant à elles, ont vu proliférer une centaine d'établissements fort recommandables, le Hilton de Taba, le Mövenpick de Sharm el-Sheikh, etc. Par contre, les oasis du Centre et de l'Ouest restent sous-équipées ; Siwa et Dākhla proposent bien des pensions ou des petits hôtels très corrects, en tout cas pittoresques...

Hôtels. — Depuis quelques années, l'Égypte a entrepris un effort sensible dans la construction de l'équipement hôtelier. La plupart des grandes chaînes internationales (**Accor, Hilton, Holiday Inn, Méridien, Mövenpick, Sheraton**, etc.) y gèrent un ou plusieurs hôtels tandis que de nouveaux chantiers ne cessent de s'ouvrir.

Cet équipement reste malgré tout très insuffisant, surtout en ce qui concerne les hôtels de moyen confort. Vous serez donc contraint, pour la visite de certains sites importants — notamment en Moyenne-Égypte —, à de longues excursions ne laissant qu'un temps très limité pour la visite elle-même, à moins d'accepter des conditions de logement et de nourriture réellement peu attrayantes.

Si vous voyagez seul, il est indispensable que vous connaissiez l'itinéraire que vous allez suivre, afin de réserver à l'avance vos chambres d'hôtel. Vous pouvez, pour ce faire, vous adresser aux services de réservation des diverses chaînes, ou à une agence spécialisée dans les voyages de groupe, comme MISR Travel qui retient systématiquement un grand nombre de chambres pour ses clients; les désistements de dernière heure peuvent vous offrir la possibilité d'obtenir rapidement une place dans un hôtel.

Les hôtels égyptiens sont classés de zéro (classe touristique) à cinq étoiles, mais leur standing ne correspond pas toujours, surtout en ce qui concerne les moyennes et petites catégories, aux normes occidentales.
Les **cinq étoiles** proposent tous les services que l'on trouve habituellement dans les palaces internationaux : chambres équipées au minimum d'une salle de bains, d'un téléphone et d'air conditionné, plusieurs restaurants et bars, discothèque, change, diverses boutiques, agences de location de voitures ou

de limousines, bureaux de compagnies aériennes, salles de conférence, activités sportives. La majeure partie de ces hôtels accepte les cartes de crédit.

Les hôtels **quatre étoiles** sont tous équipés de l'air conditionné et la grande majorité des chambres sont dotées d'une salle de bains. De nombreux services sont proposés (restaurant, bar, boutiques, change).

Dans les hôtels **trois étoiles,** déjà nettement moins luxueux mais propres, salle de bains et air conditionné ne sont pas toujours présents dans les chambres. Les établissements **une et deux étoiles** ont peu de chambres avec sanitaires et air conditionné. Ce dernier est souvent remplacé par des ventilateurs. Dans les hôtels de **classe touristique,** la propreté laisse souvent à désirer ; quant aux commodités, elles sont réduites au strict minimum.

Quelle que soit la catégorie à laquelle appartient votre hôtel, ne vous étonnez pas de la présence de bougies dans votre chambre (coupures de courant, couvre-feux dans les régions hors des circuits touristiques). Les coupures d'eau ou les baisses de pression sont fréquentes en été, notamment dans les établissements modestes.

Télévision et air conditionné sont facultatifs dans les hôtels moyens et petits. Vérifiez que l'on ne vous les ait pas imposés si vous n'en voulez pas. S'ils sont dans votre chambre, ils vous seront facturés, prenez les devants.

Sachez que le petit déjeuner est compté le plus souvent dans le prix de la chambre ; s'ajouteront à celui-ci les 12 % de service ainsi que le montant de la taxe municipale. Enfin, visiter sa chambre avant de se faire inscrire à la réception peut éviter des surprises désagréables.

Renseignements et réservations :

Accor : siège social, 2, rue de la Mare-Neuve, 91021 Évry Cedex. Réservation internationale : France, ☎ 01-60-77-90-90 ; Belgique, ☎ 08-00-101-27 (en français) et ☎ 08-00-195-11 (en allemand) ; Suisse, ☎ 155-64-77 ; Canada, ☎ 1-800-221-45-42. La première chaîne en Égypte avec 18 hôtels (Sofitel, Novotel, Mercure, Coralia et Marine Hôtel). Gère également l'Old Cataract à Aswān et l'Old Winter Palace à Lūqsor. Ouverture en 1996 du Sofitel Sharm el-Sheikh et Sofitel Lūqsor.

Hilton International : Réservation internationale, ☎ 01-44-38-56-24. La chaîne Hilton possède 9 hôtels en Égypte (dont 2 au Caire, 1 à Lūqsor, 1 à Hūrgada).

Holiday Inn : Réservation internationale, ☎ 08-00-90-59-99. Un seul hôtel, à Safaga.

Marriott : Réservation internationale : France, ☎ 08-00-90-83-33 ; Belgique, ☎ 08-00-182-22 ; Suisse, ☎ 155-01-22. Établissements au Caire, à Hūrgada et le plus récent, à Sharm el-Sheikh.

Méridien : Réservation internationale : France, ☎ 08-00-40-22-15 ; Belgique, ☎ 08-00-167-00 ; Suisse, ☎ 155-78-20 ; Canada, ☎ 1-800-543-43-00. 4 hôtels au Caire.

Mövenpick Hôtels : siège social, Zürichstrasse 106, CH-8134 Adiswil (☎ [1] 808-88-88). Réservation internationale pour la France : ☎ 08-00-90-87-17. 6 hôtels en Égypte (Cairo-Heliopolis, Cairo-Pyramids, El-Gouna, Lūqsor, Qoṣeyr, Sharm el-Sheikh) plus deux bateaux de croisière.

Sheraton : Réservation internationale : France, ☎ 08-00-90-65-35 ; Belgique, ☎ 078-11-35-35. Hôtels à Alexandrie, Le Caire, Lūqsor. Quatre bateaux de croisière — **Sheraton Nile Cruises,** réservation depuis la France (☎ 08-00-90-76-35) ou la Belgique (☎ 046-05-35-35).

Auberges de jeunesse. — Membres de la Fédération internationale depuis 1956, l'Association égyptienne des auberges de jeunesse possède 15 auberges réparties dans les principales villes : nous les signalons, chaque fois qu'il y a lieu, dans le Carnet d'adresses. Pour des prix dérisoires, elles offrent parfois un logement plus convenable, quant à leur tenue, que certains hôtels à bon marché.

De 40 à 70 lits, elles sont dotées de cuisines et de réfectoires. Pour y loger, vous devez avoir moins de trente ans et être en possession d'une carte de

membre de la Fédération internationale des auberges de jeunesse (renseignez-vous au CROUS de votre ville).
A noter qu'au Caire certains hôtels consentent des réductions intéressantes aux étudiants (se renseigner au bureau du tourisme).

Pour tous renseignements complémentaires, adressez-vous à l'association : 7, rue Dr 'Abdel Hamid Saïd (Maarouf), au Caire (☎ [02] 75-80-99).

Camping. — Il est encore peu répandu en Égypte et l'on ne compte actuellement que 3 terrains totalement aménagés : ceux de **Sahara City**, à 5 km de Giza, d'**Abūqīr**, à 24 km E. d'Alexandrie, et de **Sidi Khreir**, à 30 km O. d'Alexandrie, tous trois établis dans des «villages touristiques» constitués de bungalows en location.
Le tourisme d'aventure (trekking ou autre) a amené certaines régions loin des villes à équiper divers emplacements : on pourra ainsi camper parfois dans une oasis de l'O., dans le Sinaï, sur une plage...

Cuisine et boissons égyptiennes

Restaurants. — Alexandrie et Le Caire (et, dans une moindre mesure, Aswān, Lūqsor et Port-Sa'īd) sont seules à posséder des restaurants indépendants des hôtels, des cafés à l'européenne et des salons de thé. Ailleurs, vous n'aurez guère le choix qu'entre la salle à manger de votre hôtel et... celle de l'hôtel voisin, où le menu et la carte ne sont d'ailleurs guère différents. Partout en effet sévit la même cuisine «internationale», uniforme et lassante. Vous ne pourrez échapper à cette médiocrité qu'en fréquentant soit les rares établissements signalés par une étoile dans le Carnet d'adresses à la fin du guide, soit en n'hésitant pas à aller dans les petits restaurants populaires où, faute d'une grande qualité, vous goûterez au moins à une cuisine plus authentique et très bon marché.

Certains sites sont équipés de rest-houses : en dépit de leur nom, vous n'y trouverez que de la boisson, en principe fraîche; des tables vous permettront d'y prendre le repas froid que vous aurez apporté avec vous.

La cuisine. — La cuisine égyptienne, du moins celle que vous aurez l'occasion de goûter, ne se distingue pas par une très grande originalité. Si, en effet, l'on en excepte les préparations syro-libanaises ou plus généralement orientales, tels le chawarma, les kofta et autres kebab, il ne reste que deux plats essentiels, que les palais européens apprécient d'ailleurs très diversement :

— le **foul**, plat national, du pauvre comme du riche, nourriture de base de la plus grande partie de la population, et que les petits marchands de plein air vendent à la louche dans des pains baladi, ronds et creux; ce sont de grosses fèves brunes, longuement gonflées dans l'eau puis aussi longuement mijotées en ragoût et relevées d'huile, de sel, d'un peu de cumin, de citron et surtout d'oignons hachés;
— la **méloukhia**, soupe préparée avec l'herbe de ce nom, finement hachée, du poivron, de l'ail : cela donne une bouillie verte servant d'assaisonnement à du riz mêlé à des morceaux de poulet.

Notons aussi le **riz cuisiné** à l'égyptienne qui peut ravir certains estomacs affamés et les pâtisseries orientales pour les gourmands; celles-ci font cependant souvent défaut au dessert des restaurants d'hôtels, remplacées beaucoup trop souvent par des oranges ou des bananes.

Que ceux qui profiteraient d'un séjour à Alexandrie ou à Abūqīr n'oublient pas non plus de déguster les crevettes géantes et les poissons grillés que proposent nombre de restaurants en bordure de mer.

Les boissons. — Les vins égyptiens semblent caractérisés, si l'on peut dire, par l'instabilité de leurs caractères, et telle bouteille qui vous a un jour donné satisfaction peut très bien vous décevoir profondément la fois suivante. En évitant d'en boire au déjeuner si vous devez faire une excursion l'après-midi, faites vous-même votre choix en fonction des disponibilités de la carte. Outre qu'ils sont les plus faciles à se faire servir, l'**Omar Khayyam**, pour les rouges, et le **Rubis d'Egypte**, pour les rosés, sont ceux avec lesquels vous risquerez le moins de surprises.

La **bière** locale (Stella), souvent vendue en bouteilles d'un demi-litre, est généralement d'une qualité acceptable. Il en existe une version « export », beaucoup plus alcoolisée mais présentée en bouteilles plus petites.

L'**eau** du robinet est parfaitement **saine** — comme en témoigne son goût ! — dans tous les grands centres ; elle évite d'avoir recours à l'**eau minérale**, importée de France ou du Liban et très chère. Vérifiez les bouchons des bouteilles car elles sont parfois remplies par de l'eau ordinaire.
Se méfier cependant de l'eau du robinet sur certains bateaux de croisière : l'eau séjournant dans des citernes chauffées au soleil peut ne pas toujours être de première fraîcheur.

Les **jus de fruits** sont excellents et quantité de petits établissements spécialisés en débitent partout d'énormes quantités, pressés à la demande ; mis à part le jus de mangue, conservé en boîte, ils sont hélas de plus en plus souvent remplacés, dans les hôtels, par des sirops étendus d'eau.
Les **colas** (Pepsi ou autres), le Seven Up et divers autres sodas préparés localement sous licences mais nettement moins gazeux que leurs homologues occidentaux, sont les seules boissons que l'on puisse trouver (fraîches) à peu près partout.
Le **carcadé** — très apprécié des Français — est une infusion, légèrement sucrée, d'une plante nubienne qui lui communique en particulier sa couleur rouge foncé ; elle peut être bue chaude, mais on la sert généralement froide, pour accompagner le petit déjeuner dans les hôtels.
Outre le **thé**, servi dans de petits verres sur lesquels l'on se brûle les doigts, il faut enfin citer le **café**, préparé à la turque, boisson nationale et manifestation de politesse : l'on vous offrira ici un café à tout moment, chez un particulier comme dans le bureau où vous vous rendez pour une démarche ; il est essentiellement servi selon deux préparations, masbout (moyennement sucré) et ziada (très sucré), auxquelles certains préfèrent sāada (sans sucre).

Votre vie quotidienne en Égypte

Antiquités. — Vous prendrez vite l'habitude d'être, sur les sites archéologiques, accroché par des vendeurs d'« antiquités », lesquels, avec des gestes et des mimiques de conspirateurs, vous proposeront, parfois très cher, des **imitations** le plus souvent malhabiles de fragments de bas-reliefs, d'ouchebtis, de scarabées. Les statues, en particulier, que l'on vous certifiera être en basalte sont généralement en plâtre passé au cirage noir. Ceci est vérifiable en grattant un peu avec l'ongle. Vous ne trouverez de pièces authentiques que chez quelques rares antiquaires (méfiez-vous des certificats d'authenticité douteux) ; encore ne s'agit-il, dans la plupart des cas, que de pièces de moindre intérêt, la sortie d'antiquités de valeur étant strictement réglementée et soumise à une autorisation qu'il est à peu près impossible d'obtenir.

Passer outre à cette interdiction c'est risquer la confiscation et une sévère sanction, et c'est surtout méconnaître les devoirs que les hôtes de l'Égypte ont vis-à-vis d'un pays soucieux de la conservation de son patrimoine culturel, ces objets provenant de fouilles clandestines, et donc gravement destructrices, que l'on risque ainsi d'encourager.

Bakshish (pourboire). — A l'origine, qui se perd un peu dans la nuit des temps, le bakshish était un cadeau de bienvenue, en signe d'hospitalité et d'amitié ; c'était la façon la plus simple et la plus commode de prouver à son invité qu'on n'était pas insensible à sa venue ; alors on lui offrait un petit présent pour marquer cette affection. Après les malheurs bibliques, c'est maintenant la onzième plaie d'Égypte (heureusement circonscrite, ou à peu près, aux zones touristiques) et une institution qui altère trop souvent les rapports que l'on pourrait avoir avec les « prestataires de services » de tous ordres.

Sollicité avec insistance, ou ruse (pour une course de 17 PT par exemple, le chauffeur de taxi n'a jamais la monnaie du billet de 25 PT que vous lui tendez), il donne au touriste une image peu flatteuse de l'Égyptien moyen ; est-il nécessaire de préciser que cette image n'est pas conforme à la réalité et que l'on s'en aperçoit fort heureusement dès que l'on s'éloigne des centres trop fréquentés du tourisme international ?

Sachez donc, selon les circonstances, être intransigeant (mais avec le sourire) ou généreux, et ayez toujours sur vous suffisamment de petite monnaie ; ayez aussi le tact de ne pas exhiber des billets de 100 £EG devant des gens qui n'en gagnent pas le dixième en un mois de travail ; enfin, renseignez-vous dès votre arrivée sur ce qu'il est d'usage de donner pour des services rendus (cireurs, porteurs, gardiens de mosquées, etc.) ; mais le bakshish minimum est de 25 PT ; ne donnez rien aux simples quémandeurs.

Change. — Il existait jusqu'à ces derniers temps deux taux de change : le taux officiel et le marché noir. Désormais, le gouvernement égyptien tente de mettre un terme à un marché parallèle trop envahissant en accordant des primes spéciales pour le change effectué dans les banques et les bureaux de change des hôtels. A quelques piastres près, le change officiel est devenu aussi avantageux que le change pratiqué dans les arrière-boutiques, les souks, ou la rue.

N'oubliez pas que pour effectuer un change en sens inverse et vous défaire de vos livres égyptiennes supplémentaires, votre bordereau de change vous sera nécessaire.

Cigarettes. — Sur place, vous pourrez fumer les cigarettes locales (Nefertiti, Cleopatra, Giza : blondes ; Port-Saïd : mentholées), moins chères que celles qu sont importées. Sinon, effectuez vos achats en cigarettes à l'aéroport, au départ pour l'Égypte.

Coiffeurs-barbiers. — La plupart des grands hôtels offrent les services d'un coiffeur-barbier. En ville, vous rencontrerez à chaque pas une de ces officines. S'y faire couper les cheveux comporte des risques ; en revanche, n'hésitez pas à vous confiez au moins une fois aux mains du barbier (à moins que vous soyez allergique au parfum).

Cordonniers. — Ceux du Caire font merveille pour redonner vie à tout objet en cuir que l'on croit irréparable.

Cultes. — Vous trouverez au moins une église catholique (rite latin) et un temple évangélique dans chaque grand centre touristique.

Heure locale. — En hiver, elle est en avance d'une heure sur celle de Paris ; en été, elle est la même qu'en France (GMT + 2).

Heures d'ouverture. — Les **banques** sont généralement ouvertes de 8 h 30 à 14 h sauf le vendredi ; elles sont presque toutes ouvertes le dimanche de 10 h à 12 h. Les grands hôtels disposent de bureaux de change ouverts en permanence.

Les **magasins** sont, dans les quartiers « européens », généralement ouverts de 9 h à 18 h en hiver, de 9 h à 13 h et de 16 h à 20 h en été.

La plupart des **administrations** publiques appliquent le système de la journée continue et ne sont ouvertes au public que de 9 h à 15 h sauf vendredi et jours fériés.

Journaux. — Au Caire et à Alexandrie, les principaux quotidiens et périodiques français et étrangers sont en vente, avec quelques jours de décalage, dans la plupart des grandes librairies, à certains kiosques et dans les grands hôtels. La presse égyptienne publie en langue française deux quotidiens, **le Progrès égyptien** et **le Journal d'Égypte**, un bon hebdomadaire, **Al Haram**, et deux en langue anglaise, **Egyptian Gazette** et **Cairo today**.

Jours fériés. — Le vendredi (un décret vient d'y ajouter le jeudi...) est le jour légal de fermeture, suivi par toutes les administrations ; la plupart des commerces, au contraire, cessent leur activité le dimanche. Sont fériés : 22 février (Jour de l'Union ; férié uniquement dans l'enseignement), lundi de Pâques, 25 avril (Restitution du Sinaï), 1er mai (Fête du Travail), 18 juin (Jour de l'Évacuation), 23 juillet (Jour de la Révolution), 6 octobre (Fête nationale), 24 octobre (Fête nationale de Suez), 23 décembre (Jour de la Victoire), le Nouvel An musulman ainsi que certaines autres fêtes religieuses musulmanes (naissance du Prophète ou Mūled, grand et petit Bayrām, etc.) ; lesquelles auront en principe lieu aux dates suivantes :

	1996	1997	1998	1999
Début du ramaḍān	10 janvier	31 décembre	20 décembre	—
Petit Bayrām	10 février	31 janvier	20 janvier	—
Grand Bayrām	18 avril	8 avril	20 mars	—
Nouvel An	19 mai	9 mai	28 avril	17 avril
Mūled an-Nabī	28 juillet	18 juillet	7 juillet	26 juin

Nota. — Le ramaḍān se déroule le neuvième mois de l'année lunaire. Si vous séjournez en Égypte à cette époque, sachez que la vie tourne au ralenti pendant la journée : les boutiques et les administrations restent ouvertes moins longtemps ; le soir, les rues s'animent une fois le dîner pris, aux alentours de 21 h.

Langue. — Officielle : arabe. L'anglais est assez répandu. On parle de moins en moins français à Alexandrie et dans la haute bourgeoisie.

Marchandage. — C'est à la fois un plaisir, un jeu et un sport demandant humour, bagout, ruse, subtilité, patience et sang-froid. Au bazar vous pouvez diviser les prix par 2 ou 3, ailleurs retirez 20 %.

Monnaie. — Vous compterez en livres (abréviation : £EG) et en **piastres** (abréviation PT ; 1 £EG = 100 PT), très rarement en millièmes (abréviation M ; 1 £EG = 1 000 M), en notant que les tarifs, notes d'hôtels et de restaurants, prix dans les magasins, sont presque toujours libellés en piastres. Il existe des billets de 100, 20, 10, 5 et 1 £, de 50, 25, 10 et 5 PT. Soyez attentif aux billets de 10 £ pour lesquels circulent trois types de coupures, et aux billets de 20 £ qui n'en possèdent que deux. Toutes ces coupures sont valables. Méfiez-vous également des billets déchirés ou recollés avec du scotch que vous vous verrez parfois refuser en paiement.
Il existe des pièces de 10, 5, 2 et 1 PT et de 10 et 5 M (pièce dite aussi demi ou petite piastre).

Le problème de **la petite monnaie** en Égypte est presque devenu une légende : lorsque vous réglez une consommation au bar de votre hôtel, il n'est pas rare que le garçon ne puisse vous rendre exactement les 5 ou 7 PT qui vous reviennent. Il faut savoir que l'économie dans laquelle vit le touriste est une économie complètement parallèle à l'économie du souk et des marchés où l'on achète le pain 1 PT : c'est là que circule toute cette menue monnaie, pratiquement inconnue du voyageur qui doit payer son eau minérale presque 1,5 £EG. Ne dramatisez donc pas s'il vous manque quelques piastres, que le garçon, souvent de bonne foi, n'aura pu se procurer.

Photographie. — Elle est libre, sauf dans les zones militaires et à proximité des ouvrages pouvant avoir une valeur stratégique : émetteurs de radio, stations de distribution des eaux, du gaz, de l'électricité, zones industrielles, ouvrages hydrauliques, ponts, etc. Elle est soumise, dans les musées, à autorisation spéciale ou à la perception d'un droit d'un montant parfois dissuasif. Elle est strictement interdite dans les pyramides, les tombes des vallées thébaines et les mastabas. Mêmes conditions pour les caméras-vidéo, cependant soumises à un droit de 100 L.E. dans les temples et interdites dans le musée du Caire.
D'une manière générale, il n'est pas non plus conseillé de photographier trop ostensiblement des « scènes de genre », aussi bien dans les quartiers pauvres de la capitale que dans la campagne ; outre qu'il considère cela comme une atteinte à son intimité — et ne réagiriez-vous pas de même dans certains cas ? — l'Égyptien redoute la propagande défavorable que l'on peut faire à partir de photos de scènes de pauvreté ; l'expérience montre qu'il a, hélas, tout à fait raison, et que le tact n'est pas la chose la mieux partagée chez les visiteurs étrangers.

Police touristique. — Elle est composée de fonctionnaires chargés de résoudre tout problème pouvant se poser à un touriste (hébergement, visa, horaires, transports, etc.). Vous pouvez y recourir en cas de problème avec des commerçants. On la reconnaît grâce au brassard rouge qu'elle arbore sur son uniforme noir.

Postes et téléphone. — Pour le courrier à expédier, comptez environ **10 jours de délai** entre la France et l'Égypte, surtout pour les cartes postales qui arrivent en général à destination alors que vous êtes rentré depuis une semaine. Dans les grands hôtels la réception se chargera de votre courrier. Vous trouverez timbres et cartes postales dans les kiosques ou dans les boutiques des hôtels ; si vous optez pour ces dernières, les prix seront légèrement gonflés (bakchich oblige).

Si vous avez du courrier à recevoir, évitez la poste restante et faites-le de préférence adresser à votre hôtel ; celui-ci pourra éventuellement le faire suivre.

Vous pourrez télégraphier de votre hôtel selon la catégorie à laquelle celui-ci appartient.
Pour appeler la France depuis l'Égypte, composer 00-33 puis votre numéro.

Prix. — Malgré des hausses récentes, ils sont encore loin du niveau des prix français, surtout compte tenu du taux de change très favorable (1 £EG = 1,50 FF) consenti aux touristes ; à moins de ne fréquenter que les palaces, votre pouvoir d'achat s'en trouvera ici sensiblement amélioré.

A l'hôtel, pour une chambre « single », comptez environ 150 à 300 £EG dans un*****, de 150 à 200 £EG pour un****, de 50 à 120 £EG pour un ***; au restaurant, comptez de 30 à 50 £EG pour un bon établissement (plus cher dans un restaurant flottant avec spectacle) ; on peut évidemment manger pour beaucoup moins cher dans les échoppes des souks.

Les petites dépenses quotidiennes (journaux, tabac, etc.) tiendront au maximum, dans votre budget, la même place qu'en France, la modicité des coûts pouvant être ici compensée par des occasions de dépenses plus nombreuses (fréquents recours aux taxis, multiples haltes-rafraîchissement, cireurs, pourboires divers, etc.).

Si vous êtes étudiant, n'oubliez pas votre carte internationale, elle vous permettra d'obtenir diverses réductions (transports, certains hôtels, 50 % dans les musées et sites archéologiques).

Radio. — Programmes en français et anglais sur 95 MHz (FM), à 7 h 30, 14 h 30 et 20 h 30 ; RMC Moyen-Orient, RFI et la BBC diffusent également des émissions en langues française et anglaise.

Santé. — L'absence de vaccination pour entrer en Égypte pourrait laisser croire que les risques de maladies sont insignifiants. S'il est vrai que le paludisme a presque disparu de la vallée du Nil, la bilharziose (maladie parasitaire causée par un petit ver qui s'infiltre dans les pores de la peau) sévit toujours dans les canaux d'irrigation et en bordure du Nil : il est donc fortement déconseillé de s'y baigner. D'autre part, il est encore assez fréquent que des touristes reviennent d'Égypte avec une amibiase : celle-ci s'attrape par l'eau, les fruits non pelés, les légumes crus mal lavés ; à ce titre, dans les établissements de très bon standing, sachez que les légumes sont toujours lavés à l'eau permanganatée. Méfiez-vous donc des crudités et des jus de fruits vendus dans les souks. Ne buvez pas l'eau du robinet en dehors des grands centres touristiques.
Autre danger : le soleil, qui provoque parfois de sérieuses insolations : prévoyez donc toujours un chapeau et évitez de boire glacé au retour des visites. Il est par ailleurs déconseillé de boire de l'alcool par de fortes chaleurs.
Renseignements par téléphone à l'hôpital de la Pitié, à Paris : ☎ 01-45-70-21-12 (mardi et samedi de 9 h à 12 h).

En cas d'accident : police secours ☎ 122 ; ambulance ☎ 123.

Sécurité. — L'Égypte, malgré sa surpopulation et la pauvreté de celle-ci, reste un pays sûr où les vols et agressions en tout genre sont des phénomènes très rares. L'Égyptien est honnête ; il ne vous arrivera rien dans les rues du Caire, même en pleine nuit.

Cependant, rien ne sert de tenter le diable : évitez donc les bijoux trop voyants et ne laissez pas vos appareils photographiques n'importe où. Évitez également les distributions de bonbons et autres friandises aux enfants qui fréquentent les sites touristiques ; ainsi, vous ne serez pas assailli par des dizaines de gosses qui n'attendent que le moment propice pour réclamer « bonbon » et « bakshish ».

Souvenirs. — Industrie annexe de celle du tourisme et, comme elle, en plein essor, la fabrication et la vente des souvenirs se concentre principalement au Caire, dans le célèbre **Khān al-Khalīlī**. Divers «bazars» dans les quartiers «européens» d'Alexandrie et du Caire et dans tous les centres touristiques offrent une multitude d'objets et de souvenirs fabriqués à votre seule intention et dénués de cette fraîcheur et de cette spontanéité propres à l'art populaire.

Tout le passé artistique — pharaonique, copte, musulman — de l'Égypte, pourtant si brillant, accouche ici d'un fatras d'antiquités grossièrement imitées, de tableaux de toile cousue reproduisant (?) des scènes fort connues de la peinture ou de la sculpture pharaoniques, de sacs de cuir abondamment décorés de chameaux, palmiers, pyramides et autres sphinx, de plateaux de cuivre rouge sur lesquels un vernis noir et des incrustations d'aluminium dessinent un portrait de Néfertiti...

Sans parler des papyrus qui inondent désormais le marché touristique! L'exemple du papyrus est tout à fait remarquable : si, il y a de cela quelques années, un seul institut pouvait s'enorgueillir d'avoir redécouvert le procédé des anciens Égyptiens, on peut aujourd'hui assister à une prolifération de boutiques, au pied d'un sphinx désabusé; toutes ces boutiques, dont certaines fonctionnent en coopératives de guides, reçoivent des hordes de touristes à qui l'on a répété que l'Institut, c'était bien là... Ici et là, les prix dépassent tout entendement pour une qualité des plus douteuses. Méfiez-vous au plus haut point du papyrus «véritable» des bazars touristiques et préférez donc à des achats de groupes les papyrus à 30 ou 50 £EG que vous dénicherez toujours au souk.

Avec un peu de chance pourtant, vous pourrez trouver, au hasard des boutiques, de quoi vous satisfaire : peut-être ce bijou, ce flacon d'essence de fleurs ou ce verre soufflé, peut-être cette simple poterie ou cette tapisserie naïve née des doigts d'enfants de Kerdasa ou de Garagos, peut-être aussi quelque vestige authentique récupéré dans un palais mamelouk aujourd'hui «squattérisé».

N'oubliez pas que l'Égypte possède une grande tradition de parfums et essences. Dans le souk du Caire, les marchands vous feront, pour quelques livres, d'excellentes imitations des grands parfums français.

D'une façon générale, n'attendez pas le retour au Caire pour effectuer vos achats; les galabias de Lūqsor ou d'Esnā sont inexistants dans la capitale, tout comme les vanneries nubiennes et les épices d'Aswān.

Nota. — Les souvenirs et cadeaux que vous aurez achetés seront librement exportés à condition que leur valeur totale n'excède pas le montant des devises déclarées à l'entrée.

Spectacles, vie nocturne. — Au Caire et à Alexandrie, les programmes des cinémas (qui valent le déplacement en raison de l'ambiance qui y règne) et théâtres paraissent dans la presse **(Cairo today, Egyptian Gazette)** et dans **Alexandria Night and Day** et **Cairo by Night and Day**, bulletins distribués gratuitement dans les offices de tourisme, hôtels, agences de voyages, etc.; vous y trouverez aussi, comme dans le présent guide, quelques adresses de cabarets et de night-clubs; à vous de vous renseigner pour savoir quels sont les plus en vogue au moment de votre séjour.

A noter que plusieurs grands hôtels du Caire et d'Alexandrie possèdent un casino — réservé aux étrangers — où vous pourrez risquer votre fortune (en devises uniquement) dans divers jeux. Les discothèques ne manquent pas non plus en Haute-Égypte; elles ferment malheureusement l'été.

Beaucoup plus sérieux sont les «son et lumière» des pyramides de Giza au Caire et du temple de Karnak à Lūqsor. Aucune réservation n'est nécessaire pour y assister et les billets sont en vente juste avant le début du spectacle.

Sports et loisirs. — La plupart des grands hôtels possèdent une piscine; plus rares sont ceux qui mettront à votre disposition un court de tennis; avec des promenades à cheval ou à dos de chameau, dans la zone des Pyramides, ou en felouque, à Lūqsor et Aswān, ce sont les seules activités sportives accessibles à tous. Plusieurs clubs sportifs, notamment au Caire, admettent des adhérents temporaires : vous trouverez leurs adresses dans le Carnet d'adresses. C'est en mer Rouge que l'on pratique la plongée sous-marine et la pêche.

Visite des monuments et des musées. — La visite des musées, mosquées et monuments pharaoniques est taxée d'un **droit d'entrée**; les tickets sont en vente à la porte ou à proximité (pour la nécropole thébaine, au débarcadère). Le plus souvent, les étudiants et les enfants de moins de 12 ans bénéficient du demi-tarif. Il faudra parfois acquitter un droit pour photographier (en général 5 ou 10 £EG).

Les **musées** ouvrent, en principe, pour la plupart de 8 h 30 ou 9 h à 16 h, en hiver, 13 h ou 14 h en été mais ferment vers 11 h le vendredi.
Les **mosquées** ne sont fermées aux visiteurs qu'aux heures des prières et le vendredi matin. Tenue correcte exigée.
Les monuments pharaoniques sont presque tous ouverts la journée entière (fermeture vers 14 h en été). Dans certains sites isolés, il est possible de demander au gardien — à condition de le trouver — de rouvrir le monument (pensez au pourboire).

Voltage. — Il est de 220 V.

Pour en savoir davantage...

Adressez-vous aux bureaux de tourisme de la R.A.E. :
— **à Paris** : 90, av. des Champs-Élysées, 75008 (☎ 01-45-62-94-42), 1er étage (ouv. t.l.j. sf sam. et dim. de 9 h 30 à 15 h); centre culturel : 111, bd Saint-Michel, 75005 (☎ 01-46-33-75-67 ; ouv. lun.-ven. de 10 h à 21 h, sam. de 15 h à 19 h). Minitel 36-15 code EGYPTE;
— **à Genève**, 9, rue des Alpes, 1211 CH (☎ 32-91-32);
— **à Montréal** : 40, pl. Bonaventure, Frontenac (☎ 861-44-20).

Votre lexique

L'alphabet arabe

LEUR NOM	isolés	finale	médiane	initiale	TRANSPOSITION ET PRONONCIATION	
	ÉCRITURE EN POSITION					
Alif	ا	ـا	ـا	ا	ā	(voyelle longue).
Hamza	ء	s'écrit toujours seul sur la ligne ou au-dessus d'une voyelle longue			'	(attaque vocalique comme dans *à moi, ôte-toi*).
Bâ	ب	ـب	ـبـ	بـ	b	
Tâ	ت	ـت	ـتـ	تـ	t	
Thâ	ث	ـث	ـثـ	ثـ	th	(interdentale sourde comme dans l'anglais *think;* ce sont est très peu utilisé dans le parler du Caire).
Gîm	ج	ـج	ـجـ	جـ	g	(dans le parler du Caire se prononce comme le *g* français devant a, o, u).
Hâ	ح	ـح	ـحـ	حـ	h	(laryngale sourde).
Khâ	خ	ـخ	ـخـ	خـ	kh	(comme *jota* espagnole ou *ch* allemand devan *a*).
Dâl	د	ـد	ne se rattache pas à la lettre qui suit		d	
Dhâl	ذ	ـذ	id.		dh	(interdentale sonore comme dans l'anglais « that »).
Râ	ر	ـر	id.		r	(roulé).
Zâ	ز	ـز	id.		z	
Sîn	س	ـس	ـسـ	سـ	s	
Shîn	ش	ـش	ـشـ	شـ	sh	
Ṣâd	ص	ـص	ـصـ	صـ	ṣ	emphatiques.
Ḍâd	ض	ـض	ـضـ	ضـ	ḍ	
Ṭâ	ط	ـط	ـطـ	طـ	ṭ	
Ẓâ	ظ	ـظ	ـظـ	ظـ	ẓ	
'Aïn	ع	ـع	ـعـ	عـ	'	(laryngale sonore).
Ghaïn	غ	ـغ	ـغـ	غـ	gh	(comme le *r* grasseyé parisien).
Fâ	ف	ـف	ـفـ	فـ	f	

Qâf	ق	ـق	ـقـ	قـ	q	(emphatique. Dans le parler du Caire, ce phonème est réalisé par l'attaque vocalique *hamza* - vue plus haut).
Kâf	ك	ـك	ـكـ	كـ	k	
Lâm.............	ل	ـل	ـلـ	لـ	l	
Mîm.............	م	ـم	ـمـ	مـ	m	
Noûn...........	ن	ـن	ـنـ	نـ	n	
Hâ	ه	ـه	ـهـ	هـ	h	(comme dans *hello* américain).
Wâw............	و	ـو	ne se rattache pas à la lettre qui suit		w	(quand c'est une consonne).
					ou	(quand c'est une voyelle longue).
Yâ	ى	ـى	ـيـ	يـ	y	(quand c'est une consonne).
					ī	(quand c'est une voyelle longue et *i* en position de voyelle abrégée).

Nombres ordinaux

١	1	*wāḥed*; fém. *waḥda*	٢٢	22	*etnēn ou 'eshrīn,* etc.
٢	2	*etnēn*	٣٠	30	*talatīn*
٣	3	*talāta*	٤٠	40	*arbe'īn*
٤	4	*arba'a*	٥٠	50	*khamsīn*
٥	5	*khamsa*	٦٠	60	*settīn*
٦	6	*setta*	٧٠	70	*sab'īn*
٧	7	*sab'a*	٨٠	80	*tamanīn*
٨	8	*tamanya*	٩٠	90	*tes'īn*
٩	9	*tes'a*	١٠٠	100	*meyya*
١٠	10	*'ashra*	٢٠٠	200	*mitēn*
١١	11	*ḥedāshar*	٣٠٠	300	*toltomeyya*
١٢	12	*etnāshar*	٤٠٠	400	*rob'omeyya*
١٣	13	*talattāshar*	٥٠٠	500	*khomsomeyya*
١٤	14	*arba'tāshar*	٦٠٠	600	*settemeyya*
١٥	15	*khamas'tāshar*	٧٠٠	700	*sob'omeyya*
١٦	16	*settāshar*	٨٠٠	800	*tomnomeyya*
١٧	17	*saba'tāshar*	٩٠٠	900	*tos'omeyya*
١٨	18	*taman'tāshar*	١٠٠٠	1 000	*'alf*
١٩	19	*tesa'tāshar*	٢٠٠٠	2 000	*'alfēn*
٢٠	20	*'eshrīn*	٣٠٠٠	3 000	*talattalāf*
٢١	21	*wāḥed ou 'eshrīn*	١٠٠٠٠٠	100 000	*mit alf*

Quelques mots utiles

Les éléments

Le froid .... *el-bard.*
Le chaud .... *el-ḥarr.*
La mer .... *el-baḥr.*
Fleuve .... *nahr.*
Montagne .... *gabal, gebel.*
Eau .... *mayya.*
Barrage .... *sadd.*
(Le Haut-Barrage .... *es-sadd el-'âli).*
Été .... *sēf.*
Hiver .... *sheta.*
Printemps .... *rabī'.*
Automne .... *kharīf.*
Mois .... *sharh.*
Semaine .... *'osbou'.*
Jour .... *yōm.*
Heure, montre .... *sā'a.*
Minute .... *de'ī'a.*
Matin .... *sobḥ, sabāḥ.*
Midi .... *dohr.*
Hier .... *embāreh'.*
Aujourd'hui .... *'en-nahar-da.*
Demain .... *bokra.*
Nuit .... *lēl.*

Mots outils exprimant le temps-espace

Quand ? .... *'emta ?*
Après .... *ba'd.*
Avant .... *'abl.*
Maintenant .... *del-wa't.*
Toujours .... *dayman.*
Jamais .... *'abadan.*

Les jours de la semaine

Dimanche .... *yōm el-ḥad.*
Lundi .... *yōm el-etnēn.*
Mardi .... *yōm el-talāt.*
Mercredi. .... *yōm el-'arba'.*
Jeudi .... *yōm el-khamīs.*
Vendredi .... *yōm el-gom'a.*
Samedi .... *yōm el-sabt.*

Quelques noms d'animaux

Animal .... *ḥayawān.*
Chameau .... *gamal.*
Ane .... *ḥomâr.*
Chien .... *kalb.*
Chat .... *'oṭṭ.*
Mouches .... *dobbān.*
Moustiques .... *namū.*

Végétaux, minéraux

Plantes .... *nabāt.*
Fleurs .... *zahr.*
Arbres .... *shagar.*
Palmiers .... *nakhl.*
Roses .... *ward.*
Pierres .... *ḥagar.*
Sable .... *raml.*

Corps humain

Corps .... *gesm..*
Tête .... *rās* (chef *rayyes*).
Cœur .... *'alb.*
Main .... *'īd.*
Pied .... *regl.*
Œil .... *'ēn.*
Cheveux .... *sha'r.*

Adjectifs

Fatigué .... *ta'bān.*
(Je suis fatigué... *ana ta'bān*).
Malade .... *'ayyān.*
(je suis malade : *ana'ayyān*).
Laid .... *weḥesh.*
Joli .... *ḥelū.*

La possession

As-tu de la monnaie ? .... *'andak fakka ?*
Avez-vous de la monnaie ? .... *'andokom fakka ?*
Je n'ai pas d'argent .... *ma'andi-sh folous.*
J'ai de l'argent ... *'andi folous.*

Les désirs

Puis-je avoir du thé .... *mumkin shây.*
Puis-je avoir du café .... *mumkin 'ahwa.*
Puis-je avoir du sucre .... *mumkin sokkar.*
Puis-je avoir du pain .... *mumkin 'ēsh.*

Puis-je avoir des pommes de terre .... *mumkin batātes.*
Puis-je avoir du riz .... *mumkin rozz.*
Puis-je manger... *mumkin 'ākol.*
Puis-je boire .... *mumkin 'ashrab.*
Puis-je dormir..... *mumkin anām.*
Puis-je avoir le petit déjeuner. *mumkin el-fatūr.*
Puis-je avoir le déjeuner .... *mumkin el-ghada.*
Puis-je avoir le dîner .... *mumkin el-a'sha.*
Puis-je avoir de la viande .... *mumkin laḥma.*
Puis-je avoir du poisson .... *mumkin samak.*
Puis-je avoir des fruits .... *mumkin fakha.*
Puis-je avoir un taxi .... *mumkin tax.*
Puis-je avoir une chambre .... *mumkin 'ōda.*
Puis-je avoir des timbres .... *mumkin wara' bosta.*
Puis-je avoir de l'eau chaude.... *mumkin mayya sokhna.*
Puis-je avoir de l'eau froide ...... *mumkin mayya barda.*
Puis-je visiter le pays .... *mumkin 'azour el-balad.*
Puis-je partir....... *mumkin 'arūḥ.*
Puis-je sortir....... *mumkin 'akhrog.*
Puis-je aller aux pyramides .... *mumkin 'arūḥ el-ahram.*
Puis-je visiter la mosquée .... *mumkin 'azūr el-gâme'.*

Quelques impératifs

Laisse-moi........... *sibni.*
Laissez-moi .... *sibū-ni.*
Laisse-la .... *sib-ha.*
Laissez-la .... *sibū-ha.*
Réveille-moi .... *saḥḥīni.*
Porte ! .... *shīl.*
« Portez » et « porte-le » .... *shīlū.*
Porte-la............... *shil-ha.*
(Porteur .... *shayyāl).*
Apporte............... *gīb.*
Apporte-moi........ *gib-li.*
Ne m'apporte pas .... *ma tegib-līsh.*
Vite ! .... *awām.*
Doucement ! .... *be-shwēsh.*

Les directions

Ici .... *hena.*
Là-bas .... *henāk.*
En bas .... *taḥt.*
En haut................. *fō'.*
Devant .... *'oddām.*
Derrière .... *wara.*
Où ? .... *fēn ?*
Entre, parmi .... *bēn.*
Avant .... *'abl.*
Après .... *ba'd.*
Gauche .... *shemāl.*
Droite .... *yemīn.*
Où est la rue ? ... *fēn esh-shāre' ?*
Où est la maison ? .... *fēn el-bēt ?*
Où est le magasin ? .... *fēn ed-dokkān ?*
Où est l'hôtel ? ... *fēn el-lokanda* (emprunt de l'italien) ?
Où est la chambre ? .... *fēn el-ōda ?*
Où est le chauffeur ? .... *fēn es-sawwā' ?*
D'où venez-vous ? .... *gayy men fēn ?*
Où suis-je ? .... *ana fēn ?* (= moi où ?)
Où est la valise ? . *esh-shanta fēn ?*
La valise est ici .... *esh-shanta hena.*
A ta gauche .... *Shemēl-ak* (m.) ; *shemēl-ek* (f.).
A ta droite .... *yemīn-ak* (m.) ; *yemīn-ek* (d.).

L'heure

Quelle heure est-il ? .... *es-sā'a kām ?*
Il est une (deux, trois, etc.) heure .... *es-sā'a waḥda, 'etnēn, talāta*, etc. et suite des nombres cardinaux.
Et demie .... *w noss.*

Cinq heures et demie .... *es-sā'a khamsa w noss.*
Quand ? .... *emta ?*
Quand partirons-nous pour Lūqsor ? *'emta ḥa-nrūḥ Lo'sor ?*

Formules de politesse

Bonjour (très cordial) .... *ahlan we sahlan.*
Comment vas-tu ? (dit à un homme) .... *'ezzayyak ?*
Comment vas-tu ? (dit à une femme) .... *'ezzayyek ?*
Bien .... *kwayyes ;*
(ce n'est pas bien, ... *mesh kwayyes).*
Grâce à Dieu ...... *el-ḥamdu lellāh.*
Au revoir .... *sa'ida.*
S'il te plaît .... *men fadl-ak* (dit à un homme), *men fadl-ek* (dit à une femme).
Merci .... *shukrān.*

Oui, non, peut-être

Oui .... *'aywa.*
Non .... *la'.*
Peut-être .... *'emken.*
C'est possible ..... *momken.*

C'est impossible .... *mesh momken.*
C'est nécessaire .... *darūrī.*
Ce n'est pas nécessaire .... *mesh-darūrī.*

Pays, nationalité, nom

Égypte .... *maṣr* (également nom du Caire).
La République Arabe d'Égypte .... *el-gomhoreyya l-'arabeyya l-maṣra.*
La France .... *feransa.*
Je suis Française .... *ana feransāweyya.*
Je suis Français .... *ana feransāwi.*
Quel est ton nom ? .... *esm-ak* (m.) *'ēh ?, 'esm-ek* (d.) *'ēh ?*

Ventes, achats

Combien ? .... *kām ?*
A combien ? .... *be-kām ?*
A combien ceci ? . *be-kām dah ?*
C'est trop cher ! . *dah ghāli 'awi !*
Que voulez-vous ? .... *'āwez 'ēh ?*
Un peu .... *shwayya.*
Beaucoup .... *ktīr.*
Ça suffit ! .... *bass !*
Quel, quoi ? .... *'ēh ?*
Pourquoi ? .... *lēh ?*

Quelques mots à connaître

Abiaḍ, *blanc*
Akhḍar, *vert*
Aḥmar, *rouge*
'Ahwa, *café*
Aṣfar, *jaune*
'Ayn, *source, œil*
Azra', *bleu*
Bāb, *porte*
Baḥr, *mer, nord* (la Méditerranée étant au N.), *fleuve* (en Égypte, le Nil)
Baḥarī, *du fleuve, au nord*
Bayḍā' (fém. de Abiaḍ), *blanche*
Bēt, *maison*
Bīr, *puits*
Borg, *tour*
Dahab, *or*
Dahabī, *doré*
Dīn, *religion*
Futūḥ, *conquête*
Gamal, *beauté*
Gamīl, *beau*
Gebel, *montagne ;* en Égypte, *désert*
Gedīd, *neuf, nouveau*
Gharb, *ouest*
Gharbī, *occidental*
Gaysh, *armée*
Ḥurriyya, *liberté*
Kubrī, *pont*
Kursī, *fauteuil*
Maḥaṭṭa, *station, gare*

Malik, *roi*
Mashhad, *mausolée, tombeau*
Maṭār, *aéroport*
Midān, *place*
Mustashfā, *hôpital*
Naṣr, *victoire*
Nūr, *lumière*
Qadīm (fém. Qadīma), *ancien, vieux*
Qaṣr, *palais*
Ra'is, *leader politique;* sert souvent à désigner le président de la République
Ra's, *tête*
Sa'a, *heure*
Sadd, *barrage*
Safr, *zéro*
Safra (fém. de aṣfar), *jaune;* c'est de là que vient le mot français « safran »
Saḥn, *cour* (de mosquée)
Ṣaghīr, *petit*
Shāri', *rue, avenue*
Sharq, *orient, Est;* Sharq al-adnā, le Proche-Orient ; as-Sharq awsāt, le Moyen-Orient
Sharqī, *oriental*
Shay, *thé*
Umm, *mère;* on désigne souvent une femme par ce terme, suivi du nom de son fils aîné : Umm Kulthum, la Mère de Kulthum
'Uyūn (plur. de 'Ayn), *sources, yeux*
Wadī, équivalent du terme maghrébin **oued** : *cours d'eau intermittent* des régions arides ; par extension, le lit de ce cours d'eau
Wazīr (en français vizir), *ministre*

L'Égypte touristique

Que voir en Égypte ?

Des temples et des tombes mondialement célèbres. Des monastères et des églises datant des premiers temps de la chrétienté et — si l'on ne l'oublie pas, du moins le néglige-t-on trop souvent — des témoignages, parmi les plus beaux, de l'art islamique : mosquées, madrasas, caravansérails.
Mais aussi des paysages envoûtants : la vallée du Nil, les déserts, les oasis, les côtes de la Méditerranée, les fonds de la mer Rouge, le Sinaï.
Enfin et surtout, parce que les merveilles artistiques et archéologiques du passé ne doivent pas masquer le présent, parce que sans lui l'Égypte ne serait qu'un pays fossile et un grand musée de plein air, tout un peuple s'efforçant de vivre ; se plonger dans le grouillement des vieux quartiers du Caire, assister dans la vallée à la récolte de la canne à sucre ou dans le delta à la cueillette du coton, sont déjà source d'enseignement et permettent l'approche d'un monde façonné par plus de six mille ans d'une histoire unique.
Si l'évocation de ces lieux enchanteurs incite à la rêverie, partir à leur découverte ne permet malheureusement pas la moindre improvisation. En effet, malgré de gros efforts, l'infrastructure hôtelière et les transports intérieurs en Égypte restent très en-deçà de la demande touristique, sans cesse croissante. Il est donc essentiel que vous planifiiez précisément votre séjour avant votre départ. Cela vous permettra de réserver suffisamment à l'avance vos chambres d'hôtel, ainsi que vos places d'avion et de train, surtout si vous voyagez en hiver, époque où la saison touristique bat son plein. Mais réserver n'évite pas toujours certaines surprises désagréables : hôtels ou vols complets. N'hésitez donc pas à confirmer et reconfirmer.
Outre ces difficultés, sachez qu'il est relativement malaisé de se débrouiller seul en Égypte, surtout en dehors des grands centres touristiques, en raison des obstacles qu'entraîne la langue.
Ces observations ne doivent cependant pas vous décourager. Simplement, pour que vous tiriez pleinement profit d'un voyage individuel, la durée de votre séjour ne doit pas être inférieure à deux semaines (à moins d'être déjà venu). En cas contraire, inscrivez-vous de préférence à un voyage organisé qui pallie ce genre d'inconvénients et vous évite de perdre un temps souvent compté.

Programmes de voyage

Quels que soient vos goûts et le temps dont vous disposez, il est certains lieux que vous ne pouvez raisonnablement négliger faute de quoi votre voyage perdrait la majeure partie de sa raison d'être : Le Caire, ses monuments d'art islamique et le musée égyptien, les nécropoles de Giza et Saqqara, Lūqsor-Karnak et la nécropole thébaine, Aswān. C'est donc autour de ces pôles d'attraction que vous organiserez votre séjour : les indications pratiques et suggestions d'emploi du temps figurant en tête de chaque chapitre de ce guide peuvent vous y aider.

Les programmes suivants ont été construits en fonction des rotations aériennes entre l'Europe et Le Caire et vice versa. Il faut savoir en effet que les vols vers Le Caire atterrissent généralement fort tard dans la soirée, alors que les vols Le Caire-Europe décollent le matin entre 8 h et 13 h. Les visites restent donc impossibles les jours d'arrivée et de départ, surtout lorsqu'on sait qu'il faut généralement compter 2 h de formalités d'enregistrement pour quitter l'Égypte et presque autant pour y entrer.

Introduction à l'Égypte. — Programme de 10 jours Paris-Paris (départ vend. soir, retour dim. matin).

1er j. : Arrivée au Caire ; transfert à l'hôtel.

2e j. : Tôt le matin, départ en taxi affrété pour la nécropole de **Saqqara** ; vers midi, retour à **Giza** où vous déjeunerez chez *Andréa* d'un poulet au barbecue, avant de consacrer l'après-midi à la **visite des pyramides et du Sphinx**. Le soir, assistez au spectacle **son et lumière** des mêmes pyramides avant d'aller dîner au restaurant oriental de l'hôtel Méridien.

3e j. : Consacrez la matinée au **musée des antiquités égyptiennes**. Après déjeuner (chez Felfelha, dans le centre), visite des vieux quartiers de la capitale avec ses mosquées et le célèbre Khān al-Khalīlī. Dîner typique chez Haty.

4e j. : Prendre le 1er vol (vers 5 h) pour **Abu Simbel** qui en 2 h avec escale à Assouan vous déposera aux pieds des temples. La visite terminée le même avion vous redéposera à **Aswān** où vous arriverez pour déjeuner, avant de faire, en felouque, une promenade aux **îles** et aux monuments de la **rive gauche du Nil**.

5e j. : Affrétez un taxi pour la visite des **carrières de granit**, du **haut barrage** et du **temple de Philae**. Après le déjeuner à Aswān, promenade jusqu'au **monastère de Saint-Siméon**, ou balade en felouque jusqu'au village nubien de **Sehel** ; en fin d'après-midi, promenade dans les **souks** colorés (vannerie, épices).

6e j. : De bonne heure, départ pour **Lūqsor** en taxi affrété. En route, visite des temples de **Kom Ombo** puis d'**Edfū**. Déjeuner à **Lūqsor** en début d'après-midi, puis visite du temple de **Karnak** ; en soirée vous assisterez au son et lumière.

7e j. : Consacrez toute cette journée à la visite des temples funéraires et des tombes de la **nécropole thébaine**. Visite du **musée de Lūqsor** en fin d'après-midi et promenade dans les souks.

8e j. : Le matin, visite du **temple de Lūqsor** ; après le déjeuner, départ pour le village de Garagos, village de potiers où travaillent aussi des missionnaires chrétiens. Retour à Lūqsor pour prendre le premier train pour Le Caire (vers 19 h). Dîner dans le train.

9e j. : Arrivée tôt le matin à la gare du Caire ; matinée consacrée à la visite du **Vieux-Caire** (églises et musée copte) ; puis après-midi de détente ou de shopping au Khān al-Khalīlī (ou visite du **musée d'art islamique**).

10e j. : Transfert à l'aéroport et départ pour Paris dans la matinée.

L'Égypte classique. — Programme de 16 j. Paris-Paris (départ le sam. soir, retour le dim. soir).

Pour les fanatiques du voyage individuel, ce périple en voiture, assez fatigant lui aussi : des étapes parfois longues et peu de temps accordé à la flânerie, mais une vision plus complète, grâce, notamment, à la visite des sites de moyenne Égypte.

1er, 2e et 3e j. : comme le programme précédent.

4e j. : Départ pour **Miniā** où vous arriverez pour déjeuner. L'après-midi, excursion à Beni Ḥasan.

5e j. : Levez-vous avec le jour car la route est longue jusqu'à **Lūqsor** et nous vous proposons en outre de l'allonger encore légèrement d'un détour à **El-Ashmunein et Tuna el-Gebel.**

6e j. : Consacrez la matinée à la **nécropole thébaine**; après quelques heures dans le temple de **Lūqsor** il vous restera, l'après-midi, un peu de temps pour la détente.

7e j. : Seconde matinée sur la **rive gauche du Nil,** pour compléter votre visite de la veille; les temples de **Karnak** occuperont votre après-midi.

8e j. : Très tôt, départ pour **Edfū**, visite du temple le mieux conservé d'Égypte, puis en continuant vers Aswān, visite de **Kom Ombo.** Arrivée à **Aswān** en début d'après-midi pour déjeuner. Dans l'après-midi, promenade en felouque pour la visite des îles et de la rive gauche.

9e j. : Visite du **temple de Philae,** du haut barrage et des carrières de granit. Après-midi de détente ou balade en felouque jusqu'au village nubien de Sehel, ou encore promenade à dos de chameau jusqu'au **monastère de Saint-Siméon.**

10e j. : Tôt le matin, envol pour **Abu Simbel**; retour pour le déjeuner. En début d'après-midi, retour vers **Lūqsor** avec arrêt au temple d'Esna. Arrivée à Lūqsor en fin de journée.

11e j. : Excursion de la journée aux temples d'**Abydos** et de **Dendara**; emportez de quoi pique-niquer dans un des rest-houses voisins des sites. Le soir, spectacle de son et lumière à **Karnak.**

12e j. : Une longue étape de **Lūqsor** à **Miniā.**

13e j. : Au lieu de rentrer directement au Caire, faites un détour par **Le Fayyūm,** en vous arrêtant auparavant à El-Lahūn et à Hauwāra.

14e j. : Visite du **quartier copte** avec ses églises et son musée; après-midi de détente ou retour au **musée des antiquités égyptiennes.**

15e j. : Le matin, visite du **musée d'art islamique**; après-midi consacré aux derniers achats dans le **Khān al-Khalīlī** ou visite des **nécropoles** (la Cité des Morts).

16e j. : Retour vers Paris.

Vers une Égypte pas à pas. — Programme de 23 jours Paris-Paris (départ le sam. soir, retour le dim. soir).

Un rythme plus détendu, une découverte plus complète, une vision plus approfondie de quelques sites; et probablement, à la fin du voyage, un regret de partir aussi vif que si vous aviez suivi l'un des deux précédents programmes.

1er j. : Arrivée au Caire.

2e j. : Une matinée au **musée Égyptien** vous permettra de fixer des jalons utiles pour une bonne compréhension des monuments que vous allez visiter. Vers midi, allez à **Giza** où vous pourrez déjeuner d'un poulet au barbecue chez *Andréa* avant de consacrer l'après-midi à la visite des pyramides et du sphinx.

3e j. : Prendre la route pour la moyenne Égypte où vous ferez étape à **Miniā.**

4e j. : De Miniā, excursion aux ruines d'**Hermopolis** et à la nécropole de **Tuna el-Gebel** : ne tardez pas trop afin de pouvoir, au retour, visiter le petit **musée de Mallawī.** Après le déjeuner (prévoir un pique-nique), visite des tombes et des ruines de **Tell el-Amarna.**

5e j. : Visitez le matin les hypogées de **Beni Ḥasan** puis, afin d'écourter votre étape de demain, allez éventuellement chercher un gîte (très modeste) à **Asyūt.**

6e j. : Levez-vous assez tôt, de manière à pouvoir faire, en plus d'une étape assez longue (Asyūt-Lūqsor), une visite suffisamment détaillée des temples d'**Abydos.**

7e j. : Accordez une première matinée aux temples funéraires et aux tombes de la **nécropole thébaine**; l'après-midi, la visite du temple de **Lūqsor** vous laissera un peu de temps pour flâner dans les ruelles commerçantes de Lūqsor.

8e j. : Seconde matinée sur la **rive gauche,** pour compléter votre visite de la veille; les temples de **Karnak** occuperont votre après-midi.

9e j. : Excursions à **Dendara**; au retour, arrêtez-vous au village de **Garagos** (près de Qūṣ), célèbre par ses poteries, céramiques et tapisseries.

10e j. : Départ pour **Edfū**; après la visite du temple le mieux conservé d'Égypte, déjeuner à la cafétéria du temple grâce aux paniers-repas que vous aurez eu la

précaution d'emporter avec vous. Poursuivez vers **Kom Ombo**, magnifiquement situé au bord du Nil et arrivée à **Aswān** dans l'après-midi.
11ᵉ j. : Le matin, arrangez-vous avec un batelier pour vous faire conduire dans les **îles** et sur la **rive gauche du Nil**. En voiture, vous ferez l'après-midi l'**excursion des barrages, des carrières de granit et de l'île de Philae.**
12ᵉ j. : Prenez le premier vol pour **Abu Simbel** ; retour à Aswān pour déjeuner ; l'après-midi possibilité de promenade au village nubien de Sehel (en felouque), ou promenade à dos de chameau au **monastère de Saint-Siméon** ; en fin de journée, balade dans les souks (vanneries, épices).
13ᵉ j. : Retour à **Lūqsor** ; au passage, visite du petit temple d'**Esna** et arrêt éventuel au site d'**El Kab.**
14ᵉ j. : Profitez de ce nouveau séjour thébain pour effectuer quelques visites complémentaires dans la nécropole et aux temples de **Lūqsor** et de **Karnak** ; le soir, spectacle de son et lumière à **Karnak.**
15ᵉ j. : Une longue étape de Lūqsor à **Miniā** ; en partant tôt, vous pourrez l'agrémenter d'un petit détour par les couvents de **Sohag.**
16ᵉ j. : Plutôt que de rentrer directement au Caire, faites un détour par **Le Fayyūm,** en vous arrêtant auparavant à **El-Lahūn** et **Hauwāra.**
17ᵉ j. : Excursion de la journée à **Memphis** et **Saqqara.**
18ᵉ j. : Accordez cette matinée au **musée copte** et aux églises du Vieux-Caire puis prenez, au début de l'après-midi, la route d'**Alexandrie** (par le Delta).
19ᵉ j. : Le matin, visite d'**Alexandrie** ; l'après-midi, excursion aux environs où plusieurs **plages** peuvent vous accueillir pour quelques heures de farniente.
20ᵉ j. : Après la visite du **musée gréco-romain** empruntez, pour rentrer au Caire, la route du désert ; à mi-chemin, non loin d'un rest-house où vous pourrez déjeuner, les **monastères du Wadi Natrūn** vous montreront un autre aspect de l'Égypte chrétienne. Retour au Caire en soirée.
21ᵉ j. : Matinée au **musée d'art islamique** puis visite des mosquées Ibn Ṭūlūn, Sultan Hasan et Muḥammad 'Ali ; promenade au Khān al-Khalīlī où vous pourrez faire quelques emplettes. Spectacle son et lumière aux **pyramides** dans la soirée.
22ᵉ j. : Consacrez votre matinée à des visites complémentaires au **musée des antiquités égyptiennes** et l'après-midi au **musée ethnographique** à moins que vous ne préfériez les **nécropoles du Caire** (la Cité des Morts) ou un peu de détente. Le soir, dîner-spectacle (danse du ventre) sur le bateau Omar Khayam.
23ᵉ j. : Retour vers Paris.

L'Egypte à la carte

Pour ceux qui ont tout leur temps, voici quelques suggestions d'emploi du temps proposées par grandes régions. A vous d'adapter les différentes parties de ce puzzle afin de constituer vous-même votre voyage, modelé ainsi à votre propre convenance.

6 jours au Caire :
1ᵉʳ j. : Musée des antiquités égyptiennes le matin puis visite des mosquées Ibn Ṭūlūn, Sultan Ḥasan et de la citadelle l'après-midi.
2ᵉ j. : Excursion de la journée à Memphis et à Saqqara avec arrêt au village de Kerdasa.
3ᵉ j. : Visite du plateau de Giza le matin ; l'après-midi, visite du Vieux-Caire (églises et musée Copte).
4ᵉ j. : Visite du musée d'art islamique le matin et promenade, l'après-midi, dans les environs du Khān al-Khalīlī où vous pourrez faire quelques achats.
5ᵉ j. : Le musée ethnographique le matin ; après-midi de détente ou promenade à cheval au départ des pyramides.
6ᵉ j. : Visite complémentaire au musée des antiquités égyptiennes le matin. Après-midi consacré à la découverte des nécropoles (la Cité des Morts).

7 jours dans le delta :
1er j. : Trajet Le Caire/Alexandrie par la route du désert ; en route, visite des monastères du Wadi Natrūn.
2e j. : Visite d'Alexandrie.
3e j. : Visite du musée gréco-romain le matin ; l'après-midi, visite d'Abūqīr et plage.
4e j. : Quittez Alexandrie par la route agricole pour rejoindre Zagazig puis l'antique ville de Tanis ; après la visite de Tanis, continuation vers Ismaïlia.
5e j. : Excursion de la journée à Port-Saïd ; retour à Ismaïlia dans la soirée.
6e j. : Le matin, visite d'Ismaïlia ; l'après-midi, départ pour Suez.
7e j. : Visite le matin de Suez ; après déjeuner, retour au Caire.

5 jours en Moyenne-Égypte :
1er j. : Quittez Le Caire pour Le Fayyūm, où vous pourrez déjeuner puis continuez vers Miniā.
2e j. : De Miniā, excursion aux ruines d'Hermopolis et à la nécropole de Tuna el-Gebel ; après un pique-nique, visite des ruines de Tell el-Amarna.
3e j. : De bonne heure, visite des hypogées de Beni Ḥasan et continuation vers Asyūt.
4e j. : Asyūt-Sohag ; visite du couvent blanc dans la matinée ; continuation sur Nag' Hammadi après la visite du temple d'Abydos.
5e j. : Départ pour Dendara : visite du temple ; continuation vers Qenā et Lūqsor où l'on pourra arriver dans l'après-midi.

Pour effectuer ce voyage en Moyenne-Égypte, il est préférable de n'être pas trop délicat en ce qui concerne l'hébergement (sommaire sauf à Minia) et la nourriture (petits restaurants locaux seulement ou pique-niques).

6 jours en Haute-Égypte :
1er j. : Lūqsor ; matinée entière au temple de Karnak ; après-midi, visite du temple de Lūqsor.
2e j. : Première matinée à Thèbes ; retour pour le déjeuner à Lūqsor ; en fin d'après-midi, visite du musée.
3e j. : Seconde matinée à Thèbes ; après-midi de détente ou excursion au village de Garagos (poteries).
4e j. : Trajet Lūqsor-Aswān avec, en cours de route, visite des temples d'Esna, Edfū et Kom Ombo ; panier-repas à consommer à la cafétéria du temple d'Edfū.
5e j. : Visite le matin du temple de Philae, du haut barrage et des carrières de granit ; l'après-midi, promenade en felouque dans les îles.
6e j. : Tôt le matin (par le premier vol), départ pour Abu Simbel ; retour en fin de matinée ; détente l'après-midi (dans les jardins de l'hôtel Old Cataract) ou balade en felouque au village nubien de Sehel.

4 jours au bord de la mer Rouge (au départ de Lūqsor) :
1er j. : Trajet Lūqsor-Qenā-Port Safaga, puis continuation vers Hurgada.
2e j. et 3e j. : Séjour à Hurgada.
4e j. : Très tôt le matin, quittez Hurgada pour Safaga ; reprendre la route pour Qenā et Lūqsor.

5 jours au Sinaï :
1er j. : Départ par la route du désert ; arrivée pour le déjeuner sur les rives du canal de Suez ; traversée du canal par le tunnel et continuation par la route côtière ; arrivée en fin de journée.
2e j. : Visite du monastère Sainte-Catherine et ascension du mont Moïse.
3e j. : Départ pour Sharm el-Sheikh.
4e j. : Séjour à Sharm el-Sheikh.
5e j. : Retour vers Suez et Le Caire.

4 jours dans les oasis (au départ de Lūqsor) :
1er j. : Trajet Lūqsor-Nag' Hamadi ; prendre ensuite la route de Kharga ; visite de

Baghawat, du temple d'Ibis et de la forteresse de Kom El Nadura (déjeuner pique-nique). Arrivée en fin de journée à Kharga.
2e j. : Visite du village ancien.
3e j. : Départ pour l'oasis de Dakhla; déjeuner à l'oasis; visite du cimetière pharaonique de Balat et du village islamique; retour à Kharga.
4e j. : Très tôt le matin, départ pour Asyūt et Miniā.

La croisière sur le Nil

La navigation sur le Nil est le moyen de déplacement le plus ancien et le plus normal de ce pays réduit à une mince bande de terre de chaque côté du fleuve. Complété, chaque fois que nécessaire, par d'autres moyens de transport, c'est aussi, aujourd'hui, l'un des plus agréables, que vous choisissiez le confort raffiné d'unités modernes ou le charme des vieux bateaux à roues rénovés.
De nombreux navires assurent ainsi presque toute l'année (avec un maximum de rotations en hiver) des croisières régulières entre Lūqsor et Aswān; leur programme type est le suivant (ou l'inverse au départ d'Aswān) :

1er j. : Embarquement à Lūqsor en début d'après-midi; nuit à Lūqsor.
2e j. : Journée et nuit à Lūqsor.
3e j. : Le matin départ pour Esna; après une escale, poursuite vers Edfū; nuit à Edfū.
4e j. : Départ pour Kom Ombo où le bateau fait escale avant d'atteindre, vers le milieu du jour, Aswān; nuit à Aswān.
5e j. : Débarquement après le déjeuner.

A noter cependant que les escales nocturnes peuvent être modifiées par le capitaine (l'escale d'Edfū peut se faire à Esna par exemple). La plupart des bateaux commencent leur navigation tôt le matin (vers 4 ou 5 h). Prévoir des boules Quiès pour les personnes sensibles au bruit des moteurs.

Cette croisière de 5 jours/4 nuits peut facilement être incluse dans un programme de voyage de 9 jours.

Une croisière légèrement plus longue est également pleine d'intérêt : **7 jours/6 nuits** : programme semblable au précédent mais incluant, depuis Lūqsor, un aller et retour à Dendara, avec visite d'Abydos en autocar.

La croisière sur le Nil connaît, depuis quelque temps, un succès grandissant et les mises en service de navires se multiplient. Parmi les principaux organisateurs citons **Hilton** (bateaux Isis et Osiris), **Sheraton** (bateaux Aton, Any, Tut, Hotp), **Rev'Vacances** (bateaux Ramsès, Tout-Ankh-Amon, Sphinx, Rev'Vacances, Nile Sphinx II), **Kuoni** (bateaux Nile Princess, Nile Emperor, Nile Dream, King Tut, Hatchepsout), **Cosmovel** (bateaux M/S Hoda, M/S Nile Beauty), **Découvrir** (bateaux Time Machine, Neptune, Alexander the Great, Triton), **Géotours** (bateaux Seti I et II), **Jet Tours** (Nil Dream, Atlas), dont les unités offrent un haut degré de confort. Il existe de nombreuses autres unités de classe « touriste ». Renseignez-vous auprès de votre agent de voyages.

La capacité du bateau que vous choisirez déterminera votre mode de vie à bord. Jusqu'à vingt-cinq cabines, la vie en groupe est inévitable. A partir de cinquante, vous pourrez vous fondre dans l'anonymat. Paradoxalement, les petites unités offrent plus d'espace par passager que les grandes.

Suivant sensiblement le même programme, mais offrant un confort beaucoup plus spartiate, la croisière en felouque exige esprit d'équipe et capacités physiques.

Comprendre l'Égypte

Repères

Le pays

Une portion de Sahara. — Si le nom d'Égypte évoque en chacun de nous les splendeurs pharaoniques, on oublie généralement qu'il recouvre, pour les géographes, une réalité fort différente. Le territoire sur lequel s'exerce la souveraineté de la **République arabe d'Égypte** est avant tout, en effet, **une portion de l'immense désert** qui, de l'Atlantique à la mer Rouge, s'**étend sur le continent africain**. Administrativement, cette Égypte occupe près d'**un million de kilomètres carrés**; dans sa plus grande largeur, au niveau de la frontière S., elle atteint environ 1 220 kilomètres; sa plus grande dimension dans le sens N.-S. n'excède par 1 080 kilomètres.

Un « paysage accidentel ». — **L'Égypte cultivée et habitée** est toute autre; elle se réduit en fait à 38 700 kilomètres carrés, c'est-à-dire **à peu près 4 pour cent du total**, comprenant la partie septentrionale de la vallée du Nil, son Delta, quelques oasis et de minces bandes côtières.

Sa largeur, **réduite par endroits au lit même du fleuve**, s'accroît un peu en s'éloignant de la première cataracte, et peut atteindre 10 à 15 km et même, plus rarement, 25. L'Égypte est donc un étroit et long jardin comprimé entre deux déserts; une sorte d'exception dans une nature hostile et un miracle, le **miracle du Nil**.

Le domaine désertique. — Il est constitué de **deux larges plateaux montagneux** dont l'un, le plateau libyque, à l'O., s'abaisse rapidement en s'éloignant du Nil tandis que l'autre, **le plateau arabique**, à l'E., **continue de s'élever jusqu'au rivage de la mer Rouge**; il est coupé de longues entailles entre les plateaux montagneux, anciennes pistes de caravanes entre la vallée et la mer qu'empruntent aujourd'hui plusieurs routes. Le **désert libyque** présente le même aspect que le Sahara dont il n'est que le prolongement; c'est un **vaste bassin** sablonneux, **soulevé par places de monticules** calcaires, **et traversé**, du S. au N., **par un chapelet de dépressions** que jalonnent les oasis de Kharga, de Dakhla, de Farafra et de Bahriyya. Une vallée transversale, près de la frontière libyenne, abrite l'oasis de Siwa.

Le climat. — Longtemps remarquable par la constance et la périodicité de ses phénomènes, la **sécheresse de l'air**, et la **rareté des pluies**, il s'est sensiblement modifié depuis quelques années, du moins en ce qui concerne la période hivernale.
Le **voisinage des déserts, principal régulateur** du climat de l'Égypte, leur pouvoir absorbant ainsi que l'absence de relief d'une certaine importance, qui étaient la cause de l'extrême rareté des pluies dans la vallée, n'arrivent pas toujours, en hiver, à contre-balancer l'**influence humidifiante du lac Nasser**.

Durant cette saison, le Delta, y compris Le Caire, peut connaître des périodes pluvieuses plus ou moins longues. Moindres dans la Moyenne-Égypte, les pluies n'apparaissent qu'à de plus grands intervalles au S. d'Asyūt, encore qu'un ciel nuageux ne soit plus l'exception, même à Lūqsor.

Dans la vallée du Nil, le **régime des vents** est réglé d'une manière à peu près analogue à ce qui a lieu dans la mer Rouge où tous les courants atmosphériques, quelle que soit leur origine, se transforment en courants alternatifs du N. ou du S. Les « souffles rafraîchissants du nord » déjà notés par les Anciens sont dus à la haute température des déserts du S. aussi bien en hiver qu'en été. A mesure qu'on remonte le Nil et qu'on se rapproche des régions équatoriales, l'équilibre tend à se rétablir entre les deux courants contraires.

L'**hiver**, de décembre à février, est **la saison ingrate**, mais les gelées restent **rares**. Dans la Moyenne et dans la Haute-Égypte, le ciel, généralement clair, se trouble parfois depuis que les eaux gagnent de plus en plus sur le désert grâce aux progrès de l'irrigation.

Le **printemps** (mars à mai) **est doux**, mais **sujet à de brusques variations** de température, souvent déterminées par des alternances de vent du N. et de **khamsin**, vent du S. brûlant et orageux qui soulève des tourbillons de poussière et de sable.

L'**été** (juin à août) se distingue par **la continuité de la chaleur** et le haut degré de **siccité de l'air**. Prédominance des vents du N., grande égalité de la température ; le ciel est d'un bleu intense, sans nuages.

L'**automne** (septembre à novembre) reste agréable, mais le thermomètre accuse un **fléchissement de la température**, préludant au retour de l'hiver.

En général, le **climat de la Haute-Égypte**, quoique plus chaud, **est d'une salubrité plus égale et plus constante** que celui de la Basse-Égypte ; le ciel y est d'une pureté admirable. C'est à cette sérénité constante et à l'extrême sécheresse qui en résulte que l'Égypte doit la préservation d'une série monumentale unique au monde.

Le Nil. — Seule source d'humidité et d'irrigation, le **Nil**, sans lequel l'Égypte n'existerait pas, **a tenu de tout temps**, par le régime de ses eaux, le **pays** en une étroite **dépendance.**

La crue du Nil était un phénomène annuel qui se reproduisait avec la même régularité que le retour des saisons et qui seul, jusqu'à une époque récente, assurait à l'agriculture égyptienne des conditions suffisantes d'humidité.

Son volume, qui dépendait des pluies dans la région des grands lacs d'Afrique et de la fonte des neiges dans les montagnes de ces mêmes régions, de l'Abyssinie et du Pays des Gallas, était donc tributaire des caprices de la nature. **Une crue trop faible ou trop abondante était également désastreuse pour l'agriculture.** Le Haut-Barrage pallie désormais cet inconvénient tout en permettant une exploitation plus rationnelle des terres qui ne sont plus recouvertes par les eaux durant de longs mois. Il favorise de plus, par une irrigation appropriée, la mise en culture de vastes territoires gagnés sur le désert.

Les hommes

Combien sont-ils ? — 38 200 000 au recensement de fin 1976, autour de **59 millions** à l'heure actuelle, contre 6 millions il y a à peine plus d'un siècle, le **rythme d'accroissement** de cette population — env. **1,2 million** d'individus **par an** — posant, comme on peut s'en douter, des problèmes dramatiques dans un pays où la **densité moyenne** par rapport au sol cultivable et habitable atteint donc presque **1 200** hab. par km^2 (en France, 95 hab./km^2) : 99 % de la population vivent sur 4 % seulement du territoire.

La politique de planning familial instaurée par le gouvernement de Nasser commence pourtant à porter quelques fruits : de 44,1 pour 1 000 en 1961, le taux brut de natalité est tombé à 38 pour 1 000 en 1994, permettant ainsi au **taux de croissance démographique de régresser** dans le même temps de 2,83 à 2,3 % (à titre de comparaison, ce taux était, dans la France de 1980, de 0,47 %).

Qui sont-ils ? — Les descendants des anciens Égyptiens. L'identité de race est complète, comme on peut s'en rendre compte à la vue des statues et des personnages figurés dans les bas-reliefs et les peintures des tombes.

L'invasion arabe, comme du reste les précédentes, **n'a pas été numériquement** assez **importante** pour anéantir la race autochtone ; mais tandis que beaucoup d'Égyptiens se convertirent alors à l'islam, les coptes, restés fidèles au christianisme, religion nationale de l'Égypte avant la conquête arabe, se sont ainsi condamnés à former une sorte d'îlot impénétrable aux musulmans. De là cette croyance, assez répandue en Occident, et dont il convient de faire justice, que les coptes étaient les seuls descendants authentiques des fellahs pharaoniques.

Musulmans (90 % de la population) : ils appartiennent en presque totalité à la famille sunnite (orthodoxe).

Coptes (environ 9 % de la population, soit cinq à six millions) : ils sont en majorité coptes orthodoxes, c'est-à-dire monophysites ; quelques coptes catholiques ou protestants sont le résultat de conversions dues à des missionnaires européens. Les chrétiens non coptes sont, pour la plupart, des étrangers.

Citadine à plus de 60 %, avec deux villes de plus d'un million d'habitants (Le Caire, 16 millions, Alexandrie, 5 millions) et une vingtaine d'autres dépassant 100 000 (dont Port-Sa'īd, 400 000, et Suez, 350 000), c'est **une population essentiellement jeune** : 59 % de moins de vingt-quatre ans, 36 % de moins de douze ans.
En dehors des « gouvernorats urbains » du Caire, d'Alexandrie, de Port-Sa'īd et de Suez (21,4 %), elle est géographiquement répartie d'une manière qui correspond aux superficies cultivables : 43,4 % en Basse-Égypte, 34 % en Haute-Égypte, 0,6 % dans les gouvernorats frontaliers.

Le nombre des **chômeurs** est de loin supérieur à celui des actifs : plus de 20 millions, contre 16,5 millions (estimation vraisemblable). Quant au **revenu moyen** par habitant, il ne dépasse pas 780 dollars US.

Les institutions

La Constitution. — Adoptée par **référendum** le 11 septembre 1971, elle stipule que la République arabe d'Égypte est un **État démocratique socialiste**, faisant partie de la Nation arabe et œuvrant pour réaliser son unité totale, que l'islam est la religion de l'État (la liberté de pensée et de culte étant néanmoins assurée) et que les principes de la Loi islamique constituent une source principale de la législation.

Définissant la structure et le mode de fonctionnement de l'État, elle se réfère, quant à la finalité de celui-ci, à deux textes de base :
— la **Charte nationale**, approuvée en juin 1962, qui trace la voie de la Révolution, définit **la démocratie égyptienne, la société**, ses rapports avec la production, la lutte arabe, ses buts et ses procédés ;
— le **Manifeste du 30 mars 1968**, plébiscité le 2 mai de la même année, qui complète la Charte nationale en proposant **une sorte de plan de travail** susceptible de protéger les acquis de la Révolution tout en accélérant l'édification d'un État et d'une société modernes. L'ensemble en a été réaffirmé dans le **Programme d'action nationale** présenté par le président Sadate dans son **Message à la Nation** du 10 juin 1971, en prélude à la constitution soumise six mois plus tard au vote des électeurs.

Le pouvoir exécutif. — Il appartient au **président de la République**, qui **détient tous les pouvoirs** civils et militaires : le président, élu pour six ans par référendum (mandat renouvelable plus d'une fois, depuis les amendements de 1971), **définit la politique** de l'État, **nomme et révoque** le vice-président de la République, le Premier ministre, les ministres et vice-Premiers ministres, ainsi que les fonctionnaires civils et militaires et les représentants diplomatiques ; **il promulgue les décrets** nécessaires à l'exécution des lois, **peut**, en cas d'urgence, **édicter des ordonnances** ayant force de loi, conclut les traités, etc.

Il est assisté d'un gouvernement qui, entre autres attributions, élabore les projets de lois, de décrets, de budget de l'État, de plan, etc. Le gouvernement comprend actuellement un Premier ministre, 5 vice-Premiers ministres, 26 ministres et un vice-ministre.

Le pouvoir législatif. — Il est détenu par l'**Assemblée du Peuple**, comprenant 386 membres élus pour cinq ans au suffrage universel. La constitution réserve 50 % des sièges aux ouvriers et aux paysans.

L'assemblée peut retirer sa confiance à un vice-Premier ministre, à un ministre ou à son suppléant, entraînant alors sa démission.
Si elle retire sa confiance au Premier ministre lui-même, le président peut, soit révoquer le gouvernement tout entier, soit soumettre le contentieux au peuple, par voie de référendum. Si celui-ci est favorable à l'assemblée, le gouvernement est alors révoqué ; si la balance penche en faveur du gouvernement, l'assemblée est dissoute.
D'autre part, une **assemblée consultative** composée de 210 membres dont 70 nommés par le président et 160 élus au suffrage universel, et des **conseils nationaux** spécialisés, relevant directement, pour leur composition et la définition de leurs attributions, du président de la République, **collaborent**, pour certaines tâches précises, **à l'élaboration de la politique générale** de l'État.

Divisions administratives. — L'Égypte est divisée en vingt-six **gouvernorats** (muhāfaẓāt) dont les affaires sont administrées par un **conseil de gouvernorat** : celui-ci, présidé par un **gouverneur** (muḥāfiẓ) représentant le pouvoir exécutif, est constitué de membres nommés — représentant les ministères intéressés —, de membres choisis pour leur compétence au sein de l'Union socialiste arabe, et de membres élus.
Les **villes** et les **villages** sont gérés par des **conseils de villes ou de village** constitués de même manière : les activités de ces conseils sont supervisées par les conseils de gouvernorat.

La vie économique

L'homme et le Nil. — Pendant toute son histoire antique, l'Égypte a vécu sur ce flot d'inondation qui la couvrait d'eau tout l'été et laissait la terre libre et profondément mouillée aux soins des fellahs l'hiver quand le flot se retirait. **Muḥammad 'Ali,** en entreprenant en 1835 **la construction d'un barrage en aval du Caire,** devait **transformer les conditions de la culture** en Égypte. Ce barrage, terminé avec des fortunes diverses, agit comme répartiteur des eaux dans les deux bras du Nil qui se partageaient très inégalement et permit ainsi une culture d'été.
Une **seconde étape dans l'amélioration du régime nilotique** fut franchie lors de la construction des barrages d'Asyūt, de Nag' Ḥammādi et d'Esnā, puis du **barrage d'Aswān destiné,** non pas à répartir au mieux une eau peu abondante, mais **à emmagasiner une partie des eaux** qui vont se perdre en mer lors de la crue. La construction du **Haut-Barrage,** un peu au S. d'Aswān, devait enfin assurer la **maîtrise totale de l'homme sur le fleuve.** Ce nouveau barrage, d'une capacité énorme, peut, à l'inverse de l'ancien réservoir d'Aswān, **emmagasiner toute l'eau de la crue** avec une marge suffisante pour que l'envasement ne pose pas de problème à courte échéance. Les eaux ainsi mises en réserve permettent non seulement de **soumettre toute l'agriculture au régime de l'irrigation permanente** — d'où une énorme amélioration des rendements grâce à une exploitation intensive et plus méthodique des terres cultivées —, mais encore de **gagner à la culture,** par leur meilleure répartition, **plusieurs milliers d'hectares** de désert *(sur l'ensemble des progrès permis par le Haut-Barrage, → aussi au chap. 26D).*

L'agriculture. — Elle est, depuis le XIXᵉ siècle, **largement dominée** par le **coton,** plante indigène ou du moins acclimatée dès l'Antiquité. Mais la culture en était tombée en désuétude et ce fut seulement en 1821 qu'elle fut reprise par Jumel, agronome français au service de Muḥammad 'Ali. Jumel fit ensemencer du coton indien : l'expérience fut couronnée de succès et, depuis, cette culture s'est propagée au point de devenir l'**une des principales ressources agricoles** du pays, couvrant 19 % de la surface cultivée. La production atteint 681 000 t en 1995 (7ᵉ rang mondial) de **coton égrené,** dont 38 % de longue fibre (plus de 40 mm ; 90 % de la production mondiale), 35 % de fibre dite longue moyenne, et 27 % de fibre moyenne. La qualité du **coton égyptien, le meilleur qui soit,** lui permet de contribuer pour la plus large part aux revenus de l'exportation.
La **canne à sucre** n'est pas indigène mais a été introduite dès le Moyen Age. Elle a, depuis le règne d'Isma'īl, pris un énorme développement (12 411 000 t en 1995), et l'**industrie sucrière** est la **première des industries alimentaires** du pays, tout en ne représentant, par rapport au coton, qu'une faible part du revenu agricole brut.

La principale **céréale** est le maïs, dont on a récolté 4 879 000 t en 1995. Elle est suivie par le riz, cultivé dans le Delta où les terres basses et marécageuses offrent les conditions d'humidité nécessaires. La production atteint 4 591 000 t. Le blé a, depuis l'Antiquité, perdu beaucoup de son importance : 4 437 000 t.

Pour ce qui est des **légumes** (10 187 000 t en 1995), la production est largement dominée par les tomates (5 010 000 t), suivies des pastèques. A citer aussi les pommes de terre, les oignons, les fèves et les courgettes. La production d'arachides n'est pas très élevée.

La **production fruitière** est moyenne, mais ne cesse de croître (5 446 000 t en 1995) : les agrumes y tiennent la première place (classant l'Égypte au 10e rang mondial), suivis des dattes et du raisin.

Malgré son énorme superficie, l'**Égypte manque cruellement de terres cultivables** et toute son agriculture repose actuellement sur l'exploitation de 38 700 km² (4 % de la superficie totale) : d'où les efforts d'**amélioration des rendements** et les efforts de **bonification des terres désertiques.** Un programme portant sur 500 000 ha doit permettre notamment la mise en valeur du désert occidental et du pourtour du lac Nasser ; en outre, on étudie les moyens d'irriguer, à partir du Haut-Barrage, 1 500 000 autres hectares dans le désert occidental et 800 000 ha en lisière du Delta. **La bonification des terres désertiques,** si elle a permis d'étendre les productions de primeurs, de céréales et de fruits, **crée un problème préoccupant à moyen terme.** En effet, d'une part les eaux d'irrigation à forte salinité ne sont plus évacuées, d'autre part le Haut-Barrage a entraîné une montée des nappes phréatiques de 1,5 m. Les eaux de drainage, chargées de matières minérales, se mélangent aux eaux saines, et il faut procéder à de nouveaux forages pour trouver l'eau pure. Les terres sont certes lessivées chaque année par les eaux souterraines peu chargées, mais l'étendue des surfaces à « laver » restreint dangereusement les réserves d'eau pure. Ainsi, l'agriculture risque de devenir une économie sinistrée si rien n'est entrepris pour rationaliser sa consommation d'eau. En même temps, la péninsule du Sinaï doit s'équiper d'infrastructures agricoles pour bonifier ses terres : d'ici à 2007, ce programme devrait permettre de créer 165 000 emplois et de transformer ce milieu désertique hostile en **deuxième Delta.**

Le cheptel. — Les épizooties, fréquentes depuis l'Antiquité, ont amené à plusieurs reprises la fin d'une race d'animaux domestiques et son remplacement par une autre, importée d'Asie ou de Nubie : vous ne retrouverez donc pas toujours parmi les animaux domestiques les espèces figurées sur les monuments.

C'est ainsi que le buffle (la **gamousse** actuelle), importé en Égypte sans doute après la conquête arabe, s'y est tellement multiplié qu'il y tient une place plus grande que le bœuf. C'est la grande ressource du fellah ; les bufflesses donnent un lait très gras et nourrissant dont on tire un beurre et un fromage blanc salé, à odeur et goût très forts, qui sont souvent les seuls que l'on puisse consommer en Haute-Égypte, hors des centres touristiques.

Ressources minières. — La production reste relativement faible, tant en raison de la difficulté d'exploitation de certains gisements reconnus que d'une prospection encore insuffisante du territoire.

Le pétrole tient la première place, avec 44 800 000 t de brut en 1994, suivi par le **minerai de fer,** le **sel gemme** et le **gaz naturel** (9 300 000 t en 1994). A citer également une petite production de **talc,** de **manganèse** et de **minerai de zinc et de plomb,** et d'autres encore, dont l'incidence économique n'est pas encore très grande : kaolin, quartz, spath-fluor, baryte, marbre.
Suite à l'exploitation des gisements du désert libyque, la **production de pétrole de l'Égypte** est passée de 29 millions de tonnes en 1980 à 44,8 millions de tonnes en 1994. Grâce à cette nouvelle ouverture, le déficit de la balance commerciale égyptienne a pu être en partie redressé : de 4,7 % du PIB en 1982, il a été réduit à 1,6 % en 1995.

L'industrie. — Les efforts accomplis dans ce domaine depuis la Révolution avaient permis à l'**indice général de la production industrielle** de **passer de 100 en 1952 à 363 vingt ans plus tard.** Plus qu'une rentabilité immédiate, on a souvent cherché, au travers de certaines industries lourdes, à **diminuer la dépendance** du pays vis-à-vis de l'étranger (d'où la création d'aciéries, de cimenteries, d'usines d'engrais, etc.), et l'on tend à présent à favoriser une industrie de substitution capable d'exporter, sans que pour autant soient négligés les secteurs de la consommation où il était rapidement possible d'atteindre un niveau d'autosuffisance. Le but est cependant loin d'être atteint, en dépit des progrès réalisés, en raison notamment de la multiplication des bouches à nourrir. Le secteur industriel emploie environ **16 % de la population active** (2640000 personnes). En grande partie tournée vers l'exportation, l'**industrie textile** a néanmoins **bénéficié d'importants investissements** qui ont permis, dans certains secteurs, de tripler la production.

La **production électrique** est de 51,3 milliards de kWh, dont 11,4 d'origine hydraulique et 39,9 d'origine thermique — soit 12 978 MW installés, dont 2 715 hydrauliques et 10 263 thermiques. Mais l'électrification totale des campagnes, en cours, et le développement industriel amplifient considérablement les besoins du pays en électricité : on parle depuis longtemps de construire une centrale nucléaire, le projet futuriste d'aménagement pour Qattara est en suspens depuis une soixantaine d'années, quatre nouveaux barrages sont prévus sur le Nil. Mais ils ne devraient pas voir le jour tant que les problèmes soulevés par le Haut-Barrage n'ont pas trouvé de solutions.

Principales productions exportées (exprimées en millions de dollars US) : **pétrole brut** (790,5), **produits pétroliers** (500,7), **filés de coton** (376,7), **produits textiles en coton** (349,3), **coton** (232,9), **produits à base d'aluminium** (119,3), **riz blanchi** (73,8), **pommes de terre** (26,4), **oignons** (17,6), **meubles et bois** (14).

Le commerce extérieur. — **Les hydrocarbures** restent le fer de lance des exportations égyptiennes (43 %), suivis de près par les produits textiles. L'**agro-alimentaire** représente 7,5 % de la valeur des exportations en 1995 ; si l'on y ajoute les produits chimiques, leur part des exportations devrait atteindre 30 % en 2010. L'assainissement de la production agricole (avec moins de pesticides et d'engrais) et la diversité des produits permettra à l'Égypte de rester le principal pays exportateur de fruits et légumes de la région.

Le **tourisme,** en baisse de près de 75 % en 1993-1994, se reprend peu à peu : en 1995, 3 133 000 personnes ont visité l'Égypte, dont 53,9 % étaient des Européens (3,9 % des Français) et 23,7 % venaient du Moyen-Orient ; les constructions hôtelières réalisées viennent d'atteindre les 120000 établissements.

Les recettes du **canal de Suez,** après une chute vertigineuse (car le Canal n'est plus assez profond pour les supertankers), se rétablissent grâce au passage de nombreux navires marchands.

La **guerre du Golfe** a eu en Égypte un effet positif : le taux d'acroissement de son PIB en est sorti plus élevé (3 % en 1995 contre 2,5 % en 1990 et 0,4 % en 1991). Mais le retour de 600000 Égyptiens qui travaillaient dans le Golfe a provoqué une crise du logement et une augmentation sensible du taux de chômage, dont le chiffre officiel n'est toujours pas communiqué. Et l'Égypte reste, après Israël, le pays au monde qui reçoit le plus d'**aide américaine** : 2,1 milliards de dollars US en 1995, dont 1,3 milliard au titre de l'aide militaire.

La politique économique du président Mubārak commence à porter ses fruits en liaison avec le FMI, et, par le développement du marché régional (accord de libre échange avec la Jordanie et la Palestine), l'Égypte pourrait redevenir la pièce maîtresse de l'échiquier économique du Moyen-Orient. Malgré un déficit de près de 8 milliards de dollars US en 1995, elle est sur la voie du redressement, que favorisent encore l'augmentation des investissements étrangers dans le secteur industriel et les effets des privatisations. Toutefois, cet élan est à la merci du premier soubresaut politique ou social...

La structure des **importations** traduit bien la double nécessité d'équiper industriellement le pays en même temps que de pallier les insuffisances de la production locale : les produits agricoles y tiennent la première place (on importe pour 736,4 millions de dollars US de blé par an), suivis du bois (492 millions), des moteurs de voitures (219,8 millions), du maïs (262,7 millions)...

Les **principaux fournisseurs** de l'Égypte sont, par ordre d'importance décroissante (1994) : les États-Unis, l'Italie, l'Allemagne, la France, le Japon, le Royaume-Uni, les Pays-Bas ; ses **clients** sont l'Italie, les États-Unis, la Grèce, le Royaume-Uni, l'Espagne, l'Allemagne et la France.

Histoire

L'Égypte dans l'Histoire

L'Égypte des géologues naît, comme dans la mythologie antique, du chaos aquatique. En se retirant progressivement, la mer du pliocène laisse un espace libre que le Nil va, petit à petit, occuper. Creusant sa vallée, déposant son limon, il organise autour de lui un cadre rigide où s'installera bientôt la vie. Puis l'homme paraît. Quittant les plateaux devenus stériles, il descend dans la vallée.
Organisée en petites communautés théoriquement indépendantes mais intimement liées entre elles par le Nil lui-même, l'Égypte entre ainsi dans l'histoire. L'union politique qui devra attendre encore est déjà inscrite sur le sol du pays.

De l'Égypte en vase clos à l'Égypte conquérante. — Viennent enfin les pharaons. Partout les fastes s'organisent. Les villes s'ornent de temples de pierre. Le beau, le précieux, le rare ou le grandiose demandent que l'on aille chercher souvent fort loin les éléments qui vont concourir à faire naître le plaisir des yeux ou l'émerveillement des foules. Ainsi donc les limites naturelles de l'Égypte seront franchies. La Nubie, razziée dans une grande indifférence à l'égard de ceux qui l'habitent, fournit ses esclaves et ses richesses exotiques ; le Sinaï voit paraître les carriers en quête de pierres précieuses et les premiers navires, regorgeant de cet or dont l'Égypte fut si prodigue dans l'Antiquité, abordent au Liban et en Syrie, recherchant le troc. S'il y a influence mutuelle, elle n'apparaît guère encore. On échange des ambassadeurs et, nécessité faisant loi, on s'empare et l'on pille telle cité des contrées de l'Est point trop éloignée de la zone d'influence égyptienne. A la fin de l'Ancien Empire les échanges commerciaux avec Byblos ou le pays du Pount (la côte des Somalis) ont pris une ampleur considérable. L'Égypte est définitivement entrée dans le concert des pays civilisés du Proche-Orient.

Passant rapidement sur la Première Période Intermédiaire où l'Égypte, en proie aux difficultés intérieures, se replie sur elle-même, on retrouve, avec le Moyen Empire, le désir mieux affirmé d'établir une domination concrète sur des régions de plus en plus éloignées. La Nubie, un moment livrée à elle-même, est promptement reprise ; un port est fondé sur le littoral de la mer Rouge, relié à la vallée par une route périodiquement parcourue par d'immenses expéditions militaires. Ayant vu le Delta envahi, durant la période précédente, par les Bédouins asiatiques, les rois de la XIIe dyn. inaugurèrent une politique extérieure d'un style nouveau. Repoussant les Bédoins, ils portent la guerre en territoire ennemi et instaurent leur suzeraineté sur de vastes contrées. Ces opérations de grande envergure et leur réel succès semblent avoir rendu les rapports avec Byblos et la Syrie extrêmement cordiaux. Les échanges s'intensifient au point que l'on trouve, dans les dépôts de fondation du temple de Tôd, des cylindres babyloniens et des pièces d'orfèvrerie égéenne. On peut dire que c'est à partir de cette époque que l'influence égyptienne se fait prépondérante sur le littoral phénicien et syrien. Des colonies d'Égyptiens durent s'établir çà et là, colportant leurs coutumes et leurs idées.

L'anarchie qui s'installe ensuite permet aux Bédoins asiatiques (Hyksôs), refoulés par les premières vagues de l'invasion aryenne, de s'infiltrer en Égypte puis de s'y établir : ils y introduiront le cheval. A la fin de cette période quelques éléments aryens atteignent la vallée du Nil.

Les contacts et les échanges. — En sortant du chaos politique, l'Égypte a, plus que jamais, le désir de garder ses frontières et de se tailler, à l'Est, des domaines qui garantissent sa sécurité. Mais la situation a beaucoup changé. De grandes forces sont apparues, qui seront capables de tenir tête aux armées de pharaon : les Hittites, les Mitanniens, les Assyriens. Partout une pléiade de principautés instaurant et renversant leurs alliances vont singulièrement compliquer la tâche des Égyptiens. Leur politique de conquête, point toujours justifiée par le besoin de défense, les fastes intérieurs qui mettent de plus en plus à contribution les plus faibles de l'extérieur, vont dresser contre eux, tout au long du Nouvel Empire, des coalitions. L'Égypte sortira finalement affaiblie de ces épreuves qu'elle aura cherché constamment à dominer. Les exigences de ses dieux, de ses palais, la mèneront à bout de ressources lorsque les apports extérieurs viendront à lui manquer.

Si l'on essaye de mesurer l'influence qu'elle a pu avoir sur le Proche-Orient durant toute cette période, on se heurte au manque d'éléments d'appréciation. Sans doute fut-elle grande. L'égyptien devait être parlé par quelques élites qui connaissaient en outre sa littérature. C'est ainsi que l'on peut expliquer l'influence qu'eut la *Sagesse d'Aménémopé* sur le rédacteur du *Livre des Proverbes de Salomon*. L'écriture hiéroglyphique a pu, également, servir de modèle au protosinaïtique qui semble être à la source des principales écritures alphabétiques : phénicien, hébreu. L'art pharaonique, largement répandu, inspire des thèmes nouveaux. Hathor prête son visage aux Baâlats gravées sur stèles ou sculptées dans l'ivoire. Le sphinx, modifié, devient un élément décoratif fréquent. Inversement on assiste, en Égypte, à l'irruption des éléments étrangers. De nombreux mots d'emprunt sont décelables dans le parler de l'époque ramesside et l'engouement que l'on a pour eux transparaît dans le *Pamphlet de Hori*. D'ailleurs, la langue diplomatique officielle est l'accadien, comme l'attestent les Archives de Tell el-Amarna. L'art subit l'influence des thèmes égéens ou syriens. Le panthéon lui-même se peuple de divinités étrangères : Baâl, Anat, Réchep, etc. Il n'est pas impossible, au fond, que l'Égypte conquérante ait plus reçu que donné, mais le respect des traditions, un grand conservatisme, ont fait que ces emprunts ne sont pas toujours apparus en pleine lumière.

L'héritage. — En quittant le Nouvel Empire on aborde une nouvelle Égypte. L'anarchie libyenne du Delta, la dynastie éthiopienne, les dominations perses révèlent un pays désormais dominé politiquement par l'étranger, où les courtes périodes d'indépendance viennent s'insérer comme des éclaircies. C'est au cours de l'une d'entre elles, l'époque saïte, que les Grecs vont s'infiltrer en Égypte. Appelés comme mercenaires, voyageant en touristes, ou commerçant à partir de leur ville de Naucratis nouvellement fondée, on les trouve partout. De nombreuses traditions grecques voudraient nous faire croire que la plupart des penseurs et des savants de l'Hellade sont venus ici pour s'abreuver aux sources. De telles traditions sont, hélas, trop souvent invérifiables. On remarque cependant que, dans différentes cités, le développement de certaines idées correspond à des contacts qu'elles eurent avec l'Égypte saïte. Dans les domaines les plus divers : géométrie, médecine ou astronomie, les Grecs vont puiser dans l'immense matériel accumulé pendant des millénaires et conservé dans les temples. Ils y trouveront tous les éléments destinés à servir de base à leurs recherches. Si l'on songe que notre Moyen Age a grandement vécu sur l'acquis scientifique des Hellènes, on pourra considérer l'Égypte comme l'une des sources premières de notre civilisation contemporaine.

Après la conquête d'Alexandre, l'Égypte pharaonique n'est plus. Ce qui va désormais rayonner dans le Bassin méditerranéen, c'est le prestige intellectuel d'Alexandrie, les réussites politiques des Lagides. L'apport égyptien depuis longtemps digéré, l'antique civilisation se pare d'un merveilleux un peu diffus dont il semble qu'elle ne se soit pas toujours débarrassée. L'image d'une Égypte de Sages, recelant des mystères inconnaissables transcrits en des manuscrits illisibles, se cristallise dans l'esprit de chacun. Les œuvres hermétiques, les *Mystères* de Jamblique, où de lointaines réminiscences antiques se mêlent aux conceptions originales, achèvent le tableau.

C'est ici que naît l'égyptomanie. D'exégèses en rêveries, de spéculations en galimatias, l'Égypte s'éparpille dans le flou où la réalité s'oblitère. La découverte de Champollion devait remettre tout en place. En fondant l'**égyptologie** il révélait l'Égypte telle qu'elle avait été : à la transmission où, les différentes interprétations se superposant les unes aux autres, l'arbre finit par cacher la forêt, se substitue une translation qui permet, en quelque sorte, au passé de se refléter dans le présent. S'il est vrai qu'il existe un nouvel humanisme qui tend à intégrer, mais après l'avoir compris pour lui-même, tout l'ensemble des héritages anciens dans la chaîne ininterrompue du sens humain, il est alors nécessaire de voir l'Égypte livrée de plus en plus à la curiosité de tous. Si, enfin, l'archéologie est bien ce qui lutte contre l'oubli, au-delà même de l'Égypte, l'égyptologie participe largement à l'exégèse de l'homme.

La préhistoire (jusqu'à 3300)

Se fondant tant sur des caractères anthropologiques et ethnographiques que sur des particularités linguistiques, on admet aujourd'hui que **le peuplement de l'Égypte est d'origine essentiellement africaine**, modifié et enrichi au cours des âges par divers apports, principalement sémitiques.

Le paléolithique. — Aucun squelette ni habitat humain du paléolithique n'a, jusqu'à présent, été découvert en Égypte. Pourtant, du matériel lithique a été trouvé dont l'étude montre un certain parallélisme entre l'évolution technique de la civilisation paléolithique égyptienne et celle de l'Europe occidentale ; c'est ainsi que des silex taillés, coups de poings et couperets ont été mis au jour, analogues à notre chelléen ; ces lourds outils s'affinent un peu à l'époque acheuléenne. Le moustérien n'est représenté que par quelques pointes ; le levalloisien est, en revanche, très abondant.

Jouissant, au début de cette période, d'un climat et d'une végétation de type tropical, **l'Égypte prend peu à peu**, tout au long du paléolithique, **ses caractéristiques géographiques actuelles.** L'assèchement du climat, provoquant la transformation du Sahara en un désert, l'abaissement du niveau du Nil, vont fixer les hommes le long de la vallée, sur les terrasses que le fleuve laisse progressivement à découvert.

Vers 10000[1] **:** début du **néolithique.** — La réduction de l'Égypte à un long et mince ruban fertile est terminée. Les hommes se sédentarisent et, se fixant au bord du fleuve, apprennent à cultiver la terre, à domestiquer certains animaux. On ne trouve plus seulement du silex poli, mais aussi de l'os (pointes, poinçons, etc.), de la céramique, de la vannerie, du tissage. Déjà à cette époque, on peut noter une **différenciation entre les pays du N.** (Fayyūm et Delta) **et la Haute-Égypte.**

Du milieu du Ve millénaire à la fin du IVe, se développe dans le Nord une culture dont les étapes sont illustrées par des trouvailles faites au Fayyūm, à Mérimda et El-Omari. La période mérimdienne est la plus brillante et le développement urbain y est déjà avancé.

Avec un certain décalage dans le temps éclôt dans le Sud la culture tasienne, très différente de celles du Nord, et principalement caractérisée par une poterie décorée.

Vers 4000 commence l'époque **énéolithique.** — Les villages deviennent plus importants ; on y pratique l'agriculture, le tissage, la menuiserie, la fabrication des **objets de cuivre** (le silex continue à être employé pendant toute la période pharaonique, du moins pour certains objets d'usage rituel) et de poterie décorée ; l'usage d'une vaisselle de pierre dure se développe. **L'art commence à naître** et produit des peintures rupestres (Hiéraconpolis) ainsi que des palettes de schiste, des ivoires et quelques statues ou statuettes sans inscription.

Un long hiatus, dans les connaissances que nous avons de cette époque, s'insère entre le mérimdien et le méadien, son lointain descendant, et dernière phase de l'énéolithique du Nord.

L'énéolithique est bien connu dans le Sud où se succèdent les cultures badarienne, amratienne (ou 1re époque de Nagada) et gerzéenne (ou 2e époque de Nagada), les deux dernières constituant la période prédynastique.

Succédant au néolithique où, déjà, une différence se manifestait entre le Nord et le Sud, cette période voit donc se développer parallèlement deux foyers de civilisation. Dans le même temps apparaissent de **petites principautés** (appelées **nomes** par les Grecs). Suivant l'hypothèse la plus généralement admise, ces principautés se regroupent peu à peu pour donner :

— **au Nord,** un groupe de principautés de l'Occident et un groupe de principautés de l'Orient, bientôt transformées en **royaumes qui s'unifieront** sous le patronage du dieu Osiris. Le roi est l'incarnation d'Horus, fils d'Osiris ; le front ceint de la couronne rouge, il règne à **Pé,** qu'un bras du Nil sépare de **Bouto,** ville sainte de la déesse-uraeus Ouadjet.

— **au Sud,** un royaume placé peut-être à l'origine sous le patronage du dieu Seth. Le roi, qui porte la haute couronne blanche, vit à **Nékhen (Hiéraconpolis)** sur la rive g. du fleuve, en face de **Nékheb (El-Kab),** ville sainte de la déesse-vautour Nékhbet.

1. Toutes les dates données, jusqu'à la XIIe dyn., sont hypothétiques et approximatives ; elles n'ont évidemment qu'une valeur indicative.

Ces distinctions, quelque peu systématiques, sur le plan religieux surtout, doivent être utilisées avec précaution.

Époques préthinite et thinite (3300 à 2700)

Chevauchant la fin de la période énéolithique et le début de la période historique, ces époques assurent, d'une façon continue, la transition de l'une à l'autre.
A l'**époque préthinite,** une rivalité apparaît entre les deux royaumes en présence, et prélude, en fait, à l'unification totale du pays : celle-ci sera réalisée après deux tentatives.
A l'**époque thinite,** l'Égypte est unifiée ; la religion, l'administration, l'écriture se fixent dans leurs formes quasi définitives ; l'art commence la brillante évolution qui conduira, un peu plus tard, aux splendides monuments que nous connaissons à Saqqara ; les pays étrangers commencent à être prospectés.

Vers 3300. — Une première tentative d'unification a lieu par un roi du Nord qui envahit le Sud.

Ce premier royaume unifié, ayant pour capitale **Héliopolis,** sera éphémère ; une scission intervient bientôt, qui voit renaître les deux anciens royaumes. Les souverains de cette époque sont les fameux « Serviteurs d'Horus » qui seront plus tard vénérés comme les organisateurs de la civilisation et dont le dernier est probablement le légendaire Ménès.

Vers 3000. C'est, cette fois, un roi du Sud originaire d'Hiéraconpolis, le « roi Scorpion », qui conquiert le Nord et commence à organiser le pays.

Son successeur, **Narmer,** est le **véritable unificateur de l'Égypte.** Fondateur de la **1re dynastie,** il parachève l'œuvre du « roi Scorpion » et assied définitivement son autorité sur le Nord. Une célèbre palette de schiste *(au musée du Caire, salle 42)* nous le montre portant alternativement les couronnes de Haute et Basse-Égypte.
Dès le règne d'**Aha,** les rois sont en lutte contre les Nubiens et les Libyens ; sous **Ouadji** semblent avoir eu lieu les premières expéditions vers le désert arabique : on a lu le nom de ce roi sur un rocher situé en plein désert, sur la route des caravanes d'Edfou à la mer Rouge.
Sous **Oudimou,** le titre de **Nésout-biti** est fixé dans le protocole royal ; cette nouvelle formule accompagnera désormais les cartouches royaux comme un nouveau signe de l'union des deux pays. En même temps apparaît le **pschent,** attribut résultant de la combinaison des couronnes royales de Haute et de Basse-Égypte. C'est de la même époque que date l'établissement de la fête **Sed,** sorte de jubilé royal célébré habituellement lors de la trentième année du règne.

Vers 2850. — Au début de la **seconde dynastie,** la capitale semble se fixer plus au N., peut-être même **à Memphis** (sans doute fondée sous Aha), puisque les trois premiers rois, **Hotepsékhemoui, Nebrê** et ***Ninéter,*** sont enterrés à Saqqara ; mais **Péribsen** revient vers le S. à la suite d'une révolution religieuse : il remplace son nom d'Horus, qui était le plus ancien de la titulature royale, par un nom de Seth, et se fait enterrer en Abydos.
Khasékhemoui rétablit le faucon Horus au-dessus de son nom, tout en conservant l'animal séthien. Prenant ensuite le nom de **Khasékhem** (mais il peut aussi s'agir d'un roi différent) et gardant le seul nom d'Horus, il revient définitivement à l'orthodoxie. C'est de ce règne que datent les plus anciennes statues royales connues.

Ancien Empire (2700 à 2180)

L'Ancien Empire apparaît comme la grande époque de l'Égypte classique. La capitale est à Memphis — d'où le nom d'Empire memphite que l'on donne aussi à cette période; les rois font construire leurs tombeaux sur le plateau de Saqqara et aux environs. La pierre fait son apparition dans la construction, et les monuments funéraires royaux prennent progressivement la forme de pyramides : ce sont aujourd'hui le témoignage le plus universellement connu de la splendeur de cette époque. Un art consommé se révèle à nous dans les tombes de Giza et de Saqqara; les scènes d'une admirable finesse qui y sont gravées nous permettent d'entrer dans tous les détails de la vie quotidienne. La civilisation, très brillante, poursuit son développement, atteignant dans tous les domaines les plus hauts sommets.
La fin de la VIe dyn. verra cependant le déclin de la puissance royale; le pays s'enfonce dans une longue période de troubles, la Première Période Intermédiaire, d'où sortira plus tard un état renouvelé, le Moyen Empire.

Vers 2700 : IIIe dynastie. — Le règne de **Djéser** est, semble-t-il, très brillant; des expéditions sont envoyées au Sinaï et la **stèle** dite **de la famine**, bien que gravée seulement à l'époque ptolémaïque, est un indice de l'intérêt porté dès cette époque à la Nubie. Mais le plus éclatant témoignage de la puissance de Djéser réside dans l'**extraordinaire ensemble funéraire** qu'il se fit construire à **Saqqara** par son ministre **Imhotep**, plus tard déifié.
Le successeur de Djéser, l'Horus **Sékhem-khet**, ne règne que peu de temps; la pyramide qu'il avait commencé à se faire construire non loin de celle de Djéser est demeurée inachevée.
De l'Horus **Sanakht**, on possède, à Bēt Khallāf, un cénotaphe très semblable à celui que Djéser avait érigé sur le même site; mais sa véritable tombe se trouve peut-être sous le temple funéraire d'Ounas.
Les derniers règnes de la dynastie sont encore plus mal connus et l'attribution de la petite pyramide de Zawyet el-Aryān à l'Horus **Khâba** soulève bien des controverses.

Vers 2620 : IVe dynastie. — S'il ne marque, sur le plan politique, aucun changement notable, le règne de **Snéfrou**, premier souverain de la IVe dyn., inaugure en Égypte l'ère de la construction des **pyramides à faces lisses**. La perfection de ces monuments, comme des tombes civiles qui les entourent, reste l'un des seuls témoignages du degré de civilisation atteint dès cette époque; les textes, en effet, sont rarissimes, et les événements historiques de cette période ne nous sont connus que de façon fragmentaire. De Snéfrou, on sait qu'il guerroie aux frontières de l'Égypte : en Libye et en Nubie, où il fait de très fructueuses expéditions, au Sinaï, où il impose la présence égyptienne et commence l'exploitation des mines de turquoise.
Khéops, Khéphren et **Mykérinos** sont les constructeurs des très célèbres **pyramides de Giza**, mais on ne sait pas grand-chose d'autre à leur propos; Khéops fait aussi campagne au Sinaï : son nom figure parmi les graffiti du wādī Maghara.
Didoufri, dont le règne s'intercale entre ceux de Khéops et de Khéphren, semble être un usurpateur; on lui attribue la pyramide inachevée d'Abū Roash.
La fin de la dynastie est assez obscure : **Chepseskaf**, dont le tombeau est le «**mastabat-Faraoûn**», au S. de Saqqara, n'est que brièvement cité par la Pierre de Palerme.

Vers 2500 : V^{e} dynastie. — Si les circonstances du passage de la IVe à la Ve dynastie sont encore sujettes à bien des hypothèses, il n'en reste pas moins établi que la nouvelle dynastie est d'origine héliopolitaine. Sans rejeter les autres dieux, les rois établissent définitivement dans leur protocole le titre de « **fils de Rê** » et élèvent au dieu-soleil des temples dont celui d'Abū Gorab — œuvre de **Niouserrê** —, bien que très ruiné, reste le meilleur exemple.

Des pyramides, que tous construisent aussi, la plus connue est celle d'**Ounas**, à Saqqara ; elle est surtout la première à comporter, aux parois de l'appartement funéraire, les longs **textes des pyramides.**

Sur le plan extérieur, **les pharaons** de cette époque, comme leurs prédécesseurs, mènent campagne en Nubie et au Sinaï ; certains **poussent** même **jusqu'aux côtes du Liban et de la Syrie.**

Vers 2350 : VIe dynastie. — La pyramide de **Téti**, à quelques centaines de mètres seulement de celle de Djéser, est l'un des rares témoignages d'un règne d'une quinzaine d'années qui ne doit guère différer des précédents.

On connaît mieux celui de **Pépi I**, qui dure près de cinquante ans ; secondé par son ministre **Ouni**, le roi rétablit son autorité sur ses possessions sinaïtiques et étend sa puissance à l'E., jusqu'au désert de Syrie méridionale, au S., sur les tribus de Nubie.

Son fils aîné et successeur, **Mérenrê**, meurt après un règne dont on ne sait rien, laissant le trône au cadet, **Pépi II. Le règne de celui-ci est le plus long de l'Histoire** : monté sur le trône à six ans, Pépi mourra plus que centenaire, laissant un empire dont le délabrement, commencé avant même son accession à la royauté, s'accentuera jusqu'à sa disparition, plongeant l'Égypte dans une longue période de troubles.

Vers la fin de la Ve dyn., déjà, les gouverneurs des nomes avaient accru leur puissance. Peu à peu, l'autorité royale s'affaiblissant, ces nomarques, primitivement nommés par le souverain, transmettent héréditairement leur charge sans que le roi puisse s'y opposer. Une tentative de placer les nomarques du Sud sous la tutelle d'un gouverneur général échouera, cette charge nouvelle, d'abord confiée au vizir, étant ensuite exercée, dès le début du règne de Pépi II, par les nomarques eux-mêmes.

La situation extérieure n'est guère plus brillante ; de nombreuses et fructueuses expéditions commerciales sont, certes, menées au « **pays de Pount** » et à **Byblos**, mais une instabilité de plus en plus menaçante se manifeste sur les frontières N.-E. de l'empire que les Bédouins, vaincus plusieurs fois mais non soumis, ne cessent de harceler.

Première Période Intermédiaire (2180 à 2060)

La lente désagrégation de l'autorité monarchique, principalement due aux usurpations locales du pouvoir par les nomarques, va précipiter l'Égypte dans une période d'anarchie de près d'un siècle, dont la sortiront les princes thébains, restaurateurs d'une Égypte unifiée et d'une autorité centralisée.

A la **fin de la VIe dyn.**, l'**Égypte succombe à ses divisions**. Tandis qu'au S. les nomarques s'imposent comme des souverains locaux, une partie du Delta tombe aux mains d'envahisseurs asiatiques ; la région memphite connaît une véritable révolution. L'anarchie s'empare de tout, les nobles sont dépossédés, la terre n'est plus cultivée et la famine s'installe. Les derniers souverains sont incapables d'apporter le moindre remède à la situation.

Vers 2180. — La VIIe dynastie, dont Manéthon nous dit qu'elle comporta soxante-dix rois ayant régné soixante-dix jours, **semble bien n'avoir jamais existé**. Peut-être l'Égypte fut-elle alors, et pendant très peu de temps, gouvernée par une oligarchie qui aurait tenté de restaurer un semblant d'ordre.

Pour la **VIIIe dynastie,** originaire de **Memphis**, Manéthon ne donne qu'un nombre de rois, vingt-sept, qu'il ne nomme pas. La *Table d'Abydos,* quant à elle, fournit les noms de dix-sept pharaons, tandis que le *papyrus de Turin* n'en cite que huit.

Vers 2160 : IXe-X^{e} dynasties. — Les nomes de la partie méridionale de la Basse-Égypte tombent sous l'hégémonie du **nomarque d'Héracléopolis** qui se proclame roi de Haute et Basse-Égypte.

Les **nomarques de Thèbes,** qui ont regroupé les nomes de Haute-Égypte sous leur autorité, observent une prudente réserve en acceptant la suzeraineté des rois héracléopolitains.

Vers 2130.

Alors que **Néferkaré** (2130-2120) règne à Héracléopolis, le nomarque de Thèbes, **Antef,** héritier d'une longue lignée, **se proclame roi à** son tour sous le nom de **Séhertaoui Antef** (2133-2118), fondant ainsi la **XIe dynastie.**

Une vive concurrence naît alors entre les deux royaumes; le nome thinite, qui se trouve dans la région frontalière, est alternativement rattaché à l'un et à l'autre. Après une période de répit, au cours de laquelle le souverain héracléopolitain reconquiert et réorganise le Delta, la lutte reprend. Elle se terminera à l'avantage des Thébains : vers la quinzième année de son règne, **leur roi, Mentouhotep,** aura achevé la réunification de l'Égypte.

Moyen Empire (2060 à 1785)

La restauration de l'unité égyptienne et de la puissance royale entame pour l'Égypte une nouvelle période de prospérité. Ère brillante de réformes politiques, administratives, religieuses, de progrès économique, de paix intérieure, le Moyen Empire s'achèvera pourtant comme l'Ancien Empire quatre siècles plus tôt sous les coups conjugués du chaos intérieur et de l'invasion étrangère.

Vers 2060 : XIe dynastie (fin). — Le règne de **Mentouhotep** (2060-2010) est long et brillant. Ayant rétabli la souveraineté de l'Égypte sur la Nubie, qui avait profité des guerres entre Thébains et Héracléopolitains pour recouvrer son indépendance, il remplace les nomarques héréditaires par des fonctionnaires tenus en étroite sujétion. Les règnes de ses deux successeurs, **Mentouhotep II** (2009-1998) et **Mentouhotep III** (1997-1991), sont surtout marqués par l'établissement d'une **route commerciale vers la mer Rouge,** passant par le wādī Hammamat dont les carrières, connues depuis l'Ancien Empire, seront désormais exploitées méthodiquement.

Vers 2000 : XIIe dynastie. — C'est très vraisemblablement par usurpation qu'**Amenemhat I** (1991-1962) accède au pouvoir. Ancien vizir de Mentouhotep III, il s'appuie sur les nomarques frustrés de leur souveraineté locale pour s'imposer à la tête de l'empire. **C'est un grand administrateur** et son règne inaugure une période durant laquelle l'Égypte sera mieux gouvernée et plus prospère que jamais. Ayant d'abord installé sa capitale à Thèbes, il va ensuite résider au S. de Memphis, à l'entrée du Fayyūm, dans une position géographique plus centrale. Il détermine lui-même les frontières des nomes, rétablit les nomarques dans beaucoup de leurs anciennes prérogatives et met en place une administration complexe devant assurer la paix et le développement intérieurs. **Sur le plan extérieur,** il fortifie solidement la frontière E. du Delta, envoie une expédition en Haute-Nubie et combat les Libyens.

Sésostris I (1961-1928) succède à Amenemhat après que celui-ci eut été assassiné. Pour assurer la continuité de la dynastie, ce dernier avait associé son fils au trône, précaution que suivront ses successeurs. Sésostris colonise la Nubie jusqu'à la troisième cataracte.

C'est peut-être **sous Amenemhat II** (1929-1895) que sont établies avec la Phénicie les excellentes relations qui l'uniront à l'Égypte tout au long de la XIIe dyn.

Sésostris II (1897-1878),quant à lui, entame la **mise en valeur du Fayyūm**, qui reste l'une des œuvres les plus importantes de la dynastie ; cette œuvre sera poursuivie par son second successeur **Amenemhat III** (1842-1797), dont le temple funéraire, construit à Hawāra, devait, par le nombre de ses salles et la complexité de son plan, frapper l'imagination des Grecs : c'est le fameux « Labyrinthe ».
Sésostris III (1878-1843), dont le règne s'intercale entre ceux de Sésostris II et Amenemhat III, reprend la **colonisation de la Nubie**, établit des **forteresses à la frontière du Soudan** et mène **campagne en Palestine** ; sur le plan intérieur, il doit à nouveau supprimer les nomarques, dont la puissance locale renaît, menaçant la cohésion et l'unité du pays.
Les deux derniers souverains de la dynastie, **Amenemhat IV** (1798-1790) et la reine **Néfrousobek** (1789-1786), sont peu connus, et leurs règnes semblent n'avoir été que le prélude à une nouvelle période de décadence.

Deuxième Période Intermédiaire (1785 à 1580)

Si la reconstitution des faits historiques de la Première Période Intermédiaire demeure pleine d'incertitudes, une telle tâche s'avère, pour cette nouvelle période de l'histoire de l'Égypte, non moins difficile dans l'état actuel des connaissances. Des hypothèses limitées ont pu voir le jour, parfois contestables sur certains points, des synthèses ont pu être tentées, bientôt infirmées par la découverte d'un renseignement nouveau ou par une nouvelle interprétation. On doit se borner ici à une esquisse timide dont le caractère forcément schématique n'exclut pas l'aspect aléatoire.
Contredisant à la fois Manéthon, qui lui octroie près de seize siècles, et le papyrus de Turin, qui cite cent soixante rois, les documents archéologiques semblent n'attribuer à cette sombre période qu'une durée beaucoup plus courte, deux siècles environ.
Pourquoi, et dans quelles circonstances, l'Égypte sombre-t-elle alors dans la décadence ? On ne saurait le dire. Toujours est-il qu'à la dégradation intérieure s'ajoute bientôt l'infiltration étrangère, suivie d'une longue période d'occupation ; la libération viendra des princes thébains qui, une nouvelle fois, restaureront l'unité territoriale du pays.

Vers 1785 : XIIIe dynastie. — Venu probablement au pouvoir par usurpation, **Amenemhat Sébekhotep** règne encore, semble-t-il, sur toute l'Égypte ; dès son successeur, cependant, la Nubie pourrait s'être détachée de l'empire.

Les souverains suivants sont encore plus obscurs. On possède les noms de quantité de pharaons, mais les durées de leurs règnes ne sont pas connues, pas plus que l'ordre de leur succession ou les limites territoriales de leur autorité.

Quelques rois, attestés seulement dans le Nord, pourraient constituer la **XIVe dynastie,** que Manéthon prétend originaire de Xoïs.

Vers 1700. — La lente expansion des Amorites et des Canaéens a amené d'Asie jusque dans l'E. du Delta ceux que Manéthon a appelés les **Hyksôs**[1] : Ils introduiront en Égypte les armes de fer, le cheval et le char de combat.

Ces rois, semble-t-il, ne règnent que sur la Haute-Égypte. Certains paraissent pourtant étendre leur autorité (mais est-elle réelle ?) sur tout le pays.
Les derniers rois de la dynastie ne règnent probablement que sur le Sud, ou du moins la faiblesse de leur pouvoir les contraint-elle à assister passivement à l'infiltration de leur pays par les Hyksôs.

Vers 1680 : XVIIe dynastie. — Succédant à la XIIIe dyn., apparaît en

1. Manéthon traduit ce terme par « rois-pasteurs » ; le sens précis est « chefs des pays étrangers ».

Deux dynasties hyksôs successives règnent ainsi sur l'Égypte, encore que leur autorité ne semble pas être très forte sur le Sud du pays.
La **XVe dynastie** aurait compris, d'après Manéthon, six rois, le premier étant **Šalitis**, chef élu des Hyksôs et fondateur d'**Avaris**; on connaît aussi les trois derniers : **Apopi, Khian et Khéchi.**

Vers 1622 : XVIe dynastie. — Des neuf rois qu'indique le papyrus de Turin, on ne connaît que les deux derniers, **Aaouserrê Apopi** et **Aakénenrê Apopi.**

Haute-Égypte **une lignée de souverains locaux** qui, bien que théoriquement vassaux des Hyksôs, commencent à organiser leur État en vue d'une reconquête. Sur les durées de règne et l'ordre des successions planent encore bien des incertitudes; seuls les derniers rois sont connus avec une relative précision.
C'est peut-être sous le règne de **Sékenenrê Taâ** que commencent les querelles entre Hyksôs et Thébains. Une inscription trouvée à Karnak indique qu'en tout cas les hostilités étaient déjà ouvertes sous le règne de **Kamôsis** : celui-ci, au cours d'une expédition contre **Aaouserrê Apopi**, atteint Avaris; il empêche les Hyksôs de faire leur jonction avec les Nubiens de Kouch qui s'étaient érigés en royaume indépendant.
Son frère et successeur, **Ahmôsis, expulse définitivement les Hyksôs** et réunit les deux parties de l'Égypte sous sa loi.

Nouvel Empire (1580 à 1085)

Succédant à une ère de troubles et de désordres, le Nouvel Empire constitue une période de renouveau et de prospérité. Renouveau de la puissance royale qui se traduira, sur le plan extérieur, par une large expansion territoriale, dont le but ne sera pas tant « colonialiste » que préventivement défensif : il s'agira d'étouffer dans l'œuf toute velléité d'attaque visant l'Égypte. Prospérité aussi, si l'on en juge d'après le nombre et la qualité des monuments qui sont alors élevés, ou par la richesse du trésor funéraire de Toutânkhamon.
Mais l'un des caractères principaux de cette époque sera surtout l'intensification du rôle de la religion et du clergé dans les affaires de l'État, germe de conflit intérieur et de dégradation de l'autorité royale.
Comme ses prédécesseurs, le Nouvel Empire égyptien sera ruiné par les usurpations de pouvoir, tandis que le déclin de la puissance extérieure prélude à une lente décadence dont le pays, cette fois, ne se relèvera plus.

1580 : XVIIIe dynastie. — Ahmôsis (1580-1558), le fondateur de la XVIIIe dynastie, achève l'œuvre libératrice entreprise par son frère. Ayant pris Avaris et poursuivi les Hyksôs jusqu'en Palestine méridionale, il restaure d'abord le pays avant d'entamer une **politique de conquêtes.** Il fait à cet effet plusieurs campagnes en Nubie — vraisemblablement jusqu'à la Seconde Cataracte —, puis rétablit le protectorat égyptien sur la Phénicie. Sur le plan intérieur, il conserve **Thèbes pour capitale,** réorganise l'administration, tant civile que religieuse, **laissant le clergé d'Amon,** lequel était devenu, depuis le Moyen Empire, le plus important dieu du panthéon égyptien, **devenir de plus en plus influent.**
Le règne d'**Aménophis I** (1557-1530) n'est guère plus que le prolongement de celui de son père. **Thoutmôsis I** (1530-1520), bâtard d'Aménophis, épouse sa demi-sœur Ahmôsis, fille légitime, pour justifier ses droits au trône. Il fait d'abord au Soudan une expédition qui le mène en amont de la 3e Cataracte; peu après, une nouvelle **campagne guerrière le conduit jusqu'aux rives de l'Euphrate,** lui permettant de soumettre une bonne partie de l'Asie antérieure.
Son fils **Thoutmôsis II** (1520-1505), qui avait légitimé sa couronne de la même façon que son père, c'est-à-dire en épousant sa demi-sœur Hatchepsout, doit mater, la

première année de son règne, une rébellion du pays de Kouch ainsi que plusieurs révoltes chez ses voisins — en principe vassaux — asiatiques.

La reine **Hatchepsout** (1505-1484) n'ayant donné à Thoutmôsis que des filles, la mort du roi pose, pour la troisième fois consécutive, le problème de la succession. Comme précédemment, on confie la couronne à un bâtard du roi qui, pour légitimer son avènement, épouse l'une des filles de son père et d'Hatchepsout. C'était compter là sans l'ambition personnelle de la reine laquelle, étant donné le jeune âge du nouveau souverain, **se proclame régente du royaume.** Cette régence, bientôt transformée en une véritable usurpation, durera vingt-deux ans pendant lesquels le jeune **Thoumôsis III** sera tenu à l'écart du pouvoir.

S'octroyant les attributs de la royauté, adoptant un protocole royal, s'habillant en homme et portant la barbe postiche, du moins sur les bas-reliefs et les statues, **Hatchepsout** se considère et se comporte comme un **roi authentique.** Elle s'appuie, pour se faire, sur une camarilla de fonctionnaires promus par elle à de hautes responsabilités, parmi lesquels l'architecte **Senmout,** constructeur du temple de Deir el-Bahari, et **Hapouséneb,** vizir en titre et grand-prêtre d'Amon.

Malgré l'ambition du « roi » Hatchepsout, son règne est beaucoup moins brillant que ceux de ses ancêtres et marque en particulier une pause, si ce n'est un net recul, dans la politique d'expansion territoriale de l'Égypte ; seules ont lieu alors des expéditions commerciales, dont la plus célèbre est celle qui fut envoyée au pays de Pount.

En même temps qu'elle lui permet enfin de ceindre la double couronne, la mort de sa marâtre libère chez le jeune **Thoutmôsis III** (1505-1450) les ambitions jusque-là contenues. Numérotant les années de son règne à partir de la mort de son père, il s'attache à faire disparaître de tous les monuments le protocole de l'usurpatrice, gravant à sa place ceux de son père et de son grand-père.

Loin cependant de se borner à cette action négative, **Thoutmôsis III** fait montre, sur le plan extérieur surtout, d'une activité débordante qui fera de son règne l'un des plus brillants de l'histoire de l'Égypte. Dix-sept campagnes successives sont menées en Asie pour rétablir la domination égyptienne et mater définitivement le roi du Mitanni, âme de toutes les révoltes et coalitions soulevées alors contre l'Égypte. Si la plupart d'entre elles ne sont que des tournées d'inspection, ou parfois même des expéditions punitives, cinq au moins (les 1re 5e, 6e, 7e et 8e) sont de vastes opérations militaires au cours desquelles sont remportées des **victoires demeurées célèbres : Megiddo** (1re) et **Qadech** (6e). Au S., le roi étend la domination égyptienne jusqu'à la 4e Cataracte.

Fort de son expérience, Thoutmôsis III associe au trône, sur la fin de sa vie, son fils **Aménophis II** (1450-1425). Prolongeant celui de son père, le règne de celui-ci sera prospère et sans histoire, bien que le roi ait à réprimer deux révoltes de ses vassaux asiatiques.

Le renforcement de la puissance hittite va cependant bientôt amener le Mitanni et l'Égypte à conclure un pacte d'assistance, illustré par le mariage de **Thoutmôsis IV** (1425-1408), fils d'Aménophis II, avec la princesse mitanienne Moutemouïa.

Aménophis III (1408-1372) est un homme calme et peu enclin à la lutte ; l'Égypte, d'autre part, étant encore au faîte de la gloire et de la puissance où l'a élevée Thoutmôsis III, le roi s'endort dans une **trompeuse illusion de paix,** laissant les Hittites menacer les frontières N. de l'empire.

Aménophis IV (1372-1354), qui succède à Aménophis III, est probablement un généreux idéaliste mais, absorbé par ses rêves, manque de largeur de vue ; la conséquence la plus directe pour l'Égypte en est le **délabrement de son empire asiatique** sous les coups redoublés des Hittites, auxquels le roi ne cherche même pas à s'opposer, préoccupé qu'il est par la « mise en place » d'une religion nouvelle. Aménophis III, déjà, était plein de dévotion pour **Aton,** le disque solaire, dont le culte s'était répandu en Égypte sous le règne de Thoutmôsis II. De son côté, **le clergé d'Amon** était devenu peu à peu une **puissance temporelle autant que spirituelle et,** constituant véritablement un État dans l'État, **représentait une menace pour**

l'autorité royale. Voulant donc briser l'influence sans cesse grandissante du sacerdoce thébain et surtout fondre tous les peuples subjugués par l'Égypte, et l'Égypte elle-même, dans le culte d'un dieu unique, **Aménophis IV**, soutenu par son épouse **Néfertiti** (qui semble, à l'égard du culte atonien, avoir été plus fanatique encore que le roi lui-même), **impose le culte de ce nouveau dieu**, change son nom d'Aménophis (« Amon est satisfait ») en celui d'**Akhnaton** (« cela est agréable à Aton »), fait disparaître, partout où il le peut, le nom d'Amon dans les inscriptions, **et transfère** enfin **sa capitale en une ville nouvelle** de Moyenne-Égypte : **Akhetaton** (« L'horizon d'Aton » ; *auj. Tell el-Amarna*).

Le schisme amarnien ne survivra guère à son inspirateur. A la mort d'Akhnaton, la couronne passe d'abord à son premier gendre, **Sémenkhkarê** (1345), puis, après la mort de celui-ci, au second, le jeune **Toutânkhaton** (1354-1345).

Partageant la retraite de la reine Néfertiti, Toutânkhaton reste trois ans à Akhetaton puis, sous la pression du clergé, **rétablit le culte d'Amon et change son nom en Toutânkhamon.** Après un règne d'une durée totale de neuf ans, Toutânkhamon meurt âgé à peine d'une vingtaine d'années ; la découverte, en 1922, de son tombeau inviolé, l'a couvert d'une renommée posthume assez peu en rapport avec l'importance réelle de son œuvre à la tête de l'empire. Après le règne effacé d'Aï (1345-1341) qui, pour légitimer son accession au trône, épouse la veuve de Toutânkhamon, la couronne est confiée à **Horemheb** (1340-1314) en exécution d'un oracle du dieu Amon.

Général sous le règne d'Akhnaton, Horemheb s'est, sous celui de Toutânkhamon, distingué en rétablissant l'autorité de l'Égypte sur toute la partie S. de la Palestine. Favorable au clergé d'Amon, dont il reçoit le soutien pour accéder au pouvoir, **Horemheb**, devenu roi, **s'efforce de faire disparaître toutes les traces du schisme amarnien et réorganise l'État et le pays,** que l'insouciance de ses prédécesseurs a laissé sombrer dans le plus total délabrement. Sur le plan extérieur Horemheb a une politique de paix, évitant de lancer son pays dans d'aventureuses conquêtes.

1314 : XIXe dynastie. — **Ramsès Ier** (1314-1312) est probablement originaire de l'E. du Delta. Militaire de carrière, comme le vieux roi, il a été couvert par lui de toutes sortes d'honneurs et vraisemblablement appelé à la succession par Horemheb lui-même. Son règne, fort bref, est assez peu connu.

Celui de son fils **Séthi Ier** (1312-1298) l'est, en revanche, beaucoup mieux, et marque pour l'Égypte la reprise de la politique de **conquêtes en Asie.** En quatre campagnes — interrompues par des tentatives d'invasion à la frontière libyque et facilement repoussées —, Séthi réussit à défaire les Hittites, inspirateurs et organisateurs de toutes les coalitions anti-égyptiennes de l'époque. La fin de son règne est calme, Hittites et Égyptiens observant une paix tacite.

Ramsès II (1298-1235), associé pendant six ans au trône de son père Séthi, lui succède normalement à sa mort. Le début de son règne est relativement paisible mais, dès la cinquième année, **le roi doit faire face à la plus redoutable coalition jamais dressée contre l'Égypte par les Hittites.** Trompé par des espions, Ramsès II évite de justesse la catastrophe lors de la **fameuse bataille de Qadech** qui ne laissera ni vainqueurs ni vaincus.

Cette demi-victoire — célébrée pourtant en termes dithyrambiques dans le **« Poème de Pentaour »** — permet à Ramsès II de retrouver son souffle avant d'entreprendre de nouvelles campagnes asiatiques destinées à mater les incessantes révoltes fomentées contre lui par les Hittites. Ces luttes, cependant, tout autant que les querelles dynastiques qui affaiblissent la puissance hittite, excitent bientôt les convoitises de l'ambitieuse Assyrie.

1278. Devant cette force croissante et menaçante, Hittites et Égyptiens concluent un traité de paix et d'assistance mutuelle renforcé, quelques années plus tard, par le mariage de Ramsès II avec une princesse hittite. Les deux peuples vont alors connaître près d'un demi-siècle de tranquillité.

1235. La mort de Ramsès II laisse son fils **Mineptah** devant une situation préoccupante ; une nouvelle **vague indo-européenne,** dont la poussée s'était fait sentir à partir du règne de Séthi Ier, envahit d'un côté l'Asie Mineure sans que les Hittites puissent la contenir, et de l'autre **la Libye** où elle réussit à s'imposer. En l'an 5 de Mineptah, les Indo-Européens s'avancent jusqu'à la lisière occidentale du Delta où le roi d'Égypte, ayant rassemblé son armée, remporte sur eux une éclatante victoire. Parmi les stèles célébrant les succès de Mineptah, l'une, connue sous le nom de **stèle d'Israël,** semble indiquer que les Égyptiens firent également campagne en Asie, tout en nous livrant la seule attestation connue du nom d'Israël dans les textes hiéroglyphiques.

1224. La fin de la dynastie semble être relativement calme, du moins sur le plan de la politique extérieure. Sur le plan intérieur, elle est assez mal connue, et l'ordre de succession des souverains — **Séthi II, Amenmès, Siptah,** la reine **Taousert** — fait encore l'objet d'hypothèses.

1200 : XXe dynastie. — Le fondateur de la dynastie, **Sethnakht,** a un règne extrêmement bref ; il l'emploiera presque complètement à la restauration d'un pouvoir royal alors chancelant.

1198. **Ramsès III,** énergique et intelligent, poursuit l'œuvre de son père en **réorganisant totalement l'administration et l'armée.** La situation extérieure, cependant, reste préoccupante : les Libyens, à l'O., constituent une menace croissante, tandis que du côté asiatique, l'invasion des Indo-Européens, que les Hittites ne peuvent plus contenir, risque de submerger ses possessions levantines et d'atteindre l'Égypte.

1194-1188. En deux grandes campagnes guerrières, **Ramsès III écarte** définitivement le **danger libyen** tandis que, dans l'intervalle, une éclatante victoire sur les Indo-Européens **(1191)** prépare pour l'Égypte la reconquête de ses anciennes possessions asiatiques. La fin du règne de Ramsès III, **le dernier grand règne d'Égypte,** est paisible à l'extérieur mais troublée à l'intérieur par des complots contre la personne royale qui meurt peut-être victime d'un attentat.

1166. Des huit successeurs de Ramsès III, tous nommés **Ramsès,** on sait peu de chose sinon que le déclin de l'Égypte va s'aggravant sous leurs règnes. **L'autorité de l'État et le prestige du roi se dégradent** à un point tel que, sous **Ramsès IX,** les tombes royales ne sont plus respectées et commencent à être mises au pillage. Querelles de palais, misère, troubles sociaux de plus en plus graves ne cessent dès lors d'agiter le pays.

Vers 1100, Ramsès XI, dans un dernier sursaut d'énergie, est amené à suspendre de ses fonctions **le grand-prêtre d'Amon, Amenhotep,** dont la puissance devient un réel danger pour la couronne.

Ce sera malheureusement pour le remplacer, quelque temps après, par un ministre ambitieux, **Hérihor,** qui saura rapidement prendre sur le vieux et faible roi une influence grandissante. Les bas-reliefs et inscriptions du temple de Khonsou, à Karnak, nous montrent l'histoire de cette ascension : d'abord grand-prêtre d'Amon, Hérihor est nommé par le roi vice-roi de Nubie, puis vizir de Haute-Égypte, charge à laquelle il renonce pour garder le commandement de l'armée ; peu à peu, on le voit se parer de tous les attributs de la royauté tandis que le roi disparaît dans l'ombre.

Troisième Période Intermédiaire et époque éthiopienne (1085 à 666)

C'en est désormais fini du brillant empire de Thoutmôsis III. Les menaces extérieures se conjuguent aux difficultés internes pour achever, en quatre siècles, la lente désagrégation qui s'est amorcée. Pour surveiller ses frontières, l'Égypte se voit contrainte de fixer sa capitale dans le Nord, abandonnant plus ou moins le pouvoir, dans le Sud, au clergé d'Amon. En l'absence d'une personnalité d'envergure, capable de maintenir l'ensemble du pays sous sa loi et d'organiser sa défense, le pouvoir passe aux mains de différents dynastes locaux jusqu'à ce que des souverains du royaume voisin de Napata (Soudan) viennent restaurer un semblant d'unité.

1085 : XXIe dynastie. — L'Égypte de la XXIe dynastie est une Égypte divisée à l'intérieur et où le pouvoir réel appartient à deux lignées parallèles de souverains :

A **Tanis** règne d'abord **Smendès**, souverain légitime, successeur de Ramsès XI.

En **Thébaïde**, **Piânkhi** monte sur le trône pontifical de Hérihor, son père, en conservant les pouvoirs acquis par celui-ci ; il ne s'octroie pas, toutefois, le protocole royal.

Cette dualité dans la détention du pouvoir se poursuivra jusqu'à la fin de la dynastie, les rois du Nord acceptant l'autorité de fait des pontifes d'Amon sur le Sud et ceux-ci, en revanche, se reconnaissant toujours vassaux du roi tanite. Ainsi le grand-prêtre **Pinedjem I**, puissant vassal du roi **Psousennès** — auquel il était en outre uni par des liens familiaux —, est-il associé au trône d'Égypte ; peut-être a-t-il même un règne personnel.

A **Bubastis**, une puissante famille de Libyens, d'abord installée à **Héracléopolis**, se prépare à recueillir l'héritage des Tanites.

Ainsi **Menkhéperrê**, second fils de Pinedjem et grand-prêtre d'Amon, s'arroge-t-il un protocole royal complet comme l'avait fait son ancêtre Hérihor.

950 : XXIIe dynastie. — Les circonstances exactes de l'avènement de **Chechonq I** (950-929) ne sont pas connues, mais il semble que la succession ait lieu sans heurt, Chechonq honorant la mémoire de Psousennès et faisant épouser à son fils **Osorkon I** (929-893), dans un but de légitimation, la fille du défunt roi. A l'extérieur, Chechonq profite de la scission du royaume d'Israël, entraînée par la mort de Salomon, pour y conduire une expédition. Si, par cette action d'éclat, l'Égypte reprend quelque prestige aux yeux de ses voisins, elle n'en demeure pas moins faible et divisée à l'intérieur.

Cet avènement n'est pas aussi facilement accepté dans le Sud ; probablement est-ce à cette occasion qu'une partie du clergé thébain va se réfugier en Haute-Nubie, aux alentours de **Napata**.

823. Chechonq III succède à **Takélot II** (847-823).

817. A **Bubastis**, une famille, probablement apparentée à la dynastie régnante, fonde la **XXIIIe dynastie.**

A **Thèbes** même, les fils des rois du Nord, placés par leurs pères sur le trône pontifical d'Amon, montrent une nette tendance à se comporter en souverains indépendants.

Au **Soudan** enfin, des souverains locaux ont constitué autour de Napata un royaume indépendant.

La rivalité passagère puis l'entente des **deux dynasties parallèles,** admettant un partage du pouvoir, favorisent l'éclosion d'un nombre croissant de principautés, précipitant une nouvelle fois l'Égypte dans l'anarchie.

La **création**, sous **Osorkon III** (757-748), **de la fonction de Divine Adoratrice d'Amon, confiée à une princesse royale,** a pour but de rapprocher la dynastie au pouvoir du clergé thébain.

Comme l'avaient fait les grands prêtres d'Amon, les Divines Adoratrices étendent peu à peu leur autorité jusqu'à devenir seules les véritables maîtresses de Thèbes.

751. Piânkhi monte sur le trône de Napata, fondant la **XXVe dynastie.**

730. Tefnakht, souverain de Saïs — l'un de ces roitelets du Nord dont le nombre s'est multiplié à la fin des XXIIe et XXIIIe dyn. —, entreprend de refaire à son profit l'unité d'une partie au moins du pays. Après s'être fait reconnaître suzerain de tous les dynastes du Delta, le fondateur de la **XXIVe dynastie** s'attaque à la Moyenne Égypte.

Dans la première partie de son règne, mais à une date qui ne peut être précisée et pour une raison inconnue, Piânkhi étend son autorité sur toute la partie Sud de l'Égypte.

Menacé par l'avance de Tefnakht vers le Sud, Piânkhi décide de s'opposer à lui. Les prises successives de Hermopolis et de Memphis lui apportent bientôt la soumission de tous les princes du Nord, privant de tout soutien Tefnakht qui envoie sa reddition. **L'unité de l'Égypte semble se reconstituer autour du souverain éthiopien.**

Le retour de Piânkhi à Napata permet à Tefnakht de prétendre à nouveau régner sur la Basse-Égypte, et d'engager son pays sur la voie d'alliances extérieures tournées contre la **puissance grandissante de l'Assyrie.** Les revers subis par lui, puis par son successeur **Bocchoris** (720-715) conduisent ce dernier à plus de modestie ; il consacre les dernières années de son règne à la réorganisation intérieure de son royaume.

716. A la mort de Piânkhi, son successeur **Chabaka** vient fixer sa capitale à Thèbes d'où il part à la conquête du Delta ; celle-ci semble être facile.

Vis-à-vis de l'Assyrie, Chabaka a une attitude d'une extrême prudence afin de préserver son pays d'une guerre qu'il n'est pas sûr de gagner.

701. Son successeur **Chabataka** se comporte comme lui en administrateur mais est néanmoins obligé de s'opposer militairement à la menace assyrienne, de plus en plus précise.

689. Taharqa remplace son frère sur le trône mais, désireux d'asseoir réellement son autorité sur tout le pays, il confie Thèbes à un gouverneur, Montouemhat, et vient s'installer à **Tanis** d'où, comme ses prédécesseurs, il **s'efforce de s'opposer de nouveau à l'Assyrie.** Ses provocations amènent celle-ci à riposter rapidement et, en trois campagnes successives au cours desquelles Thèbes est prise deux fois et pillée, **Assarhaddon** puis **Assourbanipal** font taire les velléités guerrières de Taharqa et de son successeur **Tanoutamon** (663-655) qui se réfugie au Soudan.

Époque saïte (666 à 524)

Avec l'arrivée au pouvoir des Saïtes, c'est une période de Renaissance qui s'amorce pour l'Égypte. S'appuyant sur des mercenaires étrangers qui protègent le pays à l'extérieur et maintiennent l'ordre à l'intérieur, les pharaons de la XXVIe dynastie réorganisent l'administration du pays et tentent, sur le plan religieux comme sur le plan artistique, un retour aux conceptions du passé. Après un siècle et demi d'éclat, l'Égypte tombe malgré tout au rang de satrapie perse.

666 : La **XXVIe dynastie** était en fait née bien avant la retraite de Tanoutamon à Napata : lors de la seconde campagne assyrienne contre l'Égypte, le dynaste saïte **Nékao** avait, comme les autres princes du Delta, accepté la suzeraineté d'Assourbanipal, lequel semble avoir voulu favoriser ses aspirations à la royauté pour mieux s'assurer le contrôle de l'Égypte.

663. Réfugié en Syrie, **Psammétique Ier**, fils de Nékao, repart à la **conquête du Delta**, non sans bénéficier de l'aide assyrienne. Ayant assis son autorité sur le Nord du pays, il parvient à se débarrasser de ses alliés encombrants grâce au concours de bandes ioniennes et cariennes. Par la suite, il assure son emprise sur la Haute-Égypte en faisant adopter sa fille **Nitocris comme Divine Adoratrice**, puis en conférant de larges pouvoirs à un gouverneur placé par lui à Edfou et en procédant de même avec un fidèle nomarque d'Héracléopolis. Ainsi assuré de l'unité du pays sous son autorité, il **ouvre l'Égypte aux Grecs**, leur accordant des concessions dans le Delta et en les incorporant dans son armée.

609. Redevenu allié de l'Assyrie pour mieux s'opposer à la Babylonie, **Nékao II** bat le roi de Juda à Megiddo, se fait de son fils un allié, soumet la Syrie, mais est défait par Nabuchodonosor à Karkémich (605) ; il se contentera, dès lors, d'inciter ses voisins à une coalition contre Babylone, entreprenant de son côté la construction d'une flotte devant lui assurer le contrôle de la Méditerranée et de la mer Rouge. Il fait commencer le creusement d'un canal qui, par le wādī Toumilat, reliera le Nil à la mer Rouge et envoie la flotte égyptienne dans le premier périple circum-africain.

594. **Psammétique II** tourne plutôt ses regards vers le Sud ; il envoie au Soudan une expédition militaire qui dépasse la Troisième Cataracte et se contente, en Asie, d'une tournée d'inspection (589) parmi ses alliés. Il n'est pas impossible que, sur la fin de son règne, pressé par des impératifs politiques, il ait repris lui-même pied en Asie, enlevant, pour la seconde fois, la ville de Gaza.

588. Son successeur **Apriès**, reprenant la politique de Nékao II, fait le blocus maritime de Tyr, alliée de la Babylonie.

570. Une campagne désastreuse en Cyrénaïque provoque l'indignation du peuple qui se désolidarise de son roi. Apriès se heurte alors à son général Amasis en une guerre civile de quelques mois, limitée toutefois au nord-ouest du Delta ; Apriès y sera tué.

568. **Amasis** le remplace sur le trône. **Épris de paix**, il met fin par un traité au conflit de Cyrénaïque et épouse en même temps une femme grecque de Cyrène. Il remet en ordre les affaires intérieures de l'Égypte, ouvre Memphis aux colons grecs et concède aux nouveaux venus la fondation de Naucratis ; c'est à lui que l'on devrait, d'après Hérodote, **l'invention de l'impôt sur le revenu.**

Pendant ce temps, une nouvelle puissance commence à étendre sa domination sur le Moyen et le Proche-Orient : **les Perses**, ayant soumis un à un les royaumes de l'Asie antérieure, **arrivent aux portes de l'Égypte** où, depuis quelques mois, **Psammétique III** a succédé (526) à Amasis. Le nouveau roi est écrasé à Péluse (525) puis, après le siège victorieux de Memphis, les Perses submergent la totalité du pays.

La domination perse et les dernières dynasties indigènes (524 à 333)

Pour la seconde fois de son histoire, l'Égypte vaincue va être envahie par les étrangers et, pendant plus d'un siècle, totalement administrée par eux. Cette nouvelle occupation aura peut-être cependant pour effet bénéfique d'unifier le pays dans la lutte pour la libération, et le soulèvement qui s'ensuivra aboutira à restaurer pour un temps l'indépendance d'une Égypte qui, malgré ce sursaut, succombera définitivement, une soixantaine d'années plus tard, devant le retour des mêmes envahisseurs.

524 : Première domination perse (XXVIIe dynastie). — Cambyse, le conquérant de l'Égypte, n'est probablement pas le tyran que décrit Hérodote ; il **adopte** au contraire une attitude d'une certaine souplesse, à l'image de celle que son père Cyrus avait eue à l'égard des autres peuples qu'il avait soumis.

522. Désireux de tirer profit de la richesse naturelle de cette nouvelle province de l'empire, **Darius Ier** se consacre surtout **à son développement économique et à son exploitation** ; il confisque les revenus des temples, fait mettre définitivement en état le canal de la mer Rouge commencé par Nékao II, **introduit en Égypte la monnaie** (les dariques d'or) pour faciliter les échanges commerciaux ; pour se concilier les Égyptiens, il rétablit les anciennes lois et fait construire un temple à l'oasis de Kharga. D'incessantes révoltes éclatant dans différentes satrapies de l'empire et les Grecs ayant infligé aux Perses, à Marathon, une lourde défaite **(490)**, **les Égyptiens tentent** à leur tour **de se soulever (486)**.

484. **Xerxès** mate facilement la révolte contre laquelle son père, surpris par la mort, n'avait pas eu le temps d'intervenir.

464. **Artaxerxès** succède à Xerxès, assassiné. Une **seconde révolte** éclate **(460)**, beaucoup plus longue, pour les Perses, à réprimer, en raison de l'appui qu'apporte Athènes aux insurgés. La paix gréco-perse de **449** ramène le calme en Égypte.

424. **Darius II** met fin aux querelles dynastiques, qui agitent la Perse et l'affaiblissent, en montant sur le trône. En **413**, une **troisième révolte** éclate en Égypte, **commandée par Amyrtée**, petit-fils d'un Amyrtée qui avait été l'un des auteurs du soulèvement précédent ; elle aboutira en **405**, un an avant la mort de Darius.

405 : XXVIIIe dynastie. — Libérateur de l'Égypte sur laquelle il étend progressivement son autorité, **Amyrtée** représente à lui seul cette dynastie.

399 : Au terme de six années de règne, Amyrtée est détrôné, semble-t-il, peut-être même tué, par un chef militaire d'origine mendésienne, **Néphéritès Ier**, qui fonde la **XXIXe dynastie.** La tâche essentielle à laquelle se consacrent les nouveaux souverains consiste principalement, grâce à des alliances successives avec Sparte, Athènes et Chypre, à retarder le retour offensif des Perses.

380 : XXXe dynastie. — C'est probablement à la faveur de troubles internes que **Nectanébo Ier**, prince de Sebennytos, prend le pouvoir et organise une coalition contre les Perses plus menaçants que jamais.

362. **Téos**, qui succède à son père Nectanébo, pense un moment marcher sur la Perse avec l'aide des hoplites du roi de Sparte Agésilas ; mais il connaît une mésaventure semblable à celle d'Apriès.

360. Obligé de fuir chez l'ennemi, Téos meurt en exil tandis que son rival, **Nectanébo II**, se fait proclamer roi. Il continue l'œuvre du fondateur de la dynastie. Partout, en effet, l'on bâtit ; de nouveaux temples sont mis en chantier, d'autres sont remaniés, consolidés. Tout cela témoigne de la **volonté des derniers rois** indigènes **de renouer avec un passé brillant.** Mais, malgré l'aide de mercenaires grecs et en dépit de quelques batailles où elle a l'avantage, l'Égypte est bientôt submergée par la puissance perse.

Battu par **Artaxerxès III Ochos**, Nectanébo II s'enfuit en Haute-Égypte et y règne encore deux années avant que le pays ne soit totalement soumis.

342 : Seconde domination perse. — Cette nouvelle période d'occupation étrangère achève la désagrégation de l'ancien royaume des pharaons. Quelques insurrections éclatent, dont l'une **(338)**, animée par un prince du Delta, **Khababach**, dure quelques années, mais ne peuvent aboutir. Pillée et abandonnée à l'anarchie, ses temples profanés, ses habitants massacrés, l'Égypte, épuisée et lasse, ne trouve plus en elle-même les forces qui lui permettraient de se libérer.
333. Apprenant avec soulagement la nouvelle de la défaite de **Darius III** devant **Alexandre le Grand**, l'Égypte implore le secours du Macédonien et, à son arrivée, l'accueille avec enthousiasme.

Époque grecque (333 à 30)

Vaincue par l'expansion asiatique dans le Proche-Orient, à laquelle elle ne s'était opposée que pour mieux protéger son indépendance, l'Égypte accepte de bon gré de n'être plus africaine mais méditerranéenne, tout entière tournée vers ce nouveau centre de civilisation auquel elle est contrainte d'associer son destin. Colonie docile des Grecs puis des Romains qui, habilement, sauront respecter les mœurs anciennes et les idées religieuses, se présenteront comme les successeurs des pharaons et entretiendront une certaine forme de patriotisme égyptien, l'Égypte se bercera ainsi, pendant quelque temps encore, de l'illusion de sa propre survie ; l'édit de Théodose contre le paganisme, en 383, portera le coup de grâce à ce qui pouvait subsister de la vieille civilisation.

333 : Alexandre le Grand et ses successeurs. — Précédé de sa renommée, **Alexandre** est accueilli en Égypte comme un libérateur. Après la fondation d'Alexandrie **(331)**, il se pose en protecteur de la religion, va consulter l'oracle de l'oasis d'Amon (Siwā) qui le déclare fils de dieu, puis part continuer ses glorieuses campagnes asiatiques, confiant l'administration du pays au satrape **Ptolémée**, fils de Lagos.
323. Mort d'Alexandre à Babylone, son frère **Philippe Arrhidée** lui succède.
317. Après l'assassinat de Philippe, **Alexandre Ægos**, fils posthume d'Alexandre le Grand et de Roxane, devient roi en titre.
311. Mort d'Alexandre Ægos.

311 : Dynastie lagide. — **Ptolémée** qui, depuis la mort d'Alexandre le Grand, a continué d'administrer l'Égypte au nom de ses successeurs, affermissant l'autonomie dont elle a pu jouir au sein d'un empire en cours de délabrement, attend cinq ans avant de monter sur le trône (306) sous le nom de **Sétepenrê Mériamon Ptolémée Sôter**. Cette façon de s'attribuer un protocole royal complet à l'image des anciens pharaons sera reprise par tous ses successeurs. Il ajoute ensuite à son royaume Cyrène, la Syrie, la Cœlé-Syrie et la Palestine.

C'est sous son règne puis sous celui de son successeur **Ptolémée II Philadelphe** (285-246) **que la civilisation grecque brille en Égypte de son plus vif éclat** : fondation de l'École, du Musée et de la Bibliothèque d'Alexandrie, construction du phare, reprise des travaux du canal du Nil à la mer Rouge, périples de navigateurs grecs, affectation de revenus aux temples.
246. Ptolémée III Évergète, fils de Philadelphe, continue la tradition de ses prédécesseurs, mais toute la première partie de son règne est troublée par des démêlés avec les Séleucides.
221. Ptolémée IV Philopator perd d'abord, puis regagne, dans ses guerres contre Antiochus le Grand, les villes de Palestine et de Syrie conquises par ses devanciers. Son règne est malheureusement souillé par des meurtres dans sa propre famille : il fait mettre à mort son frère Ragas, sa mère Bérénice, sa sœur Arsinoé et deux de ses hôtes.

203. **Ptolémée V Épiphane** monte sur le trône encore très jeune. Pour se concilier le peuple égyptien, très défavorisé par rapport aux colons grecs, il se fait introniser à Memphis suivant les rites anciens. Des troubles éclatent cependant à Alexandrie qui incitent Antiochus à reprendre ses offensives. L'Égypte perd successivement les villes de Cilicie, de Lycie, de Syrie et de Palestine où elle tenait garnison, mais la Syrie est rendue à Épiphane à titre de dot pour Cléopâtre Ire, fille d'Antiochus, lors de leur mariage.

181. Le règne de **Ptolémée VI Philométor**, fils du précédent et, comme lui, appelé au trône en bas âge, est troublé non seulement par une **invasion d'Antiochus**, mais encore par des différends avec son frère, le futur Ptolémée VIII, proclamé roi dans Alexandrie **(170)** tandis que Philométor bataille contre les Séleucides. En **163**, la paix s'établit entre les deux frères et Ptolémée VIII reçoit Cyrène, la Libye et quelques villes cypriotes.

143. **Ptolémée VII Eupator**, fils de Philométor, et qui devait succéder à son père, est égorgé sur ordre de **Ptolémée VIII Évergète II** ; celui-ci réunit alors ses propres possessions à la couronne d'Égypte en épousant sa demi-sœur Cléopâtre II, veuve de Philométor. La répudiation de sa femme et son remariage avec Cléopâtre IV, sa nièce, provoquent une émeute qui l'oblige à chercher un refuge momentané **(130-127)** à Chypre, tandis que Cléopâtre II est proclamée reine d'Égypte.

116. **Ptolémée IX Sôter II** (ou **Lathyre**) connaîtra, comme son père, l'exil cypriote. Dépossédée de sa couronne **(107)** par sa mère Cléopâtre IV au profit de son frère **Ptolémée X Alexandre III**, il remontera sur le trône à l'expulsion de ce dernier **(88)**. Mal accueilli en Haute-Égypte, il marche sur Thèbes et la livre à la fureur de ses soldats.

80. Le meurtre de sa fille Bérénice par **Ptolémée XI Alexandre IV**, fils de Ptolémée X, et celui du roi lui-même par le peuple indigné amènent au pouvoir un fils naturel de Sôter II, **Ptolémée XII Aulète**. Chassé d'Alexandrie, celui-ci ne peut rentrer et se maintenir dans sa capitale qu'avec l'aide de Gabinius, gouverneur romain de Syrie ; **la porte est ouverte à l'ingérence romaine** qui se fera désormais sentir de plus en plus lourdement.

51. Très jeunes encore, **Ptolémée XIII Néos Dionysos** et sa sœur et épouse **Cléopâtre VII** succèdent à leur père sous la tutelle du sénat romain, représenté par Pompée. Prenant d'abord le parti de **Pompée (49)** dans sa lutte contre César, l'intrigante Cléopâtre s'associe, après la **bataille de Pharsale (48)**, à la fortune de celui-ci. Dans le même temps, devenue veuve de Néos Dionysos qui combattait César, elle épouse **(47)** son second frère **Ptolémée XIV l'Enfant** qu'elle fera assassiner quelques années plus tard.

Après la mort de César **(44)**, puis la **bataille de Philippes (42)** qui rend **Antoine maître de l'Orient**, elle subjugue le vainqueur comme elle avait subjugué César, se fait donner la Phénicie, la Syrie, une partie de la Cilicie, Chypre, l'Arabie des Nabatéens, et obtient de son amant qu'il reconnaisse les droits à la couronne de son fils Césarion, qu'elle a conçu de César.

30. **La bataille navale d'Actium**, perdue par Antoine et suivie de l'**invasion de l'Égypte par les légions d'Octave**, met à néant les desseins grandioses de Cléopâtre. Après le suicide d'Antoine, qui la croyait morte, elle livre Alexandrie au nouveau vainqueur puis, ayant vainement tenté de le séduire, se donne la mort à son tour.

L'Égypte, devenue romaine, ne pouvait cependant pas être une province comme les autres. Son importance économique — c'était un des greniers de Rome — et géographique — à la charnière de trois continents — la fait mettre directement sous l'autorité de l'empereur représenté par un préfet, et non par un procurator comme pour les autres conquêtes. Ainsi incorporée à l'empire, elle subira le contrecoup de toutes les vicissitudes de celui-ci, agitée seulement, de temps à autre, par quelques révoltes énergiquement réprimées.

Epoque romaine (30 av. J.-C. à 395 ap. J.-C.)

30-27 av. J.-C.-14 ap. J.-C. : Auguste et ses successeurs. — Dès le début de la domination romaine, le préfet **Cornelius Gallus** est amené à réprimer une révolte en Haute-Égypte. L'historien et géographe grec **Strabon** l'accompagne dans son expédition.
27. Le Sénat romain décerne à **Octave** les titres d'« Imperator » et d'« Auguste », nom sous lequel il régnera désormais.
25. Le préfet Petronius repousse une invasion des Éthiopiens de la reine Candace et enlève Napata. La frontière Sud de l'Empire est fixée à Hiera Sykaminos *(env. 120 km S. d'Aswān)*.

14-68 : La dynastie julio-claudienne, dont **Tibère** est le premier représentant, marque l'adoption d'un système plus simple mais provoquant néanmoins quelque mécontentement. A partir de **(37) Caligula**, l'esprit turbulent des juifs leur aliène le préfet Avillius Flaccus qui les persécute sans merci ; sous **Claude (41-54),** ils attaquent les Alexandrins pour revendiquer la restitution de leurs privilèges, entre autres celui d'avoir à leur tête un ethnarque de leur nation.
Vers 40. Arrivée en Égypte, selon la tradition, de l'Évangéliste **Marc** qui fonde l'Église d'Alexandrie.
54-68. **Néron** envoie une expédition à la découverte des sources du Nil.
Vers 63. Marc subit le martyre à Alexandrie.

69-192 : Flaviens et Antonins. — **Vespasien** écrase les soulèvements de juifs qui agitent Alexandrie et la Palestine depuis 66 et fait abattre le temple juif bâti quelques siècles plus tôt par **Onias** à Léontopolis.
98-117. Sous **Trajan**, reprise du canal du Nil à la mer Rouge pour faciliter le commerce entre Rome et les Indes.
116. Une nouvelle révolte de juifs, née à Alexandrie, s'étend en Cyrénaïque.
117-138. **Hadrien** visite l'Égypte **(130)** avec l'impératrice **Sabine** ; il restaure la tombe de Pompée, va voir et entendre la statue de Memnon, fonde la ville d'**Antinoé** puis se rend en Palestine où il met fin à une révolte de juifs en reprenant Jérusalem (137).
138-161. Sous **Antonin le Pieux,** puis sous le règne de son successeur **(161-180) Marc-Aurèle,** de nouveaux troubles éclatent à Alexandrie et dans le Delta ; le gouverneur de Syrie, **Avidius Cassius**, auquel a été confiée la répression, en profite pour se faire élire empereur **(175)** ; il sera assassiné quelques mois plus tard et Marc-Aurèle, qui viendra lui-même à Alexandrie pour rétablir l'ordre, pardonnera à la population.

193-305 : Des Sévères au Bas-Empire. — La mort de **Commode** inaugure pour l'Empire romain une **longue période de troubles** où les prétendants surgissent de partout et se disputent le pouvoir les armes à la main ; l'Égypte subit le contrecoup de cette instabilité. Des combats ont lieu à Alexandrie lors de la succession de **Macrin** ; nombreuses aussi sont, durant toute cette période, les **controverses théologiques** et les **persécutions contre les chrétiens.**
222-235. Sous **Alexandre Sévère**, les persécutions et l'agitation religieuse font provisoirement place à une bienfaisante accalmie qui permet aux lettres et aux arts de refleurir.
249-255. Mais, sous **Dèce**, le préfet **Sabienus** se montre d'une telle cruauté que, en quelques mois, les déserts du Sinaï et de Thébaïde se peuplent d'anachorètes.
260-268. Sous **Gallien,** le lien, déjà très relâché, entre l'Égypte et Rome, finit par se rompre, et les Alexandrins élisent comme empereur le préfet **Émilien (265).** Gallien en prend facilement son parti, et l'Égypte devient dès lors la proie d'une série d'**envahisseurs** et d'**usurpateurs** : **Macrien,** qui s'associe ses deux fils **Macrien le Jeune** et **Quiétus,** la reine de Palmyre, **Zénobie,** par deux fois maîtresse du pays, et le commerçant alexandrin **Firmus.**

276. **Probus**, ancien général des armées d'Aurélien, est élu empereur après avoir délivré l'Égypte de Zénobie **(272)** et de Firmus ; l'usurpation de **Saturninus** l'obligera à intervenir encore en Haute-Égypte : il châtie sévèrement Coptos et Ptolémaïs, qui ont pris une grande part à la révolte, et expulse les Blemmyes **(278)** de la Haute-Égypte qu'ils occupaient depuis une dizaine d'années.

284-305. Le règne de **Dioclétien** est, comme les précédents, marqué par des **révoltes et les représailles sanglantes** que l'empereur exerce sur les villes insurgées, notamment Alexandrie. Les Blemmyes évacuent l'Égypte à la suite d'un traité leur concédant une plus grande étendue de territoire au S. de Syène (Aswān).

297. Dioclétien entreprend une **profonde réforme de l'empire**. Elle ne sera achevée que sous ses successeurs qui incorporeront l'Égypte au diocèse d'Orient, où elle formera cinq provinces.

305-395 : De Constantin à Théodose. — Après la phase intermédiaire de la **Tétrarchie**, la restauration de l'unité de l'empire **(312)** par **Constantin**, premier empereur favorable aux chrétiens, ouvre une nouvelle période, dominée surtout par les **questions religieuses**. L'autorité des gouverneurs, ou « præsides », s'efface devant celle des patriarches ; des anachorètes, groupés autour d'**Antoine**, **Macaire**, **Pacôme** et autres pères de moines, inaugurent le monachisme. C'est aussi l'époque des controverses idéologiques et l'Église, en paix avec le pouvoir central depuis l'**édit de tolérance de Milan (313)**, ne tarde pas à en être secouée.

318. Naissance à Alexandrie de l'**hérésie d'Arius.**

320. Un synode, réuni à Alexandrie, excommunie Arius.

325. **Constantin** devient le seul empereur. La même année, il convoque, avec le pape **Sylvestre**, le **concile œcuménique de Nicée** où est prononcée une nouvelle condamnation de l'arianisme.

337. L'arrivée au pouvoir de **Constantin II**, favorable à l'arianisme, va mettre aux prises l'empire et les évêques, que soutient la population, d'où de **continuelles émeutes.** L'évêque **Athanase** sera pendant près d'un demi-siècle à la tête du combat contre l'arianisme et les hérésies qui en découlent. Trois fois destitué, exilé, remplacé à Alexandrie par un évêque arien, puis revenant triomphant, trouvant un appui dans son clergé et les moines du désert, mais desservi par les successeurs de Constantin le Grand — qui auraient voulu déposséder Alexandrie de sa primauté religieuse au profit de leur nouvelle capitale, Constantinople —, Athanase finit pourtant par s'imposer à **Valens** malgré l'arianisme de cet empereur qui a persécuté les moines.

379. Le règne de **Théodose** ouvre définitivement l'avenir au christianisme. L'empereur subjugue les ariens, les dépossédant des églises et des postes qu'ils se sont attribués, et les païens, dont les **temples sont fermés par l'édit du 8 nov. 392 contre le paganisme.** Le patriarche **Théophile**, chargé de l'exécution du décret, s'acquitte de sa tâche avec un zèle implacable ; un grand nombre de temples sont détruits et ceux qui restent debout sont convertis en églises.

395. A la mort de Théodose, l'Égypte est rattachée à l'Empire d'Orient.

L'Égypte byzantine (395 à 642)

La mort de Théodose marque pour l'Égypte un des plus importants tournants de son histoire. A l'origine repliée sur elle-même, puis incorporée au monde méditerranéen sous la domination grecque et romaine, **elle appartient désormais à l'Empire byzantin** et son destin s'en trouve presque tracé. Comme aux époques précédentes, **elle continue d'être déchirée par des querelles religieuses** qui l'affaiblissent et, trop éloignée du pouvoir central dont elle se détache peu à peu, lasse peut-être aussi, elle s'abandonnera facilement, lors de l'invasion arabe, à ses nouveaux maîtres.

395-450 : le temps des hérésies. — **Arcadius** succède à Théodose et devient le premier **empereur d'Orient**. Son frère **Honorius** monte sur le trône de Rome.
408. **Théodose II.** Sous les patriarcats successifs de **Théophile** († 412) et de **Cyrille,** des troubles graves agitent Alexandrie ; des massacres ont lieu, causés aussi bien par le fanatisme religieux des orthodoxes que par celui des héritiques. Cyrille chasse les juifs d'Alexandrie.
428. Naissance, à Constantinople, de l'**hérésie de Nestorius,** que l'on accuse de voir, en Jésus-Christ, deux natures très différentes, en quelque sorte un homme « habité » par Dieu ; la théorie nestorienne est en réalité beaucoup plus subtile, mais l'accusation d'hérésie lancée par le patriarche Cyrille repose sur une déformation volontaire des thèses de Nestorius par Cyrille, pour des motifs plus politiques que dogmatiques.
430. Un **premier synode**, tenu **à Rome** à l'instigation de Cyrille, excommunie Nestorius. Peu après, un **second synode** réuni à **Alexandrie,** également rassemblé par Cyrille, somme Nestorius de revenir à l'orthodoxie.
435. Nestorius est exilé à l'oasis de Kharga.
448. Au cours d'un **concile réuni à Constantinople** pour statuer sur diverses questions, un évêque, **Eusèbe de Dorylée,** accuse l'archimandrite **Eutychès** — qui avait été l'un des plus fermes soutiens de Cyrille dans sa lutte contre Nestorius — de répandre une nouvelle théorie hérétique. La doctrine d'Eutychès, ou **monophysisme,** consiste à n'admettre dans le Christ qu'une seule nature où l'élément divin absorbe l'élément humain. De longues discussions aboutissent à la condamnation et à l'excommunication d'Eutychès, mais le nouveau patriarche d'Alexandrie, **Dioscore,** acquis à la théorie monophysite, réussit, au cour d'un **concile** très agité tenu **à Éphèse (449)**, à le faire réhabiliter.

451-582 : la naissance de l'Égypte copte. — Devant la vague de conversions à la doctrine monophysite, l'empereur **Marcien** (450-457), qui craint un schisme, convoque **(451)** un **concile œcuménique à Chalcédoine** : celui-ci dépose Dioscore et confirme les sentences prononcées précédemment contre Eutychés. Loin de rétablir le calme, ces mesures soulèvent un flot de mécontentement ; au gré des émeutes, des patriarches monophysites ou dyophysites occupent alors le siège d'Alexandrie et les luttes entre eutychéens et orthodoxes ne cessent de s'amplifier.
482. L'empereur **Zénon** (474-491), qui publie l'*Hénitocon,* ouvrage destiné à réconcilier les tenants de chaque doctrine, ne fait que les diviser plus encore.
491. Sous **Anastase,** les luttes s'accroissent de plus belle entre les eutychéens, de plus en plus nombreux, et les orthodoxes, ou **melkites,** c'est-à-dire fidèles au roi (malek, en arabe).
502. Famine en Égypte.
527. Après le règne de **Justin Ier** (518-527), l'arrivée au pouvoir de **Justinien** semble sonner le glas du monophysisme. Malgré les efforts de l'impératrice **Théodora,** attachée à cette doctrine, l'empereur persécute les partisans d'Eutychès en même temps que par un édit **(551)** il ferme le temple de Philae, dernier refuge du paganisme.
565. **Justin II** empereur.
578. Les quatre années de paix qu'apporte le règne de **Tibère II** permettent aux différentes sectes eutychéennes de se fondre en une seule, ralliée au corps de doctrine formulée en Syrie par le moine Jacob Baradée, d'où le nom de **Jacobites** que l'on donne aux chrétiens monophysites du Levant. Les cruautés byzantines ne cessant de s'exercer sur l'Égypte, le même regroupement des monophysites s'y accomplit, donnant naissance à une Église nationale, l'Église copte.

582-642 : la fin de la domination byzantine. — Succédant à **Maurice** (582-602) et à Phocas (602-610), **Héraclius** monte sur le trône ; il remplace son titre d'« imperator » par celui de « **basileus** ».
Préoccupés par les répressions des révoltes religieuses, les empereurs de Constantinople n'ont entretenu une armée, recrutée sur place, qu'en vue de ces répressions

et de la défense des cultures contre les razzias de Bédouins. Le système défensif d'autrefois est, certes, encore en place, mais l'armée, utilisée pour des opérations de police intérieure, ne possède aucun chef réellement capable ; le pays, que sa division religieuse déchire et ensanglante, souffre de la domination byzantine. Aussi, lorsqu'en **619, les Perses réussissent à entrer en Égypte,** ne rencontrent-ils aucune résistance dans le peuple. Alexandrie est prise sans coup férir, et juifs et monophysites y accueillent les Perses en libérateurs.

629. Héraclius dégage l'Égypte de l'emprise perse en s'emparant de la Mésopotamie. Sur le plan religieux, sa tentative d'imposer le monothélisme, nouvel essai de syncrétisme entre les doctrines monophysite et chalcédonienne, se solde finalement par un échec.

639. Les Égyptiens laissent, presque sans résistance, le lieutenant du calife 'Omar, **'Amr,** entrer dans Memphis puis s'emparer de la forteresse de Babylone *(auj. le Vieux Caire).*

642. Alexandrie, ville grecque plutôt qu'égyptienne, ne se rend que le 22 décembre, après un siège de quatorze mois.

L'Égypte sous les califes (642 à 1251)

Déchirée par des querelles religieuses, lasse de la domination byzantine, l'Égypte n'avait d'abord vu, dans ses turbulents voisins asiatiques, qu'une horde de guerriers qui allaient la débarrasser des Byzantins. Cet optimisme l'avait conduite, en 619, à accueillir les Perses en libérateurs puis, vingt ans plus tard, à n'opposer qu'une résistance symbolique aux armées arabes. De leur côté, ces dernières s'étaient lancées à la conquête du monde avec **'Omar,** deuxième successeur de Muḥammad, dont l'islam était devenu la religion. En 636, la défaite des armées byzantines sur le Yarmūk (Syrie) avait ouvert aux Arabes la route de l'Égypte et dès 636, **'Amr,** lieutenant d''Omar, profitant de l'anarchie régnant dans ce pays, avait enlevé Péluse, Memphis, et s'était emparé de la forteresse de Babylone, ce qui l'avait rendu maître de la vallée du Nil. A la fondation de Fusṭāṭ (le Vieux Caire) avait succédé la prise d'Alexandrie, ville grecque plutôt qu'égyptienne.

642-661 : 642. Prise d'Alexandrie.
644. Après la mort d''Omar, deux gendres de Mahomet se succèdent comme califes : **'Othman (656)** et **'Alī (661),** mais ils sont incapables de maintenir l'unité et périssent assassinés.

661-750 : Les Omeyyades. — Profitant de la division qui règne parmi les héritiers de Mahomet, **Mu'awiya,** gouverneur de Syrie, se fait proclamer calife par les Syriens **(660)** ; il transfère sa capitale à Damas et étend son empire musulman sur l'Égypte. Il fonde la dynastie des **Omeyyades** en rendant le califat héréditaire par la désignation de son fils **Yazīd** comme son successeur **(680).** Mais des rivalités de clans, des tendances religieuses différentes ensanglantent et déchirent le pouvoir.
706. La langue arabe est imposée dans tous les actes officiels.

750-870 : Les 'Abbassides. — 750. Les descendants d'Al-'Abbās, oncle de Muḥammad, renommés pour leur orthodoxie, s'emparent de l'empire. **Abū l-'Abbās,** proclamé calife, fonde la dynastie des **'Abbassides.**
762. Fondation de Bagdad qui devient capitale de l'empire.
786-803. Califat de **Hārūn Ar-Rashīd, qui marque dans l'histoire de l'Empire musulman une époque de grandeur et de prospérité** dont bénéficient les provinces.

L'Égypte et la Syrie connaissent alors une grande activité commerciale dans leurs rapports avec l'Iraq et avec les Arabes de l'Ouest, et même avec les Byzantins et les Russes. L'apport de l'Égypte dans l'art islamique en formation est incontestable, de même que dans la pensée et les lettres. Mais cet empire est trop étendu et les successeurs du grand calife, incapables d'en assurer l'intégrité, se contentent de leur rôle de chef religieux et laissent pratiquement le pouvoir temporel à des chefs locaux. C'est ainsi que prennent naissance des dynasties de gouverneurs plus ou moins indépendants, rattachés seulement au centre spirituel par la prière, l'enseignement du Coran, les pèlerinages à La Mecque et par l'usage de la langue arabe.

870-905 : Les Ṭūlūnides. — L'émir **Aḥmad Ibn-Ṭūlūn** établit une dynastie de gouverneurs qui administrera l'Égypte jusqu'en 905, construisant au Caire palais et mosquées. Le dernier des **Ṭūlūnides** sera mis à mort par le calife Al-Mustaqfī.
906. L'Égypte revient un moment sous l'autorité du calife de Bagdad.

934-960 : Les Ikhchidites. — Profitant des rivalités qui divisent le califat et aboutissent à la perte du pouvoir par les 'Abbassides, un turcoman, **Muḥammad Ibn Tughg**, établi une nouvelle dynastie.

969-1171 : Les Fatimides. — C'est de l'Ouest qui viennent cette fois les nouveaux maîtres de l'Égypte. Les **Fatimides** qui prétendent descendre de Fāṭima, la fille de Mahomet, sont depuis peu maîtres de l'Afrique du Nord.
973. Les Fatimides s'installent au Caire, qui devient la capitale de leur empire, et entreprennent d'occuper la Syrie.
988. **Fondation de l'université d'El-Azhar** au Caire.
1001. Le calife **Al-Ḥākim** conclut avec **Basile II** un traité fixant les limites de leurs possessions respectives en Syrie. L'Égypte est alors un des entrepôts des denrées venues d'Asie ou d'Afrique soit par mer et le port d'Alexandrie, soit par la voie des caravanes. Elle exporte vers Venise ou Amalfi, la Russie, l'Espagne et même la Scandinavie, des textiles, et vers les pays musulmans de l'Est et de l'Asie, des esclaves.
Les **échanges culturels sont fréquents** et les influences réciproques.
1055. Des tribus turques venues d'Asie centrale prennent Bagdad, s'imposent au calife 'abbasside et fournissent des mercenaires aux divers États.
1070. Les milices turques pillent Le Caire et conquièrent la Syrie.
1099. La **Première Croisade** enlève Jérusalem aux Fatimides. L'Égypte se replie sur elle-même et demeurera un temps étrangère aux événements qui vont se dérouler en Syrie.
1154. Le calife **Aẓ-Ẓāfir** est assassiné. Le vizir **Ibn-Ruzzik** s'empare du pouvoir et dispose à son gré du califat.
1161. **Ibn-Ruzzik** est assassiné mais a transmis le vizirat à son fils.
1163. A son tour, le gouverneur de la Haute-Égypte, **Shāwar**, s'empare du pouvoir mais se rend odieux et doit se réfugier en Syrie musulmane où règne le sultan **Nūr Ad-Dīn**.
1164. Soutenu par Nūr Ad-Dīn, **Shāwar** rentre en Égypte et redevient vizir. Pour se débarrasser des troupes syriennes, il fait appel aux Francs qui ont établi des États latins sur le littoral syrien. Les Francs sont séduits par la richesse de l'Égypte mais leur expédition n'a pas de suite.
1167. Shāwar, que menacent les Turcs venus de Syrie, fait de nouveau appel aux Francs. L'armée franco-égyptienne empêche les Syriens de conquérir l'Égypte et rétablit la paix, mais l'entente ne dure pas car les Francs tentent d'imposer au pays un véritable protectorat.
1169. Shāwar est assassiné par les Turcs venus à son aide. **Ṣalāḥ Ad-Dīn Yūsuf ibn Ayyūb**, plus connu en Occident sous le nom de **Saladin**, envoyé par le sultan de Syrie, se fait nommer vizir par le dernier calife fatimide.

1171-1250 : Les Ayyūbides. — La mort du dernier calife fatimide est l'occasion de rattacher l'Égypte au califat abbasside dont elle était séparée depuis 262 ans.
1174. La mort de Nūr Ad-Dīn libère **Saladin** de toute sujétion; il **est le vrai maître de l'Égypte et le fondateur de la dynastie ayyūbide** qui étendra son empire jusqu'à la Syrie musulmane.
1193. Mort de Saladin; son empire est partagé entre ses fils : l'Égypte revient à **Al-Malīk Al-'Azīz** puis, après sa mort **(1198)**, à son frère **Al-Malīk Al-Afḍal.**

1200. Malik al-Afḍal est chassé par son oncle **Al-'Ādil** qui reconstitue à son profit l'empire ayyūbide et confie à son propre fils **Al-Kāmil** le gouvernement de l'Égypte.
1218. Une expédition de Croisés et de Francs de Syrie débarque à Damiette qui sera occupée pendant deux ans mais une tentative pour conquérir l'Égypte aboutit à un échec.
1238. Mort d'Al-Kāmil qui laisse une Égypte calme et prospère, mais son fils et successeur, **Al-'Ādil II,** est bientôt dépossédé par son frère **Aṣ-Ṣāliḥ Ayyūb** (1240). Celui-ci se constitue une garde particulière avec des esclaves turcs qui, casernés dans l'île de Rawḍa, près du Caire, prennent le nom de Baḥrides (soldats du fleuve). Cette milice turbulente va finir par s'imposer au pays.
1249. Le roi de France **Louis IX** (saint Louis), à la tête de la **7e Croisade,** débarque à Damiette peu avant la mort du sultan Aṣ-Ṣāliḥ Ayyūb et marche sur Al-Manṣūra.
1250. L'armée des Croisés, privée de ravitaillement et décimée par une épidémie, **doit battre en retraite.** L'armée tout entière est capturée et saint Louis est emprisonné à Al-Manṣūra. Le roi est contraint de rendre Damiette et de payer rançon pour son armée. **Les Mamlouks** victorieux **se débarrassent du dernier descendant de Saladin** et mettent fin à la dynastie ayyūbide.

Les Mamlouks (1251 à 1517)

Avec l'arrivée au pouvoir des Mamlouks, c'est un régime « fort » qui s'installe en Égypte. Malgré les troubles internes, crimes et révolutions de palais — quarante-sept souverains, la plupart morts de manière violente, en 267 ans —, Le Caire devient la capitale d'un puissant empire englobant la Syrie et la Palestine. S'enrichissant grâce au double transit des marchandises venues d'Orient et d'Occident, l'Égypte des Mamlouks exprime son rayonnement dans la magnificence de ses palais et de ses mosquées.
Depuis les Croisades, en effet, au cours desquelles l'Occident a pris goût aux productions de l'Orient, et particulièrement aux épices, l'Égypte a servi de voie d'échange et ses relations avec Venise en particulier ont toujours été profitables à l'une comme à l'autre. Mais la découverte de la route maritime des Indes par les Portugais va porter un coup à sa prospérité. La diminution sensible des ressources a pour conséquences un accroissement des impôts et le paiement irrégulier de la solde des Mamlouks. Dans le même temps, la pression ottomane devient menaçante.

1251-1382 : Les Mamlouks baḥrides. — Par la victoire d'Abbāra sur les Ayyūbides de Syrie, les Mamlouks établissent véritablement leur autorité sur l'Égypte.
1254. Al-Mu'izz 'Izz Ad-Dīn Aybak, premier sultan mamlouk, épouse la veuve de l'avant-dernier souverain ayyūbide et fonde la dynastie des Mamlouks Baḥarides.
1257. Al-Mu'izz 'Izz Ad-Dīn Aybak est tué par sa femme.
1259. Le Mamlouk **Al-Muzaffar Sayf Ad-Dīn Quṭuz** se proclame sultan et s'empare de la Syrie musulmane occupée par les Mongols.
1260. Al Muzaffar Sayf Ad-Dīn Quṭuz est assassiné par son lieutenant **Baybars,** ancien esclave qui se proclame sultan et domine le Proche-Orient musulman.
1277. Mort de Baybars ; il a fait des possessions des Mamlouks un empire centralisé et unitaire, avec une armée permanente, instrument redoutable de son pouvoir.
1279. L'émir de Syrie **Qalā'ūn,** ancien lieutenant de Baybars, devient sultan.
1290. Mort de Qalā'ūn. Pour la première fois depuis le triomphe des Mamlouks, le fils du défunt succède à son père. Devenu sultan, **Al-Ashraf Salāh Ad-Dīn Khalīl** va porter le dernier coup à l'Empire franc de Syrie avec la prise de Saint-Jean-d'Acre **(1291).**
1293. Al-Ashraf Salāh Ad-Dīn Khalīl est tué par deux émirs.
1296. Le sultan **Melik el-Mansūr,** Allemand de l'Ordre teutonique converti à l'islam après s'être enrôlé dans la milice des Mamlouks, conquiert une partie de la Petite-Arménie.

1365. Pierre Ier, roi de Chypre, tente, à l'imitation de saint Louis, une croisade contre l'Égypte ; Alexandrie est prise et pillée.
1375. Les Mamlouks d'Égypte s'emparent du royaume chrétien de Cilicie arménienne.

1382-1517 : Les Mamlouks circassiens. — Le dernier sultan de la lignée baḥaride est renversé par un chef mamlouk, **Barqūq,** qui fonde la dynastie des **Bordjites** (d'une tour de la citadelle du Caire ou bordj).
1453. La prise de Constantinople par le sultan Méhémet II, en mettant fin à l'Empire byzantin, **consacre la puissance turque.** Celle-ci, étendant progressivement sa domination sur le Proche-Orient, finira par menacer l'autorité des Bordjites en Égypte.
1481. Le sultan **Qāytbāy** accueille au Caire le prince Djem qui dispute le trône de Constantinople à son frère Bajazet II.
1507. Le sultan **Qānṣūḥ Al-Ghawrī** signe un traité avec le consul « des Catalans et Français », accordant à ceux-ci de sérieuses garanties.
1509. Le sultan Qānṣūh Al-Ghawrī tente de lutter avec Venise contre l'établissement des Portugais aux Indes, mais sa flotte est battue par Albuquerque dans l'océan indien.
1516. Le sultan ottoman **Salīm Ier** conquiert la Syrie puis défait à Merj Dabek, près d'Alep, les Mamlouks de Qānṣūḥ Al-Ghawrī, lequel périt dans la bataille.
1517. Tūman Bay, élu sultan par les Mamlouks, essaie de défendre l'Égypte mais il est vaincu par Salīm qui le fait pendre. **Avec lui finit l'indépendance de l'Égypte** qui n'est plus qu'une province de l'Empire ottoman.

L'Égypte ottomane (1524 à 1798)

1524. Sulaymān II le Magnifique, qui règne à Constantinople depuis **1520,** envoie en Égypte son vizir Ibrahīm pour y rétablir l'ordre et donner au pays un administrateur capable de le maintenir en soumission ; cet administrateur, le pasha, sera toujours un étranger au pays ; nommé lieutenant par le sultan, il désignera les beys mais ne disposera pas des troupes turques afin qu'il n'ait pas la tentation de se rendre indépendant ; l'agha (ou colonel) des Janissaires commande les troupes.
1528. Sulaymān renouvelle les garanties accordées aux Français par le traité de 1507.
1536. Les avantages accordés en Égypte aux Français sont étendus à tout l'Empire ottoman sous le nom de **Capitulations.** Les Français seront les seuls à conserver un consulat permanent en Égypte.

Le système de gouvernement adopté par Sulaymān se maintient à peu près durant le XVIe s. mais dès le siècle suivant, l'autorité du sultan, en raison de l'éloignement et de la faiblesse du souverain, va en déclinant. Les Mamlouks reprennent peu à peu de l'influence à la faveur des rivalités opposant les beys les uns aux autres. Au hasard des nominations, l'Égypte a de bons administrateurs ou de déplorables despotes mais, en fait, les Égyptiens continuent d'être opprimés par une minorité d'étrangers.
Au XVIIe s. la réalité du pouvoir passe de plus en plus aux mains des beys du Caire qui s'appuient sur les milices. Parmi celles-ci, le corps des Mamlouks impose son autorité et retrouve le prestige dont l'avait dépouillé Salīm Ier. Au XVIIIe s. les Mamlouks sont les vrais maîtres du pays, mais les luttes qui opposent leurs chefs entre eux entretiennent une longue période de confusion.

1767. ʻAlī, ancien esclave originaire des bords de la mer Noire, élimine ses concurrents, parvient à rétablir l'ordre et détache l'Égypte de la Turquie à laquelle il refuse de payer tribut. Chassé du Caire par son gendre qui lui succède, il meurt peu après (1773).
1785. L'officier de marine **Truguet,** envoyé en mission au Caire, obtient la garantie

de sécurité des caravanes qui transporteront des marchandises de Suez à Alexandrie et la permission pour les navires français de naviguer dans la mer Rouge.

1786. Le gouvernement de Constantinople tente de réagir contre l'anarchie qui règne en Égypte et envoie une flotte à Alexandrie. Le capitan-pasha marche sur Le Caire mais devra rembarquer l'année suivante sans avoir soumis le pays. Après son départ, les beys chassés reviennent dans la capitale et poursuivent leurs exactions.

Les appétits occidentaux (1798 à 1804)

Débarquant, le 12 juillet 1798, à Alexandrie, Bonaparte n'a pas que des intentions coloniales. A la tête de 38 000 hommes, parmi lesquels une équipe de savants, d'ingénieurs et d'artistes, d'économistes et d'écrivains, il veut aussi transformer cette province turque livrée à l'anarchie en un État moderne, tourné vers l'Occident, en même temps que révéler au monde les splendeurs de son antique passé. L'hostilité turco-anglaise, qui conduit à donner à cette expédition un caractère plus militaire que prévu, tout autant que les maladresses et les vexations — qui susciteront quelques révoltes durement réprimées — en limiteront la portée et les résultats. Par contrecoup, ces trente-huit mois auront malgré tout pour effet de donner à l'Égypte la conscience de son caractère national et de briser une féodalité qui empêchait son évolution.

1798. Le 21 juillet, défaite des Mamlouks à la **bataille des Pyramides.** — 1er août, **Nelson** détruit la flotte française en rade d'Abūqir ; l'armée française emprisonnée dans sa conquête doit s'organiser pour vivre sur place. — 23 août, création de l'**Institut d'Égypte.** — 9 septembre, la Turquie déclare la guerre à la République française. — 21 octobre, **les premières réformes imposées par les Français** sont jugées vexatoires et **provoquent un soulèvement** rapidement maîtrisé.

1799. Bonaparte se rend au-devant de l'armée turque soutenue par les Anglais. Il prend Gaza, Jaffa et défait les Turcs au Mont-Thabor mais échoue devant **Saint-Jean-d'Acre.** — 25 juillet, une armée de 18 000 Turcs est battue à **Abuqir.** — 24 août, Bonaparte s'échappe d'Égypte malgré le blocus de la flotte anglaise, et laisse le commandement à **Kléber.**

1800. — 24 janvier, jugeant la lutte impossible, Kléber signe la **convention d'El-Arish** destinée à préparer l'évacuation de l'Égypte : Londres refuse de reconnaître l'accord d'El-Arish et exige sa reddition sans condition. — 20 mars, Kléber, qui a réagi, et qui avec 10 000 hommes, bat les Turcs à **Héliopolis,** rétablit sa domination sur tout le pays. — 14 juin, Kléber est assassiné au Caire et le commandement passe au général **Menou** qui **poursuit l'œuvre de réorganisation,** simplifie le système de l'impôt, libère commerçants et artisans, favorise les notables aux dépens de l'élément étranger, Turcs et Mamlouks.

1801. — 4 mars, une armée anglaise sous les ordres du général **Abercromby** débarque dans la rade d'Abūqir. — 2 septembre, Menou signe à Alexandrie la capitulation. — 14 septembre, l'armée française se rembarque à Abūqir.

De nouveau livrée à l'anarchie, l'Égypte est victime de la rivalité, d'une part, de l'armée turque envoyée pour lutter contre l'envahisseur, et qui espère rétablir l'autorité effective du sultan de Constantinople, d'autre part des Mamlouks qui entendent bien revenir à la situation antérieure et imposer leur pouvoir. De son côté, l'Angleterre, qui a compris l'importance de l'Égypte sur la route des Indes et redoute une nouvelle intervention française, cherche à se maintenir pour exploiter la situation et, dans ce but, soutient les Mamlouks.

1802. Khosraw-Pasha est nommé vice-roi par le sultan de Constantinople.

1803. Les troupes anglaises, contraintes de se retirer, laissent aux prises Mamlouks et Turcs. Parmi ces derniers, se trouve un contingent albanais qui compte un jeune officier de trente ans, originaire de Kavalla, **Muḥammad 'Ali** ; celui-ci, tout en luttant contre les Français, a recueilli les leçons de leur expérience. Les Albanais prennent parti pour les Mamlouks et chassent du Caire le vice-roi Khosraw.

1804. Les 'Ulémas, chefs religieux, soulèvent la population contre les Mamlouks.

Un pharaon des temps modernes (1805 à 1879)

Fort de l'expérience française, Muḥammad 'Alī Bāshā réussira là où Bonaparte avait échoué. S'appuyant comme lui sur les notables égyptiens, comme lui aussi s'entourant de savants, de techniciens, d'artistes et de conseillers — le plus souvent étrangers —, il va véritablement faire entrer son pays d'adoption dans le monde moderne. Animé d'une ambition sans égale, il impose, taille et corvée, considérant l'Égypte comme un fief personnel, instaurant un capitalisme d'État dont il est seul à toucher les dividendes.

1805-1849. Muhammad 'Alī Bāshā, devenu chef du corps albanais, se range aux côtés des 'Ulémas qui le nomment **vice-roi** ; cette nomination est reconnue peu après par Constantinople. Muḥammad 'Alī Bāshā entreprend de rétablir l'ordre et d'imposer la discipline aux troupes.

1807. Débarqués dans le Delta sous le prétexte de soutenir les Mamlouks, les Anglais en sont chassés par Muḥammad 'Alī Bāshā et contraints de se rembarquer.

1811. Le 1er mars, ayant convié à la citadelle du Caire cinq cents beys et chefs de Mamlouks sous prétexte de réconciliation générale, Muḥammad 'Alī Bāshā les fait massacrer par ses troupes fidèles. **Débarrassé de ses adversaires les plus gênants, il est vraiment le maître de l'Égypte.** Il peut alors répondre à l'appel du sultan que menace la secte religieuse des Wahhabites, devenue puissance militaire, et qui s'est emparée des villes saintes de l'islam.

1812. Médine, Djeddah, La Mecque sont reprises aux Wahhabites et le prestige de Muḥammad 'Alī Bāshā croît dans l'islam mais inquiète l'Angleterre.

1819. Après une campagne conduite par **Ibrāhīm**, fils aîné de Muhammad 'Alī Bāshā, les Wahhabites sont vaincus sur leur propre territoire du Hedjaz ; **le vice-roi d'Égypte apparaît comme le sauveur de l'orthodoxie islamique** et, surtout, la mer Rouge devient un lac égyptien.

1820. Muḥammad 'Alī Bāshā entreprend la conquête du **Soudan** afin de contrôler le cours supérieur du Nil et les relais des caravanes venant d'Afrique centrale.

1822. Les pays du Haut-Nil sont rattachés à la vice-royauté sous le nom de Soudan égyptien ; fondation de **Khartoum** qui devient un important entrepôt commercial.

1823. A l'appel du sultan, Muḥammad 'Alī Bāshā prend part à la répression de l'insurrection grecque et intervient en Crète. Nommé pasha de Candie, il administrera l'île jusqu'en 1840.

1825. Nouvelle intervention contre les Grecs révoltés en Morée.

1826. Établissement au Caire et à Alexandrie de **tribunaux mixtes** de commerce : composés de négociants étrangers et présidés par un négociant turc, ils ont à juger des contestations commerciales entre Européens et Égyptiens.

1827. Intervention de la France, de l'Angleterre et de la Russie venant au secours de la Grèce. Une escadre des coalisés détruit la flotte turco-égyptienne à Navarin (20 octobre).

1828. Muḥammad 'Alī Bāshā saisit l'occasion de l'envoi d'un corps expéditionnaire français en Morée pour retirer ses troupes et manifester son indépendance vis-à-vis de la Turquie.

1831. N'obtenant pas du sultan la Syrie qu'il convoite, Muḥammad 'Alī Bāshā décide de la conquérir. Son fils Ibrahim Bāshā, secondé par le Français De Sèves (Sulaymān Bāshā), s'empare en un an de la Syrie et du Liban, puis défait l'armée turque à **Konya** (Anatolie).

1837. Réforme de l'administration et création de sept ministères.

1838. Sous la pression des États européens inquiets de ses succès, le vice-roi accepte, par la **convention de Kutahya,** d'évacuer l'Anatolie, mais il conservera la Palestine, la Syrie et le district d'Adana. Son ambition est de faire reconnaître l'hérédité du pouvoir.

1840. Sous la pression conjuguée de l'Angleterre, de la Russie, de l'Autriche et de la Prusse, qui s'opposent à la politique française dans la « question d'Orient »,

Muhammad 'Alī Bāshā doit renoncer à ses conquêtes, mais l'appui de la France **finit par lui obtenir le pouvoir héréditaire en Égypte** et la gestion viagère du Soudan. L'Égypte demeure donc une province de l'empire ottoman mais jouit d'un statut spécial avec une dynastie particulière.
1843. Construction du barrage du Delta et établissement d'un plan d'aménagement du Nil.
1849. Le 2 août, Muhammad 'Alī Bāshā, âgé de quatre-vingts ans, meurt quelques mois après son fils Ibrahîm en qui il voyait son successeur et l'héritier de son œuvre.

L'œuvre réalisée est incontestable. Certes, les « retombées » au niveau du fellah sont inexistantes, mais elle a, par son étendue, permis d'établir un État et de former une nation ; révolution agricole par la construction de canaux d'irrigation, avec la collaboration de l'ingénieur français Linant de Bellefonds, introduction de cultures nouvelles destinées à l'exportation, création d'une industrie (filatures de coton et manufactures de toiles de lin), équipement des ports, réforme de l'administration, organisation d'une armée de type européen et d'une flotte de guerre, établissement d'écoles primaires, préparatoires et spéciales, d'un service de santé...
Privé de la forte personnalité de celui qui a éveillé sa conscience nationale, l'Égypte va se trouver exposée à bien des difficultés.

1849-1854 : 'Abbās Ier prend le contre-pied de la politique de son grand-père. Xénophobe et opposé aux réformes entreprises, il renvoie les techniciens européens, arrête les travaux commencés et supprime les dispositions financières et administratives de son prédécesseur ; il consent cependant (1851) à la construction par les Anglais d'un chemin de fer joignant Alexandrie au Caire. Il meurt assassiné à la suite d'une intrigue de palais.

1854-1863 : Muhammad Sa'īd, dernier fils de Muhammad 'Alī Bāshā, **revient à la politique nationale de son père.** Dès le mois de novembre 1854, il donne à l'ingénieur français **Ferdinand de Lesseps** l'autorisation de fonder une compagnie pour le percement du canal de Suez. Lors de la guerre de Crimée (1854-1856), Sa'īd, soucieux de ménager le sultan de Constantinople dont il demeure le vassal, envoie un contingent de soldats égyptiens se battre aux côtés des Turcs contre les Russes.
1857. Inauguration de la ligne de chemin de fer Alexandrie-Le Caire. L'égyptologue français **Mariette fonde** à Būlāq le **musée des Antiquités égyptiennes** et reçoit le titre de bey.
1858. **Suppressions du monopole d'État de la propriété,** ce qui rend possible la propriété individuelle et permet de distribuer dans les villages la terre à ceux qui la cultivent. Une souscription est ouverte dans tous les pays pour réunir les capitaux indispensables à la réalisation des travaux du canal, mais l'Angleterre, l'Autriche, la Russie et les États-Unis refusent les participations qui leur sont offertes. En France, la souscription connaît un vif succès, et l'Égypte pour sa part souscrit 44 % des actions.
1859. Inauguration de la ligne Le Caire-Suez établissant la jonction avec Alexandrie. La même année, **le creusement du canal est entrepris** malgré l'opposition de la Turquie influencée par l'Angleterre qui redoute de perdre le contrôle de la route des Indes.

1863-1879 : Isma'īl, deuxième fils d'Ibrāhīm, succède à son oncle Sa'īd. Intelligent et audacieux, il luttera pour faire de l'Égypte une nation moderne, mais si son nom s'attache à la réalisation du canal de Suez, il n'est pas non plus étranger à la grave crise financière qui conduira l'Égypte à subir l'occupation anglaise.
1867. Isma'īl reçoit du sultan le titre de **khédive** (seigneur) qui abolit l'idée de sujétion incluse dans le terme de vice-roi.
1869. Le 17 novembre, le khédive **Isma'īl inaugure le canal de Suez** en présence de l'impératrice Eugénie et de l'empereur d'Autriche, du prince royal de Prusse, de princes et d'ambassadeurs de tous les pays.

1873. Un firman du sultan remet au khédive l'entière administration de l'Égypte et le pouvoir législatif.
1874. Le général anglais **Gordon** (Gordon pasha) est nommé gouverneur du Soudan.

Le contrôle étranger (1879 à 1918)

C'en est à nouveau fini de l'autonomie. A peine sortie de l'orbe ottomane, l'Égypte se voit contrainte d'accepter un protectorat qui n'osera s'avouer que trente ans plus tard. Et, malgré la reconnaissance, toute formelle, de l'indépendance en 1922, il faudra attendre jusqu'en 1956 pour qu'un officier — le premier Égyptien de sang à avoir accédé au pouvoir absolu depuis les pharaons — obtienne le départ du dernier soldat anglais.

1875. Dans l'impossibilité où il se trouve de faire face à une échéance, le khédive vend ses actions de Suez au gouvernement anglais — si longtemps opposé à la construction du canal — qui occupe ainsi une place importante au conseil d'administration de la compagnie. Création, dans le but de restreindre l'ingérence étrangère, de tribunaux mixtes, sur le modèle des tribunaux mixtes commerciaux, et qui auront à connaître de toutes les questions en matière civile, commerciale et pénale.
1876. En avril, le khédive, de nouveau acculé, doit accepter l'établissement d'un **« condominium » franco-britannique pour le contrôle des finances égyptiennes**; les restrictions imposées par cette mesure provoquent le mécontentement de la population.
1879. Isma'īl est contraint d'abdiquer. Il mourra en 1895.

1879-1892. Son fils, **Tawfīq,** qui lui succède, doit accepter le contrôle financier pour la liquidation de la dette égyptienne. **Le mouvement nationaliste s'intensifie,** dirigé contre l'ingérence étrangère dans les affaires du pays.
1881. Le colonel **'Urābī Bāshā,** chef du parti nationaliste, obtient qu'il soit procédé à des élections qui donnent la victoire à son parti. Devenu ministre de la Guerre, il réclame la suppression du contrôle financier franco-anglais.
1882. En juillet, une escadre anglaise, après avoir bombardé Alexandrie, débarque un corps expéditionnaire qui, le 13 septembre, écrase les troupes d''Urābī Bāshā. **Lord Dufferin** est chargé de mettre de l'ordre et d'organiser l'Égypte sans qu'il soit apparemment touché aux institutions politiques devenues plus démocratiques. Un événement va servir de prétexte au maintien des troupes anglaises ; la révolte prêchée au Soudan par **Muḥammad Aḥmad,** dit le **Mahdī** (Envoyé de Dieu), qui lève une armée pour combattre les forces égyptiennes envoyées contre lui.
1883. L'Angleterre met fin au condominium et **demeure seule pour contrôler la politique égyptienne** ; par une loi organique, elle s'arroge en fait toute l'autorité. Le Mahdī conquiert le Kordofan et le Bahr el-Ghazal.
1884. Le Darfour est aux mains du Mahdī lorsque le gouvernement anglais décide d'envoyer à Khartoum l'ancien gouverneur du Soudan, **Gordon pasha,** qui s'enferme dans la ville menacée.
1885. Après plusieurs semaines de siège, Khartoum est pris par les troupes du Mahdī et Gordon est massacré. Le Soudan est perdu mais le Mahdī meurt peu après laissant un successeur, le calife **'Abd Allāh** qui, pendant quatorze ans, régnera par la terreur sur le Soudan.

1892-1914. A la mort de Tawfīq, son fils **'Abbās II Ḥilmī** lui succède.
1896. Le sirdar **Herbert Kitchener** est chargé de reconquérir le Soudan.
1898. Ayant vaincu le calife 'Abd Allāh à Omdourman, Kitchener remonte le Nil et, le 25 septembre, trouve la mission française du commandant **Marchand** installée à Fachoda depuis juillet : un conflit menaçant est évité et, en décembre, la France abandonne le Soudan aux Anglais.

1899. Création du condominium anglo-égyptien au Soudan dont le gouverneur sera toujours un Anglais ; Kitchener lui-même est le premier à occuper le poste. Constitution du « Parti national égyptien » par **Mustafā Kāmil** qui réclame le départ des Anglais mais n'envisage pas une Égypte séparée de l'Empire ottoman.
1911. Lord Kitchener est nommé représentant de l'Angleterre en Égypte.
1913. Une loi organique modifie le système représentatif en créant une Assemblée législative de soixante membres élus et vingt-trois nommés par le gouvernement. L'assemblée, purement consultative sauf en matière de création de nouveaux impôts directs, **constitue un début de satisfaction accordé à l'opinion.**

1914-1918. L'Angleterre profite de l'alliance turco-germanique pour établir officiellement son **protectorat sur l'Égypte**, à la tête de laquelle est nommé un haut-commissaire. Jugé trop proche des nationalistes, 'Abbās II est déposé et remplacé par son oncle **Husayn** avec le titre de sultan pour bien marquer son indépendance à l'égard de la Porte.
1915. L'Égypte devient un atout important dans la lutte contre les empires centraux. Les Turcs tentent de s'emparer du canal de Suez, par lequel arrivent en renfort les troupes de l'Empire britannique, mais ils sont repoussés et l'offensive anglaise se poursuivra vers le Sinaï et la Palestine.

Le royaume d'Égypte (1918 à 1952)

1918-1936 : Le Wafd ; espoirs et déceptions. — Le sultan Fu'ād, qui a succédé à son frère en 1917, pense obtenir l'indépendance par des négociations avec l'Angleterre. N'ayant pas participé directement à la guerre mais arguant de l'aide apportée aux Alliés et des « quatorze points » du président Wilson, les Égyptiens réclament l'indépendance complète. Une délégation **(Wafd)**, qui donnera son nom au mouvement de **Sa'd Zaghlūl Pāshā**, manifeste l'intention de se rendre à Londres pour demander l'indépendance, mais on refuse de la recevoir.
1919. Zaghlūl est arrêté et déporté à Malte. Une émeute éclate au Caire puis en province où le mouvement s'étend et s'amplifie. Le maréchal **Allenby** est nommé haut-commissaire et, pour calmer l'opinion, libère Zaghlūl et ses compagnons.
1921. Le gouvernement anglais accepte de négocier mais ses exigences font échouer les pourparlers. Zaghlūl, de nouveau arrêté, est déporté aux îles Seychelles.
1922. Le gouvernement anglais, après trois années de troubles sanglants, **reconnaît l'Égypte comme un État souverain indépendant** ; toutefois quatre points sont réservés : la sécurité des communications de l'empire avec l'Égypte ; la défense de l'Égypte contre une éventuelle agression étrangère ; la protection des intérêts étrangers et des minorités ; le Soudan. En fait, l'occupation est maintenue et, sauf sur le plan juridique, **la situation demeure inchangée**. Le 15 mars, pour affirmer sa personnalité, **Fu'ād Ier** abandonne le titre de **sultan** et se déclare roi d'Égypte.
1923. En avril, la Constitution est promulguée : le roi, chef suprême de l'armée, est secondé par le Parlement formé du Sénat et de la Chambre des députés, assisté par dix ministres.
1924. Les **élections** donnent une **écrasante majorité au Wafd** et Zaghlūl Pāshā devient président du Conseil. Pendant que Zaghlūl est à Londres pour amorcer des négociations qui échouent, des troubles éclatent au Soudan. En novembre, **Sir Lee Stack**, sirdar du Soudan, est assassiné au Caire. Allenby remet un ultimatum : l'Égypte devra payer une indemnité et toutes les troupes égyptiennes évacueront le Soudan.
1927. Mort de Zaghlūl ; **Naḥḥās Bāshā** lui succède à la tête du Wafd.
1930. Dans l'impossibilité de constituer un gouvernement stable et de parvenir à une entente avec le Wafd, le roi Fu'ād décide de modifier la Constitution : la Chambre des députés sera élue au suffrage à deux degrés.
1936. Le conflit italo-égyptien et la menace que la victoire de Mussolini fait peser sur l'Égypte favorise une entente avec l'Angleterre et amène les partis à s'unir. Le

roi rétablit la Constitution de 1923 mais meurt quelques jours avant les élections qui donneront la majorité au Wafd dont le chef, Naḥḥās Bāshā, forme le nouveau gouvernement.

1936-1952 : La fin de la royauté. — Fārūq succède à son père. Le 26 août, le **traité de Londres** signé par Naḥḥās Bāshā précise les conditions pour assurer la défense militaire de l'Égypte et la protection du canal de Suez.

1937. Par les **accords de Montreux**, les Capitulations sont abolies. L'Égypte retrouve son indépendance financière et est admise à la Société des Nations.

1939. En septembre, la déclaration de guerre de l'Angleterre à l'Allemagne permet aux Anglais de faire jouer les clauses du traité de 1936 mais Fārūq refuse de déclarer la guerre à l'Axe.

1942. Le Wafd, étant le seul parti à s'opposer aux doctrines hitlériennes, bénéficie de l'appui de l'Angleterre pour parvenir au pouvoir ; il dissout la Chambre des députés et, ayant obtenu une majorité favorable, établit la loi martiale et la censure.

1944. Le gouvernement du Wafd n'étant plus soutenu par les Anglais, le roi se sépare de lui.

1945. En février, l'Égypte déclare la guerre à l'Allemagne et au Japon, et entre à l'O.N.U. Création au Caire de la **Ligue arabe.**

1946. Le **chômage**, provoqué par la fermeture de nombreuses entreprises anglaises, et l'**inflation**, née de la présence de plusieurs milliers d'étrangers disposant d'un revenu élevé, ne font qu'attiser des **tensions sociales** latentes, exacerbées encore par la fièvre spéculative et la corruption qui règnent dans les classes dirigeantes.

1949. L'amertume ressentie par la population lors de la défaite de Palestine devant Israël favorise la diffusion des thèses des **Frères musulmans**, ardemment nationalistes et anglophobes ; ce groupement d'extrême-droite prend de l'importance et recrute dans tous les milieux, particulièrement l'Université et l'Armée.

1951. Une succession d'émeutes provoque le **retour au pouvoir du Wafd.** L'Égypte refuse de participer au plan de défense commune, prolongation de l'O.T.A.N., envisagé contre l'U.R.S.S. Le roi Fārūq prend le titre de « roi d'Égypte et du Soudan », ce qui provoque la protestation de l'Angleterre qui adopte des mesures de protection dans la zone du canal de Suez.

Débordant le Wafd, des groupes de résistants nationalistes harcèlent l'armée britannique qui continue de stationner le long du canal.

1952. — 25 janvier, soupçonnée de cacher des commandos, une compagnie d'auxiliaires de la police est, à Isma'īliyya, massacrée par les Anglais. Le lendemain, au Caire, une foule déchaînée crie vengeance, l'émeute s'empare de la ville dont plusieurs quartiers sont incendiés. Usé et compromis, le vieux gouvernement wafdiste est incapable de redresser la situation.

1952. **Le 23 juillet, le « Comité des officiers libres », dirigé par Gamāl 'Abd An-Nāṣir**, s'empare du pouvoir et prend pour chef de file le général **Nagīb** ; le 26, le roi Fārūq est contraint d'abdiquer en faveur de son fils, Fu'ād II, qu'assiste un conseil de régence.

La République et l'indépendance (1952 à 1970)

1952. Dès le 9 septembre commence l'application d'une **réforme agraire** ; en limitant la propriété du sol, elle va permettre une redistribution des terres.

1953. — 3 janvier. Lancement du premier **plan quinquennal de développement économique**. Le 18 juin, **la monarchie est abolie** et la République proclamée.

1954. — 19 octobre. Les pourparlers relatifs à l'évacuation de la zone du canal de Suez par les troupes anglaises, en cours depuis un an, aboutissent à un compromis que An-Nāṣīr signe avec l'Angleterre, le général **Nagīb**, caution des officiers révolutionnaires et premier président de la République, étant démis de ses fonctions. **An-Nāṣir** assume dès lors l'ensemble du pouvoir.

1955. S'éveillant au neutralisme, **An-Nāṣīr refuse d'adhérer au Pacte antisoviétique de Bagdad** et se fait à **Bandoeng** l'avocat des pays du tiers monde. Les armes dont il a besoin pour moderniser son armée lui étant alors refusées par les États-Unis, il se tourne vers l'Est et conclut un marché d'armes avec la Tchécoslovaquie.

1956. Donnant l'exemple, **An-Nāṣīr** proclame lui-même, le 1er janvier, l'**indépendance du Soudan.** — 18 juin, le dernier soldat anglais quitte la zone du canal de Suez. — 23 juin, un référendum approuve la **nouvelle Constitution**, proclamée en janvier; **An-Nāṣīr** devient **président de la République.**

— 19 juillet, Washington lui signifiant son refus de financer la construction du Haut-Barrage d'Aswān, **An-Nāṣīr décide** (26 juillet) **de nationaliser la Compagnie universelle du canal de Suez** dont les énormes revenus doivent lui permettre d'assurer le financement des travaux. Tenant cette décision pour un défi, Paris et Londres, emboîtant le pas d'Israël, qui se juge menacé par ses voisins jordaniens, syriens et égyptiens plus ou moins réconciliés, se lancent (29 octobre) dans une aventure militaire, vite stoppée par la réprobation des Nations unies et le veto américano-soviétique. An-Nāṣīr sortira grandi par cette affaire qui, après Bandoeng, le fait véritablement apparaître comme le leader du monde arabe.

1957. Formation de « l'Union nationale », parti unique à base démocratique et à direction autoritaire. Une nouvelle législation impose à toutes les sociétés, compagnies, banques étrangères en Égypte, de devenir des sociétés anonymes dirigées par des Égyptiens de naissance.

1958. Création, à l'initiative de Damas, **de la République arabe unie** (R.A.U.), associant l'Égypte et la Syrie et dont la capitale est Le Caire.

1961. La Syrie, qui n'a pas retiré de l'opération les bénéfices qu'elle escomptait, se retire de l'association. En octobre, dans un discours resté fameux, **An-Nāṣīr** fait un bilan sévère de sa politique passée et **propose un remède au sous-développement** dont il n'a pu, jusqu'à présent, tirer l'Égypte : « **instaurer le socialisme** ».

1962. La « Charte socialiste » consacre les actions déjà entreprises (nationalisations diverses, redistribution du revenu national, extension de la réforme agraire), en même temps qu'elle ébauche d'autres mesures visant à la naissance d'une société nouvelle. Les forces populaires sont organisées en une « **Union socialiste arabe** » qui prend la succession de l'Union nationale.

1965. An-Nāṣīr est triomphalement réélu.

1967. L'activité des fedayins palestiniens provoque, de la part d'Israël, l'envoi de sévères mises en garde à la Syrie dont ils utilisent le territoire, puis la concentration de troupes à la frontière israélo-syrienne. Pour faire contrepoids et s'affirmer comme le champion de l'intégrité arabe, **An-Nāṣīr tente un dangereux coup de poker** : il réclame le départ des Casques bleus qui stationnent depuis 1956 dans le Sinaï, met l'armée égyptienne en état d'alerte et fait le blocus du détroit de Tirān. Opportunément « condamné à l'agression », **Israël remporte,** du 5 au 8 juin, **une écrasante victoire militaire sur les forces égyptiennes.** Accablé, **An-Nāṣīr** offre, le 9, sa démission à la nation. — 10 juin, sa foi persistante dans le raïs vaincu autant que l'affolement provoqué par la défaite pousse la foule du Caire, au cours de manifestations d'une extraordinaire ampleur, à supplier son leader de rester à son poste, ce qu'elle obtient.

Bien vite, le cessez-le-feu imposé par l'O.N.U. au soir du 8 juin est rompu par de continuels duels d'artillerie par-dessus le canal. Par d'audacieux raids aériens sur le territoire égyptien, Israël cherche à convaincre l'Égypte de sa faiblesse et à l'amener à composer. Ce qui provoque un réarmement plus rapide de l'Égypte par l'U.R.S.S. qui lui fournit des armes de plus en plus perfectionnées, dont l'emploi nécessite souvent la présence de « conseillers » soviétiques.

1970. Une longue négociation menée par le Norvégien **Jarring,** médiateur désigné par l'O.N.U., aboutit en août à la **conclusion d'une trêve de 90 jours.** — 28 septembre, **la mort de An-Nāṣīr plonge l'Égypte** et le monde arabe **dans la consternation.** — 4 octobre, le nouveau gouvernement égyptien proclame sa volonté de voir se prolonger la trêve et son espoir d'aboutir à une solution négociée.

Le difficile chemin de la Paix (1971 à nos jours)

16 octobre. **Anwār Es-Sadāt**, vice-président désigné par An-Nāṣīr, est élu président de la République. Sous une apparence de continuité, il va libéraliser le régime et l'économie, allégeant les contrôles qui pèsent lourdement sur les secteurs nationalisés.

1971. En mai, **Es-Sadāt** déjoue, avec l'aide de l'armée, un complot de la fraction « dure » des héritiers du nassérisme.

1972. Après avoir, au début de l'année, calmé l'agitation sociale, **Es-Sadāt** renforce son prestige en expulsant, en juillet, les conseillers soviétiques. Progressivement, l'Égypte va se rapprocher des régimes arabes conservateurs.

1973. Le projet de fusion entre la Libye et l'Égypte tardant, à son goût, à se réaliser, le libyen **Qadhdhāfī** tente, par une invasion pacifique en forme de marche sur Le Caire, de forcer la main du leader égyptien. — 20 août, un accord permettra à celui-ci de temporiser. — 20 septembre, rejetant une offre européenne, l'Égypte confie aux Américains le soin de construire l'oléoduc prévu entre Suez et Alexandrie.

5 octobre, la situation « ni guerre ni paix » avec Israël étant visiblement une impasse, **Es-Sadāt lance l'armée égyptienne à l'assaut du canal** : la fameuse ligne Bar-Lev est, en plusieurs points, enfoncée en six heures. A partir du 17 octobre, le sort des combats bascule en faveur d'Israël, **mais le succès de l'offensive efface l'humiliation de 1967.** Le soutien américain à Israël n'empêche pas la rapprochement qu s'amorce le 7 novembre par la rencontre **Es-Sadāt-Kissinger.**

1974. — 19 janvier, **accords,** dits du km 101, **entre l'Égypte et Israël pour un désengagement réciproque** dans la zone du canal. — 7 février, début des travaux de déblaiement du canal de Suez. — 28 février, rétablissement total des relations diplomatiques avec les États-Unis. Dans le même temps, les relations avec l'U.R.S.S. — qui n'a pas remplacé les armes perdues lors de la guerre d'Octobre — se dégradent. Début juin, diverses mesures sont prises pour encourager les investissements étrangers : allégement du système fiscal, autorisation de rapatriement de 50 % des bénéfices, garanties contre les nationalisations, etc. — 12 juin, **Nixon** reçoit au Caire un accueil triomphal. Malgré la conclusion, en juillet, d'**accords commerciaux avec l'U.R.S.S.**, et l'amnistie de 2 000 prisonniers politiques, le second semestre est marqué par des grèves et manifestations sporadiques provoquées surtout par l'alignement politique sur les États-Unis.

1975. La **coopération égypto-soviétique continue** (achats d'armes, réalisation de projets industriels) **mais n'empêche pas le président Es-Sadāt de poursuivre sa politique d'ouverture :** il se rend fin janvier à Paris puis rencontre les 1er et 2 juin le président Ford à Salzbourg. — 5 juin, huit ans jour pour jour après sa fermeture, **le canal de Suez est** solennellement rouvert au trafic maritime. — Début septembre, après une délicate négociation menée par **Kissinger,** de nouveaux **accords de désengagement militaire dans la zone du canal** sont conclus entre l'Égypte et Israël. — Fin octobre-début novembre, cherchant à diversifier ses approvisionnements en armes et à conclure de nouveaux accords commerciaux, le président **Es-Sadāt** se rend successivement à Paris, New York et Londres. — Le 2 nov., pour la première fois depuis 1948, une cargaison à destination d'Israël transite par le canal de Suez.

1976. — 22 février. Jérusalem accepte de faire quelques « concessions territoriales » en échange de la fin de l'état de belligérance ; **l'Égypte récupère** ainsi, dans le Sinaï, **les champs pétroliers d'Abū Rodeiss,** mais ni les revenus qu'elle en tirera ni ceux que lui procure le canal ne seront suffisants pour lui permettre de faire face à une dette extérieure qui se monte à 14 milliards de dollars ; la politique d'ouverture (Infitah) n'attire pas autant de capitaux étrangers que prévu ; à l'intérieur, elle bénéficie à une nouvelle bourgeoisie qui s'enrichit essentiellement par des manœuvres spéculatives. Dans le même temps, la politique du président **Es-Sadāt** est de plus en plus contestée par les régimes arabes progressistes. — 15 mars, le Parlement égyptien vote l'abrogation du traité d'Amitié avec l'U.R.S.S. A la fin de l'été ont lieu au Caire les premières **manifestations populaires contre la vie chère.** Elles n'empêcheront pourtant pas, le 16 sept., une réélection triomphale de *Es-Sadāt* par référendum. La **démocratisation du régime** se poursuit : aux élections législatives d'octobre, l'opposition est, pour la première fois depuis 1952, autorisée à présenter des listes ; elle remportera 80 sièges sur 350. A l'extérieur, **Es-Sadāt** s'efforce d'éviter l'isolement diplomatique : il semble rallier à ses thèses le président **Hafez el-Assad** et **Hussein** de Jordanie qui sont ses hôtes au Caire.

1977. Des hausses assez importantes sur des produits de grande consommation provoquent, en janv., de **violentes émeutes au Caire** ; il y aura 79 morts et la loi martiale est proclamée ; moins d'un mois plus tard, un référendum approuve pourtant les mesures de répression. — 26 oct., l'Égypte suspend pour dix ans le remboursement de ses dettes militaires à l'U.R.S.S. — 9 nov., « coup de poker » diplomatique de **Es-Sadāt,** qui se déclare prêt à aller discuter de la paix à Jérusalem : **Menaghem Begin** saisit la balle au bond et l'invite, en même temps que Hafez el-Assad et Hussein (qui refusent). — 19-21 nov., bien que désavoué par son ministre des Affaires étrangères, **Es-Sadāt fait le voyage de Jérusalem** : pour la première fois depuis trente années il semble qu'enfin la paix soit proche et il reçoit, à son arrivée en Israël comme à son retour en Égypte, un accueil triomphal. — 1er déc., à l'instigation de **Qadhdhāfī** se réunit à Tripoli le « Front du Refus », groupant l'Algérie, la Syrie, le Sud-Yémen, l'O.L.P. et la Libye ; **Es-Sadāt** rompt, trois jours plus tard, ses relations diplomatiques avec eux. — 14 déc., l'Égypte, Israël, les États-Unis et l'O.N.U. sont seuls à la **conférence de la paix,** qui s'ouvre au Caire : ni d'autres pays arabes ni l'U.R.S.S. n'ont accepté d'être là.

1978. La négociation est longue et difficile, notamment en raison de l'insistance d'Israël à vouloir implanter des colonies dans les zones occupées et plus particulièrement dans le Sinaï. Plusieurs fois au cours de l'année tout semble sur le point d'être rompu. Contesté à l'extérieur (réunion à Alger, en févr., du « Front de la résistance arabe »), et partiellement à l'intérieur, **Es-Sadāt** soumet sa politique à référendum : il est approuvé par 98,3 % des voix, ce qui lui permet alors d'écarter du pouvoir tous les opposants. La négociation israélo-égyptienne reprend en **octobre à Camp David** et aboutit, cette fois, à des **accords qui semblent être un réel préliminaire de paix.** — Début nov., le **prix Nobel de la paix** est attribué conjointement à **Es-Sadāt** et **Begin.**

1979. Es-Sadāt est plus décidé que jamais à faire de l'Égypte une alliée sûre des États-Unis, ce qui lui permettra de bénéficier de leur aide économique et de celle des Occidentaux afin d'éponger ses énormes dettes. — 26 mars, après des négociations difficiles, le **traité de paix israélo-égyptien** est signé à Washington ; une des premières conséquences en sera, le 25 mai, le retour de la ville d'El-Arish (Nord-Sinaï) à la mère patrie. Condamné en bloc par les pays de l'Est et les pays arabes, le traité est accueilli favorablement en Europe sous réserve d'une solution au problème palestinien. Sur le plan intérieur, en dépit de son approbation par référendum, le traité provoque quelques remous dans une **opposition,** notamment **islamique intégriste,** qui s'affirme depuis la révolution iranienne. Maniant la carotte et le bâton, **Es-Sadāt** tend la main (21 août) aux Frères musulmans ou emprisonne des opposants ; en même temps, il s'efforce de composer avec un Begin intransigeant qui proclame Jérusalem capitale éternelle ou autorise à ses nationaux l'achat de terres dans les territoires occupés de Cisjordanie.

1980 est marquée par la montée de l'**opposition intégriste** qui **s'en prend aux coptes** (janvier, avril) ou, lorsque **Es-Sadāt** offre un droit d'asile à l'ex-chah d'Iran (24 mars), aux forces de l'ordre (Asyūt, 28 mars). — 29 juil., **Es-Sadāt** est le seul chef d'État à assister aux obsèques de l'ex-chah. — En sept., les élections législatives donnent une écrasante majorité au parti national démocrate du président. — 26 oct., première visite officielle en Égypte du chef de l'État israélien **Itzhak Navon.**

1981. Les pourparlers avec Israël aboutissent le 26 mai à un accord sur la composition de la « force de paix » qui doit prendre la place des troupes israéliennes dans le Sinaï en 1982 mais, en dépit d'une nouvelle rencontre avec **Begin** (4 juin), la négociation sur l'avenir des autres territoires occupés n'avance guère. Même si, dans son ensemble, le peuple égyptien ne se sent pas concerné par ce problème (celui, quotidien, de sa propre survie, n'est pas pour lui d'une moindre acuité !), **les diverses oppositions,** dans les milieux politiques, **sont toujours aussi vives** ; contraint de naviguer à vue, **Es-Sadāt alterne les arrestations et libérations** de marxistes, nassériens, intégristes, nationalistes libéraux, donne des gages aux musulmans en emprisonnant des prélats coptes, ou procède à de nouvelles vagues d'arrestations pour « sédition confessionnelle » (sept.) touchant les uns et les autres à la fois.

6 oct., **Es-Sadāt est assassiné** par des extrémistes musulmans ; sa mort sera accueillie avec une quasi-indifférence par un peuple qu'il n'a jamais su convaincre qu'il se préoccupait de son sort. — 13 oct., le général **Ḥusnī Mubārak,** vice-président, est élu président de la République par plus de 98 % des voix.

1982. Désireux de ne pas compromettre la restitution totale du Sinaï, le nouveau président réagit avec modération lorsque Israël annexe le Golan (déc. 81) mais, au cours d'un voyage en Europe et aux États-Unis en fév., tente de faire sentir à ses interlocuteurs la précarité de la paix tant que les Palestiniens ne disposeront pas d'un territoire national. Sur le plan intérieur et arabe, **Mubārak** cherche à calmer l'opinion (quelques arrestations encore, mais beaucoup plus de libérations et de réhabilitations) dans le même temps qu'il tend la main aux autres pays arabes (26 janv.) tout en rappelant que l'Égypte n'est pas décidée à se désister des acquis de la paix : le 25 avril, le **retrait total des troupes israéliennes du Sinaï** a effacé les dernières séquelles territoriales de la guerre.

1983-86. Sans revenir totalement sur la politique de l'Infitah, de plus en plus controversée, de son prédécesseur, Mubārak s'efforce de remettre l'accent sur le développement économique du pays. Intègre et ferme, il lutte, à l'intérieur, contre les trafics d'influence et le népotisme, et fait taire les extrémistes religieux (fermeture de la grande mosquée En-Nūr, bastion des intégristes, et arrestations des principaux meneurs, en juil. 85) ; pragmatique, il redresse l'image de l'Égypte dans le monde arabe et à l'extérieur (dégel des relations avec l'U.R.S.S. en 83, rétablissement des relations diplomatiques avec la Jordanie en 84) en dépit de multiples obstacles (intransigeance israélienne vis-à-vis du problème palestinien, activisme libyen, vexation américaine lors de l'affaire des pirates de l'« Achille Lauro »).

1986-90. La fin de la décennie est marquée par de profondes mutations internationales : chute du mur de Berlin, effritement de l'U.R.S.S., mondialisation de l'économie, accords du Gatt...

Lors de l'**invasion du Koweit par l'Iraq** (août 90), l'Égypte se range aux côtés des États-Unis, de la Syrie et d'Israël contre Saddam Hussein. La participation de 34 000 soldats égyptiens à la libération du Koweit efface une dette de 14 millions de dollars US.

En **1993,** le mandat présidentiel de **Mubārak** est reconduit pour 6 ans. Il lui incombe d'arrêter la flambée de violence dans la région d'Asyūt et en Haute-Égypte entre coptes et fondamentalistes musulmans, qui porte atteinte à la manne touristique. Arrestations massives, tortures et exécutions entraînent des réactions internationales contraignant Mubārak à modérer la répression.

Sur la scène internationale, l'Égypte apparaît comme médiateur et modérateur : entre le Sénégal et la Mauritanie, entre l'Érythrée et l'Éthiopie, dans la guerre du Yémen, dans la guerre civile soudanaise... Elle soutient les accords d'Oslo entre Israël et l'Autorité palestinienne, organise un sommet international contre le terrorisme à Sharm el-Sheikh suite aux attentats du printemps **1996** en Israël, un sommet arabe au Caire en juin 96 pour définir une position commune envers Israël après l'élection de Benjamin Netanyahou.

Mais, ouverte sur le monde, l'Égypte connaît, pour rançon d'un développement économique rapide qui paupérise la classe moyenne, une **crise sociale et identitaire** préoccupante. La production progresse moins vite que la population et la trésorerie n'est maintenue à flot que par une **aide financière massive de l'extérieur.**

La civilisation de l'Égypte ancienne

La religion

Presque tout ce que nous savons de l'Égypte nous est parvenu grâce à la religion : textes littéraires, scientifiques, juridiques, administratifs, dont le défunt n'a pas voulu se séparer et qu'il a emportés dans sa tombe; récits de batailles mémorables, de conquêtes, gravés sur les parois des temples... C'est déjà mesurer son importance. Mais il n'est de dédale où se perdre plus aisément. Disparités déroutantes, identifications inattendues, profils étrangers, harmonies qui paraissent dissonances aussitôt que perçues forment pour nous la trame heurtée mais incomparablement vivante de la religion égyptienne.

Les origines. — A l'origine, la vallée du Nil était peuplée de groupements indépendants. Chacun d'entre eux avait ses dieux, ses coutumes. L'unification politique entraîne la juxtaposition de ces individualités religieuses, favorisant les influences et les enrichissements réciproques. Soit tolérance, soit, plus simplement, sentiment qu'une même réalité pouvait simultanément se manifester sous différentes formes, les mythes et les dieux se sont, en Égypte, additionnés ou superposés les uns aux autres sans s'exclure. C'est ainsi que les anciens dieux tribaux sont devenus les démiurges de chacun des systèmes cosmogoniques.
Le zèle de son clergé ou peut-être le hasard des circonstances favorables fit que le système d'Héliopolis prévalut, imposant à ses voisins ses propres caractéristiques : le démiurge égyptien sera éminemment solaire. Au début était le Noun, l'Océan Primordial, incommensurable et n'ayant d'appui que sur ces ténèbres qui enveloppaient tout. Puis, par le jeu de quelque mystérieuse force tectonique, un tertre émergea de ses eaux. Bientôt le soleil, sous la forme d'un oiseau, s'élançait hors de l'œuf où il avait germé ou encore jaillissait, comme un disque, de la corolle épanouie d'un lotus. Plus on avance dans le récit, plus les détails divergent, mais on peut dire encore ceci : le démiurge, à peine apparu, crée les premiers dieux et organise le monde.

Ainsi, à **Héliopolis,** Atoum va engendrer le couple Chou et Tefnout. S'immisçant entre le ciel et la terre, Chou, dieu de l'air, différencie un autre couple, Geb et Nout. C'est ici seulement, dans la tradition héliopolitaine, que naissait enfin le soleil. Plus tard Geb et Nout devaient donner naissance à Osiris et Isis, à Seth et Nephthys. Ces neuf divinités étaient groupées en un collège nommé Ennéade.
L'apparition du Soleil pouvait donc, comme on le voit, être précédée d'une série d'événements organisateurs. Selon la tradition tardive d'Hermopolis, l'arrivée de l'astre avait été préparée par quatre couples d'obscures divinités reptiliennes. A Esna, l'œuf du monde avait été façonné sur un tour par le potier Khnoum.
On se souviendra que les temples d'Égypte sont tous censés être bâtis sur la butte primordiale et que pour chacun d'eux il devait exister une légende qui justifiait cette présomption.

Tout comme la butte, le temple sera au premier chef le lieu où l'énergie divine s'élabore et agit sur le chaos environnant. Mais la stabilité ainsi créée est précaire. Pour que chaque matin, avec le lever du soleil, se produise le miracle de la renaissance, de la régénérescence, sorte de création du monde en miniature, il faut constamment fournir à cette énergie divine ce dont elle a besoin : c'est là, naturellement, le rôle du culte. Tous les jours, selon un rituel fixé à l'avance, on répétera les mêmes gestes destinés à éveiller et contenter le dieu. Des offrandes lui seront faites tandis qu'en des occasions solennelles il sera montré à la foule qui n'avait pas normalement accès aux parties du temple où se déroulait le culte.

La légende osirienne. — Une autre légende eut une influence capitale sur l'évolution de la religion égyptienne : la légende osirienne.

Après que bien des dieux eurent régné sur terre et, leur temps accompli, furent retournés en leur Olympe, Osiris monta sur le trône au grand dam de Seth, son frère, violent et jaloux. Osiris secondé par son épouse Isis se montra administrateur avisé et apporta aux hommes qui, entre-temps, s'étaient répandus sur terre, quelques bienfaits notoires dont l'agriculture. Une telle félicité ne pouvait durer. Seth, rêvant de remplacer son frère sur le trône terrestre, tua Osiris par traîtrise, découpa son cadavre et en jeta les morceaux au Nil. Emportés par le courant, ceux-ci aboutirent en divers points de l'Égypte où, plus tard, on érigea un tombeau du dieu, ce qui explique qu'il en ait eu plusieurs.

Isis, aidée de sa sœur Nephthys, la propre femme de Seth, se mit alors en quête et réussit à retrouver les fragments. Puis intervint Anubis. Réunissant habilement tous ces morceaux, il les maintint avec des bandelettes de tissus : c'est l'origine de la momification. Ce traitement éveilla lentement la vie dans le corps mutilé du dieu, et Isis en conçut un fils : Horus.

Tandis qu'atteint par une mort trop humaine Osiris se retirait en cet au-delà où les autres dieux n'avaient qu'un droit de transit lorsque la barque solaire y pénétrait la nuit, Isis élevait en cachette le petit Horus. Seth, en effet, instruit de l'événement, avait décidé de supprimer un héritier gênant pour ses ambitions. Isis, de son côté, essayait de convaincre le tribunal des dieux, en l'occurrence l'Ennéade, de proclamer les droits de son fils au trône d'Osiris. Les années passèrent. Horus grandit et, si certaines légendes nous le représentent alors comme un compagnon inséparable de son oncle Seth, il ne tarda pas, après de multiples aventures, à provoquer en duel le meurtrier de son père. La lutte fut chaude. Au cours du combat Horus perdit un œil mais Seth enfin fut vaincu.

Cette légende se propagea lentement dans le peuple où elle finit par avoir un retentissement extraordinaire. Les déboires de cette famille étaient bien faits pour émouvoir le cœur des Égyptiens. Le culte d'Isis, en particulier, se répand largement. A Basse Époque, les statuettes la représentant en train d'allaiter son fils Horus sont les ex-voto les plus courants. A l'instar de la famille osirienne, on verra vite les dieux égyptiens se grouper en triades comprenant le père, la mère et l'enfant-dieu.

Les coutumes funéraires. — C'est aussi dans les coutumes funéraires que l'influence de la légende se fera sentir. Le défunt veut devenir un Osiris, être momifié comme lui, revenir à la vie comme lui et, comme lui, recevoir un culte funéraire qui assurera la pérennité de cette survie. Par ailleurs, toutes les autres divinités funéraires : Sokaris, Khentamenti, perdent leur caractère propre pour s'identifier à Osiris.

Aux époques les plus reculées, les avantages des funérailles étaient réservés aux seuls souverains, puis aux gens de qualité. Les gens plus modestes n'auront de tombe ou ne seront momifiés qu'à partir du Moyen Empire. Mais, jusqu'à la fin de l'histoire égyptienne, il en existera de trop pauvres pour pouvoir s'offrir un tel luxe.

Tout comme aujourd'hui, les funérailles déplaçaient beaucoup de monde et menaient grand tapage. Les pleureuses étaient de rigueur, qui, poussant des cris, s'arrachaient les cheveux et se barbouillaient le visage de terre.
Les nécropoles étaient généralement installées à l'O., à la lisière du désert, puisque le soleil, s'y couchant, pénétrait là dans l'au-delà pour la nuit.
Le défunt suivait naturellement le même chemin. Tandis que l'on se préoccupait d'installer sa momie et son mobilier funéraire dans la tombe, l'âme du mort venait s'asseoir sous les feuillages d'un arbre où la déesse tutélaire de la nécropole l'accueillait et lui présentait le boire et le manger, avant le long voyage.
Puis, la tombe fermée, les dolents partis, le mort arrivait dans l'au-delà par un chemin hérissé de difficultés que le Livre des Morts, judicieusement emporté avec soi, lui permettait d'éviter. Il arrivait ainsi dans la « Grande Salle » où siégeait Osiris. Là on procédait à la pesée de son âme. Placé sur l'un des plateaux d'une balance, dont la déesse Maât était le fléau, le cœur du mort devait être trouvé plus léger que la plume de celle-ci. Pour éviter les contestations, l'opération était faite par Anubis lui-même et enregistrée par le savant Thoth.
Apparemment, le grand Osiris était magnanime et l'âme humaine bien légère à ses yeux. On ne sache pas qu'il y ait eu beaucoup de damnés et c'est à peine si l'on évoque, dans certains textes ou certaines représentations, la « Grande Mangeuse » qui était censée les engloutir. Pourtant la longue dénégation où le défunt se défend d'avoir commis certains péchés et qu'il récitait aux 42 juges des Enfers laissait supposer que l'accès de l'au-delà n'était guère aisé. Peut-être peu soucieux de se montrer implacables, les dieux ne demandaient-ils qu'à être convaincus par ces belles formules.
Jugé apte à vivre dans le royaume d'Osiris, le défunt allait couler des jours paisibles dans le champ des Souchets, se livrant à l'agriculture. Naturellement, une vie consacrée au travail ne permettait pas, en général, aux défunts de se montrer satisfaits de cet état de choses. Paysans las de la terre et aspirant au repos, hauts fonctionnaires peu enclins aux travaux manuels, tous étaient d'accord pour considérer que les terres des dieux n'avaient pas besoin de leur labeur pour porter de prodigieuses récoltes. Tout un chacun apporta donc avec soi un, puis plusieurs chaouabtis — petites statuettes momiformes qui s'animaient et se mettaient au travail dès que leur maître en était requis. Comme on amenait également avec soi ses meubles, ses livres, ses jeux et, à l'instar des chaouabtis, des statues de concubines, abondamment pourvues du nécessaire, les occupations diverses ne manquaient pas.

Ceux qui restaient sur terre vivaient, s'ils étaient bons parents, dans le pieux souvenir du disparu. Comme pour les dieux, les offrandes et le culte lui étaient nécessaires. A l'Ancien Empire, on aménageait dans les mastabas une chapelle au-dessus du caveau où était enseveli le sarcophage. On pouvait s'y arrêter, prier, faire des offrandes ; le mort était présent par le truchement de sa statue funéraire qu'il pouvait revenir habiter à volonté. On instaurait parfois un véritable culte : un prêtre était alors engagé, mais cela revenait fort cher. On se limitait donc généralement aux seules offrandes. Encore ne pouvait-on toujours les renouveler. On plaçait donc dans la tombe, une fois pour toutes, des aliments factices en pierre et en bois, assuré que les formules inscrites çà et là feraient que le défunt, loin de s'y casser les dents, pourrait les savourer à sa convenance.

La religion et les hommes. — Loin des conceptions de plus en plus alambiquées des théologiens, des temples où l'exercice de leur foi n'était guère admis, la religion du peuple apparaît bonhomme et empreinte de simplicité. Elle rejoint celle des sages laïcs, auteurs de traités sapientiaux, qui expriment dans leurs écrits toute leur sensibilité religieuse à travers les sentences morales et des considérations sur la vie. On a souvent parlé à l'endroit de ces derniers, tout comme pour l'expérience atonienne d'Akhnaton, de monothéisme. Terme trompeur s'il en fut, il ne rend pas vraiment compte de la réalité égyptienne.

Tout dieu, en Égypte est unique et universel, et quand le Sage parle de « dieu », sans le nommer, il traduit par là ce qu'il y a d'unique dans la multiplicité des croyances, concepts et enseignements qu'il a hérités de ses ancêtres. Le petit peuple, s'il sentait cette unité, à vouloir en saisir tous les aspects que la pratique de la vie lui révélait quotidiennement autour de lui, n'a guère réussi qu'à la morceler à l'infini, en exprimant chaque fois par une divinité, un génie différent, cette parcelle du tout qu'il considérait, sans jamais parvenir à une synthèse. C'est ainsi que la religion égyptienne, qui dans sa pratique la plus vivante fut si proche d'un véritable panthéisme, sombra sur le tard dans la démonolâtrie, puis dans la superstition.

Organisation politique et sociale

Il convient tout d'abord d'attirer l'attention sur un fait généralement négligé. Dans la structure même de sa géographie, l'Égypte offre des disparités qui influeront sur sa politique intérieure. L'unité politique s'est faite lentement à partir d'un puzzle de principautés, groupées autour d'antiques métropoles locales, disséminées dans le Delta ou s'échelonnant tout au long de la vallée du Nil. En effet, si les courbes du fleuve, les avancées montagneuses qui empiètent sur le dessin de sa vallée ou les bras d'eau que le Nil dissémine dans le Delta isolent de nombreux territoires à vocation autonomiste, il n'en reste pas moins vrai que l'Égypte, cernée de toutes parts par le désert, vivant en vase clos, ne pouvait tarder à réaliser une unité exigée par la géographie.

Le Double-Pays. — Cette unité ne sera pourtant jamais qu'une dualité de type particulier. Il suffit de regarder une carte pour constater que le Delta et la large vallée ne pouvaient donner naissance qu'à des habitudes de vivre et de penser suffisamment différentes pour assurer leur originalité. La charnière entre ces deux blocs, au niveau du Caire, où viendront d'ailleurs s'établir les premiers souverains pour mieux en assurer la soudure, ne demande qu'à se rompre. Cette dualité ne reste jamais théorique ou mythologique : que le pouvoir central vienne à s'affaiblir et ne soit plus capable d'assurer la cohésion, aussitôt les dissensions éclatent et des souverains indépendants s'installent dans chacune des parties du pays.

Le pharaon ne sera donc jamais un roi d'Égypte, mais le roi de Haute et Basse-Égypte, garant d'une unité fragile mais nécessaire qu'il est seul capable d'assurer.

Le pharaon. — L'idée que le pharaon était un véritable dieu en Égypte est à ce point ancrée dans les esprits qu'il semble difficile de l'en déraciner. Il conviendrait pourtant de distinguer très soigneusement l'image que le roi donnait de sa personne, de sa fonction — et qu'il proclamait dans des écrits

officiels extrêmement nombreux — et le sentiment qu'en avait le peuple gouverné.
La doctrine officielle, qui a somme toute peu varié, admettait que le roi, intronisé par les dieux, régnait en leur nom sur l'Égypte. Revêtu des insignes régaliens, chargés de fluide puissant, il était à même de faire face à ses obligations et se plaçait ainsi au-dessus du commun.

Il n'est pas impossible que cette conception ait prévalu, même chez le peuple, durant l'Ancien Empire ; on doit avouer cependant que le sentiment de ce dernier, ne se traduisant ni dans les textes ni dans aucun autre mode d'expression, nous échappe alors complètement.
Dès la fin de l'Ancien Empire, avec les premières grandes difficultés intérieures, ce monolithisme, qui se traduisait dans l'art ou les œuvres littéraires, s'effrite visiblement. On a retrouvé, par exemple, un conte qui parle sans ambages des rendez-vous galants de Pépi II et de son général. La guerre civile, les invasions étrangères vont bouleverser l'image que l'on se faisait de la royauté. Les aventuriers, les opportunistes n'ont pas dû manquer au cours de ces périodes et ceux qui, le calme rétabli, accèdent au pouvoir suprême, n'étaient souvent que les princes locaux ou les potentats militaires de la veille.
Désormais le pharaon règne, non seulement par la grâce des dieux mais aussi (et de plus en plus au fur et à mesure que l'histoire progresse) avec le soutien de certaines classes sociales dont les chefs, sans oublier leur intérêt personnel, essayeront de traduire les aspirations profondes.

De la parole aux actes. — Soutenu par une administration qu'il sait ménager, installé dans une confortable sécurité dynastique, le roi peut, théoriquement, passer tous ses caprices. Il est regrettable, mais logique après tout, qu'aucun texte ne nous révèle ce qu'était, hors de tout protocole et des visions officielles, la vie quotidienne d'un souverain. Certes, on nous le présente chassant, s'adonnant à la navigation de plaisance ou à la guerre. Mais ce sont là des thèmes stéréotypés que les dignitaires eux-mêmes ne négligeront pas.

Le pharaon demeurait l'instigateur de toutes les décisions de quelque importance : la politique étrangère et, sur le plan intérieur, les grands travaux de prestige. Pour le reste, l'administration, depuis longtemps mise en place, parfaitement rodée, n'avait besoin que de directives pour que, des chefs de bureau aux administrateurs, des administrateurs aux scribes les plus variés, la décision prise se répercute jusqu'à ses ultimes conséquences dans le village le plus éloigné du pays.
Le vizir, chef de l'exécutif, placé sous la dépendance directe du roi, contrôlait cet immense rouage. Soucieux surtout d'avancement, ses subordonnés n'aspiraient qu'à accomplir leur tâche au mieux de ses désirs. Cette docilité et l'extrême ramification de la bureaucratie ont pourtant été les facteurs déterminants de la prospérité de l'Égypte et ont grandement aidé à l'éveil de sa civilisation.

Les forces politiques. — Par nécessité, opportunisme ou faiblesse, le roi s'était constitué une « clientèle ». Membres de sa famille, nobles de province, hauts fonctionnaires formaient une cour avide de faveurs et de richesses. Les souverains surent habituellement satisfaire ces appétits sans compromettre leur puissance.

Il suffisait toutefois d'un monarque trop faible pour accroître démesurément la richesse et l'autonomie de gestion des princes locaux. Ce processus, résultat d'une usure progressive des structures du pouvoir, amenait fatalement une « féodalisation » du territoire où sombrait la monarchie unitaire. Par trois reprises, l'Égypte a connu de ces rechutes de l'individualisme provincial. Ce sont les trois Périodes Intermédiaires qui marquent l'écroulement de l'Ancien, du Moyen et du Nouvel Empire.

Outre la noblesse terrienne, le pharaon devait également faire face au clergé. L'importance de la religion en Égypte n'est plus à prouver. Un clergé innombrable officiait dans une multitude de temples. Le jeu des préférences, chaque dynastie de rois honorant plus particulièrement le dieu de sa ville, pouvait donner la prééminence à un clergé local enrichi par les faveurs royales.

Ce fut déjà le cas sous la Ve dyn. Celui d'Héliopolis, comblé par les pharaons fidèles adorateurs du dieu Rê, acquit une influence dont on ne sait si elle fut vraiment déterminante dans le domaine politique mais qui, dans le domaine religieux, provoqua un alignement sensible des doctrines théologiques locales.

L'exemple le plus typique est naturellement celui du clergé d'Amon. Servi par une longue succession de dynasties thébaines, il a vu son dieu se hisser au rang suprême. Les richesses de l'empire qui affluent vers la capitale ne manquent pas de lui profiter. Le temple d'Amon à Karnak devient vite le plus grand propriétaire du pays : terres, bétail, industries accumulent dans ses caisses des bénéfices colossaux. Les querelles dynastiques où usurpateurs et ayants droit invoquent Amon pour se légitimer accoutument le clergé de Thèbes à l'arbitrage politique et asseoient sa puissance temporelle. La royauté lui est de plus en plus soumise. Il ne restera plus au grand pontife d'Amon qu'à évincer le souverain régnant et à se proclamer roi d'Égypte. Ainsi se fonde la dynastie des rois-prêtres et il ne faudra pas moins que le sac de Thèbes par les Assyriens pour réduire à néant cette hégémonie.

Tant que l'Égypte s'est contentée de razzier les contrées avoisinantes, l'armée, composée de spécialistes peu nombreux, garde une importance secondaire. Les conquêtes du Nouvel Empire nécessiteront l'établissement d'une armée permanente. Après chaque campagne, le fantassin et l'officier reviennent chargés de leur part de butin. Pour peu que le roi ait été satisfait de leurs exploits ils sont, de surcroît, récompensés en espèces sonnantes ou en terres. Les périodes de calme leur permettent donc de s'installer, eux et leur famille, dans une discrète aisance. Ils forment dès lors une caste prospère et de plus en plus nombreuse. Elle finira par porter l'un des siens au pouvoir : Horemheb, qui pendant près d'un quart de siècle avait rongé son frein sous Akhnaton et ses pâles épigones.

La famille. — Les groupes statufiés que l'on voit dans les musées donnent de la famille égyptienne une image qui, pour être quelque peu conventionnelle, n'en est pas moins véridique : mari et femme sont présentés côte à côte avec, à leurs pieds, un ou des enfants.

L'Égypte a réservé en effet à la femme, ou du moins à l'épouse, une place que l'islam, par exemple, ne lui a pas accordée. Égale en droit à son mari, elle gère ses propres biens et en dispose. Elle est, nous disent les textes, « la maîtresse de maison » et règne sur le foyer. De fait, la polygamie est rarissime, mais le chef de famille se réserve le droit d'avoir des concubines ou, si son épouse défaillante ne peut lui donner de progéniture, d'acquérir une esclave dont les enfants seront les légitimes héritiers de leur père.

Il ne paraît pas que l'union des époux ait été sanctionnée par une cérémonie religieuse. Mais le jeune fiancé ne pouvait se dispenser d'apporter des cadeaux au domicile de l'élue. Mariés, ils forment, si l'on en croit les textes et les représentations, un couple uni.

Rien ne permet de croire en effet que les jeunes filles aient pu être contraintes à épouser un indésirable. Tout comme ils ont partagé la même demeure, ils reposeront côte à côte dans la même tombe. Et les enfants ayant grandi s'en iront fonder leur foyer en emportant la part des biens qui leur revient.

La langue, la littérature, la pensée

La langue. — Dire que l'égyptien antique appartient au groupe chamito-sémitique ne satisfait l'esprit de personne : ni celui de l'amateur curieux, pour qui ce vocable n'évoque rien sans doute, ni celui de l'érudit pour lequel celui-ci recouvre trop de disparités et d'imprécision pour pouvoir constituer une définition en soi.

S'il est vrai que les langues se peuvent grouper en grandes familles dont il est possible, à la limite, de dresser le tableau des parentés, il faut reconnaître que de tels tableaux font mieux apparaître les cousinages lointains et les filiations douteuses que les homogénéités supposées.
A l'époque antique les trois grands groupes de la famille chamito-sémitique recouvraient chacun des zones différenciées : à l'E., l'ensemble sémitique proprement dit, où naîtra la langue arabe actuellement parlée dans le pays (et qui n'a rien de commun avec la langue ancienne de l'Égypte, comme on pourrait le penser) ; à l'O., le chamitique, où se formera le berbère par exemple ; au S., les langues africaines ou couchitiques, dont le méroïtique est l'un des éléments le plus ancien mais aussi le plus mal connu.
On voit que l'Égypte, par sa forme en Y, faisait le lien entre ces trois zones dont elle a diversement subi les influences.

Après avoir discerné, dans l'égyptien antique, de nombreux éléments d'origine sémitique et reconnu ce qu'il devait aux dialectes anciens de la Libye, les savants en sont venus à rechercher plus activement ce qui pouvait le rattacher aux langues africaines du haut bassin nilotique : l'hypothèse qui prévaut actuellement tient que l'égyptien ancien s'est formé à partir d'un substrat d'origine africaine auquel sont venus s'amalgamer (bien avant que l'écriture ne soit inventée dans la vallée du Nil), au gré des immigrations, des éléments sémitiques ou chamitiques.
On aurait affaire, dans cette perspective, à une langue particulièrement originale qui, ayant bénéficié des apports les plus divers, se serait développée rapidement d'une manière indépendante.

La littérature. — Abandonnons dès l'abord l'idée que nous avons présentement d'un livre. L'œuvre littéraire sera, en Égypte, écrite sur un rouleau de papyrus et sa diffusion se fera par recopiages successifs, avec tous les risques d'erreur et de corruption que cela comporte. On peut dire que l'abondance des manuscrits témoigne seule de la popularité d'un écrit. Par rapport à nos critères, les œuvres égyptiennes sont singulièrement courtes : une fois traduite, la plus longue d'entre elles n'occupe que quelques dizaines de pages imprimées et l'ensemble des sagesses didactiques, des poésies, des romans, des contes, etc., ainsi publiés, tiendrait dans un gros volume.
Pour juger de la qualité littéraire de ces œuvres, nous nous heurtons à un obstacle majeur. Notre connaissance de l'ancienne langue égyptienne a encore beaucoup de progrès à accomplir : les nuances exprimées par les mots nous sont rarement connues, les finesses de telle ou telle tournure littéraire nous échappent. Les hasards de la transmission enfin ne peuvent concourir qu'à nous donner une idée assez fausse de l'ensemble de cette littérature, de son histoire. Beaucoup de fragments

n'ayant préservé que quelques lignes d'ouvrages par ailleurs inconnus nous font pressentir un monde sans nous en rien révéler.

Des premières grandes époques de l'histoire égyptienne, celle des constructeurs des pyramides par exemple, rien ne nous est parvenu.
Tout commence, pour nous, à la fin de la VIe dynastie (vers 2400 av. J.-C.) avec la *Sagesse de Ptahhotep.* A toutes les époques, la sagesse fut le genre littéraire le plus apprécié. Sorte de recueils de maximes, de réflexions morales, de conseils didactiques, les diverses sagesses prônent le détachement vis-à-vis des valeurs fausses, la recherche de la modestie dans les paroles et les actes et traduisent un goût profond pour les joies simples. L'opulence, l'orgueil, l'injustice et l'iniquité y paraissent comme les principaux écueils que l'homme de bien doit éviter. Par là même ces sagesses se ressemblent superficiellement. Mais de l'une à l'autre, selon l'époque où chacune d'elles fut composée, la personnalité propre de l'auteur, apparaissent les originalités d'un genre qui a su heureusement se renouveler. A la *Sagesse de Ptahhotep,* où l'appel à la modestie, à la justice, se heurte au respect contraignant d'une hiérarchie hautement paternaliste (expression même du personnage de Ptahhotep, grand dignitaire de l'État), répond, à dix-huit siècles de distance, la quiétude et la douce religiosité de la *Sagesse d'Aménémopé.*

A la première tendance on devra rattacher les *Enseignements* incitant au loyalisme politique, florissants sous la XIIe dynastie. A cette même époque la *Satire des métiers* (ou *Enseignement de Douaouf*) démontre la précellence du métier d'écrire. Ces deux catégories d'œuvres, une fois rapprochées, nous révèlent la personnalité même du scribe égyptien. Le fonctionnaire et l'intellectuel en lui se confondent : dans ses écrits, rigueur morale et ordre social se distinguent mal, à la limite, l'un de l'autre.
Attachant entre tous — mais si difficile encore à comprendre — l'*Enseignement pour Mérikarê* (X^e^ dynastie) nous livre les réflexions politiques et les conseils de gouvernement d'un prince lucide, sans illusion, mais habile à sauvegarder ses intérêts, autant à l'intérieur qu'à l'extérieur, durant une des périodes les plus difficiles de l'histoire égyptienne. L'*Enseignement d'Amenenhat I* (apocryphe de peu postérieur à la mort du roi), où domine la désillusion et l'amertume d'un souverain qui mourut victime d'une conjuration de palais, est de la même veine, bien que traité sur le mode intime de la confidence.

Le Moyen Empire aura fourni à l'Égypte ses plus grands chefs-d'œuvre littéraires. Outre les nombreux ouvrages déjà nommés, il faut retenir le *Roman de Sinouhé,* dont la vivacité de ton, la variété stylistique et la justesse d'observation psychologique révèlent la langue classique à son apogée, le *Conte du naufragé,* teinté de merveilleux à la manière des *Mille et Une Nuits,* et surtout le *Dialogue du désespéré avec son âme,* débat philosophant dont l'argumentation ne nous est pas toujours bien claire et qui reste célèbre par le magnifique poème qu'il contient, d'une envoûtante tristesse.

Au travers de ces œuvres, les Égyptiens nous apparaissent attachés au beau langage, à l'expression rare, à la tournure imprévue. Ceci peut les amener aux variations thématiques, au pire à la répétition péguyesque d'une même idée sous une formulation à peine différente. C'est là un écueil que n'évite pas toujours le *Conte du paysan plaideur* (à peu près contemporain de l'*Enseignement pour Mérikarê*) où l'on voit un fellah des temps jadis demander par neuf fois justice au vizir, pour le grand plaisir de Sa Majesté qui, avertie de l'extraordinaire qualité de ses suppliques, se fait porter, pour lecture récréative, la minute des audiences.

De la florissante XVIIIe dynastie, il ne nous est, paradoxalement, parvenu que d'infimes fragments dont la valeur ne peut guère être estimée : les *Plaisirs de la chasse et de la pêche* et la glorification du *Roi sportif* ne nous révèlent, tout au plus, qu'une orientation typique de l'esprit du temps. A l'aube du Nouvel Empire on a vu cependant paraître un recueil de contes, *Khéops et les Magiciens,* dont l'action, fixée en un « bon vieux temps » de commande, se déroule dans une atmosphère débonnaire et policée.

C'est avec les XIXe et XXe dynasties que l'on aborde la seconde grande période de la littérature égyptienne. Les conditions ont beaucoup évolué depuis le Moyen Empire. Les écoles de scribes se sont multipliées et les lettrés viennent d'horizons plus variés. On verra ainsi un modeste ouvrier de Deir el-Médina composer un petit enseignement à l'intention de son fils, coureur de jupons impénitent, tandis qu'un de ses voisins, dédiant une stèle à Amon, y inscrira un petit hymne non dépourvu de valeur littéraire malgré le recours à la phraséologie traditionnelle.

De plus, un esprit encyclopédique ou, plus exactement, catalogueur s'est fait jour. Dans des recueils, des miscellannées, les scribes trouvent pêle-mêle des lettres modèles, de petits hymnes, de courtes exhortations, de quoi les familiariser avec le style épistolaire et un vocabulaire aussi étendu que possible. Cette tendance se fait nettement sentir dans le *Pamphlet de Hori* où un scribe, tout en raillant un collègue, lui pose des « colles » qui devront le laisser sans réponse et faire ressortir son inculture. Dominée par un académisme un peu vain ou même pédant, cette œuvre ne manque pas de finesse caustique dans ses meilleurs moments.

Puis il y a les contes : celui des *Deux Frères* où l'un des protagonistes connaît, au début, des mésaventures semblables à celles de Joseph en butte aux avances de la femme de Putiphar, non sans présenter par ailleurs quelques analogies avec un héros de conte russe ; celui de *Vérité et Mensonge* qui se rattache par quelques détails aux *Mille et Une Nuits ;* celui du *Prince prédestiné* qui doit sauter jusqu'à la dernière fenêtre d'un palais pour conquérir sa belle et se trouve être le prototype d'une série d'amoureux athlètes connus dans les contes d'Europe centrale. Des transmissions sont possibles, mais il serait imprudent d'en inférer des relations qui ne furent pas.

Cette période est également dominée par la poésie amoureuse. Ces courts morceaux, réunis en recueils, ont été parfois imprudemment comparés aux *haïkou* japonais. Si ces derniers traduisent un état d'âme, les poèmes égyptiens traduisent plutôt un état des sens, s'épanchant dans l'éclat du soleil et le scintillement de l'eau, et où vient se mêler la sensualité fugitive de la végétation, de l'épanoui, du fruité et des parfums.

Au-delà du Nouvel Empire surnagent encore quelques sagesses (celle d'*Aménémopé* par exemple, ou celle d'*Ani*) sur un océan d'inconnu. On ignore donc presque tout de la littérature égyptienne jusqu'à l'époque hellénistique.

Sous les Lagides elle fleurit de nouveau. On y rencontre (en démotique) les inévitables sagesses dont celle, curieuse mais encore mal connue, d'*Ankhchéchonqy* qui fut rédigée en prison, du propre aveu de son auteur, sans doute sous les dernières dynasties indigènes. On rencontre surtout des récits groupés en cycles et dont le héros est toujours le même : c'est *Khamouas,* fils de Ramsès II, fin lettré en son temps, c'est le roi *Pédoubast* et ses acolytes vus sous les traits de vaillants guerriers tenant tête aux ennemis de l'Égypte. Il est clair que l'invention du héros cyclique est née ici de la nostalgie d'un passé glorieux à jamais enfui.

On pourrait encore parler de la littérature de circonstance, glorifiant le roi sur le champ de bataille, autobiographies privées faites pour l'édification des générations futures, ou encore de la littérature religieuse, abondante à toutes les époques — qui ne manque ni de grandeur dans ses évocations ni de poésie dans ses images. Mais, littérairement parlant, c'est là un domaine encore peu exploré. Il est inutile de s'attarder sur les conjectures émises sur l'existence ou l'absence de tel ou tel genre en Égypte. Si l'on connaît quelques « drames liturgiques » joués sans doute devant un public restreint et embarrassés dans la complexité du rituel des temples, il semble peu raisonnable d'en déduire l'existence de théâtre profane.

Ainsi présentée, la littérature égyptienne peut paraître peu cohérente dans son esprit comme dans son développement : c'est, à tout prendre, la documentation dont nous disposons qui en est cause. Telle qu'elle est, elle reste hautement évocatrice d'un peuple à l'esprit à la fois fin, enjoué et profond.

Encyclopédisme et préphilosophie. — A l'extrême fin du second millénaire av. J.-C. on voit fleurir une série d'ouvrages ayant pour ambition de dénombrer, sous un volume restreint, la somme des connaissances de l'époque. Ces « onomastica », comme on les appelle, qui présentent une longue série de mots, groupés thématiquement, font penser plus à un catalogue qu'à une encyclopédie dont ils sont pourtant la préfiguration. Point d'ordre alphabétique (ignoré de l'Égypte) et, surtout, point de définition. La pensée antique s'est, en effet, peu intéressée aux mots en eux-mêmes : c'est l'univers des *choses* que ceux-ci recouvrent qui la captivait au premier chef.

Les « onomastica », en énumérant les éléments du ciel, de la terre, des eaux, les villes, les provinces et les pays, les parties anatomiques de l'homme et les animaux, les boissons et les pains, les bâtiments et les terres, suggèrent essentiellement un univers de *formes* dont le mot écrit n'est guère qu'un répondant à l'usage des humains.

En cela, ces compilations se rattachent à une longue tradition « encyclopédique » purement figurative, décelable dès l'Ancien Empire. Il n'est que de rappeler *« La Chambre des Saisons »*, située près du temple solaire de Niouserrê à Abūsir, qui présentait, sous la tutelle des génies personnifiant les saisons de l'année, les travaux, les animaux et les plantes qui leur correspondaient ; la *frise de volatiles* accompagnés de leurs noms, dans une des tombes de Béni-Hasan (n° 15) ; la fameuse *scène du Pount* au temple de Deir el-Bahari, sous les vaisseaux de laquelle figure une série d'animaux marins et surtout le célèbre *« Jardin Botanique »* du temple de Karnak dont les reliefs, selon l'incipit qui les introduit, reproduisent « toutes les plantes rares » que Thoutmôsis III avait ramenées d'une de ses campagnes en Syrie.

Les textes sacrés et surtout les sagesses, dont il a déjà été beaucoup question, nous révèlent cependant les Égyptiens attentifs à d'autres problèmes. Les réflexions sur la morale, le sens de la vie et les destinées du monde n'y apparaissent pourtant pas comme des moyens de connaissance, mais bien plutôt comme des spéculations destinées à garantir la prééminence du divin ou des structures sociales sur l'individu.

Les prêtres et les scribes-fonctionnaires de l'Égypte ne peuvent se comparer aux philosophes de la Grèce. En décelant une énergie divine partout présente et active, en établissant une étroite relation entre l'ordre cosmique et la stabilité des institutions, ils ont enfermé l'homme en des systèmes où sa pensée, forcément engagée, n'avait d'issue que dans la soumission ou l'abandon aux forces qui régissent le monde.

L'art

Si l'on peut risquer une lapalissade, l'art égyptien s'affirme comme égyptien aux yeux de tous. Peu d'arts, en effet, ont su susciter, dans l'esprit le moins averti, des images suffisamment justes pour que la reconnaissance soit immédiate. On a parlé de fixité et, sans doute, l'Égypte fut toujours fidèle à certains dogmes artistiques immuables. Mais il n'y a eu de stagnation que dans l'esprit de ceux qui refusent de se laisser conduire jusqu'au bout par cet art lui-même. De la palette de Narmer à la statue de Panémérit (au Louvre), l'art égyptien n'a pas cessé de se surpasser dans des limites apparemment étroites et contraignantes. Dans cet heureux pays, beaucoup d'œuvres, dites secondaires, seraient les très grands chefs-d'œuvre d'un art moins comblé. L'Égypte tout entière, le Musée du Caire (par exemple), témoignent de l'impossibilité de discerner souvent — si l'on a quelque affection pour les belles choses — le bon du meilleur. Dans cette perspective le savant est apparu parfois comme blasé par la dissection des nuances et empêché d'accepter l'art égyptien comme un tout où s'illustrent d'innombrables facettes.
Nous renvoyons dès maintenant le lecteur, pour les répertoires et les commentaires, aux histoires de l'art. On voudrait dégager ici, si possible, quelques lignes de force qui, sans procurer une véritable connaissance de l'art égyptien, permettraient — c'est un souhait — à ceux qui arrivent en Égypte de s'ouvrir sans réticence à ce qu'ils vont y voir.

La notion d'art dans l'Égypte ancienne. — Puisqu'il faut parler d'art, méfions-nous de ce que cette notion peut avoir d'arbitraire en l'occurrence. L'art pour l'art, concept qui nous est familier, n'existe pas en Égypte. Produire une œuvre qui ne prend de sens qu'en elle-même est absurde dans le contexte pharaonique. Chaque monument a une fonction vitale au sens le plus strict du terme.

Le temple est la demeure de la divinité : le mur, les pylônes, le toit, sont avant tout destinés à protéger un espace sacré. Chacune des décorations sur les parois, jusqu'aux hiéroglyphes, est réellement animée et perpétue effectivement les actes qu'elle reproduit. Il en est de même des scènes peintes ou gravées dans les tombes. Les **statues** divines, les statues funéraires sont, en quelque sorte, des hypostases. Les dieux les acceptent pour forme afin de venir en aide aux hommes. Elles sont nécessaires au mort qui ne pourrait autrement reprendre contact avec un monde enfui et bénéficier de l'apport des vivants.
Les **stèles** sont, si l'on veut, des indications qui réclament du lecteur, du destinataire, un acte en rapport avec celui qu'elles commémorent et prolongent ou se contentent de suggérer.

Ce que nous nommons « art » n'est, dans la langue égyptienne, qu'un « travail » *(kat)* exécuté par un « artisan spécialisé » *(hémou)*. Si, toutefois, l'idée de beauté est présente, c'est qu'il s'agit, en transposant la vie, de la transfigurer afin que, prise dans une matière durable, elle devienne le facteur même de la survie. Ce n'est qu'à travers le sentiment d'une perfection nécessaire que se traduit, perpétuellement renouvelée, la joie de créer.

Essayons tout d'abord d'isoler le facteur qui a permis à l'art d'évoluer en Égypte. Prenons les têtes royales, survivantes de statues entières et qui comptent tant de grands chefs-d'œuvre. Comment les dater ? La coiffure royale, quasi immuable, est un faible indice. Telle tête (coll. Gulbenkian) en obsidienne, par le pli de la bouche, l'expression des yeux, s'est trouvée attribuée par certains à la XIIe dynastie (XIXe s. av. J.-C.), tandis qu'un manque de rudesse dans les traits, un certain effacement l'ont fait rejeter jusque dans l'époque saïte (VIe s. av. J.-C.) par d'autres. Mais treize siècles d'hésitation n'enlèvent rien à la qualité de ce chef-d'œuvre. Il y a donc une continuité réelle où les nuances peuvent rester bien subtiles. Il n'en reste pas moins qu'un œil à peine averti distingue la bouche et les yeux de Sésostris III de ceux d'Hatchepsout, les joues rebondies de Toutânkhamon et de Khéphren. En traduisant dans la pierre la personnalité de son modèle, l'artiste a révélé souvent celle de son époque. C'est par l'intérieur que l'art égyptien aura évolué au gré des circonstances humaines. En effet toute forme artistique (du moins peut-on l'espérer) est « habitée » par la société qui la sécrète, et la revêt à son tour en la caractérisant.

Les origines. — Les origines de l'art égyptien ont influé d'une façon définitive sur l'utilisation qu'il allait faire de l'espace et sur le choix des éléments devant servir à la décoration. L'environnement : fleuve, marécages, terres émergées, plantes aquatiques et leurs faunes, contraindra, en quelque sorte, l'inspiration tout comme il fournira les premiers matériaux.

La tombe n'est encore qu'une simple fosse surmontée d'un tertre, les habitations ne sont que des huttes et les temples, guère plus. Colonnes en bottes de papyrus, palissades végétales aux touffes faîtières nouées, poutres, clayonnages : lorsque l'usage de la pierre est introduit et qu'il devient assez vite systématique pour les monuments religieux ou funéraires, l'espace ainsi délimité d'une manière encore peu cohérente se fige en un ordre nouveau et quasi définitif. Colonnes pétrifiées des papyrus, ou corolles des lotus, canelures pétrifiées des bottes végétales, touffes faîtières *(khékérou)* gravées ou peintes, tertres funéraires pétrifiés, poutres, clayonnages stylisés, jusqu'aux pyramides qui représentent peut-être la colline primordiale.

Spontanément, pourrait-on dire, l'architecture égyptienne a pu, en façonnant et disposant les blocs, retrouver, à travers les harmonies mouvantes de la nature, une ordonnance et une géométrie cachées. Ainsi on peut dire que les temples fleuriront progressivement dans la pierre. On verra s'épanouir les fragiles colonnettes engagées de la Maison du Nord, chez Djéser, puis la célèbre « forêt » de l'hypostyle de Karnak, pour aboutir, à Basse Époque, aux foisonnements des soubassements et à l'orgie végétale des chapiteaux du temple d'Esna.

La statuaire. — La statuaire égyptienne restera toujours influencée, dans ses formes, ses attitudes, par la matière dont elle est issue. Les premières idoles ne sont que des blocs de pierre où se dessine un corps. Jamais par la suite on ne verra de membres déjetés, de corps saisis de frénésie ou distordus par l'effort. Sièges cubiques, dossiers, piliers dorsaux, socles, tout rappelle le bloc originel. Assise ou debout, la statue se tient comme si elle était consciente encore des limites abolies par le ciseau du sculpteur. Ceci permettra à l'Égypte de créer ce paradoxe qu'est la statue-cube et dont l'exemple le plus frappant et l'un des plus anciens est celle de Hotep. La statuaire en bois, exceptionnelle en raison de la rareté de ce matériau en Égypte, présente les mêmes caractéristiques.

De l'Ancien Empire aux premiers Césars, date à laquelle elle disparaît, la statuaire, royale ou privée, a évolué au gré des aspirations du moment.

A l'Ancien Empire l'austère majesté de la statuaire royale ne livre que la grandeur d'un être échappant au quotidien, tout comme la statuaire privée, qui s'inspire fidèlement de l'autre, reflète la dignité austère qui sied aux hauts fonctionnaires du régime. L'émiettement du monolithisme royal à la fin de cette période introduit naturellement des modifications.

Si la XIe dynastie pratique encore un archaïsme massif, les nombreux ateliers provinciaux, devenus très actifs durant la Première Période Intermédiaire, ont préparé une diversification des types et une humanisation des attitudes. Le roi portraituré devient un homme, bien qu'investi de la souveraineté : son caractère, l'idée qu'il se fait de lui-même transparaissent sous le ciseau des artistes les plus habiles. Un élargissement social confère à la statuaire privée une variété surprenante. Ces figures, généralement de petite taille, substituent au costume conventionnel, préservé depuis l'ancien temps, les vêtements et les parures modernes.

Ces tendances nouvelles, après un long cheminement durant la Deuxième Période Intermédiaire et qui reste inconnu de nous, seront largement exploitées dès le début de la XVIIIe dynastie. La statuaire esquisse un sourire. Le corps acquiert une finesse qui confine parfois à la préciosité. Les détails anatomiques restent encore à peine indiqués, mais on sent une plus grande liberté dans le mouvement, moins idéalisé que par le passé. Le vestiaire royal croît en variété tandis que le costume et les parures privées s'épanouissent, de plus en plus frivoles, en cette heureuse époque où l'Égypte est devenue un empire. Sous les Ramessides cette recherche, de plus en plus gratuite, se fige en visant à l'effet.

L'écroulement de l'empire emporte dans son tourbillon les dames souriantes, les messieurs aux perruques compliquées et le frou-frou des amples vêtements de lin plissé. Les grandes heures de gloire ne reviendront jamais plus. Dès la fin de la trouble Troisième Période Intermédiaire et sous la dynastie éthiopienne, un besoin de retour vers le passé se fait sentir.

L'art saïte, dans sa recherche d'une simplicité qu'il croit empruntée à l'Ancien ou au Moyen Empire, découvrira une perfection nouvelle qui s'illustrera dans une pierre dure et sombre, au merveilleux poli. Un vêtement discret et dépouillé est de rigueur, du moins chez les hommes de pierre, tandis que le corps, libéré peu à peu de son épiderme idéal, affirme jusqu'à l'époque romaine ses laideurs ou ses beautés, ses grâces ou ses lourdeurs.

La période amarnienne. — Peut-être s'est-on étonné de ne pas voir figurer plus souvent en ces lignes l'art dit « amarnien ». Une certaine aura publicitaire en a donné au grand public une image un peu fausse, je le crains. On lui réserve généralement une place exceptionnelle. Toutefois si l'on peut effectivement parler, sous le règne d'Akhnaton, de révolution religieuse ou même politique, un tel terme, appliqué à l'art de cette période, paraît abusif. Que l'on songe que le fondement même du relief égyptien, la loi de frontalité, ne subit aucune modification, que les conventions stylistiques de la statuaire, malgré quelques libertés nouvelles, restent inchangées.

L'originalité profonde est à chercher ailleurs. Les « talatates », blocs parallélépipédiques décorés, qui ont servi au bourrage de certains des pylônes du temple de Karnak et qui proviennent de la démolition des temples thébains d'Akhnaton, peuvent suggérer quelques réflexions. Leurs dimensions modestes, leur polychromie un peu grasse (que l'on compare avec celle du temple de Séthi I à Abydos), leur équarrissage approximatif qui obligeait à finir au plâtre les parois dont ils étaient les éléments, laisse deviner une rapidité inhabituelle d'exécution. Celle-ci a ses raisons profondes. Le roi, commanditaire de ces temples, a voulu les voir achevés en peu d'années, afin de pouvoir en jouir longuement de son vivant, afin aussi, de faire pièce aux monuments séculaires des grandes métropoles religieuses. On a cependant l'impression que ceux qui œuvrèrent à ces travaux pressentirent qu'ils plantaient un décor pour la durée d'un seul règne. Cette hâte (il ne s'agit nullement de bâclé) transparaît partout. Les lignes filent plus vite dans le relief amarnien, les perspectives s'y bousculent, les foules s'y animent, les plans se superposent. Partout aussi la courbe règne en maîtresse. L'inclination respectueuse des courtisans de jadis se transforme en vallonnements de courbettes, que les mains prolongent. Libérée des dogmes momentanément abolis, l'imagination éparpille les scènes familières tandis que les jambes, les sabots, les roues des chars s'entremêlent inextricablement.

La statuaire, plus résolument novatrice, procède surtout en accentuant les attitudes classiques qu'elle « familiarise » parfois à l'excès. On a beaucoup parlé de la plastique du corps humain à cette époque. On a surtout commenté les difformités physiques du roi et leur influence sur l'idéal anatomique de ce temps.

La conformation physique du roi devait être, en effet, particulière, mais on aurait tort de voir dans les colosses osiriaques de Karnak (maintenant au musée du Caire), aux visages exagérément étirés, aux traits excessivement accusés, des portraits réalistes. Il suffit de les comparer au buste en calcaire du musée du Louvre, au visage d'une grande douceur, presque enfantin, et dont la délicatesse est bien dans la tradition de la XVIIIe dynastie. Il existe, entre ces deux extrêmes, une statuaire moins agressive et dont, l'habitude et la répétition aidant, le maniérisme devient presque conventionnel à la limite. En effet, les outrances, datant essentiellement du début du règne (colosses de Karnak), sont largement atténuées par les artistes eux-mêmes qui ne sont que des hommes ralliés à l'atonisme et dont la carrière a dû empiéter sur l'époque précédente et celle qui suivit.

Ainsi, sans être un hiatus, l'art amarnien apparaît plutôt comme un pont jeté entre l'art du début du Nouvel Empire, dont il accentue les caractéristiques ou développe les possibilités, et l'art ramesside qui lui emprunte certaines formes en les diluant dans un classicisme retrouvé.

Les arts mineurs. — On a beaucoup parlé jusqu'ici d'un art entré, si l'on peut dire, dans l'éternité. Celle du sacré ou celle de la mort. Temples, monuments votifs, tombes, mobilier et statues funéraires représentent des activités étrangères au quotidien ordinaire. Que reste-t-il donc de l'art des vivants ?

Les maisons d'habitation, les palais même, ont disparu pour la plupart. Construits en matériaux légers et périssables (brique crue), il ne reste de ces édifices que des arasements informes où ne subsistent, dans les meilleurs des cas, que les éléments en pierre : montants des portes ou colonnes des patios. Ceci laisse paraître une conception des structures guère différente de celle du monde impérissable. Pour le reste, les parois intérieures revêtues de torchis et chaulées s'ornaient de peintures : scènes profanes, motifs floraux, du moins si l'on en juge d'après les rares débris qui subsistent. Là encore les correspondances sont évidentes au point qu'un motif à bucrânes qui décorait le plafond du palais d'Aménophis III à Malgatta, et que l'on a pu reconstituer, se retrouve tel quel sur une voûte de la tombe d'Inherkhaou à Deir el-Médina *(n° 359, époque de Ramsès IV)*. D'ailleurs, la tombe n'est que la demeure du mort et de telles rencontres ne doivent pas étonner.
Quant aux objets que l'on trouve dans les habitations princières ou privées, ils entrent tous dans la catégorie dite des « arts mineurs » et qui, somme toute, méritent bien leur nom. Mobilier d'usage courant, objets de toilette, colifichets, bijoux, poteries décorées ou encore stèles laraires n'échappent pas non plus au sacré. Gravés ou incrustés sur les meubles et les pots à onguents, les grotesques Bès et Thouéris étendent leur protection sur les divers gestes de la vie quotidienne ; les colliers s'alourdissent de démons ou de dieux bénéfiques et, sur le goulot de certaines poteries, on voit sourire le visage d'Hathor comme émergeant des motifs floraux qui ornent leurs panses.

Une telle prééminence de la religion ne doit cependant pas nous leurrer. Religieux à sa manière, l'Égyptien n'était pas, loin de là, un mystique. L'art, ici mieux peut-être que partout ailleurs, sut mêler indissolublement le sacré et le profane en un ensemble si homogène qu'il nous paraît naturel, quel qu'en soit l'usage, d'en discerner simultanément les deux aspects.

Temples succédant aux temples, enfilades de colonnes, tombes refermées sur une humanité peinte ou sculptée et qu'il faut découvrir au creux d'une dune, sur le flanc d'une colline, enchevêtrements de ruines et le Musée avec ses statues, coude à coude, qui se pressent aux vitrines à la rencontre du visiteur, qui encombrent les galeries ou le bousculent dans l'embrasure des portes ; le touriste découvrira l'Égypte et son art sous un aspect sans doute nouveau pour lui : celui du nombre et de l'infinie diversité. Le découragement qui s'empare de nous devant ce qui n'a pas de fin l'assaillira peut-être. Qu'il se souvienne alors qu'il est venu de fort loin pour voir ces pierres et qu'elles attendent beaucoup de lui.
La vitesse moderne qui nous permet de voir tant de choses nous laisse rarement le temps de les *regarder*. L'art égyptien, éminemment sensuel, qui suggère plus qu'il n'affirme, n'attend pourtant que ce regard. Il n'y a pas de malédiction en Égypte. Le défunt gravait parfois à l'entrée de sa tombe une invitation à l'adresse des passants afin qu'ils y pénètrent pour admirer les décorations de sa chapelle funéraire, témoignage d'une splendeur passée, et pour honorer ses statues. C'est une invitation que l'art égyptien tout entier, enraciné ici dans le sol qui lui a donné naissance, reprend à son compte et que le touriste aurait mauvaise grâce à refuser.

L'Égypte copte

Sous le nom de «Coptes» (qui n'est qu'une forme arabisée du mot «Égyptiens»), les Arabes ont tout d'abord désigné les habitants de l'Égypte conquise. Ceux-ci étaient alors en grande majorité chrétiens. Les conditions imposées par l'occupant entraînèrent beaucoup de défections; nombreux furent ceux qui rallièrent l'Islam. On appela «Coptes», dès lors, exclusivement ceux qui formaient la communauté chrétienne d'Égypte. C'est dans ce sens que ce terme est employé de nos jours, et c'est ainsi qu'on l'entendra ici. L'histoire des Coptes se confond donc, comme on le pense bien, avec celle du christianisme.
Le touriste ignore souvent tout de cette communauté qui fut à la source d'un art que l'on commence à mieux apprécier, d'une littérature que l'on commence à mieux connaître. C'est qu'il a conscience en effet de débarquer sur la «terre des pharaons», comme si l'histoire, avec la mort du dernier d'entre eux, s'était refusée à avancer. C'est aussi qu'entre les colossales réalisations antiques et le contrepoint des minarets et des coupoles, la présence copte ne se discerne pas du premier coup d'œil. En se promenant dans les rues de Lūqsor, l'Européen a-t-il conscience d'être dans une ville à forte concentration chrétienne? La vocation érémitique du christianisme égyptien a d'ailleurs souvent fait que ses monuments les plus estimables se sont éparpillés loin des routes parcourues par les curieux. Ce sera donc au curieux d'aller vers eux.

Les coptes

Chrétiens et païens. — Lorsque, selon la tradition, saint Marc arrive, vers l'an 40, pour évangéliser l'Égypte, le paganisme y est encore souverain. Le christianisme connaîtra des débuts difficiles dans ce pays où l'Alexandrie païenne brille d'un prestige universel. C'est pourtant cette forteresse que la nouvelle foi aborde en premier. Le grec sera en effet son premier véhicule, et cette capitale hellénistique, où circulent les idées les plus diverses, est après tout la mieux préparée à la recevoir.
Dès le Ier s., pour mieux rivaliser avec les doctrines païennes et les grandes écoles alexandrines, on fonde le Didascalée qui, de simple école élémentaire, devient assez vite un centre théologique important où les fondements du christianisme sont exposés, commentés, interprétés. Alexandrie aura donc une action déterminante sur le christianisme d'Égypte, et c'est là que s'établit, dès les origines, le patriarcat.

A la fin du IIe et au début du IIIe s., sous la direction successive de plusieurs maîtres exceptionnels, le Didascalée atteint son apogée : Pantène d'abord, mais surtout son disciple Clément d'Alexandrie. Ce dernier, ancien païen, extrêmement érudit, versé autant dans les théories de son ancienne foi que dans les écrits de la nouvelle, sut tirer parti avec intelligence de ses connaissances. Nombreux furent les intellectuels qui, séduits, se rallièrent au christianisme. Son enseignement fut interrompu par la persécution de Septime-Sévère (202). Le calme revenu, Origène, l'un de ses élèves, lui succède. Polygraphe intarissable, ses idées discutables et discutées lui valurent l'inimitié de l'évêque d'Alexandrie, Démétrius. Il sera contraint de s'exiler en Syrie. Grâce essentiellement à ces penseurs, la doctrine chrétienne introduite à Alexandrie, haut lieu de la pensée païenne, a pu combattre celle-ci sur son propre terrain avec des armes à elle empruntées.

L'apogée copte. — Le christianisme va maintenant prendre un visage nouveau. Formée jusqu'à présent, pour beaucoup, d'intellectuels en quête d'une vérité nouvelle, la communauté, par le biais du parler copte, va s'élargir sans cesse et toucher les classes modestes. Jusqu'au début du IVe s., cette communauté va connaître une vie mouvementée. Décimée par les persécutions, contrée par le paganisme qui retrouve une dernière jeunesse avec le néo platonisme et l'exceptionnelle personnalité de Plotin, elle sera en outre déchirée par des rivalités intestines.

C'est cependant dès cette époque que le monachisme, si typique de la vie religieuse égyptienne, se développe sous l'impulsion d'hommes tels que saint Paul de Thèbes, saint Antoine, saint Pacôme. Lorsqu'en 313 le rescrit de Licinius autorisa tout un chacun à suivre sa religion, le christianisme, sans avoir tout à fait triomphé, était du moins largement implanté en Égypte.

La communauté chrétienne coïncide de plus en plus avec la population même du pays et sa hiérarchie devient rapidement le seul interlocuteur valable face aux fonctionnaires mis en place par Byzance. Dès le début du IVe s., la lutte contre l'hérésie d'Arius montre à l'épiscopat égyptien les possibilités d'une cohésion véritable. De plus, la jalousie suscitée par les grandes figures du moment, les intrigues visant à obtenir les faveurs de l'empereur, le peuple prenant fait et cause pour ses chefs spirituels, tout concourt, dès lors, à transformer les querelles religieuses en querelles politiques. Le sentiment religieux devait ainsi s'identifier presque avec le sentiment national et, au cours de ces IVe-Ve s. bouillonnants, où les synodes succèdent aux conciles, l'Égypte, en adoptant souvent des positions différentes de celles du pouvoir central, ne manquera pas de souligner son indépendance vis-à-vis de Byzance.

Menée par des hommes intelligents et actifs, comme les patriarches Athanase, Théophile et Cyrille, la chrétienté égyptienne devait connaître une brève apogée qui lui réserve, durant cette période, une place de choix dans l'histoire de l'Église universelle. Un antagonisme aussi violent (des massacres et des répressions feront prendre parfois à ces querelles un véritable tour de guerres de religion) ne pouvait que se terminer au désavantage de l'Égypte déjà écrasée économiquement par l'occupant.

Une lignée de patriarches forts avait créé, à Alexandrie, une véritable papauté soucieuse de soustraire l'empereur d'Orient à l'influence du pontife de Rome. Dioscore, successeur de Cyrille, désirait moins que quiconque perdre une autorité durement acquise. Profitant de l'excommunication par Rome et Byzance d'un « déviatonniste » du nom d'Eutychès, qui enseignait une conception monophysite du Christ, Dioscore décida de réhabiliter l'hérétique. Au cours du Concile d'Éphèse (449) resté fameux, il réussit à convaincre les pères assemblés, non sans l'aide de la force musculaire des moines de sa suite. Réuni à Chalcédoine en 451, dans des conditions plus régulières, un nouveau concile remit les choses au point. Dioscore fut destitué et exilé après avoir refusé de se soumettre. Le peuple d'Égypte se solidarisa par nationalisme avec son patriarche déchu.

L'église copte est restée monophysite depuis cette date. Exaspérés par une telle résistance, pressés par le besoin, les empereurs ne surent qu'aggraver les charges qui pesaient déjà sur le pays et, jusqu'à la conquête arabe, l'histoire des chrétiens d'Égypte sera une longue suite de persécutions entrecoupée de tentatives infructueuses de conciliation.

Les coptes dans l'Égypte musulmane soumise au califat. — Lorsque les Perses, puis les Arabes, s'emparent du pays, ils sont accueillis sinon avec soulagement, du moins avec une certaine indifférence par une population désormais entièrement christianisée. L'Égypte changeait de maîtres mais, les nouveaux venus n'étant pas des coreligionnaires, on ne pouvait guère en attendre beaucoup de sympathie. De fait, l'administration installée par les califes ressemblait étrangement, par ses aspirations, à celle de Byzance. Il s'agissait avant tout de tirer le maximum d'argent et de blé d'un territoire réputé riche et productif. Comme les empereurs, les califes se déchargeaient sur des préfets de la tâche d'administrer le pays nouvellement conquis. Mais une méfiance chronique des princes fit que ces préfets changèrent en moyenne pratiquement tous les deux ans, interdisant par là toute continuité dans la politique intérieure.

Les coptes souffrirent des incohérences dues à ces changements, des exigences financières des califes, de l'indifférence du pouvoir pour les structures agricoles, autant que des mesures ségrégatives prises par les Arabes à l'encontre des incroyants (donc les chrétiens). Il était interdit à ces derniers de porter certains vêtements, de monter à cheval et surtout d'occuper des emplois dans l'administration.

L'attitude des Arabes fut, dans la pratique, plutôt souple. Il était trop aisé, pour une administration étrangère, assaillie par de nombreux problèmes, de recruter dans le pays même, surtout chez les coptes, des hommes capables et avisés, pour renoncer à cet avantage. Mais les revirements furent fréquents, créant un perpétuel sentiment d'instabilité chez les chrétiens. Il suffisait d'un revers militaire devant Byzance pour provoquer le durcissement du pouvoir préfectoral, la destruction des églises, l'alourdissement des impôts. D'autant plus que les rares faveurs accordées aux chrétiens suscitaient des réactions violentes dans la communauté musulmane qui ne cessait de s'accroître par le jeu des conversions. En effet, s'il n'y eut pas, à proprement parler, de persécutions, les conditions défavorables faites aux « infidèles », les menaces, la coercition, firent qu'un nombre toujours plus grand de fidèles chercha refuge dans l'islam, avec l'espoir, souvent vain, d'une vie plus paisible et d'une fiscalité moins lourde. D'autres encore, abandonnant villes et champs, allaient peupler les monastères installés dans le désert. Malgré les difficultés, le monachisme connut, pendant quelque temps, une prospérité certaine et jamais retrouvée depuis.

Les coptes dans l'Égypte musulmane indépendante. — Cette situation instable dura jusqu'en 866, date à laquelle Ibn-Ṭūlūn fonde en Égypte une dynastie indépendante, bien que nominalement vassale de celle des 'Abassides. Placés devant la nécessité de se concilier la bienveillance de l'ensemble de la population, les nouveaux califes pratiquèrent à l'égard des coptes une politique de plus en plus ouverte. Cette attitude résista aux divers changements dynastiques. Lorsque Al-Hākim (996-1020) monte sur le trône, les chrétiens occupent de nombreux postes dans l'administration, et leur influence est grande en haut lieu. Le nouveau souverain poursuivit de sa vindicte tous les « incroyants ». En un quart de siècle, malgré un fléchissement sur la fin du règne, il réduisit la communauté copte à une minorité sans importance, par des persécutions et des brimades incessantes. Ses successeurs fatimides renouèrent peu à peu avec la tradition libérale d'antan.

On peut croire que, devenus des techniciens de l'administration et de la comptabilité, les coptes avaient su se rendre indispensables. Cela n'allait pas, parfois, sans certains abus. A la faveur de chaque poste conquis, il s'exerçait, souvent sans discrétion, un favoritisme de caste qui ne laissait pas de mécontenter gravement les musulmans. Pour cette raison, et pour éviter que de tels actes ne retournent la majorité de la population contre le pouvoir, la dynastie ayyūbide (1171-1250) qui succède aux Fatimides traitera les coptes décidément trop entreprenants avec beaucoup plus de circonspection. Pour comble de malchance, cette période est marquée par les 5e et 7e Croisades, qui portent le conflit sur le sol égyptien (1218 et 1250). Dans les deux cas, l'arrivée des Francs fut l'occasion de persécutions féroces, commandées par la crainte d'une collusion entre coreligionnaires. Après de tels événements on comprend que l'entente restait difficile entre musulmans et chrétiens. Il n'en reste pas moins que, pour des raisons pratiques, les coptes purent encore se maintenir aux postes subalternes.

Sous les dynasties des Mamlouks (1250-1517), les brimades, les exactions, les massacres, les destructions vont décimer la communauté chrétienne qui atteindra dès lors les proportions actuelles, la réduire souvent à l'indigence, et vider les monastères. La langue copte, encore parlée au XIIIe s., disparaîtra presque complètement et ne sera plus utilisée que dans la liturgie. L'arrivée des Ottomans ne changera pas grand-chose à cette situation et, pendant plus de trois siècles, les coptes vécurent, en quelque sorte, en état d'hibernation historique.

La « réintégration » de la communauté copte dans la vie quotidienne. — L'arrivée de Bonaparte (1798) ne favorisa guère les chrétiens. Le consul, dans sa réorganisation du pays, tint essentiellement compte de la majorité musulmane. S'il protégea les cultes ou employa des administrateurs coptes, il s'en tint, pour le reste, à de vagues promesses verbales. Comme au temps des Croisades, la présence des Français irrita les musulmans contre les chrétiens soupçonnés à nouveau de collaboration, à tel point que les coptes en tirèrent de la défiance vis-à-vis des occupants. Ce n'est qu'avec leur départ et sous le règne de Muḥammad ʻAlī (1804-1849) que les choses prennent une nouvelle tournure. Soucieux de moderniser son pays, de lui rendre une prospérité économique grandement compromise par les incuries et les abus passés, désireux de l'ouvrir à l'expérience européenne, Muḥammad ʻAlī se préoccupe tout naturellement de la minorité chrétienne. Le culte put être à nouveau pratiqué librement, les mesures vexatoires furent en grande partie abolies, de nouvelles églises furent bâties, les coptes retrouvèrent enfin dans l'administration des fonctions élevées qui, depuis si longtemps, leur étaient restées fermées.

Sous Ismaʻīl (1863-1879), le mouvement s'accentue. Désormais, c'est sur le plan légal que se font les revendications des coptes. Jusqu'au début du XXe s., c'est par bribe qu'ils obtiennent des droits nouveaux. Il leur faut surmonter la méfiance séculaire de la communauté musulmane. D'autant plus que les puissances étrangères intéressées à l'Égypte n'hésitent pas à dresser les uns contre les autres chrétiens et musulmans lorsqu'elles le jugent nécessaire. Mais la Constitution, élaborée en 1922, reconnaît désormais à tous les Égyptiens des droits égaux et le libre exercice du culte, quelles que soient leurs croyances.

Depuis, les épreuves qu'a subies l'Égypte n'ont fait que montrer mieux l'attachement des coptes pour leur patrie, leur permettant, en gagnant la

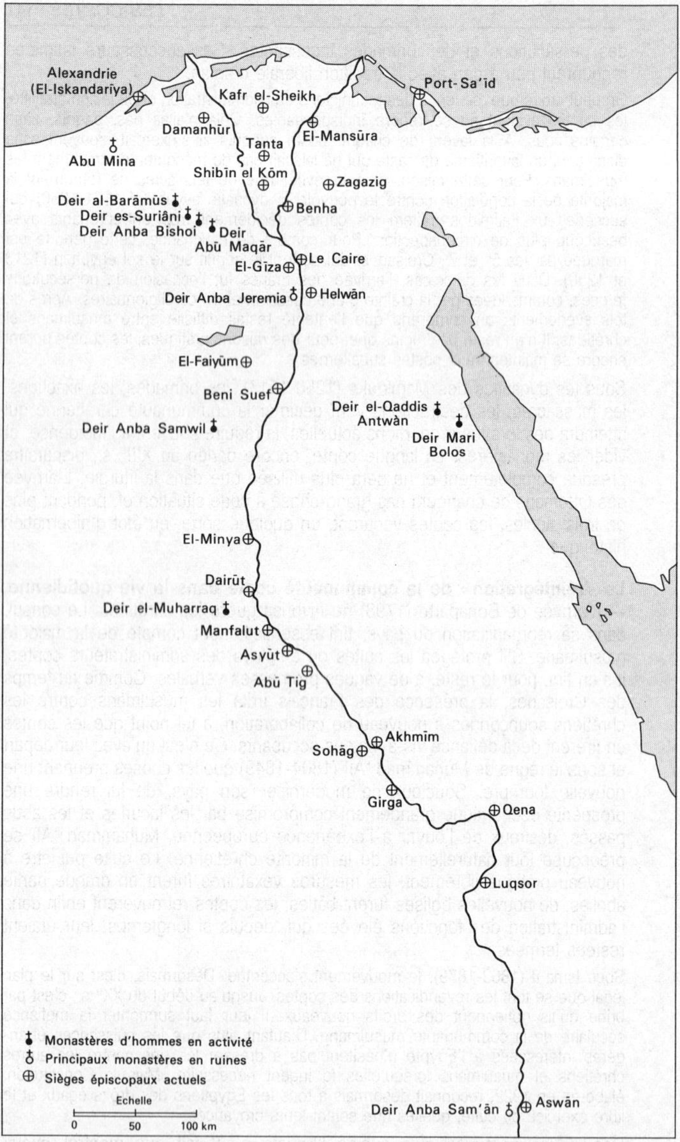

L'Égypte chrétienne.

confiance de leurs compatriotes musulmans, de s'intégrer définitivement à la vie du pays.

L'art copte

Empiétant dans le temps sur les derniers moments de l'art pharaonique et sur les premières réalisations de l'art musulman en Égypte, l'art copte ne prend pas ses sources dans le premier et n'annonce pas le second. Il est le prolongement d'un art gréco-romain local bien assimilé et donc profondément égyptiannisé, sans qu'il faille entendre par là pharaonisé. Ce n'est pas un art hybride, et les courants qui se rencontrent en lui sont un facteur d'unité. C'est un art essentiellement égyptien, qui ne devient strictement chrétien qu'avec la conquête arabe. Ce n'est pas non plus un art à proprement parler populaire : il prend naissance chez ces artisans qui maniaient les formes artistiques de commande aux derniers temps du paganisme et qui adaptèrent celles-ci à leur propre mode d'expression et pour leur usage personnel. C'est donc un art discret, à la mesure de ses aspirations, à la mesure d'une communauté longtemps minoritaire et qui ne fut guère, plus tard, que tolérée ; un art éphémère aussi, comme le fut l'apogée copte durant le haut Moyen Age.

La peinture. — Dès le IIe s. après J.-C., des techniques comme celles des portraits sur bois du Fayyūm, ou des linceuls peints, œuvres païennes fortement hellénisées, laissent présager ce que seront les techniques préférées de l'art copte. Les icônes, les fresques aussi, héritage d'un lointain passé, les tissages, en sont encore les manifestations les plus parlantes et aussi les plus connues.

Les fresques. — Les fresques coptes nous sont parvenues en nombre bien plus restreint que les peintures des tombes pharaoniques. Ces dernières eurent plus à souffrir du temps et du climat que des hommes, alors que ce fut l'inverse pour les fresques coptes. Les églises, les monastères, pillés ou même détruits, n'en gardent, au mieux, que quelques vestiges.

Ce sont donc les bâtiments tôt abandonnés et recouverts par les sables qui offrent d'aventure au fouilleur des ensembles plus ou moins bien conservés. Parmi les plus anciens, on retiendra les fresques des chapelles de l'Exode (IVe s.), de la Paix (VIe s.) à l'oasis de Kharga, et surtout celles du monastère de Bawīt, qui s'échelonnent du VIe au Xe s. Ces dernières révèlent encore une emprise assez forte de l'influence byzantine dans les thèmes comme dans la composition.

C'est dans le traitement que se traduit l'originalité copte : une certaine souplesse qui rend les personnages moins «byzantins», justement, une certaine familiarité aussi, marque d'une foi simple et sans détour.

Après la conquête arabe, et sous l'influence de l'art musulman, la fresque devient plus ornementale, en se chargeant de motifs purement décoratifs. C'est là une évolution générale, qui se manifeste aussi dans les autres domaines de l'art copte. Ce qui frappe toujours dans ces peintures, c'est l'absence quasi totale des dégradés (les plis des vêtements sont indiqués dans la même teinte que le tissu, mais dans un ton soit plus clair, soit plus foncé) et, par contraste, l'effet obtenu par le jeu des grands pans de couleur. Loin d'être rigide comme on l'a dit parfois, la fresque trouve sa souplesse et son harmonie dans un emploi heureux de la ligne droite et des courbes les plus simples.

Les icônes. — Tout cela est vrai pour l'art de l'icône, dont il nous est d'ailleurs parvenu très peu d'exemples pour les époques anciennes. Deux des plus connues, représentant l'une l'évêque Abraham (Berlin), l'autre le Christ protégeant saint Ménas (Louvre), proviennent toutes deux de Bawīt, et traitent le sujet d'une façon comparable à celle des fresques. L'art de l'icône est, en tout cas, celui qui survécut le plus longtemps. On en rencontre jusqu'au XVIIIe s., bien abâtardies. Mais très vite on se contente de les importer en y rajoutant ensuite une suscription en copte ou en arabe.

Les tissus. — C'est dans l'art du tissage que le génie copte s'est à juste titre rendu fameux. On doit rappeler que l'Égypte pharaonique ne savait pas tisser des motifs, qu'elle les brodait ou, plus souvent, les peignait à même la toile : nous avons donc, chez les coptes, une création vraiment originale.

Ce que l'on nomme « tissus coptes », et que l'on présente au public généralement sous forme de carrés ou de rectangles plus ou moins grands, ne sont naturellement que des fragments, ce qui subsiste d'une écharpe, d'une chemise, d'une dalmatique, ou d'une blouse, auxquelles ces motifs servaient d'ornements.

Dès le IVe s., la technique a atteint un niveau très élevé. Les sujets païens, d'inspiration post-hellénique, voisinent tout naturellement avec les premiers motifs chrétiens. Il y a abondance de formes géométriques et de rinceaux végétaux. Dans les exemplaires les plus soignés, on tente de rendre le modelé des corps, ce qui deviendra tout à fait exceptionnel par la suite. On connaît, dans ce style, les fameux médaillons représentant respectivement le dieu Nil et la déesse de la Terre conservés l'un au musée Pouchkine à Moscou, et l'autre à l'Ermitage de Léningrad. Les teintes plates seront presque toujours de rigueur.

On distingue dès le début deux catégories de tissage : monochromes, où le sujet apparaît en noir, violacé ou pourpre sur le fond de la toile ; polychromes, où l'on joue habituellement sur une gamme d'une douzaine de couleurs tout au plus.

Aux Ve et VIe s., les motifs se christianisent, soit par l'introduction de thèmes nouveaux, soit en réinterprétant des sujets de la mythologie païenne dans un sens chrétien. Tout cela n'exclut naturellement pas les motifs profanes. Avec la conquête arabe, on voit apparaître les entrelacs, les motifs plus compliqués.

Il est difficile de savoir si l'art du tissage a survécu longtemps à la conquête. Peut-être doit-on suivre cette technique jusqu'au XIIe s., comme pourraient le faire croire certaines preuves indirectes. L'étude des motifs n'est hélas d'aucun secours dans le domaine de la chronologie, et celle de la technique du tissage trop peu avancée pour fournir des repères précis.

L'architecture. — Une appréciation de l'architecture s'avère délicate en général. En effet, les églises et les monastères encore en usage, par les replâtrages, les modifications, les restaurations, ont souvent perdu la presque totalité de leurs structures les plus anciennes, et ce qui reste date habituellement du Moyen Age. Mais on aurait tort naturellement de négliger les perspectives offertes, par exemple, par les grands monastères dont les formes géométriques, aux angles amollis, surmontées de coupoles, s'intègrent avec un rare bonheur dans le paysage désertique.

Le vestige le plus antique est peut-être la crypte de l'église Saint-Serge, au Caire, dont le plan basilical à trois nefs sera généralement celui des premières églises : celle qui est bâtie dans l'avant-cour du temple de Dendara, celles des couvents Blanc et Rouge de Sohag, toutes des Ve et VIe s. Toute cette architecture religieuse se distingue par une grande abondance de niches.

La sculpture. — On n'aurait garde d'oublier, dans ce domaine, les bas-reliefs, les chapiteaux ouvragés, les frises ornementales que contenaient ces édifices. On y observe un don particulier pour mêler la géométrie stricte à la souplesse des plantes tressées et des animaux bondissants. On est également frappé par les creux profonds de ces sculptures, preuve que les artistes de ce temps surent tirer parti de l'éclairage extrêmement cru du soleil égyptien.

On peut également parler du vitrail, dont la technique semble bien avoir été identique à celle des monuments musulmans postérieurs et qui est encore utilisée de nos jours. Sans véritable souci de la translucidité du verre, on recherchait l'effet par la disposition géométrique des verres épais et multicolores, sertis dans un châssis de plâtre.

La statuaire est presque inexistante. Tout au plus révèle-t-elle une plastique nouvelle du corps. Le nu, traité avec tant de charme par l'antiquité pharaonique, n'y existe guère. Naïve sans doute — et c'est sa qualité — cette sculpture nous heurte par sa rudesse et la maladresse de ses proportions.

L'art copte n'apparaît peut-être pas ainsi très glorieux ni imposant. Ce ne fut pas son ambition. Cela lui fut nuisible : pendant des générations, seuls de graves savants se sont penchés sur ces œuvres. Il a fallu une longue persévérance pour faire admettre l'art copte dont on avait souvent nié l'existence ou simplement l'originalité. Depuis quelques années, le public a eu l'occasion de se familiariser avec lui, mais en dehors des « tissus coptes » qui font l'objet de recherches un peu vaines, il reste grandement mésestimé. Souhaitons que le touriste, au hasard d'une rencontre heureuse sur la terre d'Égypte, apprenne à aimer cet art que tout condamnait à être stérile, et qui sut n'être pas austère.

La littérature copte

L'écriture hiéroglyphique s'était, tant bien que mal, adaptée aux exigences de la langue égyptienne. Elle était hautement inopérante lorsqu'il s'agissait de rendre la vocalisation d'un terme étranger. Les systèmes cursifs issus des hiéroglyphes, le hiératique et le démotique, étaient affligés de la même tare. La conquête d'Alexandre, l'installation d'une administration hellénisée, vont confronter une civilisation sur le déclin dont la pensée, s'exprimant au moyen d'un système d'écriture complexe, se trouve être exclusivement l'apanage d'une élite de plus en plus restreinte, avec une civilisation et une pensée en plein essor, propagées par une écriture simplifiée, accessible au plus grand nombre.

Les débuts de l'écriture copte. — Au IIe s. après J.-C., alors que la vieille civilisation païenne est près de disparaître, que le génie égyptien, essoufflé, n'est plus en mesure de combler le fossé qui sépare l'écriture démotique, figée depuis longtemps, et la langue communément parlée, le désir de donner vie à cette dernière, en l'habillant de l'alphabet grec, naît spontanément. Les

essais isolés que l'on fera de ce système dans les milieux païens, durant quelques décennies, resteront sans portée réelle faute d'une culture spécifique à laquelle il puisse servir de véhicule.
Au cours du IIIe s., après des débuts difficiles, le christianisme s'implante. Pour conquérir une masse populaire qui n'est plus attachée aux vieilles croyances que par le biais de la superstition, le copte se révèle une arme efficace. Son usage, dès lors, se généralise. Ces diverses circonstances ont profondément marqué la littérature (au sens strict) d'expression copte : chrétienne, gnostique ou manichéenne, elle sera presque exclusivement une littérature religieuse.

Contrairement aux écritures antiques (hiéroglyphique et ses cursives) qui codifient le parler d'une intelligentsia, le copte est la langue de « tout le monde » et varie selon les lieux où on le parle. On discerne dès lors en Égypte un certain nombre de dialectes. On en reconnaît actuellement cinq principaux, dont deux vont se disputer successivement le rang de langue littéraire.
C'est tout d'abord le sahidique, dialecte de la région de Thèbes. En effet, la Thébaïde, éloignée des centres de rayonnement de la culture grecque, s'est relativement peu hellénisée. C'est donc dans cette région que le besoin de traduire les textes bibliques se fera d'abord sentir.
Par la suite, essentiellement après la conquête arabe, le rôle prépondérant joué par les moines du wādi Natrūn dans l'élection du patriarche d'Alexandrie fera prévaloir le dialecte de leur région : le bohaïrique. C'est ce parler qui est encore utilisé dans la liturgie contemporaine.

L'image que l'on peut donner de la littérature copte est partielle. Les aléas de la transmission, les fréquents pillages que subirent les monastères et leurs bibliothèques durant les premiers siècles de l'islam, une masse encore considérable d'inédits, bornent arbitrairement nos connaissances. Cette image est également partiale. De tout temps l'effort des savants a surtout porté sur les textes chrétiens. Moins abondants et d'un abord plus malaisé, les textes manichéens et surtout gnostiques commencent seulement à être étudiés comme ils le méritent.

La tradition biblique. — La littérature copte est, à ses débuts, une littérature de traduction où la Bible occupe naturellement une place prépondérante. On ne possède de version complète de l'Ancien Testament dans aucun des dialectes, et ce n'est qu'en juxtaposant des fragments de date et de provenance diverses que l'on a réussi à reconstituer certains des livres qui le composent. Un travail du même ordre a permis, en revanche, de reconstituer une version sahidique intégrale du Nouveau Testament. Le bohaïrique étant actuellement en usage dans la liturgie, les traductions du Nouveau Testament en ce dialecte abondent mais sont généralement d'époque assez tardive.

Il serait vain de juger de la valeur littéraire de ces traductions. Elles sont en tout cas d'une importance considérable pour l'exégèse biblique. Faites à des époques parfois reculées elles révèlent l'existence d'originaux grecs sensiblement plus anciens que ceux qui nous sont parvenus.

Les apocryphes. — La véritable littérature copte commence avec les apocryphes. Libres adaptations du grec ou même œuvres originales, ces écrits, qui abondent en Égypte, font une large place au merveilleux et au fantastique, ce qui explique leur succès auprès d'une population avide de se créer un nouveau folklore.

Aux *Actes des Apôtres,* aux *Évangiles* nouveaux, où les récits de miracles, les paroles et les œuvres dignes d'étonnement tiennent lieu d'enseignement, répondent diverses *Apocalypses,* sortes de « Divine Comédie » avant la lettre, où l'imagination, libérée de la contrainte des dogmes, se complaît en descriptions sulfureuses et bouillonnantes, s'attarde sur les affres de l'Enfer quitte à s'essouffler passablement ensuite en abordant les délices du Paradis. Les vies de saints et de martyrs pullulent. Tout cela forme une « geste » magico-mystique où le prodige devient la pierre de touche de la nouvelle foi.

Dans le même esprit un genre connut une vogue particulière : les apophtegmes. Sorte de petites saynètes ou d'épisodes édifiants, généralement assez courts, ils illustrent une sentence attribuée à tel ou tel moine ou bien y prennent leur prétexte. Témoignages d'un idéal quelque peu stéréotypé de la vie monastique, ces récits, par leur naïveté, la vie qui les anime, nous révèlent aussi une mentalité religieuse surtout attirée par l'aspect concret, visible, si l'on peut dire, du surnaturel.

Ces récits, ces compilations sont généralement anonymes. Ce qui ne veut pas dire que la langue copte n'a pas connu d'auteurs. Les pères, dans leur lutte contre le paganisme, les hérésies, ou pour servir leur effort d'édification et d'instruction, ont plus d'une fois pris la plume. Dans la longue liste qu'on pourrait dresser de ces authentiques écrivains, le nom de Chénouté (1re moitié du Ve s.) se détache d'emblée. Ses épîtres, sermons, discours divers surpassent en quantité et en vigueur ceux de ses collègues. Au travers de ses écrits on discerne une forte personnalité, tyrannique et peu encline aux concessions. Son style plutôt rude, sans fioritures superflues, semble avoir séduit la masse de ses contemporains au point que son monastère fut l'un des plus peuplés de son temps. Batailleur infatigable, champion d'une orthodoxie rigoureuse, on le voit fustiger avec une égale fureur les hérésies qui s'infiltrèrent dans les communautés ou le relâchement des fidèles qui s'oublient au point de bavarder à haute voix durant les offices.

Le romanesque. — Auprès de cette masse d'écrits religieux, les fragments que l'on a de deux compositions romanesques, l'histoire d'Alexandre et le récit de la conquête de l'Égypte par Cambyse, font piètre figure. Cette dernière œuvre, qui se rattache à une veine abondamment exploitée par la littérature démotique, atteste en tout cas la persistance, après plus d'un millénaire, de la nostalgie d'un âge d'or pharaonique à jamais perdu.

Gnosticisme et manichéisme. — En dehors du christianisme, le copte sert encore à véhiculer les doctrines gnostiques et manichéennes. Amalgame de traditions judéo-chrétiennes, iraniennes et autres moins perceptibles, la Gnose donne naissance à d'innombrables sectes dans tout le Proche-Orient. Chacune d'entre elles, variant à l'infini sur l'interprétation au point d'en tirer des attitudes parfois radicalement opposées, reste cependant fidèle, pour l'essentiel, au fond de la doctrine. De celle-ci on ne connaissait, jusqu'à une époque récente, que ce que voulaient bien nous en dire ses détracteurs. En 1945 une découverte fortuite mettait au jour une bibliothèque complète de manuscrits gnostiques, les seuls actuellement connus, si l'on excepte deux *codex* (d'ailleurs incomplets) depuis longtemps conservés en Europe. Ces textes jettent une meilleure lumière sur ce qu'on n'avait fait qu'entrevoir.

On peut, en simplifiant beaucoup, en extraire le schéma suivant : Sophia, la Sagesse, ultime émanation d'un être suprême pur esprit et tout de lumière, s'éprit un jour de la matière. Elle engendra, à l'insu de son père, un être qui, à son tour, créa le monde où nous vivons. Ce démiurge, explicitement identifié au Dieu de la Genèse, inconscient, dans une large mesure, de la présence en sa personne de cette lumière qu'il avait reçue de sa mère, en usa inconsidérément pour animer les êtres humains. Ainsi emprisonnée dans la matière, elle languit après le monde auquel elle fut soustraite et aspire à y revenir. Chacun devra donc, par le mépris affiché des biens de ce monde, permettre à son étincelle de réintégrer son univers. Un tel bonheur ne pouvait cependant échoir qu'à ceux ayant tout le Savoir nécessaire, la Gnose, concernant les origines divines de l'homme. Dans cette perspective, l'Ancien Testament n'était qu'un écrit inspiré par un démiurge ignorant et imparfait destiné à maintenir abusivement les hommes en son pouvoir, tandis que le Christ, dépêché par le Dieu de lumière, avait eu pour mission de révéler la Gnose à quelques élus.

Mani (milieu du IIIe s.) s'inspira très largement de cette doctrine en la systématisant, à un moment où le gnosticisme perdait déjà pied devant le christianisme. Les écrits manichéens sont rares et les plus anciens d'entre eux sont justement rédigés en copte.

On aura remarqué l'ancienneté relative de tous les textes coptes. A partir du Xe s., en effet, l'arabe devient la langue la plus communément parlée en Égypte. Dès le XIIIe s., la création littéraire originale s'est tarie : on ne s'attachera plus guère qu'à vivre sur l'acquis des siècles passés. Peut-on d'ailleurs parler de création littéraire? Ayant moins servi à traduire un sentiment esthétique qu'une profonde conviction intérieure, la langue copte eut toujours en vue le but immédiat : transmettre, propager, conserver. Littérature essentiellement militante, voilà ce qu'elle paraît être pour nous qui, en fin de compte, en ignorons beaucoup. Jamais, peut-on croire, une langue ne fut à ce point liée à une idée attachée à la servir.

L'Égypte musulmane

L'art

L'histoire de l'art musulman, en Égypte, est inséparable des vicissitudes politiques, dont les grandes divisions correspondent à des conceptions d'art assez variées et très caractéristiques. Dans aucune civilisation peut-être, les transformations n'ont été aussi brusques : chaque dynastie a marqué de son empreinte personnelle les institutions du pays et a réagi sur les formes architecturales. La ville du Caire est sans contredit la plus riche de tout l'islam en monuments d'art. Le faste proverbial des souverains, qui provoqua l'étonnement des écrivains arabes, les amena à doter leur capitale de mosquées splendides et de palais somptueux. Les demeures des monarques étaient aménagées avec un luxe dont les collections des musées ne donnent qu'une très faible idée, comparativement aux descriptions enthousiastes des historiens.

Les débuts de l'art islamique

L'héritage de l'Égypte copte. — En s'établissant en Égypte, les Arabes ont, au début, changé peu de chose, et ce n'est que lentement, suivant les circonstances, qu'ils firent subir au pays les modifications reconnues indispensables.

Dans toutes les branches de l'art, les artisans de la période archaïque de l'islam continuèrent à demander des idées aux civilisations antiques. Ce n'était pas d'hier qu'ils avaient hérité de Byzance et de l'Iran le goût de la beauté. L'art de l'Égypte chrétienne, et l'islam n'y changea rien, est notamment imprégné d'influences sassanides. Il n'empêche que l'Égypte musulmane assimila ces emprunts et réussit à créer un style, sans doute imbu de réminiscences tirées du dehors, procurées par le passé traditionnel sassanide et byzantin ; il se combina avec la volonté de ceux qui firent les commandes, et avec l'apport des artisans, dont les migrations furent extrêmement fréquentes. De ces sources complexes naquit un art cohérent, sous une direction d'orchestre uniforme.

L'islam a dirigé dans un sens déterminé des instincts décoratifs qui auraient eu d'autres destinées. Les musulmans n'ont peut-être pas apporté, d'une façon rapidement perceptible, des motifs originaux d'ornementation, mais ils ont fait passer dans les œuvres artistiques l'âme de l'islam, par des combinaisons nouvelles des anciennes formules, par des répartitions inédites, toujours plus savantes, toujours plus compliquées, sans cesser d'être harmonieuses.

L'estampille officielle. — C'est, si l'on peut ainsi la qualifier, l'introduction de l'alphabet arabe comme élément décoratif. Il y a là, au départ, une signification religieuse, une volonté touchante de consacrer à Dieu, non seulement les édifices qui servent à lui rendre hommage, mais encore, par une manifestation plus étendue, de lui vouer ce qui constitue le décor de la vie. L'écriture arabe n'est d'ailleurs pas le moindre attrait des monuments et des objets d'art musulman ; elle concourt, au même titre que les entrelacs et les rinceaux, à former de gracieux ensembles. On est charmé, on est séduit par l'élégance des caractères, sans qu'il soit nécessaire de faire appel à l'intelligence et au savoir pour en savourer la beauté.

Pour les débuts, c'est donc par la présence de l'écriture arabe sur un objet, pourvu encore d'une décoration byzantine ou sassanide, que nous pourrons l'attribuer à la famille islamique. L'Égypte peut s'enorgueillir de ses sculpteurs sur bois, et ces artistes ont gardé leur maîtrise jusqu'au XVIe s., évoluant dans leur système décoratif avec une habile souplesse suivant le goût à la mode. Le pays fut, de toute antiquité, très pauvre en bois, et la rareté même de cette matière poussa probablement les artisans locaux à l'ouvrager à la manière d'un métal précieux. Certains bois sculptés montrent qu'il est malaisé de faire le point de départ entre le VIe et le VIIIe s., car ils sont décorés de motifs hellénistiques et sassanides.

L'Égypte a possédé aussi un art textile fort développé, et, dans tout l'Orient musulman, on estimait particulièrement les tissus d'Égypte, qu'on appelait des *kabati,* des « coptes », probablement parce que les ouvriers des ateliers de tissage restèrent très longtemps, en majorité, des coptes, c'est-à-dire des chrétiens.

L'art des Ṭūlūnides

Le cadre historique. — Le transfert du califat de la famille omeyyade à celle des 'Abassides ne fut pas simplement un changement dynastique. La capitale de l'empire passa de Damas à Bagdad. Cinquante ans après l'avènement de cette souveraineté mésopotamienne, la composition de l'armée est modifiée par l'afflux d'esclaves turcs, recrutés en Asie centrale. Ces mercenaires parviennent rapidement aux grades supérieurs et leur influence devient prépondérante au point que, dès lors, les Arabes sont éliminés.

L'Égypte va y trouver une autonomie relative. Un officier turc, Aḥmad ibn-Ṭūlūn, chargé de gouverner la province égyptienne au nom d'un apanagiste de Bagdad, réussit à se constituer une armée et se déclara indépendant du califat. Le pouvoir califien, aux prises avec des complications causées par des révoltes sociales en Mésopotamie et par l'ambition de princes persans, n'eut pas la force de résister. Toutefois, il considéra Ibn Ṭūlūn comme un rebelle, et seul le fils de ce dernier put traiter de son indépendance moyennant un tribut.

L'art puissant d'un régime fort. — La période ṭūlūnide est plus importante pour l'économie nationale que sur le plan politique. Le fait le plus concret, c'est que le versement au Trésor califien fut d'abord supprimé, puis très diminué, et que l'argent ne sortant plus du pays sans contrepartie, le bien-être de la population ne pouvait que s'améliorer.

Le nouvel État recueillit un double bénéfice du réaménagement financier. D'abord, une immense popularité, car les impôts furent allégés. En second lieu, Ibn Ṭūlūn put fonder une capitale : il en subsiste un des joyaux, la grandiose et austère mosquée proche de la Citadelle, symbole d'un art sobre et vigoureux et d'un premier et brillant effort, l'autonomie nationale.

Les tissus d'Égypte procurent, dès le IXe s., des figures humaines et des animaux dans un style vigoureux, où parfois le violent contraste des coloris prétend rappeler les défoncements profonds qui caractérisent la sculpture sur bois de la même époque. Les thèmes décoratifs, traités avec robustesse et vigueur, consistent en tresses, torsades, spirales, encadrant parfois des oiseaux et des quadrupèdes, qui ne sont pas dessinés sans une certaine brutalité d'expression : les artistes ne recherchent pas la grâce, mais la force. Ces tapisseries, d'une puissance extrême et d'une majesté un peu hautaine, laissent une impression de sévère grandeur et d'incisive netteté. Le penchant des artistes ṭūlūnides les pousse à voir, en quelque sorte, plus grand que nature.

Le fils d'Ibn Ṭūlūn fit agrandir le palais que son père avait fondé près de sa mosquée. Un pavillon nouveau, qu'on appelait la Maison Dorée, possédait sur ses murs des décorations sculptées, où se mêlaient les teintes d'or et de lapis et où les motifs étaient répartis d'une façon exquise. Des statues en bois peint s'accrochaient aux murailles. Elles représentaient les favorites et les chanteuses de la Cour. Leurs têtes étaient ceintes de turbans incrustés de pierres fines, que surmontaient des diadèmes en or pur, et leurs oreilles étaient munies de lourdes pendeloques. Sur leurs corps étaient peintes les robes les plus somptueuses.

L'Égypte fatimide

Un souffle nouveau. — L'avènement de la dynastie fatimide sort de la banalité, et il ne semble pas que nous connaissions un autre exemple de changement de gouvernement aussi brusque que pacifique. Sans doute, plusieurs invasions avaient été tentées sans succès contre le territoire égyptien, mais après leur échec, les Fatimides aimèrent mieux s'en remettre à la propagande.

Et c'est ainsi qu'au moment décisif, une armée formidable, venant de l'Occident — fait unique jusque-là dans toute l'histoire de l'Égypte —, s'empare du pays sans rencontrer de résistance; on dirait qu'elle vient occuper un domaine vacant. Du rang d'une colonie, l'Égypte passe à celui d'un État indépendant, mais ses maîtres sont shi'ites et un schisme s'installe dans la vallée du Nil. Nous avons donc plus d'une raison pour évoquer ici l'époque si attachante d'El-Amarna, dissidente au point de vue religieux, qui fit progresser dans l'art le « sens de l'humanité ». A l'exemple des disciples d'Aton, les califes fatimides donnèrent à leur Cour une forte impulsion artistique; comme eux, ils eurent besoin d'une nouvelle résidence royale et fondèrent Le Caire.

Le luxe au service du prestige. — Les monarques du Moyen Age ont toujours aimé l'apparat, la pompe et les cérémonies grandioses : en costumes voyants, avec un défilé de courtisans, vêtus de soie et d'or. C'est un luxe qui semble bien caractériser la dynastie fatimide en Égypte, qui vit avec un cérémonial rigide et une infinie complication d'étiquette. Tout était prétexte à de splendides processions et des cortèges somptueux défilaient à travers des rues merveilleusement parées.

Devant le calife s'avançaient dix mille hommes conduisant par la bride des chevaux de main, précédés de gens qui sonnaient du clairon, battaient du tambour et faisaient résonner de grandes trompettes. Le souverain, monté sur une mule, était revêtu d'une robe blanche que recouvrait une tunique ample et longue. Il était entouré de sa garde, en costume de brocart. Un parasol protégeait sa tête, ornée avec magnificence de pierres précieuses et de perles. A droite et à gauche, cheminaient des serviteurs portant des cassolettes dans lesquelles brûlaient de l'ambre et de l'aloès. La coutume voulait qu'à l'approche du calife le peuple se prosternât la face contre terre.

Cette majesté extérieure servait au prestige de la dynastie, non pas seulement à cause de son éclat apparent, mais par son originalité politique. Les Fatimides s'étaient posés en anticalifes et, suivant les errements du parti carmathe, auquel ils devaient le trône, ils soignaient leur popularité. Comme, d'autre part, le trait distinctif du régime est la prépondérance du pouvoir civil sur la puissance militaire, la minorité chrétienne va être associée à la vie de l'État.

Nous possédons la description des merveilles qui constituaient le Trésor de ces fastueux souverains : des pierreries d'une valeur inestimable, des bijoux d'or et d'argent, d'innombrables récipients en cristal de roche, des boîtes en bois précieux, des armes, des pièces de céramique, des tissus somptueux en lin ou en soie, beaucoup brochés d'or, des tapis, enfin la plus belle bibliothèque qui existât à cette époque dans le monde musulman. Ainsi, les Fatimides ont été les inspirateurs d'un art qui, tout en suivant les vieilles traditions, créa des formes originales.

La mosquée. — Les mosquées fatimides ont subsisté assez nombreuses et, à des titres divers, les mosquées Al-Azhar, d'Al-Ḥākim, Al-Aqmar, de Ṣāliḥ Talay suscitent l'admiration.

Dans l'ensemble, les Fatimides ont conservé le plan de la mosquée à portiques. S'il ne s'impose pas du premier coup d'œil à Al-Azhar, c'est parce que des constructions postérieures sont venues s'annexer à l'édifice primitif. C'est dans certains de ces monuments que nous voyons apparaître l'usage de la pierre taillée comme matériau de construction.

A la mosquée Al-Aqmar, toute la façade est en pierre : l'ornementation en est d'ailleurs remarquable. On y voit une magnifique rosace à claire-voie dans le fond d'une niche en forme de coquille et à côtes rayonnantes ; à droite et à gauche se trouve une autre niche à fond plat et à arc persan. Au-dessous de ces niches se trouvent des stalactites, premier exemple d'une ornementation qui se généralisera sous les sultans mamlouks.

Les Fatimides créèrent en outre un édifice original, le monument commémoratif élevé au-dessus des tombes des principaux membres de la famille du calife ‘Ali, le mashhad. Nous décrirons le plan de celui de Sayyeda Ruqayya : on pénètre dans une cour, et de là dans un riwāq à trois arcades, celle du centre plus large que les deux autres ; ces trois arcades nous introduisent dans trois salles, qui pouvaient toutes trois être pourvues d'un miḥrāb. La salle centrale est recouverte d'une coupole ; nous voyons apparaître ainsi la coupole funéraire ; ces sortes de coupoles resteront, jusqu'à l'époque ottomane, l'indice extérieur d'un monument funéraire.

Une architecture militaire inattendue. — Ne négligeons pas la muraille d'enceinte dont le puissant vizir Badr Gamali dota la capitale. Trois portes monumentales ont subsisté, deux au nord, Bab en-Nasṛ et Bab al-Futūh, la « porte de l'assistance divine » et la « porte des conquêtes », l'autre au sud, Bab Zuwayla. Une notable partie du rempart existe encore au nord-est de l'ancienne ville, pourvue sur son parcours d'un chemin de ronde, protégée de place en place par des ouvrages défensifs comportant des logements pour des gardes.

Cette enceinte de pierre ainsi que les portes font apparaître une technique parfaite et bien différente des constructions contemporaines. Selon une tradition arabe, les trois portes auraient été construites sous la direction de trois frères chrétiens, originaires d'Édesse. Elles évoquent des portes romaines, Bab en-Naṣr surtout, avec ses saillants carrés en pierre d'appareil, ses moulures et ses modillons, qui rappellent la décoration classique. L'impression de tout cet ensemble est saisissante : on est transporté dans une puissante forteresse de la féodalité européenne. Les blocs des voûtes ont été taillés avec un soin méticuleux et ils sont encastrés les uns dans les autres de manière à défier l'usure du temps. C'est véritablement un échantillonnage de voûtes : voûtes en plein cintre, voûtes d'arêtes, voûtes en berceau, coupoles sur pendentifs, voûtes à moulures multiples ; certaines meurtrières sont terminées par une pierre élégamment taillée en tronc de cône, et l'on peut voir un escalier en spirale s'enroulant autour d'un pilier.

La décoration sculptée. — La période fatimide offre des chaires qui présentent une décoration géométrique étourdissante, œuvrée avec une sûreté de technique qui ne sera plus égalée. Celles des mosquées de Qus, en Haute-Égypte, du Sinaï, du Haram d'Hébron, le miḥrāb de Sayyeda Ruqqaya, au Caire, ont été justement admirées. Les surfaces à décorer ne sont pas d'un même tenant, mais sont formées d'une série de petits panneaux de figures variées, sculptés avec amour, comme s'ils n'avaient pas de rôle à jouer dans l'ensemble. Les carrés, les losanges, les trapèzes et les étoiles s'imbriquent les uns dans les autres et pourraient s'agencer d'une façon différente sans nuire à l'effet général.

En face d'eux, le spectateur peut, à sa convenance, ou d'après le point où son œil s'est fixé, combiner des figures dont les éléments appartiennent encore à d'autres systèmes. En somme, l'ensemble ne forme jamais une synthèse et, pour le goûter pleinement, il faut en analyser les articulations, ce qui n'empêche pas de se laisser aller à une douce rêverie à laquelle nous poussent irrésistiblement les méandres les plus capricieux.

A côté de cette ornementation géométrique, il faut s'arrêter un moment aux bois sculptés qui, au musée d'Art islamique, proviennent du Palais des califes fatimides. Ces boiseries, justement célèbres, offrent, dans des compartiments, une collection de scènes qui voisinent d'une façon originale : chasses, séances de musique, de danse, de beuveries.

Les artistes qui les ont imaginées n'ont pas abandonné leur besoin d'équilibre et de jalonnement méthodique. Certains médaillons procurent même des groupes de bêtes affrontées, les unes figées dans des postures d'un beau calme, mais la plupart sont traitées avec un sens aigu du mouvement. Le rythme général est constant, avec l'alternance de petits polygones et d'hexagones oblongs. Ce contraste de la répartition va de pair avec l'harmonie des figurations qui se répètent symétriquement à droite et à gauche d'une scène centrale. La décoration, méplate, se développe sur deux plans : petits personnages, animaux et oiseaux, s'enlèvent sur un fond de rinceaux et de feuilles trilobées au relief moins accentué. Chacune des scènes dialoguées est doublement isolée par son cadre et par les animaux qui les flanquent. Leur diversité est un charme de plus : ce sont, dans l'ensemble, les représentations des divers incidents qui pouvaient meubler la journée du monarque.

En regardant ces extraordinaires merveilles, il convient par l'imagination de les situer dans leur emplacement original et ne pas y voir des panneaux découpés au petit bonheur pour être installés au mur d'un musée. Citons, au hasard, un flûtiste assis et un tambourinaire dansant, un luthiste, une danseuse : cette dernière se livre à son art avec frénésie ; elle est toute proche de la détente finale et semble poussée par un irrésistible besoin de danser. Ces bois, d'une sobriété très étudiée, sont des chefs-d'œuvre de la silhouette, pour laquelle le fini d'un drapé n'était pas concevable. Ce qu'il faut admirer, c'est la simplicité des procédés par lesquels ces sculpteurs ont évoqué devant nous deux pas de danse d'une intense vivacité.

La peinture. — Nous connaissons par un écrivain arabe la présence, au XIe s., au Caire, de peintres originaires de Bassora, qui eurent des élèves en Égypte. Leurs productions ont émerveillé les contemporains, fascinés par leur habileté technique qui donnait à leurs tableaux l'illusion du relief et du creux. Dans un belvédère du Vieux-Caire, un calife fatimide avait fait peindre les portraits des poètes célèbres. Cette école de peintres subsista en Égypte, puisque des fresques furent peintes dans certaines églises coptes aux XIe et XIIe s. Ces renseignements sont suffisants pour permettre d'apprécier à leur valeur les fresques découvertes au Vieux-Caire, chefs-d'œuvre appartenant à cette période fatimide qui n'a pas fini d'exciter notre enthousiasme.

Nous possédons un personnage en entier, d'une hauteur de 60 centimètres. Il s'agit d'un jeune homme assis les jambes repliées sous lui. Son visage est inscrit dans un cercle rouge parfait et est tourné de trois quarts à droite. Les yeux fixés au lointain donnent à sa physionomie un air assez candide, plein d'innocence et de fraîcheur, qu'accentue encore l'aspect un peu bouffi des joues. Sa tête se détache sur un nimbe, et ce jeune homme imberbe est vêtu d'une robe à fleurs rouges. Un large ruban sort de dessous ses bras, rappelant la mode des fanons sassanides.

L'orfèvrerie. — De fines pièces en cristal de roche étaient taillées au Caire sous les Fatimides : leur Trésor en contenait une grande quantité. La pièce la plus célèbre est l'aiguière conservée au Trésor de Saint-Marc, à Venise : elle est dédiée au calife Al-'Azīz, mort en 996 ; elle est ornée de deux lions accroupis et affrontés. On possède de la même période d'autres aiguières, des vases, des coupes, des flacons, en cristal uni sans décor, ou agrémentés de rinceaux et d'animaux.

L'art de cette époque a laissé un nombre appréciable de petits animaux en bronze : des lions, des cerfs, des chevaux, des lièvres, des paons, à l'aspect naïf et barbare. Une œuvre remarquable se signale par sa taille (un mètre de hauteur)) : le griffon conservé au Campanile de Pise.

Les étoffes. — Au rebours des tisseurs ṭūlūnides, les dessinateurs sur étoffes de la période fatimide sont d'exquis miniaturistes qui, d'un trait fin et délié, silhouettent sans s'appesantir des processions d'oisillons solennels et de lièvres folâtres. Ce sont des centaines de pièces que les fouilles ont fait retrouver. Nous devons insister sur ces étoffes, car le musée d'Art islamique peut être fier aujourd'hui d'en abriter une inestimable collection. L'analyse la plus subtile ne saurait rendre compte de ces pièces, témoignage d'un sens artistique très averti.

Nous y trouvons une puissance prodigieuse de la couleur, car il semble que la polychromie veuille dépasser la complication du décor. Les teintes de certaines d'entre elles sont tellement vivaces qu'une sorte de clarté sereine subsiste après que nous ayons cessé de les contempler. On ne pourrait envisager des accords plus harmonieux, dans une atmosphère où domine l'or. Par ailleurs, les bandeaux des étoffes fatimides sont aussi admirables par la richesse et la variété de la palette que par la diversité des combinaisons ornementales. De ce lot, ne mentionnons qu'une seule pièce, qui vaut par sa qualité, ses dimensions (plus d'un mètre de large), et constitue le plus beau spécimen de l'art du tissage au XIe s. : deux lignes adossées en lettres coufiques majestueuses en soie argent, au nom du calife Al-Ḥākim (996 1021), bordées d'une frise d'oiseaux bleus, jaunes et rouges, affrontés.

La céramique. — Dans le domaine de la faïence à l'époque des Fatimides, il est important de ne pas négliger l'appréciation d'un voyageur persan : « On fabrique en Égypte de la faïence de toute espèce ; elle est si fine et si diaphane que l'on peut voir, à travers les parois d'un vase, la main appliquée à l'extérieur. On fait des bols, des tasses, des assiettes et autres ustensiles. On les décore avec des couleurs dont les nuances changent selon la position que l'on donne au vase. » En fait, ces céramiques sont des pièces exquises. L'ornementation florale y est très abondante, tandis que l'animal ou l'être humain, souvent isolé, remplira le fond d'un plat, ou bien en formera le centre, entouré de rinceaux et d'entrelacs. C'est le règne de la faïence à reflets métalliques, procurant des changements de couleurs qui provoquèrent l'enthousiasme de notre voyageur persan. L'aspect des pièces est toujours d'une souplesse très libre : grands vases à panses volumineuses ou coupes profondes en forme de cratère. Les décorations humaines y sont fréquentes : personnages en pleine action, danseurs, musiciens, buveurs, femmes gracieuses.

Les peintres de cette période possédaient tous les secrets de leur métier. Tel joueur de mandoline, que l'on peut voir au musée d'Art islamique, s'est comme insinué au fond d'un plat ; pour occuper moins de place, il s'est pelotonné en boule, et le rebord du plat semble l'avoir contraint à incliner la tête. Son visage est grave, avec une expression mélancolique et rêveuse à laquelle sa bouche en accolade n'est pas étrangère. Ce musicien paraît ensorcelé par la mélodie qui s'échappe de son instrument, et ses doigts effleurent les cordes d'une façon distraite.

Les Ayyūbides

Une institution nouvelle : la madrasa. — A partir de Saladin, qui se préoccupe sans doute d'installer sa famille en Égypte, s'élabore un programme dont il convient de lui faire hommage et pour le succès duquel l'Égypte aura été au premier rang : régénérer la doctrine sunnite et chasser les Croisés. Le sunnisme va être rétabli grâce à une organisation nouvelle créée en Perse, la madrasa, le collège religieux. Cette institution, soigneusement surveillée, permettra d'avoir des professeurs dévoués et formera tous les fonctionnaires. On voit donc l'importance politique de ces établissements qu'on fonde un peu partout, en Syrie comme sur le sol égyptien.

De l'inscription de fondation de la première madrasa, datant de 1180, nous extrayons les lignes suivantes : « Il a été construit à l'usage des juristes disciples de Shafi'i, caractérisés par une ferme base doctrinale, unifiée selon la méthode d'Ash'ari, à l'encontre des vains raisonneurs et des novateurs. » C'était précisément pour faire disparaître les opinions des shi'ites que Saladin avait fait édifier ce collège ! Mais déjà, deux ans auparavant, il avait fait restaurer le monument qui servait de sépulture à ce fondateur de rite, qu'il dotait d'un magnifique cénotaphe. Chacune des faces de cette pièce remarquable contient un assemblage de larges filets, disposés de façon à ménager les figures géométriques les plus variées : les petits panneaux de remplissage contiennent une fine décoration florale, aux tiges fendues et aux feuilles ornées de nervures. Les compositions, toujours symétriques, sont parfois traversées de bandeaux en forme d'étoiles, de trèfles, ornés de perles. Le grand Saladin y vit un chef-d'œuvre, puisqu'il permit au maître menuisier, Ibn Ma'ali, de le signer.

Incrustations et damasquinage. — Avec ces deux idées en tête, extirper le chi'isme et bouter les Croisés, on l'a remarqué, « l'art proprement dit, surtout les arts mineurs, qui sont des arts de luxe et d'agrément, restent au second plan ». Insistons pourtant sur les cuivres incrustés d'or et d'argent, dont beaucoup portent les noms de princes ayyūbides et présentent une décoration de scènes de chasse ou de danse, ou même d'épisodes empruntés au Nouveau Testament.

En effet, il est permis de supposer que la plupart de ces pièces, lesquelles portent souvent le nom d'un artisan de Mossoul, étaient nées dans un milieu chrétien chaldéen, mais nous n'en devons pas moins signaler que les descendants de Saladin acceptaient de voir leurs noms gravés autour de représentations de l'iconographie chrétienne.
Deux mots sur le damasquinage. Il pouvait consister « dans le fixage d'un fil d'or ou d'argent, dans une rainure faite sur le métal à incruster : l'habile ouvrier laissait souvent ce fil en fort relief surgir sur le fond et formait ainsi une espèce de cloisonné ». Dans certains cas, « après avoir gravé en taille le dessin qui devait être incrusté, l'artisan levait de petites encoches, au burin, sur les bords et le fond du creux, pour retenir le fil de métal d'or ou d'argent, lequel était alors fixé au marteau, qui le faisait pénétrer de force dans les encoches ».

L'Égypte des Mamlouks

La « grande époque » de l'Égypte musulmane. — La période mamlouke est, sans contredit, la plus brillante de l'histoire de l'Égypte médiévale. Le souverain est, il ne faut pas l'oublier, une sorte de chef de bande, mais il est prévu comme tel par la doctrine de l'organisation de l'État. Comme ses anciens pairs, il a débuté comme esclave, condition légale elle aussi. Ces mercenaires, montés sur le trône d'Égypte, devenu le trône de l'islam, se montrèrent en fait les dignes héritiers des grands monarques de race : il suffirait à leur gloire d'avoir lancé une grande idée, celle de l'empire coïncidant avec celle d'islam.

Les Mamlouks sont des parvenus, sans doute, mais ils n'en ont pas les petitesses. Bien mieux, dégagés de tout préjugé par leur origine servile, ils eurent toutes les audaces : quelques-uns furent des souverains de premier ordre. On ne méditera jamais assez cette splendide réflexion de Gobineau : « Au Caire, le souvenir des Mamlouks domine tout, ils ont fait tant de choses, tant fondé de monuments, de si solides et de si beaux. Esclaves hier, les Mamlouks, une fois leur sabre au côté et le droit de commander dans la main, semblent ne plus avoir eu une seule pensée qui fût petite. »

Durant l'époque des sultans mamlouks, qui s'étend de 1250 à 1517, on vit surgir les édifices les plus divers, dont quelques-uns subsistent pour susciter notre admiration. C'est alors que sont fondés des collèges, madrasa, des hôpitaux, maristān, des hospices, ribat, des couvents, khanqāh, des caravansérails, funduq, khān ou wikāla, des fontaines publiques, sabīl, et des écoles primaires, kuttāb.

Les fondations pieuses. — Sous les sultans mamlouks, les monuments se multiplient donc d'une façon fabuleuse, et certains abritent des institutions nouvelles.

Cette période procure notamment des édifices en excellent état de conservation mais, quelle que soit leur destination, ceux-ci sont conçus sur le même modèle : une cour centrale et carrée, flanquée de quatre iwāns voûtés en berceau, celui de la qibla étant plus profond ; l'édifice a donc, vu à l'intérieur, l'apparence d'une croix ; de l'extérieur le plan reste carré, car, entre les branches de la croix se trouvent les dépendances de la madrasa, soit les logements des professeurs et des étudiants de chacun des quatre rites. Au XVe s., au lieu d'être voûtés en berceau, les iwāns sont recouverts d'une toiture plate ; de son côté, la cour centrale, en ce cas de proportions modestes, est abritée par un auvent sur chacune de ses quatre faces, ménageant au centre une ouverture pour la lumière.

Les couvents se multiplièrent sous les Mamlouks et, selon un voyageur marocain qui passa au Caire dans le premier quart du XIVe s., « les émirs de la capitale cherchaient à se surpasser les uns les autres en construisant ces édifices». Le plus ancien couvent, en parfait état, est celui du sultan Baybars II, fondé en 1310 : son aspect intérieur fait songer à un plan cruciforme déformé, où les iwāns latéraux sont remplacés par des étages de cellules.

Ces pieuses institutions, mosquées ou couvents, avaient également une portée charitable, car les dotations des établissements religieux permettaient des distributions de vivres et de vêtements.

Mais l'œuvre pie par excellence, dans l'Orient musulman, ce fut la fondation d'une fontaine publique. Ces fontaines furent d'abord annexées à d'autres édifices, aux madrasas notamment, comme l'étaient déjà les tombeaux. Ce n'est que sous Qāytbāy, dans le dernier quart du XVe s., que la fontaine vécut dans une certaine indépendance, en ce sens qu'elle fut installée au rez-de-chaussée d'un immeuble, dont le premier étage fut occupé par une école primaire.

Puissance et virtuosité du style. — De tous les monuments du XIVe s., au Caire, il en est donc un qui frappe par sa masse imposante et son aspect grandiose : la madrasa du sultan Haṣan est l'édifice le plus typique de la capitale égyptienne, celui qui nous révèle la personnalité hardie d'un architecte, qui ne s'écarte pourtant pas du plan commun des madrasas.

Nous croyons voir une forteresse cubique, à l'aspect sévère, ce qui contraste avec les proportions aérées de l'intérieur. La personnalité de l'artiste se découvre en beaucoup de détails de la décoration : l'harmonie un peu austère des marbres polychromes du pavement de la cour, le splendide bandeau de rinceaux sur stuc, d'où se détache une inscription kufique d'un style si particulier, la discrétion et le réalisme des décors floraux de la salle du tombeau. En somme, la madrasa du sultan Haṣan est le seul monument du Caire qui allie la puissance de l'effet général à l'extrême délicatesse du décor.

Sous le règne de Qāytbāy (1468-1495), un style homogène va naître, dans lequel les anciennes influences se sont fondues, sous l'autorité vigilante du sultan. On peut donc en toute justice lui faire hommage de ce style nouveau, harmonieux dans ses proportions, gracieux dans sa décoration : les assises alternées des pierres blanches et rouges donnent à ses édifices une physionomie souriante et élégante.

La fin du XVe s. égyptien représente le bel âge de la virtuosité. Les parois sont somptueusement décorées, avec une coquetterie appuyée et un grand effort de séduction. Mais, par exemple, le motif des grandes dalles circulaires tangentes, si heureux dans les pavements, fait sourire sur les murs, évoquant un jeu de cerceaux dans les mains d'un jongleur. Le style Qāytbāy représente la plus belle manifestation de l'art flamboyant.

Au moment où arrive le XVIe s., nous nous trouvons en présence d'une noblesse déchue et l'art ne connaît que de pâles redites. L'habileté indéniable, mais conventionnelle, des artisans montre leur connaissance des procédés plus que leur génie d'invention. La richesse de l'ornementation, qui n'est pas sans afféterie ni mièvrerie, semble un luxe d'emprunt. Somme toute, les artistes de cette courte période du XVIe s. semblent avoir eu tendance à ajouter à un décor déjà tapissant et ignorent l'art des sacrifices.

Les monuments funéraires. — Ils se multiplient, tant dans la ville même qu'au nord (tombeaux des califes) et au sud du Caire (tombeaux de Mamlouks), s'associant à toutes les formes d'édifices, mosquées, collèges ou couvents.

La partie strictement funéraire du monument est toujours formée d'un cube surmonté d'une coupole, suivant le modèle adopté en Égypte depuis les Fatimides. De loin, on aperçoit l'élégant minaret à trois étages : la base est carrée ; un second étage octogone est couronné d'un balcon et, sur les huit faces, on trouve alternativement un décor de petites fenêtres et de fausses baies ; la partie supérieure est cylindrique. La tour est surmontée d'une lanterne octogonale, qui porte un bulbe de formes variables, au-dessus duquel se dresse un croissant.

A côté de la forêt de minarets du Caire, le spectateur qui contemple la ville du haut de la Citadelle est frappé du grand nombre des coupoles, dont les formes et les décors extérieurs sont d'une extrême variété : il en est de lisses, d'autres sont à côtes de melon, d'autres enfin sont recouvertes d'un motif à dents de scie ou d'une broderie d'arabesques sculptées en relief et que viennent parfois ponctuer de gros cabochons en faïence.

On pénètre dans chacun de ces monuments par un portail géant, dont la niche, d'une profondeur prononcée, est couronnée par un encorbellement en stalactites. A l'intérieur, le sol et les murs sont décorés de placages de marbres polychromes qui, sur les murs, alternent parfois avec des arabesques ou des inscriptions carrées en mosaïque. Les arcs des colonnades, des portes, des riwāqs, sont du type bigarré, avec alternance du blanc et du rouge, ou du blanc et du noir.

Les arcs des portes attirent surtout l'attention : ils sont constitués par des joints brisés, ou même festonnés, en pierres de couleur ; chaque claveau de nuance foncée s'emboîte dans un claveau de couleur claire ; ce festonnage est d'ailleurs superficiel, simple placage sous lequel se trouvent les véritables claveaux, droits et normaux à la courbe de l'arc. Ces sortes de joints surmontent aussi les arcs des miḥrābs, qui sont également d'une grande richesse de décor ; le plus souvent c'est un jeu d'arabesques en mosaïque polychrome, séparées parfois dans le sens de la hauteur par un ou deux rangs de petites niches et de colonnettes simples ou doubles.

Les plafonds, les tirants en bois qui relient la base des arcs, les placages de bois recouvrant les pendentifs des coupoles, sont ornés de peintures rouge, bleue et or.

Le travail du bois. — Le mobilier religieux, chaire, pupitres à Coran, ainsi que les portes, est composé de petits panneaux disposés en polygones étoilés, où parfois l'ivoire se mêle au bois. Les portes monumentales sont d'une seule pièce, mais un revêtement de bronze fait apparaître encore les mêmes dessins géométriques.

Ainsi, sous le régime des sultans mamlouks, les sculpteurs égyptiens continuent à travailler le bois avec élégance. L'industrie des mashrabiyyas fut en pleine floraison : on connaît ces filets délicats en bois tourné, dont les mailles, plus ou moins écartées, encadrées de bobines fines ou trapues, ménagent des inscriptions ou des dessins. Ces mashrabiyyas, débordant sur les rues, contribuaient à l'élégance de certains coins du Caire.

Une autre industrie doit être mentionnée, celle des serrures en bois, sortes de loquets à coulisse, décrits dans le *Cantique des Cantiques* (V, 4). Leurs clefs, écrit un voyageur européen, « étaient des morceaux de bois sur lesquels il y avait de petits bouts de fils d'archal qui levaient d'autres petits bouts de fil d'archal qui sont dans la serrure et entraient dans certains petits trous, hors desquels ceux de la clef les ayant poussés, la porte était ouverte ».

Les incrustations. — Les cuivres incrustés d'or et d'argent continuèrent au XIVe s. la brillante carrière inaugurée pendant la période précédente. Nous possédons de cette époque une grande quantité de plateaux, bassins, écritoires, chandeliers, et quelques belles armures. Dans les mosquées il fallait aussi prévoir l'éclairage, pour la dernière prière du soir et pour certaines nuits de ramadan. Il fut assuré au moyen de lustres de formes et de dimensions les plus variées, en or, en argent, en cuivre ou en bronze ; ces lustres étaient munis de godets en verre, contenant de l'huile.

Dans la décoration de ces pièces, les êtres humains ont disparu : au XIVe s., on ne trouve guère, comme représentations animées, que des canards et des poissons, voisinant avec des arabesques et des ornements géométriques, qui subsistèrent sur les objets moins nombreux du XVe s., A ce moment, les cuivres seront rarement incrustés de métaux précieux, mais étamés.

Nous ne saurions oublier, parmi cette brève énumération, deux splendides guéridons en forme de prismes hexagonaux, deux merveilles de la salle des cuivres au musée d'Art islamique : ils sont en cuivre ajouré, rehaussés d'inscriptions d'argent ; les faces offrent une décoration tapissante de feuillages et de fleurs, sur laquelle s'enlèvent, comme une broderie, des bandeaux épigraphiques, des polygones, des médaillons circulaires, dans lesquels sont inscrits des canards volants.

Le verre. — Mais le XIVe s. se signale surtout par un grand nombre de pièces de verrerie émaillée, qui constituent la juste renommée du musée d'Art islamique du Caire. Ce sont des objets décorés avec une fantaisie exubérante et une luxueuse richesse d'émaux éclatants : sur le fond du verre, qui fut primitivement doré, se lisent des inscriptions coraniques ou historiques, aux hampes majestueuses, en émail bleu, égayées par des rinceaux floraux aux tonalités rouges, vertes, jaunes et blanches.

Les pièces intactes forment deux séries principales : des bouteilles à large panse et à col long et mince, et des lampes de mosquées. Ces dernières se composent d'une ouverture évasée en forme d'entonnoir, au-dessous de laquelle s'étale une panse volumineuse, montée sur piédouche ou sur un simple tore. Certaines d'entre elles, particulièrement admirables, sont comme enveloppées par un agencement continu de fleurs et de feuillages, ajourés en ton d'or sur fond d'émail bleu. De tous les objets d'art islamique, les verreries émaillées dégagent une émouvante impression de lumière et de joie.

Mais laissons de côté toute description didactique : le chatoiement des couleurs, sur ces verres, procure une joie sereine et paisible, dont on profite d'un coup d'œil sans essayer d'en analyser les détails. Les reflets changeants nous fascinent par l'harmonie et la délicatesse des nuances. Les coloris font mieux goûter la symphonie échevelée des arabesques, sur lesquelles tranchent brutalement les hampes solennelles, à l'aspect parfois rageur, des lettres arabes. Ces inscriptions sont historiques et proclament la gloire des sultans, mais elles semblent jouer tout d'abord un rôle décoratif : il est frappant de voir combien, sur ces pièces, la partie épigraphique est toujours très soignée.

L'enluminure. — Dans le domaine de l'enluminure, l'Égypte a atteint la plus grande perfection : les corans, datés des XIIIe et XIVe s., conservés à la Bibliothèque nationale du Caire, sont décorés avec la plus gracieuse fantaisie, qui allie les combinaisons géométriques les plus variées à un assemblage merveilleux de coloris, où dominent l'or, le rouge et le bleu.

L'Égypte ottomane

De 1517 jusqu'au début du XIXe s., l'Égypte descendit au rang d'une province de l'Empire ottoman et l'architecture ne fut plus marquée par l'explosion de créativité qui est la marque des époques précédentes. Une phrase de la

Chronique d'un historien égyptien est caractéristique : « En cette année-là, écrit-il, il ne se passa aucun fait digne d'être enregistré, en dehors des vexations et des actes arbitraires des émirs. »

Sans doute les petits métiers d'art ne furent pas compromis pour autant et, par exemple, c'est grâce à une gravure de la *Description de l'Égypte* que nous avons pu assister à l'habileté des tourneurs sur bois. Une autre industrie, sur laquelle les documents antérieurs font défaut, doit être citée ici, et l'on ne manquera pas de savourer les remarques du voyageur Thévenot, en 1661 : « Il me semble que c'est une chose assez curieuse que de voir travailler les tapis, car il se fait au Caire de fort beaux tapis, et en quantité, qu'on envoie à Constantinople et en chrétienté, et on les appelle tapis de Turquie ; il y a quantité de gens qui y travaillent, parmi lesquels sont plusieurs petits garçons, mais qui font tous leur ouvrage avec tant d'adresse et de vitesse, qu'il ne se peut pas croire. »

Un grand bâtisseur ne doit cependant pas être oublié, le colonel des Janissaires 'Abd ar-Raḥmān Kiaya. Sa carrière politique fut brève, et l'intéressé termina son existence par un exil de douze années à La Mecque, d'où il ne revint que pour mourir au Caire, épuisé, en 1776. On lui doit la restauration de tous les sanctuaires des gardiens tutélaires et des saintes patronnes de la capitale égyptienne ; il fit en outre doubler la superficie de la mosquée Al-Azhar, où repose sa dépouille.

L'indépendance retrouvée. — L'expédition française de Bonaparte se caractérise, après coup, par le fait d'avoir suscité en Europe une vive curiosité envers l'Égypte : elle se trouve donc à l'origine lointaine du déchiffrement des hiéroglyphes par Champollion.

Mais cet événement avait fait oublier la Turquie et ce fut la chance de Muḥammad 'Ali de pouvoir fonder une dynastie indépendante. A sa mosquée, de style ottoman, qui coiffe la Citadelle du Caire comme une couronne, est dévolue la mission de veiller sur la ville qui s'allonge à ses pieds.

Chez certains écrivains, la mosquée de Muḥammad 'Ali n'a pas bonne presse et il faut probablement en voir la raison dans ce fait banal qu'aucun monument moderne ne peut avoir, pour certains, le charme de l'Antiquité et que rien ne remplace la patine des siècles. Ce fut, en partie, l'opinion d'un critique autorisé, le peintre Fromentin, qui termine ses réflexions par une note équitable : « L'œuvre est médiocre. Le style en est turc plutôt qu'arabe ; mais avec ses vastes et puissants remparts, jamais lavés, toujours chauffés par le soleil du midi, toujours poudreux et très exactement de la couleur du rocher qui leur sert de base, avec ses constructions de calcaire très blanc, ses coupoles d'une blancheur d'argent, ses minarets démesurés en forme de stylet, cela compose à l'immense ville couchée à ses pieds, une sorte de sommet aérien, et, pour ainsi dire, de couronne orientale d'un effet magnifique. »

L'originalité de l'art islamique

Nous croyons que pour bien goûter l'art des pays musulmans il convient de faire oraison. Il faut se débarrasser des théories sur l'art classique, quitter les vieux costumes dont nous avons l'habitude. Les valeurs ne sont plus les mêmes, et il est préférable d'aborder le problème sans préjugé, avec une simplicité apte à recevoir des spectacles nouveaux, des répartitions inédites, des thèmes qui ne nous sont pas familiers au premier abord.

Nous trouvons sans doute dans l'art musulman, et avec abondance, la trace des civilisations qui avaient brillé dans le monde antique, mais les divers éléments arriveront à se perdre et à se fondre dans un ensemble d'une vivante continuité, dominé par l'âme de l'islam. Cet aspect original de l'art islamique,

nous avons voulu l'exposer ici en des termes dont nous avons banni la grandiloquence. L'emphase aurait été facile, nous lui avons préféré un didactisme sans prétention littéraire, quelque chose comme l'énoncé de principes grammaticaux.
La décoration est répandue avec une telle profusion dans l'architecture musulmane que, pour la décrire, on est obligé de faire appel au vocabulaire des petits métiers d'art ; orfèvrerie, ciselure, broderie, dentelles, tels sont les mots qui se présentent le plus facilement à l'esprit.

Dans l'ensemble, l'art islamique est surtout intellectuel et, en conséquence, il faut faire un effort pour le comprendre. La route peut être ardue, mais la vision dernière est éblouissante, et nous découvrons un charme étrange à une ornementation dont la froideur apparente cache une douce sensibilité, patiemment disciplinée, sans éclat de voix. On sent, à la longue, que l'artiste a mis une certaine tendresse à dessiner ou sculpter ses arabesques, et lorsque viendra s'ajouter la couleur, nous goûterons un sens très raffiné des nuances, une progression très fine des coloris, qui créent une atmosphère de juste élégance. Harmonie, discipline, raffinement, élégance, ce sont bien des qualités d'ordre intellectuel ; mais elles sont loin d'exclure la sensibilité. Ce n'est pas un art d'idées, et l'on pense à la réflexion du joueur de flûte de Gavarni : « A quoi bon la pensée ? Sait-on ce que dit le rossignol ? On l'écoute ! » Ou bien encore, si l'on préfère une autre manière de voir, les arts des peuples musulmans autorisent l'évocation des jeunes femmes définies avec un grain de malice par Oscar Wilde : « Elles forment un sexe purement décoratif. Elles n'ont jamais rien à dire, mais elles le disent d'une façon charmante. »

La langue

La langue nationale de l'Égypte est l'arabe. La généralité de cette affirmation ne doit pas faire oublier qu'elle recouvre une situation complexe. On compte, en effet, un grand nombre de dialectes arabes, non écrits, uniquement parlés par les habitants d'une même région de l'Égypte. Il y a ensuite un dialecte parlé et aussi écrit, celui du Caire, que le prestige de la capitale, la radio, le cinéma, la télévision concourent à répandre non seulement en Égypte, mais aussi dans les autres pays arabes. Il y a enfin l'arabe littéral ou littéraire, écrit mais non parlé, et commun à l'ensemble du monde arabe alphabète.

La langue arabe littérale

Celle-ci continue la langue classique dont elle conserve la morphologie, une syntaxe assouplie par les « calques » étrangers et dialectaux et une phonétique très fortement marquée par l'accent de mot et la prononciation dialectale de l'usager. Le vocabulaire, depuis l'époque classique (VIIIe- XIIe s.) a considérablement évolué, adoptant des termes de civilisation, en abandonnant de nombreux autres. Cette langue est incompréhensible pour un auditoire arabe illettré et difficile à utiliser correctement, même pour un bachelier qui a du mal

à jongler avec les déclinaisons et à rétablir les voyelles, différentes pour la même racine, en langue littéraire et en dialecte. Car, dans cette langue, seules les consonnes sont écrites, à l'exclusion des voyelles brèves.
La langue littéraire est pourtant un précieux moyen de communication : elle reste accessible aux lettrés de l'ensemble du monde arabe et garde aux œuvres littéraires un vaste marché que le dialecte ne pourrait pas atteindre.

Les dialectes arabes

Basse et Haute-Égypte. — Celui du Caire connaît en fait plusieurs « niveaux », du plus populaire au plus intellectuel ; il est capable d'exprimer les sentiments les plus directs, avec les nuances d'humour propres au peuple égyptien, et les concepts élaborés. Il regroupe autour de lui, en dépit de variantes secondaires, l'ensemble des parlers de Basse-Égypte.
On peut, en effet, relever deux groupes principaux de parlers. Ceux de Basse-Égypte et ceux de Haute-Égypte, la ligne de démarcation entre ces deux groupes passant par la ville de El-Wastā, véritable carrefour d'influences linguistiques, au croisement de la route du Fayyūm et des influences nomades, ainsi que des influences venant de Basse et de Haute-Égypte, en bordure méridionale de la province de Gīza. A partir de ce point, à mesure que l'on voyage vers le Sud, les parlers échappent de plus en plus à l'influence de la Basse-Égypte et du Caire. Un habitant du Delta allant pour la première fois en Haute-Égypte est absolument dérouté par les différences phonétiques et sémantiques des parlers qu'il entend et qu'il ne comprend qu'après une assez longue accoutumance.

Principales différences

I. — Phonétiquement : a) Le phonème *q*, appelé *qāf* en arabe classique, est réalisé en *attaque vocalique* en Basse-Égypte, et en *g* (prononcé *gue* même devant voyelles *i, e, y*) en Haute-Égypte.

Exemples : class. *raqs* « danse », B.-E. *ra's*, H.-E. *rags*.
class. *sūq* « marché, souk », B.-E. *sū'*, H.-E. *sūg*.
class. *faqîr* « pauvre », B.-E. *fa'îr*, H.-E. *fagīr*.
class. *qirsh* « piastre », B.-E. *'irsh*, H.-E. *girsh*.
class. *waqt* « temps », B.-E. *wa't*, H.-E. *wagt*.
class. *qatal* « il a tué », B.-E. *'atal*, H.-E. *gatal*.

b) Le phonème *g*, appelé *gīm* en classique, est réalisée *g* (prononcé *gue* même devant voyelles *i, e, y*) en B.-E. et *dy* ou *d* en H.-E.

Exemples : class. *gamal* « chameau », B.-E. *gamal*, H.-E. *dyamal (ou damal)*.
class. *ragul* « homme », B.-E. *rāgel*, H.-E. *radyol*.

c) L'accent de mot est bien marqué et déterminé par la structure syllabique du mot mais, dans certains cas, à une place différente suivant que le mot est utilisé en Basse ou en Haute-Égypte. Ainsi, en B.-E., les mots formés de quatre syllabes par suite de suffixation de pronom portent toujours l'accent sur la pénultième :

Exemples : *darabétak* « elle t'a frappé », *atalétak* « elle t'a tué ».

En H.-E., par contre, l'accent reste sur la *première* syllabe, comme dans le cas du mot « nu », sans suffixe pronominal :

Exemples : *dárabet* « elle a frappé », *dárabetak* « elle t'a frappé ».

— En B.-E., dans les mots à trois syllabes, l'accent ne semble pas pouvoir remonter au-delà de la 3ᵉ more et l'on a :

Exemples : *maktába* « bibliothèque », *kahrába* « électricité »

alors qu'en H.-E., l'accent porte toujours sur la syllabe *fermée :*

Exemples : *máktaba, káhraba.*

II. — **Le vocabulaire** diffère considérablement entre la Haute et la Basse-Égypte.

Exemples : « bouche » : B.-E. *fomm* (langue cultivée), *bo'* (langue populaire). H.-E. *hanak* (Moyenne-Ég.), *khashm* (H.-E.), *mabla'* (très injurieux).

« fils » : B.-E. *ebn.* H.-E. *weld* (pluriel *wulûd*).

« descends » : B.-E. *'enzel.* H.-E. *'eddalla.*

« combien ? » : B.-E. *'add'ēh ?* H.-E. *gadde ah.*

« jamais » : B.-E. *abadan.* H.-E. *wāsel.*

III. — **Morphologiquement.** Dans le système verbal, en B.-E., la valeur durative de l'inaccompli peut être précisée par l'adjonction du préfixe *b-* (le plus fréquent) ou de *'ammal* (plus rare) placé avant le verbe. Ces constructions indiquent que l'action est en cours d'accomplissement et elles en soulignent l'intensité : *beneshrab* « nous sommes en train de boire », *'ammal akteb* « je suis en train d'écrire ». En H.-E., par contre, le préfixe verbal *b-* n'est usité que par l'élite, sous l'influence des grandes villes de B.-E.

Le peuple emploie surtout *'amma* (classes moyennes) : *'amma yoktob* « il est en train d'écrire » et *'a* (dans le « bas peuple »), *'a-neksar* « nous sommes en train de casser ».

Dans le système nominal, les parlers de B.-E. conservent — sous l'influence peut-être du Caire — le schéma de pluriel à attaque vocalique nettement prononcée, *bāb* « une porte », pl. *abwāb ; walad,* « un enfant », pl. *'awlād.* En H.-E. l'attaque vocalique et sa voyelle sont tombées : *wlād* « enfants », *bwāb* « portes ».

Les autres dialectes. — On voit donc qu'il n'y a pas un arabe égyptien mais plusieurs : les deux grands groupes (celui de Basse-Égypte et celui de Haute-Égypte) brièvement opposés ici et, de plus, des parlers de nomades, employés par des populations peu nombreuses (100 à 150 000 nomades) mais importants par leurs effets sur les dialectes des sédentaires, et les parlers du bord occidental de la mer Rouge, dont nous ne traitons pas ici.

Certaines caractéristiques doivent être notées pour l'ensemble de ces dialectes : tout d'abord, on ne peut y distinguer un parler citadin et un parler campagnard. Les campagnes sont en relation suivie avec les chefs-lieux et les grandes villes, les campagnards forment la base de la population qui travaille dans les cités, les dialectes se fondent et une distinction est difficile à noter entre le parler du concierge d'immeuble et celui du paysan, son frère.

Par contre, des différences très nettes distinguent des « niveaux » dans un même parler : il y a le langage au vocabulaire riche, à la syntaxe complexe de la bourgeoisie intellectuelle, et le langage plus simple et aussi plus fourni en exclamations et interjections sentimentales des majorités paysannes et ouvrières. De plus, le parler arabe des coptes est sensiblement moins « emphatique » que celui des Musulmans, tant du point de vue de l'emphase des phonèmes que de celle de l'expression. Il comporte aussi de nombreuses expressions qui lui sont propres.

A côté de ces dialectes arabes égyptiens, d'autres parlers arabes existent, importés par des colonies d'origine étrangère, réparties surtout dans les villes : maltais, palestinien, libanais.
Des dialectes non arabes sont également employés par des Égyptiens du Sud, appartenant à des groupes ethniquement non arabes : le dongolais (ou « barbarin ») des Nubiens noirs, le bedga, langue couchitique, le ghagar parlé par les tziganes d'Égypte et dont on a souligné la parenté avec le dialecte des tziganes de Moldavie, le sīwī, dialecte berbère parlé dans l'oasis de Siwā, dans le désert occidental, s'apparentant aux parlers zénètes de Libye et du Sud tunisien, mais très fortement arabisé.

Le dialecte arabe du Caire

Les aspects du verbe. — Le verbe se présente sous deux aspects principaux qui correspondent à ceux de l'arabe classique, l'accompli ou forme à suffixes, et l'inaccompli ou forme à suffixes et préfixes.

L'accompli. — Il indique généralement, dans le parler, que le procès ou l'action qu'il exprime a eu lieu dans le passé et s'est achevé, sans notion de durée. Le parler utilise deux types d'accomplis, l'un à voyelles *a-a,* l'autre à voyelles *e-e* :

Type a-a (le plus fréquent)	Type e-e
1er pers. singulier	
ana darabt « j'ai frappé »	*nezelt* « je suis descendu »
2e pers. masc.	
enta darabt « tu as frappé »	*nezelt* « tu es descendu »
2e pers. fém.	
enti darabti « tu as frappé »	*nezelti* « tu es descendue »
3e pers. masc.	
howwa darab « il a frappé »	*nezel* « il est descendu »
3e pers. fém.	
hiyya darabet « elle a frappé »	*nezlet* « elle est descendue »
1er pers. pluriel	
ehna darabna « nous avons frappé »	*nezelna* « nous sommes descendus »
2e pers.	
entou darabtū « vous avez frappé »	*nezeltū* « vous êtes descendus »
3e pers.	
homma darabū « ils, elles ont frappé »	*nezlū* « ils sont descendus »

Notons que :
a) Le pronom personnel ici exprimé (*ana, enta, enti,* etc.) ne s'utilise généralement pas devant le verbe, sauf si l'on veut insister sur le sujet. Ainsi *ana darabt* signifie en vérité « moi, j'ai frappé » ; c'est *darabt* tout seul qui signifie « j'ai frappé ».
b) La 2e personne du singulier s'emploie même dans les formes de politesse. On n'utilise jamais la 2e pers. du pluriel, mais parfois la 3e pers. du pluriel en s'adressant très respectueusement à quelqu'un.
c) Dans la forme, il n'y a pas de différence entre la 1re personne du singulier et la 2e personne du masculin singulier. La distinction des genres ne se maintient qu'à la 2e et à la 3e personne du singulier.
d) Dans le type à voyelles *e-e* (ex. verbe *nezel*), le verbe perd la seconde de ces deux voyelles à la 3e personne du féminin singulier et du pluriel : *nezlet, nezlū.*

Le participe actif (désignant celui qui fait l'action) des verbes est très employé dans le dialecte ; il a toujours la même forme : une première voyelle longue

et une seconde voyelle *e*, *dāreb* « celui qui frappe », *nāzel* « celui qui descend », *rāyeh* « celui qui va », *kāteb* « celui qui écrit ».
Le **participe passif** (désignant celui qui subit l'action) est également très utilisé. Il se forme par adjonction du préfixe *ma-* et de la voyelle *ou* sur la deuxième consonne de la racine : *madrūb* « celui qui est battu », *maktūb* « ce qui est écrit », *maksūb* « ce qui est gagné ».

L'inaccompli. — Il tend généralement à exprimer une action en cours, au présent ou au futur. Mais il est accompagné, le plus souvent, de particules et de préfixes qui déterminent avec netteté le moment de l'action : présent, futur et même futur antérieur.
L'inaccompli se conjugue suivant trois types, l'un qui a pour voyelle, après la seconde radicale (consonne) de la racine, la voyelle *a* (type le plus fréquent), l'autre la voyelle *e* et le troisième la voyelle *o* (type le moins fréquent).

Type en a	Type en e	Type en o
1re pers. singulier		
'adrab « je frappe »	*'akteb* « j'écris »	*'askot* « je me tais »
2e pers. masc.		
tedrab « tu frappes »	*tekteb* « tu écris »	*teskot* « tu te tais »
2e pers. fém.		
tedrabi « tu frappes »	*tektebi* « tu écris »	*teskoti* « tu te tais »
3e pers. masc.		
yedrab « il frappe »	*yekteb* « il écrit »	*yeskot* « il se tait »
3e pers. fém.		
tedrab « elle frappe »	*tekteb* « elle écrit »	*teskot* « elle se tait »
1re pers. pluriel		
nedrab « n. frappons »	*nekteb* « n. écrivons »	*neskot* « n. n. taisons »
2e pers.		
tedrabū « v. frappez »	*tektebū* « v. écrivez »	*teskotū* « v. v. taisez »
3e pers.		
yedrabū « ils frappent »	*yektebū* « ils écrivent »	*yeskotū* « ils se taisent »

Notons que :
a) Le pronom personnel précédemment exprimé dans la conjugaison de l'accompli (*ana, enta, enti*, etc.) peut être utilisé à l'inaccompli également, de la même manière, pour insister sur le sujet.
b) Dans la forme, il n'y a pas de différence entre la 2e personne du masculin singulier et la 3e personne du féminin singulier. Au pluriel, aucune distinction de genre n'existe.
c) En dehors de la 1re personne du singulier, la première voyelle de l'inaccompli est obligatoirement *e*. On a donc les alternances *e-a, e-e, e-o*.

Autres exemples du type *e-a* :
yerga' « il retourne » (accompli : *rege'* « il est retourné »), part. actif *rāge'* « celui qui retourne », *anna rāge'* « je retourne » (je [suis] retournant »). *yesma'* « il écoute, il entend » (accompli : *seme'* « il a écouté, il a entendu »), part. actif *sāme'* « celui qui entend, l'auditeur » ; *enta sāme'* « tu entends ». *ye' raf* « il sait » (accompli : *'eref* « il a su ») part. act. *'āref* « celui qui sait » part. passif *ma 'rūf* « ce qui est su » ; *howwa ma 'rūf* « il est connu ».
yetla' « il monte » (accompli : *tele'* « il est monté ») ; part. actif *tāle'* « celui qui monte » ; *howwa tāle'* « il monte » (il [est] montant).
yeshrab « il boit » (accompli : *shereb* « il a bu ») ; part. actif *shāreb* « celui qui boit », part. passif *mashrūb*, « ce qui est bu, une boisson ».

Autres exemples du type *e-e* :
yehmel « il porte » (accompli : *hamal* « il a porté ») ; part. actif *hāmel* « celui qui porte, femme enceinte », part. passif *mahmūl* « ce qui est porté ».
yelbes « il s'habille » (accompli : *lebes* « il s'est habillé ») ; part. act. *lābes* « celui qui s'habille ».
Autres exemples du type *e-o* :
yeknos « il balaie » (accompli : *kanas* « il a balayé »).
yeḥkom « il juge » (accompli : *ḥakam* « il a jugé »), part. actif *ḥākem* « celui qui commande, le juge », part. passif *maḥkūm* « ce qui a été jugé ».

Le **sens présent de l'inaccompli** peut être précisé par l'adjonction du préfixe *b-* (le plus fréquent) ou du mot *'ammal* placé devant le verbe. Ces constructions indiquent que l'action est en cours d'accomplissement : *be-neshrab* « nous sommes en train de boire ».

Le **futur** est indiqué par l'adjonction du préfixe *ḥa-* : *ḥa-nelta'* « nous monterons, nous sortirons » (dans le sens de « monter à la ville » = sortir pour la ville). Notons que les préfixes *be-* et *ḥa-* ne peuvent précéder que des verbes à l'inaccompli.

L'impératif correspond également à l'inaccompli et à ses trois types. Il n'existe que pour les 2e personnes (des masculin et féminin singulier et du pluriel).

2e pers. masc. sing.		
'esma' « écoute »	*'ekteb* « écris »	*'eskot* « tais-toi »
2e pers. fém.		
'esma'i « écoute »	*'ektebi* « écris »	*'eskoti* « tais-toi »
2e pers. masc. et fém. pluriel		
'esma'ū « écoutez »	*'ektebū* « écrivez »	*'eskotū* « taisez-vous »

L'impératif au négatif est rendu par *ma* + inaccompli + *sh* : *ma-tekteb-sh* « n'écris pas », *ma- (a) 'raf-sh* « je ne sais pas ».

Les compléments. — A tous ces verbes, on peut suffixer des pronoms qui sont compléments directs. Ces pronoms personnels compléments directs servent (à une variante près) comme suffixes ajoutés au nom pour indiquer les adjectifs possessifs : à la 1re personne du singulier, le suffixe verbal est *-ni* alors que le suffixe nominal est *-i* :

Pronoms suffixés aux verbes	Adjectifs possessifs suff. aux noms
'akhad-ni « il m'a pris(e), emmené(e) »	*ikitāb-i* « mon livre »
'akhad-ak « il t'a pris, emmené »	*kitāb-ak* « ton livre »
'akhad-ek « il t'a prise, emmenée »	*kitāb-ek* « ton (f.) livre »
'akhad-u « il l'a pris, ... »	*kitāb-u* « son livre »
'akhad-ha « il l'a prise,... »	*kitab-ha* « son (f.) livre »
'akhad-na « il nous a pris, emmenés »	
kitab-na « notre livre »	
'akhad-kom « il vous a pris, emmenés	*kitab-kom* « votre livre »
'akhad-hom « il a les pris, emmenés »	*kitab-hom* « leur livre »

Ces mêmes suffixes (sous leur forme nominale) peuvent être utilisés avec les prépositions. Le complexe le plus important se forme avec la préposition *'and* « chez » et exprime la possession : *'and-i* « j'ai » (=chez moi [est, sont]), *'and-ak* « tu (m.) as », *'and-ek* « tu (f.) as », *'and-u* « il a », *'anda-ha* « elle a », *'ande-na* « nous avons », *'ando-kom* « vous avez », *'ando-hom* « ils ont ».

Notons l'introduction d'une voyelle à la jonction préposition/suffixe pour éviter des suites de trois consonnes que le dialecte tend à éviter.

Substantifs et adjectifs. — On leur préfixe aussi l'article défini : *el-* « le, la, les » dont la consonne s'assimile aux dentales et aux liquides : *el-bent* « la fille », *er-rāgel* « l'homme », *el-lokanda* « l'hôtel », *esh-shayyāl* « le portefaix », *es-sett* « la dame »...
Notons que le dialecte ne connaît pas l'article indéfini.

Le pluriel des substantifs et des adjectifs est souvent « externe », formé par la suffixation de *-īn* au masculin singulier et de *-āt* au féminin singulier : *shayyāl* « un porteur », pl. *shayyāl-īn ; sett* « une dame », pl. *sett-āt.*
Un grand nombre de noms, toutefois, ont un pluriel « interne », formé par des modifications internes du singulier : *rāgel* « homme », pl. *regāl, balad* « pays », pl. *belād, 'alem* « un savant » (forme de part. actif), pl. *'olama* ulémas.

La numération. — Elle comprend les nombres cardinaux, ordinaux et les fractions. Nous ne donnerons ici qu'un aperçu des nombres cardinaux. « Un » *wāḥed* (masc.) ; « une » *waḥda : wāḥed* est le seul nombre cardinal qui ait une forme féminine.

« Deux » *'etnēn,* « paire » *gōz.*

« Trois » *talāta*	A partir de 3, ces nombres adoptent une forme en
« Quatre » *'arba'a*	position isolée (celle de la colonne
« Cinq » *khamsa*	ci-contre) et une forme amputée de la voyelle
« Six » *setta*	finale devant un objet compté :
« Sept » *sab'a*	« trois filles » *talat banāt*
« Huit » *tamanya*	« quatre hommes » *'arba' regāl*
« Neuf » *tes'a*	« cinq porteurs » *khamas shayyalīn*
« Dix » *'ashara*	« huit maisons » *taman buyūt,* etc.

Le nom de l'objet compté se met au pluriel, de 3 à 10 seulement.

11 — ḥedāshar	14 — 'arba'tāshar	17 — saba'tāshar
12 — etnāshar	15 — khamastāshar	18 — tamantāshar
13 — talattāshar	16 — settāshar	19 — tesa'tāshar

De 13 à 19, ces nombres sont formés par les noms d'unité suivis du nom de la dizaine, *'ashar* dont l'initiale (') est tombée, compensée par l'allongement de sa voyelle *(a)* et l'emphatisation générale du mot.

« Cent » *meyya*
« Mille » *'alf.*

De 11 à l'infini, le nom de l'objet compté reste au singulier.

Indications bibliographiques

L'Égypte, tant pharaonique que chrétienne ou musulmane, a fait l'objet de très nombreuses études dans toutes les branches de la culture humaine. Nous n'avons donc pas cherché ici à donner une bibliographie complète — ce qui demanderait plusieurs forts volumes — mais un choix de titres fondamentaux à consulter, pour bon nombre d'entre eux, en bibliothèque. Nous y avons ajouté quelques ouvrages — généralement récents — permettant, soit par la clarté de leur texte, soit par l'intérêt de leur iconographie — ou les deux — d'aborder agréablement le sujet.

L'Égypte éternelle

L'Égypte en poche :

Lacouture (Simonne) : *Égypte* (Paris, Seuil, coll. « Petite Planète », 1976).

Le cadre géographique :

Begelsbacher-Fischer (B.) et Hottinger (A.) : *l'Égypte* (Paris, Silva, 1985).

Besançon (Jacques) : *L'homme et le Nil* (Paris, Gallimard, 1957).

L'Égypte, Israel (Paris, Larousse coll. « Des pays et des hommes », 1985).

Pierre (B.) : le *Nil, des sources au delta* (Paris, Presses de la cité, 1978) ; *le Roman du Nil* (Paris, Nlle éd., Plon, 1980).

Histoire :

Hanotaux (G.) : *Histoire de la Nation égyptienne* (Paris, Plon, 1931-1940).

L'Égypte par le texte et par l'image :

Corteggiani (Jean-Pierre) : *L'Égypte des Pharaons au musée du Caire* (Paris, Hachette, 1986).

Gouvion (Colette) : *Voir l'Égypte* (Paris, Hachette-Réalités, 1976).

Grimal (N. et G.) : *Lumières d'Égypte* (Tunis, Sud Edition, 1979).

Lange (Kurt), Eberhad (Otto), Desroches-Noblecourt (Christiane) : *L'Égypte,* photographies de Max Himer (Nlle éd., Paris, Flammarion, 1985).

L'Égypte (Paris, Larousse, coll. « Mondes et Voyages », 1975).

Aventures :

Laporte (J.) : *Première descente du Nil, des sources à la mer,* Nlle éd. (Monaco, Ed. du Rocher, 1981).

L'Égypte ancienne

Malgré ce qu'une telle subdivision peut avoir d'artificiel (où sont ici les limites entre les notions d'art, d'histoire, de religion, de littérature ?), nous avons préféré, pour la commodité de votre choix, maintenir ces rubriques dans le titre desquelles il faudra donc voir davantage une orientation générale de l'ouvrage cité plutôt qu'une réelle spécialisation.

Géographie :

Kees (H.) : *Ancient Egypt. A Cultural topography* (Londres, 1961).

Montet (P.) : *Géographie de l'Égypte ancienne* (2 vol., Paris, Klincksieck, 1957-1961).

Histoire :

Bouché-Leclerq (A.) : *Histoire des Lagides* (Paris, 1903 et sq.).

Drioton (E.) et **Vandier** (J.) : *L'Égypte* (coll. « Les peuples de l'Orient méditerranéen », 5e éd., Paris, P.U.F., 1975).

Elgood (P.G.) : *Les Ptolémées d'Égypte* (Paris, Payot, 1943).

Erman (A.) : *L'Égypte des pharaons* (Paris, Payot, 1952).

Gardiner (A.H.) : *Egypt of the pharaons* (Oxford, 1961).

Montet (P.) : *L'Égypte et la Bible* (Neuchâtel, Delachaux et Niestlé, 1959).

Vercoutter (J.) : *L'Égypte ancienne* (coll. « Que Sais-je ? », Paris, P.U.F., plusieurs rééd. ; *Essai sur les relations entre Égyptiens et Préhellènes* (Paris, Maisonneuve, 1954).

Yoyotte (J.) : *Égypte ancienne* (*in* Histoire Universelle I : des origines à l'Islam. Encyclopédie de la Pléiade, Paris, Gallimard, 1956).

Civilisation :

Aldred (C.) : *Akhenaton, le pharaon mystique* (Paris, Tallandier, 1970).

Bell (L.) : *Egypt from Alexander the Great to the Arab Conquest* (Oxford, Clarendon Press, 1948).

Blackman (W. S.) : *Les fellahs de la Haute-Égypte* (Paris, Payot, 1948).

Casson (Lionel) : *L'Égypte ancienne* (Paris, Time-Life, 1966).

Daumas (F.) : *La civilisation de l'Égypte pharaonique* (Paris, Arthaud, 1965) ; *La vie dans l'Égypte ancienne* (coll. « Que Sais-je ? », Paris, P.U.F., 1974, 1980 rééd).

Desroches-Noblecourt (C.) : *Vie et mort d'un pharaon ; Toutankhamon* (Paris, Hachette, 1966) ; en collab. : *Ramsès le Grand,* catalogue de l'exposition au Grand Palais (Paris, 1976).

Erman (A.) et **Ranke** (H.) : *La civilisation égyptienne* (Paris, Payot, 1952, 1983 rééd.).

Hartman (F.) : *L'agriculture dans l'Ancienne Égypte* (Paris, 1923).

Hayes (W. C.) : *The Scepter of Egypt* (2 vol., Metropolitan Museum of Art, 1953 et 1959).

Hickman (H.) : *Musicologie pharaonique* (Kehl, 1956).

Jouguet (P.) : *L'impérialisme macédonien et l'hellénisation de l'Orient* (coll. « Évolution de l'humanité », éd. révisée, Paris, Albin Michel, 1961).

Lacarrière (J.) : *En cheminant avec Hérodote* (Paris, Hachette, coll. « Pluriel », 1985 rééd.).

Maroon (F. J.) et **Newty** (P. H.) : *Éternelle Égypte, son art, ses monuments, son peuple, son histoire* (Paris, Nathan, 1979).

Montet (P.) : *Les scènes de la vie privée dans les tombeaux égyptiens de l'Ancien Empire* (Strasbourg, 1925) ; *La vie quotidienne en Égypte au temps des Ramsès...* (Paris, Hachette-Littérature, 1974).

Posener (G.) : *De la divinité du Pharaon* (Paris, Société asiatique, 1960). — En collaboration avec **Sauneron** (S.) et **Yoyotte** (J.) : *Dictionnaire de la civilisation égyptienne* (Paris, Hazan, 1959).

Schwaller de Lubicz (I.) : *Her-Bak « Pois chiche »,* et *Her-Bak « Disciple »,* Nlles éd. (Paris, Flammarion, coll. « Champs », 1980-1981) ; *Le roi de la théocratie pharaonique* (Paris, Flammarion, coll. « Champs », 1982).

Waltari (Mika) : *Sinouhé l'Égyptien* (roman, Paris, Folio).

Wilson (H.) : *L'Égypte. Vie et mort d'une civilisation* (Préface de G. Posener ; Paris, Arthaud, 1961).

Religion, philosophie :

Barguet (P.) : *Le Livre des morts des anciens Égyptiens* (coll. « Littératures anciennes du Proche-Orient », Paris, éd. du Cerf, 1967).

Bell (J.) : *Cults and Creeds in Greaco-Roman Egypt* (Liverpool, 1953).

Bonnet (H). : *Reallexikon des Aegyptischen Religionsgeschichte* (Berlin, 1952).

Breasted (J. H.) : *Development of Religion and Thought in Ancient Egypt* (rééd. Harper Torchbook, New York, 1959).

Cerny (J.) : *Ancient Egyptian Religion* (Londres, 1952).

Cumont (F.) : *L'Égypte des Astrologues* (Bruxelles, F.E.R.E., 1938).

Daumas (F.) : *Les dieux de l'Égypte* (coll. « Que Sais-je ? », Paris, P.U.F., 1970, 1982 rééd.).

Erman (A.) : *La religion des Égyptiens* (Paris, Payot, 1937).

Faulkner (R. O.) : *The Ancient egyptian coffin texts* (Londres, 1973).

Jacq (Ch.) : *Pouvoir et sagesse selon l'Égypte ancienne* (Monaco, Ed. du Rocher, coll. « Gnose », 1981).

Jéquier (G.) : *Considérations sur les religions égyptiennes* (Neuchâtel, 1946).

Kolpaktchy (G.) : *Livre des morts des anciens Égyptiens* (coll. « Stock Plus », Paris, Stock, 1978).

Laffont (E.) : *Les livres de sagesse des pharaons* (Paris, Gallimard coll. « Idées », 1979).

Lexa (F.) : *La Magie dans l'Égypte antique* (Paris, Geuthner, 1925).

Morenz (S.) : *La Religion égyptienne* (Paris, Payot, 1962, 1984 rééd.).

Moret (A). : *Le Rituel du culte divin journalier en Égypte* (Paris, 1902).

Sainte-Fare Garnot (J.) : *Religions égyptiennes antiques* (Paris, P.U.F., 1951, 1981 rééd.).

Sauneron (S.) : *Les prêtres de l'Ancienne Égypte* (coll. « Le temps qui court », Paris, Seuil, 1957).

Vandier (J.) : *La religion égyptienne* (coll. « Mana », Paris, P.U.F., 1944).

La Collection *Sources Orientales* (éd. du Seuil) a publié, dans ses volumes : 1 — *La Naissance du Monde ;* 2 — *Les Songes et leurs interprétations ;* 3 — *Les pèlerinages ;* 4 — *Le jugement des morts ;* 5 — *La Lune, mythes et rites ;* 6 — *Les danses sacrées ;* 7 — *Le Monde du Sorcier ;* 8 — *Génies, anges, démons ;* d'excellents chapitres consacrés à l'Égypte (contributions de **Ph. Derchain, D. Meeks, S. Sauneron, H. Wild** et **J. Yoyotte**).

Langue et littérature :

Naissance de l'écriture cunéiforme et hiéroglyphes, catalogue de l'exposition au Grand Palais (Paris, R.M.N., 1982).

Bourguet (P. du) : *Histoire et légendes de l'Égypte mystérieuse* (Paris, Tchou, 1968).

Buck (A. de) : *Grammaire élémentaire du moyen égyptien* (Leyde, Brill, 1952).

Capart (J.) : *Je lis les hiéroglyphes* (Bruxelles, Office de Publicité, 1946).

Erman (A.) : *The ancient Egyptians. A Sourcebook of their writings* (Harper ; New York, 1966).

Gardiner (A. H.) : *Egyptian Grammar* (3e éd., Oxford, 1957).

Gilbert (P.) : *La poésie égyptienne* (F.E.R.E., Bruxelles, 1949).

Lefebvre (G.) : *Grammaire égyptienne* (Le Caire, I.F.A.O., 1952) ; *Romans et contes égyptiens de l'époque pharaonique* (Paris, Maisonneuve, 1949).

Maspero (G.) : *Les Contes populaires de l'Égypte ancienne* (Paris, G. P. Maisonneuve et Larose, 1882, réédit. 1967).

Posener (G.) : *Littérature et politique dans l'Égypte de la XIIe dynastie* (Paris, Champion, 1956).

Schott (S.) : *Les chants d'amour de l'Égypte ancienne* (Paris, Maisonneuve, 1956).

Sottas (H.) et **Drioton** (E.) : *Introduction à l'étude des hiéroglyphes* (Paris, Geuthner, 1922).

Van de Walle (B.) : *La transmission des textes littéraires égyptiens* (Bruxelles, F.E.R.E., 1948).

Textes sacrés et textes profanes de l'ancienne Égypte 1. Des pharaons et des hommes (Paris, Gallimard, coll. « Connaissance de l'Orient », 1984).

Science et pensée :

Gillain (O.) : *La science égyptienne : L'arithmétique au Moyen Empire* (Bruxelles, F.E.R.E., 1927).

Jonckherre (F.) : *La médecine égyptienne* (3 vol. Bruxelles, F.E.R.E., 1944-1958).

Lefebvre (G.) : *Essai sur la médecine égyptienne à l'époque pharaonique* (Paris, P.U.F., 1956).

Neugebauer (O.) : *The exact sciences in Antiquity* (Providence, 1957).

Yoyotte (J.) : *La Pensée préphilosophique en Égypte* (Encyclopédie de la Pléiade, Histoire de la philosophie I :

Orient, Antiquité, Moyen Age ; Paris, Gallimard, 1968).

Art et archéologie :

Calquette (Cl.) : *L'Art égyptien* (Paris, P.U.F., coll. « Que Sais-je ? », 1981).

Capart (J.) : *L'Art égyptien : choix de documents* (4 vol., Bruxelles, Vromant, 1922-1947).

Cénival (J.-L. de) et **Stierlin** (H.) : *Architecture universelle. Égypte* (Fribourg, Office du livre, 1964).

Davies (N.), **Gardiner** (A. H.) et **Champdor** (A.) : *La peinture égyptienne ancienne* (Paris, Guillot, 1954).

Desroches-Noblecourt (Ch.) : *Le style égyptien* (coll. « Arts, Styles et Techniques », Paris, Larousse, 1942).

Desroches-Noblecourt (Ch.) et **Bourguet** (P. du) : *L'art égyptien* (Paris, P.U.F., 1962).

Donadoui-Roveri (A.-M.) : *La Vallée des Rois* (Paris, Atlas, coll. « Passeports de l'art », 1983).

Drioton (E.) et **Bourguet** (P. du) : *Les pharaons à la conquête de l'art* (Paris, Desclée de Brouwer, 1965).

Edwards (I. E. S.) : *Les pyramides d'Égypte* (Paris, Livre de Poche, 1967).

Goyon (Georges) : *Le Mystère des pyramides* (Pygmalion).

Jéquier (G.) : *L'Architecture et la Décoration dans l'Égypte ancienne* (Paris, Morancé, 1921 et 1923) ; *Manuel d'archéologie égyptienne : les éléments de l'architecture* (Paris, Picard, 1924).

Lauer (J.-Ph.) : *Le mystère des pyramides* (Paris, Presses de la Cité, 1974) ; *Saqqarah, la nécropole royale de Memphis* (Paris, Tallandier, 1977).

Lauffray (J.) : *Karnak d'Égypte, domaine du divin* (Paris, CNRS, 1979).

Leclant (J.), **Aldred** (C.), **Cénival** (J.-L. de), **Debeno** (F.), **Desroches-Noblecourt** (Ch.), **Lauer** (J.-Ph.) et **Vercoutter** (J.) : *Égypte : le Temps des pyramides* (coll. « L'Univers des Formes », Paris, Gallimard, 1978) ; *L'Empire des Conquérants* (*ibid.*, 1979) ; *L'Égypte du crépuscule* (*ibid.*, 1980).

Lucas (A.) : *Ancient egyptian materials and industries* (4ᵉ éd. revue par J. R. Harris, Londres, 1962).

Martin (H.) : *L'Art égyptien* (Paris, Flammarion, coll. « Grammaire des styles », 1986).

Maspero (G.) : *L'Archéologie égyptienne* (Paris, Picard et fils, 1907).

Mekhitarian (A.) : *La peinture égyptienne* (Paris, Skira Flammarion, 1978).

Michalowski (K.) : *L'art de l'ancienne Égypte* (Paris, Mazenod, 1968, 1971 rééd.) ; *Égypte*. coll. « Histoire mondiale de la sculpture » (Paris, Hachette-Réalités, 1978).

Montet (P.) : *Isis ou à la recherche de l'Égypte ensevelie* (Paris, Hachette, 1956) ; *Peintures des tombeaux et des temples* (coll. « Art mondial », Unesco).

Peck (W. H.) et **Ross** (J. G.) : *Dessins égyptiens* (Paris, Hermann, 1980).

Petrie (F.) : *Les arts et les métiers de l'ancienne Égypte* (Bruxelles, Vromant, 1925).

Robichon (C.) et **Varille** (A.) : *En Égypte* (Paris, Hartman, 1955).

Sauneron (S.) et **Stierlin** (H.) : *Edfou et Philae, derniers temples d'Égypte* (Paris, Chêne, 1975).

Stierling (H.) : *L'Égypte des origines à l'islam* (Paris, Payot, coll. Beaux livres, 1984).

Traunecker (Cl.) et **Golvin** (J.-C.) : *Karnak, résurrection d'un site* (Paris, Payot, 1984).

Vandier (J.) : *Sculpture égyptienne* (Paris, Hazan, 1951) ; *Manuel d'archéologie égyptienne* (6 tomes parus, Paris, Picard, 1952 à 1978).

Yoyotte (J.) : *Les trésors des pharaons* (Genève, Skira, 1968) ; *Égypte ancienne* (Encyclopédie de la Pléiade, Histoire de l'Art I : Le monde non chrétien, Paris, Gallimard, 1961).

Wildung (D.) : *L'âge d'or de l'Égypte, le Moyen-Empire* (Paris, P.U.F., 1984).

Guides et catalogues :

Daumas (J.) : *La péninsule du Sinaï* (Le Caire, Automobile Club, impr. Grunberg, 1951).

Lauer (J.-Ph.) : *Les pyramides de Saqqarah* (Le Caire, 1972).

Legrain (G.) : *Louxor sans les pharaons* (Bruxelles, Vromant, 1914).

Malek (J.) et **Baines** (J.) : *Atlas de l'Égypte ancienne* (Paris, Nathan, 1981).

Maspero (G.) : *Ruines et paysages d'Égypte* (Le Caire, 1914) ; *Causeries d'Égypte* (Le Caire, 1907).

Pillet (M.) : *Thèbes* (coll. « Les villes d'art célèbres », Paris, Laurens, 1928) ; *Thèbes, Karnak et Louqsor* (id., 1928) ; *Thèbes, palais et nécropoles* (id., 1930).

Sauneron (S.) : *Nous partons pour l'Égypte* (Paris, P.U.F., 1965, rééd. 1980).

Bibliographies et manuels :

David (M.) et **van Groningen** (B. A.) : *Papyrological primer* (4e éd., Leyde, Brill, 1965).

Hornung (E.) : *Einführung in die Ägyptologie* (Darmstadt, 1967).

Sauneron (S.) : *L'Égyptologie* (« Que Sais-je ? », Paris, P.U.F., 1969).

Revues et périodiques :
(concernant également l'Égypte chrétienne).

Annales du Service des Antiquités de l'Égypte (Le Caire, 1900 sq.).

Bulletin de l'Institut français d'Archéologie orientale (Le Caire, 1901 sq.).

Chronique d'Égypte (Bruxelles, 1925 sq.).

Kémi (Paris, Geuthner, 1928 sq.).

Revue d'Égyptologie (Paris, Klincksieck, 1933 sq.).

N. B. Il existe à Paris une *Société française d'Égyptologie,* ouverte à tous, qui a son siège au Cabinet d'Égyptologie du Collège de France. Elle organise des conférences trimestrielles et distribue à ses membres un *Bulletin* contenant le texte des communications.

L'Égypte chrétienne

Histoire :

Chauleur (S.) : *Histoire des Coptes d'Égypte* (Paris, la Colombe, 1960).

Civilisation :

Doresse (J.) : *Des hiéroglyphes à la Croix. Ce que le passé pharaonique a légué au christianisme* (Istamboul, 1960).

Kamil (M). : *Aspects de l'Égypte copte* (Berlin, Akademie Verlag, 1965).

Religion :

Hutin (S.) : *Les Gnostiques* (coll. « Que Sais-je ? », Paris, P.U.F., 1959).

Lacarrière (J.) : *Les hommes ivres de Dieu* (Paris, Fayard, 1975) ; *Marie d'Égypte* (roman, Paris, Lattès, 1983).

Roncaglia (M.) : *Histoire de l'Église copte* [2 vol. parus ; Dar al-Kalima (Liban), 1966 et 1969].

Weyergans (F.) : *Macaire le Copte* (Paris, Gallimard, 1981) (roman).

Langue et littérature :

Doresse (J.) : *Les livres secrets des gnostiques d'Égypte* (Paris, Plon, 1958 et 1959).

Mallon (A.) : *Grammaire copte* (4e éd., Beyrouth, 1956).

Till (W.) : *Koptische Grammatik ; saidischer Dialekt* (Leipzig, 1961).

Art et archéologie :

Bourguet (P. du) : *L'art copte* (Paris, Albin Michel, 1968) ; *Musée National du Louvre. Catalogue des étoffes coptes* (Paris, Musées Nationaux, 1964).

Clarke (S.) : *Christian antiquities in the Nile valley* (Oxford, 1912).

Zaloscer (H.) : *Tissus coptes* (Lausanne, Payot, 1963).

Catalogue :

Habib (R.) : *The coptic Museum. A General Guide* (Le Caire, 1967).

Bibliographie :

Kammerer (W.) : *A coptic Bibliography* (Ann Arbor, 1950).

L'Égypte musulmane et contemporaine

Histoire :

Annales islamologiques VIII : Millénaire du Caire (969-1969) (Le Caire, I.F.A.O., 1969).

Berque (J.) : *L'Égypte ; impérialisme et révolution* (Paris, Gallimard, 1967).

Burlot (J.) : *La civilisation islamique* (Paris, Hachette, 1982).

Carré (O.) et **Michaud** (G.) : *Les frères musulmans, Égypte et Syrie* (1928-1982) (Paris, Gallimard coll. Archives, 1983).

Dalle (I.) : *L'Égypte* (Paris, Sycomore, 1982).

Précis de l'histoire d'Égypte (t. III, de 1517 à 1849 ; t. IV., de 1849 à 1879 ; Le Caire, I.F.A.O., 1933).

Tomiche (N.) : *L'Égypte moderne* (Paris, P.U.F., coll. « Que Sais-je ? », 1976).

Vatikiotis (P. J.) : *The modern history of Egypt* (Londres, Weidenfeld and Nicolson, 1969).

Wiet (G.) : *L'Égypte arabe* (*in* Histoire de la Nation égyptienne, par G. Hanotaux, t. V-VI, Paris, 1937).

Religion :

Jomier (J.) : *Introduction à l'Islam actuel* (Paris, Ed. du Cerf. 1964).

Poupart (Mss) et collab. : *Dictionnaire des religions* (Paris, P.U.F., 1985).

Économie, politique, sociologie :

Balta (P.) et **Rulleau** (Cl.) : *La vision nasserienne* (Paris, Sinbad, 1985).

Berque (J.) : *Étapes de la société égyptienne contemporaine* (*in* Studia Islamica ; Paris, fasc. XII, 1965) ; *Histoire d'un village égyptien au XXe s.* (Paris, Mouton, 1957).

Cluny (Cl.-M.) : *Le Caire* (Éd. du Champ-Vallon, coll. « Des Villes », 1985).

Desjardins (Th.) : *Sadate, pharaon d'Égypte* (Paris, Ed. Marcel Valtat, 1981).

Fathy (H.) : *Construire avec le peuple* (Paris, Sindbad, 1979).

Groupe de Recherches et d'Études sur le Proche-Orient : *L'Égypte d'aujourd'hui, permanence et changements, 1805-1976* (Paris, CNRS, 1977).

Hansen (B.) et **Marzouk** (G.) : *Development and economic policy in the U.A.R.* (Amsterdam, 1965).

Harbisen (F.) et **Ibrahim** (L.) : *Human resources for egyptian enterprise* (New York, 1958).

Issawi (Ch.) : *Egypt at mid-century ; an economic survey* (Londres, Oxford University Press, 1963).

Lacouture (J. et S.) : *L'Égypte en mouvement* (Paris, Seuil, 2e éd., 1962).

Le Gac (D.) : *L'envers des pyramides* (Paris, Le Sycomore, 1985).

Mirel (P.) : *L'Égypte des ruptures* (Paris, Sinbad, 1985).

O'Brien (P.) : *The revolution in Egypt's economic system* (Londres, Oxford University Press, 1966).

Sadate (Anouar el) : *A la recherche d'une identité ; histoire de ma vie* (Paris, Fayard, 1978).

Tomiche (F.-J.) : *Syndicalisme et certains aspects du travail en R.A.U., 1900-1967* (Paris, Maisonneuve et Larose, 1974).

Art et archéologie :

Cluny (Cl.-M.) : *Dictionnaire des nouveaux cinémas.*

Garcin (J.-Cl.), **Maury** (B.), **Revault** (J.) et **Zakariya** (M.) : *Palais et maisons du Caire t. 1* (Paris, C.N.R.S., 1982). **Raymond** (A.), **Maury** (B.), **Revault** (J.) et **Zakariya** (M.) : *Palais et maisons du Caire t. 2* (Paris, C.N.R.S., 1983).

Hautecœur (L.) et **Wiet** (G.) : *Les mosquées du Caire* (Paris, Leroux, 1932).

Raymond (A.) : *Grandes villes arabes à l'époque ottomane* (Sinbad, 1985).

Le millénaire du Caire ; 969-1969 (Le Caire, ministère de la Culture, 1969).

Langue et littérature :

Les enfances de Baibars, trad. et notes de G. Bohas et J.-P. Guillaume (Paris, Sinbad, 1985).

Artin : *Contes populaires inédits de la vallée du Nil* (Paris, G. P. Maisonneuve et Larose, 1889 ; réédit. 1968).

Jomier (J.) : *Lexique pratique français-arabe (parler du Caire)* (Le Caire, J.F.A.O., 1976 ; diff. Sinbad).

Parmi les auteurs égyptiens contemporains dont les ouvrages romanesques reflètent le plus les coutumes, les modes de vie, les problèmes sociaux, etc., vous pourrez choisir entre :

Adès (Albert) et **Josipovici** (Albert) : *Le livre de Goha le simple* (Livre de Poche, n° 2677).

Cossery (Albert) : *Mendiants et orgueilleux* (Livre de Poche, n° 2470).

Dideral (Jean) : *Égyptes, mes yeux, mon soleil* (Éditeurs Français Réunis).

Taha Husayn : *Le livre des jours* (Paris, 1974).

Out el-Koutoub : plusieurs romans, parus chez Gallimard.

Tewfik el-Hakim : plusieurs romans, parus aux Nouvelles Éditions Latines et surtout *Un substitut de campagne en Égypte* (Paris, Plon, 1974).

Mahmud Taymour : plusieurs romans, parus aux Nouvelles Éditions Latines.

Mahfour (Naguib) : *Passage des miracles* (Sinbad, 1985).

Tayeb (Salih) : *Saison de la migration vers le nord* (Sinbad, 1985).

Tayeb (Salih) : *Bandarchāh* (Sinbad, 1985).

Revues et périodiques :

Les cahiers de l'Orient contemporain (Paris, 1945-1952).

L'Égypte contemporaine (Le Caire, 1910 sq.).

Middle East Journal (Washington, 1946 sq.).

Oriente Moderno (Rome, 1920-1952).

Mélanges de l'Institut Dominicain d'Études orientales du Caire (Dar el-Maaref, Le Caire, 1954 sq.).

Revue de la presse égyptienne (Centre d'études et de recherches sur l'Orient arabe contemporain, 5 bd Pasteur, 13100 Aix-en-Provence).

Petit dictionnaire

Abaque. Tablette de pierre, plus ou moins épaisse qui est placée au sommet d'une colonne (→), entre le chapiteau et les architraves. Lorsque ce bloc est suffisamment important, il peut être décoré en bas-relief.

Abaton. Terme grec signifiant lieu sacré, interdit d'accès.

'Abbāsides. La deuxième dynastie de califes de l'Islām renversa les Umayyades (→) en 750 (132 hég.) et régna jusqu'en 1258 (656 hég.), date à laquelle les Mongols prirent leur capitale, Bagdad. C'est sous les 'Abbāsides que l'empire musulman s'est morcelé définitivement, sous cette dynastie aussi que se sont élaborés la théologie et le droit musulman ainsi que la culture littéraire qui ont fait appeler cette époque celle de « L'Islām classique ».

Après « l'âge d'or » du VIIIe s., l'empire fut morcelé et le pouvoir n'appartint plus aux califes mais aux différents gouverneurs locaux. En Égypte, la situation était plus extrême encore puisque, en 969 (356 hég.) s'établit le califat rival des Fāṭimides (→).

Lorsque les Mongols prirent Bagdad et renversèrent le califat 'abbāside en 1250, cette institution était de toute façon très affaiblie. Ce fut le premier sultan de la jeune dynastie mamlouke qui accueillit au Caire un réfugié de la famille 'abbāside et le nomma calife. Ainsi, jusqu'à la conquête ottomane (1517), les sultans mamlouks — ne leur accordant pas une once de pouvoir temporel —, légitimèrent leur pouvoir par la présence au Caire d'un calife 'abbāside.

'Abd. Serviteur, esclave. On trouve souvent ce mot en tête d'un prénom dont la deuxième partie est un des 99 « beaux noms de Dieu ». Par exemple « 'Abd al-Raḥmān » : « Serviteur du Miséricordieux » ; « 'Abd Allāh » : « Serviteur de Dieu ».

Abū. Père. On désigne souvent un homme de ce terme, suivi du prénom de son fils aîné. Par exemple : « Abū Zakariyya », « le père de Zakarie ».

Adoratrices d'Amon (Divines). Les divines adoratrices (ou épouses du dieu) étaient à la tête du clergé féminin d'Amon (→). Épouses divines, elles participaient à l'équilibre cosmique en se rendant agréables au démiurge. Consacrées au dieu, elles devaient rester vierges et se succédaient par adoption. Appartenant à la famille régnante, elles remplirent un rôle politique important à partir de la XXIe dyn., en assurant la main-mise du souverain sur le clergé d'Amon et la région thébaine. Lorsque la XXVe dyn. (« éthiopienne ») conquit l'Égypte, Peye (Piānkhi) força la divine adoratrice Chépénoupet I (fille d'Osorkon III) à adopter une éthiopienne : Aménirdis I. Lorsque le pharaon indigène Psammétique I (XXVIe dyn.) chassa les Éthiopiens, il imposa l'adoption de sa fille Nitocris à Aménirdis II. L'arrivée des Perses, en 525 av. J.-C., mit fin à la puissance politique des divines adoratrices.

Agathodaimon. Mot grec que l'on peut traduire par « le bon génie » et qui sert à désigner un serpent bénéfique dressé sur sa queue. Il existait un grand nombre de tels « bons génies » protecteurs des édifices, des greniers et du foyer pour lesquels, à Basse Époque, les gens tenaient table ouverte. → *Rénénoutet.*

Agha. Titre d'origine turque, essentiellement porté en Égypte par les officiers commandant les grandes milices de l'armée ottomane. → *Janissaires.*

Ahrām. Pluriel de haram, pyramide. C'est ainsi, bien sûr, que l'on désigne les pyramides de Giza.

C'est également le nom d'un grand quotidien, fondé en 1875, par des Syriens, les frères Naqla, et qui est devenu, sans doute, le plus célèbre des journaux égyptiens. Longtemps dirigé par Muḥammad Ḥassanein Heykal, ami et confident de Nasser, il fut dès lors considéré comme un organe officieux de l'État tout en conservant une assez remarquable indépendance d'esprit et de ton.

Akbar. Le plus grand. « Allāhu Akbar » : « Dieu est le plus grand ». C'est par cette formule que commence l'appel à la prière.

'Alī. Le cousin et gendre du Prophète (époux de sa fille Fāṭima [→]), le père des seuls descendants mâles de celui-ci, Ḥasan et Ḥusayn (→), aurait dû, selon l'avis d'une partie des Musulmans, succéder à Muḥammad. Il en fut autrement et c'est seulement après l'assassinat du troisième calife (→), 'Uthmān, auquel il contribua, que 'Alī devint lui-même calife. Mais le quatrième « successeur » du Prophète était désormais dans une situation délicate : un parent de 'Uthmān, Mu'āwiyya, le gouverneur de la province de Syrie lui demanda des comptes sur ce meurtre. Leur division alla jusqu'à la lutte armée, puis un arbitrage donna tort au parti (shi'a) de 'Ali. Il fut finalement assassiné dans la grande-mosquée de Kufa, sa capitale, en 661.
C'est de ces péripéties que sont issus les principaux schismes de l'Islām : les sh'ites (→) sont les partisans de 'Alī et de ses descendants, les kharigites (→), ceux qui n'admirent point l'arbitrage, et les sunnites (→) les héritiers de ceux qui prirent le parti de Mu'āwiyya puis des Ummayades (→).

Alimentation. Malgré les amoncellement de victuailles présentés dans les scènes des banquets funéraires, l'ordinaire de l'Égyptien devait être assez simple. Les gens du commun, paysans et artisans, se contentaient de pain et d'oignon, en y ajoutant parfois des produits de leur pêche. Leurs repas étaient arrosés d'eau et parfois de bière. Les personnes plus aisées enrichissaient leur alimentation de viande (bœuf, mouton, chèvre, volaille) et de légumes et fruits variés (poireaux, concombres, pousses de papyrus, ail, figues, dattes, grenades, raisins). Le pain jouait aussi un rôle très important (on en a dénombré 40 sortes), accomodé de multiples ingrédients : lait, beurre, miel, etc. Ils buvaient non seulement de l'eau et de la bière, mais encore du vin (→ *Boissons*).

Alphabétique (signes). → *Écriture*

Amba. Terme d'honneur réservé à l'évêque ou au supérieur d'un monastère ; désigne aussi tous les saints moines et évêques.

Ambon. Dans les églises orientales, chaire où se fait la lecture des Évangiles.

Aménophis, fils de Hapou. Haut dignitaire du règne d'Aménophis III. Architecte, il dirigea la construction du temple funéraire de ce souverain, dont il ne reste pratiquement que les colosses de Memnon. Il fut très considéré de son vivant et obtint la permission de se bâtir un temple funéraire à proximité des grands ensembles royaux de la rive gauche de Thèbes. Après sa mort, il fut peu à peu l'objet d'une vénération pour sa science et sa sagesse. A l'époque Ptolémaïque, il fut divinisé, et une chapelle lui fut consacrée au plus profond du temple d'Hatchepsout à Deir el-Bahari. Les malades y venaient lui rendre hommage et espérer une guérison, comme cela s'était fait au N. du pays, pour un autre architecte, Imhotep (→).

Âmes de Pé et de Nékhen. Avant l'unification du pays par Narmer, l'Égypte connut deux grands royaumes, l'un dans le N., autour de la ville de Bouto, l'autre dans le S., autour de Hiérakonpolis. Il semble que les souverains de ces deux royaumes aient été divinisés dès les plus hautes époques, et intégrés dans le panthéon égyptien comme des génies en rapport avec le pharaon, son devenir funéraire et les plus importantes cérémonies royales. En effet, les âmes de Pé (Bouto) et de Nékhen (Hiérakonpolis) apparaissent dans les Textes des Pyramides (→) dans lesquels elles aident le roi mort à faire son ascension vers le ciel. Au Nouvel Empire, elles sont représentées par groupe de trois, hommes à tête de chien (Pé) et à tête de faucon (Nékhen) ; elles participent alors aux fêtes royales, portent le dais du pharaon et, le plus souvent, agenouillées, un bras levé, l'autre replié sur la poitrine, applaudissent le souverain.

Amon. Un des plus grands dieux du panthéon égyptien, il commença sa carrière dans la région thébaine de façon fort modeste : au début du Moyen Empire, il était moins important qu'une autre divinité locale, Montou (→). Ce n'est qu'au début du Nouvel Empire, lorsque les princes de Thèbes chassèrent l'envahisseur Hyksôs et rétablirent l'unité du pays, qu'Amon fut porté au premier

rang. La longévité et la gloire des XVIIIe et XIXe dyn. renforcèrent la puissance du dieu et de son clergé, lequel devint un véritable État dans l'État (un de ses grands prêtres, Hérihor devint même pharaon).

Son culte se répandit dans tout le pays et jusque dans ses dépendances méridionales (au Soudan actuel). Nombreux furent les sanctuaires construits en son honneur, mais le principal, le temple de Karnak, fut constamment embelli et agrandi pendant plus d'un millénaire.

Sa personnalité d'origine est difficile à cerner au milieu de tout ce qu'il a emprunté aux autres dieux en prenant de l'importance. Son nom signifiait « le caché » et il fut sans doute un ancien dieu de l'air, de l'espace invisible et insaisissable. Son clergé en fit un dieu créateur « qui fut le premier à être, lors de la première fois ». Sous la forme d'Amon-Rē, il accapara les caractères du dieu solaire d'Héliopolis, sous celle d'Amon-Min, ceux du dieu ithyphallique et fécond. Il prit parfois un aspect momiforme qui l'assimilait à Osiris (→). Sa représentation la plus courante est celle d'un homme coiffé d'un mortier surmonté de deux grandes plumes. Mais il apparaît aussi très souvent comme un homme à tête de bélier, l'un des deux animaux, avec l'oie du Nil, que les prêtres lui associaient.

Amset. → *Quatre fils d'Horus.*

Amulettes. Ce sont de petits objets qui assurent la protection de ceux qui les portent. Dans l'Égypte ancienne, il en existait une très grande variété et on en a retrouvé un très grand nombre. Le plus souvent en faïence bleue, elles peuvent être en pierre semi-précieuse (lapis-lazuli, cornaline, par ex.) ou même en or.

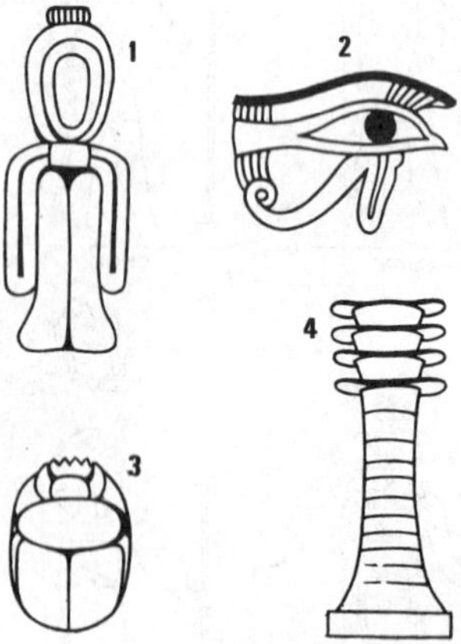

Portées par les vivants, elles étaient placées aussi en quantité sur les momies, afin d'assurer la protection du défunt dans l'au-delà. Elles peuvent représenter des divinités (ou les animaux qui leur sont associés) dont on cherchait à s'assurer la bienveillance. Plus fréquemment, elles reprennent des signes hiéroglyphiques chargés d'une certaine qualité : le « nœud d'Isis » (n° 1) signifie la protection en général, l'« œil » (oudjat) (n° 2) symbolise la santé et la plénitude, le « pilier » (djed) (n° 4) permet d'acquérir la durée, indispensable au défunt. Le « scarabée » (n° 3) signifie l'existence même. Sur le cœur du mort, seul organe interne laissé en place, était posé un scarabée portant un texte qui empêchait sa conscience (son cœur) de parler contre lui-même, lors du jugement devant le tribunal d'Osiris (→).

Anastylose. Restauration consistant à redresser les éléments d'architecture qui s'étaient écroulés.

Anat. La formidable expansion de l'Empire égyptien et les innombrables campagnes militaires mirent le peuple de la vallée du Nil en contact avec des divinités d'origine asiatique à partir du Nouvel Empire. Anat était une déesse guerrière d'origine syrienne et elle fut introduite en Égypte par les prisonniers ramenés par les pharaons. Elle fut surtout adorée à Tanis et à Memphis, proches des frontières du N.-E. A Basse Époque, elle connut le sort de nombreuses déesses et fut assimilée à Isis en perdant tout caractère belliqueux.

Anhour. → *Onouris.*

Anouqis. Déesse qui est probablement d'origine nubienne, mais qui fut adoptée par les Égyptiens dès une très haute époque. Elle résidait dans l'île de Séhel (près de la 1re cataracte) et formait une triade avec Khnoum (→) et Satis (→). Les rapports entre ces divinités ne sont pas clairs et Anouqis était peut-être la fille de Khnoum et Satis. Elle partageait, avec ces deux divinités, la même influence sur le fleuve et pouvait agir sur la crue. Elle était représentée comme une femme coiffée d'une haute touffe de plumes. Elle fut aussi adorée sous la forme d'une gazelle à Komir, au S. d'Esna (dont le temple est dédié à Khnoum).

Anubis. Ce dieu est représenté sous la forme d'un chien noir ou d'un homme à tête de chien. Il veillait sur les nécropoles, comme les chiens errants qui rôdent encore aujourd'hui dans les cimetières. On lui attribue l'invention de la momification, pratiquée pour la première fois sur Osiris (→). Il est souvent montré prenant soin de la momie, penché sur elle. C'est également lui qui prend le défunt en charge et le conduit devant le tribunal d'Osiris. En dépit de son rôle important dans le domaine funéraire, il ne connut jamais la faveur dont jouit Osiris, tout au long de l'histoire du paganisme égyptien. → *Embaumement* et *Psychostasie.*

Apis. L'Égypte a connu très tôt le culte des taureaux (→ *Boukhis, Mnévis*) attachés à des dieux dans certains sanctuaires. Le plus célèbre de ces animaux fut indéniablement Apis, vénéré à Memphis, comme une véritable incarnation du dieu Ptah (→) patron de la ville. Mais Apis fut également associé à Osiris (→) et assuma ainsi la personnalité d'une divinité funéraire. C'est pourquoi sa mort était l'objet de grandioses funérailles (de magnifiques tables d'embaumement d'albâtre furent retrouvées dans la palmeraie de Mīt-Rahīna, site de la ville antique) et, à partir de Ramsès II, les taureaux momifiés furent placés dans un gigantesque hypogée quand le besoin s'en faisait sentir. Cette sépulture collective, appelée Sérapéum, était précédée d'un dromos bordé de sphinx. La découverte de cette allée conduisit Mariette (→) au Sérapéum et fut à l'origine de sa vocation d'égyptologue. Après la mort de l'Apis, les prêtres lui choisissaient soigneusement un successeur, reconnaissable à des taches particulières de son pelage, puis l'intronisaient en grande pompe.

Apopis. Serpent maléfique, il était l'incarnation des forces qui mettent perpétuellement en danger l'équilibre de l'univers. Il habitait les cieux et attaquait chaque matin la barque solaire qui sortait du monde nocture. Vaincu par son équipage commandé par Seth (→), il disparaissait pour recommencer le lendemain. Il symbolisait ainsi la menace permanente d'un mal difficilement repoussé mais jamais détruit de façon définitive.

Arabie pré-islamique. L'Islām est né en Arabie, dans un monde de bédouins, de nomades chameliers organisés en tribus. Leur religion, polythéiste et assez sommaire, les rassemblait lors de pèlerinages dont le plus important était celui de la Mekke (→). Ces rassemblements étaient aussi l'occasion de joutes oratoires : la poésie était une des composantes majeures de la civilisation pré-islamique et celle de cette époque fut et est considérée par les Arabes comme un élément important de leur patrimoine culturel. Malgré tout, cette période est appelée celle de « l'Ignorance » (« la Gāhiliyya »), puisque les Arabes ne connaissaient pas encore l'Islām, mais elle est, pour les Arabo-Musulmans, une époque particulièrement vénérée puisque la Révélation y naquit.

Architrave. Partie inférieure de l'entablement, juste au-dessus des chapiteaux des colonnes ou autres supports. → *Colonne (illustration).*

Arianisme. Doctrine chrétienne propagée par le prêtre alexandrin Arius (v. 256-336) et condamnée lors d'un synode à Alexandrie en 320 puis au concile de Nicée en 325 : elle nie la consubstantialité du Père, du Fils et de l'Esprit en Dieu et, par conséquent, refuse au Christ une nature divine parfaite.

Arsénouphis. Venu du S. du pays, ce dieu fut identifié par les Égyptiens à Chou (→) dans la légende de la déesse lointaine. Dans cette histoire, le dieu Chou, sous sa forme d'Onouris (→) dut rechercher Tefnout, déesse-lionne, partie après avoir passé sa colère sur les hommes. Le nom d'Arsénouphis signifie : « le bon compagnon » ou le « bon époux » il est ainsi l'aspect d'Onouris-Chou qui, après avoir retrouvé la déesse, s'installa avec elle dans l'île de Philae. Là, elle s'identifia à Isis (→) et les Égyptiens construisirent un sanctuaire pour son « bon compagnon ».

Astarté. Déesse syrienne amenée en Égypte par les prisonniers asiatiques à l'époque ramesside, installés à Pi-Ramsès (Qantir, dans l'E. du Delta) et à Memphis. Déesse guerrière, elle est le plus souvent représentée combattant à cheval ou sur un char.

Astrologie. Les Égyptiens portaient un grand intérêt aux rapports entre l'astronomie et les événements de la vie humaine, ce que nous appelons l'astrologie. Les mois, les jours, les heures étaient placés sous la garde d'une divinité, et selon ce que cette divinité avait connu à ces moments, les dates étaient fastes ou néfastes. Des papyrus du Nouvel Empire sont de véritables « calendriers de jours fastes et néfastes ». Ainsi le 26e jour du mois de Thot (1er mois de la 1re saison, → *Calendrier*) était néfaste car il était l'anniversaire du combat entre Horus (→) et Seth (→). Mais le 27e jour du mois d'Athyr était faste car ce jour-là Horus et Seth avaient fait la paix.

Astronomie. Les prêtres égyptiens s'intéressèrent à l'étude des astres pour des raisons d'ordre théologique. Et sans égaler la renommée de l'astronomie babylonienne, cette science ne dut pas être négligeable en Égypte. Les témoignages sont multiples : plafonds de tombes royales (Séthi I, Ramsès VI, Ramsès IX dans la Vallée des Rois), de tombes privées (Senmout, architecte de Deir el-Bahari), de temples (le zodiaque de Dendara, dont l'original est au musée du Louvre), traités d'astronomie (à Edfou) et textes religieux. L'astronomie, base de

l'établissement d'un calendrier (→), fut utilisée pour déterminer des jours fastes et néfastes (→ *Astrologie*), mais aussi pour l'orientation des monuments religieux, temples ou pyramides.
Les prêtres égyptiens connaissaient bien la course de la lune, et séparaient les étoiles en deux groupes : les « indestructibles » (fixes, qui ne disparaissaient pas du ciel visible) et les « infatigables » (les planètes Jupiter, Saturne, Mars, Mercure, Vénus). Leurs constellations ne sont pas toujours identifiables : la Grande Ourse était la « Jambe du Bœuf », le Cygne était représenté par un homme aux bras étendus. Enfin ils avaient noté les éclipses appelées « rencontre du soleil et de la lune ». Bien d'autres phénomènes furent notés par les prêtres égyptiens, mais nos connaissances ne nous permettent que des conjectures.

Atef. → *Couronne.*

Athanase (295-373). Évêque d'Alexandrie et l'un des plus ardents combattants contre l'arianisme (→), ce qui lui valut d'être exilé cinq fois entre 335 et 366. Auteur de trois Discours contre les Ariens et d'une Vie de saint Antoine écrite peu après la mort de celui-ci et traduite en latin dès 388.

Aton. Nous ne savons pas grand-chose des origines de ce dieu qui a connu une gloire éphémère dans l'histoire de l'Égypte. Avant le Nouvel Empire, il semble n'avoir été qu'un terme désignant le disque solaire. C'est sous Aménophis III qu'il devint la personnification de la puissance divine qui habite le ciel, et que son culte se manifeste pour la première fois, sans doute dans le seul entourage royal.

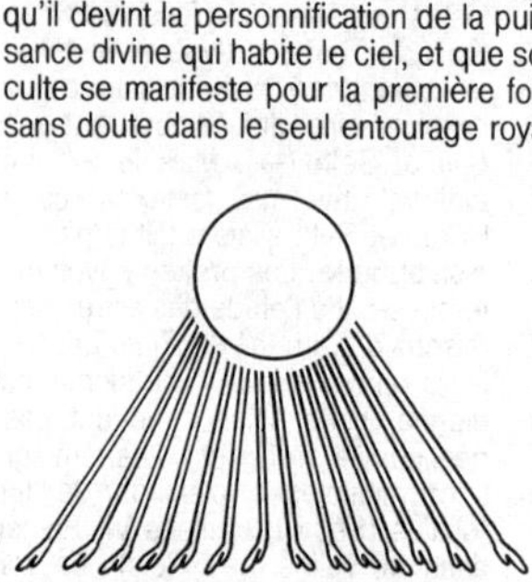

Le successeur d'Aménophis III, Aménophis IV, prend le nom d'Akhénaton (« celui qui est agréable à Aton »), crée une nouvelle capitale, Akhétaton (« l'Horizon d'Aton »), sur le site moderne de Tell el-Amarna, et développe ce que l'on a appelé l'hérésie atonnienne, ou schisme atonien, pour souligner la rupture avec le grand dieu de la dynastie, Amon (→). Selon la tradition, Aton devint un démiurge, origine de toute création, mais, contrairement à l'esprit du syncrétisme égyptien, le culte d'Aton se fit exclusif. Les autres divinités sont écartées et Amon, dont le clergé était devenu très (trop) puissant, fut l'objet d'attaques de la part des fidèles du « nouveau dieu » et son nom effacé de tous les monuments. Certains savants modernes, influencés par la culture occidentale, ont voulu parler de monothéisme à propos de l'Atonisme. La notion de dieu unique n'était pas étrangère aux Égyptiens pour qui les nombreux dieux étaient chacun unique et l'expression d'une même puissance divine. En réalité, il faudrait plutôt parler de panthéisme, Aton étant présent en toute chose. C'est pourquoi il ne fut jamais représenté sous un autre aspect que celui d'un disque aux rayons terminés par des mains, portant aux hommes l'énergie vitale sous la forme d'une croix ansée (→). Mais cette nouvelle religion ne dura pas. A la mort d'Akhénaton, son successeur, le jeune Toutankhaton prit le nom de Toutankhamon, et le clergé d'Amon rendit à son dieu sa puissance, poursuivant à son tour Aton de sa vindicte et essayant d'effacer toute trace de son passage. Cependant, cette période a laissé de nombreux témoignages à travers un art qui nous fascine encore aujourd'hui, et Aton a su inspirer à son prophète, Akhénaton, un des plus beaux hymnes religieux de l'Égypte antique.

Atoum. L'un des plus anciens systèmes théologiques élaborés par les prêtres égyptiens fut celui de la ville d'Héliopolis. Là, le démiurge était Atoum, « celui qui vint à l'existence par lui-même ». Son nom semble le rattacher à l'idée abstraite de totalité dont il pouvait être une personnification, création ex-nihilo du clergé héliopolitain. Ainsi, il est remarquable qu'Atoum ne soit jamais représenté autrement que par un homme. Mais il fut rapidement identifié au dieu-soleil et, dans l'effort de systématisation des prêtres, il devint « celui qui a accompli son temps » : le soleil couchant. De plus, d'après les légendes, les premiers souverains d'Égypte furent les membres de l'énneade (→) d'Héliopolis à l'origine de laquelle se trouvait justement Atoum ; c'est ainsi qu'il devint le prototype du roi sage, ayant achevé tranquillement son règne, auquel les rois d'Égypte aimaient se comparer.

'Ayd. Fête ; « al-'Ayd al-Kébīr », « la grande fête », et « al-'Ayd as-Ṣaghīr », la « petite fête », sont les deux principales fêtes de l'année musulmane ; elles portent en Égypte le nom de Bayrām (→).

Ayyūbides. Dynastie, établie au Caire, qui régna de 1171 (566 hég.) à 1250 (648 hég.) sur l'Égypte, la Syro-Mésopotamie et le Yémen.

Son fondateur, Saladin (→), était le neveu de Shirqūḥ, lequel avait été envoyé en Égypte par Nūr al-Dīn, prince régnant alors en Syrie. Juste avant sa mort, en 1169, Shirqūh fut proclamé vizir du califat faṭimide (→). Saladin lui succéda et abolit ce califat shi'ite qui régnait sur l'Égypte depuis deux siècles. A la mort de Nūr al-Dīn, Saladin étendit son autorité sur ce pays, une partie de la Mésopotamie et le Yémen et conquit sa légitimité en se faisant le nouveau champion de la guerre sainte contre les Croisés.

La base de la puissance de Saladin résidait donc dans son armée, composée non pas d'Égyptiens mais de Kurdo-Turcs rémunérés grâce au système de l'iqṭâ', système en vigueur à cette époque dans tout l'Orient musulman : l'État, à qui appartient toutes les terres, rétrocède l'usufruit de ses droits fiscaux aux militaires qui ne résident d'ailleurs jamais sur les terres en question.

La lutte de Saladin ne se limita pas à la guerre contre les chrétiens, il œuvra en Égypte à la restauration de l'Islām sunnite, développant toute une propagande, notamment par le moyen des madrasas (→).

Si ses héritiers, trouvant avantage à une coexistence pacifique qui permettait un commerce fructueux pour les deux parties, abandonnèrent la guerre sainte contre les Croisés, ils continuèrent par contre à édifier des madrasas, phénomène qui perdura sous la dynastie suivante, celle des Mamlūks.

C'est d'ailleurs sous les Ayyūbides que naquit ce qui fait l'originalité de cette dernière dynastie puisque ce fut le sultan Nagm al-Dīn Ayyūb (1240-49) qui, le premier, acheta des esclaves (« mamlūks »), lesquels prirent le pouvoir lorsque le dernier souverain ayyūbide s'avéra incapable de gérer les affaires de la dynastie.

Ba. Une des composantes spirituelles de l'homme. Après sa mort, le Ba, représenté sous la forme d'un oiseau à tête humaine, s'éloigne du corps momifié et erre à proximité du défunt, préférant même, le plus souvent, sortir à l'air libre.

Baāl. Dieu cananéen introduit en Égypte au cours de la XVIIIe dyn. par les marins phéniciens employés par les pharaons. Il fut d'abord adoré à Pérou-Néfer, arsenal de Memphis, comme protecteur de la navigation. Puis son origine de dieu de la tempête et de l'orage le fit identifier à Seth (→) et même à Montou (→). Dieu guerrier, il constituait un modèle pour les rois combattants de la période ramesside.

Banū, Bénī. De la même racine que « ibn », « fils », ce mot se trouve employé dans de nombreux noms de tribus ; par ex. : les Banū Hilāl.

Barbe. → *Fausse barbe.*

Barque. La configuration particulière de l'Égypte ayant fait du Nil, dès les origines, la principale voie de communication, les barques étaient évidemment le moyen de transport le plus utilisé et les dieux eux-mêmes possédaient les leurs ; ainsi le clergé des temples faisait-il naviguer sur les lacs sacrés des barques portant les emblèmes divins à la proue et à la poupe (une tête de bélier pour Amon [→], par ex.) et, lorsque dieux et déesses se rendaient visite, ils utilisaient ce moyen. Les mythes élaborés par les théologiens racontent que le soleil se déplaçait dans le ciel à bord de sa barque du jour (la « mandjet ») et de celle de la nuit (la « mésektet ») ; Osiris (→), quant à lui, naviguait dans la « nestimet ». Près des tombes royales de l'Ancien Empire, on a retrouvé des excavations naviformes qui symbolisaient l'embarcation que le roi mort et élevé au rang de dieu utilisait alors. Au S. de la pyramide de Chéops, on a même mis au jour une magnifique barque de cèdre, longue de 40 m, démontée et soigneusement rangée dans une fosse hermétiquement refermée. Certains indices (les marques de cordage imprimées sur le bois) laissent penser que ce navire dut naviguer du vivant du roi.

Bastet. Déesse-chatte adorée à Bubastis dans le Delta. Pour des raisons de ressemblance, elle fut très tôt rapprochée de la déesse-lionne Sekhmet (→). Bastet étant une déesse de la joie au caractère amical, elle est souvent représentée comme une femme à tête de chat, tenant dans ses mains le sistre (→) et l'égide. Elle fut très populaire, ainsi que le prouve le grand nombre de figurines de chattes retrouvées.

Bayrām. Terme d'origine turque désignant, en Égypte, les deux principales fêtes musulmanes : le Petit Bayrām (ailleurs, al-'Ayd as-Ṣaghīr, petite fête, ou al-'Ayd al-Fitr, fête de la Rupture), célébré à la fin du Ramaḍān (→) avec, compte tenu des circonstances, beaucoup plus de solennité et de joie que l'autre, dite Grand Bayrām (ailleurs al-'Ayd al-Kébīr, grande fête), où l'on égorge un mouton en souvenir du sacrifice d'Abraham (→ *calendrier*).

Belzoni, Giovanni Battista (1778-1823). Autodidacte italien que ses connaissances en irrigation amenèrent en Égypte. Il travailla à partir de 1816 pour Henri Salt, consul général de Grande-Bretagne. C'est un de ces explorateurs et fouilleurs sans formation scientifique, qui explorèrent le pays avant même la naissance de l'égyptologie. Il parcourut l'Égypte et la Nubie, de la côte de la Mer Rouge aux oasis libyques et envoya en Europe de nombreux objets, mais aussi des copies des monuments qu'il rencontra.

Bes. Divinité mineure, Bes présente l'aspect d'un gnome barbu aux jambes torses, aux traits grossiers et souvent réjouis, plus souvent représenté de face que de profil. C'est une sorte de génie domestique qui protège les femmes et les enfants. Par ses grimaces et ses danses grotesques, il réjouissait ses fidèles et effrayait les mauvais esprits. Il n'avait pas de lieu de culte mais fut très en faveur auprès du peuple, même après que le christianisme se fut installé. Dans les temples, on le trouve représenté à Basse Époque dans les mammisis (→) consacrés à la naissance divine. A Abydos, il fut très tardivement l'objet d'un culte, comme dieu guérisseur.

Bey. Titre turc signifiant « Seigneur » ; il est employé en Égypte dès l'époque mamlouke.

Bijoux. Des premières dynasties jusqu'aux périodes tardives, les tombes égyptiennes nous ont livré de nombreux bijoux ayant appartenu à des souverains et à leurs épouses aussi bien qu'à des personnages plus humbles. Les Égyptiens aimaient à s'en parer de leur vivant comme en témoignent les peintures, bas-reliefs et sculptures de toutes les époques. Les égyptologues considèrent le Moyen Empire comme l'âge classique de la bijouterie, moment où les techniques les plus élaborées sont déjà maîtrisées et où la finesse de la réalisation atteint un niveau jamais égalé. Mais les trésors du Nouvel Empire (celui de Toutankhamon en particulier) et ceux des époques éthiopienne et tanite témoignent également d'un art achevé. Les orfèvres ont utilisé l'or, l'argent (importé d'Asie), l'électrum (mélange naturel d'or et d'argent), des pierres semi-précieuses comme la cornaline, la turquoise, le lapis-lazuli et l'améthyste mais aussi la faïence, la fritte et le verre (à partir du Nouvel Empire). Les bijoux pouvaient avoir un rôle purement décoratif mais ils étaient très souvent chargés de symboles qui leur conféraient une fonction de protection.

Bois. Si l'art de la pierre est plus répandu que celui du bois, les Égyptiens n'en utilisèrent pas moins ce matériau dès les hautes époques. Mais le pays était très pauvre en bois et le bois de belle qualité était importé du Liban dès les premières dynasties. L'ébène, ce bois précieux que les Égyptiens appelaient « hében » venait en Égypte de l'intérieur de l'Afrique par l'intermédiaire des Nubiens. Les espèces locales étaient de moindre qualité : le palmier servait à fabriquer de grossières poutres, du sycomore on fabriquait des cercueils et des statues, et l'acacia était utilisé pour les navires marchands qui sillonnaient le Nil. Ainsi le bois entrait-il dans tous les domaines : architecture, sculpture, relief, fabrication d'objets usuels et ébénisterie, art qui apparut sans doute pour la première fois en Égypte sous la Ve dyn.

Boisson. Deux boissons se partageaient les faveurs des Égyptiens : la bière et le vin. A côté de l'eau, qui constituait l'ordinaire du peuple, la bière était sans doute la boisson la plus répandue dans l'ensemble de la population. Elle était prépa-

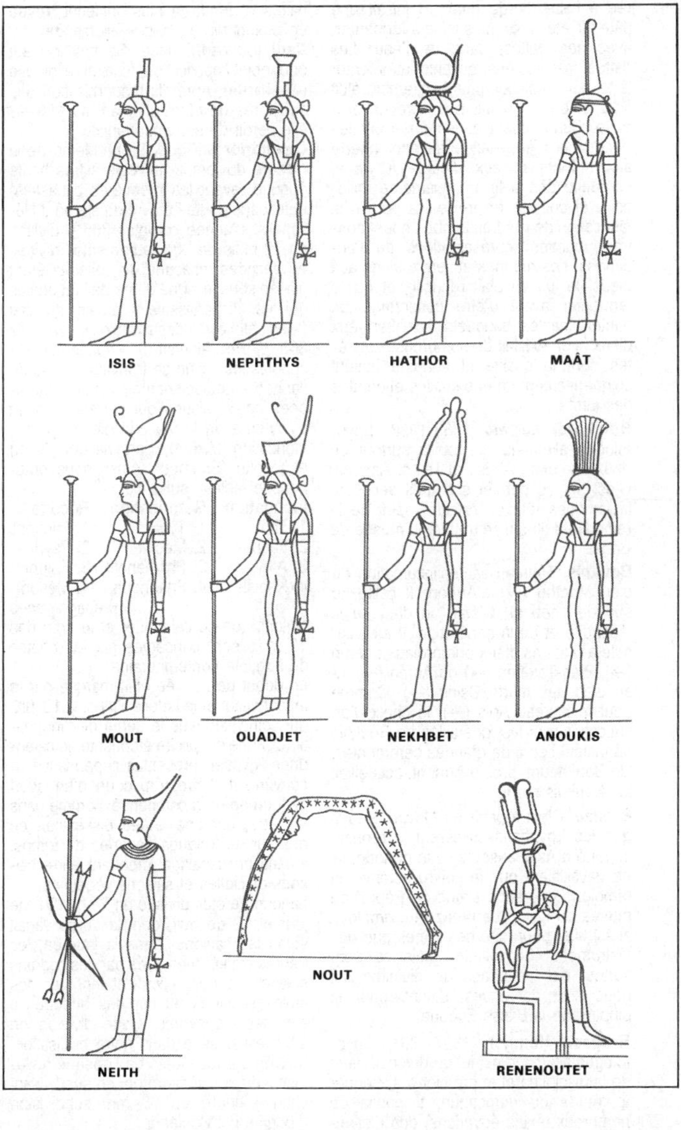
ISIS
NEPHTHYS
HATHOR
MAÂT
MOUT
OUADJET
NEKHBET
ANOUKIS
NOUT
NEITH
RENENOUTET

rée à base d'orge dont on faisait une pâte qui était cuite puis mise à fermenter, avec des dattes, dans de l'eau. Les dattes, très sucrées, devaient augmenter la teneur en alcool, puis l'ensemble était filtré et on y ajoutait peut-être un aromate. Couramment consommée par les vivants, la bière était également offerte aux défunts et aux dieux. La vigne, introduite dès la fin du quatrième millénaire et cultivée en treilles, a permis la fabrication de vin. Les tombes nous montrent maintes représentations de vendanges. Les grappes étaient foulées aux pieds, le jus en était recueilli, et mis à fermenter avant d'être consommé en d'interminables banquets ou offert aux dieux. Il en existait de nombreuses variétés dont la qualité et l'origine étaient soigneusement notées sur les étiquettes des jarres.

Borchardt, Ludwig (1863-1938). Égyptologue allemand qui fouilla surtout en deux endroits : Abūṣir et Tell el-Amarna. C'est sur ce dernier site qu'il découvrit la fameuse tête en calcaire peint de la reine Néfertiti qui se trouve au musée de Berlin.

Boukhis. Taureau sacré, incarnation du dieu Montou (→) d'Arment (localité au sud de Thèbes). C'était un dieu de la fécondité et de la génération. Il fut assimilé à d'autres dieux primordiaux : Noun (→), Ptah-Taténen (→) ou Amon (→), et au dieu des morts Osiris (→). Comme pour le taureau Apis (→), le choix d'un successeur et les funérailles de Boukhis donnaient lieu à de grandes cérémonies. Un Boukhéum, près d'Arment, accueillait les Boukhis morts.

Bronze. C'est à partir du Moyen Empire que les Égyptiens utilisèrent le bronze, importé d'Asie. Jusqu'à cette période, ils ne travaillaient que le cuivre comme en témoigne la grande statue de Pépi II du musée du Caire. Le bronze fut employé aussi bien pour faire des armes que des instruments de toilette, mais ce sont surtout des statuettes de divinités qui nous sont parvenues, datant, pour la plupart, de la Basse Époque.

Brugsch, Heinrich (1827-1894). Égyptologue allemand qui fut un des pionniers de la discipline et le premier à s'attaquer à l'étude du démotique. Il publia de nombreux textes égyptiens, des dictionnaires et fonda la plus ancienne revue égyptologique de langue allemande.

Cadi (ou qāḍī). Juge. Sa fonction eut pour objet l'application de la loi religieuse (→ sharī'a). Après la modernisation des structures de l'État ottoman, au XIXe s., elle perdit de son importance.

Calendrier antique. Le problème de la mesure du temps fut réglé à très haute époque (avant les premières dynasties) et fut sans doute l'œuvre du clergé d'Héliopolis. L'année comptait 365 j. divisés en 12 mois de 30 j. eux-mêmes divisés en décades, chacune de celles-ci étant placée sous le signe d'une des 36 étoiles qui ne disparaissaient jamais du ciel («les étoiles indestructibles»). A ces 360 j., on rajoutait 5 «épagomènes» appelés les «cinq se trouvant en sus de l'année». Les douze mois étaient regroupées en 3 saisons qui correspondaient au rythme de la vie agricole du pays : inondation (Akhet), germination (Peret) et récolte (Shémou). Ainsi, nous obtenons le tableau suivant :

Inondation	Germination	Récolte
1. Thot	1. Tybi	1. Pachons
2. Paophi	2. Méchir	2. Payri
3. Athyr	3. Phaménoth	3. Epiphi
4. Khoiak	4. Pharmouti	4. Mésori
		5 j. épagomènes

Notons que ce calendrier et le nom des 12 mois sont conservés par les coptes de l'Égypte contemporaine.

Le début de l'année était marqué par le lever héliaque de l'étoile Sirius, le 19 juil., qui coïncidait avec le début de l'inondation. D'une simplicité étonnante, le calendrier égyptien présentait cependant l'inconvénient d'être trop court d'un quart de journée (non compensé, comme dans le nôtre, par une année bissextile), ce qui, sur de longues périodes de temps, amena un décalage important entre saisons officielles et saisons végétales.

La journée était divisée en 24 h, 12 h de jour et 12 de nuit, dont la durée variait selon les saisons. Dans la journée, les heures étaient mesurées par des cadrans solaires, la nuit, elles l'étaient par des tables stellaires ou par des horloges à eau, les clepsydres. Cette division en 24 h est passée dans notre civilisation, relayée par les Grecs de l'époque hellénistique qui l'améliorèrent en subdivisant chaque heure en 60 mn, subdivision d'origine babylonienne.

Calendrier copte. Héritier direct du calendrier antique, il compte, comme lui, 12 mois de 30 jours complétés, en fin d'année, par un mois supplémentaire de 5 jours (6 les années bissextiles) :

1. Tūt	7. Barmahāt
2. Bābah	8. Barmūdah
3. Hātur	9. Bashons
4. Kīhak	10. Baūnah
5. Tūbah	11. Abīb
6. Amshīr	12. Masrī
	+ Nasī

L'ère copte commence le 29 août 284 («Ère des Martyrs» de Dioclétien) de l'ère chrétienne et ses fêtes sont les mêmes que celles du calendrier julien, en retard de 11 jours sur le calendrier grégorien : ainsi la Nativité est-elle célébrée le 29 kīhak = 25 décembre julien, qui correspond en fait au 6 janvier (ou au 7 les années bissextiles). Le jour de l'an, ou 1er Tūt, correspond à notre 11 (ou 12) septembre.

Calendrier musulman. L'année en usage est l'année lunaire, de 354 ou 355 jours : elle avance donc chaque année de 10 ou 11 jours par rapport au calendrier grégorien. Le mois commence à l'apparition de la nouvelle lune et les douze mois sont alternativement de 29 et 30 jours :

1-Muharran (30 j.) ; le 1er est célébré le jour de l'An ; le 10 est l''āshūrā', anniversaire tout à la fois de la rencontre d'Adam et Ève après l'expulsion du Paradis, de la fin du Déluge et surtout de la mort d'Ḥusayn (→), qui est un jour de grand deuil pour les shi'ites (→). 2-Ṣafar (29 j.). 3-Rābi' al-Auwal (30 j.) ; le 12 est célébré l'anniversaire de la naissance du Prophète (→ Mūled). 4-Rābi' at-Ṭānī (29 j.), au cour duquel les shi'ites célèbrent la naissance de Ḥusayn. 5-Gumāda al-Auwal (30 j.). 6-Gumāda at-Ṭānī (29 j.). 7-Ragab (30 j.) ; on fête alors la naissance de Sayyida Zaynab, petite-fille du Prophète et, le 27, l'ascension du Prophète. 8-Sha'ban (29 j.) ; les Cairotes célèbrent la naissance de l'Imam ash-Shāfi'ī. 9-Ramaḍān (30 j. ; →), le mois du jeûne. 10-Shawal (29 j.) ; le 1er est célébré le Petit Bayrām (→). 11-Dhu al-Qa'dā' (30 j.). 12 Dhu al-Higga (29 ou 30 j.), le mois du pèlerinage (→) ; le 10 est célébré le Grand Bayrām (→).

Le cycle lunaire des musulmans se compose de trente années : 19 de 354 jours et 11 de 355 jours. L'évolution diurne est calculée d'un coucher du soleil à l'autre et divisée également en deux périodes de douze heures. Mais la journée est aussi divisée en cinq parties inégales : 1-el-maghreb, coucher du soleil ; 2-el-'ichā, seconde heure de nuit ; 3-el-ṣobh, aurore ; 4-ed-dhohr, midi ; 5-al-aṣr, milieu de l'après-midi ; ce sont les moments où les croyants sont appelés à la prière.

L'ère musulmane commence avec l'Hégire (→).

Calife. « Al-Khalifa » : « le successeur » du Prophète, dirigeait, à l'époque classique, la communauté des croyants ; il détenait les pouvoirs spirituels, ainsi que temporels.

Calligraphie. En terre d'Islām, où la représentation de la figure humaine est souvent prohibée, les arts non-figuratifs et, notamment, la calligraphie — l'art arabo-musulman par excellence —, ont occupé, une place de choix, dans les édifices religieux particulièrement. Et ne serait-ce que parce que c'est à cet art que l'on doit des copies du Coran, il n'est pas considéré comme un art mineur. Les deux principaux types d'écriture calligraphiée sont le kufique (→) et le naskhī (→).

Campaniforme. → *Colonne.*

Cannelé. → *Colonne.*

Canope. A l'E. d'Alexandrie, non loin de l'ancienne embouchure d'un des bras du

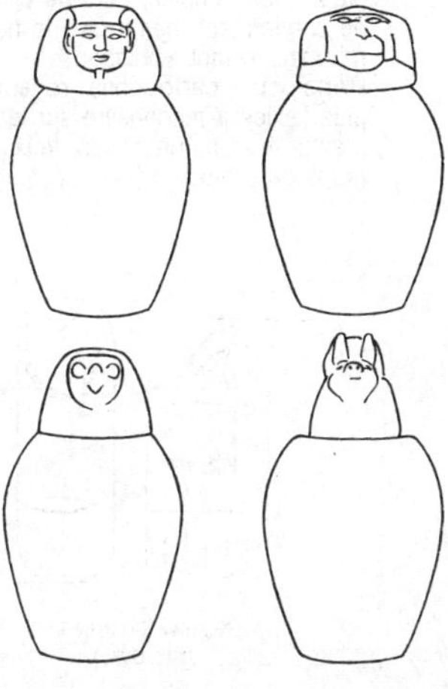

Nil, se trouve le port moderne d'Abūqīr, que les grecs appelaient Canope. Là, à une époque tardive, fut adorée une image d'Osiris représentée par une cruche surmontée de la tête de ce dieu. C'est pourquoi les premiers égyptologues adoptèrent ce nom pour désigner, par analogie, les vases contenant les organes internes prélevés sur le mort au cours de la momification et conservés à part dans le tombeau. Les viscères étaient sous la protection des quatre fils d'Horus (→) et les canopes étaient fermés par des couvercles rappelant ces quatre divinités : la tête d'homme pour Amset, de chien pour Douamoutef, de babouin pour Hapi et de faucon pour Qébehsénouf.

Caravansérail. → *Funduq, Khān et Wikāla.*

Carter, Howard. (1874-1939). Archéologue britannique qui travailla d'abord avec Petrie puis, en 1899, pour le Service des Antiquités d'Égypte. En 1907 il rentre au service de Lord Carnarvon pour le compte duquel il fit la découverte de la tombe de Toutankhamon en 1922.

Cartouche. Le cartouche est une boucle allongée qui entourait les deux derniers noms du roi (→ *Protocole*). Il symbolisait ainsi le règne universel du pharaon. Notons que certaines « grandes épouses royales » et divines adoratrices (→) eurent aussi leur nom inscrit dans un cartouche. A l'époque romaine, sur les parois des temples, certains cartouches ne contiennent même plus le nom d'un roi, mais le mot « pharaon ».

Principaux cartouches royaux : les plus faciles à reconnaître sur les monuments, ils comportent les deux derniers noms du protocole (→) :

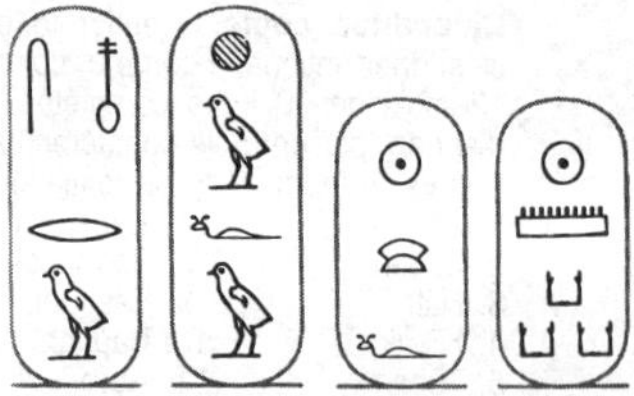

Snéfrou — Khoufou Khéops — Khafrê Khéphren — Menkaourê Mykérinos
(IVᵉ Dyn.)

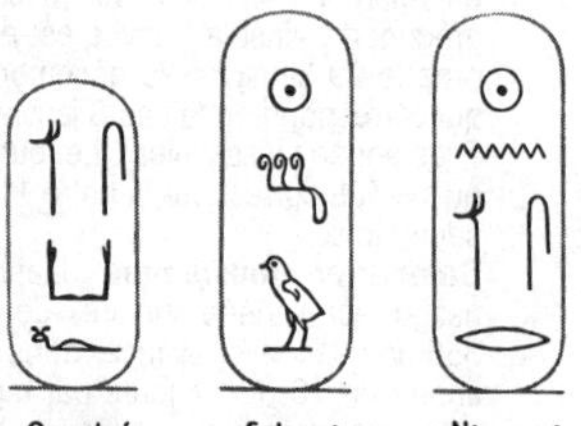

Ouserkaf (Vᵉ Dyn.) — Sahourê (Vᵉ Dyn.) — Niouserrê (Vᵉ Dyn.)

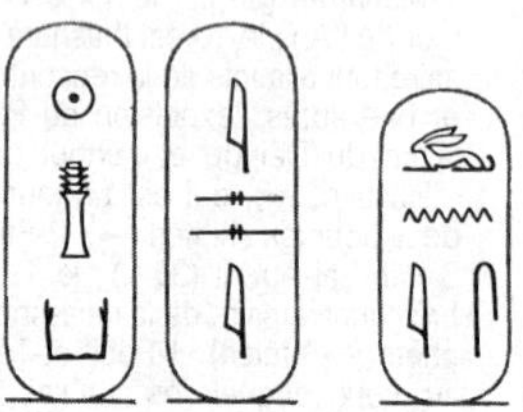

Djedkarê-Izézi (Vᵉ Dyn.) — Ounas (Vᵉ Dyn.)

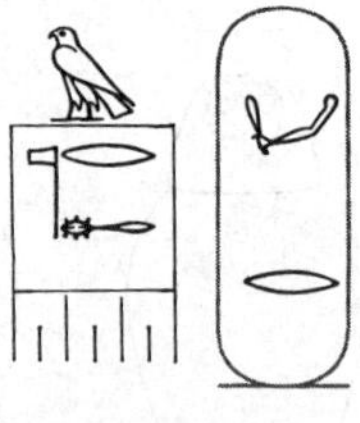

Néterier-Khet Djéser (IIIᵉ Dyn.)

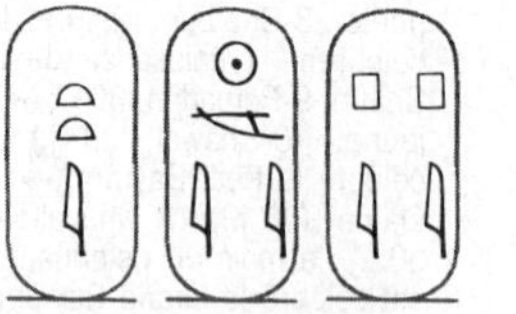

Téti (VIᵉ Dyn.) — Merirê Pépi I (VIᵉ Dyn.)

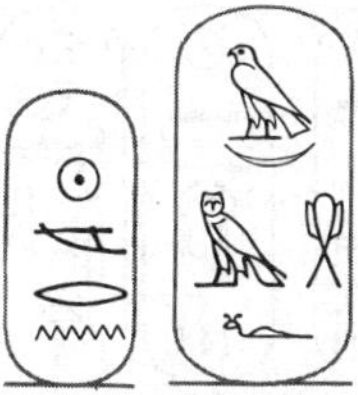

Merenrê-Nemtiemsaf
(Menthesouphis)
(VIᵉ Dyn.)

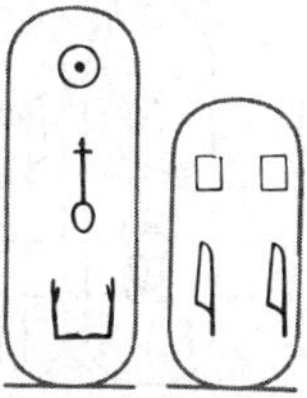

Neferkarê Pépi II
(VIᵉ Dyn.)

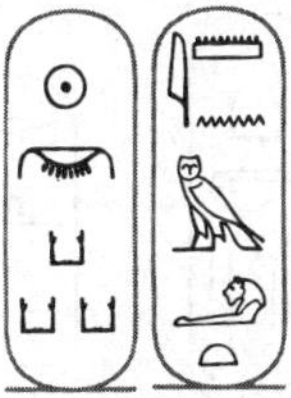

Nebkaourê
Amenemhat II
(XIIᵉ Dyn.)

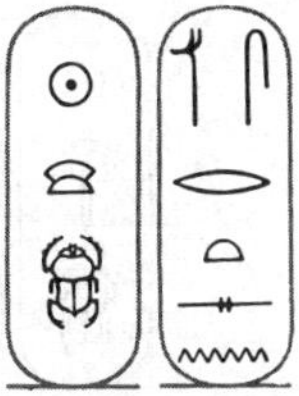

Khakheperrê Senousret
(Sésostris II)
(XIIᵉ Dyn.)

Antef
(XIᵉ Dyn.)

Nebkhepetrê-Mentouhotep I
(XIᵉ Dyn.)

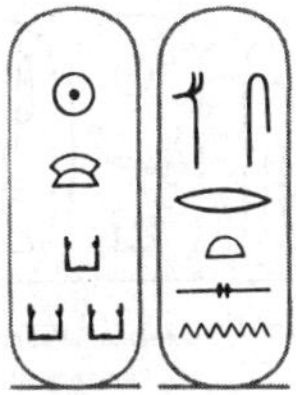

Khakaourê Senousret
(Sésostris III)
(XIIᵉ Dyn.)

Nimaâtrê
Amenemhat III
(XIIᵉ Dyn.)

Séankhkarê-Mentouhotep II
(XIᵉ Dyn.)

Maâkhérourê
Amenemhat IV
(XIIᵉ Dyn.)

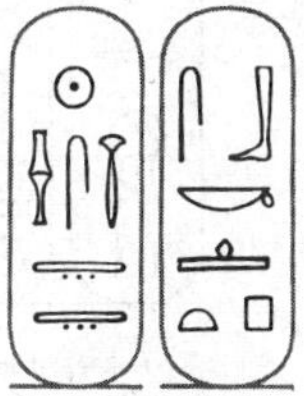

Sekhemrê Séouadjtaouî
Sébekhotep III
(XIIIᵉ Dyn.)

Sehetepibrê
Amenemhat I
(XIIᵉ Dyn.)

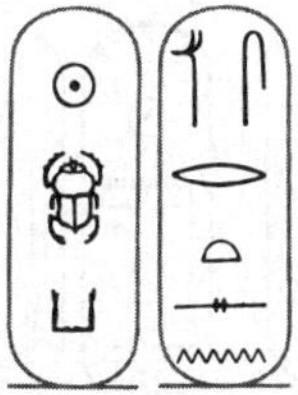

Kheperkarê
Senousret (Sésostris I)
(XIIᵉ Dyn.)

Séouserenrê Chian
(Hyksôs)

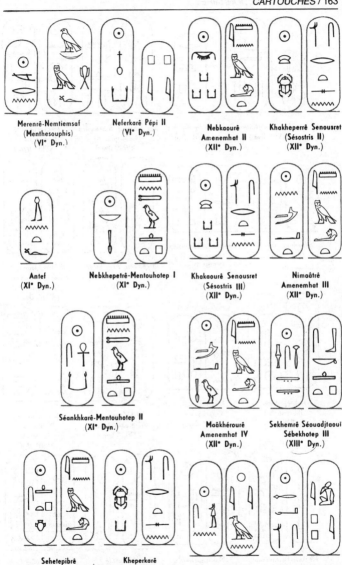

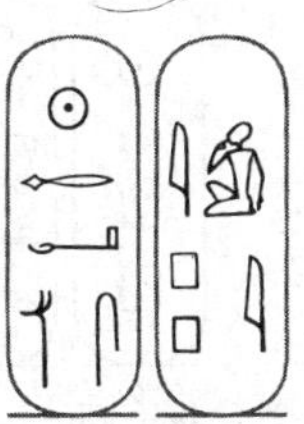

Aâouserrê Apopi
(Hyksôs)

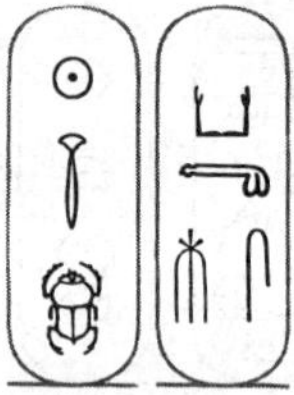

Ouadjkhéperrê-Kamosis
(XVIIe Dyn.)

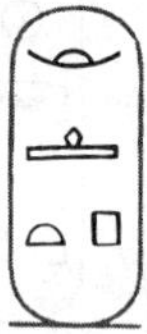

Reine Ahhotep
(XVIIe Dyn.)

Âakhéperourê Amenhotep
(Aménophis II)
(XVIIIe Dyn.)

Menkhéperourê
Thoutmôsis IV
(XVIIIe Dyn.)

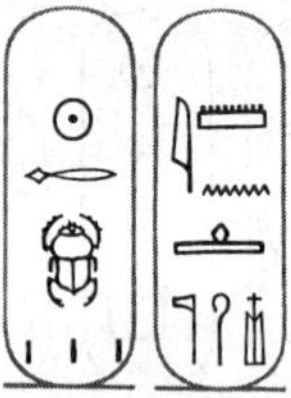

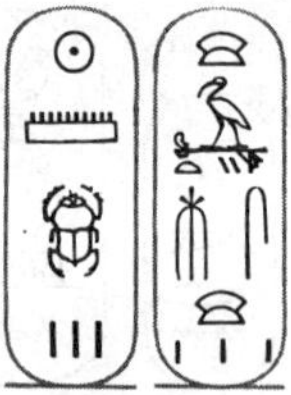

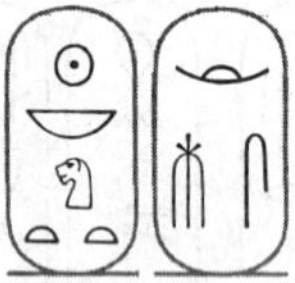

Nebpehtirê-Ahmosis
(XVIIIe Dyn.)

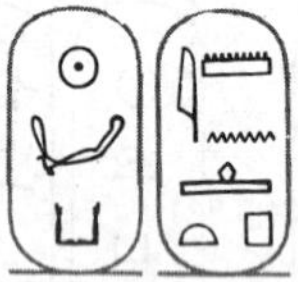

Djéserkarê-Amenhotep
(Aménophis I)
(XVIIIe Dyn.)

Nebmaârê Amenhotep
(Aménophis III)
(XVIIIe Dyn.)

Neferkhéperourê-
ouâenrê Akhnaton
(Aménophis IV)
(XVIIIe Dyn.)

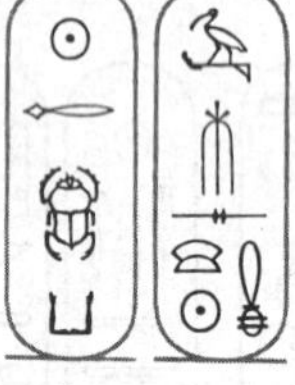

Âakhéperkarê-
Thoutmôsis I
(XVIIIe Dyn.)

Âakhéperenrê-
Thoutmôsis II
(XVIIIe Dyn.)

Nebkhéperourê
Tout ankh-Amon
(XVIIIe Dyn.)

Djeserkhéperourê
Setepenrê
Horemheb
(XVIIIe Dyn.)

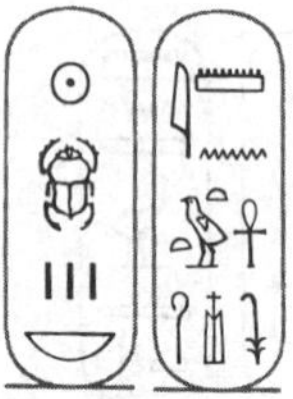

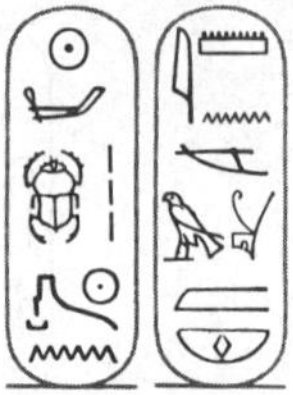

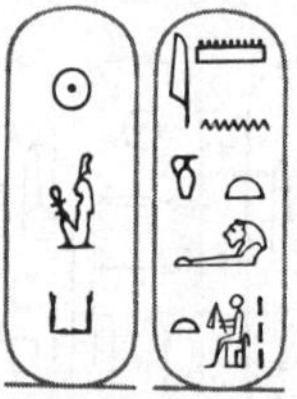

Maâkarê-Hatchepsout
(XVIIIe Dyn.)

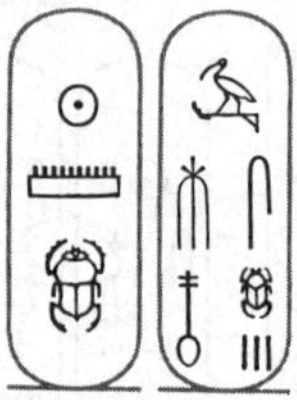

Menkhéperrê-
Thoutmôsis III
(XVIIIe Dyn.)

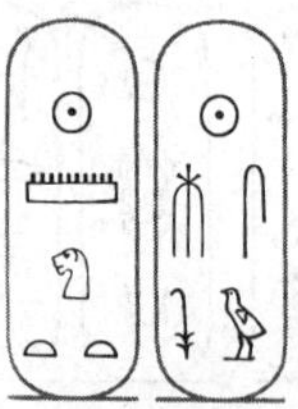

Menpehtirê
Ramsès I
(XIXe Dyn.)

Menmaârê
Séthi (I)
(XIXe Dyn.)

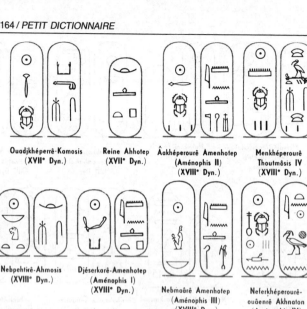

Ousermaâré Setepenrê
Ramsès II Miamon
(XIXᵉ Dyn.)

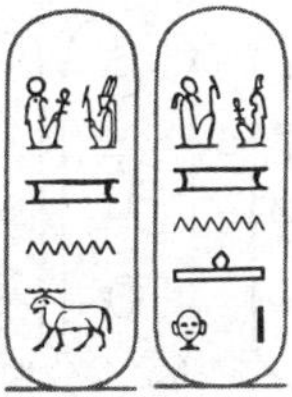

Baenrê Miamon
Mineptah
(XIXᵉ Dyn.)

Hérihor
(XXIᵉ Dyn.)

Pinedjem
(XXIᵉ Dyn.)

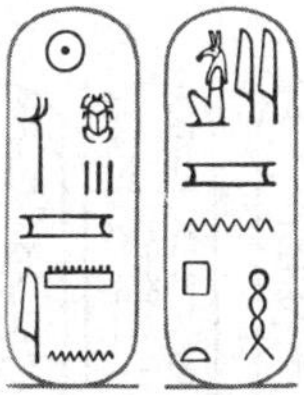

Ouserkhéperourê
Miamon Séthi II
(XIXᵉ Dyn.)

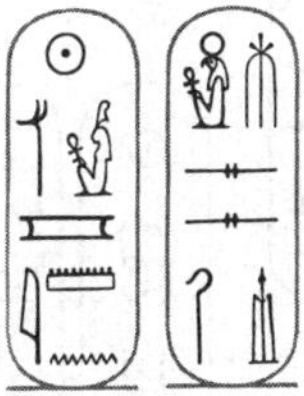

Ramsès III
(XXᵉ Dyn.)

Psousennès I
(XXIᵉ Dyn.)

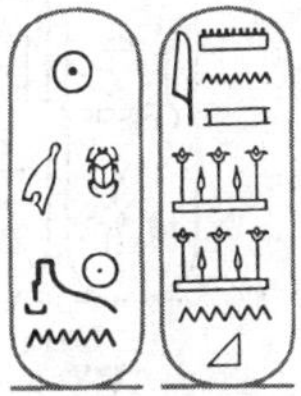

Chechonq I
(XXIIᵉ Dyn.)

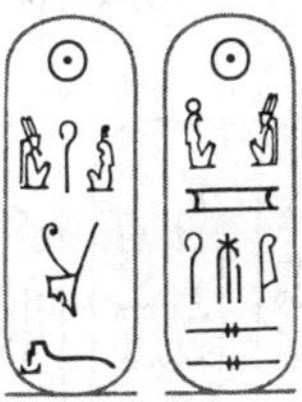

Ramsès IV
(XXᵉ Dyn.)

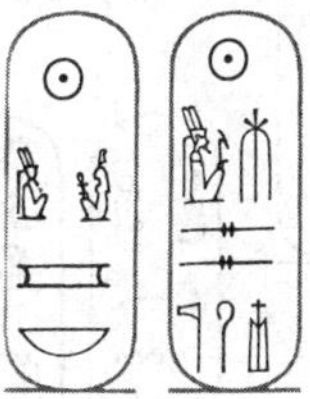

Ramsès VI.
(XXᵉ Dyn.)

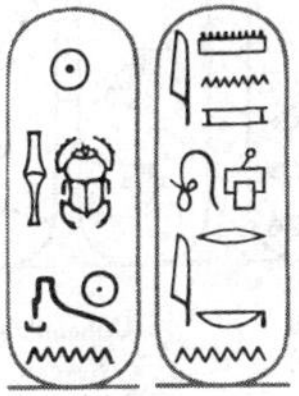

Osorkon I
(XXIIᵉ Dyn.)

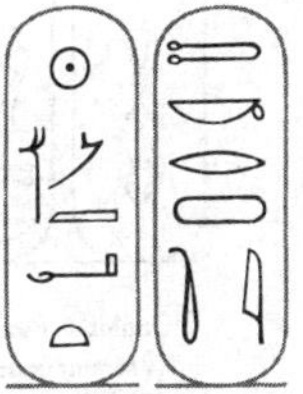

Takelot I
(XXIIᵉ Dyn.)

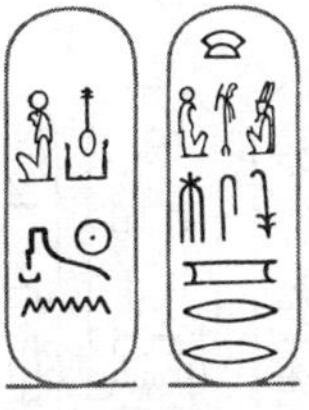

Ramsès IX.
(XXᵉ Dyn.)

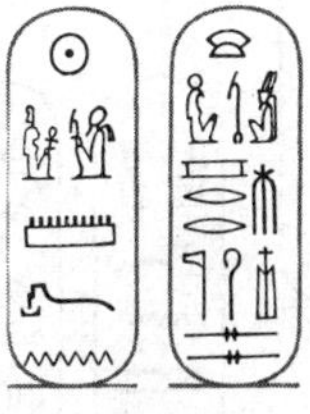

Ramsès XI.
(XXᵉ Dyn.)

Osorkon II
(XXIIᵉ Dyn.)

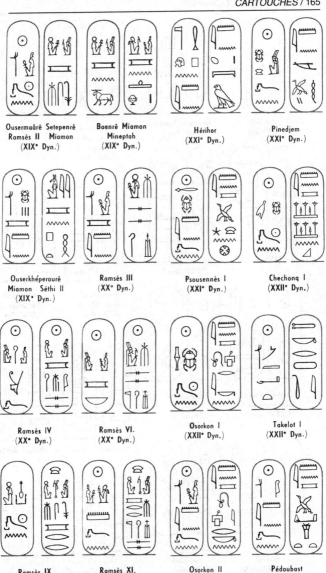

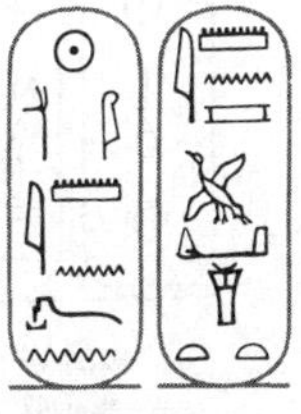

Pédoubast
(XXIIIᵉ Dyn.)

Piankhi.
(XXVe Dyn.)

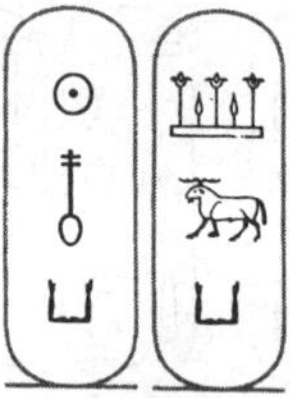

Neferkarê-Chabaka
(XXVe Dyn.)

Khenemibrê
Ahmosé-sa-Neith
(Amasis)
(XXVIe Dyn.)

Psammétique III
(XXVIe Dyn.)

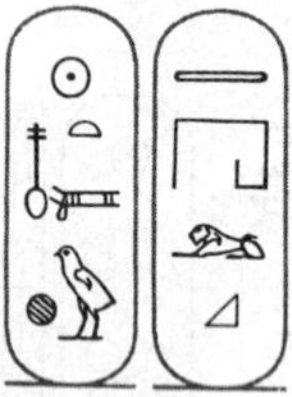

Taharqa
(XXVe Dyn.)

Aménardis
(Divine adoratrice)
(XXVe Dyn.)

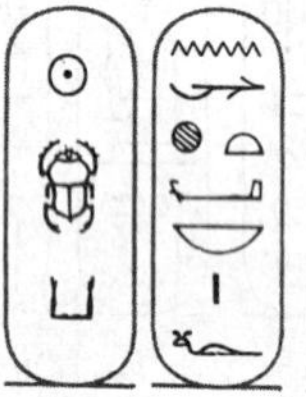

Nekhtnebef
(Nectanébo I)
(XXXe Dyn.)

Nekhthorheb
(Nectanébo II)
(XXXe Dyn.)

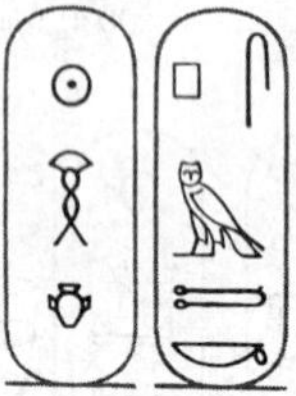

Ouahibrê-Psamtik
(Psammétique I)
(XXVIe Dyn.)

Ouhemibrê
Nekaou
(Nékao II)
(XXVIe Dyn.)

Alexandre le Grand

Philippe Arrhidée

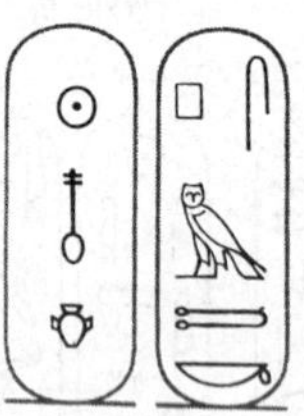

Neferibrê
Psamtik
(Psammétique II)
(XXVIe Dyn.)

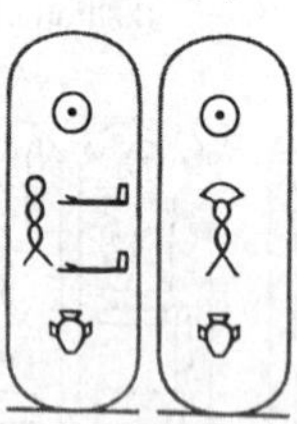

Haâibrê
Ouahibrê
(Apriès)
(XXVIe Dyn.)

Ptol. I Sôter

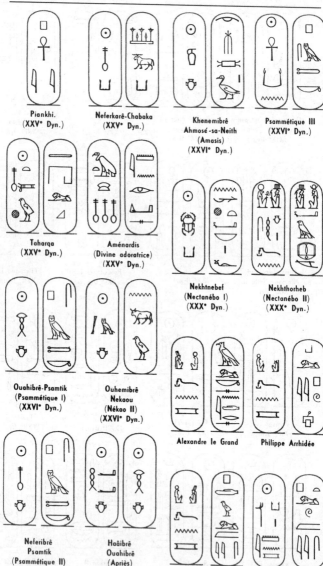

Ptol. II Philadelphe

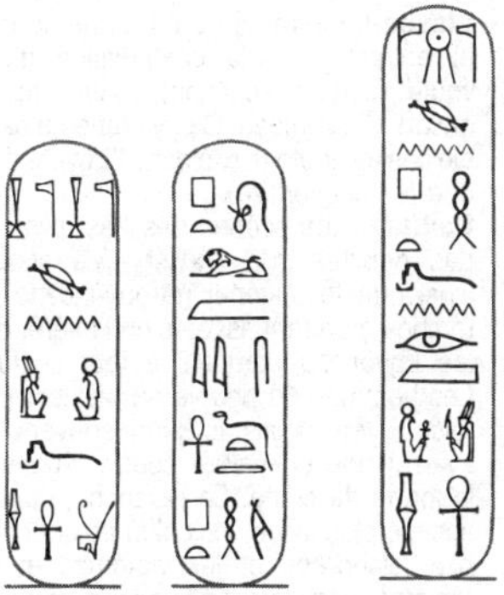

Ptol. III Évergète I Ptol. VIII Évergète II

Arsinoé Bérénice Cléopâtre

Cataracte. → *Nil (cours du fleuve).*

Cénotaphe. Sépulture factice qui ne contenait pas le corps du défunt. C'est à Abydos, ville où fut, selon la légende, enterré Osiris, que les rois du Moyen et du Nouvel Empire construisirent des cénotaphes, afin de profiter de la proximité du seigneur des occidentaux, maître de l'au-delà. Le plus ancien cénotaphe connu est celui de Sésostris III (XIIe dyn.), mais le plus célèbre est celui de Séthi Ier, qui est en fait composé de deux monuments : le cénotaphe proprement dit, appelé « Osiréïon », et le temple où étaient adorés le roi mort et plusieurs divinités. En fait, il s'agit là d'un véritable parallèle à l'ensemble funéraire du roi à Thèbes, qui dissociait la tombe (dans la Vallée des Rois) et le temple (en marge des cultures). Mais les pharaons ne furent pas les seuls à rechercher la protection particulière d'Osiris, de nombreux particuliers se rendaient à Abydos en pèlerinage, de leur vivant, afin d'y laisser une stèle votive et de perpétuer leur souvenir auprès du dieu qui fut, sans doute, le plus populaire de l'Égypte pharaonique.

Champollion, Jean-François (1790-1832). Surnommé le « jeune » pour le différencier de son frère aîné. En 1822 il trouve la clé du système hiéroglyphique (→ *Déchiffrement* et *Écriture*). Son « Précis du système hiéroglyphique » publié en 1823 ainsi que la « Grammaire » et le « Dictionnaire » édités après sa mort, font de lui le père de l'égyptologie (→). En 1828-1829, il voyagea en Égypte d'où il rapporta une importante documentation ainsi que des objets qui vinrent enrichir la collection égyptienne du musée Charles X dont il était le conservateur. En même temps, inquiet de l'altération des monuments, il préconisa (1830) une réglementation des fouilles, ébauche du Service des Antiquités créé par Mariette (→). Il fut également membre de l'Académie des Inscriptions et Belles Lettres et premier titulaire d'une chaire créée pour lui au Collège de France.

Chaouabti (ou ouchebti). Statuette, généralement momiforme, placée dans la tombe. Son rôle était celui d'un répondant (comme le signifie le mot « ouchebti ») du défunt, ainsi que l'indique le chapitre VI du Livre des Morts (→) souvent inscrit sur l'objet. Il tient dans ses mains des houes et porte un sac dans son dos. Ces instruments lui permettaient de tenir la place du mort dans les corvées de l'Au-delà. Au Moyen Empire, une seule figurine remplissait ce rôle de substitut, au Nouvel Empire, on en empile par centaines dans des coffrets. De véritables troupeaux de serviteurs étaient ainsi constitués, encadrés par des contremaîtres qui n'étaient pas momiformes. Chaque Égyptien désirait être accompagné de ces figurines et elles furent fabriquées en très grande quantité, de qualité très variable.

Chapiteau. Partie supérieure d'une colonne (→) ou d'un pilier, intermédiaire entre le fût et l'architrave.

Ched. Dieu-enfant apparu à la XVIIIe dyn. Son nom signifiait « le sauveur » et il protégeait les hommes contre les attaques des animaux venimeux. Médecins (→ *Médecine*), magiciens et malades l'invoquaient pour obtenir des guérisons. Il fut vite confondu avec Harpocrate qui présentait des caractères semblables.

Chevet. Appuie-tête qui remplaçait l'oreiller. La partie supérieure, en forme de croissant, soutenait la tête du dormeur qui reposait couché sur le côté. La forme générale du chevet variait, mais certains étaient décorés de génies, Bès (→) par ex., chargés de veiller sur le sommeil du dormeur en éloignant les esprits mauvais. On a retrouvé des chevets de bois, de calcaire, d'albâtre et même de faïence.

Chou. Chou et Tefnout (→) forment le premier couple divin créé par Atoum (→). Dieu de l'air, il sépara Nout (→), le ciel, de Geb (→), la terre. Dans un des mythes qui concernaient le dieu Rē (→), Chou, sous la forme d'Onouris (→), partit à la recherche de l'œil du dieu qui s'était enfui en Nubie sous l'aspect de Tefnout. Il était représenté comme un homme portant sur la tête une plume, qui servait à écrire son nom, et parfois avec une tête de lion, animal qui lui était associé à Léontopolis (au N. d'Héliopolis).

Chronologie. Dans l'histoire de l'Égypte, l'un des problèmes les plus délicats à résoudre est celui de la chronologie. Les Égyptiens situaient leurs dates par rapport au règne de chaque souverain. Or, la longueur de chaque règne ne nous est pas toujours connue avec certitude. L'existence de périodes d'instabilité d'une durée indéterminée complique d'autant plus la tâche des savants. Des précisions ont pu cependant être apportées par l'étude des généalogies royales, par les relevés que les Égyptiens firent du lever héliaque de Sirius, et par le synchronisme avec des dates connues de l'histoire des autres civilisations du Proche-Orient. Mais il subsiste encore d'importantes lacunes, en particulier, pour ce qui concerne les plus hautes époques. Aujourd'hui la chronologie la plus communément admise fait commencer l'histoire écrite de l'Égypte trois mille ans env. av. J.-C.

Cimandre (ou simandre). Pièce allongée de bois ou de fer, suspendue près de l'entrée d'une église, et qui, frappée d'un maillet, tient lieu de cloche pour annoncer l'heure de l'office.

Claveau. Pierre taillée en forme de coin et entrant dans la composition d'une voûte (syn. : voussoir), d'un arc ou encore d'un linteau. Ce système ne semble pas avoir été utilisé dans l'Égypte antique (→ *couverture*).

Coiffure. Les scènes des bas-reliefs et des peintures, la finesse des statues ainsi que le matériel retrouvé dans les tombes montrent assez bien l'intérêt que les Égyptiens portaient à leur coiffure. Les hommes du peuple se rasaient parfois la tête, mais le plus souvent, ils avaient une chevelure courte, épousant la forme du crâne. En revanche, dans la société plus aisée, les coiffures sont bien plus élaborées et les hommes et les femmes n'hésitaient pas à faire usage de perruques. L'homme porte en général une chevelure courte, celle de la femme est plus longue et descend dans le dos et sur la poitrine. Mais comme pour les vêtements, il y eut des modes, et nous ne pouvons qu'être impressionnés par les constructions savantes du Nouvel Empire. A cette époque, à l'occasion des fêtes, on posait au sommet de la perruque un cône de matière grasse parfumée, qui fondait à la chaleur et dégageait des senteurs rares, agréables aux narines des Égyptiens qui semblaient particulièrement sensibles aux odeurs comme le montre l'emploi de l'encens « agréable aux narines divines ». Les enfants ne portaient qu'une longue mèche bouclée sur le côté droit du crâne et cette particularité permet de reconnaître aussi les dieux-enfants comme Harpocrate (→) ou Khonsou (→). Les prêtres, eux, peut-être par réaction envers les modes de plus en plus fantaisistes, se rasaient le crâne. Quant aux rois et aux dieux, leur coiffure était masquée par ce que nous appelons des couronnes (→).

Colonne. Les colonnes, qui servaient en général de support, n'eurent parfois qu'un rôle purement décoratif. C'est le cas, par ex., de certaines tombes rupestres où le plafond n'avait pas besoin d'être soutenu. Il existait de nombreux types de colonnes, qui fixaient dans la pierre des éléments empruntés au milieu naturel. A Saqqara, on trouve des colonnes fasciculées et engagées qui imitaient les roseaux attachés aux arêtes vives des parois, pour éviter leur dégradation.

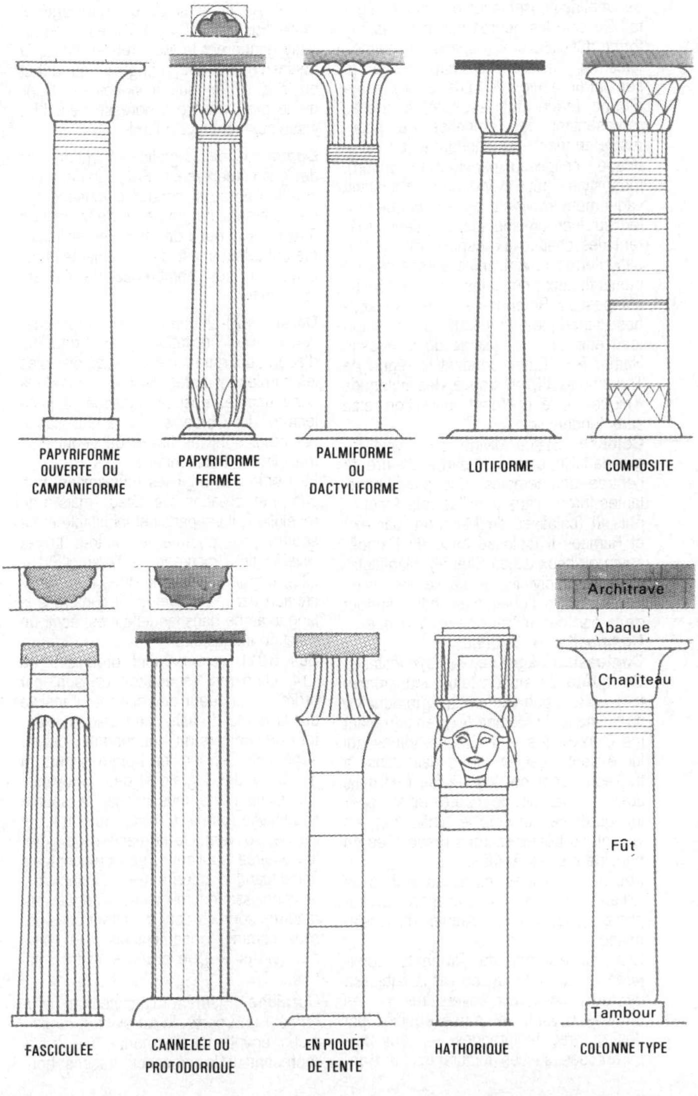
PAPYRIFORME OUVERTE OU CAMPANIFORME
PAPYRIFORME FERMÉE
PALMIFORME OU DACTYLIFORME
LOTIFORME
COMPOSITE
Architrave
Abaque
Chapiteau
Fût
Tambour
FASCICULÉE
CANNELÉE OU PROTODORIQUE
EN PIQUET DE TENTE
HATHORIQUE
COLONNE TYPE

Ce modèle était proche des colonnes à fût cannelé, appelées aussi protodoriques. Mais les types les plus répandus dérivent de l'observation du monde végétal. Ce sont les genres suivants : palmiforme (fût circulaire, chapiteau de palme), lotiforme (fût fasciculé, chapiteau représentant un bouton de lotus fermé), papyriforme fermé (fût fasciculé, chapiteau représentant des ombelles de papyrus refermées), campaniforme (fût cylindrique, chapiteau papyriforme ouvert), monostyle (fût cylindrique, chapiteau vaguement tronçonique). À l'époque ptolémaïque et romaine, les Égyptiens créèrent des chapiteaux inspirés du modèle papyriforme ouvert, mais surchargés de motifs floraux très variés : les chapiteaux composites. Retenons encore les colonnes hathoriques dont le fût ou le chapiteau était orné du visage de la déesse Hathor (→). Enfin, pendant le règne de Thoutmosis III, on trouve des colonnes « piquet de tente » dont l'utilisation resta sans lendemain.

Colosse. Statue divine ou royale de grande taille, placée de part et d'autre de l'entrée des temples. Les plus importantes furent faites pour les rois Aménophis III (colosses de Memnon, par ex.) et Ramsès II (colosse brisé du Ramesséum ou ceux d'Abū Simbel). Manifestations de la divinité royale, les colosses furent parfois l'objet d'un culte, surtout de la part des militaires. → *Osiriaque.*

Composite. → *Colonne.*

Confession négative. → *Psychostasie.*

Conquête. En arabe : futūḥ. Muḥammad (→), en tant que chef de la Communauté musulmane de Médine (→), en affrontant les Qurayshites et les tribus arabes qui lui étaient hostiles, se situait dans la tradition bédouine des razzias (→) mais aussi, dépassait ce cadre tribal, pour inaugurer ce qui sera le gihād (→), en violant les trêves sacrées respectées en principe par les Arabes.

Peu à peu, toutes les tribus arabes se rallièrent à l'Islām et, à la mort du Prophète (632), toute l'Arabie était islamisée.

Les successeurs du Prophète continuèrent sur cette lancée car la faiblesse de leurs nouveaux adversaires — les empires byzantin et perse épuisés par des guerres réciproques —, leur permirent des succès fulgurants. La Conquête se fit d'abord vers le N. et l'E. : la Syrie-Palestine, l'Iraq et l'Iran et, concurremment vers l'O. En Égypte, 'Amr ibn al-'Aṣ fit le siège de Babylone et fonda Fusṭāṭ en 641. Puis les conquérants gagnèrent le Maghreb et, de là, la péninsule ibérique, conquise au début du VIIIe s., époque à laquelle la Conquête avait encore progressé vers l'E., jusqu'aux confins de l'Inde.

Copte. Le mot signifie « égyptien » et désigne actuellement l'Égyptien demeuré chrétien après la conquête musulmane. La communauté copte, forte d'environ 5 millions et demi de membres en majorité orthodoxes, est la communauté chrétienne la plus nombreuse de l'Orient musulman.

Coran. « Al-Qur'ān » : « la Proclamation », « la Récitation » du Prophète, d'abord, qui retransmettait à ses disciples les paroles inspirées par Dieu, puis de la communauté, ensuite, puisque la juste lecture du Coran et sa connaissance par cœur sont les bases de l'éducation musulmane traditionnelle.

Le Coran est, pour les musulmans, non pas une création de Dieu, mais une révélation ; il est parfait et inimitable et ne souffre pas, comme les autres Livres révélés (les Psaumes, la Torah, l'Évangile), des imperfections dûes à la transcription par les hommes ; il confère à la langue arabe dans laquelle il est écrit, un prestige inégalable.

Ses 6211 versets sont organisés en 114 chapitres (sourates) classés par ordre de longueur décroissant ; il insiste sur la bonté d'Allāh, Dieu unique, créateur de l'univers qui départagera, lors du Jugement Dernier, les hommes purs et généreux des ingrats et des incroyants. C'est, pour les musulmans, la source essentielle de la morale, du Droit, et même, souvent, de la manière de gérer les affaires publiques, ses prescriptions constituant la sharī'a (→). Néanmoins, la connaissance religieuse s'appuie sur d'autres sources dont trois sont considérées comme fondamentales : le corps des ḥadīṯs (→), le qiyās (→) et l'igmā' (→).

Corniche. Élément d'architecture couronnant une porte ou un pylône. La corniche égyptienne surmonte une gorge représentant les roseaux tressés horizontalement des sanctuaires préhistoriques.

Coudée. Mesure de longueur qui varia selon les époques et les lieux. La coudée royale, utilisée pour l'arpentage et pour l'architecture, avait 52,3 cm de longueur. Elle était subdivisée en sept « palmes », chacune d'elle subdivisée à son tour en quatre « doigts ».

Couleurs. Les visiteurs de la vallée du Nil sont d'abord frappés par le gigantisme des monuments, puis ils sont touchés par la fraîcheur des peintures dans les tombes thébaines et dans certains temples (Médinet Habou, par ex.). Ce bon état de conservation est dû largement à la sécheresse du climat, à l'ensevelissement dans les sables pendant des millénaires, ainsi qu'à l'origine minérale des pigments qui composent ces couleurs. Les Égyptiens donnaient une valeur symbolique aux couleurs. Le blanc était l'argent et la lumière. Le noir, couleur du bitume qui imprégnait la momie, symbolisait la résurrection. Le bleu était le ciel et teignait la peau du dieu Amon (→), mais il servait aussi à représenter l'eau. Le vert, couleur de la végétation symbolisait la croissance et le retour à la vie, Osiris était peint en vert ou en noir. Le jaune était l'or, chair des dieux, mais dans le monde terrestre, il colorait la peau des femmes, alors que celle des hommes était ocre ou brune. Le rouge, couleur du feu et du sang, était la couleur du disque solaire et de la couronne de Basse Égypte, mais ce pouvait aussi être la violence et le mal : Seth (→) était roux, et les hommes, les chiens et les ânes roux étaient considérés comme maudits.

Coupole. → *Qubba.*

Couronne. Nom donné aux coiffures royales et divines. Les couronnes des souverains égyptiens sont d'abord celles qui marquent leur domination sur le double-pays : couronne blanche de la Haute Égypte (n° 4), couronne rouge de la Basse Égypte (n° 6), couronne appelée pshent qui réunissait les deux précédentes et exprimait l'union des deux royaumes prédynastiques (n° 5). Parmi les autres coiffures royales, signalons le khépresh ou couronne bleue que l'on appelle à tort casque de guerre (n° 3), le némes (n° 2), linge enveloppant la chevelure et retombant de chaque côté

du visage. Le roi pouvait aussi ne porter qu'un simple bandeau enserrant sa perruque (n° 1). Pour les dieux, citons la couronne Atef composée d'une couronne blanche, au sommet coupé pour soutenir un petit disque solaire, et flanquée de deux plumes d'autruche, qui fut, à l'origine, la coiffure du dieu Osiris (→). Mais, au grand nombre de divinités, correspondent de nombreux ornements comme la plume d'autruche qui est placée sur la tête de Chou (→) et de Maāt (→), le siège sur celle d'Isis (→), la corbeille et la représentation d'un édifice, sur celle de Nephthys (→) qui sont autant de signes permettant d'écrire leur nom. D'autres coiffures nous aident à repérer les multiples membres du panthéon égyptien, qu'il serait fastidieux d'énumérer ici.

Couvent. Le monastère copte abrite une communauté de religieux contemplatifs, en général non-prêtres, soumis à une règle qui laisse une large place au rythme spirituel personnel. C'est parmi eux que se recrutent les évêques et le patriarche. Des très nombreux monastères de l'Égypte ancienne, il n'en subsiste plus que 9 occupés par des moines, tous dans le désert.

Couverture (systèmes de). Le système de couverture le plus simple était réalisé à partir de poutres transversales supportant une toiture légère de végétaux. Réalisé dans la pierre, le problème le plus délicat était celui de l'ampleur du monument. Pour soutenir les imposants blocs de pierre qui formaient le plafond, il fallait de nombreuses colonnes assez rapprochées les unes des autres, et l'exemple le plus impressionnant est celui de la salle hypostyle de Karnak où 134 colonnes portaient une surface de près d'un demi-hectare de toiture. Mais plusieurs types de voûtes existaient également : citons les « voûtes en arc surbaissé » employées dans les chambres funéraires des pyramides de l'Ancien Empire, les « voûtes en encorbellement » comme celles du caveau de la pyramide de Meïdoum et surtout, la plus impressionnante, celle de la « Grande Galerie » de la pyramide de Chéops. En architecture de brique, la voûte la plus répandue était la « voûte en arceaux inclinés ». Utilisé aussi bien pour les magasins des temples que pour les caveaux des tombes de Deir el-Médina, ce type de couverture se trouve encore chez les populations nubiennes, d'où son nom de « voûte nubienne ».

Crio-. Préfixe utilisé pour désigner ce qui se rapporte au bélier : un dieu à tête de bélier (Khnoum [→] par ex.) est dit « criocéphale », un sphinx (→) à tête de bélier (comme à Karnak), « criosphinx ».

Croix ansée. Des images montrent le disque Aton (→) tendant vers les narines d'Akhénaton une croix ansée. Il s'agit là du signe « Ankh » qui sert à écrire les mots vivre, vie, vivant, etc. Par cet acte le dieu Akhénaton lui transmettait la force vitale que possédaient les divinités, et qu'elles tiennent dans une main dans la plupart de leurs représentations. En dépit de ces nombreuses images, il est curieux de constater que, bien peu d'amulettes en forme de croix ansée nous sont parvenues. Le signe était-il chargé d'une trop grande puissance ? Et, aujourd'hui les artisans égyptiens offrent des croix ansées à des visiteurs qui ne se doutent sûrement pas de l'importance passée du petit pendentif qui ornera leur cou !

Crue du Nil. Ce phénomène annuel, supprimé par la construction du Haut-Barrage (→ *chap. 26 D*), a conditionné toute la vie de l'Égypte jusqu'en 1964. D'une parfaite régularité dans le temps, mais non dans le volume, il tient à la coïncidence des pluies dans la région des grands lacs d'Afrique équatoriale et à la fonte printanière des neiges sur les montagnes de cette même région et de l'Éthiopie. Ainsi le Nil Bleu commence-t-il à gonfler le 26 avril à Khartoum, rejoint le 19 mai par les flots du Nil Blanc. L'inondation arrivait ainsi au Caire entre le 15 et le 20 juin, augmentant progressivement jusqu'au 26 septembre, date à laquelle s'amorçait la décrue. Le fleuve revenait à l'étiage à la mi-novembre. Si la mise au point d'un système d'irrigation (→) très sophistiqué remonte à la plus haute Antiquité, ce n'est qu'à partir du règne de Muḥammad 'Ali que la construction de barrages a permis de mettre en réserve de l'eau pour les irrigations d'hiver et de printemps, autorisant dès lors plusieurs récoltes annuelles.

Crypte. Dans les temples de Basse Époque (Dendara par ex.), les architectes égyptiens aménagèrent, dans l'épaisseur des murs ou en sous-sol, des petites pièces en forme de couloir dans lesquelles étaient conservés les objets précieux qui servaient au culte divin.

Culte musulman. Il tient en cinq « obligations fondamentales », ou « piliers de l'Islām » : la profession de la foi, qui consiste en la récitation d'une formule (→ shahāda) en diverses circonstances (conversion à l'Islām, prière, derniers mots d'un mourant, etc.) ; la prière (→) ; le jeûne du mois de Ramaḍān (→) ; l'aumône légale (→ zakāt) ; le pèlerinage à La Mekke (→).

Dactyliforme (ou palmiforme). → *Colonne.*

Déambulatoire. Nom donné à l'espace laissé libre, dans les édifices de Basse Époque, entre la paroi extérieur du temple proprement dit et le mur d'enceinte. Lors des fêtes, ce couloir était emprunté par des processions. Le meilleur exemple de déambulatoire est celui du temple d'Edfou.

Déchiffrement des hiéroglyphes. C'est à Jean-François Champollion (→) que nous devons le déchiffrement des hiéroglyphes et donc, la découverte d'une civilisation qui exista pendant plus de trois mille ans. Fasciné par l'Égypte, celui-ci se prépara très tôt à cette tâche, en assimilant un grand nombre de langues anciennes, en particulier, le copte dont il pensait, avec A. Kircher, qu'il représentait le stade ultime de la langue égyptienne. Il ne s'agit donc pas d'un hasard, d'une rencontre fortuite entre un homme et une pierre, mais bien du travail d'un scientifique, génial certes, mais surtout remarquablement averti et imprégné des travaux de ses prédecesseurs. Partant de la Pierre de Rosette (bilingue) et retenant l'hypothèse de l'abbé Barthélémy qui voyait des noms royaux dans les groupes de signes inscrits à l'intérieur des cartouches (→), Champollion réussit à établir la valeur de quelques signes. Mais toute l'incertitude portait sur la nature à attribuer aux hiéroglyphes : lettres ou symboles ? écriture alphabétique ou idéographique ? La révélation vint de cartouches plus anciens de Thoutmosis et Ramsès, qui lui permirent d'établir la nature double du système : signes alphabétiques et signes d'idées se côtoient et se complètent. Sa découverte fut exposée en 1822 dans sa « Lettre à Monsieur Dacier », secrétaire perpétuel de l'Académie des inscriptions. Pendant les dix ans qui suivirent, Champollion approfondit l'étude de la langue et laissa une Grammaire et un Dictionnaire qui forment le point de départ de toutes les études ultérieures.

Deir. Couvent ou monastère, en arabe.

Démotique. → *Écriture.*

Derviche. Ce mot persan signifie « pauvre » ; il désigne actuellement des adeptes de confréries musulmanes qui, lors de séances mystiques, s'adonnent à des pratiques spéciales qui leur permettent d'entrer en transes et par là, de communiquer avec l'Irrationnel.

Descenderie. Couloir incliné qui, dans les pyramides, mène au caveau contenant le sarcophage (→).

Déterminatifs (signes). → *Écriture.*

Diodore de Sicile. Historien grec qui vécut au Ier s. av. J.-C. Il est l'auteur d'une Bibliothèque historique, dont le livre I, consacré à l'Égypte est inspiré par de nombreux voyages et un long séjour en Égypte, mais aussi d'un ouvrage, aujourd'hui disparu, d'Hécatée d'Abdère, contemporain de Ptolémée Ier.

Disque ailé. Représentation symbolique du dieu-solaire d'Edfou. Ce motif fut très

communément employé comme protection, aussi bien dans les cintres des stèles que dans les temples.

Douamoutef. → *Quatre fils d'Horus.*

Droit musulman. → *Fiqh.*

Dromos. Allée, souvent bordée de sphinx, qui prolongeait l'axe principal du temple vers l'extérieur, permettant de rejoindre l'embarcadère où venait s'amarrer la barque divine. A Thèbes, un dromos joignait le temple d'Amon (→) à celui de sa parèdre Mout (→). Un autre dromos existait entre l'ensemble de Karnak et le temple de Louqsor, « harem du dieu ».

Druzes. Cette secte musulmane shi'ite (→), dont les adeptes habitent actuellement le S. de la Syrie et la montagne libanaise, apparut à l'époque du calife fatimide (→) al-Ḥākim qui, selon leur croyance, est divinisé : il n'est pas mort, mais seulement disparu et se manifestera à nouveau parmi les hommes. Cette doctrine permet une interprétation ésotérique des textes sacrés et s'éloigne de l'Islām sunnite (→), par le dogme comme par les pratiques rituelles.

Dūrqā'a. Partie centrale de la qā'a (→), généralement située plus bas que les iwāns (→) l'encadrant.

Dynastie. C'est à Manéthon (→) que nous devons le regroupement des rois de l'Égypte en trente dynasties. Ce mot recouvre une succession de souverains sans qu'il y ait forcément de lien héréditaire entre eux. Le passage d'une dynastie à l'autre se faisait plutôt lorsqu'un changement politique ou religieux important se produisait. Pour montrer la complexité de la question, il faut rappeler que le premier roi de la IIIe dyn. était le fils du dernier souverain de la seconde ; ou bien que, les rois de la XXVIe dyn. n'appartenaient pas tous à la même famille ; ou encore, que plusieurs dynasties purent régner parallèlement pendant les époques de trouble. Quant à la durée de chacune de ces périodes, elle peut aller de plus de deux siècles (XVIIIe dyn.) à moins de dix ans (XXVIIIe dyn.) ; notons aussi que Manéthon cite une VIIe dyn. qui aurait comporté soixante-dix rois ayant régné soixante-dix jours Cette dynastie n'a sans doute pas existé et ne fait que marquer le début de la période de troubles que fut la première période intermédiaire.

Écriture arabe. → p. 40.

Écriture copte. Le copte s'écrit comme le grec, à l'alphabet duquel s'ajoutent 7 lettres provenant du démotique (→) pour les sons propres à la langue copte.

Écriture (Égypte ancienne). Plus que toute autre chose, les Égyptiens ont valorisé la parole, acte créateur par excellence, et la puissance du mot a été fixée pour l'éternité sur d'innombrables supports, fragiles (→ *Papyrus*), humbles (→ *Ostraca*) mais aussi solides, imposants (parois des tombes et des temples, statues de pierre) et conçus pour durer. Les hommes les plus admirés et parfois élevés au rang de divinité, furent des scribes, des écrivains, possesseurs du savoir dont le premier degré était l'apprentissage de l'écriture. Pendant quinze siècles, le système graphique égyptien tomba dans l'oubli, pour être révélé en 1822 par Jean-François Champollion (→). L'Égypte devint un merveilleux livre dont les savants n'ont pas fini de découvrir les immenses richesses. A regarder les témoignages de cette antique civilisation, on ne peut qu'être fasciné par la multitude des dessins d'hommes, d'animaux, de plantes, d'objets, par la régularité des compositions qui associent tous ces signes. Une question se pose immédiatement : chaque signe représente-t-il une lettre (comme notre alphabet) ou bien un mot ? La réponse est négative, il y aurait soit trop de signes, soit pas assez.

A l'origine, l'écriture dut être purement figurative, mais dès la première dynastie, le système est mis en place, associant caractères pictographiques et valeurs phonétiques.

Ainsi, pour écrire « une maison », il suffit de dessiner le signe 𓉐 représentant une maison vue en plan, pour le verbe marcher 𓂻, deux jambes en action. Un grand nombre de signes ont ainsi été retenus par les Égyptiens, mais le système reste trop limité. Comment rendre certains mots comme le « maître », le « frère », comment rendre des notions abstraites et les nuances de la langue ? Les Égyptiens dépassèrent alors le simple stade figuratif et réussirent à rendre les sons du langage. Ainsi, les signes ne sont plus retenus pour leur valeur d'image mais aussi pour leur valeur phonétique. La maison 𓉐 se disant « Per », la bouche 𓂋 « er », le visage 𓁷 « her », ces idéogrammes furent utilisés pour noter le son. Ainsi 𓉐 « per » permettra d'écrire le mot « per » qui signifie aussi «sortir», 𓂋 «er» la préposition «vers», et 𓁷 « her » la préposition « sur ». Le signe devient alors un simple outil graphique, un phonogramme mais le risque de confusion n'en est que plus grand. Le système fut alors perfectionné par l'utilisation des signes précisant la lecture : 𓉐 « per » est accompagné d'un complément graphique notant la seconde consonne « r » 𓂋 et l'on écrit alors 𓉐𓂋; de la même manière, 𓁷 « her » sera accompagné par un « r » : 𓁷𓂋. Enfin, comme de nombreux mots peuvent comporter les mêmes consonnes, dans le même ordre, et comme les voyelles n'étaient pas notées (comme en hébreu et en arabe), un signe pouvait s'ajouter précisant non pas le son mais la valeur, ce que nous appelons un déterminatif. Ainsi le mot « sortir » s'écrit 𓉐𓂋𓂻 « per » et se décompose de la manière suivante : 𓉐 « per » + 𓂋 « er » (complément phonétique) + 𓂻 ne se prononçant pas (déterminatif).

Pour des raisons de commodité et par analogie avec notre système alphabétique, les égyptologues ont isolé un « alphabet » de 24 signes unilitères, ne représentant qu'une consonne (→ *ci-dessous*). La plupart des signes (dits parfois : syllabiques) ont cependant une valeur bilitère (2 consonnes) comme le signe 𓉐 «per» ou trilitère (3 consonnes) comme le signe représentant une table d'offrande 𓊵 « h(e)t(e)p ».

A côté de ces principes généraux de l'écriture, il nous faut noter que celle-ci se présente sous trois formes :

— hiéroglyphique *(ci-après ①)*, la plus ancienne, la plus remarquable par la finesse du dessin et qui fut employée jusqu'à la fin du IVe s. (la dernière inscription date de 354 ap. J.-C.) ;

— hiératique *(ci-après ②)*, écriture simplifiée, plus cursive, qui permettait une notation rapide. Cette écriture apparaît dès les premières dyn. et reste d'un usage courant jusqu'à la fin du Nouvel Empire ;

— démotique *(ci-après ③)*, qui supplante le hiératique à partir du VIIe s. av. J.-C., encore plus cursive et qui ne permet plus de reconnaître les hiéroglyphes originaux ;

Enfin, à partir du IIIe s., le vieux système est remplacé par l'alphabet grec accompagné de sept signes empruntés au démotique : le copte.

1

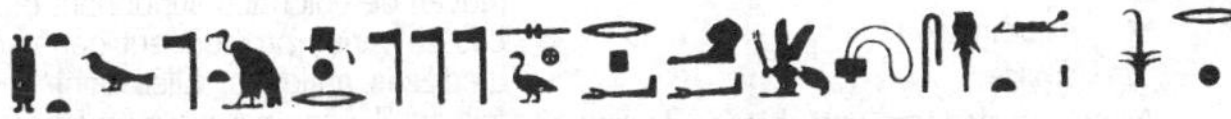

2

3

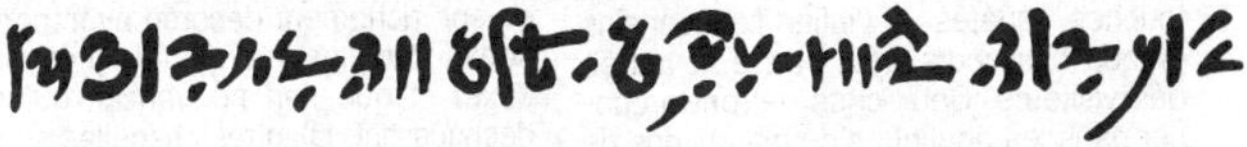

Liste des 24 signes « alphabétiques »

Signe	Objet représenté	« Prononciation »
	vautour	r
	roseau fleuri	y
	avant-bras	a,e
	petite caille	w
	pied	b
	siège	p
	vipère à cornes	f
	chouette	m
	filet d'eau	n
	bouche	r
	abri en roseaux	h
	mèche de lin tressée	h
	placenta (?)	ch allemand (écrit Kh en français)
	membranes placentaires	
	verrou	z
	étoffe pliée	s
	bassin d'eau	ch français
	pente sablonneuse	« qof » arabe
	corbeille à anse	k
	support de jarre	« gu » français
	galette de pain	t
	corde pour entraver les animaux	tch français
	main	d
	cobra au repos	dj

Liste de quelques déterminatifs

homme ; personne.

femme.

gens ; collectivité.

toutes actions de la bouche.

fatigue ; faiblesse ; repos

(var.) adoration ; prière.

(var.) opérations et conditions de l'œil et de la vue.

cheveux ; couleur ; chagrin.

respiration ; joie.

aller ; venir.

retourner ; revenir.

mouvement.

troupeaux ; gros bétail.

petit bétail.

peau ; quadrupède.

oiseau ; insecte.

petit ; faible ; mauvais.

(var.) arbre.

plante ; fleur.

Quelques signes bilitères

	tête de profil	tep
	visage de face	her
	bras levés	ka
	lièvre	wen
	cornes de bovidés	wep
	trois peaux attachées	mes
	canard	sa
	poisson	in
	voûte céleste	pe
	maison	per
	pyramide	mer
	houe	mer
	traîneau	tem
	bassin	heb

Quelques signes trilitères

	roseaux dans un marais	sekhet
	étoile	seba
	mur	ineb
	pain sur une natte	hetep
	houlette	heqa

	scarabée	kheper
	{ emblème de divinité	neter

Ainsi le système graphique égyptien apparaît-il comme extrêmement complexe et il serait vain, à partir des quelques notions que nous avons évoquées, de prétendre lire les innombrables textes qui couvrent les monuments. Seule l'identification de quelques cartouches répétés à l'infini par certains grands bâtisseurs peut être à la portée des visiteurs. Ceux-ci se verront proposer dans les boutiques de marchands de souvenirs des cartouches reproduisant des noms de souverains parfois mal transcrits, et souvent le bijoutier obligeant leur offrira d'écrire leur nom en utilisant les signes de l'« alphabet ». C'est oublier qu'à l'exception des souverains étrangers qui régnèrent en Égypte (perses, grecs, romains) les noms royaux et ceux des particuliers ne furent jamais écrits de manière alphabétique.

Église (organisation ecclésiastique). L'Église copte-orthodoxe est fortement centralisée sous l'autorité de son patriarche, le « pape d'Alexandrie », que ne limitent ni le synode des évêques (une quarantaine) ni le maglis al-milli, un conseil de 12 laïcs pour les affaires temporelles. Élu par tirage au sort entre 3 noms retenus par le synode, il est inamovible. Il réside au Caire. Au-delà de l'Égypte, depuis que le siège d'Éthiopie a pris son autonomie, son pouvoir s'étend encore sur les coptes du Soudan (2 évêchés), d'Afrique Orientale (1 évêché à Nairobi) et dans la diaspora occidentale où la communauté copte est spécialement nombreuse et riche en Amérique du Nord. Le clergé séculier est marié, il exerce moins d'influence que les moines, parmi lesquels se recrutent évêques et patriarche.

Église (plan-type). Il ne diffère guère, que l'église soit une paroisse citadine ou villageoise ou qu'elle fasse partie d'un des couvents fortifiés (deir) dont on trouve encore en Égypte quelques exemples. A l'extérieur, l'architecture est nue : des murs en pierre ou en brique au crépi uni. A l'intérieur, la disposition est celle, plus ou moins régulière, de la basilique orientale avec son vestibule, ou narthex (→), sa nef et ses deux bas-côtés, cette division du vaisseau étant obtenue au moyen de colonnes supportant des arcs. Les colonnes proviennent généralement d'édifices antiques. Elles sont quelquefois surélevées par les mêmes procédés que dans les mosquées. Au fond de la nef centrale se trouve le sanctuaire, ou haïkal (→), formé par la grande abside. L'autel, souvent abrité par un ciborium, petite coupole portée par quatre colonnes, est masqué aux fidèles par une cloison richement décorée avec porte et rideau (l'iconostase du rite grec orthodoxe) et que l'on ne franchit qu'en se déchaussant. D'autres chapelles se trouvent dans la partie correspondante des deux bas-côtés.

Pendant les offices, les hommes sont séparés des femmes et les prêtres des fidèles ; d'où le sectionnement de l'église en plusieurs compartiments au moyen de cloisons ou d'écrans à claires-voies en bois et offrant les mêmes combinaisons de tournage et d'assemblage avec incrustations que dans l'art islamique, avec cette seule particularité que les motifs géométriques sont combinés de manière à produire des croix. Mais les ornements polygonaux s'y retrouvent en abondance, et il est impossible de ne pas convenir que l'art copte tel qu'il se présente dans ces édifices n'est qu'un mélange d'anciennes formes syriennes (dispositions générales de l'église, peintures et ornements figurés, quelques ustensiles du culte) et de formes purement arabes, avec prédominance de ces dernières.

Égypte (noms de l'). Le nom moderne vient peut-être, à travers le grec et le latin, d'un surnom de l'ancienne capitale du pays Memphis : hikuptah (« le chateau du ka de Ptah »). Cependant, pour les Égyptiens, leur domaine était surtout le « Noir et le Rouge ». Le Rouge était le désert dont les teintes tirent vers cette couleur. Le Noir, qui était la vallée où vivait la plus grande partie de la population grâce au sombre limon déposé par le fleuve, à donné son nom vulgaire à l'Égypte : Kémi. L'appellation la plus commune était toutefois le « Double-Pays », association de la Haute-Égypte dont la plante héraldique était le roseau fleuri, et de la Basse-Égypte dont le symbole était le papyrus.

Les peuples d'Asie, en contact avec ce

puissant voisin, le désignaient par le terme sémite qui sert aujourd'hui encore à le nommer en arabe : Misr.

Égyptologie. C'est le nom donné à l'étude de l'Égypte ancienne, de la préhistoire jusqu'à l'époque copte. Quatre millénaires de l'histoire, dans un espace qui englobe la vallée du Nil, en Égypte et au Soudan, mais aussi les déserts qui la bordent (oasis du désert libyque et côte de la mer Rouge) ainsi que les régions limitrophes où les Égyptiens étendirent leur influence, du Sinaï au Liban. La tâche est immense et nécessite le concours de multiples disciplines : l'archéologie, la philologie, la paléographie, l'épigraphie, la papyrologie, mais aussi la géologie, la chimie, l'histoire naturelle et la botanique. Les égyptologues doivent sauver et préserver l'héritage antique menacé par les hommes et les conditions naturelles. Mais ils doivent aussi étendre le champ des recherches, entreprendre de nouvelles fouilles dans le pays et retracer les influences égyptiennes à l'extérieur, puis exploiter toutes ces sources, afin de retrouver l'ancienne civilisation de la vallée du Nil et, enfin, assurer la publication et la diffusion de leurs recherches.

Cette science est jeune et, en dépit des trésors déjà sortis du sol, il y a encore presque tout à faire pour porter à la connaissance de l'homme moderne, l'histoire d'une nation plusieurs fois millénaire qui s'épanouit dans une région particulièrement importante pour notre civilisation. Rappelons que, de son vivant, Champollion (→) dut affronter la curiosité et l'inquiétude des autorités religieuses qui craignaient que l'approche scientifique de l'histoire égyptienne ne réduise à néant la chronologie biblique.

Ainsi, l'Égypte a fait s'éveiller la vocation de nombreux chercheurs (égyptiens et étrangers) qui, année après année, fouillent le sol du pays, et explorent les réserves des musées. Des instituts étrangers sont installés à demeure, dont le plus ancien est l'Institut français d'Archéologie orientale (IFAO), mais qui fut suivi par des instituts allemand, suisse, tchèque, polonais et le Centre américain de Recherche. En Haute-Égypte, l'Oriental Institute de Chicago possède une demeure merveilleusement située sur la route qui va de Louqsor à Karnak. Certains pays animent avec l'Égypte des établissements mixtes, comme le Centre Franco-Égyptien de Karnak, qui s'occupe de la restauration, de l'entretien et des fouilles de l'immense complexe du dieu Amon. D'énormes collections se sont constituées tant en Égypte qu'en Europe et en Amérique. Parmi les plus célèbres musées, il faut citer ceux de Turin, Londres (British Museum), Paris (Louvre), Berlin, Münich, Moscou (Musée Pouchkine), Léningrad (Hermitage), New York (Metropolitan Museum), Brooklyn. Et cela sans compter bien sûr, le plus riche, dans lequel les visiteurs ne manqueront pas de se sentir émerveillés et écrasés : le musée du Caire.

Égyptomanie. L'attrait exercé par l'Égypte sur les peuples ne date pas d'hier, les Romains emportèrent d'Égypte un certain nombre d'obélisques (→) et imitèrent parfois dans leur sculpture le style de la vallée du Nil. La redécouverte de ce pays avec l'expédition de Bonaparte à la fin du XVIIIe s. relança la mode au cours du siècle suivant, et toucha l'architecture civile, funéraire, le mobilier et la décoration. Au XXe s., la découverte de la tombe de Toutankhamon, provoqua une nouvelle vague d'égyptomanie. Celle-ci s'exprime dans l'architecture, la décoration mais aussi la multiplication des expositions et des voyages vers l'Égypte. Le développement de la science égyptologique a permis de mieux connaître la civilisation ancienne et a trouvé des échos dans la bande dessinée (Le Mystère de la Grande Pyramide, de E.-P. Jacobs) et le roman (Sinouhé l'Égyptien, de M. Waltari), mais à côté de cela, les mystères de l'Égypte pharaonique ont aussi suscité toutes une littérature pseudo-scientifique qui se régale des malédictions des pharaons (innocent Toutankhamon qui fit tant de victimes !), use et abuse des pyramides et des plafonds astronomiques des tombes et des temples, et ravale les brillants architectes et savants égyptiens au rang d'élèves, doués certes, d'extra-terrestres venus apporter la bonne parole aux pauvres habitants de notre planète.

Embaumement. Les techniques d'embaumement dont l'inventeur mythique fut le dieu Anubis (→), semblent avoir été au point dès l'Ancien Empire. C'est Hérodote (→) qui nous décrit le plus précisément les opérations pratiquées. On commençait d'abord par extraire les organes internes susceptibles de se corrompre : le cerveau était retiré par les narines et les viscères par une incision pratiquée le long du flanc. Seul le cœur était laissé en place. La cavité était nettoyée et parfumée, et les organes retirés, conservés dans les vases canopes (→). Le corps était alors plongé pendant soixante-dix jours dans une solution de natron qui le déshydratait. Puis il était emmailloté de bandelettes serrées, entre lesquelles étaient glissées des amulettes (→) chargées de le protéger. Sur le cœur était posé un scarabée portant une formule empêchant la conscience du défunt de témoigner contre lui-même, le jour du jugement d'Osiris (→ *Psychostasie*).

Émir. En arabe : amīr, « celui qui commande ». Ce titre a été porté selon les époques et les lieux par différents hauts personnages. A l'époque mamlouke, par exemple, les émirs occupaient à la cour du sultan les rangs les plus importants après celui-ci. Amīr al-mu'minīn : « commandeur des croyants » ; ce titre était porté par les califes (→).

Engagée. → *Colonne.*

Ennéade. Groupe de neuf divinités réunies par le clergé d'Héliopolis. La « Grande Ennéade » réunit Atoum, démiurge de cette ville, et ses premiers descendants, Chou et Tefnout, Geb et Nout, Osiris et Isis, Seth et Nephtys (→ *ces noms*). De semblables regroupements ont existé à Héliopolis même, où une « petite ennéade » était formée de dieux n'ayant pu prendre part à la grande, mais aussi dans d'autres villes. Le mot « ennéade » finit par ne plus désigner qu'une compagnie de dieux. Ainsi à Abydos, ils n'étaient que sept alors qu'à Thèbes ils étaient quinze. Ces collèges divins furent constitués à l'image de celui d'Héliopolis. Plus originale fut l'ogdoade (→) d'Hermopolis qui comportait huit dieux.

Enseigne (ou étendard). Chacun des nomes (→) de l'Égypte était représenté par un symbole lié à sa divinité tutélaire. Ces figures (appelées enseignes) étaient portées au bout de longues hampes, lors des processions des grandes fêtes.

Entablement. Partie d'un édifice qui s'élève au-dessus des colonnes ou autres supports et comprend l'architrave et la corniche.

Épigraphie. Le décor épigraphique, dans les monuments religieux du monde musulman où la représentation de la figure humaine est interdite, a naturellement pris une ampleur exceptionnelle. L'écriture la plus fréquemment employée dans le décor épigraphique fut, au moins jusqu'au XIIe s., le kufique (→), écriture anguleuse, se prêtant bien à la sculpture sur pierre. Peu à peu, les hampes des lettres furent ornées de motifs floraux pour donner le « kufique fleuri ».

Ératosthène. Géographe grec du IIIe s. av. J.-C., il fut bibliothécaire du musée d'Alexandrie sous Ptolémée III et ses successeurs. En 220 av. J.-C., il réussit à déterminer le rayon terrestre à partir de la mesure de la distance entre Alexandrie et Assouan, et des hauteurs comparées du soleil au méridien de ces deux villes.

Ermouthis. → *Thermouthis.*

Eutychéens. Du nom d'Eutychès (av. 378-454), un moine de Constantinople, inventeur de la doctrine monophysite, ce qui lui valut d'être exilé en Égypte : équivaut à « tenants du monophysisme » (→).

Exode. Dans l'histoire du peuple Hébreu, l'Égypte, puissant voisin, tient une place importante. Il n'en va pas de même pour la place des Hébreux dans les annales pharaoniques. Pour les maîtres de l'Égypte, les Hébreux n'étaient en effet que des nomades, des « coureurs de sable » parmi d'autres. La première mention de ce peuple date du règne du pharaon Mineptah, fils de Ramsès II (vers 1200 av. J.-C.) qui cite Israël parmi les peuples vaincus (« Israël est détruit, sa semence même n'est plus »). Ainsi, replacer l'Exode avec exactitude est difficile. On pense aujourd'hui qu'il dut se passer vers 1290, sous le règne de Ramsès II. Quant à la route suivie par le peuple élu, la plus probable est celle qui l'aurait mené vers le Sinaï en passant par un point situé entre le lac Timsah et le golfe de Suez.

Expédition d'Égypte. On désigne sous ce nom l'expédition organisée par Bonaparte, puis laissée entre les mains de ses successeurs, les généraux Kleber et Menou, qui occupa l'Égypte de 1798 à 1802. L'armée était accompagnée de savants et d'artistes, réunis dans une « Commission des Sciences et des Arts de l'Armée d'Orient » de 165 membres (distincte de l'Institut d'Égypte [→]) qui amassèrent une énorme documentation publiée à partir de 1809 dans la Description de l'Égypte, inépuisable mine de renseignements pour tout ceux qui s'intéressent à ce pays.

Faqīḥ. Plur. fuqahā' : juriste. Il s'agit des hommes qui étudient le fiqḥ (→), le droit musulman.

Fātima. Fille très chérie de Muḥammad (→), auquel elle ne survécut qu'un an, et épouse de 'Alī (→), elle eut avec celui-ci deux fils : Ḥasan et Ḥusayn (→). Son nom est l'éponyme de la dynastie fatimide. C'est l'une des rares figures féminines à être l'objet d'un culte dans l'Islām.

Fatimides. Dynastie shi'ite qui fait remonter ses origines à Fātima. Fondée par 'Ubayd Allah al-Mahdī, qui se proclama calife à Kairouan en 910, la dynastie étendit son autorité sur tout le Maghreb et conquit la Sicile. La capitale fut transférée peu après à Mahdia, en Tunisie. Les Fatimides régnèrent en Afrique du Nord, en Égypte, où ils fondèrent Le Caire (969), et en Palestine. Ils devinrent alors la puissance la plus importante du monde musulman. Leur règne (909-1171) eut un rayonnement culturel et artistique considérable, mais l'ardeur reconstructrice des dynasties suivantes nous a privé de la plupart de leurs fondations cairotes.

Fausse barbe. Tout Égyptien de qualité se devait d'être glabre et le métier de barbier à la cour et dans les campagnes, n'était pas une sinécure. Cependant la barbe était sans doute un signe de puissance virile et les dieux portaient une « barbe pareille au lapis-lazulis ». Les Égyptiens dotèrent les images divines de barbes longues et minces, finement tressées, à l'extrémité recourbée. Les souverains portaient une barbe étroite et vaguement ondulée, d'une certaine longueur, sauf lorsque, morts, ils étaient assimilés aux dieux. Les particuliers se contentaient, eux, d'une barbiche. Toutes ces barbes étaient des postiches, retenues au menton par de fines lanières.

Fausse porte. Stèle qui imitait une porte avec ses montants et une natte enroulée au-dessus du simulacre d'ouverture. Par cette fausse porte, le mort pouvait rester en contact avec le monde des vivants. Le mastaba de Mérérouka à Saqqara montre même le défunt sortant de cette « porte », mais, dans la plupart des cas le mort n'est représenté qu'en bas-relief sur le linteau (→) assis devant une table d'offrande (→).

Fête-Sed. → *Sed.*

Fiqḥ. Droit musulman. Ce mot recouvre un sens plus large que le droit de nos sociétés hérité du droit romain où l'État peut légiférer sans référence au code divin. En Islām, le fiqḥ s'étend aux obligations du culte et aux prescriptions sociales. Actuellement, il existe quatre écoles juridiques dans l'Islām sunnite : les Malékites, surtout en Afrique du Nord, les Hanefites, les Shafi'ites, principalement en Égypte (vous pouvez visiter le très vénéré tombeau de l'imām (→) fondateur de ce rite, au Qarāfa) et les Hanbalites.

Firman. Décret impérial, ordre ou commandement promulgué par le sultan de Constantinople.

Flabellum. Nom donné aux différents éventails utilisés par les Égyptiens. Ceux-ci étaient confectionnés en plumes d'autruches et il en existait plusieurs modèles. Le type le plus courant, aux plumes disposées en demi-cercle au bout d'une poignée, était destiné au même usage que nos éventails. Lorsque le roi sortait, un serviteur tenait un gigantesque flabellum porté à bout de bras, pour lui procurer de l'ombre. On rencontre aussi un modèle plus particulier, formé d'une seule plume d'autruche, qui semble avoir été davantage un insigne royal qu'un objet fonctionnel. Il était tenu par des officiers qui restaient à proximité du roi, mais aussi par la déesse-vautour Nekhbet (→) qui volait au dessus du pharaon et le protégeait.

Flagellum. → *Sceptres.*

Frères Musulmans. Mouvement politique issu de l'Islām fondamentaliste, fondé en 1928 à Isma'īliyya par un instituteur, Ḥasan al-Bannā. Militant pour la ré-islamisation de la société, sur le plan moral comme sur le plan social, le mouvement glisse progressivement, après la Seconde Guerre mondiale, vers l'action armée et l'attentat. Ḥasan al-Bannā est lui-même assassiné, sans doute par la police, le 12 fév. 1949. Antisémite, antioccidental, antimarxiste, il participe à la 1re guerre israélo-arabe de 1948 et aux combats contre les Anglais dans la zone du canal de Suez en 1951. Victime, à partir de 1954, d'une violente répression, le mouvement se radicalise de plus en plus fortement dans les années soixante. La libération des « martyrs », en 1971, alimentera l'extrémisme des innombrables mouvements islamistes (→) qui se développent dans la décennie suivante. Comptant, dit-on, un million de sympathisants, le mouvement, dirigé par Omar Telemsani (mort en mai 1986), s'exprime aussi au travers d'une revue (Al-Dawa, l'Appel) qui tire à 200 000 exemplaires.

Funduq. Bâtiment à fonctions commerciales organisé autour d'une cour centrale : le rez-de-chaussée est réservé à l'entrepôt des marchandises et l'étage aux logements pour les négociants, éventuellement étrangers.

Galā'. Évacuation. Le pont de l'Évacuation (Kūbrī el-Galā'), commémore l'évacuation de la zone du Canal par les Anglais, le 18 juin 1956.

Gam'a. Université. L'université du Caire, à Giza, a été fondée en 1921 sous les auspices du roi Fuad Ier, dont elle prit d'abord le nom.

Gāmi'. Grande-mosquée. Ce terme signifie « lieu de la Réunion » ; le lieu de culte des musulmans n'est pas un sanctuaire ; pas plus qu'ailleurs, Dieu n'y est présent ; c'est le lieu où les fidèles se réunissent pour prier.

Gargouille. Le visiteur des temples de l'époque ptolémaïque (à Edfou et Dendara, par ex.), ne peut manquer de remarquer les gargouilles en forme de protome de lion qui permettaient l'évacuation des eaux de pluie. Les pluies orageuses qui s'abattaient sur le toit des temples étaient considérées comme des formes de Seth (→) et de ses compagnons, ennemis des dieux. Ainsi, le lion mâle, animal particulièrement effrayant, était, sous la forme d'une gargouille, le protecteur des dieux qui habitaient l'édifice sacré.

Geb. Dieu de la terre, il forme un couple avec sa sœur Nout (→) déesse du ciel : tous deux sont issus de Chou et Tefnout (→). Ils eurent quatre enfants : Osiris (→), Isis (→), Seth (→) et Nephtys (→). Selon d'autres récits, le couple engendra Rē (→). Ainsi, il fut considéré comme un ancêtre divin des rois égyptiens. Il est représenté, soit comme un personnage étendu, au-dessus duquel se déploie son épouse Nout (dans les représentations cosmogoniques), soit comme un homme coiffé d'une couronne composite, réunissant la couronne (→) rouge et la couronne Atef.

Gihād. Le mot signifie en fait « effort » (sur le chemin de Dieu) et la traduction « guerre sainte » doit être comprise comme une lutte contre l'incroyance plutôt que comme l'extermination des incroyants ; ce devoir de prosélytisme missionnaire s'impose à la Communauté en tant que telle. Si, dans les premiers temps de l'Islām, la lutte armée contre ceux qui n'adhéraient pas à cette nouvelle religion était une obligation pour la communauté musulmane (tout musulman mort dans ce combat étant assuré du Paradis), cette conception n'est plus, aujourd'hui, que celle de divers groupements intégristes.

Gouvernorat. En arabe Muḥāfazat. Les provinces étaient appelées autrefois Mudīriyya (→). L'Égypte en compte désormais 25, dont cinq gouvernorats urbains (Le Caire, Alexandrie, Port-Said, Suez et Ismailiyya).

Gumhūriyya. République. Gumhūriyya est également le nom d'un quotidien, fondé en 1953 et qui sera un temps l'organe officiel des Officiers Libres (→). Anwar al-Sadāt (→) en fut le directeur jusqu'en 1957.

Habitation. → *Maisons.*

Ḥadīṯ. Récit et, de là, récit des paroles ou faits de Muḥammad (→) transmis oralement par ses Compagnons avant d'être fixés par écrit, bien après sa mort. C'est la « Tradition » musulmane, la sunna (→). Les traditionnistes devaient citer leurs sources : on a ainsi des chaînes (isnād) d'informateurs (« je le tiens d'un tel qui le tient d'un tel... ») qui doivent remonter jusqu'à un contemporain et témoin du Prophète. Mais cela n'empêche pas que beaucoup de traditions soient apocryphes ; tout comme un texte, une chaîne de garants peut s'inventer.

Hagar. L'Ancien Testament relate qu'Abraham ne pouvait avoir d'enfant avec sa femme Sarah. Il eut donc une relation avec sa servante Hagar. De cette union naquit Ismā'īl qui serait l'ancêtre des Arabes.

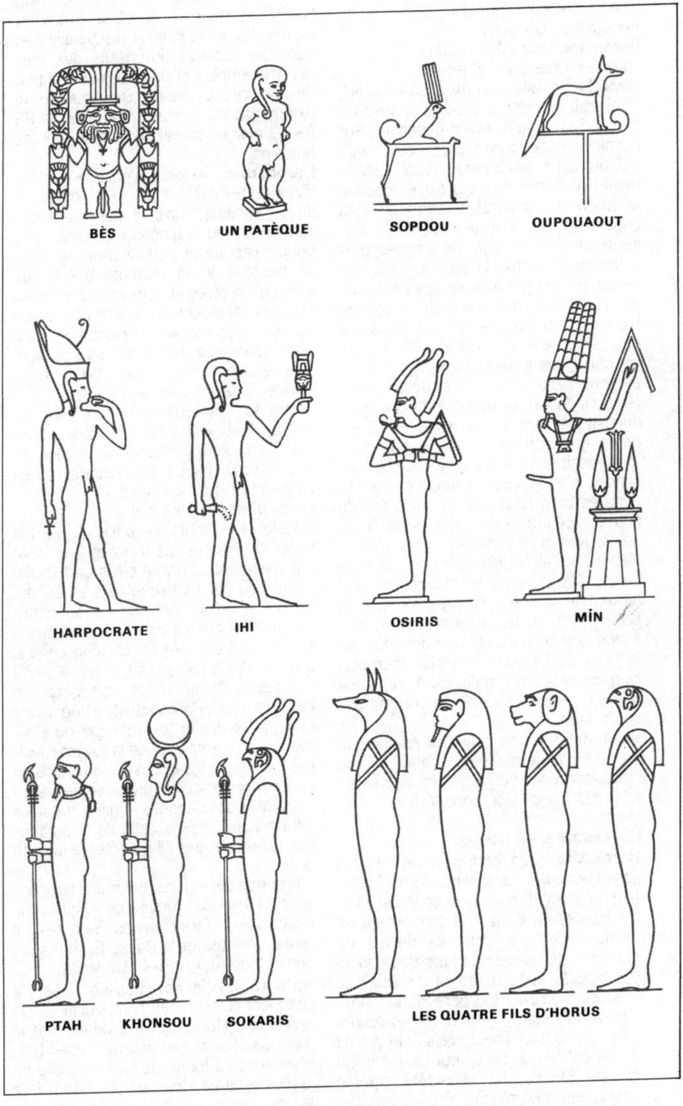
BÈS
UN PATÈQUE
SOPDOU
OUPOUAOUT
HARPOCRATE
IHI
OSIRIS
MÎN
PTAH
KHONSOU
SOKARIS
LES QUATRE FILS D'HORUS

Haïkal. Sanctuaire d'une église copte, et plus particulièrement son autel (→ *Église, plan type*).
Ḥammām. Bain privé ou public.
Ḥapi. → *Quatre fils d'Horus*.
Hāpi. Personnification de la crue du Nil, Hāpi était représenté comme un homme presque nu, à la mamelle pendante. Sur certaines images son corps était peint d'ondulations symbolisant l'eau. Essentiel au bien-être du pays car il apportait le limon qui fertilisait la terre, il resta cependant une divinité subalterne. Sur les murs des temples, de longues processions de dieux-Nil apportent au maître du lieu les produits du pays (voir par ex., les merveilleux reliefs du temple de Ramsès II à Abydos qui ont conservé une partie de leur couleur). Ailleurs, sur les côtés des trônes, deux Hāpi accomplissent l'acte d'unir les deux terres (→ *Sma-Taoui*). Le début de l'inondation, qui marquait la nouvelle année (→ *Calendrier*), était appelée « l'arrivée de Hāpi » et donnait lieu à de grandes réjouissances. Des temples lui furent consacrés dans certains lieux choisis du cours du fleuve : près de la première cataracte où se trouvait une mythique « caverne de Hāpi » qui alimentait la crue, près du Gebel Silsila où les montagnes se ressèrrent et donnent l'impression que le Nil en jaillit, au N. de Memphis où était située la source du Nil de Basse-Égypte et près du Fayoum où le lac (autrefois cinq fois plus grand qu'aujourd'hui) apparaissait comme un réservoir pouvant agir sur la crue.
Ḥāra. Actuellement : rue. Anciennement, il a pu s'agir de quartiers. Qâhira, lors de l'installation des Fatimides, fut divisée en lots distribués aux conquérants : les Ḥāras.
Ḥarendotès. → *Harsiésis*.
Harmakhis. Son nom signifiait « Horus dans l'horizon », un des nombreux Horus (→) qui n'ont rien à voir avec le fils d'Isis (→ *Harsiésis*). C'était un dieu solaire en relation avec les deux extrémités de l'horizon, portes gardées par deux lions, par lequels apparaissait et disparaissait le soleil. « Je suis ton père Horus-dans-l'horizon-Khépri (→)-Rē (→)-Atoum (→) » dit au futur Thoutmosis IV le sphinx de Khéphren à Giza, qui, à partir du Nouvel Empire, fut considéré comme une image d'Harmakhis.
Haroéris. « Horus le grand », dieu solaire et guerrier adoré à Edfou et représenté par le fameux disque ailé (→) que l'on retrouve au-dessus des portes des temples et dans la partie cintrée de nombreuses stèles. Dieu guerrier, il exterminait les nombreux ennemis de Rē (→) et était un parfait protecteur pour les humains.
Harpocrate. « Horus l'enfant », forme d'Horus (→) fils d'Isis (→), demeuré dans l'enfance. Ainsi, il est représenté comme un jeune garçon nu, coiffé de la boucle latérale et portant un doigt dans sa bouche. Il fut surtout vénéré aux époques tardives et nous avons de nombreuses représentations d'Isis le tenant sur ses genoux et l'allaitant. Un récit nous conte que, piqué par un scorpion, il fut sauvé par sa mère, divine magicienne. Il devint donc un dieu protecteur contre les animaux venimeux. Sur les stèles dites d'« Horus sur les crocodiles », on le voit debout sur le dos de ces animaux, tenant dans ses mains des serpents et des scorpions.
Harsaphès. → *Herichef*.
Harsiésis. « Horus, fils d'Isis » : c'est la forme la plus connue d'Horus (→), celle qui appartient au mythe d'Isis et d'Osiris, popularisé par Plutarque (Isis et Osiris). Il dut d'abord se cacher dans les marais du delta (→ *Harpocrate*) puis s'opposa à son oncle Seth (→) en un long combat aux multiples péripéties, dont il sortit vainqueur. Ayant vengé son père (on l'appelle alors Harendotes), il régna sur l'Égypte et devint le prototype du Pharaon puis le protecteur de la royauté. Malgré tout ce qui les oppose, Horus et Seth sont parfois associés (on les appelle alors « les deux compagnons ») dans certaines cérémonies, comme celle de la purification du roi avant qu'il ne célèbre le culte divin.
Harsomtous. « Horus qui réunit les deux terres ». Une des formes de « Horus, fils d'Isis » (→). Ayant vaincu Seth (→), il réunit la Haute et la Basse-Égypte sous son autorité unique (→ *Harsiésis*).
Hathor. Ancienne déesse liée à l'élément céleste, son nom signifie : « la demeure d'Horus » et elle devait être la mère de l'Horus (→) solaire. Cependant, c'est sous sa forme de vache qu'elle fut la plus vénérée, devenue une déesse de la douceur et de la joie. Elle est aussi

déesse funéraire à Thèbes et déesse du sycomore à Memphis. Son temple le plus connu, car il nous est parvenu presque intact, est celui de Dendara. A la Basse Époque, Hathor fut parfois identifiée à Isis (→) qui était alors représentée coiffée du disque encadré de deux cornes de vache. Enfin, on connaît un groupe de « sept Hathors » qui assistait aux naissances et fixait le destin du nouveau-né.

Hathorique. → *Colonne.*

Hatméhit. Nom d'une déesse-poisson, épouse du « Bélier de Mendès ». Elle est généralement représentée comme une femme avec un poisson posé sur la tête. Ses caractères propres ne sont pas connus.

Hégire. Le 16 juillet 622, le Prophète Muḥammad (→), à la suite de l'hostilité que reçut sa prédication à la Mekke (→), avec ses premiers adeptes, quitte cette cité pour l'oasis de Yaṯrib (la future Médine [→]). Cette émigration — en arabe, higra, que l'on a transcrit « hégire » — marque le point de départ du calendrier musulman.

Héhet. → *Ogdoade.*

Héhou. → *Ogdoade.*

Héka. Dieu-enfant qui incarne la puissance dont les dieux sont porteurs. Les hommes pouvaient, dans une très faible mesure, en faire usage, et Héka devint un dieu de la magie, patron des magiciens, ainsi qu'un dieu invoqué par les médecins qui cherchaient à utiliser une parcelle de cette puissance divine. On a retrouvé des lieux de culte de Héka à Héliopolis où il était le fils du démiurge, et à Esna où il était la forme juvénile de Khnoum (→).

Héqet. Déesse-grenouille associée à l'eau et à la crue du Nil. Comme le Nil était l'élément primordial, générateur de toute vie, Héqet devint un réceptacle des forces vitales. A Antinoe, elle fut la parèdre d'une autre divinité en relation avec l'eau : Khnoum (→). Dans des textes très anciens, ce couple joue un rôle dans les naissances, surtout celles des futurs pharaons : Khnoum modelait le corps du futur enfant et Héqet lui insufflait la vie. Dans la religion populaire, Héqet était surtout considérée comme une déesse qui assistait la mère pendant la grossesse et l'accouchement, puis protégeait le nouveau-né.

Hérichef. Dieu-bélier d'Héracléopolis (au S. du Fayoum). On ne sait pas grand-chose de ses origines, mais, à une époque tardive, il apparaît comme un dieu universel dont les yeux étaient le soleil et la lune. Un chapitre du Livre des Morts (→) fait d'Héracléopolis le lieu d'apparition du soleil et il faut peut-être voir en Hérichef un démiurge local très ancien.

Hérodote. Grec d'Asie Mineure qui vécut au Ve s. av. J.-C. Il visita l'Égypte vers la fin de la première domination perse et consacra à ce pays qui le fascinait un livre entier de son « Enquête » sur les relations entre les Grecs et les Perses.

Hiéracon-. Préfixe utilisé pour désigner ce qui se rapporte au faucon ; ainsi, les dieux à tête de faucon (Horus, Khonsou, Montou, Rê) seront-ils dits hiéraconcéphales.

Hiératique. → *Écriture*

Hiéroglyphes. → *Écriture*

Horakhty. « Horus de l'horizon ». Une des formes du dieu soleil adoré à Héliopolis. Il était le disque qui apparaissait, et au début du schisme amarnien, Akhénaton l'identifia à Aton (→), appelé « Rē-Horakhty qui exulte dans l'horizon en son nom de Chou, qui est dans le disque ».

Horoun. Dieu cananéen introduit en Égypte par les captifs ramenés lors des grandes conquêtes du Nouvel Empire. La première attestation d'un culte de ce dieu provient de Giza où il était assimilé au sphinx (→), lui-même identifié à Harmakhis (→), une forme d'Horus (→). Horoun était donc représenté comme un faucon, protecteur de la royauté. Une grande statue retrouvée à Tanis le montre en relation avec Ramsès II. Il fut également adoré par les ouvriers de Deir el-Médina qui étaient souvent des prisonniers venant de Palestine ; Horoun devint, ainsi, un dieu protecteur et guérisseur.

Horus. Une des grandes divinités de l'Égypte, le nom recouvrant non pas un dieu, mais plusieurs. Pour simplifier, on peut voir deux grands types d'Horus. Le premier est l'Horus céleste, une forme du dieu soleil, puissant et belliqueux. C'est lui qui est à l'origine du faucon, animal aérien qui repère sa proie d'en haut, avant de foncer brutalement sur elle. Les Égyptiens surnommaient la planète Mars « l'Horus rouge » soulignant le lien entre Horus et l'univers céleste. Le second Horus est le fils d'Isis (→) et d'Osiris (→) qui était le protecteur de la royauté du « Double-Pays ». L'identité des noms et la tendance des Égyptiens au syncrétisme, amenèrent tout naturellement des amalgames difficiles à démêler. → *Harmakhis, Haroéris, Harpocrate, Harsiésis, Harsomtous, Horakthy.*

Ḥōsh. Enclos. Peut-être le lieu d'un habitat groupé, en général, assez populaire. Les constructions y sont alors en matériaux plutôt précaires.

Ḥusayn. Fils de ʿAlī (→) et Fāṭima (→) et petit-fils du Prophète, il fut assassiné à Kerbela (→) en 680.

Hypogée. Tombeau souterrain creusé dans le rocher.

Hypostyle. Se dit de toute salle dont le plafond est soutenu par des colonnes.

Icône. Image sainte, habituellement peinte sur bois. Il n'y a pas de statue dans le rite copte, pas plus que dans les autres rites orientaux.

Igmāʿ. Quatrième source de la pensée et du droit musulmans, ce consensus unanime de la Communauté est l'un des recours en cas d'insuffisance des autres sources (→ *Coran*).

Ihy. Dieu-enfant, fils de Hathor (→) de Dendara. Il a hérité de sa mère un caractère enjoué et musicien. Il est le plus souvent représenté un sistre à la main. Il apparaît aussi dans le Livre des Morts (→), mais sans que nous puissions savoir d'où il tire son caractère funéraire. C'est surtout par les textes de Dendara que nous le connaissons. Le mammisi (→) était l'endroit où l'on célébrait sa naissance. A Basse Époque, il fut assimilé à Harpocrate (→) car il était, en effet, tentant de rapprocher le fils de Hathor et celui d'Isis.

Imām. Au sens le plus large, le mot désigne tous ceux qui, d'une manière ou d'une autre, *guident* le croyant dans sa démarche vers Dieu. Ayant reçu leur instruction coranique dans une madrasa (→) les imāms ne sont consacrés par aucune ordination, la charge ne représentant pas un sacerdoce et pouvant être remplie par tout musulman compétent : la religion ne comporte pas de sacrement et le croyant s'adresse à Dieu directement, sans le besoin d'intercesseur.

Du haut au bas de la hiérarchie, on peut distinguer :

— les sheykhs (→), chefs de confréries religieuses ;

— les khāṭibs (→), chargés du prône du vendredi ;

— les imāms proprement dits, préposés au service d'une mosquée et qui dirigent les prières collectives (celles du vendredi, ou celles qui accompagnent les cérémonies diverses, mariages, enterrements, etc.) ;

— les muʿaḏḏins (→), qui annoncent la prière cinq fois par jour ;

— les qā'ims, qui gardent, rangent et nettoient la mosquée.

Le titre d'Imām peut aussi être porté par le chef suprême de la Communauté des croyants : ce fut le cas des quatre premiers califes, du moins selon l'optique sunnite (→), comme c'est aujourd'hui, pour les shiʿites (→), celui du guide de la révolution iranienne.

Imentet. L'Occident, lieu où se couche le soleil, fut dès les plus hautes époques considéré comme le domaine des morts. C'est donc sur la rive g. du Nil que se développèrent les grandes nécropoles de l'Égypte pharaonique. Cette région fut personnifiée par une déesse (les noms de lieu en égyptien sont féminins) Imentet dont le nom est la forme féminine du mot qui désigne l'Ouest. Rappelons qu'Osiris (→) fut appelé « celui qui préside aux Occidentaux (→ *Khentamentyou*). Dans les tombes thébaines elle fut parfois représentée comme une femme, debout dans un arbre, ou devant le mort et l'accueillant en lui versant de l'eau, rôle qui était le plus souvent confié à Nout (→). Cependant, dans de nombreuses scènes, elle est aussi représentée simplement comme une femme portant sur sa tête le hiéroglyphe de son nom et assistant un dieu de l'au-delà, Osiris ou Anubis (→).

Imhotep. Conseiller du roi Djéser (IIIe dyn. vers 2800 av. J.-C.) ; nous ne savons pas grand-chose de lui sinon qu'il fut l'architecte de la pyramide de ce roi (pyramide à degrés de Saqqara) et de son ensemble funéraire. Sa réputation de savant et de sage fut grande et se transmit de génération en génération. Il fut d'abord un modèle pour les scribes, mais à Basse Époque, il fut comme Amenhotep, fils de Hapou, considéré comme un dieu guérisseur. Sa notoriété nous est parvenue grâce aux nombreuses statuettes de bronze retrouvées. Son principal sanctuaire, situé à Saqqara, accueillait de nombreux malades qui venaient y espérer une guérison. Dans la région memphite, on le considéra peu à peu, comme un fils de Ptah (→) et de Sekhmet (→). Mais dans la région thébaine et même dans l'île de Philae, son nom est également mentionné.

Infitāh. Ouverture. Nom donné à la politique économique d'ouverture à l'Occident, lancée par Anwar al-Sadāt en 1974.

Inondation. → *Crue.*

Institut d'Égypte. Créé le 22 août 1798 par Bonaparte, il comptait 40 membres réunis en quatre sections : Mathématiques (Andreossi, Bonaparte, Costar, Fourier, Girard, Lepère aîné, Leroy, Malus, Monge, Novet, Quesnot, Say), Physique (Berthollet, Champy, Conté, Delille, Descatils, Desgenettes, Dolomieu, Dubois, Geoffroy-Saint-Hilaire, Savigny), Économie politique (Caffarelli, Gloutier, Poussielgue, Sulkowski, Sucy, Tallien), Littérature et Arts (Denon, Dutertre, Norry, Perseval, Redouté, Rigel, Venture, Raphaël de Monachis). Le président en était Monge (mathématicien), le vice-président, Bonaparte (mathématicien), le secrétaire perpétuel Fourier (mathématicien). Nous ne devons pas non plus oublier le peintre Vivant Denon qui nous a laissé de merveilleuses images de l'Égypte de cette fin du XVIIIe s. On a pu dire que cet institut d'Égypte était le lointain ancêtre de la mission archéologique française fondée en 1880 et transformée en Institut français d'Archéologie orientale du Caire (IFAO) en 1898 ; en réalité, les préoccupations de l'Institut d'Égypte étaient largement différentes au départ, puisqu'il s'agissait surtout d'étudier les ressources et la mise en valeur du pays. Mais n'oublions pas que c'est la rencontre de Champollion (→) et de Fourier à Grenoble qui éveilla la vocation de celui qui devint le fondateur de l'égyptologie (→).

Iousaās. Les théologiens d'Héliopolis élaborèrent une doctrine dans laquelle Atoum (→), le démiurge de la ville, procréa seul le premier couple divin en se masturbant ou en crachant. Cet acte fut personnifié par la déesse Iousaās, création du clergé qui en fit la compagne d'Atoum.

Irhemsnéfer. → *Arsénouphis.*

Irrigation : Dominé par la crue (→) annuelle, le système d'irrigation de l'Égypte est resté grosso modo le même, de l'Antiquité à l'époque moderne. Il avait pour principe majeur d'assurer la meilleure répartition possible des eaux d'inondation. A cette fin, le fleuve fut progressivement endigué dans des levées de terres, soigneusement surveillées. Pour obtenir que l'eau séjourne assez longtemps et sur une épaisseur suffisante, la vallée fut d'autre part découpée par des digues transversales en bassins (huds), alimentés par des canaux d'amenée dont la prise d'eau était ménagée dans les digues de berge du fleuve. Quand le Nil avait atteint un niveau suffisant, on ouvrait ces prises d'eau pour procéder au remplissage progessif, d'amont en aval, des chaînes de bassins ainsi constituées. Le remplissage durait en moyenne 40 jours, la décantation et la vidange chacune 20 jours. S'il assurait à l'Égypte une submersion uniforme, un tel système restait cependant impuissant à compenser les crues insuffisantes. Ce n'est qu'à la fin du XIXe siècle que l'on commença à ériger des barrages destinés à exhausser le plein d'eau à l'étiage. Les barrages-réservoirs d'Asyut, d'Esna et de Nag' Hammadi répondaient à cette finalité. Dans le même temps, on se préoccupait de développer, grâce à l'irrigation pérenne, les cultures d'été et d'automne déjà pratiquées avec succès dans les terres basses du Delta pour les premières, ou sur les buttes insubmersibles par l'inondation pour les secondes. La première grande réalisation de ce type fut la construction, de 1835 à 1847 du barrage du Delta. L'expansion rapide de l'irrigation pérenne devait nécessairement conduire au concept de régulation de l'ensemble du débit annuel : mettre en réserve une partie des hautes eaux pour les restituer à la culture lorsque le pays manque d'eau, de février à juin. A ce nouvel objectif allaient répondre les barrages construits sur le Haut-Nil, au Soudan, et surtout le premier barrage d'Assouan, mis en eau en 1902. L'envasement rapide provoqué par la forte teneur des eaux en matières solides empêchait cependant d'atteindre à une parfaite maîtrise des ressources hydrauliques, que seule la construction du Haut-Barrage devait permettre (→ *chap. 26 D).*

Isis. Déesse qui fut incontestablement la plus populaire de la religion égyptienne, celle qui eut la plus grande longévité puisque son temple de Philae fut le dernier édifice païen à fonctionner jusqu'au règne de Justinien (VIe s. ap. J.-C.) qui en ordonna la fermeture. De plus, son influence déborda largement les frontières de l'Égypte, se répandant dans la bassin méditerranéen et plus au N. encore, grâce à l'empire romain. De même que l'Occident chrétien sut neutraliser et assimiler de vieilles cérémonies païennes, de même de nombreuses « Vierges noires », vénérées encore aujourd'hui, ont pour origine d'anciennes Isis. Nous tenons là l'origine du succès d'Isis en Égypte même. Dans la légende osirienne (très ancienne puisqu'elle apparaît dès les Textes des Pyramides [→]), Isis, épouse d'Osiris (→), mère d'Horus (→), fut la plus fidèle des compagnes et la plus dévouée des mères. Grande magicienne ayant permis la résurrection d'Osiris, elle fut une déesse funéraire. Par son rôle auprès d'Horus qu'elle sauva des morsures d'animaux dangereux et qu'elle déroba aux recherches des partisans de Seth (→), elle devint une protectrice de la femme et de l'enfant. Elle fut tellement populaire, qu'elle assimila peu à peu les personnalités des autres déesses qui lui ressemblaient. Elle est représentée comme une femme portant sur la tête le siège qui servait à écrire son nom. A Basse Époque, de très nombreuses images la montrent, tenant l'enfant Horus et coiffée des cornes et du disque solaire d'Hathor (→).

Islām. C'est la soumission à Dieu, telle que l'exprime de manière résumée le verset IV, 135 du Coran (→), révélé à Muḥammad (→) : « O les croyants ! Croyez en Dieu et en Son messager, au Livre qu'Il a peu à peu fait descendre sur Son messager, et au Livre et aux Livres qu'auparavant Il a fait descendre. Quiconque ne croit pas en Dieu ni à Ses anges ni à Ses Livres ni à Ses messagers ni au Jour dernier, eh bien il s'égare loin dans l'égarement ». D'autres versets du Coran et divers ḥadīṯs (→) permettent de détailler le contenu de la foi au point de vue dogmatique :

— Dieu a parlé aux hommes et leur a donné la Loi par les prophètes, Abraham, Moïse, Jésus (le Coran en cite beaucoup d'autres, d'Adam à Jean-Baptiste) et Muḥammad, celui-ci étant le dernier, le « Sceau des Prophètes » ;

— il existe des anges (l'un d'eux, Gabriel, a dicté le Coran à Muḥammad), ministres de la volonté de Dieu, créés de lumière, et des êtres intermédiaires, ou ginns, créés de feu, soumis à la Loi, les uns bons et les autres mauvais (et alors satellites d'Iblīs, ou Satan, ange révolté) ;

— précédée de l'avènement du Mahdī (→) qui rétablira pour un temps la foi et la justice dans le monde, viendra l'Heure, où tous seront ressuscités pour être jugés : ils connaîtront alors soit les délices éternelles (auquelles le Coran attribue un caractère nettement profane et voluptueux, mais que les théologiens interprètent comme des allégories) du Paradis, soit les affres non moins durables (et non moins matérielles) de l'Enfer ;

— la prédestination tient à la toute-puissance divine et ne s'oppose pas à la responsabilité humaine : la croyance implique un abandon total et volontaire à Dieu. Il n'y a ni déchéance de la nature humaine, ni péché originel.

Pour ce qui touche aux prescriptions de la loi islamique → *sharī'a.*

Īwān. Cette grande salle, fermée sur trois de ses côtés, et dont le quatrième ouvre soit sur une cour, soit sur une autre salle (situées une marche plus bas que l'īwān lui-même) est un élément caractéristique de l'architecture musulmane ; il est employé dans les édifices religieux comme dans les bâtiments civils.

Au Caire, les madrasas (→) ont souvent été construites ainsi : quatre īwāns, dévolus à l'enseignement des quatre rites sunnites (→), sont disposés autour d'une cour centrale selon un plan cruciforme (exemple ; madrasa du Sultan Ḥasan). Par ailleurs, la salle la plus prestigieuse des palais mamlouks et ottomans est la qā'a' (→), où deux īwāns encadrent une partie centrale.

Janissaires. Du turc yeniçeri, « la nouvelle troupe ». Corps d'élite de l'infanterie turque, qui constituait le gros des troupes de Sélim, au moment de la conquête de l'Égypte par les Ottomans.

Ils étaient casernés à la Citadelle et chargés de la défense du Caire. La direction de la milice était confiée à un Agha (→), généralement envoyé d'Istanbul, mais le commandement effectif en revint souvent à son second, le Katkhūda (→) des Janissaires. Ils établirent rapidement leur hégémonie sur les autres milices de l'armée ottomane et s'assurèrent, au XVIIe s., le contrôle effectif du pays.

Jubilé. → *Sed.*

Jugement des Morts. → *Psychostasie.*

Ka. Plus difficile à définir que le Ba (→), car rien n'est comparable dans notre conception moderne de la vie. Il semble que le ka représente l'énergie vitale, conservatrice et créatrice. Les dieux peuvent être dotés de plusieurs ka, qui correspondent à plusieurs qualités ; Rē (→), qui les possède toutes, avait quatorze kas. Le ka apparaît à la naissance de l'individu, mais on en parle surtout à propos de sa mort. Les formules d'offrandes funéraires s'adressent au ka du défunt qui apparaît comme le réceptacle des forces vitales, et permet la subsistance dans l'Au-delà.

Ka'ba. Ce sanctuaire de forme cubique situé à la Mekke (→) existait déjà avant l'Islām. On y vénérait, parmi d'autres idoles, une météorite, la « Pierre Noire ». Actuellement, c'est le point fort du pèlerinage (→) musulman. Les pèlerins doivent en effet faire sept fois le tour de cet édifice lors de cette cérémonie.

Kafr. Hameau, en arabe ; ce mot, comme Nag', entre donc dans la composition de beaucoup de noms de lieux.

Kaméphis. → *Kamoutef.*

Kamoutef. Son nom signifie le « taureau de sa mère ». C'est un dieu soleil mis au monde par la vache céleste et qui fécondait sa propre mère pour renaître le lendemain. Plus tard, ce nom a été donné à d'autres divinités procréatrices (Min et Amon).

Katkhūda. Titre militaire turc équivalant à lieutenant. → *Janissaires.*

Kéket. → *Ogdoade.*

Kékou. → *Ogdoade.*

Kerbela. Le second fils de 'Alī (→), Ḥusayn (→) fut, à la mort du premier calife umayyade, Mu'āwiyya (680), appelé par les habitants de Kufa pour se faire proclamer calife. Mais, en cours de route, à Kerbela, en Iraq, il fut assassiné par des partisans des Umayyades. Cet événement, donnant des martyrs au shi'isme (→) « lui conféra une auréole de souffrance » (Cahen) dont on trouve aujourd'hui encore la trace en Iran. L'anniversaire de ce deuil est commémoré tous les ans par les shi'ites, le 10 Muharram.

Khān. Caravansérail. Ce type d'édifice est l'équivalent du funduq (→), mais en milieu non-urbain.

Khanqāh. Couvent pour mystiques musulmans ayant décidé de vivre retirés du monde. La pluspart du temps, ces édifices sont construits avec au moins une salle de prière (la khanqāh de Shaykhū) ; quelquefois même, ils sont situés au sein de tout un complexe (→ *la madrasa du sultan Ḥasan*).

Kharigites. De la racine arabe « kharaga » : sortir ; secte de l'Islām qui, à l'origine, regroupait les partisans de 'Alī (→) qui n'acceptèrent pas l'arbitrage qui le destitua au profit de Mu'āwiyya. Ils représentent un courant « dur » de l'Islām : les croyants ont par exemple le droit de se révolter contre leur imām (→) s'il est coupable d'une faute grave... Actuellement, il y a encore des kharigites dans le Mzab, dans le Sud de l'Algérie.

Khāṭib. Prédicateur, celui qui prononce la khutba (→).

Khédive. Titre turc, accordé pour la première fois en 1867 à Ismā'īl, qui le portera désormais en remplacement de celui de vice-roi.

Khékérou. Motifs couronnant les parois des salles des temples et de certaines tombes. Ils sont une représentation stylisée des liens maintenant les tiges végé-

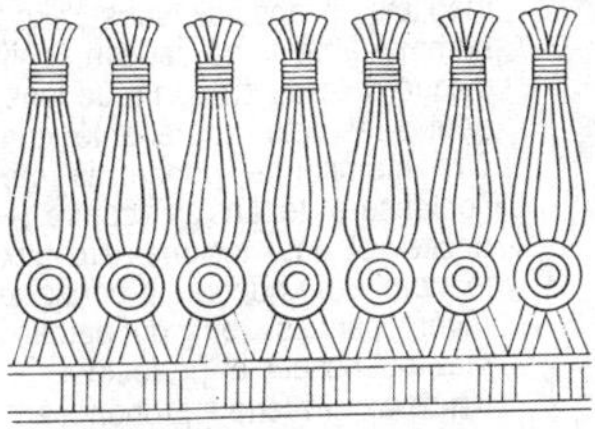

tales des parois qui délimitaient les petits sanctuaires des très hautes époques, avant l'apparition de l'architecture de pierre.

Khentamentyou. « Celui qui est à la tête des Occidentaux » était comme son nom l'indique, un dieu funéraire, antique protecteur de la nécropole d'Abydos. Mais au cours de l'Ancien Empire, Osiris (→) dont la renommée ne cessa de croître, s'installa dans cette ville. Puis, comme ce fut bien souvent le cas dans la religion égyptienne, Khentamentyou fut assimilé par Osiris, son nom fut accolé à celui de son rival, finit par n'être plus qu'un épithète et sa personnalité n'eut plus d'existence indépendante.

Khépresh. → *Couronne.*

Khépri. Le démiurge d'Héliopolis Atoum (→) revêtit très tôt une forme solaire, celle du dieu Rē (→). Celui-ci était le soleil à son zénith tandis qu'Atoum était l'astre couchant. Pour parfaire leur système, les prêtres imaginèrent une troisième forme, celle du soleil levant auquel ils donnèrent le nom de Khépri, à partir d'une racine verbale qui signifie « venir à l'existence ». Khépri était représenté comme un scarabée, (→ le scarabée de granit près du lac sacré (→) de Karnak) ou comme un homme ayant un scarabée à la place de la tête.

Khnoum. Dieu-bélier adoré en maints endroits. A l'île Éléphantine, époux de Satis (→) et d'Anouqis (→), il était le gardien des cavernes du Nil d'où venait l'inondation annuelle. A Esna, époux de Nébetouou et surtout de Neith (→), il était avant tout créateur, dieu potier qui modelait l'humanité sur son tour. A Antinoé, époux de Héqet (→), il était également le potier qui façonne le jeune roi et son ka (→).

Khonsou. Dieu lunaire, il était le fils d'Amon (→) et Mout (→) dans la triade thébaine. Il apparaît sous l'aspect d'un homme à tête de faucon, coiffé d'un disque orné du croissant de lune. Mais il peut aussi être représenté comme un être momiforme portant la mèche de l'enfance et tenant un sceptre (→) composite et les insignes royaux. Sous le nom de Khonsou-le-conseiller, il fut révéré par les gens du peuple comme dieu guérisseur et protecteur.

Khutba. Prêche prononcée par le khāṭib (→) le vendredi à la grande mosquée.

Kiosque. Lors des sorties du dieu, les prêtres portaient sa statue en procession et faisaient halte dans des petits édifices

situés le long du parcours. Ce sont ces petits sanctuaires que l'on appelle kiosques ou « chapelles reposoirs ». Ils sont très souvent périptères et dotés de deux ouvertures situées dans le même axe. Les plus anciens kiosques que nous connaissons, datent du Moyen Empire (la « chapelle blanche » de Sésostris I à Karnak, par ex.), les plus récents datent de l'époque romaine (le kiosque de Trajan à Philae).

Kohol. Les Égyptiens utilisèrent des cosmétiques dès les époques prédynastiques. Pour orner les yeux, il se servaient de kohol qui existait en deux couleurs : le vert, tiré de la malachite, et le noir, le plus utilisé, obtenu à partir de la galène. En dehors de l'aspect décoratif, l'utilisation du kohol peut avoir eu un but prophylactique, protégeant les yeux de la luminosité trop violente. Nous avons retrouvé de nombreux récipients à kohol, de formes très diverses. Les plus anciens sont de petits pots à fond plat, à la panse renflée et au col resserré sous un bord élargi. Plus tard, apparaissent des tubes allongés faits de roseaux évidés, de bois, de faïence ou de pierre. Enfin, certains de ces tubes sont tenus par des figurines de singe accroupi, et d'autres sont creusés dans des images de Bes (→). Ce n'est qu'à partir du Moyen Empire qu'apparaissent les bâtonnets permettant d'appliquer le kohol.

Kōm. Colline, monticule, éventuellement formé par des ruines.

Kouch. Région de la Haute-Nubie, au S. de la seconde cataracte. Les souverains de la XIIe dyn. y conduisirent des expéditions et en reçurent une soumission qui disparut pendant la période intermédiaire, alors que l'Égypte elle-même était envahie et divisée. A la XVIIIe dyn., les pharaons entreprirent la reconquête du pays de Kouch et mirent à sa tête, un gouverneur appelé « fils royal de Kouch ». L'égyptianisation de la contrée fut tellement poussée, qu'après les Ramessides et le relâchement de la suzeraineté égyptienne, une dynastie indigène s'y développa en conservant bon nombre de caractère propres aux anciens maîtres. Ayant installé leur capitale à Napata, les rois kouchites (dits aussi les « Éthiopiens »), conquirent même l'Égypte au VIIIe s. (XXVe dyn.), se posant en véritables pharaons. Rejetés cinquante ans plus tard, ils conservèrent cependant une civilisation fortement égyptianisante pendant plusieurs siècles.

Kufique (ou coufique). Écriture arabe calligraphiée la plus ancienne, originaire de la ville de Kufa (Iraq), le kufique emploie des caractères anguleux et raides, propices au décor architectural. Une

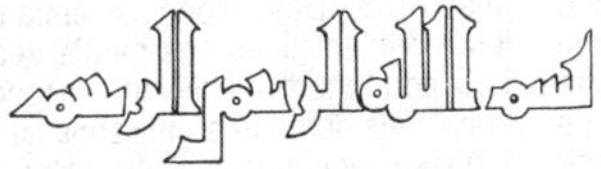

variante de cette écriture, le kufique fleuri, où les hampes des lettres s'ornent de motifs floraux, a souvent été utilisée pour la décoration des mosquées du Caire, jusqu'à la fin de l'époque mamlouke.

Kuttāb. → *Sabīl-kuttāb.*

Lac sacré. Les visiteurs ne manqueront pas de remarquer, à proximité des temples égyptiens, les vastes bassins, de forme souvent rectangulaire, qui jouaient un rôle important dans le fonctionnement des ensembles sacrés. Comment ne pas être touché par la majesté du grand lac de Karnak ou par le bassin asséché de Dendara, d'où semblent jaillir de gracieux palmiers ? Pourvus d'escaliers qui permettaient d'atteindre l'eau en provenance de la nappe phréatique quel que soit son niveau, ces lacs servaient au culte quotidien et à la purification des prêtres. Mais ils rappelaient aussi le Noun (→) primordial sur lequel, lors des grandes cérémonies, on faisait évoluer les barques (→) divines.

Langue copte. La langue copte est le dernier avatar de l'égyptien parlé dans l'Égypte pharaonique. Elle s'est enrichie de beaucoup de vocables grecs, particulièrement pour la terminologie chrétienne. Langue morte, elle n'est plus utilisée que dans la liturgie, mais le dialecte arabe d'Égypte en garde bien des traces.

Laure. Groupement monastique lâche où les moines, à demi ermites, vivent en cellules séparées et distantes, ne se réunissant que pour certains services communs. Ce système a fortement marqué le monarchisme égyptien, y compris contemporain.

Lepsius, Karl Richard (1810-1884). Égyptologue allemand qui dirigea de 1842 à 1845 l'expédition prussienne en Égypte et en Nubie, et rapporta une très grosse documentation. Il fut professeur à l'université de Berlin et contribua à constituer la coll. du musée de Berlin. En 1866, de retour en Égypte, il découvrit à Tanis un texte bilingue, le Décret de Canope, qui vint confirmer les découvertes linguistiques de Champollion (→).

Ligue Arabe. Association des États Arabes, créée au Caire en 1945. Après les accords de Camp David et le boycott de l'Égypte par les « États Frères », le siège de la Ligue Arabe a été transféré à Tunis.

Linteau. Élément d'architecture. Pièce de pierre ou de bois placée transversalement, qui permet de créer une ouverture dans la paroi : porte ou fenêtre. Dans les temples, les linteaux sont souvent décorés de scènes montrant le roi faisant une offrande à la divinité du sanctuaire.

Livre des Morts. Au Nouvel Empire, apparaît un nouveau recueil de textes destinés à assurer la survie du défunt dans l'Au-delà, que les Égyptiens appelaient Livre de la sortie au jour. Écrit sur papyrus (→), ce « livre » était placé dans le sarcophage (→), près de la momie. Il pouvait être orné de vignettes illustrant les différents chapitres qui le composaient. Ceux-ci sont très hétéroclites : hymnes adressés à des divinités, formules magiques permettant d'échapper aux mauvais génies ou de prendre la forme de tel ou tel animal, indication sur la géographie du monde souterrain. C'est de ce Livre des Morts qu'est tirée la scène bien connue du « Jugement des Morts » (→) qui permettait au défunt, s'il en sortait victorieux, d'être admis dans la suite d'Osiris (→).

Lotiforme. → *Colonne.*

Lotus. Les anciens connaissaient plusieurs espèces de lotus : le lotus blanc à pétales arrondis *(nymphæa lotus)*, représenté sur les monuments à toutes les époques, et le nelumbum speciosum, ou lotus rose, qui n'a été retrouvé que dans les tombes gréco-romaines de la nécropole de Hawāra. Mais le lotus spécifiquement égyptien est le lotus bleu odorant *(nymphæa cœrulea)* qui se rencontre à toute minute dans la décoration des tombeaux, soit représenté directement dans les scènes familières, soit stylisé dans les frises et les plafonds.

Le lotus blanc et le lotus bleu sont toujours employés avec leur caractère propre, qui les font distinguer dans la décoration : le lotus blanc, plus arrondi, de dessin plus mou ; le lotus bleu, avec ses pétales minces et nerveux. Le lotus est aussi un élément d'architecture, mais qui a été moins employé que le papyrus (→). Les colonnes à chapiteaux lotiformes sont très rares.

Maāt. Déesse représentée comme une femme portant sur la tête une plume d'autruche, signe qui permettait d'écrire son nom. Considérée comme une fille de Rē (→), elle était surtout une personnification de l'ordre universel et de l'équilibre cosmique, ainsi que de la vérité et de la justice. Elle était « ce dont vit le dieu » et l'un des actes essentiels du culte divin journalier était l'offrande de Maāt. En dehors de ces actes officiels, chaque homme participait au maintien de l'ordre universel en la respectant. Lors du Jugement des Morts (→), c'était elle qui garantissait l'équité de la séance et était placée sur l'un des plateaux de la balance pour la pesée du cœur.

Madrasa. Actuellement, signifie « école ». A l'origine, la madrasa est un centre d'enseignement des sciences islamiques. En Égypte, ce sont les Ayyubides qui sont à l'origine de cette institution ; elle devait être l'instrument de la propagande sunnite (→) après la domination de l'Égypte par les Faṭimides (→) shi'ites (→).

Mahdī. Le « bien-dirigé » (par Dieu) est, pour les shi'ites (→), un membre de la famille du Prophète, 'Alī (→) ou un de ses fils par exemple — qui n'est pas vraiment mort, mais caché, et doit revenir sur terre lors d'une fin du monde pour rétablir la Justice. Cette croyance messianique est un des dogmes de l'Islām shi'ite mais existe aussi en Islām sunnite (→). Elle exprime quelquefois, par le biais du politique, les attentes eschatologiques d'une communauté musulmane.

Māher (Aḥmad). Premier ministre, assassiné en 1945, alors qu'il était en train de lire la Déclaration de Guerre de l'Égypte à l'Allemagne. Cet assassinat a été souvent attribué, à tort, à l'Association des Frères Musulmans (→).

Maisons. L'Égypte, qui nous a livré quantité de temples et de tombeaux, ne nous a laissé que peu de constructions civiles. Celles-ci, bâties en matériaux périssables (briques de terre crue, bois, jonc) sont maintenant enfouies sous les villes et les villages de l'Égypte moderne. Il n'y a que trois exceptions, des localités abandonnées dès l'Antiquité : El-Lahun, dans le Fayoum, village rattaché à une pyramide, Amarna, cité éphémère d'Akhénaton, et Deir el-Médina, habitat des ouvriers des hypogées de la Vallée des Rois. Des modèles antiques et les représentations des parois des tombes permettent d'imaginer l'aspect des anciennes demeures : maisons au toit en terrasse permettant de profiter de la fraîcheur du soir, un niveau unique avec une salle plus haute percée d'ouvertures qui captaient la brise du N. L'intérieur était divisé en trois parties : une pièce de réception, les appartements privés et les salles de l'office (cuisine et réserves). Les habitations les plus riches pouvaient comporter un étage et des installations sanitaires. Elles étaient entourées d'un parc pourvu d'un bassin où s'ébattaient poissons et oiseaux. Des arbres, palmiers et sycomores y donnaient de l'ombre, particulièrement appréciée dans ce pays de chaleur. Le mobilier variait en importance et en richesse selon le propriétaire, mais les éléments de base étaient peu nombreux : lits, tabourets et coffres. Des tentures et des nattes pouvaient apporter un certain confort et décorer les pièces. Dans les cuisines et réserves, on trouvait des fourneaux de terre et des jarres destinées à recevoir les grains, l'huile et le vin. L'eau était conservée au frais dans des jarres de terre poreuse posées sur des trépieds.

Élément important du paysage égyptien, la maison du fellah actuel ne diffère pas beaucoup de celle du paysan antique. C'est une construction assez simple de pisé ou, pour le mieux, de brique crue recouverte d'un crépi de terre.

Le type le plus sommaire se compose d'une seule pièce basse, n'ayant pour

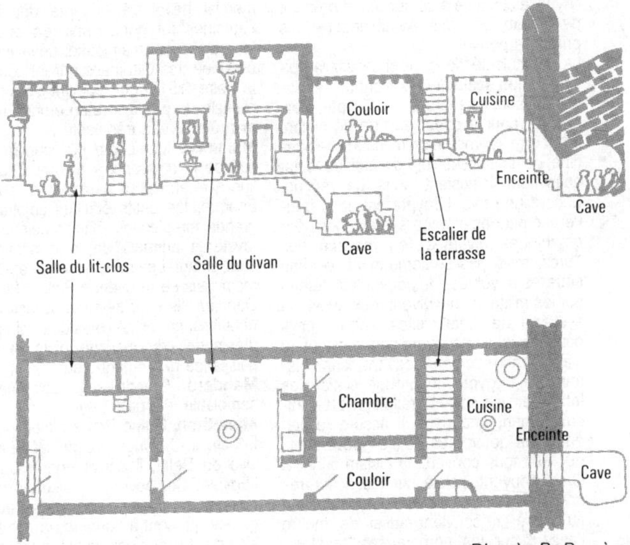

D'après B. Bruyère.

toute ouverture qu'une porte, et, pour tout mobilier, que des nattes et quelques ustensiles. Une petite cour attenante, avec une banquette en terre tassée au pied de la muraille, est l'endroit préféré où les hommes font la sieste pendant le jour. En Haute-Égypte on remarque, dans le voisinage de la maison ou dans la cour, des sortes de resserres pour le grain, en forme de tourelles cylindriques, et appelées *safatin* (sing. *safat*). Partout les murs de la cour sont surmontés de branches de palmiers dont la courbe a pu être l'origine de la gorge égyptienne tandis que, sur le toit, des galettes de bouse séchée mêlée de paille hachée constituent une réserve de combustible pour qui n'a pas les moyens de posséder un réchaud à pétrole.

Les maisons les plus aisées comportent plusieurs pièces et même un étage supérieur et se rapprochent du type de la maison arabe citadine. L'ameublement y est toujours rudimentaire. Quelques coffres, des nattes, des couvertures et quelques ustensiles de cuisine ; ces maisons ont souvent un pigeonnier.

Malqaf. Système architectural permettant de rafraîchir en ventilant certains édifices. Il s'agit d'une petite construction ouverte prenant le vent du N., sur les toits, et amenant ce courant d'air frais à l'intérieur de la maison.

Mamlouks. Dynastie d'esclaves qui régna sur l'Égypte de 1250 à 1517. Traditionnellement, on appelle « Mamlouks Bahrides » les sultans qui régnèrent de 1250 à 1382 et « Burgites » ou « Circassiens » ceux qui détinrent le pouvoir de 1382 à 1517. Le terme « mamlūk » signifie en arabe « possédé » et de là, « esclave ». Il s'agit d'esclaves blancs achetés par le prince pour constituer son armée. Cette institution est traditionnelle en Islām ; déjà, les 'Abbāsides (→) étaient « protégés » par des milices d'esclaves turcs. L'origine de cette dynastie remonte à l'ayyūbide Malik al-Ṣāliḥ qui acheta des esclaves turcs, les installa dans une caserne qu'il construisit sur l'île de Rōḍa, sur le Nil (le fleuve : « al-Baḥr ») d'où le nom de « Baḥride ».

En 1250, ces Mamlouks sauvèrent l'Égypte du péril mongol à la bataille de

'Ayn Galūt ; suite à ce succès et profitant de la faiblesse des Ayyūbides (→) ils prirent le pouvoir.

La particularité de ce régime est la suivante : non seulement ce sont des esclaves qui sont les princes de l'Égypte, mais encore, pour accéder au titre de sultan, il faut être soi-même un mamlouk, le principe de la succession dynastique étant quasiment inexistant sous ce régime. Encore une fois, l'Égypte est donc gouvernée par des étrangers, d'origines géographiques diverses (en majorité des Turcs, mais pas seulement) et, comme sous les Ayyūbides, le pouvoir est détenu par les militaires qui vivent, eux-aussi, du système de l'iqtā', exploitant un pays dans lequel ils ne vivent pas, résidant au Caire ; enfin, comme souvent dans l'histoire de l'Égypte, le groupe social des lettrés et des savants religieux est particulièrement important, il assure le lien entre les gouvernés et les gouvernants qui sont tous convertis à l'Islām sunnite. On a souvent insisté sur les désordres sociaux que ces militaires provoquaient au Caire, il convient aussi de mettre l'accent sur les nombreuses constructions qu'ils y firent édifier et qu'ils considéraient peut-être comme des moyens de se racheter. En effet la plupart de ces édifices ont des fonctions religieuses (mosquées, madrasas, khanqahs) ou sont d'utilité publique (maristāns, sabīls, sabīls-kuttābs). Cette activité constructrice, qui a donné au Caire de nombreux monuments, parmi les plus beaux de l'architecture musulmane, a été rendue possible grâce, d'une part, aux revenus de l'iqtā', qui permit d'exploiter les richesses de l'Égypte au profit la capitale, d'autre part grâce aux gains provenant du grand commerce international passant par l'Égypte et dont l'apogée, comme celle de cette fièvre de construction, se situe au XIVe s.

Encore au XVe s., bien que l'Égypte ait subi une période de crises aigües obligeant le sultan à monopoliser le commerce des épices, les richesses du pays furent si efficacement drainées vers la capitale que les mamlouks purent continuer leur politique de constructions fastueuses.

Mais à la fin du siècle (1498), les Portugais atteignirent eux-mêmes la source des épices ; le rôle d'intermédiaire commercial dévolu à l'Égypte depuis les Faṭimides fut donc remis en question. La puissance mamlouke définitivement ébranlée, les Ottomans purent conquérir le Caire (1517) qui redevint alors simple capitale de province d'un empire musulman à nouveau très vaste.

Mammisi. Mot copte qui signifie : « le lieu de la naissance » et que Champollion a retenu pour désigner, à la Basse Époque, les petits édifices adjoints aux grands temples où étaient célébrés les mystères annuels de la naissance du dieu-enfant. Les mieux conservés de ces mammisis se trouvent à Philae, Edfou et Dendara. Ils sont décorés de scènes de réjouissance et de musique, ainsi que d'épisodes du mariage divin et de la naissance de l'enfant-dieu.

Mandara. Grande salle de réception, semblable à la qa'a (→).

Manethon. Grand-Prêtre d'Heliopolis au IIIe av. J.-C. Originaire de Sébennytos, ville du Delta, il écrivit une histoire de l'Égypte. Cet ouvrage a disparu, mais il nous en est parvenu des listes chronologiques qui sont à l'origine de notre division de l'histoire égyptienne en dynasties (→).

Manwar. Puits de lumière surmontant la dūrqā'a (→).

Maq'ad. Dans les maisons ottomanes d'une certaine importance, pièce souvent située au premier étage, donnant sur la cour centrale et souvent séparée de celle-ci par une double ou triple arcade. Elle servait de lieu de séjour ou de réunion pour les hommes.

Maqrīzī. Ce célèbre historien égyptien (1364-1442) est surtout connu pour ses « Khiṭaṭ », une description systématique du Caire et de l'Égypte.

Maqsūra. Dans les mosquées, panneau de bois mobile ou non servant à séparer l'imām de l'assistance.

Mar ou Mari. Saint, en syriaque.

Mariette, Auguste (1821-1881). Envoyé en Égypte en 1850 par le Louvre afin d'y acquérir des manuscrits anciens, Mariette échoua devant la méfiance des moines coptes. En se promenant sur le site de Saqqara, il découvrit le Sérapéum. Ce fut le début de sa carrière d'égyptologue. Il réalisa par la suite un énorme travail d'archéologue, mais sa plus grande gloire fut la mise sur pied en 1858 du Service des Antiquités d'Égypte et la création du musée Égyptien du Caire.

Maristān. Autrefois, signifiait « hôpital » ; le terme actuel est mustashfā.

Masgid. → *Mosquée.*

Maspero, Gaston (1846-1916). Égyptologue, il vint en Égypte en 1880 avec la Mission archéologique française dont il fut le premier directeur. Il succèda à Mariette (→) à la tête du musée du Caire et du Service des Antiquités d'Égypte. Il réalisa une énorme tâche, dans laquelle le lancement de la publication du catalogue général du musée du Caire n'est pas la moindre. Notons aussi la découverte de la cachette des momies royales à Deir el-Bahari, qui eut lieu alors qu'il était en charge du service des Antiquités.

Mashrabiyya. Panneaux de grillage en bois tourné, souvent utilisés pour clore des fenêtres elles-mêmes situées à l'étage. De loin, donc de la rue, on ne peut voir à travers ; par contre, elles n'empêchent pas, si on s'en approche de l'intérieur de la maison, d'observer ce qui se passe à l'extérieur.

Mastaba. → *Tombe.*

Matériaux de construction. Les matériaux utilisés par les Égyptiens dépendaient largement de la destination du bâtiment réalisé. Les demeures et les abris des plus humbles (pasteurs, paysans) étaient faits de plantes qui poussaient le long du fleuve (bouquets de papyrus, roseaux) ou de boue jetée sur une légère armature végétale. Ces matériaux furent sans doute les seuls à être utilisés aux très hautes époques, pour toutes les constructions, ce qui explique maints décors architecturaux que l'on retrouve ensuite tout au long de l'histoire égyptienne. Les palais, les forteresses, les maisons des grands, certaines superstructures de tombes et les chapelles des villages étaient bâtis en briques de terre mêlée de paille et séchée au soleil. Quelques parties (encadrements des portes, linteaux (→), niches dans les murs), pouvaient être réalisées en pierre (calcaire, grès), tirée du voisinage. En revanche, les tombes (→) des rois et de leurs favoris, et les temples des dieux les plus importants, étaient construits en pierre. Le calcaire, abondant dans le pays, était le plus employé. Il y en avait plusieurs qualités dont la plus belle était celle des carrières de Tura (sur la rive dr. du Nil, au S. du Caire). Le granit venu d'Assouan servait aux colonnes (→) et aux huisseries. Mais, venant de loin, il devait être coûteux. Aussi, certains se contentaient-ils de l'imiter en peignant le calcaire. On utilisait aussi le grès, le basalte, l'albâtre et la diorite.

Mathématiques. Les Égyptiens se sont intéressés aux mathématiques pour répondre à des besoins très précis en rapport avec la mesure des superficies des champs ou avec l'architecture, mais il ne semble pas qu'ils aient approché cette science de manière purement spéculative. A vrai dire, nous ne possédons que peu de documents dont le plus remarquable est conservé au British Museum (papyrus Rhind), qui est un recueil de problèmes d'arithmétique et de géométrie.

Pour écrire les nombres, les égyptiens se servaient de signes représentant l'unité 𓏺, le dizaine 𓎆, la centaine 𓍢, le millier 𓆼, la dizaine de mille 𓂭, la centaine de mille (un têtard) et le million (un homme assis au bras levé). Pour noter un nombre on écrivait de gauche à droite en partant des unités les plus grandes : 1723 était écrit 𓆼𓍢𓍢𓍢𓍢𓍢𓍢𓍢𓎆𓎆𓏺𓏺𓏺. Le zéro n'existait pas quoique divers indices montrent que les scribes en avaient une certaine conscience. Les opérations étaient simples et réduites à l'addition et à la soustraction auxquelles étaient rapportées multiplication et division.

Les fractions existantes avaient pour numérateur 1, ainsi 1/5 était noté : 𓂋𓏾, 1/13 : 𓂋𓎆𓏼. Cependant il existait certaines fractions spéciales : 𓐛 était 1/2, 𓂌 : 2/3 et 𓂍 3/4. Enfin, pour les mesures de capacité, les scribes utilisaient les différentes parties du signe représentant l'œil-oudjat 𓂀.

Chaque année, l'inondation bouleversait les limites des champs et les Égyptiens devaient en recalculer la superficie, aussi développèrent-il des notions de géométrie. Ils savaient calculer la surface du rectangle (base de leurs calculs des superficies) à partir de laquelle ils mesuraient celle du triangle. Pour le cercle, ils retranchaient du diamètre le neuvième de sa valeur et élevaient le reste au carré, obtenant ainsi une très bonne approximation de la surface réelle. Mais ils savaient aussi calculer certains volumes comme celui d'une pyramide ou d'un cylindre.

Mawlid. → *Mūled.*

Médecine. La médecine égyptienne de l'époque pharaonique est un mélange de superstitions faisant intervenir la magie et des méthodes pré-scientifiques utilisant une pharmacopée à base de recettes qui ne paraissent pas toujours inefficaces. La première approche de la maladie est donc celle du magicien qui devait lutter contre des puissances invisibles à l'origine de maux inexplicables ou bien représentées par des animaux (scorpions, serpents) qui pouvaient s'attacher à l'homme. Entrait alors en jeu tout un arsenal de formules destinées à lutter contre la maladie (« incantation contre la maladie Menshpent : sors, toi qui est entré... »), contre des symptômes (« ...Écoule-toi par terre, pus ! Écoule-toi par terre ! ») ou contre l'ennemi (« Tourne-toi en arrière, serpent, prends ton poison qui est dans un membre de celui qui a été mordu. Tiens ! la vertu magique de Horus est plus forte que la tienne !... »). L'utilisation d'amulettes et de statues guérisseuses (comme les fameuses stèles d'« Horus sur les crocodiles ») était également courante. Il faut aussi noter l'appel à des divinités comme Isis (→), grande magicienne qui avait protégé son fils et ressuscité son époux, Horus (→) souvent invoqué dans le cas de morsures d'animaux, Thot (→) dieu savant par excellence, patron des oculistes, et, à l'époque tardive, des hommes élevés au rang divin comme Imhotep (→) et Aménophis, fils de Hapou (→). Parallèlement à la magie, il existait une véritable médecine attestée par des textes dont les plus importants sont : le papyrus Ebers, véritable encyclopédie médicale datant de la XVIIIe dyn., le papyrus Edwin Smith, de la même époque, qui concerne des cas chirurgicaux. Un corps médical apparaît, avec des généralistes mais aussi des spécialistes (comme les oculistes et les dentistes), et certains prêtres : ceux de la déesse Sekhmet [→] étaient aussi des médecins. La formation se faisait le plus souvent de façon personnelle, du maître à l'apprenti, mais il dut exister des enseignements dans les écoles du Palais et peut-être dans les « maisons de vie » des temples. Les rémunérations étaient fonction de la richesse des patients, le médecin des humbles ne devait être qu'un pauvre praticien alors que celui du palais pouvait être comblé de richesses et d'honneurs. Les connaissances anatomiques étaient assez faibles malgré la pratique de la momification qui aurait dû permettre leur développement. Ainsi le cœur apparaît-t-il comme le point de convergence des vaisseaux qui transportent tous les éléments liquides du corps ; sang, larmes, urines et même le sperme. Les symptômes des maladies étaient cependant très souvent observés avec exactitude, et les remèdes utilisés n'étaient pas toujours arbitraires.

Un domaine est particulièrement bien traité, c'est celui de la chirurgie osseuse. Ainsi le papyrus Edwin Smith examine-t-il 48 cas et donne-t-il des instructions très rigoureuses :

« Exemple du cas n° 3 »

Titre : « Une plaie ouverte dans sa tête, pénétrant jusqu'à l'os, perforant la boîte crânienne ».

Examen : « Si tu examines un homme ayant une plaie ouverte dans sa tête, pénétrant jusqu'à l'os et perforant son crâne, tu dois palper sa plaie ; tu le trouves incapable de regarder ses deux épaules et sa poitrine, son cou douloureux étant raide ».

Diagnostic : « Tu diras à son sujet : c'est quelqu'un ayant une plaie ouverte dans sa tête et perforant son crâne et qui souffre de raideur du cou ».

Verdict : « C'est un mal que je vais traiter ».

Traitement : « Maintenant, après que tu lui as fait un point de suture, tu dois lui appliquer de la viande fraîche sur sa plaie le premier jour. Tu ne dois pas le bander. Amarre-le à son poteau d'amarres jusqu'à ce que la période de la lésion soit passée. Tu dois le traiter ensuite avec de la graisse, du miel et de la charpie, chaque jour ».

Parfois le chirurgien avoue son impuissance : « Une maladie pour laquelle on ne peut rien ».

Ainsi la médecine égyptienne a su acquérir une grande renommée (Hippocrate ne cache pas ce qu'il en a reçu), mais la science médicale est restée étrangement limitée dans de nombreux domaines et la pratique a mêlé une pharmacopée efficace à des recettes qui nous paraissent fantaisistes, à la magie et, enfin, au recours à la bienveillance des divinités.

Médīna. Ville. C'est par ce terme que les Européens ont désigné la ville traditionnelle arabe par opposition à la ville moderne qu'ils construisirent à ses côtés, notamment dans le Maghreb colonial.

Médine. La deuxième ville sainte de l'Islām, après La Mekke (→), était, avant l'Islām, une petite oasis d'Arabie, nommée Yaṭrib. Lorsque Muḥammad (→) eut trop de difficultés à la Mekke, il émigra (→ *hégire*) vers cette oasis qui s'appela désormais Medīnat al-Nabī, « la ville du Prophète ».

Méhit. → *Onouris.*

Mekke (La). Située à l'O. de l'Arabie, à environ 8 km de la mer Rouge, la première ville sainte de l'Islām était déjà un grand centre commercial, étape sur la route caravanière reliant le Yémen à la Syrie, et un lieu de pèlerinage important, abritant la Ka'ba (→) et le puits sacré de Zemzem. Pour les Musulmans, La Mekke est la ville sainte par excellence, celle où naquit et vécut Muḥammad (→) avant son départ pour Médine, celle où est située la Ka'ba, haut lieu du Pèlerinage, celle enfin vers laquelle on s'oriente pour prier.

Merséger. Déesse dont le nom signifie : « celle qui aime le silence » et rappelle son environnement : la montagne thébaine (ses dévôts la surnommaient « la Cîme »), à l'écart de l'agitation bruyante de la vallée. Elle était adorée par les ouvriers de la nécropole royale de Deir el-Médina et représentée, sur de nombreux ex-voto, sous la forme d'un serpent ayant parfois une tête de femme.

Meskhénet. C'est en tant que personnification du siège de brique sur lequel les femmes égyptiennes s'accroupissaient pour mettre leur enfant au monde que Meskhénet est la plus connue. Elle assistait donc aux naissances, recevait la première le nouveau-né, et lui soufflait sa destinée (dans le papyrus Westcar, Meskhénet s'approche du tout jeune Ouserkaf, premier pharaon de la Ve dyn., et dit : « Voici un roi qui exercera la fonction royale dans ce pays tout entier »). Cependant, Meskhénet, siège de brique recevant l'enfant, fut, à l'origine, une représentation des assises du monde, émergées du Noun (→), et elle constituait la base de tout édifice en particulier, celle des temples.

Miḥrāb. Dans les mosquées, niche qui montre la direction de la Mekke (→), la qibla (→), vers laquelle les Musulmans s'orientent pour prier.

Mīn. Dieu de Coptos et d'Akhmim, il est représenté comme un homme gainé dans un étroit maillot, le sexe dressé (d'où le qualificatif d'ithyphallique que l'on utilise à son sujet) et le bras droit replié en arrière de la tête, portant un fouet.

C'était bien évidemment un dieu de la fertilité. Chaque année, le début de la moisson était marqué par des fêtes célébrées en son honneur. Ses adorateurs lui offraient généralement un pied de romaine, salade considérée comme aphrodisiaque à cause de sa sève blanche qui évoque la semence génitrice. Une des principales pistes qui reliaient la vallée à la côte de la mer Rouge partait

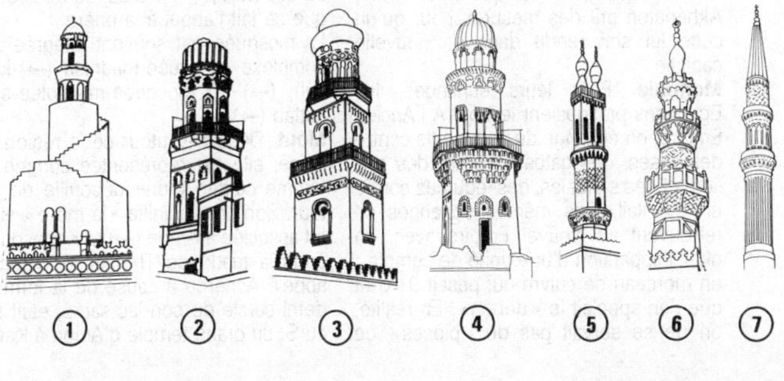

de Coptos (une route moderne emprunte le même trajet), et Mīn fut donc considéré comme un dieu protecteur des caravanes qui traversaient le désert oriental dans cette région.

Minaret. Sorte de tour flanquant la mosquée et du haut de laquelle le mu'aḏḏin (→) lance son appel à la prière (l'iḏān). Signalant de loin mosquées aussi bien que madrasas et autres édifices cultuels, les innombrables minarets du Caire offrent un superbe échantillonnage de formes et de décors, unique dans le monde islamique et assez représentatif des grandes époques de construction :

① Ibn Tulūn (IXe s.) ;

② Époque ayyūbide (XIIe-XIIIe s.) ; persistance de l'inspiration fatimide : ouvertures en arcs persans ;

③ Qalawūn (XIIIe s. ; ép. des mamlouks baḥrides) : une impression de puissance ;

④ Baybars II (XIVe s.) : apparition des coiffes en brûle-parfum ;

⑤ et ⑥ Qāytbāy (XVe s. ; ép. des mamlouks circassiens) : richesse et raffinement de la décoration sculptée ;

⑦ Époque ottomane (XVIe-XIXe s.) : minarets fusiformes.

Minbar. Dans les mosquées, chaire composée d'un escalier surmonté d'un trône et du haut de laquelle est prononcée la khuṭba (→). La plupart des minbars sont en bois, quelquefois incrusté d'ivoire ou de nacre. Il en existe aussi en pierre (mausolée de Barqūq).

Mnévis. Taureau sacré d'Héliopolis, Incarnation de Rē (→). Sans avoir eu la popularité d'Apis (→), on peut penser que son culte et les rites funéraires qui le concernaient devaient être fort semblables à ceux du taureau de Memphis. On sait aussi qu'à l'époque amarnienne, Akhénaton prit des mesures pour qu'un culte lui soit rendu dans sa nouvelle capitale.

Monnaie. Pour leurs échanges, les Égyptiens pratiquaient le troc. A l'Ancien Empire, on échange des onguents contre des vases, des gâteaux contre des colliers et des sandales, des légumes contre un éventail. Ces mêmes échanges se retrouvent au Nouvel Empire avec, en plus, l'apparition d'une unité de compte : un morceau de cuivre qui pesait 91 g et que l'on appelait le « dében ». En réalité, on ne se servait pas de « pièces » de cuivre, mais les objets étaient évalués en fonction du dében et pouvaient ensuite être échangés à leur juste valeur.
L'apparition de pièces d'or date des derniers pharaons indigènes qui les frappèrent sans doute pour payer leurs mercenaires grecs habitués à une économie monétaire.

Monophysisme. Doctrine chrétienne à l'opposé de l'arianisme et du nestorianisme (→) dans laquelle la nature divine du Christ absorbe son humanité. Sa condamnation au concile de Chalcédoine en 451 provoque la scission de l'église d'Égypte qui est, depuis, restée monophysite.

Monostyle. → *Colonne.*

Monothélisme. Cette doctrine est une variété du monophysisme : dans le Christ la volonté divine absorbe la volonté humaine.

Montou. Dieu-faucon de la région thébaine, il semble surtout avoir connu la faveur royale à la XIe dyn. Il possédait 4 sanctuaires, à Medāmūd, Thèbes, Arment et Ṭōd. Il fut d'abord un dieu guerrier ayant pour parèdres Tjénénet et Iounyt. Le taureau Boukhis (→), enterré à Arment, fut révéré comme son incarnation. Plus tard, on le dota de caractères solaires et on lui adjoignit une compagne inventée pour sa nouvelle personnalité : Rattaoui (le soleil féminin des Deux Terres).

Mosquée. En arabe : masgid, « lieu de la prosternation » ou gāmi' (→), « de la réunion ». La mosquée est composée, d'une part, d'une salle de prière où se trouvent le miḥrāb (→) et le minbar (→) et, presque toujours, d'autre part, d'une cour fermée quelquefois entourée sur les trois autres côtés par des iwāns (→) ou des riwāqs (→). C'est du minaret (→) que se fait l'appel à la prière.
La mosquée est souvent intégrée à un complexe mosquée-madrasa (→)-khanqāh, (→) ou mosquée-mausolée-sabīl-kuttāb (→).

Mout. Déesse-vautour de la région thébaine, elle est représentée comme une femme coiffée d'une dépouille de vautour. Son nom signifie « la mère » et elle fut associée à Amon (→) et Khonsou (→) dans la triade de Thèbes. Son temple, appelé Achérou à cause de la forme en demi-cercle de son lac sacré, était situé au S. du grand temple d'Amon à Karnak.

Elle fut donc essentiellement l'épouse du dieu dynastique et particulièrement révérée par les épouses des souverains.

Mais Amon ayant acquis des caractères solaires, Mout fut aussi considérée comme l'œil du soleil et prit alors l'aspect d'une redoutable déesse-lionne.

Mouvements islamistes. Tous partisans d'un Islām pur et dur faisant du Coran et de la sharī'a (→) les bases uniques de l'État et de la société, ils recrutent essentiellement dans les classes moyennes, la petite bourgeoisie et l'Université, et se répartissent — comme l'Islām et le monde arabe eux-mêmes — en sunnites (→) et shi'ites (→), ces derniers se réclamant le plus souvent de l'Imām (→) Khomeiny, comme par exemple le mouvement libanais Amal (Espoir). Les deux principaux mouvements égyptiens sont évidemment sunnites : l'Association des Frères musulmans (→), et Al-Takfīr wal Higra (Anathème et retraite). Fondé en 1971, ce mouvement extrémiste fut en particulier impliqué dans l'assassinat de Sadat (→) et les émeutes d'Asyūt en octobre 1981.

Mubārak (Ḥusnī). Président de la République Arabe d'Égypte depuis 1981. Né en 1928, diplômé de l'Académie militaire et de l'École de l'air, chef d'état-major de l'Armée de l'air depuis 1969, il assura, durant la guerre d'Octobre le commandement général des forces aériennes, qui, par le pilonnage, le 6 oct., de la ligne Bar-Lev, permirent aux troupes égyptiennes de franchir le canal de Suez. Il fut nommé maréchal en 1974 et assura, à partir de 1975, la vice-présidence de la République. Il était dès lors tout désigné pour succéder à Sadāt et le 13 oct. 1981, fut élu, par référendum, à la présidence avec 98,46 % des voix.

Mudīr. Ancien nom des gouverneurs de province. On dit aujourd'hui Muḥāfiẓ.

Mudīriyya. Ancien nom des provinces, appelées aujourd'hui Muhāfaẓa.

Mu'aḍḍīn (en français « muezzin »). Musulman qui lance, du haut du minaret (→), l'appel à la prière (iḍān)

Muftī. Jurisconsulte. Le résultat de sa consultation s'appelle une fatwa.

Muḥammad. Le fondateur de l'Islām est, pour les musulmans, le dernier des prophètes après Abraham, Noé, Moïse et Jésus ; il est l'Envoyé de Dieu, celui qui a reçu la Révélation, le Coran (→). Cet homme est né à La Mekke (→) vers 570 ap. J.-C. et est mort à Médine (→) en 632. Issu de la noble famille des Quraysh, mais assez pauvre lui-même, il fut élevé par son oncle Abū Ṭālib avec son cousin 'Alī (→). Adolescent, il accompagna des caravanes en Syrie — ce qui lui donna certainement l'occasion de rencontrer des chrétiens — notamment pour le compte d'une riche veuve, Khadīga, qu'il épousa. C'est de ce mariage que naquit Fāṭima (→).

Vers 610, lors d'une retraite au désert, une nuit appelée « la nuit de la Destinée », Muḥammad reçoit sa première illumination et, inquiet, se confie à Khadīga et à 'Alī qui l'encouragent : ils furent les premiers convertis à l'Islām. En 613, le Prophète commence sa prédication et fait, parmi les Mekkois, quelques adeptes qui recueillent ses paroles pour les retransmettre plus tard. Muḥammad se heurte alors à l'hostilité des Qurayshites qui craignent que ces nouvelles idées ne troublent l'ordre, pour eux profitable, de La Mekke. Muḥammad proclame, en effet, non seulement l'unicité du Dieu créateur face au polythéisme mekkois, mais encore, prophétise un Jugement dernier terrible pour les riches n'ayant pas fait l'aumône aux pauvres. Cette hostilité le décida, en 622, à émigrer avec ses premiers Compagnons vers l'oasis de Yaṭrib (→ *hégire*).

Les relations avec les Mekkois empirèrent ensuite au point que les deux communautés se firent la guerre. L'issue des batailles fut favorable aux musulmans qui, en 630, reprirent La Mekke, et vidèrent la Ka'ba (→) de ses idoles, ne laissant en place que la Pierre Noire. Désormais, le pèlerinage de La Mekke est monothéiste et réservé aux seuls musulmans.

La communauté musulmane lance aussi des raids en Arabie et, malgré quelques révoltes, la péninsule sera totalement convertie à l'Islām en 633.

Muḥammad meurt le 8 juin 632 à Médine, l'ancienne oasis de Yaṭrib. Sa personnalité exceptionnelle a permis au mystique du désert d'Arabie qui reçut la Révélation, de prêcher, convertir, former une petite communauté, organiser sa vie matérielle à Médine, guerroyer. Le prophète de l'Islām est un homme religieux ainsi que politique : Muḥammad « combinait en un seul être Jésus et Charlemagne » (Rodinson).

Muḥammad 'Ali (Mehemet-Ali)' : Vice-roi d'Égypte, de 1805 à 1849. Il naquit à Cavalla (Macédoine) en 1769. Sa famille, d'origine albanaise, s'occupait de négoce (tabac) mais comptait aussi bon nombre de militaires. En 1799, il est lui-même enrôlé, au sein de la milice albanaise, dans l'armée turque qui part en Égypte combattre Bonaparte. La bataille d'Abu Qir, le 25 juillet 1799, lui donnera l'occasion d'évaluer l'efficacité des troupes françaises. Après le départ des Français en 1801, il assure en Égypte le commandement du corps albanais, chargé de mater les armées des beys mamlouks qui disputaient à la Porte la domination effective de l'Égypte. Il réussit à les éliminer tout en se défaisant aussi des gouverneurs envoyés d'Istanbul. Il fait alors alliance avec les chefs religieux et les grands négociants du Caire qui le proclament Wali d'Égypte, le 2 novembre 1895. La Porte se voit contrainte d'entériner ce choix. Muḥammad 'Ali peut alors se débarrasser définitivement du système mamlouk, par le massacre de la Citadelle, le 1er mars 1811. Il amorce alors un vaste programme de modernisation, qui commence par la réforme de l'armée dont l'instruction est confiée à un ancien officier français, le colonel Sèves (Sulayman — ou Soliman — pacha). C'est cette nouvelle armée qui procédera, pour le compte de la Porte, à la guerre du Hedjaz, contre les Wahhabites (1811-16), puis à la conquête du Soudan (1822-24), enfin à la reconquête de la Morée reprise aux insurgés grecs (1823-25). La Crète, conquise en chemin, restera sous administration égyptienne jusqu'en 1841. L'ampleur de ces succès militaires amènent d'inévitables heurts avec le Sultan. Une promesse non tenue servira de prétexte à la guerre ouverte. En 1831, Muḥammad 'Ali lance son fils aîné Ibrahim à la conquête de la Syrie, où il doit prendre possession de quatre gouvernements que l'on devait accorder à son père en dédommagement de la guerre de Morée. La prise d'Acre en 1832, puis l'écrasante victoire des armées égyptiennes sur l'armée ottomane à Konya quelques mois plus tard contraignent le Sultan Maḥmūd II à signer l'armistice de Kutahya, par lequel il reconnaît à son vassal le gouvernement de la Syrie et d'Adana. Les prétentions à l'indépendance de Muḥammad 'Ali font naître un nouveau conflit en 1838 qui s'achève par une nouvelle victoire égyptienne à Nézib en 1839. La menace est alors assez forte pour provoquer l'intervention des puissances européennes en faveur du Sultan. Par la Convention de Londres, le 5 juillet 1840, elles obligent Muḥammad 'Ali à renoncer à la Syrie et à la Crète en échange du gouvernement héréditaire de l'Égypte accordé par le firman (→) du 13 février 1841. Les dernières années du règne se dérouleront dans la paix et seront surtout consacrées aux œuvres de réforme administrative et économique. C'est à Muḥammad 'Ali que l'Égypte dut son premier système scolaire moderne (fondation d'écoles, envoi de missions scolaires en Europe), l'amorce d'un vaste plan d'aménagement du territoire (creusement du canal Maḥmūdiyya, barrage du Delta, cadastre...), le développement de sa flotte (création d'un arsenal à Alexandrie), la fondation de nombreuses fabriques protégées par des monopoles d'État, la culture industrielle du coton, etc... Il mourut le 2 août 1849 à Alexandrie. Il est enterré dans la mosquée qu'il s'était fait construire à la Citadelle du Caire (la « mosquée d'albâtre »).

Mūled. Anniversaire de naissance. Le Mūled an-Nabī, anniversaire de la naissance du Prophète, célébré de 12 Rābī' al-Auwal, est une des grandes fêtes musulmanes.

Muqarnas. Ce terme, qui signifie « stalactites », recouvre un des éléments les plus caractéristiques de la décoration de l'architecture musulmane. Il s'agit des « stalactites » en pierres, briques ou plâtre pendant d'un élément architectural (arc, pendentif de coupole).

Musique. Art sacré et profane, la musique charmait les dieux et réjouissait les hommes. Les temples possédaient des corps de musiciens et musiciennes qui accomplissaient leur tâche dans les sanctuaires et accompagnaient les processions lors des grandes fêtes. Des artistes se consacraient à des réjouissances plus triviales et se produisaient au cours des banquets que les Égyptiens aisés semblaient tant apprécier. Les principaux instruments étaient cordophones (harpe, lyre, luth), aérophones (trompette, flûte, clarinette double, hautbois), membranophones (tambour et tambourin) et idiophones (planchette de bois, d'os ou d'ivoire, sistre). En dépit de la découverte de certains instruments, et des scènes représentées sur les parois des temples et des tombes, nous avons bien du mal à imaginer ce que pouvait être cette musique.

Nag'. Village formé originairement par la sédentarisation de bédouins.

Naos. Ce mot désigne deux choses : la chapelle de pierre dans laquelle était enfermée la statue du dieu, et la pièce qui contenait cette chapelle. Les naos que nous avons retrouvés sont pour la plupart d'origine tardive et taillés dans un seul bloc de pierre. Ils étaient considérés comme une synthèse du temple tout entier.

Narthex. Vestibule ou porche couvert, fermé du côté de l'extérieur, précédant la nef dans les églises (→ *Église, plan-type*).

Naskhī. Ce mot vient de la racine arabe qui signifie « copier » et désigne une écriture calligraphiée, une sorte de cursive, qui apparaît environ au XIIIe s.

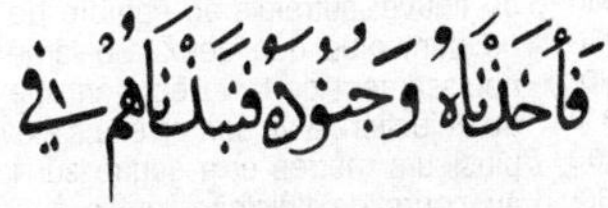

Nasser (Gamāl 'Abd al-Nāṣir). Président de la République d'Égypte de 1956 à 1970. Né le 16 janv. 1918 à Alexandrie, mais d'une famille originaire de Haute-Égypte (le village de Banī Murr, province d'Asyūt), il fit ses études à l'Académie militaire de l'Abbasiyya, au Caire. En 1949, il fonda le Comité des Officiers Libres (→), qui fut le fer de lance du coup d'État militaire du 23 juil. 1952. D'abord vice-premier ministre sous le mandat du Naguib, il fut ensuite élu à la présidence de la République, le 23 juin 1956. Champion du tiers-mondisme et du non-alignement, à l'issue de la conférence de Bandoung en septembre 1955, assuré d'un énorme succès populaire après la nationalisation du Canal de Suez, le 23 juil. 1956, et l'échec de l'agression tripartite (France, Angleterre, Israël) qui lui fit suite (oct.-nov. 1956), Nasser apparut vite comme le leader incontesté du nationalisme arabe. L'union avec la Syrie, en fév. 1958, la création du mouvement des non-alignés, avec Nehru et Tito, en sept. 1961 constituèrent l'apogée de cette première phase du nassérisme. Les années 1961-67 furent, quant à elles, davantage consacrées à l'élaboration du socialisme arabe : c'est l'époque des grandes nationalisations (juil. 1961) et du rapprochement avec l'Union Soviétique. La catastrophe de la Guerre des Six Jours (5-10 juin 1967) mit un terme aux ambitions pan-arabes et amorça le repli de l'Égypte sur elle-même. Le grand leader se remit lui-même en cause, en offrant sa démission au peuple qui lui répondit par un nouveau plébiscite triomphal. Nasser mourut trois ans plus tard, le 28 sept. 1970. En dépit des revers de ses dernières années, les foules lui rendirent, à ses funérailles, un hommage sans pareil qu'elles refusèrent, onze ans plus tard, à Sadāt.

Nébet-Hétépet. Déesse de la région memphite où elle est considérée comme une fille de Ptah. Mais elle était surtout un des aspects de Hathor (→), dans son rôle de compagne d'Atoum (→) à Héliopolis. Sous la forme d'une vache, elle fut confondue avec Iousaâs (→), autre parèdre du démiurge héliopolitain.

Néfertoum. Dans les textes les plus anciens tels les Textes des Pyramides (→), ce dieu était une fleur de lotus offerte à la narine du dieu Rē (→). Puis il fut le lotus d'où avait jailli le soleil. Il était donc représenté avec une coiffure faite d'une fleur de lotus surmontée de deux grandes plumes. Mais un autre aspect de sa personnalité se développa. Rattaché aux régions orientales du pays (c'est à l'E. que le soleil apparaît), il en devint le gardien et prit l'aspect d'un lion terrifiant. Il fut alors rapproché de la déesse lionne Sekhmet (→), épouse de Ptah (→) à Memphis, puis fut considéré comme leur fils.

Neith. Ancienne déesse de la ville de Saïs dans le Delta, elle est représentée comme une femme portant sur la tête son symbole : un bouclier sur lequel deux flèches s'entrecroisent. Dès les hautes époques, elle était une guerrière qui protégeait Osiris (→) et le roi mort, et veillait sur le défunt en compagnie d'Isis (→) Nephtys (→) et Selqet. Mais elle fut aussi une déesse créatrice dont la célébrité fut éclipsée par celle des autres dieux qui avaient la faveur des pharaons. Au VIIe s. av. J.-C., les princes de Saïs accédèrent au trône d'Égypte, et Neith retrouva son prestige. A Esna, les textes en font un démiurge, venue à l'existence d'elle-même, génératrice des dieux primordiaux et du soleil. Sous l'aspect de la vache Ihet, elle porte Rē (→) entre ses cornes et le fait émerger de l'élément liquide.

Nekhbet. Déesse-vautour d'El-Kab, protectrice de la Haute Égypte elle était, avec Ouadjet (→) le cobra de la Basse Égypte, une des deux déesses tutélaires du pays. Elle est représentée comme une femme à tête de vautour ou, le plus souvent, comme un oiseau planant au-dessus du roi sur les bas-reliefs. Aux plafonds des temples, son image gravée en série, étendait sa protection sur les lieux sacrés.

Nemès. → *Couronnes.*

Nénet. → *Ogdoade.*

Nénou. → *Ogdoade.*

Néper. Personnification du grain, il était considéré, dans la religion populaire, comme le fils de Rénénoutet (→). Dans le calendrier agricole, le début des semailles coïncidait avec la naissance de Néper. Ainsi, ce dieu mineur du panthéon égyptien fut-il très intimement lié à l'idée de la résurrection (tout comme chaque année la végétation semble renaître). Ce caractère était sans doute très ancien puisque les Textes des Sarcophages (→) donnent des « formules pour la transformation en Néper ». Ce rôle est matérialisé, dans le mobilier funéraire, par des moules osiriformes (appelés, dans les musées, « osiris végétants ») semés de grains qui, en germant, représentaient le retour à la vie.

Nephthys. Sœur d'Isis (→), Osiris (→) et Seth (→). Épouse de ce dernier, elle ne fut pas influencée par son aspect négatif dans la légende osirienne. Au contraire, elle aida Isis à prendre soin d'Osiris. C'est pourquoi, dans chaque tombe et sur les sarcophages, les deux sœurs sont présentes et veillent sur le défunt. Nephthys est représentée comme une femme portant sur la tête les hiéroglyphes servant à écrire son nom. Elle ne semble pas avoir eu de personnalité ni de lieu de culte propres.

Nestorianisme. Doctrine soutenue par Nestorius (vers 380-451), patriarche de Constantinople, dans laquelle l'unité personnelle du Christ n'est pas affirmée. Condamné et déposé à Ephèse en 430, Nestorius fut exilé à l'oasis de Kharga.

Nil. → *Hâpi.*

Nil (cours du fleuve). Un des plus longs fleuves du monde (6 671 km), le Nil prend sa source dans les grands lacs de l'Afrique équatoriale, traverse des régions très arrosées, puis, à partir du N. du Soudan, s'engage dans des régions désertiques où il est la seule source de vie. Il franchit à six reprises des rapides, les cataractes, dont la dernière (la première pour les Égyptiens) est celle d'Assouan, avant de s'assagir par suite de sa très faible pente (Assouan, à près de 1 200 km de la mer en suivant les méandres du fleuve, est à moins de 100 m d'alt.), puis à 200 km de la Méditerranée dans laquelle il se jette, de se diviser en bras dans un large delta. Mais son cours a été modifié, le barrage d'Assouan a créé un lac de 500 km de long (le lac Nasser) qui absorbe la crue (→) qui, chaque année, atteignait l'Égypte vers le 15 juin, inondant la vallée et y déposant un limon fertilisateur. Dans le Delta, les branches du fleuve, autrefois au nombre de sept, ne sont plus que deux. Ce large épanouissement de la vallée, véritable cône de déjection, a vu son niveau s'élever de plusieurs mètres et a gagné sur la mer au cours de l'histoire, grâce à l'apport annuel de limon. Mais aujourd'hui celui-ci reste bloqué en amont du barrage et c'est la mer qui prend sa revanche et grignote les rivages du Delta.

Nilomètre. Puits qui atteignait la nappe phréatique et qui, doté d'un escalier, permettait de surveiller les fluctuations du niveau des eaux. Chaque temple en possédait car la crue du Nil, la date de son arrivée et son importance jouaient un rôle essentiel dans la vie du pays et influaient sur le rythme de la vie religieuse.

Nomarque. Chef d'une division territoriale ou circonscription administrative. Nommés par le pharaon, les nomarques eurent tendance à transmettre leur fonction par voie héréditaire. De véritables principautés se constituèrent qui, en période de faiblesse du pouvoir central ou de troubles, purent jouir d'une véritable indépendance. Certains nomarques réussirent même à rétablir la monarchie pharaonique à leur profit, comme ceux de Thèbes qui fondèrent la XIe dyn. et mirent fin à la première période intermédiaire.

Nome. Mot d'origine grecque qui désigne les divisions administratives de l'Égypte antique. Leur nombre varia avec les époques : à l'Ancien Empire il y en avait trente-huit ou trente-neuf, à l'époque tardive, quarante-deux. Mais selon la croissance ou le déclin des villes et la mise en valeur des sols, leurs capitales et leurs superficies changeaient également. Dans certains temples on voit encore des processions de nomes, chacun représenté par un dieu Nil, Hāpi *(→ ce mot),* portant une enseigne (→) sur la tête.

Noms de Dieu (Beaux). Au nombre de 100 (en comptant Allāh), ce sont des épithètes (le Premier, le Dernier, l'Apparent, le Caché, le Beau, le Miséricordieux, le Vainqueur, etc.) relevées dans le Coran et disposées, par les musulmans pieux, en litanies. Il s'en dégage essentiellement la notion d'un Être qui se suffit à soi-même, unique, omniscient, contenant toutes choses, éternel et tout-puissant. Ils sont souvent utilisés avec le terme 'Abd (→) pour constituer des prénoms.

Noun. C'était l'Océan Primordial, chaotique, qui existait avant toute chose. C'est de cette étendue liquide qu'émergea la butte qui vit la naissance des dieux et le commencement de la création. Progressivement, le Noun est rejeté à la périphérie du monde en y laissant un témoin de sa puissance : le Nil.

Nounet. → *Ogdoade.*

Nout. Déesse du ciel, épouse de Geb (→), la terre, elle est représentée comme une femme au corps allongé en arc de cercle, prenant appui sur les mains et les pieds. Les étoiles et le soleil parcourent son corps. L'astre solaire était chaque soir avalé pour être mis au monde chaque matin. Elle figure dans les chambres funéraires des hypogées royaux, mais aussi, plus modestement, sur la surface interne des couvercles des sarcophages (→) offrant sa protection au défunt pour l'éternité.

Obélisque. Mot emprunté au grec pour désigner de grands monolithes de pierre qui font référence au tertre primordial, le « benben », sur lequel le soleil apparut pour la première fois. C'était donc un symbole solaire dont l'usage architectural se répandit d'Héliopolis dans toute l'Égypte. Les obélisques furent érigés, en général, par paire, en avant des pylônes (→), de part et d'autre de l'entrée du temple. Ils étaient de granit d'Assouan, parfois de quartzite ou de basalte, et leur pyramidion (→) souvent recouvert d'or. Il semble que les premiers vrais obélisques, monolithes, apparurent dès l'Ancien Empire, comme en témoigne le fragment qui date du règne de Téti Ier (VIe dyn.). Mais le plus ancien à avoir été retrouvé intact est celui de Sésostris Ier (XIIe dyn.) qui mesure 20,4 m, pèse 121 t. et se dresse à Héliopolis. Les plus gros obélisques datent de la XVIIIe dyn, et proviennent de la capitale, Thèbes. Citons celui d'Hatchepsout, dans le temple de Karnak, qui faisait près de 30 m de haut ; celui de Thoutmosis III, enlevé du même temple pour être emmené à Rome où il se dresse sur la pl. Saint-Jean-de-Latran et qui, base comprise, s'élève jusqu'à 36 m. Il n'en reste plus beaucoup en Égypte car ils ont été, dès l'Antiquité, l'objet de convoitises qui les dispersèrent à travers le monde. Parmi les plus célèbres il faut noter celui qui fut placé sur la pl. de la Concorde à Paris, le 25 octobre 1836, érigé autrefois par Ramsès II devant le temple de Luqsor, magnifique aiguille de 25 m de hauteur qui pèse 254 t.

Officiers Libres (Comité des). Comité formé en nov. 1949, autour de Gamāl 'Abd al-Nāṣir (→ *Nasser*), par une dizaine de jeunes officiers de l'armée égyptienne, anciens condisciples de l'Académie militaire ou de l'École d'État-major, tous profondément marqués par l'humiliante défaite de 1948 en Palestine. Dans la nuit du 22 au 23 juil. 1952, les Officiers Libres, qui s'appuient désormais sur quelque deux cents officiers et hommes de troupes, se rendent maîtres, sans coup férir, des centres vitaux du Caire. Le 26 juil. le roi Faruq est contraint d'abdiquer en faveur de son jeune fils, Aḥmad Fuad. Les Officiers libres se tournent alors vers un de leurs aînés, l'un des rares officiers supérieurs ayant grâce à leurs yeux pour sa conduite durant la Guerre de Palestine, le général Naguib, pour former un nouveau gouvernement, puis, lorsque la monarchie est abolie, le 18 juin 1953, pour assurer la présidence de la République. Naguib sera par la suite évincé par Nasser, élu président de la République par plébiscite, le 23 juin 1956.

Ogdoade. Selon les théologiens d'Hermopolis, un groupe de huit dieux existait avant toute création et personnifiait les éléments du chaos primordial. Noun (→) et Nounet étaient l'aspect liquide, Héhou et Héhet l'infini, Kékou et Kéket l'obscurité. Le quatrième couple, Niaou et Niat, l'insaisissable, pouvait aussi être Amon, « le caché », et Amonet. Ces couples prenaient la forme d'hommes à tête de serpent et de femmes à tête de grenouille. Ayant accompli leur œuvre, ils vinrent mourir dans la région thébaine près de Médinet Habu. Là, tous les dix jours, le dieu Amon (→) de Luqsor venait leur faire des offrandes.

Onouris. Ce dieu, représenté comme un homme coiffé de deux plumes et portant une lance, semble être originaire de la ville de This (en Haute-Égypte) dont il était la divinité locale. Mais très vite il fut amalgamé aux autres mythes concernant le soleil. En effet, son nom qui signifie « celui qui a ramené la lointaine » en fit un aspect du dieu Chou (→) lorsqu'il dut aller chercher, à la demande de Rē, la déesse Tefnout (→), au fin fond de la Nubie. Selon les versions, nombreuses, d'un mythe qui dut être populaire, Onouris-Chou ramena la déesse à Philae, où il fut appelé Arsénouphis (→), ou bien à Abydos, où Tefnout prit le nom de Méhit, ancienne déesse-lionne locale.

Opet. Déesse hippopotame de la région thébaine (son nom même la rattache à une partie de cette région). Elle est essentiellement connue grâce au temple de basse époque de Karnak qui lui est dédié, là où elle mit au monde un Osiris (→) qui était une forme funéraire d'Amon (→). Dans ce temple, elle est appelée : « la vénérable mère des dieux » et est assimilée à Nout (→) qui est la mère d'Osiris dans l'ennéade (→) héliopolitaine.

Ophoïs. → *Oupouaout.*

Osiriaque. Dans les temples funéraires de la rive g. du Nil (à Deir el-Bahari, au Ramesséum), on trouve des piliers auxquels sont adossés des colosses (→) momiformes liés à la transformation du souverain en Osiris. Ainsi, les égyptologues ont-ils pris l'habitude de désigner ces piliers en les appelant « piliers osiriaques ». Ils font leur apparition à la XIIe dyn. (cf. le fragment du pilier osiriaque de Sésostris Ier du musée de Luqsor), mais sont surtout utilisés aux XVIIIe et XIXe dyn. On trouve une certaine évolution qui va des représentations momiformes élégantes (Hatchepsout, à Deir el-Bahari), aux images plus massives (Ramsès II à Abu Simbel ou Ramsès III à Médinet Habu) qui montrent le roi, non plus emmailloté mais vêtu d'un pagne qui descend jusqu'aux genoux.

Osiris. La légende osirienne raconte que ce dieu, fils de Geb (→), fut son successeur sur terre et qu'il enseigna aux hommes l'agriculture ainsi que le respect des lois et des dieux. Tué par son frère Seth (→), il devint seigneur du monde inférieur. Dieu des morts, il présidait le tribunal qui statuait sur le sort du défunt. Ressuscité, il fut aussi un dieu associé au renouveau annuel de la végétation. Chaque année au moment du retrait de la crue, on confectionnait des « Osiris végétants » (→ Néper) moules osiriformes emplis de limon et ensemencés, qui se couvraient alors de jeunes pousses. Osiris est représenté comme un homme emmailloté, portant la couronne (→) « atef » et tenant entre ses mains les sceptres (→) royaux.

On ne sait pas grand-chose de ses origines, mais, du Delta à la Haute-Égypte, il assimila les caractères de nombreuses divinités et ne cessa de prendre de l'importance jusqu'à la fin du paganisme. Le roi mort fut d'abord seul à être considéré comme un Osiris, mais peu à peu, le monde souterrain se démocratisa, et tous les défunts furent des Osiris.

Ostracon (plur. ostraca). Le papyrus (→) était un matériau cher et les Égyptiens utilisèrent très souvent des supports meilleur marché : tessons de poterie ou éclats de calcaire que l'on appelle ostraca. Ceux-ci portent des textes très variés : lettres privées, comptabilités, documents juridiques qui nous renseignent sur la vie d'une communauté comme celle de Deir el-Médina, où une très grande quantité d'ostraca fut découverte. Mais on a aussi retrouvé des

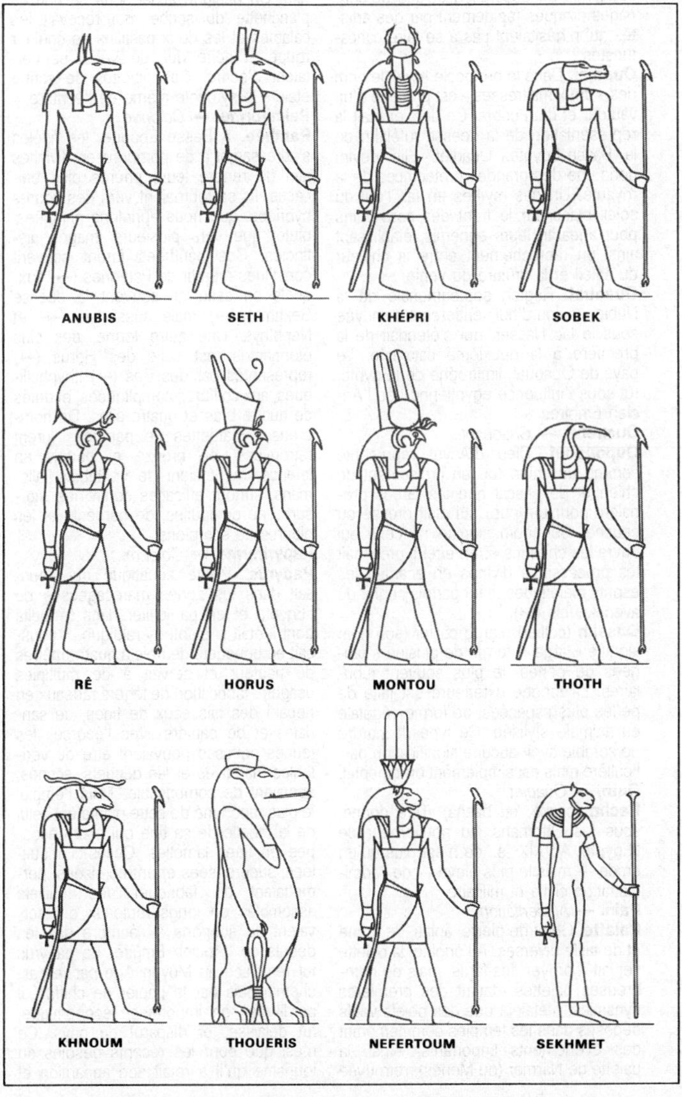
ANUBIS
SETH
KHÉPRI
SOBEK
RÊ
HORUS
MONTOU
THOTH
KHNOUM
THOUERIS
NEFERTOUM
SEKHMET

exercices d'écoliers (répétant des classiques de la littérature), des plans, des ébauches de décoration et des personnages croqués rapidement par des artistes qui n'hésitaient pas à se faire caricaturistes.

Ouadjet. Dans le protocole royal, le nom des « deux maîtresses » est précédé d'un vautour et d'un cobra. Ce dernier était la représentation de la déesse tutélaire de la Basse-Égypte, Ouadjet. Elle devint donc une des grandes protectrices de la royauté. Un des mythes en fait l'œil du soleil placé sur le front des souverains pour anéantir leurs ennemis, établissant ainsi un raprochement entre la chaleur du soleil et la brûlure du venin.

Ouaouat. Région septentrionale de la Nubie, aujourd'hui entièrement noyée sous le lac Nasser, qui s'étendait de la première à la deuxième cataracte. Le pays de Ouaouat, limitrophe de l'Égypte, fut sous l'influence égyptienne dès l'Ancien Empire.

Ouchebti. → *Chaouabti.*

Oupouaout. Dieu d'Asyūt représenté comme un chien (ou un croisement de chien et de chacal que les Grecs prenaient pour un loup) qui était dressé ou couché. Son nom signifie : « celui qui ouvre les chemins » ; en effet il précédait les processions divines en écartant les esprits maléfiques. Il fut parfois confondu avec Anubis (→).

Ousekh (collier). Large collier (son nom signifie « large ») formé de plusieurs rangées de perles, le plus souvent tubulaires. La rangée extérieure est faite de perles plus espacées, de forme végétale ou animale stylisée. Ce type de parure ne semble avoir aucune signification particulière mais est simplement ornemental.

Outo. → *Ouadjet.*

Pacha (pasha, ou bāshā). Titre donné, sous les Ottomans, au gouverneur de l'Égypte. Au XIXᵉ s., ce n'est plus qu'un grade — mais le plus élevé — de l'administration civile et militaire.

Pain. → *Alimentation.*

Palette. Objet de pierre, aplati, de forme et de taille diverses. A l'origine, la palette servait à broyer des fards, mais de nombreuses palettes, datant des premières dynasties, n'étaient que des objets votifs déposés dans les temples commémorant des événements importants. Ainsi, la palette de Narmer (ou Ménès), retrouvée dans le temple de Hiéraconpolis, rappelle la conquête du Delta par ce souverain. On désigne aussi sous ce nom la planchette du scribe, qui recevait les calames et les deux pastilles de couleur rouge et noire qui, délayées, permettaient d'écrire. Ces palettes de scribe étaient le symbole même de l'écriture.

Palmiforme. → *Colonne.*

Panthée. A Basse Époque, les fidèles s'adressaient à de nombreuses divinités afin de rendre leurs prières plus efficaces. Ils se tournaient vers des figures hybrides, que nous appelons panthées, plutôt que vers plusieurs images distinctes. Ces panthées furent souvent constitués à partir de Patèques (→) auxquels on associait souvent la déesse Sekhmet (→) mais aussi Isis (→) et Nephthys. Une autre forme, des plus étonnantes, est celle des Horus (→) représentés par des Bès (→) ithyphalliques, aux coiffures compliquées, et dotés de quatre bras et quatre ailes. De nombreuses statuettes de panthées furent retrouvées, en bronze et parfois en faïence, qui étaient de véritables talismans, surtout efficaces contre les morsures de crocodiles, de serpents et les piqûres de scorpions.

Papyriforme. → *Colonne.*

Papyrus. Plante aquatique qui poussait dans les zones marécageuses de l'Égypte et en particulier dans le Delta dont il était la plante héraldique. Il poussait en bouquets de trois à quatre mètres de hauteur et servait à de multiples usages : fabrication de légers radeaux en nouant des faisceaux de tiges, de sandales et de paniers avec l'écorce ; les jeunes pousses pouvaient être de véritables friandises et les déchets, séchés, servaient de combustible. Mais l'emploi le plus renommé de cette plante est celui de la moelle de sa tige qui était découpée en fines lamelles. Celles-ci mouillées, superposées et entrecroisées, permettaient de fabriquer des feuillets assemblés en longs rouleaux qui servaient de supports à l'écriture dès les débuts de l'Ancien Empire. Le papyrus fut remplacé au Moyen Age par le parchemin puis par le papier de chiffon, il perdit de son importance économique, fut délaissé, et disparut du pays. Ce n'est que pour les récents besoins du tourisme qu'il a refait son apparition et que des champs ont été plantés près du Caire et dans la région du Fayoum.

Parèdre. Déesse associée à un dieu dans un lieu de culte. On la considérait comme son épouse. Parmi les plus célèbres, on peut citer Mout (→), épouse d'Amon (→) à Thèbes, et Sekhmet (→), parèdre de Ptah (→) à Memphis. (→ *Triade.*)

Patèque. → *Ptah.*

Pectoral. Bijou (→) porté sur la poitrine, de forme trapézoïdale, qui rappelle le naos (→). Au Moyen et au Nouvel Empire, le pectoral est une parure réservée à la famille royale. Aux époques tardives, quelques pectoraux ont été aussi retrouvés dans des tombes de particuliers. Ils sont décorés par des motifs se rattachant à la royauté : image du pharaon — ou son cartouche (→) —, accompagné de divinités. D'autres motifs se rattachent au devenir solaire du pharaon décédé : un scarabée protégé par les déesses Isis (→) et Nephtys (→), par ex.

Pèlerinage. Un des cinq « piliers » de l'Islām. Tout musulman dont les conditions de santé et de richesse le permettent doit accomplir le pèlerinage à La Mekke au moins une fois dans sa vie. Le pèlerinage a lieu le dernier mois de l'année musulmane (→ calendrier). Sa durée est variable selon les pèlerins mais elle est généralement de l'ordre de 10 à 20 jours, commençant toujours par une septuple pérégrination du pèlerin autour de la Ka'ba (→) au cours de laquelle celui-ci doit baiser (ou attoucher) la « pierre noire ». Vêtu de l'iḥrām, vêtement sans couture, le pèlerin doit ensuite effectuer ensuite un certain nombre de processions et de visites rituelles, la manifestation la plus importante étant, le 10 Dhū al-Higga, le sacrifice du mouton en communion avec l'ensemble du monde islamique célébrant l''Ayd al-Kébīr (→ Bayrām).

Pentaour (poème de). → *Qadech.*

Péribole. Mur de clôture de l'enclos consacré à une divinité.

Périptère (temple). Temple caractérisé par la rangée de piliers qui entoure un véritable déambulatoire (→). Le temple de Thoutmosis III, dans l'enceinte de Medinet Habu, sur la rive g. de Thèbes est un très bon exemple de ce type, assez rare, de temple.

Pesée de l'âme. → *Psychostasie.*

Petrie (Sir), Flinders. (1853-1942). Égyptologue et archéologue anglais qui mena des fouilles en Égypte pendant quarante-deux ans. Son activité peut se comparer à celle de Mariette (→). Il fut titulaire de la première chaire d'égyptologie (→) en Angleterre, à l'University College de Londres, qui abrite maintenant la vaste collection d'objets qu'il rassembla de son vivant.

Pharaon. Le mot nous est parvenu par l'intermédiaire du grec. Il était la transposition d'une expression égyptienne « Per aâ » qui signifiait : « la Grande Maison », désignant le palais royal. A partir du Nouvel Empire, par un phénomène que nous connaissons (le palais de l'Élysée sert à désigner le président de la République), le terme désigna aussi la personne même du souverain. Dans certains cartouches (→) d'époque romaine, le nom de l'empereur qui régnait à Rome n'était même plus marqué, mais simplement remplacé par cette expression plus générale de la royauté.

Pilier. → *Colonne et Osiriaque.*

Poids et mesures. Si l'Égypte actuelle a, depuis longtemps, adopté le système métrique, elle n'en continue pas moins, pour les surfaces agraires, à compter en feddans (4 200 m^2). Parmi les autres unités traditionnelles, citons, à titre anecdotique : — pour les longueurs, la dra beledi (coudée ; 0,582 m) et la qassaba (3,55 m) ; — pour les surfaces, la qassaba carrée (12,6 m^2) et le feddan (1 000 qassabas carrées = 3 feddans) ; — pour les volumes, l'ardeb (cube de la coudée ; 197,74 dm^3), l'oueba (1/6 ardeb, soit 32,96 dm^3) et la ruba (1/4 de oueba, soit 8,24 dm^3) ; — pour les poids, le dirham (3,89 g), le rotl (144 dirhams, soit 444 g), l'oqqa (400 dirhams, soit 1,236 kg) et le qantar (= quintal, 100 rotls, soit 44,493 kg).

Portique. Galerie ouverte, soutenue par une ou deux rangées de colonnes. Les cours des temples (→) en sont souvent bordées, sur deux ou trois côtés. → *aussi Riwāq.*

Pount. Contrée un peu mystérieuse qui se situait au S.-S.-E. de l'Égypte (peut-être la côte des Somalis). Ce pays était surtout apprécié car il était la région d'origine de l'encens, agréable aux narines divines et consommé en d'énormes quantités dans les temples, pour le service divin. Le plus célèbre témoignage que nous en ont laissé les Égyptiens fut gravé sur une paroi du temple funéraire de la reine Hatchepsout (à Deir el-Bahari), pour commémorer l'expédition commerciale et pacifique envoyée par la souveraine. D'après ces reliefs, les habitants du Pount vivaient au bord d'un cours d'eau, dans un village de cases perchées sur des pilotis. Outre l'encens, le pays fournissait de l'ébène, de l'or et diverses sortes d'animaux.

Prescriptions de l'Islām. Elles couvrent un certain nombre d'interdits ou de recommandations, tant issues du Coran (→) que des autres « sources », et développées par le fiqh (→). Au nombre des interdits, citons le prêt à intérêt ou usure, l'apostasie, le refus de la foi, le meurtre, le vol, l'injure au Prophète, l'adultère, les jeux de hasard, la fornication, les actes contre nature, la calomnie, la magie noire, la consommation de boissons alcoolisées et de certains aliments ; les aliments prohibés sont la chair de tous les pachydermes (porc, cheval, mulet, âne, éléphant), des carnassiers (mammifères et oiseaux), des reptiles, le sang et les entrailles de tous les animaux, le lait de jument ou d'ânesse non fermenté ; la viande doit être absolument exsangue, ce qui implique aussi l'abstention du gibier.

Si certains châtiments (peine du talion pour un meurtre, lapidation de l'adultère, ablation des mains du voleur) sont expressément prévus par le Coran, celui-ci n'en recommande pas moins de rendre le bien pour le mal, promettant le Paradis à ceux qui pardonnent.

La circoncision est une tradition que la Loi n'impose pas ; en Égypte, c'est une fête où le garçonnet (sept à quatorze ans suivant les cas) est promené en cortège avec des musiciens, des danseurs, des lutteurs, des fakirs, les parents, les camarades et le circonciseur.

Sans être égale à celle de l'homme, tant s'en faut, la place de la femme a été partiellement adoucie par le Coran par rapport aux coutumes antéislamiques ; ainsi la polygamie est-elle autorisée et limitée à quatre épouses, mais non recommandée, et la répudiation admise mais plutôt déconseillée ; ni la claustration dans le ḥarem ni le port du voile ne sont des obligations canoniques.

Prière. L'une des cinq obligations fondamentales de l'Islām, elle a lieu... cinq fois par jour : au coucher du soleil, deux heures après le coucher du soleil, à l'aurore, à midi, à trois heures de l'après-midi. L'heure en est annoncée par l'appel du mu'aḏḏin (→), qui tournait jadis autour du balcon du minaret et utilise désormais des hauts-parleurs. Ce devoir religieux exige une absolue netteté des vêtements, du lieu où l'on prie et une purification (→) préalable du corps. Le fidèle, tourné dans la direction de La Mekke (→ *Qibla*), récite un nombre fixe de formules rituelles en prenant successivement diverses attitudes rigoureusement codifiées : 1, debout, les mains ouvertes à hauteur des épaules, il prononce la formule de consécration : Allah est grand. 2, baissant les mains (ou les croisant sur la poitrine, ou plaçant la g. dans la dr.), il récite la fātiḥa, première sourate du Coran. 3, il s'incline, les mains sur les genoux. 4, il se prosterne. 5, il se rassied sur son séant, puis se prosterne une seconde fois. Cette suite d'attitudes (2 à 5) constitue une rak'a, la

prière complète en comportant de deux à quatre selon l'heure. 6, à nouveau assis, il récite la shahāda (→), et une prière pour le Prophète, puis prononce une formule de désacralisation mettant fin à la prière.

La prière du vendredi à midi doit obligatoirement être prononcée à la Grande mosquée (→) ; elle est dirigée par un imām (→) et comporte en outre l'écoute d'un sermon prononcé par le khāṭib (→).

A noter que la prière ne comporte jamais de demande.

Pronaos. Salle située en avant du saint des saints (→ *Naos*) dans les temples.

Protocole (ou titulature). En accédant au trône, le souverain se constituait un ensemble de noms que nous appelons « protocole royal ». Au début, seul le nom d'Horus servait à désigner le roi. Peu à peu, et de façon régulière à partir du Moyen Empire, la titulature s'enrichit et finit par comporter cinq noms.

I. Le nom d'Horus. Le plus ancien, seul porté par les rois des deux premières dynasties. Il est identifié par un faucon, le dieu Horus (→), protecteur des rois, perché sur un rectangle représentant la façade et le plan du palais, à l'intérieur duquel était inscrit son nom.

II. Le nom des « deux maîtresses », qui plaçait le pharaon sous la protection de la déesse-vautour de Haute-Égypte, Nekhbet (→), et sous celle de la déesse-cobra de Basse-Égypte, Ouadjet (→).

III. Le nom d'« Horus d'or », qui apparaît à la IVe dyn. et qui identifie le roi au dieu Horus, vainqueur de Seth (→). Ce nom était précédé par une image d'un faucon perché sur le signe du collier d'or, qui servait à écrire le nom de la ville du dieu Seth, Ombos.

IV. Le nom du « Roi de Haute et Basse-Égypte » ou « Celui du Roseau et de l'Abeille », symboles des deux régions de l'Égypte. C'est ce que l'on appelle le « prénom » du roi, qu'il reçoit lors de son intronisation et qui confirme sa souveraineté sur le « Double-Pays ». Comme le suivant, il était toujours inscrit dans un cartouche (→).

V. Le nom de « fils de Rē » qui établit l'ascendance divine du roi. A partir du Moyen-Empire, il devient le nom même du pharaon (→). Les noms connus du grand public (Toutankhamon, Ramsès) sont des noms de « fils de Rē ». Plusieurs pharaons portèrent des noms semblables et les égyptologues, pour s'y retrouver plus facilement sans avoir à noter leurs prénoms, les ont numérotés.

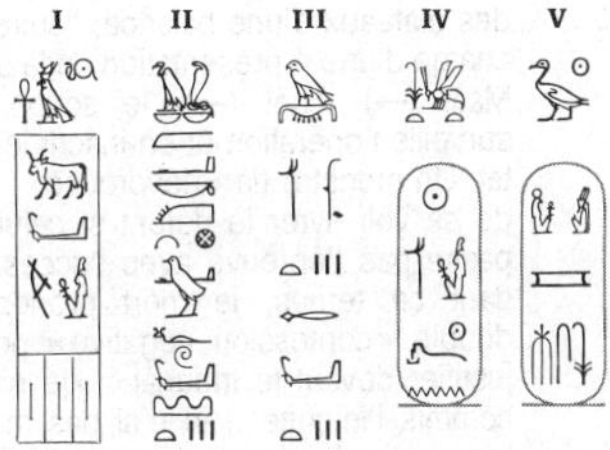

Ainsi, le protocole de Ramsès II comporte les cinq noms suivants :

I Horus : « Le taureau puissant, aimé de Maāt. »

II Les Deux Maîtresses : « Celui qui protège l'Égypte et assujettit les pays étrangers. »

III Horus d'or : « Celui qui est riche en années et grand par (ses) victoires. »

IV Roi de Haute et de Basse-Égypte : « Le dieu Rē est riche en Vérité-Justice. L'élu de Rē.

V Fils de Rē : « Le dieu Rē lui a donné naissance. L'aimé d'Amon (Ramsès-Miamon).

Protodorique. → *Colonne.*

Pschent. → *Couronne.*

Purification. Dans l'Islām, le croyant ne peut accomplir aucun acte religieux sans s'être purifié, se protégeant des souillures ou les éliminant : tapis de sol pour prier, abandon des chaussures pour ne pas souiller la mosquée des poussières de la rue, ablution des mains, de la bouche, du visage, des bras, des oreilles et des pieds, avant la prière, avec de l'eau légalement pure ; cette ablution peut prendre la forme d'un lavage total du corps en cas d'« impureté majeure ». Si l'eau manque, l'ablution peut être remplacée par une « lustration pulvérale » effectuée symboliquement avec du sable, voire de la terre, voire encore simplement par l'attouchement d'une pierre.

Psychostasie. Terme emprunté au grec, et qui signifie « la pesée de l'âme ». Il s'applique à la scène illustrant le chap. 125 du Livre des Morts (→) qui était placé près de la momie à partir du Nouvel-Empire. Cette scène pouvait aussi être reproduite sur les parois des chapelles funéraires. Le défunt est introduit par Anubis (→), devant son juge, Osiris (→). Son cœur est posé sur un des plateaux d'une balance, l'autre étant chargé d'une représentation de la déesse Maât (→). Thot (→), le scribe divin, surveille l'opération et en inscrit le résultat. Un monstre (la « dévoreuse ») attend de se voir livrer le défunt si celui-ci ne passe pas l'épreuve avec succès. Pendant ce temps, le mort prononce la double « confession négative » pour se justifier devant le tribunal : « je n'ai pas commis l'iniquité..., je n'ai pas maltraité les gens..., je n'ai pas blasphémé Dieu..., je n'ai pas fait pleurer... » et plus loin, pour chacun des quarante-deux assesseurs d'Osiris : « O, juge Untel, je n'ai pas... ».

Ptah. Dieu de Memphis. Au début il semble avoir été un dieu des orfèvres et sculpteurs, mais il assimila les caractères d'un dieu plus ancien, Taténen (→), et fut considéré comme le démiurge. L'importance de Memphis dans l'histoire du pays en fit un des principaux dieux du panthéon égyptien. On lui donna Sekhmet (→) pour épouse et Néfertoum (→) fut considéré comme leur fils. La nécropole de Memphis était sous la protection de Sokaris (→) que Ptah absorba en partie prenant le nom de Ptah-Sokar-Osiris. On connaît aussi des Ptah-Patèques, divinités enfants naines qui passaient pour fils du dieu et protégeaient les orfèvres dont certains, comme le montrent les reliefs des mastabas de l'Ancien Empire, étaient des nains. Ptah est représenté comme un homme serré dans une gaine de momie, les mains dépassant et tenant un sceptre Ouas. Il ne porte pas de coiffure et a le crâne rasé.

Pylône. Élément architectural composé de deux massifs (ou môles) de forme trapézoïdale et d'une ouverture qui formait l'entrée monumentale du temple. La façade était généralement décorée d'une scène montrant le roi en train de massacrer une grappe d'ennemis devant la divinité qui habitait le sanctuaire. Le grand nombre de pylônes du temple d'Amon (→) de Karnak est exceptionnel, il est dû aux agrandissements successifs réalisés en l'honneur de ce dieu.

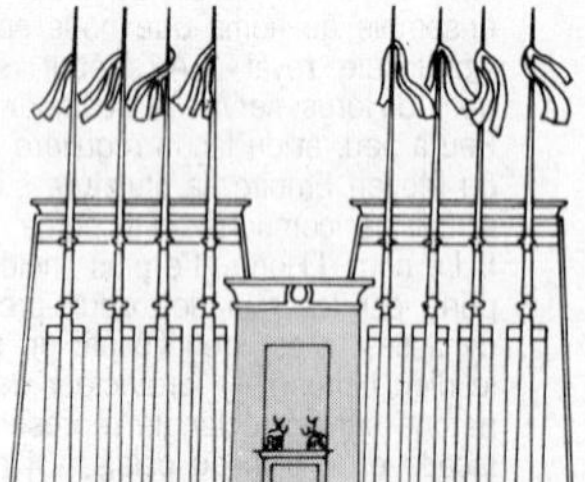

Pyramide (ensemble pyramidal). La pyramide, monument qui abritait la sépulture royale, faisait partie d'un ensemble plus vaste. Sur le plateau dominant la vallée, se trouvait la pyramide elle-même, accompagnée au S, d'une ou plusieurs

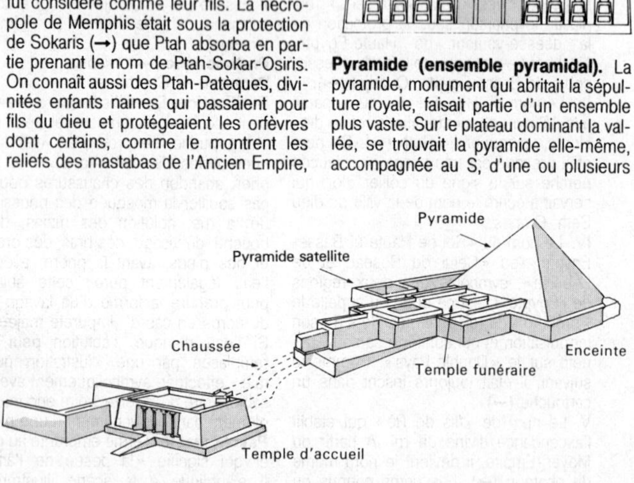

D'après L. Borchardt.

petites pyramides de reines. Accolé à son côté oriental, le « temple-haut » était relié par une chaussée bordée de murs et parfois couverte à un « temple-bas » (ou temple de la vallée), situé au pied de la falaise en marge de la zone cultivée. Le temple-bas était utilisé lors des cérémonies précédant l'enterrement, le temple-haut était destiné à assurer le culte funéraire. Des fosses naviformes étaient creusées à proximité, et le complexe pyramidal de Chéops a même livré une véritable barque, démontée, de quarante mètres de long. (→ *Tombe*).

Pyramidion. Ce mot désigne le sommet des obélisques (→) ou la pierre placée au sommet des pyramides (→). Au Nouvel Empire, des particuliers (surtout les ouvriers de Deir el-Médina) placèrent sur leurs tombes de petites pyramides votives désignées également par le mot pyramidion. Celles-ci étaient en général décorées de scènes d'adoration au soleil, ou faisant référence au voyage de celui-ci dans sa barque. Mais leur rapport avec la tombe amena les sculpteurs à représenter également des images osiriennes.

Qā'a. Salle principale des palais mamlouks et ottomans où elle joue le rôle de salon de réception, elle est constituée de trois parties : une salle centrale, dite durqā'a (→) uniquement séparée de deux salles latérales (→ *īwāns*) par une dénivellation d'une ou deux marches.

Qadech (déesse). Déesse d'origine syrienne, épouse du dieu Réchep, elle fut introduite en Égypte par les Asiatiques au Nouvel Empire. Elle avait un caractère aimable et fut identifiée à Hathor. Elle est habituellement représentée comme une femme juchée sur un lion, tenant dans une main des fleurs et dans l'autre des serpents. Elle protégeait les hommes contre les animaux venimeux et fut donc adoptée par les communautés ouvrières installées en marge de la vallée comme celle de Deir el-Médina.

Qadech (ville). Ville de Syrie placée sur l'Oronte qui fut par deux fois l'objet de combats. Sous le règne de Thoutmosis III (1504-1450 av. J.-C.), les Asiatiques se groupèrent en une coalition au centre de laquelle était le roi de Qadech. Il fallut au pharaon 17 campagnes pour venir à bout des principaux chefs asiatiques et la ville de Qadech tomba alors entre les mains des Égyptiens.

Mais la bataille de Qadech la plus connue est celle qui eut lieu sous le règne de Ramsès II. Cette fois-ci l'ennemi fut le roi hittite Mouwattali qui animait une coalition rameutant plus de vingt peuples. En l'an V de Ramsès II (vers 1285 av. J.-C.), les armées se rencontrèrent en une gigantesque bataille qui se termina sans vainqueur ni vaincu, mais que la propagande royale égyptienne transforma en victoire à la gloire de Ramsès II, ainsi qu'en témoignent les nombreux bas-reliefs (à Abu Simbel, à Abydos, au Ramesséum) ainsi que le texte appelé Poème de Pentaour. Ce dernier texte nous apprend que, par la ruse, les coalisés écrasèrent une des armées égyptiennes dont les soldats, en pleine déroute, partirent se réfugier vers le camp. Alors Ramsès II s'élança seul au milieu de 2500 chars ennemis, confiant en sa valeur, et soutenu par son père, le dieu Amon.

Qādī. → *Cadi.*

Qébehsénouf. → *Quatre fils d'Horus.*

Qibla. Direction de La Mekke (→) vers laquelle le fidèle musulman s'oriente pour prier. Dans les mosquées, la qibla est matérialisée par une niche appelée miḥrāb (→). En Égypte, cette direction est approximativement S.-E.

Qiblī. Situé dans la direction de la qibla ; en dialecte égyptien, signifie aussi « sud ».

Qiyās. Troisième source, après le Coran (→) et les ḥadīṯs (→), de la pensée e du droit musulman : il s'agit du « jugement par analogie », qui permet de résoudre un problème non prévu par ces deux textes à partir de la solution qu'ils donnent pour un problème voisin.

Quatre fils d'Horus. Quatre génies protégeaient les viscères du mort placés dans des vases canopes (→) : Amset à tête d'homme, Hapi à tête de babouin, Douamoutef à tête de chien, Qébehsénouf à tête de faucon. D'après le ch. 112 du Livre des Morts (→), ces quatre génies étaient les fils qu'Horus (→) avait eus de sa mère Isis (→).

Qubba. Coupole. Cet élément est très important dans l'architecture musulmane civile (on en trouve dans les ḥammāms) et surtout religieuse (spécialement pour couvrir les mausolées). Au Caire, héritières des coupoles en briques, on trouve de nombreuses coupoles en pierres,

quelquefois sculptées, notamment à l'époque mamlouke :
coupoles à nervures : madrasa de Tātār al-Ḥigāzīyya ;
coupoles à chevrons : mausolée de Barqūq ;
coupoles à décor polygonal : mausolée de Barsbay ;
coupoles à décor de motifs floraux : mausolée de Qāytbāy.

Rab'. Cet édifice traditionnel des cités musulmanes d'Égypte construit en longueur (une « barre ») sur plusieurs étages était réservé à l'habitation locative des classes moyennes.

Ra'īs. Leader politique. On désigne souvent le président de la République par ce terme.

Ramaḍān. Le neuvième mois de l'année lunaire des musulmans est le mois du jeûne rituel : le croyant doit s'abstenir de fumer, d'absorber tout substance solide ou liquide et de pratiquer l'acte sexuel du lever du soleil à l'apparition de la première étoile ; il est alors licite de rompre le jeûne (iftâr). Peuvent être dispensés de jeûne les femmes enceintes, les malades, les vieillards et les voyageurs (moyennant diverses obligations compensatoires) et les enfants de moins de quatorze ans. La fin de ce mois est célébré par une fête, en Égypte : le petit Bayrām.

Razzia. Dans l'Arabie pré-islamique (→), le ghazū, (transcrit en français, par l'algérien, razzia), coup de main effectué aux dépens d'une tribu ennemie. C'était un acte admis et codifié de la vie sociale du désert.

Rē. Parmi tous les noms du soleil, celui de Rē est peut-être le plus ancien et sans aucun doute le plus important. Son principal lieu de culte fut Héliopolis (la « ville du soleil », pour les Grecs) où il assimila d'autres divinités telles que Atoum (→), Khépri (→) et Horus (→), à qui il emprunte son aspect de faucon. C'est à partir de la IVe dyn. qu'il impose sa prééminence et que les souverains s'intitulent « fils de Rē » (→ *Protocole*). Sa puissance tient au fait, qu'omniprésent dans le ciel d'Égypte, il donna naissance à de nombreux mythes qui touchaient aussi bien le monde des vivants que celui des morts. Les Textes des Pyramides (→) mettent largement l'accent sur le devenir solaire des pharaons passé dans l'Au-delà. On aurait pu penser qu'avec l'installation des souverains en Haute-Égypte, son influence diminuerait : il n'en fut rien. Amon, lui-même, dut composer avec Rē, et les deux dieux fusionnèrent en Amon-Rē. Lorsqu'Akhénaton lutta contre le clergé de Thèbes, c'est au vieux fond solaire qu'il emprunta : « Tu es Rē » disait le roi en s'adressant à Aton dans son grand hymne. Et si le roi transforma son nom de fils de Rē : Aménophis (« Amon est satisfait ») en Akhénaton (« celui qui plait à Aton »), son nom de Haute et Basse-Égypte resta : « l'aspect de Rē est parfait, l'unique de Rē ».

Réchep. Dieu cananéen de la foudre et de la guerre. Comme les autres divinités asiatiques, il fut introduit en Égypte à la XVIIIe dyn. Il est représenté comme un homme tenant un bouclier et brandissant diverses armes. Il porte une coiffure semblable à la couronne blanche avec, sur le front, une tête de gazelle (ou simplement les cornes). Comme son épouse Qadech il fut particulièrement révéré à Deir el-Médina.

Redan. Ressaut ou saillie d'une façade. Le plus bel exemple de façade à redans est constitué par l'enceinte du complexe funéraire de Djéser à Saqqara. Certains sarcophages (→) de pierre de l'Ancien Empire imitent également cette particularité architecturale.

Registre. Division horizontale dans la décoration d'une paroi. Afin de représenter le plus de choses possibles sur l'espace qui leur était imparti, les artistes égyptiens multipliaient les registres. Ils pouvaient ainsi montrer sur une paroi les différentes étapes d'une activité (pour les travaux des champs par exemple) ou bien des travaux sans rapport les uns avec les autres. En général, lorsque sur un même registre sont décrites des scènes indépendantes, celles-ci sont séparées par une ligne verticale. Le défunt était d'une taille plus grande que celle des acteurs de ces scènes et pouvait ainsi surveiller, en même temps, plusieurs d'entre elles. Il arrive aussi que certains registres soient eux-mêmes subdivisés.

Rékhyt. Les bas-reliefs qui exaltent la grandeur des dieux et des pharaons, abondent en images représentant les peuples soumis à l'Égypte, sous la forme de prisonniers aux traits bien typés, africains et asiatiques. Mais le peuple d'Égypte est aussi là, acclamant son souverain, sous l'aspect étrange d'un vanneau aux ailes repliées dans le dos, auquel on a adjoint deux bras levés en signe d'hommage ou d'adoration. Cet oiseau était assis sur une corbeille (le hiéroglyphe du mot « fête ») et cette composition appelé Rékhyt en égyptien, est souvent accompagnée d'une étoile, signe servant à écrire le verbe « adorer ».

Rénénoutet. Déesse-serpent, appelée aussi « maîtresse de la terre fertile » et « maîtresse des greniers ». Elle s'apparente aux serpents bons génies. Présidant aux récoltes, le mois pendant lequel elles avaient lieu lui fut dédié (mois de Pharmouti). Comme elle protégeait les entrepôts, elle étendit son influence sur les foyers où lui était rendu un culte domestique. Néper (→), personnification du grain, était considéré comme son fils, et elle formait avec lui un couple mère-enfant semblable à celui d'Isis (→) et Horus (→) qui absorbèrent leurs personnalités à Basse Époque. A l'époque gréco-romaine, des terres cuites la représentent sous la forme d'une femme à tête de serpent. → *Agathodaimon.*

Ribāṭ. Sorte de couvent-forteresse ; ces constructions abritaient, sur les zones frontières, des musulmans retirés du monde et volontaires pour la guerre sainte.

Riwāq. Dans les mosquées à cour centrale, la cour est flanquée du côté qiblī par la salle de prière et entourée, sur les autres côtés et le fond, de portiques, généralement moins profonds, appelés « riwāqs ».

Sabīl. Le mot veut dire « public » ; usuellement, il n'y avait pas d'eau courante en ville. Des porteurs d'eau, rémunérés grâce au système des waqfs (→) devaient alimenter les sabīls.

Sabīl-kuttāb. Édifice dont le rez-de-chaussée est constitué d'un sabīl (→) et l'étage d'une école coranique (Kuttāb). À l'époque mamlouke, le sabīl-kuttāb est le plus souvent intégré à un édifice ayant d'autres fonctions (cf. le mausolée de Barqūq) ; à l'époque ottomane, il se trouve souvent indépendant (cf. le sabīl-kuttāb de l'émir Katkhūdā').

Sadāt (Anwār al-). Président de la République d'Égypte de 1970 à 1981. Né le 27 déc. 1918, à Mit Abu el-Kom (Minufiyya). Diplômé du Collège militaire, il est d'abord membre, dans l'immédiat après guerre, du parti de la Jeune Égypte, violemment nationaliste et anti-anglais. En 1950, il fait parti du groupe fondateur du Comité des Officiers Libres (→). Il participe au putsch de juil. 1952 et sera investi de diverses fonctions dans le gouvernement révolutionnaire. Il sera également directeur des groupes de presse Gumhuriyya (→) et Tahrir (→). Nommé vice-président de la République en 1960, il est élu, à la mort de Nasser (→) en 1970, à la présidence de la République (15 oct.). Rompant avec son prédécesseur, il pratique très vite une politique de libéralisme politique relatif (élimination de la tendance dure du nassérisme en 1971 ; libération des détenus politiques) et assoit définitivement son prestige par la victoire de l'armée égyptienne en oct. 1973 (passage du canal de Suez, destruction de la ligne Bar-Lev). Si, sur le plan militaire, la Guerre d'Octobre n'est qu'une demi-victoire (la contre-offensive israélienne et le débarquement de Sharon à Ismailiyya pouvaient laisser craindre un renversement complet de la situation), sur le plan politique en revanche, la réussite est totale. Sadāt est libre alors de bouleverser ses alliances. Il amorce aussitôt un rapprochement avec les Américains en vue d'une solution négociée de la guerre du Proche-Orient et inaugure la politique d'ouverture économique à l'Occident (→ *infitah*) [1974]. Le 19 nov. 1977, il amorce par le coup de théâtre d'un voyage officiel à Jérusalem les négociations directes en vue de la signature d'un traité de paix égypto-israélien. Ce sera chose faite, deux ans plus tard, avec la signature, le 26 mars 1979, des accords de Camp David. Le prestige de Sadāt à l'étranger est alors considérable. En Égypte, en revanche, les difficultés économiques croissantes et la corruption du régime entament gravement sa popularité. L'Islām fondamentaliste cristallise les mécontentements. Le 6 oct. 1981, durant le défilé commémoratif de la victoire de 1973, Anwār al-Sadāt est assassiné par un commando composé de membres du groupe takfīr wa higra (« anathème et retraite »).

Sadd. Barrage. Le plus célèbre est, bien sûr, le Sadd al-'Ali, le Haut-Barrage.

Sainte Famille (itinéraire). On vénère le passage légendaire de la sainte Famille en Égypte à Bilbeis et Terrana au N. du Caire, dans la région du Caire à Mostorod, Matariya, Maadi et dans 2 églises du Caire (Haret Zuweila et Abou-Sarga) ; puis en Moyenne-Égypte à Ishnin el-Nasāra, deir Garnous, deir el-Adra face à Samalout et enfin deir el-Muharrak. D'autres lieux plus au S. au-delà d'Assiout comme deir Dronka et deir el-Ganadla revendiquent encore de l'avoir hébergée.

Saladin. Salāḥ ad-Dīn Yūsūf ibn Ayyūb fut le premier sultan et fondateur de la dynastie Ayyūbide (→). Cet homme, considéré comme un souverain équitable et un esprit ouvert, y compris par ses ennemis, illustra son règne par la lutte contre les Croisés, la restauration du sunnisme en Égypte et une activité de grand constructeur d'édifices religieux [cf. les madrasas (→)] comme militaires (les murailles du Caire et la Citadelle).

Sālem (Ṣalāḥ). Un des premiers Officiers Libres (→), membre du groupe qui organisa le putsch de juil. 1952.

Sāqiyya. Mécanisme permettant de puiser de l'eau : des bestiaux, attelés à une roue horizontale à pignons, la font tourner, et entraînent de ce fait une roue verticale munie de godets en terre ou d'un chapelet de godets qui plongent dans l'eau et se remplissent ; lorsque les roues tournent, les godets pleins viennent en position haute et se vident dans un réceptacle alimentant le canal d'irrigation. Le débit est de l'ordre de 300 m par minute pour une élévation pouvant atteindre 5 à 6 m.

Sarcophage. Le mot désigne à la fois la cuve extérieure et le cercueil qui contenait le corps. La cuve extérieure, le plus généralement en pierre, était de forme rectangulaire, souvent ornée de motifs architecturaux qui imitaient les façades des palais pour bien marquer son rôle de dernière demeure du défunt. Quant au cercueil, il était fabriqué en bois et généralement momiforme. Aux époques tardives, cet aspect fut également repris pour la cuve extérieure. Celle-ci, de grande taille et lourde, était placée dans le caveau lors de sa construction, et c'était au moment des funérailles que le corps du défunt était apporté enfermé dans son cercueil, pour y être déposé.

Satis. A partir du Moyen Empire, elle fut appelée « maîtresse d'Eléphantine ». Elle était avec Anouqis (→) l'épouse de Khnoum (→), mais peut-être aussi leur fille. Ses origines sont obscures, mais les Textes des Pyramides (→) la présentent comme une déesse de la purification par l'eau. Elle est représentée comme une femme coiffée de la couronne de Haute-Egypte flanquée de deux cornes d'antilope.

Scarabée. → *Amulettes.*

Sceptres. Il existait de nombreux sceptres que tenaient les dieux, les souverains et même les particuliers. Les pharaons (→) portaient le sceptre qui ressemblait à une crosse de pasteur (héqa ; n° 1) et le flagellum, surnommé le « chasse-mouche » (n° 2). Ces deux sceptres étaient également ceux que le dieu Osiris (→) tenait, les bras croisés sur sa poitrine. Les dieux étaient souvent représentés avec le sceptre ouas (n° 3)

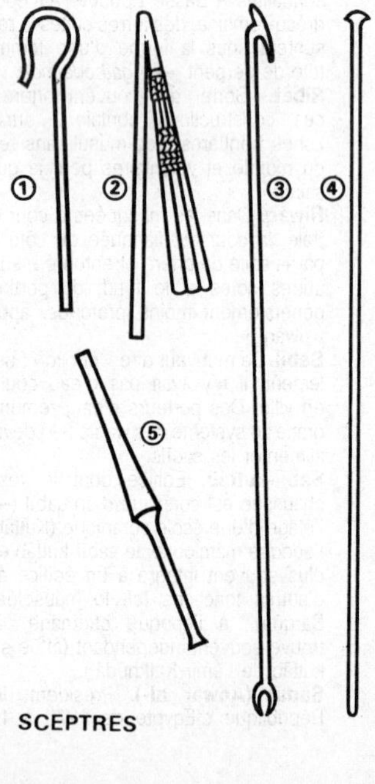

SCEPTRES

dont le sommet était orné d'une tête de canidé stylisée. Aux époques récentes, le ouas était plutôt réservé aux divinités mâles, les déesses avaient le sceptre ouadj (n° 4), longue canne terminée par une ombrelle de papyrus. Quant aux particuliers qui détenaient une autorité quelconque, ils portaient le sceptre sékhem (n° 5).

Sébakh. Mot arabe qui désigne la terre constituée par les débris des sites antiques. Le sébakh a été, et est toujours, exploité par les paysans pour fertiliser leurs champs. Cette utilisation a largement contribué à la disparition de certains vestiges.

Séchat. La racine « sech », notée par un hiéroglyphe représentant l'attirail du scribe, se rapporte à l'écriture (→) dont on sait l'importance dans ce pays qui nous a laissé tant de textes. La déesse Séchat était la personnification de cette écriture. Elle était donc l'auxiliaire du patron des savants, Thot (→). Sa principale fonction était de tenir les annales du monde, en portant sur les feuilles de l'arbre-iched (arbre sacré à Héliopolis), les faits importants des règnes. Participant à la connaissance universelle, elle était aussi celle qui établissait les plans des édifices sacrés, acte particulièrement important, car le temple était un véritable microcosme. Elle était représentée comme une femme portant une coiffure faite d'une étoile à sept branches et tenant la palette et la calame du scribe.

Sed (fête-Sed, ou Jubilé). C'était une fête royale célébrée théoriquement lors de la trentième année du règne. Il s'agissait d'une cérémonie destinée à renouveler dans le roi, la force qui lui avait été conférée lors de son intronisation. La partie essentielle de cette fête était donc la répétition des rites du sacre.

Sekhmet. A Memphis, elle était la parèdre de Ptah (→), mais elle était adorée et crainte à travers toute l'Égypte. Son nom signifiait : « la puissante ». Déesse-lionne, elle se déchaînait contre les hommes (comme en témoigne la légende de l'œil de Rē (→), surtout pendant les cinq derniers jours de l'année. A ce moment là, les prêtres récitaient de longues litanies afin de l'apaiser. Sekhmet fut aussi appelée la « grande magicienne » et ses prêtres tenaient d'elle l'art de guérir. A Thèbes, Mout (→) parèdre d'Amon (→), fut identifiée à Sekhmet et de nombreuses statues de Mout-Sekhmet, femme à tête de lionne, furent retrouvées dans son temple.

Sérapis. Création composite de Ptolémée 1er qui voulait concilier les cultes égyptiens et grecs. Mélange d'Osiris (→), Apis (→), Zeus, Asklépios et de Dionysos, il était un dieu de l'abondance en blé, mais aussi du monde funéraire. Son temple principal était à Alexandrie, capitale des Lagides, et son culte rayonna à travers le monde hellénistique et romain. En Égypte même, les indigènes ne l'acceptèrent que comme une manifestation d'Osiris.

Serdāb. Petite pièce fermée aménagée dans les mastabas, le serdāb communiquait avec la chapelle funéraire par une étroite fente. Cette pièce contenait une ou plusieurs statues et, parfois, des modèles représentant des scènes de la vie courante. La fente pratiquée dans la paroi permettait à la statue du défunt de recevoir la fumée de l'encens brûlé par les prêtres chargés du culte. Dans le tombeau de Ti (à Saqqara), de part et d'autre de chacun des étroits « guichets », on peut voir des représentations de prêtres offrant de « l'encens divin » à Ti.

Sérekh. Rectangle vertical qui représentait l'enceinte du palais et sa façade monumentale. A l'intérieur était inscrit le « nom d'Horus » du roi, précisé et renforcé par l'image d'un faucon, le dieu Horus (→), perché sur le sommet du sérekh.

Seth. Dieu originaire des oasis dont il était le protecteur. On le retrouve d'ailleurs dans le temple d'Ibis à Kharga en train d'abattre le serpent Apopis (→). Il devint rapidement un dieu coléreux, responsable de la pluie et de l'orage, et par suite un dieu de la guerre, courageux et brutal. A plusieurs époques les pharaons n'hésitèrent pas à se comparer à lui, voire à le faire entrer dans la composition de leur nom (Séthi par ex.). Mais il eut le malheur de jouer un rôle néfaste dans la légende osirienne et, avec la progression de la ferveur populaire pour Osiris (→), il finit par être haï. On fit de lui un ennemi des hommes et des dieux. A la Basse Époque, les multiples invasions étrangères augmentèrent encore la rancœur contre lui, son nom et ses images furent détruits et l'interdit jeté sur ses villes. Il était représenté par un étrange animal au corps élancé, la queue raide et fourchue et une tête au museau effilé et busqué avec des oreilles droites et hautes.

Shadūf. Longue antenne de bois munie à son extrémité inférieure d'un contrepoids en terre. L'extrémité supérieure retient suspendu, au moyen d'une perche légère ou d'une corde, un récipient de cuir ou d'osier. L'appareil, qui bascule sur une traverse horizontale, fonctionne à la main. Son rendement est faible : 50 litres d'eau par minute pour une élévation de 3 m.

Shāf'ī. Imām du VIIIe-IXe s., fondateur d'une des quatre écoles juridiques de l'Islām : celle des Shafi'ites, la plus répandue actuellement en Égypte. L'imām fut enterré au Qarāfa, et Saladin (→) fit ériger une madrasa (→) auprès de son tombeau.

Shahāda. Profession de foi de l'Islām. Elle est contenue dans les deux phrases suivantes : « Lā illāha illā llāh » (il n'y a de divinité qu'Allāh) et « Muḥammad rasūl illāh » (Muḥammad est l'Envoyé de Dieu). Au sens large, cette profession de foi implique un ensemble de devoirs cultuels et sociaux constituant la sharī'a (→).

Sharī'a. Loi canonique de l'Islām, issue principalement du Coran (→) ; elle fixe les règles concernant le culte (→) ainsi que diverses prescriptions (→) relatives à la conduite humaine en matière sociale et juridique. Une des exigeances de la société musulmane traditionnelle est en effet la volonté d'établir un ordre social entièrement organisé selon la loi divine, ce qui a pour conséquence une certaine immuabilité sociale puisque la loi est ainsi donnée une fois pour toutes et qu'il n'appartient pas au législateur de la réformer. Certains pays musulmans, comme le Soudan, sont actuellement régis par la sharī'a. D'autres, comme l'Égypte, ont un Code civil moderne inspiré de ceux de l'Occident, mais on assiste à des pressions en faveur du retour à la sharī'a.

Sheykh. L'ancien, le vieux. Ce titre peut être porté par chef de groupe profane (sheykh al-Balad : le chef du village) ou religieux.

Shi'isme. Le shi'isme recouvre de nombreuses sectes islamiques dont des descendants des partisans de 'Alī (→), le quatrième calife. Le gouvernement de l'Égypte a été Shi'ite à l'époque des Fatimides (→). Actuellement, les Iraniens sont majoritairement sh'ites.

Sistre. Instrument de musique en forme de hochet, composé de tiges métalliques horizontales sur lesquelles étaient enfilées des rondelles de métal. Le cadre pouvait être cintré (sistre sekhem) ou avoir la forme d'un naos (sistre séchéchet). Le manche était orné d'une tête d'Hathor, déesse à laquelle était consacré cet instrument. En agitant le sistre, le son, produit par les rondelles de métal qui s'entrechoquaient, devait écarter les mauvais esprits lors des naissances présidées par la déesse. De façon plus générale, l'utilisation du sistre réjouissait le cœur d'Hathor.

Sma Taoui. Expression égyptienne qui signifie « l'union des deux terres » et qui se réfère donc à l'existence au sein d'un même royaume de la Haute et de la Basse-Égypte. Le Sma-Taoui était représenté par les deux plantes héraldiques (le lotus et le papyrus) nouées autour d'un signe vertical ↓ (sma) qui marque l'action d'unir et qui est le dessin des poumons « unis » autour de la trachée. Deux personnages liaient ces plantes : Horus (→) et Seth (→) ou deux dieux Nil (→ *Hâpi*). Ce motif était représenté sur les côtés des trônes royaux et insistait sur la souveraineté exercée par le pharaon sur le Double-Pays (→ *Égypte*).

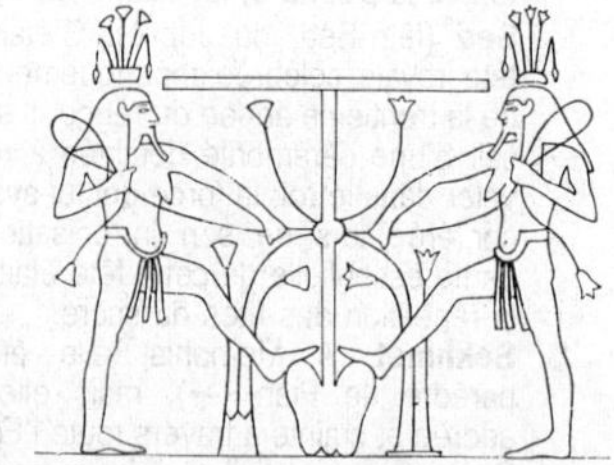

Sobek. Dieu-crocodile qui fut adoré dans de nombreuses localités d'Égypte. Ses lieux de culte les plus célèbres furent le Fayoum et Kom Ombo. Dans ce dernier endroit, le clergé lui attribuait un rôle de créateur universel. De façon plus générale, ses liens avec l'eau en font un dieu de la fécondité. Le crocodile était un animal dangereux qui pouvait agresser les hommes mais, dont la puissance servait aussi à les protéger.

Sokaris. Dieu de la nécropole memphite, représenté comme une momie à tête de faucon. Il fut assimilé à Ptah (→) et à Osiris (→) qui connaissaient plus de succès. La fête de Sokaris qui se déroulait au début de la saison d'hiver, resta cependant une des plus grandes fêtes de la région.

Sopdou. Dieu faucon de l'E. du Delta, protecteur de la frontière orientale de l'Égypte, il était probablement d'origine étrangère, mais fut adopté très tôt en Égypte. Il est représenté comme un homme barbu, coiffé de deux plumes pointues et vêtu d'une pagne à lanière. Pour l'égyptianiser davantage, on le rapprocha du faucon Horus (→).

Soukhos. → *Sobek.*

Sources historiques. Les premières notions relatives à la géographie, aux croyances, aux mœurs du pays, avaient déjà été observées directement par des voyageurs anciens, tels Strabon (→) et Diodore de Sicile (→). Parmi les autres documents de langue grecque, outre l'histoire d'Hérodote (→), une place importante doit être accordée aux « listes royales » établies, à la demande de son roi, par un prêtre et historien égyptien de langue grecque nommé Manéthon (→), seuls vestiges d'une œuvre plus complète, et conservés dans les écrits des chronographes chrétiens, eux-mêmes cités par Georges le Syncelle à la fin du VIIIe s. ; il faut mentionner également le « canon d'Eratosthène », liste de trente-huit rois extraite de l'histoire qu'il avait composée sur l'ordre de Ptolémée, et qui nous est connue par des fragments d'Apollodore le Grammairien, recueillis également par Georges le Syncelle. Face à ces renseignements d'origines diverses et de valeur très inégale, la science dispose aujourd'hui de sources proprement égyptiennes, que la lecture des hiéroglyphes, découverte par Champollion (→), a rendues intelligibles. Il faut citer en premier lieu les documents épigraphiques, comme la « Pierre de Palerme », qui a fourni un résumé de l'histoire des cinq premières dynasties, la « chambre des Ancêtres » du temple de Karnak, qui représente une liste de soixante et un rois antérieurs à la XVIIIe dyn., les deux « tables d'Abydos », des temples de Séthi Ier et de Ramsès II, dont la première présente les cartouches de soixante-seize pharaons choisis parmi ceux qui ont régné sur l'Égypte, enfin la « table de Saqqara », provenant du tombeau d'un prêtre de Ramsès II et comprenant cinquante-huit noms, témoignage auquel on doit rattacher le « papyrus royal de Turin » dont la liste s'étend depuis les temps fabuleux (dynasties divines) jusqu'à la domination hyksos. Toutes ces listes sont malheureusement fort incomplètes : quelques lacunes ont cependant pu être comblées par les inscriptions de monuments de toutes sortes : temples, tombes, sarcophages, stèles, statues, scarabées, ostraca, et par l'étude de l'évolution de l'art, de la religion, de la langue, de l'écriture et de bien d'autres domaines. Le détail des événements de la plupart des règnes est sorti des textes annalistiques consacrés aux campagnes militaires ou même aux entreprises pacifiques des pharaons. Les textes écrits sur les murailles des temples ou des tombes, ceux de certains papyrus, romans et compositions littéraires ont fourni des renseignements importants.

Spéos. Sanctuaire creusé dans le rocher.

Sphinx. Lion à tête humaine, il incarnait le dieu ou le roi sous son aspect terrifiant. Il était féroce envers les ennemis, mais aussi protecteur des justes. Placé devant les temples, il en défendait l'entrée. Le sphinx de Giza, le plus célèbre, fut adoré comme une représentation d'Harmakhis (→). Le long des dromos (→), étaient alignées des théories de sphinx dont le visage humain était souvent remplacé par celui de l'animal consacré au dieu du sanctuaire, comme les sphinx à tête de bélier d'Amon (→) à Karnak.

Strabon. Grec d'Asie Mineure qui vécut au premier s. av. J.-C. Il écrivit des textes géographiques dont le livre 17 est une description de l'Égypte. Ce livre, d'une grande précision, permit à Mariette (→) de découvrir le Sérapéum de Saqqara.

Sultan. Le mot « sultān », en arabe, signifie « pouvoir » et, de là, « prince ». Ce titre a été porté par les Ayyūbides (→) et les Mamluks (→) qui ne détenaient que le pouvoir temporel ; le pouvoir spirituel étant réservé au calife.

Sunna. « Coutume » ; il s'agit notamment du recueil des faits et gestes du Prophète, qui sont contenus dans le Ḥadīṯ (→) et peuvent servir de référence lorsque se pose par exemple une question d'ordre social à laquelle le Coran ne répond pas. Ce terme désigne aussi la pratique et le dogme des musulmans sunnites (→).

Sunnites. Les sunnites seraient les musulmans « orthodoxes », par opposition aux shi'ites, considérés par eux comme schismatiques. Historiquement, les sunnites descendent des musulmans qui, aux premiers temps de l'Islām, étaient du côté du Mu'āwiyya contre 'Alī'.

sycomore. Cet arbre *(ficus sycomorus),* dont le tronc peut atteindre 6 m de circonférence, développe ses branches horizontalement : son feuillage vert intense est impénétrable au soleil. Le fruit est une figue très fade qui mûrit difficilement. Le bois est un des plus durs et des plus incorruptibles que l'on connaisse : les anciens Égyptiens en faisaient un grand usage dans la menuiserie, l'ébénisterie, les industries d'art ; nous trouvons dans les tombes des cercueils, du matériel funéraire en sycomore. Cet arbre était consacré aux déesses Isis, Nout et Hathor envisagées comme divinités infernales. Un des titres d'Hathor était celui de Dame du Sycomore.

Syllabiques (signes). → *Écriture.*

Table d'offrandes. La table d'offrandes, placée devant la stèle fausse porte (→) était le plus souvent de forme rectangulaire et décorée du hiéroglyphe signifiant l'offrande. On pouvait aussi y graver les représentations des différents types d'offrandes funéraires ou bien un texte les assurant au défunt pour l'éternité.

Taḥrīr. Libération. Nom de la plus grande pl. du centre du Caire (midān et-Tahrīr), l'ancien rond-point Qasr al-Nīl.
Nom d'une province, gagnée sur le désert, en bordure du Delta occidental.
Nom d'un important groupe de presse que dirigea un temps Anwār al-Sadāt.

Tahtabūs. D'origine persane, ce mot désigne une grande pièce ouverte sur cour. Un long linteau, soulagé en son milieu par une colonne, supporte le départ du plancher de la pièce supérieure.

Tambour. Assise du fût de la colonne.

Taténen. C'était le plus ancien démiurge de Memphis. Son nom signifiait « la terre qui se soulève » et il était la personnification des premières terres émergées du chaos primordial. Il fut cependant absorbé par le dieu Ptah (→) dès une très haute époque.

Tefnout. Déesse-lionne épouse de Chou (→), le dieu de l'air. Elle était sans doute une personnification du principe humide. Mais elle joua aussi un rôle dans la légende de l'œil de Rē auquel elle avait été identifiée (→ *Chou, Onouris*).

Tekiyya. Couvent de derviches (→), quelquefois utilisé pour l'accueil des musulmans de passage.

Tell. Monticule, colline, souvent formé par un amas de ruines. Équivalent de « kōm ».

Temple. Le temple était la « demeure du dieu » et, donc, l'élément le plus important du paysage urbain. Des nombreuses villes d'Égypte c'est, la plupart du temps, le seul élément qui nous est parvenu. Nous ne savons que peu de choses sur les sanctuaires primitifs, simples chapelles faites de matériaux légers, dont l'image ne nous est parvenue qu'à travers certains signes hiéroglyphiques. De l'Ancien Empire, il ne reste que peu de temples, ce sont ceux des complexes funéraires royaux, et le Moyen Empire nous a laissé peu de vestiges, beaucoup de bâtiments ayant servi de carrières pour les successeurs ou ayant été détruits pour laisser la place aux édifices plus somptueux du Nouvel Empire. Les temples de cette époque et de celles qui suivirent, jusqu'aux ultimes apports réalisés aux noms des empereurs romains, nous permettent de retrouver ce qui peut être considéré comme le plan de base. Une façade constituée par un pylône (→) qui permet l'accès à une avant-cour, parfois péristyle, puis une salle hypostyle, un pronaos (→) et un naos (→) entouré de chapelles et de salles destinées à recevoir le matériel du culte.

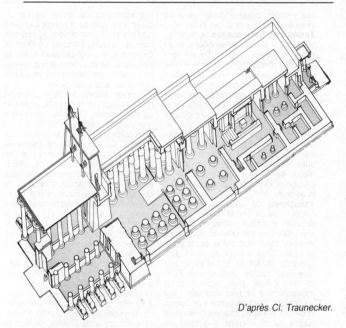

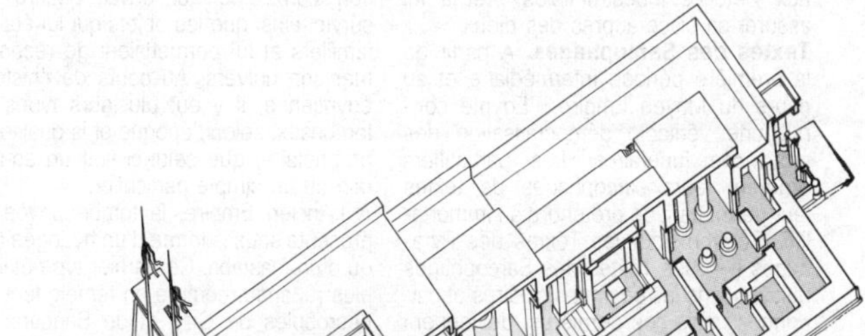

D'après Cl. Traunecker.

Tout, dans cet ensemble, conduit à cette dernière pièce, le « saint des saints » qui abritait le dieu, vivant dans sa statue. Ce plan de base a bien sûr connu des variations comme le montre bien le gigantesque ensemble de Karnak qui, à partir d'un noyau du Moyen Empire et du début de la XVIIIe dyn., s'est développé vers l'avant et surtout vers le S. (en dir. du temple de Mout). A Luqsor, les souverains de la XIXe dyn. ont dû s'écarter de l'axe original pour y intégrer un monument plus ancien. Même changement d'axe dans l'ensemble d'Isis à Philae, pour obéir aux impératifs du terrain. Mais si le temple de Ramsès II à Abu Simbel est creusé dans la montagne, il n'en obéit pas moins au modèle de base. Le temple funéraire d'Hatchepsout à Deir el-Bahari est un cas exceptionnel, répondant au désir d'intégration dans un cirque rocheux, par une série de terrasses qui s'élèvent vers la falaise. Cependant cette audacieuse conception architecturale n'en obéit pas moins à la volonté de faire du temple un lieu qui oblige au respect et à la vénération. Ainsi, du pylône au naos, l'espace se rétrécit (les murs se rapprochent les plafonds s'abaissent, le sol monte) et la lumière se fait plus rare pour rendre l'atmosphère propice au recueillement et augmenter le mystère divin.

Textes des Pyramides. On appelle ainsi les textes retrouvés dans les chambres funéraires des pyramides de la fin de l'Ancien Empire. Les plus anciens apparaissent dans la pyramide du roi Ounas, dernier roi de la Ve dyn., puis chez tous les souverains de la VIe dyn. et même chez les épouses du dernier d'entre eux, Pépi II. Ces textes, souvent difficiles à traduire et à interpréter, étaient une compilation d'œuvres très diverses et d'origine très ancienne : listes d'offrandes, hymnes, formules magiques se mêlent aux légendes divines d'inspiration héliopolitaine et osirienne. Ils étaient destinés à assurer l'immortalité du pharaon, identifié à Rē (→), Osiris (→) et aux « étoiles indestructibles », et à lui assurer sa place auprès des dieux.

Textes des Sarcophages. A partir de la première période intermédiaire et au cours du Moyen Empire, l'Égypte connut une véritable démocratisation des croyances funéraires. Les particuliers ornèrent leurs sarcophages de textes leur permettant de prétendre à l'immortalité. Comme pour les Textes des Pyramides (→), les Textes des Sarcophages puisent dans les doctrines solaires et osiriennes, mais ces dernières, deviennent de plus en plus importantes. A côté de ces références, des « recettes » magiques se développent, préservant le défunt de la faim, de la soif ou le protégeant des animaux maléfiques, tel le serpent.

Théogamie. Ce « mariage divin » est l'union entre un dieu et la reine, qui est destinée à donner naissance au futur souverain. Ceci permettait au pharaon de légitimer, par filiation divine, sa place sur le trône. C'est à partir de la Ve dyn. que cette filiation fut systématiquement revendiquée par les rois, « fils de Rē ». Le dieu prenait alors l'apparence du souverain régnant pour engendrer son successeur. Dans les temples de Luqsor et de Deir el-Bahari, des reliefs montrent l'union du dieu Amon (→) avec les reines, mères d'Aménophis III et d'Hachepsout.

Thermouthis. → *Rénénoutet.*

Thot. Dieu savant, dieu de la sagesse, inventeur de l'écriture, des mathématiques et du calendrier. Patron des scribes, il était le scribe des dieux et, donc, le greffier divin du Jugement des morts (→). C'était aussi lui qui notait le nom du nouveau pharaon sur les feuilles de l'arbre sacré d'Héliopolis. Également patron des magiciens et des médecins, il fut associé à la lune. Le babouin et l'ibis étaient ses animaux sacrés, il était souvent représenté comme un homme à tête d'ibis, ou simplement comme un babouin assis à côté d'un scribe au travail. Peut-être originaire du Delta, il s'installa à Hermopolis qui fut son principal lieu de culte et où furent retrouvées de vastes nécropoles des animaux qui lui étaient consacrés.

Titulature royale. → *Protocole.*

Tombe. Demeure de l'éternité pour le défunt, la tombe était destinée à recevoir son corps, ce qui devait assurer sa survie, ainsi que les objets qui lui étaient familiers et lui permettaient de reconstituer son univers. Au cours de l'histoire égyptienne, il y eut plusieurs types de tombeaux, selon l'époque et la qualité du propriétaire, que celui-ci soit un souverain ou un simple particulier.

A l'Ancien Empire, la tombe privée se présente sous la forme d'un hypogée (→) ou d'un mastaba. Ce dernier type était le plus répandu, comme en témoignent les nécropoles de Giza et de Saqqara. Le mastaba (le mot vient de l'arabe et désigne la banquette de terre que l'on trouve devant les maisons des villages d'Égypte), est la superstructure, de forme rectangulaire, construite au-dessus du caveau. Cette superstructure était généralement pleine à l'exception de quelques pièces : le serdāb (→) et, surtout la chapelle. Celle-ci était décorée de scènes très diverses disposées en registres (→) : processions d'offrandes vers la stèle fausse-porte (→) mais surtout, représentation de la vie quotidienne (activités rurales, artisanat, fabrication de barques, etc.). Ces dessins apportent une foule de renseignements sur les occupations des Égyptiens et mille détails les rendent particulièrement vivants. Cependant, d'un mastaba à l'autre, les thèmes varient peu. A la fin de l'Ancien Empire et au Moyen Empire, les hypogées de Haute-Égypte (Béni-Hasan, Meïr, Assouan) offrent les mêmes décorations, généralement peintes au lieu d'être sculptées (probablement à cause de la mauvaise qualité du support naturel, la roche dans laquelle étaient creusés ces tombeaux).

Au Nouvel Empire, ce sont encore des hypogées que l'on retrouve en Haute-Égypte, à Thèbes. De dimensions généralement réduites, ayant la forme d'un T renversé, ils présentent des scènes peintes sur un torchis préparé à la chaux. Les mêmes thèmes se retrouvent d'une tombe à l'autre, mais la fraîcheur des peintures, la liberté des mouvements, la multiplication des détails anecdotiques rendent ces chapelles funéraires très attachantes et fascinent le visiteur. On y voit le défunt présidant, avec son épouse, le banquet funéraire. Des pleureuses accompagnent les funérailles et le mort est accueilli à l'Occident par la déesse du sycomore qui lui verse de l'eau fraîche. En compagnie de sa famille, il pêche et chasse dans les marais. Accompagné de scribes, il visite le domaine dont il a la charge, surveillant les semailles et les moissons. Parfois, il se rend dans les ateliers qui fabriquent statues et mobiliers.

A Deir el-Médina, les tombes des ouvriers de la nécropole royale diffèrent sensiblement de celles des autres particuliers. Les caveaux sont voûtés et l'espace est souvent très étroit. Devant la chapelle, une petite pyramide de brique, surmontée d'un pyramidion de pierre, perpétue la vieille tradition solaire. Mais c'est surtout la décoration du caveau qui fait l'originalité de ces sépultures. Les scènes de la vie courante sont reléguées au second plan, laissant la place à des thèmes tirés du Livre des Morts (→), comme si ces ouvriers étaient inspirés par les tombes royales auxquelles ils travaillaient.

Après le Nouvel Empire, les tombes privées sont encore souterraines, comme celles de l'Assassif à Thèbes. Les parois des salles parfois très nombreuses qui les composent (comme pour l'hypogée de Montouemhat) sont ornées d'une décoration mêlant scènes du monde vivant et thèmes mythologiques.

La **sépulture royale** connaît une évolution différente. A la première et à la seconde dyn., d'immenses mastabas de brique recouvrent le caveau. A partir du roi Djéser (IIIe dyn.) et jusqu'à la fin du Moyen Empire, des pyramides abritent le roi défunt. Si quelques couloirs souterrains du complexe funéraires de Djéser sont décorés de plaquettes de faïence imitant des façades de monument, et de rares bas-reliefs représentant le roi, ce n'est cependant qu'à partir de la fin de la Ve dyn. (pyramide d'Ounas) que les parois de la chambre où repose le souverain sont décorées de Textes des Pyramides (→). Les scènes de la vie quotidienne du pays n'apparaissent que sur les murs du temple-haut ou de la chaussée.

Au Nouvel Empire, les souverains thébains se sont fait enterrer dans la Vallée des Rois, sépultures discrètes, cachées dans un ouadi asséché et dissociées des temples funéraires qui se trouvaient dans la vallée, à la limite des cultures. Ces hypogées sont de longs couloirs descendants qui aboutissent au caveau. Le tombeau étant assimilé à l'entrée par laquelle le soleil gagne l'au-delà à la fin de la journée, les parois reproduisent les textes et les vignettes des livres qui décrivent le voyage du soleil dans l'autre monde et permettent l'identification du roi avec l'astre solaire et les dieux qui l'accompagnent. Quant aux sépultures des reines et des princes retrouvées dans la Vallée des Reines, leurs décorations sont empruntées au Livre des Morts ou montrent la présentation du défunt devant différentes divinités.

Tore. Boudin cylindrique placé sur l'angle d'un bâtiment pour en protéger l'arète. Au sommet, le tore devient horizontal et marque le départ de la corniche à gorge.

Toponymes. Si la plupart des toponymes de l'Égypte contemporaine sont d'origine arabe, beaucoup remontent à l'Antiquité, souvent à travers des formes grécisées. Ainsi le mot d'Égypte (→) lui-même vient peut-être de l'ancien surnom de Memphis : Hikuptah («le chateau du ka de Ptah»). Mais on peut citer des ex. plus pertinents : Damanhur, «ville d'Horus», Busiris, «maison d'Osiris», Dendara, «ville de la déesse». Certains sont des traductions : Abutig est la forme arabisée du grec Apothikê qui traduit la «chênâ» antique qui signifiait «entrepôt», Éléphantine traduit également l'ancien nom «lêb», en Égyptien ancien homophone du nom de l'éléphant.

Touéris. Déesse dont le nom signifiait «la Grande». Elle avait le corps et la tête d'un hippopotame, mais son dos se rapprochait de celui du crocodile et ses pattes étaient celles d'un lion. Ces derniers traits lui donnaient un aspect sauvage et, donc, dangereux pour les esprits malfaisants. Mais elle apparaissait surtout comme une divinité aimable, protectrice de la mère et de l'enfant. Elle semble être arrivée tardivement dans le panthéon égyptien et avoir été surtout en faveur auprès des gens du peuple. De son origine aquatique, Touéris a gardé, au Gebel Silsila, en Haute-Égypte, un rôle de maîtresse des eaux pures.

Triade. Groupe de trois divinités : père, mère et fils. Parmi les plus célèbres, notons la triade formée par Osiris (→), Isis (→) et Horus (→), et celles de

Memphis, Ptah (→), Sekhmet (→) et Néfertoum (→) et de Thèbes, Amon (→), Mout (→) et Khonsou (→). Ces divinités furent sans doute indépendantes les unes des autres à l'origine, et leur rapprochement fut l'œuvre des théologiens, soucieux de coordonner des cultes très divers. Si ces regroupements furent nombreux, ils ne furent cependant pas systématiques. Il n'existe d'ailleurs pas de mot, dans le lexique égyptien, qui désigne ce genre de « famille ».

'Ulamā' (ouléma). Pluriel de 'Ālim (savant), le mot sert en fait à désigner l'ensemble de ceux ayant atteint un certain niveau de connaissance en matière juridico-religieuse et le titre traduit une qualité, non une fonction ; c'est parmi eux qu'étaient recrutés les muftīs (→), sheykhs (→), khāṭibs (→), imāms (→ ; au sens étroit), qāḍīs (→) et professeurs de madrasas (→). Il existe des conseils d''Ulamā's dans la plupart des pays musulmans, le plus prestigieux étant, par la qualité de ses membres, l'Aréopage des 'Ulamā's de l'Université d'al-Azhar : il comporte 50 membres (les plus hautes personnalités du monde musulman, égyptien ou non), nommés sur proposition du Grand sheykh d'al-Azhar qui en est le président.

Umayyades. La première dynastie de califes de l'Islām (660-750) est celle sous laquelle eurent lieu des grandes conquêtes arabes qui transformèrent le Dār al-Islām en un réel empire qu'il fallait désormais organiser. Pour cela, cette dynastie allait centraliser et hiérarchiser le gouvernement, quitte, peut-être, diront ses détracteurs, à oublier certaines valeurs de l'Islām.

Après sa victoire contre 'Alī (→), Mu'āwiyya, jusqu'alors gouverneur de Syrie, se fait proclamer calife (660), la capitale de l'empire musulman naissant devient alors Damas et les Arabes héritent en partie du patrimoine byzantin. Ainsi, les Umayyades vont gérer leur empire dans le cadre de l'infrastructure administrative byzantine et profiter aussi de l'héritage culturel (cf. le Dôme du Rocher, construit en 691 par le 5e calife de la dynastie, 'Abd al-Malik, sur le plan octogonal de certains sanctuaires byzantins).

Mais cet état sera aussi profondément arabe : peu à peu, l'administration s'arabise, 'Abd al-Malik frappe les premières monnaies d'or et d'argent arabes (dinars et dirhems), les califes préfèrent vivre dans des châteaux qu'ils font construire dans le désert syrien, n'oubliant pas leurs origines bédouines, et les productions littéraires de l'époque continuent celles de l'Arabie pré-islamique ; il sera aussi, quoi qu'on en ait dit plus tard celui sous lequel se firent les premières études du Coran (→) et du Ḥadiṯ. (→)

Mais les Umayyades subirent de nombreuses révoltes, non pas des populations conquises, mais de factions musulmanes, notamment des Shi'ites (→) et des Kharigites (→), révoltes qui aboutirent à la déstabilisation du régime et à la prise du pouvoir par les 'Abbassides (→) en 750.

Uraeus. Forme grécisée puis latinisée d'un mot égyptien qui désignait le cobra femelle en fureur, au capuchon gonflé. Cet animal représentait la déesse de Basse-Égypte Ouadjet (→) assimilée à l'œil du soleil. C'est sans doute pour cette raison que l'uraeus est beaucoup plus souvent représenté que le vautour de Haute-Égypte, sur le front du souverain, et que le cobra est très souvent coiffé d'un disque solaire.

Mais l'uraeus n'apparaît pas que sur les représentations royales. A Saqqara, les visiteurs ne peuvent manquer d'admirer l'élégante frise de cobras du coin S.-O. de la cour qui précède la pyramide de Djéser. Les uraéi pouvaient aussi servir à protéger des objets particulièrement précieux, comme en témoigne la double rangée de cobras qui entoure la chapelle dorée contenant les canopes (→) de Toutankhamon.

Vêtements. La douceur du climat dispensait les Égyptiens de porter de lourds vêtements. Le tissu employé était fait de lin, le plus souvent blanc. Les hommes ne portaient en général qu'un pagne, les plus humbles allant souvent nus, surtout quand ils travaillaient dans les régions humides du Delta ou près du fleuve. Les plus riches pouvaient, parfois, couvrir leur torse d'une tunique et jeter un long manteau sur leurs épaules. Les vêtements habituels de la femme étaient de longues robes-fourreau, maintenues sous la poitrine par deux bretelles. Il y eut bien entendu des modes vestimentaires. Ainsi, au Nouvel Empire, dans les couches aisées de la population, les habits deviennent plus compliqués. Le pagne s'allonge et devient bouffant, les manches des tuniques se plissent, hommes et femmes recouvrent leur vêtements d'amples voiles transparents. A la Basse Époque, au contraire, on revient à une plus grande simplicité.

Vice-roi. Traduction française traditionnelle, donnée à partir du règne de Muḥammad'Ali, du titre de Wali, porté par les gouverneurs ottomans de l'Égypte. Cet usage sera aboli en 1867, lorsque Isma'īl recevra du sultan le titre de khédive (→).

Vizir. Le mot évoque les récits des Mille et une nuits, et est utilisé pour désigner le plus haut personnage du pays après le pharaon. Il était placé directement sous les ordres du roi et l'informait de l'état des affaires. Selon une formule de l'époque qui illustrait bien son état, il était « la volonté du maître, les oreilles et les yeux du souverain ». Le pharaon étant garant de l'ordre cosmique sur la terre, le vizir était le grand prêtre de Maāt (→), chargé du contrôle de l'appareil judiciaire dont le fonctionnement équitable était indispensable à la bonne marche du pays. En réalité, il s'occupait de tout et sa tâche devait être écrasante. Il y eut parfois deux vizirs : l'un pour le S. l'autre pour le N. La fonction de vizir a pu être un véritable marche-pied pour accéder au trône, ainsi le vizir Pa-Ramessou devint pharaon lorsque Horemheb mourut sans héritier et fut le premier souverain de la XIXᵉ dyn. : Ramsès Iᵉʳ.

Voûte. Peu fréquente dans l'architecture antique, sinon sous des formes très particulières (→ couverture), elle est très largement représentée dans l'architecture musulmane ; faute de bois, elle est souvent préférée à la charpente.

Wafd. Délégation. Nom d'un mouvement, devenu parti politique, créé en 1919, par Sa'd Zaghlūl, qui se proposait de négocier directement à Londres l'indépendance promise à l'Égypte en récompense des services rendus aux Alliés durant la Première Guerre mondiale. Devenu très vite un immense parti populaire, le Wafd dominera pendant près de 20 ans la vie politique égyptienne. Il sera au pouvoir de 1924, date des premières élections qui lui donnent la majorité, à 1930 et de 1936 à 1944, pratiquement sans interruption. Représentant pour l'essentiel les intérêts de la bourgeoisie libérale, démocratique, laïque, il est alors surtout le parti de l'indépendance nationale. Le soutien que lui apportent les Anglais durant la Seconde Guerre mondiale lui fait perdre une partie de son prestige et l'immédiat après-guerre voit se manifester une désaffection grandissante à son égard, en dépit d'un court retour au pouvoir en 1950. Dissous et interdit par le gouvernement de la Révolution en 1953, le Wafd s'est reconstitué et a été à nouveau autorisé, en fév. 1978. Aux élections d'avr. 1984 (les premières élections libres depuis la Révolution), le Nouveau Wafd a obtenu 13 % des voix et 58 sièges de députés.

Waqf. Procédure consistant à geler des biens fonciers ou immobiliers dont l'usufruit doit revenir, en principe, à l'entretien d'un édifice religieux (mosquée, madrasa) ou d'utilité publique (maristān, sabīl). En fait, les actes de waqf stipulent souvent que le bien considéré est, dans un premier temps, gelé au profit des descendants du légataire, jusqu'à extinction de ceux-ci ; ce qui revient à rendre le bien en question inaliénable (à le mettre à l'abri de toute confiscation de l'État, par ex.), sans priver la famille de ses revenus.

Wikāla (ou okelle). Équivalent de funduq (→) ; terme plutôt employé à l'époque ottomane.

Zaghlūl (Sa'd). Né en 1860 à Fuwa (Gharbiyya), il fait ses études à l'Université d'al-Azhar, puis à l'École française de droit. Ministre de l'Instruction publique, puis membre du Conseil législatif, il prend, en 1919, la tête de la délégation (→ Wafd) égyptienne qui s'est constituée pour aller demander à Londres, l'indépendance de l'Égypte. Zaghlul est arrêté (mars 1919), déporté à Malte, puis rappelé sous la pression d'immenses manifestations populaires (la « révolution de 1919 »). En dépit de l'échec des pourpalers (juin 1920), Zaghlūl, à son retour en avril 1921, est accueilli en triomphateur par une foule en délire. Devant l'ampleur des manifestations, les Anglais sont contraints d'accorder à l'Égypte une indépendance formelle (28 nov. 1922). En 1924, les élections donnent une majorité écrasante au Wafd et Zaghlūl est nommé à la présidence du

Conseil. Durant les trois années de son mandat, il s'efforcera, en vain, d'obtenir des Anglais l'évacuation totale du pays. Cet échec n'entamera en rien ni son immense popularité, ni le succès croissant du Wafd. Sa'd Zaghlūl meurt au Caire le 23 août 1927.

Zakāt. Obligation fondamentale de l'Islām, cette « aumône légale » est une dîme permettant de se purifier de la possession des biens de ce monde, réputés impurs. Elle incombe à tout possédant, sain de corps et d'esprit, et son produit est distribué aux deshérités. Elle était, à l'origine, payable en nature ; elle peut aussi prendre la forme de l'affection d'un revenu foncier à l'entretien d'une fondation pieuse (→ waqf).

Zāwiyya. Petite mosquée. Au Maghreb, désigne un lieu, éventuellement à l'intérieur d'une mosquée (le mot signifie « coin ») où est donné un enseignement à des étudiants.

Zīr. Jarre remplie d'eau, mise à la disposition du passant assoiffé. De même que le sabīl (→), mais de façon plus modeste, le zīr est entretenu par un musulman ayant établi un waqf (→) à cette intention.

Visiter l'Égypte

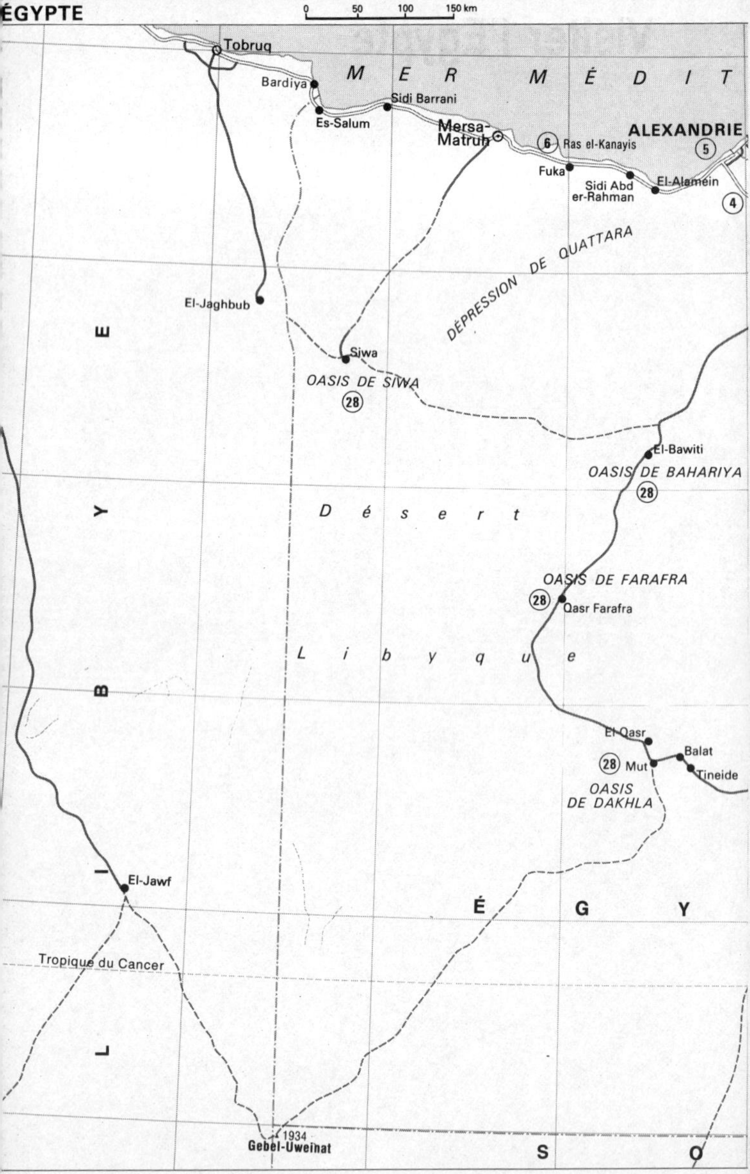
0
50
100
150 km
Tobruq
MER MÉDIT
Bardiya
Sidi Barrani
Es-Salum
Mersa-Matruh
6
Ras el-Kanayis
ALEXANDRIE
5
Fuka
Sidi Abd er-Rahman
El-Alamein
4
DÉPRESSION DE QUATTARA
El-Jaghbub
Siwa
OASIS DE SIWA
28
El-Bawiti
OASIS DE BAHARIYA
28
Désert
OASIS DE FARAFRA
28
Qasr Farafra
Libyque
El Qasr
Balat
28
Mut
Tineide
OASIS DE DAKHLA
LIBYE
El-Jawf
ÉGY
Tropique du Cancer
1934
Gebel-Uweinat
SO

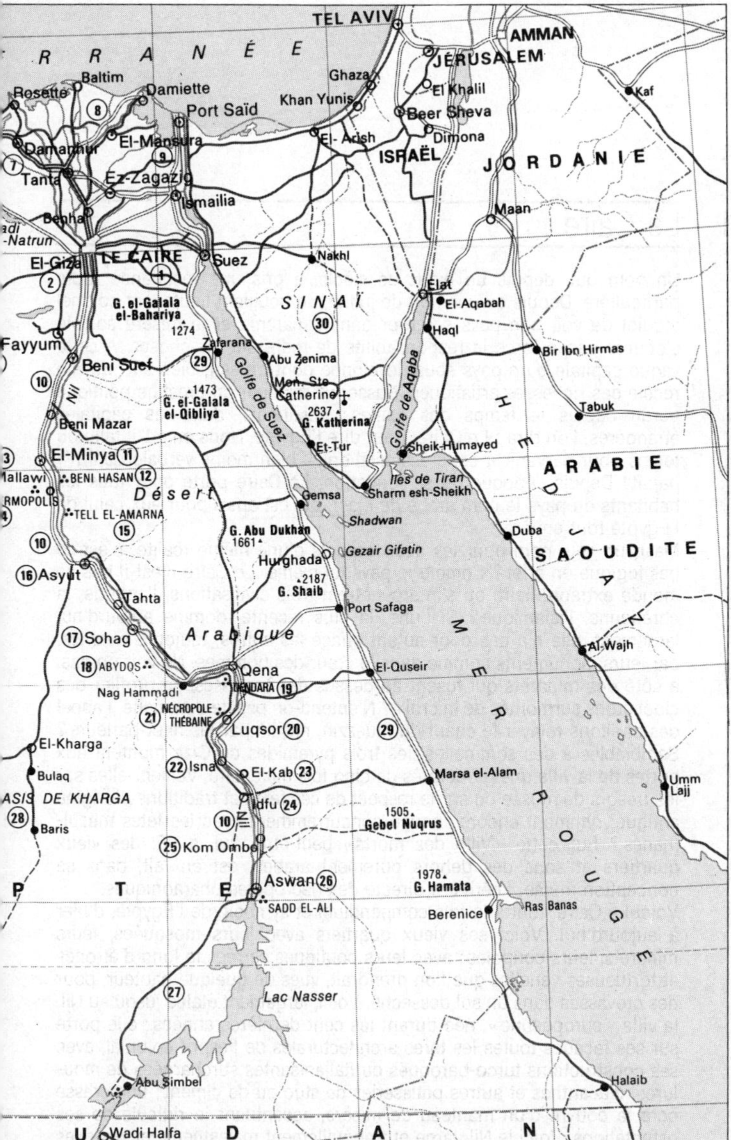

R R A N É E
TEL AVIV
AMMAN
JÉRUSALEM
Baltim
Rosette
Damiette
Ghaza
El Khalil
Kaf
Khan Yunis
Port Saïd
Beer Sheva
El-Mansura
El- Arish
Dimona
Damanhur
ISRAËL
J O R D A N I E
Tanta
Ez-Zagazig
Ismailia
Benha
Maan
-Natrun
LE CAIRE
Suez
Nakhl
El-Giza
Elat
El-Aqabah
S I N A Ï
G. el-Galala
el-Bahariya
1274
Haql
Zafarana
Fayyum
Abu Zenima
Bir Ibn Hirmas
Beni Suef
Golfe de Suez
Golfe de Aqaba
Nil
1473
G. el-Galala
el-Qibliya
Catherine
2637
G. Katherina
Tabuk
Beni Mazar
Et-Tur
Sheik-Humayed
El-Minya
BENI HASAN
Iles de Tiran
A R A B I E
Désert
Sharm esh-Sheikh
TELL EL-AMARNA
Gemsa
Shadwan
G. Abu Dukhan
1661
Duba
Gezair Gifatin
S A O U D I T E
Asyut
Hurghada
2187
G. Shaib
Tahta
Port Safaga
Arabique
Sohag
M E R R O U G E
Al-Wajh
ABYDOS
Qena
El-Quseir
Nag Hammadi
DENDARA
NÉCROPOLE
THÉBAINE
Luqsor
El-Kharga
Isna
El-Kab
Marsa el-Alam
Bulaq
Umm
Lajj
OASIS DE KHARGA
Idfu
1505
Gebel Nuqrus
Baris
Kom Ombo
1978
G. Hamata
P T E
Aswan
SADD EL-ALI
Ras Banas
Berenice
Lac Nasser
Abu Simbel
Halaib
U
Wadi Halfa
D A N
1 2 7 8 9 10 11 12 15 16 17 18 19 20 21 22 23 24 25 26 27 28 29 30

1 - Le Caire

Un nom qui, depuis un quart de siècle, a pris une résonance toute particulière. Depuis qu'une nuit de juillet, un bouillant lieutenant-colonel inquiet de voir son pays sombrer dans l'anarchie et la misère sociale s'octroie par la force la responsabilité de redresser les choses. A cette vague capitale d'un pays sous-développé dont on sait, bien sûr, qu'elle recèle des richesses artistiques, Nasser va restituer un prestige politique perdu depuis le temps des califes; désormais, dans les capitales étrangères, l'on dira : Le Caire, pour dire l'Égypte. Nous en a-t-il fallu du temps pour parvenir à cette assimilation — bien moins verbale qu'il n'y paraît! Depuis l'époque de sa fondation, Le Caire porte pour tous les habitants du pays le nom arabe de Maṣr, qui est aussi pour eux celui de l'Égypte tout entière.

Maṣr, un seul nom pour les deux aspects d'une même réalité, n'est-ce pas logique en effet? Comme le pays lui-même, Le Caire n'est-il pas ce monde extraordinaire où s'interpénètrent trois civilisations, l'antique, la chrétienne, l'islamique? Si l'une, la plus récente, domine aujourd'hui largement, elle n'a pas pour autant effacé les autres, toujours vivantes, par leurs monuments comme dans le cœur des hommes. Ne voit-on pas, à côté des minarets qui fusent au-dessus des terrasses, se profiler des clochetons surmontés de la croix? N'entend-on pas, le dimanche, l'appel des carillons relayer le chant du muezzin, nasillé par les haut-parleurs? Semblables à des sentinelles, les trois pyramides de Giza montent aux portes de la ville une garde près de cinq fois millénaire. Veillent-elles sur les trésors de musée ou sur le respect de ces fêtes et traditions d'origine antique, rythmant encore l'année concurremment avec les fêtes musulmanes? Sur cette «Ville des morts» peut-être, qui, à l'E. des vieux quartiers et sous des dehors purement arabes, est en fait, dans sa conception même, l'héritière directe des nécropoles pharaoniques.

Voici Le Caire, tout à la fois compendium et symbole de l'Égypte, d'hier à aujourd'hui. Voici ses vieux quartiers avec leurs mosquées, leurs minarets, leurs coupoles; avec leurs boutiques serrées le long d'étroites et tortueuses venelles que l'on prendrait, vues de quelque hauteur, pour des crevasses dans un sol desséché. Voici, largement étalée jusqu'au Nil, la ville «européenne», née durant les cent dernières années; elle porte sur ses façades toutes les tares architecturales de l'esprit colonial, avec ses constructions turco-baroques ou italianisantes surchargées de moulures, d'acanthes et autres pâtisseries de stuc ou de ciment; une crasse ocre la couvre d'un manteau de misère, accentuant le ridicule de ses ostentations. Voici le Nil, large et tranquillement majestueux, et ses rives

verdoyantes. Voici les îles, Rōḍa et Gezira, la rive gauche, Doqqī et Giza, avec leurs hauts buildings d'acier, de verre et de béton s'élançant au-dessus des palmiers et des flamboyants.
Voici les banlieues et leurs usines, al-Ma'ādī, Shubra, Ḥelwān. Douze millions d'habitants, treize peut-être ; qui sait vraiment ?
Dans la cohue des tramways, des voitures particulières et des petits taxis noirs et blancs, une charrette tirée par un âne escargote au milieu du carrefour, indifférente aux invectives. Prudemment retranché, le chaouiche règle la circulation depuis le bord de la chaussée ; perdus dans le vacarme des klaxons, ses coups de sifflet n'attirent l'attention de personne. Crachant un flot de fumée noire, l'autobus peine sous la charge ; l'expression « grappe humaine » a, à ses portières, tout son sens. Un homme en galabiyya saute en marche ; il court, esquive, et rejoint en virevoltant le trottoir où il se fond dans le grouillement. La foule ici est dense, comme en France un soir de 14 juillet. Galabiyyas, rayées ou unies, costumes européens, blue-jeans et mini-jupes, robes fleuries ; les bureaucrates se reconnaissent au premier coup d'œil à leur mise uniforme, veste-chemisette à manches courtes, en toile légère gris-bleu, ou brune, portée par-dessus un pantalon de même tissu ; l'ampleur du vêtement minimise l'embonpoint... Gamins délurés, vendant du Coca-Cola, des cigarettes ou cirant des chaussures, fellahs égarés, le visage buriné mangé par une barbe grisonnante et le turban, à moitié déroulé, retombant sur l'épaule, vieux Grecs aux chemises immaculées, les manches roulées sur des bras parcheminés, bourgeoises grassouillettes abondamment fardées, touristes — discrets ou caricatures vivantes —, Nubiens à la peau couleur de limon du Nil, etc., tout un peuple s'active, s'affaire ou déambule sur des trottoirs trop étroits. Passé les heures chaudes de l'après-midi, lorsque les ombres commençent à s'allonger, il vient en masse rechercher la fraîcheur au bord du Nil. Sur le fleuve-dieu assoupi, barques et felouques promènent les amoureux.

Le Caire dans l'histoire

Les origines. — Un lointain faubourg d'Héliopolis occupe, à l'époque pharaonique, la rive dr. du Nil en face de la pointe S. de l'île de Rōḍa, là où se serait déroulé le légendaire combat opposant Horus et Seth. Son nom égyptien semble être à l'origine de celui de Babylone sous lequel, à l'époque romaine, est connue la petite forteresse qui lui a succédé. C'est par la prise de cette « Babylone d'Égypte » qu'en 639 'Amr ibn el-'Āṣ, commandant des armées d'Omar, déjà maître de Péluse et de Memphis, entame la conquête de l'Égypte.

Le général et les colombes. — La légende veut qu'au moment de lever le camp pour marcher sur Alexandrie, deux colombes ayant fait leur nid sur sa tente, 'Amr exigea qu'on la laissât sur pied jusqu'à son retour. D'abord point de ralliement des troupes victorieuses, la tente devint bientôt le centre d'une véritable ville militaire à laquelle on conserva le nom de Fusṭāṭ (= la tente ; on fait parfois dériver ce nom du latin *fossatum,* fossé) ; sa qualité de métropole lui valut peu après d'être également connue sous celui de Maṣr, qui servait à désigner l'Égypte tout entière.
Dotée d'une mosquée, entourée de remparts, Maṣr el-Fusṭāṭ s'agrandit sous les Umayyades et les 'Abbassides ; ceux-ci transféreront le palais du gouverneur dans le faubourg d'El-'Askar (= l'armée) ainsi nommé parce que sa population, comme l'avait été primitivement celle de Fusṭāṭ, était à l'origine presque exclusivement militaire.

Une nouvelle cité pour une dynastie nouvelle. — Rompant avec les ʻAbassides, le gouverneur Aḥmed Ibn-Tūlūn transporte en 870 sa résidence sur la colline de Yashkūr qui domine au N.-E. la cité de ses prédécesseurs. Les terrains voisins, concédés à titre de fiefs aux principaux chefs de son armée, se couvrent alors de constructions, d'où le nom d'El Qatīʻa (qui correspond à peu près à notre mot fief) que prend la nouvelle agglomération.

Dominée par la mosquée, qui subsiste toujours au centre de ce qui n'est plus qu'un quartier du Caire actuel, la ville étalait une splendeur de palais, jardins, bains, mosquées, marchés, etc., s'étendant, dit la chronique, « sur mille pas en longueur et mille pas en largeur ».

La fondation du Caire. — A l'instar des précédents maîtres du pays, Gawhār, conquérant de l'Égypte au nom des Fatimides (969), décide d'élever une nouvelle capitale. Pour cette rivale de Bagdad — la ville des ʻAbbassides — il choisit un nouvel emplacement, un peu au N. d'El Qatīʻa, et un nom, El Qāhira (=La Victorieuse), dont diverses légendes s'accordent à expliquer l'origine par le lever de la planète Mars — El Qāher —, à l'instant même où commencèrent les travaux.

Dès 973 les Fatimides y avaient transporté leur résidence après avoir fondé la mosquée d'Al-Azhar et elle était reconnue comme la capitale de l'Égypte ; il n'y eut plus, dès lors, aux yeux des habitants, que deux villes, Maṣr el-Qāhira et Maṣr el-ʻAtīqa, Le Caire et Le Vieux-Caire (Fusṭāṭ).

L'apogée de la ville médiévale. — De ces deux cités voisines, Saladin voudra faire une ville. Substituant, vers 1176, aux anciennes murailles de brique une large enceinte de pierre — qui ne sera jamais terminée —, il couronne l'ensemble d'une citadelle qui deviendra plus tard la résidence de ses successeurs.

Mais c'est sous les Mamelouks que Le Caire connaîtra sa plus grande splendeur. Malgré d'effroyables épidémies de peste — notamment en 1065, 1295, 1492 — qui ravagent la population, malgré aussi les crimes ponctuant les luttes entre factions rivales pour le pouvoir — et qui se répercutent, dans la ville, par des troubles et des pillages —, l'Égypte connaît alors une prospérité qui se reflète dans la magnificence des constructions de sa capitale.

La domination ottomane ne modifiera guère la physionomie de la ville, en dépit de la construction d'édifices de plus en plus inspirés de l'architecture turque.

Vers Le Caire moderne. — Le règne d'ʼIsmaʻīl inaugure, vers 1865, une nouvelle ère dans l'urbanisation de la capitale. L'influence européenne, dès lors prépondérante, va se traduire par la percée de larges artères, la construction de nouveaux quartiers dont le tracé géométrique déborde largement la ville médiévale.

Franchissant le Khalig, comblé en 1900 (son cours suivait celui de l'actuelle rue de Port Saʻīd), Le Caire s'étend progressivement vers l'O., jusqu'au Nil, bientôt franchi à son tour. Les premières années du XXe s. voient les îles de Gezira et de Rōḍa, puis la rive g., avec les quartiers de Giza et de Doqqī, se couvrir de villas et de maisons de rapport. De larges avenues plantées et des jardins sont aménagés. Les premiers grands hôtels font leur apparition autour de l'Opéra, construit en 1869 à l'occasion de l'inauguration du Canal de Suez. Dans le même temps, la compagnie belge du baron Empain établit la ville-satellite d'Héliopolis sur des espaces désertiques gagnés au N.-E. de la ville.

Problèmes de croissance. — Au lendemain de la Seconde Guerre mondiale, le mouvement amorcé ne fait que s'amplifier tandis que la cité, qui depuis plusieurs décennies déjà est la plus grande de l'Afrique et du monde arabe, se voit confirmée dans son rôle de métropole internationale lors de la création, le 22 mars 1945, de la Ligue arabe.

Après l'explosion de colère populaire qui, le 26 janvier 1952, se traduit par un gigantesque incendie des quartiers centraux, le changement de régime ouvre, pour la ville, une nouvelle page de son histoire. L'exode rural, une natalité galopante ont fait passer la population de 1 300 000 hab. à la veille de la guerre à un million de plus à l'époque de la révolution ; et cette croissance démographique s'accélère, notamment à cause de l'industrialisation : quatre millions d'habitants en 1967, de douze à treize aujourd'hui. Dans un ample mouvement d'urbanisme, de vastes quartiers d'habitations populaires voient alors le jour, établis de préférence sur des terres incultes : ainsi, au S., sur les terrains vagues bordant les vestiges de Fosṭāṭ, à l'E. sur les hauteurs rocheuses du Moqattam, ou au N.-E., dans le désert d'Héliopolis, Medinet Naṣr, premier quartier de Maṣr el-Gedid, le Nouveau-Caire. De grandes voies de circulation sont tracées, telle la Corniche du Nil qui, sur plus de 30 km, relie les banlieues industrielles d'al-Ma'ādī et Helwān à celle de Shubra ; de nouveaux ponts enjambent le Nil ; c'est l'époque de l'aménagement de la place Et-Taḥrīr, celle aussi du remplacement des hôtels vieillis du quartier de l'Opéra par des palaces internationaux en bordure du fleuve, celle enfin du jaillissement des premiers grands buildings dans le centre et de la construction d'un « métro » souterrain qui, de la place de la Gare à Bāb el-Lūq, en assurant la jonction de deux lignes autrefois indépendantes, permettra d'aller directement d'Héliopolis à Ḥelwān.

L'ardeur constructrice de l'Égypte d'aujourd'hui, si vive soit-elle, n'a pourtant pu, jusqu'à présent, faire face aux difficultés nées de la démographie. Alors que la densité moyenne s'établit autour de 12000 hab. par km^2, elle atteint couramment 60000 dans certains quartiers populaires, poussant même une pointe à plus de 110000 à Bāb el-Shar'iyya. Et après 1967, s'ajoutant aux causes habituelles de migration intérieure, l'afflux massif de réfugiés de la zone du Canal de Suez a transformé les nécropoles de l'E. et du S. — ces curieux cimetières où les morts disposent de véritables maisons — en une ville étrange où les vivants s'entassent dans l'intimité des morts...

Visiter Le Caire

« Bien » visiter Le Caire, faire réellement connaissance avec une métropole où s'entremêlent trois mondes, l'antique, le chrétien, le musulman, réclame évidemment quelque temps ; et, si plus encore que l'accumulation des richesses, ***le côtoiement de civilisations si différentes implique un effort d'adaptation,*** *ou au moins quelque disponibilité, de votre part,* ***il apporte*** *en revanche* ***un renouvellement constant de l'intérêt.*** *Le profit personnel que vous tirerez de la visite du Caire dépend assurément de votre temps et de vos goûts, le premier pouvant largement dépendre des seconds : vous trouverez donc, en tête de chaque promenade, quelques indications vous permettant d'établir votre propre emploi du temps.*

Combien de temps? *Indépendamment de ce que vous consacrez aux contacts humains, le* ***minimum*** *pour avoir vu (à peu près) tout ce que la ville compte comme* *centres d'intérêt consacrés est de l'ordre de* **quatre à cinq jours** *(env. 1/2 journée pour chacune des promenades ci-après),* **auxquels s'ajoutent les excursions** *aux pyramides de Giza et à la nécropole de Saqqara, soit un total d'environ une semaine. Nous vous conseillons d'alterner les promenades en ville et les excursions aux environs en tenant compte du fait que les musées ferment assez tôt.*

Si vous êtes pressé, *vous pouvez vous faire une idée approximative du Caire et de ses environs en* **trois jours,** *par exemple de la manière suivante :*
*— **1er jour** : le **matin**, visite du musée Égyptien ; l'**après-midi**, excursion à Saqqara ;*
*— **2e jour** : le **matin**, visite du Vieux-Caire et du musée Copte, puis rapide excursion aux pyramides de Giza ; vous passerez la **fin de l'après-midi** dans le quartier du Khān al-Khalīlī ;*
*— **3e jour** : le **matin**, visite du musée d'Art islamique ; l'**après-midi**, nouvelle promenade dans les quartiers anciens du Caire, à la mosquée d'Ibn Ṭūlūn et à la Citadelle.*

Si vous aimez...

Les monuments de l'Antiquité *: Saqqara, Giza (→ chapitre suivant) et le musée Égyptien ont à eux seuls de quoi justifier un très long séjour.*

Les souvenirs des premiers temps chrétiens *: le musée Copte et les églises du Vieux-Caire vous familiariseront avec un art original et éphémère ; dans ce même Vieux-Caire, l'église Saint-Serge ou, à Maṭariyya, l'arbre de la Vierge, pourront vous ramener en pensée au temps de l'Évangile.*

L'art islamique *: visitez le musée, d'une richesse extrême, mais aussi tous ces vieux quartiers, véritable musée vivant ; des témoignages de toutes les époques, des origines de l'islam à nos jours, font du Caire la ville la plus riche du monde musulman sur ce point.*

L'animation, la foule *: plongez-vous dans ces mêmes vieux quartiers, débordants de vie et où, en dépit des apparences, vous ne risquez guère de vous perdre.*

Les musées *: trois « grands », représentant trois grandes étapes de l'aventure humaine sur les bords du Nil ; quelques autres, injustement négligés et pourtant pleins d'enseignements : le musée Ethnographique, le musée de l'Agriculture et le musée de la Civilisation, au charme un peu « rétro » ; d'autres encore, pour vous documenter aussi bien sur l'art moderne égyptien, la philatélie, etc., que sur l'art militaire.*

Les espaces verts, les jardins *: le jardin El-Ormān, et le zoo voisin, pour une promenade reposante.*

Les panoramas *: La Tour du Caire, le balcon de la citadelle, mais aussi, avec quelques efforts, le sommet de la pyramide de Khéops, ou, moyennant quelques piastres, celui d'un minaret de la vieille ville, satisferont en vous ce que les psychologues interprètent comme la manifestation d'un besoin de domination.*

Les illuminations *: un spectacle Son et Lumière a lieu chaque soir aux pyramides (dont trois fois par semaine en langue française).*

Comment visiter ? *— A pied, tout (sauf les promenades 1L, 1M et 1N). Rassurez-vous, les promenades proposées sont suffisamment courtes pour ne pas vous épuiser. Tous les points de départ s'atteignent facilement en taxi, et vous en trouverez toujours un autre pour rentrer à votre hôtel.*

Pour comprendre Le Caire d'aujourd'hui, *mieux connaître la vie des habitants de cette métropole captivante et insensée, lisez absolument le hors-série n° 12 de la revue Autrement : « Le Caire, mille et une villes » (fév. 1985).*

1 A — Le centre

Comme une introduction à la découverte de la ville, cette promenade qui n'en est pas une : les distances sont plus longues qu'il n'y paraît et le centre du Caire n'est pas un quartier à « visiter ». Mais, ne serait-ce qu'en raison de la proximité des grands hôtels et du musée Égyptien, vous serez amené à le traverser et le retraverser à maintes reprises. Il s'agit donc plutôt d'une prise de contact avec la réalité topographique et quelques points à repérer, plan en main (→ p. suivante), de manière à pouvoir, ensuite, vous orienter sans difficulté.

Mīdān et-Taḥrīr (*plan 1, B3 ;* place de la Libération). — Réaménagée après la révolution de 1952 pour doter la capitale de la jeune République d'une façade moderne plus en rapport avec le dynamisme de ses dirigeants, c'est le **cœur du Caire touristique**, avec plusieurs grands hôtels et le célèbre musée Égyptien. Un tohu-bohu de voitures et d'autobus — c'est la principale gare routière du Caire — et un grouillement continuel de gens allant à leur travail dans les ministères voisins, en revenant ou, en fin d'après-midi, se rendant sur la Corniche pour goûter aux charmes d'une promenade au bord du fleuve.

Au N., le **musée Egyptien** *(plan 1, A2)*, dont l'imposante façade est précédée par un jardin parsemé de statues et de monuments divers.

A l'O., un mur, ponctué de quelques taches de verdure, sépare la place du Nil : la Municipalité, vaste et banale bâtisse, le Nile Hilton et ses grands hiéroglyphes de mosaïque et, précédant la trouée du pont Et-Taḥrīr (ou Qaṣr en-Nīl), l'ancien siège de la **Ligue arabe**. A leurs pieds, face à l'île de Gezira, s'allonge cette **Corniche** qu'une circulation digne d'une autoroute n'empêche pas, le jour déclinant, de devenir une promenade pour des milliers de Cairotes attirés par les arbres et l'eau. Un peu au S. du pont commence **Garden-City**, quartier résidentiel, avec ses petits immeubles, ses jardins, ses ambassades, et, depuis quelques années... ses banques.

Au S., le haut building incurvé de la Mogamma ferme la place de sa masse grise, haute silhouette peu avenante (c'est une tare commune à bien des services administratifs de par le monde). Séparé de lui par la **rue Qaṣr el-ʻAynī**, qui dessert, à deux pas de là, le **Parlement** et divers bâtiments ministériels, le petit cube de béton de l'**université américaine.**

Rayonnant à partir du flanc E. de la place Et-Taḥrīr, une série de rues importantes sillonnent ce quartier où abondent en particulier agences de voyages et compagnies aériennes :

C'est d'abord, prolongeant vers le N. la rue Qasr el-ʻAynī, cette **rue Talaʻat Ḥarb** *(plan 1, B2)* que tout le monde, ou presque, s'obstine à désigner sous son ancien nom de Soliman Pacha (Suleymān Bāshā).

> Le nom turco-égyptien de Soliman Pacha cache en réalité celui du capitaine français De Sèves (1788-1860) qui, passé au service de l'Égypte, réorganisa à l'européenne les troupes de Muḥammad ʻAlī et fut promu par lui général et pacha. Talaʻat Ḥarb est, quant à lui, le fondateur de la Banque Miṣr, du théâtre de l'Ezbekiyya et des premiers grands studios cinématographiques d'Égypte.

Extrêmement animée, la **rue Talaʻat Ḥarb** croise d'abord la **rue El-Bustān** (également débaptisée sans succès au profit de ʻAbd-es-Salām ʻAref), portion d'un axe transversal joignant la place Et-Taḥrīr au **palais ʻAbdīn** *(→ promenade 1M).*

Quelques centaines de mètres au-delà de la place Talaʻat Ḥarb, où elle croise la **rue Qaṣr en-Nil,** autre importante artère, bordée surtout de magasins élégants et de banques, la rue Talaʻat Ḥarb aboutit à la **rue du 26-Juillet**, l'un

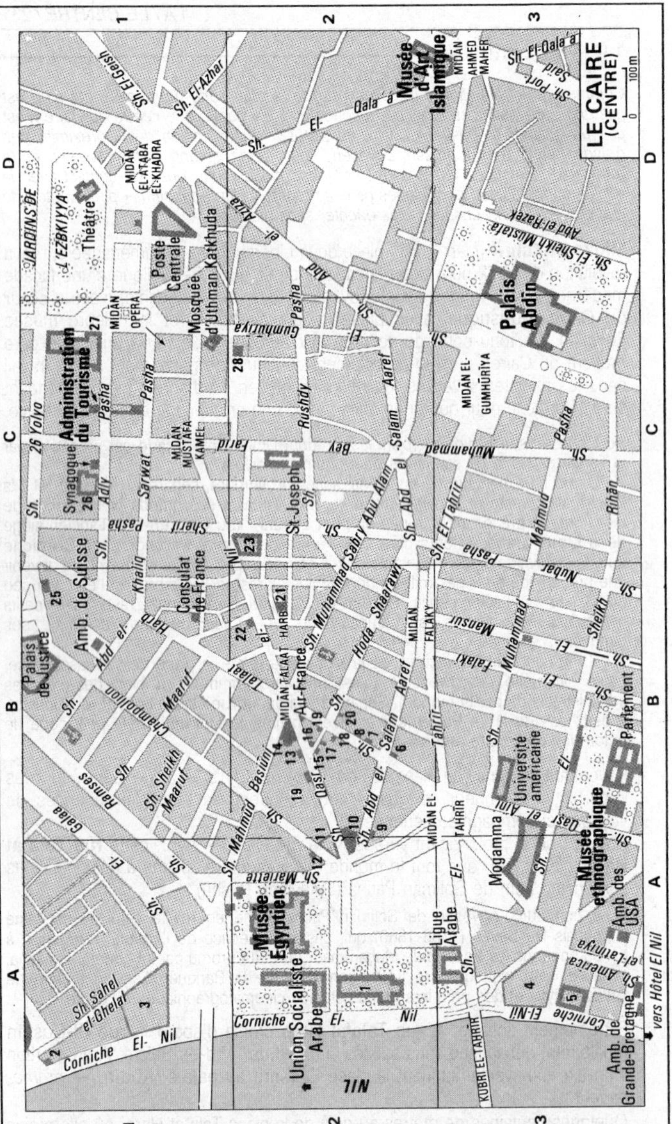

1.— Quartiers du centre

des grands axes de la ville, qui conduit, un peu à l'E., au quartier de l'Ezbekiyya.

L'Ezbekiyya *(plan 1, D1).* — A l'orée de la ville ancienne, ce fut jusqu'au début de ce siècle le centre des quartiers européens du Caire. Là s'élevait l'Opéra, construit en 1869 à l'occasion de l'inauguration du canal de Suez et détruit par un incendie en 1971. La **statue équestre,** en bronze, **d'Ibrahim Bāshā** (1789-1848) par Cordier, qui le précédait, s'élève désormais devant un parking à étages.

Là se trouvent aussi la poste centrale et la caserne des pompiers (place El 'Ataba l-Khaḍrā) et le vieil **hôtel Continental-Savoy** (rue El-Gumhuriyya). En face de ce dernier, le **jardin de l'Ezbekiyya,** ceint de panneaux publicitaires, envahi de constructions disparates, de casinos (cafés de plein air), résiste mal aux assauts conjugués du climat et d'une foule avide de fouler l'herbe tendre ; mais peut-être ferez-vous quelques découvertes intéressantes chez l'un des **bouquinistes** dont les déballages bordent le côté S. du jardin.

L'Ezbekiyya — son nom lui vient d'une ancienne mosquée de l'émir Ezbek, général du sultan Qāytbāy — était autrefois une plaine basse, inondée pendant la crue du Nil, et dont Muḥammad 'Alī releva le niveau et fit une promenade. Ce « lieu vague tout parsemé de vieux arbres noueux et touffus, où l'on vole pendant le jour et assassine fort bien durant la nuit », que décrit un voyageur du siècle dernier, fut aménagé en jardin en 1867 par le khédive Isma'īl qui y fit transporter à grands frais des arbres exotiques venus du Soudan, d'Arabie et des Indes.
Un peu au N. de l'hôtel Continental, le long de ce qui n'était pas encore la rue El-Gumhuriyya, s'élevait la maison d'Elfy bey, habitée par Bonaparte, Kléber et Menou pendant la campagne d'Égypte ; à côté, le P.C. de l'armée française devait plus tard (en 1845) être transformé en cet hôtel Shepheard's qui fut pendant plus d'un demi-siècle le quartier général des diplomates étrangers, des journalistes et des premiers touristes.

L'Ezbekiyya confine à l'E. au **Muski,** cet ancien quartier franc par où vous pourrez commencer (ou terminer) la visite du Khān el-Khalīlī (→ *promenade 1 J*) ou celle du quartier d'El Ghuriya et de Darb el-Aḥmar (→ *promenade 1 I*). Principale artère de l'Ezbekiyya, la rue El-Gumhuriyya (de la République) joint l'ancien **palais royal de 'Abdīn,** au S., à la gare principale *(au N. ; → promenade 1M).*

1 B - Le musée Egyptien

▣ Bordant le côté N. de la place Eṭ-Taḥrīr, ce lourd bâtiment, d'une inspiration gréco-romaine très caractéristique de la fin du siècle dernier, et précédé d'un jardin aux grilles ouvragées, abrite d'inestimables trésors. Plus de 100 000 objets exposés (et bien plus encore dans les réserves) offrent ici ce qu'aucun autre musée du monde ne peut proposer, le panorama complet sur une civilisation. Paradoxalement, du moins en apparence, c'est essentiellement au travers de sarcophages, d'objets funéraires, de bas-reliefs et peintures provenant de tombes ou de sanctuaires — toutes formes figées — que cette civilisation revit ici sous nos yeux. Ce n'est pas, en effet, le moindre attrait de l'âme égyptienne que d'avoir conçu un monde des morts à l'image du monde des vivants, conférant par là même à celui-ci une part de cette immortalité si ardemment recherchée.

Fondé en 1858 par l'égyptologue français Auguste Mariette (1821-1881 ; son tombeau en marbre, avec une statue en bronze par Denys Puech, se dresse dans le jardin, à g.), le musée fut d'abord installé à Būlāq, puis à Giza, mais l'importance des découvertes sans cesse accrues, par Mariette lui-même, puis par ses successeurs Grébaut, de Morgan, Loret, et surtout Maspero (1846-1916) nécessita le transfert des collections dans le bâtiment actuel, élevé spécialement sur les plans de l'architecte Marcel Dourgnon et inauguré en 1902.

Visite : t.l.j. de 9 h à 17 h (fermé entre 11 h 15 et 13 h 30 le vendredi). Entrée payante. Droit de photographie pour les non-professionnels : 10 livres (flash et pied non autorisés; pas d'ouverture de vitrine possible); caméras vidéo, 100 livres. Vestiaire-consigne gratuit. Deux salles sont actuellement fermées.

Conservation : Dr Muḥammad Ṣāleḥ, directeur.

Les collections du musée sont réparties en **deux grandes sections** : le rez-de-chaussée abrite la sculpture tandis que l'étage réunit les objets mobiliers.

Tant au rez-de-chaussée qu'à l'étage, la présentation des œuvres respecte dans la mesure du possible **une progression chronologique** que vous avez évidemment tout intérêt à adopter lors de votre visite : suivez pour cela les salles dans le sens des aiguilles d'une montre.

Indépendamment de cette progression, **diverses salles** ou **galeries** regroupent des collections particulières : c'est ainsi que sont notamment présentés les objets provenant de Tell el-Amarna *(rez-de-chaussée, salle 3),* les monnaies *(rez-de-chaussée, salle 4),* les bijoux *(étage, salle 3),* etc., et surtout le mobilier funéraire de Toutânkhamon *(étage, galeries N. et E.).*

***La visite** du musée demande beaucoup de temps et, si grand que soit l'intérêt que l'on porte à l'Égypte ancienne, il peut arriver que la surabondance des objets et leur entassement lassent votre attention et émoussent votre curiosité; à de longues journées d'exploration systématique, préférez des visites fragmentaires, d'une heure ou deux : même en retournant dans des salles déjà vues, vous ferez toujours d'heureuses découvertes.*

***Si vous êtes** vraiment **pressé,** vous pourrez, au rez-de-chaussée, parcourir rapidement les salles de l'Ancien et du Nouvel Empire pour en apprécier uniquement les chefs-d'œuvre (vous compléterez votre connaissance de ces périodes dans les nécropoles de Saqqara et de Thèbes) et vous attarder un peu sur le Moyen Empire et la «période amarnienne», plus difficiles à étudier sur le terrain, en négligeant complètement les époques tardives. Même chose à l'étage où la vitrine située entre la salle 43 et la lunette 48, la salle des bijoux, celle des trésors de Tanis et surtout le trésor de Toutânkhamon retiendront essentiellement votre attention.*

*Ne pas négliger **le jardin,** où de nombreuses statues et pièces monumentales ont été disséminées devant le musée et sur les pelouses.*

Nota** : La description des objets et la place qu'ils occupent dans le musée sont données sous toutes réserves. Des modifications interviennent sans cesse, des monuments, même célèbres, pouvant être retirés de l'exposition pour une durée plus ou moins longue qu'il est impossible de fixer à l'avance. Par ailleurs, dans un avenir plus ou moins proche, de nombreuses pièces devraient quitter ce musée pour le **futur musée de la Civilisation** qui sera construit à **Gezira.

Rez-de-chaussée

Atrium d'entrée (Salle 48). — L'on y trouve parfois, exposées dans une vitrine, quelques-unes des dernières acquisitions du musée; l'expérience enseigne que la présence de cette vitrine est facultative. En face de l'entrée, le portique 43 abrite périodiquement des **expositions temporaires.**

Aux quatre coins de la salle, contre les piliers, des statues colossales : de part et d'autre de l'entrée, **Ramsès II portant un** (à g.) **ou deux** (à dr.) **bâtons sacrés**; ces enseignes, déjà connues dans la statuaire du Moyen Empire, deviennent plus fréquentes dans la statuaire privée ou royale dès le début du Nouvel Empire, plus particulièrement à l'époque ramesside; ce sont des emblèmes sacrés et chaque divinité, dans chacun des temples, devait avoir le sien, dont le sommet était fait à son image.

Contre le pilier N.-E., une statue de Basse Époque d'**Aménophis fils de Hapou** (→ *le « Petit dictionnaire »*), architecte et vizir d'Aménophis III ; il est vêtu ici, de façon conventionnelle, du seul pagne royal archaïque. A gauche de l'entrée, **tête colossale d'Ouserkaf** (6051), fondateur de la Ve dyn., la première de cette taille si l'on excepte une tête plus grande que nature au musée de Brooklyn, datant peut-être de la IIIe dyn. et, naturellement, celle, toujours solide sur ses épaules, du grand Sphinx de Giza.
A proximité, un groupe représentant **Ramsès II et la déesse syrienne Anat** (6336), provenant de Tanis. Avant d'entrer dans la galerie 47 à dr. **panneau en albâtre de Raouer** (6267), grand dignitaire de la Ve dyn., dont seul le visage a été modelé et, de part et d'autre, **piliers osiriaques** de Sesostris Ier (XIIe dyn.).

Galerie 47 (Ancien Empire). — Elle est occupée par deux travées de **grands sarcophages** reproduisant presque tous, sur leurs flancs, le motif dit en « façade de palais » qui assimile le sarcophage à une véritable demeure du mort.

Les plus typiques, le premier (6007), d'Irienour, et le ***dernier** (6170, anonyme), de la travée de gauche, portent, gravée sur le couvercle, une peau de léopard : celle que le prêtre devait laisser une fois la cérémonie funèbre achevée. Le second orne son motif à façade de bouquets entrelacés qu'on retrouvera, près de vingt siècles plus tard, dans la première cour de la tombe de Montouemhat, à Thèbes.
Presque tous les sarcophages ont, sur la tranche avant et arrière du couvercle, des tenons dans la masse qui sont des butoirs. Ils permettaient, en posant des butoirs sur des supports, de maintenir le couvercle ouvert pour la mise en place du corps.

Entre les sarcophages de gauche, les **statues funéraires de Meresânkh** (6315 à 6318 ; IVe dyn.) dont la sobriété mais aussi la raideur sont assez représentatives de ce temps. On notera le traitement très réaliste des ongles.

A l'entrée de la salle, à g., statue en granit de **Téti** (1er roi de la VIe dyn.) coiffé de la couronne blanche (6185).

Entre les sarcophages de droite, les trois fameuses *****triades** (149, 158, 180) qui proviennent du **temple d'accueil de Mykérinos**, à Giza. Elles représentent le roi accompagné de la déesse Hathor et d'un génie personnifiant une des provinces de l'Égypte, avec l'emblème de son territoire au-dessus de sa coiffure. Il est possible qu'il y ait eu un groupe semblable pour chacune des provinces, soit, à cette époque, pas loin d'une quarantaine, mais on n'en a trouvé que 4 entiers et des fragments.
Derrière les sarcophages, le long des murs de la salle, une **série** très représentative de **stèles fausses portes** (→ *le « Petit dictionnaire »*) de la IVe dyn. ; remarquez surtout, le long du mur g., le n° 31, d'une grande finesse de dessin, et celle, plus petite, à gauche de la précédente, curieuse par les scènes de genre représentées sur le montant droit et fort semblables à celles des mastabas de la même époque. Le long du mur dr., notez le n° 47, en façade de palais. Au fond à dr., un **caveau en calcaire**, de la fin de l'Ancien Empire (48).

Contre le mur N., derrière les triades de Mykérinos, plusieurs fragments de reliefs provenant du temple funéraire d'Ouserkaf, dont une très belle scène figurant des **oiseaux dans un fourré de papyrus.**

Dans les vitrines placées au centre de la galerie, vous pourrez remarquer quelques **petites sculptures** en pierre ou en bois :
— vitrine A : notez surtout le **prêtre agenouillé** (152) ;
— vitrine B : statuettes du chef brasseur Néfer (151), du nain Khnoumhotep (160), d'un **bossu,** d'un homme à tête déformée (6310, 6311), du portefaix du Caire (241) ;
— vitrine C : cinq statues de scribes ;
— vitrine D : série de **statuettes de serviteurs** : homme faisant rôtir une oie sur un brasier (173), potier (170), enfant au sac (168) ;
— vitrine E : plusieurs **statuettes de couples,** un homme avec ses deux filles, deux doubles statues ;
— vitrine F : **statues** diverses ;
— vitrine G : diverses **têtes,** dont une de Raouer (6265) : tailles et matières variées.

Galerie 46 (Ancien Empire). — Au centre, grande **statue de Djéser** (6008) prov. du serdāb de sa pyramide à Saqqara. A dr. socle d'une statue de Djéser portant les titres de son architecte Imhotep (6009).

Salle 51 (Ancien Empire). — A gauche de l'escalier, contre la paroi S., **fragments** et moulages provenant des restaurations **du grand Sphinx de Giza**, dont un énorme morceau de sa barbe. Admirable **tête de lion** (71 ; prov. d'Abūṣīr) ayant peut-être servi de gargouille.

Galerie 41 (Ancien Empire). — Dans le passage, les **parois** (70 A et B) prov. de la tombe de **Nefermaât** à Maidūm (IVe dyn.) révèlent une technique de décoration unique en son genre : les figures en pâte de couleur sont incrustées dans le calcaire.

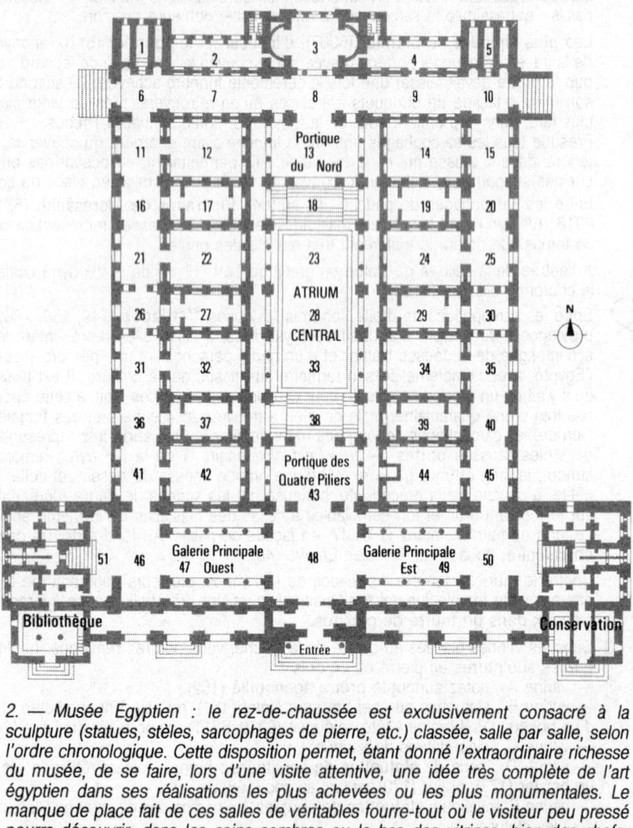

2. — Musée Egyptien : le rez-de-chaussée est exclusivement consacré à la sculpture (statues, stèles, sarcophages de pierre, etc.) classée, salle par salle, selon l'ordre chronologique. Cette disposition permet, étant donné l'extraordinaire richesse du musée, de se faire, lors d'une visite attentive, une idée très complète de l'art égyptien dans ses réalisations les plus achevées ou les plus monumentales. Le manque de place fait de ces salles de véritables fourre-tout où le visiteur peu pressé pourra découvrir, dans les coins sombres ou le bas des vitrines, bien des chefs-d'œuvre méconnus.

Les belles *__tables à libation__ (119 A et B) en albâtre, prenant la forme d'un lit dont deux lions constituent le cadre, datent également de la IIIe dyn.
A g. de la fenêtre, statue en albâtre (157) de Mykérinos ; à dr., en épi, bas-reliefs du mastaba de Kaemrehou (79) figurant diverses activités dont le travail du métal et la fabrication de statues.

Salle 42 (Ancien Empire). — Dans l'embrasure de la porte, **reliefs** prov. **du tombeau de Rahotep et de Néfret** à Maidūm dont deux parois occupent le mur du fond, de part et d'autre de deux colonnes de granit à chapiteaux palmiformes provenant du temple haut d'Ounas, à Saqqara (fin Ve dyn.).

En avant de celles-ci, au centre de la salle, ***__statue en diorite de Khéphren__ (138), un des chefs-d'œuvre de l'art égyptien, et, incontestablement, de la statuaire mondiale. Le roi apparaît « en majesté », à la fois protégé et présenté comme son successeur par Horus, le dieu de la royauté pharaonique.

A côté (à g.) sous vitrine, la **statue en bois de Ka-aper** (140), connue sous le nom de ***__Sheikh el-Beled ;__ elle doit ce surnom (« le Chef du village ») aux ouvriers qui la découvrirent et qui furent frappés par sa ressemblance, au physique, avec le chef de leur village.
Symétriquement à cette statue, à dr. de Khéphren, un scribe accroupi (141) en calcaire peint, personnage dont une autre statue, le représentant sur un siège cubique, est exposée à dr. dans la même salle.
Du côté droit de la salle (côté S.), un très grand vase en diorite au nom d'Ounas, puis une stèle du roi Khéops (6270), l'une des très rares inscriptions de ce règne provenant d'une carrière de Nubie.

Dans l'angle S.-E., groupe familial de Niânkhrê (6138). Du côté N. *(à g. de l'entrée),* gargouille en forme de lion (prov. d'Abū Gorab) et rare **stèle fausse porte** en bois d'acacia d'Eïka et de sa femme Eimerit (6327).

Dans la vitrine E, une délicate **statuette de particulier** en albâtre, ce qui est exceptionnel. A remarquer aussi les nombreuses statues assises (ou debout) en calcaire qui sont des statues de « ka » et étaient destinées à abriter l'âme du mort.

Galerie 36 (Ancien Empire). — A l'entrée de la galerie, stèle fausse porte et statue de Meryrê Nefer (Edfū, VIe dyn.). A dr., une série de **grands bas-reliefs** en calcaire prov. des temples funéraires d'Abūṣīr ; l'on y voit les tributs apportés de Libye avec de belles représentations d'animaux ainsi que des génies personnifiant des faveurs diverses, des réalités agricoles ou naturelles que le roi Sahourê accueille ; l'on y distingue des personnages féminins (génies des pousses végétales, de la paix, de la joie) ou androgynes nantis d'une barbe tressée et la mamelle pendante, tel le génie de la mer dont le corps est ici strié de vagues, ou celui du blé.
Les **stèles** mêlant des inscriptions en colonnes verticales ou en lignes horizontales sont des décrets trouvés à Coptos ; ils forment une série de grande importance ; l'on y voit le roi accorder certaines immunités au clergé de la ville.
On remarque également un torse de femme (117), en bois, prov. de la tombe du Sheikh el-Beled. La statue du médecin Niânkhrê est remarquable surtout par son attitude non conventionnelle.

A g., près de la fenêtre, montant de porte (84) en granit, trouvé à Hiéraconpolis, inscrit au nom de Khasekhemouï (IIe dyn.) : c'est le plus ancien exemple connu de l'emploi de ce matériau dans la décoration des temples.
Dans la vitrine A, notez deux statues de Niouserrê en granit et une de Khéphren en albâtre.

Galerie 31 (Ancien Empire). — Arrêtez-vous surtout devant les admirables ***__panneaux de bois__ (88) de Hésirê, un contemporain de Djéser. A noter également le battant d'une porte de bois portant le nom du sculpteur Itjou (6035).
A g. de la fenêtre, l'inscription d'Houni (85) est le document biographique le plus important de l'Ancien Empire.

De part et d'autre de l'entrée de la galerie 26, stèles en grès rouge (91 à 94) provenant du wādī Maghara (mines de turquoise du Sinaï) et les deux grandes statues du prêtre de Ptah, Ranéfer (225, 224) qui sont des portraits très fidèles ; devant l'inscription d'Ouni, remarquez les têtes de prisonniers (6050) dont plusieurs viennent du temple de Djéser à Saqqara.
Notez aussi la vitrine B où sont regroupées différentes **statues** de dimensions diverses, et des têtes de remplacement (97 A) ; remarquez surtout un moulage creux en plâtre, pris sur le visage immédiatement après la mort (97 B) ; il s'agit d'un des plus anciens exemples de masque funéraire.

Salle 32 (Ancien Empire). — Cette salle contient quelques-unes des pièces les plus représentatives de la sculpture de l'Ancien Empire.
Au centre, le célèbre ***__groupe de Rahotep et Néfret__ (223) a conservé ses couleurs originales dans toute leur fraîcheur. Dans l'angle S.-O., à dr. en entrant, **grande statue de Ti** provenant du serdāb de sa tombe à Saqqara et, à côté, très curieuse statue acéphale d'une reine de la IVe dyn., peut-être Khamérernebti I, l'épouse de Khéphren ; notez la position inhabituelle des mains et surtout le manteau plissé, sans autre exemple dans la statuaire égyptienne (229).
Au fond, la grande **stèle d'Itéti** (239) où le mort est représenté de face, sortant de sa tombe.
Du côté N., à g. de Rahotep et Néfret, *__le nain Séneb et sa famille__ (6055) ; le nain est assis en tailleur afin de dissimuler sa difformité ; pour l'équilibre du groupe, le sculpteur a représenté les deux enfants à la place qu'auraient dû occuper les jambes de Séneb ; en arrière, **niche** provenant du mastaba du nain (6010) ; les montants en sont décorés de reliefs dont l'un représente Séneb transporté en palanquin (IVe dyn.).
A dr., grande statue en bois stuqué et peint représentant un certain Miki, comme un scribe accroupi (6372).
Dans l'angle, à g. de l'entrée, les *__deux statues__ en cuivre (le bronze n'étant connu que plus tard en Égypte) **de Pépi I et de son fils Merenrê** (230, 231) ; derrière, contre la paroi, **relief** (236) représentant un combat de bateliers.
Contre la paroi S., un bas-relief (233) représente le concert et les danses d'un banquet funéraire, avec accompagnement de deux flûtistes et d'un harpiste ; l'un des flûtistes joue de la flûte double, en roseau (un exemplaire moderne de la flûte double, dite zoummara, est exposé en-dessous). Sur cette même paroi, un fragment de peinture, sur plâtre, dit « **les oies de Maidūm** » (136 E), d'après le lieu de leur trouvaille.

Galerie 26 (Moyen Empire). — A dr., contre le pilier, la **__statue__ de grès peint, très rude d'aspect, du **roi Nebhepetrê Mentouhotep** (287) provient de son cénotaphe sous le temple S. de Deir el-Bahari.
Du côté g., le grand **sarcophage en calcaire** de Daga (34) provient de la nécropole thébaine (tombe nº 103) ; le fond de la cuve est ornée de dessins et hiéroglyphes peints, finement détaillés ; à l'intérieur, en écriture hiératique, les « textes des sarcophages », recueil funéraire destiné à guider le mort dans l'au-delà ; les dessins représentent les objets nécessaires au défunt dans l'autre monde.
Au fond contre les piliers, deux *__statues de la reine Néfret__ (3323 et 286), épouse de Sésostris II, prov. de Tanis : notez les yeux creusés pour l'incrustation. De chaque côté, colonnes de la XIIe dyn. prov. de Medamūd.
Dans la partie dr. de la galerie, statue-bloc du noble Hotep (Saqqara, XIIe dyn. ; 6011), une des toutes premières « **statues-cubes** ». Au-dessus de la statue-bloc, fragments importants du mur d'enceinte de la pyramide de Sésostris I à Licht.
A g. de l'entrée, statue en granit rose représentant un personnage assis (283) d'une taille inhabituelle pour la statuaire privée de cette époque (XIIe dyn.).

Galerie 21 (Moyen Empire). — La pièce majeure de cette salle est le *__pilier de Sésostris Ier__, de Karnak, dont les reliefs fins et légers rappellent ceux de la Chapelle

Blanche (→ Karnak). A l'entrée, deux statues d'Amenemhat III (284, 6259).
De part et d'autre de l'entrée de la salle 22, deux statues de Sésostris III, l'une prov. de Deir el-Bahari (6149, à g.), l'autre de Medamūd (6049, à dr. : notez les figures féminines de chaque côté du siège).
Le long du mur E., à dr. de la porte, une vitrine abrite des stèles privées du Moyen Empire et prov. des nécropoles et temples d'Abydos ; le musée en possède plusieurs centaines (d'autres encore sont dans la salle 22) ; remarquez en bas à g. celle du majordome Antef (20561), sculptée et peinte, admirable par sa précision et sa finesse.

Dans le quart N.-O. de la salle, à dr. de la fenêtre, naos de granit noir de Sérostris Ier sur lequel les figures d'Amon ont été martelées à l'époque amarnienne ; à côté, sphinx représentant un Amenemhat (6302) et provenant de Bubastis.

Salle 22 (Moyen Empire) — Au centre, la **chambre funéraire de Harhotep** (300) qui provient de Deir el-Bahari (XIe dyn.) ; attirons ici l'attention sur les « frises d'objets » qu'on représente, au Moyen Empire, dans les chambres funéraires ou à l'intérieur des sarcophages ; ce sont des séries de dessins figurant des objets de toilette, des sceptres, des parures diverses, etc., que le mort emportait ainsi dans l'au-delà en lieu et place des objets réels.
Autour de la chambre funéraire, **dix statues assises de Sésostris Ier**, trouvées dans son temple funéraire à Lisht, nous donnent ici une idée de ce qu'était la perfection « à la chaîne » dans l'art de la XIIe dyn. ; malgré la qualité du rendu, la figure du roi laisse transparaître une absence de caractère qui contraste avec les autres exemples de la statuaire royale de cette période ; les visages présentent quelques légères différences entre eux, les panneaux latéraux du siège figurent le « zema-taoui » où les Nils sont parfois remplacés par Horus et Seth.

A dr. en entrant, contre le mur, un bas-relief conserve l'image et les noms des chiens du prince Antef (311 ; XIe dyn. ; prov. de Dra Abū en-Naga').

A g. de l'entrée, le long du mur N., autre **statue-bloc de Hotep** (6012). ***Coffre à canopes** (310) peint de façon à imiter le granit. Grand fragment prov. du temple de Sésostris Ier à Lisht et tête royale en calcaire (6177) de la fin du Moyen Empire, prov. de Medamūd. A g., vitrine A : ***tête de Sésostris III** (340) ; partie supérieure d'une **statuette de reine** (6319) dont le corps paraît avoir été celui d'un oiseau : il s'agirait peut-être d'une représentation de l'âme de la reine.
Vitrine B : petite statuaire privée.
Vitrine C (dans le mur E.) : statuaire variée. Notez la belle statue de Sakaherka en quartzite jaune.
Vitrine D : un naos (330) en calcaire peint, destiné à être fermé de portes de bois (Abydos) et contenant l'image du mort.
Vitrine G : statuette en bois de Sésostris Ier (313) coiffé de la couronne blanche (son pendant, coiffé de la couronne rouge, est au Metropolitan Museum de New York).
Le long des murs N. et S., piliers osiriaques provenant du temple funéraire de Sésostris Ier à Lisht (301-306) symétriquement opposés, couronnes rouges au N., couronnes blanches au S.

Galerie 16 (Moyen Empire). — **Sculptures** d'une grande importance historique, ayant été l'objet de nombreuses controverses : les **sphinx de Tanis** (507), la tête colossale de Bubastis (512), les porteurs d'offrandes (508), qui sont des divinités nilotiques, et le buste d'Amenemhat III revêtu des insignes de prêtre (506) ; longtemps attribuées à un souverain Hyksôs, ces œuvres sont maintenant admises comme datant du règne de ce dernier roi.

Galerie 11 (Nouvel Empire). — **Sphinx** en calcaire **d'Hatchepsout** (6139) du même type que ceux de la salle précédente et qui montre que la reine imita un modèle ancien ; derrière, à g. de la fenêtre, sarcophage de chatte ayant appartenu au frère aîné d'Akhenaton ; **statues agenouillées** présentant le symbole hathorique

(580, 592) : la seconde appartient à Senmout, l'architecte d'Hatchepsout. Hathor, sous forme de vache, protégeant le roi.
A g. de la porte de la salle 12, grande ****statue en schiste de Thoutmôsis III** (400) ; en sortant de la galerie, à dr., ****tête de la reine Tiyi** (609) dont le front s'orne de deux uræus et d'un vautour couronnés.

Salle 12 (Nouvel Empire). — Au milieu de la salle, et placée en avant de la niche même, prise à Deir el-Bahari, où elle était abritée, la *vache Hathor (446) protège et nourrit Aménophis II.

Cette salle réunit également les meilleurs exemples de la statuaire royale de la XVIIIe dyn., à commencer par une admirable ****statuette de Thoutmôsis III** (428 ; à dr.) en marbre ; à g. de l'entrée, ****statuette** très fine, **en ébène, de Tjay** (6257), précédant la statue d'Aménophis fils de Hapou, ministre d'Aménophis III et architecte, représenté assis en tailleur (409) ; le même personnage est figuré debout, au fond à dr. (427).
Autre grand personnage et architecte de l'époque, Senmout, le constructeur de Deir el-Bahari, est ici figuré deux fois (à dr., 418 et vitrine A, 11641) sous forme de statues-blocs englobant, en quelque sorte, la petite princesse Néferourê, fille d'Hatchepsout, et dont on ne voit que la tête.
Également à dr., grande statue en granit rose de la reine Hatchepsout (6052), habillée en homme, et stèle de granit (420) célébrant les victoires de Thoutmôsis III.
Sur le côté g., groupe en granit de Thoutmosis IV et de sa mère (503), une statue en granit noir d'Aménophis II, représenté en roi de Haute-Égypte, précède un uraeus symbolisant la déesse Merséger. A côté, statue du dieu Khonsou (462) sous les traits, semble-t-il, de Toutânkhamon, puis statue-cube d'Aménophis fils de Hapou (465) ; au mur, sous vitrine, blocs prélevés à Deir el-Bahari parmi lesquels celui, célèbre, représentant la *reine de Pount (452), grasse et bourrelée, accompagnée de son maigre mari.
Notez encore, dans la vitrine B, le scribe Penanhouret (6135), ingénieur du cadastre du temps d'Aménophis II, représenté portant un panier d'instruments de visée et une corde d'arpentage avec son repère en forme de tête de bélier, et, de part et d'autre de l'entrée, quatre panneaux peints prov. du palais de Tell el-Amarna.

Galerie 6 (Nouvel Empire). — Deux grandes stèles en quartzite rose dont l'une (560), de Toutânkhamon, usurpée par Horemheb, proclame le rétablissement du culte d'Amon et sa prééminence comme dieu d'empire, après la chute de l'hérésie atonienne ; l'autre (6301), sous la représentation du roi officiant devant Amon, relate les 7e et 9e campagnes syriennes d'Aménophis II.
On trouve ici également une statue assise de Sekhmet. Des statues identiques, datant du règne d'Aménophis III et provenant du temple de Mout à Karnak, sont dispersées en grand nombre dans les musées et collections du monde entier. Sekhmet étant une déesse dangereuse, responsable des maladies et de divers autres méfaits, il semblerait que ces statues soient ce qui reste d'une série de 365 Sekhmets de l'année qui, réunies dans le temple, y recevaient des apaisements quotidiens par le biais d'un rituel particulier.

Galerie 7 (Nouvel Empire). — Sphinx (6152) et statues (6153) d'Hatchepsout, prov. de Deir el-Bahari, et reconstitués à partir de nombreux fragments ; belle tête en grès peint de la reine (6184). Parmi les bas-reliefs et les stèles couvrant les murs de la galerie, beaucoup prov. de Saqqara, de Giza et des autres écoles provinciales, pendant la suprématie de Thèbes.

Galerie 8 (Nouvel Empire). — Aux murs, bas-reliefs de la XIXe dyn., entre autres ceux, dispersés sur les quatre murs de la salle, prov. de la tombe de Har-Min à Thèbes.
Au centre, reconstitution d'une maison d'Amarna (6132).

Salle 3 (Nouvel Empire). — L'on a regroupé des monuments et objets prov. de Tell el-Amarna, ainsi que diverses œuvres de l'époque d'Akhenaton trouvées

ailleurs en Égypte ; de cet ensemble fort important, il est assez difficile de noter les pièces capitales.
En entrant, ****cercueil du roi Semenkhkarê** (? ; 3873), dont le masque d'or a été en partie arraché ; travail d'inscrustation d'émail, lapis-lazuli, turquoise et cornaline sur or ; le cartouche est également arraché. A g., un **coffre à canopes** reconstitué en plâtre à partir de quelques éléments subsistants et, dans une petite vitrine, l'admirable ****tête inachevée de Nefertiti,** en quartzite ; à dr., sous vitrine, deux ****canopes** en albâtre d'un souverain dont le nom a été soigneusement effacé.

En différents points de la salle, contre les parois, les colosses osiriaques, trouvés à Karnak, sont les meilleurs témoins du style outré du début du règne : chaque élément de l'anatomie a été pris à part et volontairement exagéré (6182, 6015, 6016). Une série de portraits royaux moins violemment contrastés, mais bien typiques du maniérisme de cette époque, sont réunis dans les vitrines F et K : ***belle tête du roi** coiffé du « casque de guerre », masque en plâtre du roi, modèle de tête, délicate figurine, groupe du roi tenant une princesse sur les genoux ; notez les profils en léger relief destinés à l'incrustation, l'extraordinaire dessin d'une fillette en train de manger.
Sur le côté g., autel domestique en calcaire (6056, vitrine C) avec représentation du roi, entouré de sa famille, en adoration devant le disque solaire. Nombreux objets prov. surtout de l'exploration de la ville ; colliers, bagues, plaques de décoration en faïence multicolore, coffrets, etc. (6155). Un jouet représente un couple de singes dans un char tiré par des chiens (vitrine B). Les tablettes de terre cuite portant des textes en écriture cunéiforme ont fait partie des archives diplomatiques d'Aménophis III et d'Aménophis IV dans leurs rapports avec l'Asie (vitrine A, 1194 à 1199). Au fond de la salle (vitrine H), statuette d'homme assis et quatre stèles privées. Aux murs des deux absides sont suspendus des fragments de pavement à motifs floraux.

Salle 13. — L'on y a rebâti des **portes** à reliefs de la XIIe et de la XIIIe dyn. prov. de Medamūd. A g., parmi plusieurs **stèles,** l'une (599), au nom de Mérenptah, contient l'unique mention connue du nom d'Israël dans l'Égypte pharaonique.

Galerie 9 (Nouvel Empire). — Les murs sont occupés par des bas-reliefs provinciaux ; au centre, plusieurs sarcophages anthropoïdes de la même période. Entre deux colonnes de granit rose, à chapiteaux palmiformes, s'ouvre la porte de la salle 4 devant laquelle se trouve la **« Table des rois »** (660) trouvée à Saqqara. Enfin, deux groupes, l'un en calcaire cristallin, l'autre en granit (6018, 6019) trouvés à Abydos, représentent Horemheb intronisé par les dieux.

Salle 4 (Numismatique). — Cette salle contient une petite collection de monnaies et de médailles gréco-romaines, byzantines et musulmanes. Ces monnaies (6332) sont classées chronologiquement, les plus anciennes étant près de la porte d'entrée.

Galerie 10 (Nouvel Empire). — Un groupe de grande taille, trouvé à Tanis, figure **le dieu Houroun,** sous la forme d'un faucon, **protégeant Ramsès II** (6245). L'enfant représente non seulement la personne du souverain mais également une partie de son nom : en effet, l'enfant et les attributs qu'il porte, assimilés à des hiéroglyphes, se lisent comme s'ils étaient des signes d'écriture. Le disque solaire est pour Ra, l'enfant lui-même est pour mès, tandis que le signe qu'il tient dans sa main gauche vaut pour sou, soit Rames-sou, le nom de Ramsès II.
Dans l'angle S.-O., **un colosse** de quartzite peinte (6183) représente Toutânkhamon ; il a été usurpé par ses successeurs Aï et Horemheb.

Galerie 15 (Nouvel Empire). — Dans la vitrine A, deux *****statues,** malheureusement fragmentaires, qui comptent parmi les plus grands chefs-d'œuvre de la XVIIIe dyn. : **le flabellifère Nakhtmin,** tenant l'insigne de sa fonction, **et son épouse** (745, 746). Le rendu des visages et le modelé des corps transparaissant sous les plis des vêtements atteignent ici une perfection rarement égalée.

Ramsès II sous l'apparence d'un sphinx fait offrande d'une urne à libation ayant un couvercle en forme de tête de bélier (cachette de Karnak). On remarquera que les pattes de devant ont été remplacées par des mains humaines. L'ensemble témoigne de l'habileté des artistes égyptiens à allier des éléments d'anatomies disparates sans choquer le regard (741) ; **torse d'une reine**, attribué à une fille de Ramsès II.
En dehors de ces vitrines, deux têtes colossales de Ramsès II (671, prov. de Mit Rah'na ; 672, prov. de Bubastis), une statue de Ramsès III en porte-enseigne, à dr. de l'entrée de la salle 14, et une très belle statue d'Amon-Rê (675).

Salle 14 (Nouvel Empire). — En entrant, **groupe** (765), entièrement reconstitué, représentant Ramsès III couronné par Horus et Seth ; à dr., dans l'angle, buste (725) en granit **de Mérenptah**, dont la coiffure et les colliers sont peints en jaune et en bleu, les yeux coloriés, les lèvres roses (prov. du temple funéraire de ce roi à Gurna ; XIXe dyn.), et, à côté ***grande statue de Séthi Ier** en albâtre (724). Groupe de Ramsès VI traînant un prisonnier libyen par les cheveux ; le roi porte dans la main une petite hache ; entre les pieds du prisonnier, le lion familier du roi.
Un ensemble unique est constitué par le **sanctuaire solaire** (728) trouvé à Abū Simbel : l'on y voit le scarabée solaire et le babouin lunaire, enfermés dans un naos, adorés par quatre cynocéphales ; deux petits obélisques encadrent la scène.
Au centre, sous vitrine, groupe sculpté de Tjay et Nay (767) ; au fond à g., belle statue du dieu Anubis (732), et, de chaque côté d'une vitrine, deux statues-blocs de Romé-Roï, premier prêtre d'Amon sous Séthi II (prov. Karnak) ; dans la vitrine, des statues debout ou agenouillées de rois présentant des statues de dieux (notez Men-khéper-Rê, en basalte poli, aux bracelets plaqués d'or) et une tête de pharaon en granit bicolore (744 ; XVIIIe ou XIXe dyn.).
A gauche, **linteau** (750) en calcaire de la tombe de Pahemnéter, maître de la cavalerie sous Ramsès III, et représentant des chevaux ; le grand prêtre d'Amon Ramsès-Nakht (768) **dans la position du scribe** : sur les épaules, un babouin, l'animal sacré du dieu Thoth, patron des intellectuels, le protège et l'inspire ; sous vitrine, partie supérieure d'une très belle ****statue de Ramsès II** (756), parallèle plus petit d'une statue fameuse conservée à Turin ; juste derrière, statue (prov. de Tanis) datant du Moyen Empire et qui a été retaillée par Ramsès II pour sa mère : ce travail de retaille est très net aux oreilles qui ont été visiblement rapetissées.
A côté, groupe de deux Ramsès se faisant face et appuyant leurs mains sur un socle conique qui supportait, peut-être, la barque de Khépri, le soleil du matin ; Khépri était représenté sous forme de scarabée et c'est sans doute pour cette raison qu'ils ont cet insecte sculpté sur le sommet de la tête ; les deux génies qui dos à dos soutiennent le socle sont, peut-être, des représentations du dieu de l'air Chou, qui permettait à la barque du soleil, en la soutenant, de naviguer quotidiennement dans le ciel.

Galerie 20. — Au-dessus de la porte de la salle 19, fenêtres à claire-voie de Ramsès III (678, 679 ; prov. Medinet-Habū) ; fragment de porte incrusté de plaques de faïence prov. du même palais (677).
Dans la vitrine B (6334), **statuette de schiste de Ramsès II.** Lo roi est figuré dans une des attitudes de l'offrande, le corps tendu, poussant devant soi l'objet offert. Celui-ci a disparu et il ne reste plus que le socle. Sous le corps du roi, des branches du perséa sacré d'Héliopolis sur les feuilles duquel les dieux étaient censés inscrire les hauts faits de chaque règne, ainsi que le nom du nouveau souverain lors de son accession au trône. Quelques feuilles portent ici en effet le nom de Ramsès.
Dans la vitrine C, remarquez surtout une belle statuette de brèche verte datant de la fin de la XVIIIe dyn., mais usurpée à la XXIIe dyn., une statuette en quartzite du grand prêtre d'Amon Harmakhis, fils du roi Chabaka (848), et une petite statue d'Osorkon III, en calcaire partiellement peint, poussant devant lui la barque de Sokaris. De la même époque, **statuette** (846) en granit gris du Nubien Irigadiganen.

Galerie 25 (époque saïte et perse). — Deux grandes vitrines, D et E, contiennent des **statues de prêtres**; leur modelé apparaît souvent comme plus réaliste que celui des époques précédentes (821, 847, 890, 892, 894). Également : une statuette en schiste de la Divine Adoratrice d'Amon, Ankhnesnéferibrê, fille de Psammétique II (822) ; statue naophore de Psammétique, chef des ateliers royaux d'orfèvrerie (824). Au mur E., deux statuettes en schiste de Haroua, intendant de la Divine Adoratrice d'Amon, Aménardis (6328, 6329 ; XXVe dyn.). Entre les vitrines D et E, **belle tête en granit noir de Taharqa** (1185).
Au centre, grand couvercle de sarcophage du roi Harsiésé (6251) dont le visage est représenté sous l'aspect d'un faucon.

Salle 24 (époques éthiopienne, saïte et perse). — A l'entrée, bas-reliefs de style néo-memphite (801, 780, 6020), du VIIe au IVe s. av. J.-C., cherchant à imiter les œuvres de l'Ancien Empire. En face, trois grands chefs-d'œuvre de Basse-Époque : un **Osiris assis** (855), **Isis portant le disque à cornes** (856) et **la vache Hathor protégeant un certain Psammétique**, placé sous sa tête.
Au centre, un grand naos brisé prov. de Saft el-Henna (frange orientale du Delta) offre sur ses parois un véritable répertoire mythologique de cette région. A dr., en se dirigeant vers le fond de la salle, la stèle de l'an 7 d'Alexandre II (fils d'Alexandre le Grand) dédiée par Ptolémée (le futur roi Ptolémée I), alors satrape d'Égypte, vante l'œuvre politique de remise en état du pays après la fin de la seconde domination perse.

A g., du fond vers l'entrée, la stèle (849) en granit rose qui donne des détails sur la guerre ayant opposé Amasis et Apriès ; dans un renfoncement, la stèle (850) de l'an 1 de Nectanébo II, relative aux douanes et aux privilèges commerciaux accordés à la colonie grecque de la ville de Naucratis ; en face, la stèle dite de Pithom (851), érigée par Ptolémée II et qui commémore, entre autres, le retour en Égypte des statues sacrées emportées par les Perses lors de la mise à sac du pays près d'un demi-siècle plus tôt ; une ***__grande statue de Thouéris,__** d'une exécution parfaite (791 ; prov. Karnak), placée devant un bassin en granit gris (853) en forme de cartouche (XXVIe dyn.) ; la statue en granit noir de Montouemhat (935) avec l'énumération de tous ses titres (XXVe dyn.), ainsi qu'un buste du même personnage (1184).
Près de l'entrée, la stèle en granit rouge, dite de l'Adoption de Nitocris, fille de Psammétique I, par Chépénoupet, fille de Piânkhy ; les Divines Adoratrices, qui remplacèrent les grands prêtres d'Amon (évincés car devenus politiquement trop influents) au pontificat suprême de Karnak, étaient des vierges consacrées et se succédaient par adoption ; la jeune adoptée était généralement la fille du roi de façon à assurer la mainmise du pouvoir royal sur un poste de grande importance.

Galerie 30 (époques éthiopienne, saïte et perse). — Dans la vitrine près de l'entrée, statuette en schiste jadis dorée de Chépénoupet, fille de Pi(ânkh)y (XXVe dyn.) ; au centre, **statue en albâtre** de la Divine Adoratrice Aménardis (930). Autour, trois grandes stèles éthiopiennes : celle de ***Pi(ânkh)y** (937), racontant la conquête de l'Égypte par ce roi et les détails du siège de Memphis et d'Hermopolis où l'on voit le souverain s'inquiéter des conséquences du blocus sur les chevaux de la ville ; stèle en granit gris (938) **du roi Tanoutamon,** relatant les troubles à la mort de Taharqua et la lutte entreprise contre Nékao (XXVIe dyn.) ; la stèle du roi Harsiotef (941) racontant sa victoire sur les tribus rebelles du Soudan.

Galerie 35 (époque perse). — Remarquez surtout les restes de la stèle de Darius mentionnant entre autres choses l'achèvement du canal du Nil à la mer Rouge.

Salle 34 (époque gréco-romaine). — Au centre, statue en marbre blanc d'un orateur romain (6022) ; à dr., une grande stèle (980), le « Décret de Canope », à laquelle répond, au fond de la salle, la 983, gravée de trois écritures différentes ; à côté de cette dernière, un moulage de la fameuse **pierre de Rosette,** que l'on qualifie de « trilingue » ou de « bilingue » selon que l'on considère que les écritures

hiéroglyphique et démotique recouvrent deux langues différentes ou deux états distincts d'une même langue, l'égyptien.
Au centre, petites stèles (6159), prov. du Boukhéum d'Armant, s'échelonnant, dans le temps, de Nectanébo I aux empereurs romains, et relatant le choix, l'intronisation et les funérailles des bœufs sacrés Boukhis, manifestations du dieu Montou. Dans une vitrine à dr., une **tête de Galate** (993) ; enfin, trois **reliefs** (990) prov. d'une chapelle de Mithra découverte à Memphis.

Galerie 40 (Nubie). — Un grand bas-relief méroïtique (1200) ; dans les vitrines (6090-6091), objets divers de même époque : sculptures (« statues d'âme »), poteries, tables d'offrandes ; ces dernières sont inscrites en « méroïtique », écriture alphabétique qui n'a été que partiellement déchiffrée.

Galerie 45 (Nubie). — Objets prov. des tombes royales nubiennes de Ballana et de Qustul. A l'entrée de la galerie 50, une vitrine contient quelques beaux objets en argent, sans doute pillés dans les églises par les nomades nubiens à l'époque byzantine. Au centre, vitrine avec de la vaisselle et des ustensiles en bronze ainsi qu'un grand coffret incrusté d'éléments d'ivoire ou d'os gravés.

Salle 44 (Nubie). — **Bijoux royaux** en argent provenant des tombes royales nubiennes : lourdes couronnes surchargées de pierres dures, bracelets, colliers ; boucliers de cuir ; fragments de tissus et enfin **harnachements de chevaux.**

Galeries 49 et 50 (Basse-Époque). — L'on a disposé là de nombreux cercueils ou sarcophages des périodes saïte, perse, ptolémaïque et romaine.
Notez plus particulièrement un sarcophage de bélier sacré de Mendès (sous vitrine, au début de la galerie 49), le ***sarcophage du nain Téos** (1294), les grandes cuves avec les scènes infernales inspirées des tombes royales de Thèbes. Enfin, proches du vestibule d'entrée, sont dressées deux belles statues en granit du dieu Ptah (1295, 1296), un peu en avant desquelles vous pourrez admirer le ****cercueil** (6036) **de Pétosiris,** trouvé dans son tombeau à Tūna el-Gebel, et dont les hiéroglyphes incrustés dans le bois noir sont faits de pâte de verre d'une grande minutie.

Atrium. — Sur les bas-côtés de la salle 43, avant d'entrer dans l'atrium proprement dit, deux **barques du Moyen Empire** trouvées à Dahshūr. Dans un pays comme l'Égypte où tous les échanges commerciaux et les voyages se font par eau, les bateaux ont eu de bonne heure une importance capitale. Ces deux barques de Dahshūr, en bois, sont des vraies barques, mais nous trouverons, à toutes les époques, non seulement des vraies barques, mais des simulacres ou des modèles, ayant une importance symbolique. En bas des marches, dans le centre de l'atrium, noter une barque en granit rose, simulacre trouvé au temple de Ptah à Mit Rahina et datant de la XIXe dyn. Dès la haute antiquité, tous les temples, ou presque, ont dû avoir une barque sacrée. Près des complexes funéraires royaux de l'Ancien Empire susbistent souvent les formes creusées ou bâties qui en avaient contenu : ainsi la barque double, construite de gros blocs de calcaire près de la rampe montante de la pyramide d'Ounas, et les trois simulacres le long de la face E. de la pyramide d'Ounas, et les trois simulacres le long de la face E. de la pyramide de Khéops et de sa rampe montante. Les deux barques qui ont été découvertes en 1954 le long de la face S. de cette même pyramide sont encore un exemple.

Il est impossible d'énumérer tous les objets exposés dans cette salle et auxquels on fait ici un rôle surtout décoratif.
Sur le palier, à dr., le sarcophage de Aï (624) avec les déesses debout près des angles ; à g., symétrique du précédent, le sarcophage en forme de cartouche de Nitocris, Divine Adoratrice d'Amon (640), avec un gisant osiriaque sur le couvercle. Au pied des marches, ****sarcophage de granit rose de Psousennès** et son couvercle (6337a et b) qui porte en haut-relief, sur sa face interne, une très belle représentation de la déesse Nout le corps arqué au-dessus de la momie ; sur la droite, **lit d'Osiris** (621) : le dieu est ramené à la vie par Isis transformée en oiseau.

Au centre de la salle, plusieurs pyramidions (6174 et 7173), dont ceux des pyramides d'Amenemhat III (626) et de Khendjer (6175). De part et d'autre de ce dernier, des **simulacres de barque** en pierre (591 et 590).
Au centre, derrière les pyramidions, **pavement en stuc peint** du palais royal de Tell el-Amarna. A dr., grand **colosse de Thoutmôsis IV** usurpé par Horemheb (632). A g., ***sarcophages d'Hatchepsout** (620) **et de Thoutmôsis Ier** (?) (619) avec leurs coffres à canopes. Du même côté, sarcophages anthropoïdes de l'époque tardive.

Au fond se dresse le ****groupe colossal d'Aménophis III et de la reine Tiyi** (610), transporté de Medinet Habū. Au pied de ce groupe se trouve un **autel** (611) dont les flancs sont ornés d'une série de génies nilotiques personnifiant ici, outre le Nil, la mer, les lacs, les provinces, le Pays du Nord et celui du Sud, etc. En avant, chapelle en calcaire de Mentouhotep.

Étage

Salon méridional 43 (époque thinite). — Onze vitrines y abritent les **objets trouvés à Saqqara dans la tombe** longtemps attribuée à Hemaka, chancelier du roi Oudimou, et considérée maintenant comme la tombe du roi lui-même ; à la partie E., photographies du site de la tombe, et plan et coupe de celle-ci.
— vitrine A : plusieurs disques de pierre, d'albâtre, de calcaire, de cuivre, de stéatite incrustée d'albâtre ou de calcaire, de schiste incrusté ou plein ;
— vitrine B : boîte circulaire en bois et fragments d'autres boîtes du même type (dont une incrustée d'ivoire) qui avaient contenu les disques de la vitr. A ; le tout (une boîte et ses disques, ainsi que des bâtonnets) devait constituer un jeu dont on ignore les règles ;
— vitrine C : couteaux, pointes et grattoirs en silex ;
— vitrine D : grands couteaux de silex, les plus grands connus, les rognons de silex dont on les tirait, une vaisselle de schiste et de cristal de roche (fragments) ;
— vitrines H et G : armes, flèches de bois à pointes d'ivoire, arcs, etc., pions de jeux, un petit ostracon avec un bœuf et un singe gravés en deux registres ;
— vitrine F : **faucilles** de bois avec le tranchant formé de petits couteaux de silex incrustés dans la courbe (ces faucilles semblent avoir été faites pour être tenues de la main gauche) ;
— vitrine E : cordages et herminettes de bois ;
— vitrines I, J et K : importante collection de vases en pierre et terre cuite ; certains portent, à l'encre, le nom de leur contenu ;
— vitrines Q et R : objets de la IIe dyn. (6270, 6280, 6281) trouvés dans une tombe proche. On verra, à la p. 249, la description de sarcophages et d'objets qui sont exposés pratiquement à cheval sur cette salle et la lunette 48.

Corridor 42 (IIIe dyn.). — Sur la g., ***pan de mur reconstitué**, prov. de la pyramide à degrés de Djéser, avec son revêtement de faïence ; à côté, vitrine de ces fragments de faïence, bijoux et outils de cuivre.

Salle 42 (époque thinite). — Tout autour de la salle, entre les vitrines, l'on a placé des stèles royales des deux premières dynasties. En partant vers la droite, notez particulièrement, en dehors des bouchons de jarres et de la vaisselle de pierre, la statuette du roi Khasékhem (3056) et la célèbre ****palette en schiste de Narmer** (3055) qu'on suppose commémorer la réunification définitive de l'Égypte à l'aube de l'histoire.
Près de la porte menant à la galerie 41, statuette d'un personnage agenouillé, portant sur l'épaule droite les noms des trois premiers rois de la IIe dyn.
Dans les vitrines murales, notez : vitrine F : plaquette en ivoire du roi « Ménès » (3051) ; **pièce de jeu** en ivoire et en faïence en forme de lion et de chien. — Vitrine R : petits ***vases de pierre** dont certains ont un couvercle en or. — Vitrine Q : fragments de la Pierre dite de Palerme (→ *le « Petit dictionnaire » : Sources de l'histoire*).

Salle 37 (Moyen Empire). — Après le corridor 37 où sont réunis quelques vases en albâtre de la IVe dyn., cette salle regroupe de très spectaculaires pièces de mobilier funéraire du Moyen Empire.

Au fond, près de l'entrée de la galerie 36, le sarcophage (3104) du général Sépa (XIIe dyn. ; El-Bersha) est démonté de façon à en montrer les faces internes ; son très beau cercueil, anthropoïde (3101), est dans la vitr. C.

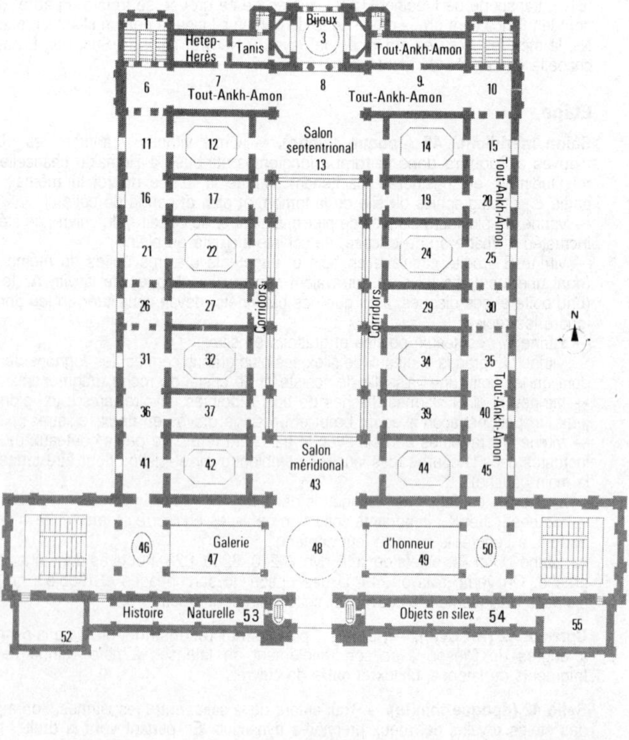

3. — Musée Egyptien, étage : tout le reste des collections est ici présenté classé, dans les salles, par catégorie d'objets ou par trouvaille.

Les statuettes divines (bronzes, amulettes), les masques funéraires tardifs, les sarcophages, les papyrus, etc., forment un ensemble documentaire incomparable mais d'un intérêt artistique moins immédiat que celui du rez-de-chaussée. Cela est grandement compensé par l'exposition de trouvailles célèbres : les modèles réduits des tombes du Moyen Empire, les curieux objets archaïques de Hemaka, l'ensemble funéraire de Iouiya et Touiyou et surtout celui de Toutânkhamon ; sa variété, sa qualité et son originalité en font un monde à part spécialement destiné à l'émerveillement des visiteurs.

Au centre de la salle, cercueils (3348 et 3349) et barque funéraire (3347) du général Mesehet (prov. Asyūt).

Les **groupes de soldats** (3345, 3346) de cette tombe sont uniques en leur genre ; nous voyons dans cette salle — et nous verrons dans les salles suivantes — quantité de modèles et de petits personnages groupés en scènes familières. Déjà à l'Ancien Empire, alors qu'on exprimait en général les scènes de la vie quotidienne sur les parois des tombes, on trouve dans certaines tombes des statuettes représentant des personnages en pleine activité : porteuse d'offrande, laboureur, pileuse de grains, danseur, lutteurs, musicien, etc. Le mort s'entourait ainsi d'une foule de serviteurs plus efficaces, peut-être, que de simples bas-reliefs ou des peintures. A la Première Période Intermédiaire, ces personnages forment groupe, s'agglutinent en petites foules et composent des scènes très vivantes, révélatrices d'un mode de vie égyptien et où non seulement les objets sont peints, souvent sur du bois recouvert de stuc ou de plâtre, mais encore accompagnés d'accessoires en étoffes, pagnes, robes, voiles des bateaux, toiles tissées, etc., et en jonc, mâts des bateaux, cannes des personnages, etc.

Corridor 32 (Moyen Empire). — Notez particulièrement les objets divers de la tombe du roi Hor (fin XIIe dyn.) trouvée à Dahshūr : insignes religieux et autres, objets de toilette, bijoux ; la ****statue du ka royal dans son naos** (280) est d'une très belle qualité d'exécution ; le roi Hor est accompagné d'un personnage féminin, la princesse Noub-Hétepti-Khéred, épouse ou fille ?

Salle 32 (Ancien et Moyen Empire). — Modèles de toutes sortes (suite de la salle 37), surtout bateaux, avec leurs bateliers, en bois, jonc, plus rarement en pierre ; ateliers de tissage, menuiserie, cuisines, boucheries, porteurs et porteuses. Dans les vitrines murales, chevets de bois, de calcaire et d'albâtre (un est doré).
Dans la vitrine A, notez un panneau doré au nom de Pépi II et la flotille des bateaux de son épouse, la reine Neith ; dans la vitrine O, au milieu de petites statuettes de bois ou de matériaux divers, celle en albâtre de ce même roi Pépi II enfant (6000) ; voyez aussi la vitrine d'objets en albâtre : plaquettes pour l'offrande des sept huiles sacrées, disques portant la liste du menu funéraire finement incisé, etc.

Corridor 27 (Seconde Période Intermédiaire). — Menus objets prov. de la tombe de Néferouptah et de sépultures de la Seconde Période Intermédiaire connues sous le nom de « Pan-graves » (6165).

Salle 27 (Moyen Empire). — Dans l'embrasure de la porte, deux vitrines de cannes et de bâtons, où vous reconnaîtrez ces sceptres, bâtons de commandement, flabellums que l'on voit aux mains des statues royales et civiles.
A g. de l'entrée, grande ***porteuse d'offrandes** (6081) vêtue d'une robe où une résille peinte imite des perles ; puis, disséminés dans la salle, ****admirables modèles** découverts avec elle dans une chambre murée de la tombe de Méketrê (XIe dyn.) à Thèbes : notez le jardin (6082), les bateaux, et surtout les groupes uniques du compte du bétail, de la pêche au filet, de l'échoppe du charpentier (6083), de l'atelier de tissage (6084) et la représentation (6080) du propriétaire sous sa tente, entouré de ses scribes et serviteurs : celui-ci est de même taille que ses serfs, parce qu'en représentation directe.

Salle 22 (Nouvel Empire). — Cette salle est consacrée au mobilier funéraire. Dans l'embrasure de la porte, deux statues d'Isis en bois peint (prov. deuxième trouvaille de Deir el-Bahari).
Statuettes funéraires (3367) représentant la concubine du mort, quelques-unes couchées sur un lit ; scapulaires de Chechonq I (6134), en cuir incisé et repoussé, qui terminaient le collier Menat ; hypocéphales de bronze (3590, 3591), couverts de figures magiques : ces objets sont placés, à partir d'une certaine époque, sous la tête de la momie afin de la garantir contre les forces malfaisantes.
Dans les vitrines B et C, collection de laraires et de stèles funéraires en bois peint

que Mariette avait baptisées « stèles Harmakhi » ; notez la stèle qui comporte un paysage de la nécropole (vit. C, 3365).
Dans la vitrine T, petits sarcophages au couvercle ayant un visage de faucon : ce sont des cercueils votifs du dieu Sokaris, protecteur des morts, et qui devaient rappeler au défunt, par leur présence dans la tombe, que lui aussi, comme le dieu, était appelé à renaître.
Notez encore, dans la vitrine plate à g. de la porte de la galerie, les pectoraux d'émail de différentes couleurs, dont quelques-uns sont travaillés en violet. Collection d'appuie-tête en bois. Sur la paroi N., collection de stèles polychromes.

Salle 17 (Nouvel Empire). — Ensembles prov. des tombes du prince Maherpra, contemporain de Thoutmôsis IV, et de Sennedjem (XIXe-XXe dyn.). Le mobilier funéraire de Sennedjem et de sa famille est un des plus complets qu'on ait jamais trouvé ; notez particulièrement le beau catafalque (→ sa tombe et sa maison à Deir el-Médina), la porte de bois du caveau, peinte comme celui-ci (vit. L) ainsi que les outils de travail (c'était un chef de travaux à Deir el-Medina), les équerres, fils à plomb, et ses cannes.
Dans le mobilier funéraire de Maherpra, notez surtout les sarcophages et le beau papyrus (3822 A-E) sur les murs de la salle.

Salle 12 (Nouvel Empire). — Objets prov. de tombes royales de la XVIIIe dyn., mais à l'état fragmentaire et dont la tombe de Toutânkhamon a fourni des exemplaires intacts et esthétiquement plus achevés.
Nombreux linceuls, vases-canopes ; ouchebtis bleus (aux noms d'Hatchepsout) et leurs coffrets ; momie de la gazelle (3780) **d'une reine** dans son cercueil ; perruques (3779) de grands prêtres (XXIe dyn.) ; ***char de Thoutmôsis IV**, fragments de tapisserie (3636 à 3738) du même roi ; vases en verre dont plusieurs portent dans la pâte le nom d'Aménophis II.

Corridor 13 et salon 13 (Nouvel Empire). — Mobilier funéraire de Youya et Touyou, beaux-parents d'Aménophis III, mobilier intact, mais tout en pastiche, calcaire peint en granit, en bois, peintures au lieu d'incrustations et de perles, etc. Très beaux sarcophages et superbe collection de grands ouchebtis de bois.
Près de la balustrade, une vitrine renferme deux silhouettes d'Osiris recouvertes de végétation desséchée. On a retrouvé quelques-unes de ces représentations, connues sous le nom d'« Osiris végétant », où la résurrection du dieu était symbolisée par la plante qui s'est mise à germer. Un moule, ayant la forme d'Osiris, était rempli de sable humide et ensemencé de blé au jour des funérailles. Le tout alors placé dans la tombe, parfois entre les jambes de la momie. Il germait alors dans l'obscurité, appelant le défunt à revivre.

Corridor 14 et salle 14 (époque gréco-romaine). — Momies, cercueils, masques et surtout **portraits** du Fayyūm. Beaucoup ont été trouvés à Antinoé, mais la majorité des portraits connus dans le monde (plus de 700) vient du Fayyūm, d'où leur nom (→ p. 381) ; ces portraits étaient peints à l'aide d'une cire chaude servant de liant, quelques-uns étant réalisés sur du plâtre entoilé ; ce procédé de peinture à la cire fut apporté par les Grecs dans les colonies qu'ils avaient fondées en Égypte.

Corridor et salle 19. — La richesse du **panthéon de l'Égypte** ancienne, depuis les grands dieux, dont les formes et les noms sont généralement connus, jusqu'aux génies de toutes catégories, engendre les combinaisons les plus étranges de formes humaines et animales ; presque tous sont représentés ici par d'innombrables **statuettes** de toutes tailles et de toutes matières, des amulettes de faïence aux statues de culte plaquées de métal précieux.
Notez surtout les stèles d'Horus vainqueur des animaux malfaisants, et la curieuse ***statue de Djedher le sauveur**, placée sur un bassin qui permettait aux fidèles de recueillir l'eau qu'ils avaient versée sur la tête de la statue et qui s'était chargée de vertus magiques en coulant sur les inscriptions.

Salle 24 (les métiers d'art). — Modèles de sculpture en ronde-bosse ou en relief ; fragments de calcaire ou de poterie (ostraca) portant des ébauches, des exercices d'ouvriers avertis ou de chefs d'ateliers, d'apprentis ou d'ouvriers peu sûrs d'eux encore ; il y a des esquisses en rouge reprises ou corrigées en noir ; il y a des essais en couleurs et de très jolis croquis (vitr. 17 et 18). Presque tous ces fragments prov. de la Vallée des Rois : le 4371 est le croquis du plan du tombeau de Ramsès IX ; le 4773, avec une déesse Isis priant, est signé Nebnéfer.
Dans les vitrines basses 5 et 9, quelques croquis sur calcaire ont reçu un commencement de gravure ; du reste, les quatre vitrines aux deux extrémités de la salle contiennent les ébauches de sculpture ; celles-ci sont en calcaire, pierre qui pouvait supporter le travail du ciseau ; vous verrez ainsi des modèles de toutes sortes, à différents degrés d'achèvement, qui font comprendre comment les Égyptiens dégrossissaient puis finissaient leurs reliefs (il y a de beaux modèles d'hiéroglyphes) et leurs statues ; près de l'entrée, quelques statues laissées à l'état d'ébauches.
Aux murs, des papyrus, pour la plupart copies du Livre des morts et très finement illustrés.

Salle 29 (le dessin et l'écriture). — Couleurs, palettes de scribe, papyrus intéressants par leur contenu, leur calligraphie ou leurs vignettes ; l'un d'eux montre une « fable d'animaux ». Les ostraca littéraires, entre autres le début du Roman de Sinouhé, sont des témoins de l'enseignement des classiques dans les écoles.
Les diverses vitrines donnent un panorama de toutes les écritures et de tous les types de supports qui ont été utilisés en Égypte.

Corridors 34 et 39. — Pièces de lingerie dont, devant la salle 39, une robe plissée ; notez des pains triangulaires du Moyen Empire.

Salle 34 (arts et métiers, vie quotidienne). — Documents de toutes espèces, relatifs aussi bien à la beauté et à la toilette (vitrine F) qu'à la musique (vitrine E), à l'agriculture (vitrine D), etc. ; notez aussi, dans la vitrine M, des étalons de poids et mesures.

Salle 39 (époque gréco-romaine). — Terres cuites ; faïences ; vases grecs entiers, ou fragmentaires ; dans les vitrines, objets de bronze ; une statue de bronze sur un autel (peut-être Apollon ou Dionysos) ; objets de verre ; figurines de terre cuite où l'on reconnaîtra parfois des divinités égyptiennes. Côté N. une vitrine (6102) contient une exceptionnelle ***statuette de terre cuite**, représentant un satyre ; vitrine (6111) de petite statuaire de bronze.

Corridor 44. — Remarquables spécimens de faïences d'époques diverses et mosaïques de verre de l'époque grecque et romaine.

Salle 44. — Objets de bronze et de terre émaillée ayant décoré des temples. Notez, à g., les lions de bronze (verrous de portes) et les plaquettes émaillées représentant des prisonniers barbares trouvées à Medinet Habū, des fragments de frises de fleurs, et de cartouches au nom de Ramsès III ; dans une vitrine, sur le mur N., beau pyramidion de faïence bleue (5111).

Lunette 48. — Sarcophages du Moyen Empire, prov. de Deir el-Bahari : ***sarcophage d'Âachyt** (6033), avec le cercueil de bois (6034) à frise d'objets peinte à l'intérieur ; ***sarcophage de Kaouit** (623), en calcaire, gravé sur ses faces principales de scènes de la vie familière et avec une belle inscription dessinée à l'intérieur.
Du côté E., maquette reconstituant l'ensemble des constructions funéraires de Sahourê à Abūsir, et faisant comprendre leur place et leurs proportions : temple bas (d'accueil), rampe montante, temple haut, pyramide royale, pyramide satellite, et la structure interne de la pyramide (→ *p. 331*). Du côté O., une vitrine renferme les pièces de premier ordre, d'époques très diverses : le petit ****Khéops** (4244), les

danseurs nains en ivoire (6128), un **hippopotame en faïence bleue** (4221), du Moyen Empire, une très belle ***tête de femme** en bois avec sa lourde perruque (4232) ; la *****tête en stéatite de la reine Tiyi** (4257), trouvée au Sinaï, *l'ouchebti de Ptahmès (3381), en faïence multicolore, chefs-d'œuvre des arts dits mineurs.

Paliers 49-50. — Accumulation de pièces particulières du mobilier civil, vanneries, meubles, poteries ; tabourets, chaises, pieds de chaises et de lits, coffres en vannerie, en bois, en roseaux, couffins. Le long du mur N. de la salle 49 une vitrine contient des objets prov. de la pyramide de Sekhemkhet (IIIe dyn.) : **vaisselle de pierre**, une collection d'anneaux en or ainsi qu'une ***coquille en or** ayant servi de boîte ; l'autre, de la vaisselle de la même période, de prov. diverses.
Dans une vitrine, tente-catafalque de la reine Isimkheb Ire (3848).

Salle 54 (préhistoire). — Poteries rouges à bord noir, colliers, coquillages et ivoires, perles importées (civilisation badarienne), objets de Mérimda, poteries et armes ; cristal de roche et obsidienne finement taillés ; objets d'El-Omari (Wādī Hof), pots sans bord noir, **silex**, débris de vannerie.

Salle 53 (histoire naturelle). — Momies d'animaux ; évocation de la faune de l'Égypte ancienne.

Palier 47-46. — Collection de **cercueils** de rois, de reines et de prêtres du Nouvel Empire provenant presque tous des deux **cachettes** de Deir el-Bahari. Vous remarquerez d'abord les sarcophages de Pinedjem II, grand prêtre d'Amon, et de son épouse Nésikhonsou, puis, contre le mur N., ceux de Thoutmôsis I (3889), Thoutmôsis II (3890), Thoutmôsis IV (3882) et Ahmôsis (3894) ; deux cercueils, l'un dans l'autre, de Makarê, et leurs couvercles (3852).
Contre les pipiers de la salle 46, les **sarcophages géants** des reines Ahhotep, Néfertari (3872 et 3892) et Méritamon (6150). Debout contre le mur S. de cette même salle, les sarcophages de Séthi Ier (3881) et de Ramsès II (3877).

Galerie Ouest (41 à 11). — Ici sont rassemblés des **cercueils**, des **lits funéraires** de toutes époques, exposés autant que possible dans un ordre chronologique qui en facilite la visite.
Vous remarquerez d'abord un cercueil en vannerie (6314) de la Ire dyn. entre deux coffres de bois. Le bois est laissé naturel, gravé de signes peints en bleu et de raies blanches. Les cercueils en bois stucqué et peint apparaissent ensuite ; notez le lit funéraire (3108) pour l'exposition de la momie pendant les cérémonies funèbres.
Vous pourrez enfin vous arrêter devant le cartonnage (3040) dont la peinture imite les étoffes, les bijoux, les amulettes de la morte, et un couvercle de cercueil en argent travaillé au marteau.

Palier 6. — Innombrables **amulettes, colliers,** et importante collection de **scarabées**. Notez les grands scarabées dits « de cœur », les scarabées commémoratifs d'Aménophis III et la masse considérable de sceaux en forme de scarabées : sceaux de rois, de fonctionnaires et de particuliers, dont le style change d'âge en âge.

Salle 2 *(s'ouvrant dans la galerie N., → ci-après).* — ****Objets provenant de la tombe de la reine Hétèphérès,** épouse de Snéfrou, trouvés à l'E. de la pyramide de son fils Khéops : tente, lit, fauteuil, coffres à bijoux, chaise à porteurs, objets de toilette, etc.
Une petite pièce s'ouvrant dans cette salle contient une partie de la trouvaille de Montet à Tanis, dans les **tombes royales de la XXIe et de la XXIIe dyn.** ; tous les **bijoux**, les masques d'or et la très élégante vaisselle de métal précieux sont là ; une petite salle adjacente abrite les ouchebtis, le grand cercueil anthropoïde en granit de Psousennès I (6288) et son cercueil d'argent (6289).

Salle 3 (*bijoux).** — Commencez la visite par le fond de la salle à g. où se trouvent les plus anciennes pièces ; les vitrines sont numérotées et datées, ce qui permet de se faire une idée de l'évolution de l'orfèvrerie en Égypte et des progrès de la technique.

Bien qu'un choix soit fort malaisé à faire dans ce débordement de richesses, vous pourrez noter en particulier : les **colliers-pendeloques** de la Ire dyn. trouvés à Naga el-Deir (vitr. 1) ; la **tête de faucon** en or et obsidienne (qu'il faut dater de la XIIe dyn. plus vraisemblablement que de la VIe), trouvée à Hiéraconpolis (vitr. 3) ; **les bijoux** prov. des tombes **des princesses du Moyen Empire** à Dahshūr et à El-Lahūn (vitr. 9 et 5) ; les **bijoux** et les **armes d'apparat** trouvés avec la momie **de la reine Ahhotep** (XVIIe dyn.) à Thèbes (vitr. 10) ; la **trouvaille** faite dans le caveau de la **reine Mérit-Amen** (XVIIIe dyn.) à Deir el-Bahari ; les **bijoux des reines Tiyi** (XVIIIe dyn.) **et Taousert** (XXe dyn.) de la Vallée des Rois (vitr. 14) ; **trésors d'orfèvrerie de Bubastis** (Zagazig) **et de Mendès** (vitr. 11 et 12). Notez le **masque d'or** de la momie **de Tjannehib,** et les bijoux trouvés sur sa momie à Saqqara (vitr. 20). Une mention spéciale doit enfin être faite du **trésor asiatique** découvert près **du temple de Tôd** dans des caisses de cuivre au nom d'Amenemhat II (vitr. 27).

***Trésor de Toutânkhamon

Les objets de tous genres trouvés dans la tombe de Toutânkhamon occupent la salle 4, toute la galerie N. (7, 8 et 9), le palier 10 et la galerie E. (15, 20, 25, 30, 35, 40 et 45). Les pièces que contenait le tombeau (2 099 d'après le journal d'entrée du musée !) sont toutes exposées puisque le contrat de fouilles entre Lord Carnarvon et le gouvernement égyptien assurait à ce dernier l'exclusivité des trouvailles, Lord Carnarvon et Howard Carter ne se réservant que les droits de publication. Seuls manquent à cette collection unique au monde — et dont ne seront ici citées que les pièces essentielles — la cuve en calcaire cristallin, le plus grand des cercueils anthropoïdes, resté en place avec la momie dans le tombeau du souverain à la Vallée des Rois, et quelques pièces envoyées au musée de Lūqsor.

Les **quatre grands catafalques** sont exposés dans les **galeries 7 et 8.** Le premier a près de six mètres de long ; ils s'emboîtaient les uns dans les autres et avaient été montés sur place, autour et au-dessus de la cuve de calcaire ; tous sont en bois doré avec ornements en forme d'amulettes prophylactiques, nœuds d'Isis, croix ansées, etc., en émail bleu ; entre le plus grand catafalque et le second, on a trouvé un baldaquin de bois doré qui supportait un voile semé de fleurettes-rosaces d'or (on pourra voir les restes et une reconstitution de ce velum dans la vitrine du plus grand des catafalques).

Les chars du roi sont exposés à proximité de ceux de Youya et Touyou.

En continuant vers la **galerie 9,** vous verrez ensuite le superbe **coffre aux canopes,** en albâtre, avec les représentations des quatre déesses protectrices sculptées aux quatre angles ; l'intérieur de ce coffre est creusé de quatre cavités qui sont les canopes eux-mêmes, dans lesquels des petits sarcophages renfermaient les viscères du souverain ; les couvercles sont exposés à côté, avant le grand **naos de bois doré,** posé sur un traîneau et protégé lui aussi par quatre déesses, qui abritait le tout. Sur la droite, un **buste en bois** peint, sorte de mannequin à la taille du roi.

Viennent ensuite les **trois grands lits de parade,** en bois doré, en forme l'un de bovidés, l'autre de lions, le troisième d'hippopotames, aux corps très stylisés et affinés ; à remarquer également des étoffes, des cuirs (ceux-ci endommagés, c'est la seule matière à s'être mal conservée), serre-tête, tuniques, sandales, etc., un « Osiris végétant » et, contre le mur E. de la **salle 10,** les grands bouquets de perséa dans lesquels on voit parfois un dernier témoignage d'amour de la reine Ankhesenamon, hommage touchant de simplicité au milieu des débordements d'or de la pompe funéraire officielle.

La **salle 4** regroupe l'ensemble des **objets les plus précieux de ce trésor ;** là sont exposés tous les **bijoux** trouvés sur la momie ou dans la tombe : bagues, colliers, bracelets, pectoraux, pendants d'oreilles, étuis en or qui entouraient les doigts et les orteils de la momie, couronne-bandeau du front, avec le symbole de la double royauté sur le N. et le S. : tête de cobra et tête de vautour ; là sont également **deux des trois cercueils anthropoïdes du roi** (le premier, qui est le plus grand et contenait les deux autres, abrite désormais directement la momie dans son tombeau de la Vallée des Rois), **le second, en bois doré incrusté de pâte de verre,** et **le troisième, en or massif sculpté et gravé,** ainsi que le célèbre **masque funéraire en or massif** incrusté de lapis-lazuli (yeux) et de pâte de verre bleue (rayures du némès et collier). A noter aussi une collection de **chevets** splendides : remarquez les courbes de celui en pâte de verre bleue bagué d'or.

Continuez votre visite par la galerie E. (15 à 45), dans laquelle les objets changent souvent de place.

Galerie 15 : quatre lits, en ébène ou en bois, dont l'un est recouvert d'une épaisse feuille d'or et un autre est pliant ; modèles de barques (l'une a été représentée avec son gréement).

La **galerie 20** groupe surtout des vases en albâtre, d'un style souvent lourd et pâteux mais finement creusés et gravés (l'un est éclairé de l'intérieur pour mieux faire apprécier ce travail) et affectant les formes les plus variées, notamment celle du symbole sma-taoui ; très jolie **tête d'enfant** (le roi lui-même), en 3/4 nature, émergeant de la fleur de lotus comme le soleil au jour de la création.

Quelques bâtons de jet et des ouchebtis sont exposés dans la **galerie 25,** ainsi qu'une série de **sièges** : tabourets incrustés d'ivoire (les pieds de l'un en forme de têtes et cols de canards), gravés, sculptés, avec les appuie-pieds représentant les neuf personnages qui sont les pays vaincus que le pharaon foule aux pieds ; le plus célèbre de ces sièges est reproduit partout : c'est le **petit trône** à incrustations de cornaline, turquoise, lapis-lazuli, avec le joli tableau de la reine offrant à boire au roi ; voir aussi divers boîtes et coffrets dont un, en ivoire, est travaillé de main de maître en finesse et en simplicité.

Après la **galerie 30** — diverses cannes, des manches d'éventails, des sièges, des enseignes représentant des serpents divins, deux trompettes, des palettes de scribe et une collection d'arcs —, la **galerie 35** abrite la très belle collection de **ouchebtis royaux** et les petites statues en bois doré représentant le roi dans diverses attitudes triomphantes ; notez également des cannes (dont une en or et une autre en argent), des armes, des flèches et des boucliers.

Dans la **galerie 40** sont groupés toutes sortes de coffres et coffrets dont l'un, en forme de cartouche, est orné d'hiéroglyphes en ébène et en ivoire colorié, un autre est le célèbre **coffret de la chasse au désert,** un autre, enfin, incrusté d'ivoire colorié et sculpté possède un couvercle sur lequel est représentée la reine offrant des fleurs à son époux.

La **galerie 45** abrite le non moins célèbre **coffret en bois doré en forme de naos** — qui contenait des bijoux et des amulettes — dont le couvercle à glissière est **surmonté d'une image du chien noir d'Anubis.** Voir aussi l'émouvant petit cercueil miniature qui contenait une boucle de cheveux de la reine Tiyi ; à côté, un autre petit sarcophage-reliquaire abritait une statuette en or d'Aménophis III.

A remarquer encore des boîtes à jeux, des amulettes et, de part et d'autre de la sortie de la salle, sur le **palier 50,** les **deux statues,** grandeur nature, **du roi,** qui gardaient l'entrée du caveau ; à côté, boucliers votifs, armes, et un joli petit **éventail** en plumes d'autruche.

1 C - Le Vieux-Caire

A 4,5 km S. de la place Et-Taḥrīr, cette promenade dans le plus ancien quartier du Caire (→ plan couleurs F2) vous ramènera treize siècles en arrière, au temps même de la conquête arabe et de la fondation de la ville. Le musée Copte (ci-après, 1 D) et les vieilles églises de ce quartier vous feront, quant à eux, revivre les époques précédentes, celles où l'Égypte tout entière était chrétienne.

En voiture, suivez tout droit la Corniche du Nil et dépassez la pointe S. de l'île de Rōḍa de 300 m env. avant de vous engager, à g., au fond d'une petite place, dans une rue remontant vers le N. ; un peu plus loin vous pourrez soit atteindre à dr. la gare Saint-Georges (une passerelle vous permettra alors, à pied, d'aboutir, juste en face, à l'entrée du musée Copte), soit, en continuant un peu vers le N., traverser à dr. un passage à niveau débouchant presque en face de l'entrée N. du Qaṣr es-Sham'.

A votre chauffeur de taxi, indiquez Mari Girgis de préférence à Old Cairo ou même Maṣr el-Qadīma, ce dernier nom pouvant recouvrir pour lui tous les quartiers anciens de la ville.

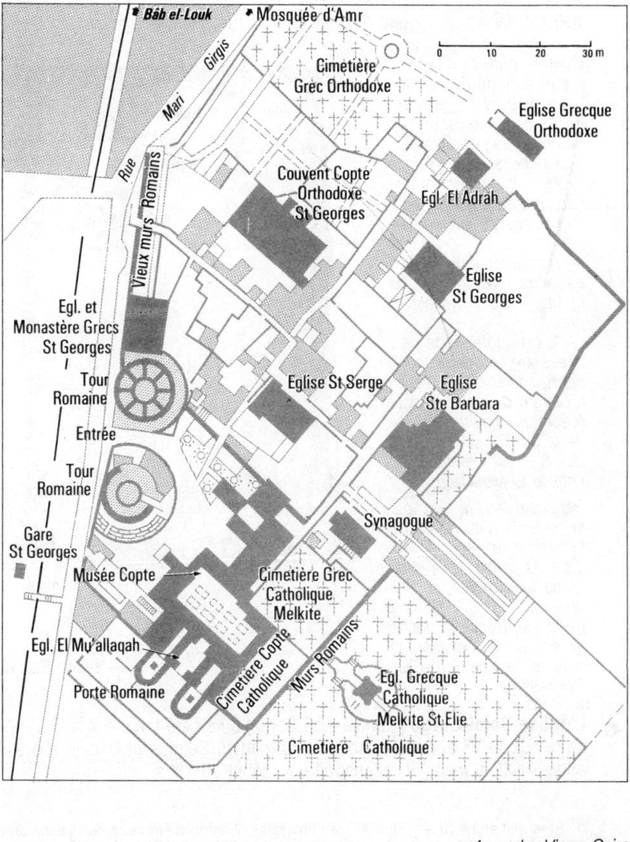

Le **Qaṣr es-Sham‘,** le « Fort de la Chandelle [1] », appelé aussi parfois Deir en-Naṣāra, « le Monastère chrétien », forme, en face de la pointe S. de l'île de Rōḍa, une enceinte séparée dans laquelle se trouve enfermé le plus importan quartier copte de la ville ancienne. Les murailles sont de construction romaine et passent généralement pour être celles de la forteresse de Babylone (→ *La ville dans l'histoire*), fondée à l'aube de la domination romaine et reconstruite sous les règnes de Trajan et d'Arcadius. Le tracé, très irrégulier, présente du côté du Nil un long pan coupé que deux grosses tours rondes permettent d'identifier comme étant le front de l'enceinte.

La tour N. est surmontée d'une église grecque de plan circulaire, dont on aperçoit du dehors les deux campaniles : ce n'est pas le seul établissement étranger à la communauté copte ; le Qaṣr es-Sham‘ contient également une synagogue et quelques habitations de musulmans. La tour S., partiellement détruite, laisse clairement deviner sa structure interne.

Quatre portes s'ouvrent sur le front de l'enceinte :
— la plus au N., en contrebas de la rue est encore munie de sa porte cloutée, débouche sur une étroite ruelle : c'est par là que l'on entrait traditionnellement dans ce vieux quartier ;
— par la seconde, et des escaliers, vous pourriez monter au monastère grec ;
— la troisième, large percée entre les deux tours, donne directement accès au jardin du musée copte (décrit au chapitre 1D) ;
— la dernière, 20 m plus au S., est l'entrée de l'église El-Mo‘allaqa.

Pénétrez dans le Qaṣr par la porte la plus au N. de l'enceinte et suivez tout droit la ruelle qui, peu après un coude à dr., fait un coude à g. : là, une porte surbaissée donne accès à la venelle où s'ouvre l'entrée de l'église Saint-Serge.

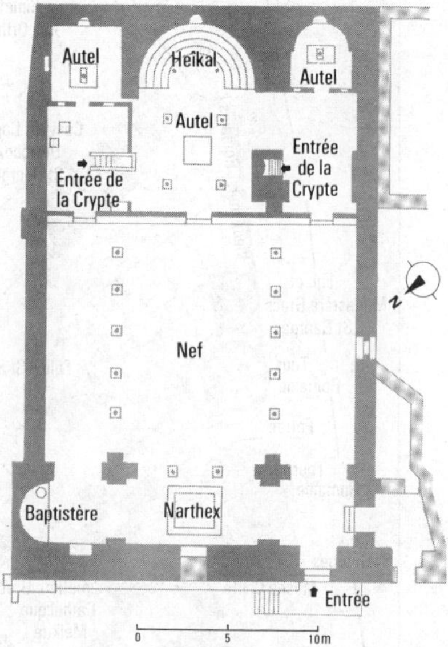

5. — Église Saint-Serge

L'**église Saint-Serge** (Kenīsa Abū Serga) aurait été fondée à la fin du IVe ou au début du Ve s. Dédiée aux soldats martyrs Sergius et Dacus, elle était en ruine au Xe s. mais fut reconstruite au début du XIe s.

1. Si le mot arabe *Sham‘* signifie bien chandelle, il est vraisemblable qu'il cache en fait ici une altération du copte « chêmi », antique nom égyptien de l'Égypte.

Nef assez large, bas-côtés bien proportionnés. Le plan est celui de la basilique classique avec quelques remaniements de rigueur dans toutes les églises coptes. L'intérêt artistique de cette église réside dans les **beaux spécimens de menuiserie incrustée,** notamment la cloison du heikal, ornée de motifs polygonaux avec combinaisons d'étoiles et de croix et percée d'une porte avec arc et de deux lucarnes à volets incrustés (c'est la partie la plus ancienne de l'église : XIe-XIIIe s., remaniée au XVIIIe s.), et l'armoire à g., ornée d'une frise à compartiments dont six panneaux sur huit sont sculptés de figures. On montre, gravés sur le cadre de la fenêtre de dr., les noms de quelques Français de l'expédition d'Égypte.

La **crypte,** très basse et souvent inondée, est également à trois nefs ; elle serait approximativement du IVe s. D'après la tradition, la Sainte Famille aurait trouvé là un refuge lors de la fuite en Égypte : on montre les places où St Joseph et la Vierge se seraient reposés.

L'**église Sainte-Barbara** est, comme la précédente, une basilique avec nef et bas-côtés ; elle a, également, subi de nombreux remaniements ; en ruine au Xe s., elle fut reconstruite en même temps que Saint-Serge.

Remarquez surtout les cloisons des trois absides, beau travail d'assemblage incrusté d'ivoires sculptés. A g. du sanctuaire, trois autres absides ouvrant sur une petite nef appartiennent à une **église plus ancienne,** dédiée aux saints Cyr et Jean.

La **synagogue Ben Ezra** est une ancienne église dédiée à St Michel et probablement la dernière église où se maintint le culte melchite, au commencement du VIIIe s., alors que les autres églises étaient déjà toutes aux mains des Jacobites. Elle doit être prochainement restaurée.

Antérieurement à l'église, que la synagogue remplaça vers le XIIe s., se serait élevée là une autre synagogue, détruite par les Romains lors de la construction de la forteresse dont vous pouvez d'ailleurs voir un mur, bien dégagé, en arrière de l'édifice actuel ; diverses légendes font de ce lieu l'endroit d'une apparition du prophète Élie et une place où Moïse lui-même aurait prié, voire l'endroit où il aurait été recueilli.

→ En vous promenant à votre gré dans ce quartier tranquille, vous pourrez voir encore **plusieurs petites églises,** notamment celle dite **El-Adra** (de la Vierge), fondée au IXe s. et reconstruite au XVIIIe, celle de **Saint-Georges** (Mari Girgis), moderne mais fondée au VIIe s. et conservant une salle du XVIe s., ainsi que diverses autres, toutes sans grand intérêt artistique.

*Il faut d'abord ressortir de l'enceinte (par le chemin de l'aller) pour aller visiter, en y pénétrant par la dernière des portes mentionnées plus haut, l'**église El-Mo'allaqa.***

♁ L'**église El-Mo'allaqa** (la « suspendue ») — ou **église métropolitaine Sitt Miriam** (Sainte-Marie) — doit ce nom à sa situation particulière : elle coiffe en effet les deux bastions de la porte S.-O. de l'enceinte romaine, porte que vous pourrez visiter à partir du jardin intérieur du musée Copte. On accède à l'église par un jardin et un long escalier.

Peut-être construite au VIIe s., l'église fut démolie en 840 par le gouverneur arménien 'Alī ibn Yaḥyā, puis reconstruite et remaniée plusieurs fois. Le dernier remaniement date de 1775. Du XIe au XIVe s., la Mo'allaqa fut le siège du patriarcat copte.

A l'intérieur trois portiques divisent l'église en quatre nefs inégales. L'ambon en marbre supporté par des colonnettes est de l'an 1100 : c'est le plus beau de toute l'Égypte, et la clôture du heikal, en bois de cèdre avec incrustations d'ivoire, est si fine qu'elle est translucide.

En suivant vers le N. la rue Mari Girgis, qui longe le front de l'enceinte du Qaṣr es-Sham', puis un quartier de potiers, vous pourrez ensuite gagner la mosquée de

'Amr. Chemin faisant, vous laisserez à dr., aussitôt après le Qaṣr, une rue conduisant à la partie du ***site de Fusṭāṭ*** *(plan couleurs F3) qui a fait l'objet de fouilles : le détour présente un intérêt archéologique certain.*

On retrouve assez d'indications à **Fusṭāṭ** pour se rendre compte du plan général de la ville et des maisons. Les **rues sont étroites**, de 1 à 3 m de large pour la plupart ; certaines, peu nombreuses, atteignent 10 m : c'est la même idée qui a présidé jusqu'à une époque récente à la construction des quartiers arabes, rues très étroites, enchevêtrées, pour se garantir du soleil. Les **maisons** sont **à étages**, construites en brique cuite et en pierre bien dressées ; les bâtiments s'élèvent autour d'une cour carrée, à parterres de fleurs entourant la fontaine centrale. Un soin particulier était apporté à l'**adduction d'eau** : citernes, conduites d'eau, canaux d'écoulement, de décharge ou d'égouts. Tant à la période ancienne qu'à l'époque arabe, Fusṭāṭ était largement pourvu d'eau pour tous les besoins domestiques.
On y retrouve aussi des **moulins** à grain et à huile, ainsi qu'une **église**. Le **grand mur** érigé par Qaraqush en 1176 (après l'incendie et la destruction de la ville par Shâwar en 1168, au moment des troubles qui ont amené la fin de la dynastie fatimide et l'avènement des Ayyubides) se retrouve encore, dans sa partie S.-E., sur un peu plus d'un kilomètre de long, en partant du S. des fouilles.

La **mosquée de 'Amr** (*plan couleurs F2 ;* Gāmi' 'Amr) est considérée comme la plus ancienne mosquée d'Égypte et, par conséquent, comme l'**un des plus anciens édifices religieux de l'islam**, encore qu'elle n'ait rien conservé de ses éléments originaux. Elle tire son nom de 'Amr Ibn el-As, général du calife 'Umar, qui la fit construire en 642. Mais elle a subi des remaniements si essentiels et a été si notablement portée au-delà de ses limites primitives qu'on serait bien en peine de rétablir son premier état. La plus grande partie de l'édifice actuel est due en effet à une restauration du commencement du XVe s. ; les remaniements se poursuivirent jusqu'au XVIIIe s. Nous sommes donc loin de la modeste construction de 'Amr, qui était en brique crue et mesurait 60 m sur 36.

Actuellement, la mosquée a la forme d'un vaste parallélogramme de 120 m sur 110. Trois portes y donnent accès, à l'O. Les dispositions sont celles de la **mosquée à portiques.** L'īwān O. est à une nef, celui de l'E. à six. Les colonnes, comme il est fréquent, sont des remplois, provenant d'édifices antiques. La forme des arcs, légèrement outrepassée, est l'indice d'une maçonnerie d'époque turque. Les parties les plus anciennes de la mosquée se trouvent à l'extrémité S. de l'īwān E. La fontaine d'ablution, au centre de la cour, est contemporaine des derniers remaniements de la mosquée.
L'âge même de la mosquée lui vaut d'être l'objet d'un certain nombre de **croyances populaires** ; c'est ainsi, par exemple, que la colonne, à l'O. du miḥrāb, est entourée d'un grillage : on raconte en effet qu'elle est miraculeusement venue de La Mecque, envoyée par le Prophète lui-même pour mettre fin à la détresse du constructeur ; une veine dans le marbre serait la trace d'un coup de cravache de Muḥammad ; au-dessous de la veine, inscription « Sulṭān Suleymān » dont on ne sent pas la gravure sous la main. A citer aussi les deux colonnes d'épreuve (dans le même īwān) dont l'intervalle ne laisserait passer que l'homme vertueux.

Pour compléter éventuellement votre connaissance de ces vieux quartiers, vous pouvez prendre à g., un peu au N. de la mosquée de 'Amr, une rue longeant le mur des cimetières chrétiens :

Le **deir Abū Sefein** (couvent de Saint-Mercure) est une petite cité copte, composée de deux rues à entrées séparées, formant l'angle S.-O. du vaste rectangle renfermant les cimetières copte, maronite, anglican et protestant. L'**église Abū Sefein** (XIe s.) rappelle beaucoup, par son narthex, l'église Saint-Serge ; au premier étage, une niche de la chapelle de la Vierge contient une belle fresque de l'Ascension, et la chapelle Saint-Georges une fresque du XIIIe s. : le Christ assis sur son trône. Cette église possède aujourd'hui la plus importante collection d'icônes du Caire. Une deuxième **église**, du XIVe s., est consacrée à Amba Chenouda et contient la plus belle icône du Vieux-Caire, un Christ datant du XVIe s. L'**église El-'Adra ed-Damshiriya** passait pour être la plus ancienne église du Caire, démolie en 785, selon Maqrisi, et reconstruite sous Harūn er-Rachīd, vers 800; remaniée au XVIIIe s., elle a été entièrement détruite par un incendie criminel en mars 1981; il ne reste rien de ses superbes chapiteaux (tous différents) et de sa collection de manuscrits coptes et d'icônes.

1 D — Le musée Copte

▣ Situé au cœur du Qaṣr es-Sham' (→ *ci-dessus 1 C*), ce musée offre, par ses collections, une documentation quasi complète pour l'étude des premiers temps chrétiens dans la vallée du Nil. Trait d'union entre l'art des époques pharaonique et gréco-romaine et celui de l'époque islamique, il est installé dans des bâtiments construits dans un style correspondant aux collections qu'il abrite; les boiseries, les portes, les baies (mashrabiyyas) proviennent des ruines de maisons ou d'églises appartenant à la communauté copte, et ont pris naturellement dans cette construction une place conforme à leur destination originelle, composant ainsi, autour des collections, un cadre dont le charme ajoute à l'agrément de la visite.

Fondé en 1908 par souscription, dans un terrain appartenant à l'Église copte, le musée a été inauguré en 1910. Devenu musée d'État en 1931, il n'a cessé de s'enrichir depuis son ouverture, notamment grâce à la décision du Service des Antiquités, en 1947, d'y transférer toutes les antiquités chrétiennes précédemment exposées au musée Égyptien et au musée d'Art islamique. Il a été rénové en 1984.

Visite : t.l.j., de 9 h à 16 h (le vendredi fermé de 11 h à 13 h). Entrée payante. Réouverture de l'aile N. après restauration : courant 1997.

Conservation : M. Gawdat Gabra, directeur du musée.

Salle 1. — Fragments et monuments prov. presque tous d'Ahnas (près de Beni Suef) et appartenant à la **période précopte** (IVe et Ve s. de notre ère). L'art, à cette époque, n'est pas encore christianisé, mais les motifs n'ont cependant plus rien de pharaonique; les Gréco-Romains ont imprimé une tout autre impulsion aux manifestations artistiques en Égypte et presque rien des anciennes influences ne se retrouve. La sculpture et le relief travaillent les motifs décoratifs en enlevant profondément le dessin sur le fond; les sujets sont profanes ou inspirés de la mythologie païenne.
Léda et le cygne (7026); fronton de niche à deux amours élevant une couronne; une déesse (Amphitrite?) sur un monstre marin, devant un poisson (7280); chasse au lion; naissance de Vénus (7052); Dionysos et motifs de vigne (7056); deux néréides adossées chacune à un dauphin (7059); Hercule et le lion de Némée (7039); Vénus (?) sortant de la mer (7047); niche en calcaire avec une peinture représentant Dionysos.

Salle 2 (Ve s.). — Motifs de feuilles ou de rinceaux ornés de grecques. Les motifs perdent pratiquement leur relief; la sculpture décorative tend à devenir un simple trait sur fond noir. Lions et rinceaux (4651); oiseaux et rinceaux (4636); encadrement de porte avec des animaux et des rinceaux (4648); frises d'amours courant, etc.; en peinture, les monuments chrétiens commencent à apparaître; saints et orants.

Salle 3 (Ve s.). — Les frises accentuent leur mouvement de dessin serti; il y a encore beaucoup de motifs païens dans la décoration; notez deux beaux chapiteaux composites. Au Ve s., les monuments chrétiens se multiplient (fouilles de Bawit).

Remarquez surtout une belle niche peinte : **évangélistes et Christ en gloire.** Porte-jarre en marbre à motif chrétien, quatre orants dont deux marqués d'une croix (3590) ; porte-jarre orné d'une gazelle et d'un lion devant une croix (3773).

Salle 4, salle 5. — Grand chapiteau (53) au centre de la pièce. Les symboles chrétiens (croix, poissons, vigne, etc.) se multiplient ; ils sont employés dans des cadres classiques (frontons triangulaires, rinceaux ; chapiteaux-corbeilles). **Frontons de niche** (Ve-VIe s.) ; **fragments de frise**, lion et rinceaux (Ve-VIe s.). Certains rappellent même des œuvres grecques : ceps de vigne grimpant avec un serpent, sur marbre, faisant penser à la base de l'Apollon Sauroctone (4171) ; fragment de **fronton de niche** orné d'une figure de femme et d'un paon (Junon ?). Les rinceaux décoratifs sont de plus en plus dessinés à plat ; **chapiteaux à feuilles d'acanthe** (VIe s.), **en forme de corbeilles** (Ve s.), **à motifs de feuilles de vigne**, ou **composite** (feuilles d'acanthe et tête humaine, rinceaux et croix fleuronnée, avec des oiseaux aux angles de l'abaque), à **croix entrelacées.**

Salle 6 (Saqqara). — Beaucoup de **chapiteaux et d'éléments architecturaux** viennent du monastère de Saint-Jérémie (VIe s.) ; frontons de niches sculptés ou peints sur stuc ; un ambon en calcaire. Notez le Christ en gloire (7989). Deux rangées de chapiteaux replacés sur des colonnes, quatre niches peintes et une chaire épiscopale (VIe s.) en calcaire.

Salle 7. — Reste des **sculptures de Saint-Jérémie.** Les naïvetés dans la représentation humaine et animale contrastent, comme souvent dans l'art copte, avec une réelle maîtrise lorsqu'il s'agit de rinceaux et de motifs décoratifs.

Salle 8. — Les **bas-reliefs** à sujets religieux deviennent nombreux : un ange, un ange planant, la Vierge allaitant l'Enfant Jésus, St Georges cavalier, Daniel dans la fosse aux lions, et alternent avec les sujets profanes ou allégoriques ; frise de

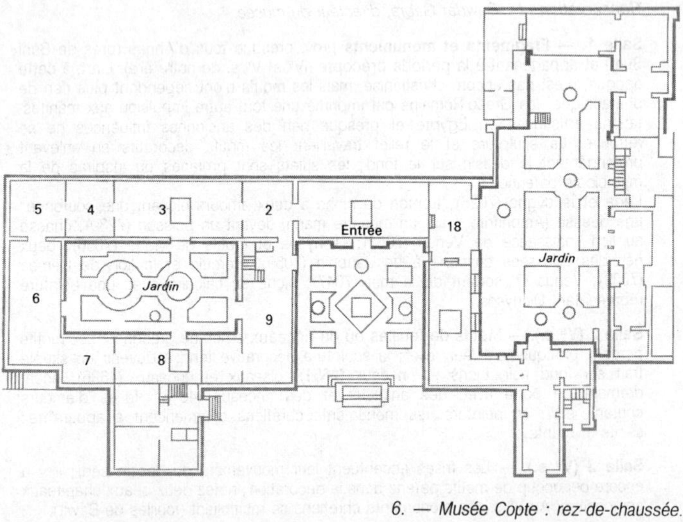

6. — Musée Copte : rez-de-chaussée.

poissons et dauphins, feuilles de vigne, une gazelle entre deux lions, un guerrier à cheval précédé d'un soldat armé d'une lance.
Les fragments d'architecture que nous venons de voir sont, à peu d'exceptions près, des dix premiers siècles. Les **stèles** s'étagent sur une période plus longue, du IVe au XVIIIe s. Elles proviennent des nécropoles chrétiennes de Saqqara, El-Ashmunein, Akhmīm, Abydos, Aswān, et couvrent un espace bien plus étendu que les monuments.
Les stèles funéraires se divisent en deux groupes : les stèles simples, qui ne portent qu'une inscription en grec ou en copte, et les stèles-façades, qui représentent une porte avec un fronton sur des montants ou des colonnes ; quelques stèles ont gardé, parmi les symboles chrétiens, l'image ancienne de la croix ansée (320, 4223, 4302).

Salle 9. — Une grande **fresque représentant Adam et Ève,** avant et après le péché originel, prov. d'Umm el-Berīgāt (Fayyūm) ; suite de motifs décoratifs, frises florales, etc. Trois niches à décor géométrique.

Escalier. — Fragments de **peintures sur stuc.** Sur la paroi, une fresque peut-être inspirée des ostraca humoristiques anciens.

Salles 10, 11 et 12 (tissus). — Sur le mur g. de la salle 10, deux vitrines d'ostraca (poterie, calcaire, os) inscrits en copte ou figurés. Les Égyptiens connurent de toute antiquité les tissages fins du lin (la laine n'ayant été utilisée qu'à partir de l'époque gréco-romaine) : à l'inverse des techniques du verre, complètement transformées par celles des Arabes, les techniques du tissage, très développées à l'époque de la conquête, s'imposèrent et continuèrent leur évolution sans interruption. Pourtant, les influences hellénistiques et orientales (Perse) et surtout la nouvelle foi chrétienne apportèrent aux tissus coptes de nouveaux motifs de décoration. Les ateliers les plus importants étaient ceux d'Akhmîm et Antinoé en Moyenne-Égypte. C'est dans ces nécropoles qu'on a retrouvé les plus beaux spécimens d'étoffes coptes.

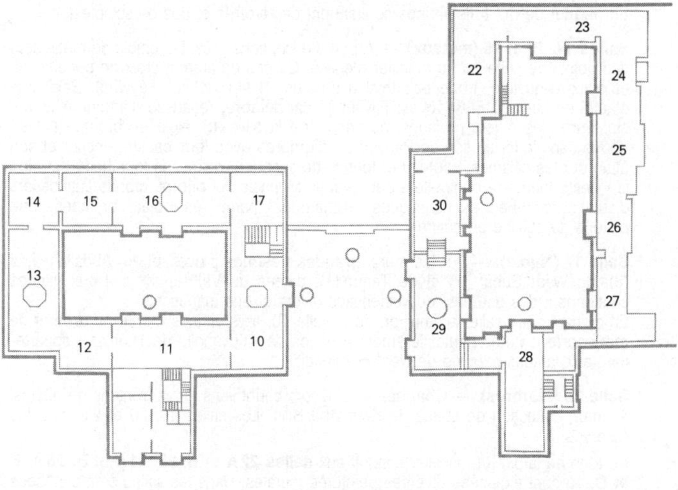

7. — Musée Copte : étage.

Ainsi la broderie de laine sur une étoffe de lin (IVe s. ; Akhmîm), tuniques de lin, à ornements tissés (2071 ; VIIe s.), ou à ornements brodés (2066, 1732 ; VIIe-VIIIe s.) ; châles en laine tissés (IVe s.), linceuls en lin (XIe s.) ou en laine blanche (4013). Motifs carrés des IIIe et IVe s., dont un polychrome, portant en motif central un buste de femme, de face (IVe-Ve s.). Motifs ronds des IIIe, IVe, Ve et VIe s. (4751, 4729, 4720, 4776, 4764, etc.). Fragments de tuniques des IVe-Ve s. (3819, 3793) ; un fragment à motif d'arcades abritant des danseuses, de couleur pourpre sombre, du Ve s. (1741) ; une tunique du Ve s. (3811) ; fragments de tuniques des Ve-VIe s. ; tuniques polychrome des VIe-VIIe s. Notez, dans la salle 10, les manuscrits sur papyrus, étoffes ou papier (des XVIIIe et XIXe s.), figurés ou non ; quelques miniatures. Une pièce de laine brodée de motifs décoratifs et d'inscriptions pieuses ; une pièce de lin brodée, etc. Quelques ostraca coptes du VIe au IXe s. et, dans la salle 11, un carré brodé sur toile (7822).
Au-delà du XIIIe s. l'art copte se cantonne dans les ornements d'église : le musée contient des **vêtements sacerdotaux** et des rideaux de sanctuaire du XIVe et XIXe s. et prov. des églises coptes du Delta ou de la Moyenne-Égypte. La plupart des inscriptions sont en arabe.

Salle 13 (icônes). — Les icônes sont des images saintes qui jouissent, dans l'Église copte, d'une faveur aussi importante que celle de la croix. Elles sont l'objet d'un culte et la plupart de celles qui subsistent sont encore en place. Le musée en possède cependant une petite collection, prov. d'églises ou de monastères coptes. Les sujets sont empruntés aux Évangiles ou représentent les saints les plus populaires en Orient. La plupart des icônes exposées ici datent des XVIIIe et XIXe s., quelques-unes seulement remontant au XVIe ou au XVe s.
Notez principalement : deux saints à têtes de chien (3375), **St Georges** (3366, 3425, 3414) et les autres saints vainqueurs du dragon, St Théodore (3361) et St Michel Archange (3456) ; Ste Barbara (3451), St Paul et St Antoine (3418), St Nicolas (3369), St Marc l'Évangéliste (3371), St Basile (3415), **la Vierge portant l'Enfant** (3336, 3367), le Christ trônant (3326), le Christ Enfant enseignant dans le Temple, etc.
Sur le mur de dr., trois vitrines contiennent des **ivoires** et des **os** sculptés.

Salles 14, 15 et 16 (métaux). — A peu d'exceptions près, les objets de métal sont des objets de culte ou du mobilier d'église. Calices en argent, croix de bénédiction et croix-reliquaires, trône patriarcal à porteurs (1343 ; Xe s. ; Fayyūm). Baldaquin d'autel en cuivre (1568 ; Xe s. ; Fayyūm) ; **candélabre,** rehaussé d'argent (XIIIe s.), etc. Parmi les objets profanes, au centre de la salle 15, aigle en bronze (IVe s.) trouvé dans la forteresse de Babylone : **aiguières avec leur bassin,** encrier et son étui pour les calames, couteau et fourchette avec leur gaine : la fourchette est bien la « petite fourche » originelle à deux dents. Monnaies et **bijoux,** grands chandeliers d'autel ; colombes eucharistiques ; remarquez, parmi les objets profanes, une batterie de cuisine en cuivre.

Salle 17 (Nubie). — Sur les murs, **grandes fresques** provenant de ‘Abdallah Nirqi (8), de Wādī Sebū‘ (2) et de Tāmīt (1), datées du VIIIe au Xe s. Deux vitrines contiennent des poteries, des ustensiles divers et des manuscrits.
En quittant cette salle, au mur dr. de la salle 10, trois vitrines d'**enluminures** et de **manuscrits** : notez particulièrement 4 pages de « l'Évangile de Thomas » appartenant aux fameux papyrus de Nag‘ Hammadi.

Salle 18 (marbres). — **Chapiteaux** à décors corinthiens ; trois frontons de niches. Au mur, collection de stèles de Kom Abū Billū. Les salles 19, 20 et 21 sont des réserves.

Au fond du jardin, un escalier conduit aux **salles 22 A et B, 23, 24 A et B, 25 A, B et C,** où sont exposées diverses peintures murales. Dans les salles sont exposées des **boiseries.** Les Coptes étaient passés maîtres dans les travaux de sculpture sur bois, d'inscrustation et de marqueterie. Leurs mashrabiyya sont travaillées comme les mashrabiyya arabes, mais les morceaux de bois sont assemblés de façon à former des croix au milieu des motifs géométriques et en composition avec eux. La religion chrétienne n'interdisant pas, comme la musulmane, la représentation humaine, vous trouverez ici, sculptés dans le bois, divers personnages et des scènes nilotiques. Les mêmes principes restent vrais pour la peinture.

Porte de quartier, en bois renforcé de fer : ces immenses portes fermaient, le soir, pendant les troubles, les différents quartiers du Caire. Les portes et barrières entre les différents quartiers furent supprimées par ordre de Bonaparte pendant l'occupation française. **Caisses** pour conserver les vêtements sacerdotaux, dont une à décor de motifs floraux et d'aigles (695). Fauteuils épiscopaux (692, 690). Lutrins, litières de pèlerinage (708, 716), bois incrusté d'ivoire, de nacre et d'ébène. Pièce de moulin (717, 718), autel en bois de pin (7172 ; VIe s.). Trois **chaises** cannées à décor d'ivoire et de nacre **(salle 22 A)** ; lutrin du XVIe s. ; un grand coffret du début du XVIe s., **porte** à deux battants et des **boiseries incrustées** de nacre et d'ivoire, prov. **de l'église Sainte-Barbara**, du XVIe s. **(salle 22 B)** ; **portes de l'église El-Mo'allaqa** (868, 869, 870), du XVIe s.

Aux murs, vitrines contenant des petits fragments ouvragés : nacre, écaille, ivoire, ébène sur bois, etc. **(salle 23)**. Une caisse à vêtements sacerdotaux (791) incrustée d'ivoire.

Boiseries et fragments de boiseries, dont certaines sont du début de l'ère chrétienne. ***Iconostase de l'église Sainte-Barbara** (Xe s.), magnifique travail de quarante-cinq panneaux finement sculptés, de thèmes différents, d'inspiration persane ; dans les vitrines, objets du Xe et XIIe s. **(salles 24 A et B)** ; linteaux de porte, l'un d'eux (753) représentant l'entrée de Jésus à Jérusalem et prov. de l'église El-Mo'allaqa (IVe s.). Porte à deux vantaux (partie supérieure) de l'église Sainte-Barbara (IVe s.) à panneaux finement sculptés ; en motif central, le buste du Christ soutenu par des anges volant ; autour, anges et apôtres, en relief.

Une vitrine de croix anciennes ; deux sont très curieuses : dans l'une, c'est la tête même du Christ qui est à la jonction des deux bois, et son corps forme le bois inférieur ; sur l'autre, des anges sont sculptés sur les traverses et un médaillon représentant la tête du Christ est fixé sur le montant vertical **(salles 25 A et B)**. Dans les vitrines de la **salle 25 C**, petites clés de bois, peignes, sceaux, etc., moules à pains d'église, petits coffrets, etc.

Notez que toutes ces boiseries proviennent des vieilles églises coptes (du Ve au XIIe s.) de la Basse-Égypte et du Fayyūm ; le Sa'īd (Haute-Égypte) est beaucoup moins riche en œuvres anciennes car, dans l'Égypte arabe, il vécut de plus en plus à l'écart des centres de production artistiques.

Salle 26. — Jouets d'enfants dans les vitrines ; au mur, petits **triptyques** des XIIe et XIIIe s.

Salle 27 A. — Étoffes sacerdotales.

Salle 27 (poteries). — Mêmes échantillons de céramique rustique qu'au musée d'Art islamique, prov. de Fosṭāṭ.

Derrière la **salle 28**, une petite pièce contient quelques peintures coptes modernes et quelques objets africains : instruments de musique, armes, deux tambours, matériel de culte. Une petite collection d'objets chrétiens d'Éthiopie a également été rassemblée ici.

Dans le passage vers la **salle 29**, grands filtres arabes (zirs) en terre cuite décorée.

Salle 29 (poteries). — Gargoulettes décorées de motifs noirs, zirs de terre cuite également décorée ; plats de terre rouge dont un porte figurée une tête de Christ.

Salle 30. — Filtres de gargoulettes et lampes de céramique, verte ou bleue, prov. de Fosṭāṭ. Verreries (XIVe s.).

Revenez dans le jardin d'où vous pourrez accéder à l'escalier qui mène à l'**intérieur de la forteresse romaine** dont ce quartier du Vieux-Caire occupe l'emplacement. Les deux grosses tours entre lesquelles on descend dateraient de Trajan et d'Hadrien. Quelques blocs de pierre portent encore des signes hiéroglyphiques qui prouvent le remploi qu'on a fait de monuments pharaoniques ; vous pourrez voir encore quelques fragments sans grande importance et, dans ce qui reste de la tour S., un vieux moulin à blé prov. du Deir Abū Sefein (couvent de Saint-Mercure ; → *ci-dessus, 1C*).

1 E — Quartier d'Ibn Ṭūlūn

Cette promenade dans des quartiers géographiquement peu éloignés de ce Vieux-Caire (→ ci-dessus 1 C) — partiellement contemporain de la fondation de la ville — propose, elle aussi, une sorte de pèlerinage aux origines de la cité, à cette mosquée d'Ibn Ṭūlūn qui est non seulement le plus ancien monument du Caire mais aussi l'un des plus beaux ; franchissant ensuite cinq siècles en 500 m, vous pourrez voir ensuite un autre chef-d'œuvre, la mosquée du sultan Ḥasan, avant que les fastes lourds du XIXe s. ne vous accueillent à la citadelle (prom. 1F) : comptez ***2 h env.*** *si vous êtes pressé,* ***une bonne matinée*** *si vous voulez avoir le temps d'apprécier. Cette promenade peut aussi s'effectuer entièrement* ***en voiture*** *; le stationnement auprès de chaque monument ne pose pas de problème. Si vous utilisez un* ***taxi,***

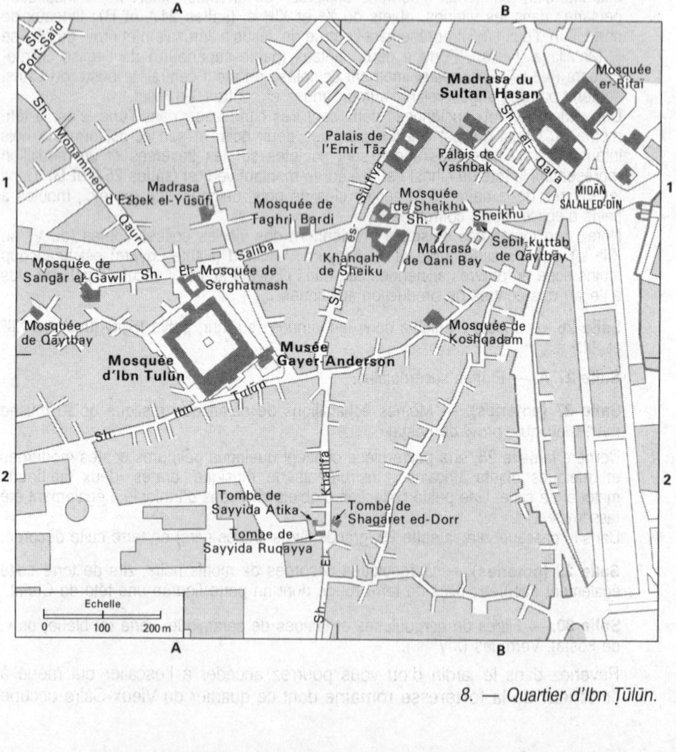

8. — *Quartier d'Ibn Ṭūlūn.*

faites-vous conduire place (midan) Sayyeda Zeinab (plan couleurs D3 ; plan de la promenade, sortie A1) ou, si vous êtes pressé, directement à la mosquée d'Ibn Ṭūlūn : vous irez ensuite à pied à la citadelle où vous trouverez facilement un taxi pour regagner votre hôtel.

La **mosquée Sayyeda Zeynab,** qui borde la place du même nom, a été construite en 1803, restaurée et portée à ses dimensions actuelles en 1884. Inaccessible aux non-musulmans, elle abrite le mausolée, lourdement décoré, de la fille de ʻAlī — et petite-fille du Prophète — à laquelle elle doit son nom. Le sabīl-kuttāb du sultan Muṣṭafā, de l'autre côté de la place, date de 1750. Quoique très dégradé, il reste remarquable par sa décoration de marbres polychromes et ses baies enrichies de grilles de bronze.

➛ En suivant pendant quelques dizaines de mètres la rue en-Nāmiriyya qui remonte au N. vers le centre de la ville (à g. du sabīl-kuttāb), vous pourrez gagner l'impasse dite Ḥāret Monge qui s'ouvre entre les nos 27 et 29 de la rue. Au no 17 du Ḥāret Monge, la ***maison d'Ibrāhīm Katkhudā as-Sennārī** est un très bel édifice de 1794, assez bien conservé ; les fenêtres et les mashrabiyya sont de disposition originale.

Cette maison faisait partie d'un ensemble de demeures qui s'étendait vers l'O. et qui fut affecté, lors de l'expédition de Bonaparte, à l'**Institut d'Égypte** et aux savants qui le composaient, de 1798 à 1801. Après avoir, de 1917 à 1926, abrité un musée Bonaparte, elle fut transformée en 1959 en centre de recherches artisanales ; elle est actuellement fermée pour restauration.

Suivez à l'E. la rue es-Sheikh ʻAbd el-Megib el-Labbān qui longe à g. le quartier du Birkat el-Fīl — l'Étang de l'éléphant.

Le **mausolée des émirs Sangār et Silār** (1303-1304 ; ou mosquée de Sangār el-Gawli ; *plan 8, A1*) abrite deux tombeaux et l'emplacement choisi a rendu obligatoire un jumelage inattendu des deux coupoles, toutes deux côtelées, qui reposent chacune sur un tambour circulaire percé de fenêtres.

Le minaret, inspiré de celui de Qalāwūn, est, pour deux tiers de sa hauteur, de forme carrée, avec deux étages d'ouvertures ; le plus bas constitue un rappel des niches fatimides ; la fenêtre supérieure, reproduite sur les quatre faces, offre deux ouvertures géminées sous un arc trifolié. Elle repose sur des stalactites, qui se renouvellent sous la partie octogonale. Le sommet est coiffé d'un bulbe côtelé.

L'escalier gravi, laissez à g. le sahn et l'oratoire, restaurés, mais n'ayant conservé que d'insignifiantes traces de leur ancienne splendeur, pour suivre, en face, un long couloir avec voûte d'arête d'une belle exécution. A l'autre extrémité du couloir, une petite coupole à stalactites abrite une tombe : à dr. se trouvent les entrées de deux chapelles funéraires dont les belles coupoles jumelles ont été remarquées du dehors ; leurs vitraux sont d'époque. Sous la coupole O. repose le fondateur du monument, l'émir Sangār el-Gawlī ; l'autre fut élevée pour son malheureux ami l'émir Silâr, mort de faim en 1310 dans le cachot où l'avait fait jeter Muḥammad an-Nāṣir b. Qalāwūn, pour le punir d'avoir servi le sultan Baybars, son adversaire.

➛ A 150 m S.-O. du mausolée, par d'étroites ruelles, vous pouvez aller voir la **madrasa de Qāytbāy,** construite en 1475 ; cet édifice de proportions élégantes est un bon exemple de l'architecture mamelouke tardive ; il est également remarquable par l'étrange profusion de nid d'abeilles et de stalactites dans la décoration sculptée de la façade et des balcons du minaret. A l'intérieur, belle chaire en compartiments de bois à polygones étoilés.

La grande **madrasa-mausolée de Sirghitmish** a été construite en 1356 par l'émir de ce nom, officier du sultan Ḥasan.

C'est un grand monument à portail avec niches à stalactites ; coupoles en brique. La disposition cruciforme et les nombreuses fenêtres répondent bien au style

classique de la madrasa. Le minaret qu'on aperçoit dans l'angle S.-E. de la cour est celui de la mosquée d'Ibn Ṭūlūn.
Le catafalque en marbre blanc est surmonté d'une dalle en brèche richement sculptée. Notez le bulbe du minaret, juché sur une élégante ronde de colonnettes.

La ***mosquée d'Ibn Ṭūlūn** *(plan 8, A1-2)*, construite de 876 à 879, est le plus ancien témoin architectural *intact* de la civilisation musulmane en Égypte ; c'est aussi l'un des plus admirables, que l'on s'arrête à l'harmonie de ses proportions, à la grâce de sa décoration sur stuc, à la noblesse des gigantesques merlons qui dominent le mur d'enceinte. *Entrée payante, bakshih pour le minaret.*

La mosquée n'a pas de façade comme en possèdent les édifices d'époque postérieure, mais elle est entourée sur trois côtés d'un chemin de ronde ; l'entrée est du côté E., à l'extrémité S.

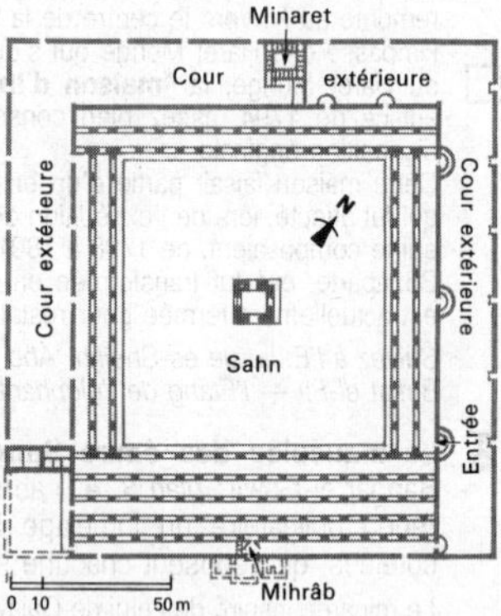

9. — *Mosquée Ibn Ṭūlūn.*

La porte d'entrée s'ouvre sur le riwāq E. On est immédiatement frappé par la grandeur et la sobriété de l'ordonnance. Le plan se saisit du premier coup d'œil et se ramène à la formule ordinaire de la mosquée à portiques, avec quatre riwāqs dont le principal, la salle de prière, est à quatre nefs (cinq primitivement) et les trois autres à deux nefs. La mosquée est construite en briques revêtues d'une épaisse couche de plâtre. Ses arcades, en ogives faiblement outrepassées, reposent sur des piliers avec colonnes engagées aux angles. Les tympans des arcs sont évidés en fenêtres ogivales du même style. Les chapiteaux en boutons de fleur sont décorés de petites feuilles traitées dans un goût encore très byzantin, tout comme les rinceaux de la frise et des archivoltes. L'intrados de nombreuses ogives révèle une décoration nouvelle. On y reconnaît comme un premier essai de ces entrelacs dont le brillant développement deviendra plus tard l'une des admirables ressources de l'architecture arabe. Du plafond primitif à caissons, il ne reste que quelques traces.

L'ornementation est sculptée, et non moulée dans le plâtre comme c'est généralement le cas ailleurs. Au-dessus de la frise végétale court dans toutes les travées, en caractères kufiques sculptés, une longue inscription qui contiendrait tout le Coran : on a démontré que ce contenu se réduit à un dix-septième. La tradition ajoute que le bois dans lequel est sculptée cette inscription coranique provient de l'arche de Noé retrouvée par Ibn Ṭūlūn sur le mont Ararat. Le mur du fond des quatre riwāqs est percé de fenêtres à claires-voies découpées en motifs d'une variété telle qu'il est impossible d'en trouver deux semblables. Elles n'appartiennent pas à la construction primitive, mais à la restauration du sultan Husām.

Le miḥrāb, revêtu de marbre, est une niche ogivale encadrée d'un rinceau en mosaïque de verre et de quatre colonnes en marbre gris aux chapiteaux soigneusement ornés. La voûte de la niche est en bois peint. Au-dessus du miḥrāb le plafond est interrompu par une petite coupole en bois, à pendentifs, qui a été restaurée. Les fenêtres sont en plâtre ciselé coupé droit, ce qui est de règle quand la vitre est blanche.

Le minbar, beau spécimen de menuiserie arabe, est du XIIIe s. L'inscription de la porte ainsi que les bandes en tôle de bronze nous apprennent qu'il fut offert par le sultan Husām ed-Dīn Lagīn, restaurateur de la mosquée, en l'an 696 de l'Hégire (1296). Le réseau polygonal à jour des parois latérales n'est que le squelette d'une riche ornementation presque entièrement disparue.

En se dirigeant du minbar vers la cour, on voit, sur le 3e pilier à g., une plaque rectangulaire portant une inscription kufique, commémorant l'inauguration de la mosquée sous Ibn Ṭūlūn.

La fontaine, au centre de la cour, date de la restauration de Husām dont on voit le nom gravé sur un bandeau commémoratif placé sur la face E.

Le minaret prête à diverses remarques. La construction qui le raccorde à la mosquée est, non en briques revêtues, mais en pierres de taille soigneusement appareillées et le raccord tombe dans l'axe d'une fenêtre. Cette sorte de tour massive est ornée de fausses fenêtres géminées dont les deux arcs, outrepassés en fer à cheval à la mode mauresque, contrastent avec les baies ogivales de la mosquée. Ces caractéristiques correspondent à ce qu'on sait de l'époque de Husām (→ par ex. le tombeau de Qalāwūn), restaurateur de la mosquée, et il ne fait maintenant plus de doute que cette tour est une addition de cette période, construite très probablement sur le modèle du minaret toulounide. La forme toute particulière de cette tour, tout comme certains éléments de décoration de la mosquée elle-même, présentent de nettes analogies avec ceux de la mosquée de Samarra (Iraq). Au bas de la tour du minaret, les portes sont à l'imitation de celles de Séville, tandis que les modillons à copeaux et les arcades du minaret sont inspirés des éléments similaires de la mosquée de Cordoue.

Un escalier relie le premier palier à la terrasse de la mosquée ; il commence sa révolution sur le plan rectangulaire et s'achève en colimaçon couronné par un campanile d'époque plus récente. Du sommet, on jouit d'un panorama splendide sur tout le vieux quartier qui se masse autour de l'édifice.

▣ L'**annexe du musée d'Art islamique** — ou musée Gayer-Anderson — est installée dans deux maisons anciennes, Beit al-Kiridliyya (maison des Crétois ; 1631) et Beit Amīna bint Sālem (1540), restaurées et aménagées avant la Deuxième Guerre mondiale par le major anglais Gayer-Anderson qui les meubla dans l'esprit cosmopolite oriental des XVIIIe-XIXe s.

En réalité cette maison se compose de deux bâtiments réunis à la hauteur du deuxième étage par deux galeries, au-dessus d'un passage entre la rue et le promenoir de la mosquée que surmonte la maison la plus à l'O. Le jardin de l'autre maison arrive à la hauteur de la balustrade haute de la mosquée. Ce n'est pas à proprement parler un musée, mais quantité d'objets et de meubles sont en place rendant ainsi la maison plus vivante.

L'intérêt de cette maison réside surtout dans sa construction même ; ce ne sont que paliers décalés, couloirs en chicane, galeries en surplomb sur la grande salle, et, sur le tout, les terrasses coupées de claires-voies qui dominent le chemin de ronde de la mosquée du côté de l'E.

Visite : t.l.j., de 8 h à 16 h ; le vendredi de 8 h à 13 h. Entrée payante.

Vous visiterez en premier lieu le rez-de-chaussée surélevé, avec un premier salon et quantité de petites pièces qui l'entourent et font communiquer ce premier salon avec le harem, vaste salle à mashrabiyya. Collection de soieries, de verres et de cristaux. Les murs de la plupart des salles sont occupés par une série de **peintures** anciennes et de vêtements arabes. Toutes les salles du pourtour contiennent des vitrines de verrerie. La dernière salle abrite quelques jolies boiseries, à incrustations de nacre ou d'ivoire.

A l'étage supérieur, la grande salle abrite la collection Artin Bāshā : argenterie, étoffes, verreries, etc. Les pièces alternent, arabes ou européennes, mobilier imitation Louis XV, ou anglais XVIIIe s., une petite bibliothèque avec des meubles en acajou Louis-Philippe, le tout dans des pièces à mashrabiyya. Aux murs, des peintures du XIXe s. Partout, profusion d'objets orientaux plus rares et riches qu'anciens.

Revenez à la rue eṣ-Ṣalība.

↠ A peu de distance au N., vous pouvez aller jeter un coup d'œil sur la petite **madrasa d'Ezbek al-Yūsufī** *(plan 8, A1),* construite en 1495, de même style que celle de Qāytbāy *(ci-dessus)*; plan cruciforme réduit; faute de place, la tombe du fondateur est dans un īwān latéral; le minaret rappelle celui de la madrasa de Sirghitmish, en plus ouvragé encore.

Suivez, vers l'E., la rue eṣ-Salība.

Laissant à g. la **mosquée de Taghrī Bardī,** de 1440, la rue es-Salība croise, une cinquantaine de mètres plus loin, la rue as-Suyūfiyya; à g., à l'angle, sabîl en marbre fondé par la mère d''Abbās Ier (milieu du XIXe s.).

↠ En prenant à g. la rue as-Suyūfiyya, vous pouvez aller voir, au no 19, le **palais mamelouk de l'émir Tāz** *(plan 8, B1),* de 1352.
Une porte à arc brisé ouvre sur un porche avec voûtes d'arête, prolongées par des demi-voûtes confortées par des culs-de-four. Ce porche mène à la cour où vous verrez la façade S., impressionnante de hauteur et dans laquelle, à droite, est un maq'ad d'époque ottomane (XVIIe s.). Cette haute façade abrite, superposées, deux salles nobles.
On entre dans celle du rez-de-chaussée par un couloir en chicane. La nature de cette pièce n'est pas connue : salle de réception? iṣṭabl? Des piliers en pierre de taille y supportent de grands arcs brisés. Avec les voûtes en étoiles à quatre pointes, ils donnent à la pièce un aspect sévère. Au niveau de la naissance des arcs, court un bandeau épigraphique en bois.
La qā'a de l'étage offre un plan «classique» (la dūrqā'a centrale est encadrée de deux īwāns extrêmes), les īwāns sont séparés de la dūrqā'a par des arcs brisés. L'īwān N. est éclairé par des fenêtres surmontées d'oculi, son plafond peint est à solives apparentes.
Revenez dans la cour. Dans la partie O. de la façade, vous avez vu le maq'ad. On entre dans cette pièce construite au XVIIe s. par une porte située dans un défoncement latéral richement sculpté sous arc trilobé. Les quatre arcades reposent sur des colonnes ottomanes à décor géométrique et sur des chapiteaux néo-corinthiens.
En sortant du palais de l'émir Tāz, à dr., prenez la première rue à dr., puis la première à g., la rue Manah al-Waqf, pour aller voir les superbes **ruines du palais Yashbak,** un des plus beaux témoignages de l'architecture civile mamelouke.

Revenez sur vos pas dans la rue eṣ-Salība ou rue Shaykhū.

En suivant au contraire la rue vers le S., à dr., vous pourriez également (en voiture) aller voir plusieurs intéressants mausolées situés à l'orée de la nécropole S. Pour la description de ces monuments, → ci-après, 1L.

Les deux **monuments de l'émir Shaykhū** *(plan 8, B1)* se font face de chaque côté de la rue qui, désormais, porte ce nom : la **madrasa** (1349), du côté N., et le **khanqāh,** ou couvent (1355), du côté S.; le linteau de la porte de ce dernier est formé d'un fragment de corniche antique; à l'intérieur, des logements sont ménagés des deux côtés de la cour, conformément à la volonté de l'émir qui avait voulu en faire un refuge pour les pèlerins pauvres. Après la **madrasa de Qanī Bey** (1503) dont subsiste le beau dôme à côtes en dents de scie, la rue Shaykhū laisse à dr. le **sabīl-kuttāb de Qāytbāy,** construit par le sultan de ce nom en 1479; ce gracieux monument conserve, dans sa façade, de jolis agencements d'incrustation de marbre.

La rue Shaykhū débouche place Ṣalāḥ ed-Dīn, au pied de la citadelle, en arrière de la grande mosquée-madrasa du sultan Ḥasan (→ prom. 1H).

1 F — La citadelle

Comptez ***une bonne heure*** *pour une visite rapide, deux pour tout voir.*

Accès : → plan couleurs D4-5 ; à partir de la place Ṣalāḥ ed-Dīn, montez par la Sikkat al Maḥğar qui longe le mur N. de la citadelle puis, par un large virage après l'immeuble des Archives, aboutit à Bāb el-Gedīd (la porte Neuve ; plan 10, A1) ; à pied, une ruelle en escalier prenant à dr. juste avant les Archives vous permettra de couper.

En voiture, vous pouvez aussi, par exemple si vous êtes allé d'abord visiter les nécropoles E. ou S., entrer par Bāb el-Gebel, porte s'ouvrant à l'E. et qu'une petite route relie à la grande rue Salāḥ Salem (plan 10, B2) ; une rue intérieure, passant au pied de la terrasse de la mosquée de Muḥammad 'Alī vous conduira de là jusqu'à l'entrée de la mosquée an-Nāṣir.

Visite : t.l.j., de 9 h à 17 h ; musées fermés à 16 h. Entrée payante.

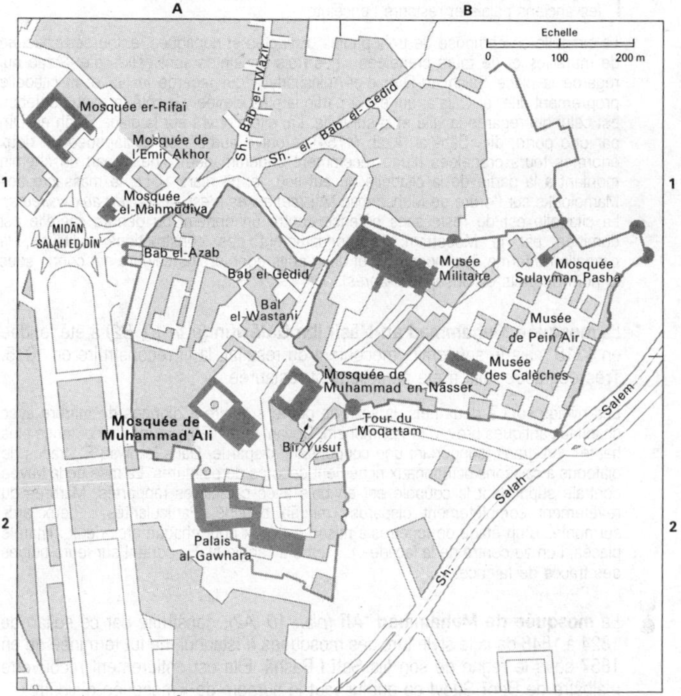

10. — La citadelle.

La ***citadelle** du Caire est, dans un premier temps, l'œuvre de Saladin qui, lorsqu'il parvint au pouvoir, voulu rompre avec les traditions des Fatimides et quitter leur ville princière : Qāhira. Il choisit comme nouveau site les contreforts du Moqaṭṭam, en un point où l'on embrassait d'un coup d'œil Fusṭāṭ et Le Caire, et y fit édifier l'immense forteresse qui a subsisté majestueuse et solennelle, et qui devint, par la suite, la résidence des sultans mamelouks et des pashas ottomans.

La citadelle de Ṣalāḥ ed-Dīn est évidemment inspirée par l'architecture des Croisés en Syrie. La première forteresse, commencée en 1176, terminée et occupée seulement en 1207, se composait du château proprement dit, s'ouvrant au S., et du palais avec ses annexes (salles des colonnes, etc.). Abandonnée par Es-Salāḥ, la forteresse redevint la résidence du sultan avec les Mamelouks baharites. Baybars, Qalāwūn et surtout an-Nāṣir b. Qalāwūn l'enrichirent de nouvelles constructions ; Barqūq et les Circassiens y travaillèrent aussi, puis les Turcs ottomans, qui, arrivant au XVIe s. tandis que l'emploi du canon transformait les tactiques militaires, modifièrent et renforcèrent la citadelle en conséquence. Muḥammad 'Alī, enfin, vint couronner le site de sa mosquée, après avoir démoli les anciens palais et restauré l'enceinte.

La citadelle se compose de trois parties distinctes et contiguës, entourées chacune de murailles et de tours crénelées : ces trois enceintes sont celles d'el-'Azab qui regarde la place Ṣalāḥ ed-Dīn, d'el-Ankishāriyya qui regarde le N., et la citadelle proprement dite, el-Qala'a, qui est la partie la plus élevée. Le côté le mieux défendu est celui qui regarde la ville et la surveille. Là, elle s'ouvre sur la place Ṣalāḥ ed-Dīn par une porte, dite Bāb- al-'Azab (1754), à ogive surbaissée et flanquée de deux énormes tours crénelées (l'une récemment endommagée) : de là part un chemin montant à la partie de la citadelle où eut lieu, le 1er mars 1811, le massacre des Mamelouks sur l'ordre de Muḥammad 'Alī *(cet accès n'est pas ouvert aux visiteurs)*. La citadelle est du reste sans défense contre un ennemi du dehors car elle est dominée par le Moqaṭṭam. Indépendamment des constructions militaires, la citadelle renferme des mosquées et deux puits dont le plus célèbre est connu sous le nom de puits de Joseph *(ci-après)*.

La **mosquée Muḥammad an-Nāṣir ibn Qālāwūn** *(plan 10, B2)* a été fondée en 1318 mais le souverain, mécontent du résultat, la fit reconstruire en 1335. Très dégradée, elle a été partiellement restaurée.

Les riwāqs sont à deux nefs, la salle de prière à quatre. Colonnes de marbre avec chapitaux antiques prov. d'El-Ashmunein. Devant le miḥrāb, groupe de colonnes plus hautes, en granit, supportant une coupole auj. disparue. Dans le riwāq E., traces de plafonds à caissons octogonaux richement décorés de peintures. La frise de la travée centrale supportant la coupole est en bois avec caractères rapportés. Marbres du revêtement complètement disparus ; miḥrāb bouché. Particularités : deux arcs surmontés d'un étage de fenêtres à raison de deux pour chaque arc ; deux minarets placés, l'un au centre de la façade O., l'autre à l'angle N.-E., portant sur leurs bulbes des traces de faïences.

La **mosquée de Muḥammad 'Alī** *(plan 10, A2)*, construite par ce sultan de 1824 à 1848 dans le style turc des mosquées d'Istanbul, ne fut terminée qu'en 1857 sous le règne de son fils Sa'īd Bāshā. Elle est entièrement recouverte d'albâtre de Benī Sueyf ce qui lui vaut le surnom de « mosquée d'albâtre ».
Une belle **cour à portiques**, avec fontaine d'ablution, la précède, dont la galerie N.-O. est surmontée d'une petite tour carrée portant une horloge, présent fait en 1846 par Louis-Philippe à Muḥammad 'Alī. La mosquée elle-

même est surmontée d'une grande coupole à pendentifs flanquée de quatre demi-coupoles avec quatre petits dômes octogonaux aux angles.

A l'intérieur, somptueusement décoré, se trouve à dr. le tombeau de Muḥammad 'Alī, entouré d'une grille en bronze doré. La coupole est soutenue par quatre gros piliers carrés.

La majesté de ses proportions, le luxe extrême et un peu lourd de sa décoration font évidemment de cette mosquée, face à la richesse élégante des constructions mameloukes, un monument parfois moins apprécié que les autres. Peut-être faut-il le voir autrement, comme le fit par exemple de manière poétique un essayiste contemporain : « Sur ce socle enfoncé dans la terre, fleurit une incomparable merveille. Il est, dans tous les pays, des sanctuaires, des tours ou des monuments qui s'offrent aux yeux des foules, du haut des collines où on les érigea. Ils rappellent un passé, des souvenirs ; ils évoquent une croyance. Ici, de même. Mais il n'en est aucun dont les lignes soient aussi pures, la masse aussi légère. On dirait une œuvre irréelle qui plane entre la terre et les cieux. Cette mosquée domine la citadelle de toute la hauteur de sa coupole et de l'envol invraisemblable de ses flèches. Sous la caresse lumineuse, elle se teinte, par dégradés insensibles, de jaune pâle, de rose et de mauve. Il semble que le divin Décorateur ose à peine y toucher et qu'il s'efforce de ne l'effleurer que de couleurs délicates, les plus tendres de sa palette. Et lorsque tout s'éteint, les minces colonnes se font encore plus hautes. On dirait qu'elles montent dans l'azur assombri pour trouver, toujours plus haut, le dernier rayon du soleil. »

En arrière de la mosquée s'étend un jardin en terrasse qui offre un immense *__panorama__ sur la ville et les environs, s'étendant jusqu'aux pyramides de Giza, d'Abū Ṣīr et de Saqqara.

Toujours derrière la mosquée de Muḥammad 'Alī, on peut visiter quelques pièces du **palais al-Gawhara,** actuellement en restauration. Dans cet édifice, construit par Muḥammad 'Alī de 1811 à 1814, on trouve quelques éléments du mobilier princier, des personnages en plâtre costumés (une audience de Muḥammad 'Alī recevant des fellâḥs), des tissus ayant recouvert le maḥmal (le baldaquin transporté traditionnellement à dos de chameau depuis Le Caire jusqu'à La Mecque lors du pèlerinage).

En contournant la mosquée an-Nāṣir par le N., vous pouvez ensuite aller voir, au fond d'un terrain vague, le puits de Joseph.

Le **puits de Joseph** (Bīr Yūsuf), travail antique déblayé sous Ṣalāḥ ed-Dīn, doit, d'après l'opinion la plus courante, son nom à celui-ci (Ṣalāḥ ed-Dīn Yūsuf) ; certains le font néanmoins venir de la légende du patriarche Joseph, toujours vivante en Égypte. Il n'est cependant pas mentionné sous ce nom avant le milieu du XVIIe s. : jusqu'alors, il portait celui de « puits du colimaçon ».

Le puits est carré, et creusé dans le rocher jusqu'à une profondeur de 88,30 m ; il est divisé en deux étages séparés par un large palier : l'étage inférieur a 40 m de profondeur sur 3,40 m de large et 4,40 m de long ; l'étage supérieur a 48,30 m de haut, 5 m de large et 7,80 m de long. La descente est une spirale en pente douce, séparée du puits par une cloison aménagée dans le roc, percée d'ouvertures ; elle est extrêmement mince (de 20 à 30 cm d'épaisseur). Autrefois, une saqiyya, installée au premier étage et mue par des bœufs, élevait l'eau du réservoir inférieur dans une auge où venait la chercher une chaîne de pots mise en mouvements par un manège à l'étage supérieur.

En revenant du puits de Joseph, prenez à dr. au niveau de la mosquée an-Nāṣir.

Une large porte, Bāb al-Qulla, construite au XVIIIe s., permet d'accéder au **musée Militaire** *(plan10, B1),* installé dans le Qaṣr al-Ḥarām construit par Muḥammad 'Alī entre 1805 et 1808.

La première salle abrite une grande maquette de la citadelle.
Le musée des uniformes, qui la suit, présente des uniformes des militaires des XIXe et XXe s. (turcs, anglais et actuels). Une salle est spécialisée dans l'artillerie, une autre dans les armes à feu des XIXe et XXe s. (pistolets, fusils, carabines, armes automatiques...). Puis, salles d'***armes blanches** (haches, poignards, sabres, épées, cimeterres). Remarquer les ***boucliers**. Dans la salle d'apparat, des mannequins costumés représentent Muḥammad 'Alī en conseil (remarquer la fontaine ottomane sur le mur opposé et la décoration des murs).
A l'étage, «la chasse et la guerre à l'époque pharaonique» ne présente que des reproductions d'objets déposés au musée du Caire, notamment de la palette de Narmer, de reliefs provenant de Deir el-Baḥarī (l'expédition au pays de Pount).
Au deuxième étage, des expositions permanentes illustrent les diverses phases de l'histoire contemporaine de l'Égypte : la révolution de 1952, Nāṣir, As-Sādāt, la guerre contre Israël...

En sortant du musée Militaire, prendre à gauche et longer le palais jusqu'à une esplanade où se trouve, à droite, le **musée des Calèches** *(plan 10, B2).* Des voitures à cheval de l'époque des khédives Ismā'īl et 'Abbās ainsi que du roi Fuād y sont présentées avec des mannequins costumés (dont l'impératrice Eugénie se rendant aux cérémonies d'ouverture du canal de Suez).
En sortant, dirigez-vous vers une esplanade, musée de plein air réunissant une collection de colonnes et fontaines de marbre ottomanes.

Tout à fait au N. de cette esplanade, est située la ravissante **mosquée de Sulaymān Bāshā.** De plan «anatolien», elle est composée de deux rectangles se compénétrant à angle droit. L'intersection des deux rectangles est couverte d'une coupole, les côtés et le fond (au-dessus du miḥrāb), de culs-de-four. Les murs sont, dans leur partie basse, recouverts de lambris de marbre ainsi que le miḥrāb, de style inspiré de l'époque mamelouke. La partie haute des murs, comme les intrados des coupoles, est peinte, donnant intentionnellement l'illusion d'un revêtement de faïence.
A l'extérieur, la cour est entourée d'un portique couvert de coupolettes. Au fond de la cour, un petit tombeau fatimide couvert d'une coupole ornée d'une calligraphie kufique assez primitive, restauré à l'époque turque, abriterait la sépulture de Sāri' ibn Hiṣn, un des conquérants arabes de l'Égypte, au VIIe s. On y voit aussi quelques tombes ottomanes aux stèles enturbannées.

1 G — De la citadelle à Bāb Zuwayla : Bāb al-Wazīr et Darb al-Aḥmar

Deux itinéraires, celui-ci et le suivant (1H), s'offrent à vous pour visiter la partie S. de la ville ancienne, le second étant, en dépit d'un intérêt certain, généralement moins fréquenté par les touristes. Si vous disposez d'un temps limité, vous pouvez éventuellement les regrouper : commencez alors votre visite par la madrasa du sultan Ḥasan (début de la promenade 1H), suivez ensuite l'itinéraire 1G et, en arrivant à Bāb Zuwayla, voyez les monuments se trouvant à l'entrée de la rue Khayyamīya (fin de la prom. 1H).
Sinon, accordez-vous 1 h 30 au départ de la place Ṣalāḥ ed-Dīn (plan couleurs D4). Si vous faites cette promenade à la suite de la précédente, sortez de la citadelle par la porte N. (Bāb al-Gedīd) et descendez l'escalier qui se trouve à g. immédiatement après; en face de l'escalier, suivez vers le N. la rue al-Maḥghar (plan 11, B4).

Portant successivement les noms de shāri' al-Maḥgar, puis Bāb al-Wazīr, shāri' at-Tabbāna, et enfin Darb al-Aḥmar, la rue que vous allez suivre fut créée à l'époque ayyubide pour relier Qahira à la citadelle nouvellement construite. La plupart des bâtiments anciens qui la bordent sont d'époques mamelouke et ottomane.

A environ 200 m du début de la rue, la **mosquée** mamelouke **Aytumish al-Baggāsī** (1363 ; *plan 11, B4 ne se visite pas*), s'élève à dr., à l'angle de la rue Ḥāra Bāb at-Turba (rue de la Porte des Tombes).

Cette rue, assez accidentée, conduit, en franchissant la limite de la ville des vivants avec la ville des morts, aux tombeaux (d'époque des mameloukes circassiens) d'Aytumish, de Ṭarābay ash-Sharīfī (1504) et d'Azdamur.

•→ En prenant au contraire à g., vous pourriez, par la rue « Ḥārat an-Naẓīfa » rejoindre la mosquée Sūdūn. La mosquée, ou **madrasa**, de Sūdūn min Zāda (1401 ; *plan 11, A3*), à laquelle s'appuie au N. le sabīl-kuttāb de Ḥasan Aghā Kukliyān (1694), marque à dr. l'angle du Sūq- aṣ-Ṣilāḥ (bazar des armuriers) : *prenez à g.*
Le sabīl-kuttāb de Ruqayya Dūdū (1761) est sans doute le plus bel édifice de ce genre parmi ceux datant de l'époque de la domination ottomane ; à l'abandon depuis de nombreuses années, il est malheureusement menacé de démolition.
Diverses autres constructions anciennes bordent la rue, parmi lesquelles vous pourrez remarquer, sur la gauche, la **madrasa d'Ilghay al-Yūsufi** (1373), construite par l'émir de ce nom ; sa façade, d'une certaine ampleur et percée de trois rangées de fenêtres, et ses coupoles à côtes hélicoïdales, lui confèrent un aspect tout à fait particulier.
Un peu plus loin, une porte *(plan 11, A4)* est le seul reste de l'ancien **palais de l'émir Manghak as-Ṣilāḥdār** (1346-1347) ; dans les pendentifs, ainsi que sur le pourtour du bandeau de la calotte et les deux tympans de l'arc de la façade, restes de médaillons portant le blason de l'émir : un cimeterre.

Revenez à la rue Bāb al-Wazīr.

Dans la rue Bāb al-Wazīr, sur la droite, le **palais** mamelouk **Alīn Aq** est très délabré. En faire le tour (si l'on ne craint pas l'escalade) par la rue 'Atfat al-Markaz permet de voir les remparts, construits par Salāh ed-Dīn, et les façades arrière de la mosquée Khayr Bey et de la mosquée Bleue.

On entre dans la **mosquée-mausolée Khayr Bey** (1502) par un porche *(au nº 23 de la rue Bāb el-Wazīr ; plan 11, B3)*. La porte de la mosquée elle-même donne sur une cour, non sur la rue, et l'on pénètre dans cet édifice composé d'une seule salle de prière aux dimensions modestes mais harmonieuses et située au-dessus du niveau de la rue, par une volée de marches.

A l'extérieur, remarquez les fenêtres géminées surmontées d'oculi et la haute coupole décorée de fleurons et d'entrelacs. Le minaret, dont le sommet a disparu, et qui repose non sur une base mais sur une pièce voûtée, est lui aussi très orné. Il est en brique et contient un double escalier avec deux portes, de sorte que deux personnes peuvent monter simultanément sans se voir.
En face de la mosquée, des nºs 30 à 38, se trouve un ***rab'**, très bien conservé, construit par Khair Bey en 1522 pour que les revenus de cet édifice soient consacrés à l'entretien de celle-ci.

La ***mosquée Bleue** (ou d'Āq Sunqur ; *plan 11, B3*) est reconnaissable de loin à son minaret cylindrique. Construite en 1346-1347 par l'émir Āq Sunqur, elle s'écroula en partie lors d'un séisme et fut simplement restaurée en 1651 par Ibrāhīm Āghā Mustaḥfiẓān, officier ottoman, à qui l'on doit la célèbre décoration intérieure qui lui a valu son surnom.

La disposition intérieure reprend celle de la mosquée à portiques où les plafonds sont remplacés par des voûtes d'arêtes et les colonnes par de volumineux piliers.

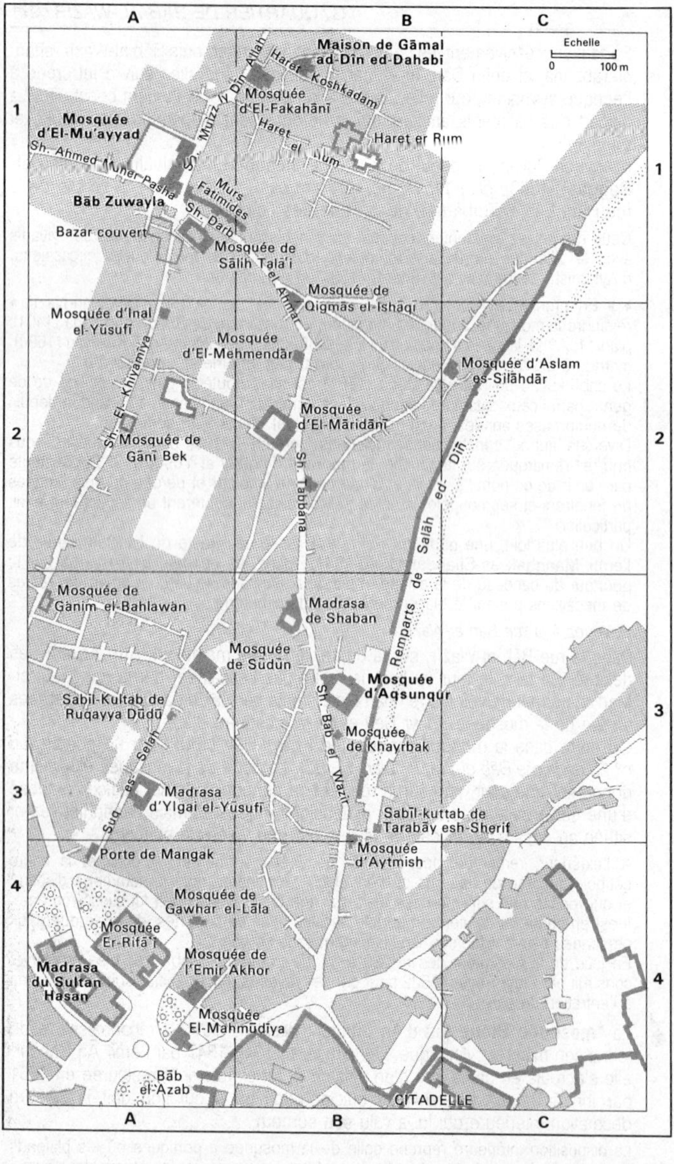
A
B
C
Echelle
0
100 m
1
2
3
4
Maison de Gāmal ad-Dîn ed-Dahabi
Haret Koshkadam
Sh. Muizz ly Dîn Allah
Mosquée d'El-Fakahānī
Mosquée d'El-Mu'ayyad
Haret el Rum
Haret er Rum
Sh. Ahmed Maher Pasha
Murs Fatimides
Bāb Zuwayla
Sh. Darb el Ahmar
Bazar couvert
Mosquée de Sālih Talā'i
Mosquée de Qigmās el-Ishāqī
Mosquée d'Inal el-Yūsufī
Mosquée d'El-Mehmendār
Mosquée d'Aslam es-Silāhdār
Sh. El-Khiyamiya
Mosquée d'El-Māridānī
Mosquée de Gānī Bek
Sh. Tabbana
Remparts de Salāh ed-Dīn
Mosquée de Ganim el-Bahlawān
Madrasa de Shaban
Mosquée de Sūdūn
Mosquée d'Aqsunqur
Sabil-Kultab de Ruqayya Dūdū
Sh. Bab el Wazir
Mosquée de Khayrbak
Suq es-Selah
Madrasa d'Ylgai el-Yūsufī
Sabīl-kuttab de Tarabāy esh-Sherif
Porte de Mangak
Mosquée d'Aytmish
Mosquée de Gawhar el-Lāla
Mosquée Er-Rifā'ī
Madrasa du Sultan Hasan
Mosquée de l'Emir Akhor
Mosquée El-Mahmūdiya
Bāb el-Azab
CITADELLE

11. — De la citadelle à Bāb Zuwayla.

A g. en entrant, tombeau du sultan 'Alā ad-Dīn Kutshuk, huitième fils de Muḥammad an-Nāṣir, qui ne régna que cinq mois (1351). A dr., tombeau d'Ibrāhīm Āghā orné d'un riche revêtement de marbres d'Italie et de faïences bleues d'Iran. Au S., tombeau d'Āq Sunqur. Le mur E. est décoré de carreaux de faïence persane, à fleurs vertes et bleues sur fond blanc, interrompus par des panneaux à motifs. Celui de dr., dont le motif consiste en un bouquet flanqué de deux cyprès, est surmonté d'une lampe avec les mots « Allāh Muḥammad ».
Dans la salle de prière, remarquer le minbar en marbre polychrome.

Un peu plus loin, le **sabīl d'Ibrāhīm Aghā** (1639 ; *à dr.*) fait face à la **madrasa Sha'bān** (qui abrite une petite école ; *on ne visite pas*) construite par le sultan de ce nom en 1368-1369. La façade, imposante, est percée d'un portail monumental surmonté d'une niche de forme pyramidale avec muqarnas.

Le ***palais ar-Razzāz,** mitoyen de la madrasa, est en cours de restauration. Il fut construit par Qāytbāy en 1483 et transformé au XVIIIe s. par Aḥmad Katkhūda ar-Razzāz. Du sultan médiéval, il reste les vastes salles en pierres de taille, du lieutenant ottoman, les bois et les constructions élégantes des étages.
Le palais est organisé en deux ensembles donnant chacun sur une cour.

La partie N., par laquelle vous êtes entré, présente un **rez-de-chaussée** en pierre de taille, dévolu aux communs.
Un gardien vous conduira au **1er étage** en passant par la porte de Qāytbāy (un bandeau épigraphique la date) au linteau sculpté d'un réseau de fleurons. En sortant de l'escalier, à droite, vous débouchez dans une qā'a dallée de calcaire et couverte de plafonds à solives en bois peint. Le balcon en mashrabiyya donne sur la cour. Une autre qā'a, toujours, domine la rue dont elle est séparée par de beaux panneaux de mashrabiyya. Le plafond de planches jointives est peint de médaillons bleus sur fond rouge.
Un petit escalier de bois mène, au **second étage,** à une troisième qā'a, avec dūrqā'a centrale et deux īwāns latéraux. Les plafonds, du XVIIIe s., dénotent une influence occidentale. L'īwān S. et la dūrqā'a donnent sur la rue Bāb al-Wazīr par des balcons ornés de superbes mashrabiyya surmontées de vitraux au plâtre.

Redescendre dans la cour. Dans l'angle S.-O., un passage couvert permet d'accéder à la deuxième partie du palais.

Les côtés O. et N. de la partie S. du palais ont disparu.
Au **rez-de-chaussée de l'aile S.**, vous verrez tout d'abord le maq'ad construit au-dessus de communs (magasins) : trois hautes arcades brisées prennent appui sur des impostes à stalactites latérales, lesquelles reposent sur deux colonnes hexagonales à chapiteaux en forme de balustres. On entre dans ce maq'ad par une petite porte à droite qui ouvre sur un escalier à une seule volée. Le sol est dallé de pierre sombre d'Aswān. Dans les murs, on voit les niches des anciens placards. Le plafond est à solives arrondies, à section carrée aux extrémités, séparés par des entre-deux à petits caissons, au décor floral turquisant.
Au **rez-de-chaussée de l'aile E.**, une porte à arc surbaissé ouvre sur un couloir qui conduit à la qā'a, salle de réception immense au plan classique : une dūrqā'a entourée de deux īwāns. Dans le mur E. de la dūrqā'a, un défoncement médian, entre deux niches à fond plat, supporte une loge de femmes. Le grand īwān (S.) a un plan en T à triple défoncement, deux latéraux et un central. Les plafonds des īwāns sont à solives arrondies et entre-deux compartimentés ; ils sont peints et font penser à celui du maq'ad. Le défoncement du petit īwān est couvert d'un plafond avec une petite coupole.
A l'extrémité N. de l'aile E., un escalier conduit aux **appartements de l'étage.** Il y a une qā'a à plan classique (dūrqā'a plus basse que les deux īwāns l'encadrant). De chaque côté, on trouve des petites niches et des portes. Dans l'īwān O., le plus étroit des deux, un balcon à mashrabiyya domine la cour. Les plafonds sont peints.

La ***mosquée el-Māridānī** *(plan 11, B2)*, de biais par rapport à la rue, est l'œuvre de l'émir Al-Tunbughā el-Māridānī qui la construisit en 1339-1340. Le **portail** est particulièrement remarquable, avec un linteau et un arc de décharge incrustés d'enchevêtrements en marbre verdâtre et blanc ; au-dessus, petite fenêtre à grille de bronze entre deux colonnettes.

Intérieur à portiques ; le **miḥrāb**, étoilé de nacre, de pierre rouge et d'émail bleu, compte, malgré ses dégradations, parmi les plus beaux du Caire. Notez, sur certaines colonnes, le remploi de chapiteaux antiques. Fait unique au Caire, le riwāq E. est séparé de la cour par une clôture en bois ajouré, en grande partie refaite. A remarquer également les beaux merlons en dents de scie, dont certains sont surmontés de pinacles.

Un peu plus loin, toujours à g., la petite **mosquée El-Meḥmendār**, construite en 1324 par l'émir Aḥmed el-Meḥmendār, offre un portail d'une jolie composition ; façade restaurée en utilisant les parties anciennes.

La **mosquée Qigmās al-Isḥāqī,** l'une des plus riches de la période circassienne, a été construite en 1480-1481 par l'émir Qigmās el-Isḥāqī, écuyer du sultan Qāytbāy. A l'angle de deux rues, elle présente, du côté de l'entrée, une suite de décrochements ajoutant au charme de ses hamonieuses proportions.

L'angle S.-O. est particulièrement intéressant en raison de la masse des incrustations d'un petit sabīl et du portail surmonté d'une belle rosace. Du côté N., une construction en pont reliait jadis la mosquée à une cour d'ablution et à un kuttāb. L'édifice est construit sur un plan cruciforme où les īwāns N. et S. sont réduits à de simples niches, les deux autres s'ouvrant par des arcs outrepassés d'un bel effet. Le saḥn est couvert d'une lanterne octogonale. Richesse des plafonds et des vitraux, qui peuvent compter parmi les plus beaux (restaurés). La salle de prière est revêtue de marbre avec gravures et incrustations (stucs rouge et noir). Le minbar est un chef-d'œuvre de menuiserie et d'art de l'incrustation.

La double frise du ṣaḥn et les plafonds à poutres apparentes des īwāns complètent cet ensemble d'une élégance certaine.

Dans la salle de prière, une petite porte au S. donne accès dans le tombeau où repose non l'émir Qigmās, mort et enterré en Syrie (1486), mais un sheikh du XIXe s. dont le nom, Abū Hureyba sert parfois à désigner la mosquée.

↔ Si vous tournez à dr. après cette mosquée, vous pourrez aller voir, à 200 m de là, la petite **mosquée d'Aṣlam es-Silaḥdār** (1344-1345) dont la coupole conserve quelques restes de décoration en faïence ; intéressantes fenêtres en plâtre ajouré.

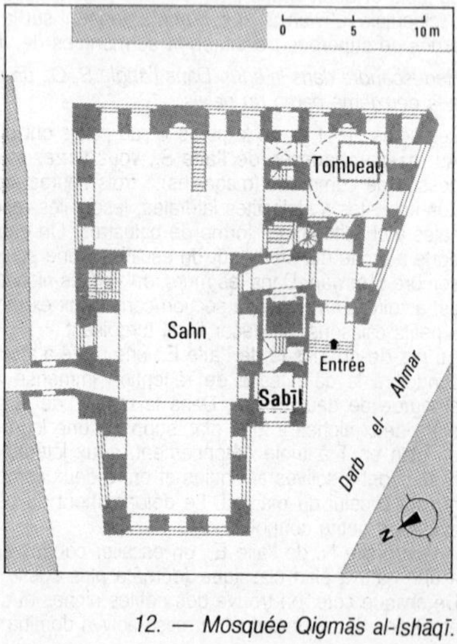

12. — Mosquée Qigmās al-Isḥāqī.

Vous arrivez à Bāb Zuwayla (plan 11, A1) d'où vous pouvez :
— soit interrompre pour un temps votre visite des vieux quartiers : vous trouverez alors plus facilement un taxi en rejoignant la rue el-Azhar (à 500 m env. ; plan couleurs C4) ou en gagnant la place Aḥmed Māher (même distance); à noter que sur cette place se trouve le musée d'Art islamique (→ prom. 1 K);
— soit gagner le quartier d'Al-Azhar plus lentement, en continuant votre visite à partir de Bāb Zuwayla (→ prom. 1 I).

1 H — De la citadelle à Bāb Zuwayla : madrasa de Ḥasan et Khayyamiyya

Promenade de 1 h 30 env., éventuellement combinable avec la précédente : → conseils au début de la description de celle-ci.

La ****madrasa du sultan Hasan** *(plan 11, A4)* est l'un des grands chefs-d'œuvre de l'architecture arabe. Ce monument, d'une vitalité indestructible, joue bien son rôle de bâtiment inattaquable. Il inspire le respect et constitue le reflet vivant, intangible, de l'impérialisme musulman du Moyen Age.

Visite : t.l.j., de 8 h à 17 h (le vendredi, fermé de 11 h 30 à 15 h). Entrée payante.

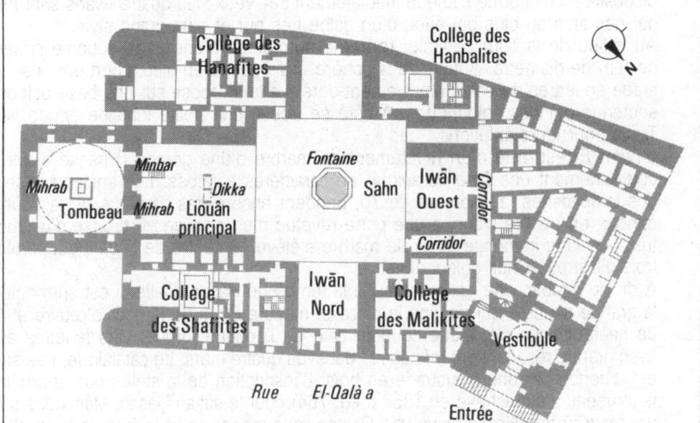

13. — Madrasa du sultan Haṣan.

L'austérité du monument est acquise par la discrétion des motifs décoratifs, par la valeur appropriée des surfaces nues. La masse de la façade est rehaussée par l'importance des saillies, notamment le tombeau et les minarets. Et il faut insister ici sur la corniche vigoureuse qui couronne le sommet des murailles. Cette corniche se compose de plusieurs étages de nid d'abeilles et l'effet en est singulièrement puissant. Face à la citadelle, l'architecte avait surtout voulu donner l'impression de river l'édifice au sol, mais, sur les autres façades, où le passant n'avait plus devant les yeux le terre-plein de la citadelle pour juger de l'ensemble, il fallait l'écraser, l'impressionner d'une autre manière. C'est alors que le maître d'œuvre s'avisa d'un procédé original : il sabra sa façade sur la rue de longues et étroites rainures, dans lesquelles il ménagea les fenêtres nécessaires à l'éclairage. L'effet est saisissant, le contraste des corniches massives qui menacent de tomber, la flèche creuse de cette série de canaux rectilignes, contribuent également à doubler à notre vue la hauteur de la muraille.

La mosquée fut construite de 1356 à 1362 sous le règne du sultan Ḥasan septième fils d'an-Nāṣir b. Qalāwūn. Elle était vite devenue une sorte de forteresse dressée contre la citadelle, aussi le sultan Barqūq fut-il réduit à en faire murer la porte et à en interdire l'accès. Pour en parer sa mosquée, el-Mu'ayyad la dépouilla de ses magnifiques vantaux et de son grand lustre de bronze, qui est auj. au musée d'Art islamique.

La mosquée se présente sous la forme d'un bâtiment rectangulaire, allongé du N.-O. au S.-E., avec un avant-corps (du côté de la citadelle) dominé par une haute coupole de 55 m de haut. Seul subsistant des quatre prévus à l'origine, un immense minaret à trois galeries occupe l'angle S.-O. : c'est le plus élevé du Caire : 86 m de haut. Un autre plus petit s'élève sur la face E. ; il est d'époque postérieure et remplace un minaret écroulé en 1659 ; il n'a que deux galeries. La longueur totale de l'édifice est de 155 m.

Un haut perron donne accès à une magnifique porte de dimensions colossales, avec une voûte en encorbellement décorée de niches stalactites, de compartiments latéraux finement découpés et d'une belle corniche. Tous ces ornements ne sont pas complètement achevés.

On pénètre d'abord dans un **vestibule** de plan cruciforme. De là, un second vestibule suivi de quelques marches conduit dans un corridor. A g., un autre corridor perpendiculaire conduit dans le saḥn, ou grande cour intérieure de 32 m sur 36. La disposition cruciforme saute immédiatement aux yeux ; les quatre īwāns sont formés par des arcs du plus bel effet, d'un galbe très pur et d'un grand style.

Au milieu de la cour centrale, **fontaine** surmontée d'une large coupole sphérique de 8 m de diamètre. Autour de la sphère, jadis peinte en bleu, court une inscription arabe en lettres de bois primitivement doré. Le tout repose sur une base octogonale soutenue par des colonnettes. A côté se trouve une petite fontaine érigée par les Turcs pour leurs ablutions.

L'īwān E. est orné d'un revêtement de marbre d'une grande richesse ayant pour couronnement une frise coranique en caractères kūfiques. Les anciennes chaînes des lampadaires, au nombre de 70, pendent encore des hauteurs de la voûte. Le minbar, en marbre blanc, a une porte revêtue d'un placage en bronze d'un modelé très pur. Une immense dikka de marbre s'élève au centre de l'īwān, supportée par trois pilastres et huit colonnettes.

A dr. du minbar, une grille conduit à la tombe de Ḥasan. Celle-ci est surmontée de la grande coupole qui domine la place et mesure 21 m de largeur d'œuvre et 28 m de hauteur sous clé. Cette coupole date de l'époque turque. Des fenêtres à jour, avec grande rosace, sont ménagées dans les quatre murs. Le catafalque, très simple, est défendu par une balustrade en bois. L'inscription de la stèle nous apprend que le tombeau a été achevé en 1363 (hég. 764) pour le sultan Ḥasan. Mais nous savons par Maqrīzī que Ḥasan disparut à Damas sans laisser de trace lors de la révolte des émirs en 1361, trente-trois jours après l'écroulement, en cours de construction, du troisième des quatre minarets prévus et qui tua trois cents écoliers dans sa chute. Le catafalque a été placé par le grand-neveu du sultan en 1384 seulement.

La mosquée est construite en pierre de taille sans alternance des assises si ce n'est dans les encadrements des portes. Certaines parties sont recouvertes d'un crépi qui ne s'arrêtait qu'aux archivoltes et aux encadrements des portes. Les six portes sont fort belles et méritent d'être examinées en détail.

Chacune des portes latérales (des côtés N. et S.) conduit dans une des quatre écoles annexées à la mosquée. Chacune de ces écoles forme un tout autonome : on y enseignait les quatre rites juridiques de l'islam sunnite. On aperçoit les fenêtres de ces collèges au-dessus des portes. L'enseignement s'y donnait dans l'īwān qui se trouve en chacune d'elles, à l'E., tandis que les trois autres côtés des petites cours sont occupés par des cellules. Les étages supérieurs étaient destinés à l'habitation. Ainsi chacun de ces collèges était-il une mosquée en miniature.

Le sens de l'édifice déborde au-delà du programme visé, pourtant réussi, d'un collège religieux. Rarement talent d'architecte exprima mieux l'idée de force et, à lire les détails de l'histoire contemporaine, on pourrait se demander s'il n'a pas voulu donner une leçon de discipline et d'autorité. Il faut y voir une critique hautaine des pénibles désordres de la rue, des soubresauts vertigineux de la politique, qui nous semblent encore, à travers les textes, comme un tourbillon échevelé. Cette mosquée s'élève, avec une atmosphère générale de vigilance, comme le modèle d'une calme gravité. Jamais œuvre musulmane n'a laissé paraître une telle conviction. Le maître de l'œuvre, en effet, est d'une sincérité éclatante, jusqu'à la cruauté. Au souverain, qui n'arrivait pas à se maintenir sur son trône et finalement y trouva un trépas funeste, il donne, avec une grandeur héroïque, une leçon de persévérance. De nos jours encore, la mosquée du sultan Ḥasan manifeste la volonté de résister, même à l'incurie des hommes. Ainsi commenté par les crises ambiantes, cet édifice prend une valeur insoupçonnée et nous invite à réfléchir. Nous sommes loin de la mélancolie douce, de l'élégance gracieuse, qui caractérisent l'art islamique. C'est l'œuvre idéale pour représenter les rapports du croyant avec Dieu : l'homme met sa fierté à ne pas solliciter la bienveillance divine, mais il proclame, avec la solidité d'un roc, l'unité et la puissance de Dieu. Le minaret s'élève haut dans le ciel, le plus haut possible, mais la masse de sa base est là pour attester qu'on ne saurait l'abattre.

La **mosquée er-Rifā'ī** répond, de l'autre côté de la rue el-Qala'a, à la mosquée du sultan Ḥasan *(mêmes conditions de visite).* C'est un pastiche du règne d'Ismā'īl, achevé seulement en 1912; prévue pour servir de sépulture aux rois d'Égypte, elle abrite les seuls tombeaux des rois Fuād (1868-1936) et Farūq (1920-1965), les autres souverains étant enterrés au Ḥosh al-Bāshā (→ *ci-après, 1L*).

Dans un rayon de 200 m autour de la mosquée du sultan Ḥasan, plusieurs petites mosquées d'époques diverses peuvent, si vous avez le temps, retenir quelques instants votre attention :

— au N.-O., la **madrasa de Sunqur Sa'adī** (1315), dont subsiste essentiellement le mausolée, coiffé d'une coupole assise sur un tambour circulaire pourvu à l'extérieur d'une décoration tapissante en plâtre, d'un très bon style;

— au N.-E., la petite **mosquée de Gawhar al-Lālā'**, construite en 1340 par l'émir de ce nom, avec de jolies mosaïques;

— à l'E., la **mosquée el-Maḥmūdiyya,** monument d'époque turque (1568);

— en arrière de la précédente, la **mosquée de l'émir Akhor,** construite en 1503 par Qanībay as-Sayfī, émir Akhor (= grand écuyer). A quelques mètres de là, au n° 4 du Darb el-Labbāna, subsiste une belle demeure de style mamelouk du XVIe s. *(on ne visite pas).*

La rue Muḥammad 'Alī (ou el-Qala'a = de la Citadelle) a été percée par ce souverain, au XIXe s., dans le tissu urbain ancien : ce fut une des premières grandes artères du plan d'« haussmannisation » du Caire.

La rue as-Serūgiyya, prolongée par la rue el-Khiyamīya *(env. 400 m au N. des mosquées, plan 11, A2; prendre à dr.)* est, quant à elle, le grand axe N.-S. de la ville médiévale. Elle longe successivement :

— la **tekiyya Suleymāniyya,** couvent ottoman;

— la **madrasa Gānim al-Bahlawān** *(plan 11, A3),* construite sous les Mamelouks Baḥrides (1478), sur un plan conciliant celui de la mosquée et celui de la madrasa : par un couloir en chicane, on débouche dans la cour. A votre dr., à l'E., la salle de prière a deux travées; à l'opposé, le riwāq du fond n'en possède qu'une; au S. et au N., les deux īwāns latéraux sont symboliques; la place du premier est en effet occupée par le porche et l'entrée, celle du second par un tombeau. La cour centrale, située une marche plus bas que les īwāns, est couverte d'un plafond à lanternon;

— la **mosquée Ganī Bey**, construite en 426-427 sous la même dynastie, est une mosquée à quatre īwāns autour d'une cour centrale, la salle de prière étant le plus important des īwāns.

Bifurquez à dr. dans le Darb al-Unsayya puis, encore à dr., dans la Ḥāret al-Maridānī.

Le ***palais de Qāytbāy** *(plan 11, A2)* — l'un des plus grands sultans mamelouks (1468-1496) et surtout un grand bâtisseur — s'ouvre par une porte d'époque ottomane d'où un couloir en chicane permet de gagner la cour.

Au S. (à votre g.) est la façade la plus importante, celle où est le maq'ad, au premier étage. Ses trois arcades brisées retombent sur des impostes à stalactites. On entre dans cette pièce par une porte, à droite, ouvrant sur un escalier. Les murs sont ornés de peintures murales représentant des villes ou des paysages. Le plafond peint est à solives rondes à extrémités carrées et à entre-deux à caissons. Il est entouré d'une frise épigraphique sur bois.

A l'angle S.-E. du palais, une porte à double linteau et arc de décharge ouvre sur l'escalier menant à l'étage et au couloir conduisant à une qā'a actuellement très dégradée.

Revenez à la rue principale.

Le long de la rue, qui porte dans cette partie le nom de Khayyāmiyya (rue des Faiseurs de tente : vous verrez d'ailleurs des artisans exerçant encore cette profession) se succèdent :

— la **madrasa Ināl al-Yūsufī** (1393 ; *à dr.*) ;

— le **masgid al-Kurdī** ou **madrasa al-Maḥmūdiyya** en face de laquelle, à g., est la façade des habitations de l'imām al-Kurdī ;

— plus loin, à gauche, au moment où la rue prend l'aspect d'un bazar couvert, le **palais** et la **wikāla de l'émir Raḍwān Bey** qui dota ce quartier d'un ensemble de constructions comprenant des établissements commerciaux, des immeubles résidentiels et toute une infrastructure urbaine. Le palais Raḍwān, construit sur des bâtiments d'époque mamelouke dont le rez-de-chaussée, en pierre de taille, est un vestige, est organisé autour de plusieurs cours : d'abord, une cour d'entrée, puis, après un couloir en chicane, une cour principale.

Dans la cour principale, côté S., un taḥtabūsh dont la colonne, en granit noir, supporte un chapiteau. Au-dessus, se trouve la salle noble du palais dont on voit, de l'extérieur, de beaux balcons à mashrabiyya.

Le maq'ad, au N., au-dessus des écuries, est à trois arcades brisées sur colonnes torses et chapiteaux antiques sous impostes à stalactites. A l'intérieur, les ***murs** sont lambrissés de marbre polychrome.

A l'E., une porte ouvre sur un escalier qui donne accès à la qā'a, de plan classique. Les murs de la dūrqā'a sont creusés de niches ornées de vitraux au plâtre. Dans l'alcôve N. de l'īwān O., un superbe mashrabiyya donne sur la cour.

La **mosquée de Ṣāliḥ Talay** *(plan 11, A1)* est une belle construction fatimide de 1160, restaurée en 1930. Sa façade, d'un type tout à fait inhabituel, comporte cinq ouvertures à arc persans supportés par des colonnes de marbre à chapiteaux corinthiens et reliés par des tirants en bois, formant porche avant l'entrée proprement dite. A l'intérieur, ancienne disposition à portiques dont il ne subsiste que la salle de prière. Le minbar, en bois, d'un joli dessin, est d'époque postérieure.

Vous arrivez alors devant Bāb Zuwayla : → les remarques de la fin de la promenade précédente.

1I - De Bāb Zuwayla à Al-Azhar

Il y a là quelques-uns des plus beaux monuments du Caire ; il y a là aussi quelques endroits tranquilles, cours de mosquées, de monastères ou de palais, parfois parées d'un peu de verdure, où il fait bon s'arrêter un peu à l'écart du grouillement des rues voisines : c'est dire qu'il faut prendre son temps. Accordez-vous au minimum 2 h. Plan 11 pour le début de la promenade, 16 pour la fin.

Vous allez entrer maintenant dans la ville fondée par les Fatimides et dont, à part les murailles, subsiste relativement peu de chose, les dynasties suivantes ayant beaucoup détruit, mais beaucoup construit aussi. La **rue al-Mu'izz li dīn illāh,** ou, al-Mu'izz, que vous allez suivre, en reste, au moins dans son tracé, un héritage : quasiment rectiligne jusqu'à la porte N., Bāb al-Futūḥ, c'était en effet l'artère principale du Caire fatimide, passant entre les deux palais, auj. disparus, qui formaient le cœur de la cité princière.

***Bāb Zuwayla** *(plan 11, A1),* qui tire précisément son nom de celui d'une tribu venue en Égypte sous les Fatimides, marque donc la limite S. de Qāhira à cette époque. Elle s'appuie contre la mosquée el-Mu'ayyad dont elle supporte les deux minarets, cet emplacement ayant été jugé favorable pour permettre à la voix du muezzin de parvenir jusqu'aux fidèles : l'effet produit est aussi heureux qu'inattendu. Sa construction ne comporte pas de différences essentielles avec celle de Bāb al-Futūḥ encore qu'elle soit moins ornée.

C'est sous cette porte que Sélim, le conquérant de l'Égypte, fit pendre son malheureux adversaire le sultan Tumān Bey, le dernier des Mamelouks circassiens.

Cette porte s'appelle également Bāb al-Mutwallī parce que, d'après une vieille légende, un saint homme, Qutb al-Mutwallī, aurait vécu à cet endroit; on racontait autrefois que son esprit séjournait derrière le battant occidental de la porte, où une lueur révélait parfois sa présence : d'où ces lambeaux d'étoffes ou autres objets personnels — accrochés par des malades implorant une guérison — que l'on voit à certains moments suspendus aux clous du revêtement de bronze.

En face de la porte, sabīl construit en 1408 par Farag, fils de Barqūq; sa grille servit longtemps de lieu de pendaison.

La ****mosquée el-Mu'ayyad,** la plus tardive des mosquées à portiques, est l'une des plus remarquables du Caire avec sa coupole à motifs en dents de scie, son haut portail et surtout ses deux célèbres minarets plantés sur les tours de Bāb Zuwayla.

Entrée payante, bakshish pour le minaret.

Elle occupe l'emplacement du Khazānet Shamaïl, où l'on enfermait les criminels. L'émir révolté Mentas ayant vaincu les Mamelouks, enferma dans la khazāna le futur sultan el-Mu'ayyad Abū Naṣr el-Maḥmūdī qui fit vœu, si Dieu le délivrait, de construire une mosquée sur le lieu même de ses souffrances. Commencée en 1415, elle fut achevée en 1420.

Le portail est appareillé d'assises alternativement noires et blanches, en mar-

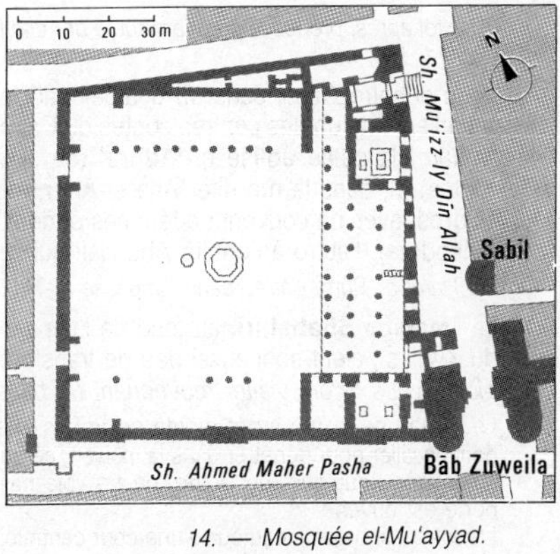

14. — *Mosquée el-Mu'ayyad.*

bre. La partie supérieure du fond de la voûte est occupée par une seule fenêtre ; au-dessous s'ouvre la porte avec ses deux montants de granit et son linteau garni d'enchevêtrements rehaussés de boutons rouges et bleus. Les deux ***vantaux** sont ceux de la porte principale de la mosquée du sultan Ḥasan, achetés par el-Mu'ayyad à l'administration de cette mosquée ; ils mesurent 5,90 m de haut, sont en bois de tilleul, et revêtus à l'extérieur de plaques de bronze ornées de rosaces polygonales travaillées ou repoussées et richement ciselées.

On pénètre dans un vestibule carré dont les hauts tympans sont ornés d'inscriptions en kūfique carré, disposées en damier. A dr., un corridor conduit dans l'intérieur de la mosquée ; à g., un petit vestibule mène au **tombeau du sultan** : c'est une chapelle carrée surmontée d'une coupole ; le catafalque du sultan se compose d'un soubassement rectangulaire en marbre blanc sur lequel repose une caisse en marbre moins haute et en retrait, décorée d'une inscription kūfique en haut-relief. Dans un angle de la chambre, tombeau de l'un des fils du sultan, Ibrāhīm, mort en 1420. Du tombeau, une porte donne directement dans la salle de prière, restaurée au début du siècle, richement décorée : c'est le seul témoignage de l'ancienne magnificence de la mosquée qui a perdu ses riwāqs.

Elle est divisée en trois nefs par des colonnes à chapiteaux variés. Les chapiteaux de la rangée antérieure sont modernes et copiés sur les autres. Des arcs d'une grande hardiesse, allégés par une rangée supérieure de petites fenêtres, surmontent la colonnade et élèvent à 14 m de hauteur un plafond à poutres apparentes et caissons d'une excessive richesse. En face des travées ainsi formées s'ouvrent, dans le mur du fond, sept niches ogivales formant, celle du centre un superbe ***miḥrāb** avec colonnes à chapiteaux stalactiformes, et les six autres six fenêtres, le tout compris dans une décoration en marbre plaqué.

A dr. de la dernière baie, une travée se distingue par un remplissage en faïence avec médaillons dans les tympans.

La façade de la salle de prière rappelle la cour de la mosquée al-Azhar avec son décor de niches aveugles en arc persan à motifs rayonnants alternant avec des rosaces.

Le **minbar** est une superbe menuiserie en grande partie restaurée. Les deux portes S. de la salle de prière, également restaurées, sont du même style. Elles s'ouvrent dans le tombeau du harem impérial, dont la coupole n'existe plus.

Suivez la rue al-Mu'izz vers le N.

Le **sabīl** rond **de Muḥammad 'Alī** *(à env. 100 m)* est typique des formes retenues par le XIXe s. égyptien pour ce genre d'édifices.

Aussitôt après, prenez la première rue à dr., dite Ḥāret ar-Rūm (ruelle des Chrétiens ; plan 11, B1).

Vous pénétrez ainsi dans un quartier traditionnellement chrétien et qui reste actuellement l'un des centres coptes du Caire. Vous pouvez y visiter *(24, Ḥāret ar-Rūm)* la petite **église el-'Adhra'** (de la Vierge ; quelques icônes intéressantes) et, dans la rue dite 'Atfa el-Amīr Todros, au nº 10, le **monastère de Todros,** avec un couvent de femmes et deux chapelles, l'une dédiée à Todros (Théodore), l'autre à l'ermite Abū Nāfi qui vécut là au IIIe s.

Du Ḥāret ar-Rūm, entrez dans l'impasse at-Tetrī (2e à dr.).

La ***maison Shabshīrī,** au fond de l'impasse, est l'une des rares qui, datant du XVIIe s., aient subi aussi peu de transformations *(les gardiens, logeant sur place, vous feront visiter moyennant un baqshīsh).*

Le niveau de la rue ayant monté en trois siècles, il faut maintenant descendre un petit escalier pour pénétrer dans la maison, ce que l'on fait par une entrée en chicane aménagée pour que, de la rue, on ne voie pas l'intérieur de la maison lorsque la porte est ouverte.

L'édifice est organisé autour d'une cour centrale. La façade S. est la plus belle, avec

son ***maq'ad,** largement ouvert sur la cour par deux arcades à arcs outrepassés reposant sur une colonne à chapiteau composite. Il est situé au premier étage, au-dessus de deux magasins fermés par des portes jumelles à arcs persans.
La façade E. comprend au rez-de-chaussée un ***taḥtabūsh,** surmonté de plusieurs balcons en encorbellement.
On pénètre dans les étages par un escalier au N.-O. de la cour. La pièce la plus importante (14 m × 4,30 m) en est la qā'a, située au second, dans la partie E. de la maison, et offrant un plan classique : dūrqā'a centrale et īwāns extrêmes. Ceux-ci sont ornés de placards en bois et de lambris de marbre polychrome. Leurs beaux plafonds peints, à caissons, sont d'origine. Celui de la dūrqā'a, au même niveau que ceux des īwāns, est dû à une restauration moderne; la couverture originelle, plus haute, devait laisser passer la lumière. Les mashrabiyyas, dans le mur O. de l'īwān N. et dans le mur du fond de l'īwān S., en hauteur, devaient permettre aux femmes d'assister aux réunions masculines sans être vues elles-mêmes. Le petit balcon en bois (avec mashrabiyyas et placards), attenant à la dūrqā'a, est postérieur à la construction de la maison (XVIIIe s.).

Revenez à la rue al-Mu'izz et prenez la 2e ruelle à dr.

La **mosquée al-Fakahānī** est une construction de l'époque ottomane (1736) occupant l'emplacement d'une mosquée fatimide dont elle a probablement récupéré les portes.

Continuez par la même ruelle, sur la dr.

La ***maison Gamal ad-Dīn ad-Dahābī,** au n° 6 *(plan 11, B1),* est l'un des plus beaux témoignages de l'architecture civile ottomane du Caire. Un couloir en chicane conduit dans une cour dont la façade S. est celle d'un maq'ad à deux arcs avec balcon à mashrabiyyas. Une jolie petite porte à l'angle O. donne accès au maq'ad. Cette charmante construction, qui était la demeure du chef de la corporation des commerçants, est datée de 1047 hég. (1637 apr. J.-C.).

Revenez à la rue al-Mu'izz.

La **madrasa al-Ghūrī** *(plan 16, A4)* fut construite en 1503 par le dernier des grands sultans mamlouks (Al-Ghūrī, 1501-1516). En façade, on voit un **sabīl-kuttāb** en décrochement.

On accède à la porte, monumentale, par un escalier, puis un couloir en chicane mène au cœur de cet édifice au plan cruciforme mais dont la salle de prière est plus importante que les trois īwāns. La cour centrale, une marche en contrebas, est couverte d'un lanternon. Les īwāns ouvrent sur celle-ci par de grands arcs en fer à cheval. La salle de prière, trop large pour porter une voûte, est couverte d'un plafond à solives. Le miḥrāb, comme le mur qiblī, est lambrissé de marbre polychrome. Le **minaret,** au sommet duquel vous pouvez monter, est constitué d'un socle et de trois étages rectangulaires; il est terminé par des bulbes et est probablement d'influence syrienne.

Le **mausolée de Ghūrī** fait face, de l'autre côté de la rue, à la madrasa; construit l'année suivante (1504), il offre quelques similitudes avec celle-ci, il est remarquable par le **sabīl-kuttāb** faisant corps avec le tombeau et le **portail,** reproduction de celui de la madrasa. *Centre de la culture, on y donne tous les mercredis et samedis des spectacles de danse soufie à 20 h.*

Le vestibule carré où l'on pénètre est orné d'un plafond à caissons. La porte de dr. conduit sous le dôme. Structure curieuse : les pendentifs sont les plus amples qu'on connaisse; ils s'étalent dans les angles sans beaucoup de relief. La coupole est une médiocre restauration. Les murs ont leur partie supérieure tapissée d'arabesques, mais gâtée par des fenêtres en complet désaccord avec le style de l'édifice. Au-dessus du soubassement règne sur trois murs une inscription en kufique découpée dans la pierre; le quatrième mur (E.) est beaucoup plus orné. A noter les boiseries des armoires, à dr. et, à g. du miḥrāb, belles pièces qui ressemblent fort à celui de la madrasa, d'anciennes menuiseries primitivement rehaussées de couleurs et de dorures.

Vous débouchez ensuite dans la rue el-Azhar, qui traverse la ville fatimide d'E. en O. et fut percée au XIXe s. Prenez une ruelle à dr., pour aller visiter un autre édifice, commercial cette fois, du même sultan : la ***wikāla al-Ghūrī** *(plan 16, A-B4)*, l'un des plus beaux établissements de ce genre au Caire. Construite à la même époque que la madrasa et le mausolée, elle abrite un centre artisanal bédouin et persan dont la visite est d'autant plus agréable que l'accueil y est fort aimable *(visite : t.l.j. de 9 h à 17 h; pendant le ramaḍān, de 9 h à 11 h et de 14 h à 16 h; entrée payante).*

Pendant le mois de ramaḍān, on y donne, le soir, des spectacles théâtraux.

La même rue longe à dr., env. 100 m plus loin, le sabīl-kuttāb puis la superbe façade de la **wikāla de Qāytbāy** (1477 : *on ne visite pas*), rythmée par les ouvertures des boutiques extérieures (beaux linteaux ouvragés) et par le portail monumental. Remarquez, en face, le portail de la mosquée el-Azhar (→ ci-après; comparable à celui de la façade O.). Viennent ensuite la cité universitaire et la **maison Zaynab Khatūn**, encombrée d'échafaudages.

Tournez à dr. dans la rue zuqāq al-'Aynī (hors plan).

La ***maison Hirrāwī,** au fond de la rue, est en grande partie du XVIIIe s.; on y entre néanmoins par une porte du XIXe, l'édifice étant le résultat de divers remaniements, comme on peut le constater dès l'examen des façades : à dr., la partie S. de la façade O. (porte à linteau droit et à motifs étoilés) est XVIIIe alors que la partie N. de cette même façade (porte et fenêtre à arc brisé outrepassé) est XIXe; à g. (à l'E.), le mur percé de deux portes, une à linteau droit au-dessus duquel sont rosaces et entrelacs et l'autre à arc segmentaire godroné, est, bien que XVIIIe aussi, postérieur à la construction de la maison.

La porte à linteau droit donne, indirectement, dans une grande qā'a en pierre de taille orientée N.-S. (une dūrqā'a centrale encadrée de deux īwāns extrêmes, une marche plus haut), antérieure à la construction du reste de la maison. Le dallage en marbre polychrome de la dūrqā'a, avec une fontaine centrale intégrée dans les motifs géométriques, est remarquable. Dans les murs latéraux, certains grands défoncements à fond plat sont percés de baies verticales. Les īwāns sont dallés de calcaire blanc et couverts de plafonds peints à solives apparentes à bords arrondis.

A l'**étage** *(monter par la porte dans la façade O.)*, voir une autre grande qā'a, perpendiculaire à la première, aux īwāns décorés de placards et aux plafonds peints à solives apparentes à bords arrondis; le mur S. de la dūrqā'a, à côté d'un placard, est percé d'une suffa à trois arcs retombant sur des colonnettes torsadées, et la partie supérieure du défoncement N. de l'īwān O. comporte une loge pour les femmes; dans l'īwān E., grand mashrabiyya inscrit.

En sortant de la maison Hirrāwī, à l'O. *(à g.)*, voir la **maison de Sett Wasīla.**

Revenez sur vos pas jusqu'à la mosquée el-Azhar.

La *****mosquée el-Azhar** *(plan 16, B4)*, «la mosquée splendide», dont le nom, venant de celui de la fille du Prophète — Fāṭima —, rappelle l'origine fatimide, se compose, dans son état actuel, d'un amalgame de constructions de diverses époques autour d'un noyau primitif appartenant au type à portiques. Elle couvre une superficie de près d'un hectare; elle a cinq minarets et six portes; ses portiques se composent de **trois cents colonnes** en marbre dont beaucoup proviennent d'édifices antiques. Entourée d'habitations sur trois côtés, la mosquée était peu visible de l'extérieur jusqu'à la percée de la rue el-Azhar qui a dégagé la façade O., la partie N. et la **porte des Barbiers** élevée par Qāytbāy en 1469 et précédée d'un portail à double arceau construit par 'Abd ar-Raḥmān Katkhudā au XVIIIe s.

Visite : t.l.j. de 9 h à 19 h (le vendredi fermée de 11 h à 13 h). Entrée payante.

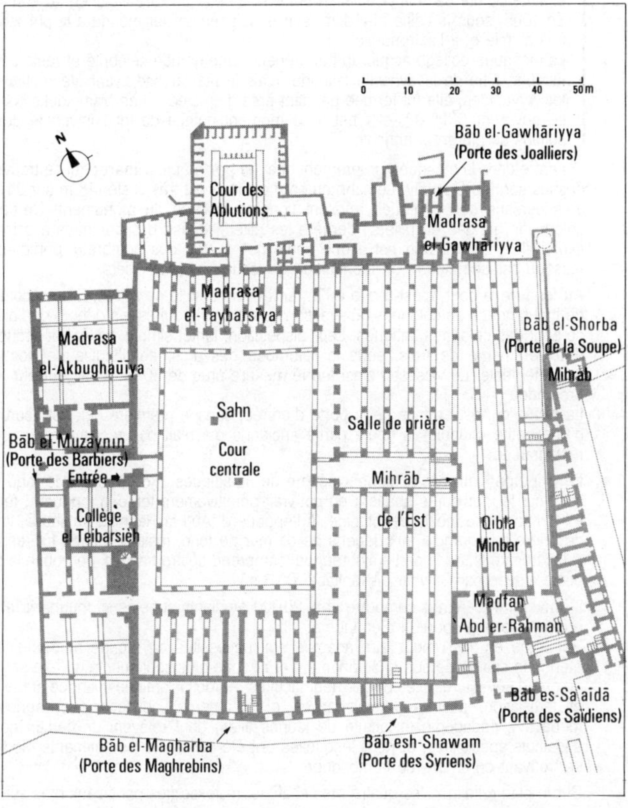

15. — Mosquée el-Azhar.

Passé cette porte on pénètre dans une petite cour, ayant à sa g. le **collège Aqbogha** (auj. bibliothèque) et à sa dr. le **collège el-Taybarsiyya**, élevé en 1309 par l'émir Taybars, commandant de l'armée (à l'intérieur, miḥrāb d'une grande beauté et seul vestige datant de la construction). Le reste du monument a été reconstruit par 'Abd ar-Raḥmān Katkhudā. Dans l'angle N.-O., tombeau de l'émir Taybars.

La mosquée al-Azhar n'était pas à l'origine l'université qu'elle est devenue. Elle avait été fondée en 970 (et terminée en 972) pour être la mosquée principale de la nouvelle ville fatimide el-Qāhira, comme la mosquée d'Ibn-Ṭūlūn était la mosquée principale d'al-Qaṭā'i' et celle de 'Amr la mosquée principale de Fosṭāṭ.
Dès 988 un collège y fut établi par le calife el-'Aziz, fils du calife el-Mu'izz, pour les étudiants shi'ites (le rite que pratiquaient les Fatimides) afin qu'ils propagent ensuite ce rite dans la population qui était à cette époque attachée au sunnisme. En 1005, sous le calife el-Ḥākim, son enseignement fut étendu à la philosophie, à la chimie et à l'astronomie.
La mosquée-collège acquit de bonne heure une grande célébrité et resta ouverte jusqu'à la fin de la dynastie fatimide, mais le rite sunnite ayant été restauré par les Ayyūbides, elle fut fermée pendant près d'un siècle. Les Mamelouks baḥrides la rouvrirent (XIIIe s.), et c'est à ce moment qu'elle devint l'université que les sultans se plurent à enrichir.

On entre dans la mosquée proprement dite : la **porte** et le **minaret** qui se trouve au-dessus sont de Qāytbāy. Le saḥn ou cour centrale est très vaste (48 m sur 34). Les arcs persans des portiques révèlent l'origine fatimide du monument. Derrière la colonnade, rangée de piliers ; derrière les piliers reprise des portiques à colonnes, sauf à l'O., où le riwāq est à une seule nef. L'effet des nombreux portiques est masqué par une clôture en menuiserie qui court entre les piliers.

Au fond de la cour, c'est-à-dire à l'E., se trouve la salle de prière. Elle se compose de huit rangées de colonnes, abstraction faite de celle qui est en dehors des piliers : ce sont des colonnes antiques. Leur disposition, tantôt simple, tantôt par groupe de deux et même de trois, sous la retombée des arcs, est l'indice de nombreux remaniements. Le vaisseau ainsi formé mesure près de 80 m de largeur sur 50 de profondeur.
La travée qui est en face de la porte d'entrée, dans la première nef, est couronnée d'une petite coupole, la seule partie ancienne qui n'ait pas réclamé les soins du restaurateur.

Le **principal miḥrāb**, richement décoré de mosaïques, n'occupe pas le fond de la salle car le mur qui le soutient en couvrait primitivement toute la longueur, fermant à l'E. l'ancienne mosquée fatimide. A l'époque d''Abd ar-Raḥman Katkhudā, la salle de prière fut agrandie aux dépens de ce mur de fond, mais le miḥrāb fut respecté. A l'extrémité N. de la partie ajoutée, qui comprend quatre travées, se trouve la petite école élevée par Gawhar el-Kankabaï (XVe s.).

L'**université al-Azhar** comporte env. 20 000 étudiants appelés ici mughāwirīn, dont une très forte proportion d'étrangers.
Réformée en 1961 pour être adaptée aux nécessités du monde moderne, elle a étendu le champ de son enseignement et ne joue plus seulement son rôle séculaire de grand séminaire. Elle compte neuf facultés (études islamiques, langue arabe, droit et législation, affaires administratives et commerce, polytechnique, agriculture, médecine, pédagogie et faculté de jeunes filles) dont relèvent un certain nombre d'instituts spécialisés, et pour lesquelles ont été construits les bâtiments modernes se trouvant en arrière de la mosquée.

Sur le plan religieux, les quatre rites shafi'ite, malekite (les principaux rites suivis en Égypte), ḥanafites (turcs) et hanbalites (quelques Arabes du Hedjaz) ont des représentants dans la mosquée. Les étudiants se répartissent dans les riwāqs et ḥaras ; chacun des quartiers a son nāṣir ou inspecteur au-dessus duquel est le grand sheikh d'al-Azhar. La **bibliothèque**, installée dans l'ancien collège Aqbogha, bâti par l'émir Aqbogha au XIVe s., possède un intéressant miḥrāb enrichi d'une superbe mosaïque dans la grande salle ; elle contient plus de 60 000 volumes dont 15 000 manuscrits.

Si vous ne désirez pas, pour l'instant, poursuivre votre découverte de la ville ancienne par la promenade suivante (1 J), vous pouvez éventuellement, s'il vous reste un peu de temps, vous rapprocher du centre ville en faisant à pied une partie du chemin : suivez pour cela la rue Gawhar el-Qā'id (plan 16, A3-B4) qui traverse le vieux quartier du Muskī avant d'atteindre la place el-'Ataba où vous trouverez un taxi : point de monument, mais le spectacle vivant d'un marche, extrêmement animé et coloré, où vous pourrez peut-être faire quelques emplettes.

1 J - Du Khān al-Khalīlī à Bāb al-Futūh

Ici aussi s'élèvent quelques-uns des plus beaux monuments du Caire ; ce sont aussi les plus connus et, sans doute, les plus visités, un peu grâce à la proximité du (trop ?) fameux Khān al-Khalīlī. Non compris, donc, le temps que vous passerez à flâner de bijouteries en marchands de tapis, réservez-vous à peu près ***3 h*** *si vous n'aimez pas les promenades au pas de charge ; si vous êtes pressé, vous pouvez vous limiter, en 2 h, à la première moitié du circuit, jusqu'à Bāb al-Fūtūh, d'où vous reviendrez à votre point de départ par le même chemin.*

Point de départ de la promenade : en face de la mosquée al-Azhar, côté N. de la rue, au pied de la passerelle. A proximité se trouvent un arrêt de bus (le 66 conduit à mīdān et-Taḥrīr), une station de taxis et un parking où vous pouvez tenter de trouver une place si vous utilisez votre voiture.

On est, ici encore, à l'emplacement de la ville des Fatimides : ici en était le cœur, avec leurs palais dont il ne reste plus trace ; l'époque elle-même n'a pas laissé plus de vestiges que dans la partie S. de leur cité *(V. début de la promenade précédente)* si ce n'est cette **rue al-Mu'izz li dīn illāh** qui va rester l'axe principal de la promenade.

Le **Khān al-Khalīlī** *(plan 16, B3-4),* entre la rue al-Mu'izz et la mosquée Sayyidnā el-Ḥusayn, a été établi dès les premiers temps de l'époque mamelouke, en 1292, par le sultan el-Ashraf Khalīl, fils de Qalāwūn, sur l'emplacement qu'occupaient auparavant les tombeaux des anciens califes fatimides, puis fut agrandi sous le règne de Qansūh el-Ghūrī qui le dota en même temps du large portail (**Bāb el-Badistān** ; 1511 ; à peu près au centre du marché actuel) où se lit encore son nom. C'est là que se trouvaient réunis les bazars des tapis, des soieries et des étoffes brodées.

S'il est le seul à avoir conservé son importance passée, le Khān el-Khalīlī n'en n'a pas moins perdu une partie de son pittoresque, en raison même de sa célébrité. Au grand marché populaire qu'il était, vendant uniquement ou presque des produits de l'artisanat local, est venu s'ajouter le commerce des objets manufacturés et de toutes sortes de « souvenirs de l'Égypte », et sa vocation touristique, s'affirmant de jour en jour, lui enlève de son originalité.

Les rues commerçantes qui l'entourent conservent en revanche encore beaucoup d'intérêt ; tous les artisans n'ont, heureusement, pas disparu et la rue elle-même vit intensément ; dans un mélange tout oriental d'odeurs agréables et fétides, de parfums délicats et de poussière, et sous le regard tranquille des fumeurs de narghileh, c'est un extraordinaire fourmillement d'enfants aux pieds nus, d'hommes en pyjama, en costume traditionnel ou européen, de femmes voilées ou non mais toujours enveloppées dans leur sebleh d'étoffe noire et surchargées de fardeaux et d'enfants, de bourricots au pas saccadé, de charrettes nonchalantes, de cyclistes audacieux, de touristes. Plus qu'un quartier à « visiter », c'est un quartier où il faut venir flâner, par exemple en fin d'après-midi, libre de toute contrainte horaire, sans appareil photographique (c'est parfois un obstacle aux contacts humains) ; ici vous pourrez discuter sans fin de choses et d'autres, boire un thé au pittoresque **café Fishāwī**, marchander çà et là l'objet de vos rêves, accepter, peut-être, un café de votre interlocuteur.

Gagnez le carrefour des rues el-Azhar et el-Mu'izz (plan 16, A4-B1) et engagez-vous, au N., dans celle-ci.

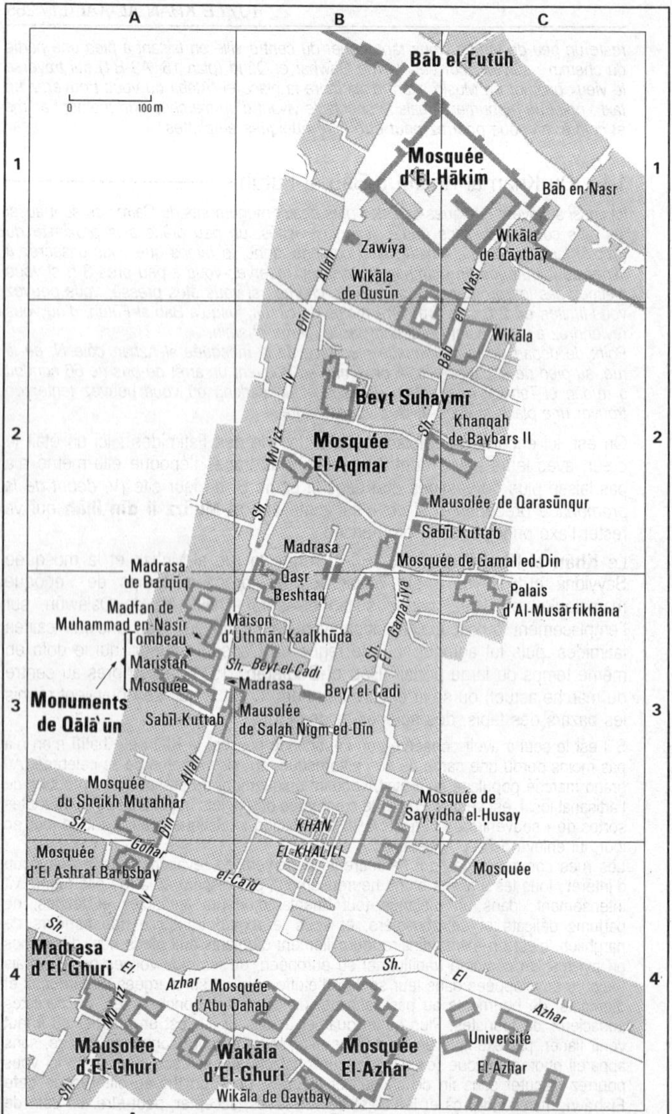

16. — Du Khān el Khalīlī à Bāb al-Futūh.

La **rue al-Mu'izz li dīn illāh** est l'axe principal de tout ce quartier, qu'elle traverse en ligne droite du N. au S., bordée d'abord d'échoppes de parfumeurs et d'épices. Une centaine de mètres après la rue el-Azhar, elle coupe la rue Gawhar al-Qā'id (ou du Muski), non moins animée, et à l'angle de laquelle s'élèvent la **mosquée** et le **sabīl d'el-Ashraf Barsbay**, construits en 1425; de l'autre côté de la rue Gawhar al-Qā'id, mosquée et sabīl-kuttāb du sheikh Mutahhar (1744), du style si caractéristique de l'époque turque.

La rue pénètre ensuite dans ce qui fut le Khurdagiyya (bazar des cuivres); les échoppes sont auj. un peu dispersées dans toute la vieille ville, mais les ateliers artisanaux sont encore très nombreux dans le secteur desservi par la ruelle s'ouvrant à g. Aussitôt après, elle traverse une partie du **sūq as-Sā'ighīn** (bazar des orfèvres) et laisse à dr. la rue al-Qamṣagiyya (des chemisiers), l'une des entrées du Khān el-Khalīlī.

Le long de la rue al-Mu'izz se suivent, un peu plus loin à dr., plusieurs monuments :

— la **madrasa du sultan Ṣalāḥ Negm ad-Dīn Ayyūb** (1241-1244; la base est cachée par les boutiques) : il n'en reste qu'un mur, surmonté d'un minaret d'inspiration fatimide et construit — ce fut une innovation — juste au-dessus de la porte; cette madrasa fut la première à enseigner à la fois les quatre rites orthodoxes de l'islam;

— le **sabīl-kuttāb de Khusro Bāshā** (1535), construction turque encore empreinte du style mamelouk;

— le **mausolée de Ṣalāḥ Negm ad-Dīn Ayyūb,** mort au camp de Manṣūra en 1249; construit en 1250 par la veuve du sultan, Shagaret ad-Dorr, l'édifice se ressent encore, comme la madrasa, de certaines influences fatimides;

— les vestiges de la madrasa du sultan Baybars I el-Bondoqdāri (1262-1263).

Le ****mausolée de Qalāwūn** *(plan 16, A3; entrée payante),* du côté g. de la rue, a été élevé en 1284 par le sultan de ce nom et achevé en 1293 par son fils Muḥammad an Nāṣir; il comprend en fait une mosquée-madrasa (à g.) et un tombeau (à dr.), en arrière desquels se trouvait un hôpital ou maristān.

La ***façade,** régulièrement percée de baies et couronnée de gracieux merlons, a grande allure; les grandes ogives à baies géminées évoquent le souvenir de notre architecture normande; les claires-voies en plâtre des fenêtres sont étoilées de polygones variés.

Le **minaret** situé à l'angle N.-E. du tombeau est imposant, bien qu'un peu massif. Il est formé à sa base de trois parties carrées d'un diamètre inégal, d'une terrasse octogonale, puis d'un tambour cylindrique sculpté que surmonte un bonnet ovoïde d'époque récente.

La **porte principale** du groupe se trouve dans un renfoncement. Elle est à trois étages, mais l'étage supérieur est moderne, ainsi que le grillage en fer forgé de l'étage intermédiaire. L'ensemble est néanmoins d'un effet à la fois simple et élégant : la pierre noire vient accentuer le parti adopté par le décorateur, pas de stalactites mais, sous un arc de peu de relief et reposant sur des piédroits flanqués de colonnes d'angles, la porte avec son linteau orné d'inscriptions. Au-dessus, fenêtres géminées avec colonnettes. L'arc supérieur, dont le remplissage est moderne, est outrepassé à la manière mauresque.

Cette porte monumentale donne accès à un couloir dont les côtés sont ornés de faux arcs. La 1re porte à g. conduit dans la **madrasa**, de plan cruciforme, qui ne présente guère d'autre intérêt que son miḥrāb, du même style que celui du mausolée.

La 1re porte à dr. donne accès au tombeau lui-même, mais l'on y entre auj. par la seconde : l'on est alors dans une sorte de vestibule à ciel ouvert avec le tombeau à dr.

Ce ****tombeau** est un monument étrange dans lequel il faut pénétrer, car si tout y est calme et silence, la lumière lance des « pastilles de couleur dans tous les sens ». C'est peut-être là qu'il faut entreprendre une initiation de l'art musulman, se laisser gagner par l'enthousiasme devant l'harmonie, la cadence des entrelacs, leur qualité et leur bon goût, en admirer la souplesse et l'éclat ; grâce aux jeux de la lumière tamisée, l'ornementation semble revêtir une forme plastique. Ce sont sans doute des ramages splendides, d'une exubérance un peu touffue, entachés d'exagérations : c'est un luxe ostentatoire qui donne l'impression d'une broussaille et qui s'étale au détriment de la netteté. Convenons néanmoins que cette série ininterrompue de décors finement traités, sinon délicats, finissent par constituer par leur amoncellement même un fond du décor.
Dans une **salle carrée** sont diposées en octogonale quatre colonnes monolithes en granite rose combinées avec quatre piliers. Sur ces huit supports reposent des ogives outrepassées avec l'intrados et l'archivolte ouvragés comme une dentelle, puis une rangée de fenêtres géminées ouvertes dans le tambour de la coupole. Les **plafonds** des bas-côtés sont à poutres apparentes et à caissons (les travées du côté du miḥrāb sont encore pourvues de leur plafond à caissons octogonaux en très bon état).
Le **miḥrāb**, d'une rare beauté, est flanqué de colonnes à chapiteaux caliciformes et sa niche revêtue d'une riche mosaïque combinée avec des rangées d'arceaux de marbre minuscules.
Les **mosaïques** des murs et des piliers rectangulaires sont les plus beaux spécimens de cet art au Caire. Le catafalque du sultan occupe le centre, entouré d'une grille en bois, tournée et sculptée, d'un grand style.

Revenant dans le couloir, et continuant droit devant soi, on arrive à un autre couloir perpendiculaire, entrée d'un vaste système de constructions qui occupe l'emplacement de l'ancien **maristān** dont il ne reste pratiquement rien. C'est par là que vous pourrez, en vous faisant accompagner du gardien, accéder au **minaret** d'où vous aurez une **vue intéressante** sur l'ensemble du quartier, et contempler de plus près la guipure de plâtre qui recouvre la partie carrée du minaret du monument voisin.

⟶ Dans la rue Beit al-Qāḍī (juste en face du tombeau de Qalāwūn), vous pouvez aller voir, au no 9, la **maison** dite **d'ʻUtmān Katkhuda** qui conserve la très belle ***qā'a** de l'ancien palais de Muḥibb ad-Dīn al-Mu'aqqa (1350). Cette qā'a, située au rez-de-chaussée, offre un plan classique : une dūrqā'a centrale, pavée de mosaïque de marbre polychrome, et encadrée de deux īwāns, situés une marche plus haut. Au centre est une fontaine (fisqiyya), dans le même appareil. Dans les murs E. et O., des renfoncements médians, entre deux niches à fond plat, supportent les loges des femmes, garnies de mashrabiyyas, comme dans le palais ar-Razzaz. De même, l'īwān principal (N.) a un plan en T à triple défoncement, deux latéraux et un central. Les plafonds sont à solives arrondies à section carrée aux extrémités. Le défoncement du fond (la partie la plus au N. de la qā'a) est couvert d'une grille : il s'agit d'un système d'aération permettant de capter les vents (frais) du N. La dūrqā'a est couverte d'un haut manwar (restauré au début du siècle). Le mur du fond de l'īwān S. est percé d'une niche, recouverte d'un panneau de bois à stalactites (saḍrawān) qui devait surmonter une fontaine.
Seule cette salle de l'ancien palais mamelouk se visite.

Un peu plus loin, la rue Beit al-Qāḍī aboutit à la place du même nom où se trouve, à dr., l'un des plus jolis monuments de l'architecture civile, le Beit al-Qāḍī, maq'ad (ou loggia) d'un ancien palais de l'émir Mamay as-Sayfī construit en 1496 (901 hég.). Élégante façade avec cinq arcades et portail en niche à stalactites. Ce maq'ad était situé au fond d'une cour qui devait avoir les dimensions de la place actuelle. Au-dessus des arcs, frises avec inscriptions et, dans les tympans, blasons et ornements ; au fond du maq'ad, grande gorge ornée d'une inscription monumentale avec de grands caractères dorés sur fond bleu.

Le **mausolée de Muḥammad an-Nāṣir,** mort en 1340, est adjacent aux monuments de Qalāwūn, son père. Comprenant une madrasa et un madfan (tombeau), auj. très ruinés, il conserve essentiellement sa belle façade et le minaret qui la surmonte.

On sait par Maqrīzī que le portail, de style gothique, provient de l'église de Saint-Jean d'Acre, détruite par le sultan el-'Azīz, frère d'en-Nāṣir, et fut transporté au Caire comme trophée de victoire. Le bandeau épigraphique de la façade nous apprend que l'ensemble fut construit par Muḥammad en-Nāṣir de 1295 à 1304. L'étage inférieur du minaret est orné de rinceaux en plâtre, fouilles d'arabesques d'une grande beauté.
En face, sabīl d'époque turque.

La ***madrasa el-Barqūqiyya,** à la suite du mausolée d'en-Nāṣīr, est l'œuvre du sultan Barqūq qui la construisit de 1384 à 1386. Son aspect extérieur, très élégant, évoque, dans une certaine mesure, la madrasa du sultan Ḥasan. La niche du portail est un beau travail de mosaïque à deux tons ; la coupole est sans ornement ; le minaret octogonal est à trois galeries (les balcons sont modernes) et le dernier étage, à colonnettes, est couronné d'un bulbe. Les vantaux de la porte ont été restaurés : placage en bronze à ornements polygonaux avec incrustations d'argent.

Un long couloir conduit dans le **saḥn** ; disposition intérieure cruciforme. Les fenêtres des logements s'ouvrent dans des niches plates dont les arcs sont chevronnés, au bas, portes plaquées de bronze (au nombre de six) et ayant le linteau et l'arc de décharge simulés par des arabesques incrustées. La fontaine est imitée de celle de la madrasa du sultan Ḥasan.
Le riwāq E., plus important, est divisé par quatre colonnes de porphyre en trois nefs recouvertes de plafonds (restaurés). La dikka (moderne) est une copie de celle de la mosquée al-Mu'ayyad. Les vitraux de la travée centrale sont anciens. Au N. du riwāq, porte conduisant dans le tombeau de la fille du sultan Barqūq. Coupole à pendentifs en bois et vitraux. Le tombeau du sultan est dans la nécropole hors de la ville.

Continuez à suivre la rue al-Mu'izz.

Le ****palais de l'émir Beshtāq** *(plan 16, B3),* beau-frère du sultan an-Nāṣir, a été construit de 1334 à 1339 ; il vient d'être restauré par l'Institut allemand en même temps qu'un certain nombre d'édifices de ce quartier. Pour cette brillante restauration, l'architecte suisse Philipp Speiser a reçu le prix Aghā Khān 1985.

On y entre par le darb Qirmiz, petite rue perpendiculaire à la rue al-Mu'izz.

La porte, en contrebas de la cour (ce qui n'était pas le cas à l'époque mamelouke) s'ouvre par un arc en ogive ; remarquer, en haut à gauche, un blason mamelouk. La pièce d'entrée est couverte de jolis plafonds ; au fond, un mastaba. A g., un couloir mène à une grande salle, à voûtes d'arêtes, dont on ne connaît pas la fonction (écuries ?).
A l'étage, la magnifique **qā'a,** de 30 m sur 11,50 m et de 26 m de haut, est organisée de façon classique : une dūrqā'a centrale et deux īwāns extrêmes situés une marche plus haut et séparés de la dūrqā'a par de grands arcs brisés outrepassés retombant sur des pilastres. Dans le fond de l'īwān E., un arc du même type, mais moins élevé, s'ouvre devant un défoncement où siégeait l'émir. De part et d'autre de la dūrqā'a, des bas-côtés à triple arcature reposant sur des colonnes et des chapiteaux antiques sont surmontés d'une galerie pour les femmes. L'īwān O. domine la rue al-Mu'izz

dont il est séparé par des fenêtres à barreaux surmontées de vitraux en culs de bouteilles enchâssés dans du plâtre ; au-dessus est une rosace du même style. On trouve les mêmes vitraux sur les quatre côtés du lanterneau central qui surplombe la dūrqā'a. Les plafonds en bois peint, à coupelles octogonales, sont remarquables. Au S., une chambre carrée est elle aussi couverte d'un plafond à coupelles. Un escalier permet de se rendre dans la galerie des femmes et sur la terrasse d'où l'on a un point de vue intéressant sur le quartier.

↛ En sortant du palais Beshtāq, vous pouvez continuer à suivre le darb Qirmiz vers l'E. *(à dr.)* jusqu'à un escalier, sur la dr., menant à la petite **madrasa Miṭqāl**, au plan cruciforme (pour l'enseignement des quatre rites de l'islam sunnite), elle aussi restaurée par l'Institut allemand. A g. en sortant de la madrasa, prendre un passage couvert. La rue qui le suit vous ramènera à la place Beit al-Qāḍī *(voir plus haut)* à laquelle vous tournerez le dos pour prendre, au N.-E., une rue conduisant à la **madrasa Tatar al-Ḥīgāziyya**, autre restauration du même institut.

Revenez sur vos pas.

Au débouché du darb Qirmiz, la rue al-Mu'izz fait une fourche (vous suivrez la branche de g.) dont l'angle est occupé par le gracieux **sabīl-kuttāb de 'Abd ar-Raḥmān Katkhudā**. Bâti en 1744 par celui-ci, alors gouverneur de la ville, c'est une très heureuse combinaison du style arabe avec des éléments turcs ; au rez-de-chaussée, le sabīl est, à l'intérieur, revêtu de plaques de faïence dont l'une représente un panorama de La Mecque ; l'ensemble a également été restauré par l'Institut allemand.

La ***mosquée el-Aqmār** *(plan 16, B2)*, construite en 1125 (519 hég.), n'a conservé, de l'époque fatimide, qu'une jolie façade, la plus ancienne qui soit en pierre.

Le ***portail** est particulièrement intéressant avec sa belle rosace en pierre découpée à claire-voie, au fond d'une niche en forme de coquille, à arc persan, à côtes rayonnantes. De chaque côté, niches à stalactites, premier exemple d'un procédé de décoration qui se généralisera sous les Mamelouks.

☐ *****Beit Suḥaymī** *(plan 16, B2)*, dans une ruelle latérale, un peu plus loin, est l'ancienne maison d''Abd al-Wahhab aṭ-Ṭablawī, sheikh d'el-Azhar au XVIIe s. *Entrée payante.*

Elle est en réalité formée par la réunion de deux maisons. La première date de 1648, et possède un beau dallage en mosaïque polychrome et un bel ensemble de mashrabiyyas et de fenêtres en bois tourné. La deuxième maison élevée en 1796-1797, près de la première pour l'agrandir, est plus intéressante encore, avec ses qā'as dont l'un donne sur un grand jardin, et l'autre renferme une belle fontaine en mosaïque de marbre.
Dans un des jardins, un moulin à huile et une noria achèvent de reconstituer une somptueuse demeure arabe.

La ***mosquée el-Ḥākim** *(plan 16, B1)* est l'un des rares sanctuaires fatimides à avoir conservé son plan initial. Avec ses hauts murs, ses tours massives, ses piliers robustes, elle dégage une impression de puissance qui s'accorde bien aux remparts voisins.

Elle a été construite en 990-1013 (380-403 hég.) par le calife fatimide al-'Aziz puis terminée par le calife al-Ḥākim bi Amir illāh qui lui donna son nom ; petit-fils d'al-Mu'izz, le fondateur d'El-Qāhira, celui-ci, adoptant vers 1018 les doctrines religieuses prêchées par deux persans, est le véritable fondateur de la religion druze. Après être restée longtemps à l'abandon (« La malédiction divine, écrit G. Wiet, semble s'être abattue sur la mosquée de cet étrange calife, qui osa se proclamer dieu, ce Caligula de l'histoire musulmane; l'édifice a pris un air de victime»), elle a été restaurée en 1980 par une secte shi'ite pakistanaise à grand renfort de marbre et de béton.

Exceptionnellement pourvue d'une entrée en saillie (en pierre), un véritable porche, elle est du type à portiques, et construite en brique. Sa disposition générale rappelle beaucoup la mosquée d'Ibn Ṭūlūn : salle de prière à cinq nefs, autres riwāqs à deux seulement. Dans la cour, restes de deux petites fontaines d'ablution.
Les deux **minarets**, situés aux extrémités N. et S. du mur O., sont constitués de pylônes en tronc de pyramides élevés 6 ans plus tard pour consolider les anciens minarets; on peut cependant admirer ceux-ci en pénétrant à l'intérieur des pylônes : le minaret primitif N. a une base carrée et un étage cylindrique; on peut y pénétrer (porte à linteau à entrelacs) mais, surtout, admirer le décor extérieur (bandeau épigraphique en kufique fleuri); le minaret primitif S. est aussi à base carrée mais à fût octogonal, avec le même type de décor. Les parties supérieures des minarets sont dites à mibkhara (en arabe : brûle-parfum, par comparaison avec la forme des petites coupoles ajourées des minarets); elles sont surmontées chacune d'un bulbe côtelé reconstruit par le sultan Baybars II après un tremblement de terre.

***Bāb al-Futūḥ,** «la porte des Conquêtes», surprend par son aspect trapu et la faible hauteur de son ouverture. Comme vous pourrez vous en rendre compte en sortant de la ville pour voir se dérouler, de chaque côté, les anciens remparts du XIe s., elle est profondément enterrée dans le sol : un large fossé longeant les murs permet de reconnaître le sol primitif à 4 m au-dessous du niveau actuel de la rue. *Entrée payante; on peut monter sur le toit de la mosquée.*

Tout comme Bāb en-Naṣr, toute proche, et Bāb Zuwayla, à l'extrémité S. de la ville fatimide, cette porte est l'œuvre de trois frères syriens appelés en Égypte par Badr el-Gamāli, vizir du calife al-Mustanṣir, qui la construisirent de 1087 à 1091.

La porte se compose d'un énorme massif percé d'une grande baie voûtée et projetant au-dehors, de chaque côté de cette baie, deux tours arrondies. Le tout est d'un appareillage uni sur lequel tranchent de faux arcs, reproduisant sur chacune des tours l'ordonnance de la baie centrale, avec des variantes d'un goût très délicat. Les ornements de l'archivolte, les consoles de la corniche que soulage un arc de décharge presque semblable à un fronton antique, les petites baies cintrées du 1er étage, nous mettent en présence d'un art arabe très différent de celui de l'Égypte et où l'inspiration romano-byzantine apparaît presque sans mélange.

→ En traversant tout droit le marché qui s'étend au N. de la porte, vous pourrez aller voir, au fond d'un dédale de venelles *(faites-vous guider),* deux vieux ateliers de souffleurs de verre *(fermés mar. et vend.)* où sont entre autres façonnés ces petits vases de verre bullé de couleurs, que l'on trouve au Khān el-Khalīlī.

***Bāb en-Naṣr** *(plan 16, C1),* «la porte de la Victoire» ou «la porte de l'Assistance divine», à 200 m à l'E. de la précédente, est un monument encore plus près de l'inspiration antique. La corniche, ses modillons, le style de l'arc, l'appareillage, l'absence presque complète d'ornements proprement arabes (excepté le remplissage appareillé avec arc de décharge au cintre du portail), tout montre que l'architecte s'est proposé de reproduire une porte de ville gréco-romaine. Au-dessus de la corniche court, en manière de frise, une inscription kufique qui livra la date de ce monument (1087). Les tours sont carrées et surmontées d'un étage supérieur n'ayant pour tout ornement que des barbacanes et des mâchicoulis.

Ces portes ont été transformées en centres de résistance lors de l'occupation française de Bonaparte. Elles sont aujourd'hui remises en état et l'on peut circuler sur le haut de la muraille entre Bāb al-Futūḥ et Bāb en-Naṣr. Sur le rempart, les soldats ont gravé les noms qu'ils donnaient aux tours et aux courtines.

Çà et là, pris dans la masse, remarquez des **fragments de reliefs pharaoniques** qui attestent qu'une partie du monument est faite de blocs tirés de l'Héliopolis antique.

→ Partiellement conservés, les **remparts** continuent ainsi sur 600 m vers l'E. avant de redescendre en direction de la citadelle. A l'angle N.-E. de l'enceinte s'élève le **Borg eẓ-Ẓafar** *(plan 18, A1)*, ouvrage avancé de défense : cette tour renferme une chambre octogonale ornée de huit niches d'une belle construction et dans lesquelles s'ouvre la porte d'entrée. Cette chambre est surmontée d'une coupole. L'ensemble a été restauré. Rien ne donne la date de sa fondation mais une inscription kūfique, relevée à très grande profondeur, indique une époque assez ancienne et permet de dater l'édifice du règne de Ṣalāh ed-Dīn.

Passez sous Bāb en-Naṣr pour suivre, droit au S., une rue parallèle à la rue al-Mu'izz et vous ramenant à votre point de départ.

Adossée à la mosquée al-Ḥākim, à dr., la **wikāla de Qāytbāy**, construite en 1480-1481, est assez bien conservée mais entièrement occupée par des logements *(on ne visite pas)*.

Une autre subsiste un peu plus loin dans la même rue, à peu près réduite à sa seule façade : celle de **Qūsūn**, établie en 1341 ; en face, restes (notamment le sabīl) d'une troisième dite **d'Oda Bashi** (1673).

Le **khanqah** (couvent) **de Baybars II el-Gāshankīr** *(plan 16, C2)*, construit de 1306 à 1310, est le plus ancien édifice de ce genre au Caire. Sa façade porte une belle inscription où le nom et les titres du sultan ont été martelés par son successeur.

Le seuil de la porte est formé d'un montant de porte antique gravé aux cartouches d'un roi ramesside. Le minaret, au sommet en brûle-parfum, est coiffé d'un bonnet côtelé rappelant ceux dont le même sultan dota la mosquée al-Ḥākim.

Après le mausolée de Qarasūnkūr (1300-1301) et le sabīl-kuttāb d'Oda Bashi (1673), tous deux à g., puis la petite mosquée de Gamal ad-Dīn el-Ustadar (1408 ; à dr.), une ruelle, à g., conduit, à une centaine de mètres, au **palais d'al-Musafirkhana** (*plan 16, C3 ;* 1779-1788) ; cet édifice, bien restauré, où naquit le khédive Isma'īl en 1830, conserve le charme des vieilles demeures de l'époque mamlouke dont le style inspira visiblement le constructeur.

Continuez à suivre, vers le S., la rue el-Gamaleya.

La **mosquée Sayyidnā-l-Ḥusayn** est un édifice de la fin du XIXe s. *(plan 16, B-C3 ; accès interdit aux non-musulmans)* dont les constructions ont englobé un minaret du XIIIe s. et une porte, Bāb el-Akhdar, du XIIe s.

En ce lieu très vénéré fut en effet élevé, de 1154 à 1236, un sanctuaire destiné à abriter la tête de Ḥusayn, tué en 680 à la bataille de Kerbala en combattant les adversaires de son père 'Ali — le gendre du Prophète — lui-même mort en 661 ; elle y repose encore, dans un somptueux reliquaire couvert d'une coupole en argent incrusté d'or.

Au S. de la mosquée s'étend une vaste place, particulièrement animée les nuits de ramadan et lors des grandes fêtes religieuses.

Un peu plus au S., on rejoint les abords de la mosquée al-Azhar et le point de départ de la promenade.

1 K — Le musée d'Art islamique

Le musée d'Art islamique est l'un des trois grands musées du Caire et abrite l'une des plus importantes collections d'antiquités islamiques qui soient au monde. Dans cette cité qui est sans nul doute la plus brillante de tout l'Islam sur le plan artistique, ses boiseries finement sculptées, ses céramiques, verreries émaillées ou colorées, ses poteries, objets divers, rares ou précieux, apportent un complément indispensable et captivant au témoignage des monuments.

Créé en 1880 en exécution d'un projet conçu 20 ans plus tôt, et installé en 1883 dans des dépendances de la mosquée el-Ḥākim, le musée eut pour première tâche de sauver des restes, récupérés dans diverses ruines, auxquels le goût de plus en plus vif des collectionneurs donnait un prix qui les mettait à la merci de trop de chercheurs d'antiquités. Inauguré en 1903 dans le bâtiment actuel, construit pour lui en 1887, il s'enrichit rapidement, tant par des dons que par des acquisitions de plus en plus nombreuses, puis par les fouilles conduites par le musée lui-même, notamment à Fosṭāṭ. Le nombre de pièces répertoriées est ainsi passé d'un millier, à ses débuts, à plus de 70 000 aujourd'hui.

Situation : place Aḥmed Maher, l'ancienne Bāb el Khalq, à l'orée de l'antique cité fatimide (plan couleurs C3-4 ; plan 1, D2-3).
Visite : t.l.j., de 9 h à 16 h (le vendredi interruption de 11 h 30 à 13 h 30). Entrée payante.
Les collections occupent actuellement 23 salles : quatre d'entre elles (les salles 2 à 5) évoquent, au moyen d'objets divers, les grandes périodes artistiques de l'Égypte musulmane. Le reste des collections est classé par matière première ou catégorie d'objets qui sont ensuite, dans chaque salle ou groupe de salles, exposés par ordre chronologique. Superbe catalogue en français à l'entrée.
L'entrée est au N. du musée, dans le petit jardin (cafétéria au sous-sol). On entre dans la salle 7. Prendre à droite, salle 8.

Salle 8 (travail du bois et de l'ivoire). — Bandeaux de bois, quelquefois épigraphiques (un bandeau en hébreu) ou bien à décors floraux, éléments de menuiserie incrustés d'ivoire et d'os ; une porte à battants en bois incrusté d'os sculptés (XVe s.) ; minbar en bois provenant de la madrasa Ṭaṭar al-Ḥigāziyya ; boîte à Coran en bois peint, une inscription en naskhī nous apprend qu'elle fut faite pour un des derniers sultans mamelouks, au début du XVIe s. ; un coffret à Coran du XIVe s., avec des compartiments à l'intérieur, en marqueterie d'ivoire, ébène et os ; des objets en ivoire, surtout des boîtes de provenances diverses (Inde, Andalousie, Égypte), et un magnifique lustre de cuivre.

Salle 9 (travail du bois et du métal). — Le bois incrusté (de nacre, d'ivoire, de bronze, d'écaille, etc.) y est représenté par une série de meubles. Une porte avec un système de fermeture d'époque ; des panneaux d'armoires ornés d'arabesques et d'inscriptions XVIIIe s. ; plafonds de différentes provenances.
Métaux. Objets en cuivre : aiguières, chandeliers, lampes à huile. Un chandelier en bronze incrusté d'argent orné d'une frise représentant une procession de lions (Mossoul, XIIIe s.) ; une coupe en bronze incrusté d'argent (Iran, XIIIe s.) ; un chandelier en bronze à décor épigraphique (en persan ; Iran, XIIIe s.).

Salle 11 (travail du métal). — Une porte monumentale en bois plaqué de cuivre au XIIe s. provenant de la mosquée fatimide de Sālih Ṭalay. Bassins, aiguières, coupes, bols, plateaux, boîtes, brûle-encens de cuivre ou de bronze incrusté d'argent de la période mamelouke (remarquer les blasons). Une vitrine d'astrolabes du XVIe s. (Perse, Turquie) ; une boule en bronze incrusté d'or et d'argent dans laquelle on disposait du charbon de bois incandescent pour se réchauffer les mains ; chandeliers en bronze du sultan Qāytbāy (fin XVe s.).

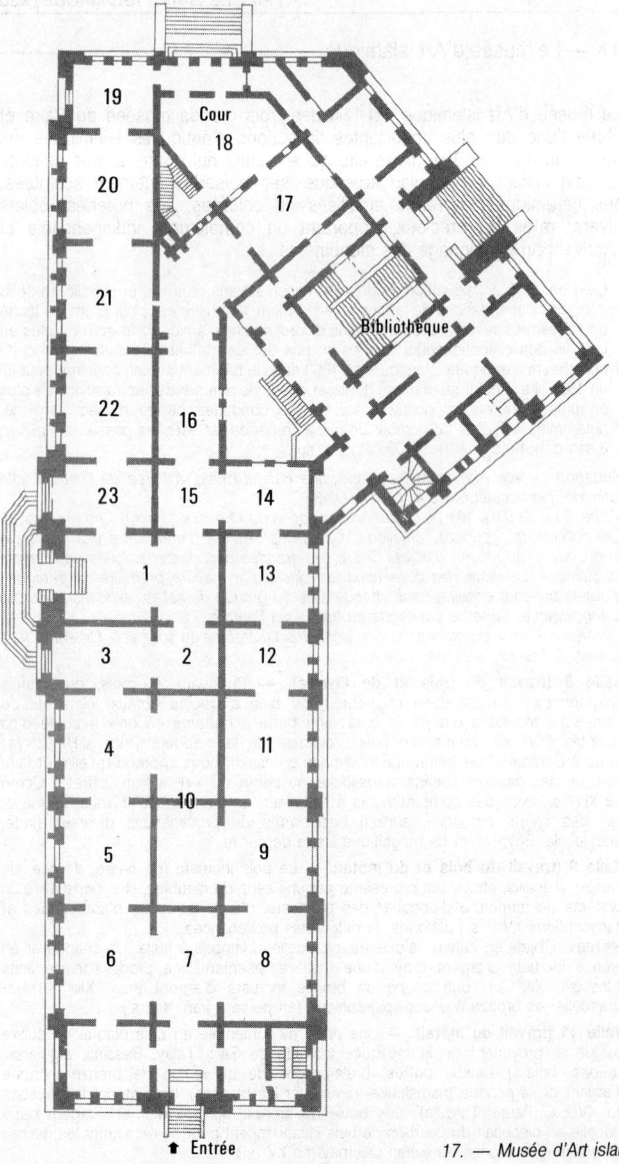

17. — Musée d'Art islamique.

Salle 12 (armes et armures). — Epées iraniennes (dont une en ivoire ; un bilame incrusté d'or ; dagues mameloukes et iraniennes ; cuirasses, casques, cotte de mailles... couteaux yéménites (dague et poignée en or) ; pistolets incrustés d'or (Iran XVIe-XVIIe s.) ; épées ottomanes (dont celle que portait Murād Bey à la bataille des pyramides contre Bonaparte ; Turquie, XVIIIe s.).

Salle 13 (objets divers). — Accrochée au mur N., une stèle en kūfique, une des plus anciennes stèles de l'Égypte musulmane (31/652) ; une aiguière en bronze trouvée en Égypte, mais d'origine persane ; miniatures persanes et indiennes ; sur les murs, des tapis ; au centre de la salle, une vitrine de céramiques : lustres fatimides (XIe s.), céramique du type dit « fayyūmī » (Xe-XIIIe s.), céramiques mameloukes, un vase en céladon (Chine, XIVe s.).

Salle 14 (céramiques). — Panneaux muraux en céramique (comme vous pouvez en voir à la mosquée Bleue ou dans le sabīl Katkuda ; Asie Mineure XVIe-XVIIe s.) ; vitrine N. : vaisselle de Perse XIIe-XIVe s., plats de Bukhara ; vitrine S. : vaisselle de Perse des XIIIe-XIVe s., XIVe-XVe s. et XVIe-XVIIe ; mur S. : panneaux muraux en céramique (Iran, XIIIe-XIVe s.) : et vers salle 15, Tunisie.

Salles 15 et 16 (céramiques). — La ***collection de céramique** arabe est fort importante dans ce musée depuis que les **fouilles de Fosṭāṭ** ont livré plusieurs milliers d'échantillons ; tous ne peuvent être exposés mais chaque série, chaque forme, chaque technique est représentée par un aussi grand nombre d'exemplaires que possible. Outre les spécimens trouvés à Fosṭāṭ, des échantillons de céramique identique récoltés en divers points du monde islamique sont venus enrichir cette collection et permettre des comparaisons.

Salle 21 (travail du verre). — Parmi les nombreux objets en verre, on remarque surtout les lampes de mosquée.

Salle 20 (objets divers). — Principalement turcs, notamment des carreaux de faïence (Iznik XVIIe-XVIIIe-XIXe s.), du verre de Bohême (XVIIIe-XIXe s.), des tapis de prière turc (XVIIe-XIXe ; l'orientation de La Mecque — qibla — est dessinée dans le décor du tapis).

Salle 19 (manuscrits). — Nombreux corans enluminés de différentes époques et manuscrits illustrés.

Retournez sur vos pas pour aller à la salle 22.

Salle 22 (objets divers). — Reliures ; céramiques persanes des XIIIe et XIVe s. (lustres métalliques).

Salle 23 : Salle réservée aux expositions temporaires.

Salle 1 (la médecine arabe). — Manuscrits de traités de médecine enluminés, objets chirurgicaux, fioles, tampons de verre...

Les salles suivantes présentent des époques diverses de la civilisation islamique.

Salle 2 (époque omeyyade). — Le pavement, en mosaïque de marbre, est des XVIIe-XVIIIe s. Verrerie, lampes (VIIIe s.) ; grande aiguière de bronze sassanide (VIIe s.) ; modèles de textiles (VIe à VIIIe s.) et de panneaux de bois.

Salle 3 (époques abbasside et tūlūnide). — Panneaux de stuc et de bois, peints ou non ; deux d'entre eux, venant l'un de Samarra (Irak), l'autre d'une maison tūlūnide fouillée à Fosṭāṭ, font ressortir la filiation artistique entre l'Égypte de cette époque et la Haute-Mésopotamie. Dans les vitrines, faïences et bronzes. Dans le passage vers la salle 4, jolis objets en cristal de roche.

Salle 4 (époque fatimide). — Marbres et pierres gravés et sculptés et peints, panneaux de bois trouvés dans les fouilles du palais fatimide qui se trouvait à l'emplacement actuel des monuments de Qalāwūn (→ *prom. 1F*), frises de bois gravés et peints (même prov.), ***frises en bois** gravé représentant des scènes de chasse à cheval, de danses, de musique et des femmes voyageant à dos de chameau, prov. encore du maristan de Kalaūn, mais d'époque fatimide (remplois) :

c'est là un ensemble très rare dans l'art arabe puisque l'ornement géométrique y est la règle et la représentation d'êtres vivants strictement prohibée.
Dans les vitrines : **faïences, lustres,** petits **panneaux de bois, ivoires** sculptés, **bronzes, étoffes.**
Deux **jarres** avec leur **support** : ces supports d'une forme très particulière, sorte de stylisation très poussée, impossible à reconnaître parfois, de la tortue (quelques autres de ces supports ont des pieds de lions ou d'autres animaux). Dans le passage vers la salle 5, fenêtres de mosquées en plâtre ajouré.

Salle 4b : époque ayyoubide.

Salle 5 (époque mamelouke). — Porte de bois avec plaques de bronze ajouré, de Sūnqur, vizir de Qalāwūn (1290) ; plateaux de cuivre, le plus grand incrusté d'argent, au nom de Malek Muzaffer Yūsuf (1295) ; **panneau de marbre,** prov. de la mosquée Serghatmah ; **bassin de fontaine** de Qalāwūn.

Salle 6 (travail du bois). — Miḥrāb de la mosquée de Sayyeda Rūqeyra (XIIe s.) ; miḥrāb de la mosquée al-Azhar (XIIIe s.) ; miḥrāb de la mosquée de Sitt Nafissa et imposte d'une fenêtre de la même mosquée : notez le travail du bois en un réseau serré comme de la dentelle. **Porte à deux battants,** enrichie de sculptures, venant de la mosquée du sultan Qalāwūn (XIIIe s.) ; deux **cénotaphes,** dont l'un prov. d'une tombe près de celle de l'imām ash-Shāfi'i, et dont l'autre est celui de Ḥusayn, petit-fils du Prophète, trouvé dans les sous-sols de sa mosquée au cours des travaux entrepris pendant la guerre pour protéger les monuments islamiques (XIIIe s.).

1 L — Les cimetières

A l'E. de la ville, hors de ces murs qui, par endroits, limitent encore les vieux quartiers, une large plaine sablonneuse et désertique s'étendant jusqu'au pied des collines du Muqaṭṭam se hérisse de dômes et de minarets émergeant d'un quartier à peine différent, à première vue, des précédents : la Cité des Morts.

Non contents d'y disposer d'un tombeau, les défunts — du moins les plus riches d'entre eux — possèdent ici de **véritables demeures** : continuatrice en cela de l'Égypte pharaonique, l'Égypte musulmane se rend en effet en masse, lors des fêtes, dans ces nécropoles. Des familles entières s'installent ainsi pour une cohabitation plus ou moins longue (du simple pique-nique à la villégiature de plusieurs jours) avec leurs parents ou amis disparus censés, alors, participer à la fête. D'où ces « résidences » (en arabe, ḥosh) d'importance variable et qui, pour les plus grandes, pouvaient aller jusqu'à comprendre fontaine, étable, remise, logis principal et habitation de l'intendant chargé de l'entretien d'un monument.
Quasi à l'abandon il y a moins d'un siècle, et ne s'animant alors qu'à ces fêtes où une foule bruyante venait pour un temps tirer les défunts de leur sommeil, la Cité des Morts est aujourd'hui bien vivante : conséquence de la crise du logement aiguë que subissent les Cairotes, elle est totalement squatterisée, tant par les fellahs poussés par l'exode rural que par les habitants de la zone du canal chassés, à partir de 1967, par la guerre. Les maisons des morts se sont ainsi complétées de constructions de fortune et, dans ce qui ressemble en maints endroits à un bidonville de brique et de boue séchée se pressant au pied de coupoles somptueuses, des gosses déracinés jouent à cache-cache entre les pierres tombales.

En raison même de ce que sont devenues ces nécropoles, la ***visite*** *de leurs principaux tombeaux — qui comptent assurément parmi les plus beaux monuments du Caire — peut susciter deux difficultés, l'une d'ordre simplement topographique, l'autre d'ordre humain, une population déshéritée mais fière n'appréciant pas nécessairement votre intrusion dans son refuge ; faites-vous donc accompagner par un ami parlant arabe ou, à défaut, par un guide.*
La ***promenade*** *que nous vous proposons concerne les* ***deux principales nécropoles*** *du Caire.*

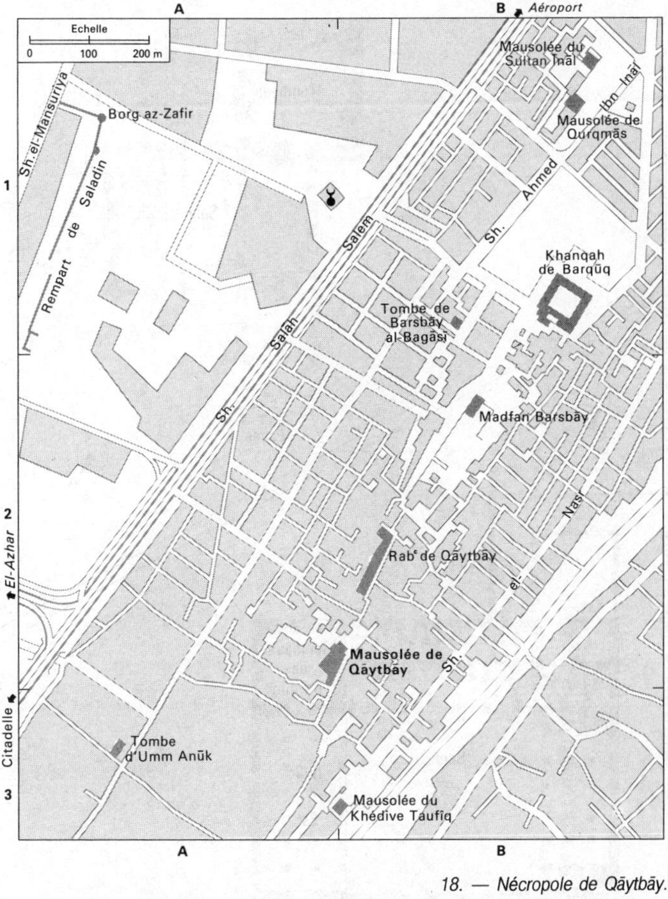

18. — Nécropole de Qāytbāy.

La première, immédiatement à l'E. de la vieille ville fatimide, est généralement connue sous le nom de « Tombeaux des Califes » (plan couleurs C-D5).
De là, ***en voiture,*** *vous pourrez ensuite vous rendre directement au cimetière S., ou « nécropole de l'Imām ash-Shāfi'i » (plan couleurs E-F4).*
Comptez env. 2 h pour chacune. Si vous êtes pressé, limitez votre visite au seul mausolée de Qāytbāy (1 h, aller-retour, depuis le centre ville).

Les « tombeaux des califes »

Ce sont en réalité ceux de la dernière dynastie (à partir de 1382) des Mamelouks, les Circassiens, et le nom de **nécropole de Qāytbāy** que l'on

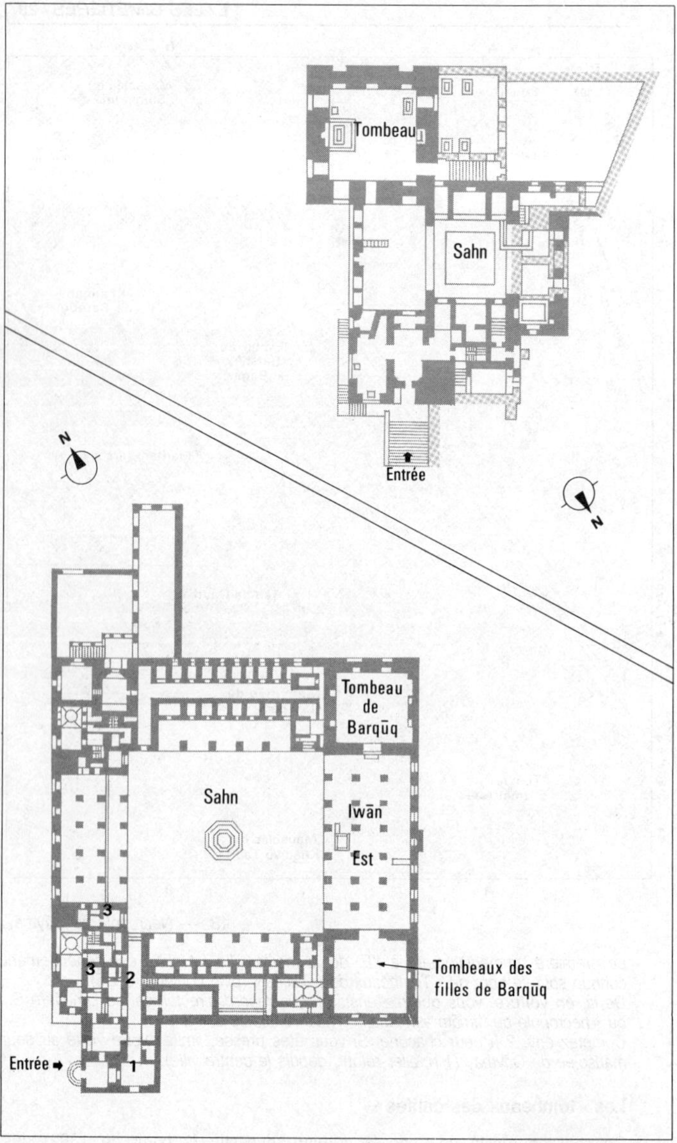

19. — Mausolée de Qāytbāy ↑.
20. — Mausolée de Barqūq ↓.

applique également à cet ensemble correspond mieux à la réalité. Des inscriptions gravées sur la plupart des monuments ont permis de déterminer exactement la date de leur fondation et le nom de leur fondateur.

Parmi les tombeaux se trouvent neuf mosquées; cinq sultans y sont enterrés. Les autres édifices, généralement très ruinés, sont des tombes de princes ou princesses de la dynastie régnante et de personnages revêtus pour la plupart du titre d'émir.

La désignation de «tombeaux des califes» ne correspond à rien : les premiers califes à avoir régné personnellement sur l'Égypte sont les Fatimides — qui, outre le titre de calife, portaient aussi celui d'Amīr al-Mu'minīn, «Prince des Croyants» — dont les tombeaux se trouvaient à l'emplacement maintenant occupé par le Khān el-Khalīlī. Ils étaient de tradition shi'ite; aussi, lorsqu'ils furent renversés par les Ayyūbides, ceux-ci, qui étaient sunnites, les poursuivirent-ils avec fanatisme jusque dans leurs tombeaux et jetèrent aux vents leurs ossements. Lorsque le bazar fut construit, à la fin du XIIe s., sous le règne du sultan baḥrite el-Ashraf Ṣalāḥ ed-Dīn Khalīl, les tombeaux qui avaient été ainsi violés furent détruits. On ne sait rien de bien précis sur les sépultures des Ayyūbides, sinon que celle du dernier sultan de cette dynastie, es-Ṣalāḥ Ayyūb, se voit encore au Khān el-Khalīlī. Les mosquées de l'intérieur du Caire contiennent les tombes de plusieurs sultans de la dynastie des Mamelouks baḥrites.

Commencez la visite par l'extrémité N. de la nécropole.

Le ***khanqa Barqūq*** *(plan 18, B1, et plan 20)*, construit par Farag, le fils du sultan Barqūq, de 1400 à 1411 et profondément restauré, est à plan général carré avec deux minarets symétriques sur la face O. Il a beaucoup souffert du tremblement de terre de 1992. L'angle N. de la façade est occupé par un sabīl surmonté de son kuttāb, avec trois arcs, sur les deux côtés. Les deux coupoles, également symétriques, s'élèvent aux deux extrémités de la façade postérieure. Les minarets présentent la structure classique des minarets de l'époque mamelouke, avec trois étages surmontés chacun d'un encorbellement, le premier, carré, le second, cylindrique, le troisième, en forme de campanile à jour *(montée payante au minaret N., d'où la vue est magnifique sur la nécropole et Le Vieux-Caire).*

Les coupoles — peut-être les premières en Égypte à avoir été construites en pierre — empruntent aux deux massifs qui les supportent un caractère puissant, qui s'harmonise avec la grandeur et la simplicité intérieure de l'édifice. Une troisième coupole, plus petite, s'élève au-dessus du miḥrāb.

Pour atténuer la nudité résultant des surfaces planes, on a tiré parti de longues rainures verticales, striant la façade comme dans la mosquée du sultan Ḥasan.

Le mausolée a deux portes : l'une au N.-O., à côté du sabīl, l'autre au S.-O. : c'est par cette dernière que vous pénétrerez dans l'édifice.

Un **vestibule** rectangulaire (1) donne accès à un long corridor (2) desservant, à g. les communs de l'édifice (3), à dr. la cour des ablutions (4), et débouchant au N. dans le saḥn, vaste **cour à portiques**, ornée au centre d'une fontaine octogonale (refaite en béton).

Les supports des portiques sont des piliers carrés ou octogonaux. Les calottes des travées sont en brique. Les trois miḥrābs de la salle de prière sont très simples; en revanche, le **minbar** en pierre est un chef-d'œuvre de sculpture. Une inscription sur le flanc N. nous apprend qu'il fut donné au couvent par le sultan Qāytbāy en 888 hég. (1483 apr. J.-C.).

La coupole de Barqūq a été repeinte récemment, comme elle l'était probablement à l'origine. Elle abrite **trois tombeaux**; le catafalque du sultan, élevé sur deux

marches formées de blocs de marbres où le blanc alterne avec le noir et le brun, est richement sculpté d'inscriptions coraniques. Farag acheva vraisemblablement l'œuvre de son père. Le tombeau, sans doute destiné à Farag (mais le cadavre de ce prince, décapité sous les murs de Damas, fut jeté au fumier), est à g. ; le plus petit des trois est celui de son frère 'Abd al-'Aziz.
La coupole S. abrite aussi trois tombeaux, ceux des femmes du sultan.

→ A 200 m N., le **mausolée de Qurqumāz,** postérieur d'un siècle, possède lui aussi cette élégance propre aux monuments de l'époque mamelouke : minaret à trois étages avec un sommet reposant sur une ronde de colonnettes, dôme décoré de motifs en losanges et en dents de scie, loggia flanquant le portail *(en cours de restauration; on ne visite pas).*
Contigu au précédent, le **mausolée du sultan Īnāl** représente le type achevé d'un monument composite que la mode consacre au XVe s. : il comprend un couvent, un mausolée, une fontaine et une école. Elevé de 1451 à 1456, il possède lui aussi une belle coupole surhaussée décorée de motifs en dents de scie mais son minaret, quoique très élancé, est couvert d'une ornementation un peu lourde.
Dirigez-vous maintenant vers le S. de la nécropole.

Le **madfan Barsbāy** *(plan 18, B2)* se trouve à 200 m au S. du couvent de Barqūq. Construit en 1432 par le sultan al-Ashraf Barsbāy, et gâté par un minaret très médiocre, il vaut surtout par sa façade d'une gracieuse simplicité, son portail, surmonté d'un arc trilobé, sa très belle coupole, surhaussée et décorée d'entrelacs aux formes géométriques; sa salle de prière, fermée, est éclairée par des vitraux multicolores; beau minbar en bois incrusté d'ivoire et d'os. Le tombeau est situé au N. de la salle de prière.

Le ****mausolée de Qāytbāy** *(plan 18, B2, C1 et plan 19),* qui jouit d'un renom tout à fait privilégié, est l'une des œuvres les plus caractéristiques de l'art arabe du XVe s. Jamais l'art arabe d'Égypte n'a produit un ensemble plus harmonieux.
Au centre, le portail; à dr., le minaret; à g., le sabīl aux grandes baies grillagées, surmonté de son inséparable kuttāb qui s'accuse par une élégante loggia ayant deux arcs en façade et trois en retour.
A l'arrière-plan, le tombeau, surmonté d'une coupole dont les entrelacs forment des combinaisons polygonales dans lesquelles se découpent des arabesques. Un parti pris ingénieusement calculé en vue de la perspective en faisant hardiment saillir de l'alignement latéral le plan du tombeau, permet à la coupole, nettement dégagée, d'appartenir en quelque sorte à la façade et de garder toute son importance.
Le minaret est également admirable. Surélevé au-dessus de la terrasse par une base cubique, il passe du carré à l'octogone, puis au cylindre, par les procédés ordinaires, mais avec une telle franchise qu'il suffit d'un simple coup d'œil pour en garder le souvenir parmi les mille minarets du Caire. Tandis que la coupole n'est enveloppée que d'un délicat filigrane où le jeu de l'ombre et de la lumière n'altère pas la pureté du galbe, le minaret tire toute sa beauté d'effets contraires. Les niches à colonnettes de la première galerie, le balcon à stalactites et les torsades entrelacées en étoiles de la seconde, les stalactites alvéolées du balcon supérieur (qui n'est pas le dernier puisqu'il en est encore un troisième d'où s'échappe le pédoncule du bulbe), tout cet ensemble, souligné par l'intensité des ombres, s'harmonise parfaitement. L'inscription du tiraz nous donne une des dates de la construction de l'édifice : 877 hég. (1472).
Un perron de dix-sept marches donne accès au vestibule : à g., porte du **sabīl** et

à dr., entrée d'un corridor conduisant dans le **saḥn**, dont le superbe dallage polychrome a beaucoup souffert. Le saḥn était primitivement couvert. La mosquée est cruciforme. Les iwāns N. et S. sont des plus réduits ; l'iwān O. est pourvu à ses deux extrémités de renfoncements ; la salle de prière a son **miḥrāb** dans l'axe d'un système de cinq fausses baies ogivales ; à la g. du miḥrāb, un **minbar** orné d'incrustations, dans un assez bon état de conservation. Les plafonds sont anciens dans les trois iwāns et modernes dans la salle de prière ; les vitraux sont modernes. La petite porte à g. de l'iwān S. conduit dans le **tombeau**. La coupole élancée est d'un décor sobre qui fait contraste avec le luxe du dallage et de la partie inférieure des murs. Le catafalque occupe l'intérieur d'une clôture de bois (maqsūra), devant le miḥrāb. A dr., sous un petit dais, morceau de granit sur lequel on montre la trace des deux pieds du prophète. Le petit tombeau, à l'angle S.-O., est celui de la sœur du sultan ; un autre dais recouvre un autre fragment de granit avec trace d'un pied du prophète.

Rejoignez la rue Ṣalāḥ Sālem et suivez celle-ci vers le S.

Vers le cimetière S.

Séparée de la ville par des collines de décombres — où s'élevaient jadis quantité de moulins à vent —, la rue Ṣalāḥ Sālem, tout en longeant encore à dr. et à g. d'anciennes nécropoles, s'élève pour contourner la **citadelle** par l'E. en passant au pied des escarpements du Muqaṭṭam que couronne le fort Muḥammad ʻAlī (1810 ; *plan couleurs E5*).

A côté de ce dernier subsiste, en mauvais état, la petite **mosquée el-Guyūshi**, élevée en 1085 par Badr el-Gamālī, le constructeur des remparts de la ville fatimide ; l'édifice semble avoir été destiné à rappeler à la piété des fidèles le souvenir d'un descendant du calife ʻAlī.

A mi-pente, précédé d'un petit jardin en terrasse, ancien **couvent de la secte des Bektāshī** (ou de **Maghāʻurī**, d'après le nom d'un des premiers saints à y avoir été enterré), suite d'immenses grottes abritant des tombeaux de derviches ; comme le précédent, cet édifice religieux est dans une enceinte militaire dont l'accès est interdit.

La rue Ṣālāḥ Sālem atteint ensuite l'extrémité S. de la place Es-Sayyida ʻAisha ; à dr., vers le S.-E., s'étend la nécropole S. de la ville où se trouvent de nombreux **tombeaux de sultans mamelouks et d'émirs de la période bahride** ; difficiles à trouver sans guide et sans plan détaillé et surtout très dégradés pour la plupart, ils sont loin d'offrir l'intérêt des tombes de la nécropole de Qāytbāy. Encore plus au S., le **cimetière de l'Imām ash-Shāfiʻī** vous propose, par contre, un détour intéressant (→ *plan couleurs F4*).

Cimetière S.

Le **mausolée de l'Imām ash-Shāfiʻī** se reconnaît de loin à sa coupole gris-bleu, en plomb, surmontée d'un croissant en forme de barque ; il est situé à 1,5 km S. de la place Es-Sayyida ʻAisha.

Descendant d'Abū Ṭālib — oncle du Prophète et père de ʻAlī — Abū ʻAbd Allah Muḥammad ibn Idriss ash-Shāfiʻī, né en 767 à Gaza, avait suivi à Médine l'enseignement de Malik ibn Anas, fondateur de l'école malékite. Il est lui-même le fondateur de l'école shāfīʻite et mourut au Caire en 820.

Elevé en 1211 par Mālik al-ʻĀdil, frère — et l'un des successeurs — de Salāh ed-Dīn, le tombeau de l'imām a été restauré à diverses époques et augmenté au XIXe s. d'une mosquée. En ce lieu très vénéré de l'islam se déroule chaque année l'un des principaux pèlerinages du Caire.

Par moments inaccessibles aux non-musulmans, le tombeau de l'imām et celui de Malika Shamsa, l'épouse d'Al-ʻĀdil, qui repose à côté, sont couverts d'**admirables**

sculptures, exécutées dans un bois étranger au pays. Les motifs se composent d'un système d'assemblage de minuscules panneaux ornés d'arabesques d'un style et d'une exécution remarquables. De longues inscriptions kūfiques ou naskhi sont sculptées sur les montants et les traverses du catafalque. Ces magnifiques boiseries présentent tous les caractères de l'époque des Ayyūbides. La seconde porte de la chambre du tombeau est traitée avec le même soin.

Au N.-O. du mausolée de l'imām Ash-Shāfi'ī, le **Ḥōsh al-Bāshā**, enceinte plantée d'arbres, renferme les sépultures des princes de la dynastie de Muḥammad 'Alī, moins celle du khédive Tawfīq qui est dans la nécropole de Qāytbāy. A 150 m du mausolée, vous pouvez également aller voir le petit **tombeau d'Ismā'īl ibn Ṭa'lab**, de modeste apparence. Daté de 1216, c'est l'une des rares constructions subsistant de l'époque ayyūbide ; à l'intérieur, le miḥrāb, coiffé d'un arc persan, rappelle la niche du portail de la mosquée El-Aqmār.

Sur le chemin du retour vous pouvez encore, au prix d'un détour minime, aller voir quelques tombes intéressantes. Pour cela, revenez jusqu'à la place Sayyida 'Āisha où, laissant à g., un peu en arrière, la rue longeant les anciens remparts de Salāḥ ed-Dīn, vous prendrez, également à g., une ruelle vous permettant de rejoindre à l'O. la rue El-Khalīfa (plan couleurs E3-4) que vous suivrez vers le S. (à g.) jusqu'à la large place Sayyida Nafīssa.

Le **mausolée des califes abbassides,** à une centaine de mètres à l'E. de la place, est en fait une construction ayyūbide (1242-1243) abritant non les restes de califes abbassides mais ceux de certains de leurs descendants. Les niches méplates de la façade, le sommet des ouvertures et le profil de la coupole elle-même, se découpant en arc persan, indiquent un monument de transition qui s'inspire, comme dispositif général, de la mosquée El-Aqmār, mais qui a subi l'influence des mausolées de la fin du régime ayyūbide.

Reprenez la rue El-Khalīfa vers le N.

Un peu au N. du **tombeau d'al-Ashraf Khalīl**, construit par ce sultan en 1288 deux ans avant son accession au trône et auj. très délabré, le **mausolée de Fāṭima Khatūn,** élevé en 1283 pour l'épouse du sultan Qalāwūn — et en non moins mauvais état —, surprend par son minaret carré, d'un style importé de Syrie : l'on s'attend presque à voir des cloches derrière les ouvertures en arc brisé décorées d'un motif trilobé qui allègent la masse de l'édifice.

Le **mausolée de Sayyida Ruqayya** *(plan 8, A2)* a été élevé en 1133 par un calife à la mémoire de cette fille d''Alī (mais non de Fāṭima) qui, avec Sayyida Nafīsa et Sayyida Zeynab, est l'une des saintes patronnes du Caire. Cette élégante construction, d'une grande pureté de style, conserve en particulier, trois miḥrābs ornés de stucs délicatement ciselés. Une inscription en kūfique fleuri, peinte en bleu, donne la date de l'édifice.

A côté, une **autre construction fatimide** (1120) abrite les tombes de Sayyida 'Atīka et de Muḥammed el-Gafarī.

En face, **tombeau de Shagaret ed-Dorr,** construit en 1250, avec un miḥrāb orné de mosaïques d'inspiration byzantine.

D'origine turque, ancienne esclave, Shagaret ed-Dorr est la plus célèbre, faute d'être la plus attachante, des sultanes d'Égypte. Veuve de Ṣalāḥ Nigm ed-Dīn Ayyūb, l'avant-dernier des Ayyūbides, elle s'empara du pouvoir après s'être rendue complice du meurtre (1250) de son propre fils Turānshaḥ, successeur de Ṣalāḥ Negm ed-Dīn ; ayant ensuite épousé Aybeg, le fondateur de la lignée des Mamelouks bahrides, elle le tua à son tour en 1257 mais fut elle-même assassinée (à coups de talon !) peu après par des esclaves à la solde de 'Alī, fils d'une autre épouse d'Aybeg. Son corps fut, dit-on, abandonné aux bêtes sauvages.

Un peu plus loin, la rue El-Khalīfa atteint le quartier d'Ibn Ṭūlūn où elle se prolonge par la rue es-Seyūfiyya. La rue Es-Ṣalība, à dr. ou à g. (plan 8, A-B1) vous permettra de regagner le centre, soit par la place Ṣalāḥ ed-Dīn, soit par la place Sayyida Zeynab.

1 M — Le Caire d'hier et d'aujourd'hui

Nous avons rassemblé sous ce titre divers monuments, musées ou simplement quartiers de la ville qu'il peut vous intéresser de connaître pour avoir une image complète du Caire; vous pourrez les voir au passage ou en faire le but de petites excursions en taxi entre deux promenades ou visites de grands musées. Si vous êtes pressé, ne tentez pas de tout voir rapidement mais limitez-vous plutôt, selon vos goûts, à deux ou trois objectifs.

De Mīdān et-Taḥrīr à 'Ạbdīn (→ *plan 1*)

Immédiatement au S. de la place et-Taḥrīr s'étend un complexe de bâtiments abritant le Parlement (grand bâtiment central) et divers services ministériels ou édifices publics : parmi eux le musée ethnographique, injustement méconnu et, jusqu'à 1983, le musée de géologie qui a été démoli pour permettre le passage de la ligne de métro en construction et qui devrait être réinstallé ailleurs.

Le **musée ethnographique** *(plan 1, A-B3),* fondé par le roi Fūad, est une institution dépendant de la Société de Géographie d'Égypte qui y a rassemblé, après la Première Guerre mondiale, divers **documents et objets usuels illustrant la vie quotidienne en Égypte.**

Visite : t.l.j. sauf vendredi de 9 h à 13 h; lundi, mercredi et samedi, également de 18 h à 21 h. Entrée payante rue Qaṣr el-'Aynī.

Dans une succession de salles fleurant bon l'encaustique et dont il est probable que l'on ouvrira les persiennes pour vous, vous pourrez ainsi vous intéresser successivement aux instruments de musique, vêtements, bijoux et moules servant à leur fabrication, jeux et poupées, amulettes, monnaies; vases, objets de vannerie et de sellerie; vous verrez aussi de très beaux coffres, diverses sortes d'outils, des armes, du mobilier, des cafetières et des narghilehs, des aiguières, des clefs et serrures, un grand palanquin arabe.
Une salle abrite une très belle collection d'objets recueillis lors des **expéditions** de la seconde moitié du XIXe s. **vers le Soudan et l'Afrique centrale.**
Pour l'Égypte elle-même, vous pourrez remarquer les **survivances antiques** que l'on retrouve surtout dans les jeux, poupées et animaux de terre cuite, les objets de toilette, peignes, etc.; certains instruments aratoires, dont la forme s'est à peine modifiée depuis l'époque des mastabas, ainsi que la poterie.
De la galerie, où une vitrine contient quelques spécimens de bois du pays, vous pourrez enfin aller visiter la petite **salle des dioramas** où, à grand renfort de grincements, un diorama animé vous propose en cinq minutes un voyage aussi amusant que «rétro» sur le canal de Suez.
Au **premier étage,** dans la grande salle de réunion et de conférence, grandes cartes en relief de la vallée et du bassin du Nil.

↦ A 200 m S. du Parlement se dresse un curieux édifice de style pseudo-égyptien : c'est le **mausolée de Sa'd-Zaghlūl** (1860-1927) où l'on avait également, quelques années durant, entreposé les momies des pharaons avant qu'elles ne reviennent au musée dans la salle où elles sont aujourd'hui conservées. Juste en face, à l'angle des rues Sa'd Zaghlūl et el-Falakī, se trouve la **maison** de l'ancien fondateur du mouvement wafdiste.

A quelques centaines de mètres à l'E. de la place et-Taḥrīr, le **palais d''Abdīn** *(plan couleurs C3)* est une ancienne résidence royale occupée désormais par divers services de la présidence de la République. Cette construction moderne (XIXe s.), bordant l'immense **place el-Gumhuriyya** (de la République), et achetée par Ismaïl à 'Abdīn Pacha, d'où son nom, a été plusieurs fois remaniée et agrandie ; l'on pouvait encore, il y a quelques années, y visiter les **anciens appartements royaux** où sont conservées de belles tapisseries de la Savonnerie représentant des Fables de La Fontaine.

Quartiers Nord

Tout à fait au N. de l'Ezbekiyya, la place de la Gare, aujourd'hui **place Ramsès** *(plan couleurs B3)* est, avec la place et-Taḥrīr, l'une des plus animées du Caire. Au centre se dresse une **statue de Ramsès II** provenant de Memphis et érigée ici en 1955.

La statue est en granit rose et mesure, sans sa couronne, 8 m ; celle-ci a 2 m de haut et est taillée dans un bloc rapporté. Le nom du souverain se lit sur les épaules, les bracelets et le devant du ceinturon. A g., en haut relief et de dimensions réduites, la reine Bentanat.

La gare de Pont-Limūn (ligne de banlieue) borde la place au N.-E., la gare principale au N. ; du côté S., la place est longée par la large rue Ramsès qui conduit au S.-O. au musée Égyptien et au N.-E. à Héliopolis.

▣ Le **musée des Chemins de fer de l'État** est installé depuis 1933 dans un bâtiment situé entre les deux gares.

Visite : t.l.j., sauf lundi, de 8 h à 13 h. Entrée payante.

Ce musée offre un véritable tableau synoptique de tout le matériel ferroviaire utilisé en Égypte depuis l'établissement du chemin de fer : locomotives, modèles réduits de ponts tournants sur le Nil ou divers canaux, wagons, train spécial des khédives, etc.

↠ A 1 500 m à l'E. du quartier de la gare, le **quartier d'Ez-Zāher** conserve, au milieu de la place du même nom, les **restes de la mosquée ez-Zāher** où vous pourrez faire une courte halte par exemple en vous rendant du côté d'Héliopolis.

La mosquée fut construite de 1267 à 1269 par le sultan Ez-Zāher (Baybars I el-Bondoqdāri) avec des matériaux provenant de divers monuments d'Égypte et des remparts de Jaffa dont il s'était emparé en 1268. Elle fut convertie en fort (le fort Sulkowsky) au moment de l'occupation française, puis abandonnée et reprise pour servir de dépôt. Il n'en subsiste auj. qu'un beau portail massif décoré d'un double motif en zigzag ; le reste a fait place à un jardin public.

Au N. de la gare s'étend le quartier de **Shubra,** industriel (textiles) et populeux, et qui a depuis longtemps perdu l'aspect coquet et riant que lui avait donné Muḥammad 'Ali, à l'époque duquel c'était un quartier résidentiel et un lieu de plaisance.

Būlāq

Du musée Égyptien, suivez la corniche vers le N. ; après le Hilton-Ramsès, vous passerez devant la Maison de la Radio, visiblement inspirée de son homologue parisienne, et construite en 1965 à l'emplacement du premier musée du Caire, fondé par Mariette. Vous atteindrez ensuite la rue du 26-Juillet (suivez celle-ci à dr.), au N. de laquelle s'étend le quartier de Būlāq.

Būlāq *(plan couleurs B2),* quartier aujourd'hui très populaire, fut, du début du XVe s. à la fin du XVIIIe, le siège du port fluvial du Caire. On y entreposait et vendait les marchandises du grand trafic international passant par la mer Rouge, l'Égypte et le Nil. Ces fonctions économiques firent de Būlāq, durant cette période, une des banlieues les plus prospères du Caire, ce dont témoignent aujourd'hui encore divers édifices, établissements commerciaux tels que wikālas ou bâtiments religieux.

A la fin du XIXe s., lors de l'extension des quartiers O. de la ville (l'Ezbakiyya), Būlāq, jusqu'alors séparé du Caire, fut englobé dans le tissu urbain et en devint un des quartiers, désormais assez pauvre, en partie à cause du déclin du trafic fluvial.

Dans la rue du 26-Juillet (ancienne rue Fu'ād), percement moderne qui relie Zamālek et Būlāq au centre ville, à un peu plus de 100 m de la corniche, sur la dr., la **mosquée du sultan Abū l-'Alā'** (1490) flanquée, à l'angle N.-E., d'un sabīl-kuttāb, présente un plan traditionnel : quatre riwāqs autour d'une cour centrale ; le riwāq N. a une travée, les trois autres en ont deux ; des portes ouvrent dans tous les riwāqs, sauf dans le S., celui de la salle de prière.

En sortant de la mosquée Abū l-'Alā', traversez la rue du 26-Juillet et prenez en face, la rue de Būlāq al-Gedīd (la rue Neuve de Būlāq), la remonter sur environ 200 m et prendre la deuxième rue à g., ou shāri' al-Aḥmadiyya. Suivez cette dernière jusqu'à la rue shāri' al-Mīrzā dans laquelle vous trouverez, sur la droite, la ***mosquée al-Mīrzā.**

Pour pénétrer dans cette mosquée ottomane (dont le plan s'organise autour d'une cour couverte), il faut gravir un parvis et franchir une entrée en chicane. Les murs de la salle de prière sont ornés de lambris de marbre polychrome dans leur partie inférieure et de faïence verte dans leur partie supérieure. Le sol de la cour couverte est pavé de marbre polychrome. Les plafonds des riwāqs et de l'entrée sont en bois peint.

Sortir de cette mosquée sur la dr. et prendre la première rue à g., shāri' al-Ṣābir, puis la première à dr., shāri' al-khaḍrā' qui aboutit devant la façade S. de la ***mosquée du Qāḍī Yaḥyā.**

Contournez la mosquée et entrez plutôt par le portail O. que vous pourrez ainsi admirer ainsi que le minaret (malheureusement décapité). La mosquée du Qāḍī Yaḥyā est une mosquée à portiques avec quatre riwāqs autour d'une cour centrale, mais le trottoir qui entoure la cour s'ouvre au milieu des riwāqs latéraux et de celui du fond, dessinant ainsi une sorte de croix qui rappelle, en plan, celui des madrassas. La salle de prière comporte trois travées dont les arcs brisés retombent sur des colonnes antiques à chapiteaux, corinthiens pour la plupart (quelquefois même, des chapiteaux retournés font office de bases) ; le miḥrāb est en pierre et présente deux beaux bandeaux épigraphiques. Le seuil de la porte N. est un réemploi pharaonique.

En sortant de cette mosquée par la porte O., tournez à dr. et prenez la première rue à g. pour rejoindre la ****mosquée Sinān Bāshā** (1571) ; l'édifice se compose d'une vaste salle de prière carrée surmontée d'une unique coupole et entourée, à l'extérieur, sur les trois côtés non-qiblī, de portiques surmontés de coupolettes : ce plan, typiquement ottoman, se retrouve une seule autre fois au Caire, dans la mosquée Abū Dahab, située en face d'al-Azhar, et bâtie deux siècles plus tard.

« Chaque côté de la partie centrale de l'édifice est percé d'une porte médiane que remplace au S. le miḥrāb, et de deux fenêtres. Chacune des baies est déchargée par un vaste arc brisé, qui succède aux arcs bandés sur les quatre côtés pour porter la coupole. Le plan passe ainsi du rectangle à l'octogone. Au-dessus, un polygone à 16 côtés est percé d'oculi. Puis, sur deux rangs de ***muqarnas,** une galerie circule autour de l'édifice, sous la coupole percée de 16 fenêtres polylobées » (Wiet).

En face de la mosquée Sinān Bāshā, la **wikāla al-Kharnūb** (XVIe s. ; qui n'est pas du tout aménagée pour recevoir les touristes) est un spécimen très représentatif de ce genre d'établissement.

Contournez-la par l'O. et entrez par la porte S. Vous vous trouvez alors dans la cour de cet immense édifice (78 m × 48 m) qui a perdu son étage et dont il ne reste que les magasins du rez-de-chaussée, lesquels servaient d'entrepôts et de lieu de commerce du gros (le détail se vendait dans les boutiques, sur la façade). En flânant dans Būlāq, vous remarquerez de nombreux autres édifices de ce type.

Gezira

Large de 800 m environ et longue de 4 km, l'**île de Gezira** offre une agréable tache de verdure dans le paysage urbain si sec du Caire. La partie N. de l'île porte le nom de **Zamalek;** c'est un quartier résidentiel, relativement aéré et moderne, pourvu d'immeubles récents et de villas. La moitié S. est plus aérée encore, avec l'immense terrain du **Sporting-Club**, les stades privés et terrains de sport appartenant à diverses associations, et des jardins.
Au bord du Nil, près du nouveau pont Ramsès, le **jardin Andalou**, dit aussi **jardin Maspero**, est orné d'un **obélisque** ramené de Tanis en 1960.

D'une hauteur de 14,5 m et pesant env. 107 t, il est en granit rose d'Assouan et couvert sur trois faces de louanges à la gloire de Ramsès II ; la 4e face est effacée.

☐ La **tour du Caire,** ou **tour de Gezira** (El Borg ; *plan couleurs C2*), s'est voulue, en son temps (1961), le symbole du Caire moderne.

Cette construction cylindrique ajourée, en ciment incrusté de mosaïque, haute de 185 m, est précédée d'un large escalier en granit rose d'Assouan. Du belvédère, du bar ou du restaurant tournant installés au sommet *(accès payant, par ascenseur, de 9 h à 24 h)*, **immense panorama** sur la ville et ses environs, jusqu'aux pyramides de Giza et de Saqqara et même, par temps clair, jusqu'à celles de Dahshūr.

Plus au S., dans l'ancien parc des expositions, le tout nouvel **opéra** respecte les structures architecturales géométriques islamiques et reprend les traditionnels mashrabiyyas ou portes sculptées. Le bâtiment bénéficie d'une acoustique exceptionnelle. Il accueille des orchestres internationaux, des troupes de théâtre, de la musique contemporaine, du music-hall... Le parc abrite aussi, dans un bâtiment longeant la rue et-Taḥrīr, le **musée de Gezira** (ou musée des Beaux-Arts ; 1er étage) et le **musée de la Civilisation** (2e étage).
Visite : t.l.j. de 9 h à 14 h. Entrée payante.

Ancien musée de la Civilisation. — C'est une suite de salles au charme désuet où est retracée au moyen de peintures, diagrammes, dioramas et moulages l'histoire de la **civilisation en Égypte depuis le paléolithique** jusqu'au XIXe s. L'avant-dernière salle est celle de la période moderne, avec quelques belles pièces d'art arabe, des armes soudanaises et des modèles de mosquées.

Musée de Gezira. — Ses collections se composent principalement de **verreries** et **céramiques** de tous lieux et toutes époques ainsi que de quelques beaux **tapis d'Orient**. Pour ce qui concerne la **peinture**, on note la place assez importante occupée par l'**école française**, largement représentée par des copies, tout comme les écoles flamande et hollandaise ; quelques tableaux de peintres italiens, anglais, américains et égyptiens.

▣ Le **musée Maḥmūd Mukhtār** occupe un élégant petit bâtiment moderne élevé par Ramsès Wissa-Wassef au milieu du jardin Et-Tahrīr.
Visite : t.l.j. sauf le lundi de 10 h à 13 h et de 17 h à 21 h. Entrée payante.

Une salle rassemble les souvenirs de la vie et du travail du **plus célèbre des sculpteurs égyptiens** (1891-1934) : ses outils, ses ébauches, son masque mortuaire. Mukhtār a surtout cherché son inspiration dans son pays, et son œuvre se compose de paysans et paysannes, fellahs d'Égypte, dans les poses caractéristiques de leur travail, d'une exécution très forte toute de plans et de masses. Il a exécuté aussi beaucoup de bustes et de statues de célébrités, sa statue de Zaghlūl, face au pont Qaṣr en-Nīl, à 500 m d'ici, est célèbre ; les maquettes en sont là, dans le musée et dans le jardin, et permettent d'étudier l'art très dépouillé, très sobre de Mukhtār.

Rive gauche

En face de la pointe N. de l'île de Gezira s'étend le faubourg d'**Embaba,** directement relié à la rive dr. par un pont, et dénué de tout intérêt touristique.

C'est ici, dans ce qui n'était à l'époque qu'une large plaine parsemée de quelques villages, que Bonaparte livra, le 21 juillet 1798, la fameuse bataille dite « des Pyramides ». Opposé aux troupes de Murād bey, fortes de 6000 Mamelouks, 12000 fellahs et d'une multitude d'irréguliers, il remporta néanmoins la victoire, n'ayant à déplorer, dit-on, que 40 morts et 260 blessés et infligeant aux Mamelouks des pertes de plus de 2000 hommes.

Plus au S. s'étendent les quartiers d'**El 'Agūza** et de **Doqqī**, avec leur façade de buildings alignés le long du petit bras du Nil.
Au centre du « vieux » Doqqī, agréable quartier de villas aux rues bordées d'arbres et situé à la sortie du pont El-Gala'a, se trouve un petit **musée d'Art moderne** *(plan couleurs C1).*

Visite : t.l.j., sauf vendredi et lundi, de 10 h à 13 h et de 17 h à 21 h 30. Entrée payante rue Isma'īl bey Abū l-Futūḥ, à deux pas de la place (midān) Finney.

Le musée expose par roulement des œuvres des principaux **peintres et sculpteurs de l'Égypte d'aujourd'hui.** La plupart des grands courants de l'art contemporain sont représentés, à côté d'œuvres d'une inspiration plus locale et témoignant des problèmes et préoccupations du peuple. Citons surtout : Maḥmūd Sa'īd, l'un des plus célèbres peintres égyptiens d'avant-guerre, les frères Seif et Adam Wanly, non moins célèbres et auxquels le musée des Beaux-Arts d'Alexandrie consacre une salle entière, Adam Henein, sculpteur, Aḥmed 'Abdallah, auj. fixé à Paris, Aḥmed 'Uthmān, peintre et sculpteur, Aḥmed Sabry, surtout portraitiste, 'Abd el-Hadi el-Gazzār, dessinateur, Ṣālah Tāher, Georges Baghourié, Farūk Shehadé, Fuad Kamel, Enji Efflatum, Ḥamid Nada, etc.

▣ Le **musée de l'Agriculture** *(plan couleurs C1)* offre une intéressante évocation de la vie rurale en Égypte, de l'Antiquité à nos jours. Inauguré en 1938, il occupe trois grands bâtiments répartis dans un beau jardin.

Visite : t.l.j., sauf le lundi de 9 h à 14 h. Droit d'entrée laissé à la discrétion des visiteurs.

Le **premier pavillon**, le plus intéressant, est consacré à l'**histoire.** En quatre salles, il présente des objets antiques, documents et témoignages de la **vie agricole à l'époque pharaonique.** Vous pourrez ainsi voir des momies d'animaux, des pains et des gâteaux, des graines et des bouquets retrouvés dans les tombes ; puis des représentations d'animaux en bronze, en bois, des fruits en faïence émaillée ; enfin, les thèmes agricoles dans la décoration civile : bijoux et amulettes en forme de fleurs, d'animaux, et des modèles sculptés inspirés directement de la nature.
Le **second bâtiment** est consacré à la **zoologie agricole.** Négligeant les salles latérales, qui présentent des diagrammes et statistiques, vous pourrez vous arrêter surtout au hall central où, à l'aide de mannequins peints et costumés, l'on a fait revivre les scènes les plus caractéristiques de la vie quotidienne. Au fond, une salle

contient les maquettes de différents barrages sur le Nil. Le premier étage abrite principalement des animaux naturalisés.

Le **troisième bâtiment** est entièrement réservé à la **botanique.** Diverses salles expliquent le mode de culture des céréales, du coton, de la canne à sucre, etc. A remarquer surtout, une belle collection de ***modèles réduits de charrues** du monde entier.

Au S. de Doqqī commence **Giza,** quartier complètement intégré à l'agglomération cairote et constituant néanmoins, sur le plan administratif, une ville différente, elle-même chef-lieu de gouvernorat.

La longue rue El-Giza, parallèle au fleuve, en est l'une des principales artères. Elle aboutit au S. au pont de Giza : là s'embranche à l'O. la rue des Pyramides qui traverse toute la partie S.-O. de la ville et conduit *(10 km env.)* aux Pyramides.

Séparé du **jardin botanique** par la large avenue El-Gama', qui conduit à l'université et à l'entrée de laquelle se trouve le célèbre groupe sculpté de **Mukhtār** évoquant le Réveil de l'Égypte, le ***jardin zoologique** occupe, le long de la rue El-Giza, une superficie de 21 ha.

Établi dans une partie des jardins du grand palais d'Isma'īl — où furent installées de 1889 à 1902 les antiquités égyptiennes avant la construction du musée actuel — le zoo groupe une importante collection d'animaux africains et soudanais ; il est ouvert de 8 h au coucher du soleil *(entrée payante ; le pavillon des reptiles ferme à 15 h).*

Le **« Ragab Papyrus Institute »** au bord du Nil *(3, sh. En-Nīl ; plan couleurs D1),* mérite une visite : on y fabrique, aux fins de commercialisation, des feuilles de papyrus en utilisant les méthodes anciennes ; attenant à l'atelier, que l'on visite, un petit **musée** réunit documents, instruments concernant le papyrus en tant que plante et les techniques d'utilisation. On y vend (cher) des dessins inspirés (plus ou moins librement) de l'art de l'Égypte ancienne, mais aussi des feuilles de papyrus vierges.

Les plantations de papyrus d'où vient la matière première utilisée ici se trouvent à la pointe S. de l'**île Jacob,** située face à la même rive, à environ 4,2 km en amont. On pourra les voir en visitant le **« Ragab Pharaonic Village »** qu'on vient d'y aménager *(entrée 15 £E ; durée de la vis. 2 h) :* d'un bateau-amphithéâtre, circulant sur un canal au milieu des fourrés de papyrus, vous pourrez voir les statues des principaux dieux de l'Égypte, puis divers tableaux de la vie quotidienne mimés par des acteurs (travaux agricoles, construction de bateaux, pêche, et activités artisanales diverses) avant d'arriver au village lui-même avec son temple, sa maison de noble et sa maison de paysan.

Rōḍa

De dimensions légèrement inférieures à Gézira (3,5 km de long sur 600 m de large), l'**île de Rōḍa** n'en possède pas le charme verdoyant.

A la pointe S. de l'île *(plan couleurs F2),* dans un jardin que vous atteindrez en suivant la rive orientale, vous pourrez visiter le célèbre **nilomètre** (**El-Miqyās**, la « mesure »), jadis destiné à mesurer la hauteur des crues du Nil.

Le nilomètre de Rōḍa fut fondé en 715 apr. J.-C. sous le calife umayyade Souleimān, reconstruit au siècle suivant sous les califes abbasides El-Māmūn et Mutaūakkil, et restauré au XIe s. sous Mustanṣir b-Illah. Les travaux de réfection, de 1934 à 1939, ont mis au jour des blocs de sculpture venant d'une église copte de Maṭariyya et quelques fragments d'époque pharaonique.

C'est un puits rectangulaire en communication avec le lit du fleuve ; l'ouverture est

entourée d'une cour carrée, ornée de quatre niches ogivales. L'échelle est une colonne octogonale, reposant sur une base, au centre du puits, les degrés sont indiqués en coudées, chargés d'inscriptions et numérotés jusqu'à 17.
Le zéro de l'échelle correspond à peu près au plan maçonné du fond du puits. Les dix coudées supérieures sont divisées en six parties égales, se subdivisant à leur tour chacune en quatre parties appelées qirāt, ce qui fait vingt-quatre qirāt par coudée. La longueur de la coudée étant de 0,540 m, celle des dix-sept coudées mesure 9,187 m. La cote était relevée chaque jour ; à seize coudées était proclamée la crue.

□ Dans la partie N. de l'île s'élève le vaste **palais Manyal** *(plan couleurs D-E2)*, transformé en musée en 1955. L'aile O. et une partie des jardins sont occupés par l'hôtel du Club Méditerranée.

Visite : t.l.j., sauf vendredi et lundi, de 9 h à 13 h ; l'entrée, payante, est du côté N., près du pont El-Siyala.

Le palais Manyal a été construit par le prince Muḥammad 'Ali, fils du khédive Tawfīq, au début de ce siècle. Les divers pavillons qui le composent sont répartis, à l'intérieur d'une enceinte, dans un **vaste et beau jardin** à la végétation luxuriante où vous remarquerez surtout les **banians** centenaires des Indes qui atteignent des proportions gigantesques. L'ensemble est de peu d'intérêt.
Le **pavillon d'entrée** est un petit **palais de réception**, réservé aux hôtes du sultan. A côté se trouvent la mosquée, accompagnée d'un haut minaret de style mauresque, et le **musée de la Chasse** installé dans une galerie longeant le mur d'enceinte N. : le musée consiste en fait en une collection de trophées de chasse principalement constitués par des « massacres » de cervidés.
Au centre du jardin se trouve la **résidence royale** dont le style est un mélange d'inspirations turque, marocaine, syrienne et égyptienne. Vous y visiterez une suite de salles aux murs décorés de faïences bleues : salle des glaces, salle des bijoux, chambre de Muḥammad 'Alī, chambre de sa femme (la Française Alice Imond), galerie des portraits, etc.
En arrière, une construction à part abrite la **salle du trône** et, au premier étage, trois **salons d'apparat.**
Non loin de là, sur la dr., le **musée**, bâtiment carré constitué de quatre galeries entourant une cour centrale, renferme diverses œuvres d'art, surtout des corans, manuscrits, miniatures persanes, des tapis, coussins, broderies orientales (remarquer une vue d'Istanbul brodée sur une longue bande de soie), des pièces d'ébénisterie et d'orfèvrerie, des cristaux, porcelaines, etc.

1 N — Proches environs du Caire

A l'écart des grandes voies touristiques, trois promenades dans l'agglomération cairote. De l'Héliopolis antique, foyer de ce culte solaire qui tint une si grande place dans la vie religieuse à l'époque pharaonique, à Ḥelwān, cité industrielle porteuse de tant d'espoirs de l'Égypte d'aujourd'hui, en passant par le barrage qui, à quelques kilomètres en aval de la capitale, conditionne toute la vie agricole du Delta, ce seront pour vous trois approches complémentaires de la capitale, après les musées, les mosquées et les pyramides.

Héliopolis et Maṭariyya

Au N.-E. du Caire, la large voie express de l'aéroport traverse une agréable banlieue pourvue d'espaces verts, percée de belles avenues : **Maṣr el-Gédid**, le Nouveau-Caire, cité résidentielle créée de toutes pièces en 1905 sous le nom d'Héliopolis-Oasis. Ce n'est plus aujourd'hui qu'un quartier parmi tant d'autres de l'immense agglomération s'étendant aux portes de la capitale, et le curieux palais de style khmer (!) que s'était fait construire le baron Empain, promoteur de l'opération, vient d'être racheté pour laisser la place à des immeubles de standing.

Au S., entre l'ʻAbbāsiyya et Héliopolis, mordant sur le désert, s'édifie depuis 30 ans **Medinet Naṣr,** la cité de la Victoire, initialement prévue pour loger 100 000 personnes (500 000 à long terme). Juxtaposant divers types de logement, de la villa de haut fonctionnaire à la HLM, elle comporte encore de vastes espaces non construits et n'abrite qu'env. 70 000 habitants.
C'est là, à l'orée de la route conduisant vers le canal de Suez, qu'a été élevé le **monument au soldat inconnu** de la guerre d'octobre 1973, immense portique pyramidal en béton en face duquel, le 6 octobre 1981, au cours d'une cérémonie militaire marquant le 8e anniversaire de l'offensive égyptienne, le président Anwar as-Sādāt est tombé sous les balles d'extrémistes ; il y a provisoirement été inhumé, en attendant la construction d'un mausolée dans les environs d'Isma'īliya.

A l'O. de cette ville nouvelle, de l'autre côté du chemin de fer — le « métro » du Caire — desservant la banlieue nord-est, s'étend l'immense (plus de 50 ha) **parc de Kubbèh** où se trouve le **palais présidentiel** du même nom, bâti jadis par Isma'īl pour son fils Tawfīq.

On situe dans les parages la plaine où eurent lieu deux batailles célèbres, celle de 1517, dans laquelle le sultan Salīm, brisant la puissance des Mamelouks, soumit l'Égypte à la domination turque, et celle du 19 mars 1800, où Kléber battit les Turcs, après la convention d'El-ʻArish (bataille d'Héliopolis).

Passé les faubourgs d'Ez-Zeitūn et d'El-Himieh, vous pourrez ensuite aller à **Maṭariyya** pour voir, dans un enclos, un vieux sycomore connu sous le nom d'**arbre de la Vierge.**

Une légende locale fait de cet endroit l'**une des stations de la Sainte Famille** lors de la Fuite en Égypte. Quant au sycomore, il aurait été planté en 1670 pour remplacer un précédent « arbre de la Vierge » mort quelques années auparavant. Le jardin qui l'entoure est arrosé au moyen d'une saqiyya par une source d'eau douce que l'Enfant Jésus lui-même, dit-on, fit jaillir, alors que l'eau de divers puits situés aux environs est saumâtre.

Au N. de Maṭariyya, à la limite de l'agglomération, se trouve l'emplacement de l'une des villes les plus célèbres et les plus anciennes d'Égypte, **Héliopolis,** dont le nom antique, On, est plusieurs fois mentionné dans la Bible.

Des fouilles entreprises dans ce secteur en 1950 ont mis au jour des sépultures préhistoriques attestant que la ville existait depuis les temps les plus reculés et, dans toutes les listes, elle figure comme capitale de l'un des nomes de Basse-Égypte.
Elle ne paraît pas avoir eu une grande importance politique, mais son rôle religieux fut si prépondérant qu'aucun sanctuaire de l'Égypte n'exerça sur les croyances une influence égale à la sienne. Le temple d'Héliopolis fut en effet le berceau d'un ensemble de doctrines en relation avec le culte du Soleil.

Le vieux **sanctuaire de Rê,** dont il ne subsiste aujourd'hui plus rien, existait sans doute dès les époques les plus anciennes. Comme le temple de Karnak, il dut subir, au cours des âges, de nombreuses transformations. Il ne reste désormais de cette ville célèbre qui attira en Égypte les philosophes grecs, soucieux de venir étudier les sciences à leur source, qu'un des deux **obélisques** érigés par Sésostris I en avant du temple.
Cet **obélisque,** dressé maintenant sur un socle de béton, mesure 20,75 m de haut et offre à la base une section presque carrée (1,84×1,88 m) ; les quatre faces portent chacune la même inscription gravée sur une seule bande verticale qui

contient le protocole du roi et la mention de l'érection de ce monument lors de son jubilé (ou fête Sed).
En direction du N.-O. s'étendait une avenue de sphinx.

Sur le chemin du retour, vous traverserez, à l'orée du Caire, le quartier de l'**'Abbāsiyya** où, à côté de cette longue rue Ramsès qui ramène vers la gare, se trouve la nouvelle **cathédrale** copte **Saint-Marc.**

C'est un immense vaisseau de béton nu, inauguré en 1968, construit pour recevoir les reliques du saint évangéliste, partiellement restituées à l'Égypte par Venise lors du 19e centenaire de sa mort ; elles avaient été prises à Alexandrie en 828.

Le barrage du Delta

A 25 km N.-O. du Caire, par une route prolongeant, quelques kilomètres durant, la Corniche du Nil et suivant ensuite un canal, ce **barrage** fut, en son temps, le plus grand ouvrage hydraulique du monde.

Bonaparte avait conçu le projet de régler l'irrigation du Delta. Ce fut Muḥammad 'Alī qui, dans le double but de faciliter la navigation et d'étendre la culture du coton, fit entreprendre les travaux en 1835 par des saints-simoniens français. La nature du sous-sol n'ayant pas permis un ancrage suffisant, des travaux de consolidation durent avoir lieu dès 1867, puis à nouveau en 1885-1890 et 1909-1910. Un second barrage, dit « barrage Muḥammad 'Alī », a été construit en 1936-1939 à 200 m en aval pour assurer une meilleure répartition des eaux dans les canaux d'irrigation.

Édifié sur les plans de Mougel — préféré à celui, plus ambitieux, et plus cher, de Linant —, le barrage principal est en réalité formé de **deux digues** : l'une, sur la branche de Damiette, mesurant 522 m avec 71 arches, l'autre sur la branche de Rosette, mesurant 452 m avec 61 arches ; elles sont l'une et l'autre munies de deux écluses, et réunies ensemble par un quai circulaire percé en son milieu d'une écluse pour la prise d'eau du canal Menūfiyya. Le style des constructions supérieures est assez curieusement inspiré des châteaux forts médiévaux.

Ma'ādī et Ḥelwān

Petite ville résidentielle à 10,5 km S. du Caire, **Ma'ādī,** ou **El-Ma'ādi,** s'atteint par une large route prolongeant la Corniche. De création plus récente qu'Héliopolis, elle dresse au bord du Nil ses immeubles modernes et ses villas entourées de jardins.

A quelques kilomètres à l'E. de la ville, une mauvaise piste remontant le wādī Et-Tih peut conduire, en quelques heures de marche, les passionnés de géologie jusqu'au **Gebel el-Khashab,** la **forêt pétrifiée** ; ils trouveront là, non une véritable forêt pétrifiée, mais de très nombreux fragments de troncs d'arbres, quelques-uns d'une grosseur considérable, fossilisés.

Ṭurā, à quelques kilomètres au S. de Ma'ādī, est un ancien village, situé entre le Nil et un promontoire de la falaise arabique qui porte le nom de **Gebel Ṭurā,** bien connu pour ses **carrières** exploitées depuis la plus haute antiquité. Il est aujourd'hui totalement englobé dans l'immense zone industrielle du sud de la capitale, avec ses cimenteries, aciéries, usines de constructions mécaniques et autres dispersées dans la plaine jusqu'à Hélouan.

Les **carrières antiques de Ṭurā et de Ma'ṣara** s'étendent sur 2 à 3 km à l'E. du Nil. On les aperçoit de très loin, formant au bas de la montagne des ouvertures semblables à celles des anciens tombeaux. C'est de là que furent tirées les pierres

employées dans la construction et principalement dans le revêtement des pyramides et des mastabas de la nécropole memphite. Bien que très dégradées, elles ont conservé **quelques bas-reliefs votifs** accompagnés d'inscriptions qu'il était d'usage de graver en souvenir des travaux. Aucune de ces inscriptions n'est antérieure à la XIIe dyn.
Le procédé employé par les anciens Égyptiens pour la taille et l'extraction des blocs était moins sommaire que celui utilisé par les fellahs qui leur succédèrent avant l'exploitation industrielle. Tandis que ces derniers se contentaient d'extraire les blocs des parties extérieures du rocher, leurs ancêtres allaient les chercher jusqu'à une très grande profondeur. Ils exploitaient ces blocs par larges assises, traçaient sur les faces de la banquette les contours du bloc à extraire et dans les lignes creusaient une série de fentes dans lesquelles ils intercalaient un coin en bois sec qu'ils mouillaient ensuite. La dilatation du coin détachait le bloc du rocher. Des murs et des piliers étaient réservés pour soutenir le plafond de la carrière ; d'où ces grandes chambres que leurs parois parfaitement dressées feraient prendre pour des hypogées.

Ḥelwān, à 25 km S. du Caire, était à l'origine — il y a à peine plus d'un siècle — une de ces « résidences secondaires » que les khédives se plurent à aménager en divers points de l'Égypte. Ses sources thermales, l'intérêt que lui porta le khédive Tawfīq et son air très salubre lui valurent rapidement une certaine prospérité. Aujourd'hui au centre d'une grosse agglomération industrielle, elle a en grande partie perdu ce visage de coquette ville d'eau qui faisait son charme.

Au S. de la ville se trouve l'**établissement thermal,** bâti au début du siècle dans le style mauresque. Les eaux thermales, sulfureuses, ferrugineuses et alcalines, qui jaillissent à la température de 33°, ont à peu près la même composition chimique que celles d'Aix-les-Bains ; on les utilise pour le traitement des rhumatismes, des affections rénales et des dermatoses.
A l'E., près d'un hôpital, s'étend le **jardin japonais,** non loin d'un petit **musée de Cire,** abritant divers mannequins costumés à l'égyptienne et une collection de poupées folkloriques de tous les pays du monde.
Au N.-E., à 1 500 m du centre, l'**observatoire** astronomique et météorologique domine la ville d'un plateau situé à 118 m d'alt.

➜ Plus au N., à 3 km env. de Ḥelwān, la falaise arabique s'interrompt au **wādī Hof,** cirque de rochers absolument dépouillés, sans la moindre végétation, grandiose surtout au coucher du soleil. A l'entrée du wādī se trouve le site prédynastique d'**El-'Umarī,** étudié dès 1925.
Les morts sont enterrés dans le village même (comme à Mérimda), enveloppés de peaux, de nattes ou de tissus dans les fonds de cabanes. Le village s'étend sur une grande superficie, à l'inverse de ce qui se passe en Haute-Égypte. A mi-chemin entre Ḥelwān et El-'Umarī, on a découvert en 1951 un cimetière de poissons, détruit aussitôt après la découverte par le nivellement du terrain en vue de la construction d'une usine.

➜ A environ 11 km à l'E.-S.-E. d'Hélouan, dans le **wādī Gerāwi,** on peut voir les restes du **Sa'ad el-Kafara** (le « barrage des païens »), incontestablement le plus vieux barrage du monde puisque, contemporain des pyramides de Giza, il remonte au XXVIe s. av. notre ère. Découvert en 1885 par G. Schweinfurth, il s'agissait d'une digue de 110 m de long et de 14 m de haut, dont la partie centrale a disparu depuis longtemps ; de section trapézoïdale (98 m à la base et 56 m au sommet), il pouvait former, dans le wādī, une retenue d'eau de plus de 1 500 m de long.

2 - Les nécropoles anciennes

Si vous arrivez en Égypte par avion, Giza et Saqqara, tout proches du Caire, sont les premiers grands sites pharaoniques que vous découvrirez. Peut-être n'y viendrez-vous qu'avec le seul désir d'admirer les fameuses pyramides et le célèbre sphinx ? La nécropole de l'antique Memphis, s'étirant sur une longueur de plus de 50 kilomètres sur la rive gauche du Nil, vous offrira pourtant bien d'autres visions.
D'abord, si ce n'est déjà fait, c'est ici que vous prendrez contact avec cette réalité toute particulière qu'est le désert. Puis, du rebord de ce plateau désolé où, à l'abri de l'inondation — et de la décomposition —, les morts menaient une vie parallèle, vous verrez, aux mêmes endroits que dans le passé, les palmeraies et les villages et hameaux pétris dans la terre, dont la succession formait jadis les faubourgs de la première capitale de l'Égypte ; leur aspect n'a sans doute pas radicalement changé depuis.
Tournant le dos au fleuve, vous verrez surtout beaucoup de monuments dont vous ignoriez peut-être l'existence ; pyramide à degrés, Sérapéum, mastabas par dizaines, compléteront ainsi l'idée que vous pouviez vous faire d'un cimetière égyptien, si différent de ceux auxquels nous sommes habitués. En superposant aux scènes gravées dans ces tombes le paysage de la vallée, vous pourrez vous faire une image assez précise de la vie qui régnait ici dans l'Antiquité.
On vous vantera l'ancienneté de ces constructions funéraires dont certaines atteignent quatre ou cinq mille ans d'âge ; n'oubliez pas, pour autant, que cette nécropole a été utilisée durant toute l'époque pharaonique et même jusqu'à nos jours. Et, sous le sable que vous foulez, dorment encore de très nombreux monuments, de toutes les époques, que vous ne verrez pas.

La tombe memphite

Trois types de sépultures. — Abritant pour l'éternité les « supports corporels » de gens de toutes importances, jusqu'aux rois eux-mêmes, les nécropoles comprennent trois types de sépultures : des tombes rudimentaires, mode d'inhumation archaïque, celui des plus pauvres ; des mastabas, qui présentent, par rapport à la tombe rudimentaire, une différence du même ordre que celle existant dans nos cimetières entre les mausolées et les simples pierres tombales ; ce sont, sous ce nom arabe signifiant banquette qu'on leur conserve depuis Mariette, les tombes, construites, de personnages importants ; des pyramides enfin, réservées aux rois et aux membres de leur famille.

Les tombes rudimentaires. — Ce sont de **simples excavations** dans le sol où le mort était déposé en position contractée (ou encore « fœtale »), simplement enveloppé d'une natte de roseaux ; certaines tombes consistent cependant en une petite chambre grossièrement construite en brique crue et intérieurement enduite d'un crépi au lait de chaux. Autour du corps étaient disposés les objets personnels, vases rustiques, petits godets de calcaire ou d'albâtre. La tombe était probablement surmontée **d'un tertre** de sable.

A la recherche de l'inaltérable, le mastaba. — Le mastaba tire son origine de la butte qui servait primitivement à marquer l'endroit où avait été enseveli un corps : en effet, si le tombeau, « demeure d'éternité », devait pouvoir durer toujours, il était rapidement apparu qu'un simple tertre de sable, soumis à l'action du vent, était incapable de préserver longtemps ce corps. Dès les premières dyn., nobles et rois commencèrent à « stabiliser » ces tertres en les enrobant d'une construction en brique crue.

C'est une masse rectangulaire, relativement basse, aux parois inclinées en talus, et dont les dimensions peuvent varier beaucoup : il en est qui mesurent plus de 50 m, d'autres à peine 3 m sur le plus grand côté. Le grand axe est toujours dirigé N.-S., mais sans orientation très précise.

Les matériaux employés sont la pierre ou la brique. Les mastabas les plus soignés sont construits en calcaire siliceux, avec un revêtement de calcaire fin. L'emploi de la pierre siliceuse, extraite à une grande profondeur, marque un progrès sur l'emploi du calcaire marneux provenant de la couche supérieure du sous-sol. En fait, les mastabas construits avec ce dernier, qui est d'une couleur jaunâtre, sont les plus anciens.

Les mastabas en brique portent aussi le signe extérieur de leur antiquité relative. La brique jaune, faite d'une terre mélangée de sable et de cailloux, indique une haute antiquité, tandis que l'ordinaire brique noire, déjà connue sous l'Ancien Empire, est restée en usage jusqu'aux plus basses époques.

L'appareillage en pierre parée que l'on voit à l'intérieur des mastabas est un revêtement destiné à contenir un noyau compact de sable, de terre, de moellons et de gravats.

Le mastaba se compose de deux parties essentielles : la chapelle, où l'on célébrait le culte du mort, et le caveau où, par un puits, l'on descendait le sarcophage.

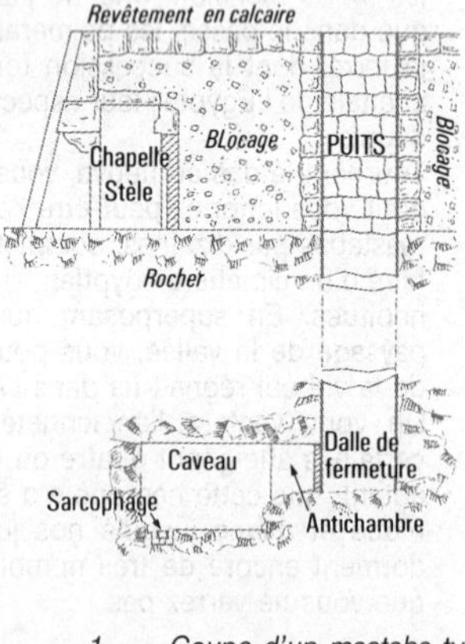

1. — Coupe d'un mastaba-type.

Le mastaba : une chapelle... — L'entrée de celle-ci se trouve ordinairement **sur la face E.** Tout mastaba n'en contenait pas nécessairement, celle-ci n'étant que le développement d'une fausse porte en forme de niche jadis située sur le mur extérieur E. Cette niche eut de plus en plus tendance à s'enfoncer dans la structure en créant une salle indépendante qui revêtait, dans les mastabas de type classique, la forme d'un L ou d'un T renversé. La porte de cette chapelle prenait donc la place de la niche extérieure qui, refoulée, s'installait sur la paroi O. de la salle. Cette dernière pouvait prendre parfois un assez grand développement et devenir un véritable « appartement », dont certaines pièces se munissaient de piliers. Il arrivait occasionnellement, dans ce cas, que l'entrée soit située sur la face N. ou S. Beaucoup de mastabas ne contiennent qu'une chambre dont les parois sont unies

ou décorées de scènes d'offrande, ou empruntées aux diverses activités de la vie quotidienne propres à rehausser le souvenir du défunt dans la pensée des pieux visiteurs.
Dans les mastabas dont l'économie intérieure comporte plusieurs chambres, la niche est placée dans la chapelle proprement dite, mais il arrive aussi qu'il s'en trouve une répétition dans d'autres chambres, véritables annexes de la chapelle, et réservées, semble-t-il d'après les représentations murales, au dépôt des offrandes.

... **un serdāb...** — C'est un réduit sommaire, aménagé dans l'épaisseur de la construction, non loin — et habituellement au S. — de la chapelle. Il est entièrement muré ou ne communique avec la chapelle que par une fente très étroite.
On déposait dans le serdāb les statues du défunt. Ces statues, de pierre ou de bois, et dont on a de nombreux exemples, représentent le défunt non pas sous l'aspect d'un vieillard mais sous celui, idéalisé, de l'adulte en pleine possession de ses moyens. Elles lui permettaient de garder un contact plus direct avec les vivants que n'aurait pu le faire le corps enfoui dans le caveau. Pour qu'elles puissent voir, entendre, humer le parfum des offrandes et, symboliquement, les manger, on « ouvrait » chacun des organes correspondants des statues au cours d'une cérémonie de caractère magico-religieux.

... **un caveau...** — Il est creusé dans le rocher, à une profondeur variable pouvant atteindre 18 à 20 m, à l'aplomb de la chapelle ; c'est une excavation spacieuse aux parois soigneusement dressées.
Le sarcophage, de forme rectangulaire, y est placé dans un coin, tantôt formé d'un bloc rapporté (calcaire fin, granit rouge, rarement basalte), tantôt taillé dans le roc. Il est muni d'un couvercle, plat dessous avec une table saillante qui s'engage dans la cuve, et parfois arrondi au-dessus. Les défunts de cette époque, s'ils étaient momifiés, n'étaient pas cependant, à ce qu'il semble, embaumés. Les viscères n'étaient généralement pas extraits du corps, et celui-ci ne subissait pas un traitement qui permette la conservation des tissus comme ce sera le cas plus tard. On se contentait de le tremper dans un bain de natron ou de l'enduire d'une sorte de lait de chaux qui préservait, après la disparition des chairs et de la peau, les traits du mort. Avec le corps, le sarcophage contenait un chevet en bois ou en albâtre, et quelques petits godets.
Appuyés contre les murs du caveau, des vases en terre cuite formaient tout le mobilier funéraire du défunt. L'eau qu'ils contenaient, ainsi que des abats de bétail, dont on retrouve les ossements sur le sol, constituaient la nourriture déposée dans le caveau le jour de l'ensevelissement.

... **et un puits.** — Débouchant sur la terrasse, celui-ci constituait l'accès au caveau. Traversant verticalement le massif, il s'enfonce dans le rocher jusqu'à la profondeur de la chambre sépulcrale, puis se dirige horizontalement vers cette dernière.
Large dans sa partie verticale (de 2,50 m à 3 m de côté), le puits s'abaisse et se resserre dans sa partie horizontale. Quelquefois, au lieu d'être vertical, il s'incline en pente douce d'une extrémité à l'autre de son parcours ; dans ce cas, son orifice extérieur débouche, non sur la terrasse, mais sous le dallage en avant de la face E. ou de la cour du mastaba s'il en existe une (→ *le tombeau de Ti*).
Après la mise au tombeau, l'entrée du couloir horizontal était murée au pied du puits que l'on comblait jusqu'à son embouchure.

La décoration du mastaba. — **Les thèmes** de la décoration se multiplient avec le temps tandis que se développe la surface à orner. Ils répondent à divers besoins du défunt que l'on peut, très schématiquement, répartir en deux groupes : prolonger la vie terrestre d'une part, rester en contact avec le monde des vivants d'autre part. C'est ainsi que tous les mastabas vont nous donner, suivant le caractère, les fonctions ou la condition sociale du défunt — les tombeaux étant préparés du vivant de celui qui les occuperait un jour —, les thèmes de la vie memphite en un répertoire complet.

Pour prolonger la vie terrestre. — Le mastaba est une maison, et une partie du décor rappellera cette fonction. C'est une tombe bâtie comme une maison : nous verrons que les constructions de la pyramide à degrés rappellent en pierre, matériau durable, les constructions légères en bois, moins résistant.

L'entrée du mastaba (la porte de la chapelle) est surmontée du « rouleau » qui représenterait, suivant les uns, la poutre maîtresse au-dessus de la porte, mais figure plus vraisemblablement un store d'étoffe enroulé sur son axe ; il s'agit donc, en tout cas, d'un élément périssable de l'habitation, fixé, « pétrifié » pourrait-on dire, dans la demeure d'éternité.

Il en est de même de la stèle, qui est, sur le mur O. de la chambre (ou de la dernière chambre s'il y en a plusieurs), la représentation d'une porte de bois souvent réduite à l'état de simple fente, ainsi que de son encadrement simulant un décor de tapis suspendus le long des parois par des cordes et des anneaux à une pièce de bois horizontale.

Dans la maison ainsi reconstituée, on représentera tout ce qui se voyait dans et autour de celle-ci et qui en faisait vivre les propriétaires : la vie agricole : champs, récoltes, bergeries, chasses, pêcheries ; la vie ménagère : cuisine, brasserie, pressage ; la vie intime : toilette, sports, musique, jeux ; la vie ouvrière : orfèvrerie, ébénisterie, tissage.

Le contact du mort et des vivants. — Ce souci, bien apparent déjà dans les scènes précédentes, s'affirme encore dans les représentations de prières, de formules rituelles et d'offrandes funéraires qui sont autant d'incitations auxquelles répondent les survivants les plus pieux.

Tous ces thèmes sont loin d'être posés au hasard :

— De chaque côté de la porte d'entrée le défunt est représenté avec ses noms et ses titres, ou un extrait de sa titulature quand elle est trop longue ; l'architrave porte, gravée en grands caractères, une prière adressée à Anubis, dieu de l'Occident, pour qu'il accorde au mort une sépulture, qu'il le guide dans les chemins de l'au-delà et lui donne part aux offrandes faites aux fêtes des morts et en toute circonstance.

— Les scènes s'organisent par rapport à la stèle : les représentations décomposent les différentes phases d'une action et, partant de la porte, elles aboutissent à celle-ci. C'est dans le couloir d'entrée qu'on remarque les péripéties des funérailles, l'apport des statues de culte. Les navires sont orientés vers le N. ou le S. selon qu'ils sont censés descendre ou remonter le cours du Nil.

— Les offrandes sont figurées dans la chapelle même, posées devant le mort, sur une table. Celles qui étaient déposées dans le caveau ou la chapelle le jour des funérailles ne pouvaient assurer la vie éternellement. Mais les prières et les invocations rituelles animaient les scènes gravées et peintes sur la muraille ; elles leur donnaient un rôle efficace, grâce à quoi le défunt était en état de revivre.

Du mastaba à la pyramide : pyramide à degrés. — C'est vers le début de la IIIe dynastie qu'apparaissent dans l'architecture funéraire deux caractéristiques nouvelles : la construction en pierre taillée et l'introduction d'une différence de volume entre les monuments funéraires royaux et ceux des dignitaires. Nous verrons, lors de la visite de la pyramide de Djéser, comment, par des agrandissements successifs, le mastaba initialement prévu par Imhotep pour son roi devint un édifice pyramidal à gradins d'environ 60 m de hauteur.

Une nouvelle évolution eut lieu environ un siècle plus tard, lors de la construction par Snéfrou, premier roi de la IVe dynastie, de la pyramide de Maidūm : comme la pyramide de Djéser, la pyramide de Snéfrou est le résultat d'une série de transformations ayant abouti à l'érection d'une pyramide à degrés ; mais, à la différence de la précédente, les gradins furent ensuite comblés et l'ensemble recouvert d'un parement lisse, donnant ainsi naissance à la première pyramide véritable.

Les pyramides et leurs dépendances. — Comme les mastabas, les pyramides étaient accompagnées d'un ensemble de constructions réservées au culte funéraire, dont la conception et la forme évoluèrent parallèlement à la forme des pyramides elles-mêmes. On peut les classer suivant deux types ; le plus remarquable exemple du premier type, qui fut en usage sous la IIIe dynastie, est le complexe funéraire de Djéser ; une illustration du second genre nous est donnée par les pyramides de Giza.

Les pyramides : caractéristiques générales. — Les pyramides ont été construites d'après un formulaire pratique résultant de longues études. Les proportions en étaient établies à l'aide de calculs dont on a pu se faire une idée par un papyrus mathématique conservé au British Museum. D'autre part, des considérations tirées de la comparaison des formes de certaines pyramides et de l'étude de leur structure interne, montrent qu'un grand nombre d'entre elles n'ont pas été bâties d'une seule venue, mais résultent des agrandissements successifs d'un noyau initial.
Les pyramides étaient, sauf les plus anciennes, bâties sur plan carré et orientées avec assez d'exactitude. Elles étaient assises de préférence sur un sol rocheux, à l'abri de l'inondation. Les accidents du terrain ne rebutaient pas le constructeur, qui savait en tirer le meilleur parti. Quand les pyramides n'ont qu'une chambre, celle-ci est toujours excavée dans le roc. Dans le cas contraire, l'une est dans le sous-sol, tandis que l'autre ou les autres s'abritent dans le noyau construit. L'aménagement de la chambre souterraine comporte des éléments rapportés : les dalles de granit qui forment sa voûte et les revêtements des parois.
Les couloirs, partie excavés, partie bâtis dans le noyau, étaient séparés de la chambre par une fermeture à herse, formée d'une ou de plusieurs dalles de granit glissant verticalement dans des coulisses. L'orifice extérieur était également fermé par un système de herse qui pouvait varier d'une pyramide à l'autre. Cette dalle était elle-même recouverte après coup par le revêtement.
Les pyramides (en arabe al-ahrām) avaient chacune leur nom, formé du nom royal de leur possesseur et d'une courte formule attributive : « Khéphren est grand », « Mykérinos est divin », « L'âme de Sahourê apparaît », « La perfection de Mérirê (Pépi Ier) est durable »...

Répartition géographique. — Le nombre des pyramides, des plus grandes aux plus petites, dépasse 80. Si la plupart sont réduites aujourd'hui à l'état de vestiges à peine visibles, le quart environ d'entre elles subsiste, plus ou moins dégradées, mais bien reconnaissables.
Avec les tombes de leur entourage, elles forment des groupes que l'on a pris l'habitude de désigner du nom des villages les plus proches. Ce sont, du N., au S., les **groupes d'Abū Rawāsh, de Giza, de Zāwiyet-el-Aryān, d'Abūṣīr** et **de Saqqara,** dont les pyramides appartiennent à l'Ancien Empire, et ceux **de Saqqara-Sud** et **Dahshūr,** où figurent côte à côte des pyramides de l'Ancien et du Moyen Empire.
Plus au S. encore, les **pyramides de Lisht** (Moyen Empire) et **celle de Maidūm** (Ancien Empire) sont décrites au début du chap. 10 (La vallée du Nil). Citons enfin, bien que n'appartenant pas à la nécropole memphite, les **pyramides de Hauwāra et d'El-Lāhūn** (Moyen Empire) : leur description figure au chapitre 3, consacré à la région où elles se trouvent : le Fayyūm.

Visiter les nécropoles

Par leur proximité du Caire, les nécropoles de Giza et de Saqqara, objet principal de ce chapitre, constituent des ensembles particulièrement faciles à visiter.
Une visite détaillée de ***Saqqara réclame*** *au moins* ***une journée*** *;* ***quelques heures suffisent*** *en revanche pour connaître le plateau de Giza, d'autant plus qu'un spectacle* ***Son et Lumière*** *(→ rens. prat. de Giza), auquel nous vous recommandons*

d'assister, permet de tirer un profit maximum de la visite de ce site.

Pour les ***accès,*** *suggestions d'emploi du temps de chacun des groupes de monuments de l'immense nécropole memphite, voyez, d'une manière générale, en tête de chaque description. Toutefois,* ***si vous êtes pressé,*** *vous pouvez grouper en une journée la visite des principaux sites de ce chapitre : commencez votre excursion par la visite de Memphis (prom. 2 G), d'où vous irez à Saqqara (prom. 2 F) passer la plus grande partie de la journée avant de visiter Giza (prom. 2 A) en fin d'après-midi.*

2A - Pyramides et nécropole de Giza, 318.
2B - Environs immédiats de Giza, 329.
2C - Abū Rawāsh, 330.
2D - Zāwiyet el-Aryān, 331.
2E - Abūṣīr et Abū Gorāb, 331.
2F - Pyramides et nécropole de Saqqara, 334.
2G - Memphis, 365.
2H - Nécropole de Saqqara-Sud, 369.
2I - Pyramides de Dahshūr, 371.

Si vous avez le temps, *vous pouvez, au départ de Giza, faire l'excursion de Saqqara* ***à cheval*** *— ou même à dromadaire —, excellent moyen de voir au passage Zāwiyet el-Aryān, Abū Gorāb et Abūṣīr; comptez 2 bonnes heures pour aller de Giza à Saqqara, 1 h de plus si vous voulez atteindre Dahshūr, et... autant pour le retour! Partez donc de bon matin, non sans vous être bien mis d'accord au préalable sur le prix que vous aurez à payer au retour.*

2 A — Pyramides et nécropole de Giza

Accès *: la nécropole de Giza se trouve à 12,5 km S.-O. du centre du Caire, sur le rebord du plateau constituant la lisière du désert libyque. Si vous n'avez pas de voiture : autobus nos 904, 905 et 160 (par mīdān et-Taḥrīr); de Ramses Station, no 30 pour mīdān Giza et no 3 direct aux pyramides. Si vous préférez un taxi, refusez, si on vous le propose, tout forfait (toujours plus cher que le compteur); inutile également de réserver le taxi pour le retour : votre visite terminée, vous en trouverez facilement un, au besoin en redescendant à pied jusqu'à l'hôtel Mena House. De là, également minibus pour Ramses Station et bus pour mīdān et-Taḥrīr.*

Heures de visite *: le soleil levant éclairant la face du grand Sphinx ou, couchant, semblant faire grandir, en même temps que leur ombre, les pyramides elles-mêmes, est un spectacle d'égal attrait. Achat des billets t.l.j. de 8 h à 17 h, le vendredi de 9 h à 16 h.*

En 8 km de ligne droite, la large Route des Pyramides, inaugurée en 1869 par l'impératrice Eugénie (lorsqu'elle vint pour les cérémonies d'ouverture du canal de Suez), offrait jusqu'à ces dernières années le plus extraordinaire travelling dont cinéaste puisse rêver. Cela commençait, droit devant vous et un peu à g. de la route, par un petit triangle jaune clair, tranchant à peine sur le bleu pâle du ciel et se dérobant, de temps à autre, derrière un building ou un bouquet de palmiers. La vision peu à peu se précisait et grandissait, scintillante dans l'air surchauffé. Au fur et à mesure que l'on approchait, la rigueur de sa géométrie affirmait, par son insolite, une domination quasi magique sur le paysage. Tant d'immeubles ont poussé n'importe comment le long de la route qu'il est maintenant presque impossible de voir les monuments avant d'être arrivé

et qu'il faut être parvenu au pied de la rampe qui escalade le plateau-piédestal, pour que la pyramide de Khéops vous domine enfin de sa masse écrasante, ses arêtes dessinant, avec les gradins, une perspective d'escalier fabuleux montant vers l'infini.
Le taxi est à peine arrêté que déjà âniers, « guides » ou marchands de souvenirs vous tirent bruyamment de votre rêverie. Consolez-vous ; muni de votre billet, sourd aux sollicitations, vous commencez une visite où la réalité n'est pas moins exaltante.

Le **plateau des pyramides** est semblable à une sorte de bastion détaché de la chaîne libyque ; sa terrasse, nivelée de main d'homme, mesure 1 500 m du N. au S. et près de 2000 m de l'O. à l'E. ; sa hauteur moyenne est d'env. 40 m au-dessus du niveau de la vallée. Les **trois grandes pyramides** sont placées par ordre de grandeur et en même temps d'époque du N.-E. au S.-O., la plus haute et la plus ancienne occupant le bord septentrional du plateau, la seconde s'élevant au S. en retrait de la première et sur une même diagonale, la troisième au S. et un peu moins en retrait de la précédente — toutes trois orientées avec une assez grande précision. A l'E. de la première et au S. de la troisième s'alignent deux groupes de trois pyramides.
Des arasements de temples, les restes de murs d'enceinte, de nombreux **tombeaux**, le **Sphinx**, le **temple de granit**, le **temple du Sphinx**, les traces d'anciennes chaussées donnant accès au plateau, complètent cet ensemble imposant de ruines.

Les pyramides et les auteurs anciens. — Le récit d'**Hérodote**, le plus ancien que l'on possède sur les pyramides de Giza, peut se résumer ainsi : Khéops, constructeur de la première pyramide, imposa l'obligation de la corvée à son peuple. Cent mille travailleurs se relayèrent tous les trois mois pour exploiter les carrières de la chaîne arabique (Ṭura et Ma'ṣara), pour transporter les blocs à pied d'œuvre, construire la chaussée, travail qui dura dix ans, et enfin la pyramide elle-même, travail qui dura vingt ans.
Khéphren ne fit qu'imiter son père : sa pyramide différait toutefois de la première par ses dimensions un peu réduites.
A l'inverse de ses prédécesseurs, qui avaient fermé les temples, **Mykérinos** fut un homme pieux. Sa pyramide coûta moins de peine à son peuple que les précédentes. Il put, après sa mort, jouir de sa sépulture, tandis que Khéops et Khéphren en furent privés par le peuple indigné des mauvais traitements qu'ils lui avaient infligés.
A quelques variantes près, **Diodore** ne fait que reproduire ce récit. **Strabon** ne parle pas longuement des pyramides, mais donne un détail intéressant qui a beaucoup attiré l'attention de certains auteurs modernes : la grande pyramide aurait été fermée par une pierre mobile.
La construction des pyramides. — La tradition classique, puisée à une source qui ne remonte pas au-delà du Vᵉ s. av. J.-C., nous apprend que les pyramides de Giza furent construites d'un seul jet. Selon l'étude qui en a été faite, **la pyramide de Khéops, porte** au contraire **la trace de trois états successifs**. Le premier projet n'avait prévu qu'une seule chambre creusée dans le rocher *(V. en A, sur la coupe) :* il aurait été modifié avant son complet achèvement, et sensiblement agrandi ; on aurait alors aménagé dans l'épaisseur de la maçonnerie une seconde chambre (B) ; mais ce deuxième plan, ne répondant pas davantage à la magnificence de Khéops, on décida un nouvel agrandissement et c'est à ce dernier projet que l'on doit la grande galerie (h) et la vraie chambre (C) du tombeau. Enfin, des études plus récentes ont révélé que les quatre blocs d'angle du dernier état étaient littéralement encastrés dans le radier de façon à maintenir une parfaite cohésion de la base.

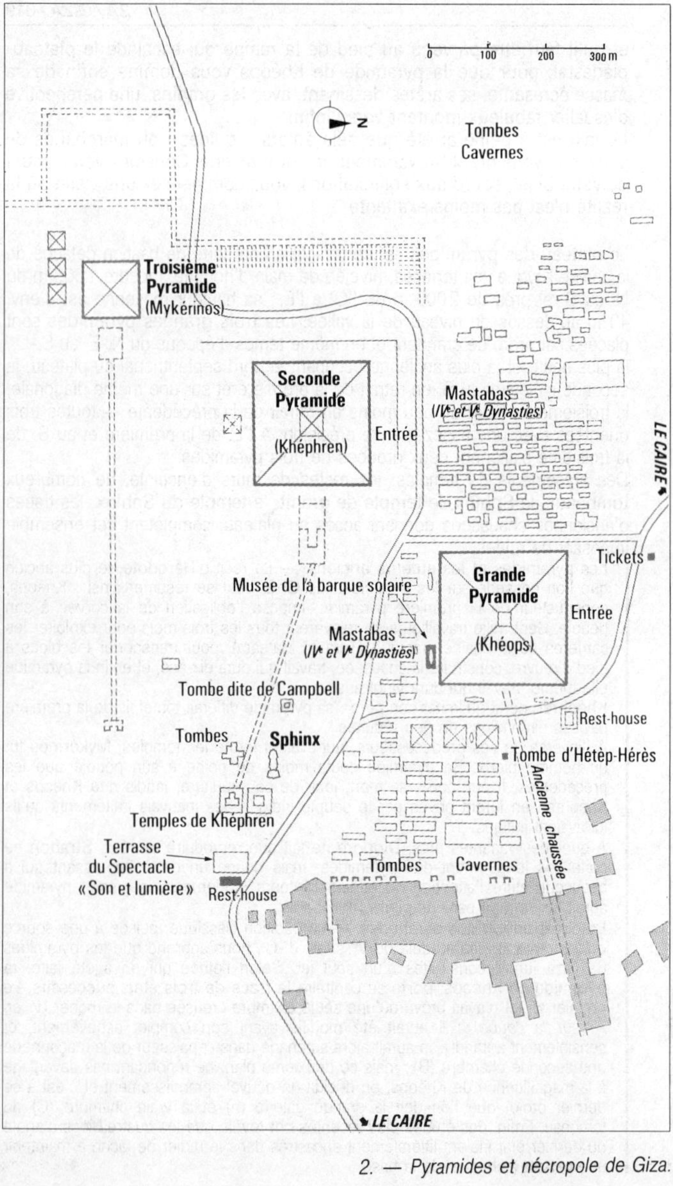

2. — Pyramides et nécropole de Giza.

La deuxième pyramide a conservé la trace de **deux états** dus également à un changement de plan opéré en pleine période de construction.
La troisième pyramide, agrandie aussi (de huit fois son volume primitif, selon certains) pendant le règne de Mykérinos, fut restaurée sous les rois saïtes. Une nouvelle chambre fut creusée, plus basse et à l'O. de l'ancienne. Cette restauration avait été motivée par une violation au cours des troubles de la XXe dyn., époque qui fut aussi fatale à un grand nombre de tombes thébaines. Cette violation est probablement antérieure au voyage d'Hérodote. Quand il visita l'Égypte, on connaissait plus ou moins l'économie intérieure des pyramides. Les momies de Khéops et de Khéphren n'étaient probablement plus dans leurs sarcophages : la légende populaire concernant l'impiété de ces deux rois n'est née que du besoin d'expliquer le vide des deux tombeaux.

Les pyramides exploitées comme carrières. — Les pyramides conservèrent leur revêtement à peu près pendant toute l'Antiquité et le Moyen Age. On avait cessé, dès l'époque chrétienne, de les considérer comme des tombeaux. Les écrits byzantins les donnent, en se fondant sur une fausse étymologie, comme d'anciens greniers royaux, et cette fausse attribution persiste jusqu'à la fin du XIVe s., et même plus tard dans certains récits de voyageurs européens.
A la recherche d'un hypothétique trésor, le calife **Al-Mamūn** (IXe s.), fils du célèbre Ḥarūn ar-Rashid, fut arrêté dans l'exploration de la grande pyramide par le bloc de clôture placé à la bifurcation du couloir ascendant ; tournant ce bloc, il arriva jusqu'à la chambre du sarcophage. On raconte qu'il trouva un cercueil, renseignement qui, s'il est exact, n'est pas nécessairement en contradiction avec la thèse moderne de la spoliation des tombeaux, puisque les anciens tombeaux, nous le savons aujourd'hui, furent ultérieurement utilisés comme de véritables dépôts de momies.
On s'attaqua ensuite aux revêtements. Ils fournissaient des blocs d'une exploitation facile pour la construction des monuments dont les sultans couvrirent leur capitale. Au XIVe s., Simon de Sarrebruche vit les degrés de la grande pyramide « à moitié descouverts » et des ouvriers occupés à faire rouler du haut en bas les pierres « qui font la couverture ». Le produit de cette dévastation allait pour les deux tiers aux constructions du sultan et pour un tiers aux maçons.
On estime, d'après les récits des écrivains arabes et des voyageurs, que la 3e pyramide, entamée dans le cours du XVe s., avait entièrement perdu son revêtement au siècle suivant, et que la 2e, plus longtemps épargnée, puisque son revêtement existait encore en très grande partie lors du voyage de Greaves en 1636, le perdit entre cette époque et l'arrivée de l'Expédition française.

La ***pyramide de Khéops** ou **grande pyramide,** que les Anciens comptaient au nombre des Sept Merveilles du Monde, est la plus septentrionale. Ses dimensions actuelles sont les suivantes : hauteur, 137 m (primitiv., 146 m) ; largeur des côtés à la base, 230,38 m environ (primitiv. 232,77 m) ; hauteur de la face mesurée sur le plan incliné, 186 m. Par suite de la disparition complète de revêtement, ses assises présentent, quand on s'approche, l'apparence d'un gradin plus ou moins régulier. Le sommet est fait d'une plateforme carrée d'env. 10 m de côté (primitiv. un peu moins de 3 m). La masse de pierres ainsi entassée a été évaluée à 2 521 000 m^{3} réduits à 2 352 000 m^{3}.
L'ascension est plus ou moins interdite. La hauteur des degrés (un bon mètre, en moyenne) et la médiocrité des prises qu'ils offrent parfois peuvent du reste la rendre dangereuse si vous avez le vertige ou n'êtes pas habitué aux escalades. Si vous êtes sportif, un bon quart d'heure peut suffire, par l'arête N.-E. pour atteindre le sommet ; la ***vue** *offerte vous récompensera de vos efforts.*
La visite de l'intérieur de la pyramide, éclairée à l'électricité, est un peu plus aisée,

encore que le fait d'avoir à marcher courbé dans des couloirs en pente et en respirant un air confiné ne soit évidemment pas supportable par tout le monde avec la même facilité.

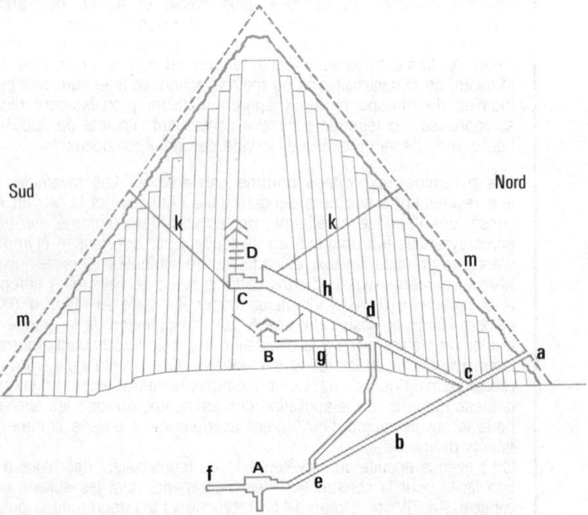

3. — Coupe de la pyramide de Khéops.

L'**entrée normale** de la pyramide (a) s'ouvre au niveau de la 13e assise, à env. 7 m à l'E. de l'axe de la face N. et à 15 m env. de l'assise inférieure. Elle donne accès à un **couloir descendant** (a b), haut de 1,20 m et large de 1,09 m, s'enfonçant obliquement dans le noyau de la pyramide, puis dans le roc, pendant 103 m. Ce couloir devient alors horizontal, traverse, 9 m plus loin, une **chambre inachevée** (A) et se termine en cul-de-sac (f). Cette chambre est la chambre funéraire du premier état de la pyramide dont le plan fut modifié avant son achèvement *(V. ci-dessus, histoire).* Haute de 3,5 m, large de 8 m et longue de 14 m, elle est située à une profondeur de 31 m au-dessous de la base. La relation d'Hérodote suivant laquelle cette chambre était envahie par les eaux n'est qu'une légende, la chambre se trouvant encore à plusieurs mètres au-dessus du niveau des plus hautes eaux de la crue.

A 18 m de l'orifice extérieur commence le **couloir ascendant** (c d) long de 38 m dont la hauteur, la largeur et l'inclinaison par rapport à l'horizontale, sont sensiblement les mêmes que pour le couloir descendant. Ce couloir est obstrué, à son extrémité inférieure (c), par trois gros bouchons de granit.

L'**entrée actuelle** de la pyramide s'ouvre à une quinzaine de mètres au-dessous de l'ancienne entrée. C'est un étroit couloir, creusé par les voleurs, qui s'enfonce presque horizontalement et, contournant les bouchons de granit par la dr., débouche dans le couloir ascendant (c d).

L'extrémité supérieure du couloir ascendant (d) constitue un point d'embranchement vers trois directions : un couloir horizontal, un puits de descente et la grande galerie.

Le couloir horizontal (d g), long de 35 m et haut de 1,13 m conduit à une chambre (B), couverte d'une fausse voûte obtenue à l'aide de deux dalles formant un plafond en pointe, et improprement appelée **chambre de la Reine.** Située exactement dans l'axe de la pyramide, elle se trouve à env. 120 m au-dessous du sommet. Longue de 5,70 m, large de 5,20 m et haute de 6,70 m elle est, comme la précédente, inachevée : c'est la chambre funéraire du deuxième état de la pyramide.
Le puits de descente, découvert en 1765, descend, tantôt verticalement, tantôt obliquement, pendant 60 m et débouche dans le couloir descendant (a b) par l'ouverture (e). On suppose qu'il servit d'issue, après les funérailles du roi, aux ouvriers chargés de mettre en place, à l'intérieur de la pyramide, les trois blocs de granit obstruant l'extrémité inférieure du couloir ascendant (c).
La *grande galerie (h), dans le prolongement du couloir c d, est très digne d'attention par ses dispositions constructives et par la beauté de son exécution. Longue de 47 m, elle a une hauteur de 8,50 m, rendue d'autant plus saisissante que les couloirs énumérés jusqu'à présent sont très bas et que la troisième dimension de la galerie, la largeur, conserve l'aspect étranglé des précédents couloirs. Le long des deux parois court une banquette (haute de 0,60 m, sur 0,50 m d'épaisseur) qui réduit la largeur du passage à 1,08 m. Ces deux banquettes sont percées de cavités rectangulaires, de distance en distance (tous les 1,40 m) ; la pente est glissante à cause du poli de la pierre.
Les parois sont, à partir d'une certaine hauteur, construites au moyen d'assises posées en encorbellement avec une saillie de 5 à 6 cm pour chaque assise, si bien que la septième avance de près de 40 cm au-dessus des parois et qu'à cette hauteur, la largeur du plafond n'est plus que de 1,33 m. L'appareillage de toute cette galerie est une merveille de construction. Le jointoiement des blocs y est d'une perfection qui n'a jamais été surpassée et qui provoquait déjà l'admiration des historiens arabes.
La grande galerie aboutit à un vestibule de granit étroit (1,20 m) et bas (1,10 m), donnant accès à une sorte d'antichambre dont les parois latérales sont entaillées par trois rainures ou coulisses destinées à des herses en granit qui ont disparu.

La **chambre du Roi** (C), où l'on entre ensuite, a 5,80 m de haut, 5,20 m de large et 10,45 m de long. Les blocs de granit dont elle est construite reproduisent les mêmes qualités de construction minutieuse que l'on observe dans la grande galerie : parfaite égalité des assises, au nombre de six, et extrême finesse des joints presque imperceptibles. Le plafond est formé de neuf dalles de granit monolithes, d'un poids total de près de 400 tonnes, fendues probablement à la suite d'un séisme. C'est dans cette chambre, qui appartenait au plan définitif de la pyramide amplifiée, qu'était déposée la momie du roi. Le sarcophage en granit, sans ornement ni inscription, qui la contenait, est encore en place ; légèrement plus large que le couloir ascendant, il a dû être mis en place lors de la construction de la chambre. Son couvercle avait déjà disparu lors de l'Expédition française.
En outre, l'aération était assurée par deux prises d'air sur les côtés N. et S. de la pyramide, débouchant, après des trajets respectifs de 71 et 53 m, par deux soupiraux placés à 90 cm au-dessus du sol de la chambre du roi. A l'extrémité supérieure de la grande galerie se voit également l'entrée d'un étroit couloir conduisant aux cinq chambres de décharge (D). Très basses et s'étageant à intervalles serrés dans un espace d'environ 17 m elles n'ont d'autre but que d'alléger au-dessus du tombeau la poussée (100 m au-dessus de la chambre funéraire) de la maçonnerie. La plus haute oppose à cette poussée une toiture à deux rampants. C'est dans celle-ci, ainsi que dans celle qui se trouve immédiatement au-dessous, que l'on a découvert les seules inscriptions de la pyramide, le cartouche du roi Khéops, plusieurs fois tracé en rouge sur les blocs.

Autour de la pyramide, à une distance de 10,50 m env. (20 coudées égyptiennes), restes d'une enceinte, dont les traces sont encore assez nettes au N. et à l'E.
Accolé à la face orientale de cette enceinte, le **temple funéraire** se situait dans l'axe même de la pyramide. Des éléments d'un pavage en basalte marquant

l'emplacement de ce temple ont permis d'en reconstituer le plan : c'était un grand édifice de forme rectangulaire présentant vers l'E. une façade de 100 coudées de largeur (52,50 m).

Devant l'entrée du temple aboutissait, en biais, la **chaussée,** entaillée dans le roc de la voie qui devait, selon le principe des complexes funéraires royaux, relier le temple haut, attenant ou non à la pyramide, au temple bas situé en bordure de la vallée. **La chaussée n'est qu'à peine visible ici sur une longueur de 80 m environ** à partir du seuil de basalte, mais une cinquantaine de mètres plus loin réapparaît un court tronçon sous lequel avait été aménagé un petit passage souterrain de 1,40 m de large, pour assurer la communication entre les deux côtés de la nécropole séparés par la voie de Khéops. Cette dernière est ensuite recouverte des déblais de fouilles sur une centaine de mètres jusqu'à la limite du plateau, où elle a été coupée et détruite au cours du siècle dernier, lors de la construction du village de Nazlet es-Simman au pied de la falaise.

Quelques grands blocs de calcaire s'étageant contre celle-ci sont maintenant les seuls vestiges de cette gigantesque rampe qui culminait en ce point à 30 m au-dessus du niveau de la plaine. Il est fort vraisemblable, en outre, que **des bas-reliefs devaient se déployer tout au long des parois intérieures** de cette voie à propos de laquelle Hérodote écrivait précisément : « C'est un ouvrage qui n'est pas beaucoup moins considérable, à mon avis, que la pyramide ; cette chaussée est longue de cinq stades, large de dix toises, et haute, à l'endroit où elle est la plus surélevée, de huit toises ; elle est en pierres polies, sur lesquelles sont gravées des figures d'animaux... »

Les barques. — De part et d'autre des arasements du temple, à près d'une dizaine de mètres respectivement de ses murs N. et S., se trouvent deux grandes **excavations naviformes** creusées dans le roc, d'une centaine de coudées de long *(celle du N. a été recomblée pour ne pas gêner le passage des visiteurs).* Une troisième, presque aussi longue mais plus étroite, se trouve le long et au N. de l'ancienne chaussée d'accès au temple, à une dizaine de mètres de celui-ci. Des travaux de dégagement opérés en mai 1954 par le Service des Antiquités ont amené la découverte de **deux fosses rectangulaires** situées, dans le prolongement l'une de l'autre, parallèlement **à la face S. de la pyramide.** L'enlèvement des énormes dalles de calcaire qui, posées de champ, recouvraient l'excavation la plus orientale a permis la mise au jour d'une splendide *****barque,** qui avait été complètement démontée pour être installée dans ce logement trop petit pour elle, comme a dû l'être une autre barque royale dans la seconde cavité qui n'a toujours pas été ouverte.

Construit au-dessus de la fosse, un **musée** *(ouv. t.l.j. de 9 h à 16 h ; entrée : 5 L.E.)* abrite la barque ainsi que des maquettes et des documents en rapport avec elle.

Presque parfaitement conservée, la **barque** est faite de 651 éléments totalisant 1 224 pièces de bois qui, à l'exception de quelques-unes en acacia, sont toutes en cèdre du Liban. La taille des pièces, qui étaient rangées dans la fosse en 13 couches superposées, varie de quelques centimètres à 23 m. Une fois remontée, la coque mesure 43,4 m de longueur pour 5,9 m, dans sa plus grande largeur, ce qui est beaucoup plus que les plus grandes felouques navigant à l'heure actuelle sur le Nil. Il n'y a aucun clou et que quelques chevilles, tous les éléments étant liés ensemble — on pourrait dire « cousus » — par un jeu savant de corde d'alfa qui, si elles n'ont pas résisté au temps, assuraient autrefois la flottabilité du bateau en gonflant, en même temps que le bois, au contact de l'eau. La barque est pourvue de deux rames de gouverne à la poupe et, à l'avant de la cabine royale, de cinq paires de rames dont les longueurs vont de 6,5 m à 8,5 m.

Plusieurs hypothèses ont été avancées quant au rôle de la barque : la plus connue, sinon la plus admise, fait d'elle une « barque solaire » destinée, avec celle qui reste à exhumer, à permettre au roi d'accompagner éternellement le soleil dans sa double course quotidienne. Selon Aḥmad Yūsuf Muṣṭafā, qui l'a admirablement restauré et remonté, le bateau de Khéops a navigué au moins une fois : il pourrait donc, tout simplement, avoir servi aux funérailles du roi, ou, avec la seconde nef encore enterrée, aux pèlerinages rituels vers Abydos et Busiris, les villes saintes d'Osiris.

Les tombes voisines. — A l'E. de la grande pyramide, s'alignent **trois** petites **pyramides satellites** comportant chacune, suivant l'usage, une chapelle de culte sur la face orientale, et une barque taillée dans le roc et orientée E.-O. devant leur face méridionale. Seule la plus au S. a pu être attribuée avec quelque certitude : c'est celle de la **reine Henoutsen,** fille de Snéfrou et sans doute demi-sœur de Khéops. Sa chapelle, agrandie à la XXIe dyn., était devenue un sanctuaire d'Isis-des-pyramides, Henoutsen ayant été assimilée à la déesse Isis.

Toute cette nécropole de l'E. est du reste celle de l'entourage de Khéops, famille et cour. Les fouilles de l'Université de Harvard ont découvert en 1925 le **tombeau** intact **de la reine Hétèphérès,** femme de Snéfrou et mère de Khéops, dont le mobilier funéraire (baldaquin, lit, fauteuil, chaise à porteurs...) est un des joyaux du musée du Caire *(1er ét., salle 2),* et l'**hypogée d'une femme de Khéphren, la reine Mérésânkh** (III) dont la chapelle funéraire, qui heureusement est l'une des rares à être ouvertes au public, est la mieux conservée du cimetière de l'E.

Le mastaba de la reine (G 7530) se trouve dans la cinquième rangée de tombeaux à l'E. des trois pyramides des épouses de Khéops. La chapelle, creusée dans le roc, comporte trois salles séparées par des piliers. Dans la première, à droite de l'entrée, sur toute la hauteur du mur E. (côté N.), grande représentation du père de la reine, le prince Kaouab, lui-même fils de Khéops ; derrière lui, sur plusieurs registres, Mérésânkh et sa mère, la reine Hétèphérès (II) cueillant des lotus, capture des oiseaux au filet, joutes nautiques, moutons piétinant la terre après les semailles. A g. de l'entrée, de haut en bas, deux registres de bateaux, fabrication et transport de statues, travaux d'ébénisterie et fonte de métal. Sur la paroi S. la reine est figurée, à dr., face à d'abondantes offrandes ; au-dessous mobilier semblable en tous points à celui qui a été retrouvé dans la tombe d'Hétèphérès (I) ; transport d'un trône, d'une chaise à porteurs, servantes préparant un lit sous un baldaquin ; un sculpteur nommé Rahay peignant une statue puis, au bas de la paroi, trois niches comportant en tout six représentations en haut relief de scribes accroupis. Sur la paroi O. Mérésânkh apparaît plusieurs fois : soit seule (double portrait encadrant une fausse porte sur le côté S., face E. du pilier), soit derrière sa mère figurée ici vêtue d'une robe inhabituelle et curieusement coiffée d'une perruque jaune. La seconde salle, d'où un large puits conduit au caveau, a un décor plus banal : « pancarte » et apports d'offrandes (mur S.), fausse porte encadrée de niches à double statue et de décor en « façade de palais » (mur O.), musiciennes et danseuses, préparation de pain et de bière (mur N.). La troisième salle, que deux piliers séparent de la première, n'est en fait que le prolongement de celle-ci vers le N. ; les murs O. et E. n'ont reçu aucun décor, mais le mur N. est presque complètement occupé par une niche où s'alignent dix « statues » taillées dans la paroi : la reine, figurée quatre fois, est entourée par trois filles (côté O.) et par une triple représentation de sa mère (côté E.). Les tombes situées à l'O. et au S. sont celles de grands dignitaires de la IVe et de la Ve dyn. (fermées au public).

Les tombes de Giza sont réparties en plusieurs groupes disséminés sur le plateau où elles forment de véritables petites villes. Certaines, découvertes et publiées autrefois par Mariette, ont été réensablées par leur découvreur, sans que l'on puisse toujours en retrouver l'emplacement exact. Depuis le début de ce siècle les fouilles autrichiennes ainsi que celles de l'Université d'Alexandrie en ont révélé un grand nombre de nouvelles. Elles ne sont pas toutes d'un intérêt égal mais quelques-unes

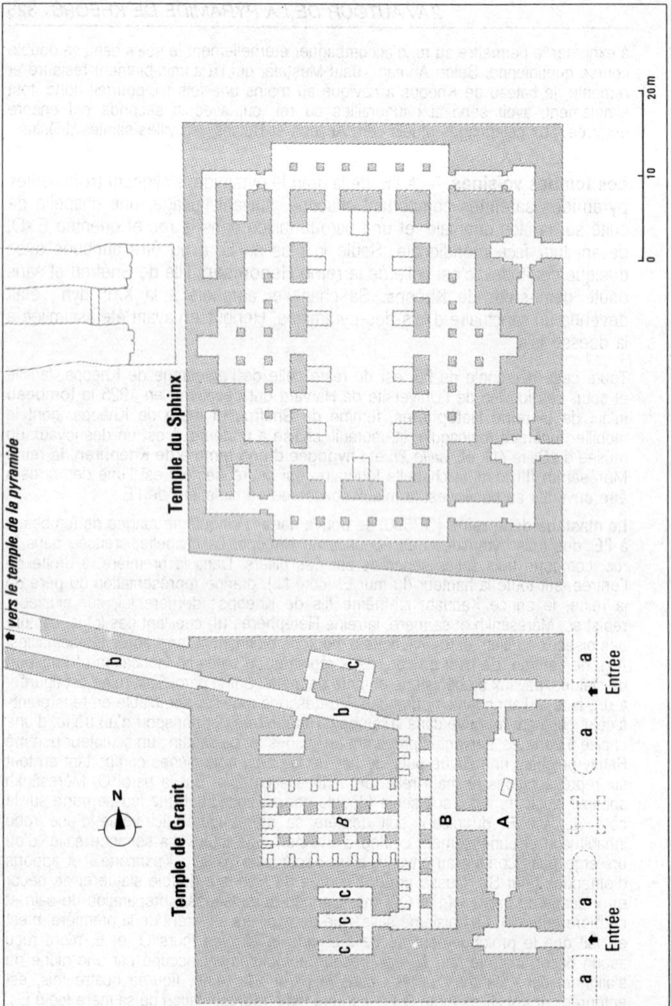

4. — *Temples de Khéphren (d'après H. Ricke).*

comptent parmi les plus belles de la nécropole memphite. Elles ne sont, pour l'instant, accessibles qu'avec une autorisation spéciale du Service des Antiquités.

Le ***Sphinx** (en arabe Abū l-Hol', le « père de la terreur »), à env. 350 m au S.-E. de la grande pyramide, est la représentation colossale d'un lion à tête humaine. Étendu, la face tournée au Levant, il est taillé dans le roc ; quelques parties rapportées sont des restaurations d'époque postérieure. Il est coiffé du némès avec l'uræus au front ; quelques traces de couleur se voient encore sur son visage mutilé. Sa longueur, depuis l'extrémité des pattes de devant jusqu'à la naissance de la queue, est de 57 m : sa hauteur, depuis la ligne du sol jusqu'à la partie supérieure de la coiffure, est de 20 m. La face mesure 5 m ; l'oreille 1,37 m, le nez, 1,70 m. Admiré par les voyageurs anciens, ainsi qu'en témoignent les nombreuses inscriptions gravées à même, il n'a eu pourtant l'honneur d'aucune mention dans les auteurs classiques avant Pline. Considéré, depuis la XVIIIe dyn., comme l'image du dieu Harmakhis, « l'Horus dans l'horizon », et également assimilé, plus tard, au dieu cananéen Houroun, **il est en fait la représentation de Khéphren**, figuré comme un félin chargé de veiller sur sa nécropole.

Une stèle de granit, encore en place entre les pattes antérieures du Sphinx, raconte que le roi Thoutmôsis IV reçut en songe l'injonction du dieu de le délivrer des sables qui l'envahissaient ; on a effectivement retrouvé les traces d'un mur de 2,15 m d'épaisseur bâti par ce roi pour contenir les sables.
Les désensablements du Sphinx furent nombreux, et toujours à reprendre. Le dernier date de 1925-1926.
Quant aux dégradations de sa face, elles ne sont pas, contrairement à ce que prétendent de nombreux guides indigènes, le fait des armées de Bonaparte, mais le résultat d'exercices de tir au canon effectués à l'époque des Mamlouks, s'ajoutant à l'érosion éolienne et aux mutilations dues au fanatisme religieux d'un cheikh du XIVe s. Divers travaux ont été entrepris en 1981 pour tenter d'enrayer la gangrène qui dégrade la pierre du socle.

A quelques dizaines de mètres au S., se trouve le **temple de granit,** longtemps (et improprement) appelé **temple du Sphinx**, et qui a été identifié depuis comme le temple de la vallée de l'ensemble funéraire **de Khéphren**. De plan carré il comprend : — une terrasse d'accès avec deux portes gardées par des sphinx **(a, a, a, a)** dont il ne restait que des traces sur les pavements ; — un **vestibule (A)** auquel on accède par deux étroits dégagements ; — une **grande salle (B)** formée de deux galeries disposées en T ; la plus large est divisée en trois nefs, par deux rangées de cinq piliers chacune.

Aux murs se trouvaient adossées **les grandes statues du roi** dont le Khéphren en diorite du musée du Caire retrouvé par Mariette dans une fosse **(f)** creusée dans le vestibule, est le plus beau spécimen ; la galerie N.-S. n'a que deux nefs séparées par une seule rangée de piliers. A l'extrémité S.-O. de cette nef, s'ouvre une **chambre à trois niches (c, c, c)**, très profondes.
Symétriquement, c'est-à-dire à l'extrémité N.-O. de la salle étroite, un **couloir (b, b)** flanqué au N. d'un **escalier (e)** conduisant à la terrasse et au S. d'une petite cellule, mène en pente douce jusqu'au temple de la pyramide. Presque toutes ces dispositions sont aujourd'hui à ciel ouvert : elles sont creusées dans le roc et revêtues de gros blocs de granit rapportés. Les piliers, les architraves, les encadrements des portes et des fenêtres sont formés de beaux blocs monolithes de granit rose.

Devant le Sphinx, **restes d'un autre petit temple,** très ruiné, qui est **le véritable temple du Sphinx.** Formé d'énormes blocs de calcaire, jadis recouverts de dalles de granit, ce sanctuaire rappelle, par son architecture, les temples haut et bas de Khéphren. Il doit dater du règne de ce roi.

En suivant vers l'O. la chaussée qui mène à la pyramide de Khéphren et dont il ne reste que de rares traces, vous laisserez à g. plusieurs tombes en principe fermées au public. Les travaux toujours en cours mettent au jour des mastabas de l'Ancien Empire et de grandes constructions en briques, dont un temple, à l'E. de la pyramide.

Le **temple funéraire** de la pyramide de **Khéphren**, dans lequel débouche la rampe partant du temple de la vallée n'existe plus qu'à l'état de ruines assez confuses dont le plan a cependant pu être reconstitué. Il était encore en assez bon état de conservation à la fin du XVIIIe s.

La **pyramide de Khéphren** est un peu moins haute (136,5 m) et visiblement moins large (210,5 m de côté) que la précédente qu'elle semble cependant dominer grâce à sa position sur un terrain plus élevé. Elle est reconnaissable, même à une grande distance, parce qu'elle est moins dégradée à son sommet : la partie supérieure à peu près intacte de son revêtement y forme en effet une sorte de chapeau qui descend plus ou moins au quart de la hauteur. L'inclinaison de ses côtés donne un angle de 50°20' et le volume de sa masse est évalué à 1 659 200 m^3.

La pierre du revêtement est un calcaire d'un grain plus compact et plus fin que celui des degrés. Son aspect rougeâtre est dû à une espèce de lichen. On voit encore à la base, dans certaines parties dégagées, l'assise inférieure du revêtement en granit rose qui venait s'emboîter dans le dallage de l'aire, ainsi qu'on peut s'en rendre compte à l'extrémité O. du côté S., où les blocs de granit ont le bas de leur parement dressé verticalement en forme de plinthe.

La pyramide de Khéphren a **deux entrées** dans l'axe N. : l'une en avant, dans le dallage du pourtour, l'autre à la hauteur de la dixième assise.
Le **couloir correspondant à la première** s'enfonce dans le roc (21°40' de pente) jusqu'à une herse, puis se dirige horizontalement quelque temps (au milieu de ce tronçon, petite chambre inachevée), et remonte ensuite vers la partie horizontale du second couloir.
Le second couloir, dans le corps de la pyramide, s'enfonce pendant 32 m avec une pente de 25°55', puis se dirige horizontalement pour se terminer par une grande chambre excavée dans le roc et couverte de plusieurs dalles de calcaire assemblées en dos d'âne ; elle mesure 6,85 m de hauteur à l'arête de son toit ; ses côtés N.-S. 4,95 m, et E.-O. 14,10 m.
Le sarcophage, découvert en 1818 par Belzoni, est en granit, dépourvu de tout texte et de tout ornement. La pyramide était déjà violée en 1200 par le sultan 'Ali Muḥammad, fils et successeur de Saladin, ainsi qu'en témoigne une inscription au charbon, dont Belzoni prit copie.

L'enceinte de la pyramide ne subsiste plus que sur les trois côtés N., O. et S. Elle est peu élevée, partie excavée et partie appareillée de blocs irréguliers et posés en retrait, assise par assise. Un second mur court dans une direction parallèle dans la partie N. et O. de l'aile du péribole. On y a trouvé une inscription au nom du « chef des travaux Maï » (contemporain de Ramsès II) et divers tombeaux creusés dans le roc. Du côté N. une carrière a fourni les blocs pour la construction du temple d'Héliopolis, sous Ramsès II, comme l'apprend une inscription au nom du même Maï.

Du côté O., à l'intérieur de l'enceinte de Khéphren se trouve une **rangée de cellules**, au nombre de 91, presque totalement envahies par le sable. Étroites (3 m) mais longues (26 m), elles furent fouillées à la fin du siècle dernier par Petrie qui les considéra comme ayant servi au **campement des ouvriers des pyramides** ; elles auraient, d'après lui, pu abriter 4 000 ouvriers.

•°• La ***pyramide de Mykérinos** est la moins grande des trois. Sa hauteur atteignait à peine 66 m et la longueur de ses côtés à la base 108 m. Ces dimensions ont été quelque peu réduites par la disparition de la plus grande partie du revêtement (encore à peu près intact au XVIe s.). Il était soigneusement appareillé en calcaire depuis le sommet jusqu'au dernier quart environ, qui était en blocs de granit rose simplement épannelés sur leur surface extérieure, sauf autour de l'entrée comme on peut encore s'en rendre compte. L'inclinaison des côtés par rapport à l'horizontale forme un angle de 51°. La forme fuyante du terrain a obligé le constructeur à en relever le niveau au moyen de blocs rapportés.

A l'E. de la pyramide se trouvait **le temple haut,** encore debout en 1755, dont il n'existe plus aujourd'hui que les basses assises, sauf dans la partie la plus proche de la pyramide. **Le temple de la Vallée** (ou temple bas) se trouvait au S.-O. du **temple de granit,** non loin du cimetière musulman que l'on aperçoit de la terrasse du spectacle «son et lumière» : il n'est plus visible, mais c'est en le fouillant que Reisner découvrit les admirables **triades** et la statue du couple royal qui ont été partagées entre le musée du Caire *(rez-de-chaussée, salle 47)* et celui de Boston.

La structure de la pyramide indique, là encore, plusieurs changements de plan en cours de construction.

L'**entrée,** découverte en 1837 au bas de la face N., mène à une chambre creusée en plein roc, sous la pyramide. Le **couloir,** incliné à 26°2' et long de 32 m, est revêtu de granit dans sa partie construite. Il se continue horizontalement après avoir franchi une **fermeture à herse,** ménagée dans un petit vestibule, jusqu'à une **chambre** de 10,45 m sur 3,84 m et 4 m de hauteur moyenne, située à 6 m au-dessous du sol. Cette chambre était le **caveau funéraire primitif** de la pyramide. Dans une niche, à l'O., une fosse était creusée : elle était vide au moment de la découverte, ne contenant qu'un cercueil de bois certainement tardif (encore qu'inscrit au nom de Mykérinos) à côté des restes momifiés d'un voleur du Moyen Age. Au-dessus de l'entrée de ce caveau, on aperçoit l'ouverture d'un couloir qui s'achève en cul-de-sac sous l'appareillage de la pyramide et constituant la **descenderie du plan primitif.**

Par une **descenderie oblique** pratiquée au milieu du sol de ce caveau, on accède à la **véritable chambre sépulcrale** : cette salle, dont le grand axe va du S. au N., creusée plus bas et à l'O. de la première, est couverte d'une fausse voûte en granit et contenait un magnifique sarcophage de basalte, dépourvu d'inscription, mais orné du système de décoration dit «en façade de palais» en usage sous l'Ancien Empire. Le couvercle brisé gisait à côté. Enlevé par Vyse, il a sombré sur la côte d'Espagne avec le navire qui le transportait.

Dans le passage entre les deux caveaux, sept marches descendent dans **une troisième pièce** flanquée de profondes niches sur ses parois N. et E.

Les **trois petites pyramides** qui s'alignent au S. de la pyramide de Mykérinos sont plus petites encore que les trois satellites de la pyramide de Khéops. Les deux plus occidentales, inachevées, sont intéressantes en ce qu'elles montrent leur mode de construction à degrés. Celle de l'E. est généralement attribuée à **la reine Khâmerernebty II,** épouse de Mykérinos.

2B — Environs immédiats de Giza

Sur le chemin de Saqqara, le village d'**El-Haraniya** (→ *accès, ci-après 2F*) s'est, depuis une trentaine d'années, acquis une certaine renommée dans les milieux artistiques occidentaux grâce aux célèbres ***tapisseries** qu'y produisent des enfants.

L'idée remonte à 1949. A cette époque, un jeune architecte, Ramsès Wissa-Wassef (1911-1974), soucieux de retrouver la grande tradition perdue des tissus coptes, s'adresse à des enfants, plus susceptibles que quiconque, selon lui, de créer de nouvelles formes sans pour autant se dissocier d'un héritage plus ou moins inconscient ; à ces enfants, à ces adolescents sans formation artistique, il enseigne rapidement les seules techniques, laissant, pour le reste, libre cours à leur créativité. Couronnée de succès, l'expérience aboutit en 1952 à la création de cet atelier dont les productions ont été popularisées, notamment en France, par plusieurs expositions au musée des Arts décoratifs (1965 et 1973) et à la galerie La Demeure.

Né d'enfants travaillant avec une liberté absolue — la tapisserie est faite sans carton ni dessin préalable, les enfants choisissent et teintent leurs laines dans les couleurs qui leur plaisent et au besoin la filent eux-mêmes suivant la grosseur qui leur convient —, c'est un **art spontané, naïf et vivant, plein de pureté et de fraîcheur**, où les jeunes artistes relatent à leur manière des événements de la vie quotidienne ou retracent des scènes d'histoires apprises à l'école ou de contes et légendes qu'on leur a racontés.

A **Kerdasa** (→ *accès, ci-après 2 C*), vous pourrez visiter au passage de petits **ateliers de tissage** où, un peu à l'imitation de ce qui se fait à El-Haraniya certaines familles produisent entre autres quelques tapisseries de style naïf et des tapis rustiques sans décor.

2 C — Abū Rawāsh

Accès : situé au N.-N.-O., à 7,5 km à vol d'oiseau des pyramides de Giza, l'ensemble des pyramides d'Abū Rawāsh présente assez peu d'intérêt pour le touriste. Si, malgré tout, l'excursion vous tente, vous pouvez vous y rendre par la Route des Pyramides *qu'il faut alors quitter 1 500 m avant l'hôtel Mena House pour prendre à dr., immédiatement après un pont, une petite route suivant un canal : celle-ci est signalée par une flèche indiquant la direction de l'excellent* restaurant Andréa, *devant lequel vous passerez avant d'atteindre le village de Kerdasa où vous pourrez demander qu'on vous guide.*

Les monuments d'Abū Rawāsh se répartissent en **deux groupes** :

— **dans la plaine,** entre le pied de la colline et le village d'Abū Rawāsh subsistent les **vestiges d'une pyramide de brique crue** qui devait avoir des proportions colossales et dont le noyau était formé par le rocher naturel ; il n'en reste que le caveau. On en ignore le destinataire.

A quelques centaines de mètres au N., **restes d'une nécropole des Iʳᵉ et IVᵉ dyn.** ; c'est celle de Létopolis, antique capitale provinciale dont l'emplacement est occupé par le village d'Aushīm, à une dizaine de kilomètres N.-N.-E.

— à env. **2** km O. de la pyramide de brique, **sur un rocher escarpé,** se trouvent les **restes d'une pyramide de pierre** de **Didoufri,** successeur et fils probable de Khéops. Mesurant une centaine de mètres à la base, elle est tellement arasée que l'on n'a pas pu déterminer avec certitude si elle avait été achevée. Elle était revêtue de calcaire, sauf peut-être aux basses assises, qui devaient être en granit rouge.

La **rampe d'accès** de cette pyramide si maltraitée, longue de près de 1 500 m, a mieux résisté parce qu'elle était formée en grande partie de l'éperon rocheux, régularisé et complété ; elle est, en raison de la configuration du terrain, exceptionnellement dirigée vers le N.

L'excavation débute par une descenderie et un puits dans le rocher, comme à Zāwiyet el-Aryān *(ci-après).*

2D — Zāwiyet el-Aryān

Accès : à 5 km S. du groupe de Giza, en arrière du village de Shubrament, on pourrait atteindre ces pyramides par une route militaire escaladant le plateau si la zone n'était, comme c'est le cas actuellement, interdite au public.

La **pyramide septentrionale,** de très grandes dimensions (180 m de côté), n'a jamais été **réellement construite** : c'est en fait la **gigantesque excavation** qui, dans certains cas, précédait la construction d'une pyramide. Une tranchée large de 8,50 m et longue de 110 m descend progressivement à 25 m de profondeur : elle comporte, vers le second tiers de son parcours, deux séries de marches d'escalier séparées et bordées par des glissières. Cette descenderie aboutit à un puits au fond duquel d'énormes blocs formaient le radier solide sur lequel on aurait pu bâtir la chambre funéraire. Une belle cuve ovale, en granit rouge poli, était encore en place lors de la découverte.

Les Arabes appellent cet ensemble cyclopéen «**Shughl Eskander**» (Travail d'Alexandre : il s'agit d'Alexandre Barsanti, l'inspecteur qui dirigea la fouille du monument qu'il avait découvert) ou, à cause de ses vastes proportions, **Kenīsa** (l'église). Les blocs de calcaire, jetés pêle-mêle dans la cavité sur le sol de granit rouge, portent en rouge des marques de carriers attribuées jadis à Néferka, roi de la IIIᵉ dyn.; l'excavation, par sa similitude avec celle de **Didoufri** à Abū Rawāsh, pourrait, néanmoins, être attribuée au fils de ce dernier.
Le sable qui coule dans la descenderie et envahit peu à peu le puits a été déblayé pour la dernière fois en 1954.

La **pyramide méridionale,** à 1 500 m au S. de la précédente, est très ruinée. Elle est connue sous le nom de «**pyramide à tranches**». Par sa structure même, elle constitue la transition idéale entre les grands mastabas royaux archaïques et la pyramide à degrés de Djéser. Elle a été attribuée à Khâba, souverain de la IIIᵉ dyn. De dimensions moyennes (83 m de côté), elle n'a probablement jamais été terminée.

2E — Abūṣīr (Abousir) et Abū Gorāb

Accès : à 2,3 km N. du Sérapéum, les pyramides d'Abūṣīr peuvent être atteintes par la même route que la nécropole de Saqqara (→ ci-après, 2F) qu'il faut cependant quitter en prenant à dr. (panneau indicateur) 4 km avant la bifurcation vers cette nécropole. Vous pourrez vous y rendre aussi facilement à dos d'âne, de cheval ou de dromadaire à partir de Saqqara.

Le groupe des **pyramides d'Abūṣīr** se compose de quatre complexes funéraires royaux plus ou moins dégradés qui appartiennent à des rois de la Vᵉ dyn. La plupart des édifices sont en cours de restauration (chantiers interdits au public).

Une mission tchèque travaille actuellement sur le site qui avait déjà été fouillé de 1902 à 1908, puis de 1955 à 1957. D'importants vestiges ont été retrouvés et le plan des principaux monuments funéraires a pu être reconstitué.

En venant de Saqqara, vous laisserez au S.-O. la **pyramide**, très ruinée, **de Néférefrê**, pour atteindre **celle de Néferirkarê,** la plus grande du groupe.

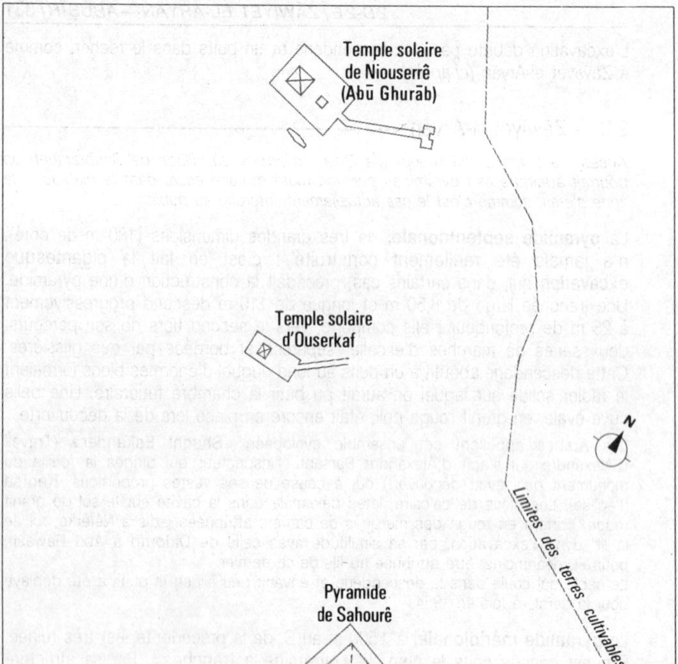

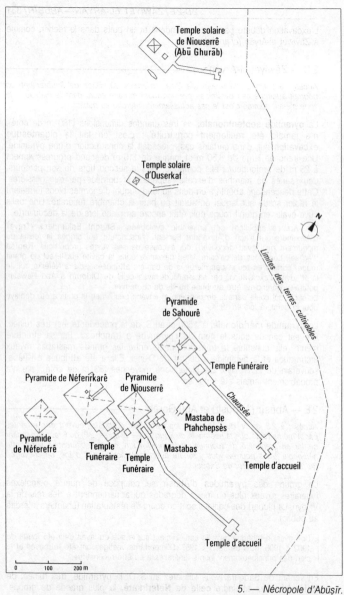

5. — Nécropole d'Abūṣīr.

Mesurant 108 m de côté sur 68 m de haut (auj. 99 sur 50) elle était, comme le complexe funéraire dont elle fait partie, inachevée à la mort de son constructeur. Néanmoins, c'est de là que proviennent les « Papyrus d'Abūṣīr », archives fragmentaires (comptes, inventaires divers, lettres, tableaux de service du personnel...) qui nous renseignent sur la vie quotidienne et l'économie d'un temple funéraire royal. La mission tchèque a récemment mis au jour des papyrus semblables dans le temple de Néférefrê où, par ailleurs, elle a trouvé plusieurs statues du roi à la fin de l'année 1984.

••• La **pyramide de Niouserrê,** immédiatement au N.-E. de la précédente, est réunie par une chaussée aux restes de son temple d'accueil. La cour ouverte du temple funéraire est dallée de basalte et bordée de portiques de colonnes de granit à chapiteaux papyriformes.

L'ensemble funéraire de Niouserrê présente **deux particularités** qui lui sont propres. Le temple d'accueil et la moitié orientale de la chaussée d'accès appartenaient à l'origine au complexe de Néferirkarê mais, inachevés, furent réutilisés par Niouserrê. D'autre part, **le temple funéraire**, au lieu d'être, selon l'usage, construit dans l'axe de la face E. de la pyramide, se trouve en fait devant la moitié S. de cette même face ; il s'agit probablement d'une modification imposée par la présence d'un obstacle quelconque.

A **100 m** N.-E. de la pyramide de Niouserrê se trouve le curieux **mastaba de Ptahchepsès,** surintendant des travaux sous le roi Sahourê. Ce mastaba, fouillé par la mission tchèque en 1962, est très ruiné.

Il comprend une grande cour à portiques latéraux (20 piliers rectangulaires) et plusieurs chambres décorées de bas-reliefs peints analogues à ceux des mastabas de Saqqara mais conservés, malheureusement, sur une faible hauteur. L'intérêt de ce mastaba réside dans une des chambres latérales où l'on a trouvé les restes de colonnes à chapiteaux lotiformes, les plus anciennes connues de ce type.

••• La **pyramide de Sahourê** est la plus septentrionale ; elle est aussi la plus ancienne du groupe. Ses dimensions, qui étaient de 77 m de base et 49 m de hauteur, sont aujourd'hui réduites respectivement à 66 et 36 m et seules quelques parties de son revêtement calcaire se sont conservées. Contre la face E. les travaux ont permis de retrouver le plan et les superstructures du **temple funéraire,** et la rampe qui montait du temple de la vallée.
Le **temple funéraire,** d'un plan complexe, comprenait un hall d'entrée oblong à colonnes palmiformes. Dans le mur O. de la cour, une porte accédait à une galerie d'où l'on pouvait gagner l'enclos de la pyramide, celui de la pyramide satellite (au S.-E.), deux rangées de magasins et le sanctuaire que l'on atteignait en traversant une petite salle comprenant cinq niches à statues. L'ensemble de toutes les parois du temple était revêtu de splendides bas-reliefs dont on a pu évaluer la surface globale à près de 10 000 m^2. Il en reste aujourd'hui moins de 150 m^2.

••• A **1** km N.-O. de la pyramide de Sahourê, vous pourrez enfin aller voir, au lieu-dit Abū Gorāb, le **temple solaire de Niouserrê** en laissant, à mi-chemin sur la g., **celui d'Ouserkaf.**

Le temple solaire, bâti à proximité du temple funéraire, est une caractéristique de la Ve dyn. Cette juxtaposition d'édifices symbolisait l'union, sinon l'identité, du roi solaire et de l'astre dont il était issu. Les souverains de cette dynastie se considéraient, en effet, comme des fils du dieu Soleil. Tous portaient des noms formés sur celui de Rê.

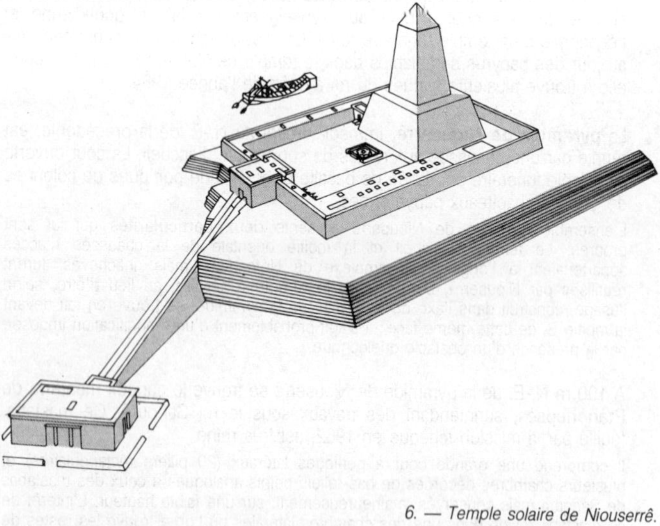

6. — Temple solaire de Niouserrê.

Entouré d'une enceinte que l'on atteignait par une chaussée couverte, le temple consistait principalement en une large cour où se trouvait **un gros obélisque** en maçonnerie élevé sur une base de granit et qui évoque la butte primordiale sur laquelle naquit le soleil ; le culte se célébrait devant cet obélisque, considéré comme un symbole sacré de Rê ; un bel autel de sacrifices en albâtre est encore en place. Au S. du temple un bassin naviforme en brique contenait autrefois une barque solaire. Les bas-reliefs de ce monument sont en majeure partie au musée de Berlin.

2 F — Pyramides et nécropole de Saqqara

Accès : *à 15 km S.-S.-E. à vol d'oiseau de la pyramide de Khéops, la nécropole de Saqqara s'atteint rapidement par la* ***Route des Pyramides*** *qu'il faut quitter 1500 m avant l'hôtel Mena House pour prendre à g., aussitôt après un pont, une bonne petite route longeant un canal. Cette route laisse à dr. les villages d'El-Haraniya (14 km du Caire, 3 km de la bifurcation) et Shubrament (17,5 km), puis (24 km) une route vers Abūṣīr, et atteint (28 km) la bifurcation de la route d'accès à la nécropole, à 3 km de là.*

Un second itinéraire, *plus long d'1 km seulement, offre en revanche la possibilité d'une halte sur le site de l'antique Memphis (→ ci-après, 2G) : vous avez tout intérêt à grouper ces deux itinéraires en un seul circuit.*

Visite *: payante, t.l.j. de 7 h 30 à 16 h (17 h en été). Les tickets sont délivrés à un kiosque situé au bas de la rampe d'accès au site (→ plan couleurs).*

Si vous venez passer la journée à Saqqara, apportez votre pique-nique ; une *buvette, installée sous une grande tente au milieu de la nécropole, pourvoira à vos besoins en boissons « fraîches ».*

La **nécropole de Saqqara** est la plus vaste d'Égypte et celle qui embrasse historiquement la plus grande durée. Les principales périodes de l'histoire s'y trouvent représentées.

Elle occupe, sur une longueur de 7 à 8 km et une largeur qui varie de 800 à 1 800 m, le plateau accidenté qui forme la première assise de la chaîne libyque. La couche superficielle de sable fin y recouvre un banc de calcaire marneux assez friable de 6 à 8 m d'épaisseur, au-dessous duquel on trouve un calcaire plus résistant ; mais c'est à près de 20 m qu'il faut descendre pour rencontrer l'assise compacte de calcaire siliceux la plus résistante de toutes. Cette configuration a déterminé les dispositions adoptées dans la tombe memphite.

Les tombes les plus anciennes, c'est-à-dire les monuments antérieurs à la IVe dyn. ou contemporains des premiers règnes de celle-ci, y sont disséminées dans la partie du plateau, située au N. de la pyramide à degrés, qui domine la vallée. A cette période appartiennent d'abord cette pyramide même, celle de son successeur et les tombeaux de quelques dignitaires, dont les éléments les plus marquants ont été transportés au musée du Caire.

Tout à fait en bordure du plateau, les fouilles menées depuis 1912 ont mis au jour une série de grands tombeaux semblables aux cénotaphes des plus anciens rois, déjà découverts à la fin du siècle dernier à Abydos et Nagada. L'un d'eux semble être celui de Aha, second roi de la 1re dyn. Un autre, qui après avoir été longtemps attribué à Hemaka, vizir de l'Horus Oudimou, est maintenant considéré comme la tombe de ce roi, a livré, outre une collection unique d'armes et d'objets usuels, **le premier papyrus connu,** malheureusement vierge de toute inscription.

Encore que connue, presque exclusivement, par ses monuments de l'Ancien Empire, la nécropole n'a jamais cessé d'être utilisée jusqu'aux plus basses époques. Notre connaissance des **vestiges du Moyen Empire** reste toutefois très imparfaite. Mais les spécialistes s'accordent à reconnaître qu'il est très souvent difficile, sinon impossible, de différencier l'art memphite de la fin de l'Ancien Empire de ce qu'il a pu être au Moyen Empire. Des tombes, jusqu'à présent mal datées, pourraient appartenir à cette période.

Le **Nouvel Empire,** en revanche, a laissé de très nombreux vestiges (ainsi la tombe du futur roi **Horemheb,** récemment redécouverte) mais que le touriste ne pourra guère visiter. D'innombrables fragments en sont d'ailleurs dispersés dans les musées (ainsi la Table des Rois, de la tombe de Touroï, au Caire).

Les époques plus tardives sont également bien connues : immenses puits quadrangulaires des dynasties saïtes et perses, tombeaux ptolémaïques, le tout disséminé dans le secteur compris entre les pyramides de Djéser et d'Ounas ou au N. de celle de Téti et dans le secteur du Sérapéum. De tout temps ces nécropoles se sont organisées autour de certains pôles d'attraction : les pyramides successives jusqu'au Nouvel Empire, puis le Sérapéum dont les dépendances, tombes des mères d'Apis, galeries souterraines destinées aux babouins et ibis momifiés (récemment découvertes), sanctuaires divers, ont créé une animation permanente inattendue dans ce coin de désert consacré aux morts.

La ***pyramide à degrés et ses dépendances

La pyramide à degrés est le tombeau du roi Djéser (IIIe dyn.) et de plusieurs membres de sa famille ; **elle est l'œuvre du premier architecte dont l'histoire ait livré le nom, Imhotep,** également vizir et médecin. Déifé plus tard et assimilé par les Grecs à Asclépios, il aurait inventé la construction en pierre de taille. Son nom a été retrouvé sur le socle d'une statue de Djéser, dans l'enceinte même de la pyramide, près de la colonnade d'entrée. Les fouilles et travaux de dégagement, qui sont encore en cours, ont amené peu à peu la découverte des différents éléments de ce complexe funéraire. Il convient de citer ici M. Jean-Philippe Lauer, dont le nom reste attaché, depuis plus d'un demi-siècle, à cette grande tâche ; c'est lui qui a entrepris la mise en place, ou anastylose, des éléments constitutifs les plus caractéristiques de cet ensemble monumental.

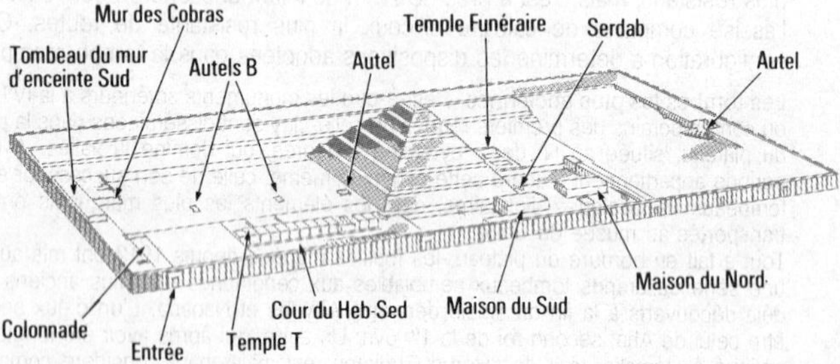

7. — La pyramide à degrés et son enceinte (d'après la reconstitution d'ensemble de J.-Ph. Lauer).

L'enceinte de la pyramide. — La pyramide à degrés est située au centre d'une vaste enceinte rectangulaire mesurant 544 m du N. au S. et 277 m dans le sens E.-O., englobant ainsi une superficie de 15 ha.

Cette enceinte était formée par un magnifique mur de calcaire fin à bastions et à redans, ravalé et jointoyé avec un soin extrême. Ce mur, autrefois haut de 20 coudées (soit 10,50 m), avec quatorze simulacres de portes fermées, réparties sur ses quatre faces, ne possède qu'un seul passage d'entrée, muni d'un simulacre de porte ouverte, près de son angle S.-E. Ces portes pétrifiées sont l'une des curiosités de construction de Djéser à Saqqara où l'on ne trouve pas trace d'une seule porte véritable. D'ailleurs tous les monuments retrouvés dans l'enceinte auront le même caractère factice : seule la forme extérieure est figurée, et l'intérieur consiste presque exclusivement en un bourrage de maçonnerie grossière.

La colonnade d'entrée. — L'étroit passage d'entrée de l'enceinte mène dans une courette ; à dr., remarquez le gond de l'un des vantaux de **simulacre de porte ouverte.** Aussi étonnant que cela puisse paraître cette entrée n'était donc munie d'aucun système de fermeture et la surveillance devait y être assurée par des gardes.

Ensuite un second passage, plus court et légèrement plus large que le premier, se termine par un second simulacre de porte ouverte, mais à un seul vantail, et conduit dans la magnifique ***colonnade,** longue et étroite allée bordée de deux rangées de colonnes qui supportaient une lourde toiture de pierre formée de blocs placés de champ et arrondis à leur partie inférieure pour imiter des stipes de palmiers.

Atlas
de
l'Égypte touristique*

▬▬▬▬	Autoroutes	○—13—○ 8 5	Distances en kilomètres
▬▬▬▬	Routes à deux chaussées	▬ ▬ ▬ ▬ ▭ ▭	Routes en construction
▬▬▬▬	Routes de grande communication	————	Lignes de chemin de fer
▬▬▬▬	Routes d'importance régionale	· · · · · ·	Autres lignes
▬▬▬▬	Autres routes	•—•—•—•	Oléoducs
▬▬▬▬	Pistes	—··—··—	Frontières

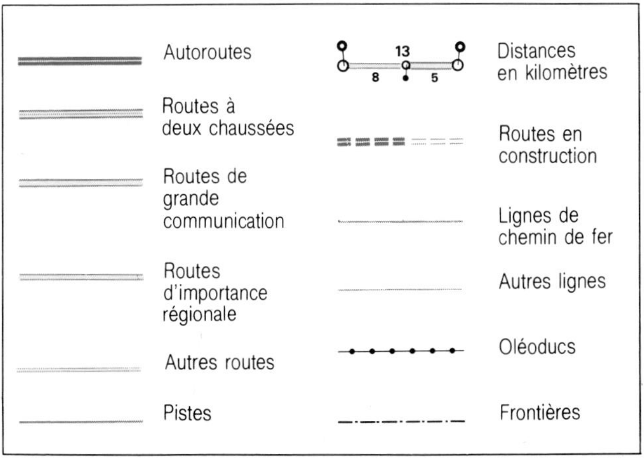

ÉGYPTE

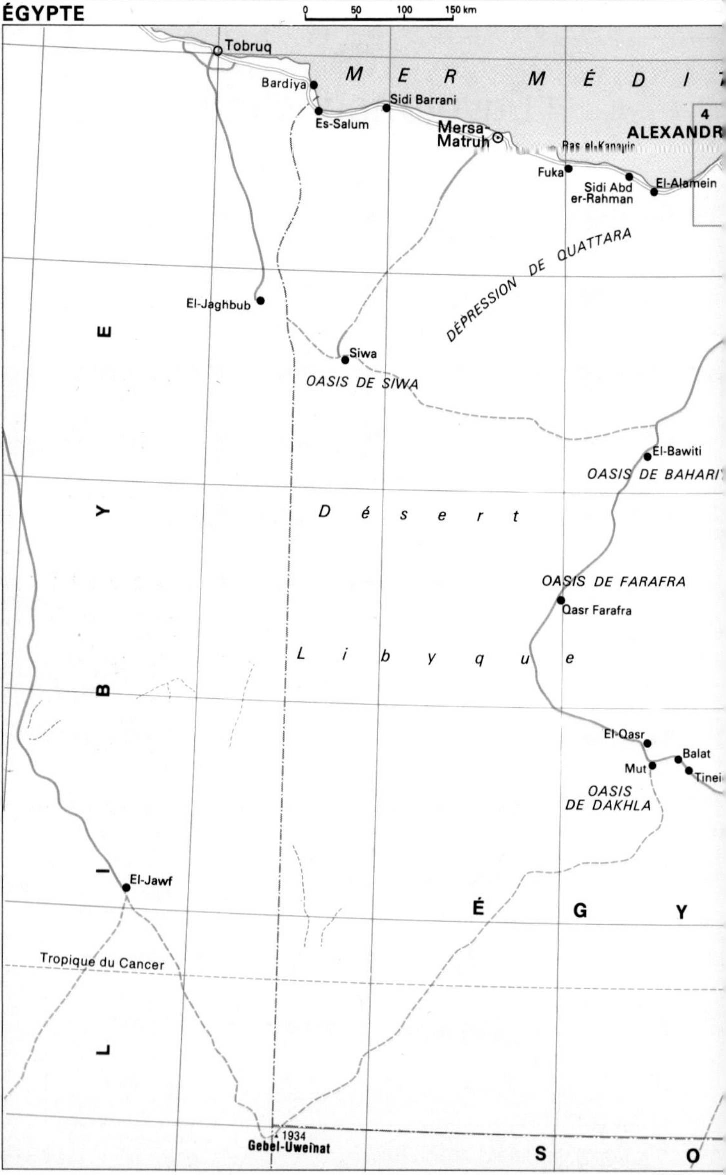
0 50 100 150 km
Tobruq
M E R M É D I
Bardiya
Sidi Barrani
Es-Salum
Mersa-Matruh
4
ALEXANDR
Fuka
Sidi Abd er-Rahman
El-Alamein
DÉPRESSION DE QUATTARA
El-Jaghbub
Siwa
OASIS DE SIWA
L I B Y E
El-Bawiti
OASIS DE BAHARI
D é s e r t
OASIS DE FARAFRA
Qasr Farafra
L i b y q u e
El-Qasr
Balat
Mut
Tinei
OASIS DE DAKHLA
El-Jawf
É G Y
Tropique du Cancer
1934
Gebel-Uweinat
S O

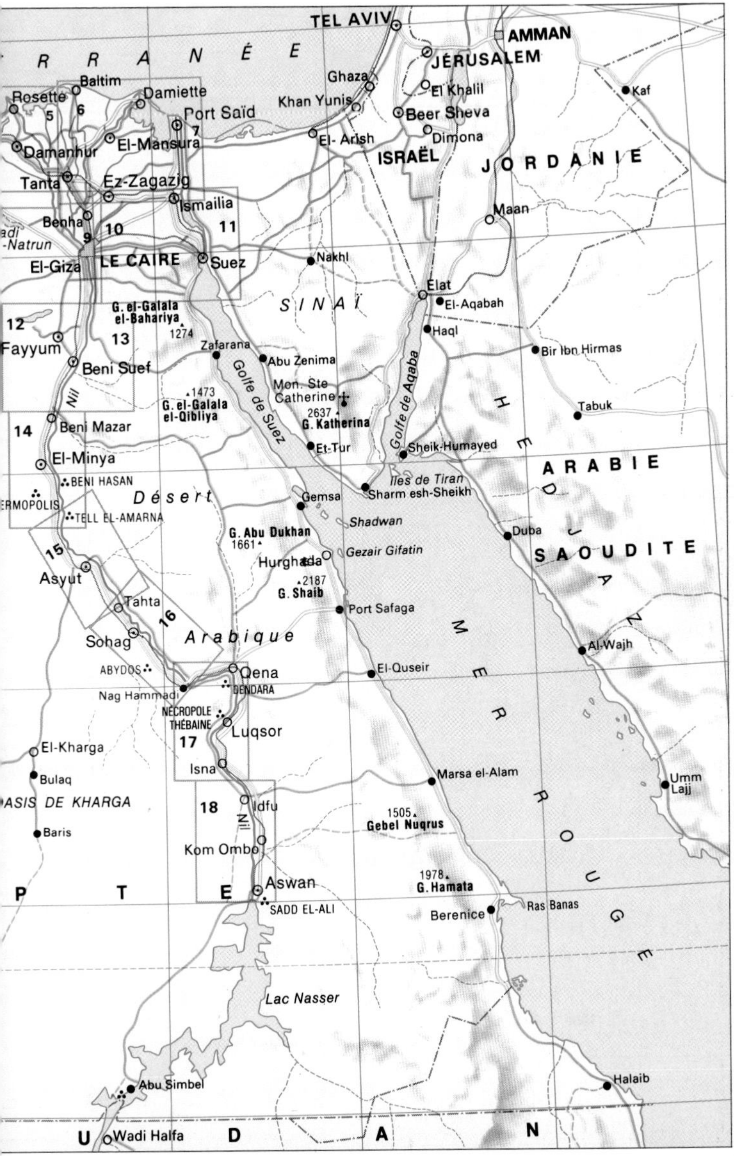
R R A N É E
TEL AVIV
AMMAN
JÉRUSALEM
Ghaza
Khan Yunis
El Khalil
Kaf
Beer Sheva
Dimona
El- Arish
ISRAËL
JORDANIE
Baltim
Rosette
Damiette
Port Saïd
5
6
7
Damanhur
El-Mansura
Tanta
Ez-Zagazig
Ismailia
Benha
10
11
9
-Natrun
El-Giza
LE CAIRE
Suez
Maan
Nakhl
Elat
El-Aqabah
Haql
SINAÏ
G. el-Galala el-Bahariya
1274
12
13
Fayyum
Zafarana
Abu Zenima
Bir Ibn Hirmas
Beni Suef
Nil
Golfe de Suez
Golfe de Aqaba
Mon. Ste Catherine
2637
G. Katherina
1473
G. el-Galala el-Qibliya
Tabuk
14
Beni Mazar
El-Minya
Et-Tur
Sheik-Humayed
HEDJAZ
ARABIE
SAOUDITE
BENI HASAN
Iles de Tiran
Sharm esh-Sheikh
Désert
Gemsa
ERMOPOLIS
TELL EL-AMARNA
Shadwan
Duba
G. Abu Dukhan
1661
15
Gezair Gifatin
Hurghada
Asyut
2187
G. Shaib
Tahta
16
Port Safaga
MER ROUGE
Sohag
Arabique
Al-Wajh
ABYDOS
Qena
El-Quseir
Nag Hammadi
DENDARA
NÉCROPOLE THÉBAINE
Luqsor
17
El-Kharga
Isna
Bulaq
Marsa el-Alam
Umm Lajj
ASIS DE KHARGA
18
Idfu
1505
Gebel Nuqrus
Nil
Baris
Kom Ombo
1978
G. Hamata
P T E
Aswan
SADD EL-ALI
Berenice
Ras Banas
Lac Nasser
Abu Simbel
Halaib
U
Wadi Halfa
D A N

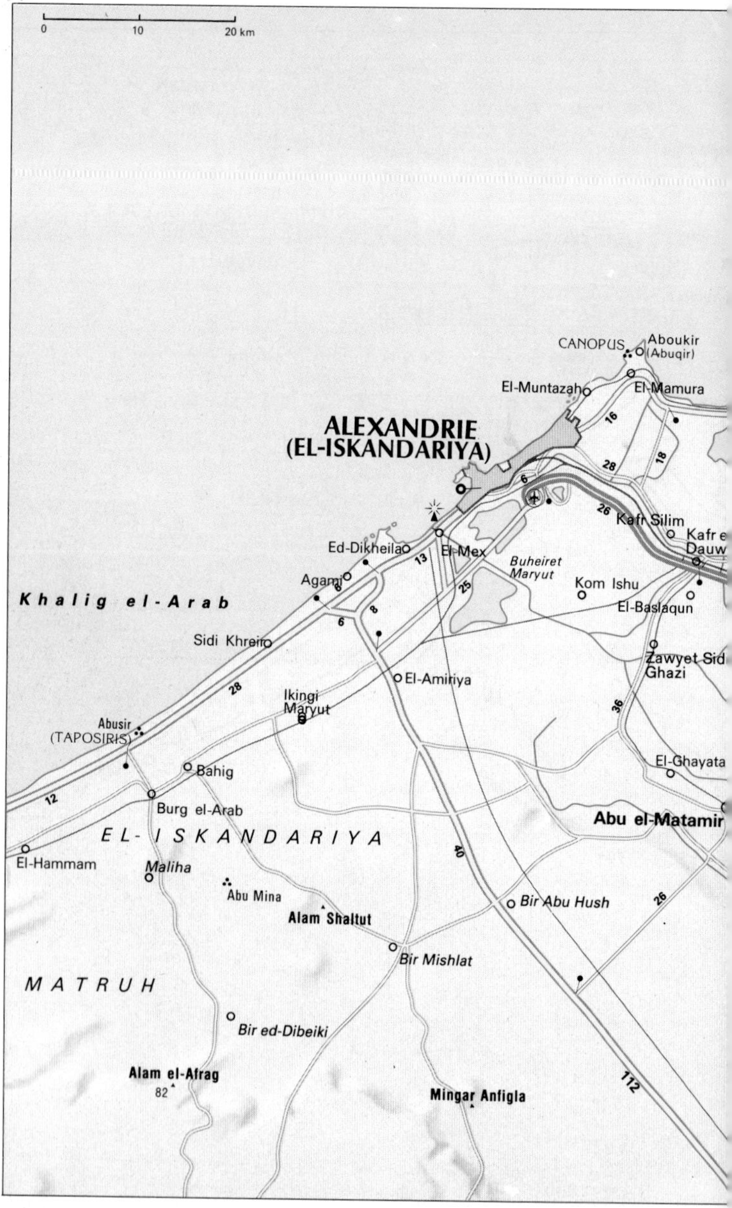
0
10
20 km
CANOPUS
Aboukir
(Abuqir)
El-Muntazah
El-Mamura
ALEXANDRIE
(EL-ISKANDARIYA)
Kafr Silim
Ed-Dikheila
El-Mex
Buheiret
Maryut
Kom Ishu
Agami
El-Baslaqun
Khalig el-Arab
Sidi Khreir
Zawyet Sid
Ghazi
El-Amiriya
Ikingi
Maryut
Abusir
(TAPOSIRIS)
Bahig
El-Ghayata
Burg el-Arab
Abu el-Matamir
EL-ISKANDARIYA
El-Hammam
Maliha
Abu Mina
Alam Shaltut
Bir Abu Hush
Bir Mishlat
MATRUH
Bir ed-Dibeiki
Alam el-Afrag
82
Mingar Anfigla

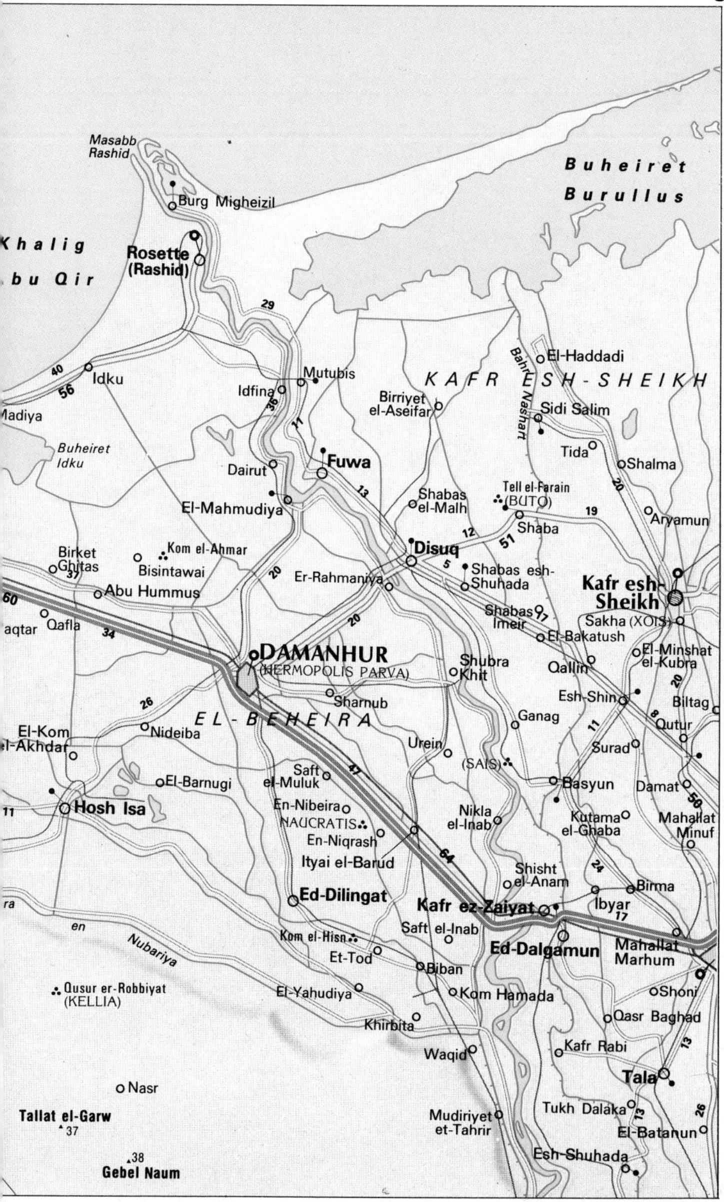
Masabb Rashid
Burg Migheizil
Buheiret Burullus
Khalig Abu Qir
Rosette (Rashid)
29
El-Haddadi
40
56
Idku
Mutubis
KAFR ESH-SHEIKH
Idfina
36
Bahr Nashart
Birriyet el-Aseifar
Sidi Salim
Madiya
11
Buheiret Idku
Fuwa
Tida
Shalma
Dairut
13
Tell el-Farain (BUTO)
Shabas el-Malh
20
El-Mahmudiya
19
Aryamun
12
Shaba
51
Birket Ghitas
37
Kom el-Ahmar
Disuq
Bisintawai
5
Shabas esh-Shuhada
20
Er-Rahmaniya
Kafr esh-Sheikh
Abu Hummus
60
Sakha (XOIS)
Shabas Imeir
17
Qafla
Naqtar
20
34
El-Bakatush
DAMANHUR
(HERMOPOLIS PARVA)
El-Minshat el-Kubra
Shubra Khit
Qallin
20
Esh-Shin
Sharnub
26
Biltag
8
EL-BEHEIRA
Ganag
El-Kom el-Akhdar
Nideiba
11
Qutur
Urein
Surad
(SAIS)
47
Saft el-Muluk
El-Barnugi
Basyun
Damat
50
Hosh Isa
11
En-Nibeira
Nikla el-Inab
Kutama el-Ghaba
Mahallat Minuf
NAUCRATIS
En-Niqrash
64
Ityai el-Barud
Shisht el-Anam
24
Birma
Ed-Dilingat
Kafr ez-Zaiyat
Ibyar
17
Nubariya
Saft el-Inab
Kom el-Hisn
Ed-Dalgamun
Mahallat Marhum
Et-Tod
Biban
Qusur er-Robbiyat (KELLIA)
El-Yahudiya
Kom Hamada
Shoni
Qasr Baghdad
Khirbita
Kafr Rabi
13
Waqid
Tala
Nasr
Tallat el-Garw
37
Mudiriyet et-Tahrir
Tukh Dalaka
13
26
El-Batanun
Esh-Shuhada
38
Gebel Naum

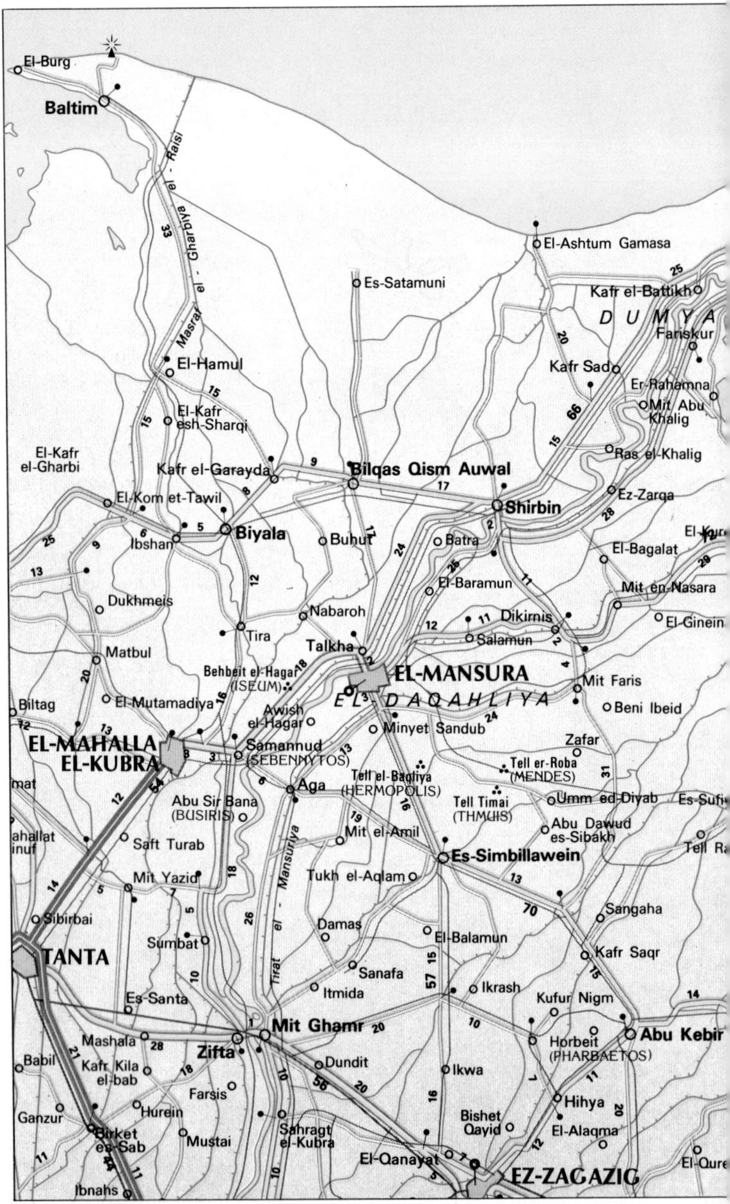
El-Burg
Baltim
Masraf el - Gharbiya el - Raisi
El-Ashtum Gamasa
Es-Satamuni
Kafr el-Battikh
DUMYA
Fariskur
Kafr Sad
Er-Rahamna
Mit Abu Khalig
Ras el-Khalig
El-Hamul
El-Kafr esh-Sharqi
El-Kafr el-Gharbi
Kafr el-Garayda
Bilqas Qism Auwal
Shirbin
Ez-Zarqa
El-Kom et-Tawil
Ibshan
Biyala
Buhut
Batra
El-Bagalat
El-Baramun
Mit en-Nasara
El-Ginein
Dukhmeis
Nabaroh
Dikirnis
Salamun
Tira
Talkha
Matbul
Behbeit el-Hagar (ISEUM)
EL-MANSURA
EL DAQAHLIYA
Mit Faris
Beni Ibeid
Biltag
El-Mutamadiya
Awish el-Hagar
Minyet Sandub
Zafar
EL-MAHALLA EL-KUBRA
Samannud (SEBENNYTOS)
Tell el-Baqliya (HERMOPOLIS)
Tell er-Roba (MENDES)
Aga
Tell Timai (THMUIS)
Umm ed-Diyab
Es-Sufi
Abu Sir Bana (BUSIRIS)
Abu Dawud es-Sibakh
Saft Turab
Mit el-Amil
Es-Simbillawein
Tirat el - Mansuriya
Mit Yazid
Tukh el-Aqlam
Sibirbai
Sangaha
Damas
El-Balamun
Sumbat
TANTA
Kafr Saqr
Sanafa
Itmida
Ikrash
Es-Santa
Kufur Nigm
Mit Ghamr
Abu Kebir
Mashala
Zifta
Horbeit (PHARBAETOS)
Babil
Kafr Kila el-bab
Dundit
Ikwa
Farsis
Hihya
Ganzur
Hurein
Bishet Qayid
El-Alaqma
Birket es-Sab
Mustai
Sahragt el-Kubra
El-Qanayat
EZ-ZAGAZIG
Ibnahs

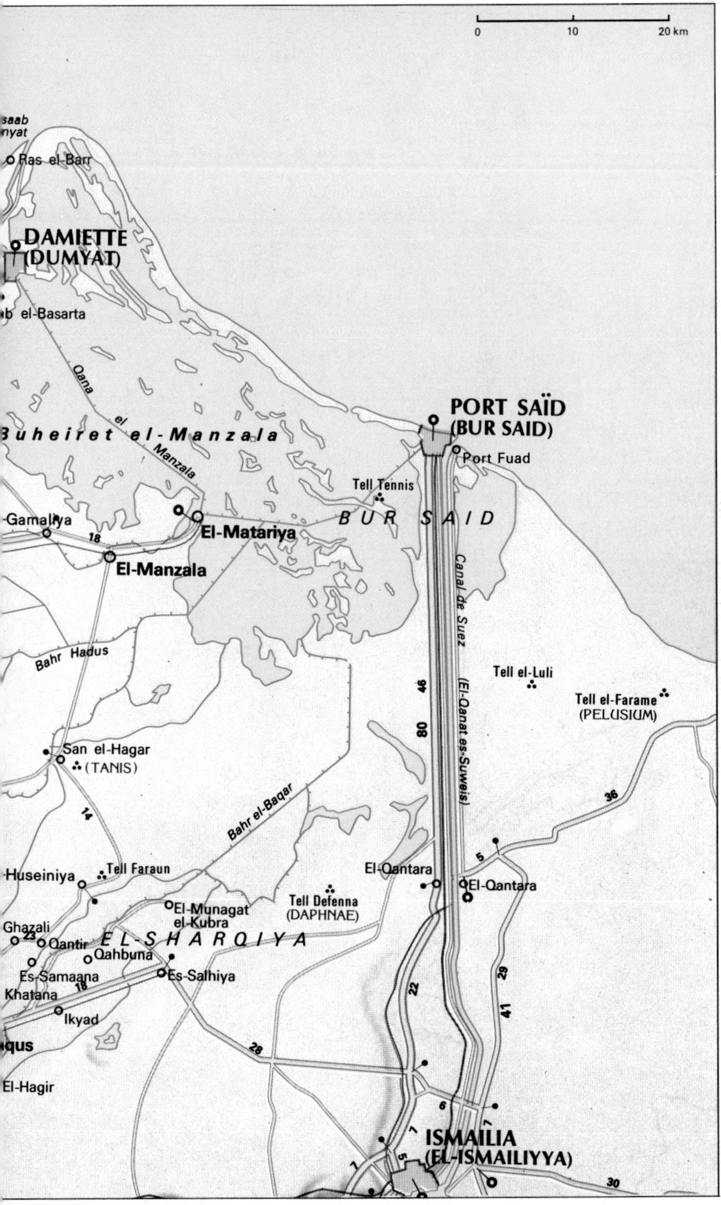
0
10
20 km
saab
nyat
Ras el-Barr
DAMIETTE
(DUMYAT)
b el-Basarta
Qana el Manzala
Buheiret el-Manzala
PORT SAÏD
(BUR SAID)
Port Fuad
Tell Tennis
Gamaliya
El-Matariya
BUR SAID
18
El-Manzala
Canal de Suez
(El-Qanat es-Suweis)
Bahr Hadus
46
80
Tell el-Luli
Tell el-Farame
(PELUSIUM)
San el-Hagar
(TANIS)
14
Bahr el-Baqar
36
5
Huseiniya
Tell Faraun
El-Qantara
El-Qantara
Tell Defenna
(DAPHNAE)
El-Munagat
el-Kubra
Ghazali
23
Qantir
EL-SHARQIYA
Qahbuna
Es-Samaana
Es-Salhiya
18
Khatana
22
29
41
Ikyad
qus
28
El-Hagir
6
7
7
ISMAILIA
(EL-ISMAILIYYA)
5
1
30

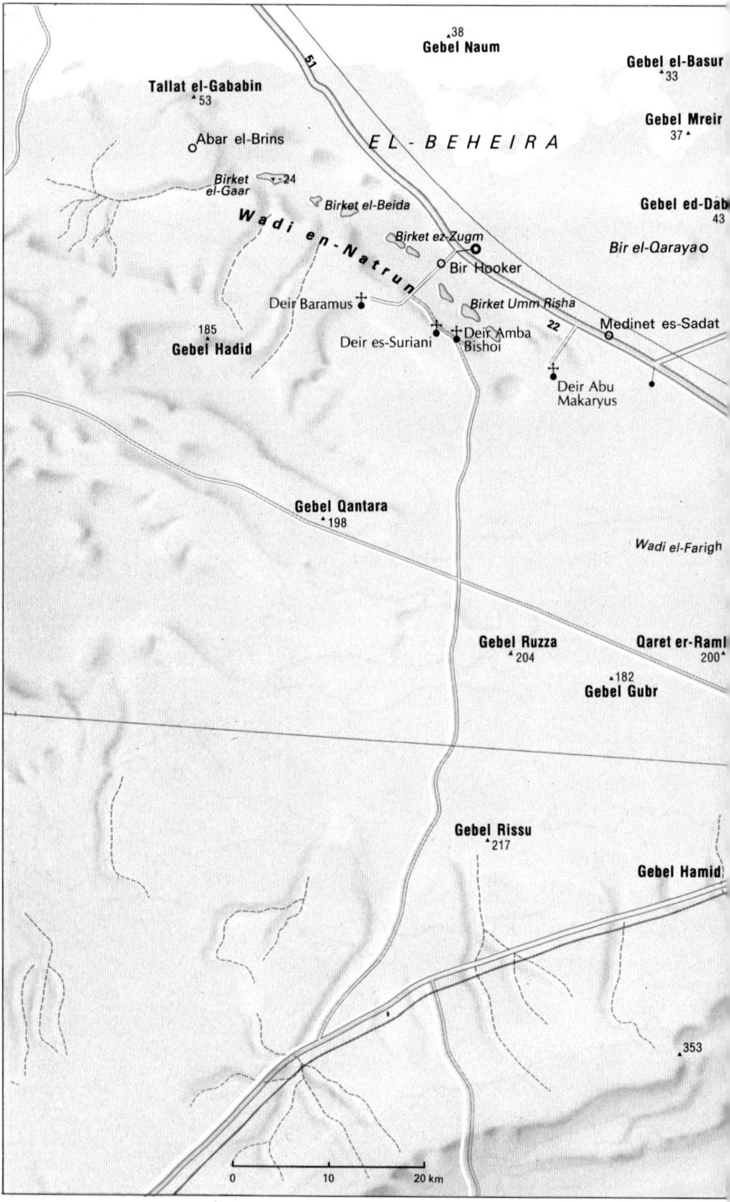
38
Gebel Naum
Gebel el-Basur
33
Tallat el-Gababin
53
51
Gebel Mreir
37
Abar el-Brins
EL-BEHEIRA
Birket el-Gaar
-24
Birket el-Beida
Gebel ed-Dab
43
Wadi en-Natrun
Birket ez-Zugm
Bir el-Qaraya
Bir Hooker
Deir Baramus
Birket Umm Risha
22
Medinet es-Sadat
185
Gebel Hadid
Deir es-Suriani
Deir Amba Bishoi
Deir Abu Makaryus
Gebel Qantara
198
Wadi el-Farigh
Gebel Ruzza
204
Qaret er-Raml
200
182
Gebel Gubr
Gebel Rissu
217
Gebel Hamid
353
0
10
20 km

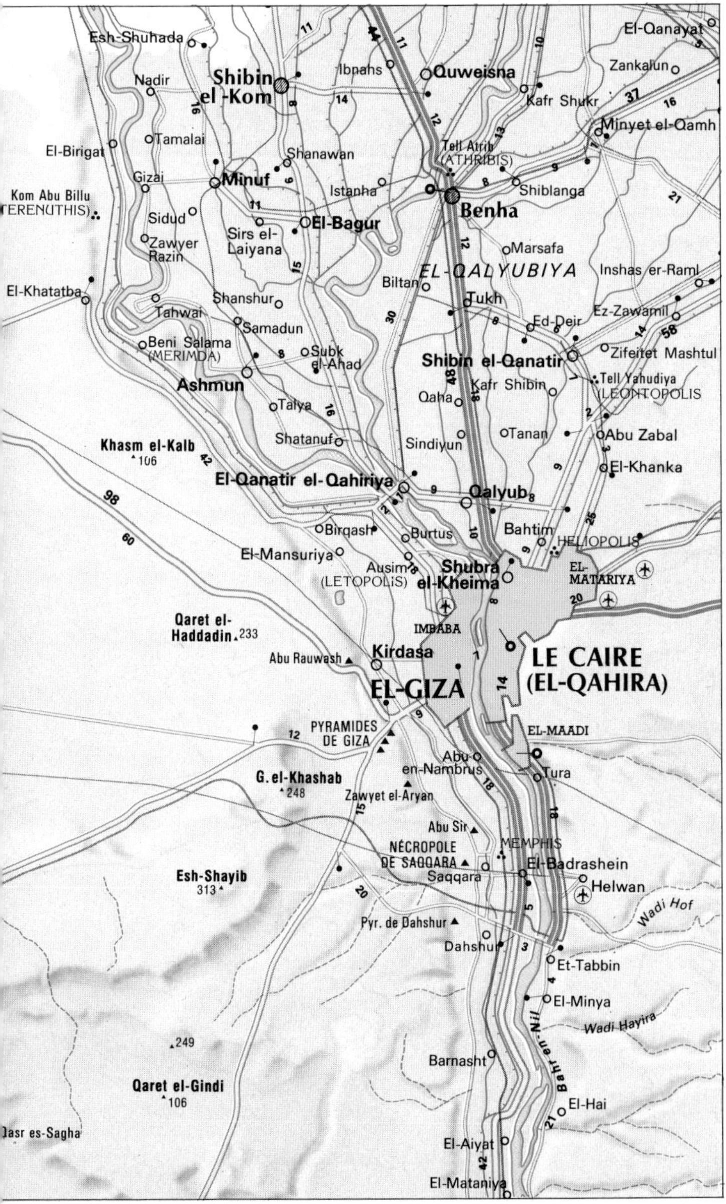

Esh-Shuhada
Nadir
Shibin el-Kom
Ibnahs
Quweisna
El-Qanayat
Zankalun
Kafr Shukr
Minyet el-Qamh
El-Birigat
Tamalai
Shanawan
Tell Atrib
(ATHRIBIS)
Gizai
Minuf
Istanha
Shiblanga
Kom Abu Billu
(TERENUTHIS)
Benha
Sidud
El-Bagur
Sirs el-Laiyana
Zawyer Razin
Marsafa
EL-QALYUBIYA
Inshas er-Raml
Biltan
El-Khatatba
Shanshur
Tukh
Tahwai
Samadun
Ed-Deir
Ez-Zawamil
Beni Salama
(MERIMDA)
Subk el-Ahad
Zifeitet Mashtul
Shibin el-Qanatir
Tell Yahudiya
(LEONTOPOLIS)
Ashmun
Kafr Shibin
Qaha
Talya
Shatanuf
Sindiyun
Tanan
Abu Zabal
Khasm el-Kalb
106
El-Khanka
El-Qanatir el-Qahiriya
Qalyub
Bahtim
Birqash
Burtus
HELIOPOLIS
El-Mansuriya
Ausim
(LETOPOLIS)
Shubra el-Kheima
EL-MATARIYA
IMBABA
Qaret el-Haddadin
233
Abu Rauwash
Kirdasa
LE CAIRE
(EL-QAHIRA)
EL-GIZA
PYRAMIDES DE GIZA
EL-MAADI
Abu en-Nambrus
Tura
G. el-Khashab
248
Zawyet el-Aryan
Abu Sir
MEMPHIS
NÉCROPOLE DE SAQQARA
El-Badrashein
Saqqara
Esh-Shayib
313
Helwan
Wadi Hof
Pyr. de Dahshur
Dahshur
Et-Tabbin
El-Minya
Wadi Hayira
Bahr en-Nil
249
Barnasht
Qaret el-Gindi
106
El-Hai
Qasr es-Sagha
El-Aiyat
El-Mataniya

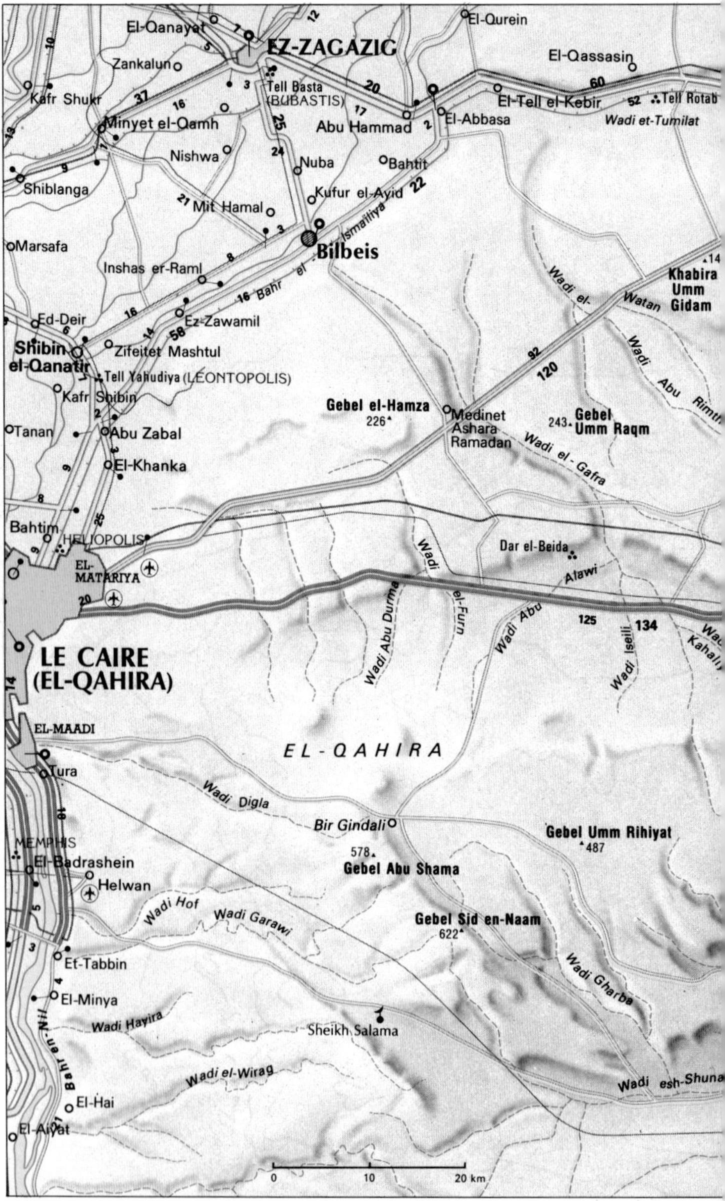
El-Qanayat
EZ-ZAGAZIG
El-Qurein
Zankalun
El-Qassasin
Tell Basta
(BUBASTIS)
Kafr Shukr
Minyet el-Qamh
Abu Hammad
El-Tell el-Kebir
El-Abbasa
Tell Rotab
Wadi et-Tumilat
Nishwa
Nuba
Bahtit
Shiblanga
Kufur el-Ayid
Mit Hamal
Bilbeis
Bahr el Ismailiya
Marsafa
Inshas er-Raml
Khabira
Umm
Gidam
Wadi el-Watan
Ed-Deir
Ez-Zawamil
Shibin
el-Qanatir
Zifeitet Mashtul
Tell Yahudiya (LEONTOPOLIS)
Wadi Abu Rimth
Kafr Shibin
Gebel el-Hamza
226
Medinet
Ashara
Ramadan
243
Gebel
Umm Raqm
Tanan
Abu Zabal
Wadi el-Gafra
El-Khanka
Bahtim
HELIOPOLIS
Dar el-Beida
EL-MATARIYA
Wadi el-Furn
Wadi Abu Alawi
Wadi Abu Durma
Wadi Iseili
Wadi Kahali
LE CAIRE
(EL-QAHIRA)
EL-MAADI
EL-QAHIRA
Tura
Wadi Digla
Bir Gindali
Gebel Umm Rihiyat
487
MEMPHIS
578
Gebel Abu Shama
El-Badrashein
Helwan
Wadi Hof
Wadi Garawi
Gebel Sid en-Naam
622
Et-Tabbin
Wadi Gharba
El-Minya
Wadi Hayira
Sheikh Salama
Bahr en-Nil
Wadi el-Wirag
Wadi esh-Shuna
El-Hai
El-Aiyat
0
10
20 km

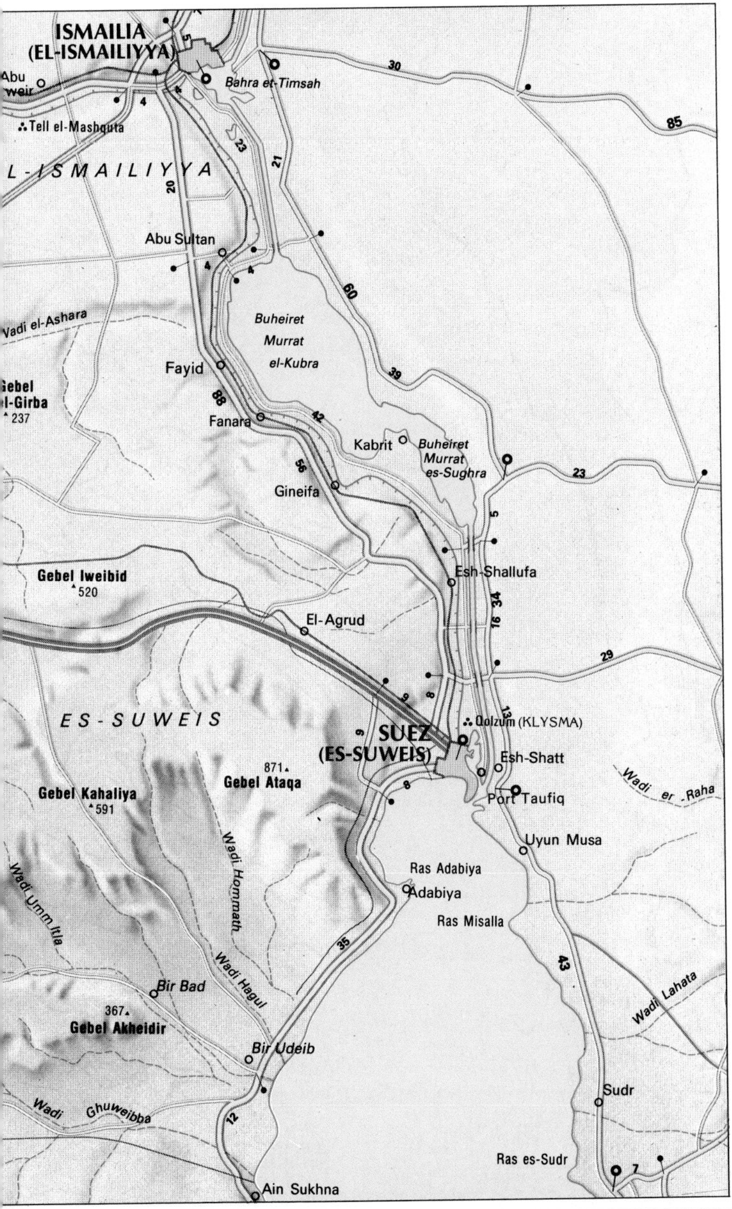

ISMAILIA (EL-ISMAILIYYA)
Abu Sweir
Bahra et-Timsah
Tell el-Mashquta
EL-ISMAILIYYA
Abu Sultan
Wadi el-Ashara
Buheiret Murrat el-Kubra
Fayid
Gebel el-Girba
237
Fanara
Kabrit
Buheiret Murrat es-Sughra
Gineifa
Esh-Shallufa
Gebel Iweibid
520
El-Agrud
ES-SUWEIS
Qolzum (KLYSMA)
SUEZ (ES-SUWEIS)
Esh-Shatt
871
Gebel Ataqa
Port Taufiq
Wadi er-Raha
Gebel Kahaliya
591
Uyun Musa
Wadi Hommath
Ras Adabiya
Adabiya
Wadi Umm Itla
Ras Misalla
Wadi Hagul
Bir Bad
367
Gebel Akheidir
Wadi Lahata
Bir Udeib
Sudr
Wadi Ghuweibba
Ras es-Sudr
Ain Sukhna

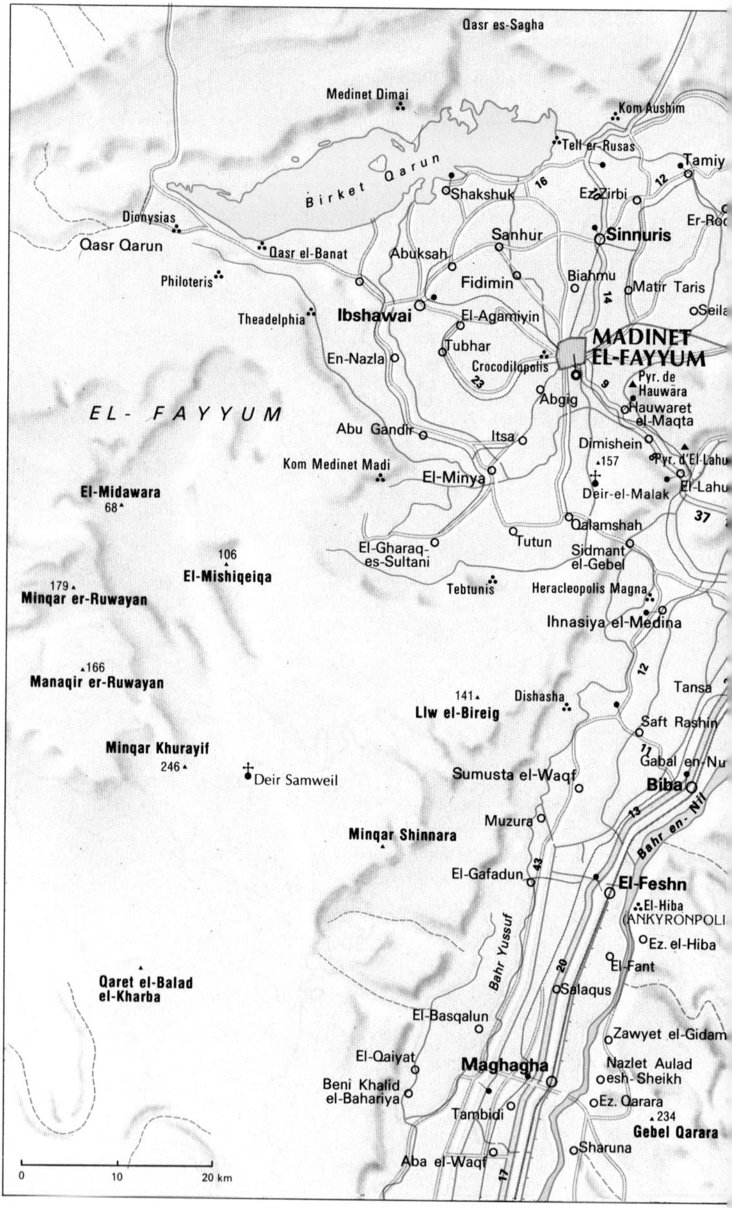
Qasr es-Sagha
Medinet Dimai
Kom Aushim
Tell er-Rusas
Tamiy
Birket Qarun
Shakshuk
16
Ez-Zirbi
12
Er-Ro
Dionysias
Qasr Qarun
Qasr el-Banat
Abuksah
Sanhur
Sinnuris
Philoteris
Fidimin
Biahmu
14
Matir Taris
Theadelphia
Ibshawai
El-Agamiyin
Seila
MADINET
EL-FAYYUM
Tubhar
En-Nazla
Crocodilopolis
23
9
Pyr. de
Hauwara
Abgig
Hauwaret
el-Maqta
EL-FAYYUM
Abu Gandir
Itsa
Dimishein
157
Pyr. d'El-Lahu
Kom Medinet Madi
El-Minya
Deir-el-Malak
El-Lahu
El-Midawara
68
37
Qalamshah
Tutun
El-Gharaq-
es-Sultani
Sidmant
el-Gebel
106
El-Mishiqeiqa
179
Minqar er-Ruwayan
Tebtunis
Heracleopolis Magna
Ihnasiya el-Medina
166
Manaqir er-Ruwayan
12
Tansa
141
Dishasha
Llw el-Bireig
Saft Rashin
Minqar Khurayif
11
Gabal en-Nu
246
Deir Samweil
Sumusta el-Waqf
Biba
Muzura
13
Bahr en-Nil
Minqar Shinnara
El-Gafadun
43
El-Feshn
El-Hiba
(ANKYRONPOLI
Bahr Yussuf
Ez. el-Hiba
El-Fant
20
Qaret el-Balad
el-Kharba
Salaqus
El-Basqalun
Zawyet el-Gidam
El-Qaiyat
Maghagha
Nazlet Aulad
esh-Sheikh
Beni Khalid
el-Bahariya
Ez. Qarara
Tambidi
234
Gebel Qarara
Sharuna
Aba el-Waqf
17
0
10
20 km

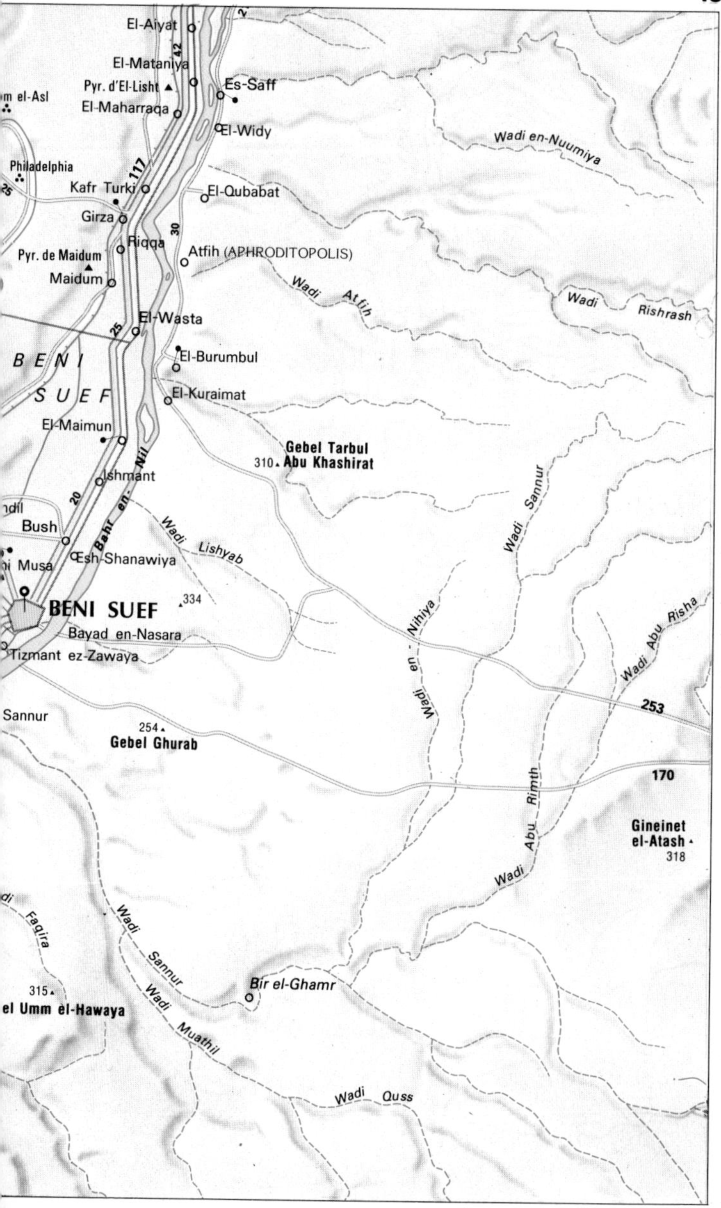
El-Aiyat
El-Mataniya
Pyr. d'El-Lisht
Es-Saff
m el-Asl
El-Maharraqa
El-Widy
Wadi en-Nuumiya
Philadelphia
Kafr Turki
El-Qubabat
Girza
Riqqa
Pyr. de Maidum
Atfih (APHRODITOPOLIS)
Maidum
Wadi Atfih
Wadi Rishrash
El-Wasta
El-Burumbul
BENI SUEF
El-Kuraimat
El-Maimun
Gebel Tarbul Abu Khashirat
310
Ishmant
Bahr en-Nil
Wadi Sannur
ndil
Bush
Wadi Lishyab
Esh-Shanawiya
i Musa
BENI SUEF
334
Wadi en-Nihiya
Wadi Abu Risha
Bayad en-Nasara
Tizmant ez-Zawaya
253
Sannur
254
Gebel Ghurab
170
Wadi Abu Rimth
Gineinet el-Atash
318
Faqira
Wadi Sannur
Bir el-Ghamr
315
el Umm el-Hawaya
Wadi Muathil
Wadi Quss
117
42
30
25
20
2

14

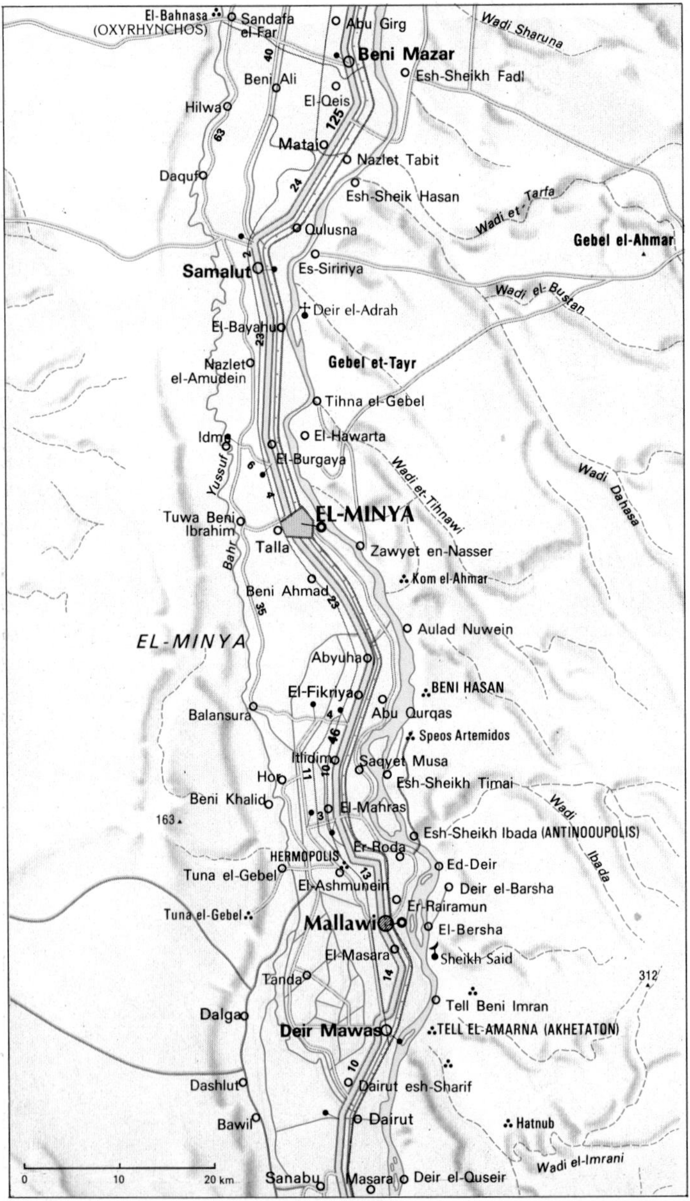
El-Bahnasa
(OXYRHYNCHOS)
Sandafa
el-Far
Abu Girg
Wadi Sharuna
Beni Mazar
Esh-Sheikh Fadl
Beni Ali
Hilwa
El-Qeis
125
40
63
Matai
Nazlet Tabit
Daquf
24
Esh-Sheik Hasan
Wadi et - Tarfa
Qulusna
Gebel el-Ahmar
Samalut
2
Es-Siriya
Wadi el-Bustan
Deir el-Adrah
El-Bayahu
23
Gebel et-Tayr
Nazlet
el-Amudein
Tihna el-Gebel
Idmu
El-Hawarta
El-Burgaya
Wadi et-Tihnawi
Wadi Dahasa
Yussuf
6
4
EL-MINYA
Tuwa Beni
Ibrahim
Talla
Zawyet en-Nasser
Bahr
Kom el-Ahmar
Beni Ahmad
23
35
Aulad Nuwein
EL-MINYA
Abyuha
El-Fikriya
BENI HASAN
Balansura
4
Abu Qurqas
46
Speos Artemidos
Itlidim
Saqyet Musa
Hor
11
10
Esh-Sheikh Timai
Beni Khalid
El-Mahras
Wadi Ibada
163
3
Esh-Sheikh Ibada (ANTINOOUPOLIS)
HERMOPOLIS
Er-Roda
Tuna el-Gebel
13
Ed-Deir
El-Ashmunein
Deir el-Barsha
Er-Rairamun
Tuna el-Gebel
Mallawi
El-Bersha
El-Masara
Sheikh Said
Tanda
14
312
Tell Beni Imran
Dalga
Deir Mawas
TELL EL-AMARNA (AKHETATON)
10
Dashlut
Dairut esh-Sharif
Bawit
Dairut
Hatnub
Wadi el-Imrani
0
10
20 km
Sanabu
Masara
Deir el-Quseir

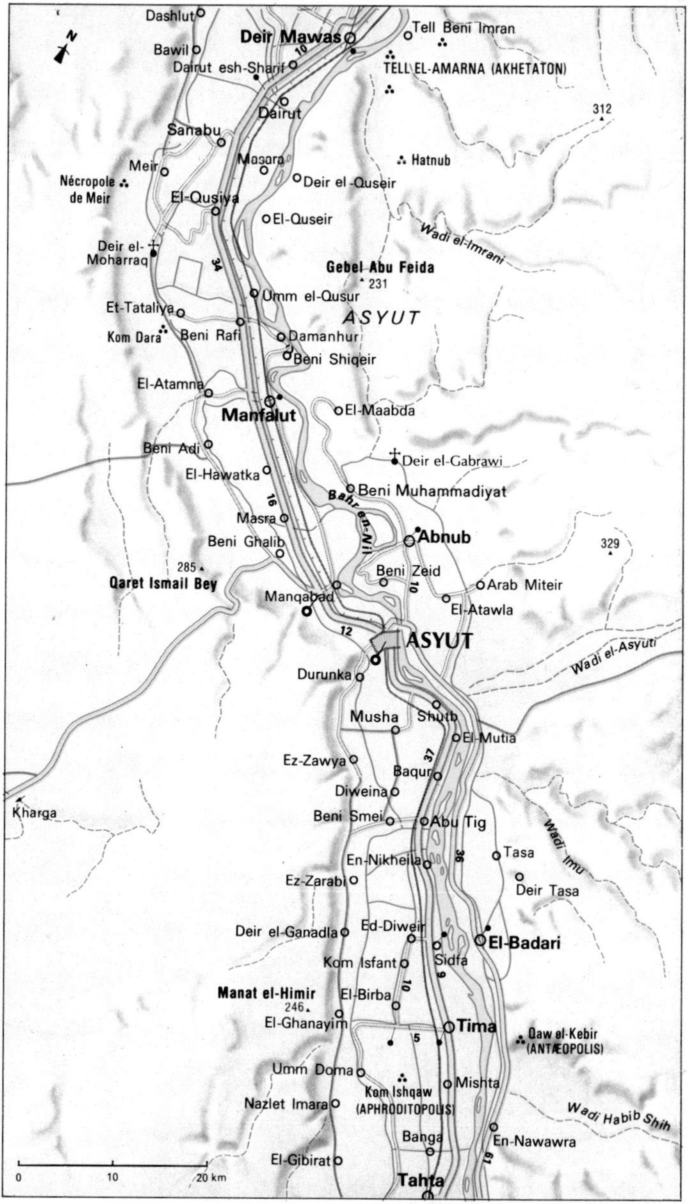

N
Dashlut
Bawil
Deir Mawas
10
Dairut esh-Sharif
Tell Beni Imran
TELL EL-AMARNA (AKHETATON)
Dairut
312
Sanabu
Masara
Hatnub
Meir
Nécropole de Meir
Deir el-Quseir
El-Qusiya
El-Quseir
Wadi el-Imrani
Deir el-Moharraq
34
Gebel Abu Feida
231
Umm el-Qusur
ASYUT
Et-Tataliya
Kom Dara
Beni Rafi
Damanhur
Beni Shiqeir
El-Atamna
Manfalut
El-Maabda
Beni Adi
Deir el-Gabrawi
El-Hawatka
Beni Muhammadiyat
16
Bahr en-Nil
Masra
Abnub
329
Beni Ghalib
285
Qaret Ismail Bey
Beni Zeid
10
Arab Miteir
Manqabad
El-Atawla
12
ASYUT
Wadi el-Asyuti
Durunka
Musha
Shutb
El-Mutia
Ez-Zawya
37
Baqur
Diweina
Kharga
Beni Smei
Abu Tig
Wadi Imu
Tasa
En-Nikheila
36
Ez-Zarabi
Deir Tasa
Deir el-Ganadla
Ed-Diweir
El-Badari
Sidfa
Kom Isfant
9
10
Manat el-Himir
El-Birba
246
El-Ghanayim
Tima
5
Qaw el-Kebir (ANTÆOPOLIS)
Umm Doma
Kom Ishqaw (APHRODITOPOLIS)
Mishta
Nazlet Imara
Wadi Habib Shih
Banga
En-Nawawra
El-Gibirat
19
0
10
20 km
Tahta

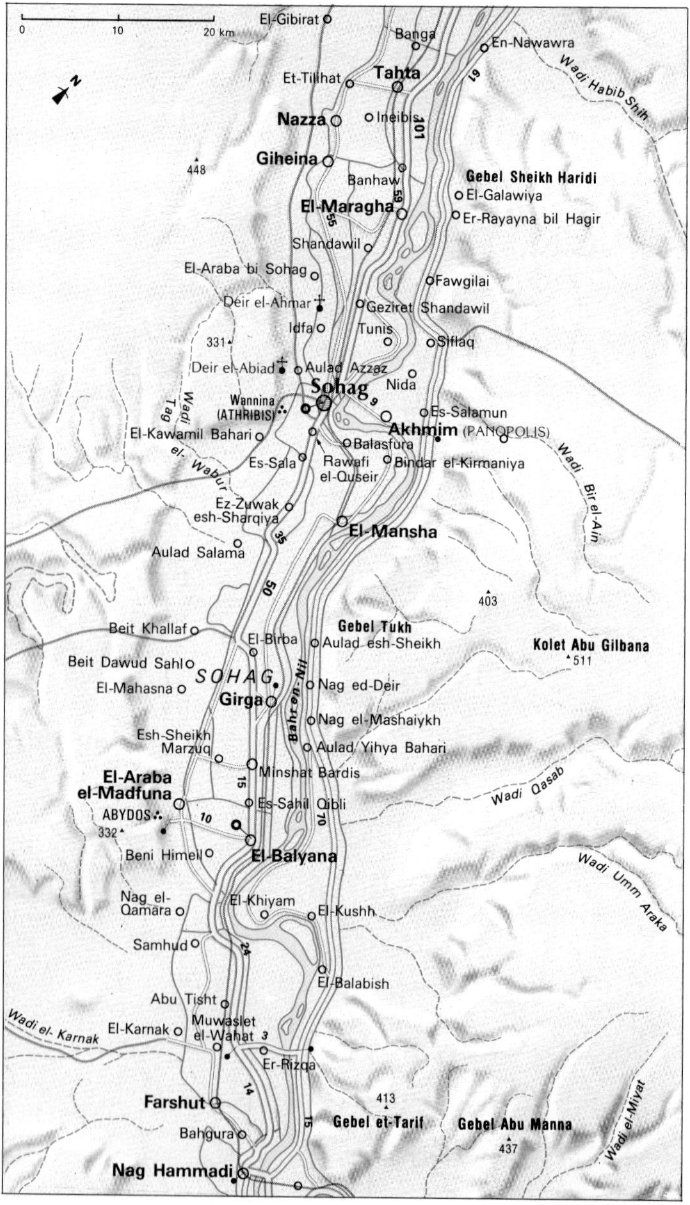
0
10
20 km
N
El-Gibirat
Banga
En-Nawawra
Wadi Habib Shih
Et-Tilihat
Tahta
Nazza
Ineibis
101
61
Giheina
448
Banhaw
Gebel Sheikh Haridi
El-Galawiya
El-Maragha
Er-Rayayna bil Hagir
59
55
Shandawil
El-Araba bi Sohag
Fawgilai
Deir el-Ahmar
Gezirat Shandawil
Idfa
Tunis
Siflaq
331
Deir el-Abiad
Aulad Azzaz
Nida
Sohag
Wannina
(ATHRIBIS)
9
Es-Salamun
Wadi Tag el-Wabur
Akhmim (PANOPOLIS)
El-Kawamil Bahari
Balasfura
Es-Sala
Rawafi el-Quseir
Bindar el-Kirmaniya
Wadi Bir el-Ain
Ez-Zuwak esh-Sharqiya
El-Mansha
35
Aulad Salama
50
403
Gebel Tukh
Beit Khallaf
El-Birba
Aulad esh-Sheikh
Kolet Abu Gilbana
511
Beit Dawud Sahl
SOHAG
Bahr en-Nil
El-Mahasna
Nag ed-Deir
Girga
Nag el-Mashaiykh
Esh-Sheikh Marzuq
Aulad Yihya Bahari
Minshat Bardis
El-Araba el-Madfuna
15
Wadi Qasab
Es-Sahil Qibli
ABYDOS
10
70
332
El-Balyana
Beni Himeil
Wadi Umm Araka
Nag el-Qamara
El-Khiyam
El-Kushh
Samhud
24
El-Balabish
Abu Tisht
Wadi el-Karnak
Muwaslet el-Wahat
El-Karnak
3
Er-Rizqa
14
413
Farshut
15
Gebel et-Tarif
Gebel Abu Manna
Wadi el-Miyat
Bahgura
437
Nag Hammadi

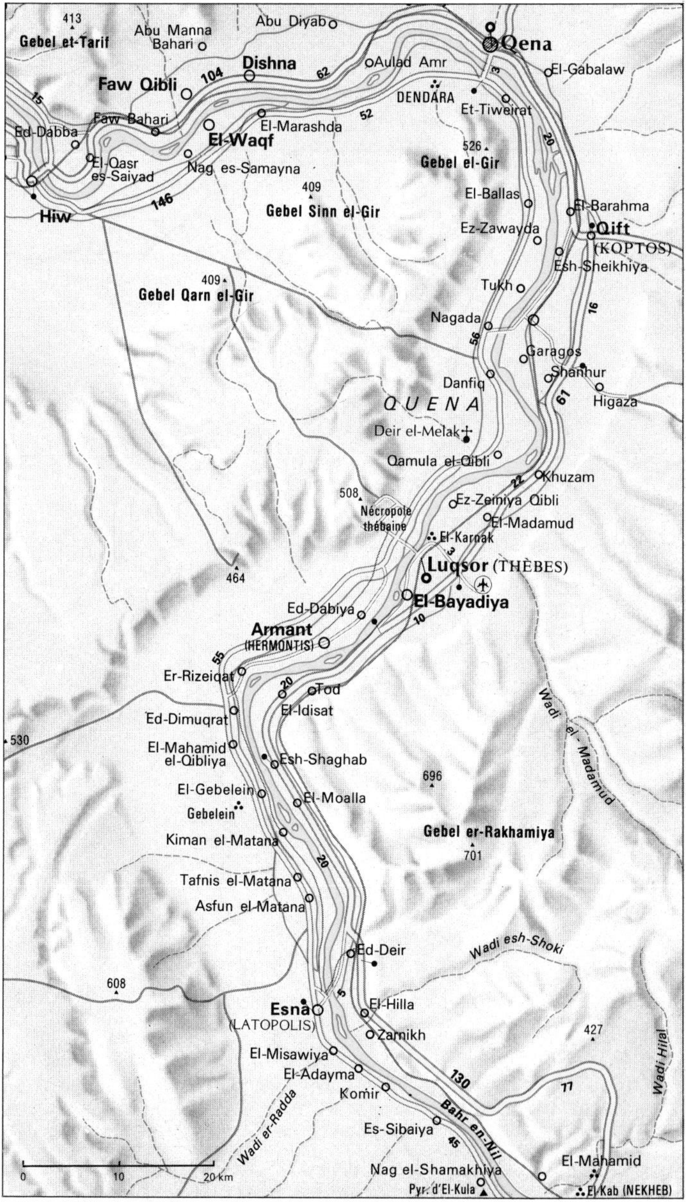
413
Gebel et-Tarif
Abu Manna Bahari
Abu Diyab
Qena
Dishna
Aulad Amr
El-Gabalaw
Faw Qibli
104
62
DENDARA
Et-Tiweirat
15
Faw Bahari
52
Ed-Dabba
El-Marashda
El-Waqf
526
20
El-Qasr es-Saiyad
Nag es-Samayna
Gebel el-Gir
409
El-Ballas
Hiw
146
Gebel Sinn el-Gir
El-Barahma
Qift
(KOPTOS)
Ez-Zawayda
Esh-Sheikhiya
409
Gebel Qarn el-Gir
Tukh
16
Nagada
56
Garagos
Shanhur
Danfiq
Higaza
61
QUENA
Deir el-Melak
Qamula el-Qibli
22
Khuzam
508
Nécropole thébaine
Ez-Zeiniya Qibli
El-Madamud
El-Karnak
3
Luqsor (THÈBES)
464
El-Bayadiya
Ed-Dabiya
10
Armant
(HERMONTIS)
55
Er-Rizeiqat
20
Tod
El-Idisat
Wadi el-Madamud
Ed-Dimuqrat
530
El-Mahamid el-Qibliya
Esh-Shaghab
696
El-Gebelein
El-Moalla
Gebelein
Gebel er-Rakhamiya
Kiman el-Matana
701
20
Tafnis el-Matana
Asfun el-Matana
Ed-Deir
Wadi esh-Shoki
608
Esna
(LATOPOLIS)
5
El-Hilla
Zarnikh
427
El-Misawiya
El-Adayma
130
Wadi Hilal
Komir
77
Wadi er-Radda
Bahr en-Nil
Es-Sibaiya
45
El-Mahamid
0
10
20 km
Nag el-Shamakhiya
Pyr. d'El-Kula
El-Kab (NEKHEB)

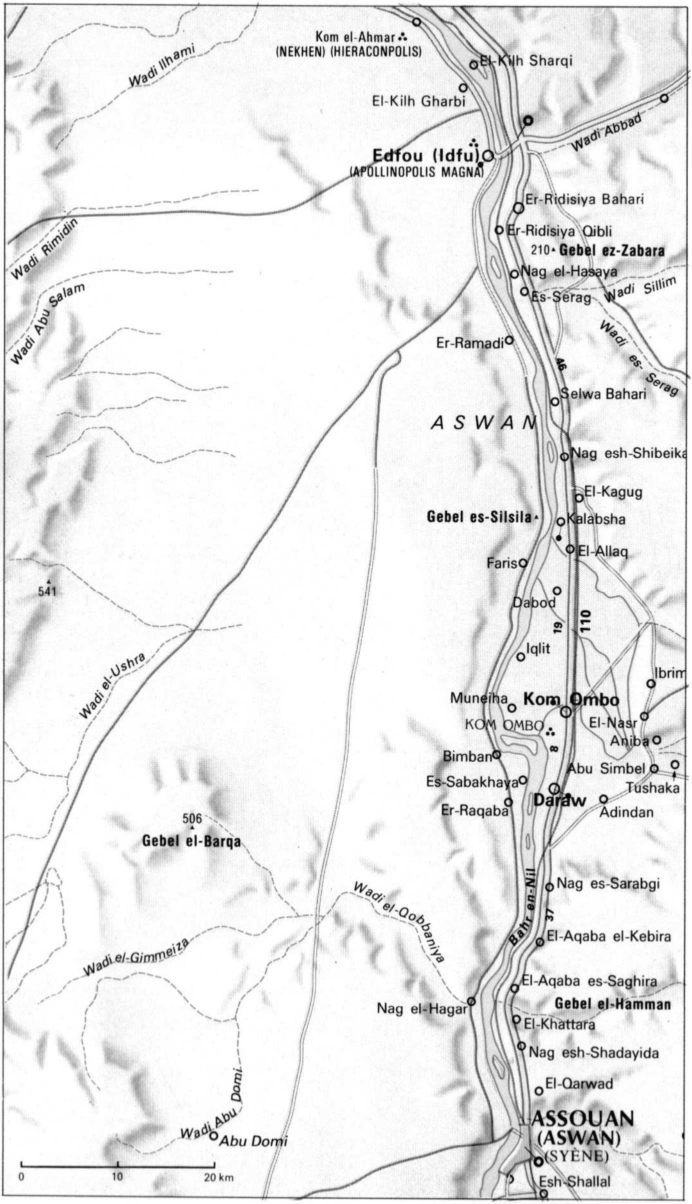
Kom el-Ahmar
(NEKHEN) (HIERACONPOLIS)
El-Kilh Sharqi
El-Kilh Gharbi
Wadi Ilhami
Wadi Abbad
Edfou (Idfu)
(APOLLINOPOLIS MAGNA)
Er-Ridisiya Bahari
Er-Ridisiya Qibli
210 Gebel ez-Zabara
Wadi Rimidin
Nag el-Hasaya
Es-Serag
Wadi Sillim
Wadi Abu Salam
Er-Ramadi
Wadi es-Serag
46
Selwa Bahari
A S W A N
Nag esh-Shibeika
El-Kagug
Gebel es-Silsila
Kalabsha
El-Allaq
Faris
541
Dabod
110
19
Iqlit
Ibrim
Wadi el-Ushra
Muneiha
Kom Ombo
KOM OMBO
El-Nasr
Aniba
8
Bimban
Abu Simbel
Es-Sabakhaya
Tushaka
Daraw
Er-Raqaba
Adindan
506
Gebel el-Barqa
Nag es-Sarabgi
Wadi el-Qobbaniya
Bahr en-Nil
37
El-Aqaba el-Kebira
Wadi el-Gimmeiza
El-Aqaba es-Saghira
Gebel el-Hamman
Nag el-Hagar
El-Khattara
Nag esh-Shadayida
El-Qarwad
Wadi Abu Domi
ASSOUAN
(ASWAN)
(SYÈNE)
Abu Domi
Esh-Shallal
0
10
20 km

SINAÏ

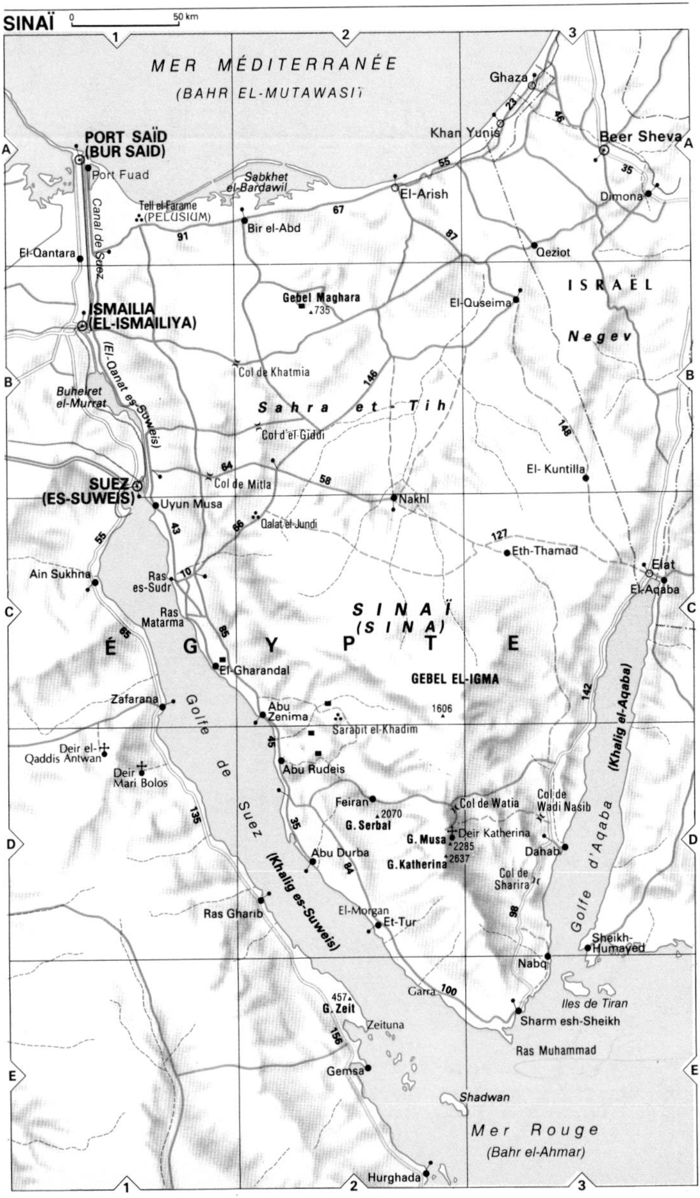
0 50 km
MER MÉDITERRANÉE
(BAHR EL-MUTAWASIT)
PORT SAÏD
(BUR SAID)
Port Fuad
Sabkhet el-Bardawil
Tell el-Farame
(PELUSIUM)
Bir el-Abd
El-Arish
Ghaza
Khan Yunis
Beer Sheva
Dimona
Qeziot
ISRAËL
Negev
El-Quseima
El-Qantara
Canal de Suez
Gebel Maghara
735
ISMAILIA
(EL-ISMAILIYA)
(El-Qanat es-Suweis)
Col de Khatmia
Buheiret el-Murrat
Sahra et-Tih
Col d'el-Giddi
Col de Mitla
El- Kuntilla
SUEZ
(ES-SUWEIS)
Uyun Musa
Nakhl
Qalat el-Jundi
Eth-Thamad
Elat
El-Aqaba
Ain Sukhna
Ras es-Sudr
Ras Matarma
SINAÏ
(SINA)
ÉGYPTE
El-Gharandal
GEBEL EL-IGMA
1606
Zafarana
Golfe de Suez
Abu Zenima
Sarabit el-Khadim
Deir el-Qaddis Antwan
Deir Mari Bolos
Abu Rudeis
(Khalig el-Aqaba)
Feiran
2070
G. Serbal
Col de Watia
Col de Wadi Nasib
G. Musa
Deir Katherina
2285
G. Katherina
2637
Dahab
Golfe d'Aqaba
Abu Durba
Col de Sharira
(Khalig es-Suweis)
Ras Gharib
El-Morgan
Et-Tur
Sheikh-Humayed
Nabq
Garra
Iles de Tiran
457
G. Zeit
Zeituna
Sharm esh-Sheikh
Ras Muhammad
Gemsa
Shadwan
Mer Rouge
(Bahr el-Ahmar)
Hurghada

LE CAIRE 1 : 40.000 (1 cm=400 m)

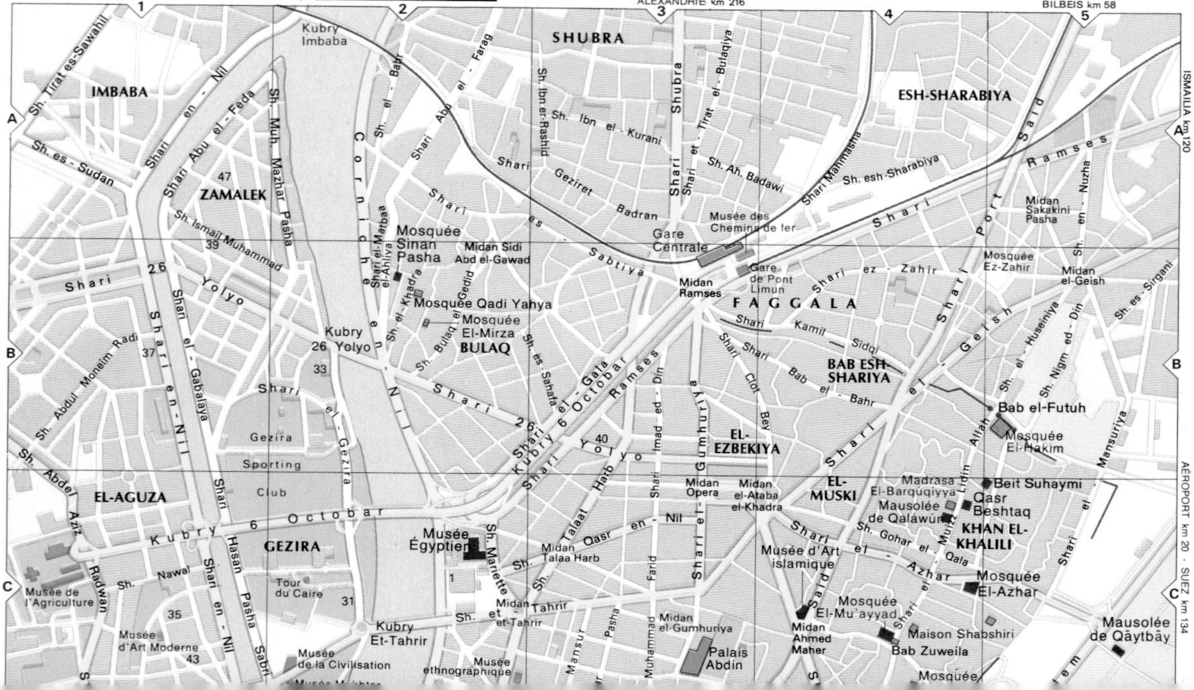

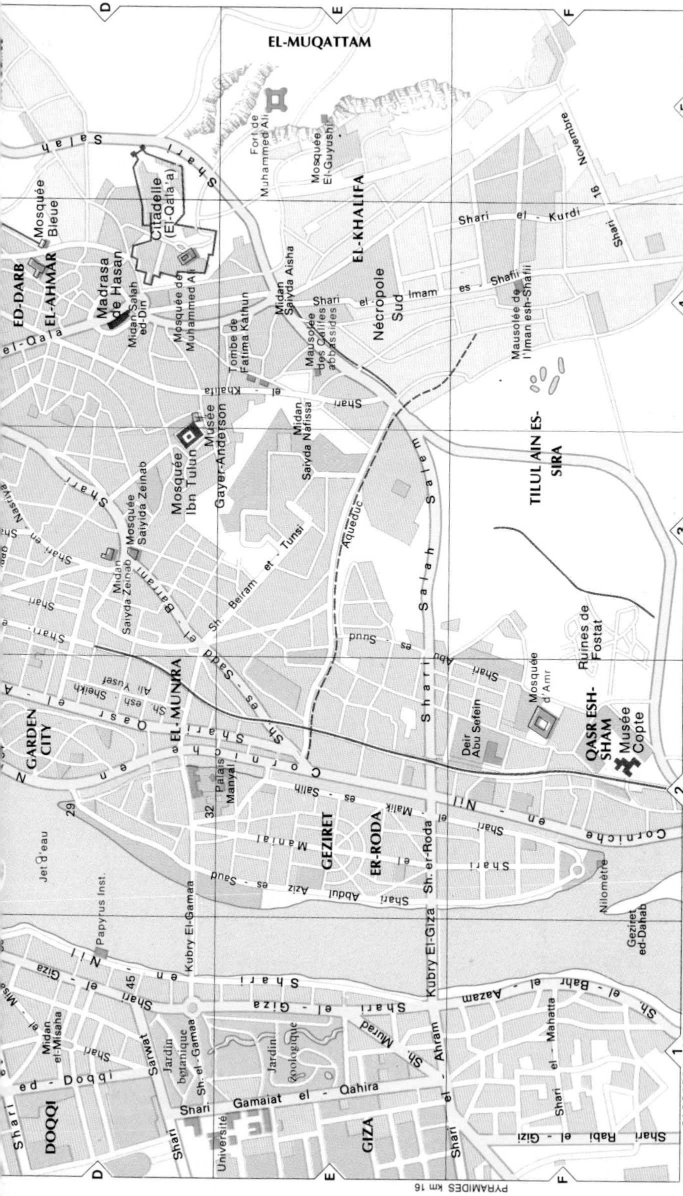
D
E
F
1
2
3
4
5
EL-MUQATTAM
Fort de Muhammed Ali
Mosquée El-Guyushi
Citadelle (El-Qala'a)
Mosquée Bleue
ED-DARB EL-AHMAR
Madrasa de Hasan
Midan Salah ed-Din
Mosquée de Muhammed Ali
Shari Salah Salem
EL-KHALIFA
Shari el Kurdi
Shari 16 Novembre
Nécropole Sud
Shari el Imam es Shafii
Mausolée de l'Iman esh-Shafii
Midan Saiyda Aisha
Tombe de Fatima Kathun
Mausolée des Califes abbassides
Shari el Khalifa
Midan Saiyda Nafissa
Musée Gayer-Anderson
Mosquée Ibn Tulun
Mosquée Saiyida Zeinab
Midan Saiyda Zeinab
TILULAIN ES-SIRA
Aqueduc
Sh. Beiram et Tunsi
el Barrani
Shari es Saad
Shari Abu es Suud
Ruines de Fostat
Mosquée d'Amr
Deir Abu Sefein
QASR ESH-SHAM
Musée Copte
EL-MUNIRA
GARDEN CITY
Shari Qasr el Aini
Sh. esh Sheikh Ali Yusef
Corniche en Nil
Palais Manyal
Shari el Malik es Salih
GEZIRET ER-RODA
Shari el Manial
Shari Abdul Aziz es Saud
Sh. er-Roda
Nilomètre
Geziret ed-Dahab
EL-MAADI km 14
Jet d'eau
Papyrus Inst.
Kubry El-Gamaa
Kubry El-Giza
Shari en Nil
Shari el Giza
Sh. el Bahr el Aazam
Midan el-Misaha
Shari ed Doqqi
Sarwat
Jardin botanique
Sh. el-Gamaa
Jardin Zoologique
Sh. Murad
Shari el Ahram
Shari el Mahatta
Shari Gamaiat el Qahira
Université
DOQQI
GIZA
Shari Rabi el Gizi
SAQQARA km 36
PYRAMIDES km 16
29
32
45

ENVIRONS DU CAIRE

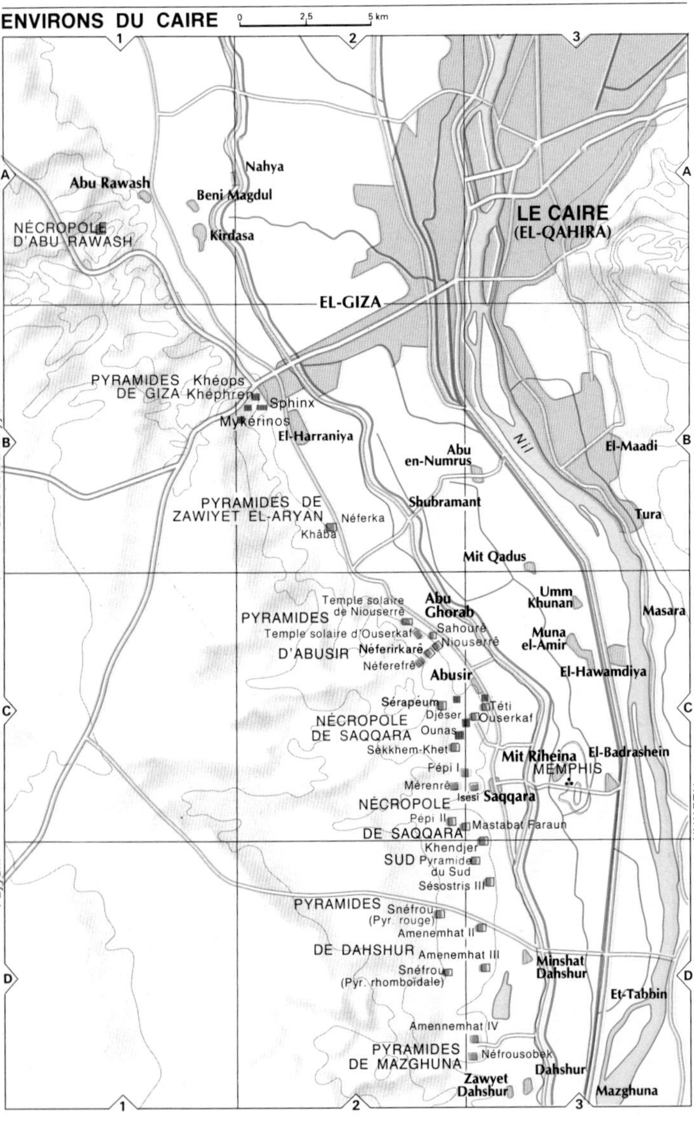
0
2,5
5 km
1
2
3
A
B
C
D
ALEXANDRIE
Oasis de Bahariyya
Fayyum
HELWAN
Nahya
Abu Rawash
Beni Magdul
Kirdasa
NÉCROPOLE D'ABU RAWASH
LE CAIRE
(EL-QAHIRA)
EL-GIZA
PYRAMIDES DE GIZA
Khéops
Khéphren
Sphinx
Mykérinos
El-Harraniya
Nil
El-Maadi
Abu en-Numrus
Shubramant
Tura
PYRAMIDES DE ZAWIYET EL-ARYAN
Néferka
Khâba
Mit Qadus
Temple solaire de Niouserrê
PYRAMIDES D'ABUSIR
Abu Ghorab
Umm Khunan
Masara
Temple solaire d'Ouserkaf
Sahourê
Niouserrê
Néferirkarê
Néferefrê
Muna el-Amir
Abusir
El-Hawamdiya
Sérapeum
Téti
Djéser
Ouserkaf
NÉCROPOLE DE SAQQARA
Ounas
Sekkhem-Khet
Mit Riheina
El-Badrashein
MEMPHIS
Pépi I
Mérenrê
Isesi
Saqqara
NÉCROPOLE DE SAQQARA SUD
Pépi II
Mastabat Faraun
Khendjer
Pyramide du Sud
Sésostris III
PYRAMIDES DE DAHSHUR
Snéfrou (Pyr. rouge)
Amenemhat II
Amenemhat III
Snéfrou (Pyr. rhomboïdale)
Minshat Dahshur
Et-Tabbin
Amennemhat IV
PYRAMIDES DE MAZGHUNA
Néfrousobek
Dahshur
Zawyet Dahshur
Mazghuna

NÉCROPOLE DE SAQQARA

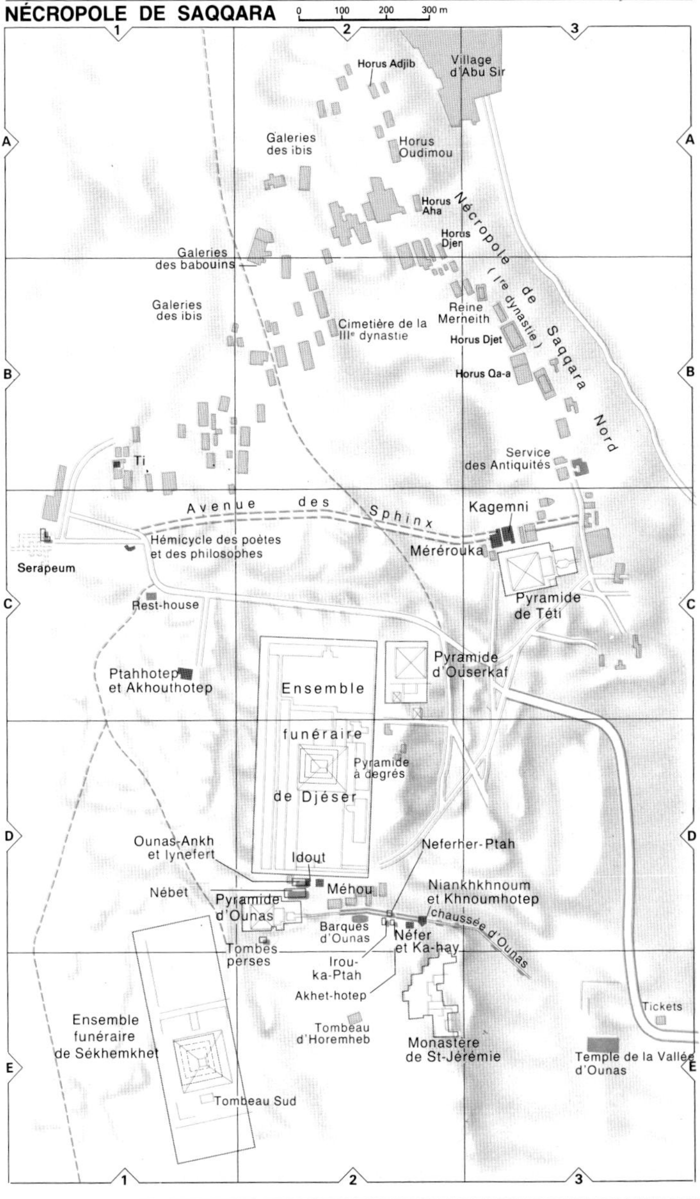
0 100 200 300 m
1
2
3
A
B
C
D
E
Horus Adjib
Village d'Abu Sir
Galeries des ibis
Horus Oudimou
Horus Aha
Horus Djer
Nécropole (Ire dynastie) de Saqqara Nord
Galeries des babouins
Galeries des ibis
Cimetière de la IIIe dynastie
Reine Merneith
Horus Djet
Horus Qa-a
Service des Antiquités
Ti
Avenue des Sphinx
Kagemni
Hémicycle des poètes et des philosophes
Mérérouka
Serapeum
Pyramide de Téti
Rest-house
Pyramide d'Ouserkaf
Ptahhotep et Akhouthotep
Ensemble funéraire de Djéser
Pyramide à degrés
Ounas-Ankh et Iynefert
Neferher-Ptah
Idout
Méhou
Nébet
Pyramide d'Ounas
Niankhkhnoum et Khnoumhotep
chaussée d'Ounas
Barques d'Ounas
Néfer et Ka-hay
Tombes perses
Irou-ka-Ptah
Akhet-hotep
Tickets
Ensemble funéraire de Sékhemkhet
Tombeau d'Horemheb
Monastère de St-Jérémie
Temple de la Vallée d'Ounas
Tombeau Sud

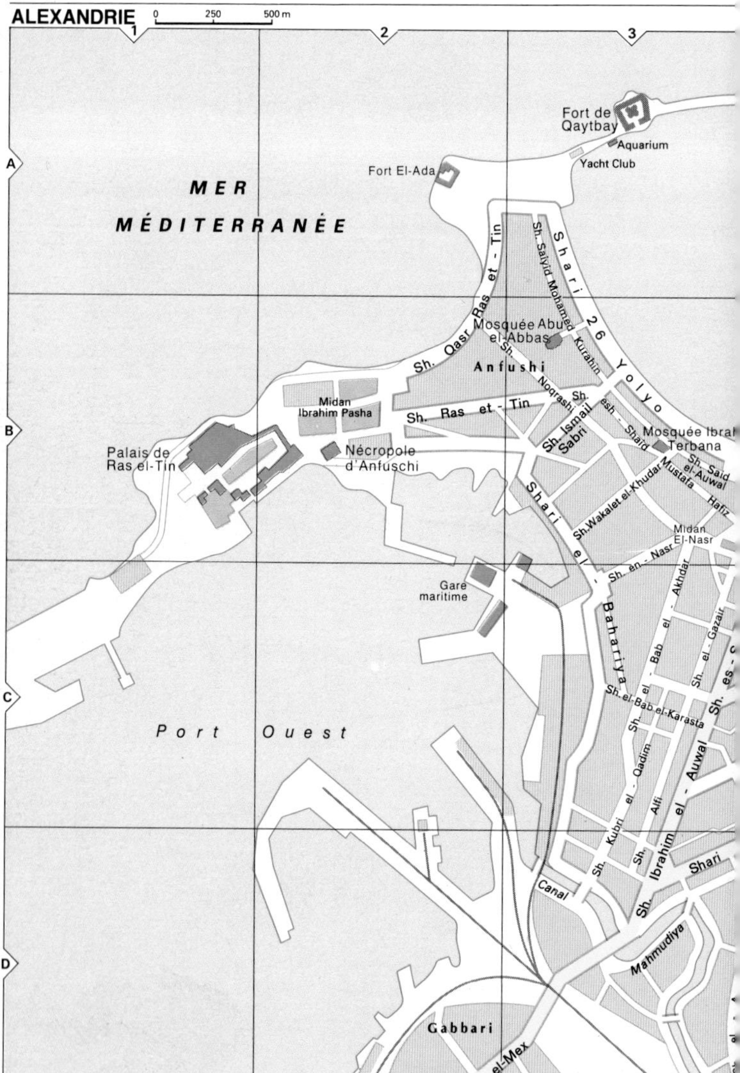
ALEXANDRIE
0
250
500 m
MER
MÉDITERRANÉE
Fort de Qaytbay
Aquarium
Yacht Club
Fort El-Ada
Sh. Qasr Ras et - Tin
Sh. Saiyid Mohamed Kurahin
Shari 26 Yolyo
Mosquée Abu el-Abbas
Anfushi
Sh. Noqrashi
Midan Ibrahim Pasha
Sh. Ras et - Tin
Sh. Ismail Sabri
Sh. esh - Shaid
Mosquée Ibra
Terbana
Sh. Said el-Auwal
Mustafa Hafiz
Palais de Ras el-Tin
Nécropole d'Anfuschi
Sh. Wakalet el-Khudar
Shari el - Bahariya
Midan El-Nasr
Sh. en - Nasr
Gare maritime
Sh. Bab el - Akhdar
Sh. el - Gazair
Sh. el-Bab el-Karasta
Sh. el - Qadim
Sh. Ibrahim el - Auwal
Sh. es
Port Ouest
Sh. Kubri el - Alfi
Shari
Canal
Mahmudiya
Gabbari
Sh. el-Mex
A
B
C
D
1
2
3
MERSA MATRUH km 290 - LE CAIRE km 208

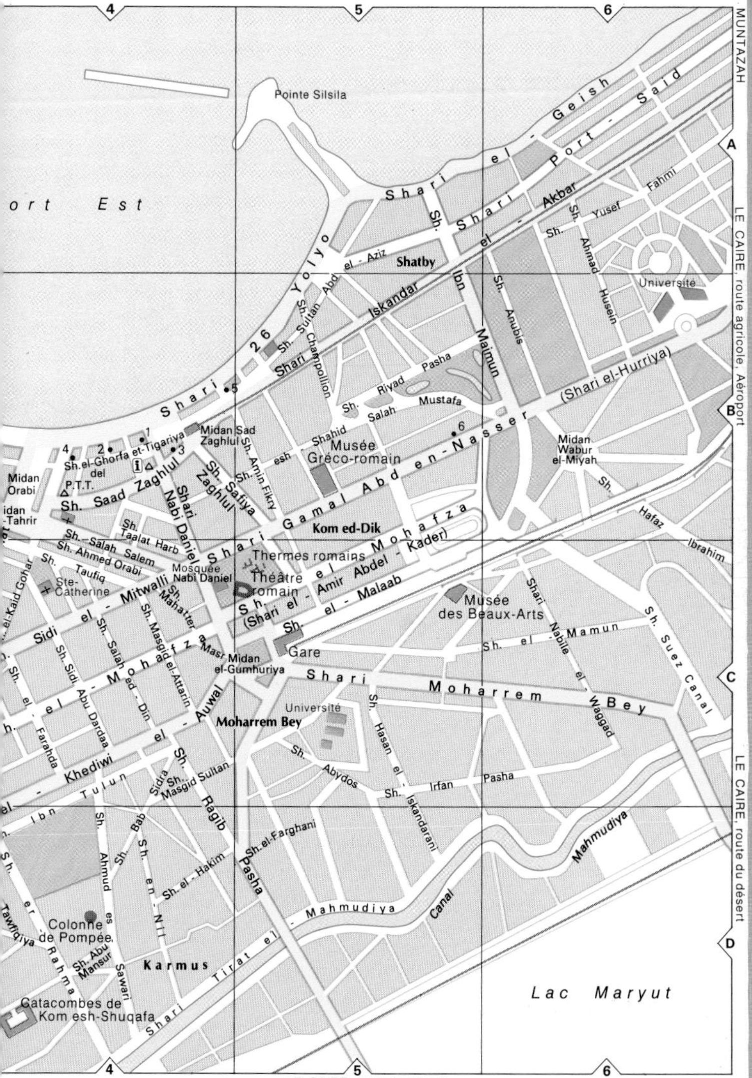
MUNTAZAH
LE CAIRE, route agricole, Aéroport
LE CAIRE, route du désert
LE CAIRE, route du désert
Pointe Silsila
Port Est
Shari el - Geish
Shari Port - Said
Shari el - Iskandar Akbar
Shari 26 Yolyo
Shatby
Sh. el - Aziz
Sh. Sultan Abd
Sh. Champollion
Ibn Maimun
Sh. Anubis
Sh. Ahmad Husein
Sh. Yusef Fahmi
Université
(Shari el-Hurriya)
Sh. Riyad Pasha
Sh. Salah Mustafa
Shari Gamal Abd en-Nasser
Midan Sad Zaghlul
Sh. Amin Fikry
Shahid esh
Musée Gréco-romain
Midan Wabur el-Miyah
Sh. Hafaz Ibrahim
Sh. el-Ghorfa et-Tigariya
del
P.T.T.
Midan Orabi
idan -Tahrir
Sh. Saad Zaghlul
Shari Nabi Daniel
Sh. Safiya Zaghlul
Kom ed-Dik
Shari el Mohafza
Sh. el Amir Abdel - Kader
Sh. Taalat Harb
Sh. Salah Salem
Sh. Ahmed Orabi
Sh. Taufiq
Ste-Catherine
Thermes romains
Mosquée Nabi Daniel
Théâtre romain
Sh. el - Malaab
(Shari el
Sh. Mahatter
Sidi el - Mitwalli
Sh. Salah ed - Din
Sh. Masgid el-Attarin
Masr
Midan el-Gumhuriya
Gare
Musée des Beaux-Arts
Shari Nabile el - Waggad
Sh. el Mamun
Sh. Suez Canal
Shari Moharrem Bey
Moharrem Bey
Université
Sh. Sidi Abu Dardaa
Sh. el Farahda
Sh. el Mohafza
Auwal
el - Khediwi
Sh. Ragib Pasha
Sh. Sidra
Sh. Masgid Sultan
Sh. Abydos
Sh. Hasan el - Iskandarani
Sh. Irfan Pasha
Ibn Tulun
Sh. Ahmud es Sawari
Sh. Bab
Sh. en - Nil
Sh. el - Hakim
Sh. el-Farghani
Mahmudiya
Canal
el - Mahmudiya
Tawfiqiya
Sh. er - Rahma
Colonne de Pompée
Sh. Abu Mansur
Karmus
Shari Tirat el
Catacombes de Kom esh-Shuqafa
Lac Maryut
4
5
6
A
B
C
D
1
2
3
4
5
6

FAYYUM

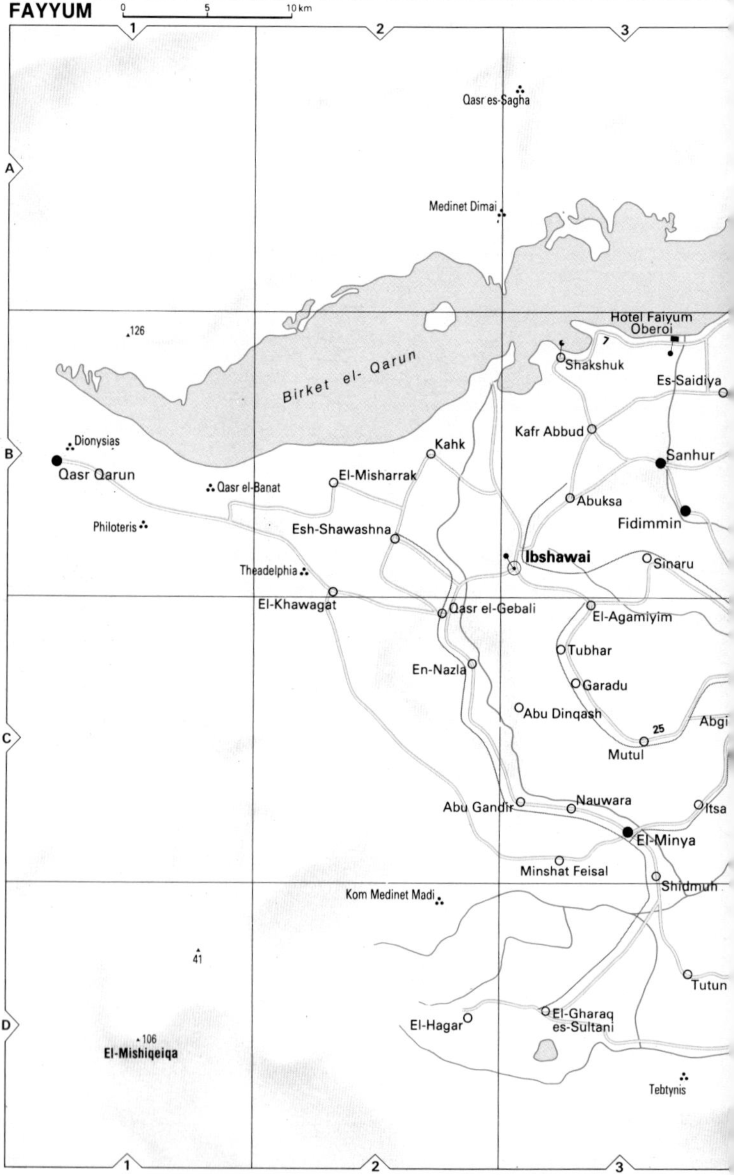
0
5
10 km
1
2
3
A
B
C
D
Qasr es-Sagha
Medinet Dimai
Hotel Faiyum Oberoi
126
Birket el- Qarun
7
Shakshuk
Es-Saidiya
Kafr Abbud
Dionysias
Kahk
Sanhur
Qasr Qarun
El-Misharrak
Qasr el-Banat
Abuksa
Fidimmin
Philoteris
Esh-Shawashna
Ibshawai
Sinaru
Theadelphia
El-Khawagat
Qasr el-Gebali
El-Agamiyim
Tubhar
En-Nazla
Garadu
Abu Dinqash
25
Abgi
Mutul
Abu Gandir
Nauwara
Itsa
El-Minya
Minshat Feisal
Shidmuh
Kom Medinet Madi
41
Tutun
El-Hagar
El-Gharaq es-Sultani
106
El-Mishiqeiqa
Tebtynis

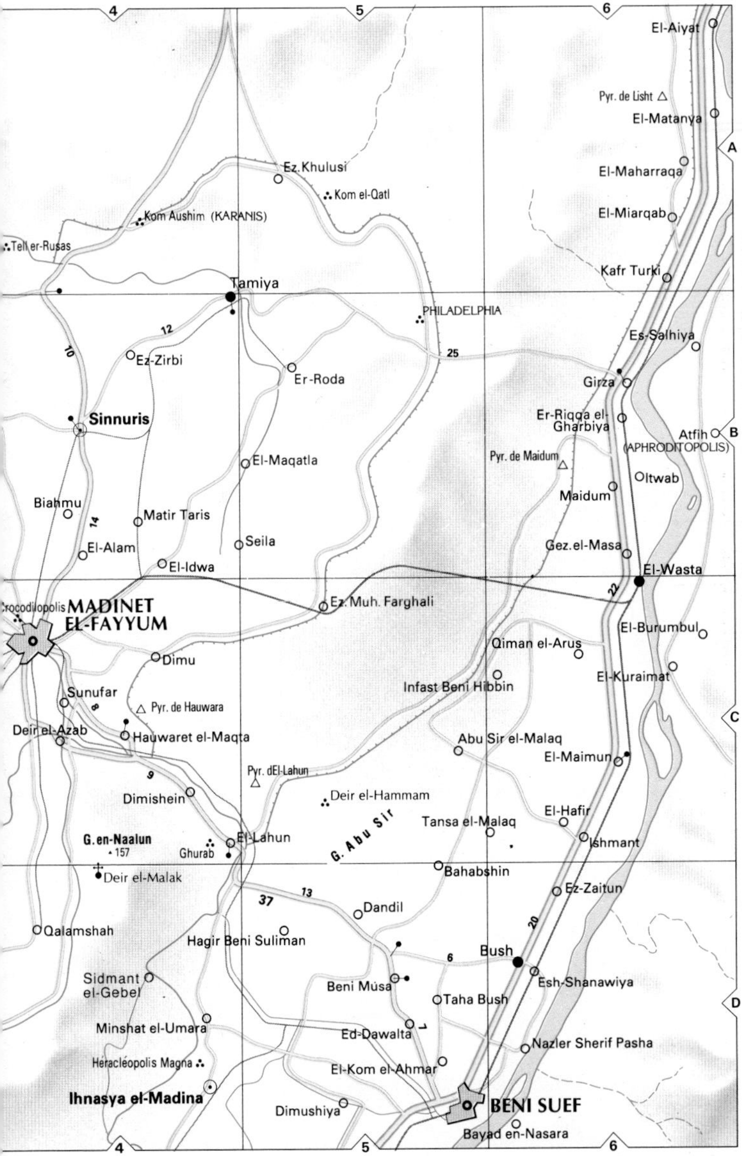

4
5
6
A
B
C
D
El-Aiyat
Pyr. de Licht
El-Matanya
El-Maharraqa
El-Miarqab
Kafr Turki
Ez.Khulusi
Kom el-Qatl
Kom Aushim (KARANIS)
Tell er-Rusas
Tamiya
PHILADELPHIA
25
12
10
Ez-Zirbi
Er-Roda
Es-Salhiya
Girza
Er-Riqqa el-Gharbiya
Sinnuris
Atfih
(APHRODITOPOLIS)
Pyr. de Maidum
El-Maqatla
Itwab
Maidum
Biahmu
14
Matir Taris
Seila
El-Alam
Gez.el-Masa
El-Idwa
El-Wasta
22
Crocodilopolis
MADINET EL-FAYYUM
Ez.Muh. Farghali
El-Burumbul
Qiman el-Arus
Dimu
El-Kuraimat
Infast Beni Hibbin
Sunufar
8
Pyr. de Hauwara
Deir el-Azab
Hauwaret el-Maqta
Abu Sir el-Malaq
El-Maimun
9
Pyr. dEl-Lahun
Deir el-Hammam
Dimishein
El-Hafir
G. Abu Sir
Tansa el-Malaq
G.en-Naalun
157
Ghurab
El-Lahun
Ishmant
Deir el-Malak
Bahabshin
37
13
Ez-Zaitun
Dandil
20
Qalamshah
Hagir Beni Suliman
Bush
6
Sidmant el-Gebel
Esh-Shanawiya
Beni Musa
Taha Bush
Minshat el-Umara
Ed-Dawalta
7
Nazler Sherif Pasha
Heracléopolis Magna
El-Kom el-Ahmar
Ihnasya el-Madina
BENI SUEF
Dimushiya
Bayad en-Nasara

LUQSOR ET KARNAK

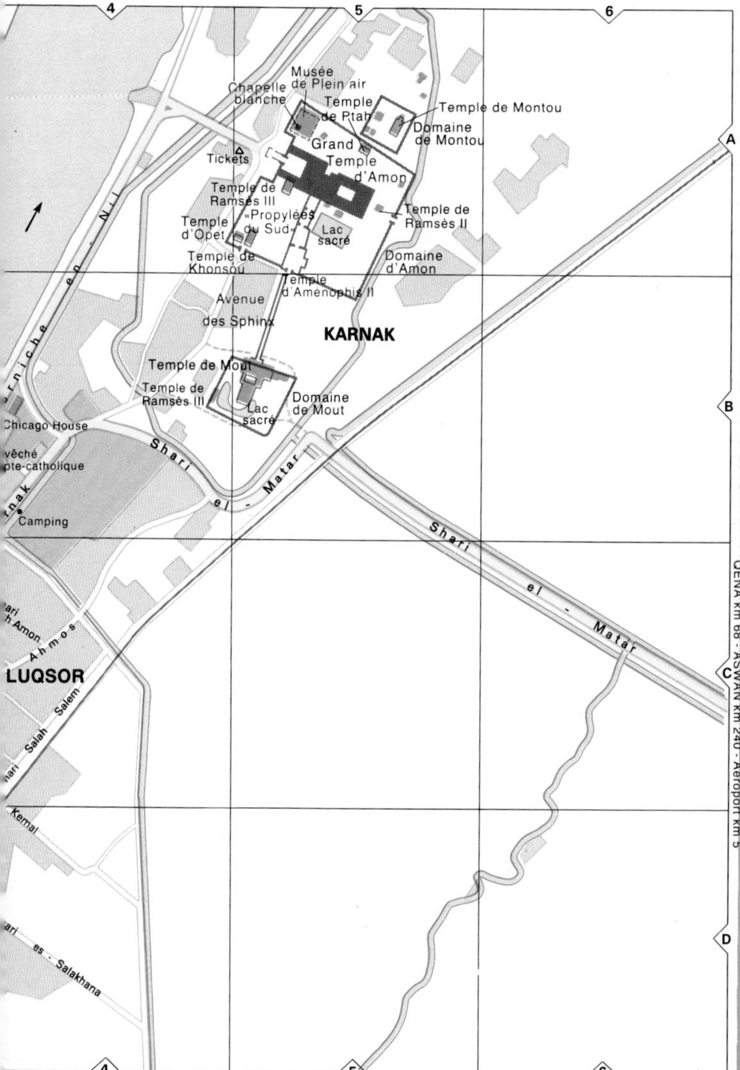
4
5
6
Musée
de Plein air
Chapelle
blanche
Temple
de Ptah
Temple de Montou
Domaine
de Montou
Grand
Temple
d'Amon
Tickets
Temple de
Ramsès III
«Propylées
du Sud»
Temple
d'Opet
Lac
sacré
Temple de
Ramsès II
Temple de
Khonsou
Domaine
d'Amon
Temple
d'Aménophis II
Avenue
des Sphinx
KARNAK
Corniche en - Nil
Temple de Mout
Temple de
Ramsès III
Lac
sacré
Domaine
de Mout
Chicago House
vêché
pte-catholique
Shari el - Matar
Camping
Shari el - Matar
QENA km 68 - ASWAN km 240 - Aéroport km 5
A
B
C
D
Ahmos
LUQSOR
Salah Salem
Kemal
es - Salakhana

NÉCROPOLE THÉBAINE

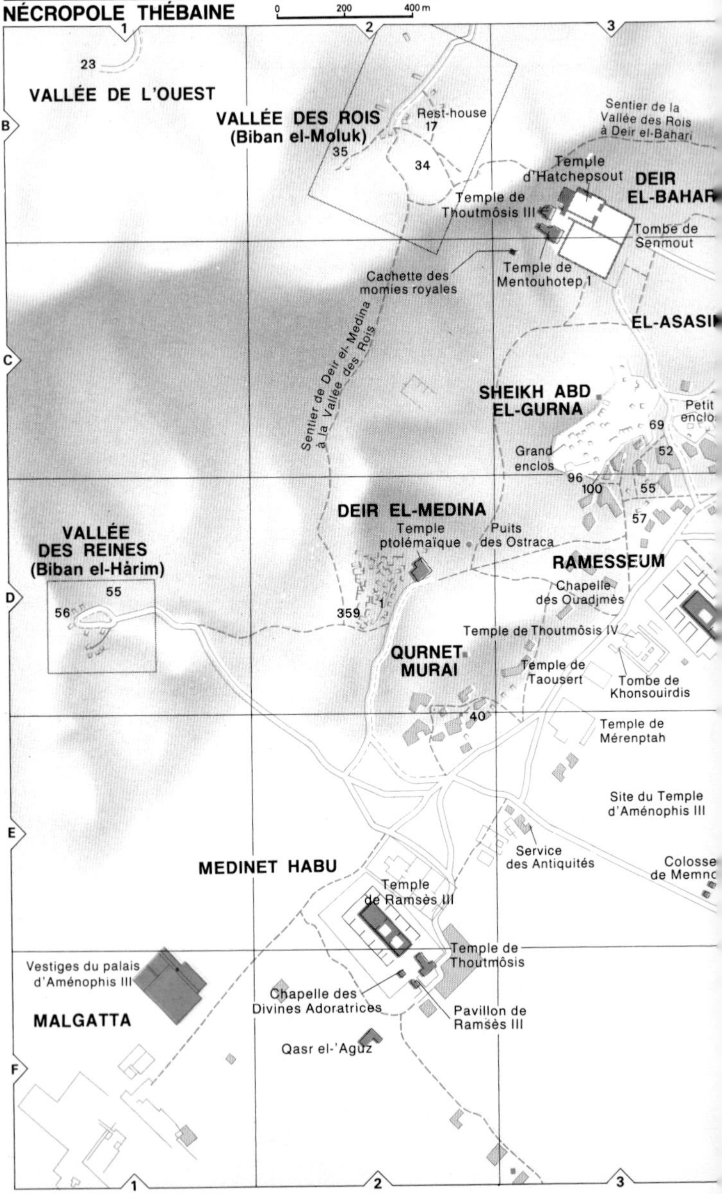
0
200
400 m
1
2
3
B
C
D
E
F
23
VALLÉE DE L'OUEST
VALLÉE DES ROIS
(Biban el-Moluk)
Rest-house
17
35
34
Sentier de la
Vallée des Rois
à Deir el-Bahari
Temple
d'Hatchepsout
DEIR
EL-BAHAR
Temple de
Thoutmôsis III
Tombe de
Senmout
Cachette des
momies royales
Temple de
Mentouhotep 1
EL-ASASI
Sentier de Deir el-Medina
à la Vallée des Rois
SHEIKH ABD
EL-GURNA
Petit
enclo
69
52
Grand
enclos
96
100
55
57
VALLÉE
DES REINES
(Biban el-Hârim)
55
56
DEIR EL-MEDINA
Temple
ptolémaïque
Puits
des Ostraca
RAMESSEUM
Chapelle
des Ouadjmès
359
1
Temple de Thoutmôsis IV
QURNET
MURAI
Temple de
Taousert
Tombe de
Khonsouirdis
40
Temple de
Mérenptah
Site du Temple
d'Aménophis III
Service
des Antiquités
Colosse
de Memno
MEDINET HABU
Temple
de Ramsès III
Temple de
Thoutmôsis
Vestiges du palais
d'Aménophis III
Chapelle des
Divines Adoratrices
Pavillon de
Ramsès III
MALGATTA
Qasr el-'Aguz

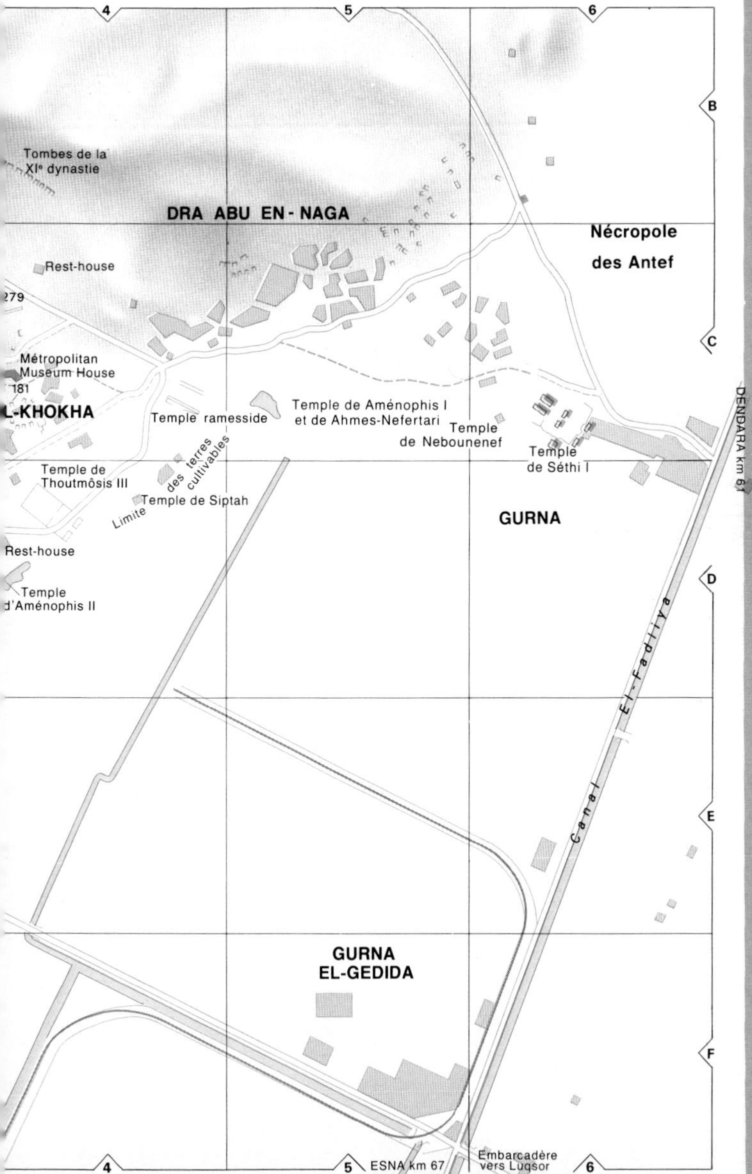
Tombes de la XIe dynastie
DRA ABU EN-NAGA
Nécropole des Antef
Rest-house
279
Métropolitan Museum House
181
L-KHOKHA
Temple ramesside
Temple de Aménophis I et de Ahmes-Nefertari
Temple de Nebounenef
Temple de Séthi I
Temple de Thoutmôsis III
Limite des terres cultivables
Temple de Siptah
GURNA
Rest-house
Temple d'Aménophis II
DENDARA km 61
Canal El-Fadiliya
GURNA EL-GEDIDA
ESNA km 67
Embarcadère vers Luqsor
4
5
6
B
C
D
E
F

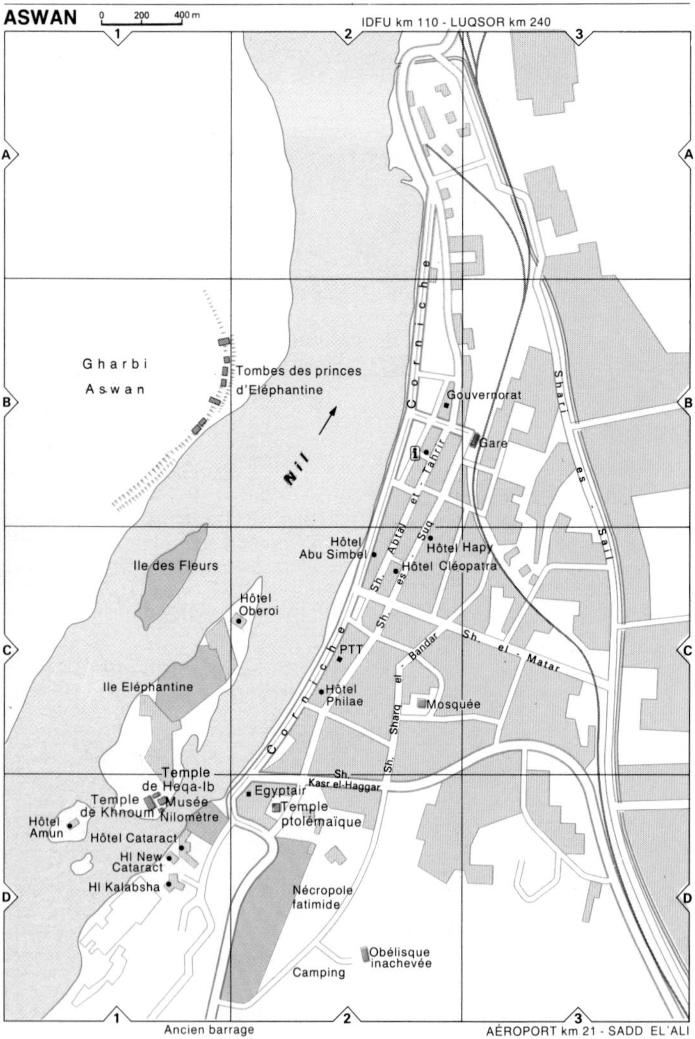

ASWAN
0
200
400 m
IDFU km 110 - LUQSOR km 240
1
2
3
A
B
C
D
Gharbi
Aswan
Tombes des princes d'Eléphantine
Nil
Corniche
Gouvernorat
Gare
Sh. et - Tahrir
Sh. Abtal
Sh. es - Suq
Shari es - Sail
Hôtel Abu Simbel
Hôtel Hapy
Hôtel Cléopatra
Ile des Fleurs
Hôtel Oberoi
Sh. el - Matar
Sh. el - Bandar
PTT
Hôtel Philae
Ile Eléphantine
Mosquée
Sh. Sharq
Temple de Heqa-Ib
Musée
Nilomètre
Temple de Khnoum
Hôtel Amun
Hôtel Cataract
Hl New Cataract
Hl Kalabsha
Sh. Kasr el-Haggar
Egyptair
Temple ptolémaïque
Nécropole fatimide
Obélisque inachevée
Camping
Ancien barrage
AÉROPORT km 21 - SADD EL'ALI

Il y a là **quarante colonnes fasciculées,** engagées chacune à l'extrémité d'un petit mur perpendiculaire à la direction de l'allée. Cette galerie, divisée en deux parties inégales entre les douzième et treizième paires de colonnes, aboutit à une **salle rectangulaire** placée perpendiculairement à elle et dont la toiture était portée par huit colonnes. Celles-ci, de même type que les précédentes, présentent, en outre, la particularité d'être reliées deux à deux par des piles de maçonnerie. Ces huit colonnes, qui ne s'élevaient en moyenne qu'à 1,60 m, lors de leur découverte, ont été reconstituées dans leurs proportions initiales en utilisant leurs nombreux tambours tombés et préservés dans le sable. Les abaques des chapiteaux, dont il ne restait que quelques fragments mutilés, ont été refaits en pierre.
La reconstitution des colonnes de cette salle a permis de constater qu'elles atteignaient près de 5 m, soit 1,70 m de moins que celles de l'allée où de nombreux tambours ont été remis en place également. Ces colonnes ont un fruit très accusé, leur diamètre passant de 1 m env. à la base à 0,70 m sous l'abaque.
Ce type fasciculé est absolument unique dans l'art égyptien. Présentant encore en plusieurs points des traces de peinture rouge, il paraît être la pétrification de colonnes de bois stylisant elles-mêmes des supports formés de tiges de roseaux ou de nervures de feuilles de palmier réunies en faisceaux, procédé qui dut être fréquemment employé en Égypte.

On sort de cette petite salle hypostyle par un étroit passage comportant à dr. un remarquable simulacre de porte entrouverte ; celui-ci présente, imités et sculptés dans la pierre, les embouts des barres d'assemblage du panneau.

On se trouve alors dans une très vaste cour limitée au N. par la pyramide, au S. par l'enceinte et ornée sur trois côtés d'un beau mur à redans dont subsistent quelques vestiges. Notez également dans cette cour les assises de base de deux constructions en forme de B, très vraisemblablement représentations des limites N. et S. du royaume, entre lesquelles le roi devait exécuter la course symbolique, pendant la cérémonie de jubilé (fête *Sed*), et tout près de la pyramide, un autel avec une petite rampe d'accès.

••• La **pyramide à degrés** est formée de six gradins et ne constitue pas une pyramide véritable. Le plan n'en est pas carré, mais légèrement oblong dans le sens E.-O., et le sommet est formé par une terrasse, également oblongue et non par un pyramidion. Les dimensions de la base sont d'environ 121 m × 109 m. La hauteur actuelle de la pyramide est de 58,80 m et devait être à l'origine de 60 environ. Chacun des gradins, dont la pente est en moyenne de 16° par rapport à la verticale, se terminait à sa partie supérieure par un glacis incliné de 22° environ sur l'horizontale.

Construction et structure. — La pyramide à degrés fut le résultat de différentes modifications apportées à un plan initial de mastaba. Nous retrouvons en effet, affleurant sur les trois faces actuelles N., E. et S. de son massif, les traces de six projets successifs dont les trois premiers se rapprochent du type mastaba et les trois derniers seulement appartiennent au type de pyramide à degrés.
Le monument initial, haut d'env. 8 m, et mesurant 63 m de côté, était un mastaba carré recouvert d'un beau parement en calcaire.
Le second projet n'était qu'un léger agrandissement du premier, simplement formé par l'adjonction, sur le pourtour de celui-ci, d'un revêtement de 4 m d'épaisseur.
C'est à partir du troisième projet, agrandissant le précédent de 10 m vers l'E. pour incorporer au monument les galeries tombales de la famille royale, que le monument devint oblong dans le sens E.-O., contrairement aux mastabas qui le sont habituellement dans le sens N.-S.
Le quatrième projet constitue l'innovation la plus remarquable : agrandissant encore

le mastaba d'env. 3 m sur chaque côté, il en faisait l'étage inférieur d'une pyramide à quatre gradins.
Le cinquième fut un agrandissement de cette pyramide vers le N. et l'O., celle-ci comportant dorénavant six gradins.
Le sixième, enfin, ne fut constitué que par un revêtement supplémentaire ajouté aux faces N., E. et S. probablement au seul gradin inférieur.
Les structures des différents édifices qui se recouvrent ainsi diffèrent sensiblement entre elles. Le fait peut être nettement observé sur la face S. mais surtout sur la face E. de la pyramide où apparaissent l'angle N.-E. du troisième projet de mastaba et, contre lui, la base du revêtement de la première pyramide à quatre gradins. Dans le premier cas les lits sont horizontaux et continus, les blocs de parement ont leur face visible taillée en biseau. Dans le deuxième, au contraire, la maçonnerie est disposée par tranches inclinées s'appuyant les unes sur les autres ; leurs lits sont déversés perpendiculairement aux faces de parement dont les blocs conservaient ainsi une section rectangulaire. Dans les deux types de monuments, seuls les revêtements étaient en calcaire fin sur une épaisseur variant généralement de 2,50 m à 1,60 m, le reste des massifs étant constitué par des libages de calcaire siliceux tiré des environs. Ces libages liés au mortier d'argile sont beaucoup plus petits dans les trois projets de mastaba que dans ceux des pyramides à degrés.

Distribution intérieure *(non accessible au public)*. — La tombe de Djéser se trouve au fond d'un vaste **puits** de plus de 7 m de côté et de 28 m de profondeur, creusé vers le centre du monument. Le caveau est construit de gros blocs de granit soigneusement ravalés et appareillés.

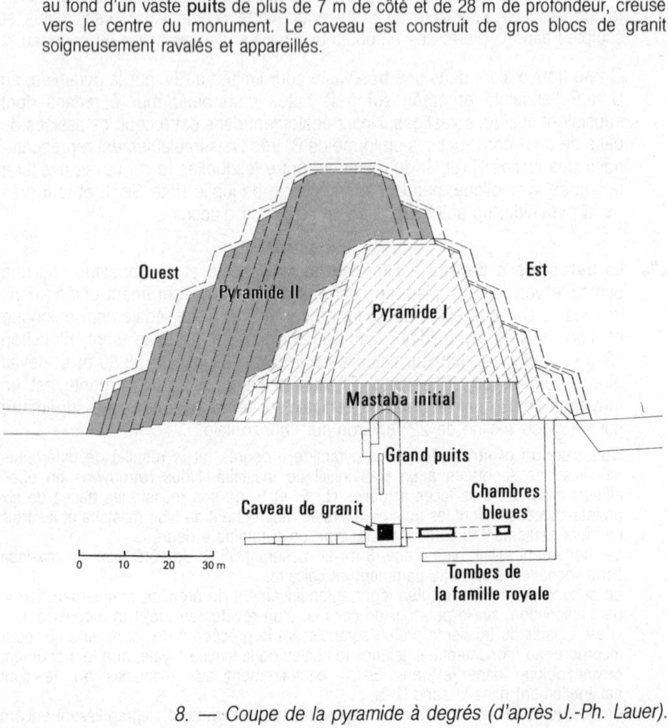

8. — Coupe de la pyramide à degrés (d'après J.-Ph. Lauer).

La momie une fois introduite, l'orifice cylindrique qui lui avait livré passage était obturé par un bouchon de granit de trois tonnes et demie descendu avec des câbles de très grosse section. M. Lauer a pu recueillir quelques débris de la momie royale, dont un pied, momifié suivant un procédé archaïque, et qui est maintenant conservé à la faculté de médecine du Caire. Une descenderie de 28 m de longueur s'ouvrant au N. de la pyramide à quatre degrés, s'enfonçait par une forte pente, d'abord en tranchée, puis en tunnel, pour aboutir juste au-dessus du caveau. Cette tranchée fut comblée lors de l'agrandissement qui donna naissance à la pyramide à six degrés et remplacée par un couloir sinueux commençant par un escalier situé dans la cour du temple funéraire.

Autour du caveau s'ouvraient quatre galeries, au plan fort compliqué, reliées entre elles par des passages. Le général prussien von Minutoli, qui visita la pyramide en

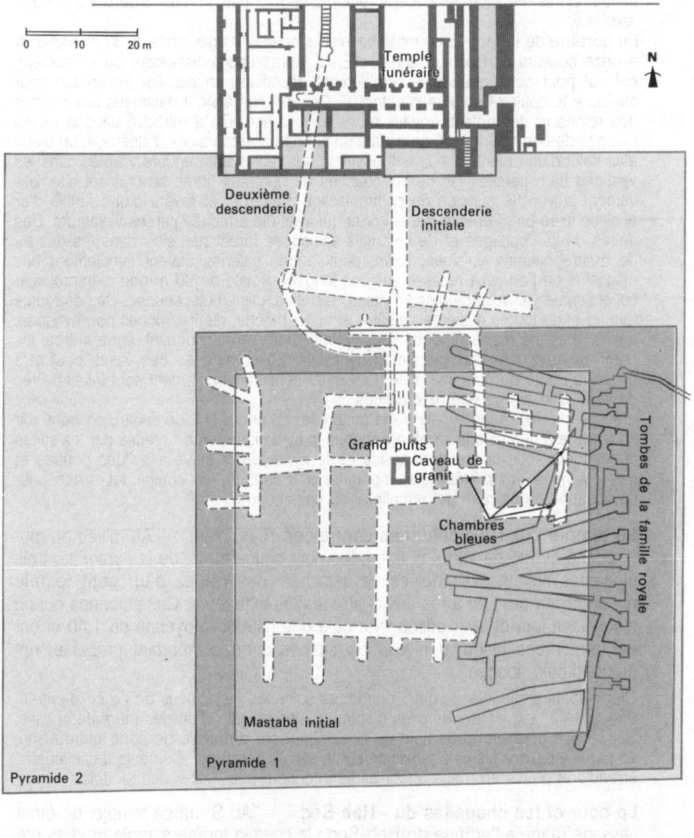

9. — Tombes du roi et de la famille royale (d'après J.-Ph. Lauer).

1821, y découvrit deux chambres tapissées de petites plaques de faïence bleue : légèrement convexes à l'extérieur, ces plaques présentent au revers une petite table saillante percée d'un trou latéral ; un lien végétal engagé dans ce trou les assujettissait au mur en attendant que le plâtre ait fait prise. Les chambranles des portes de ces chambres, ornés du protocole et du nom d'Horus (en hiéroglyphes) du roi Nétjérikhet (Djéser), complétaient cette décoration. En 1843, Lepsius transporta au musée de Berlin un de ces chambranles. En 1928, les fouilles du Service des Antiquités découvrirent une nouvelle chambre-couloir de 20 m de long, inachevée. Au S., le mur, orné de faïences, comprend trois stèles fausses portes, où Djéser est figuré en bas-relief, encadrées chacune par deux petits simulacres de fenêtres. Au N. les faïences étaient réparties en trois panneaux couronnés par des piliers-djed, supportant une arcature en relief. Les éléments d'un quatrième panneau furent retrouvés et identifiés dans cette chambre-couloir où ils avaient été descendus mais non mis en place. M. Lauer a remonté ce panneau au musée du Caire *(1er ét., salle 43).*

En bordure de la face E. du mastaba initial s'ouvraient onze puits de 32 m accédant à onze couloirs horizontaux orientés E.-O. Après l'agrandissement du monument, qui eut pour conséquence le comblement des puits, un escalier fut creusé pour atteindre le couloir le plus septentrional. Ces galeries étaient destinées aux tombes des reines et des enfants royaux morts en bas âge. On a retrouvé dans la moins ravagée de ces galeries (5e en partant du N.) deux sarcophages d'albâtre. L'un d'eux était celui d'un enfant de huit ans environ ; ses restes sont encore visibles dans les vestiges d'un cercueil fait de six couches de bois aux fibres se croisant alternativement suivant le principe du contreplacage moderne, et revêtu d'une feuille d'or épaisse fixée par de petits clous d'or et qui avait été arrachée par les violateurs. Des débris de sarcophages et de cercueils analogues furent recueillis dans les déblais de quatre galeries voisines. Enfin, deux autres galeries étaient simplement des magasins où l'on avait entassé sur une longueur totale de 60 m une extraordinaire collection de vaisselle de pierre : vases, assiettes, plats, bols, coupes, etc., de toutes formes et de toutes matières : albâtre, schiste, brèche, diorite, roches porphyriques, quartz, etc., inscrits, parfois, d'hiéroglyphes cursifs et mentionnant, entre autres, les noms de rois des deux premières dynasties. Le nombre de ces vases peut être évalué à trente ou quarante mille. Quelques centaines seulement sont intacts. Près de sept mille ont pu être reconstitués.

Enfin, sur la face méridionale de la pyramide, un peu à l'O. de l'autel, on peut voir l'ouverture d'une galerie s'enfonçant sous la pyramide même : creusé par les saïtes directement sous la première assise de la pyramide et étayé avec des poutres et des colonnes empruntées aux monuments d'alentour, ce couloir fut utilisé pour l'évacuation du blocage qui remplissait le puits central.

Le temple aux trois colonnes cannelées (T du plan). — Au milieu du mur à redans qui borde vers l'E. la grande cour située au S. de la pyramide, trois élégantes colonnes cannelées se détachent des **ruines d'un petit temple** rectangulaire orné de tores aux quatre angles extérieurs. Ces colonnes qui ne s'élevaient lors de leur découverte qu'à une hauteur moyenne de 1,40 m ont été remontées jusqu'au niveau du chapiteau ne comportant probablement qu'un simple abaque.

Ces colonnes cannelées sont, comme les colonnes fasciculées de l'allée d'entrée, engagées à l'extrémité des piles d'appui qui les relient à l'un des murs de la salle. Sur la face orientale du temple un beau simulacre en pierre de porte entrouverte, et, parmi les blocs situés à proximité sur le sol, de nombreux éléments des plafonds, arrondis et peints en rouge à leur partie inférieure pour imiter des rondins.

La cour et les chapelles du « Heb-Sed ». — Au S. de ce temple, un étroit passage mène à l'**édifice du Heb-Sed** ; le chemin tourne à angle droit, bordé par un mur qui décrit un quart de cercle parfait, et conduit à l'extrémité S.

d'une grande **cour** oblongue entourée de vestiges de **chapelles** dont les plus méridionales ont été presque entièrement reconstituées.

Ces chapelles comprenaient chacune un simulacre de porte ouverte avec couloir en chicane à ciel ouvert conduisant à une petite chambre ou niche à offrandes. Celles situées sur le côté E. ne comportaient qu'une façade unie couronnée par une crête incurvée surmontant un tore. Celles du côté O. de la cour étaient de deux types : aux deux extrémités et au centre, trois chapelles comportant des tores d'angle et une toiture à crête horizontale en léger surplomb ; toutes les autres, au nombre de dix, étaient ornées chacune de trois colonnettes cannelées engagées supportant un bandeau corniche cintré. Ce dernier type de chapelles correspond exactement au schéma hiéroglyphique du pavillon de fête indiquant une construction légère en bois ou en roseaux avec une toiture cintrée. Le chapiteau des colonnettes, d'un type nouveau dans l'art égyptien, était formé de deux sortes de feuilles cannelées, allongées, retombant le long du fût encadrant un petit abaque carré. En dessous de cet abaque était ménagé perpendiculairement au fût de la colonne un trou cylindrique profond destiné peut-être à un support d'enseigne en bois. Des simulacres de barrières en bois sont sculptés dans les murs en pierre qui séparent chaque chapelle.

Les deux premières chapelles à colonnettes à partir du S. comportaient chacune un escalier à marches rampantes et à contre-marches très réduites. Seul celui de la première chapelle est encore conservé en grande partie : sa marche de départ est irradiée.

Vers l'extrémité S. de la cour **une estrade en maçonnerie** avec deux petits escaliers était probablement destinée à supporter la représentation des deux trônes de Haute et de Basse-Égypte sous un double kiosque.

A l'extrémité N. de la cour on aperçoit, dans la chambre d'un pavillon à tores d'angles dont seule la première assise subsiste, les pieds de quatre statues disparues.

Ces « semblants » de monuments vrais, ces pétrifications pourrait-on dire, semblent avoir été destinés à assurer au ka royal la possibilité de continuer à célébrer périodiquement, dans l'éternité, la très importante cérémonie du jubilé (Heb-Sed), qui avait la vertu de lui renouveler et de lui confirmer ses pouvoirs.

La « maison du Sud » et sa cour sont au pied de la face E. de la pyramide. C'est une construction ornée de quatre colonnes cannelées engagées et de deux antes demi-cylindriques combinées avec des pilastres à godrons. Ces colonnes cannelées rappellent le dorique plus encore que celles du temple car, contrairement à ces dernières, elles ne comportent pas de base. Une étude approfondie des tambours tombés à terre a permis d'établir que les proportions étaient cependant ici fort différentes de celles du dorique. Extrêmement élancées, ces colonnes, dont la plus haute actuellement ne mesure que 3 m, devaient atteindre à l'origine près de 12 m de haut. Elles supportaient une corniche cintrée couronnant l'édifice. Les chapiteaux de ces colonnes ont été retrouvés presque complets ; le meilleur spécimen est exposé à l'entrée du monument.

Cette entrée, curieusement désaxée entre les deuxième et troisième colonnes, conduit par un étroit passage faisant deux coudes successifs à un petit **sanctuaire cruciforme avec trois niches** à offrandes ou à statuettes. Sur les murs O. et N. du couloir deux beaux graffiti en écriture hiératique tracés à l'encre par des visiteurs du Nouvel Empire ; c'est dans ces graffiti que l'on trouve pour la première fois dans ces monuments mention du nom de Djéser, ce dernier étant d'habitude désigné par son nom d'Horus, **Nétjérikhet**.

La façade a été en partie restaurée : le linteau de l'entrée, brisé en deux, a pu être replacé avec la frise de khékérou qui le surmonte, et la troisième colonne à partir de la g. dont, seule, la trace subsistait sur l'assise de base du monument, a été refaite sauf son dernier tambour. Enfin tout le niveau général de la façade lors de sa découverte a été très sensiblement relevé avec des éléments anciens remis en place.

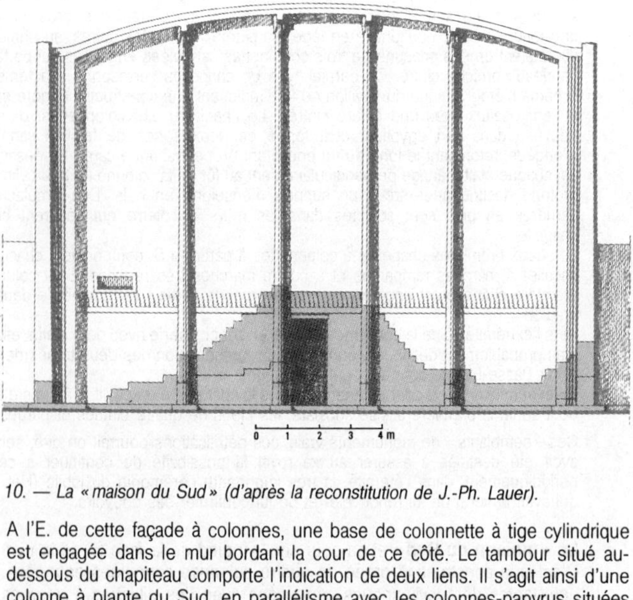

10. — La « maison du Sud » (d'après la reconstitution de J.-Ph. Lauer).

A l'E. de cette façade à colonnes, une base de colonnette à tige cylindrique est engagée dans le mur bordant la cour de ce côté. Le tambour situé au-dessous du chapiteau comporte l'indication de deux liens. Il s'agit ainsi d'une colonne à plante du Sud, en parallélisme avec les colonnes-papyrus situées à l'endroit correspondant de la cour de la « maison du Nord » *(ci-après)*. Ces deux monuments semblent en effet être la figuration symbolique de deux édifices spécifiques du Nord et du Sud, très vraisemblablement les salles du trône de la Basse et de la Haute-Égypte, que le roi aurait tenu à avoir dans son enceinte funéraire au même titre que la figuration de son pavillon de fête Sed, pour permettre à son double l'exercice du pouvoir royal.

Sortant de la cour de la « maison du Sud » et continuant à vous diriger vers le N. vous longez la **face orientale de la pyramide** où subsistent en partie quatre assises de son **revêtement**. Derrière ce dernier se trouvent les **restes des revêtements** de plusieurs **des projets antérieurs**.

A l'angle N.-E. du troisième mastaba et contre celui-ci, amorce du revêtement de la face N. de la première pyramide à quatre degrés. Contre le parement oriental du troisième mastaba, deux socles destinés à des stèles, placées devant l'un des puits funéraires des membres de la famille royale, dont on aperçoit à flanc de pyramide le débouché surmonté encore de gros bois de l'époque.

La « maison du Nord ». — Elle est située au fond d'une cour bordée vers le N. et l'E. par des murs ornés de colonnes. Le mur N., comportant quatre

colonnes cannelées engagées et des antes à godrons, forme une **façade analogue à celle de la « maison du Sud »**. Ici comme là l'entrée désaxée conduit par un couloir en chicane à un petit sanctuaire cruciforme avec des niches, et derrière cette façade se trouve également un grand massif compact de blocaille. Ce massif était revêtu sur ses trois autres faces de revêtements de calcaire fin à partir de 4 m de hauteur, où ces faces émergent d'un terre-plein formant terrasse à ce niveau.
Le mur E. de la cour présente un léger retrait où sont engagées trois fines colonnettes à tige triangulaire qui figurent le papyrus, plante emblématique de l'Égypte du Nord. Ces colonnettes particulièrement élégantes sont les plus anciens spécimens de ce type si répandu en Égypte.

Le « serdāb ». — Le serdāb, sorte de chambre entièrement close, est adossé aux deux premières assises du revêtement N. de la pyramide. **Il contenait,** encore en place au moment de sa découverte, **la curieuse statue de Djéser,** actuellement au musée du Caire *(R. de C., salle 46)*. La face principale de ce serdāb est percée de deux trous cylindriques par où vous pourrez apercevoir, dans la situation exacte de l'original, la copie moulée en plâtre et coloriée de la statue. Ces trous anciens, remplaçant ici les fentes en forme de meurtrières qui existent habituellement dans le serdāb, permettaient à la statue de communiquer avec l'extérieur. Devant le serdāb, à sa dr. et à sa g., deux vantaux de porte sont figurés dans la pierre.

Le temple funéraire. — Derrière le vantail O. de la porte du serdāb se trouve le mur extérieur du **temple funéraire** proprement dit, exceptionnellement situé au N. de la pyramide, contre laquelle il vient s'adosser. Ce mur extérieur est assez bien conservé sur une hauteur de 2 m en moyenne. On y trouve l'entrée avec simulacre de porte ouverte et couloir en chicane.

L'intérieur du temple, dont le sol est surélevé de deux mètres par rapport aux monuments précédents, est fort ruiné. Bases de colonnes cannelées engagées appartenant à des façades sur deux cours intérieures, et vestiges de deux salles à ablutions. C'est dans ce temple également que se trouve la descenderie d'accès au tombeau royal et aux souterrains de la pyramide.

A la partie N. de l'enceinte se trouve un **vaste autel** en forme de terrasse avec rampe d'accès, et à l'O. duquel étaient bâtis des magasins à provisions.

Revenez vers le S., et retraversez la grande cour pour vous diriger vers le milieu de la partie S. du mur d'enceinte.

Le tombeau du mur d'enceinte Sud. — Sur le mur d'enceinte S. s'ouvre un grand **puits** ménagé dans son épaisseur (7 m de côté et 28 m de profondeur). Au fond de ce puits se trouve un caveau de granit de même type que celui de la pyramide mais nettement plus petit et carré (1,60 m de côté) au lieu d'être rectangulaire. Comme ce dernier, il a été violé. L'hypothèse la plus vraisemblable expliquant l'existence de ce tombeau a été formulée par M. J.-Ph. Lauer : ce serait la figuration symbolique du cénotaphe que les rois se faisaient habituellement ériger en Abydos (→ *histoire d'Abydos*). **Ce tombeau pourrait** en outre **avoir abrité les canopes** de Djéser. Aussitôt après le puits, le mur d'enceinte forme vers la cour un **avant-corps dans le massif duquel se trouvait le sanctuaire,** accessible de l'extérieur, qui correspondait à ce tombeau et dont il ne reste que quelques traces. Un magasin destiné à conserver les blocs importants recueillis dans cette région de l'enceinte a été construit dans ce massif, et l'on peut y voir des bois de manœuvre en parfait état de conservation, bien que datant de la IIIe dyn., qui sont sortis du remplissage du grand puits. Le mur à redans présentait le long de cet avant-corps une **frise de cobras** (évoquant la déesse de Bouto, protectrice de la royauté du Nord). Quelques éléments de ces cobras ont pu être replacés sur une portion du mur complétée préalablement.

Sur la terrasse du mur d'enceinte s'ouvre, quelques mètres plus à l'O., une **grande tranchée,** parallèle à l'enceinte et creusée dans son épaisseur. Cette tranchée, comprise entre deux beaux murs de soutènement datant de la IIIe dyn., comporte un escalier qui rejoint par un tunnel vers l'E. le grand puits.

La tranchée, le tunnel et le puits ont été trouvés encore entièrement bloqués par de la maçonnerie et n'ont été vidés qu'au cours des fouilles pour arriver au tombeau qui comprend, outre le caveau de granit, **tout un appartement souterrain,** comme dans la pyramide à degrés, avec des faïences bleues et des stèles fausses portes gravées finement de figures de Djéser en bas-relief. L'existence de ce tombeau, fermé aux touristes car dangereux à visiter, est révélée sur la terrasse du mur d'enceinte par une superstructure oblongue de 84 m sur 12, à toiture arquée transversalement. Cette superstructure avait un revêtement de calcaire fin, dont quelques assises sont encore visibles sur la face S.

De là, vous apercevrez également, le long du mur d'enceinte O, un second **massif de maçonnerie,** long de près de 400 m et large de 13 m, avec une toiture bombée semblable à celle du tombeau précédent. Des fouilles n'ayant pas encore pu y être conduites, on en est réduit à supposer que les galeries souterraines qui y ont été repérées sont **peut-être les tombes des serviteurs** du roi.

Le mur d'enceinte Sud. — De la terrasse du mur d'enceinte, d'où l'on jouit, vers le S., d'un remarquable panorama s'étendant jusqu'aux pyramides de Dahshūr, on domine les importants **vestiges de son revêtement** vers l'extérieur, qui est à redans et bastionné. Ce mur, encore admirablement conservé et atteignant en plusieurs points près de 5 m de hauteur, s'élevait autrefois à plus de 10 m. Pour juger de sa beauté, il faut sortir de l'enceinte et le voir avec un léger recul. On peut constater alors que l'un des bastions est très nettement plus large que les autres. Il comporte en son centre un simulacre de porte à deux vantaux fermés, l'un des quatorze qui étaient répartis un peu irrégulièrement sur tout le pourtour de l'enceinte.

Monuments au Sud de la pyramide à degrés

●●● La ****pyramide d'Ounas,** dernier pharaon de la Ve dyn., est l'une des plus petites du groupe puisqu'elle mesure moins de 60 m de côté. Elle était déjà violée lorsque Maspero la visita en 1881. Une inscription sur la face S. de la pyramide nous apprend d'ailleurs que Ramsès II avait fait rétablir, par son fils Khâmouas, le nom d'Ounas sur la pyramide déjà ruinée.

L'entrée débouche dans le pavement, devant le milieu de la face N. Un **couloir oblique** (A) s'enfonce dans le roc et aboutit à une sorte de vestibule (B) de 2 m sur 2. A partir de ce vestibule, la construction en calcaire fait place à la construction en granit, et le **couloir (C)** se continue en plan horizontal, interrompu par une triple fermeture à herse également en granit **(h, h, h)** ; à ce couloir de granit succède une antichambre (D), en calcaire, couverte de fortes poutres de calcaire accotées par leur extrémité supérieure et formant un toit à deux pentes, l'arête supérieure étant dans le sens E.-O. Un passage étroit et bas (1,43 m), ouvert dans la paroi O., conduit dans la **chambre du sarcophage (E)** qui mesure 7,30 m sur 3,15 m.

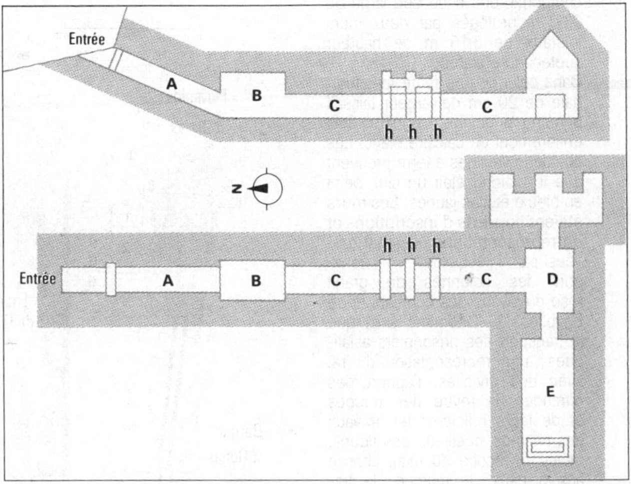

11. — Coupe et plan des chambres de la pyramide d'Ounas.

Cette chambre est revêtue de calcaire sur trois côtés. Les deux extrémités O. des parois N. et S. ainsi que la paroi O., formant la niche dans laquelle est placé le sarcophage, sont revêtues d'albâtre décorée d'ornements à rainures rehaussées de noir et de vert. Tous les plafonds sont décorés d'étoiles. Le sarcophage est fait d'un bloc de basalte noir sans ornement ni inscription. Du côté opposé au caveau, l'antichambre (**D**) communique avec une pièce basse (serdāb) dans laquelle sont creusées trois niches.

Les célèbres « **textes des pyramides** », que l'on rencontre ici pour la première fois et qui constituent le principal intérêt de ce monument, apparaissent dès le couloir (**C**) à 1,45 m de l'entrée de l'antichambre D ; ils se développent sur les quatre parois de celle-ci et sur les parois de la chambre E, moins les parties revêtues d'albâtre. Les hiéroglyphes sont peints en bleu ou en vert et disposés en lignes verticales. Ce sont des textes rituels, des formules magiques, des prières destinées à assurer au souverain défunt la jouissance des offrandes, l'assistance contre les mauvais génies et les serpents dont le monde infernal est rempli. Ils le préservaient ainsi de la mort définitive.

Devant la face E. de la pyramide se trouvent les **ruines de son temple funéraire** dont il ne subsiste malheureusement plus, au milieu d'un amas chaotique, que quelques seuils de porte en granit rose, une architrave portant le protocole d'Ounas et, dans l'ancienne cour à portique, des restes d'un dallage en albâtre.

Dans la partie N.-O. du temple, un **grand puits** de 20 m a été creusé à l'époque saïte : le fond en est occupé par le caveau, à toiture arquée, du général Amentefnakht ; il contenait un remarquable sarcophage anthropoïde en schiste vert.

A l'E. du temple funéraire on a dégagé des **vestiges de la voie** qui le reliait au temple de la vallée. Longue d'environ 700 m et large de 6,70 m, cette voie

comportait une chaussée large de 2,60 m protégée par deux murs latéraux de 3,15 m de hauteur soutenant le plafond.
Dans celui-ci, une fente longitudinale de 20 cm de largeur laissait pénétrer la lumière. L'appareil était entièrement en calcaire blanc. Les quelques vestiges à terre prouvent que le plafond était un ciel, peint en bleu à étoiles jaunes. **Les murs étaient couverts d'inscriptions et de représentations** finement gravées parmi lesquelles : le transport des colonnes de granit rose d'Aswān ; des combats entre Égyptiens et Bédouins ainsi que le transport des prisonniers asiatiques ; une représentation du roi avec des divinités, l'apport des offrandes, la revue des troupes et de leurs officiers ; les travaux des champs, cueillette des figues, moisson, récolte du miel, chasse aux oiseaux ; le marché ; le travail des métaux, martelage de l'or, fonte, polissage, pesage, etc. ; une série d'animaux : girafe (la première représentée à l'Ancien Empire), gazelles de différentes espèces, lions, hyènes, loups, renards, animaux domestiques, etc.

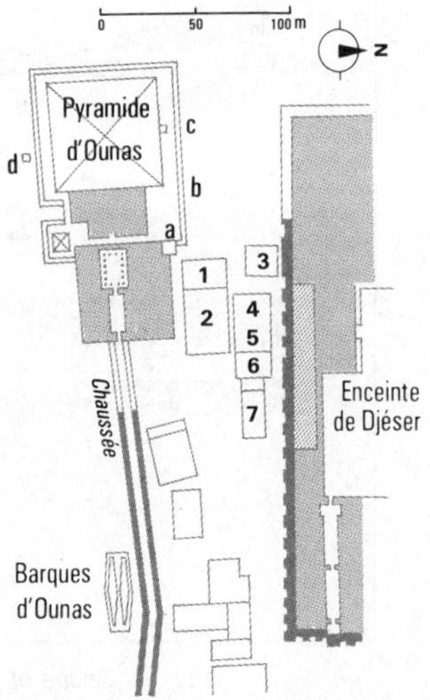

Mastabas
1 : Reine Khenout
2 : Reine Nebet
3 : Ounas-Haichetef
4 : Vizir Iynefert
5 : Ounasânkh
6 : Princesse Idout
7 : Vizir Mehou

a : puits saïte **b : tombeau de la IIe dynastie**
c : entrée de la pyramide d'Ounas
d : entrée des tombes d'époque perse

12. — Pyramide d'Ounas et mastabas voisins.

Quelques tronçons de la chaussée ont été reconstitués.

➜ A 150 m env. de la pyramide, la chaussée longe **deux grandes excavations naviformes** parallèles dont les parois sont revêtues d'un bel appareil de calcaire fin aux assises incurvées parallèlement au fond.
Beaucoup plus loin, près de l'actuelle route d'accès au site, se trouvent les **vestiges du temple bas** : il n'en reste auj. qu'une terrasse dallée bordée d'un parapet et appuyée à un mur de soutènement, en bel appareil de calcaire fin, destiné à retenir la poussée des sables, et des colonnes de granit à chapiteaux palmiformes dont l'une a été relevée.

➜ Au S. de la chaussée d'Ounas on aperçoit les **vestiges du couvent de Saint-Jérémie** (Deir Amba Jeremia), découvert en 1907-1909 par le Service des Antiquités ; quelques colonnes, fûts et chapiteaux, quelques niches gisent encore sur le sol, seuls vestiges d'un immense monastère fondé au Ve s. et qui renfermait deux églises, des cellules, des communs (boulangerie, pressoir, magasins, etc.). Quelques éléments sont encore en place, mais les stèles, les peintures à la chaux, les fragments intéressants sont maintenant conservés au musée Copte.

Devant la face S. de la pyramide d'Ounas, un édicule protège un grand puits de 25 m muni d'un escalier en fer accédant à **trois tombeaux d'époque perse** réunis par un couloir creusé par le Service des Antiquités.

Chaque tombeau se composait d'un grand et d'un petit puits communicants. Le grand puits était occupé tout entier par la cuve du sarcophage autour duquel on bâtissait après coup la chambre. Le couvercle était ensuite descendu de la manière suivante : sa masse énorme reposait sur le sable dont on avait rempli le grand puits et s'abaissait à mesure que s'abaissait le niveau du sable que l'on extrayait par le petit puits.
On arrive d'abord à la **chambre funéraire** du « médecin-chef » **Psammétique** : le sarcophage, en calcaire, est engagé dans le sol. Les parois de la tombe sont couvertes d'inscriptions copiées d'après les textes des pyramides.
Du côté O. une galerie moderne de 25 m permet d'accéder au **tombeau de Tjannehebou,** « commandant des vaisseaux du roi », qui contenait encore la momie embaumée au bitume et couverte d'une véritable carapace d'orfèvrerie. Un masque d'or couvrait sa face, un collier en perles d'or et de pierres dures, d'où pendaient de nombreuses amulettes d'or, s'étalait sur la gorge.
« Tout ce qui, chez les momies de la même époque, dit Maspero, est carton ou pâte dorée et terre émaillée, était, chez Tjannehebou, or pur et pierres fines » *(musée Égyptien, salle 3).*
Les magnifiques inscriptions de ce tombeau rappellent la carrière du défunt. Du côté E. et un peu plus bas (on doit descendre 2,50 m de plus), on arrive à la chambre funéraire de Pedéèse, dont le plafond voûté, peint en blanc, est orné d'étoiles. Sur les parois des représentations d'offrandes et des inscriptions très fines et bien conservées.

L'ensemble funéraire de l'Horus Sékhem-Khet (→ *plan p. suivante*), dont le caveau fut découvert en 1954, ne fut jamais achevé, probablement en raison de la courte durée du règne de ce roi. Comme pour la pyramide de Djéser, l'enceinte affectait la forme d'un rectangle, allongé, long de 550 m et large de 170 env. A 165 m du mur N., à l'intérieur de l'enceinte, on a retrouvé sur près de 80 m un beau **mur à redans,** copie de celui de l'enceinte de Djéser comportant un simulacre de porte à deux vantaux fermés : abandonné au cours de la construction de la sixième assise ce mur constituait la limite septentrionale de l'enceinte primitive qui fut alors, pour des raisons encore inconnues, reportée plus au N. De **la pyramide elle-même,** qui a longtemps servi de carrière et se trouve donc **presque totalement arasée,** ne subsistent plus que quelques assises, constituées de gros moellons calcaires disposés en tranches s'appuyant les unes sur les autres, indice d'une construction à degrés. De base carrée (env. 120 m × 120 m) la pyramide aurait probablement mesuré, si elle avait été terminée, 70 m de hauteur, en comportant 7 degrés. Elle occupait exactement le milieu de son enceinte primitive.
A 40 m au N. de la pyramide et dans l'axe, s'ouvre la **descenderie,** d'abord en tranchée puis en souterrain, qui conduit à la chambre funéraire, caveau grossièrement taillé, de 9 m de longueur, 5 m de largeur et 5 m de hauteur ; au centre se trouvait le **sarcophage en albâtre, fermé mais vide,** le roi ayant peut-être disparu au cours d'une expédition lointaine. A la moitié de son parcours, le plafond de la descenderie est interrompu par un grand puits vertical où furent retrouvés de nombreux papyrus démotiques, des vases en diorite et en albâtre, et des bijoux en or appartenant à la IIIe dynastie ; au même endroit s'ouvre dans la paroi O. un long couloir donnant accès à 132 chambres souterraines disposées en chicane le long d'une galerie courant parallèlement aux côtés O., N. et E. de la pyramide. Les architectes de cet ensemble funéraire s'étant visiblement inspirés de celui de Djéser, il était logique de penser qu'il comportait aussi un **tombeau Sud** : il fut en effet repéré et fouillé par J.-Ph. Lauer entre 1965 et 1967. Sa superstructure, qui devait mesurer 16 m × 32 m, a complètement disparu ; l'appartement funéraire, réduit à une simple galerie que l'on atteint par un puits ou une descenderie, abritait les restes

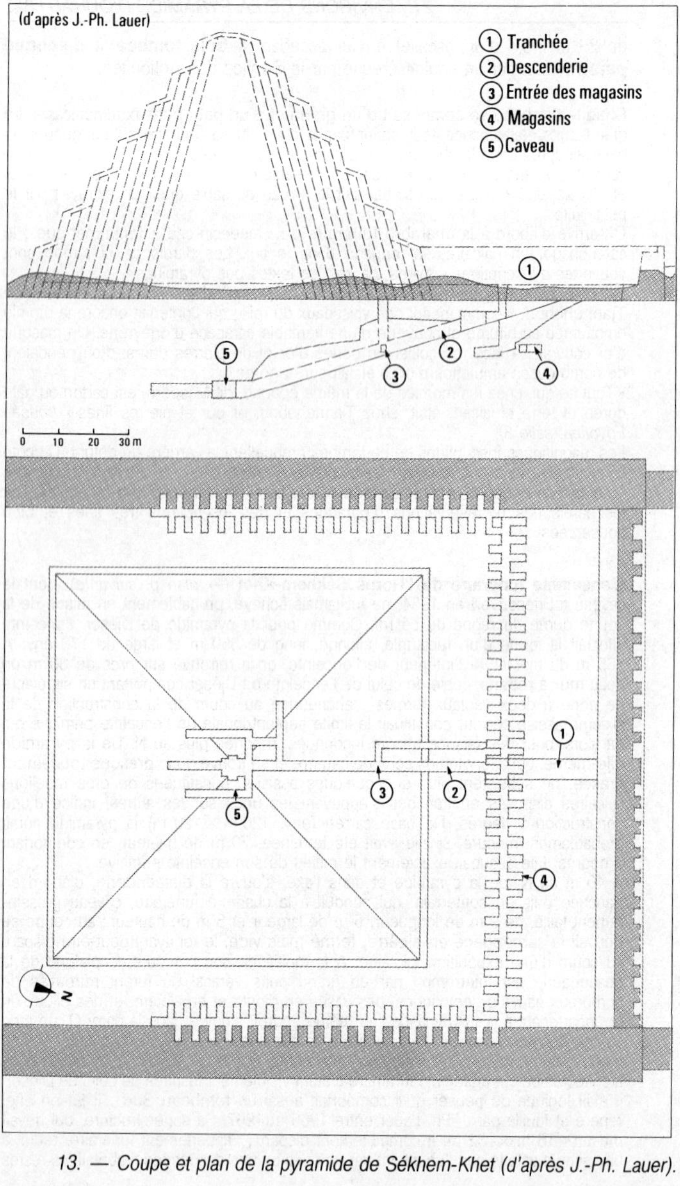

13. — Coupe et plan de la pyramide de Sékhem-Khet (d'après J.-Ph. Lauer).

d'un sarcophage de bois contenant le squelette disloqué d'un enfant de deux ans, peut-être un jeune prince décédé peu après son père.

Au N. du temple d'Ounas se dressent côte à côte les importants mastabas des deux épouses d'Ounas. Celui de l'O., de la reine Khenout, est très ruiné. Le second, de la reine Nébet, est immense et très intéressant. Le plafond est partout en place, ou restauré.

Mastaba de Nébet (fin Ve dyn.). — L'entrée, au S., donne accès à deux salles construites en enfilade en direction S.-N.

La **première** est décorée de scènes nautiques : à dr., les sports, avec Nébet dans une barque, à g. la chasse dans les marais, en partie ébauchée ; à l'extrémité N. du mur O. une porte conduit à une grande cour à ciel ouvert, sans autre décor qu'une stèle sculptée et gravée au N. du mur O.
La **deuxième chambre** est décorée de scènes assez rares. Nébet dans le quartier des femmes du palais, le « harem », regarde les gros vases à onguents tirés sur des traîneaux : une naine participe à la scène. Noter, au-dessus de la porte et sur la paroi N. de ces deux chambres, la représentation de Nébet, assise devant le défilé des offrandes (oiseaux, etc.). Au-delà, on accède à une série de magasins non décorés s'échelonnant d'E. en O.
Par contre, la porte qui s'ouvre au N. de la paroi O. de la 2e chambre donne accès à une **grande galerie couverte** dont tous les murs sont décorés : joutes sur l'eau et offrandes devant Nébet, bétail recensé en sa présence (S.) Le mur N. est percé de quatre portes conduisant à des magasins rectangulaires, petits et sans décor : une dalle formant toit à 1,50 m du sol, en divise la partie N. en deux étages. Au-dessus des quatre portes, et entre elles, Nébet est représentée avec ses filles, recevant les offrandes, surtout du gros bétail. Une porte à l'O. conduit dans une galerie perpendiculaire qui est la **chambre des offrandes** ; le mur E. est tout entier occupé par les représentations d'apport d'offrandes ; le mur O. est percé de quatre niches (restées vides) au-dessus d'une banquette qui court tout du long. Chaque niche est entourée d'un gros tore ; trois statues de Nébet debout se dressent entre les niches, sur la banquette. Au N. de la galerie, une petite pièce décorée de scènes d'apport de volailles. Au S., deux petites pièces successives : la première est consacrée aux scènes de boucherie ; dans la deuxième, une représentation des quatre grands vases à onguents.

Contournant le mastaba de Nébet par l'E., traversez une sorte de rue de l'autre côté de laquelle se dresse une rangée de trois mastabas qui sont, d'O. en E., les mastabas de Ounas-Ankh, d'Iynéfert et d'Idout.

Le **mastaba de Ounas-Ankh** (fin Ve dyn.) comporte plusieurs chambres et cours décorées de scènes classiques. L'une des chambres a gardé sa couverture. A noter : un troupeau de gros bétail avec de grands bœufs très bien dessinés.

Mastaba de Iynefert (VIe dyn.) : de plan très compliqué. A l'entrée beau linteau de porte ; dans l'embrasure, Iynefert, vieux, marchant vers l'intérieur du tombeau (on sait que les Égyptiens évitaient de représenter la vieillesse ; il semble qu'à cette époque la règle ait été souvent transgressée, ou n'existait pas encore formellement). Dans le vestibule, à l'E., apport du gros bétail, à l'O., les cuisines. 1re salle : belle scène de chasse et de pêche sur l'eau, apport des domaines et transport de la statue funéraire. Un joli concert au-dessus de la porte de la **2e salle** dont les scènes sont très effacées. Scènes assez rares de harem : Iynefert et sa femme, chez eux, les serviteurs disposant lits et divans ; offrandes. A l'O., stèle peinte, à l'origine, de façon à imiter le granit. A l'E., scènes d'abattage et de dépeçage de bovins.

Entre le mastaba d'Iynefert et l'angle S.-O. de l'enceinte, un mastaba de brique crue contient une belle chapelle de calcaire fin avec stèle et bas-reliefs aux noms de Haichetef (sans doute VIe dyn.). Scènes classiques très finement gravées.

***Mastaba de la princesse Idout** (VIe dyn.). — Ce mastaba, usurpé d'un propriétaire plus ancien, comprend en tout dix chambres, dont cinq seulement sont décorées (les autres sont des magasins). Son entrée est au S., mais la stèle est dans la dernière chambre, la plus éloignée de l'entrée, et à l'O.

L'amour d'Idout pour les scènes nautiques et la vie sur l'eau se manifeste par le choix des thèmes dans son tombeau : les **deux premières chambres** sont consacrées presque entièrement aux **sports nautiques**.

Dans la 1re salle à g. (murs S. et N.), pêche à la ligne ; passage d'un gué. Dans l'ébrasement de la porte conduisant à la 2e salle, transport de la statue. Dans cette 2e salle (mur E.) défilé de porteurs d'offrandes et transport de la momie jusqu'à la nécropole. Mur O., Idout, debout dans une barque légère respire le parfum d'un lotus ; devant elle, les marais avec leur faune et leur flore ; tout en bas, un serviteur harponne un hippopotame ; derrière celui-ci, une femelle donne le jour à un petit qu'un crocodile s'apprête à dévorer. Les deux dernières salles sont consacrées aux offrandes, à leur préparation et à leur apport.

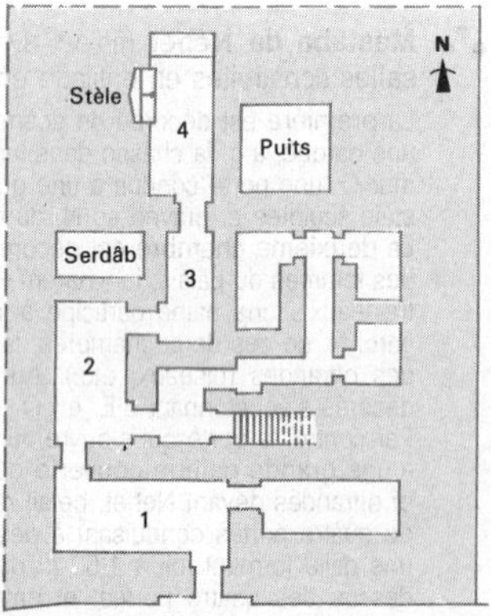

14. — Mastaba de Idout.

Le ****mastaba de Mehou** se trouve en contrebas de ce groupe de tombes, à l'E. ; son intérêt réside surtout dans le merveilleux état de conservation du décor peint. Dans certaines parties, la grande chambre des offrandes notamment, les couleurs sont quasi intactes et nous aident à imaginer ce que pouvaient être les grands tombeaux qui n'ont gardé que quelques traces d'ocre ou de vert.

Ébrasements de la porte : Méhou est représenté de chaque côté, tourné vers le dehors : le dessin est celui d'un homme gras et vieux. Dans la **1re salle,** toute petite, à dr., sports sur l'eau, chasse au boomerang, pêche en barque ; à g., cuisine et chasse au filet ; dans l'ébrasement de la porte menant au corridor, à g. cuisine, à dr. scènes de ferme.

La **grande paroi de ce corridor** (mur S., à g. en entrant) est divisée en trois registres :

1er reg. : apport des domaines, trente-neuf personnages féminins et un personnage masculin, représentant les domaines attribués aux cultes des rois Ounas, Téti, Isesi, Kakaï.

2e reg. : toutes les phases du travail des champs, l'engrangement du blé au-dessus de la porte d'entrée.

3e reg. : les bateaux funéraires, deux à voile, deux à rames, deux à pagaie (?), le dernier à voile.

Sur la **paroi O.**, scènes de vendanges.

Paroi N., également trois registres :

1er reg. : passage du gué par les troupeaux.

2e reg. : la pêche et l'apport des poissons.
3e reg. : les jeux sur l'eau ; scène de tenderie.
A dr. de la paroi, une porte s'ouvre sur une grande **cour.** Entre cette porte et le mur E., représentations de travaux d'orfèvrerie. La cour est divisée en deux parties inégales par deux piliers carrés sur lesquels Méhou est figuré plusieurs fois. Derrière les piliers, près du mur du fond, s'ouvre un caveau, et à g. une stèle peinte en faux granit.
De la galerie longue on passe dans une **salle d'offrandes.** Dans l'ébrasement de la porte, scènes de bétail, avec un bœuf à g., un bubale à dr. Dans la salle, paroi de g., cinq registres d'apports d'offrandes. Paroi du fond : Méhou et sa femme reçoivent des offrandes. A dr. de la porte d'entrée, concert et sacrifices : le nain sous le fauteuil du maître.
Enfin, à dr. de cette salle, la **chapelle,** très grande, est conservée dans tous ses détails. Le fond est occupé par une banquette supportant une stèle en imitation de granit aux dessins et hiéroglyphes en jaune. De chaque côté de la stèle, Méhou est représenté assis devant le plateau d'offrande et accueillant deux longues théories, en plusieurs registres, de toutes les offrandes imaginables (viande ou volaille sur pied). Les animaux sont portés ou conduits de toutes les manières ; profusion de scènes à sujet identique — des animaux présentés au maître — mais à détails différents et originaux. Sur la paroi E. en face de la stèle, abattage du gros bétail, bœufs et grosse antilope. La salle des offrandes donne aussi accès à une **chapelle** dédiée à un certain Mérirê-Ankh où les thèmes sont les mêmes. Sur la paroi O. une grande stèle peinte en faux granit rose, aux dessins verts. Cette salle, moins bien conservée que les autres, est d'un style moins bon et porte les traces d'une usurpation.

Entre le mastaba de Méhou et l'enceinte de Djéser, il y a encore çà et là plusieurs portes ou stèles de tombes et de beaux blocs de calcaire finement gravés. La plupart datent de la VIe dynastie.

Suivez la chaussée d'Ounas vers l'E. En contrebas de celle-ci, au S., plusieurs mastabas ou tombeaux de la Ve et de la VIe dyn. ont été découverts en 1944 par le Service des Antiquités.

Tombeau de Irou-ka-Ptah, « chef des abattoirs royaux » (Ve dyn.). C'est un hypogée s'ouvrant par un couloir étroit creusé dans le rocher.
A g. en entrant : dix statues (deux sur la petite paroi, huit sur la paroi E.). Noter que les trois dernières sont des statues de jeunes hommes portant une fine moustache. Au-dessus des statues de g., une inscription, assez peu soignée, mais en jolies couleurs.
Plus loin, **dans le fond, cinq** grands **puits** ont été comblés. Au-dessus des statues, les scènes, à part l'apport du mobilier et l'aménagement de la tombe, ont trait au métier de Irou-ka-Ptah qui, devant les tables d'offrandes, assiste à l'abattage, à l'écorchement et au dépeçage de différents bovidés. Un scribe note au passage les opérations. Les couleurs sont très bien conservées, et les scènes très évocatrices.
Au-dessus des puits, on voit la représentation de la chasse dans les fourrés de papyrus (ceci n'est qu'ébauché), construction de bateaux, scène de tenderie. Plus loin, deux registres de plateaux chargés qui aboutissent à la représentation d'un personnage mal gravé, étendant la main vers les offrandes. Les deux autres parois sont inachevées. Quatre grandes statues et une stèle fausse porte ayant conservé son plâtrage original à la paroi O.

Immédiatement à l'O. de ce tombeau, parfois appelé « du boucher », le **mastaba de Akhet-Hotep** n'a gardé qu'un beau linteau de porte, en calcaire ; on y a trouvé tout un lot de statues de bois. — Le troisième tombeau de la rangée est également inachevé et n'a gardé que son linteau gravé.

En face de ce groupe de tombes, sous la chaussée d'Ounas, s'ouvre le petit **mastaba de Néferher-Ptah.** Très joli de style, ce petit tombeau est entièrement dessiné mais non gravé et, bien que la gravure de certains motifs ait été commencée, on a peine à le croire inachevé tant est admirable le fini du dessin.

Scènes agricoles de toutes sortes. A dr. en entrant : bœufs et bétail. 1er reg. : apport de vases ; 2e reg. : on trait une vache, un serviteur verse le lait ; 3e reg. : la monte et la naissance d'un veau (quelques traits seulement ébauchés) ; 4e reg. : pavillons de la cuisine où l'on prépare viandes et boissons ; 5e reg. : le bétail et l'engrais des champs.
A la paroi du fond, les trois registres inférieurs sont très effacés ; au 4e reg. : le vignoble, la cueillette du raisin dans la treille et le foulage (la dernière opération très effacée) ; entre elle et le foulage, scène étrange non encore expliquée de deux hommes assis, croisant des bâtons, un cercle dessiné autour d'eux ; 5e reg. : les produits du jardin et repiquage de laitues et d'oignons, dans deux plates-bandes ; cueillette du papyrus ; 6e reg. : cueillette des figues de sycomore ; à dr., un grand arbre couché par sa masse de fruits offre ses branches sur lesquelles des hommes accroupis cueillent les figues ; 7e reg. : chasse aux oiseaux dans les arbres et les fourrés de papyrus.

Un peu à l'E. des tombes précédentes, les fouilles menées depuis une quinzaine d'années ont amené la découverte d'une nouvelle série de tombeaux, creusés dans le roc, le long ou au-dessous de la chaussée d'Ounas. Un seul est actuellement ouvert aux visiteurs : celui de Néfer. (Celui de Niânkhkhnoum et Khnoumhotep peut se visiter en en faisant la demande à l'inspectorat.)

•• Le ****tombeau de Néfer et Ka-hay** (Ve dyn.), constitué d'une salle unique, longue de près de 8 m, a été construit par le premier pour l'usage de sa famille. Neuf personnes, représentant trois générations, ont été enterrées ici. Neuf puits ont ainsi été creusés dans le sol : dans le second — que les fouilleurs ont intentionnellement laissé ouvert —, le long de la paroi g., on a trouvé un **cercueil inviolé** où gisait une momie couchée sur le côté dans la position du dormeur. Les bandelettes qui entourent le corps ont été enduites de plâtre et en épousent les formes.

Des deux grandes parois de la tombe, la paroi O. (à dr.) est la moins originale : les différents défunts avec leurs épouses, debout ou assis devant un repas, des porteurs d'offrandes, et les stèles fausse-porte sont, toutefois, comme le reste de la tombe, de beaux exemples de relief peint.
La **paroi E.** (à g.) est beaucoup plus intéressante. Elle comprend cinq registres dont les deux premiers (à partir du bas) commencent sous les pieds du défunt accompagné de sa fille et de son chien.
1er registre. Labourage et semailles : un troupeau de béliers piétine les semences pour les enfoncer dans le sol. Plus loin, joutes nautiques : les protagonistes, à l'aide de lances fourchues, cherchent à faire tomber leurs adversaires dans l'eau. Au bout, deux grands navires, leurs voiles déployées.
2e registre. Quatre personnes tordent, à l'aide de bâtons, un linge où se trouve du raisin et recueillent le jus dans une grande jatte. Ils sont curieusement aidés dans cette besogne par un cynocéphale qui, des pieds et des mains, repousse les deux bâtons — permettant d'extraire ainsi les dernières gouttes du jus. Derrière, des jarres de vin. Plus loin, dans un grand bac, quatre hommes foulent du raisin en se retenant à une poutre transversale pour ne pas glisser. Devant eux, deux compagnons rythment le travail en entrechoquant des baguettes. Puis, quatre nains, employés ici à cause de la petitesse de leurs mains, enfilent les éléments de deux grands colliers. L'autre partie du registre est orientée vers une dame assise sous une tonnelle et sa fille. Des serviteurs leur apportent des volailles et des bouquets de fleurs. Quatre

jeunes femmes dansent tandis que trois autres frappent dans leurs mains pour rythmer leurs mouvements.
Au-dessus, trois registres entre deux représentations affrontées du défunt :
3e registre. Pêche au filet (occupant deux registres). Un des pêcheurs, tourné vers le maître, arrache l'épine venimeuse d'un poisson. Au-dessus des pêcheurs, bergers et leur troupeau. A dr. du filet rempli de poissons, trois hommes préparent et cuisent le pain. A leur droite, d'autres personnages portent des volailles que leurs collègues, encore plus à droite, ont pris dans un filet.
Au-dessus des cuiseurs de pain, et occupant les deux registres supérieurs, un fourré de papyrus. Au pied de celui-ci, un troupeau sort de l'eau, tandis que d'autres bêtes sont menées vers le maître. Au-dessus, des paysans arrachent des tiges de papyrus qui vont servir à la confection d'une barque (plus à dr.). A l'extrême droite de ce dernier registre, des scribes comptabilisent les redevances et traînent les mauvais payeurs devant le maître. Au bout de la paroi E., un renfoncement de la tombe offre, sur le mur du fond, d'autres scènes méritant d'être notées :
1er registre en haut. De nouveau des bergers et leur troupeau.
2e registre. Construction d'une embarcation sous la surveillance du maître. Un solide cordage a été fixé à chaque bout de la barque et une fourche le maintient levé en son milieu. Tandis qu'un cynocéphale verse de l'eau sur la corde pour la faire rétrécir, un homme, ayant introduit un bâton dans les interstices de la corde, tord celle-ci. L'opération a pour but de donner son galbe à la barque.
3e registre. Abattage d'arbre et fabrication d'un lit.
4e registre. Au centre scène de menuiserie. A g., un homme scie une planche ; plus loin, un sarcophage vient d'être achevé et deux menuisiers posent le couvercle. Deux autres, à dr., polissent le bois d'un lit. A l'extrême droite, un homme achève la fabrication d'une porte tandis que trois autres sculptent une colonne dont le chapiteau représente un lotus épanoui.
5e registre. Des bouviers font boire leurs bêtes.
La paroi du fond (mur S.) se compose de deux parties : l'une est dans le renfoncement de la tombe : Néfer est assis avec sa femme tandis qu'on leur présente différents animaux. L'autre (à dr.) est dominée par Néfer debout s'appuyant sur un bâton. Dans la partie supérieure, offrandes et porteurs d'offrandes ; en bas, sur deux registres, musiciens.

Le ****mastaba de Niânkhkhnoum et Khnoumhotep** (Ve dyn.), découvert en 1964, comporte une partie creusée dans le rebord du plateau, au S. de la chaussée d'Ounas, et une partie construite qui était sous la chaussée elle-même et qui, ayant probablement été démantelée lors de la construction de celle-ci, fut remontée en 1971. L'originalité de la tombe est d'être commune à deux personnages, coiffeurs royaux de leur état, qui, malgré femmes et enfants, semblent avoir entretenu des relations telles qu'ils ont souhaité être réunis pour l'éternité.

L'entrée de la tombe se trouve au fond d'un renfoncement qui occupe la moitié E. du massif construit du mastaba : sur les parois E. et O. de cet espace représentations de la procession funéraire et, sur la paroi S., de part et d'autre de la porte, portraits des défunts.
La **chapelle du mastaba** comporte deux pièces dont seule la première, qui ouvre à l'O. sur une cour, est décorée ; les bas-reliefs, qui ont souvent gardé de belles couleurs, sont d'une grande finesse d'exécution et émaillés de détails inhabituels ; à g. de l'entrée, sur les murs N. et E., scènes de marché, procession funéraire et voyage en bateau vers l'Occident ; sur le mur S. les défunts assistant à la pêche et à la chasse dans les marais, bateaux, scènes de chasse dans le désert, cueillette des fruits et vendanges ; sur le mur O. capture et mise en cage des oiseaux, travail du jardin ; sur le mur N., à dr. en entrant, scènes de boulangerie et fabrication de la bière. Sur les parois du passage conduisant à la cour, Niânkhkhnoum et Khnoumhotep sont figurés sur des litières portées par des ânes.

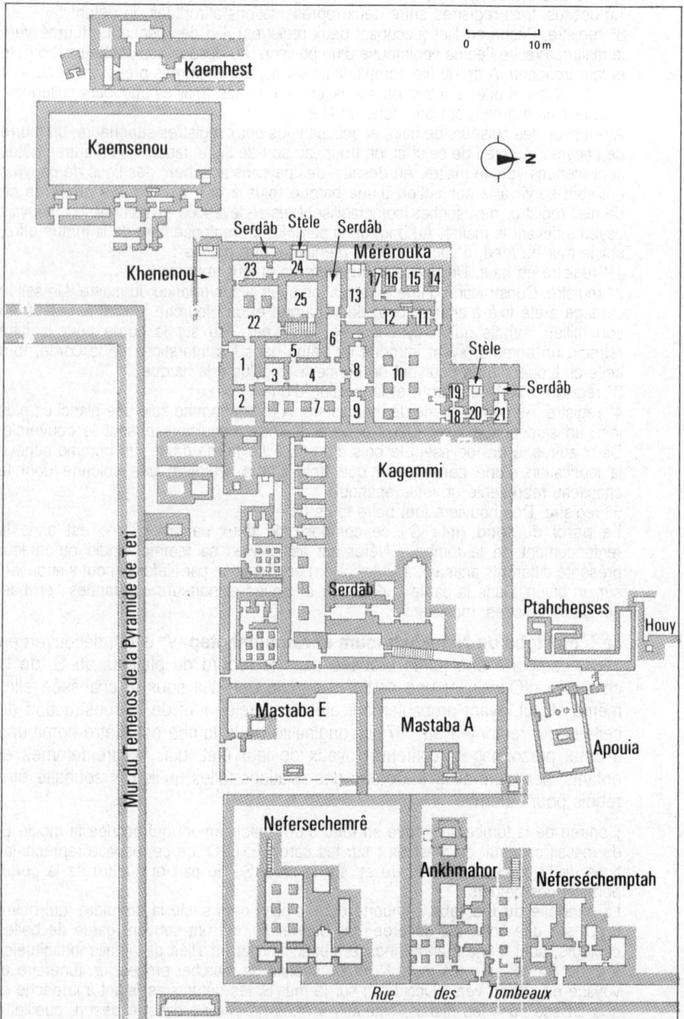

15. — *Mastaba de Mérérouka et tombes voisines (d'après Porter-Moss).*

La **partie rupestre de la chapelle**, constituée d'une pièce en longueur axée N.-S. et d'une petite salle d'offrande, ouvre dans le mur S. de la **cour** à ciel ouvert, dont les parois ne portent aucun décor. A g. de l'entrée les murs N. et E. sont consacrés aux représentations des activités agricoles et artisanales ; à dr., sur le mur O., surveillance du bétail puis scènes de chasse et de pêche dans les marais ; sur le mur S., les défunts attablés sont divertis par des musiciens et des danseurs, tandis que sur la face E. du pilier qui sépare les deux pièces de cette partie de la chapelle funéraire, ils sont figurés face à face et familièrement enlacés. La même scène se retrouve sur la face O. du pilier qui constitue la paroi E. de la salle d'offrande ; sur les murs S. et N. figurations symétriques des défunts vers qui avancent des porteurs d'offrandes et sur la paroi O. stèles fausses portes jumelles des deux propriétaires de la tombe.

Monuments au Nord-Est de la pyramide à degrés

Non loin de l'angle N.-E. de l'enceinte de la pyramide à degrés, un amas de blocs, vaguement pyramidal, est tout ce qui susbiste de la **pyramide du pharaon Ouserkaf,** le fondateur de la Ve dynastie.

Mesurant env. 74 m à la base, la pyramide était entourée d'une enceinte très proche, englobant le **temple funéraire** exceptionnellement situé au S. : seul, en effet, le **sanctuaire** de ce temple, séparé du reste, est accolé au milieu de la face E. de la pyramide. Dans l'angle S.-O. de l'enceinte, vestiges d'une petite **pyramide satellite.** L'angle S.-E. de l'enceinte, où se trouvait une partie du temple, a été détruite lors de l'édification de grands tombeaux saïtes.

•°• A **300** m au N.-E. de la pyramide d'Ouserkaf, la **pyramide de Téti,** fondateur de la VIe dynastie, présente le même aspect que la précédente, à ceci près que le temple se trouvait ici à son emplacement normal, c'est-à-dire à l'E. de la pyramide.

Les dégagements effectués en 1966, en vue de préciser le plan de l'édifice, ont révélé les vestiges d'une **tombe** (d'un dénommé Akh-pet), du début de la XIXe dyn., où l'on a pu recueillir de nombreux fragments de reliefs de grande beauté. Un sarcophage anthropoïde, en granit rose et décoré, se trouve encore en place dans le caveau.
Au S. des ruines du temple, la **pyramide satellite** est mieux conservée que la pyramide royale elle-même.
Tout l'**intérêt de la pyramide de Téti réside dans les inscriptions** qui couvraient les parois des appartements funéraires. Arrachées par les carriers du Moyen Age, ces parois n'existent plus que sous forme d'innombrables fragments dont la récupération, le classement et l'étude, entrepris à partir de 1951 par Jean Sainte-Fare Garnot et continués par le prof. Jean Leclant, doivent permettre de compléter les Textes des pyramides et d'en donner une édition définitive qui mettra en parallèle les versions de toutes les pyramides inscrites (la dernière de la Ve dyn. et toutes celles de la VIe dyn.).

Immédiatement au N. de la pyramide de Téti se trouve tout un ensemble de tombeaux (→ plan p. précédente) constituant des exemples remarquables de la décoration memphite de la VIe dyn. Le plus célèbre d'entre eux est le mastaba de Mérérouka.

•°• Le ****mastaba de Mérérouka,** dit Méri (ou Méra), déblayé en 1893 par J. de Morgan, est le plus complexe des mastabas de l'Ancien Empire. Long de 40 m et large de 24, il ne comporte pas moins de 32 chambres. En fait, **le tombeau se subdivise en trois parties** et constitue une sépulture de famille : 17 chambres *(partie A du plan, → p. suivante),* près des deux tiers de la superficie totale, composent l'appartement de Mérérouka, sa femme n'occupant que 4 chambres *(partie B)* et son fils une petite annexe de 5 chambres *(partie C)*. Une bonne moitié de ces chambres, servant de serdāb ou de resserres, sont dépourvues de décoration.

La tombe n'a qu'**une entrée** qui, contrairement à la coutume, est tournée vers le S. et regarde, suivant une observation de Daressy, la pyramide de Téti, dont Mérérouka était prêtre. De chaque côté des montants, portraits en pied de **Mérérouka** et de sa femme, la **princesse Ouatet-khethor**, surnommée Séchechet, qui était « Fille Royale (fille de Téti) et prêtresse d'Hathor ». Les titres de Mérérouka, qui était donc le gendre du roi, sont très nombreux. Il dut remplir successivement diverses fonctions sous plusieurs règnes de la VIe dyn.

Porte d'entrée. Dans le passage, à dr. : le **défunt dessine** au pinceau **les trois saisons, Akhet, Péret** et **Chemou,** sous les traits, les deux premières, de deux femmes et la dernière (Chemou), d'un homme (ce qui correspond au genre grammatical des termes désignant ces saisons). Chaque personnification tient un cartouche portant inscrit quatre fois un croissant de lune, symbole du mois, et se trouve chaque fois qualifiée d'une manière différente : la 1re, la belle ou la bonne ; la 2e, celle qui repose ; la 3e, celle qui vit, ou vivifie. A g., fragment de tableau : le défunt en pied avec son fils **Méri-Téti.**

Malgré la quantité de chambres qui a amené une grande dissémination des thèmes habituels, presque du désordre, quelques principes sont restés immuables et toutes les stèles tant chez Mérérouka (chambres 8 à 13) que chez sa femme Ouatet-khethor (chambre 24), et que chez leur fils, le prince Méri-Téti, surnommé Méri comme son père (chambre 29) sont orientées à l'O. Les chambres non décorées (11, 14 à 17) sont des magasins. Le tombeau n'est pas d'un style très fin, quantité de scènes sont hâtivement faites, mais les jolis détails, les thèmes originaux et rares abondent.

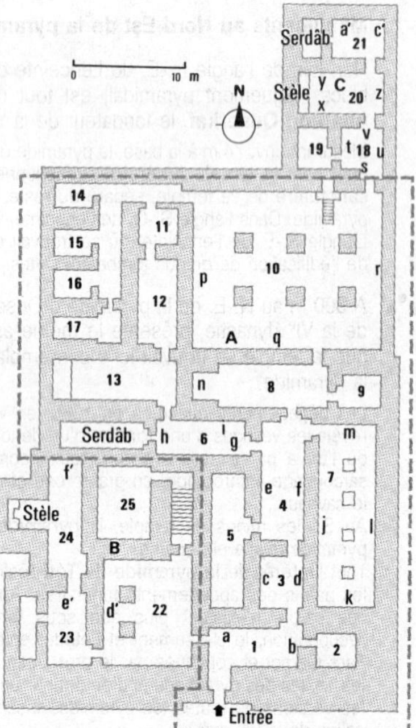

16. — Mastaba de Mérérouka.

Dans le **vestibule (1),** une scène de culture maraîchère ; chambre 4, scène de pêche avec quantité d'engins variés : ligne, nasse, grande senne tirée par dix-huit pêcheurs ; chambre 7, scènes de harem ; chambre 8, fausse porte munie de son verrou et, ce qui est rare, de ses tentures.

La chambre **10** (à piliers) est la plus grande du tombeau. Dans une niche, au N., **statue de Mérérouka** (cette statue s'est trouvée protégée à partir de l'époque saïte par le chemin dallé du Sérapéum qui passe juste au-dessus) ; devant la niche, table d'offrandes en albâtre : paroi E. scène de lamentations dans la maison (rares à cette époque) ; détails plaisants dans les scènes du transport de la récolte (à dos d'âne), chasse pittoresque dans le désert (chambre **18**, chez Méri Téti), curieuses scènes de danses et de sports féminins dans la chambre **23**, chez la princesse Séchéchet.

●●● Un peu plus loin, à l'E. du précédent tombeau, se trouve le **mastaba de Kagemni** dont les sculptures offrent une qualité d'exécution supérieure à celle du mastaba de Mérérouka.

Kagemni, appelé aussi Mémi, entre autres importantes fonctions dont la plupart sont identiques à celles de Mérérouka, était inspecteur des prêtres de la pyramide de Téti. La tombe est immense car, si elle ne comporte que cinq chambres (et le serdāb, inaccessible), les dépendances en sont plus importantes que la tombe proprement dite : l'**entrée**, avec les pêcheurs et l'apport des offrandes, le **grand hall** d'où part l'**escalier** qui monte à la terrasse, la chambre à trois piliers, importante à cause de ses reliefs représentant les sports et les jeux, les travaux de la ferme, et une séance de tribunal ; le long corridor qui sert de dégagement à cinq magasins (inaccessible ainsi que la terrasse).

Les cinq chambres présentent les **thèmes habituels**. La stèle est dans l'avant-dernière chambre, à l'O. Le serdāb, également à l'O., dans la première chambre. Les représentations insistent surtout sur les offrandes. Dans la dernière salle, le transport des onguents dans de grandes jarres placées sur des traîneaux.

Le même groupe de tombeaux, toujours à l'E. de Mérérouka, est ce qu'on a appelé la **rue des Tombeaux**. Découverts et déblayés en 1899 par Loret, ces tombeaux sont des exemples remarquables de la décoration memphite de la VIe dyn.

Les trois principaux s'échelonnent à la suite l'un de l'autre :

— le **tombeau**, très abîmé, **du vizir Néferséchemrê** ; la stèle est seule visible ;

— ensuite le beau **tombeau de Ânkhmâhor** (surnommé Sesi), ou **tombeau des médecins**, à cause des scènes qui y figurent. Les murs sont détruits dans leur partie supérieure.

Les scènes qui ont valu son surnom au tombeau de Ânkhmâhor sont situées dans la baie de la porte entre la première chambre et la salle à piliers : c'est une circoncision à dr., une opération d'un orteil à g. Les autres chambres montrent les scènes habituelles de préparation et d'apport des offrandes, de travaux agricoles et de sports ; dans l'embrasure de la deuxième chambre, représentation d'un bovidé maîtrisé par sept hommes aux poses très violentes ; dans la deuxième salle, une petite naine portant un singe.

— Un troisième **tombeau** est celui **de Néferséchemptah**, surnommé Chéchi. Dans la seconde salle, au milieu des scènes habituelles, des serviteurs apportent des offrandes dans des canots. La stèle de la dernière salle, flanquée de deux effigies du défunt, contient le buste de celui-ci : c'est une disposition presque unique en son genre.

Nécropole de Saqqara-Nord *(on ne visite pas)*. — A env. 500 m N. de la pyramide de Téti se trouve la maison du Service des Antiquités. Un peu au N., sur le rebord du plateau, s'étend, jusqu'à la hauteur du village d'Abūsir, une **nécropole archaïque** contenant les grands mastabas de brique crue de rois de la 1re dyn.

Monuments au Nord-Ouest de la pyramide à degrés

Le ***mastaba de Ptahhotep et de Akhouthotep** (VIe dyn.), découvert par Mariette, est le plus important et le mieux conservé d'un groupe de tombeaux, situés à 200 m de l'angle N.-O. du mur d'enceinte de Djéser, dans une petite cuvette plus ou moins envahie par les sables.

Il se compose en réalité d'une première sépulture comprenant un couloir (A), un vestibule à piliers (B), et une chambre en forme de T renversé (C), dont les parties décorées sont au nom d'Akhouthotep. Celui-ci est représenté accompagné de son fils aîné Ptahhotep, le personnage auquel ont été affectées les salles D et E du mastaba. Les autres chambres non décorées étaient, les unes destinées à d'autres membres de la famille, les autres de simples magasins.

La **décoration inachevée** du couloir A permet de nous rendre compte de la méthode suivie par les graveurs de l'Ancien Empire. Elle est remarquable de finesse. Les thèmes sont habituels dans la nécropole, mais leur agencement est à noter. Le grand panneau E. de la chambre C est composé comme une tapisserie : l'équilibre des scènes, la grâce des détails en font une page de premier ordre. Les stèles, tant chez Akhouthotep (salle C) que chez Ptahhotep son fils (salle E), sont régulièrement à l'O.

Cette chapelle de Ptahhotep dans laquelle on pénètre par le passage D est **une des *merveilles de l'art du bas-relief** sous l'Ancien Empire. Sur les parois d'embrasure de la porte, transport d'offrandes. Mur N. (a) : au-dessus de la porte, Ptahhotep sur son siège d'apparat, sous lequel on voit des lévriers et un singe, assiste à un concert. Des serviteurs lui présentent les objets nécessaires à sa toilette ; l'un d'eux lui frictionne les jambes d'onguent ; au-dessous, transport de l'offrande et suite de l'abattage du bétail. — Mur O. (b) : entre les deux stèles qui occupent les extrémités du mur, grand tableau représentant Ptahhotep assis devant le guéridon d'offrande, au-dessus duquel est gravée la pancarte habituelle, tandis que, en face de lui, un registre de célébrants et trois registres de porteurs, font la cérémonie de l'offrande. — Autre scène d'offrande sur le mur S. (c).

Le principal intérêt du monument est le mur E. (d), dont la décoration se compose de deux grands tableaux formés chacun par le défunt debout, de grande taille, surmonté d'une légende contenant ses titres et assistant à un ensemble de scènes réparties dans les deux tableaux sur neuf registres, pleins d'épisodes rares et finement traités. A la partie N. du mur, au 1er registre, à g. sur le premier bateau d'une scène de joute sur l'eau, le personnage assis à qui un enfant donne à boire, est désigné par l'inscription comme le chef des artistes, Ankhenptah, qui pourrait bien être, a-t-on remarqué, l'auteur principal de la décoration du

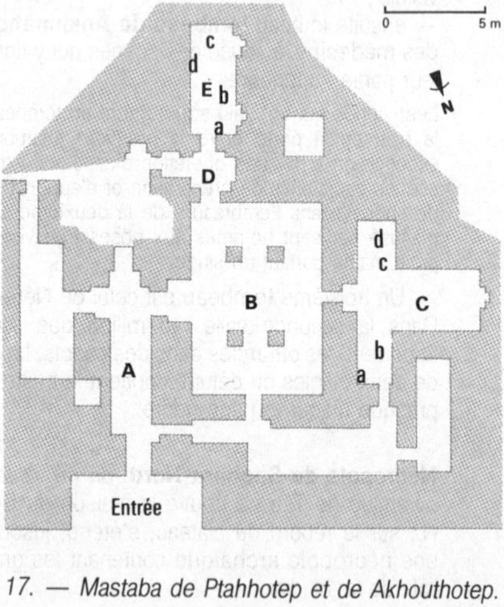

17. — Mastaba de Ptahhotep et de Akhouthotep.

célèbre mastaba. Ce détail dans une scène si diverse serait donc une signature d'artiste, la première connue.
Scènes de lutte, exercices sportifs des enfants et admirables représentations de la chasse au désert.

A **250** m N. du tombeau de Ptahhotep, une plate-forme cimentée est tout ce qui subsiste de la **maison de Mariette,** commencée par Mariette lors des fouilles de Sérapeum. Mariette y fit son dernier séjour au printemps 1880. La maison a été démolie en 1960. Une vaste tente la remplace, sous laquelle vous pourrez vous faire servir quelque rafraîchissement.

L'**hémicycle des Poètes et des Philosophes,** construit et décoré, comme du reste la décoration hellénistique du dromos, sous le règne de Ptolémée I Sôter, est aujourd'hui protégé de l'érosion éolienne par un auvent de ciment.
Parmi les **statues,** très dégradées, parfois même non identifiables, qui s'y trouvent, citons (de g. à dr.) celles de Platon (debout), Héraclite (assis), Thalès (debout), Protagoras (assis), Homère (assis), Hésiode (assis), Démétrios de Phalère (debout, appuyé sur un hermès de Sérapis), Pindare (assis ; la mieux conservée).

Le ****Sérapeum,** ou sépulture souterraine des taureaux Apis, est à env. **300** m à l'O. ; un dromos le reliait jadis à l'hémicycle des Poètes et des Philosophes.
D'Apis à Sérapis. — On sait qu'en Égypte les animaux sacrés étaient, après leur mort, momifiés et ensevelis avec les honneurs dus aux rois et aux gens de qualité. Ils devenaient ainsi des Osiris, ni plus ni moins que les hommes.
Le bœuf Apis, animal sacré de Ptah, le dieu memphite, ne cessait donc pas d'être honoré après sa mort. Son temple funéraire fut même l'objet d'une des principales dévotions des Égyptiens de la région memphite et des gens de passage.
Lorsque le culte de Sérapis fut, sous Ptolémée II Philadelphe, introduit en Égypte, l'identification de ce Sérapis avec l'Osiris Apis fut acceptée par les Grecs et les Égyptiens sans difficulté, et le temple funéraire d'Apis mort devint, sous le nom de **Sérapéion,** que l'on désigne plus généralement sous la forme latinisée **Sérapeum,** un lieu de pèlerinage commun aux Égyptiens et aux Grecs.

Un lieu de pèlerinage. — C'est moins par les auteurs que par les papyrus grecs découverts sur les lieux, longtemps avant les fouilles de Mariette, que nous pouvons nous faire une idée de ce qu'était ce temple à compartiments. On ne peut imaginer un plus rare assemblage de divinités locales et exotiques et de dévots de races plus diverses.
Le groupe d'édifices dont le « **grand Sérapeum** » formait en quelque sorte le centre, comprenait, outre un **Anubiéon,** de vastes dépendances pour les prêtres de tout rang, des écoles, de véritables auberges ouvertes aux fidèles de passage. L'autorité civile y avait aussi ses quartiers. Le bureau de l'archiphylacite, ou chef de la police militaire, était dans l'Anubiéon.
Parmi le personnel sacerdotal, les papyrus font mention de deux religieuses appelées les Jumelles, chargées de faire les libations à l'Apis mort. Il y avait aussi une catégorie de reclus (ou catœques), dont quelques Grecs, menant une vie de style monacal, deux siècles avant J.-C.

Mariette en Égypte. — Au moins d'octobre 1850, **Auguste Mariette,** âgé de 29 ans, avait débarqué en Égypte avec pour mission officielle l'achat de manuscrits coptes et syriaques parmi ceux qui étaient conservés dans les monastères coptes. Le moment n'était pas des mieux choisis ; on n'y avait pas oublié le singulier procédé employé dix ans auparavant par Curzon et Tattam pour se procurer les manuscrits auj. déposés au British Museum, et le patriarche se montrait peu disposé à favoriser les recherches des savants européens.

Fatigué des atermoiements, Mariette résolut d'aller planter sa tente au pied des grandes pyramides et de tromper son impatience dans l'étude des monuments de la première antiquité. Peu après, ayant vu chez différents particuliers, au Caire et à Alexandrie, plusieurs sphinx identiques provenant tous de Saqqara, il se remémora un passage de Strabon (XVII, I, 14) : « Le Sérapeum est bâti en un lieu tellement envahi par le sable qu'il s'y est formé, par l'effet du vent, de véritables dunes et que, lorsque nous le visitâmes, les sphinx étaient déjà ensevelis, les uns jusqu'à la tête, les autres jusqu'à mi-corps seulement... » Il était difficile de trouver dans un texte ancien une indication plus précise.
Mariette se rendit alors à Saqqara où il explora la nécropole. Deux semaines plus tard, son regard tombait sur un sphinx, aux trois quarts enseveli, de mêmes dimensions et de même style que ceux qu'il avait vus au Caire et à Alexandrie. Aucun doute n'était plus permis pour Mariette qui, oubliant manuscrits et patriarche, se mit à l'œuvre avec ardeur pour dégager ce qu'il pensait être l'avenue conduisant au Sérapeum.

Le début des recherches. — Les deux mois qui suivirent (nov.-déc. 1850) justifièrent ses espoirs et son enthousiasme ; aidé d'une trentaine d'ouvriers il dégagea l'avenue sur près de 200 m : celle-ci se dirigeait de l'E. à l'O. puis, décrivant une courbe vers le S., s'interrompait brusquement. Cent quarante et un sphinx furent mis au jour ainsi que de nombreux tombeaux d'époques diverses. C'est dans l'un d'entre eux, datant de la Ve dyn., que Mariette découvrit, dès les premières semaines de ses fouilles, sept statues parmi lesquelles le célèbre scribe accroupi *(auj. au Louvre).*
A la grande surprise de Mariette, les fouilles exhumèrent, dès le commencement de janvier 1851, au-delà du tournant décrit par les derniers sphinx de l'avenue, une banquette en hémicycle surmontée de 11 statues grecques représentant les philosophes et les écrivains les plus fameux de la Grèce. L'hémicycle faisant face à l'avenue, Mariette jugea qu'il n'en pouvait être le but et dirigea ses recherches à l'E., où il ne tarda pas à découvrir un petit temple d'Apis, construit par Nectanébo II. Deux grands sphinx flanquaient son entrée, qui s'ouvrait dans une cour où fut trouvée une curieuse statue du dieu Bès *(auj. au Louvre).* Le temple était si ruiné qu'on n'en put rétablir le plan.

La découverte du Sérapeum. — Dans la direction opposée, les traces d'une grande enceinte rectangulaire apparaissaient sur le sable. Le déblaiement du chemin reliant cette enceinte au temple de Nectanébo II fit découvrir un dromos de 86 m env. de longueur, bordé de chaque côté par une banquette servant de support à des groupes allégoriques de style grec. Du côté N., la banquette était coupée vers son milieu par deux constructions : une chapelle de style grec et une de style égyptien. Soulevant de proche en proche les dalles dont le dromos était pavé, on découvrit une infinité de statuettes divines en bronze, parmi lesquelles des représentations du bœuf Apis.
A l'endroit où le dromos atteignait l'enceinte O. se trouvaient les restes d'un pylône précédé de deux beaux lions couchés sur le flanc et regardant de côté, une des pattes posée devant l'autre *(auj. au Louvre).* Le déblaiement de l'enceinte dura près de six mois, pendant lesquels Mariette fut en butte aux difficultés suscitées par les rivalités que ses trouvailles éveillaient au Caire. Il dut interrompre ses travaux, puis subit une surveillance qu'il sut d'ailleurs habilement déjouer. Enfin, le 12 nov. 1851, il touchait au but.
Au centre de l'aire délimitée par l'enceinte, on dégagea en effet une tranchée taillée dans le roc. A l'extrémité de cette tranchée apparut enfin une porte qui donnait accès à un vaste souterrain dont les parois avaient été creusées de chambres, au fur et à mesure des besoins. Des vingt-huit cavités, vingt-quatre contenaient encore d'immenses sarcophages de pierre dure. Ceux-ci, violés à une époque ancienne, ne contenaient plus de momies.
La suite du déblaiement devait mettre au jour, situé à un autre niveau, un souterrain plus petit, aux chambres irrégulières et mal creusées. C'est ici que l'on

trouva **vingt-huit momies d'Apis** intactes dans leurs sarcophages de bois et le corps du prince **Khâmouas,** fils de Ramsès II et grand-prêtre de Ptath. L'année suivante (1852) d'autres caveaux, isolés et disséminés à l'E. dans l'enceinte, complétèrent la trouvaille.

Un immense complexe religieux. — L'enceinte du Sérapeum comprenait donc : — des tombes isolées appartenant à une période allant d'Aménophis III à Ramsès II ; — les petites catacombes ayant servi de sépultures aux Apis morts depuis l'an 30 de Ramsès II jusqu'à l'an 21 de Psammétique I ; — les grandes catacombes, inaugurées en l'an 52 de Psammétique I, utilisées jusque sous les derniers Ptolémées. Au-dessus s'élevait un temple funéraire.

Dans le secteur N.-O. de Saqqara, au-delà des tombes de la 1re dyn., les fouilleurs anglais ont découvert en 1965 d'immenses catacombes d'ibis dont l'exploration est en cours. Sur les centaines de milliers d'oiseaux qui s'y trouvent, un certain nombre, présentant des particularités intéressantes, ont pu être étudiées.

Plus au N., les arasements d'un temple dédié peut-être à la mère d'Apis ont été repérés et partiellement déblayés. Tous ces travaux ont amené, au cours de la saison 1970, la découverte sensationnelle du tombeau des mères d'Apis qui devra être exploré dans les années à venir.

De telles découvertes, de haute importance archéologique, peuvent parfois rebuter le non-spécialiste par leur aspect peu spectaculaire, mais elles prouvent que l'immense site de Saqqara est bien loin d'avoir livré toutes ses richesses.

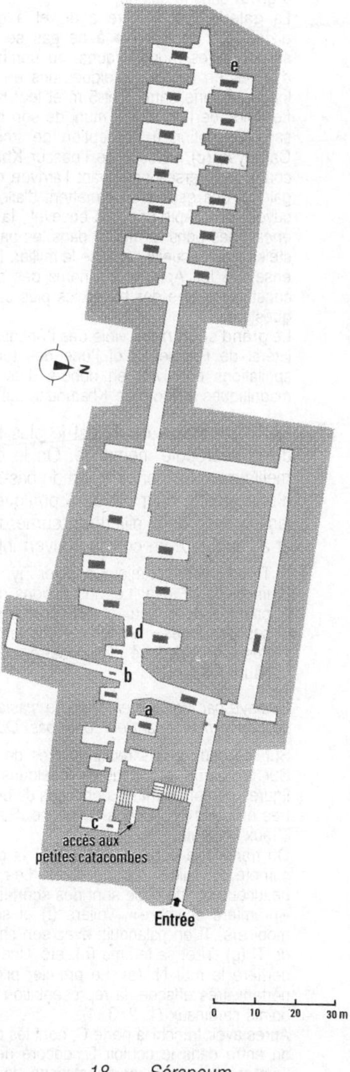

18. — Sérapeum.

En descendant vers le grand souterrain, on passe près du couvercle du sarcophage de l'**Apis d'Amasis**, dont la cuve se trouve dans la première niche immédiatement à g. **(a)** dans la galerie.

La **galerie**, qui s'ouvre à dr. et à g. de l'escalier, est creusée de **chambres** distribuées de manière à ne pas se faire face. Celles-ci contiennent de grands **sarcophages** monolithiques, au nombre de vingt-quatre, les uns en granit rose, d'autres en basalte, quelques-uns en calcaire. Ils ont de 3 à 4 m de haut. Leur longueur varie entre 4 et 5 m et leur largeur de 2 à 3 m.

Le poids de l'un d'eux, muni de son couvercle, a été évalué à 69 tonnes. Ils sont sans inscription à l'exception de trois qui portent les noms d'**Amasis (a)**, de **Cambyse (c)**, et celui de l'obscur **Khababach (b**, et couvercle **d)**, qui se révolta contre les Perses peu avant l'arrivée d'Alexandre le Grand. A l'extrémité O. de la galerie, des escaliers permettent d'aller voir de plus près une de ces magnifiques cuves **(e)**. L'Apis une fois enseveli, **la chambre était murée** et des stèles étaient encastrées dans le mur et dans les parties voisines de l'ouverture. Le nombre des stèles ainsi recueilli dépasse le millier. Les dates des règnes pendant lesquels furent ensevelis les Apis, et les noms des personnages qu'elles nous ont fait connaître constituent l'une des bases les plus certaines pour la chronologie des époques en question.

Le **grand souterrain**, violé dès l'Antiquité n'a livré que des stèles, mais le souterrain latéral de Ramsès II et l'une des tombes isolées qui avaient pu échapper aux spoliations ont livré, en dehors d'un nombre considérable de stèles, les bijoux magnifiques au nom de Khâmouas qui sont au musée du Louvre.

●●● Le *****mastaba de Tî** est le plus beau, sinon le plus grand, des tombeaux de la nécropole memphite. On le considère généralement comme l'un des meilleurs spécimens de l'art du bas-relief sous l'Ancien Empire. Il se compose d'une grande cour carrée à portiques, précédée d'un petit vestibule formant façade avec deux piliers et tourné du côté du N., tandis que du côté opposé et à l'angle O. un couloir couvert introduit dans les deux chambres.

Tî, qu'il vaudrait mieux appeler Tjy, était un haut personnage de la cour, vers la fin de la Ve dyn. Les inscriptions du tombeau lui donnent de nombreux titres, parmi lesquels ceux d'« ami unique », « chef des secrets de son maître en toutes ses demeures », « chef de tous les travaux du roi », « régisseur des pyramides des rois Néferkarê et Niouserrê ». Sa femme, Néferhetepes, paraît avoir été de haute noblesse.

Déblayé par Mariette en 1865, le mastaba, par suite de l'amoncellement des sables, se trouve maintenant en contrebas. Quelques marches vous y donneront accès.

Sur les deux piliers rectangulaires de la façade, portraits de Tî, avec sa titulature. Sur les parois du vestibule, quelques scènes : a, 3 registres de processions de figures personnifiant les domaines du défunt, au nombre de 36 ; b, scènes d'élevage, très effacées ; c, scènes de pêche. Sur les ébrasements de la porte A, adresse de Tî aux visiteurs.

On franchit la porte d'entrée **(A)** ; la **grande cour** est entourée d'un portique qui compte 12 piliers rectangulaires. Les bas-reliefs de cette partie de la tombe ont beaucoup souffert. Ce sont des **scènes très vivantes et familières**, des thèmes de « première chambre », volière (f) et scènes de boucherie (e), transports d'objets mobiliers, Tî en palanquin avec son chien et son singe (d), rapport des secrétaires de Tî (g), Tî et sa femme (h), etc. Une fausse porte (j) ; un premier **serdāb** s'ouvre derrière le mur N. (e). Le premier pilier N.-E. et les piliers S. en partant de l'E., portent, très effacée, la représentation de Tî regardant dans la direction des quatre points cardinaux (1, 2, 3, 4).

Après avoir franchi la porte C, dont les crapaudines (des gonds) sont encore visibles, on entre dans le couloir D, décoré de bas-reliefs bien conservés : k et k' (dans l'embrasure), trois représentations de Tî en trois costumes différents ; — l et l',

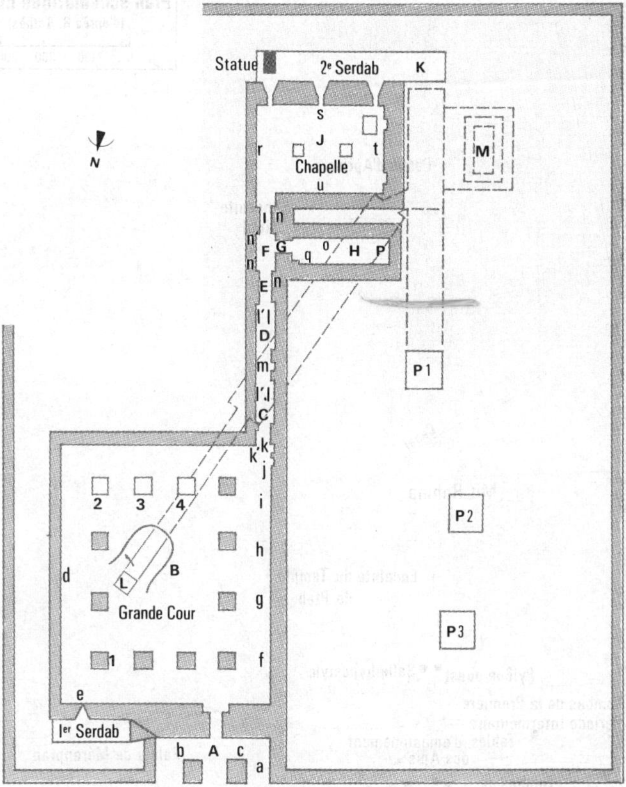

19. — Mastaba de Tî.

serviteurs et servantes apportant diverses offrandes ; — m, fausse porte ou stèle avec représentation de la femme de Tî, la princesse Néferhetepes.

Le couloir D communique avec un petit vestibule (F) par la porte E ; sur chaque paroi d'embrasure, Tî et son fils Demedj ; imposte : Tî et sa femme en barque au milieu des roseaux ; — n, de chaque côté de la porte G, arrivée des barques du Nord ; sur l'imposte, deux registres : barques voguant à pleine voile ; — **n**, cinq registres : transport des statues du défunt ; en bas, ligotage et abattage du bœuf pour le sacrifice.

La chambre H est la vraie **chapelle de l'offrande** ; le gond, en bois de sycomore, se trouve encore encastré dans la crapaudine, à dr. ; au-dessous de la porte, le panneau de l'imposte est consacré à la représentation du mobilier et de la vaisselle funéraires. — La paroi o est segmentée en neuf registres ; apport d'offrandes

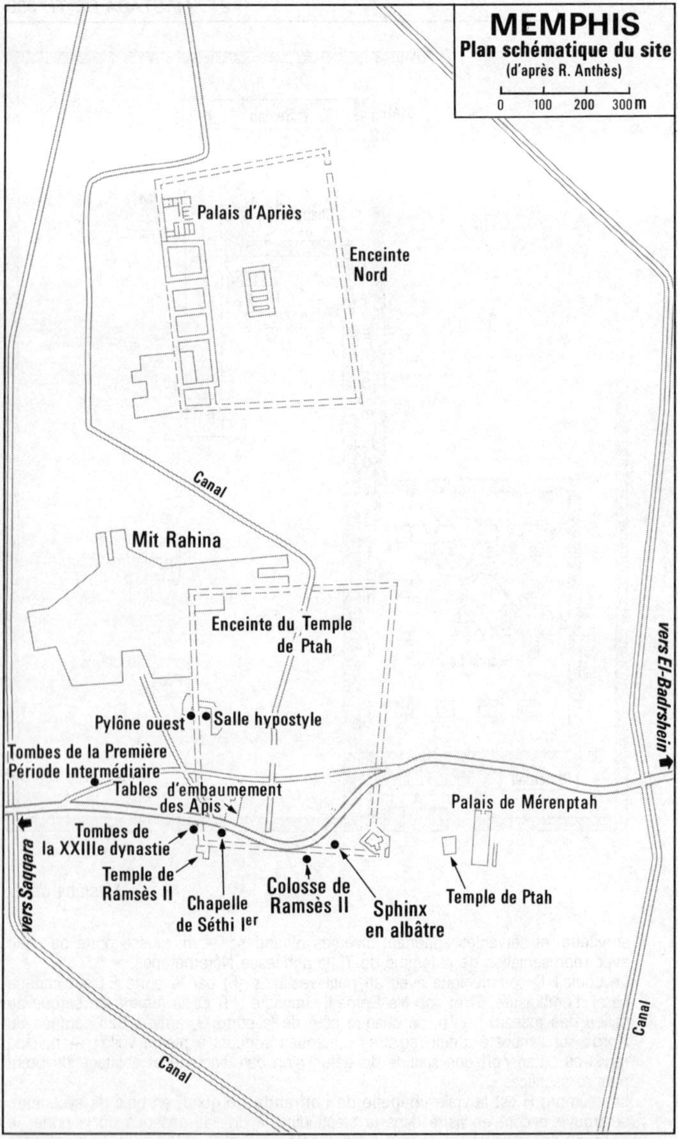

20. — *Memphis : plan schématique du site (d'après R. Anthès).*

diverses devant Tî et son fils, à g. de la scène ; p, fabrication de la bière et du pain ; g, niche pour les offrandes.

Au-dessus de la porte I, qui mène du vestibule F à la chapelle, musiciens et danseuses.

La **chapelle principale** J est la plus remarquable par l'abondance et la variété des scènes représentées. C'est la peinture très détaillée et très piquante des mœurs de l'ancienne Égypte.

Paroi r : au centre Tî en grandeur réelle (très rare) et sa femme ; devant eux, travaux agricoles (observer la forme des instruments aratoires) : on élève une meule, on vanne, on ensache le grain, on transporte les gerbes, on en charge des ânes ; derrière Tî, des scènes de chantier nous font voir les principales phases de la construction d'un bateau. Observez l'extrême simplicité de forme des instruments (la hache et l'herminette) dont on verra des spécimens bien conservés au musée du Caire.

Paroi t, aux deux extrémités, stèles avec tables d'offrandes.

Paroi s, à l'extr. g., Tî et sa femme ; sous ses pieds, ouverture du serdâb K ; de chaque côté du serdāb deux serviteurs brûlent l'encens. Devant Tî, ateliers d'ébénistes, de sculpteurs, et autres corps d'Etat. Dans la partie centrale de la paroi, entre deux portraits du défunt, séparation en plusieurs registres : on amène des animaux sauvages et du bétail paré ; à l'extr. dr., abattage et dépeçage.

Paroi u, registre inférieur : théorie de femmes chargées de produits des champs et personnifiant les revenus des domaines de Tî ; au-dessus et au centre, Tî, dans sa barque, assiste à une scène de pêche et de chasse à l'hippopotame au milieu des marais du Delta. Le fond du tableau est en quelque sorte cannelé par les tiges de roseaux ou de papyrus représentés sous leur forme conventionnelle avec leur floraison se composant de larges campanes alternant avec des boutons. Entre autres détails qui ne manquent pas de saveur, vous remarquerez dans l'eau le combat d'un crocodile et d'un hippopotame, tandis que, dans le haut des tiges, trois animaux grimpeurs convoitent les nids et les oisillons ; à g., troupeaux passant un gué, scènes de pêche et d'oisellerie avec apprêtement des animaux ainsi capturés. Tout à l'extrémité, nain conduisant un singe, bossu menant en laisse deux lévriers.

La **décoration des piliers** est des plus simples et ne contient que des légendes hiéroglyphiques (nom et titre de Tî) sur champ simulant le granit.

Le deuxième serdāb n'est pas vide ; un moulage a remplacé la statue de Tî, conservée au musée Égyptien *(R. d. C., salle 32, n° 229)* ; on peut le voir par la fente de la paroi.

Un long couloir oblique ayant son entrée au centre de la cour B conduit dans le **caveau** où se trouve le sarcophage taillé à même le roc dans une sorte d'alcôve ; le couvercle est formé d'un bloc rapporté. Ce caveau ne contient pas d'inscription et n'est intéressant que parce qu'il complète l'ensemble du monument qu'est un mastaba.

Des trois puits, un seul communique avec le caveau.

2G — Memphis

***Accès** : cette excursion aux ruines de la vieille capitale de l'Ancien Empire se combine aisément avec la précédente à laquelle elle peut par exemple servir de rapide introduction.*

*Pour vous rendre directement à Memphis suivez, au départ du Caire, la route de Haute-Égypte jusqu'à (24 km) **El-Badrashein** ; là, prenez à dr. pour traverser le village et atteindre, aussitôt après, les vestiges, éparpillés dans une palmeraie, de l'antique cité.*

*Pour rejoindre ensuite la nécropole de **Saqqara**, vous continuerez votre chemin jusqu'à (3,5 km de El-Badrashein, 1,5 km env. des ruines) un petit pont sur un canal ;*

à la sortie du pont vous prendrez encore à dr. la route qui remonte vers Giza et rejoint 1,5 km après le pont, la bifurcation de la route d'accès à la nécropole (km 28 de l'accès direct à Saqqara, V. ci-dessus 2 F).

L'ancienne **Memphis** n'est plus aujourd'hui qu'une palmeraie parsemée de monticules de décombres, épars sur une grande étendue.

Vous arriverez d'abord à un vaste **enclos** où une construction moderne abrite le ***colosse de Ramsès II.**

Taillé dans un bloc de calcaire siliceux au grain très fin, il mesure 10,30 m de hauteur (13 m avant d'avoir perdu le bas de ses jambes) et porte son nom gravé sur l'épaule droite, sur le pectoral et la boucle du ceinturon. Un second colosse en granit rose, qui gisait à proximité, a été transporté au Caire où il orne la place de la Gare depuis 1955.

A quelques mètres de là se trouvent divers **fragments lapidaires de Ramsès II** ainsi qu'**une stèle** portant l'inscription commémorative d'un décret **au nom d'Apriès** (XXVIe dyn.) surmontée dans la partie cintrée des figures de Ptah et de Sokar à tête de faucon. Tout à côté on a découvert en 1962 deux autres grands colosses de Ramsès II, très abîmés, et les moitiés inférieures de deux colosses plus petits, représentés assis.

Quelques dizaines de mètres plus loin se dresse un très beau ***sphinx en albâtre,** haut de 4,25 m et long de 8 m (poids estimé 80 t), peut-être de l'époque d'Aménophis II, et qui flanquait probablement, dans l'Antiquité, l'entrée S. du temple de Ptah ; c'est le plus grand sphinx « transportable » que l'on connaisse.

Tout cet ensemble se trouve **à l'emplacement du mur S. de l'enceinte du temple de Ptah** dont le tracé, déterminé par Petrie, a été confirmé par des sondages effectués en 1956. Depuis la fin du XIXe s., les fouilles ont amené la découverte de quantité de documents divers. En 1948, à env. 100 m O. du colosse, fut ainsi mise au jour une petite **chapelle** construite par Séthi Ier en blocs de calcaire et consacrée au culte de Ptah, avec quelques adjonctions de la XXVe dyn. (rois Chabaka et Taharqua) ; elle contient, encadrant une statue de Ptah, deux statues de déesses tenant Séthi Ier sur leurs genoux : au N., une représentation rare de la déesse Mennefer (personnification de Memphis) et, au S., une représentation, jusqu'ici unique, d'une déesse Tjésémet (personnification d'une structure crénelée).

A env. **200** m à l'O., à dr. de la route, se trouvent les restes des chambres d'embaumement des Apis où subsiste une remarquable **table d'embaumement** en albâtre, haute de 1,20 m, longue de 5,40 m et large de 3,10 m datée de la XXVIe dyn.

Les origines. — La ville, que les Grecs appelaient Memphis par altération de son nom égyptien Mennofrê et que les Égyptiens désignaient encore du nom de son sanctuaire principal Hout-ka-Ptah (d'où dérive Aegyptos), fut l'une des plus anciennes et des plus importantes cités de l'Égypte. Elle passait pour avoir été fondée par Ménès, et le souvenir de cette fondation se confondait avec celui des grands travaux hydrauliques entrepris, paraît-il, par ce roi, pour régulariser le cours du Nil.
Un premier bourg, dans le voisinage de Mīt-Rahīna, le même peut-être que l'on suppose avoir été fondé par Ménès, devint la capitale de l'un au moins des rois de la IIIe dyn. (Djéser).

La grande époque memphite. — Négligé après Snéfrou par les rois de la IVe, qui établirent leur résidence à 18 km plus au N., vis-à-vis du plateau de Giza, où s'élèvent leurs pyramides, et par ceux de la Ve dyn., qui néanmoins s'en rapprochèrent sensiblement (comme le montrent leurs sépultures situées à Abūṣir), le vieux bourg, vénéré à cause de son sanctuaire, revint en faveur à partir de Pépi Ier (VIe dyn.) et sous ses successeurs.
On ne saurait se représenter cette étendue de 18 km entre Giza et Saqqara comme formant un tout ininterrompu. Si vastes qu'aient été les plus grandes capitales de l'Antiquité, elles n'atteignaient pas les proportions d'un Paris ou d'un Londres. A mesure que le centre de la cité, déterminé par l'habitation royale, se déplaçait dans un sens ou dans l'autre, le quartier délaissé devait tomber dans le plus grand abandon ou vivre de sa vie propre à la façon d'une banlieue.
Il est probable que sous Pépi Ier, alors que la vie et le mouvement affluaient vers la vieille cité des rois de la IIIe dyn. — c'est-à-dire à la hauteur de El-Badrashein et de Mīt Rahīna — le quartier de la Ve dyn. (correspondant à l'actuel village de Mīt Qadūs, à 8 km N.) pouvait encore, grâce à son voisinage relatif, rester soudé à la métropole, mais celui de la IVe dyn., distant de trois heures de marche, dut alors tomber dans l'isolement. Memphis avait atteint son apogée sous la VIe dyn.

La décadence. — Causée par l'affaiblissement des princes régnants de la Première Période Intermédiaire, elle fut rapide. Déchue du rang de capitale, Memphis n'en resta pas moins une très grande ville d'Égypte, et Thèbes seule, grâce aux conquêtes de ses princes et à la durée de son hégémonie, put rivaliser avec elle en grandeur et en richesse. Mais, par une sorte de privilège dû à sa position qui commandait le Delta et en faisait le grand port de l'Égypte, au moins autant qu'à la célébrité de son sanctuaire, Memphis ne tomba jamais dans un abandon semblable à celui de certaines autres capitales.

Un renouveau passager. — Après l'expulsion des Hyksôs, les rois s'efforçèrent de la restaurer dans son ancienne splendeur. Ahmôsis, pour sa part, rénova le temple de Ptah. Nous ignorons ce que firent ses successeurs, mais l'épisode du déblaiement du grand Sphinx par Thoutmôsis IV n'efface pas l'impression que la XVIIIe dyn. fut peu préoccupée de l'ancienne capitale. Moins dédaignée sous Akhnaton, qui y construisit un temple, elle eut surtout part aux travaux d'embellissement entrepris sous le règne de Ramsès II, si l'on en juge par les colosses de Mīt Rahīna.
Le règne de Ramsès II fut une renaissance pour Memphis. L'un de ses fils, Khâmouas, fut nommé par lui chef du sacerdoce memphite et dut contribuer, nous en avons la preuve pour le Sérapeum, à l'embellissement de la ville. Son exemple fut suivi par son frère Mérenptah, qui succéda sur le trône à Ramsès II. D'ailleurs, les tombes de hauts personnages appartenant à la XIXe dyn., nombreuses à Saqqara, y indiquent un réveil de la vie officielle.
Exposer les vicissitudes par lesquelles elle passa pendant la période agitée des guerres dynastiques, qui mit alternativement le pouvoir aux mains des Tanites, des Bubastites, des Éthiopiens et des Saïtes, jusqu'à l'invasion persane, entraînerait trop loin. Memphis fut alors une des premières à souffrir des maux de la guerre comme à recueillir les bienfaits de la paix. Elle vit entrer en vainqueur dans ses murs les Éthiopiens, Peye (Piânkhi) et Taharqa, les Assyriens et les Perses. Les Tanites et surtout les Saïtes l'embellirent.

Une métropole de l'Orient antique. — Dès la XVIIIe dyn., et peut-être antérieurement, Memphis s'était montrée la plus cosmopolite des villes d'Égypte et avait fait en quelque sorte pressentir Alexandrie. Les dieux de l'Asie y eurent des sanctuaires ; elle ouvrit ses murs aux exilés juifs sous Apriès en 568, aux colons ioniens et cariens sous Amasis, quarante ans après. Ce fut l'époque à laquelle Hérodote la visita.
« Memphis, dit Maspero, était pour le Grec d'alors ce que le Caire a longtemps

été pour nos modernes, la cité orientale par excellence, le représentant et comme le type vivant de la vieille Égypte. Malgré les désastres qui l'avaient frappée dans les derniers siècles, c'était encore une très belle ville, la plus grande qu'il y eût en Orient avec Babylone.

« Ses fêtes religieuses, surtout celle d'Apis, y attiraient à certains moments de l'année des myriades de pèlerins. Le commerce y amenait sans cesse des bandes d'étrangers venus de tous les coins de l'Afrique et de l'Asie, son port et ses rues devaient présenter, comme aujourd'hui les rues du Caire, le spectacle bariolé de cent races et de cent costumes divers.

« Phéniciens, Juifs, Araméens, Grecs, Libyens, depuis le prêtre égyptien à tête rase, enjuponné de blanc, jusqu'au soldat perse de la forteresse du Mur Blanc et au nègre du Soudan...

« La plupart des peuples qui fréquentaient la ville y possédaient chacun un quartier particulier qui portait son nom : les Phéniciens, le Camp Tyrien ; les Cariens, le Mur Carien ; il y avait des Caromemphites et des Hellénomemphites à côté des Memphites autochtones...

« Les abords de la ville, surtout ceux de l'ancien quartier royal, étaient défendus par plusieurs étangs, restes des anciens lacs sacrés qu'Ouahibrê (Apriès) avait recreusé jadis. Le vieux palais des Pharaons commençait dès lors à tomber en ruine, mais le Mur Blanc était encore bruyant et animé. Il renfermait alors une véritable armée perse, celle-là même qui avait réprimé la révolte d'Amyrtée...

« La ville propre était remplie de temples : dans le quartier étranger, temple d'Astarté phénicienne, où, depuis la XVIIIe dyn., des prêtres d'origine syrienne célébraient les mystères de la grande déesse ; temple de Baalzéphon ; temple de Tanit ; dans la ville égyptienne, temple de Rê, temple d'Amon, temple d'Atoum, temple de Bastet, temple d'Isis. »

Les raisons du déclin. — La décadence définitive de Memphis ne date pas, comme on l'a souvent dit, de la fondation d'Alexandrie, mais elle en fut la conséquence. Le décret gravé sur la célèbre pierre de Rosette nous apprend en effet, qu'à l'époque de Ptolémée V Épiphane, Memphis était encore la capitale religieuse de l'Égypte ; les délégués de tous les temples du pays s'y rendaient en certaines circonstances. Les Ptolémées s'y faisaient couronner dans le grand temple de Ptah, coutume qui s'était, d'après Diodore, conservée jusqu'à Ptolémée VIII Evergète II.

Néanmoins il est naturel de penser qu'Alexandrie lui enleva, dès le IIIe s. avant notre ère, une partie de sa population, notamment l'élément étranger, attiré par l'éclat de la nouvelle capitale. Parmi ses temples, quatre semblent avoir été plus particulièrement remarqués des étrangers ; celui d'Apis, qui avait, attenant à une même cour, deux enclos, l'un pour le bœuf Apis, l'autre pour la vache qui lui avait donné naissance. Le temple de Ptah se trouvait à côté. Cette vitalité était déjà très amoindrie lorsque parut l'édit de Théodose (392 ap. J.-C.). Ce qui, au cours des guerres religieuses, ne fut pas détruit fut transformé en église. Plus tard, la fondation de Fosṭât et du Caire livra les monuments encore debout de Memphis à cette démolition systématique qui devait fournir des matériaux de prix aux constructions musulmanes.

Cependant, telle avait été sa richesse monumentale qu'à la fin du XIIe s., l'historien 'Abd el-Laṭīf pouvait écrire que « ses ruines offrent encore à ceux qui les contemplent une réunion de merveilles qui confond l'intelligence et que l'homme le plus éloquent entreprendrait inutilement de décrire ».

Un siècle et demi après, Abū l-Féda parle encore de l'étendue occupée par les ruines de Memphis. La rupture des digues qui les protégeaient, par suite de l'incurie administrative des Mamlouks, amenant à chaque inondation l'exhaussement du sol, transforma ce qui avait été Memphis en une vaste plaine d'où émergent quelques monticules.

C'est seulement depuis le commencement du XIXe s. que des recherches ont permis de retrouver son emplacement.

2H — Nécropole de Saqqara-Sud

Accès : à moins de 2 km de la grande nécropole de Saqqara, celle dite de Saqqara-Sud, en face du village qui a donné son nom à l'ensemble, est plus étendue mais moins riche, et surtout de moindre intérêt touristique. Vous pourrez vous y rendre soit par le village, soit, ce qui se fait habituellement, en utilisant une de ces montures, âne, cheval ou dromadaire, que l'on ne manquera pas de vous proposer aux alentours de la pyramide de Djéser.

Groupe du Nord

Ce groupe, situé au niveau du village de **Saqqara**[1], comprend les vestiges des pyramides de Pépi 1er et Mérenrê (VIe dyn.), et la pyramide, mieux conservée, appelée par les Arabes **ahram es-Shawāf** (pyramide du guetteur) qui a été identifiée en 1945, lors des fouilles du Service des Antiquités, comme étant celle de Djedkarê Isési (Ve dyn.). Les travaux de dégagement de son temple funéraire, repris en 1952-53, ont donné plusieurs fragments architecturaux en ronde-bosse et en bas-relief. A proximité ont été découvertes des tombes de la fin de la VIe dyn.

Les **pyramides de Pépi Ier et de Mérenrê** sont difficiles à repérer au milieu d'un terrain bouleversé tant par le poids des siècles que par les vestiges et les déblais de fouilles, officielles ou clandestines.
Les appartements funéraires des pyramides de Pépi Ier et de Mérenrê, dont les parois étaient couvertes des fameux **«textes des pyramides»**, ont beaucoup souffert du travail des ouvriers du Moyen Age qui, parfois au mépris de tout danger, utilisèrent ces monuments royaux comme carrières et laissèrent derrière eux des milliers d'éclats inscrits. Comme elle le fit déjà pour la pyramide de Téti (→ *p. 355*), une mission française qui, par ailleurs, à fouillé le **temple haut** de Pépi Ier, a récupéré d'innombrables fragments de texte, et travaille sur les gigantesques **puzzles** que sont les parois à reconstituer, sur le papier d'abord, dans la réalité ensuite : ce patient travail a livré de nouvelles versions de textes déjà connus, mais aussi des passages sans parallèles jusque-là, de ces **textes qui comptent parmi les plus anciens de l'humanité**.
Grâce au concours des spécialistes d'E. D. F. et de la Compagnie de Prospection Géophysique Française, la même mission a pu, durant l'hiver 1987-88, retrouver, à quelques dizaines de mètres de la pyramide de Pépi, celles des deux épouses du pharaon et, à 20 m E. du temple funéraire, le mastaba de son vizir.

Groupe du Centre

••• Le **mastabat-Fara'ūn,** «le siège du Pharaon», est le **tombeau de Chepseskaf**, dernier souverain de la IVe dyn. Bâti sur plan rectangulaire, il est formé de deux gradins appareillés en gros blocs de calcaire, chacun des gradins se composant de cinq assises, légèrement en retrait l'une sur l'autre, comme dans les mastabas ordinaires. L'axe longitudinal est E.-O. Le monument n'a du mastaba que l'aspect général : **il ne contient ni chapelle ni stèle**. En réalité **il figure un gigantesque sarcophage au couvercle bombé** terminé par deux pièces d'appui. Jadis recouvert de calcaire fin et précédé, devant la

1. Contrairement à une opinion répandue, ce nom vient de celui de la tribu des Béni Soqar, qui habita l'endroit ; c'est, semble-t-il, par pure coïncidence qu'il évoque celui du dieu Sokaris dont c'était précisément le domaine.

face E., d'un petit temple funéraire, il était, comme les pyramides, relié par une longue chaussée à un temple de la vallée.

La distribution souterraine en a été relevée par Mariette, qui le découvrit. Du pied de la 1re assise au centre de la face N., un couloir oblique d'env. 18 m s'enfonce directement dans le roc, puis devient horizontal et se transforme en vestibule avec trois fermetures à herse. Il débouche au milieu du grand côté (8,30 m) d'une belle **chambre** voûtée en dos d'âne, et dont l'axe longitudinal est orienté E.-O. Cette chambre communique par un étroit et bas passage à l'O., avec une **seconde chambre** où se trouvait le **sarcophage** (auj. disparu), couverte d'une fausse voûte. L'ensemble de ces souterrains, entièrement construits en blocs de granit de grandes dimensions, s'apparente beaucoup à ceux des tombeaux royaux de la IVe dyn. ainsi qu'à ceux de la pyramide d'Ounas qui en sont une réplique presque conforme.

Enfin, de l'angle E. du mur S. de la première chambre se détache vers le S. un nouveau couloir sur lequel s'ouvrent **cinq niches** ou petites chambres d'env. 2,50 m de profondeur.

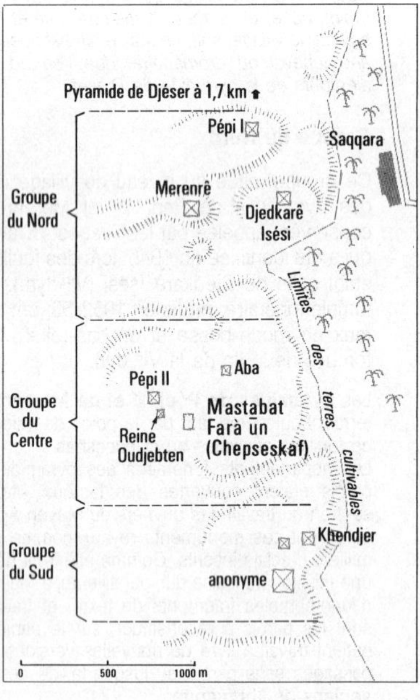

21. — Nécropole de Saqqara-Sud.

A **300** m env. au N.-O. du tombeau de Chepseskaf se trouve la **pyramide de Pépi II** (VIe dyn.), bâtie en petit appareil et très ruinée. Elle a été fouillée de 1926 à 1936 par G. Jéquier qui a déblayé le temple, retrouvé les arasements du temple de la vallée et de la rampe oblique qui montait vers la pyramide.

La pyramide a livré des **« textes des pyramides » en excellent état.** Le **temple,** un des meilleurs et l'un des plus développés (env. 100 m de profondeur) en ancienne Égypte, était décoré de bas-reliefs très fins décrivant des parties de chasse ou célébrant les victoires du roi.

La deuxième partie du temple se trouve à un niveau plus élevé : c'est un groupe de quatre pièces entourées de magasins.

A **l'intérieur de l'enceinte,** au S. du temple, se trouve une petite **pyramide satellite** qui a conservé son revêtement sur une hauteur de plusieurs assises ; son rôle n'a pu encore être parfaitement défini bien que l'on puisse affirmer sans risque d'erreur qu'elle ne saurait être, comme on l'avait longtemps cru, une pyramide de reine, mais qu'elle remplit une fonction religieuse.

Les **pyramides des reines,** épouses successives de Pépi II, **sont** en effet **construites à l'extérieur de l'enceinte.** Celle du S. est le tombeau de la reine Oudjebten, et, parmi les deux pyramides situées au N.-O. de la pyramide royale, la plus à l'O. est celle d'Apouit, la plus à l'E. celle de Neith. La quatrième épouse de Pépi II, Ânkhesen-Pépi, n'est pas enterrée dans ce complexe. Chacune de ces pyramides constitue une copie réduite du monument royal avec ses annexes et sa pyramide satellite et, semble-t-il pour la première fois, les épouses royales disposent elles aussi de «textes des pyramides». La frise des lions passant, qui décore le stylobate d'un vestibule à la pyramide de Neith, est remarquable par sa rareté.

Il reste peu de chose de la **pyramide** située plus à l'O. près de l'avenue de Pépi II. Attribuée à Aba-Kakarê, souverain de la VIIIe dyn., elle ne présente d'intérêt que par son appartenance à une période mal connue et par sa version (la plus récente) des **«textes des pyramides»**.

Groupe du Sud

A la limite du désert, à 1 km au S. du mastabat-Fara'ūn, il se compose de **deux pyramides en brique**, de la XIIIe dyn. (fin du **Moyen Empire**).

•*• La **pyramide de Khendjer** est la plus septentrionale du groupe. La chapelle est rasée, mais les souterrains dont l'entrée est située à l'O. sont en excellent état et aboutissent à une chambre monolithe en quartzite, constituant le sarcophage avec disposition spéciale pour la mise en place du couvercle; il n'y a aucune inscription à l'intérieur. L'attribution a été faite par plusieurs fragments du décor de la chapelle et par le pyramidion de granit aujourd'hui au musée du Caire *(rez-de-chaussée, atrium).*

•*• La **pyramide du Sud** est plus grande, mais inachevée et sans inscription. Les souterrains sont le plus **remarquable exemple d'un tombeau royal du Moyen Empire** : construction parfaite en pierre blanche, chambre monolithe en quartzite (qui doit peser 150 tonnes), dispositif pour la manœuvre du couvercle (1 m de long). Le tombeau n'a jamais été occupé, non plus que le tombeau annexe aménagé au N. de la grande chambre.

21 — Pyramides de Dahshūr

La visite du site, classé zone militaire, est soumise à autorisation : adressez-vous à la police touristique, mais il n'est pas certain que votre requête aboutisse.

Accès : à 2 km env. des monuments les plus méridionaux de la nécropole de Saqqara-Sud, les pyramides de Dahshūr peuvent être, comme eux, le but d'une longue randonnée à cheval à travers le désert. En voiture, il faut d'abord gagner le village de Saqqara puis continuer, au-delà du village, à suivre la piste longeant un petit canal; les pyramides s'aperçoivent de loin.

Le groupe des pyramides de Dahshūr comprend cinq pyramides dignes d'être signalées. Trois pyramides sont de pierre et deux de brique, disposées suivant deux lignes sensiblement parallèles, orientées N.-S.

•*• La pyramide la plus septentrionale ou **pyramide de brique N.** est celle de Sésostris III (XIIe dyn.). Haute actuellement d'une trentaine de mètres et mesurant à la base 105 m de côté, elle était primitivement revêtue d'un appareil en calcaire de Toura, dont l'assise inférieure a laissé quelques traces sous les décombres.

Les **souterrains** ne sont plus accessibles auj. ; un puits soigneusement dissimulé dans la cour à l'O. du monument permettait d'entrer dans les longs couloirs qui conduisaient à la chambre funéraire et au monumental sarcophage de granit.

A l'intérieur de l'enceinte rectangulaire en brique qui délimite le terrain de la sépulture royale, un **puits** qui s'ouvre à 12 m de l'angle N.-E. de la pyramide conduit dans un long souterrain (110 m) desservant les caveaux de **quatre tombes** alignées en avant du front N. de la pyramide avec les sarcophages de plusieurs princesses de la famille royale.

A l'angle S.-O., en dehors de l'avant-cour comprise au S. dans une enceinte complémentaire, se trouve un souterrain voûté dans lequel étaient enterrées plusieurs barques mesurant 10 m de long, ainsi que des traîneaux de bois, matériel des funérailles des princesses et des princes dont la pyramide était la sépulture.

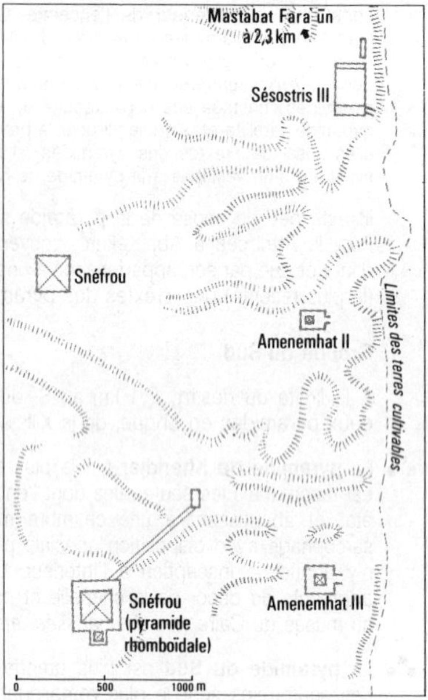

22. — Pyramides de Dahshūr.

••• A 1 500 m au S. de la pyramide de Sésostris III, on voit les **arasements** d'une **pyramide de pierre** élevée par **Amenemhat II.** La chambre, construite en calcaire, était entièrement nue, mais, à l'O. de la pyramide, les sépultures des princesses Khnoumet et Ita livrèrent aux fouilleurs une très belle collection de bijoux, en particulier deux couronnes *(auj. au musée du Caire, 1er ét., salle 3).*

••• Plus au S. encore, à la lisière du désert, en face du village de Menshia, s'élève la seconde **pyramide de brique,** construite, ainsi que l'atteste son pyramidion de granit noir *(au musée du Caire, r.d.c., atrium)* par **Amenemhat III.** A l'intérieur de son enceinte, une rangée de douze puits s'aligne sur le front N. Les deux puits situés le plus à l'E. desservent les caveaux, l'un du roi Aouibrê Hor (fin XIIe dyn.), l'autre de la princesse Noubthotep, Fille Royale.

Le caveau d'Amenemhat III a été retrouvé vide, ce qui ne saurait surprendre puisque l'on sait que ce roi s'était fait construire à Hawāra, dans le Fayyūm, une autre pyramide sous laquelle il fut inhumé. Ces tombes ont néanmoins enrichi le musée du Caire d'une série d'objets de grand prix dont une statue en bois du roi Hor représenté sous l'aspect du ka *(1er ét., corr. 32).*

A l'O. de cet alignement de pyramides du Moyen Empire se trouvent les **deux pyramides en pierre que fit construire Snéfrou**, fondateur de la IVe dynastie.

La plus septentrionale, qui est aussi la plus grande, est parfois appelée **« pyramide rouge ».** Elle paraît un peu aplatie tant est large sa base (213 m de côté) par rapport à sa hauteur (99 m). Sa descenderie, qui aboutit à trois chambres successives, est envahie par le sable et inaccessible.

La **seconde pyramide** de pierre se reconnaît de loin à son aspect insolite. Vers le milieu de la hauteur des quatre faces, l'angle de pente par rapport à l'horizontale, qui était de 54°14', se réduit à 42°59' si bien que le monument présente la double inclinaison d'une toiture à la Mansard ce qui lui vaut son nom de **pyramide rhomboïdale.**

Haute de 97 m et mesurant 188 m de côté elle est **la moins dégradée de toutes** et conserve encore la majeure partie de son revêtement. Outre sa **forme inhabituelle**, elle présente la particularité de posséder **deux entrées** situées respectivement sur les faces O. et N. et donnant accès à des chambres dont les voûtes, en encorbellement, rappellent, par leur technique de construction, le voûtage de la grande galerie de la pyramide de Khéops, qui lui est postérieure. **Aucune trace de sarcophage** n'a été découverte dans la pyramide.
Devant le milieu de la face S. de la pyramide, et à une cinquantaine de mètres, se trouve une **pyramide satellite** dont les dimensions primitives étaient env. 52 m à la base et 26 m de hauteur. Une descenderie ouvrant sur la face N. conduit à une chambre à voûte en encorbellement.
Le rôle de cette seconde pyramide n'a été qu'imparfaitement défini, mais tout porte à croire qu'il était semblable à celui que jouait le tombeau S. par rapport à la pyramide à degrés dans le complexe funéraire de Djéser. Devant la face E., le **temple funéraire** se réduit à un petit édicule en brique crue avec une table d'offrandes en albâtre. Tout autre **est le temple de la vallée**, situé à **600** m E.-N.-E., fouillé et dégagé de 1951 à 1954. De grandes dimensions, il comprend un vestibule flanqué de deux salles sur chaque côté et ouvrant une grande cour au fond de laquelle se trouvent six chapelles précédées d'une colonnade de dix piliers sur deux rangs. Des fragments de bas-reliefs ont été retrouvés dans le temple.

Nécropole de Dahshūr. — Le plateau de Dahshūr, bien moins riche en mastabas que ceux de Giza et Saqqara, n'en constitue pas moins une petite nécropole intéressante. Elle contient des tombes du commencement de la IVe dyn., de la XIIe dyn. et de l'époque romaine.

→ A env. 4,5 km S. du groupe des pyramides de Dahshūr, en face du village de Mazghūna se trouvent les restes de **deux autres pyramides** qui pourraient être attribuées, par leur ressemblance avec la pyramide de Hawāra (dans le Fayyūm), à Amenemhat IV et à la reine Néfrousobek, derniers souverains de la XIIe dyn.

3 -Le Fayyūm

Ceinte de tous côtés, ou presque, par les sables et les cailloux du déser libyque, cette vaste contrée a bien des aspects d'oasis. D'une oasis un peu particulière pourtant, ne serait-ce que par son étendue, sa proximité de la vallée du Nil et surtout la présence d'un lac immense que l'on croyait jadis œuvre humaine. Que les géologues aient depuis longtemps fait justice de cette croyance ne change rien à son attrait. A un intérêt historique certain — ici les traces de grands travaux réellement accomplis pour l'aménagement de la région, là des temples ou d'autres vestiges témoignant aussi de l'intérêt que les rois lui portèrent de tout temps — s'ajoute, au Fayyūm, le charme d'un paysage riant et varié, contrastant avec le tableau, moins renouvelé, des terres nilotiques. Les anciens voyageurs, Hérodote aussi bien que Strabon, ont vanté la douceur et la fertilité merveilleuses du Fayyūm. Comme hier, c'est toujours le verger de l'Égypte à laquelle il fournit en abondance agrumes et fruits de toutes sortes, et un vaste et agréable jardin que les fleurs, avant d'être vendues chez les fleuristes du Caire ou d'alimenter les alambics des parfumeurs, agrémentent de mille taches de couleur.

Le Fayyūm dans l'histoire

Le « Pays du Lac ». — L'histoire du Fayyūm est dominée par celle du grand bassin dont le lac Qarūn, le Moeris des Anciens, est le dernier vestige. La contrée était désignée autrefois sous le nom de To-Ché, le Pays du Lac ; les Grecs l'appelaient Limné, « le lac », et les Coptes à leur tour traduisirent ce nom dans leur langue, Phiom, « le lac », qui a subsisté jusqu'à nos jours à peine modifié.

La contrée s'est formée peu à peu au S.-E. de l'immense bassin qu'était autrefois le lac et s'est progressivement enrichie de terrasses que le recul des eaux laissait à découvert. Le lac Qarūn, au commencement des temps historiques, s'élevait à 22 m au-dessus du niveau de la mer ; sa limite méridionale était près de Bīahmū et de Sennūris ; il ne laissait donc au S.-E. qu'une étroite bande de pays cultivé qui était au Baḥr Yūsuf ce que le Delta est au Nil.

Ce Pays du Lac avait pour ville principale Shedit, plus tard nommée Crocodilopolis puis Arsinoé, à l'emplacement de l'actuelle Madinet el-Fayyūm.

Les origines. — Le Fayyūm tout entier n'était primitivement qu'un lac. Quelques terres probablement marécageuses formaient la primitive Shedit, qui n'était pour les rois de l'Ancien Empire qu'un lieu de pêche et de chasse comme la partie septentrionale du Delta. On comprend cependant que cet immense réservoir naturel, communiquant avec la vallée du Nil par le Baḥr Yūsuf, ait attiré de toute antiquité l'attention de l'administration. Les travaux accomplis à cette époque durent simplement consister à protéger les premières terrasses.

Les eaux et les hommes. — Les rois du Moyen Empire, et principalement Amenemhat III, sont frappés de l'intérêt que présente le Fayyūm. Fixant leur résidence à l'orée de la région, ils assèchent plus complètement les parties inondées de la première terrasse en construisant des digues de protection dont on retrouve les vestiges au N. de Madīnet el-Fayyūm et une écluse régulatrice à El-Lahūn. Ils conquièrent en outre plusieurs parties du terrain compris entre Bīahmū, Sennūris, El-'Agamīyīn et Ibshawāi sur la seconde terrasse, la limite N. du lac restant Dimai, comme le prouve l'existence de son temple. Les dynasties qui suivirent transportèrent leur capitale dans d'autres régions de l'Égypte mais entretinrent toujours avec un grand soin le bassin régulateur. La beauté et la fertilité de la région en faisaient un séjour agréable mais, par suite du peu d'intérêt qu'y prirent les rois du Nouvel Empire, le lac franchit certaines de ses digues et recouvrit le quai sur lequel se dressaient les colosses de Bīahmū, encore inondé lorsque Hérodote les visita.

Le recul des eaux. — Le lac se retirant peu à peu, les anciennes digues devenaient inutiles et, à l'époque ptolémaïque, de grands travaux asséchèrent les marais qu'il abandonnait; de nouvelles digues furent alors construites, vraisemblablement sous Ptolémée II Philadelphe, qui ramenèrent le lac à des dimensions très voisines du birket actuel. L'intérêt porté par ce roi à cette province se révèle par la fondation de la plupart des petites villes dont les ruines ont été découvertes sur les troisième et seconde terrasses.
A partir du IIIe s. de notre ère, c'est-à-dire après six siècles d'une prospérité dont témoignent les papyrus, le Fayyūm souffrit plus que le reste de l'Égypte de l'abandon administratif et des mauvaises conditions de l'irrigation. Le lac, mal alimenté, commença à se réduire peu à peu aux dimensions qu'il a aujourd'hui; la culture se restreignit et le désert envahit certaines de ses rives.

Visiter le Fayyūm

*La proximité relative du Caire et l'existence d'une route rapide la joignant à la capitale font de la province du Fayyūm une région d'***accès** *particulièrement* **facile.** *Bien que les routes qui la sillonnent à l'intérieur ne soient généralement pas d'excellente qualité, elles permettent d'accéder sans trop de difficultés aux sites les plus intéressants.*

Une journée *peut vous permettre d'emporter du Fayyūm une image précise : allez directement du Caire à Madīnet el-Fayyūm, en faisant éventuellement un crochet pour voir le lac; vous ferez ensuite l'excursion de Madīnet Mādi avant de regagner la capitale par Hauwāra, El-Lahūn et la vallée du Nil.*

Si vous ne disposez pas d'une voiture *particulière vous pouvez soit utiliser un* **taxi** *soit vous rendre en* **autocar** *(il y en a de moyennement confortables au départ de la place Et-Taḥrīr) à Madīnet el-Fayyūm où vous affréterez un taxi pour les deux excursions de Madīnet Mādi et de Hauwāra.*

Si vous avez le temps, *vous pouvez alors, en* **deux jours,** *faire une visite assez complète. Le* ***1er jour,*** *vous irez du Caire à l'Auberge Fayyūm Oberoi, au bord du lac, d'où vous ferez l'excursion du Qaṣr Qarūn avant de rentrer par Madīnet el-Fayyūm; le* ***2e jour*** *vous pourrez suivre le programme proposé ci-dessus pour l'excursion d'une journée.*

3 A — Du Caire au lac Qarūn

89 km ; bonne route.

Quittez Le Caire par la **Route des Pyramides** mais, juste avant d'arriver à l'hôtel Mena House, prenez à dr. la route d'Alexandrie par le désert ; vous l'abandonnerez 200 m plus loin pour tourner à g. La route monte sur le plateau en contournant de loin le groupe des pyramides puis, pendant une soixantaine de kilomètres, court dans le désert.

5,8 km : Sur la dr. départ de la **route de l'oasis de Baharīyya** et des autres oasis du désert libyque (→ *chap. 28D*).
76 km : Laissant à dr. le petit étang du **Kōm Aushīm** vous pouvez vous arrêter, à g. de la route, près des restes de l'antique **Karanis,** cité gréco-romaine qui n'est plus qu'un enchevêtrement de maisons de brique ruinées où subsistent les vestiges d'un temple dont le portail est très bien conservé. Un petit musée abrite divers objets trouvés sur le site et dans la région.

↠ A 25 km O. par une piste, petit **temple de Qaṣr el-Ṣāgha** (→ *ci-après, environs du lac ; demander une autorisation à l'inspecteur de Kōm Aushim).*

81 km : Bifurcation : prenez à dr. *(la route de g. mène à Madīnet el-Fayyūm → chap. 3 B).*
85 km : La route atteint le bord du **lac Qarūn.**
89 km : « **Auberge du Fayyūm Oberoi** » luxueux petit établissement d'une cinquantaine de chambres.
Au-delà de l'hôtel, la route continue à suivre le rivage et arrive à (96 km) **Shakshūk,** petit village de pêcheurs.
Le **lac Qarūn** (**Birket el-Qarūn,** devenu dans la bouche du peuple le **Birket el-Kurūn,** ou « lac des Cornes », à cause, dit-on, de sa forme) mesure 50 km environ dans sa plus grande étendue, c'est-à-dire de l'E. à l'O. tandis que sa grande largeur atteint une douzaine de km ; sa profondeur moyenne est de 4 à 5 m ; elle atteint cependant, à certains endroits, jusqu'à 15 et 18 m. Son niveau est à 44 m au-dessous de celui de la mer. Cette basse altitude rend le climat sédatif et exempt d'humidité.
Ses rives, sablonneuses au N. et à l'O., marécageuses et couvertes de roseaux à l'E. et au S., présentent par leur découpure un aspect pittoresque : l'affouillement des eaux a détaché deux îlots de la rive N. : **el-Kenīsa,** « l' Église », à l'E,. et **Geziret el-Qarūn,** le plus grand, à l'O.
Le lac, dont l'eau est légèrement salée, renferme beaucoup de poissons dont certains, énormes, atteignent 1 ou 2 m de long ; les riverains vivent de la pêche.

↠ En traversant le lac en barque *(2 h env.)* vous pouvez aborder sur la rive N. et, en laissant à l'O. les ruines dites Médinet Nimrud, aller voir *(2,5 km du rivage)* les ruines de **Dimai,** petite ville identifiée aujourd'hui avec la localité dite **Soknopaiou** Nesos (île de Soknopaios). C'était le poste fortifié qui protégeait la route des caravanes se rendant aux oasis du désert libyque.
Les ruines se composent des **restes de maisons** bien conservées et coupées de rues droites. Une avenue de près de 400 m de longueur conduit au **temple,** vaste édifice très ruiné, dont le sanctuaire appareillé en gros blocs de calcaire est précédé de chambres moins bien construites ; le tout compris dans un mur d'enceinte en brique crue. Les rares traces de bas-reliefs nous apprennent que le temple était l'œuvre d'un Ptolémée. Il était dédié à Soknopaios et à « Isis au beau trône ».

Plus au N. *(à 8 km),* au pied du gébel Qatrani, se trouve le petit **temple de Qaṣr el-Ṣāgha,** en pierres calcaires, découvert en 1884. On n'y lit aucune inscription ; son style sévère l'a fait longtemps attribuer à l'Ancien Empire mais des fouilles allemandes, effectuées après 1970, ont prouvé qu'il fallait le dater du Moyen Empire. On y voit à l'intérieur une sorte de cour ou couloir avec sept niches dans les murs latéraux.

Vers le Qasr Qarūn *(36 km S.-O. ; petites routes).* — **De Shakshūk,** la route quitte la rive du lac et se dirige d'abord au S.-E. Suivez la direction d'Ibshawāi. — 5 km : **Kafr Abbūd.** — 10 km : **Abu Ksā.** — 14 km : **Ibshawāi,** où vous rejoignez la route de Madīnet el-Fayyūm au Qaṣr Qarūn, décrite ci-après, 3 C.

3 B — Du Caire à Madīnet el-Fayyūm

103,5 km ; bonne route.

Suivez le même itinéraire que pour vous rendre au lac (ci-dessus 3 A) mais, parvenu à la bifurcation du km 81, prenez à g.

89,5 km : **Sennūris,** l'un des villages les plus pittoresques du Fayyūm. Bâti sur une butte, il présente l'aspect d'une sorte de forteresse surmontée de minarets et de coupoles. Entre la route et le village émergent des maisons s'élevant en amphithéâtre.

94,5 km : **Bīahmū,** sur la dr.

Entre la route et le village, **ruines de deux constructions** en gros appareil surmontées primitivement de deux colosses en grès rouge du roi Amenemhat III. Cet ensemble est désigné par les fellahs sous le nom de **Kursit el-Fara'un.** Il devait précéder un temple plus ancien aujourd'hui détruit, dont l'existence est attestée par un fragment d'inscription dans lequel le roi Amenemhat III mentionne sa restauration. Au temps d'Hérodote les socles, de forme pyramidale, étaient baignés (peut-être au moment de l'inondation) par les eaux du lac Mœris.

103,5 km : **Madīnet el-Fayyūm** ou, par abréviation, **El-Fayyūm,** ch.-l. de cette région qui compte plus d'un million d'hab. La population de la ville et de ses environs immédiats dépasse 200 000 âmes.

El-Fayyūm s'élève sur l'emplacement de l'ancienne Shedit, ville consacrée au dieu crocodile Sobek, d'où le nom de Crocodilopolis que lui donnèrent les Grecs. Elle était la capitale du XXIe nome de Haute-Égypte. A l'époque ptolémaïque, elle prit le nom d'Arsinoé.

La ville n'offre pas beaucoup d'intérêt et aucune ressource hôtelière (sinon de très modestes) ; elle possède une église copte et plusieurs mosquées parmi lesquelles la **mosquée Qāytbāy** (XVe s.), au N. de la ville, édifice dont les portiques sont formés de colonnes antiques prélevées sur des ruines voisines. L'agglomération est traversée par le **Baḥr Yūsuf** qui y fait tourner de grandes roues élévatrices et se divise, à la sortie O. de la ville, en un grand nombre de bras se ramifiant dans toute la région.

Les ruines de la ville antique, au N. d'El-Fayyūm, formaient sur une étendue d'au moins 4 km² d'énormes monticules de décombres dont le plus important, le **Kiman Farès,** dans le secteur N.-O. de l'agglomération, atteignait plus de 20 m de hauteur. Médinet el-Fayyūm doit beaucoup aux Ptolémées qui y avaient fondé des temples, des écoles, de nouveaux quartiers, et y avaient introduit l'usage de la langue grecque.

Le **temple** principal, consacré au dieu Sobek, était tout au N. de la ville. Certainement antérieur à la XIIe dyn., ce temple fut reconstruit par Ramsès II. On trouve sur le site quelques débris d'architraves et de blocs gravés aux cartouches de ce roi, et les restes du bassin où était nourri le crocodile sacré de Sobek. Quelques colonnes brisées portent le nom d'Amenemhat III. Vers l'O. une grande statue de Ramsès II en granit rose.

Malheureusement, le site, déjà exploité par des briquetiers et des sebakhin qui, par leur industrie, mettaient en danger ce qui reste de vestiges, a été profondément remanié par des aménagements et des constructions d'immeubles modernes. Dans les secteurs qui ont pu être auparavant fouillés, on a découvert en particulier d'importantes installations de **thermes** gréco-romains. Ces bains comportent chacun deux rotondes (une pour les hommes, une pour les femmes) avec des sièges individuels disposés en cercle. A côté de ces bains, installations hydrauliques, canalisations, puits et citernes qui permettaient de les alimenter.

De Madīnet el-Fayyūm à Rikka *(58 km N.-E. ; petites routes).* — Quittez El-Fayyūm par la route du Caire et suivez celle-ci jusqu'à Sennūris *(14 km)* où vous prendrez à dr.

29 km : **Ṭāmīya,** village ayant l'aspect d'une forteresse, entouré d'un mur. La porte principale, au N.-O., est une arcade qui s'ouvre dans un massif surmonté de larges créneaux ; sur la g., minaret de la mosquée. Des bouquets d'arbres ombragent les maisons de construction massive.

Au N.-E. du village, dans un large et profond ravin, véritable canal naturel, est le Baḥr Tāmīya, appelé aussi Baḥr el-Wādī ou Baḥr el-Bats qui, parti du Baḥr Yūsuf près du village de Hawāret el-Makta, vient se jeter à l'extrémité E. du lac Qarūn ; il est barré ici par une forte digue. Le ravin, quand il est sec, présente un aspect sauvage avec ses roches éboulées et ses buissons touffus où s'abrite un abondant gibier.

↪ A env. 8,5 km N.-O. (à vol d'oiseau), au-delà du canal Abdulla Waḥbi qui ceinture les terres cultivables du Fayyūm, le Kōm el-Qatl (ou Umm el-ʻAtl, ou Kōm el-ʻAsl) marque l'emplacement de l'antique Bakkhias dont le temple, très ruiné, la ville et la nécropole ont été une mine d'antiquités de toutes sortes.

44 km : La route atteint la limite de la zone désertique.

A 3 km N. ruines de la **nécropole de Philadelphie,** où ont été trouvés un grand nombre de portraits de momies exposés dans les musées *(V. musée du Caire, 1er ét., salle 14).* Non loin de là, site de l'ancienne ville, colonie de soldats grecs fondée vers 250 av. J.-C. par Ptolémée II Philadelphe.

On connaît dans le détail la façon de vivre de ces colons par les **fameuses archives** de l'un d'entre eux, un certain **Zénon** qui était intendant d'un vaste domaine appartenant à Apollonios, diœcète, ministre des Finances du second Ptolémée : plus de 2000 textes sur papyrus, mis au jour par des fouilles clandestines en 1914, constituent une inépuisable source de renseignements sur l'administration et l'économie de cette époque.

Traversant ensuite le désert, la route laisse au loin, à dr., la pyramide de Meïdūm et débouche dans la vallée du Nil, très étroite à cet endroit.

58 km : La route rejoint celle de Haute-Égypte, à 1,5 km N. de Riqqa (→ *it. 10, au km 74*).

3C — De Madīnet el-Fayyūm à Qaṣr Qarūn

49 km N.-O. ; assez bonne route jusqu'à Ibshawāi.

Quittez El-Fayyūm par la rue El-Hurrīya qui suit la rive g. du Baḥr Yūsuf et, à 1,4 km env. de la place centrale, prenez à g., juste avant un canal.

18 km : **Ṭubhār.** — 22 km : **El-'Agamīyīn.**

27 km : **Ibshawāi,** d'où une petite route passant par Abu Ksā rejoint le bord du lac (→ *ci-dessus, 3 A*). Prenez à l'O. la route de (36 km) **El-Shawāshna,** village au-delà duquel vous atteindrez, par une mauvaise piste, le Qaṣr Qarūn.

Qaṣr Qarūn, l'antique Dionysias, est un ensemble de ruines, situé à **4** km de la pointe O. du lac, comprenant les restes de **deux temples** et les débris de toutes sortes (blocs de pierre, tessons, briques, éclats de verre) qui marquent l'emplacement de l'ancienne ville.
L'un des deux temples (28 m de long sur 19 m de large) est un sanctuaire égyptien de basse époque. Il a été restauré en 1957 par le Service des Antiquités.

Précédé d'une cour d'environ 11 m de large, il contient **quatorze salles** rangées sur les deux côtés d'un couloir menant au sanctuaire qui se divise en trois petites chapelles. Autre particularité : **cet édifice possède un étage supérieur** avec plusieurs chambres ; on y voit adossés au mur du fond de la chapelle centrale, de part et d'autre de la niche, des bas-reliefs du roi adorant le dieu Sobek à stature humaine ; l'un des bas-reliefs est détruit, mais celui de g., quoique martelé en partie, laisse reconnaître la silhouette du dieu local.

A 300 m env. à l'E. du temple, exactement dans l'axe, se trouve un **pavillon** qui semble avoir appartenu aux dépendances ; peut-être ce pavillon était-il entouré de colonnes. A 40 m de là un petit **temple romain** en brique, orné à l'intérieur de colonnes engagées ; son sanctuaire est en forme d'abside et sa couverture était une voûte. Un peu plus loin, toujours à l'E., quelques arasements de murs marquent l'emplacement de monuments importants.

Dans la partie N.-O. du site, restes d'une **forteresse** de l'époque de Dioclétien. De grandes dimensions (94 m×81 m), munie de neuf tours, elle était construite en brique cuite avec seulement quelques parties en calcaire. L'intérieur était occupé par une double colonnade, dont plusieurs chapiteaux ont été retrouvés, se terminant par une abside surélevée où fut retrouvée la partie inférieure d'une statue, en marbre blanc, de Némésis.

3 D — De Madīnet el-Fayyūm à Madīnet Mādi

30 km ; bonne route sur 25 km. Quittez El-Fayyūm par la rue El-Hurrīya qui suit la rive S. du Baḥr Yūsuf et, à 1 km de la place centrale, au pied d'une mosquée, prenez à g. la rue Es-Salakhna en direction d'Abgīg.

9 km : **Iṭsa.**
11 km : Bifurcation où il faut prendre à dr. vers (13 km) El-Minya.

→ Par la route de g. vous pourriez aller, à une quinzaine de km S., aux ruines de l'antique cité ptolémaïque de **Tebtynis.**

23 km : **Abū Gandīr.** La route continue jusqu'au canal En-Nazla, à la lisière S. du Fayyūm. Passant le pont, suivez alors une mauvaise piste qui se dirige au S. en laissant à quelques centaines de m à g. la lisière des terres cultivées. Vous arriverez bientôt à la maison du Service des Antiquités (gardien). En arrière, à quelques centaines de m de là, se trouvent les ruines de Madīnet Mādi.

Madīnet Mādi, la Narmouthis des papyrus grecs, fut peut-être fondée par les pharaons du Moyen Empire, quand ils s'établirent au Fayyūm. Elle fut embellie et agrandie, surtout par Amenemhat III qui y avait bâti un temple à la fin de son règne, et par Amenemhat IV qui acheva l'œuvre de son père.

Le **temple** est petit (9,70 m de large). Il forme maintenant le noyau d'un ensemble monumental où des adjonctions ptolémaïques s'allongent au S. et au N. en s'évasant de plus en plus à mesure qu'on s'éloigne des chapelles du **sanctuaire**. Celui-ci est composé de trois niches surélevées et d'un petit palier où l'on accède par une porte monumentale. Ce sanctuaire est précédé d'une **salle hypostyle** dont le plafond était supporté par deux colonnes papyriformes. Toutes les parois intérieures du sanctuaire sont couvertes de reliefs avec légendes hiéroglyphiques.

L'intérêt de ce monument réside dans son âge : c'est en effet l'un des rares survivants de l'architecture religieuse du Moyen Empire. Les constructions ptolémaïques qui le prolongent au N. et au S. ont moins d'intérêt, mais n'en sont pas moins curieuses par les représentations gravées sur les éléments d'architecture. Un portail clôt le temple pharaonique et est précédé d'une hypostyle, mais la partie la plus importante du temple est le pronaos à galerie de près de 20 m de large, terminé par quatre pilastres et précédé d'un vestibule.

C'est sur ces pilastres d'accès qu'étaient gravés **quatre hymnes à Isis**, composés en grec par le poète Isidoros qui a signé son œuvre ; ce sont des litanies célébrant une Isis tout à la fois déesse des moissons, de la terre féconde, des arts, de l'astronomie et des institutions qui font vivre dans l'ordre une société policée. Un autre poème raconte les miracles du pharaon **Poremanrès**, c'est-à-dire **Amenemhat III**, fondateur du temple. Ces poèmes, d'inspiration tout égyptienne, écrits dans un grec homérique incertain, constituent un monument caractéristique de la civilisation gréco-égyptienne ; ils sont conservés au musée d'Alexandrie.

Le vestibule qui précède le pronaos donne sur une grande cour, dans l'axe de laquelle se trouve un autel encore en place, et qui se termine par un **portail monumental** ouvrant sur une **seconde grande cour**. Celle-ci, de près de 16 m de long, est séparée par un grand portail d'une **troisième cour** où se trouve, devant le montant de dr. du portail, une base massive qui est peut-être l'estrade du crieur public. A dr. et à g. des jambages de la porte monumentale, de même qu'aux deux extrémités S. de la troisième cour, des sphinx ou des lions se font vis-à-vis. A l'extérieur de cette cour, les sphinx et les lions se retrouvent de chaque côté d'une **grande allée processionnelle** qui mène au temple.

D'**autres constructions** religieuses ptolémaïques prolongent le temple au N. Certaines seraient aussi, en partie du moins, de l'époque d'Hadrien. On est mieux renseigné sur la date des constructions au S. du temple pharaonique. La construction du vestibule est datée par une inscription en deux exemplaires identiques (sur chacun des pilastres d'accès) qui rappelle que le vestibule et les lions ont été offerts à la déesse Thermouthis et à Soknopaios par Héracléodoros, sa femme et ses enfants en l'an XXII d'un Ptolémée qui ne peut être que Sôter II (95 av. J.-C.). Dans la voie processionnelle, une stèle votive du stratège Zobalos, datée de l'an 12 av. J.-C. donne le terminus ad quem de la construction de cette allée. Le portail, qui doit être antérieur au vestibule, pourrait remonter à la fin du IIe s. av. J.-C. Les constructions sont de style égyptien, mais la mollesse des contours et du relief trahit la basse époque.

Le temple ancien était dédié au dieu crocodile Sobek, divinité tutélaire du Fayyūm, à Horus et à la déesse des moissons et des greniers Rénénoutet ; sans doute le roi Amenemhat avait voulu rappeler son œuvre, et l'importance des terres qu'il avait gagnées à la culture. Plus tard, les Grecs identifièrent Rénénoutet (qu'ils nommaient Thermouthis) à Isis ; elle reçut le culte de l'antique Rénénoutet comme Soknopaios reçut à l'époque ptolémaïque le culte de l'ancien dieu Sobek, dont il est une des formes.

3 E — De Madīnet el-Fayyūm à Beni Suef

47 km S.-E. ; bonne route. La route de Beni Suef sort de la ville droit au S., tournant le dos au Baḥr Yūsuf.

6 km : **Deir el-'Azab.** Ce monastère, dont une église est ancienne, est actuellement un grand centre de pèlerinage à anbā Abrām, saint évêque copte mort au début du siècle.

Quelques centaines de mètres auparavant se détache sur la droite la route de Qalamshā, que l'on peut suivre sur 6 km avant de tourner à g. pour rejoindre la lisière du désert *(1 km plus loin)*, d'où part une piste *(env. 3 km)* pour le **monastère de l'ange Gabriel (Deir el-Malak)**, qui remonte au VIe s. : très antique église et cellules de moines (la laure de Naqlūn) dispersées dans les grottes de la montagne toute proche.

●●● **12** km : à 500 m à g., **Hauwāret el-Maqṭa'**, village à 1 500 m N. duquel, sur le plateau, se trouvent les restes de la **pyramide de Hauwāra.**

La pyramide est le tombeau du roi **Amenemhat III.** On sait que les rois de la XIIe dyn. avaient leur capitale près du lac Mœris ; leur nécropole est tout naturellement dans ces parages. La pyramide est construite en brique crue sur un noyau de roche vive de 12 m de haut. Elle était recouverte de blocs de calcaire, mais elle a perdu ce revêtement dès l'époque romaine. L'entrée du côté S. est aujourd'hui inaccessible. La chambre sépulcrale qu'on n'abordait qu'après avoir passé dans un dédale de couloirs, abritait les sarcophages, vidés de leur contenu, du roi Amenemhat III et de la princesse Néferouptah.

Devant la face S. s'étendait le **temple funéraire** de la pyramide : les constructions et dépendances allaient jusqu'aux écluses du pont régulateur dont quelques vestiges émergent des berges. Depuis l'époque romaine, le temple a servi de carrière, et l'on ne retrouve plus que quelques débris de colonnes de granit sur le plan des chambres et des salles. Les voyageurs grecs, sans comprendre ce qu'était un temple funéraire égyptien, l'ont admiré sous le nom de **Labyrinthe**, qui est peut-être la transcription du prénom d'Amenemhat III selon la tradition grecque.
C'était une vaste enceinte formée de murailles et comprenant douze cours couvertes avec deux étages de 1 500 chambres chacun, formant une infinité de détours et de fausses sorties, certainement le plus important et le plus complexe des temples funéraires royaux.
Au N. de la pyramide s'étend la **nécropole civile** de la ville ancienne ; là furent trouvés de nombreux **« portraits du Fayyūm »** (→ *ci-dessous ; exposés au musée du Caire, 1er ét., salle 14*).
Plus au S., non loin du chemin d'Hauwāret el-Maqṭa', les ruines d'une petite **pyramide en brique** abritent, sous un dallage de gros blocs calcaire, une chambre funéraire constituant le **second tombeau de la princesse Néferouptah.** Le sarcophage, en granit, ne contenait que quelques débris d'ossements et quelques bijoux.

Les portraits du Fayyūm. — A travers les diverses collections publiques ou privées du monde, on connaît un peu plus de 700 de ces **portraits du Fayyūm** ainsi nommés car la majorité d'entre eux provient de cette région bien qu'on en ait trouvé un peu partout en Égypte. Ils reproduisent de façon fidèle les traits du défunt ; ils étaient encastrés sur la partie supérieure de la momie, les bords pris dans les bandelettes. Cette disposition explique que l'on remarque souvent un défaut de finition dans les zones périphériques, correspondant à la partie masquée par les bandelettes. Ces peintures constituent une adaptation intéressante des traditions funéraires de l'époque pharaonique à la période romaine, le portrait peint remplaçant le masque modelé qui figurait les traits du défunt.
Exécutés à l'encaustique ou à la détrempe, ces tableaux ne sont pas tous, tant s'en faut, des œuvres de premier plan : ils provenaient d'un artisanat de tradition

hellénistique qui constituait lui-même une dégénérescence du métier des grands peintres attiques. On n'en mesure que davantage, à l'examen des pièces les mieux venues, la perte immense que constitue le naufrage de la peinture hellénistique. Car plusieurs de ces portraits sont des chefs-d'œuvre de vérité, de psychologie, et nous frappent par leur intensité dramatique, par l'obsédante présence du regard qui semble dévorer la face, par l'expression de vie et d'humanité qu'ils dégagent.

On a pu noter une évolution sensible du style à partir d'un modèle réaliste dans la tradition de fidélité figurative propre au génie hellénistique et romain, jusqu'à une stylisation de plus en plus grande qui nous conduit au seuil du dépouillement byzantin. Certains visages semblent appartenir à une continuité humaine qui dépasse le lieu et l'époque, tandis que d'autres reproduisent des types raciaux très caractérisés et nous **apportent la documentation ethnographique** la plus vivante et la plus variée que l'on puisse souhaiter sur une zone de peuplement déterminée de l'Antiquité.

On a remarqué que, sans répugner à représenter des vieilles gens, dont les traits sont souvent empreints d'une expression douloureuse qui semble constituer quelque allusion aux souffrances que le sujet a endurées avant de quitter ce monde, la plupart des portraits du Fayyūm reproduisent le visage de personnes jeunes. Cela laisse supposer que **les visages étaient idéalisés** et rajeunis, si l'œuvre était exécutée après la mort du modèle, ou alors que celle-ci était peinte sur le vif, et complétée de quelques détails après le décès.

23 km : **El-Lahūn,** gros bourg à l'entrée du Baḥr Yūsuf dans le Fayyūm. On voit deux ponts-barrages qui servent à régler l'entrée des eaux du Baḥr Yūsuf dans le Fayyūm, comme l'écluse régulatrice antique dont ils occupent l'emplacement.

••• A 3 km N.-N.-O., dans le désert, **pyramide d'El-Lahūn.**
Construite en brique crue, autour d'un noyau calcaire d'une douzaine de mètres de haut et que l'on voit apparaître sur les quatre faces, un peu au-dessus de la base, elle était couverte d'un revêtement de calcaire fin qui a disparu. Elle présente une double particularité : — l'appareil en brique crue s'appuyait sur des murs de calcaire qui rayonnaient autour d'un noyau central ; — l'entrée est située au S. et non au N. comme dans les pyramides d'époque antérieure. Dans la chambre funéraire, se trouvait le magnifique sarcophage de granit rouge de Sésostris II.

A proximité de la pyramide, **quatre puits funéraires** des membres de la famille royale ; c'est de là que proviennent les bijoux, notamment le diadème royal, exposés au musée du Caire.

•→ A 1 km O. de la pyramide, le **tell el-Lahūn** marque l'emplacement d'un village antique construit pour les ouvriers de la pyramide.

Un peu plus au N., **autre pyramide** dont il ne reste que le noyau calcaire. Toute cette région est remplie de tombes de basse époque. — Entre la pyramide de Sésostris II et le noyau de calcaire, le terrain est parsemé de noyaux rocheux, maintenant très frustes, visiblement taillés en forme de sphinx mais détruits par l'érosion. Ces sphinx ne sont pas rangés régulièrement mais selon les accidents du terrain qu'on a utilisé.

•→ A 4 km N.-E. d'El-Lahūn, à la limite des terres cultivées, restes du **deir el-Ḥammām** dont l'église date des premiers siècles de l'ère chrétienne.

•→ A 3 km O.-S.-O. d'El-Lahūn, les vestiges de **Gourob**, ancienne ville de la XVIIIe dyn., ne méritent guère une visite.

Au-delà d'El-Lahūn, la route traverse le **gebel Abūṣir**, enclave désertique dans les terres cultivées.

38 km : Bifurcation. La branche de g. conduit à **Būsh** ; celle de dr. à (47 km) Beni Suef : → *it. 10, au km 115.*

4 - Du Caire à Alexandrie

par la route du désert

Des deux principaux itinéraires joignant Le Caire et Alexandrie, il est bien difficile de dire lequel est le plus intéressant : ils le sont tous deux, mais à des titres trop différents pour être comparables. Celui-ci, qui emprunte une bonne route, est sans doute le plus rapide, mais ce n'est, heureusement, pas son seul attrait. Il y a d'abord ce désert, que l'on traverse pendant près de 200 kilomètres. Un désert certes bien civilisé avec, çà et là, une grande plantation d'eucalyptus ou un groupe de maisons attestant des efforts de mise en valeur; avec, aussi, des départs de routes secondaires qui rejoignent, à l'E., la plaine du Delta ou s'enfoncent, à l'O., vers quelque aérodrome militaire plus ou moins secret; avec, parfois, un auto-stoppeur semblant surgi de nulle part et qui pourra vous demander de descendre en un lieu apparemment loin de tout; avec, enfin, ces lignes téléphoniques qui longent la route et, à mi-chemin, un confortable rest-house à côté duquel s'étend une petite agglomération, point de départ pour la visite des fameux monastères du Wādī Natrūn, le principal centre d'intérêt de cet itinéraire.

Visite

***3 heures** sont nécessaires pour aller, sans s'arrêter, de centre ville à centre ville. **Si vous êtes pressé,** vous pourrez limiter la visite à un seul couvent, par exemple celui de Saint-Macaire, le plus facile d'accès : comptez pour cela env. 1 h 30.*
***Si vous disposez de la journée,** vous pourrez ajouter la visite des autres monastères et éventuellement celle, plus ingrate, du site archéologique des Kellia.*
***La visite** des couvents est libre; il est d'usage de laisser une obole.*
***Si vous n'avez pas de voiture,** des services d'autocars assez confortables relient, dans les deux sens, les deux villes : départ toutes les demi-heures de 5 h 30 à 24 h; durée du trajet : 3 h env. Tous font halte à mi-chemin, au rest-house d'où part la piste des couvents. En partant par l'autocar du matin, on peut demander au rest-house une voiture avec chauffeur pour faire l'excursion des couvents et reprendre un autocar en fin d'après-midi pour rentrer au point de départ ou continuer. Taxi-service à la gare de Ramses Station (la voiture part quand elle est pleine).*

4A - La route du désert

Route : 225 km. Bonne route transformée en autoroute à péage sur la plus grande partie du trajet. Prenez garde au sable qui déborde parfois des bas-côtés. Vitesse limitée à 90 km/h ; contrôles radar.

Quittez Le Caire par la **Route des Pyramides** et, juste avant d'arriver à l'hôtel Mena House Oberoï, prenez à dr. La route court pendant quelques km au pied du rebord du plateau désertique, longeant à dr. des terres cultivées et des plantations puis, s'orientant au N.-O., monte dans le désert en laissant sur la dr. le site d'Abū Rawāsh (→ *it. 2C*).
26 km : Poste de police. Plus loin, la route longe divers terrains militaires.
82 km : Route à dr. pour (25 km) **El-Khaṭāṭba,** au bord du Nil (branche de Rosette).

→ A 6 km N. de Khaṭāṭba, **El-Tarrana** a conservé le nom de l'ancienne **Terenouthis** (toponyme dans lequel on retrouve le nom de la déesse Rénénoutet) sans en occuper la position réelle que marquent, un peu à l'O., les amas du **Kaum Abū Billū.** Vestiges d'un temple ptolémaïque dédié à Hathor. Dans la nécropole, utilisée de l'Ancien Empire au IVe s. de notre ère, ont été trouvés de curieux sarcophages en terre cuite (Nouvel Empire) et des stèles funéraires d'un style particulier (Ier-IVe s.) que vous pourrez voir au musée Copte *(R.d.C., salle 18).*
A env. 4 km au S.-E. de Khaṭāṭba, près de **Beni-Salāma**, se trouve **Mérimda**, où les fouilles ont mis au jour, en 1939, un **site préhistorique.**
Trois couches permettent de comprendre l'évolution du site ; à la couche inférieure, les maisons sont dispersées çà et là ; à la couche moyenne, les maisons sont plus rapprochées ; à la couche supérieure le plan révèle des maisons jointes l'une à l'autre et formant les rues d'une ville.
Ce site a été trouvé si important qu'on a donné son nom à toute la période néolithique du Nord : c'est la **période mérimdienne**, le mérimdien.

83 km : La route longe quelques plantations et, plus loin, un village, témoignant des efforts de mise en valeur de ces terres auxquelles il ne manque que l'eau pour devenir fertiles.

87 et 91 km : routes à dr., pour **« Sadat-City »**, l'une de ces villes nouvelles créées de toutes pièces aux alentours du Caire pour tenter d'absorber une partie de l'exode rural et de freiner l'effrayante progression démographique de la capitale.

89 km : Bonne route, à g. *(panneau indicateur),* pour le **couvent de Saint-Macaire** *(à 5 km ; → chap. 4B)* dont on aperçoit la masse grisâtre se profilant sur l'horizon désertique.

103 km : **Rest-house du Wādī Natrūn**, point de départ pour la visite des **autres couvents** de la vallée (→ *chap. 4B*).
Une petite route asphaltée joint le rest-house et les constructions éparses qui l'entourent à Bir Hooker (12 000 hab., avec les autres habitants de la vallée) d'où part la piste des couvents.

154 km : Route à dr. pour (25 km) **Abū el-Matamir**, par laquelle vous pouvez aller visiter le site des **Kellia**.

→ *Suivez pour cela la route sur 20 km, jusqu'aux vignobles Gianaclis. Immédiatement après le domaine, tournez à dr. et suivez le canal Nubariyya pendant 17 km, jusqu'à une station de bonification des terres. Franchissant alors le canal, dirigez-vous au S.-O. pour atteindre, 3 km plus loin, le site, appelé en arabe Qusūr ar-Robeyyat.*

Le site des **Kellia** est une sorte d'immense domaine religieux, qui s'étend sur une vingtaine de kilomètres de longueur et renferme les ruines d'un ensemble de plus de 700 couvents et ermitages du IVe au IXe s.

Le nom du site vient des cellules, dispersées dans le désert, que vinrent s'y construire, vers le milieu du IVe s., les moines venus de Nitrie *(auj. al-Barnūgī,* → *it. 7A, km 65),* autre grand centre anachorétique, pour trouver là une plus grande solitude. C'est ici, en particulier, que vinrent se réfugier les moines origénistes victimes des persécutions du patriarche Théophile. Ruinées par la conquête arabe, les Kellia furent restaurées mais se dépeuplèrent néanmoins peu à peu ; elles paraissent inhabitées à la fin du IXe s.

Le site a été découvert en 1964, lors de travaux d'irrigation entrepris en vue de la bonification des terres, et des fouilles y sont conduites depuis par l'Université de Genève et par l'Institut Français d'Archéologie Orientale du Caire.
Outre les cellules ruinées dont, sur le seul site du **Qusūr ar-Robeyyat,** plus de 500 se révèlent au visiteur par de petits kôms, on a mis au jour les vestiges d'un **monastère** copte du VIIe s. avec de beaux restes de fresques, des poteries et divers petits objets constituant, pour les historiens, un précieux apport.

La route longe de plus en plus fréquemment de grandes plantations : elle traverse alors la portion de désert dite **province de la Libération** (Mudiriyyet et-Taḥrīr) que de grands travaux de terrassement et d'irrigation transforment progressivement en une contrée fertile.
Après **El-Amiriyya,** gros centre agricole au milieu de terres ainsi gagnées à la culture (et où s'édifie une ville nouvelle qui devrait accueillir 1 million d'habitants à l'horizon 2000), la route franchit une ligne de collines basses puis débouche en face de l'extrémité S.-O. du **lac Maryūt**.
Suivez à dr. la route longeant la rive méridionale du lac. Parvenu à une bifurcation où, à g., une route s'engage sur une chaussée traversant le lac et rejoint le centre d'Alexandrie par les faubourgs industriels de Dekheila, Le Mex et Gabbari, aux rues très encombrées, continuez de préférence tout droit. Peu après une grande usine (sur la droite), la route s'engage sur une chaussée traversant le lac, couvert, par endroits, de véritables forêts de roseaux.

Le **lac Maryūt** (anc. **Marea, Mareotis,** en français Mariout) était autrefois rempli d'eau vive et très poissonneux. Alimenté par de nombreux canaux dérivés du Nil, il formait, au début de l'ère chrétienne, une petite mer intérieure sillonnée de bateaux marchands venus en si grand nombre que le port lacustre d'Alexandrie avait fini par devenir plus riche que le port maritime. Son pourtour passait pour très fertile, ses vignobles jouissaient d'un certain renom (notez qu'actuellement on vend en Égypte un vin blanc portant le nom de « Clos Mariout »).
Le lac, en grande partie desséché depuis des siècles, était fermé par un barrage moderne devant retenir les eaux ; ce barrage était situé entre le lac Maryūt et le lac d'Abūqīr, à 12 km S.-E. d'Alexandrie. Les Anglais le détruisirent en 1801 afin d'inonder le lac et d'empêcher les Français de communiquer avec Raḥmania et Le Caire. Ils en firent ainsi un immense marais qui infestait Alexandrie de ses miasmes. Sous Muḥammad 'Ali, il avait été question de rendre cet immense terrain à la culture, après l'avoir inondé d'eau douce pour débarrasser le sol des dépôts salins et le fertiliser ; mais ce projet fut ajourné.

221 km : Rond-point à l'entrée de la ville : continuez tout droit en empruntant l'autopont construit au-dessus du canal Mahmūdiyya.
225 km : **Alexandrie** (centre ville) : → *chap. 5.*

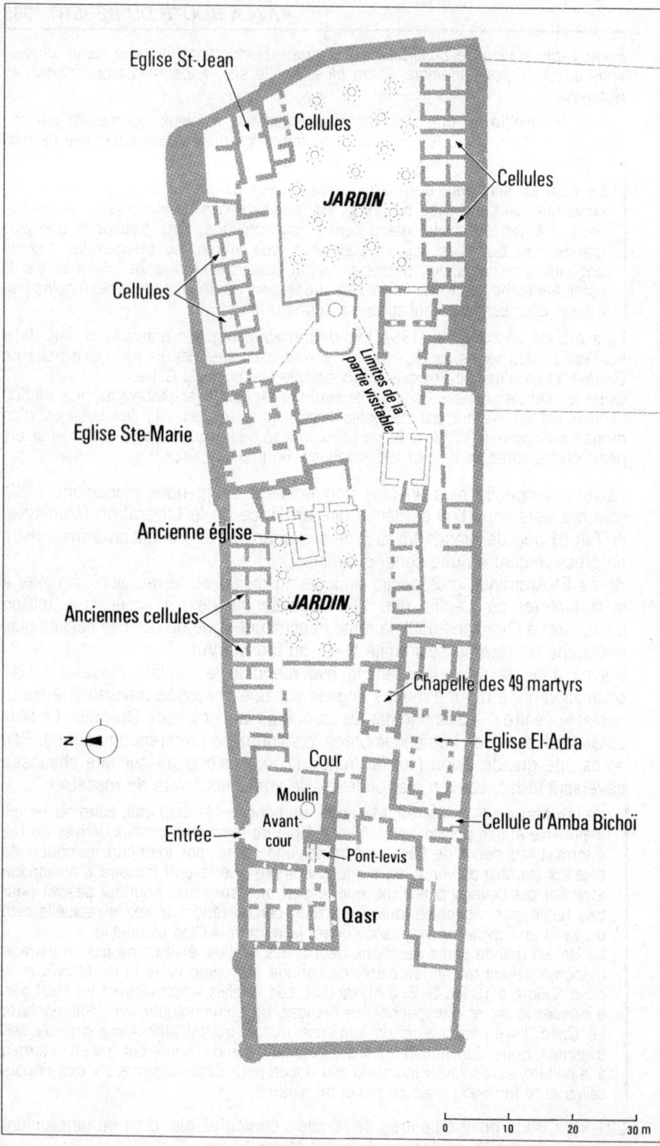

Wādī Natrūn : le deir es-Suriāni.

4B — Les couvents

Accès : → ci-dessus, chap. 4A, au km 89 pour le couvent de Saint-Macaire et au km 103 pour les autres.

Visite : t.l.j. sur autorisation du patriarcat copte orthodoxe du Caire (✆ [02] 82-58-63). Possibilité pour les hommes de dormir sur place : renseignements auprès de «Résidences monastiques» (✆ [02] 92-96-88).

Le **Wādī Natrūn,** le district de **Nitria** ou **Nitriotis** des Grecs, ou **Scythiaca regio** des Romains, du nom de l'ancienne ville de Scithis (en copte Shiêt), comprend une douzaine de lacs, sur une longueur de 25 km. Les deux lacs qui fournissent surtout le natron (carbonate de soude) sont le **Bohaïret el-Gunfediyya** et le **Bohaïret el-Hamra.** Certains, comme le plus grand et le plus méridional de tous, le **Mellahat Umm Risha,** ne produisent que du sel commun (chlorure de sodium).
Les lacs commencent à croître en décembre, montent jusqu'au commencement de mars et se dessèchent pour la plupart en mai. C'est en mars qu'on recueille le natron, appelé sultāni, incrustation laissée par les eaux à mesure qu'elles baissent. La meilleure qualité, ou natron blanc, s'extrait des terrains bas non couverts par l'eau, autour des lacs. On emploie le natron au Caire pour blanchir le lin et dans la fabrication du verre.

Il existe actuellement quatre **couvents coptes** dans le Wādī Natrūn alors qu'autrefois on en comptait une cinquantaine. Ils sont semés sur une ligne qui va du S.-E. au N.-O., à peu près parallèle à la grande route du désert du Caire à Alexandrie. Le **deir Abū Makar** (couvent de Saint-Macaire) est situé à l'entrée S. de la vallée. En remontant vers le N.-O. on rencontre ensuite le **deir es-Suriāni,** très proche du **deir Amba Bishoï**; à 10 km de ce dernier se trouve enfin le **deir Baramos.**
Ce sont de grands bâtiments carrés dont les murs d'enceinte s'élèvent à une dizaine de mètres de hauteur, sans ouvertures extérieures autres que des mâchicoulis au haut des murs, et une porte basse très étroite et solidement close. De ces quatre couvents, seul le deir Baramos garde son aspect moyenâgeux, les trois autres ont été, depuis 25 ans, considérablement agrandis, donnant ainsi la mesure du renouveau de la vie monastique en Égypte.

> Fondés au IVe s. dans l'élan qui porta tant de chrétiens à la vie érémitique d'abord, et qui aboutit au monachisme, les couvents du Wādī Natrūn furent, comme ceux de Saint-Antoine et de Saint-Paul au bord de la mer Rouge, et celui de Sainte-Catherine, au Sinaï, les gardiens des traditions et des lettres.

Le **deir Abū Makar (couvent de Saint-Macaire)** surprend par ses dimensions et l'aspect moderne — et inattendu — de ses constructions. Rien, de l'extérieur, n'en laisse prévoir l'agencement interne, et cette énorme bâtisse rectangulaire de pierre et de béton gris avec, au N., une petite porte de fer, semble comme posée par hasard sur le désert.

Passé la porte, on demeure surpris par la nouveauté des constructions : à dr., divers bâtiments destinés à l'accueil des pèlerins qui se pressent au couvent le samedi et le dimanche ou viennent en foule lors des fêtes religieuses; tout autour, adossés à l'enceinte, deux étages de cellules accueillent une centaine de moines, alors que le couvent, en 1969, n'en comptait que 6, d'où cette reconstruction presque totale qui a multiplié six fois sa superficie originelle, la portant à près de 4 hectares. De l'ancien couvent ne subsistent que les églises et, au milieu de la cour, une construction carrée commune aux monastères de la région : le qaṣr.

Un large escalier moderne descend vers la cour basse du monastère où se trouvent, proches les unes des autres, les constructions anciennes conservées.

L'**église Saint-Macaire**, la plus importante et **la plus ancienne** des trois églises du monastère, porte la trace de constructions successives peu ordonnées. L'**iconostase** est très ancienne, et les sculptures en sont du IVe ou du Ve s. A g. de l'autel principal, un autel secondaire est surmonté d'une coupole (refaite il y a une cinquantaine d'années) rejoignant le plan carré par l'intermédiaire de trompes en arc persan du Xe ou du XIe s. ; son iconostase est plus simple, avec déjà des motifs arabes. L'église, où subsistent d'importants **restes de fresques**, abrite la châsse de saint Macaire et ses reliques, ainsi que la châsse et les reliques de deux autres saints, ses compagnons et aides dans la fondation du couvent. On y vénère aussi depuis peu une relique attribuée à saint Jean-Baptiste.

L'**église Saint-Apaskhiron**, très restaurée, conserve surtout une curieuse coupole de plan carré avec de larges pendentifs qui la font un peu ressembler à une voile de navire gonflée par le vent.

L'**église des Quarante-Neuf-Martyrs** possède, quant à elle, une nef couverte de deux voûtes transversales soutenues par une rangée de trois colonnes de marbre fort anciennes. Au-dessus de l'autel principal, la coupole se rattache au plan carré par l'intermédiaire de trompes en arc trilobé. L'iconostase est formée d'anciens motifs arabes.

Au centre de la cour, une sorte de tour carrée où l'on accède, au niveau de 1er étage, par un pont-levis, est ce que l'on appelle le **qaṣr**, c'est-à-dire la forteresse ; les moines, qui s'y réfugiaient lors des attaques des bédouins pillards, l'ont peu à peu transformée en une série de **chapelles superposées**. Celle du 1er étage est consacrée à la Vierge. Le 2e étage en comprend trois, consacrées l'une aux saints Ermites **(fresques)**, la seconde à saint Antoine (fresques représentant saint Antoine, saint Paul de Thèbes, saint Pacôme) et la troisième à saint Michel-Archange : le toit de cette dernière est plus haut que les autres : c'est un symbole de la protection qu'apporte cet archange guerrier à cette construction de caractère défensif.

Le **deir es-Suriāni** (couvent des Syriens), à 8 km à vol d'oiseau — 10 avec les détours de la piste — du rest-house, offre extérieurement le même aspect austère que Saint-Macaire, adouci, il est vrai, par les panaches des palmiers et les clochetons s'échappant de ses hautes murailles. Il possède **trois églises**, comme superposées en raison de la déclivité du terrain sur lequel elles sont construites, mais la seconde est désaffectée et la troisième n'est qu'une petite chapelle très simple.

La grande **église El-'Aḍrā'**, longue de 27 m avec nef, bas-côtés, chœur et sanctuaire, conserve quelques parties du Xe s. ; elle a aussi des coupoles sans pendentifs, mais cependant, dans une petite chapelle à dr. de la nef, il y a un essai de trompes à la coupole. Cette église contient trois belles **fresques byzantines** représentant l'Annonciation et la Nativité, la Dormition de la Vierge et, au fond, l'Ascension (XIIe-XIIIe s.). Dans l'église, nombreuses icônes de tous les saints du désert, saint Macaire, entre autres, est représenté trois fois sur la même, saint Mathieu et saint Thomas, saintt Georges et le dragon ; belle icône de Mari Mascarion, un saint cavalier (comme Georges ou Théodore), etc. Belle **porte sculptée** incrustée d'ivoire, ainsi que l'iconostase.

A côté de l'église, l'**ancien réfectoire**, longue pièce à cinq voûtes plates percées de meurtrières ; à l'extrémité une demi-voûte en berceau, avec cinq meurtrières ; la longue table est arrondie à chaque extrémité.

Le couvent possédait une **bibliothèque** de livres arabes et coptes ; les plus intéressants, cédés à l'Anglais Tattam vers 1842, forment aujourd'hui au British Museum une collection d'environ 1 000 volumes. Le patriarche fit alors murer les autres au Caire, pour les soustraire aux étrangers.

En sortant de l'église El-'Aḍrā' prenez, sur la gauche, un escalier qui conduit au **qaṣr**, auquel on accède par un pont-levis. Les bandes de bédouins qui razziaient la région jusqu'à une époque relativement récente avaient rendu nécessaires de telles précautions. A l'intérieur de l'édifice on trouvait de quoi pouvoir soutenir un siège prolongé : celliers, magasins, cuisines, cellules d'habitation et chapelle pour le culte permettaient aux moines de poursuivre leurs pieuses activités.

Depuis le toit du qaṣr, vue étendue sur le désert et le deir Amba Bishoï, tout proche.

Dans la partie E. du couvent, près du jardin, à la limite de la partie accessible aux touristes, l'**église de Sitt Miriam** contient encore quelques **belles icônes**.

Le couvent possède un puits qui ne tarit pas et qui donne le moyen d'entretenir un jardinet, et un vieux moulin à bras.

Le **deir Amba Bishoï** ne se distingue guère des autres : enceinte très haute enclosant les bâtiments conventuels, les églises superposées et le jardin.

Tout autre est le **deir Baramos (couvent des Romains)** où les moines vivent selon une règle sévère.

L'enceinte du couvent contient **cinq églises** ; la première est dédiée à sainte Marie : assez grande, avec une iconostase peinte en blanc ; le plan carré de l'autel est couvert d'une coupole dont la construction est invisible parce qu'elle est stucquée et peinte.

La **deuxième église** est dédiée à saint Macaire. L'autel et l'iconostase sont sur plan ancien, mais la nef est une vraie nef à l'occidentale à six gros piliers supportant des voûtes. L'iconostase est formée de panneaux de bois anciens, avec les peintures habituelles. **Chaire du XIIIe s.** Deux chapelles s'accrochent à la nef : celle de saint Georges, à dr. de l'entrée (qui est à l'O. du mur S.), c'est-à-dire à la place d'un narthex qui n'existe pas, et celle de saint Théodore, au milieu de la paroi S.

Le **bahr Bela-Mā** et ses pétrifications commencent à l'O. du Wādī Natrūn, à **6** km des couvents ; c'est un des traits singuliers de la configuration N.-E. de l'Afrique. Le nom de cette vallée signifie fleuve sans eau ; son lit est rempli de sable ; sa largeur est ici de 12 km, il remonte parallèlement au Nil par l'oasis de Baharīyya, jusqu'à celle de Dakhla.

On ne peut plus admettre aujourd'hui l'opinion qui en faisait une ancienne branche du Nil. On y trouve une grande quantité d'arbres pétrifiés, dont quelques troncs ont jusqu'à 8 et 10 m de longueur.

5 - Alexandrie

La « seconde capitale » de l'Égypte ne ressemble guère à la première. Point, ici, de ces mille minarets jaillissant au-dessus des toits, point de fleuve-dieu, point de traces très visibles de l'Antiquité, point non plus de quartiers aux venelles tortueuses. Rien, tout compte fait, de particulièrement égyptien. Mais une ville bien méditerranéenne. La mer et le soleil, bien sûr, l'immense corniche, les palmiers bordant les avenues, et le port, tout à la fois actif et tranquille. Et une atmosphère de seconde Tanger, où le passé cosmopolite se lit encore dans l'abondance de ses grands édifices à la somptuosité vieillie.
Créée, il y a vingt-trois siècles de cela, par Alexandre le Grand, pour favoriser les échanges entre deux mondes, Alexandrie s'enrichit d'abord elle-même de ce double contact. Et, tandis que les vieilles capitales égyptiennes s'enfoncent dans une tranquillité provinciale, elle devient l'une des plus brillantes métropoles du monde méditerranéen, une « cité de la science et de l'esprit », dont, pendant plusieurs siècles, les institutions culturelles seront fréquentées par les plus illustres penseurs. Son développement économique ira de pair jusqu'à ce que le cosmopolitisme qui lui vaut sa fortune amène sa ruine dans les troubles et les querelles. Au terme d'un long purgatoire, Alexandrie renaît par la volonté d'un autre étranger, Muḥammad 'Ali. S'ouvre alors une ère qui n'est plus celle des intellectuels mais celle des commerçants. L'entrée de l'Égypte dans le monde moderne fait retrouver à la ville ce caractère international qu'elle avait vingt siècles plus tôt. Anglais, Français, Italiens, Grecs, Juifs, Levantins y affluent jusqu'à former le quart de la population totale. La ville alors se hérisse d'immeubles cossus, se peuple de boutiques élégantes et prend ce visage propre aux grandes cités de négoce de la fin du XIXe et du début du XXe siècle. Emboîtant le pas de la cour khédiviale, l'aristocratie et la bourgeoisie cairotes viennent y prendre leurs quartiers d'été, accusant son caractère mondain.
Ruinée par la révolution de 1952, cette Alexandrie-là ne survit aujourd'hui que dans ses façades — qui pour la plupart auraient besoin d'un sérieux ravalement — et dans les « Alexandrinades » d'un quotidien local. La longue banlieue balnéaire qui, sur une vingtaine de km, relie le centre au palais d'al-Muntazaḥ, s'urbanise pour répondre à l'essor démographique tandis que les bords du lac Maryūt et la banlieue O. voient s'installer de nouvelles usines. Pour tous les Égyptiens pourtant, son nom reste synonyme de vacances et, dans les salles de jeux, interdites aux autochtones, le frou-frou des kefièhs d'émirs pétroliers a remplacé celui des falbalas de la Belle Époque.

La ville dans l'histoire

La fondation. — Alexandrie fut fondée en 332 av. J.-C. par Alexandre le Grand. A cet endroit s'étendait alors un vieux bourg égyptien, Rakôtis, dont le port, de minime importance, était fréquenté depuis longtemps par les marins phéniciens. Les pharaons y avaient placé une garnison permanente pour l'interdire aux étrangers, admis seulement en Égypte par le port de Naucratis et la bouche Canopique du Nil. En dehors de Naucratis, le Delta n'avait que deux ports, Tanis et Péluse, situés à l'extrémité orientale.

En face du port de Rakôtis s'étendait l'île de Pharos comme un immense brise-lames. Après la prise de Memphis, Alexandre, suivant la côte pour se rendre à l'oasis d'Amon (Siwa), fut frappé de l'excellence de cette position pour l'établissement d'un port.

Les plans de la future cité furent tracés par l'architecte Dinocrate qui orienta habilement les rues de manière qu'elles fussent balayées par le vent du N. La plus grande rue transversale (d'après les sondages qui ont identifié sept rues longitudinales et quinze rues transversales) avait à peu près la direction de la rue Al-Ḥurriyya avec laquelle elle se confond sur une partie de son parcours. Les travaux commencèrent aussitôt, mais la cité n'entra en bonne voie d'achèvement que sous le règne de Ptolémée II Philadelphe.

La capitale des Lagides. — Le terrain sur lequel reposent les parties de la ville arabe actuelle n'existait pas au temps d'Alexandre. L'île de Pharos n'était même pas encore réunie au continent.

Ce fut l'un des premiers Lagides, peut-être Ptolémée I Sôter, qui la réunit à la ville par l'Heptastadion, jetée de sept stades de longueur (1 800 m env.). Cette jetée fut en même temps une séparation entre la partie orientale et la partie occidentale de la rade et forma ainsi les deux ports (le Grand-port et l'Eunostos) ; deux passages surmontés de ponts et ménagés dans l'Heptastade permettaient la navigation entre eux. Ce qui n'était au début qu'une simple chaussée s'est élargi peu à peu par les amas alluvionnaires et est devenu avec le temps un isthme de près d'un kilomètre de largeur.

Sôter assigna à la colonie juive tout un quartier à l'E. Alexandrie devint aussi le séjour de Démétrios de Phalère, fondateur de la Bibliothèque, d'Euclide (mathém.), d'Apelle et Antiphilos (peintres), d'Érasistrate et Hérophile (médecins).

Sous Philadelphe, érection du Phare, sur l'île de Pharos, accroissement de la population et fondation du Musée, sorte d'académie fréquentée par les poètes, les philosophes et les savants les plus illustres du monde grec ; c'est l'époque de la Version des Septante, la première et la plus célèbre des traductions grecques de l'Ancien Testament.

Telle était Alexandrie sous les premiers Ptolémées ; c'est sous leurs règnes qu'elle atteignit l'apogée de sa fortune. Malgré les troubles et les révolutions qui marquent la période suivante, Alexandrie ne perdait rien de son ancienne importance. Sa population continuait de s'accroître ; elle restait toujours la grande capitale cosmopolite, ornée de toutes les curiosités et de toutes les élégances du monde antique.

La seconde ville de l'Empire romain. — En l'an 48 av. J.-C., César débarqua avec 4 000 hommes et soutint, dans le quartier des Palais (qui porta plus tard le nom de Broukhion), un long siège pendant lequel la célèbre Bibliothèque devint la proie des flammes. Antoine la reconstitua dans le Sérapeum et l'enrichit de 200 000 volumes qu'il fit venir de Pergame.

Sous la domination romaine, Alexandrie reprit un nouvel essor ; on y construisit des édifices tels que le Caesareum ou Sébastéion (achevé sous Tibère) ; le commerce se releva et atteignit un développement jusque-là inconnu, par les relations établies avec les Indes. Une période brillante s'ouvrit pour la ville qui eut plus de 500 000 hab., et devint la seconde cité de l'Empire romain. Mais son caractère cosmopolite amena bientôt de nouveaux troubles, en particulier d'incessantes révoltes de juifs, qui causèrent d'importants dégâts.

A partir du IIIe s. l'histoire de la ville n'est faite que de combats, de pillages, de soulèvements et de sanglantes répressions. La dissolution du Musée et le massacre ordonné par Caracalla (215) marquent le commencement d'une décadence que vont bientôt accélérer les persécutions contre les chrétiens, les guerres extérieures de l'Empire romain et les luttes internes pour le pouvoir.
Si elle ouvre pour l'Égypte le début d'une tentative de réorganisation de l'État, la prise d'Alexandrie par Dioclétien (295) n'en est pas moins suivie par la ruine totale de la ville en représailles du soutien qu'elle a apporté aux différents usurpateurs du pouvoir.

Un centre religieux. — L'évangélisation de la ville avait été, d'après la tradition, commencée vers l'an 40 par l'apôtre St Marc lui-même. L'organisation, au IIe s., du Didascalée, sorte d'école où la propagation de la foi chrétienne était confiée à des philosophes, en fait un centre religieux de premier plan, également propice à l'apparition de controverses théologiques.
C'est à Alexandrie que naissent, au début du IIIe s., les théories d'Origène et, près d'un siècle plus tard, l'hérésie arianiste. Pendant plus d'un demi-siècle, la vie religieuse va être marquée par les luttes incessantes entre les partisans de l'arianisme et le patriarche Athanase, mais ce n'est qu'à partir de la condamnation absolue du paganisme par Théodose (Édit du 8 nov. 392) que s'ouvre l'avenir du christianisme : la destruction du temple de Sérapis, le pillage de la bibliothèque, la fermeture des temples ou leur transformation en églises constituent le premier coup décisif porté au paganisme. Le dernier coup sera porté en 551 par Justinien, dont l'édit XIII ordonne la fermeture de tous les temples et écoles.

La décadence. — Malgré tout ce qu'elle avait souffert pendant quatre siècles, Alexandrie avait encore de beaux restes de sa première splendeur lorsque 'Amr s'empara de la ville en 641 après un siège de quatorze mois. La légende veut qu'écrivant au calife 'Umar, 'Amr[1] lui aurait décrit une immense cité de 4000 palais, autant de bains publics, 400 cirques ou places pour les divertissements et 1200 jardins. 40000 juifs y habitaient un quartier séparé.
Mais la grande source de l'opulence d'Alexandrie, c'était le commerce, surtout le commerce avec l'Orient. Déjà très amoindrie sous les empereurs byzantins, cette source de richesses diminua bien plus encore après la conquête arabe, aussi la population y décrût-elle rapidement. On peut en juger par ce seul fait que, dans la seconde moitié du IXe s., vers 875, Aḥmed Ibn Ṭūlūn fit abattre les anciennes murailles, devenues infiniment trop vastes, et construisit une enceinte nouvelle beaucoup plus resserrée.

Le renouveau — L'expédition française ouvrit pour Alexandrie, comme pour toute l'Égypte, une ère de régénération.
Quelques années après, Muḥammad 'Ali, tout entier à ses idées de puissance, tourna ses pensées vers Alexandrie, seul point où il pouvait se constituer une marine. Afin de présider aux grands travaux qu'il méditait, il se fit élever un palais dans l'île de Pharos, et y résida pendant plusieurs mois de l'année. Le Vieux-Port (celui de l'O.) fut choisi pour devenir le centre des nouveaux établissements. C'est là que fut construit l'arsenal.
La création du **canal Maḥmūdiyya**, commencé en 1819, en permettant d'irriguer les terres voisines, eut pour principal avantage de rattacher Alexandrie au Nil, et, par là, au reste de l'Égypte, et de permettre à cette ville de reprendre ses avantages sur Rosette et Damiette. En même temps, elle commença de s'étendre et un quartier franc se développa au bord du Port-Neuf.

1. La tradition arabe ajoute que, sur instruction de 'Umar (« si ces livres contredisent le Coran, ils sont dangereux, s'ils le confirment, ils sont inutiles »), 'Amr fit brûler les livres de la célèbre Bibliothèque et que leur combustion alimenta pendant 183 jours les foyers des 4000 bains de la ville. L'affirmation ne repose sur rien, et la Bibliothèque était depuis longtemps détruite lorsque 'Amr entreprit la conquête de l'Égypte.

Les accroissements qui n'ont pas cessé sous la dynastie de Muḥammad ʻAli ont pris leur plus grande extension sous le règne d'Ismāʻīl, auquel on doit le développement du Vieux-Port, où se porte tout le mouvement commercial, les percements de grandes voies et la multiplication des constructions à l'européenne. Pour mesurer l'étendue de ces progrès, il suffit de dire que la population, tombée à la fin du siècle précédent à 6000 âmes, s'était relevée, sous le règne d'Ismāʻīl, à 200000 hab., dont près de 50 000 appartenant à la colonie étrangère. En juillet 1882, Alexandrie fut le principal théâtre des événements qui préludèrent à l'occupation anglaise.

Alexandrie aujourd'hui. — Des quartiers neufs ont été rebâtis sur l'emplacement des anciens et la ville déborde largement les limites de l'enceinte antique, en s'étendant vers l'E. où elle englobe les anciens faubourgs jusqu'à Al-Muntazaḥ. Le côté O., occupé par des entrepôts et des usines, se voit débordé à son tour et le littoral se bâtit, non seulement sur l'étroite langue de terre entre la mer et le lac Maryūt, mais bien au-delà, sur la route de Mersa-Matruh. Et, pour faire face à une croissance démographique renforcée par l'exode rural (la population atteint auj. plus de 3 millions d'hab.), une ville nouvelle va surgir de terre à l'abri des collines bordant le lac Maryūt (→ *p. 385*).
Si le port, avec un trafic de 16,2 millions de t à l'importation et 1,4 à l'exportation, est le premier d'Égypte et représente une part importante de son activité économique, son équipement industriel reste insuffisant. Au terminal de l'oléoduc «sumed», la construction d'un grand complexe pétrochimique, en cours, et l'installation de nouvelles industries devraient renforcer son rôle de seconde capitale.

Alexandrie antique

Alexandrie a gardé peu de traces de son passé, les multiples destructions dont elle a été l'objet et les profondes transformations géographiques des ports ayant entraîné la disparition des monuments antiques. Les travaux archéologiques en restituent toutefois peu à peu les vestiges.

Le Pharos, l'Heptastade, les ports. — A mesure que l'on bâtit et que l'on creuse des fondations, de nombreux vestiges permettent de retrouver le plan de la ville ancienne. Cependant, l'**Heptastade** a complètement disparu sous les alluvions et sous les constructions de la ville arabe. Il y a incertitude sur la place exacte qu'elle occupe et sur sa direction.
Le **phare** de Sostrate s'élevait à l'endroit où se trouve auj. le fort de Qāytbāy; c'était une tour à plusieurs étages en retrait l'un sur l'autre; on entretenait au sommet un feu de bois : c'est l'ancêtre de tous les phares modernes à qui il a donné son nom. Partiellement détruit par un séisme, il fut sans doute démoli par les Mamlouks Baharites au XIIIe s.[1].

Aspect général de la ville : les palais, le musée, le Sêma. — Le plan rectangulaire de la ville était divisé par de larges rues tracées en damier. Deux rues principales, plus larges, se croisaient à angle droit (la grande rue longitudinale est aujourd'hui, approximativement, l'avenue al-Hurriyya; la grande rue transversale n'existe plus; une des rues transversales du centre de la ville pourrait être la rue Nebi-Daniel).
Toute une suite de palais se développait le long du port. On comptait aussi dans ces palais le **Musée,** collège d'érudits philologues, et le **Sêma** (ou **Sôma**), nécropole des rois depuis Alexandre (tous deux, au centre actuel de la ville, se situeraient entre l'église Sainte-Catherine et le Kōm ed-Dīk).

1. Vous aurez une idée de ce que pouvait être une telle construction en visitant la tour au N. du temple de Taposiris Magna (→ *it. 6B*).

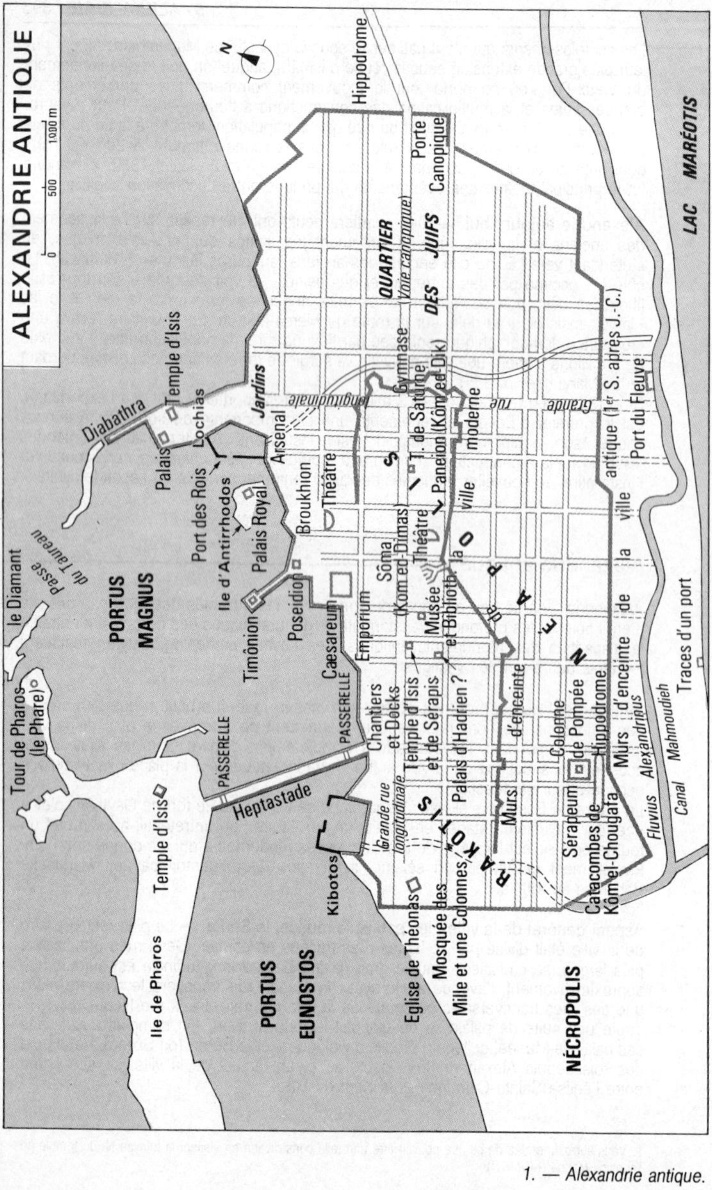

1. — *Alexandrie antique.*

Le **Caesareum** est, parmi ces édifices, celui dont l'emplacement est le mieux fixé. C'était un temple construit par Cléopâtre en l'honneur d'Antoine, resté inachevé, terminé par Auguste, et consacré de son vivant au culte impérial. On en a mis des restes au jour en 1874, entre la grande synagogue et les obélisques. Ces obélisques (les «Aiguilles de Cléopâtre») provenaient d'Héliopolis. L'un est maintenant à Londres, l'autre à New York. Le Caesareum, à l'époque chrétienne, servit tour à tour aux chrétiens, aux orthodoxes, aux jacobites, et fut détruit en 912[1].

Le quartier du Grand Port et ses palais (Broukhion). — Tout ce qui se trouvait dans ces quartiers a disparu, et le rivage moderne (boulevard de Corniche) décrit une vaste courbe entre le phare et la pointe Silsila.
Cependant les derniers travaux ont permis de retrouver quelques traces ou au moins les emplacements de certains monuments antiques ou sites disparus : l'**Arsenal privé des Rois**, près du cap, et des bas-fonds correspondant à l'îlot qu'Antoine réunit à la côte et sur lequel il avait bâti le **Timônion**; d'autres, qui sont les restes de l'île d'**Antirrhodos**.
Au S. de la ville le **canal Maḥmūdiyya** suit à peu près le tracé du fluvius Alexandrinus qui amenait à Alexandrie les eaux du Nil et alimentait au moyen de ramifications souterraines les citernes de la ville. Ces ramifications suivaient la direction des rues transversales. On a retrouvé les **traces d'un port** sur le lac Mariout (avec lequel le fluvius Alexandrinus communiquait) et sur le fluvius lui-même; et, dans les jardins, à l'E. de la rue Ṣāliḥ-Muṣṭafa, une des citernes, la **citerne An-Nābi'**.

Le quartier de l'Eunostos, la Nécropole. — Le **port d'Eunostos** est le port actuel, mais le **Kibotos** a disparu; son emplacement était celui de la douane actuelle et des bâtiments de l'office sanitaire de l'O. La nécropole s'étendait au-delà, vers le S.-O., aujourd'hui Gabbari et ses entrepôts.
Au S. du port, c'était le bourg de **Rakôtis,** dont nous n'avons que le nom; son emplacement est à ce point controversé que si quelques auteurs le placent dans le quartier moderne qui environne la colonne dite de Pompée, d'autres tiennent pour la butte Sainte-Catherine.

1. C'est peut-être une des colonnes de ce temple qu'on a retrouvée dans la rue Nebi-Daniel.

Visiter Alexandrie

***Une journée** peut suffire, **si vous êtes pressé**, à vous faire une idée approximative de la ville. **En voiture** ou en taxi, il vous faudra moins de deux heures pour vous rendre successivement au fort de Qāytbāy et à la nécropole d'Anfushi (prom. 5B), puis à la colonne de Pompée et aux catacombes de Kōm esh-Shuqāfa (prom. 5C). De là, vous irez ensuite directement passer une heure au musée gréco-romain (prom. 5D), non sans vous arrêter quelques instants, au passage, à l'amphithéâtre du Kōm ed-Dīk (prom. 5A).*
***Après déjeuner** vous pourrez retourner passer une heure ou deux au musée et/ou terminer la journée par une promenade en voiture dans le reste de la ville, à moins*

que vous ne préfériez profiter de ses **plages** *(surtout celles d'Al-Muntazaḥ, Ma'mūra ou Abūqīr) et de la tiédeur des eaux méditerranéennes.* **Deux jours** *vous permettront d'étaler un peu ce programme, d'accorder, dans la mesure où cela vous intéresse, un peu plus de temps au musée gréco-romain, d'avoir une vue un peu plus détaillée de la ville et de ses proches environs : → aussi le chap. 6.*
Notez *que lors des promenades 5 B et 5 C une lampe électrique vous rendra les plus grands services dans la visite des nécropoles.*

5 A — Le centre-ville

Si vous avez le temps, une courte promenade d'orientation, à faire de préférence à pied, dans le centre de la ville moderne.

Le centre actif de la cité s'étend autour de la petite **place Sa'd Zaghlūl** *(plan couleurs B4)*, ornée d'une statue du célèbre homme d'État. Là s'élève l'**hôtel Cecil**, palace bien vieilli mais principal hôtel du cœur de la ville ; de là partent diverses lignes d'autocars (notamment pour Le Caire) ou de tramways, en particulier celle qui, de la gare de Ramleh, à l'extrémité E. de la place, dessert les plages de la côte E.

La place Sa'd Zaghlūl confine au N. à la belle et large **Corniche** qui, sous le nom d'**avenue du 26-Juillet**, se développe sur plus de trois kilomètres en une gracieuse courbe embrassant, entre le **fort de Qāytbāy** (sur la g., presque en face) et la **pointe Silsila** (à dr.), l'immense **port Est**, le portus magnus de l'Antiquité, aujourd'hui inactif.

Prenez, au S.-E. de la place, la **rue Safiya-Zaghlūl**. Animée et commerçante, celle-ci s'élève doucement, croisant d'abord la **rue Ṣalaḥ-Musṭafa** (par laquelle, à g., vous pourriez gagner le musée), puis la **rue El-Ḥurriyya** (rebaptisée rue du Président-Gamal-'Abd-el-Nasser mais toujours appelée ainsi), l'une des principales artères de la ville, à peu près à l'emplacement de l'antique voie Canopique.
La rue Safiya-Zaghlūl gravit ensuite la petite butte du **Kōm ed-Dīk** *(plan couleurs BC5)* où, à dr., dans un enclos, s'étendent les importants restes de thermes romains (→ *ci-après*).
Au sommet de la montée, la rue débouche dans la **rue El Amir 'Abd el-Qādir** que vous suivrez à dr. pour atteindre la vaste **place El-Gumhurriyya**, connue aussi sous le nom de midān maḥattet Masr (place de la Gare du Caire).

A dr., derrière une haie, un **jardin** abrite, au fond d'un grand cratère de verdure, les restes, restaurés avec des éléments retrouvés sur place, du petit ***théâtre romain du Kōm ed-Dīk**, mis au jour en 1963.

Visite : payante ; t.l.j., de 9 h à 16 h ou 17 h, suivant la saison.

> Ici s'élevait, il y a quelques décennies encore, un fort qu'on avait décidé de raser en vue de la construction d'immeubles. D'importantes recherches furent conduites à ses abords en 1947-1948 puis, après la démolition du fort, reprises sur une grande échelle en 1956 par le Centre polonais d'Archéologie méditerranéenne.

Sous une énorme masse de déblais, atteignant par endroits 10 m de hauteur, et qui fut à certaines époques utilisée comme **cimetière** par les musulmans (on a retrouvé trois couches de tombes), ont été d'abord découverts les vestiges de **vastes thermes romains** avec une belle mosaïque de l'époque de Tibère.

A côté fut ensuite dégagé le petit **théâtre,** plus exactement un **auditorium,** d'env. 800 places, composé de douze gradins, en fer à cheval, en marbre blanc et gris ; les colonnes sont en cipolin importé d'Asie Mineure et en granit rose d'Assouan ; un mur extérieur de 8 m de hauteur l'entourait. Édifié vers la fin du IIe s. et remanié trois siècles plus tard pour servir à l'usage religieux, cet auditorium était encore assez bien conservé lors de sa découverte. Des inscriptions coufiques montrent qu'il était encore intact lors de la conquête arabe.

En continuant vers l'O. vous arriverez, une cinquantaine de mètres plus loin, à la **rue Nebi-Daniel** qui, à dr., **vous reconduira vers la place Sa'd Zaghlūl.**

A g., en contrebas de la rue, quelques **colonnes romaines** provenant sans doute du **Caesareum.** A côté, la petite **mosquée de Nebi Daniel** renferme les tombeaux de Saïd Pacha et de quelques autres membres de la famille royale, mais ne présente aucun intérêt architectural. En dessous, **nombreux souterrains** où l'on avait un moment espéré retrouver le tombeau — toujours inconnu à ce jour — d'Alexandre le Grand.

↔ *Plus bas, la rue Nebi-Daniel croise à son tour l'avenue El-Hūrriyya par laquelle, à g., vous pouvez faire un léger détour avant de regagner la place Sa'd Zaghlūl.*

Le début de la **rue El-Hūrriyya,** à l'O. de la rue Nebi-Daniel, constitue, avec la **rue Ṣāliḥ Sālam** *(plan couleurs C4 ; ancienne rue Chérif),* le quartier mondain de la ville, celui des banques, magasins de nouveautés, boutiques élégantes, grands antiquaires, bijoutiers-joailliers, etc.

Un peu plus loin, au S. de la rue Sidi el-Mitwalli, qui prolonge la rue El-Hūrriyya, s'étend (entre les rues Masgid el 'Aṭṭarīn et Maḥattet Masr) un petit quartier parfois qualifié de « **marché aux puces d'Alexandrie** » ; là, en effet, abondent les petites boutiques d'antiquaires et de brocanteurs où ont échoué les trésors abandonnés de la bourgeoisie du début du siècle : meubles, tableaux, lustres, argenterie, objets d'« art », antiquités, parfois vraies mais souvent fausses, productions artisanales et imitations diverses s'y confondent en un aimable capharnaüm dont, avec beaucoup de chance, vous extrairez peut-être quelque pièce de valeur.

La rue **Ṣālih Sālam** aboutit à **midan Et-Taḥrīr** (*plan couleurs B4 ; place de la Libération) :* c'est un vaste rectangle de 450 m sur 100, orné d'une statue équestre de Muḥammad 'Alī par Jacquemart. Au débouché de la rue Ṣāliḥ Sālam, à g., se dresse l'ancienne Bourse du Coton (auj. siège de l'Union socialiste arabe), que l'on envisage de remettre en activité.

La place de la Libération se prolonge au N. par la **place Aḥmed-Orabi,** qui la relie à la Corniche ; au N. de la place Orabi, **monument au Soldat inconnu,** en marbre de Carrare, nouvelle affectation du monument élevé en 1938 par la colonie italienne en hommage à Isma'īl Bāshā.

De la place Orabi, la rue Sa'd Zaghlūl, la rue El-Ghurfa et-Tigariyya (de la Chambre de Commerce), ou encore la Corniche, ramènent à la place Sa'd Zaghlūl.

5B — A la recherche du Phare

En raison des distances, vous ferez en voiture cette rapide excursion dans les quartiers N. de la ville, cette ancienne île de Pharos aujourd'hui soudée à la côte.

A l'extrémité N. de la Corniche *(plan couleurs A3),* après le **Yacht-Club** et quelques chantiers de réparation de petits bateaux, vous atteindrez la pointe N. de l'ancienne île de Pharos où se dresse maintenant le fort de Qāytbāy.

Un peu avant d'arriver au fort, à dr., se trouve l'**institut d'Hydrobiologie** : un **aquarium** en occupe le rez-de-chaussée.

Visite : payante ; t.l.j. de 9 h à 14 h.

Une cinquantaine de réservoirs contiennent des poissons du Nil et des mers chaudes (Méditerranée orientale et mer Rouge) : poissons ornementaux (cyprins dorés, poissons-scorpions, balistes, etc.), comestibles (muges ou mulets gris, rascasses, tilapia, etc.) ou autres, tels d'amusants petits poissons-chats ou les echeneis, plus connus sous le nom de remora et reconnaissables à leur ventouse striée sur le front. Quelques tortues marines. Presque en face, un petit **musée marin** *(mêmes conditions de visite)* a été aménagé dans des dépendances du fort.

Le ***fort du sultan Qāytbāy,** l'un des plus importants vestiges du système défensif arabe, est une belle construction massive de la fin du XVe s. Il s'élève sur l'emplacement du célèbre phare de l'Antiquité dont les matériaux ont été remployés en partie. Partiellement restauré, le fort abrite un **musée naval** (restes de la flotte napoléonienne, collection numismatique, etc.).

Visite : payante ; t.l.j. de 9 h à 14 h ; fermé le vendredi à partir de 12 h. En dehors des heures d'ouverture, il reste possible (adressez-vous au planton) d'entrer dans l'enceinte pour jeter, depuis le portail, un coup d'œil sur le fort.

Quelques vestiges de l'ancien phare subsistent, submergés au N. du fort. Ainsi, une trentaine de fûts de colonnes en granit ont été repérés en 1961 par un plongeur ; celles-ci proviennent très probablement du portique qui entourait le phare. Les fouilles sous-marines entreprises à la suite de cette découverte ont notamment donné la grande statue de l'Isis Pharia provisoirement déposée dans l'enclos de la colonne de Pompée.

Le **phare,** que l'on considérait dans l'Antiquité comme l'une des « Sept Merveilles du Monde », tenait son nom de l'**île de Pharos** où Soscrate de Cnide l'avait érigé sous le règne de Ptolémée II Philadelphe. C'était une tour à plusieurs étages (le premier de plan carré, le second octogonal, le troisième circulaire) légèrement en retrait les uns sur les autres, et dont la hauteur totale devait être de l'ordre de 120 m. Un feu brûlait en permanence à son sommet, visible, dit-on, à 100 milles au large.

Revenez ensuite jusqu'au Yacht-Club en face duquel vous suivrez vers l'O. la rue Qaṣr Ras et-Tīn.

Le **palais de Ras et-Tīn** *(plan couleurs B1),* au fond d'une immense esplanade, est une des anciennes résidences royales, le séjour de Fārūq lorsqu'il venait à Alexandrie. C'est là que fut signée l'abdication du 26 juillet 1952. On ne visite pas le palais, qui est réservé aux hôtes officiels et dont les dépendances sont occupées par l'armée. En arrière du palais, une route de corniche se prolonge jusqu'à l'hôpital militaire et au phare marquant l'extrémité du **port Ouest** *(accès interdit ; zone militaire).*

C'est près de cet endroit que furent découverts, lors de l'établissement de fondations, **onze hypogées** du Ier s. av. J.-C. d'un type différent de ceux d'Anfushi *(ci-après).* Un puits en forme de quadrilatère irrégulier communiquait avec trois longues galeries sur les parois desquelles étaient creusées, en trois rangs réguliers, des dizaines de loculi renfermant des cadavres momifiés, décomposés par l'eau de mer, couverts de masques en plâtre doré.

La **nécropole d'Anfushi,** dans un petit enclos au S. de la place, est moins importante que celle de Kōm esh-Shuqāfa mais plus ancienne (IIIe-IIe s. av. J.-C.) ; elle est un **bon exemple du style gréco-égyptien** de l'époque ptolémaïque. Elle se compose de six hypogées dont deux méritent une visite ; chacun est divisé en deux tombeaux avec un atrium commun.

Visite : payante ; t.l.j. de 9 h à 15 h 30.

Hypogée du Sud-Est (n° 2). — C'est le plus important : un escalier creusé dans le rocher descend dans un atrium quadrangulaire sur lequel s'ouvrent **deux tombes,**

comprenant chacune un vestibule et une chapelle, séparés par un escalier de deux ou trois degrés.
Des **scènes mythologiques** couvrent les murs : motifs funéraires des anciennes croyances égyptiennes, traitées tout autrement qu'elles ne l'eussent été par les vieux scribes. Ainsi, dans l'escalier, Osiris, au lieu de présider le tribunal funéraire devant lequel doit comparaître le défunt, accueille celui-ci au seuil de la région infernale, en lui présentant un vase d'eau lustrale. Le style des figures est aussi très influencé par l'art grec. Remarquez surtout dans la tombe la plus au N. (face à l'entrée) les imitations en peinture de marbre, d'albâtre ou de carreaux de faïence. Toutes les tombes creusées dans le rocher, et par conséquent d'une seule matière assez homogène, reçoivent un décor qui imite la maison construite hors du sol, avec des matériaux divers. A l'époque ptolémaïque, la mode devait être aux revêtements d'albâtre et de marbres colorés, car nous en retrouvons l'imitation dans les tombes de cette période (→ *la nécropole de Tuna el-Gebel),* de la même façon qu'aux époques anciennes, les Égyptiens avaient imité dans la tombe l'architecture de bois et les tapisseries d'étoffes de leurs maisons. A Anfushi, ce principe est poussé si loin que le plafond de cette chapelle est décoré d'une série de tableaux, de rectangles, imitant les plafonds de bois à caissons sculptés.

Hypogée du Nord-Ouest (n° 1). — Cet hypogée se compose aussi de deux sépultures à atrium commun et présente les mêmes caractères que le précédent. La décoration des plafonds est aussi une imitation des caissons sculptés. La dernière tombe (à g. de l'entrée dans l'atrium), construite à l'époque hellénistique, a été réemployée à l'époque romaine et une nouvelle construction en brique cuite cache une partie de l'ancien décor.

De la nécropole d'Anfushi, vous regagnerez le centre ville en suivant à l'E. la **rue Ras et-Tīn.** Après un détour éventuel, à g., à la **mosquée Sidi Abū el-'Abbās el-Mursi,** reconstruite en 1767 par de pieux maghrébins sur la tombe d'un saint personnage mort au XIIIe s., vous passerez (rue Ash-Shādid Muṣṭafā Ḥāfiẓ) devant la **mosquée d'Ibrāhīm Terbānā** *(plan couleurs B3),* construction massive du XVIIe s. où vous remarquerez des remplois de chapiteaux gréco-romains, avant d'atteindre la place Et-Taḥrīr.

5 C — Colonne de Pompée et Sérapeum

Pour cette promenade dans les quartiers S. de la ville, vous aurez, comme pour la précédente, tout intérêt à utiliser une voiture ou un taxi.
Depuis la place El-Gumhurriyya (plan couleurs C4-5), vous vous rendrez à la colonne de Pompée (plan couleurs D4) en suivant la rue El-Khudaïwī al-Awwal puis, à g., la rue Aḥmad es-Sawari qui longe un grand cimetière musulman.

••• La ***colonne de Pompée** ou, plus exactement, **de Dioclétien**, est située sur un monticule au S.-O. de la ville moderne, en dehors de l'ancienne enceinte arabe. La hauteur totale de la colonne est de 30 m, celle du fût de 22 m, et sa circonférence de 9 m. La colonne, d'un beau granit rouge poli, est élégante, mais le chapiteau et le piédestal sont d'un travail inférieur. Les soubassements de la colonne sont formés de fragments rapportés de monuments plus anciens, avec quelques hiéroglyphes parmi lesquels on a pu lire le nom de Séthi Ier et celui d'un Psammétique.
Visite : payante ; t.l.j. de 9 h à 16 h (17 h en été).

L'attribution traditionnelle du monument est sans fondement historique. D'une inscription grecque sur la partie occidentale de la base, lisible surtout en éclairage frisant, il résulte que la colonne fut érigée par l'éparque (ou préfet ?) d'Égypte

Publius en l'honneur de l'empereur Dioclétien, après la victoire remportée sur Achillée (296) qui, depuis cinq ans, avait pris en Égypte le titre et les insignes de la dignité impériale.

Maqīzī rapporte que cette colonne faisait partie d'un portique de quatre cents colonnes où la tradition plaçait la bibliothèque. La bibliothèque citée par Maqīzī n'était en réalité que l'importante annexe de la célèbre Bibliothèque alexandrine, annexe qui s'était développée au **Sérapeum,** surtout après l'incendie de César (→ *Histoire*). Il faut donc en conclure que **la colonne appartenait au Sérapeum,** hypothèse aujourd'hui totalement admise par suite de la découverte par Botti, à la fin du siècle dernier, de plusieurs fragments d'architecture portant des inscriptions dédicatoires à Sérapis, mais surtout depuis 1945, grâce à la mise au jour du dépôt de fondation et de certaines parties de l'enceinte du temple consacré à Sérapis.

De nombreux débris de colonnes en granit rose (morceaux cassés de colonnes monolithes) sont les restes du portique signalé par Maqīzī. D'autres colonnes du même granit rose gisent en bas, près du guichet d'entrée, avec des abaques, des chapiteaux corinthiens et différents débris d'architecture romaine parmi lesquels un seul chapiteau ionique. Partout, sur les pentes de la butte et près de la colonne, on rencontre des fragments d'architecture.

Plusieurs statues ont été redressées, notamment deux, agenouillées, de Ramsès II et d'un Psammétique, et une assise, de Ramsès II; près de la colonne (à l'angle S.-E. du piédestal), un gros **scarabée de granit** rose tourné vers le N. et un **sphinx sans tête** au cartouche d'Horemheb. Quant aux **deux sphinx de granit rose** placés devant la colonne, ils ont été découverts en 1906 à l'angle S. de l'ensemble, près de la ruelle Abū-Manṣūr.

Tout un quartier ancien se révèle (vers l'O.) par des arasements de murailles et une grande tranchée avec des conduites d'eau; un monument détruit a donné de gros blocs sculptés, des fragments d'une architrave décorée de gouttes en oblique, avec la sculpture d'un serpent sur chacune d'elles.

Un peu au N. on visite **deux galeries de catacombes,** assez longues. La plus grande, qui est aussi la plus large, a ses parois creusées de niches pour les urnes funéraires; aucune de ces urnes n'étant assez grande pour contenir un corps, on peut en déduire que ces catacombes n'étaient pas utilisées par les chrétiens. Deux groupes de puits aéraient les galeries.

Dans la partie S.-E. de l'enceinte, au pied de la butte, a été déposée la **statue de l'Isis Pharia,** haute de 8 m et brisée en deux morceaux, trouvée dans la mer au N. du fort de Qāytbāy.

Après la visite de cet ensemble de ruines, vous contournerez par le S. l'enclos qui les abrite et, en prenant à dr. la petite rue Abū-Manṣūr, vous pourrez aller visiter les catacombes de Kōm esh-Shuqāfa.

•*• Les **catacombes de Kōm esh-Shuqāfa** *(plan couleurs D4)* sont une vaste construction souterraine à trois étages, datant des Ier-IIe s. de notre ère. Elles constituent un exemple unique, par leur décoration, du résultat de la fusion de deux arts, l'égyptien et le gréco-romain.

Visite : payante; t.l.j., de 8 h 30 à 16 h.

L'ancien faubourg de la nécropole, fouillé à diverses reprises, avait révélé dès 1858 des catacombes chrétiennes, auj. presque totalement détruites et qu'on ne visite plus. Par contre, les fouilles de la fin du XIXe s. sur ce site ont mis au jour diverses tombes; celle-ci fut découverte par hasard en 1900.

Un escalier tournant descend, au 1er **étage,** à une **rotonde** où s'ouvrent des cellules avec sarcophages et loculi, ou niches, pour les urnes cinéraires. A g. de l'entrée se trouve le triclinium funèbre, grande salle où les parents du défunt se rassemblaient pour le repas funéraire. A dr. une ouverture donne accès à la **chambre** dite **de**

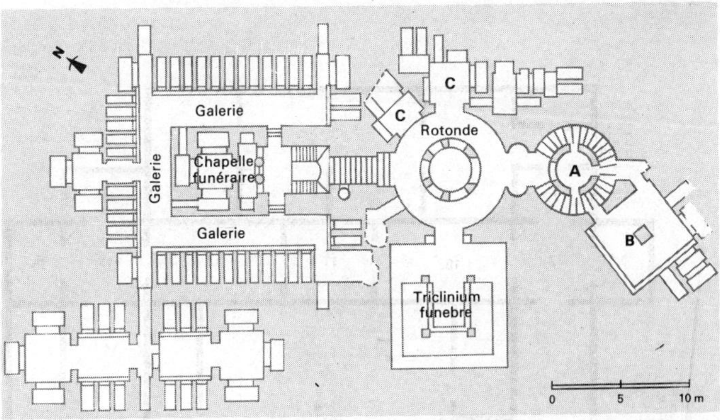

2. — Catacombes de Kōm esh-Shuqāfa.

Caracalla, tombeau jadis indépendant, ainsi nommé car il servit de refuge aux chrétiens persécutés par cet empereur.
A l'**étage inférieur** se trouvent le vestibule et la chapelle funéraire proprement dite ; la façade du vestibule est supportée par deux colonnes égyptiennes à faisceaux de papyrus et à chapiteaux épanouis. La chapelle contient trois niches, placées sur des socles ; dans chaque niche se trouve un sarcophage taillé à même la roche. Les parois de ces niches sont ornées de trois motifs en relief. La plupart des **divinités appartiennent au panthéon égyptien** ; quelques-unes cependant sont gréco-romaines. Les éléments architecturaux, comme du reste toute la décoration, montrent combien le style pharaonique, mal compris par les Gréco-Romains, s'était transformé. Une galerie fait le tour de la chapelle et de son vestibule : dans ses parois s'ouvrent de nombreux loculi dont la plupart contenaient plusieurs corps. Le troisième étage est envahi par les eaux ; il a été partiellement comblé à l'époque de Muḥammad 'Alī.
D'autres tombes, découvertes plus tard, sont visibles dans l'enclos du Kōm esh-Shuqafâ ; parmi elles, le caveau d'une prêtresse de Némésis dont le corps était accompagné d'un riche trésor (bijoux, chaînes, bagues, etc.).

5 D — Les musées

Dans une petite rue tranquille, à deux pas du centre ville, le ***musée gréco-romain*** *(plan couleurs B5) complétera utilement votre connaissance d'une ville n'ayant conservé que de trop rares monuments de son antique splendeur. Suivant l'intérêt que vous portez à cette période de son histoire où l'Égypte, gouvernée par une dynastie étrangère, s'ouvre au monde méditerranéen, cette visite nécessitera* ***une ou plusieurs heures.*** *Un saut de vingt siècles (et de 500 mètres !) pourra vous conduire ensuite au* ***musée des Beaux-Arts*** *où* ***une heure*** *suffit par contre pour se faire une idée assez précise de l'art égyptien contemporain, surtout si vous avez déjà visité le musée d'Art moderne du Caire.*

■ Le **musée gréco-romain** constitue, après les trois grands musées du Caire, le maillon qui manquait encore dans l'évocation complète de la vie en Égypte aux différentes époques. Bien qu'essentiellement alexandrin — puisque aussi bien Alexandrie fut, pendant une longue période, la capitale de l'Égypte —, il

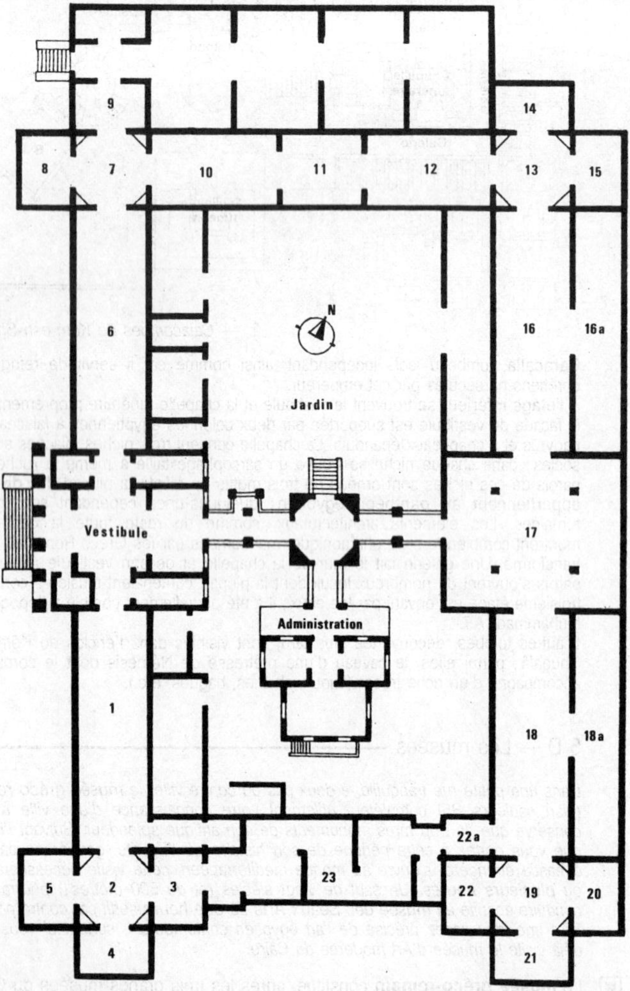

3. — Musée Gréco-romain.

abrite néanmoins divers monuments provenant d'autres régions de l'Égypte, notamment Delta, Fayyūm et Moyenne-Égypte, et témoignant de l'influence de cette nouvelle capitale sur l'Égypte intérieure.
Quelques antiquités proprement pharaoniques et des vestiges des premiers temps chrétiens assurent les liaisons nécessaires avec le musée Égyptien et le musée Copte.

Fondé en 1892 par l'archéologue italien **G. Botti**, le musée dut, dès 1895, être transféré dans le bâtiment actuel, lequel ne comportait alors que ce qui en constitue aujourd'hui l'aile O. Il fut par la suite plusieurs fois remanié et agrandi pour accueillir les objets, toujours plus nombreux, provenant soit de découvertes fortuites, soit de fouilles, entreprises notamment dans les nécropoles de la ville.

Visite *: t.l.j. de 9 h à 16 h; fermé le vendredi de 11 h 30 à 13 h 30. Photographie interdite sans autorisation spéciale. Entrée payante.*

Du **vestibule** *où, à côté d'une tête d'Alexandre, deux niches abritent deux osiris-Canope, forme particulière sous laquelle le dieu des morts était adoré à Canope (l'actuel Abūqīr) à l'époque gréco-romaine, la visite se fera dans le sens des aiguilles d'une montre en commençant, sur la gauche, par la salle 6; de même, en fonction de la disposition des pièces exposées, la description de chaque salle se fera en commençant au centre, pour continuer à g., soit en tournant vers la droite de façon continue, soit en revenant à l'entrée de la salle après en avoir décrit la moitié g. pour en décrire alors la moitié dr.*
On a tenu compte, autant que possible, des études les plus récentes : le visiteur ne devra donc pas s'étonner de trouver ici des identifications ou des commentaires différents de ceux que lui proposent les étiquettes, parfois très anciennes, du Musée lui-même.

Salle 6. — Au centre, statuette en marbre d'Harpocrate, trouvée à Sidi Bishr en 1973; Apis d'Hadrien (351), grande statue de pierre noire dédiée par l'empereur et qui fut découverte, brisée en plusieurs morceaux, près de la colonne de Pompée en 1895; massive statue en bois du dieu Sérapis (23352) avec restes de stucage polychrome, prov. du Fayyūm (époque romaine). A g., tête en granit rouge d'Alexandre le Grand (3242); au mur, importante **mosaïque** (21739) signée d'un certain Sophilos : elle vient de Tell Timaï (l'ancienne Thmuis dans le Delta central). La partie centrale est occupée par un buste de femme couronnée d'une proue de navire, qu'on a longtemps considéré comme la personnification d'une cité maritime (en l'occurrence Alexandrie avec les attributs d'une victoire navale) et en qui on reconnaît maintenant les traits idéalisés de Bérénice II « protectrice des flottes et de l'empire maritime des Lagides » (fin IIIe - début IIe s. av. J.-C.); statue d'Isis (25783) dédiée par un nommé Isidoros pour avoir survécu à un accident (IIe s. de notre ère); buste en marbre de Sérapis (22158) prov. des environs de la colonne de Pompée (le kalathos est en partie restauré); statue d'Hermanubis (25785), trouvée comme l'Isis voisine, dans le temple de cette déesse à Ras el-Soda (Sidi Bishr) en même temps que l'Harpocrate qui est exposé en face; buste de Socrate (3887) et tête de Minerve.
A dr., tête en marbre d'Alexandre (28094); au mur mosaïque circulaire (21736) avec portrait idéalisé de Bérénice II : légèrement postérieure à celle du mur opposé, elle en est peut-être une copie et a, en tout cas, la même provenance; statue d'Harpocrate (25784); statue de Mars (29455), tête d'Alexandre, statue de Nike et buste d'ép. romaine représentant Xénophon (25778).
De part et d'autre de l'entrée de la salle 7, deux vitrines abritent des statuettes de divinités en bronze : à g., le bœuf Apis, à dr. les membres de la triade osirienne Osiris, Isis et Harpocrate (style pharaonique ou gréco-égyptien).

Salle 7. — Au centre, statue colossale en granit rouge (359) figurant **Ramsès II** en porte-enseigne (une fille du roi est représentée en bas relief derrière la jambe g. de son père) et provenant, comme les autres statues de cette salle, du site de l'ancienne Canope (Abūqīr); deux sphinx acéphales (361 et 363) en quartzite encadrent le colosse : ils datent du Moyen Empire et celui qui est à sa g. est inscrit au nom du roi Amenemhat IV (XIIe dyn.). Aux quatre coins de la salle, des niches abritent de g. à dr., une statue acéphale d'Isis (23840), une statue fragmentaire de prêtre portant une stèle d'Horus (20733), un buste en granit rouge de Ramsès II (417) et une seconde statue d'Isis (23841) en basalte noir comme la première.

Salle 8. — Au centre, trois vitrines contenant des **momies** encore emmaillotées de façons différentes : on notera surtout celle de dr. (7312) où, ultime aboutissement du masque funéraire, le portrait du mort est un de ces fameux « portraits du Fayyūm », petite planchette de bois peinte à l'encaustique et maintenue sur le visage du défunt par un jeu savant de bandelettes.

A g., couvercle de sarcophage anthropoïde en calcaire : typique de l'ép. ptolémaïque il provient de Qena, comme celui qui est exposé en face ; au-dessus, linteau inscrit (21016) provenant de Théadelphie (actuellement Baṭn Harit, à l'ouest du Fayyūm) et portant la dédicace d'un propylon et d'un péribole au dieu Hérôn (règne de Ptolémée VIII Evergète II, 145-116 av. J.-C.). Au fond, deux vitrines murales de masques funéraires en plâtre, d'ép. romaine.

A dr., au-dessus du second couvercle de sarcophage ptolémaïque, autre linteau (20977) conservant la dédicace de la porte et du double portail du gymnase de Théadelphie à Hermès et à Héraclès (milieu du IIe s. av. J.-C.).

Salle 9. — Les objets exposés ici ont, pour la plupart, été mis au jour en 1912-1913 lors des **fouilles** du temple élevé au dieu crocodile Pnéphéros au IIe s. av. J.-C. à **Théadelphie.** A g. de l'entrée, stèle (20857) dont le texte est un décret d'asylie dont le Musée possède deux autres exemplaires : il s'agit d'une ordonnance de Bérénice IV, datée du 22 octobre 57 av. J.-C., et accordant le droit d'asile au sanctuaire de Pnéphéros ; ensuite, porte en bois (19678) de ce sanctuaire, découverte fortuitement en 1912 en même temps que le propylon (reconstruit dans le jardin du Musée) : l'hipparque Agathodōrōs y a fait graver la dédicace de la porte elle-même et de sa serrure (entre 137 et 116 av. J.-C.) ; au fond à g., fragment d'un obélisque en quartzite de Séthi Ier (420), autrefois érigé à Héliopolis, mais trouvé à Alexandrie.

A g. de l'entrée de la pièce suivante une vitrine contient des terre-cuites et des ostraca ; à dr. une autre vitrine abrite des objets domestiques et deux statuettes de bois : un Harpocrate et une Hécate (19690). A dr. de la salle support, civière et momie du crocodile sacré (19679 à 19681), le tout servant aux processions, les jours de fête.

A dr. de l'entrée, stèle (21346 ?) provenant d'Euhéméria (l'actuel Qaṣr el-Banat) localité située au N.-O. de Thédelphie, dont le texte est une ordonnance de Ptolémée XII Aulète et de Cléopâtre Tryphaina accordant le droit d'asile au sanctuaire des dieux crocodiles Posnaus, Pnéphéros et Soxis (5 mai 69 av. J.-C.).

Salle 10. — Dans cette salle, dont le centre est occupé par le beau buste en granit noir d'un haut fonctionnaire de la fin de la XVIIIe dyn. (P. 5935) et par trois sarcophages, sont réunies les pièces pharaoniques de l'ancienne collection Antoniadis ; on ne s'attardera donc pas devant ces vitrines de scarabées, d'amulettes, de statuettes de divinités ou d'ouchebtis dont le Musée du Caire conserve des collections plus importantes et plus représentatives.

Salle 11. — De part et d'autre de l'entrée, gigantesques empreintes de pieds (11849 et 11850) sur des blocs de calcaire : il s'agit d'ex-voto déposés par des pèlerins en témoignage de leur visite ; au centre mosaïque circulaire ; à g. trois stèles funéraires à fronton trouvées dans la nécropole de Chatby ; statuette acéphale d'une femme (1332) que son style date du début du IIIe s. av. J.-C. ; fragments de paroi (3211) provenant du temple d'Athribis (l'actuel Benha), ou figure, à dr., le dieu-lion Tithoès : de sa couronne jaillissent successivement les têtes variées de la cohorte des démons qu'il dirige (vautour, faucon, Bès, ibis, crocodile et bélier) ; tête de roi ou de dieu (22829).

A dr., fragments de décor architectural peint ; sur le mur, un ensemble de stèles où les styles égyptien et grec sont mêlés (par ex. 3215) et où figurent souvent, sous forme de serpents, des **agathodaïmons** ou « bons génies » (153, 3179, 3180). De part et d'autre de l'entrée de la salle 12, ensemble de statues très frustes (3192-3202) trouvées dans le Fayyūm à Dimai (l'ancienne Soknopaion Nesos, au N. du lac Qarūm), visiblement œuvres très provinciales d'un artiste local influencé par l'art grec.

Salle 12 (statuaire gréco-romaine). — A l'entrée à g., tête d'enfant 3517) et à dr., tête de fillette (3226). Au milieu de la salle, statue colossale en marbre (3520). Au milieu de la salle, statue colossale en marbre (3520) de Marc Aurèle portant une cuirasse impériale décorée de motifs en relief (à la hauteur de l'abdomen un aigle a été martelé et remplacé par une croix à l'époque chrétienne ; placées côte à côte face à l'entrée de la salle suivante, deux statues de marbre représentent l'une le Nil (39448), figuré selon le type du dieu-fleuve couché de la célèbre statue du Vatican, l'autre sa parèdre Euthénia (24124), divinité alexandrine qui apparaît sur les monnaies à partir de la 2e moitié du règne d'Auguste et qui, entourée d'enfants-coudées mesurant la hauteur idéale de la crue, personnifie le résultat d'une bonne inondation et donc le rendement agricole de l'Égypte.

Du côté g., statue colossale en calcaire de Ptolémée X ; tête en marbre (24092) qui conserve les traits particuliers de Ptolémée VI Philométor que l'on reconnaît aussi dans la grande tête de granit noir (3357) exposée en face ; portrait d'une reine ptolémaïque (21992) en calcaire nummulitique (2e moitié du IIe S. - 1re moitié du Ier s. av. J.-C.) ; tête féminine en marbre (3239) ; groupe de deux statues acéphales (10694-10695) représentant Dionysos et un faune ; tête de femme, en marbre (24095), coiffée de tresses et de bouclettes mise à la mode par Julia, la fille de Titus ; deux portraits d'impératrices romaines : Domitia (3516) épouse de Domitien (vers 80-90 de notre ère) et Crispine (23862) femme de Commode (vers 180 de notre ère).

Du côté dr., tête colossale en granit rouge (3364) représentant Ptolémée IV Philopator coiffé du némès surmonté par le pschent ; beau portrait, en marbre, d'une inconnue (25449) daté de la fin du Ier s. av. J.-C. ; tête de Ptolémée VI ; tête d'homme barbu ; statue acéphale d'homme ou de dieu (Nil ?) assis sur un rocher (20194) ; têtes féminines (3360, 3908 et 26024). Deux statues féminines acéphales encadrent l'entrée de la salle 13 ; dans le passage, à g., tête en marbre (3244) d'un jeune guerrier casqué, et à dr., portrait d'adolescent (3361).

Salle 13. — Au centre, statue en marbre d'un empereur portant cuirasse (3608) ; la tête, rapportée, est celle de Septime Sévère. Les niches des quatre angles abritent autant de statues acéphales d'orateurs (19406, 3902, 3907 et 3919, de g. à dr. en arrivant de la salle 12).

Salle 14 (portraits impériaux). — De g. à dr., buste de Maximin Vespasien (?) ; beau portrait de Septime Sévère (3371) ; tête colossale d'Hadrien (20885) ; portrait de Vespasien (25029) ; statue colossale acéphale (25544), attribuée à Commode ; portrait de Tibère (22237) ; tête colossale d'Auguste (24043), découverte à Tell Atrib (Athribis) comme celle d'Hadrien ; portraits de Marc Aurèle (21640), et de Jules César (3243) ; et, enfin, curieuse tête assez fruste (3701) attribuée à Valérien (début de la 2e moitié du IIIe s. de notre ère).

Salle 15. — Elle est surtout, au centre, occupée par la ***paroi peinte d'une tombe** (27029) ; on notera, en particulier, la scène de la saqiyya, roue entraînée ici par deux bœufs et élevant l'eau nécessaire à l'irrigation des champs. Sur les murs, autour de la salle, sont exposés divers fragments architecturaux (frises, éléments de niches, chapiteaux...) ; à dr., deux petits sphinx très tardifs en albâtre (20307-20308) : le premier présente une statuette de Ptah.

Salle 16. — Dans la travée centrale, on notera surtout un ***avant-bras colossal** en marbre (3920), dont la main se referme sur une sphère ; l'**aigle** colossal au repos, prov. de l'île de Thasos (3936) ; une double tête d'Hermès et de Dionysos (3927) et une mosaïque (11125) où figurent un guerrier et des animaux mythiques. En partant vers la droite, statue acéphale de Cérès (22194) ou d'une prêtresse de cette déesse ; ***statue acéphale de Dionysos** (23361), deux bustes de Sérapis encadrant une statue acéphale du même dieu, et statue funéraire en marbre d'un vieillard barbu à demi couché (3897) ; au-delà de l'entrée de la salle 16 A, statue funéraire de femme à demi allongée (23349), plusieurs statues acéphales dont une d'adolescent (20391) avec grossière figuration d'Osiris ; à g. de la porte, curieuse représentation d'un Aïon-Chronos mithriaque (24407) prov. de Behnasa (Oxyrhynchos) : personnification d'une notion abstraite devenue divinité du temps universel, il se présente comme un être léontocéphale ailé, debout sur des pattes de bouc et tenant des clefs, des serpents et un sceptre.

En partant vers la dr., torse en marbre d'une jeune femme (3868), probablement une ménade dont le corps nu n'est qu'en partie cachée par une peau de bête ; torse inachevé d'un dieu ou d'un héros (3863) ; buste en marbre de Déméter-Séléné (17838), avec diadème et voile, et deux petites cornes au front (soulignant la nature lunaire de la déesse) ; statue acéphale du dieu Nil (22173) représenté comme un vieil homme assis sur un rocher, le bras g., qui tient une corne d'abondance, appuyé sur un hippopotame ; buste d'homme (29258) ; statue acéphale d'une prêtresse d'Isis ou d'une reine (11311) tenant une corne d'abondance ; statue acéphale d'une prêtresse couchée (23919) ; statue acéphale de Vénus (3381) ; statues d'Asclépios et de sa fille Hygie trouvées à Sidi Bishr en 1973.

En passant la porte, devant laquelle deux grands chapiteaux ioniques sont symétriquement posés sur des colonnes, remarquez sur la dr. une statuette incomplète de cupidon endormi (3895).

Salle 16 A. — A l'entrée et au centre de cette salle tout en longueur, groupe d'Éros et d'Aphrodite enlevant sa sandale, découvert à Sidi Bishr, en 1973. Sur la g., en tournant de g. à dr. ; tête de Vénus (25567) ; tête d'Asclepios ou de Sérapis (3468) ; statue fragmentaire de Sérapis ; dans l'alcôve, beaux fragments de sculpture, bustes et torses acéphales. Dans les vitrines, petit sanctuaire :

Vitr. A : têtes d'Héraclès et de Sérapis.

Vitr. B : têtes et statuettes de Vénus.

Vitr. C : divers portraits de souverains ptolémaïques, parmi lesquels Ptolémée II (19082), Bérénice II (3275) et Ptolémée VI (3270).

Vitr. D : fragments divers.

Vitr. G : notez une tête de satyre (19081).

Au fond de l'alcôve de dr., grand groupe en calcaire nummulitique (14942) qui représenterait Bérénice, épouse de Ptolémée III, en deuil de sa fille qui mourut à neuf ans.

En revenant vers l'entrée de la salle, statue acéphale d'Apollon assis sur l'omphalos (3878) et tête d'athlète (3241).

Salle 17 (sculpture monumentale). — Au centre grande **mosaïque** (21641) représentant un repas champêtre au bord de Nil et, dans un angle de celle-ci, fragment d'une autre où figurent Alphée et Aréthuse ; aux murs de la salle autres fragments de mosaïques : sur l'une d'elles, très fine, le nom de Klio, la muse de l'histoire. De chaque côté de la mosaïque centrale, baignoire en basalte (3951 et 3931) réutilisées comme sarcophages par l'adjonction de couvercles en granit.

Au milieu du mur de g., **statue colossale acéphale en porphyre** (5954), la plus grande connue en cette matière : elle représente soit un Christ Pantocrator, soit, ce qui est plus probable, Dioclétien. Près de la porte du jardin, le seul ***sarcophage à reliefs** (17927) trouvé à Alexandrie : on y voit représenté un épisode de la vie d'Ariane ; celle-ci, à Naxos, est surprise endormie par Dionysos et son cortège ; sur l'autre tableau, plus petit, Héraclès ivre est soutenu et accompagné par des bacchantes et des faunes ; sur la face latérale à g., une scène de vendange inachevée montre la technique du sculpteur. Avant d'entrer dans la salle suivante, à g. statue du dieu Sérapis assis (3916) et à dr., grande statue acéphale d'Héraclès assis (11216), reconnaissable à sa massue et à la peau de lion.

Salle 18. — Au centre plusieurs vitrines contiennent des vases grecs, une urne cinéraire couronnée de fleurs artificielles, des guirlandes florales mortuaires, de la vaisselle émaillée. Les vitrines murales abritent une collection considérable d'objets divers en terre cuite : vaisselles, vases, statuettes de divinités et de personnages divers, lampes, urnes cinéraires, etc.

Salle 18 A, ou salle des Tanagras. — Ces statuettes en terre cuite, coloriées, sont ainsi nommées du nom d'un village de Grèce où une importante trouvaille similaire a été faite ; les exemples réunis ici proviennent tous des nécropoles d'Alexandrie ; tous ont été trouvés dans des tombes d'enfants, d'adolescents ou de femmes. Parmi les sujets favoris, femmes richement vêtues, danseuses, musiciennes, figurines d'enfants ou de grotesques animaux.

Salle 19. — Au centre, mosaïque à décor floral et motifs géométriques, quatre statues occupent les niches d'angle de la pièce.

Salle 20. — (Mobilier funéraire.) — Les vitrines A, C, G, H et I, présentent une collection de vases et d'urnes cinéraires.
Vitr. B : flûtes en os, alabastrons, stèles funéraires.
Vitr. D et F : statuettes de Bès, plus ou moins complètes.
Vitr. E : belle urne cinéraire hydriforme en terre cuite noire dont le décor en relief imite celui des vases similaires en bronze.

Salle 21. — Autour de la salle, les vitrines murales contiennent des vases de formes variées (F, G), des manches décorés ayant appartenu à des lampes à huile (A) et des lampes complètes (C, D, E).

Salle 22. — Dans la vitrine centrale, éléments d'incrustation en pâte de verre polychrome et riche collection de *millefiori ;* dans les vitrines murales qui abritent de petits flacons en pâte de verre (H, I), des ivoires et des os sculptés (G), des éléments décoratifs en plâtre peint (D) et des verres irisés (A, B, C), on remarquera surtout le moulage en plâtre d'un grand camée (24345) présentant les profils de Ptolémé Ier Sôter et de son épouse Bérénice Ier (vitr. E).

Salle 23. — Petite salle consacrée au travail des bronziers : lampes, trépieds, balance romaine (vitr. A), petite statuaire (vitr. B, C, D). Dans de petites vitrines indépendantes, on remarquera un casque macédonien, une grande œnochoé et la tête d'Hadrien (22902) aux yeux incrustés de pâte de verre, qui fut trouvée à Qena avec des éléments du reste de la statue.

Salle 24 (cabinet numismatique). — On y trouve exposée une partie de la riche collection numismatique du Musée : plus de 7000 monnaies ptolémaïques et impériales romaines frappées à Alexandrie ainsi que diverses monnaies antiques de tout le bassin méditerranéen.

Salle 3 (bijoux et orfèvrerie). — Au centre statuette acéphale d'Aphrodite (24042) en argent (IIIe-IIe s. av. J.-C.) et gobelet en argent doré (24041) dont le décor en relief représente des amours vendageurs, Dionysos, un satyre et une nymphe (Ier s. de notre ère). Dans les vitrines latérales, bijoux, intailles, tête d'Alexandre en nacre, plaques d'or et éléments d'un dépôt de fondation du Sérapeum d'Alexandrie au nom de Ptolémée III Evergète (milieu du IIIe s. av. J.-C.).

Salle 2. — Au centre, deux grands chapiteaux dont l'un a été réutilisé comme baptistère ; autour stèles chrétiennes.

Salle 4. — 9 vitrines présentent une collection de tissus coptes.

Salle 5. — Fresques et éléments architecturaux provenant de monastères à l'ouest d'Alexandrie ; deux sarcophages (24029 à g. et 24078 à dr.) en terre cuite.

Salle 1 (antiquités chrétiennes). — Au centre, successivement, en allant vers la sortie : momie emmaillotée ; lourd couvercle de sarcophage en porphyre (353) orné de guirlandes et de masques de Silène, de satyre et de ménades ; grande jarre portant des symboles chrétiens ; statue du Bon Pasteur (22273) prov. de Mersa Matruh (IVe-Ve s.). Sur les côtés éléments architecturaux et vitrines contenant des os gravés, des lampes et des ampoules de Saint Ménas destinées à transporter l'eau miraculeuse jaillissant près de la tombe du saint ou de l'huile ayant touché ses reliques.

Jardin *(on y accède, soit par le vestibule, soit par la salle 17).*

Partie N. — Au pied de l'escalier, deux sphinx (prov. d'Héliopolis); au fond, tête colossale en granit vert (prov. de Hadra) d'un Marc-Antoine en Osiris; sarcophage en granit gris; pressoir à huile ou à vin (prov. de Théadelphie). Au fond, à g., reconstitution de la chapelle du dieu crocodile Pnéphéros et de ses portes (prov. de Théadelphie); l'inscription votive est de 137 av. J.-C.; deux lions couchés de chaque côté de la première porte, deux sphinx (très abîmés) à la deuxième. Les objets prov. de cette chapelle sont dans la salle 9.

Partie S. — Deux tombes reconstruites, prov. de la nécropole occidentale, l'une du IIIe s. av. J.-C., l'autre du Ier s. ap. J.-C. Quelques sarcophages gréco-romains à guirlandes; un linteau de porte en granit gris; des croix coptes surmontées de la gorge égyptienne, des sarcophages-baignoires; une tombe romaine (reconstituée); nombreux fragments grecs, romains, coptes, arabes.

↠ A 200 m au N.-E. du musée, les jardins Shallalat s'étendent, le long de la rue Ṣāliḥ Muṣṭafa, à l'emplacement des anciennes fortifications arabes de la ville, conservées par endroits. Les jardins commencent au carrefour de la rue Champollion, orné en son centre de la **colonne** dite **de Khartoum,** colonne ptolémaïque érigée ici en 1899 pour commémorer la prise de Khartoum par Kitchener l'année précédente, et de deux statues assises de la déesse Sekhmet. Un peu plus loin s'élève une statue de Mukhtār : La Gardienne du Secret.

Quelques mètres plus loin, au coin du square, en face du n° 61 de la rue, une ouverture grillagée, dans le sol, vous permettra d'entrevoir — surtout si vous êtes muni d'une lampe électrique — l'intérieur de la **citerne An-Nābi',** la seule encore visible des nombreuses citernes de la ville ancienne.
C'est une curieuse construction souterraine, à trois étages, de plus en plus écrasés. Cinq travées parallèles et égales (dans les deux sens) divisent la citerne en carrés voûtés. Les retombées de ces voûtes s'appuient sur des colonnes irrégulières de dimensions et disparates de matières, formées de matériaux anciens remployés. Les colonnes du troisième étage supportent des vraies voûtes en ogive, avec des claveaux; quelques-unes sont remplacées par un gros blocage en forme de pilier qui rétrécit l'espace. Remarquez, parmi les chapiteaux, deux ioniques au deuxième étage et un composite au troisième. Quelques colonnes sont retournées, si bien que leur tore de base leur sert de chapiteau.
Plus loin, les jardins s'élargissent jusqu'à l'emplacement de l'ancienne **Porte de Rosette,** vaste rond-point à la limite entre la ville proprement dite et **Chatby,** le premier d'une longue suite de faubourgs balnéaires.

Le **musée des Beaux-Arts,** fondé en 1954, constitue, avec le Centre culturel annexe, l'un des pôles de la vie artistique contemporaine à Alexandrie. Il organise une Biennale et diverses expositions temporaires où sont présentées les œuvres d'artistes contemporains, aussi bien étrangers qu'égyptiens.

Visite : t.l.j., sauf le vendredi, de 8 h à 14 h et de 17 h à 20 h. Entrée libre.

Conservation : M. 'Ali Aḥmed Khaled, directeur du musée et du Centre culturel.

Dans le **jardin,** la **Porteuse d'eau,** du sculpteur égyptien **Mukhtār.** Le **rez-de-chaussée** est consacré aux expositions temporaires.
Dans l'**escalier,** divers **dessins** à la plume, au lavis, à la mine de plomb, d'Adrien Dauzats (1804-1868), réalisés au cours d'un voyage de ce peintre en Égypte.

Salle 1. — Elle est consacrée à **Muḥammad Naghī** (1888-1956), peintre alexandrin qui étudia d'abord à Florence puis en France — où il subit l'influence de Monet — et séjourna longuement à Lūqsor afin de s'abreuver aux sources de l'art égyptien antique. D'abord impressionniste, puis inspiré des fresques antiques, son art se distingue par la transparence des couleurs, leur rythme, la puissance et l'équilibre de la composition.

Salle 2. — Œuvres européennes, beaucoup d'attributions à des auteurs célèbres. A dr., œuvres de jeunes **graveurs égyptiens** contemporains. A g., peintres étrangers ayant vécu à Alexandrie dans la première moitié du XXe s. : le Grec Enrico Brondani (né en 1914), le Français André Lhote (1885-1962), l'Italienne Cléa Baddaro (née en 1913), etc.

Salle 3. — Œuvres de peintres étrangers ayant obtenu le 1er prix lors des biennales organisées par le musée : les Espagnols F. Echua, J. Finto, Villasenor, le Français J. Brotat, le Turc D. Erbil et le Yougoslave M. Kemlik.

Salle 4. — Consacrée à la première génération de peintres modernes en Égypte : Aḥmed Sabry (né en 1891), Muḥammad Ḥassan (1892-1961), Ragheb-Ayad (né en 1893), Yūsuf Kāmel (né en 1891).

Salle 5. — Quelques œuvres de **peintres français** de la fin du XIXe s. ayant visité l'Égypte : Charles-Théodore Frère (1814-1888), Jean-Léon Gérome (1824-1904), Émile Bernard (1868-1941), Godefroy de Hagemann († 1877).

Salle de sculpture. — Celle-ci est en grande partie représentée par des copies d'œuvres de Mukhār. Quelques dessins et gravures de jeunes artistes égyptiens.

Salle 7. — Œuvres d'***Adham Wanly*** (1910-1959) et de son frère ***Seif*** (né en 1906), un des peintres majeurs de l'école égyptienne contemporaine ; c'est un artiste au talent multiple et varié, aussi à l'aise dans la reproduction du mouvement rapide que dans l'évocation de la nature, dont sa science des couleurs et de la construction exprime avec liberté et force toute la beauté.

Salle 6 (Atrium central). — Peintres égyptiens contemporains, la plupart natifs d'Alexandrie : Maḥmūd Helmi (né en 1916), Ṣalaḥ Taher, Aḥmed Maher Raef (né au Caire en 1926, auj. professeur à la Faculté des Beaux-Arts d'Alexandrie), célèbre surtout pour ses talents de graveur, A. Elgazzar, Muḥammed ʻAbd el-Moneim Ṣālaḥ (né en 1940), Rustom Achri (né en 1938), 1er prix à la biennale de 1966, Kāmel Muṣṭafā Muḥammad (né en 1917 ; auj. doyen de la Faculté des Beaux-Arts d'Alexandrie), de tendance impressionniste, etc.

Si, dédaignant les plaisirs de la plage ou n'ayant simplement pas le loisir d'aller jusqu'au parc d'al-Muntazaḥ, vous avez quelque besoin d'espace vert, vous pouvez, à proximité relative du centre, aller faire un tour aux jardins de Nuzha :

Quittez le centre d'Alexandrie par le **rond-point de la Porte de Rosette** et la rue du Canal-de-Suez *(plan couleurs C6)* qui, en se dirigeant au S. vers le lac Maryūt, constitue une des amorces de la route du Caire (par le désert). A un peu moins de **2** km, vous atteindrez le canal Mahmūdiyya.

Le **canal Maḥmūdiyya** commence au village d'Atfeh, au-dessous de Fuwa, sur le Nil de Rosette ; sa longueur totale est de 78 km, et sa largeur de 30 m. Il a été restauré sous le règne de Muḥammad ʻAli, de 1819 à 1820, et 250 000 ouvriers y furent employés. En arrivant près d'Alexandrie, il court du N.-E. au S.-O., le long des bords du lac Maryūt ; puis, vers la partie S. de la ville, il se dirige au N.-O., suivant l'ancien tracé de la **branche Canopique**, qu'il abandonne ensuite pour faire un coude à l'O., au N. de la gare des marchandises de Gabbari, et, traversant le quartier industriel et cotonnier, il rejoint la mer (écluses).
Les bords du canal étaient jadis l'un des endroits les plus agréables d'Alexandrie : belle avenue plantée d'acacias et de sycomores entre le canal et une suite de maisons de plaisance et de jardins. Aujourd'hui il n'est plus bordé que d'usines et d'entrepôts jusqu'aux jardins.

Suivez à g., pendant env. **2,5** km, la rive N. du canal, pour arriver aux **jardins de Nuzha,** constitués d'un jardin zoologique auquel est annexé un petit museum d'histoire naturelle, d'une roseraie et du jardin Antoniadis.

Ces jardins *(accès payant; t.l.j., de 9 h à 17 h)* offrent un ensemble dont le calme est particulièrement agréable au sortir des quartiers animés de la ville. Une belle végétation, des points de vue variés sur l'agglomération et le lac Maryūt, des arbres des régions tropicales, donnent au visiteur fraîchement débarqué une agréable sensation d'exotisme.

5 E — La cité balnéaire

La belle promenade de la **Corniche**, plantée de grands immeubles, qui borne les quartiers centraux au N., s'étend en fait sur une longueur de 18 kilomètres (depuis la pointe de Ras et-Tīn), jusqu'au **palais d'Al-Muntazaḥ**. Sous le nom de **sharia El-Gaysh** (avenue de l'Armée), elle dessert ainsi toute une série de plages le long desquelles hôtels, villas, appartements meublés forment une agglomération ininterrompue.

En dehors de ses plages — mais celles d'Al-Muntazaḥ, Ma'mūra et Abūqīr sont plus agréables —, cette promenade n'a guère d'autre intérêt que deux petites nécropoles ptolémaïques où vous pourrez faire une halte de quelques minutes lors d'une excursion à Al-Muntazaḥ et Abūqīr (→ chap. suivant).

Partant de la **place Sa'd-Zaghlūl** et suivant la Corniche vers l'E., vous laisserez d'abord à g., fermant le port Est, la **pointe Silsila**, large jetée-promenade à l'emplacement des palais antiques du cap Lokhias et du Pharillon, et auj. occupée par des établissements militaires.

*Peu après, le système des sens uniques vous imposera de quitter la Corniche pour venir suivre la **rue de Port-Sa'īd**, qui longe la côte à peu de distance. Le plus simple sera alors de continuer à suivre cette rue de Port-Sa'īd **jusqu'aux casernes de Muṣṭafa Bāshā**, où, en prenant à g., vous pourrez rejoindre la Corniche, ensuite à double sens jusqu'à Al-Muntazaḥ.*

Vous traverserez d'abord le quartier de **Chatby**, où se trouvent entre autres les cimetières chrétien (importants restes d'un tombeau hellénistique) et israélite, le lycée français et le grand **collège Saint-Marc**, tenu par les Frères.

Jadis station de bains de mer et nécropole des premiers Ptolémées, Chatby conserve encore **quelques tombeaux** qui comptent, comme ceux d'Anfushi et de Muṣṭafa Bāshā *(ci-après)*, parmi les plus anciens de la région. Située dans un enclos, entre le collège Saint-Marc et la mer, cette petite nécropole du IIIe s. av. J.-C. montre un art beaucoup plus grec qu'égyptien *(visite gratuite t.l.j. de 9 h à 17 h)*.

Plus loin, on traverse les quartiers du **Camp de César**, d'**Ibrahīmiyya**, du **Sporting**. Après **Cléopatra**, où ont été trouvés quelques hypogées des Ier-IIe s. de notre ère, on arrive à **Muṣṭafa Bāshā**, ainsi nommé en raison de la proximité d'un palais du vice-roi, sur l'emplacement duquel s'élèvent auj. des casernes.

Muṣṭafa occupe une partie de l'emplacement de l'ancienne Nikopolis, «la ville de la Victoire», fondée en 24 av. J.-C. par Auguste sur le lieu de la victoire qu'il avait remportée six ans plus tôt sur Antoine. C'est là que fut livrée, le 13 mars 1801, la bataille de Nikopolis entre l'armée anglaise, qui venait de débarquer à Abūqīr et d'y réduire totalement les défenses françaises, et un corps de 8000 Français commandés par le général Menou.

Muṣṭafa Bāshā possède une intéressante petite **nécropole** des IIIe-IIe s. av. J.-C. *(visite payante; t.l.j., de 9 h à 16 h)*. Les **sept tombeaux** mi-excavés, mi-construits, dont quatre seulement sont visibles, sont tous conçus, à quelques variantes près, de la même manière, ce dont le tombeau no 1 nous donne une excellente illustration.

Un escalier conduit à une cour, approximativement carrée, dont les parois sont décorées de semi-colonnes doriques imitant un péristyle réel ; au centre se trouve un petit autel de sacrifice. Du côté N. (à g.), deux grandes chambres encadrent une pièce plus petite. Du côté E., trois petites chambres. Du côté S. enfin les **appartements funéraires,** avec un long vestibule accédant à la chambre funéraire, presque entièrement détruite, flanquée de deux autres chambres. L'ensemble des surfaces intérieures était recouvert de stuc peint en faux bois ou marbre.

Au-delà de la baie de Stanley viennent celles de Glymenopoulo, San Stefano, Miami et leurs plages. Plus loin encore s'étendent les plages de Sidi Bishr et El-Mandara (où ont été retrouvés quelques vestiges d'un temple), après lesquelles la Corniche s'interrompt devant l'enceinte du domaine d'Al-Muntazaḥ (→ *chap. suivant*).

6 - Environs d'Alexandrie

La côte méditerranéenne

Aux marches de l'Égypte antique, soumise aux invasions et destructions, avec un désert qui commence aux portes de la ville et n'a pas, de son côté, beaucoup favorisé l'implantation humaine, la région d'Alexandrie n'offre, pour l'étranger, que des ressources touristiques limitées, qu'il s'agisse de monuments du passé ou d'autres réalisations de l'homme. Une occasion, peut-être, de profiter davantage du soleil et de l'eau, en combinant visites archéologiques et plaisirs nautiques.

Trois excursions

6A — Al-Muntazaḥ et Abūqīr, 412.
6B — Abūṣir et Abū Mina, 414.
6C — La côte méditerranéenne, d'Alexandrie à Solum, 417.

A l'extrémité E. de la Corniche, le ***domaine d'Al-Muntazaḥ*** *pourra constituer l'une de ces promenades. Vous pourrez passer un bref* ***quart d'heure*** *à y visiter l'ancienne résidence estivale de la famille royale ou vous* ***détendre*** *un moment* ***sur la plage*** *à moins que vous ne préfériez, un peu plus loin, celles* ***de Ma'mūra ou d'Abūqīr*** *où vous accueilleront également d'agréables petits restaurants de poissons.*
D'un intérêt plus strictement archéologique, mais ne s'adressant qu'à ceux qui séjournent assez longuement en Égypte, l'excursion aux ruines d'Abū Mina et d'Abūṣir, dans l'arrière-pays désertique, demande ***une bonne demi-journée.*** *Vous partirez de préférence de très bon matin, afin d'éviter la chaleur; vous pourrez alors,* ***sur le chemin du retour,*** *vous arrêter pour déjeuner ou* ***vous baigner*** *sur la plage d''Agami.*
La ***côte méditerranéenne,*** *dont la mise en valeur touristique est encore naissante, ne présente en elle-même que* ***peu d'intérêt.*** *La présence de la mer ne change rien à la nature désertique du pays et, si l'on peut agréablement se baigner à Sidi 'Abd er-Raḥmān ou à Mersa-Matruh, les autres possibilités d'activité sont des plus réduites. La route d'Alexandrie à Mersa-Matruh et Solum reste donc* ***avant tout une voie d'accès,*** *soit à l'Égypte elle-même, soit à l'oasis de Siwa (→ chap. 25).*

6 A — Al-Muntazaḥ et Abūqīr

Accès : *24 km de bonne route; si vous n'avez pas de voiture, vous pouvez prendre l'un des autobus nos 260 (départ de mīdān Orabi) ou 250 (départ de Masr Station), ou les microbus nos 735 et 728.*

Pour vous rendre d'Alexandrie à Al-Muntazaḥ, suivez l'itinéraire décrit lors de la promenade 5E du chap. précédent.

Le **domaine de Muntazaḥ** est une ancienne propriété de la famille royale qui y avait une de ses résidences estivales. Créé par le khédive 'Abbās et considérablement agrandi par les rois Fuād et Farūq, il s'étend sur près de 150 ha en bordure de mer.

Entrée : payante pour les non-résidents de l'un des hôtels, t.l.j. de 9 h à 18 h (jardins et plage). Supplément pour la visite du palais (mêmes heures).

Les jardins sont immenses, avec près de 40 km d'allées et de chemins asphaltés qui les traversent en tous sens et mènent aux différents pavillons éparpillés çà et là (le plus important, dans l'île du Thé — reliée à la rive par un curieux pont — est auj. réservé à la présidence de la République) et aux différents bâtiments qui dépendaient du palais : l'un de ceux-ci, le pavillon des hôtes, ou **Salāmlek**, abrite désormais l'hôtel du même nom; non loin de là, dominant la plage, s'élève l'**hôtel Palestine.**

Le **palais,** à quelques centaines de mètres de l'hôtel, est moderne : c'est une grande villa à trois étages dont les appartements, laissés en l'état depuis la fin de la monarchie, s'ordonnent autour d'un hall central couvert.

La route d'Abūqīr contourne par le S. le parc de Muntazaḥ puis laisse à g. le **domaine de Ma'mūra** *(accès payant, pour les non-résidents, à partir de 9 h)* où, en bordure d'une superbe plage, a été aménagé un village touristique de 255 ha.

Un peu plus loin, à dr., route pour Rosette (Rashīd; → *it. 7B*).

24 km : **Abūqīr** (en français, Aboukir), village de pêcheurs et petite station balnéaire avec une belle plage. Entre les forts et la mer subsistent quelques débris d'une ville antique qui n'a conservé aucun édifice important, mais où l'on a toutefois reconnu la direction de quelques rues.

Les trois batailles d'Abūqīr. — C'est ici en effet que fut livré, le 1er août 1798, le célèbre combat naval où la flotte française fut détruite par Nelson (un des îlots en face d'Abūqīr porte le nom de Nelson). Un an plus tard, le 25 juillet 1799, Bonaparte, avec 6000 soldats, y remportait une victoire complète sur une armée turque de 18000 hommes débarquée avec l'aide de la flotte anglaise. Enfin, du 4 au 8 mars 1801, la garnison française (1200 hommes), sous les ordres du général Friant, tenta de s'opposer au débarquement de l'armée anglaise (12000 hommes) commandée par Sir Ralph Abercromby.
En 1984, des fouilles sous-marines ont repéré l'épave de «L'Orient» (en particulier son immense gouvernail de 14 m de haut) et ont permis de remonter plusieurs dizaines d'objets divers provenant du navire amiral.

Le cap, au N.-E. de la ville, est probablement l'antique cap Zephyrium où s'élevait un temple consacré à Aphrodite.

La chevelure de Bérénice. — La légende rapporte qu'en 244 av. J.-C. la reine Bérénice, épouse de Ptolémée III Évergète, sacrifia, en exécution d'un vœu, sa blonde chevelure pour remercier les dieux du retour de son mari d'une campagne en Assyrie. La chevelure ayant, dès le lendemain, disparu du temple, l'astronome Conom affirma la voir dans le ciel et donna le nom de «chevelure de Bérénice» à un groupe d'étoiles qu'il venait de découvrir. Le poète alexandrin Callimaque en tira un poème partiellement perdu et connu grâce à l'imitation qu'en fit Catulle.

A l'O. du bourg, non loin du rivage, le **fort Tawfiqiyya** domine les rares vestiges des antiques cités de **Canope** (à l'O. du fort) et de **Menouthis** (à l'E.), éparpillés dans une zone militaire.

L'origine de Canope est fort obscure. S'il fallait en croire la légende, elle aurait été fondée autour du tombeau de Canobus, pilote de l'un des vaisseaux de Ménélas au retour de la guerre de Troie! En fait, et bien que l'origine de la ville soit vraisemblablement très ancienne, rien ne permet encore d'avancer la moindre précision concernant l'époque de sa fondation.

Le témoignage de Strabon. — «La ville de Canope est à 125 stades d'Alexandrie par la route de terre... elle a pour principal monument ce temple de Sérapis, objet dans tout le pays de la plus profonde vénération pour les cures merveilleuses dont il est le théâtre et auxquelles les hommes les plus instruits et les plus considérables sont les premiers à ajouter foi, car ils y envoient de leurs gens pour y coucher et dormir à leur intention, quand ils ne peuvent y venir coucher en personne... mais le spectacle le plus curieux à coup sûr est celui de la foule qui, pendant les panégyries, ou grandes assemblées, descend d'Alexandrie à Canope par le canal : celui-ci est alors couvert, jour et nuit, d'embarcations toutes chargées d'hommes et de femmes, qui, au son des instruments, s'y livrent sans repos ni trêve aux danses les plus lascives, tandis qu'à Canope même les auberges qui bordent le canal offrent à tout venant les mêmes facilités pour goûter le double plaisir de la danse et de la bonne chère.»

Parmi les **divinités** ayant un sanctuaire à Canope, il faut citer Amon, Osiris (c'est parce que son image y prenait la forme d'un vase surmonté d'une tête, que les récipients devant contenir les viscères des morts furent surnommés **«canopes»** par les antiquaires du siècle dernier), Isis et particulièrement Sérapis, qui attirait les foules par les nombreux miracles dont son temple était le théâtre. La renommée des miracles des temples de Sérapis à Canope et d'Isis à Menouthis a survécu au paganisme, et il y eut d'unanimes regrets quand le patriarche Théophile détruisit ces sanctuaires (en même temps que le Sérapeum d'Alexandrie) et les remplaça par deux monastères. Au début du Ve s., le patriarche Cyrille transporta à Canope les corps du martyr saint Cyr et de saint Jean, qui étaient ensevelis à Alexandrie et y faisaient des miracles : la vénération des saints guérisseurs remplaça bientôt l'ancien culte de Sérapis et d'Isis.
Quelques vestiges en place marquent seuls la trace d'une vie si active : au S.-E. du fort Tawfiqiyya quelques blocs de granit rose; plus au N., une **tombe souterraine** hellénistique; au bord de la mer, les ruines de **thermes** très vastes et une statue colossale, brisée, en granit.

6 B — Abūṣir et Abū Mina

Route : 140 km env., entièrement goudronnée. Taxis et microbus depuis Alexandrie. Quittez le centre d'Alexandrie par la rue Ibrahīm al-Awwal et le pont de Gabbari (plan couleurs C-D3).

Gabbari est un faubourg industriel situé entre le lac Maryūt et les bassins du port.

A dr. de la route, sur la côte, et aux trois quarts recouverts par les eaux, existaient jadis les hypogées qu'on appelait à tort les **bains de Cléopâtre**; rongés par les courants intérieurs de la rade, ils n'existent plus.

Au faubourg de Gabbari fait suite celui du **Mex** où s'étendent des entrepôts et diverses installations militaires. Ici, au quartier de **Wardian**, subsiste une **petite nécropole** de la fin de l'époque ptolémaïque.

L'entrée est rue Bergwān *(ouv. en principe t.l.j. de 9 h à 17 h)*. Creusée dans un rocher très friable, cette nécropole avait été partiellement détruite par les travaux des carriers. On retrouva en 1952 le plus grand des hypogées, qui a conservé des parties intéressantes.

On descend dans une grande salle carrée, au plafond primitivement soutenu par douze piliers encadrant un puits, également carré, donnant accès à deux salles latérales garnies de nombreux loculi. Au-delà de la salle à piliers, une seconde salle, ornée de portiques sur ses quatre côtés, conduit à une vaste rotonde, décorée de pilastres, autour de laquelle se répartissent **trois groupes de trois tombeaux**, avec des frontons à chaque paroi. Quelques chapiteaux, corinthiens composites, restes d'une petite construction, chapelle ou cénotaphe ; ils sont en calcaire assez fin, ou en granit rose. Au-dehors, quelques sarcophages à guirlande et deux petits sphinx.

A g. s'embranche bientôt la route qui, avec la voie ferrée, traverse le lac Maryūt sur une chaussée et constitue l'amorce de la route du désert vers Le Caire.

En suivant cette route puis en prenant à dr. à la sortie du lac vous pourriez, en longeant ensuite toujours la voie ferrée vers l'O., atteindre directement Bahig, d'où part la piste d'Abū Mina (→ ci-après).

La route longe le camp militaire de **Dekheila** non loin duquel, au bord du lac, des fouilles ont amené la découverte des restes du célèbre couvent de l'Enaton, ainsi nommé parce que situé à 9 bornes miliaires d'Alexandrie, puis connu plus tard comme « monastère du verre », dont on peut suivre l'histoire, intimement mêlée à celle du patriarcat alexandrin, du Ve au XIIe s.

L'isthme qui sépare la mer du lac n'a guère, ici, plus de 1 500 m de large. Le long du littoral, les collines calcaires commencent à s'élever sensiblement pour atteindre jusqu'à 60 m de hauteur ; de grandes carrières y ont livré les matériaux nécessaires à la construction du port.

15 km : Poste de contrôle routier. Peu après, autre embranchement, à g., rejoignant la route du Caire par le désert. Continuez tout droit. La route court dans la campagne maréotique, la Maréotide des Anciens, contrée semi-désertique avec quelques plantations de figuiers et d'oliviers.

18 km : Route à dr. pour (2 km) **'Agami,** station balnéaire de création récente, très appréciée de la bourgeoisie alexandrine et cairote, et dotée d'une plage immense mais dangereuse (courants), non loin de laquelle débouche, malheureusement, le pipe-line Suez-Alexandrie.

30 km : **Sidi Khreir** ; on y construit une centrale nucléaire (deux réacteurs de 1 200 MW), qui alimentera entre autres une station de dessalement de l'eau de mer pouvant fournir 20 000 m^3 d'eau adoucie par jour.

48 km : A g., sur un monticule, très près de la route, s'élèvent les restes du temple d'**Abūṣir** (Taposiris Magna), qui fut une importante ville égyptienne à l'époque gréco-romaine.

Le **temple** dédié à Osiris (d'où sans doute le nom de la ville) a gardé une grande partie de son enceinte extérieure et de ses pylônes. Cette **enceinte,** dont les lits horizontaux de gros blocs de calcaire sont rongés par le vent de la mer, mesure 86 m de long.

Les deux corps du **pylône** forment la paroi orientale ; un escalier dans l'épaisseur du massif S. permet d'accéder en haut du temple et de jouir d'une vue admirable sur la mer ; chaque face extérieure est creusée de deux rainures destinées aux mâts des bannières de fêtes solennelles. Le pylône N. est aujourd'hui restauré. La découverte de cellules autour d'une chapelle centrale prouve peut-être que le temple fut transformé en couvent à une époque tardive.

Une partie de la ville, près de l'angle S.-E. du temple, a pu être fouillée et les résultats ont été intéressants. Une chambre, creusée sous une maison et sa terrasse, constitue un **petit temple** probablement dédié au culte des animaux sacrés dont on a retrouvé plus bas une grande nécropole.

Une rue pavée de blocs de basalte conduit à un groupe de **souterrains** creusés dans le roc où plusieurs sortes de voûtes sont représentées : voûte en arc surbaissé, voûte à coupole, etc. Il ne s'agit pas de vraies voûtes, puisqu'il y a creusement et non construction, mais les souterrains, lieux de culte ou nécropoles, donnent toujours le modèle de ce qui était bâti sur le sol et ceux-ci nous révèlent ainsi le style et la forme des maisons détruites. Enfin on a pu retrouver la trace du **palais municipal** et des **bains publics** élevés au Ve s. par Justinien.

La petite colline, au N., est surmontée d'une **tour d'époque romaine** qui, restaurée, donne le reflet de l'architecture du grand phare d'Alexandrie : base carrée, corps octogonal, tour ronde ; un escalier intérieur assez obscur monte jusqu'à la plate-forme.

Une **digue** courait d'E. en O., au bord du lac, aujourd'hui asséché, à 1 km vers le S. Cette digue, qu'on distingue du sommet du temple, marque la place du port intérieur de Taposiris, qui avait ainsi deux ports, l'un maritime, l'autre fluvial, réunis du reste par une longue route pavée dont on peut voir encore les traces à travers la ville à 50 m à l'O. du temple.

A l'O. encore, à quelques km, on trouve les ruines de la petite ville de **Plinthinie** et, au **Kūm el-Nugus**, de sa nécropole (IIIe s. av. J.-C.). Les fouilles ont permis de mettre au jour une maison et un stade.

48,5 km : Quittez la route de Mersa-Matruh pour prendre à g. celle de Borg el-Arab d'où, en suivant vers l'E. la voie ferrée, vous rejoindrez, 7 km plus loin, le village, très dispersé, de **Bahig**.

De la gare de Bahig *(à dr. de la route)*, où vous pouvez vous adresser pour obtenir un guide, une piste conduit, à travers le désert (15 km) aux ruines du couvent et de la ville de Saint-Ménas **(Abū Mina).**

Le nom bédouin du lieu, Karm Abū Mina (Les vignobles de Saint-Ménas), prouverait, s'il en était besoin, que la vigne était très cultivée dans l'Égypte de jadis.

Ménas était un soldat romain originaire d'Égypte et qui fut martyrisé en Phrygie en 296 apr. J.-C. Son corps fut ramené en Égypte et enterré près d'une source. Les miracles accomplis par cette source attirèrent bientôt les pèlerins et une église fut bâtie, puis agrandie par l'empereur Arcadius (395-408). Des couvents, d'autres églises, toute une ville sainte qui connut sa plus grande prospérité aux Ve et VIe s. furent édifiés. Mais les spoliations commencèrent dès le VIIe s. jusqu'à la fin du IXe, quand un gouverneur musulman se fit livrer le trésor du sanctuaire.

La ville avait été très riche et bâtie tout en marbre. Les ruines qui en restent sont imposantes.

La **basilique d'Arcadius** en constitue le centre ; elle est en forme de T, exactement orientée et mesure 60 m sur 26,50 m : c'est le **plus ancien monument chrétien d'Égypte** de date certaine. Elle était à trois nefs avec un transept ; cinquante-six colonnes de marbre, dont les bases sont encore en place, soutenaient les toitures. Elle était construite près de l'église qui recouvrait le tombeau du saint ; on retrouve église et tombeau à l'angle N.-O. de sa nef septentrionale.

Dans le kôm, à l'E. de la basilique, on a retrouvé les restes d'un four et des moules à ampoules de Saint-Ménas, ces petites fioles de terre cuite d'un type particulier qui servaient à la diffusion de l'eau miraculeuse.

Une autre **petite basilique**, à trois nefs, sans transept, abritait la source d'eau miraculeuse où les pèlerins venaient remplir des ampoules ; le baptistère était attenant à cette église avec sa piscine circulaire revêtue de marbres polychromes.

Les **cellules des moines** étaient construites au N. du sanctuaire. On a retrouvé dans ce quartier les chambres destinées aux étrangers, des thermes très importants et une cuve pour le pressage des raisins.
A quelques dizaines de mètres au N., autre **basilique** à trois nefs et grand **cimetière** (du VIIe au IXe s.). Nombreux puits d'époque romaine.

Pour le retour, même itinéraire jusqu'à Bahig où vous aurez le choix entre un retour direct vers Alexandrie en continuant à suivre, vers l'E., la voie ferrée et un retour par le chemin, à peine plus long, de l'aller.

6 C — La côte méditerranéenne

D'Alexandrie à Mersa-Matruh et Solum

Route : 291 km d'Alexandrie à Mersa-Matruh; 506 km jusqu'à Solum. Route de qualité moyenne, suivant presque constamment la mer.
***Autocars** : plusieurs liaisons par jour dans chaque sens entre Alexandrie et Mersa-Matruh. Trajet en 6 h env. Départ d'Alexandrie sur la place Sa'd Zaghlūl, et à Mersa-Matruh sur la place de la Gare. Renseignez-vous auprès des compagnies (West Delta, Arab Union Transport...)*
***Chemin de fer** : deux trains par jour d'Alexandrie à Mersa-Matruh, en 7 h env. Une fois par semaine, un train relie Mersa-Matruh à Solum (220 km à l'O.) en 11 h de trajet. Un train express 1re, 2e et 3e cl. comportant des wagons-lits et une voiture-restaurant relie directement Le Caire à Mersa-Matruh, en une nuit : ce train ne circule qu'irrégulièrement, renseignez-vous aux gares.*
***Taxi-service** : depuis Alexandrie et Le Caire.*
***Liaison aérienne** : chaque jour avec Le Caire.*

Quittez Alexandrie comme pour l'excursion précédente (6B).
Après les ruines d'Abūṣir, continuez tout droit.

La route, monotone, continue tout droit vers l'O.

103 km : A g., gare d'**El-'Alamein.** Des gisements de pétrole ont été récemment découverts dans les environs; leur exploitation a d'ores et déjà démarré sur une faible échelle et un oléoduc transporte le brut vers un terminal installé sur la plage de **Marsa el-Ḥamra.**

Cet oléoduc est en cours de prolongement vers les gisements d'Abū Senan, situés à env. 150 km S., en plein désert, où jaillit également du gaz naturel évacué, quant à lui, directement par gazoduc vers Le Caire.

↠ A env. 75 km S.-O. s'étend la pointe orientale de la **dépression de Qattara** qui, sur 5800 km^2, se développe à une altitude variant entre **50 et 134 m en-dessous du niveau de la mer.** Un très vieux projet de mise en eau, ressurgissant périodiquement dans les plans de mise en valeur, a été à nouveau mis à l'étude et confié à un bureau suédois. On prévoit ainsi de creuser un canal de 300 m de largeur reliant la dépression à la Méditerranée; l'adoucissement du climat qui résulterait de la création de cette mer intérieure permettrait la mise en valeur d'une vaste portion de désert tandis que l'évaporation intense, provoquant dans le canal un courant permanent, permettrait l'installation d'une centrale hydroélectrique susceptible de fournir plus de 3 milliards de kWh/an; cette électricité alimenterait entre autres une usine de dessalement de l'eau de mer, autorisant l'irrigation, des industries chimiques, etc.

106 km : **Monument** commémoratif en souvenir des Sud-Africains ayant trouvé la mort au cours de la guerre de 1939-1945.
A g., en contrebas de la route principale, s'étend le vaste **cimetière d'El-'Alamein** où reposent les militaires tués au cours de la bataille livrée par la

8e armée britannique, sous les ordres du général Montgomery et sous le commandement en chef du général Alexander, aux troupes germano-italiennes commandées par le général Rommel. Cette bataille, qui se déroula du 23 octobre au 4 novembre 1942, a laissé ici des traces profondes.

127 km : A dr. **cimetière de Tell el-Eisa** où se livra une bataille en octobre 1942. Dans la partie de dr. sont enterrés les Italiens, dans la partie de g. les Allemands. En arrière, à l'abri du Ras esh-Shaqiq, s'étend la plage de Marsa el-Hamra.

154 km : **Sidi 'Abd er-Raḥmān,** village construit autour d'une mosquée élevée à l'emplacement où fut tué un saint vénéré considéré comme prophète par les bédouins.

163 km : Ed-Daba, l'anc. Zephirium. — 217 km : Fuka, au fond du golfe de Kanayis. La route coupe tout droit le cap du même nom et laisse à dr. une route qui, par Abū Haggag, conduit au (20 km N.) cap de Ras el-Hekma. De grands travaux y sont prévus pour l'aménagement d'une importante station balnéaire.

242 km : Sidi Heneish. — 266 km : Zawiyet el-Hawala. — 278 km : Garāwla, au bord de la baie d'Abū Aschaïfa. La route traverse une région un peu plus fertile puis, croisant la ligne de chemin de fer de Mersa-Matruh, s'élève un peu sur une colline d'où l'on jouit d'une très belle vue sur Mersa-Matruh qui s'étend au bord du golfe.

291 km : **Mersa-Matruh,** ch.-l. de la province du désert occidental, l'anc. Paraetonium, d'où partit Alexandre pour se rendre à Siwa. Ville d'env. 20 000 hab., centre administratif et station balnéaire.

> Cléopâtre avait érigé là un somptueux palais d'où elle dirigeait ses armées contre Auguste. — La lagune située à l'O. du port actuel était utilisée comme port militaire pour la flotte égyptienne ; on y remarque encore des restes d'un ancien quai. Sur la colline située au N. de cette lagune, on a trouvé de nombreuses antiquités et les restes d'une église datant du début de l'ère chrétienne.

La ville est bâtie sur une ancienne lagune, largement ouverte sur la mer, et où se trouve le port. Les rues larges, au tracé géométrique, sont limitées au N. par la mer. Une très belle plage qui s'étend le long du rivage attire chaque été de nombreux estivants. Mersa-Matruh est une station balnéaire qui mériterait d'être appelée à un grand avenir. La température y est idéale, les fonds marins très clairs, le sable d'une rare finesse.
C'est également un important centre commercial (orge, laine, olives, moutons, dattes ; les melons et pastèques y sont renommés). Marché au bétail hebdomadaire. De mai à octobre on pratique au large la pêche aux éponges.
Le bain de Cléopâtre, situé sur un rocher à l'O. de la lagune, surplombe la mer à env. 50 m du rivage. Trois passages taillés dans le roc se rejoignent à l'intérieur et forment un grand bassin carré où s'emmagasinent les eaux de la mer.

Au-delà de Mersa-Matruh la route se dirige vers le S.-O., laisse à dr. un embranchement qui conduit au Lido, et longe quelques monticules rocheux.

296 km (5 km de Mersa-Matruh) : Aérodrome. — 300 km : On traverse la vallée du wādī er-Rami.
306 km : Bifurcation de la route de l'oasis de Siwa qu'on laisse en face ; prenez à dr. en direction O.

La route suit un moment la voie ferrée et traverse quelques petits villages.
336 km : **Bir Halazine** (eau abondante) ; des anciens bains romains servent aujourd'hui de citernes.
356 km : **Unjula**, petit village. — La route se rapproche doucement de la mer.
400 km : **Maktalla** ; on longe maintenant la côte d'assez près.

428 km : Sidi Barrani (poste de police des frontières), petit port de cabotage et de pêche, centre commercial pour les bédouins et carrefour de caravanes. La route est séparée de la mer par de petites dunes.
473 km : **Bugbug**, petit village au milieu des vergers.

506 km (215 km de Mersa-Matruh) : **Solum**, dernière ville égyptienne, située sur le golfe du même nom, à **10** km de la frontière tripolitaine. On y trouve quelques ressources et l'on peut s'y livrer à la pêche sous-marine.
Les pluies y sont parfois très abondantes, elles transforment les cours d'eau en véritables torrents et causent de graves dégâts.
De la montagne, qui s'élève à l'extrémité de la ville, on jouit d'un très beau panorama.

Solum (anc. Banaros) fut une ville importante au temps des Romains. Il en subsiste quelques vestiges sur les hauteurs de la montagne et le long de la route.

7 - D'Alexandrie au Caire par le Delta

Comme une fleur au sommet de sa tige, le Delta propose une manière d'épanouissement de la vallée. Point, ici, de ces falaises désertiques qui comme deux gigantesques murs jaunes enserrent le paysage et limitent la vue. Les eaux ramifiées du fleuve se répandent par mille canaux divergents dans une contrée sans autre limite que quelques arbres qui, vus de loin, finissent par former une sorte de haie à claire-voie. Un plat pays, une Hollande écrasée de soleil où les moulins à vent seraient des bouquets de palmiers et les tulipes les fleurs jaunes de cotonniers. Seuls éléments de verticalité, ces arbres épars, palmiers indolents ou eucalyptus majestueux, et les voiles de felouques cachées par les berges des canaux, grands triangles blancs glissant silencieusement sur d'invisibles chemins.

Deux itinéraires...

7A — La route « agricole », 420.	7B — Par Rosette et Saïs, 423.

*Il est bien tentant, lorsqu'on dispose d'**une autoroute**, de l'emprunter ; sans doute, pourtant, la route qui joint Alexandrie au Caire n'en est-elle pas vraiment une puisqu'elle comporte de nombreux croisements à niveau ; sans doute aussi est-elle **très encombrée**, ce qui n'autorise pas toujours de rouler très vite. Peut-être est-ce mieux ainsi si cela doit vous inciter — l'absence de site archéologique spectaculaire aidant — à la quitter de temps en temps pour **quelque digression dans la nature** ou dans une de ces villes que la route évite.*
***Si vous avez le temps**, l'itinéraire 7 B, par Rosette, variante du précédent, vous propose, moyennant un détour d'une quarantaine de kilomètres et des routes un peu moins bonnes, une de ces promenades en dehors des chemins fréquentés du tourisme international. Là encore, **point de ruines somptueuses** ou de « curiosités » hors du commun, mais quelques kôms, vestiges d'anciennes cités, et, si vous le voulez, **un regard sur** la vie rurale dans **l'Égypte d'aujourd'hui**.*

7 A — La route « agricole »

***Route** : 223 km par cette très bonne route, ainsi baptisée par opposition à la route « du désert » (V. it. 4) ; circulation parfois très dense.*
***Autocars** : plusieurs services par jour dans chaque sens. Départ d'Alexandrie sur la place Sa'ad Zaghlūl et du Caire sur la place Taḥrīr.*
***Chemin de fer** : 209 km ; nombreux services quotidiens dans les deux sens.*

Le trajet s'effectue en 2 h 30 env. par train rapide Diesel de luxe (1re et 2e cl. ; air climatisé ; réservation indispensable), en 3 h env. par les trains express et en 4 à 5 h par les trains ordinaires. La voie ferrée suit approximativement le même itinéraire que la route.

Quittez le centre d'Alexandrie par l'avenue El-Ḥurriyya et la rue Es-Shahid Gawad Ḥosni qui vient longer l'immense **hippodrome de Smuha,** avant de traverser le canal Maḥmūdiyya et de s'élancer dans la campagne du Delta.

25 km : **Neshu,** peut-être à l'emplacement de l'antique Skhédia.

Cette ville devait son nom grec au pont de bateaux établi en cet endroit et où l'on percevait un droit sur les voyageurs et les marchandises.

Les vestiges, au N. du village actuel, s'étendent sur plus d'un kilomètre ; ils ne consistent guère qu'en un amas confus de pierres, briques et tuiles et quelques restes de murs appartenant à d'anciennes citernes.

28 km : **Kafr el-Dawār,** gros bourg industriel (textiles) et agricole.

↠ Route au S. pour (**36** km) Abū el-Matamir (→ *it. 4A, km 154*) d'où l'on peut aller visiter les ruines des Kellia.

47 km : Laissant à g. la grosse agglomération d'**Abū Ḥommoṣ,** la route traverse le site de l'antique Demedou sur lequel l'attention fut attirée, lors de la construction de la route, par des restes d'édifices renfermant de curieux alignements de jarres sans fond et sans col dont la destination n'a pu être déterminée.

↠ A 10 km N. env., près de **Bensentāwī,** se trouve le **Kaum el-Aḥmar** où les fouilles du Service des Antiquités ont mis au jour, en 1943, des bains publics gréco-romains.

Il n'y a aucune inscription, mais l'abondance des monnaies grecques, romaines et arabes qui y furent trouvées prouve le long usage de l'établissement. Quelques têtes décoratives en plâtre, des lampes, des lampadaires, des vases à parfums, trouvés en place, en attestent l'importance.

65 km : A g., Damanhūr, ville de 150 000 hab. env., ch.-l. de la province de Béheira. Usines d'égrenage de coton. Centre d'élevage avicole. Son nom antique, signifiant « la cité d'Horus », est tout ce que Damanhūr a conservé du passé.

↠ A env. 15 km S.-O. **El-al-Barnūgī,** la **Parnoudj** des Coptes, fut, au milieu du désert de Nitrie, l'un des plus grands centres anachorétiques de la Basse-Égypte.

83 km : La route laisse à dr., à env. **3** km, le village d'**En-Nibeyra.**

Établi sur la rive g. d'un canal marquant probablement ici l'ancienne branche canopique du Nil, El-Nibeyra occupe l'emplacement, marqué par le **Kaum el-Gi'īf** ou **Kūm en-Niqrash,** de l'ancienne **Naucratis,** la première et pendant longtemps la seule ville d'Égypte ouverte aux étrangers. Fondée à l'époque saïte par les Milésiens, elle prospéra vite, mais il n'en reste auj. plus rien de visible.

91 km : A g., **Ītāy el-Bārūd.**

↠ A 14 km S. env., **Kaum el-Ḥiṣn,** à l'emplacement de l'ancienne **Imaou,** capitale du IIIe nome du N. (l'Occident), où les fouilles du Service des Antiquités ont mis au jour une importante nécropole de l'époque Hyksôs et les restes de l'enceinte d'un temple dédié à Sekhmet-Hathor.

A 500 m S. du Kaum el-Ḥiṣn, le **Kaum ed-Dubbia** renferme une autre nécropole avec plus de 500 tombes de toutes les époques allant du Moyen Empire à l'époque ptolémaïque.

A quelques kilomètres au N.-E. du Kaum el-Ḥiṣn, le **Kaum Firin** abrite les vestiges d'un temple de Ramsès II entouré d'une enceinte de brique crue.

La route se rapproche du **Nil de Rosette** qu'elle franchit bientôt sur un nouveau pont, un peu au S. du pont du chemin de fer, avant de laisser à g. (110 km) **Kafr ez-Zayyāt** et ses usines d'égrenage de coton.

130 km : A dr., **Ṭanṭā,** ville commerçante de 200 000 hab., ch.-l. de la province de Gharbiyya, au centre du Delta. C'est un important nœud de routes et de voies ferrées.

La ville est renommée pour ses foires annuelles, dont la plus importante est celle du mois de Rageb, pour l'anniversaire de Sayyid Aḥmad el-Badawī, le saint vénéré local. Le champ de foire est hors de la ville, dans un vaste espace qui se couvre alors de tentes dressées par les soins des cheikhs de village pour leurs administrés.

La ville renferme la **mosquée de Sayyid Aḥmad el-Badawī,** l'un des saints les plus vénérés de l'Égypte musulmane. Il naquit à Fez en 596 de l'hégire (1200 apr. J.-C.) et, au retour d'un pèlerinage à La Mecque, s'établit à Ṭanṭā où il fut enterré. La mosquée, reconstruite dans le style turc, a deux minarets et trois coupoles ; sous la grande coupole se trouve le tombeau de Sayyid Aḥmad el-Badawī, sous une des petites celui du cheikh 'Abd el-Al, et, sous l'autre, celui du cheikh Megahed.

151 km : **Birket el-Sab'.**

162 km : à g., **Quwīsnā**, d'où une route conduirait à (**14** km O.). **Shibin el-Qôm,** ch.-l. de la province de Menūfiyya ; dans les environs, voués à la culture du coton, se trouve le village de **Mit Abū el-Kaum** où, le 25 décembre 1908, naquit Anwār es-Sadāt.

174 km : Par un brusque virage à g. la route vient franchir le Nil de Damiette et traverse les faubourgs modernes de Benhā, ch.-l. de la province de Qaliyūbiyya, parfois appelée **Benha el-'Asal** (« la Benha du Miel »), et ville d'une cinquantaine de milliers d'hab. vivant du coton, de la culture des céréales, de l'oranger, du citronnier, du figuier. Quelques fabriques d'essence de roses.

Au N.-E. de la ville, à 150 m de la route, une colline de décombres, le **Kaum el-Atrīb,** ou **Tell Atrīb,** marque l'emplacement de l'ancienne **Athribis,** capitale du Xe nome de Basse-Égypte.

Identifiée dès 1852 et fouillée à plusieurs reprises, la ville est d'origine fort ancienne puisqu'on y a retrouvé des vestiges remontant à la XIIIe dyn. Divers témoignages montrent que son importance se maintint à toutes les époques. Mais c'est surtout à l'époque romaine, qui la vit se transformer en un important centre de communications, qu'elle connut sa plus grande extension. De nombreuses constructions en témoignent (adjonctions à des monuments plus anciens, fours à chaux, thermes), malheureusement très délabrées aujourd'hui.

En vous promenant à votre gré sur le site, vous verrez çà et là divers restes, souvent difficiles à identifier ; dans ce terrain confus subsiste la trace d'une rue droite de 1 500 m de l'E. à l'O. coupée en son milieu par une voie N.-S. de 1 200 m. Au N. de la ville, une double chaussée semble indiquer les berges d'un ancien canal ou des restes de fortifications. A l'O. **vestiges d'un temple** assez considérable élevé probablement à Horus-Khentkhéty.

186 km : A g., **Tūh.** — 195 km : A g., **Qahā.**

207 km : A dr., **Qalīyūb,** d'où part une bonne route pour (**10** km) le barrage du Delta (→ *p. 311*).

216 km : La route pénètre dans Le Caire par le faubourg de Shubrā.
223 km : **Le Caire,** chap. 1.

7 B — D'Alexandrie au Caire par Rosette et Saïs

Route : 267 km, plus pittoresque que celle de la côte O. : les villages ont gardé leur cachet. L'itinéraire rejoint le précédent à Ṭanṭā.

Sortez d'Alexandrie par la route d'Al-Muntazaḥ et Abūqīr (→ it. 6A) que vous quitterez en prenant à dr., peu après Ma'mūra.

La route suit la mer de très près et traverse quelques villages.
33 km : **Ma'diyya** (c'est-à-dire le gué ou le passage), près d'une ouverture par où le **lac Edkū** communique avec la mer et qui n'est autre que l'**ancienne Bouche canopique du Nil.**
47 km : **Edkū,** sur une hauteur, au bord du lac du même nom.
57 km : Bifurcation : prenez à g. pour Rosette.

63 km : **Rosette,** en arabe **Rashīd,** ville fondée par les califes en 870, vraisemblablement sur les ruines d'une cité antique, sur la rive g. de la branche occidentale du Nil, à 12 km de son embouchure, l'ancienne Bouche bolbitine.

Elle était jusqu'au commencement du XIXe s. le port principal de l'Égypte et son importance oscilla toujours en raison inverse de celle d'Alexandrie. Sa population, qui était encore au commencement du XIXe s. de 35 000 hab. (alors qu'Alexandrie n'en avait que 6 000), a diminué très vite au moment où sa rivale fut favorisée par Muḥammad 'Alī, et se trouve aujourd'hui réduite à 25 000 hab.
Malgré sa décadence, Rosette est encore le centre d'un commerce assez important : c'est l'un des principaux entrepôts de riz de l'Égypte.

La célèbre **pierre de Rosette,** déterrée en 1799 par le capitaine Bouchard, provient de travaux de terrassement effectués à Fort Julien (auj. fort de Rosette), à 3 km env. au N. de la ville. Ce bloc de basalte, conservé au British Museum, est tout ce que Rosette a produit comme antiquité mais, on le sait, il fut la clé de la redécouverte de l'Égypte antique ; c'est en effet l'inscription trilingue qu'il porte (copie d'un décret de Ptolémée V Épiphane, gravée en hiéroglyphes, en démotique et en grec) qui permit à Champollion de déchiffrer l'écriture égyptienne.

☐ Rosette doit son caractère original à la façon dont sont bâties **les maisons,** très hautes, en briques apparentes et toutes en encorbellement au-dessus des rues. La variété des motifs de menuiserie employés aux grillages des fenêtres ajoute encore à ce pittoresque, et la mosaïque de brique et de terre cuite des montants et des tympans de portes est d'un effet des plus heureux.

La ville est sérieusement menacée par la mer depuis la construction du Haut-Barrage d'Aswān, la suppression totale d'apport du limon (évalué autrefois à 80 millions de tonnes par an) ayant pour conséquence l'effritement graduel de tout le littoral N. du Delta : à certains endroits la côte a déjà reculé de plus de 2 km ; un « Organisme supérieur pour la protection du littoral » a été créé qui préconise la construction de deux digues à l'E. et à l'O. de la ville.

Les mosquées répondent à un type très particulier : les quatre īwāns s'y réduisent à une salle carrée couverte d'un plafond en bois que supportent des colonnes : mais le tombeau est sous coupole, comme dans le reste de l'Égypte. Le minaret complète cet ensemble assez modeste par une disposition à deux étages et une seule galerie. C'est surtout dans le portail et le miḥrāb qu'on a plaisir à retrouver le sens ingénieusement décoratif des Arabes. Ces mosquées sont souvent ornées de faïences connues dans le pays sous le nom de zilizli. Aucune ne remonte avant l'an 1000 de l'hégire (1591).

Les plus importantes sont les suivantes : la mosquée Zaghlūl, la plus grande, est remarquable par le nombre de ses colonnes. Très délabrée, la mosquée Muḥammad Tuletī est surélevée à 4,6 m au-dessus du sol ; à l'intérieur, cinq rangs de colonnes ; minbar d'un bon style de l'an 1092 de l'hégire ; à l'angle N.-O., minaret orné de deux frises de zilizli. La mosquée Muḥammad 'Abbāsı (à l'E., près du fleuve) : portails, coupole et minaret d'un bel aspect ; porte du tombeau d'un joli travail d'assemblage.

Les remparts de la ville ne sont pas sans intérêt. On peut les suivre à l'extérieur et sur tout leur pourtour : à l'O. se trouve une porte flanquée de deux tours, d'un caractère architectural tout particulier ; elle doit être contemporaine des plus anciennes constructions de la ville, c'est-à-dire de la fin du XVIe s.

De Rosette, rebroussez chemin sur 6 km pour venir prendre, maintenant à dr., la route d'Idfīnā.

79 km : **Idfīnā,** où vous pouvez franchir le Nil sur un pont-barrage ; à la sortie du pont, prendre à dr.

100 km : **Fuwwa,** dont le nom signifie garance. Fabrique de tapis.

Cette ville est ordinairement identifiée avec la Métèlis des Grecs. Au XVe s. le voyageur Belon citait Fuwwa au nombre des villes les plus florissantes d'Égypte ; elle n'avait à cette époque d'autre rivale que Le Caire.

Quelques blocs de granit indiquent seuls l'emplacement de la ville antique ; comme à Rosette, ils servent de support à l'entrée des maisons ou en surmontent les portes : on peut y déchiffrer les noms d'Apriès et d'autres rois de la XXVIe dyn. saïte. **Sur l'autre rive,** l'on aperçoit la petite ville d'**El-Maḥmūdīyya,** à la naissance du canal du même nom.

Continuez à suivre la route, assez mauvaise, qui longe la rive droite du Nil.

113 km : **Desūq,** bourg à la sortie du pont qu'emprunte, sur la branche de Rosette, la grande route de Damanhūr à esh-Shagh. Sa mosquée est le but d'un pèlerinage annuel des musulmans, en l'honneur du Sheikh Ibrāhîm, personnage qui occupe la seconde place, sur leur calendrier, après Sayyid el-Badawī de Ṭanṭā.

→ A 12 km N.-E. de Desūq, entre les villages de Shâba et d'Ebṭū, se trouvent les trois collines de décombres de **Tell el-Fara'īn** identifié en 1886 par Petrie comme le site de l'ancienne **Bouto,** capitale du XXe nome de Basse-Égypte, patrie de la déesse Ouadjet, protectrice de la Basse-Égypte. Le nom de cette ville reste lié aux périodes les plus reculées de l'histoire.

De Desūq, suivez vers le S.-E. la direction de Ṭanṭā.

144 km : A dr. s'étend le petit village de **Ṣā-l-Ḥagar,** qui occupe l'emplacement de l'antique **Saïs.**

Saïs (forme hellénisée du nom égyptien antique) était une des plus vieilles cités du Delta. Elle devait son antique renommée à son sanctuaire de Neith, déesse archère et, comme Ouadjet, protectrice de la couronne rouge. La ville eut probablement un rôle politique prépondérant sous les premières dynasties, tout comme avant l'unification du pays. On ne sait pourtant presque rien de son histoire avant le Nouvel Empire.

Le pays se morcelant par la suite en principautés, celle formée autour de Saïs apparaît vite comme l'une des plus puissantes au point de pouvoir former un petit royaume (la XXIVe dynastie) qui fera bonne contenance face à l'envahisseur éthiopien.

C'est naturellement avec la XXVIe dynastie que Saïs parvient à son apogée.

Capitale du pays à nouveau unifié, son rayonnement artistique et intellectuel en fait un foyer de civilisation de premier ordre, tandis que la politique philhellène des pharaons saïtes ouvre l'Égypte à la curiosité et aux influences de la Grèce.
Cette situation privilégiée ne pouvait survivre indéfiniment aux princes qui l'avaient créée. Saïs, amoindrie sans doute au point de vue commercial par le voisinage d'Alexandrie, conserva, sous les Ptolémées et les Romains, son importance religieuse.
A l'époque chrétienne, elle devint le siège d'un évêché dont on peut constater l'existence et par conséquent celle de Saïs jusqu'à la fin du XIe s. de notre ère. Les voyageurs arabes et en particulier Maqrīzī permettent de suivre sa trace jusqu'au XVe s. La destruction lente des édifices, passés à l'état de carrières, devait être déjà très avancée. Saïs n'est plus une ville, mais un ensemble de bourgs ; le temps était proche où ce nom ne serait plus porté que par un village.

Les ruines de Saïs ne comportent guère que des monticules informes où l'on retrouve, par place, des débris de maisons en brique, des blocs brisés et surtout les restes d'un mur d'enceinte en brique crue.

La route se rapproche du Nil puis tourne brusquement à g.
147 km : **Basyūn.** — Peu après la sortie de la ville, bifurcation ; prendre à dr. vers Ṭanṭā.

La route de g. conduit à **Kafr el-Shayh,** chef-lieu du gouvernorat du même nom, ville près de laquelle **Saḳā** occupe le site de **Xoïs,** capitale du VIe nome de Basse-Égypte.

172 km : La route rejoint bientôt la grande « route agricole », 2 km env. avant Ṭanṭā. *Pour la suite de l'itinéraire, → ci-dessus, it. 7 A, à partir du km 130.*
267 km : **Le Caire,** chap. 1.

8 - Le Delta central et oriental

Une immense et riche plaine, sillonnée de canaux et cultivée avec autant de soin qu'un jardin potager. Sans doute avez-vous déjà fait connaissance, en suivant l'un des itinéraires du chapitre précédent, avec cet aspect du Delta ; l'itinéraire vers Damiette, décrit ci-dessous, vous offre de préciser cette vision. Dans ses confins septentrionaux, l'opulente étendue alluviale se métamorphose en une contrée marécageuse, celle-là même où Isis se réfugia pour élever secrètement son fils Horus. Sous un ciel souvent bas et triste qui rejoint les étendues lagunaires, quelques tells ou kôms, informes amas de décombres, témoignent seuls d'un passé parfois brillant. C'est à la mieux conservée de ces cités antiques, Tanis, que vous convie le second itinéraire de ce chapitre.

Deux excursions...

*Assez longue, **l'excursion de Damiette** peut être faite — à condition de partir tôt — en une **bonne journée** à partir du Caire. **Si vous avez le temps, et peu d'exigences quant au confort** des hôtels et des restaurants, vous pourrez lui consacrer **deux jours,** en couchant soit à Damiette même, soit sur la plage de el-Barr ; vous pourrez alors éventuellement émailler votre voyage d'incursions à divers sites ou localités peu éloignés de l'itinéraire principal.*
*Un peu moins longue, **l'excursion à Tanis** nécessite néanmoins **une petite journée,** à moins que, passionné d'archéologie ou répondant à d'autres motivations, comme d'ailleurs pour l'itinéraire précédent, vous ne vous intéressiez à d'autres aspects de l'Égypte d'aujourd'hui. Vous ferez bien, compte tenu du manque de ressources hôtelières de la région, d'emporter un repas froid.*

8 A — Du Caire à Damiette

***Routes** : plusieurs itinéraires sont possibles ; bien que légèrement plus long que les autres, celui que nous avons choisi de vous proposer ci-dessous reste le plus rapide. 213 km ; bonnes routes dans l'ensemble.*

Quittez Le Caire par la « route agricole » d'Alexandrie et suivez celle-ci jusqu'à Ṭanṭā : pour la description de cette portion d'itinéraire, voyez, en sens inverse, la fin de l'it. 7 A.

93 km : Laissant **Ṭanṭā** à g., prenez, à dr., la grande route de Maḥalla-l-Kubrā qui suit presque constamment la voie ferrée.

107 km : **Maḥalla Rōḥ.**

120 km : **Maḥalla-l-Kubrā,** très grosse agglomération, en pleine expansion grâce à ses importantes filatures. Traversez tout droit et prenez à dr. à l'extrémité de la rue principale.

129 km : A dr., **Samannūd,** sur la rive g. du Nil de Damiette.

Le bourg conserve l'antique nom égyptien rendu par les Grecs sous la forme hellénisée de Sebennytos. C'était une capitale de province, et la patrie de l'historien Manéthon. Située sur la branche dite Sebennytique du Nil, laquelle se jetait alors en mer près du cap Borollos, cette ville eut son apogée sous la XXXe dyn. De cette dernière capitale de l'Égypte pharaonique, il ne reste aujourd'hui que quelques blocs, qu'on devine inscrits, au milieu d'une mare d'eau fangeuse.

A 5 km S., au bord du Nil, **Abū Ṣīr** conserve le nom de l'antique Busiris (« la maison d'Osiris ») ; il ne reste rien du célèbre temple mentionné par Hérodote.

La route suit, à quelque distance, la rive g. du Nil.

•➜ 138 km : Piste à g. pour (2 km) le village de **Behbeît el-Ḥagāra** un peu avant lequel, à dr., s'étendent les ruines de l'ancien **Iséum.**

On reconnaît facilement dans le nom arabe (auquel a été ajoutée l'expression el-Ḥagāra, « les pierres ») le nom antique de la ville Hêbit ou Pi-Hêbit conservé dans les inscriptions du temple qui était dédié à Isis (d'où Iséion, ou Iséum).

••• Le **temple** était d'une grande magnificence, le granit gris et le granit rose étant seuls employés. Achevé sous Ptolémée II Philadelphe, ce temple avait été commencé sous les Nectanébo (XXXe dyn.). Très ruiné aujourd'hui, il laisse difficilement deviner son plan primitif mais mérite la visite.

L'amoncellement chaotique des blocs, où des escaliers renversés débouchent sur le ciel, donne l'impression que le temple entier est là, écroulé sur lui-même comme un fantastique jeu de construction, par le caprice d'un géant. Les représentations ne sortent pas de la donnée purement religieuse des temples ptolémaïques, mais vous pourrez admirer dans ces ruines la beauté des matériaux et la qualité de l'exécution des figures sculptées en vrai bas-relief, d'autant plus remarquable qu'on a affaire à du granit.

144 km : **Talkhā,** qu'un pont relie à **Manṣūra.**

•➜ *De Talkhā, en continuant par la rive g. du Nil, vous pourriez atteindre directement, 63 km plus loin, Damiette ; le détour par Manṣūra allonge le parcours de 7 km.*

147 km : **Manṣūra,** ch.-l. de la province de Daqahliyya et, avec plus de 150 000 hab., l'une des plus importantes villes du Delta après Ṭanṭā et Maḥalla-l-Kubrā. Sur la rive dr. du Nil, c'est une ville commerçante dont le passé remonte à peine aux croisades ; elle possède plusieurs mosquées, sans grand intérêt artistique.

On montre encore parfois, près de l'embranchement du baḥr es-Séghir, bras secondaire du Nil allant se jeter dans le lac Menzala, l'emplacement prétendu du camp des Croisés, en 1221 et 1250. C'est sous les murs de la ville qu'en 1250 St Louis fut fait prisonnier ; une petite maison ancienne, à côté de la mosquée El-Muwāfiq et dite **maison d'Ibn Loqman,** passe pour avoir été sa prison.

153 km : Route à dr. pour (68 km) **Menzala** (➜ *ci-après, environs de Damiette*) et (78 km) **Maṭariyya.**

169 km : Route à g. pour **Shirbīn,** qu'on aperçoit sur l'autre rive (à 35 km N., **Gamasa,** petite station balnéaire). — 197 km : **Fāriskūr.**

213 km : **Damiette** (Dumiāt), ville de plus de 100 000 hab., s'étalant en arc de cercle sur la rive dr. du Nil, à 10 km de la mer, et ch.-l. de la province du même nom.

Damiette dans l'histoire. — On sait peu de chose de l'ancienne Damiette (Tamiathis), située à l'embouchure de la branche Phtanitique. Les débris d'anciens monuments (un fragment porte le nom de l'empereur Domitien) employés dans les constructions de la période arabe, n'étant pas nécessairement de provenance locale, ne peuvent pas servir de preuve à l'appui de son importance.
Damiette n'entre dans l'histoire qu'au moment des Croisades. Les Sarrasins la fortifièrent (notamment Saladin). Elle avait résisté à deux invasions des Croisés (1196 et 1218) mais fut prise l'année suivante et occupée deux ans. Quand, vingt-huit ans plus tard, St Louis s'en empara, elle avait été abandonnée et en partie incendiée par ses habitants, qui y revinrent l'année suivante (1250).
Le sultan mamlouk baharite Beybars la fit démolir (1251) et reconstruire plus à l'O. sur le Nil, à l'emplacement du village de Menchîa. La ville nouvelle prospéra et compta dès lors parmi les villes les plus importantes du Delta.

Damiette est un petit port de cabotage dont les maisons sont, comme celles de Rosette, de bons spécimens de l'architecture arabe du Delta. Les grillages de bois des fenêtres y sont d'un travail d'assemblage assez différent de celui qui est connu sous le nom de moucharabiyya ; vous pourrez même voir, dans la **mosquée El-Baḥr**, un treillage de fenêtre fait avec des noyaux de dattes.
La ville possède quelques industries liées à l'activité agricole du Delta.
A la limite N.-E. de la ville, rue Abou el-Ma'ta, vous pouvez aller visiter la **mosquée** du même nom, dite aussi **El-Gabana** ou encore Gāmi' Amr Ibn el-'Āṣ, que St Louis transforma en église cathédrale sous le vocable de la Vierge Marie durant sa courte occupation de la ville (1249-1250).

Ses portiques se composent de colonnes antiques dont les fûts en marbre vert et en porphyre, coiffés de chapiteaux corinthiens ou byzantins, sont enfoncés en terre. **Les ornements du minaret** et les impressions coufiques qui se trouvent au-dedans et au-dehors ajoutent à l'intérêt de la mosquée. L'une des colonnes a, dit-on, la propriété de guérir la jaunisse, à la condition d'être léchée par le malade, deux autres servent de critère d'honnêteté. La mosquée posséderait aussi un talisman contre les araignées.

→ A 13 km N., sur la rive g. du Nil, **Ra's el-Barr** est une petite **station balnéaire** sur une langue de terre allongée entre l'embouchure du fleuve et la mer, dans un site salubre. Nombreux petits hôtels, tous assez modestes.

→ Sur la rive g. du Nil, à quelques km au S.-O. de **Ra's el-Barr,** un important **port céréalier** a été creusé pour développer les activités économiques de la région. Réalisé par des entreprises françaises (quais, digues, silots) et une entreprise japonaise (dragage de 50 000 m^3 de sable), il a reçu ses premiers bateaux en 1984.

→ Le **lac Menzala,** qui s'étend à l'E., non loin de la ville, est le plus grand des lacs du Delta (1 800 km^2) mais sa superficie diminue ; il est très irrégulièrement découpé dans sa rive méridionale sans cesse déplacée suivant le niveau changeant des eaux et la direction du vent ; les promontoires, restes des alluvions déposées par d'anciens bras du Nil (Mendésien et Tanitique), convergent vers le cœur du lac ; l'exhaussement du sol et les dépôts du fleuve ont transformé les espaces enfermés dans les terres en marécages, d'où surgissent çà et là quelques monticules ou tells marquant l'emplacement d'anciennes villes.
C'est sur de semblables monticules que s'élèvent **Menzala-al-Hayi,** arrosée par le Baḥr es-Saghir (ancien bras Mendésien) et **Ṣān el-Ḥagar** (Tanis), sur le Baḥr el-

Muweys à sa jonction avec le Baḥr Fāqūs. La zone du lac la plus au N. et en même temps la seule navigable est parsemée de bancs de sable et d'îles plus ou moins grandes, où s'élèvent parfois quelques huttes de pêcheurs. Le Menzala n'est séparé de la mer que par une étroite langue de terre, presque en ligne droite de l'embouchure du Nil au N. de Damiette à Port-Sa'id.
Des deux bouches anciennes (Mendésienne et Tanitique) situées respectivement dans les **borg ed-Dība** et **el-Gamīl**, seule la seconde, qui fait communiquer le lac et la mer, est aisément reconnaissable. Le lac est le refuge d'une multitude d'oiseaux aquatiques : flamants, hérons, pélicans, cygnes, etc.
Quelques îles offrent encore des vestiges anciens : c'est le cas de **Tell Tennis**, à la pointe d'une île située près du canal de Suez.

8 B — Du Caire à Tanis

Route : 167 km N.-E. ; bonne route sauf dans les derniers km.

Quittez Le Caire par la « route agricole » d'Alexandrie et suivez celle-ci jusqu'à **Benhā** : pour la description de cette portion d'itinéraire, voyez en sens inverse, la fin de l'it. 7 A.
49 km : A l'entrée de la déviation de Benhā prenez à dr. la route de Zagāzīg, qui longe une voie ferrée et, un peu plus loin, le baḥr al-Muweys, l'une de ces nombreuses ramifications des bras principaux du Nil.
69 km : **Miniā el-Qamḥ**.

87 km : **Zagāzīg,** l'une des grandes villes du Delta, avec une population dépassant 100 000 âmes, centre industriel et commercial et ch.-l. de la province d'El-Sharqiyya. Le petit **musée 'Urabi** *(ouvert t.l.j. sauf vendr. jusqu'à 13 h 30),* situé en dehors de la ville, conserve quelques-unes des trouvailles faites dans la région.

A la lisière S.-E. de la ville, entre la rue Muṣṭafā Kāmel et la route de Belbeys, un grand monticule de décombres portant le nom de **Tell Basṭa** marque l'emplacement de l'antique **Bubastis** ; il est séparé de la ville par un terrain vague dont le sol fut une véritable mine de statuettes de chats en bronze ou de déesses à tête de chat, forme habituelle de Bastet.

Bubastis (égypt. Pi-Bastit) a de tout temps été la capitale d'une province. Longtemps, la principale source de nos connaissances sur cette ville importante, qui fut également capitale de l'Égypte sous les rois de la XXIIe dyn., a été Hérodote. Nous savions par lui que Bubastis, où était vénérée la déesse Bastet, était la plus élevée des villes d'Égypte.
Son temple, entouré d'eau, sauf à l'entrée, par deux larges canaux, avait l'aspect d'une île. Il était situé au centre de la ville et en contrebas de celle-ci, son sol n'ayant pas changé de niveau.
La grande fête de Bubastis était, au temps d'Hérodote, la plus importante des fêtes annuelles. On s'y rendait en foule de toutes parts. Les nombreux sacrifices qu'on y faisait ensuite étaient prétexte à d'extraordinaires ripailles, au cours desquelles, suivant l'expression d'Hérodote, on buvait plus de vin que pendant tout le reste de l'année.

Bubastis n'était encore, en 1887, qu'un immense amas de murs de briques et de blocs de pierre. Et, si les fouilles menées depuis lors ont permis une riche moisson d'informations sur la ville, elles n'ont fait qu'accentuer l'aspect bouleversé du site où rien de vraiment spectaculaire n' « accroche » le regard.
Le **temple** fut fouillé à plusieurs reprises sans qu'on en puisse bien restituer la forme et les dimensions ; il s'étendait d'E. en O. Au cours d'une promenade dans ces

vestiges assez peu lisibles pour le profane, vous rencontrerez d'abord les ruines de ce qui fut vraisemblablement une **cour à péristyle**, aménagée sous la XXIIe dyn. ; vient ensuite la **cour « jubilaire »** d'Osorkon II, précédée d'un portail monumental sur lequel étaient représentées les étapes de la cérémonie jubilaire (fête Sed) du fondateur de cette salle. Au-delà, on atteint les ruines d'une **salle hypostyle** où il ne reste que des fragments d'architraves et des colonnes papyriformes fermées. Datant du Moyen Empire, elles proviennent d'une construction antérieure. Peu après se trouve l'emplacement du **sanctuaire** construit par Nectanébo II.

De l'autre côté de la route, on a dégagé les ruines d'un **temple de Pépi Ier**; il en reste essentiellement deux rangées de quatre piliers et des montants de porte, vestiges d'une construction dont les murs étaient en brique.

Au N. du grand temple s'étend la **nécropole de la cité** où ont été dégagés un cimetière du Moyen Empire et des tombes de différentes époques. A l'O. du cimetière du Moyen Empire, se dressent les **ruines d'un bâtiment en brique** d'Amenemhat III. Une salle hypostyle, dont il ne subsiste que des bases de colonnes, une cour à piliers, de nombreuses salles annexes, constituent un ensemble qui pourrait être **un palais ou un temple.**

En se dirigeant vers le faubourg S. de Zagāzīg, vous pourrez voir enfin, à g., les galeries souterraines du **cimetière de chats.**

●→ A 36 km N. de Zagāzīg, sur la route de Manṣūra (→ *it. 8 A*), **Senbellāwīn** : à 8 km N.-E. de cette localité *(petite route)* s'élèvent deux vastes tells qui portent respectivement le nom de **Tell Timay** (le plus au S., c'est l'ancienne Thmuis), l'autre le nom de **Tell el-Amdīd** ou encore **Tell er-Rub'a** (l'anc. Mendès).

Mendès, capitale du nome du Dauphin (le XVIe de Basse-Égypte), resta une ville importante tout au long de l'histoire égyptienne et fut le berceau de la XXIXe dyn., l'avant-dernière dynastie indigène. Le toponyme grec transcrit gauchement l'expression égyptienne désignant la ville : « La maison du Bélier seigneur de Djedet ». On y adorait en effet un dieu ovin de la fécondité qui fut d'abord un bélier à cornes horizontales puis, cette race ayant disparu, le fameux « bouc de Mendès » dont parle Hérodote. Appelé Bê, selon une onomatopée évidente, il avait pour parèdre Hatmehyt, une déesse dauphin, et était considéré comme la quadruple manifestation des « âmes vivantes » de Geb, de Shou, de Rê et d'Osiris. Illustrant cette conception, des fouilles américaines qui, par ailleurs ont mis au jour des mastabas de l'Ancien Empire, ont montré, à partir de 1964, que le **fantastique naos** de granit rose qui domine le site n'était, en fait, que le seul subsistant de quatre monuments semblables érigés par Amasis dans une cour ouverte du temple. Placés en carré dans cet espace enclos (29,40 m × 26,60 m), les quatre monolithes, qui n'étaient pas tout à fait semblables, reposaient sur un bloc de granit lui-même placé sur 6 assises de calcaire d'environ 1 m d'épaisseur ; celles-ci, directement posées sur une épaisse couche de sable où l'on a retrouvé des dépôts de fondation, ont disparu tout autour du naos encore dressé qui, ainsi juché et isolé, n'en paraît que plus grand : il était consacré à Shou et mesure 7,85 m de haut. La position des fragments des trois autres naos a permis de savoir que, celui de Shou étant au S.-O., celui de Geb était au N.-O., celui de Rê au N.-E. et celui d'Osiris au S.-E. Épars sur le site, plusieurs sarcophages de granit noir où furent inhumés les béliers sacrés.

Thmuis, qui remplaça Mendès comme capitale du nome sous les empereurs romains, était encore une ville considérable sous le règne de Théodose et de Valentinien et fut plus tard le siège d'un évêché.

Quittez Zagāzīg par la route d'Abū Kebīr qui sort de la ville au N.-E. en suivant la voie ferrée à dr.

99 km : **Hihīyā,** à g.

113 km : **Abū Kebīr.**

C'est à quelques km au S.-O. de ce village, à **Tūkh al-Qarāmūs** que fut trouvé en 1905, par l'âne d'un fellah qui buta dessus, l'un des « trésors de Zagāzīg » *(auj. au musée du Caire 1er ét., salle 3).*

→ A 3 km O., près du baḥr al-Muweys, **Horbeit** occupe l'emplacement de l'ancienne **Pharbaethos** (égypt. **Shednou**), capitale de l'une des provinces du N.

124 km : Faqūs, gros centre agricole. Prenez au N. la direction de Qantir.
128 km : **Khata'na,** à l'emplacement d'une ville importante où l'on a trouvé quelques restes remontant à la XIIe dyn. Au N.-E., le **Tell Daba'**, où l'on a découvert divers vestiges des XIIe, XIIIe, XVe, XIXe et XXe dyn., est généralement identifié comme le site de l'ancienne Avaris, la capitale des Hyksôs.
133 km : **Qantīr,** et sa belle palmeraie. Des fouilles ont permis d'y mettre au jour les **restes d'un palais ramesside** avec des faïences décoratives polychromes (au musée du Caire et au Metropolitan Museum) ; beaucoup d'autres éléments archéologiques provenant de ce site donnent à penser qu'il s'agit très probablement là de l'emplacement de l'ancienne cité de **Pi-Ramsès,** résidence des Ramessides dans le Delta.
151 km : Prenez à g.
A l'E., un monticule, le **Tell Fara'ūn,** ou **Tell Nebesha,** marque l'emplacement d'une ville antique ; on y reconnaît le tracé d'une enceinte en brique où l'on a découvert les vestiges de deux temples, l'un ramesside, l'autre sans doute d'Amasis (XXVIe dyn.) ; vestiges d'une ville gréco-romaine.

155 km : Tournez encore à g. La route traverse une plaine mélancolique, jadis marécageuse mais auj. presque complètement asséchée, et présente quelques tronçons en mauvais état.

167 km : **Ṣān el-Ḥagar,** village sans intérêt ni ressources, simple point de repère pour trouver le site de **Tanis,** situé à 300 m à dr. en arrivant.

8 C - Tanis

De toutes les collines de décombres qui marquent, dans le Delta, l'emplacement des villes antiques, celle de Tanis est la plus étendue et la plus caractéristique. Si vous désirez vous faire une idée de ce que pouvaient être jadis ces îles habitées, cernées pendant une bonne partie de l'année par les eaux de la crue et les lacs côtiers, c'est ici qu'il faut venir. Le site lui-même, isolé au milieu d'une vaste plaine sans végétation, et que l'on voit de loin, séduira surtout les amateurs de paysages lunaires et désolés. Les bourrasques fréquentes, qui soulèvent des nuages de poussière et enveloppent les rares statues encore debout d'un voile quelque peu fantomatique, et les énormes excavations faites par les archéologues ne font guère de Tanis un lieu de pèlerinage attrayant où les touristes se bousculent. Si, toutefois, la curiosité vous pousse à garder de l'Égypte des images autres que celles, ensoleillées et verdoyantes, vantées par les dépliants, vous trouverez sûrement à Tanis de quoi rêver.

La ville dans l'histoire. — Tanis, la Zo'an de la Bible, capitale du XIVe nome de Basse-Égypte, s'élevait sur la rive dr. d'un bras du Nil auquel elle donnait son nom : la branche Tanitique. Autour de deux enceintes, les collines de décombres des quartiers habités jusqu'au IVe s. couvrent près de trente ha.
La ville fut promue au rang de capitale du pays par les souverains des XXIe et XXIIIe dyn. qui lui donnèrent son nom de Djanet (ultérieurement grécisé en Tanis). Ils y entreprirent de vastes travaux, utilisant à cette fin les vestiges plus anciens

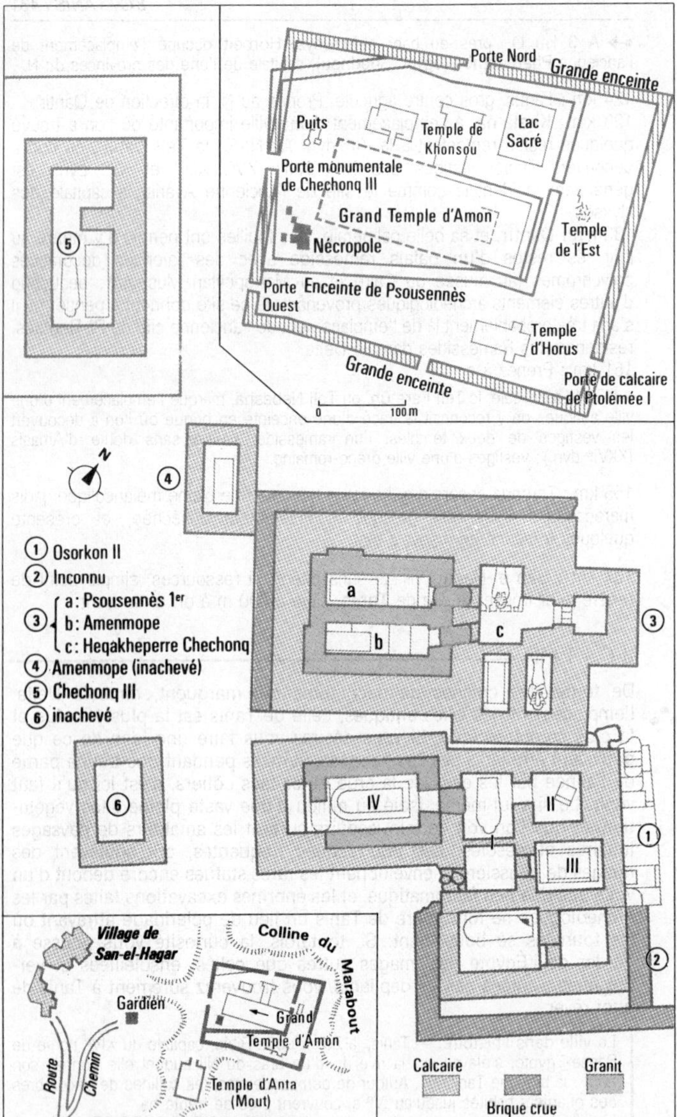
Porte Nord
Grande enceinte
Puits
Temple de Khonsou
Lac Sacré
Porte monumentale de Chechonq III
Grand Temple d'Amon
Temple de l'Est
Nécropole
Porte Ouest
Enceinte de Psousennès
Temple d'Horus
Grande enceinte
Porte de calcaire de Ptolémée I
0
100 m
N
1 Osorkon II
2 Inconnu
3 a : Psousennès 1er
b : Amenmope
c : Heqakheperre Chechonq
4 Amenmope (inachevé)
5 Chechonq III
6 inachevé
a
b
c
1
2
3
4
5
6
IV
II
I
III
Village de San-el-Hagar
Colline du Marabout
Gardien
Grand Temple d'Amon
Route
Chemin
Temple d'Anta (Mout)
PLAN DE SITUATION
Calcaire
Granit
Brique crue

Tanis, d'après A. Lézine (chez Montet).

des sites de Khatana et Qantīr, où se sont successivement élevées la résidence des Hyksôs, Avaris, et celle de Ramsès II, Pi-Ramsès. Ainsi, bien qu'on ait retrouvé dans le temple principal de nombreux éléments d'époques antérieures, il semblerait que les constructions ne datent que de la XXIe dyn. (XIe s. av. J.-C.). Le temple d'Amon, ses dépôts de fondation et la nécropole royale montrent que cet ensemble s'est développé entre le début de la XXIe dyn. et le règne de Chéchonq III (XXIIe dyn.).

En arrivant près de la maison de fouilles, vue magnifique sur le grand temple en contrebas, et l'ensemble du tell.

On retrouve à Tanis trois groupes principaux de ruines :

Le **grand temple,** dont le grand axe de 400 m est orienté de l'O. à l'E. Le sol est jonché d'énormes blocs de toutes espèces (obélisques, statues colossales, architraves, colonnes, blocs d'assises, etc.) formant un chaos indescriptible.

En parcourant ces ruines d'O. en E., vous rencontrerez d'abord la **porte monumentale** de Chechonq III (propylône) flanquée de triades et de colosses. Au-delà de la porte, sur la g., deux grands puits d'époque ptolémaïque. Dans l'axe de cette même porte, les restes d'une **colonnade palmiforme,** usurpée d'un monument de l'Ancien Empire, aux noms de Ramsès II et de Chechonq III. A cette hauteur, vous trouverez sur la dr. la nécropole royale *(V. description ci-après).* Vient ensuite une succession d'**obélisques** brisés dans leur chute (l'un d'eux vient d'être restauré et a été dressé devant l'aéroport international du Caire) ; l'aire où gisent ces énormes monolithes est couverte de **fragments de murs** et de statues. Le nom le plus fréquent qui y est inscrit est celui de Ramsès II. Trois colosses en grès de ce roi gisent sur le sol : on admirera surtout les petites figures de reines représentées le long des jambes. C'est dans cette région du temple que furent retrouvées, au siècle dernier, les fameuses statues de sphinx dits « Hyksôs » et autres œuvres du Moyen et du Nouvel Empire prélevées sur des sites voisins par les rois des XXIe et XXIIe dynasties (ces statues sont maintenant au musée du Caire). Plus loin, on pénètre dans l'aire du **sanctuaire** difficilement reconnaissable ; l'amoncellement de blocs y est plus dense ; on y a trouvé les noms de Pépi I Merirê, Sésostris I, II, III, Ramsès II, Mérenptah, Psousénnès, Pinedjem, Siamon, Taharqa même, le roi « éthiopien ».
Face à la porte N., fosse de fondation d'un temple dédié à Khonsou, le dieu-fils dans la triade thébaine. Enfin, au fond du temple, et avant la grosse muraille de Psousennès, les basses assises d'une plate-forme, souvenir d'un **couloir de ronde** construit par Nectanébo I.
Dans l'angle N.-E. de l'enceinte de Psousennès, dont le contour a été précisé, on a, en 1948, découvert et partiellement dégagé le **lac sacré,** rectangle de 60 m sur 50 ; tous les blocs utilisés pour en construire les murs sont des remplois.

Le **temple de l'Est.** Ses ruines s'étendent entre le mur d'enceinte intérieur de Psousennès et la grande enceinte extérieure. Il était entièrement bâti en granit. Ses abords ont été dégagés en 1948-1949. De belles colonnes monolithes à chapiteaux palmiformes de l'Ancien Empire y portent les cartouches de Ramès II, premier usurpateur, et, en surcharge, ceux d'Osorkon II.
De là, en allant vers le S., on voit, sur la g. une partie du dallage de la porte aménagée dans l'enceinte extérieure, datant de Ptolémée Ier Sôter. Dans l'axe de cette porte, toujours entre la double enceinte, de gros blocs de granit appartiennent à un **temple de la XXXe dyn.** qui serait dédié à l'Horus de Silé.

En vous dirigeant vers le S.-O., au-delà de la grande enceinte, vous atteindrez le site du temple de Mout et de Khonsou, connu également sous le nom de **temple d'Anta,** déesse cananéenne qui y recevait un culte.

Dans une enceinte formée de murs puissants subsistent les soubassements, remaniés à plusieurs reprises, d'édifices importants, quelques colonnes palmiformes de l'Ancien Empire et une statue de granit de Ramsès II et de Sekhmet à tête de lionne.

La nécropole royale. Découverte en 1939-1940 par Montet, c'est une série de caveaux sans superstructure qui a livré un riche mobilier funéraire exposé maintenant au musée du Caire *(1er ét., salle 2).* Les tombes, dont le décor gravé souffre de l'humidité, ne se visitent pas.

Tombeau d'Osorkon II (n° 1). Ce tombeau comprend un caveau de granit et quatre chambres en calcaire. Dans la première chambre, la paroi O. est occupée par une Nout au corps étiré, les barques solaires, et leur cortège habituel ; à la paroi N., pesée de l'âme devant Osiris et Isis ; le plafond est décoré d'étoiles sur champ bleu. Dans la seconde chambre, Osorkon adore le fétiche osirien à l'O. et, au N., le couple Isis et Osiris assis dans un naos ; sur les deux autres parois, on assiste au halage de la barque solaire par un immense cortège.

La chambre III abrite le **sarcophage de Takélot III,** successeur d'Osorkon II (sarcophage du Moyen Empire). A la paroi N., l'attention est attirée par un personnage momiforme à tête de bélier ; à l'E., Osorkon est debout devant Osiris et Ouadjet ; à la paroi O., au-dessus de la porte qui faisait communiquer avec la chambre I, le roi, devenu un Osiris, un disque solaire sur la tête, d'où s'échappent des gouttes de lumière, se prépare à franchir une porte verrouillée et gardée par un génie à double tête de serpent.

Dans la chambre IV, aux parois N. et S., scènes de régénération du soleil sur les murs parés de granit. La pièce est occupée par l'imposant **sarcophage de granit d'Osorkon II,** derrière lequel un éboulement avait masqué aux pillards la **sépulture d'Hornakht** qui était fils du roi et grand prêtre de Ptah.

Tombeau de Psousennès (n° 3). Il contenait **quatre sépultures** intactes : celle de **Psousennès** lui-même, celle de l'un de ses successeurs immédiats, le **roi Amenemopé,** celle d'un **roi Héqakheperrê Chechonq,** qui était totalement inconnu jusque-là, et, aménagée dans le massif de la maçonnerie, celle d'un **général Dundebaounded.** Actuellement, on pénètre directement dans le caveau de Psousennès où sa momie reposait dans trois sarcophages emboîtés : une grande cuve de granit rose usurpée, qui fut empruntée à un cénotaphe de Mérenptah, et dont le couvercle porte, en haut relief sur sa face inférieure, une très belle représentation de la déesse Nout *(musée du Caire, atrium, salle 33) ;* un sarcophage momiforme de granit noir primitivement destiné à un noble de la XIXe dyn. ; et, enfin, un **sarcophage d'argent massif** où le corps était encore protégé par un masque et un surtout (longue feuille travaillée ou repoussée) d'or. Au fond, une scène d'offrande et, sur les longs côtés, deux inscriptions. De là, on atteint l'antichambre où l'obscur Heqakheperrê Chechonq avait été placé dans un étrange **cercueil d'argent massif** à tête de faucon. Aux murs, défilés de génies, protecteurs d'Osiris. Parallèlement à ce caveau, également en granit, se trouve celui du roi **Amenmopé** qui n'est pas décoré.

S'ils n'ont peut-être pas l'incroyable richesse du trésor de Toutânkhamon, les sarcophages d'argent, les masques d'or, les vases précieux et les bijoux des tombes royales tamites ont, en tout cas, révélé le goût raffiné d'une époque autant que la maîtrise technique de ses artisans.

Tombeau d'Amenmopé (n° 4). Il ne fut jamais achevé, ce roi ayant été enterré avec Psousennès. On y voit néanmoins une cuve de quartzite jaune clair, et son couvercle de granit taillé dans un bloc de l'Ancien Empire.

Tombeau de Chéchonq III (n° 5). Il est constitué d'une antichambre et de la chambre funéraire qui est décorée des épisodes du voyage de la barque solaire. On y a retrouvé **deux sarcophages.** Le plus grand, celui du roi, était taillé dans une architrave de la XIIIe dyn. Le plus petit ne porte pas d'inscription.

9 - La région du canal de Suez

Sorte de frontière naturelle du Delta, la région du canal de Suez, aride et sablonneuse, n'aurait, sans ce fameux canal, guère d'intérêt. Sans doute ne serait-elle que ce qu'elle fut pendant longtemps, un simple morceau de désert, peuplé de quelques bédouins nomades ; ni paysage, ni témoignage vivant ou relique notable d'une activité humaine. Son histoire — si l'on néglige évidemment toutes ces invasions de Hyksôs, d'Assyriens, de Perses ou d'Arabes qui ne laissèrent sur son sol que des traces aujourd'hui à peine visibles — commence il y a à peine plus d'un siècle. Le creusement de la voie d'eau ouvre alors une ère nouvelle, et jusqu'à présent passablement mouvementée, dans la vie de cette contrée jadis solitaire. Des villes vont naître ainsi, dont l'importance croîtra parallèlement au trafic maritime jusqu'à atteindre, ensemble, 600 000 hab. La guerre de 1967, obligeant ceux-ci à partir, en fera 600 000 réfugiés. Avec les lueurs de paix qui ont enfin permis la réouverture du canal, la vie a repris et, par la volonté des autorités, la région est désormais porteuse des grandes espérances économiques du pays.

Visite de la région

Difficilement réalisable en une journée, le circuit total des trois villes de Suez, Ismā'īllīyya et Port-Sa'īd, totalise, au départ du Caire, un peu plus de 500 km. ***Une bonne journée suffira*** *par contre* ***pour*** *faire rapidement connaissance avec* ***Ismā'īllīyya et Port-Sa'īd*** *: env. 400 km de route, une promenade d'une heure dans chaque ville et une visite d'une heure au musée d'Ismā'īllīyya. L'excursion à Suez est, en elle-même, de peu d'intérêt mais, dotée d'un hôtel convenable, la ville peut être un bon point de départ pour celles en direction de la côte de la mer Rouge ou du monastère Sainte Catherine du Sinaï.*

9 A — Du Caire au Canal

Routes *: plusieurs routes relient Le Caire aux villes du canal ; ce sont, du S. au N., les suivantes :*

— Le Caire-Suez, par la route du désert : 134 km de très bonne route à deux voies, rapide mais dépourvue d'intérêt ;
— Le Caire-Ismā'īllīyya, par une autre route traversant le désert : 100 km ; la route présente les mêmes caractéristiques que la précédente ;
— Le Caire-Ismā'īllīyya, par Belbéis : 124 km par une assez bonne route suivant le canal Ismā'iliyya, à la lisière du désert ;
— Le Caire-El Ferdān, par Zagāzīg et Fāqūs : 178 km pour rejoindre, à 12 km N. d'Ismā'īllīyya, la route d'Ismā'īllīyya à Port-Sa'īd ; elle n'offre d'intérêt que pour qui veut combiner la visite de la région du Canal avec celle de Tanis (→ it. 8 B ; allongement de parcours de 86 km).
***Autobus** : plusieurs services quotidiens, dont certains assez confortables, relient entre elles, et au Caire, les trois villes du Canal ; la fréquence des services permet assez facilement de réaliser l'un ou l'autre des programmes suggérés plus haut.*
***Chemins de fer** : du Caire à Ismā'īllīyya, 159 km en 2 h par trains express ; d'Ismā'īllīyya à Port-Sa'īd, 77 km en 1 h 20 par trains express ; d'Ismā'īllīyya à Suez, 82 km en 2 h 10 par trains express ; du Caire à Suez, 140 km en 2 h 31 ; correspondances assez peu pratiques si vous n'utilisez que les trains confortables.*

Du Caire à Suez par la route du désert

Sortez du Caire par la **route de l'aéroport** que vous quitterez en prenant à dr., après la cité Naṣr, la rue Eth-Thaura. La route s'élance peu après à travers le désert où elle suit approximativement le tracé d'une ancienne piste caravanière.

> La surveillance de cette route faisait jadis l'objet d'une attention spéciale ; elle était jalonnée par 16 tours de contrôle à des distances n'excédant pas 10 km et permettant, à défaut de ravitaillement, de retrouver la route. Elle était utilisée par les caravanes des commerçants d'Orient venant écouler leurs marchandises en Égypte.
> En l'an 1267 (665 de l'Hégire), le roi Baybars suivit cet itinéraire pour se rendre au pèlerinage de La Mecque.

109 km : Embranchement à g. pour (77 km N.) Ismā'īllīyya.
134 km : **Suez** (→ *ci-après, 9 C*).

Du Caire à Ismā'īllīyya par la route du désert

Sortez du Caire par la **rue El-Gaysh** puis la rue de l''Abbāssiyya et suivez tout droit. Sous les noms de rue du 23-Juillet et de rue El-Farīq 'Aziz el-Maṣri, la rue traverse les faubourgs N.-E. de la capitale puis sort de l'agglomération en laissant à dr. la voie ferrée de Suez et l'aéroport.
86 km : Embranchement, à dr., rejoignant 20 km plus loin la route d'Ismā'īllīyya à Suez.
94 km : La route rejoint celle venant du Caire par Belbéis *(ci-après)*.
100 km : **Ismā'īllīyya** (→ *ci-après, 9 C*).

Du Caire à Ismā'īllīyya par Belbéis

Quittez Le Caire par la **rue de Port-Sa'īd** (→ *plan couleurs A5*). La route vient longer le canal Ismā'īllīyya puis, au bout de 2 km env., le franchit et le longe à dr.
28 km : Émetteurs de radiodiffusion et usines d'**Abū Zabal**, à g. (le bourg est à dr.).

•→ A 5 km N., près de **Shebin el-Kanatir**, petit nœud ferroviaire et centre agricole, se trouve un monticule de ruines appelé **Tell el-Yahūdiyya**, « monticule des Juifs », qui paraît marquer l'emplacement de l'ancienne **Léontopolis** du nome héliopolite.

L'historien Josèphe raconte les circonstances dans lesquelles vint s'établir là cette colonie juive sous Ptolémée VI Philométor, pour fuir les persécutions d'Antiochus. Le grand prêtre Onias y construisit un temple à Yahweh.

La partie la plus spectaculaire du site est l'**enceinte**, très massive et comportant extérieurement une sorte de glacis, ce qui est inhabituel en Égypte (fin du Moyen Empire-Deuxième Période Intermédiaire ?) ; à l'intérieur, des fellahs cherchant du sebakh découvrirent en 1870 les ruines d'un édifice (sans doute un palais) présentant cette particularité d'avoir été entièrement revêtu de mille petites pièces rapportées, en terre cuite émaillée, d'un très beau style et d'une exécution surprenante. Le Louvre, le British Museum, les principales collections européennes et américaines et surtout le musée égyptien, possèdent auj. des fragments de cette singulière décoration. Le constructeur de ce palais pourrait être Ramsès III, dont les cartouches se retrouvent en grand nombre sur les lieux. Les « Hyksôs » y ont également laissé quelques témoignages.

A l'extérieur, près de l'angle N.-E. de l'enceinte, vestiges de la cité juive et du temple d'Onias.

42 km : A dr., de l'autre côté du canal, domaine d'**Inchass**, ancienne propriété royale, auj. centre de recherches nucléaires, aérodrome militaire et station de communication avec les satellites artificiels.

52 km : **Belbéis**, sur l'ancienne route des caravanes du Caire au Sinaï, auj. petit centre agricole et industriel.

73 km : **El ʽAbbāssa** ; laissez, droit devant, un embranchement pour Zagāzīg et prenez à dr. ; la route désormais s'oriente à l'E. et suit une étroite dépression où la culture se réduit par endroits à une bande de quelques centaines de mètres ; la route et le canal suivent le **wādī Tumilat** qu'empruntait l'ancien canal pharaonique du Nil à la mer Rouge. — 83 km : A dr., El-Tell el-Kébir.

96 km : **El Qaṣṣaṣine.**

Au S. de la route et du canal, un gros monticule, le **tell er-Retaba** (ou **tell Rotāb**) marque le site de la ville connue dans la Bible sous le nom de **Pithom** ; elle était, comme en témoigne son nom, dédiée au dieu Atoum.

113 km : A dr., de l'autre côté de la route et du canal, **tell el-Mashkūta**, autre amas de décombres correspondant peut-être à la **Souccoth** de l'Exode et où, au milieu d'une grande enceinte en briques, on a dégagé à la fin du siècle dernier les restes très dégradés d'un temple.

120 km : Échangeur de circulation avec les routes de Port-Saʽīd *(à g.)*, Le Caire *(par le désert ; à dr.)* et Suez *(à dr.)*.

126 km : **Ismāʽīlīyya** (centre ville) ; → *ci-après, 9 C.*

Du Caire à El-Ferdan (vers Port-Saʽīd)

Suivez jusqu'à Fāqūs **l'itinéraire décrit pour l'excursion de Tanis** (→ *it. 8 B*), mais, à Fāqūs, continuez tout droit.

144 km : **Es-Saliḥiyya**, l'antique **Phacusa**, sur l'ancienne branche pélusiaque du Nil.

178 km : Carrefour d'El-Ferdan, sur la route d'Ismāʽīlīyya à Port-Saʽīd, à 12 km N. d'Ismāʽīlīyya (68 km de Port-Saʽīd).

9 B — Le Canal

Le canal maritime de Suez, qui relie la Méditerranée à la mer Rouge à travers le désert sablonneux auquel on donne le nom d'**isthme de Suez**, conduit de

Port-Saʿīd à Suez en longeant la partie orientale du lac Menzala. Il n'est, dans sa partie N., séparé de ce dernier que par une étroite bande de terre qu'empruntent la voie ferrée, deux routes et le canal ravitaillant Port-Saʿīd en eau douce. Il passe par le **lac Timsāḥ** et les **lacs Amers**, qu'il traverse entre des balises.

Le canal des pharaons. — Une tradition conservée par Aristote, Strabon et Pline, attribuait à Sésostris la première idée d'un canal du Nil à la mer Rouge. On sait aujourd'hui ce qu'il faut entendre par ce nom : ce Sésostris est un personnage fictif, qui incarne le génie de conquête et de magnificence des pharaons thébains. L'hypothèse la plus vraisemblable est que, au temps de la puissance thébaine, l'un des pharaons, peut-être même plusieurs, songèrent à joindre le Nil à cette mer que trois ou quatre journées de désert séparaient de l'Égypte.
Quoi qu'il en soit, la communication des deux mers n'existait pas au moment où s'ouvre la période saïte.

Des Saïtes aux Romains. — Ce fut Nékao II, fils de Psammétique Ier (609-594 av. J.-C.), qui, préoccupé comme son père des relations commerciales de l'Égypte avec l'extérieur, entreprit de mettre en communication, en se servant du fleuve, les bassins des deux mers.
Le nouveau canal se détachait à Bubastis de la branche Pélusiaque du fleuve et, utilisant les lacs, devait aboutir au golfe. Cent vingt mille travailleurs, nous dit Hérodote, périrent en le creusant. Mais sur la prédiction d'un oracle « qu'il travaillait au profit du Barbare », Nékao II fit cesser les travaux. Selon Pline, l'étendue de l'œuvre ainsi entreprise était de 62 milles romains (environ 92 km), ce qui concorde avec la distance qui sépare Bubastis de la pointe N. des lacs Amers, en suivant le wādī Toumilat.
Darius Ier (522-486) la fit reprendre et put la conduire à terme. Des stèles commémoratives en langues égyptienne et perse furent érigées en divers points du parcours. Des traces de ce canal sont encore visibles en maints endroits. Sous Ptolémée II Philadelphe, on coupa le barrage naturel qui séparait le canal de Nékao du golfe Héroopolite et on le remplaça par celui que Diodore de Sicile et Strabon appellent un euripe fermé, sorte d'écluse qui permettait de faire communiquer directement le canal avec le golfe.
Le canal, obstrué du temps de Cléopâtre, fut remis en état à l'époque des Antonins, sans doute sous le règne de Trajan. Il est probable que ce nouveau canal venait rejoindre l'ancien à l'entrée du wādī Tumilat.

L'abandon. — Longtemps négligé, le canal fut de nouveau restauré par ordre d'ʿAms Ibn el ʿAs, général du calife Omar, pour ravitailler Médine avec le blé d'Égypte. Il ne tarda pas à être détruit, par ordre du calife Abū Djaʿfar el-Manṣūr, en 767, dans le but, cette fois, d'affamer Médine révoltée.
Aucune restauration du canal du Nil à la mer Rouge ne fut dès lors tentée. La fondation de Rosette et de Damiette sur les deux grands bras du Nil hâta la décadence de la partie orientale du Delta. La région de l'isthme et le wādī Toumilat, dépeuplés, privés des canaux d'irrigation, devinrent bientôt déserts. L'idée de rétablir une voie navigable à travers l'isthme ne fut cependant jamais complètement abandonnée ; elle vint maintes fois à l'esprit des Vénitiens comme le seul moyen efficace pour reprendre la suprématie des mers que leur avait fait perdre la découverte du Cap par les Portugais.
De même, Leibnitz, dans un projet d'expédition en Égypte, dont il fit proposition à Louis XIV, préconisa, en 1671, le creusement d'un canal maritime. Les sultans ottomans, maîtres de l'Égypte, ne furent pas moins préoccupés du rétablissement des relations de la Méditerranée avec la mer Rouge. Aucune tentative ne fut néanmoins faite par les uns ou les autres.

Le canal moderne : premiers projets. — Bonaparte ne pouvait manquer de porter son attention sur l'isthme et d'envisager à son tour la création du canal de communication des deux mers. Il chargea de ce projet l'ingénieur en chef Charles Le Père (1761-1844 ; le futur constructeur de la colonne Vendôme). Celui-ci conclut à la création de deux grands canaux : l'un allant d'Alexandrie à Suez, pour le mouvement commercial et intérieur de l'Égypte ; l'autre, de Péluse à Suez, pour le transit des navires d'une mer à l'autre. Parti d'un calcul erroné, accusant, pour les niveaux des deux mers, une différence de près de 10 m (le plus élevé étant celui de la mer Rouge), Le Père avait prévu des écluses dans ses deux projets. Les circonstances ne permirent pas à Bonaparte de les mettre à exécution ; ils eurent du moins pour résultat d'indiquer une solution nouvelle, celle du tracé direct d'une mer à l'autre.

L'adoption par les Anglais de la route de l'isthme en 1837 pour la malle des Indes, due à l'initiative persévérante du lieutenant Waghorn, et l'établissement d'une ligne régulière entre l'Inde et Suez en correspondance avec une ligne d'Alexandrie en Angleterre, puis la création d'un chemin de fer reliant Le Caire aux deux ports démontrèrent de plus en plus l'utilité d'une route directe entre les deux mers. Différents projets furent mis en avant, principalement par des ingénieurs français, mais sans amener d'autre résultat pratique qu'un nivellement de l'isthme exécuté par Bourdaloue en 1847 et qui permit d'établir d'une manière certaine que la différence du niveau entre les deux mers était insignifiante.

Lesseps et le canal. — Ferdinand de Lesseps (1805-1894) était consul de France au Caire, de 1831 à 1838, c'est-à-dire à l'époque où le mémoire de Le Père, déjà répandu, et l'entreprise du lieutenant Waghorn attiraient l'attention sur le problème de la communication des deux mers. Il se passionna pour cette question. Il ne put vaincre les réticences de Muḥammad ʿAlī, mais, après six années d'attente pendant le règne stérile d'ʿAbbās, il obtint de Saʿid Pacha, son successeur, le 30 novembre 1854, un premier firman de concession.

Deux ingénieurs, Linant de Bellefonds et Mougel, furent chargés d'explorer de nouveau l'isthme en vue d'un tracé définitif, et préparèrent un projet que F. de Lesseps soumit à une commission internationale. Le tracé passait par les lacs Amers, le lac Ballah et la partie orientale du lac Menzala, traversée entre balises et sans berges.

Ce tracé fut un peu modifié dans la partie N. ; il fut reporté un peu plus à l'E., en un point de la côte où les fonds étaient plus profonds. L'acte définitif de concession, avec cahier des charges, fut promulgué le 5 janvier 1856.

Une histoire mouvementée. — Les travaux, commencés le 25 avril 1859, à Port-Saʿīd, avec un très petit nombre d'ouvriers, furent presque aussitôt arrêtés par des obstacles diplomatiques que suscita le cabinet anglais, présidé par Lord Palmerston. Ils ne furent repris réellement qu'une année après.

Après d'innombrables difficultés, les eaux de la mer Rouge vinrent s'unir dans le bassin des lacs Amers à celles de la Méditerranée et l'inauguration du canal eut lieu le 17 novembre 1869. Ce fut un grand événement. L'impératrice Eugénie, l'empereur d'Autriche, le prince royal de Prusse y assistèrent, et une flotte de 48 navires de haut tonnage franchit pour la première fois le canal.

Pendant les deux guerres mondiales, son importance stratégique valut au canal d'être l'objet d'âpres combats.

L'acte de concession signé par le vice-roi en 1856 avait donné à la compagnie le droit de construire, d'entretenir et d'exploiter le canal pour une durée de 99 années à compter de l'achèvement des travaux, c'est-à-dire jusqu'en 1968 ; un terme brutal y fut mis le 26 juillet 1956 par la nationalisation du canal, proclamée par Nasser dans des circonstances et pour des raisons déjà exposées.

Interrompu pendant plusieurs mois à la suite de l'intervention militaire franco-anglaise, le trafic reprit en 1957 ; il atteignait en moyenne 56 navires par jour à la veille du conflit qui, en juin 1967, amena à nouveau sa fermeture.

Le 5 juin 1975, huit ans jour pour jour après cette fermeture, le canal était solennellement rouvert par le président Sadate. Il aura fallu pour cela le travail de

5000 hommes pendant quinze mois et, malgré la contribution bénévole des marines américaine, britannique et française pour les opérations de déminage, une dépense de 1,2 milliard de francs.

Caractéristiques techniques. — C'est un canal **à niveau,** ne comportant ni écluse ni ouvrage d'art d'aucune sorte. Sa longueur était, à l'époque de sa construction, de 161 km, sa largeur au niveau de l'eau de 22 m et sa profondeur d'env. 8 m.
Aujourd'hui, la **longueur totale** représente **173 km,** le chenal de Port-Sa'īd ayant dû être prolongé en mer pour donner accès aux navires de grand tirant d'eau. Depuis décembre 1980, la profondeur n'est nulle part inférieure à 20 m. A la ligne d'eau, la largeur est toujours d'au moins 200 m et, mesurée à la profondeur de 20 m, elle est partout de 160 m.

Le transit. — La profondeur actuelle du canal autorise le passage de navires d'un **tirant d'eau maximal de 53 pieds** (16,20 m), par exemple des pétroliers de 150000 t à pleine charge ou 475000 t lèges. Un éclairage et des balises permettent le trafic nocturne et **deux dérivations,** dites by-pass, situées l'une à Ballah (du km 50 au km 60, le km 0 étant le phare de Port-Sa'īd), l'autre dans les lacs Amers (du km 115 au km 122) offrent aux navires des possibilités de croisement.
La **traversée** des navires exige en moyenne **15 heures** et s'effectue en convois deux fois par jour dans chaque sens. La vitesse des navires transiteurs est limitée à 13 ou 14 km/h suivant la catégorie et le tonnage, pour éviter le remous entraînant une dégradation des berges. L'Autorité du canal de Suez qui, depuis la nationalisation, gère le canal, emploie env. 14000 personnes dont un corps de 270 pilotes.

Les projets d'amélioration. — Ils ont un double objectif : améliorer les conditions du transit, augmenter le tirant d'eau maximal autorisé. Le premier objectif sera vite atteint; il s'agit de doter le canal d'un système d'éclairage perfectionné, de radars de surveillance, de grues, remorqueurs, dragues et autres équipements propres à faciliter le trafic.
Le second consiste à porter le tirant d'eau maximal autorisé à 67 pieds (20,40 m; tankers de 260000 t en charge et de 500000 t lèges) : la profondeur totale du canal sera alors de 23,60 m et sa largeur de 480 m; il faudra également porter à 25 km la longueur du chenal maritime de Port-Sa'īd et ouvrir, à l'E. de Port-Fouad, une dérivation permettant aux super-tankers de quitter le canal ou d'y accéder sans passer par Port-Sa'īd où leur grande taille gênerait les mouvements portuaires.
Avec le passage, en moyenne, de 74 navires par jour, et un transit global de 176276000 t en 1980, les revenus du canal ont atteint 600 millions de dollars en 1980; ils étaient estimés à près de 1,2 milliard pour 1984.
L'oléoduc Suez-Alexandrie concurrençant le trafic pétrolier du canal (il a un débit de 80 millions de t/an), on a créé, à Suez et Port-Sa'īd, deux vastes zones franches destinées à favoriser les investissements industriels étrangers dans la région.

Le tourisme. — Grâce au tunnel à double voie qui a été percé sous le canal entièrement rénové par les Japonais, la ville de Suez est traversée par les nombreux touristes qui se rendent dans la péninsule du Sinaï. En sortant du tunnel, à dr. quand on va vers le Sinaï, un chemin de terre donne une belle vue sur le canal et permet de voir passer les bateaux.

9 C — Ismā'īlīyya

Cette ville de 540 000 hab. est sans doute la plus agréable des cités créées lors des travaux de creusement du canal. Au bord du lac Timsāḥ, «le lac du Crocodile», dont la nappe azurée tranche sur la couleur fauve du sable qui l'entoure, il lui suffirait presque d'un coup de plumeau et d'un peu de peinture pour avoir, avec ses avenues ombragées, ses promenades fleuries et ses villas coquettes, le charme tranquille et un

peu désuet de certaines stations balnéaires ou thermales de la fin du siècle dernier.

Le **quai Muḥammad-'Ali** (appelé aussi rue de Port-Sa'īd) longe toute la partie S. de la ville en bordure du canal Ismā'īllīyya, de l'autre côté duquel s'étend une large et belle promenade.

Arrivant du Caire, suivez le quai tout droit.

Laissant successivement à g. la rue El-Gumhurriyya, l'une des plus animées de la ville, puis l'avenue 'Urabi, qui conduit à la gare, vous passerez ainsi devant l'ancien **chalet de Ferdinand de Lesseps** puis le **Gouvernorat** avant d'atteindre le **jardin des stèles,** où se trouvent divers monuments provenant des fouilles de Pithom, de Tell el-Mashkūta et d'El-Qantara et appartenant presque tous à Ramsès II.

▣ Le **musée,** un peu plus loin, abrite des antiquités trouvées dans les environs et des découvertes faites lors du creusement du canal, mais les rares objets de très haute antiquité exposés ne proviennent en général pas de la région du Delta et de ses abords; l'humidité du sol et les invasions auxquelles la contrée fut, de tout temps, soumise, ont empêché leur conservation.

Visite : t.l.j. de 9 h à 16 h. Entrée payante.

Fermé depuis juin 1967, le musée, dont le contenu avait été mis en lieu sûr, a rouvert ses portes : les 4000 objets pharaoniques de ses collections ont retrouvé leur place, dans une muséographie inchangée.

Devant le musée, **sphinx** trouvé dans le lit du canal.

Entrant dans le musée, gagnez directement la petite salle du fond et faites la visite en revenant vers la sortie.

Petite salle : aux murs, fragments en marbre blanc de plaques, pilastres, frises et colonnettes (VIe s.); chapiteaux gréco-romains; n° 2165, petit naos romain en calcaire; fragment de couvercle de sarcophage anthropoïde en calcaire d'époque ptolémaïque (prov. d'Assiout); vitrine d'objets d'époque romaine. Sarcophages de bois stuqué provenant d'Assiout (époque ptolémaïque); un bel ensemble de mosaïques romaines; n° 2408 : une **tête d'Oukaroman,** personnage officiel à perruque imbriquée surmontée du scarabée (intact), diorite ou pierre noire; — au sol, mosaïque; fragments de bas-reliefs en calcaire.

Vitrine d'objets préhistoriques avec un très beau ***vase en terre cuite** d'époque archaïque et plusieurs petits vases d'époque prédynastique; outils en silex; schistes. Vitrine d'objets égyptiens : n° 1985, un chevet de bois d'une jolie forme; n° 2299, un chaouabti de bois; n° 2564, une tête en calcaire (Nouvel Empire); une ébauche sur un bout de planche; un sceau de pierre peinte en bleu (peut-être d'Ouni, ministre de Pépi I).

Vitrine de bronzes : n° 2374 et 2385, gonds de porte dédiés à Bastet, des miroirs de l'Ancien Empire, statuettes et fragments de statuettes en bronze et cuivre. — Petits vases en albâtre de différentes époques. — Fragments de statuettes d'époque saïte : très belle ***tête du dieu Bès** en calcaire émaillé.

Vitrine de modèles de sculpture, en plâtre et en calcaire : les modèles de sculpture ainsi que les croquis sont toujours intéressants en Égypte ancienne; statuette en schiste d'Isis allaitant Horus, buste d'Isis en granit (époque saïte), tête en granit violacé d'un personnage de la XXXe dyn.; poids en granit de la même époque.

Salle longue : vitrines de petite poterie grecque, de monnaies ptolémaïques, de lampes et d'ustensiles coptes et arabes.

Au milieu, **grande mosaïque** représentant une scène mythologique en deux registres : le premier est l'histoire du message de Phèdre à Hippolyte, le second le char de Dionysos entouré de Satyres, avec Héraclès à la partie inférieure de la mosaïque qui est bordée d'une inscription en grec entourée de frises d'oiseaux de basse-cour parmi les fleurs ; à dr., un serpent attaque un canard qui se retourne ; l'inscription résume les tableaux et en tire une morale. De chaque côté de la fenêtre, statues de **Vénus au dauphin**, en marbre, d'époque gréco-romaine.
Vitrine de verres irisés byzantins ; une autre de petits ustensiles gréco-romains d'or et d'ivoire ; quelques bijoux d'or et de gemmes ; petites têtes de statuettes romaines ; une jolie petite statuette d'Apollon (n° 1829) peinte en rouge, très mutilée ; poteries romaines ; petites terres cuites grecques, très fragmentaires.
Dans une vitrine d'angle, collection intéressante de Bès d'époque grecque ; dans une autre, ensemble d'Horus cavaliers, en terre cuite ; une vitrine de fragments d'ostraca grecs (prov. d'Éléphantine) et égyptiens, et de papyrus arabes (prov. d'Akhmîm) : deux fragments de planches gravées et sculptées (fin VIe-VIIe s.) ; bassin en mosaïque, en forme de cuvette très creuse, sans ornement ; n° 2176, moulin de basalte gréco-romain ; n° 2247, naos de granit noir (prov. d'El-'Arish) intéressant par l'inscription racontant le règne des dieux sur la terre ; n° 2400 un mortier en marbre ; n° 1432 un autre en granit noir.

En arrière du musée, on peut voir un **monument de Darius** reconstitué à partir des fragments d'une stèle de granit avec inscriptions cunéiformes et hiéroglyphiques très effacées : c'est l'un des monuments commémoratifs élevés par Darius pour rappeler l'achèvement de l'ancien canal des Pharaons qui était destiné à relier le Nil à la mer Rouge. Cette stèle avait été érigée à 8 km N. de Suez.

En face du musée, une avenue ombragée traverse le **bois des Fontaines** et rejoint la route de Port-Sa'īd devant un pont-écluse sur le canal Ismā'illiyya, à son débouché dans le lac. En face, un grand bâtiment moderne abrite les bureaux de l'**Autorité du canal**.

D'Ismā'īllīyya à Port-Sa'īd

La route longeant de près le canal étant une route de service réservée à l'administration, il vous faut **quitter Ismā'īllīyya par la rue El-Qantara** qui longe la voie ferrée en prolongeant la rue du Chemin-de-Fer.
12 km : Carrefour d'**El-Ferdan.** — 21 km : Embranchement à dr. pour **Ballah.**
34 km : **El-Qantara,** où la route rejoint la voie ferrée et le canal avant de longer à dr. l'extrémité orientale du lac Menzala. **El-Qantara** est une station de l'ancienne route des caravanes qu'empruntèrent vraisemblablement Joseph, Marie et l'Enfant Jésus lors de la Fuite en Égypte. Le village tire son nom du voisinage d'un pont, le **Qantara el-Khasna** que l'on fit sauter lors des travaux de percement du canal. En attendant un éventuel tunnel, un bac permet de traverser le canal pour qui veut gagner El-'Arish.

↠ A 10 km O. env., le **tell Defenna,** l'ancienne Daphnae, la Taphanhès de la Bible, porte les vestiges, à l'intérieur d'une vaste enceinte, d'un fort remontant à la XIXe dyn.

80 km : **Port-Sa'īd,** ci-après.

D'Ismā'īllīyya à Suez

Comme entre Ismā'īllīyya et Port-Sa'īd il y a là aussi deux routes mais, à moins d'avoir une autorisation spéciale, vous ne pourrez emprunter que celle qui longe le canal d'assez loin.
Quittez Ismā'īllīyya en direction du Caire puis tournez à g. pour franchir le canal Ismā'illiya et suivre un moment la voie ferrée.

16,5 km : Embranchement à g. pour (6 km) **Sérapéum**, où subsistent les vestiges d'un monument de Darius (→ *histoire du canal*) qui valent à l'endroit ce nom inattendu ; des traces du canal antique sont encore visibles à proximité.
30 km : La route se rapproche progressivement du **grand lac Amer** qu'elle va longer de plus ou moins près pendant 25 km.
61,5 km : Route, à dr., rejoignant la route Le Caire-Suez par le désert.
80 km : **Shaluf**, à g., près duquel subsistent d'autres vestiges du canal des Pharaons.
90 km : La route rejoint celle venant du Caire par le désert.
92 km : Suez, ci-après.

9 D — Port-Sa'īd

A l'extrémité septentrionale du canal, c'est le premier port d'Égypte pour les relations avec l'Asie Mineure et l'Extrême-Orient. Comptant, avec Port-Fouad, sur l'autre rive, près de 285 000 hab., le port connaît, grâce à sa situation au point de rencontre de la route des « Échelles du Levant » et de celle de la mer Rouge, un mouvement maritime très important. Érigé en zone franche en 1975, lors de la réouverture du canal, il a, à certains égards, pris la place du Tanger d'avant-guerre, et la contrebande, dit-on, y va bon train, tandis que les boutiques regorgent de tous les gadgets clinquants et électroniques en provenance du Sud-Est asiatique.

L'histoire de la ville est inséparable de celle du canal. Ce ne fut, au début, qu'un campement de baraques sur pilotis, avec un phare provisoire, un petit hôpital et une boulangerie. On l'avait surnommé alors la « Cayenne du désert », ce qui en dit long sur les conditions de vie de tous ceux qui travaillèrent au creusement du canal.
Le sable provenant des travaux de dragage servit à relever et étendre le niveau du sol qui, peu à peu, se couvrit de constructions puis d'ateliers. Fin 1867, les navires y faisaient déjà escale et toutes les puissances maritimes y battaient pavillon consulaire.

Tout l'intérêt que présente la ville, dont les larges rues tracées en damier et les maisons à l'européenne n'ont rien de bien particulier, se concentre sur le **port** et aux alentours.

L'avant-port est formé par deux grandes jetées. L'une, celle de l'O., part de la pointe de la plage, à l'entrée du chenal, un peu en avant du phare, et se dirige du S.-O. au N.-E. ; elle mesure 7 300 m de longueur et son musoir atteint les fonds de 11 m. En avant de cette jetée, à plus de 10 km de la côte, une bouée-phare puissante indique l'origine du chenal. La jetée de l'E. (1 900 m de long.), qui porte un feu rouge, part d'un point de la côte situé à environ 1 400 m de la première, dont elle se rapproche de manière à laisser un passage de 8 à 900 m de largeur entre les musoirs.
Le chenal a de 200 m à 600 m de largeur. Il débouche dans le port proprement dit qui se compose de quatre bassins.
Le phare, haut de 53 m, est à éclipse et porte à 23 milles en mer ; ses feux se croisent avec ceux du phare de Burlos.
Le trafic du port, en 1980, a été de 3 millions de t à l'importation et 12 200 t à l'exportation (non compris, évidemment, le trafic de transit par le canal).

9 E — Suez

A l'entrée S. du canal, c'est la seule ville de la région à avoir une origine ancienne. Elle fut en effet construite au XVe s. après l'abandon de Qolzum (l'antique Klysma), dont les ruines constituent auj. le tell situé à l'entrée du canal d'eau douce, à l'emplacement même du canal des pharaons. L'adoption par les Anglais, au début du siècle dernier, de son port pour la malle des Indes et la création d'un chemin de fer la reliant au Caire en 1857 en firent une petite ville dont le creusement du canal stimula vite le développement. Très industrialisée avant la guerre de juin 1967 (engrais chimiques, raffineries), elle a été en grande partie détruite, non pendant la guerre elle-même mais surtout lors des incessants duels d'artillerie qui eurent lieu par la suite.

C'est aujourd'hui un immense chantier où, notamment grâce à l'aide de l'Arabie Saoudite, l'on s'efforce de remettre en marche les anciennes industries et de reconstruire des logements pour les 300 000 habitants qu'elle comptait à la veille des hostilités (350 000 actuellement).

A 2 km S.-E. de Suez, **Port-Tawfiq**, reliée à la ville par une jetée, en est la banlieue portuaire; à l'entrée même du canal, elle s'étend sur une presqu'île artificielle, créée de toutes pièces avec les terres provenant du creusement.

▣ Un **musée** y avait été créé en 1962, qui abritait de belles collections d'antiquités égyptiennes, gréco-romaines, coptes et arabes. Après avoir été totalement détruit — mais les collections furent mises à l'abri à temps —, il a rouvert ses portes en 1987, dans une muséographie renouvelée sur deux étages. Le rez-de-chaussée rassemble les contenus des vitrines 1 à 4, à l'étage se trouvent, outre les pièces des vitrines 5 à 8, une salle consacrée à la succession de Muḥammad 'Ali et à la construction du Canal.

Visite : t.l.j. de 9 h à 15 h 30. Entrée payante.

A l'entrée, **tête en granit** d'un pharaon de la XVIIIe dyn.

Vitrine 1 : Époques prédynastiques : silex taillés et polis, pointes de flèches. — Vitrine murale : Époques prédynastiques : vases en diorite (inachevés), en terre cuite, en granit et en porphyre. Vases en albâtre de l'Ancien Empire.

Vitrine 2 : Objets ornementaux de différentes périodes : époques prédynastiques : palettes de schiste, bracelets en os et en cuivre (prov. de Nubie); miroir en bronze de la Première Période Intermédiaire; colliers; scarabée de cœur (schiste, prov. de Nubie). — Vitrine murale : Poteries d'époque prédynastique; statue en calcaire de la VIe dyn. (prov. du Fayyūm); fragments de petites statues royales en granit (Ancien et Nouvel Empire); statuette en bois de l'Ancien Empire (prov. de Saqqara); sphinx en calcaire (Ancien Empire; prov. d'Abū Rawāsh); statue d'un homme agenouillé présentant une stèle (Nouvel Empire; prov. de Lūqsor); statuettes en bronze de dieux et déesses (Basse Époque).

Vitrine 3 : Objets en bronze de différentes époques; belle palette de scribe en schiste (Ancien Empire). — Vitrine murale : Terres cuites gréco-romaines; fausse-porte en calcaire (prov. d'Abydos; IIe dyn.); stèle en calcaire du Nouvel Empire (prov. de Lūqsor). Objets d'époque gréco-romaine trouvés aux fouilles de Tell el-Qolzum, près de Suez, en 1962 : belle tête d'homme en albâtre.

Vitrine 4 : Petites poteries gréco-romaines, lampes à huile, ampoules en terre cuite de saint Ménas, pour recueillir et emporter un peu d'eau de la source placée près de la tombe ou quelques gouttes de l'huile ayant touché les reliques du saint. — Vitrine murale : Statuettes en bronze d'époque romaine, stèle funéraire en marbre gréco-romain, petits vases en albâtre dont une collection de lacrymatoires, urnes cinéraires, stèle en calcaire d'époque copte, objets en bronze.

Au fond de la salle, beau sarcophage en bois (XXVIe dyn.; prov. de Lūqsor); chapiteau corinthien en marbre; statue (décapitée) d'Osiris, en granit noir de la XIXe dyn. (prov. d'Abydos); sarcophage anthropoïde en basalte de la XXVIe dyn. (prov. de Saqqara); tables d'offrandes (Ancien et Nouvel Empire).
Vitrine 5 : Icônes du XVIIIe s. : Saint Marc et Saint Simon. — Vitrines murales : Vases canopes (Nouvel Empire; prov. de Lūqsor); ensemble des cinq sarcophages anthropoïdes, richement décorés, d'un grand prêtre d'Amon (XXe dyn.). Chapiteaux et éléments d'architecture copte.
Vitrine 6 : Tissus coptes; petits objets en os; bâtonnets à kohol.
Vitrine 7 : Période islamique; céramiques à inscriptions coufiques (XIe-XIVe s.), lampes à huile (IXe-XVe s.); collection de filtres de gargoulettes, en terre cuite émaillée, d'une grande finesse (XIe-XIVe s.).
Vitrine 8 : Tissus islamiques (lin, soie, laine) du VIIIe au XIIIe s.; très beau Coran enluminé du XIXe s.; monnaies d'or (dinars fatimides) à inscriptions coufiques. — Vitrines murales : Fouilles de Tell el-Qolzum (Suez; 1962) : poteries, ostraca, lampes à huile; bronzes islamiques; céramiques islamiques (XIVe s.) et pierre tombale en marbre du Xe s. à inscriptions coufiques; verres islamiques du VIIIe au XIIIe s. — Grand sarcophage d'époque gréco-romaine.

Un petit **musée militaire** présente, *au 23 de la rue Sharia,* deux conflits essentiels pour la compréhension des mouvements politiques au Moyen-Orient : les guerres de 1967 et 1973 contre Israël. Documents et photos, ainsi qu'un char américain aux couleurs israéliennes. *Visite t.l.j. de 8 h à 15 h (chercher le gardien). Entrée payante.*

↠ Au S. de Port-Tawfiq, la nappe toujours azurée du **golfe de Suez,** l'Héroopolite des Anciens, s'encadre de deux régions montagneuses qui ferment son horizon; les premières chaînes de la péninsule sinaïtique, très basses à cause de leur éloignement, et surtout le **gebel Attaka,** très rapproché, qui forme à l'O. une masse imposante; une route partant de Suez vient en longer les premiers contreforts, au pied desquels s'étend une belle plage.

10 -La vallée du Nil

Du Caire à Assouan, voici la Haute-Égypte. Le terme surprend parfois et, entre une Basse-Égypte parfaitement définie topographiquement (le Delta) et une Haute-Égypte que l'on se représente assez lointaine, du côté de Luqsor et Assouan, une commodité de langage conduit souvent à imaginer une «Moyenne-Égypte» s'étendant des abords du Caire jusque vers Asyūt. Pourtant, sur le plan administratif — Giza est officiellement un gouvernorat de Haute-Égypte — aussi bien qu'historique — la «frontière» entre les deux parties du «Double Pays», quoique fluctuante, se situait aux environs de Memphis —, la Vallée *est* la Haute-Égypte; deux réalités résultant en fait d'une troisième : la géographie.

A l'opposé du Delta, pays sans autres bornes qu'un rideau clairsemé de palmiers, la Vallée a des limites précises : deux hauts murs clairs, toujours visibles, sentinelles du désert, immuables gardiens des domaines où la barque du soleil poursuit un périple secret. Le Fleuve est là aussi; force tranquille mais combien plus présente — qu'on le voie ou non — que dans ces contrées septentrionales où il se dissout dans un flou de ramifications. Il est le repère constant, l'axe du paysage : la direction de son courant n'était-elle pas censée, dans l'Antiquité, toujours indiquer le nord en dépit des méandres? Bien plus qu'ailleurs, on prend ici conscience que ce pays linéaire est son œuvre.

Voici donc le «Pays du roseau», à la fois si différent et si semblable au «Pays de l'abeille». Comme une petite route du Delta, l'asphalte, bordé d'eucalyptus majestueux ou de flamboyants aux fleurs de sang, va vous conduire le long d'un chapelet de villes et de villages; centres administratifs alternant avec les marchés provinciaux, gros villages ou hameaux couleur de terre. Ici la voie ferrée, là le petit canal; des fellahas font la lessive à côté de gosses qui se baignent et d'une gamousse — ce bœuf amphibie — dont seule la tête dépasse de l'eau. De temps en temps, une sucrerie ou une usine d'égrenage de coton, qui ne change rien au caractère rural de l'itinéraire.

Rural et archéologique. La Vallée groupe tous les sites célèbres du pays, ceux grâce auxquels le nom d'Égypte se pare, dans l'esprit de chacun, d'un cortège de temples et de tombes, de peintures et de bas-reliefs, de colosses et de pyramides. Égypte de toujours, du «Mur Blanc» de l'antique Memphis à la gigantesque digue d'Assouan.

Le voyage en Haute-Égypte

Tout le long du fleuve se sont développés les établissements hôteliers : on peut désormais se loger correctement à peu près partout, dans quelque auberge, pension, maison d'hôte, deux-étoiles ou hôtel de luxe... qui sont autant d'arrêts magiques sur un fleuve mythique.

Cependant ***l'évolution récente de la situation intérieure de l'Égypte incite à la prudence*** *(montée de l'intégrisme religieux, recrudescence des attentats...) : toute la Moyenne-Égypte (région d'Asyūt) est à éviter absolument; la police touristique vous donnera toutes les consignes à suivre, mais en règle générale restez dans les localités dites touristiques.*

La longueur des étapes — particulièrement celle de Miniā à Lūqsor, le long de laquelle sont précisément répartis ***les sites les plus célèbres*** *— ne laissant voir que trop rapidement, dans ces conditions, les monuments les plus importants,* ***c'est*** *essentiellement* ***en rayonnant à partir de Miniā, Lūqsor et Aswān que vous pourrez*** *le plus commodément* ***accorder*** *à ces prestigieux témoignages du passé* ***le temps de visite qu'ils méritent*** *: plusieurs suggestions dans ce sens vous sont faites au début du guide, au chapitre « Votre voyage ».*

*Longtemps il n'a existé qu'****une seule route*** *pour se rendre du Caire à Aswān, en remontant la rive g. du Nil jusqu'à Qenā (587,5 km du Caire), puis en passant sur la rive dr. Il est maintenant possible d'aller d'****Asyūt à Qenā par une bonne route qui suit la rive dr. du Nil****, en longeant parfois le fleuve de très près (très beaux paysages); de même* ***la piste*** *qui permettait, à la hauteur de Qenā, d'aller à Gurna et à Esnā,* ***en restant sur la rive g.****, est* ***devenue une très bonne route*** *asphaltée qui* ***se prolonge jusqu'à Edfū.*** *Au S. de Qenā, on peut passer d'une rive à l'autre par le bac de Lūqsor, par le* ***pont-barrage d'Esnā*** *ou par le* ***pont d'Edfū.***

Le voyageur qui désire se rendre ***du Caire à Lūqsor*** *sans visiter obligatoirement la vallée pourra être tenté d'emprunter la* ***route de la mer Rouge*** *: quitter alors Le Caire par la route d'Ḥelwān et El-Koreimat, où l'on abandonne la vallée en direction de Ras Zafarana; revenir vers la vallée en retraversant le désert de Port-Safaga à Qenā, ou de Qūseir à Qīft (→ chap. 25). Cette route est aujourd'hui très fréquentée, car elle permet d'éviter la Moyenne-Égypte : si vous prenez un taxi ou si vous voyagez seul avec votre véhicule, c'est* ***l'itinéraire le plus recommandé*** *pour éviter les mauvaises surprises (euphémisme).*

Route *: 860 km; asphaltée sur la totalité du parcours et généralement bonne, elle est, étant le seul axe de circulation, évidemment très fréquentée. La traversée de nombreuses agglomérations et villages, la présence d'attelages, de piétons, d'animaux vagabonds, etc., sont autant d'obstacles à une vitesse élevée.*

Chemin de fer : fortement déconseillé *dans cette période troublée. Prenez plutôt* ***l'avion****, qui ne coûte pas très cher et offre de meilleures garanties de sécurité.*

Quittez le centre du Caire par Giza où vous suivrez la rue El-Giza toujours tout droit vers le S.; après le pont du même nom, la rue, laissant à dr. la rue des Pyramides, rejoint le bord du fleuve qu'elle longe jusqu'à la sortie de la ville. Passé les longs faubourgs industriels de la ville, la route, que longent la voie ferrée et un canal, vient côtoyer l'immense palmeraie de Memphis.

24 km : A dr., **El-Badrashein**, accès aux ruines de **Memphis** et à **Saqqara** (→ *it. 2F et it. 2G*).

30 km : La route, qui cesse désormais de comporter deux chaussées séparées, laisse à g. un embranchement pour **Ḥelwān.**

36,5 km : **Mazghūna,** d'où l'on peut facilement aller voir les pyramides du même nom *(6 km O.)* et celle de **Dahshūr** *(→ it. 2 I)*.

49 km : **Behbīt**; non loin du village subsistent quelques vestiges d'un **temple** sans doute dédié à Isis.

51 km : **El 'Ayāṭ.**

57,5 km : **El Matāniyya.**

→ A 3 m O. (route), les **pyramides de Lisht,** au nombre de deux, distantes l'une de l'autre d'env. 1 500 m, à la lisière du désert, tirent leur dénomination du petit village de **Lisht**, situé un peu plus au N., et dans le voisinage duquel devait se trouver la capitale d'Amenemhat I, qui avait quitté Thèbes pour venir s'installer ici afin de mieux exercer son autorité sur la Basse-Égypte. Très ruinées, elles se distinguent à peine des ondulations naturelles du sol.

La **pyramide N.** est le **tombeau d'Amenemhat I.** Elle est construite sur une terrasse et entourée d'un mur de pierre; à l'E., sur une terrasse plus basse, se trouve le temple funéraire. Notez le remploi de nombreux blocs provenant de sépultures de l'Ancien Empire.

La **pyramide** S., qui s'élève près du village d'Al-Maharrak, est le **tombeau de Sésostris** I. Ses dimensions primitives ont pu être calculées : côté, 106 m; hauteur, 61 m; inclinaison des faces, 49°. La structure interne consiste en murs rayonnant du centre aux angles et au milieu des faces. La pyramide était entourée de **deux enceintes** rectangulaires, l'une intérieure en pierre calcaire, avec le nom d'Horus du roi Sésostris I comme motif décoratif, l'autre en brique. Au-dedans de la grande enceinte étaient disposés, comme à Dahshūr, les mastabas et les petites pyramides des membres de la famille royale, au nombre de neuf. Dans la même cour, à l'E. de la pyramide, arasements d'une cour rectangulaire, avec un portique dont le toit était supporté par 24 piliers carrés.
Dans une fosse au N.-E. de la même cour, ont été trouvées, couchées sur le sol, les dix admirables *statues de Sésostris, en calcaire de Tura, hautes de 1,90 m, qui se trouvent auj. au musée du Caire *(R.d.C., salle 22)*.
De la grande enceinte partait la chaussée reliant le temple funéraire au temple d'accueil qui n'a pas été retrouvé. La chaussée était formée d'un couloir bordé d'un double mur de calcaire décoré de reliefs alternant avec des piliers osiriaques.
Hors de l'enceinte réservée à la famille royale, s'élevaient sur le plateau les **mastabas des grands personnages de la cour.** Parmi ceux-ci, le plus important est celui du grand prêtre de Ptah, **Senousret-ânkh**; le mastaba était détruit, mais la chambre funéraire, quasi intacte, est entièrement gravée de textes des pyramides aux **beaux hiéroglyphes** peints en bleu-vert.

74 km : Route, à dr., pour le **Fayyūm** *(→ it. 3 B)*.

75,5 km : **Riqqa.**

→ A 5 km S.-O., sur le rebord du plateau, s'élève la **pyramide de Maidum,** située à 9 km du N.-O. du village de ce nom.

Les Arabes l'appellent el-ahram el-kadhdhab, « la fausse pyramide », car son aspect, conséquence des étapes de sa construction, est celui d'un mastaba aux pans très inclinés surmonté d'une tour rectangulaire à deux étages un peu moins inclinés. Construite probablement par Houni, le dernier roi de la IIIe dyn., ce fut d'abord une pyramide à sept degrés; elle fut ensuite élargie et agrandie, et compta huit degrés avant que Snéfrou n'en fasse une pyramide régulière en y ajoutant un revêtement de calcaire fin qui semble avoir disparu dès le Nouvel Empire. Les trois étages actuels sont soigneusement appareillés en menus blocs de calcaire qui ont pris une belle teinte jaunâtre. Ils mesurent de bas en haut 24,8 m, 30,2 m, et 10,4 m.
L'entrée est à 18,5 m au-dessus du sol, sur la face N. Un couloir de 1,55 m de haut et 0,85 m de large plonge obliquement à travers la maçonnerie et le rocher (60 m) après quoi il devient horizontal et présente deux élargissements latéraux, à l'E.

et à l'O., formant **antichambres.** Après 11 m de parcours, il aboutit à une sorte de cheminée haute de 6,65 m de haut, qui atteint le niveau du sol de la **chambre sépulcrale**; celle-ci est couverte en encorbellement comme les chambres des pyramides de Dahshūr. Le tombeau a été violé à une époque indéterminée.

En déblayant partiellement la base du monument, on découvrit sous l'amoncellement des décombres la **chapelle funéraire** reliée à la face E. par une petite cour dont les murs s'appuyent à la pyramide. Cette chapelle est composée de **deux petites chambres** oblongues et parallèles. Par ces deux pièces formant chicane, on atteint une **courette** où se dressent deux stèles flanquant une table d'offrandes. Les nombreux graffiti dont les murs sont couverts montrent que le monument attira les visiteurs dès la XVIIIe dyn. Le Service des Antiquités a entrepris, depuis l'hiver 1984-85, le déblaiement complet de la base de la pyramide, en commençant par l'angle N.-O.

Au N. de la pyramide, alignés sur un rang, s'élèvent les **tombeaux des princes** et autres grands personnages du temps. Ceux qui ont été achevés comptent parmi les monuments les plus intéressants de l'Ancien Empire par l'exécution fraîche et délicate de leurs peintures et de leurs bas-reliefs.

C'est de la chapelle que le prince Nefermaât fit aménager dans le massif de son propre mastaba pour le culte funéraire de son épouse Itet, que provient la fameuse **frise des « oies de Maidum »**, transportée au musée du Caire *(R.d.C., salle 32).* La façade de cette vaste tombe offrait la particularité d'être ornée de figures évidées remplies de pâtes de couleur affleurant au niveau de la paroi de manière à ne former avec l'ensemble qu'une surface plane; on pourra les voir aussi au musée *(R.d.C., salle 41).*

D'autres tombeaux sont à citer parmi lesquels **celui de Rahotep** et de sa femme **Néfret**, ouvert par Mariette en 1871, très mutilé depuis lors, mais qui se survit dans les deux statues du défunt et de sa femme, que vous avez peut-être admirées au musée du Caire *(R.d.C., salle 32).*

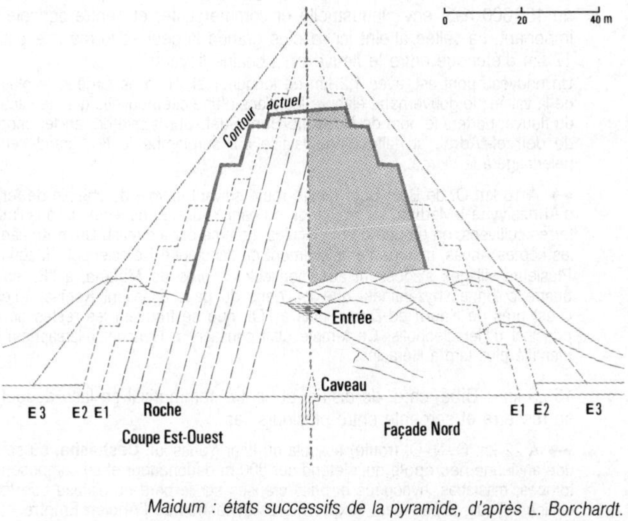

Maidum : états successifs de la pyramide, d'après L. Borchardt.

Des fouilles ont retrouvé la plus grande partie de la **nécropole** autour de l'enceinte de la pyramide et ont mis au jour des tombes de toutes époques, prouvant que le site n'avait pas été abandonné après l'Ancien Empire, comme on le croyait autrefois.

→ En face, sur la rive dr., **Aṭfīh** occupe l'emplacement, signalé par quelques monticules, de l'ancienne **Aphroditopolis**, ville de la déesse Hathor, où l'on vient de découvrir récemment (1983) des tombes de vaches sacrées.

Au-delà de Riqqa, la route s'éloigne un peu du fleuve qui fait un coude vers l'E.

81 km : **Ifwā** ; petite route pour (3,5 km N.-O.) **Maidum** (d'où l'on peut gagner facilement la pyramide (à 2,5 km ; ci-dessus).

83 km : **El-Wāsṭa**, petit nœud ferroviaire. — Le cours du Nil s'éloigne de plus en plus de la chaîne libyque pour couler au pied de la chaîne arabique, laissant à l'O. une large plaine, tandis que la rive dr. du fleuve n'est bordée que par une très mince bande de terre cultivable.

95 km : **El-Maymūn**, à g. — La route traverse le bassin d'irrigation dit de Qushīsha qui reçoit le trop-plein du baḥr Yūsuf et le déverse dans le Nil par la digue d'Abū Khadiga.

L'intérêt du barrage qui termine cette digue vient du fait qu'il serait établi (d'après Linant) à l'endroit où se trouvait la grande digue du roi Menès (Hérodote). D'autres situent cette digue plus au N., près d'El-'Ayāṭ *(ci-dessus, km 51).*

Sur la rive dr. du Nil, **deir el-Maymūn**, autrefois appelé le « petit Saint-Antoine », marque approximativement le lieu où, vers 310, saint Antoine (250-356) établit son premier ermitage avant de s'enfuir bientôt dans le désert arabique loin des foules importunes. C'est un peu au N. du couvent que commence le wadi par où l'on gagne les couvents de Saint-Antoine et de Saint-Paul et la côte de la mer Rouge.

102,5 km : **El-Zeitūn**, « les oliviers ». — 106,5 km : **Būsh**.

115 km : **Beni Suef,** ch.-l. du gouvernorat du même nom (100 000 hab.), ville de 150 000 hab. env., industrielle et commerçante, et centre agricole assez important. La vallée atteint ici sa plus grande largeur et forme une plaine de 17 km d'étendue entre le fleuve et la chaîne libyque.

Un nouveau pont est, avec 1,2 km de longueur et 21 m de largeur, le plus grand de la vallée ; le gouvernorat élabore les plans d'une cité nouvelle qui, de l'autre côté du fleuve, portera le nom de **Nouvelle Beni Suef**. Sur la rive dr., ancien monastère de **deir el-'Adra**', au faîte d'une falaise qui surplombe le Nil, grand centre de pèlerinage à la Vierge.

→ A 16 km O. de Beni Suef (petite route suivant la voie de chemin de fer), près d'**Ahnāsiyyha-l-Medina,** sur la rive dr. du baḥr Youssouf qui coule ici à la limite des terres cultivées, un groupe de monticules, nommé par les fellah Umm Kemân et par les coptes Ahnas, marque l'emplacement de l'ancienne Héracléopolis Magna.

Plusieurs villages s'adossent aux monticules : près de **Melaha,** à l'E., se voient quatre colonnes byzantines, que les gens du pays appellent Kenīsa, « l'église ». C'est près de **Kaum ed-Dinar,** plus à l'O., que se trouvent les restes du temple principal d'Héracléopolis. Ce temple était consacré à Hérichef (Harsaphès) qui fut identifié plus tard à Héraclès.

135,5 km : **Bibā**, ch.-l. de district et centre commercial en face duquel le Nil se resserre et serpente entre plusieurs îles.

→ A 22 km O.-N.-O. (route) au-delà du baḥr Youssouf, **Deshāsha,** où se trouve une ancienne **nécropole** qui s'étend sur 800 m de longueur et se compose de 159 tombes, mastabas, hypogées et puits creusés sur le bord du plateau que forme la chaîne libyque, appartenant aux **dernières dynasties de l'Ancien Empire**.

Deux de ces tombeaux ont conservé une partie de leur décoration : celui d'Itéti et celui d'Inti.

Le **tombeau d'Itéti,** dit Shedou (VIe dyn.), est situé dans le groupe du centre. Son vestibule, précédé de deux piliers rectangulaires, est plus bas que la chapelle à laquelle on accède par trois marches. La chapelle est divisée en deux travées transversales par trois piliers rectangulaires. A g. et au fond : le serdâb. La décoration insiste sur les **scènes rustiques,** la vie d'atelier, le transport et la préparation de l'offrande.

Le **tombeau d'Inti** (milieu de la Ve dyn.), à l'extrémité du groupe S., a son entrée formée de blocs rapportés. Les trois piliers divisant transversalement la chambre en deux travées sont également rapportés, contrairement à l'usage. Le mur du fond est percé de trois baies ; celles des deux extrémités s'ouvrent dans des niches ou serdâbs, où étaient disposées les statues funéraires ; celle du centre, murée de blocs rapportés, constitue l'orifice du puits.
Le tombeau d'Inti est célèbre par la **scène de guerre** de la paroi E. (partie N.), montrant le siège d'une ville ; mais les motifs en sont maintenant très mutilés. Le reste des représentations est habituel dans les tombeaux de cette époque : pêche, chasse dans les marais, scènes d'étables, etc.

149 km : **El-Feshn,** ch.-l. de district, à 1 km du Nil.

→ A 5 km S., sur la rive dr., le petit village d'**El-Hība** est situé près de l'emplacement de la ville d'**Ankyronpolis.**
Les ruines de cette ville, qui était **fortifiée** sur tous les côtés, consistent, au N., en un fort de brique crue de 120 m sur 60 m ; à l'E. et au S., un mur d'enceinte de brique crue de 12,60 m de large entourait la cité depuis le fort jusqu'à la rive sur une longueur de 656 m.
Un petit **temple,** dédié à la déesse Sekhmet, égaille ses ruines pittoresques dans l'enceinte de la ville : commencé sous Chechonq Ier, il en porte les cartouches ainsi que ceux de son fils, le grand-prêtre d'Amon Ioupout et d'Osorkon Ier (XXIIe dyn.).
La **nécropole** antique, située à l'E., avait déjà été pillée à l'époque romaine.

169 km : **Maghagha,** au bord du Nil, très large et parsemé d'îles, en face des collines (rive dr.) du gébel Sheikh Embārak.
182 km : **Abū Gorg,** village à 3 km du Nil.

→ A 11 km O., sur la rive g. du bahr Yūsuf, **El-Bahnasā** s'élève sur l'emplacement de l'antique Oxyrhynchos, dont le dieu était Seth, le meurtrier d'Osiris.

La ville, qui fut importante aux IVe et Ve s., était célèbre avant la conquête arabe pour ses églises et ses monastères. A la fin du siècle dernier et au début de celui-ci, les monticules de décombres du site ont été, pour les fouilleurs anglais, une véritable mine de papyrus grecs : des milliers de documents littéraires ou non restent à étudier alors que plus de 50 volumes contenant des textes de toutes sortes (archives privées, lettres, fragments des Évangiles, textes de Pindare, Homère, Euripide...) ont été publiés.

186,5 km : **Beni Mazār.**

A 3 km S.-O., **El-Qīs** est considéré par quelques-uns comme l'antique Cynopolis. Sa **nécropole** se trouve à **Sheikh Faḍl** *(rive dr. ; en face de Beni Mazār),* où la montagne est creusée de nombreux puits contenant des **momies de chiens.** On trouve aussi, près de cette dernière localité, quelques grands tombeaux, entre autres celui qu'on appelle le « puits de Marie », Bir Sitt Maryam, et les ruines de deux petits temples.

195,5 km : **Mataï.**
204 km : **Qulūṣnā,** village à partir duquel le Nil fait un coude très prononcé à l'O. et enveloppe une grande île.

En face, à **Es-Sarīriyya,** sur la rive dr., ancienne carrière où se voit encore une chapelle excavée en plein roc et consacrée par Mérenptah (XIXe dyn.) à la déesse Hathor. En dehors, sur le rocher, Ramsès III en présence d'un triade formée de Sobek, Hathor et Horus.

210,5 km : **Samālūt.** La vallée tend à se resserrer à l'O. et la plaine cultivée perd un tiers de sa largeur.

A l'E. la chaîne arabique s'arrête au fleuve et forme les falaises escarpées du **gebel et-Ṭayr,** « la montagne de l'oiseau ».

223,5 km : à 2,5 km O., **Nazāli Ṭaḥa** occupe l'emplacement de l'ancienne **Théodosiopolis.**

234,5 km : **Miniā** → *chap. 11.*

254 km : **Abū Qurqāṣ,** gros bourg connu surtout pour ses importantes sucreries. C'est le point de départ pour la visite des hypogées de **Beni Ḥasan** (→ *chap. 12*).

259 km : **Itlīdim.**

272 km : Route à g. pour (3 km) **Rūḍa,** petite ville ayant plusieurs mosquées, un ancien palais khédivial construit par Isma'īl Pacha et transformé en école. Des monticules y marquent l'emplacement d'un site ancien.

↔ Sur la rive dr., en face de la pointe S. d'une grande île, le village de **Sheikh 'Ibāda** occupe l'emplacement de l'ancienne **Antinoé.**

Antinoupolis ou Antinoé fut fondée par l'empereur Hadrien, près de l'endroit où se noya son favori Antinoüs (130 apr. J.-C.), sur les ruines d'une ancienne ville. Elle devint, à partir de Dioclétien, capitale de la Thébaïde. Les ruines d'Antinoé, encore importantes au commencement du XIXe s., ont fourni sous Muḥammad 'Alī la plus grande partie des pierres nécessaires à la construction de l'ancienne sucrerie de Rūḍa.

Un théâtre, plusieurs temples, un arc de triomphe, deux rues perpendiculaires avec double colonnade, un cirque et un hippodrome ont ainsi presque entièrement disparu et n'existent plus qu'à l'état d'arasements dans un site dont l'étendue reste impressionnante.
Au N. de la ville et dans l'enceinte, les **ruines d'un temple** précédé d'une cour avec portiques latéraux. Les colonnes de la salle hypostyle sont décorées de tableaux représentant **Ramsès II** rendant le culte à diverses divinités.
Quelques blocs d'Akhenaton, trouvés dans le temple, prouveraient qu'il s'agit d'un édifice plus ancien, terminé ou usurpé par Ramsès II.
A l'E., au pied de la montagne, une vaste **nécropole** dont les fouilles ont donné une série d'objets funéraires égyptiens au N., romains et byzantins (vêtement et parures) au S. Mais les chercheurs de sébakh feront bientôt disparaître les derniers vestiges de la ville impériale. On ne voit plus guère que le grand bassin de calcaire (3 m de diam.), non loin de la mosquée.

↔ A quelques kilomètres au S. des ruines d'Antinoé, village de **Ed-Deir** ou **Deir Abū Ḥennes,** « le couvent du père Jean », d'origine chrétienne.
Derrière ce village, au N. d'un ravin étroit et long qui court de l'O. à l'E., se trouve, au sommet de la colline, parmi de nombreuses grottes, restes d'**anciennes carrières,** une **petite église copte** souterraine qu'une tradition fait remonter à l'époque de l'impératrice Hélène, tradition à laquelle le style de l'église prête la plus grande vraisemblance. Les parois sont couvertes de peintures très délabrées représentant des scènes du Nouveau Testament. On y voit aussi de nombreux graffiti en araméen, syriaque, éthiopien, grec et copte. Au-delà, sur plus d'1 km, nombreuses carrières aménagées en chapelles et **cellules,** avec peintures et

inscriptions, dont une très belle stèle bilingue gréco-copte. La richesse archéologique du site donne à penser qu'il était consacré au **pèlerinage du martyr Colluthus**, saint guérisseur très vénéré à Antinoé.

278 km : **Mallawī** (→ *chap. 13*), d'où l'on peut aller visiter **Hermopolis** et sa nécropole (→ *chap. 14*).

284 km : A g., une petite route conduit *(3 km env.)* à un embarcadère pour **Tell el-Amarna** (→ *chap. 15*).

289 km : **Deir Mawās.**

299,5 km : **Deirūṭ,** où la route franchit le baḥr Yūsuf, qui se sépare ici du canal Ibrāhīmiyya.

312,5 km : **Qūṣiyya,** à proximité de l'antique Cusae. La divinité locale était une Hathor, selon Ælien, sous la forme d'une vache blanche et dénommée par les Grecs Aphrodite Ouronia.

→ A 8 km O. *(tourner à dr. au panneau indiquant : Asyūt, 48 km),* le village de **Meir** a donné son nom à la **nécropole de l'ancienne Cusae,** située dans la montagne, à 4 km S.-O.

La seule **tombe intéressante** de la nécropole de Meir est celle **de Oukhhotep,** prince de Cusae et prêtre d'Hathor (Moyen-Empire). On y voit de curieux types saisis sur le vif dans le monde des Bédouins et des fellahs employés au service des seigneurs du lieu ; un bouvier bédouin aux jambes décharnées, à la coiffure hirsute, marche en s'appuyant sur une gaule mal ébranchée ; une sorte de contremaître obèse, bizarrement coiffé de deux houppes sur le crâne, s'appuie sur l'extrémité d'une barque dont il surveille la construction ; enfin un bouvier dont les jambes sont noueuses semble-t-il ou plutôt dessinées de façon à exprimer le mouvement de torsion des membres inférieurs quand le personnage se retourne.

La piste de Meir conduit également, en bifurquant à g. à 4,8 km de la grand-route, au *(11 km de Qūṣiyya)* **couvent de Deir el-Moḥarraq,** d'origine ancienne mais entièrement reconstruit : l'endroit passe pour être le lieu le plus méridional du séjour de la Sainte Famille en Égypte.

320,5 km : à g. (2 km), **Damanhūr.**

330,5 km : **Manfalūt,** s'annonce de loin, par ses minarets, comme une ville d'une certaine importance. C'est le siège d'un évêché copte et l'un des principaux marchés de la province d'Asyūt. Manfalūt a beaucoup souffert des empiètements du Nil qui ne cesse de la menacer en se portant de plus en plus vers l'O.

Sur la rive opposée, **El-Ma'ābda,** non loin duquel une grotte, véritable labyrinthe souterrain, était remplie de momies de crocodiles.

→ A 7 km N.-O., à la lisière de la chaîne libyque, le **Kôm Dara,** est une vaste **nécropole** s'étendant au S. (à la lisière des terres cultivées) et à l'O. (en direction du désert) de ce qu'on appelle le **monument principal de Dara,** qui ressemble à une forteresse : mur d'enceinte de 10 m d'épaisseur sur quatre côtés de 120 m de long, tout en brique crue. Sans doute de la VIe dyn. ou Première Période Intermédiaire.

Le site de Dara fut habité dès l'époque préhistorique (paléolithique moyen) jusqu'à cette Première Période Intermédiaire, puis il semble qu'il fut abandonné ensuite jusqu'à une époque assez basse ; on a retrouvé deux cimetières coptes.

A remarquer que les tombeaux de la nécropole, quoique de l'Ancien Empire, n'appartiennent pas au type mastaba, n'ayant ni serdāb, ni chapelle, ni stèle, et possédant un mobilier très pauvre.

348 km : **Manqabād,** où la route se rapproche d'une boucle du fleuve. Les deux chaînes se rapprochent du Nil, surtout la chaîne libyque, et encadrent,

dans un puissant décor de montagnes, une région verdoyante où d'épais bouquets d'arbres variés atténuent la monotonie des grands champs de culture.

351 km : Route à dr. vers les oasis de **Khārga** (228 km) et **Dākhla** (405 km) : → *chap. 24.*

357 km : **Asyūt** (→ *chap. 16*).

382 km : Abū Tīg, grand marché.

Sur la rive opposée, le village de Tāsā a donné, avec celui d'El-Badārī *(7,5 km S.)*, des nécropoles très archaïques : les noms de Badarien et de Tasien sont employés pour désigner les cultures du néolithique et de l'énéolithique dans le Sud.

394 km : Ṣidfā, avec, au bord de la route, quelques très remarquables pigeonniers.

Le terme arabe de Borg el-Hamamāt « château des pigeons » rend mieux compte que le nôtre de ces extraordinaires constructions qui parsèment le paysage égyptien, fabuleux monuments de terre et de poteries, amoncellements baroques de trous, sortes de termitières géantes autour desquelles le ciel s'anime de nuées roucoulantes.

409,5 km : Meshṭā.

Sur la rive dr., Qāw el-Kebīr ne conserve que quelques tombes du Moyen-Empire, très délabrées, des princes locaux.

420 km : Ṭahṭā à 3 km env. du Nil.

Dans les environs, ruines d'un temple où l'on a trouvé les cartouches d'un de ces usurpateurs éphémères de l'époque romaine, Avilius Magnus.

Sur la rive opposée, la chaîne qui forme le versant S. du wādī Abū Daūd projette jusqu'au Nil un promontoire élevé, le gebel Sheikh Harīdī, dont les flancs contiennent un certain nombre d'hypogées et d'anciennes carrières. D'après une ancienne tradition, cette montagne était hantée par un serpent fabuleux qui opérait des guérisons et autres miracles, et qui reçoit encore un véritable culte des paysans.

450,5 km : **Sōhāg** (→ *chap. 17*), d'où l'on peut aller visiter les célèbres couvents dits Couvent Blanc et Couvent Rouge.

460 km : Route à g. pour El-Manshā, au bord du Nil, à l'emplacement de l'anc. Ptolémaïs Hermiou.

A partir de là, la chaîne arabique, taillée en falaise, borde le fleuve. Cette partie de la montagne, qui porte le nom de gebel Tūkh, est creusée de nombreuses tombes et de carrières d'époque gréco-romaine, notamment dans le voisinage du petit santon de Sheikh Mūsa.

475 km : A dr., El-Birbā, considéré généralement comme marquant l'emplacement de l'ancienne This, d'où furent issues les deux premières dynasties historiques (→ *Abydos, chap. 14*). Le site n'a pas été identifié avec certitude et certains proposent de placer This à Nag' Meshāyk, sur la rive opposée, à 2 km S.-E. de Naga ed-Deir (→ *ci-après*).

480,5 km : **Girgā,** ville ancienne, dépossédée depuis longtemps par Assyūt de son rang de capitale du Sa'īd.

C'est une place importante que ses minarets signalent de loin, et qui s'étend sur une grande superficie. Mais le Nil, qui fait un coude brusque, serre étroitement la ville et tend à l'envahir à l'E. Le sol s'est effondré en plusieurs endroits, entraînant la chute de plusieurs maisons et du mur d'une mosquée auj. abandonnée. Girgā possède un couvent latin (en dehors de la ville), le premier ou le deuxième en date des établissements catholiques romains qui existent en Égypte.

A 12 km O. de Girgā, non loin de **Bēt Khallāf**, a été trouvé un grand mastaba de briques du roi Djéser (→ *Abydos, chap. 14*).
A l'E. de Girgā, sur la rive dr. du Nil, **Nag' ed-Deir**, où se trouvent (sur la hauteur) les restes de la nécropole de This (→ *ci-dessus*).
498,5 km : A g., **Balianā.**

A dr. s'embranche la petite route (9 km) conduisant à **Abydos** (→ *chap. 14*).

520 km : Embranchement, à g., d'une route permettant de gagner la rive dr. *(sans grand intérêt).*

Cette route passe le Nil sur le pont dit de Naga Hammadi, bien que situé à 15 km en aval de cette ville qui en possède elle-même un. Construit en 1928-1930 pour remplacer un pont de la fin du siècle dernier, le pont actuel est en même temps un barrage, comme beaucoup de ponts de Haute-Égypte ; déterminant un exhaussement de 4 m env. du niveau de l'eau, il alimente des canaux permettant l'irrigation de 244 000 ha.

Sur la rive dr., le puissant **gebel et-Ṭārif** avance jusqu'au fleuve.
535 km : **Nag' Ḥammādi,** où, en même temps que le chemin de fer, l'ancienne route de Haute-Égypte passait sur la rive dr. ; mieux vaut désormais continuer tout droit et ne traverser le Nil qu'à Qéna. Importantes sucreries.

Dans les falaises de la rive dr. ont été découverts en 1945 d'importants manuscrits coptes parmi lesquels un « Évangile de Vérité », traité d'enseignement religieux qui pourrait être de Valentin, gnostique égyptien du milieu du IIe s., et une copie (IVe s.) de l'« Évangile de Thomas », recueil de sentences prononcées par Jésus, que sa forme littéraire permet de dater du début du IIe s.

540 km : **Heou,** l'anc. Diospolis Parva, capitale du nome Diospolite, le VIIe de la Haute-Égypte. Des ruines de l'ancienne ville, il ne subsiste qu'une enceinte de brique crue avec quelques débris d'un temple d'époque ptolémaïque. Près du village, couvent copte,
542 et 545 km : Routes à dr. pour **Egplum,** centre industriel où, avec l'aide soviétique, l'Égypte a installé de grandes usines d'aluminium.
Pendant plusieurs dizaines de kilomètres, la route, qui s'est écartée du fleuve, court parallèlement à la vallée, en plein désert.
585 km : Petite route à dr. pour (1,2 km) **Dendara :** → *chap. 15.*

587,5 km : Tournez à g. pour passer sur la rive dr. par le pont de Qenā.

Du pont de Qenā à Gurna (Thèbes-rive g.) **et à Edfū par la rive g.**
Au carrefour du km 587,5, continuez tout droit. — 10,5 km : **Ballāṣ,** village de potiers qui a donné son nom aux grandes jarres de terre dont se servent les femmes fellah pour s'approvisionner en eau ; le transport de ces jarres se fait encore pour beaucoup, malgré la concurrence des camions, au moyen de ces felouques surchargées dont les photos illustrent traditionnellement la plupart des ouvrages sur l'Égypte.
23,5 km : **Kaum Belāl.**

•→ A 2 km S.-E., **Tūkh ;** 5 km plus loin, **Nagāda.** Les découvertes faites dans une nécropole antique située à la lisière du désert ont valu à ces localités une certaine renommée archéologique ; c'est principalement vis-à-vis de Tūkh que l'on découvrit de nombreux tombeaux prédynastiques dont les caractéristiques permirent de donner le nom de **nagadien** à une phase particulière de la culture de l'Égypte archaïque.

33,5 km : **Danfīq**, au centre d'une région qui fut, à l'époque chrétienne et aux premiers siècles de l'époque musulmane, un important centre monastique (→ *Qifṭ, histoire*).

55 km : Arrivant dans le secteur de la **nécropole thébaine,** on rejoint la route asphaltée qui, à dr., conduit au temple de Gurna et à la Vallée des Rois (→ *chap. 21*).
57,1 km : Poste de police de Gurna ; à dr, s'embranche la route qui, par les colosses de Memnon, conduit aux tombes des Nobles, à la Vallée des Reines, au Ramesseum, etc. ; la route de g. conduit aux embarcadères (1,2 km, ou 1,8 km pour l'embarcadère « touristique »).

72,5 km : **Arment**, à l'emplacement de l'ancienne **Hermonthis** dont elle conserve le nom.

Hermonthis, dont le nom égyptien était On du Sud, par opposition à Héliopolis (On du Nord), fut dans l'Antiquité une ville importante et la métropole de la région bien avant Thèbes, qui lui emprunta son dieu Montou. Elle avait un taureau sacré appelé Boukhis.

92,9 km : **Gebelein** tire son nom, « les deux montagnes », des deux rochers qui se dressent sur le bord du Nil ; sur le plus élevé, tombeau du sheikh Mūsa, ruines de constructions en brique crue du Nouvel Empire et quelques restes d'un temple dédié à Hathor.
93,5 km : **Kīmān Maṭā'ana.** — 101 km : **Aṣfūn el-Maṭā'ana.**
115,7 km : Pont sur le canal, au centre d'**Esna**, → *chap. 22.*
129,7 km : **Komir** (→ *env. d'Esna, chap. 22*).
167,5 km : **Edfu** (→ *chap. 24*). Tourner à dr. et faire 0,3 km pour arriver au temple d'Horus.

Suite de la route normale.

590 km : **Qenā,** l'ancienne **Kœnopolis,** « la nouvelle ville », ch.-l. d'un gouvernorat, cité de 60 000 hab. env., ville commerçante et marché animé au débouché d'une des routes reliant la mer Rouge à la Vallée.

La principale production locale est celle des gargoulettes (qulla) et des grandes jarres (zir) en terre poreuse fabriquées avec de l'argile mêlée de cendre d'alfa : en permettant une évaporation superficielle, cette porosité provoque un refroidissement (5 à 6° par rapport à la température ambiante) de l'eau contenue.

592,5 km : On rejoint, à la sortie de Qenā, la route de la rive dr. : prenez à dr.

615,5 km : A g., **Qifṭ,** l'ancienne **Koptos,** autre grand marché de la province de Qenā, à l'orée d'une autre route vers la mer Rouge.

Capitale d'une principauté, elle révérait jadis une triade composée du dieu ithyphallique Mîn, de la déesse Isis et d'Horus. Située dans la zone où la vallée du Nil est la plus rapprochée de la mer Rouge, au débouché d'un de ces grands wādīs dont les ramifications forment autant de routes dans le désert montagneux de la chaîne arabique, Koptos fut, de toute Antiquité, l'une des premières villes qui se mirent en communication avec les pays du bassin de l'Érythrée.
Que son existence remonte au moins jusqu'à l'Ancien Empire, c'est ce que prouvent tout un ensemble de débris portant les noms de Khéops et des deux Pépi. C'est ce que prouvent aussi les décrets de l'Ancien Empire, gravés sur de grandes stèles par les rois des VIe et VIIIe dyn. pour établir les fondations funéraires de leur culte ; plusieurs de ces stèles furent trouvées à Koptos.
Les premières dynasties thébaines s'étaient rendu compte de l'importance de cette ville, clef du commerce maritime de l'Égypte. Les beaux fragments de bas-reliefs trouvés sur l'emplacement du temple de Mîn, et gravés au nom des princes de la XIe dyn., apportent une confirmation décisive à cette opinion. Les restes de la XIIe dyn. sont encore plus importants.

Le temple, reconstruit sous Thoutmôsis III, dut, comme tous les temples de la XVIIIe dyn., subir une transformation plus ou moins importante à l'époque de Ramsès II, dont on a retrouvé ici, comme presque partout ailleurs, la trace. Quelques traces aussi des Bubastites et des Saïtes.
Les restes de l'époque ptolémaïque sont beaucoup plus nombreux et en proportion de l'importance prise alors par cette ville. La ruine de Thèbes et d'Abydos et de la plupart des grandes villes du S. de l'Égypte fut pour elle une occasion de développement. Tout le commerce de l'Inde par la voie de Bérénice s'y concentra. Le périmètre du temple, de nouveau reconstruit, fut élargi ; trois perrons inégaux furent placés devant la façade, précédés de trois pylônes consécutifs, le plus reculé servant de porte d'entrée à l'enceinte de la ville. Sous Dioclétien, un soulèvement provoqua sa ruine ; elle fut saccagée et complètement détruite.
Mais la région de Qifṭ devait connaître une vie nouvelle, au début du VIIe s. avec l'évêque Pisenthios (615-626 env.). Moine dès sa jeunesse, puis chef de plusieurs monastères disséminés dans la région, sur les deux rives du fleuve, il exerça une énorme influence et servit de médiateur entre les fellahs et les maîtres étrangers.

624 km : Route à dr. pour (4,5 km) **Qūṣ,** l'ancienne **Apollinopolis Parva**, qui remplaça Koptos, sous les califes et les sultans mamlouks, comme principal entrepôt commercial de la Haute-Égypte et comme clé de la route des caravanes de la mer Rouge. La ville possède une jolie **mosquée** avec un sébīl dont le bassin est formé d'un monolithe carré aux cartouches de Ptolémée II Philadelphe.

→ A 6 km S., une bonne route suivant la voie ferrée sur 500 m puis un petit canal pendant env. 4 km permet de se rendre au village de **Garāgōs** où des jésuites français ont créé avec de jeunes coptes du pays un **centre artisanal** très estimé **de céramique**, tapisserie et tissage de la soie, installé dans des locaux d'architecture traditionnelle sous voûte et coupole.

630 km : **Shenhūr.** Un petit temple d'Isis, d'ép. romaine (Auguste et Tibère), a permis de connaître le nom antique de la localité, **P-sh-n-Hr** « le bassin d'Horus », qui survit dans la forme actuelle du nom.

647 km : Piste à dr. pour (1,5 km) **Medāmūd,** village au centre duquel se trouvent les ruines, d'une certaine importance, d'un **temple** de l'époque gréco-romaine.

La ville de Medāmūd, où était construit le temple en l'honneur du dieu Montou et de son taureau sacré, était le faubourg avancé de Thèbes au N. comme nous verrons Tôd en être la limite S. et Arment la limite S.-O. Tous ces temples sont du reste dédiés à Montou, dieu de la guerre, comme si ces faubourgs étaient en même temps des forteresses et des défenses de Thèbes.
Construit dès l'Ancien Empire, considérablement agrandi et remanié par Sésostris III, le temple de Montou intéressa les rois de la XIIe dyn. puis ceux de la XIIIe. Le Nouvel Empire y laissa aussi des traces nombreuses de la dévotion de ses rois au dieu Montou. Mais nous connaissons surtout ce temple comme une construction ptolémaïque parce qu'il fut complètement remanié au IIIe s. av. J.C et agrandi pendant la période romaine. La disposition en diffère cependant beaucoup des autres temples de basse époque.

Après la **porte monumentale** construite par Tibère et maintenant réduite à ses seuls montants, on se trouve devant le **temple**, orienté d'O. en E. La **grande cour** à colonnes, qui date d'Antonin le Pieux, est précédée, et c'est une des originalités du temple, de **trois kiosques** et d'une salle à quatre piliers, ouverte du côté O. (sans doute une salle d'audiences), en dehors du temple. Les trois kiosques sont : le plus large, au milieu de la façade, les deux autres, plus étroits, à sa g., c'est-à-dire plus au N. Tous trois communiquent par une porte avec la cour d'Antonin le Pieux. Celle-ci est bordée au N. et au S. de deux rangées de colonnes ; un autel s'élevait à l'angle N.-O. Le fond de la cour est limité par un portique à colonnes, déporté d'une travée vers le N. Ce portique est percé de trois portes, correspondant aux portes des kiosques ; une quatrième, au N., derrière la dernière rangée de colonnes, mène dans une large galerie en arrière de la cour du N. La porte la plus méridionale s'ouvre sur la cour S. La porte axiale donne dans la **salle hypostyle**, à quatre colonnes de front, qui précède elle-même les deux vestibules successifs du sanctuaire.

Le **sanctuaire**, précédé de deux vestibules, est entouré de chapelles. Cette partie de l'édifice est flanquée au N. et au S. d'une cour rectangulaire qui constituait un passage entre la grande cour et l'arrière-temple. Ici devait se trouver l'**enclos réservé au taureau sacré.**

De la cour N., on pénétrait dans un **vestibule** à une colonne suivi d'une **petite cour** et d'une **chapelle.** Le tout, avec des petites salles en dépendance, occupe l'angle N.-O. d'une grande cour. Le reste de la cour est occupé par des constructions dont on ne trouve plus que les plans.

Le **mur extérieur** de ce second temple, au N., à l'E. et au S., est décoré par une longue théorie de figures, alternativement féminines et masculines, du dieu Nil portant des offrandes : les figures partent des extrémités S. et N., tournent aux angles N.-E. et S.-E., pour se faire vis-à-vis, de chaque côté d'une figure de taureau, animal sacré de Montou, gravée au mur E., juste dans l'axe du grand temple et derrière les restes de l'autel ancien dans le petit.

Le temple recouvre un temple antérieur à Sésostris III (qui introduisit le culte de Montou dans le pays) et consacré au culte agraire d'Osiris, statue-momie des biens de la terre, qu'on renouvelait tous les ans au printemps. Les constructions de Medāmūd comprennent en outre un **quai** à environ 135 m à l'O. de l'entrée à laquelle il était relié par un dromos de sphinx. Ce quai, autrefois orné de deux obélisques, marquait à la lisière des terres cultivées, et par conséquent à la limite de l'expansion du Nil, la fin du domaine de Montou et la place où aboutissait le canal qui mettait en communication Medāmūd et Karnak. Le quai est couvert d'empreintes gravées des pieds des visiteurs pieux, avec des inscriptions démotiques.

651,5 km : Carrefour avec la route de (6 km ; à dr.) **Luqsor** (→ *chap. 20*) ; la route de g. conduit à l'aéroport.

656,5 km : La route croise la voie ferrée puis (661 km) traverse le canal qu'elle va désormais longer pendant plusieurs dizaines de kilomètres.

672,5 km : A g., gare d'**Arment** *(le village est sur la rive g. ; → p. 416).*

A 3,5 km N.-E., par une piste prenant à g. après le passage à niveau et un petit pont, puis remontant alors vers le N. pendant 2,4 km avant de tourner à dr., vous pouvez aller voir, dispersées au milieu du village, les ruines du temple de **Ṭōd,** qui, comme Médāmūd (→ *ci-dessus, km 647*), était un faubourg avancé de Thèbes.

Son temple dédié à Montou, élevé primitivement sous le règne des Mentouhotep, fut entièrement rebâti par Sésostris I, sous lequel fut construit le **naos** en calcaire, et complété par un **pronaos** en grès, construit au temps d'Évergète II.

En 1936, un trésor asiatique, au nom du roi Amenemhat II, fut trouvé dans un réduit ménagé dans les fondations anciennes. Ce dépôt consistait en quatre coffrets de cuivre coulés d'une seule pièce et fermés par des couvercles à glissières. Ils contenaient, les deux plus grands, du lapis-lazuli à l'état brut, des cylindres et des amulettes (avec inscriptions cunéiformes), les deux plus petits, des objets en métaux précieux : plomb, argent, or, notamment des chaînes, des petites coupes aplaties pour tenir moins de place, et des lingots d'or et de plomb argentifère, ces derniers spécialement désignés comme étant « bons », le plomb et l'argent étant plus rares en Égypte que l'or. L'ensemble a été partagé entre les musées du Caire et du Louvre.

690,7 km : A g., pont sur le canal permettant, après 0,5 km, d'atteindre les

tombes de Mo'alla. On verra la chapelle funéraire d'**Ankhtifi,** monarque d'Edfu et de Hiéraconpolis, entre la VIe et la VIIIe dyn., caractéristique du style gauche de la Première Période Intermédiaire ; un texte raconte comment Ankhtifi administra son nome pendant une période de famine.

705 km : **Esnā-Gare** ; à dr. s'embranche la route qui, passant le Nil sur un pont-barrage, conduit à *(3 km)* **Esnā : →** *chap. 22.*

Le pays cultivable se réduit progressivement à une mince bande de terre le long du Nil et la route court, par moments, dans les terres désertiques.

737 km : A dr. de la route se dressent les énormes murailles de brique crue de l'antique ville de **Nekheb,** auj. connue sous le nom d'**El-Kāb : →** *chap. 23.*

La route continue à longer le désert et les montagnes qui, par endroits, ne laissent qu'un étroit passage au bord du fleuve.

755 km : **Edfu-Gare,** petite agglomération au débouché du pont qui conduit à (2,5 km) **Edfu : →** *chap. 24.* On laisse à g. une route pour la mer Rouge.

Après Edfu, la chaîne arabique, ravinée par les lits d'anciens torrents et livrant passage aux grands wādīs descendus des hauts plateaux qui bordent la mer Rouge, serre toujours de très près le cours du fleuve. La route, par contre, s'en écarte de temps en temps, notamment pour contourner (769 km) le petit **gébel Serāg,** que couronnent les restes d'une petite **forteresse byzantine.**

785 km : **Selwa Baharī** — 796 km : **El-Kagūg.**

797 km : En face, sur la rive occidentale (g.) du fleuve, se dresse le **Gébel Silsila,** « Montagne de la chaîne », qui forme avec les collines de la rive dr. une sorte de défilé. Selon une légende, le fleuve aurait été barré autrefois en cet endroit au moyen d'une chaîne tendue d'un rocher à l'autre.

Silsila était la principale carrière de grès de l'Égypte, comme Tūra sa principale carrière de calcaire. L'exploitation s'en était poursuivie régulièrement des deux côtés du fleuve, mais sur un plus grande échelle à l'E. Toutefois la rive O. est la plus intéressante par les chapelles et les stèles commémoratives qui s'y trouvent.

Les **ruines de la ville** sont encore visibles sur la rive dr., au N., près de la gorge du fleuve. A proximité, les **carrières** offrent une étendue considérable. C'est de là que sont sorties la plupart des pierres employées dans la construction des édifices de Thèbes et de la plupart des villes de la Haute-Égypte ; elles rappellent celles de Toura. Un **spéos** très dégradé (Aménophis III en présence du dieu Amon) et deux piliers, portant les cartouches de Séthi I sont les seuls restes monumentaux à signaler de ce côté. Près de la chapelle d'Aménophis, sphinx ébauché dans un énorme bloc.

Sur la rive g., le ***spéos d'Horemheb,** auquel on accède par un sentier longeant le Nil, se compose d'une chambre peu profonde mais large, et d'un petit sanctuaire. La **façade** présente cinq ouvertures formées par quatre piliers d'inégale grosseur ; la partie supérieure est couronnée d'une gorge. Les côtés des **piliers** sont ornés de bas-reliefs représentant divers rois (Ramsès II, Mérenptah) faisant l'offrande à plusieurs dieux (Sobek et Hathor, d'un côté de la porte centrale, Ptah et Bastet de l'autre).

La route pénètre ensuite dans le vaste et prospère **domaine** dit du **wādī Kōm Ombo,** ancien territoire désertique où, grâce à l'irrigation, plus de 12 000 ha de terres ont pu être récupérés pour l'agriculture, et presque entièrement consacrés à la culture de la canne à sucre.

C'est dans cette plaine appelée maintenant **Nouvelle Nubie** qu'a été regroupée, dans plusieurs villages nouvellement construits et portant les noms de sites nubiens aujourd'hui noyés, la majorité des populations chassées de Basse-Nubie par la montée des eaux en amont du Haut Barrage.

814 km : **Kōm Ombo,** important centre industriel et agricole et gros marché provincial, au bord du Nil.

817 km : Petite route, à dr., pour (1,7 km) le temple de **Kōm Ombo** : → *chap. 25.*

822 km : **Darāw**, qui fut longtemps le plus important marché aux chameaux d'Égypte, alimenté par des caravanes venues du Soudan à travers le désert libyque.

La vallée reprend son aspect très resserré, réduisant la terre cultivable à quelques lambeaux au bord du fleuve, occupés par de petites palmeraies qui donnent au paysage la physionomie d'une oasis.

849 km : **El-Khaṭṭāra**, où le grès fait place à la roche granitique.

860 km : **Aswān** ; → *chap. 26.*

11 - Miniā

Situation : → it. 10, km 234,5.

Entre le Nil, la voie ferrée et le canal Ibrāhīmiyya, c'est, avec env. 150 000 hab., un gros bourg au rôle administratif (chef-lieu de gouvernorat) et commerçant. Sans grand intérêt par elle-même (le petit musée de jadis est fermé et le nouveau reste en projet), la ville a du moins l'avantage de posséder quelques hôtels, dont un très bon, permettant de faire étape en Moyenne-Égypte.

Miniā est généralement considérée comme occupant l'emplacement de l'antique Men At Khufu, la « nourrice de Khéops », capitale d'une principauté qui fut, selon les textes des tombes de Béni Ḥasan, réunie au nome de la Gazelle sous la XIIe dyn. Elle avait pour principales divinités un Horus hiéraconcéphale et Sekhmet à tête de lionne.

Environs

La ville est un excellent point de départ pour les excursions à Beni Ḥasan (→ chap. 12), Hermopolis et Tuna el-Gebel (→ chap. 14) et Tell el-Amarna (→ chap. 15). On peut aussi, grâce à un bac passant les voitures (et bientôt grâce à un pont), faire deux courtes promenades sur la rive orientale du Nil.

●→ **1 — Tihnā el-Gebel et deir el-Aḍrā** *(21 km N.).* A la sortie du bac, suivez la petite route de la rive dr. en direction du N.

10 km : **Tihnā el-Gebel,** sur une bande de terre au pied du gébel el-Ṭayr : ruines d'une anc. ville nommée Tehni. Au-dessus d'une grotte creusée dans le rocher, inscription en l'honneur du roi Ptolémée V Épiphane.

Un peu au S., sur le rocher, **image colossale de Ramsès III,** en présence d'Amon et de Sobek ; sur un rocher isolé qui sélève immédiatement derrière l'ancienne ville sont gravés deux personnages maintenant un cheval (style romain).

La base de la montagne est creusée d'un **grand nombre de tombeaux** formant deux groupes : celui du N. est d'époque gréco-romaine ; on y voit des inscriptions grecques ; celui du S. appartient à l'Ancien Empire. La montagne a été aussi exploitée en carrière, et l'on y retrouve la trace des procédés d'extraction semblables à ceux de Tūra. On a supposé que tout cet ensemble répondait à l'anc. Akôris des Grecs.

16 km : On laisse à dr. un ravin où l'on voit, en travers, le Gisr el-'Agūza, « la digue de la vieille femme », reste d'une ancienne fortification destinée à protéger la navigation contre les tribus du désert.

21 km : On arrive au pied du deir el-'Adrā', le « couvent de la Vierge », parfois appelé deir el-Bakara, le « couvent de la Poulie ».

On accédait au couvent par une fente de rocher qui allait de la base au sommet, et en se servant d'une poulie (bakara). Une large chaussée y donne maintenant accès.

On a aussi attribué une autre origine au nom du couvent en se fondant sur un passage de Maqrīzi, relatif aux buqīr, famille d'oiseaux légendaires qui venaient prendre leurs ébats sur le haut du rocher, le jour de la fête du couvent, et enfoncer leur tête dans la fente du rocher jusqu'à ce que l'un d'eux mourût, pris à ce piège !

Le couvent, qui n'est habité que par deux prêtres et leurs familles, est entouré d'une petite agglomération quasi déserte et ne s'animant que lors des grandes fêtes mariales de toute une population de pèlerins.

Le couvent est enclos dans une **enceinte** carrée d'un **appareil romain** avec de nombreuses retouches arabes. La chapelle est en partie excavée dans le roc. La légende en attribue la fondation à l'impératrice Hélène, attribution vraisemblable, étant donné le caractère architectural des parties excavées de l'église (le chœur) qui nous reporte à une époque très voisine du IVe s.

→ 2 — Zāwiyat el-Amwāt *(7 km S.-E.)*. Comme pour l'excursion précédente, passer sur la rive dr. mais prendre la route à dr. en direction du S.

Le bourg, appelé aussi **Zāwiyat en-Nāṣer**, est célèbre par la nécropole antique située à quelque distance, dans les rochers de la chaîne arabique.

Le **cimetière arabe** au S. du village est celui des habitants de Miniā restés fidèles à la tradition antique qui, pour toute une grande partie de la Moyenne Égypte, avait fait de la chaîne arabique, la plus rapprochée du fleuve, la montagne des Morts. Chaque année, à des époques déterminées, les habitants de Miniā vont en pèlerinage à leur cimetière, et déposent sur les tombeaux des dattes et des branches de palmier.

Il faut aller jusqu'à **Kōm el-Aḥmar,** « la Butte rouge » (nombreux débris d'albâtre), au S. du cimetière, pour atteindre la **nécropole** dont la plupart des tombeaux ont été presque entièrement détruits par les carriers de la région. **Celui de Néfersekherou,** situé au N.-O., mérite encore d'être visité, quoique mutilé. Il appartient au Nouvel Empire (XVIIIe ou XIXe dyn.). On y voit représentée l'arrivée du défunt et de sa femme devant Osiris entouré d'Isis et de Nephthys et d'autres scènes de la vie domestique et agricole ; la paroi du fond est percée de trois niches avec statues du défunt auj. détruites.

Au sommet du kōm gît un **colosse renversé,** sans inscription.

12 -Beni Hasan

Situation : → it. 10, km 254.

L'endroit tire son nom d'une famille arabe, les Beni Ḥasan, qui vint s'y établir à la fin du XVIIIe s. avant de se répandre dans la région et y fonder plusieurs villages. A 1 200 m du fleuve, la nécropole antique est l'un des sites archéologiques les plus importants de cette partie de l'Égypte : elle présente en effet un intérêt capital du point de vue de l'art et de l'histoire de cette période — aux vestiges matériels moins abondants que les autres — qu'est le Moyen Empire.

La nécropole est creusée dans la falaise calcaire, très riche en coquillages fossiles, où l'on grimpe par des chemins bordés de pierres, contemporains des tombeaux. Ceux-ci sont disposés en deux rangées parallèles : la première ne comprend que des puits de profondeur variable, très nombreux et qui ont dû servir à des époques diverses : la seconde, objet de votre visite, aligne 40 m plus loin ses façades taillées verticalement dans le rocher et se compose de trente-neuf hypogées, répartis sur une longue étendue et desservis par une sorte de chemin de ronde.

Les tombeaux de Giza, de Saqqara, de Dahshūr, de Maidum, étaient ceux de hauts fonctionnaires composant le personnel des cours royales ; ceux de Beni Ḥasan appartiennent aux grands seigneurs féodaux qui, sous la suzeraineté du pharaon, exerçaient la pleine souveraineté dans leur province.

La nécropole

Trois types de tombes. — Ces hypogées ou tombes-cavernes appartiennent, au point de vue architectural, à trois types bien distincts[1] dont tous les éléments sont excavés dans la roche :

— les tombeaux à une ou plusieurs chambres sans colonnes (c'est le plus grand nombre) ;

— les tombeaux avec colonnes fasciculées à chapiteaux lotiformes (nos 14, 18, 21, 23, 28) : ils se composent d'une grande chambre rectangulaire ayant son grand axe en profondeur ; le fond de la chambre est divisé (perpendiculairement à cet axe) en deux ou trois travées par une ou deux rangées de colonnes fasciculées supportant, avec interposition d'architrave, les retombées d'autant de fausses voûtes en segment de cercle. La partie antérieure de la salle est couverte d'un plafond plat ou d'un comble à double pente très légèrement inclinée ;

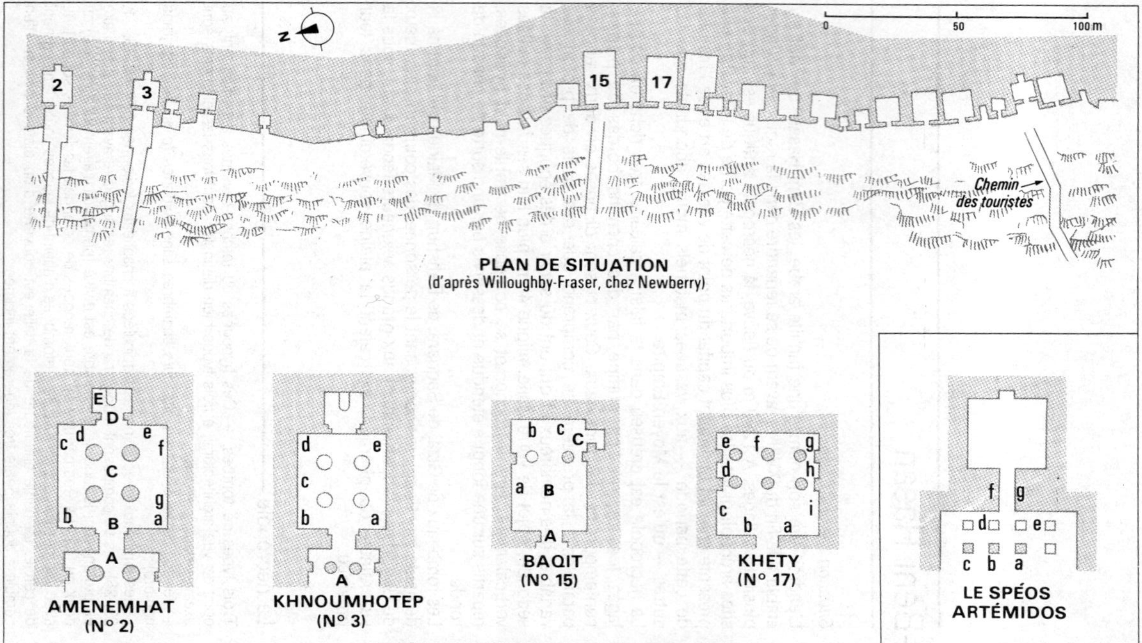

NÉCROPOLE DE BÉNI HASAN

— les tombeaux avec colonnes cannelées auxquels on a souvent donné le nom de protodoriques (2, 3, 32) : ils se composent d'un vestibule du système in antis, c'est-à-dire dont le front est formé de deux colonnes protodoriques, compris entre deux pilastres d'antes ; la porte d'entrée, dans l'axe de l'entrecolonnement, s'ouvre sur une grande chambre rectangulaire divisée en trois travées longitudinales par deux files de deux colonnes supportant, avec interposition d'architrave, les retombées de trois fausses voûtes en segment de cercle. La couverture du portique extérieur est également une fausse voûte du même genre. Au fond de la grande chambre et dans l'axe s'ouvre une cellule ou naos abritant la statue du défunt.

La décoration et ses thèmes. — De ces trente-neuf tombes, **douze seulement ont été décorées.** La décoration ne consiste pas en bas-reliefs peints comme dans la plupart des tombeaux de l'Ancien Empire, mais en peintures exécutées sur un fond préparé en léger crépi au lait de plâtre. Les scènes, réparties en longs registres horizontaux, s'y rapportent pour la plupart aux sujets traités dans les tombes civiles de l'Ancien Empire (les travaux agricoles, les arts et métiers), mais avec introduction d'un élément nouveau tenant à la condition des personnages à qui ces monuments étaient destinés : la vie militaire et féodale.

Éléments de datation. — Des douze monuments les plus importants, trois sont datés directement des premiers règnes de la XIIe dyn. (14, 2, 3), trois le sont indirectement : le n° 21 par le n° 14, les n°s 4 et 23 par le n° 3. L'ensemble se répartirait entre la XIe dyn. et les premiers règnes de la XIIe.

Visite de la nécropole

L'excursion demande, depuis ***Miniā*** *(seule étape possible dans la région ; → chap. 11),* ***une demi-journée.*** *En voiture (ou en taxi), vous gagnerez* ***Abū Qurqāṣ,*** *à 19,5 km de Miniā (→ it. 10, km 254), d'où une petite route rejoint le Nil. Sur la rive opposée, vous trouverez assez facilement des ânes pour monter jusqu'aux tombes (en hiver, un tracteur avec remorque garnie de sièges). Des microbus s'ajoutent désormais à ces pittoresques moyens de transport ; ils sont en principe réservés aux groupes, mais vous pouvez en profiter (renseignements sur place, prix à discuter âprement).*

En hiver également, un ***bateau à moteur*** *de 100 places est mis par les autorités locales à la disposition des touristes en groupe : le trajet* ***Miniā-Beni Ḥasan*** *se fait en 3 h à l'aller et 1 h 30 seulement au retour (grâce au courant) ; vous pourrez peut-être* ***profiter de la présence d'un groupe*** *l'utilisant à moins que, le bateau étant inemployé, vous décidiez de l'affréter à quelques-uns (le tarif n'est pas très élevé).* ***Renseignez-vous*** *dans les hôtels de Miniā ou auprès des agences de voyage pour les excursions dans la région.*

Visite : payante, t.l.j. de 7 h à 17 h, dernière entrée à 15 h.

•*• ***Tombeau** (n° 2) **d'Amenemhat** dit **Ameni,** « prince [de la province] de la gazelle » et de son épouse **Hétépét,** prêtresse d'Hathor. Façade formée d'un portique in antis, piliers octogonaux. — Porte d'entrée : le linteau et les deux montants portent ensemble quatorze lignes d'inscription donnant les noms et les titres d'Amenemhat en caractères verts sur champ imitant la syénite ; l'inscription du linteau débute par le protocole du roi Sésostris I ; le montant de dr. par la formule d'offrande à Osiris de Busiris et d'Abydos, celui de g. par la formule d'offrande à Anubis de l'Oasis.

A l'intérieur, les montants de la porte sont couverts d'un **texte biographique** (32 lignes) débordant à dr. : le défunt raconte qu'il prit part à plusieurs expéditions dans le Sud, soit avec le roi, soit avec le prince héritier ; il vante sa bonne administration. Il aurait, notamment, fourni les temples du nome de trois mille taureaux avec leur vaches dont les produits auraient été ponctuellement réservés au roi. En rappelant dans cette épitaphe louangeuse sa bonté à l'égard de ses sujets, il a soin de dire qu'il n'a pas pris prétexte d'une bonne crue du Nil pour augmenter les impôts.

Chambre (C). — Quatre colonnes polygonales à seize faces (type protod.) la divisent en **trois nefs** couvertes de fausses voûtes cintrées en segment de cercle dont l'intrados était richement décoré d'ornements en damiers coupés de bandes d'hiéroglyphes. A son extrémité E. s'ouvre une **niche assez profonde** au fond de laquelle, sur une banquette, siégeaient les **statues du défunt**, de sa femme et de sa mère (très mutilées). La niche se fermait au moyen de deux vantaux dont les crapaudines sont encore visibles. — Les inscriptions des architraves, montants et embrasures de porte, répètent tous les titres et noms du défunt ou des formules d'adoration.

Les quatre parois de la chambre sont décorées de scènes du plus vif intérêt.

Paroi O., partie S. **(a)** : huit registres dont les trois plus bas sont interrompus par la stèle. Les architectes de Beni Ḥasan ont été gênés par l'orientation des tombes, les nécropoles étant d'habitude à l'O. des villes, dans « la montagne de l'Occident ». A Beni Ḥasan, pour observer les règles, les stèles sont souvent à l'O. mais elles se trouvent ainsi près de la porte d'entrée, au lieu d'en être le plus éloignées possible. Remarquez à cette partie de la paroi la **scène de cuisine** : la marmite est posée sur un petit fourneau en terre ; un homme veille à la cuisson, un autre apporte des pièces de viande.

Mais il faut surtout noter **l'abondance des scènes de chasse**, paroi N. **(C)**, chasse au désert ; paroi E., en haut, sports violents, ou ce que nous appellerions « préparation militaire », pugilat, lutte, ou guerre ; **(d)**, attaque d'une forteresse.
En bas de la paroi E **(d, e)**, navigation mystique à Abydos en remontant le courant, à la voile, **et à Busiris**, en suivant le courant à la rame, la mâture abattue. On se rappelle que dans les mastabas, ces scènes de navigation mystique étaient sur la paroi E., près de la porte. Ici, où l'orientation régulière est contrariée, l'architecte retrouve cependant la place des thèmes les plus efficaces. Seulement l'ordonnance des scènes ne se retrouve plus : la navigation mystique est ainsi près de la niche.
La paroi S. est **la plus remarquable** sous le rapport de l'exécution. Deux grands tableaux : à l'E. **(f)**, **Ameni assis devant l'offrande**, à la présentation de laquelle son fils Khnoumhotep préside. En bas, le **sacrifice** ; à l'O. **(g)**, scène analogue dont la princesse Hétépet, femme d'Ameni, est l'héroïne.

****Tombeau** (nº 3) **de Khnoumhotep III** « seigneur héréditaire ». Façade à portique in antis : deux colonnes polygonales à seize facettes non cannelées ; au-dessus de l'architrave, larmier ménagé sous une corniche rupestre et orné de modillons : cette corniche est une imitation de poutres de bois. Porte d'entrée : l'inscription du linteau énumère les fêtes des morts en vue de l'offrande ; celles des montants portent les proscynèmes suivant la formule ordinaire à Osiris et à Anubis.

Chambre. — Dispositions identiques à celles de la tombe nº 2. Deux rangées de colonnes, auj. disparues, ménageaient trois nefs voûtées. Dans la **niche**, il ne reste que le siège de la statue. Deux puits s'ouvrent à dr.
Sur le soubassement une **inscription** de 222 lignes verticales en caractères verts sur fond simulant le granit. C'est un **document important pour l'histoire de la féodalité** en Égypte. Khnoumhotep y énumère toute sa généalogie et l'histoire de sa famille, étroitement mêlée à celle des principautés de la Gazelle et du Chacal, que la faveur des rois Amenemhat et Sésostris 1er leur donna en fief ou leur permit de recevoir par héritage.
Les scènes sont les mêmes qu'au tombeau nº 2 : scènes d'offrandes, scènes de la vie courante, des arts et métiers. A la paroi O., partie S., les **teintureries**, ou

foulons (scène assez rare) ; à cette même paroi, dans la navigation mystique (qui est ici près de la porte) le bateau avec la vaste cabine des dames du harem.

A la paroi E., deux scènes symétriques encadrent la niche au-dessus de laquelle, devant le défunt attrapant les oiseaux au filet, on remarquera l'**acacia** plein de volatiles : partie N., Khnoumhotep, debout dans sa barque de papyrus, **chasse** les oiseaux des marais au bâton de jet ; partie S., il **pêche** au harpon.

A la paroi N, sous deux registres de chasse au désert, la fameuse **caravane d'Asiatiques** si souvent reproduite. L'arrivée de ces nomades, qu'on voit ici conduits devant le maître avec femmes et enfants, eut lieu l'an VI de Sésostris II, comme l'indique le document tenu en main par l'introducteur : ces Amou, au nombre de 34, apportaient du kohol ; leur cheikh se nommait Abicha.

La paroi S. représente la **scène de l'offrande** et du sacrifice.

Tombeau (n° 14) **du seigneur Khnoumhotep I.**

Portiques sans colonnes. — Parmi les peintures endommagées, paroi E., un tableau militaire : Asiatiques en armes, d'autres emmenés avec leurs femmes et leurs troupeaux.

●●● **Tombeau** (n° 15) **du seigneur Baqit III.** Pas de vestibule. Porte toute simple. Chapelle divisée en **deux travées** transversales inégales par deux colonnes d'ordre lotiforme dont il ne reste que des traces. Couverture à double inclinaison à peine marquée. A l'angle S.-E., niche. — Sept puits.

Parmi les scènes habituelles, sur la paroi N. six registres de chasse au désert, avec, au milieu des animaux réels, quatre monstres : un animal Séthien, un dragon ailé, un quadrupède à tête de serpent, et une licorne. La paroi E. est tout entière occupée par des scènes de la vie turbulente des princes de la province : six registres de luttes à main plate ; trois registres de scènes militaires ; attaque d'une citadelle. La paroi O. est fruste.

●●● **Tombeau** (n° 17) **de Khéti.**

Pas de vestibule. — La chapelle est divisée en trois travées transversales par deux rangées de colonnes lotiformes dont deux seulement sont conservées. Les scènes peintes des parois sont d'une exécution sommaire.

Paroi O., dans la partie S., la stèle avec des **scènes de navigation et d'agriculture.** Cette tombe rappelle beaucoup la précédente ; les éléments des scènes sont les mêmes, surtout à la paroi N. (arts et métiers, chasse au désert, etc.) et sur la paroi E., qui est la répétition du sujet déjà vu chez Baqit III (n° 15) : cinq registres de luttes et trois de scènes guerrières. Dans l'angle S.-E., liste de l'offrande dressée au-dessus de la statue du défunt devant laquelle est accompli le sacrifice.

A la paroi S., scène pittoresque du **défunt qu'on abrite d'une ombrelle,** avec ses serviteurs, ses deux nains, ses trois chiens et son singe.

Le **tombeau n° 18** (même type que le n° 17) est intéressant à visiter, quoique non terminé, à cause de ses colonnes lotiformes. Il ne contient ni peinture ni inscription. Son plafond imite la charpente d'un toit à double versant, transposition en pierre du travail du bois si fréquente en Égypte ancienne à toutes époques.

Les autres tombeaux sont dégradés ou ne contiennent ni peinture, ni inscription.

Environs

Au S. des tombes de Beni Ḥasan, le Nil, dessinant vers l'O. une boucle, la vallée s'élargit du côté de l'E. Au N. de ce nouveau cirque, à 3 km S. des derniers hypogées de la XIIe dyn. et à 1 500 m S.-E. du village de Beni Ḥasan, s'ouvre un large ravin. A 600 m de son embouchure et sur le versant S., se trouve le **Spéos Artémidos** auquel on arrive après avoir traversé d'abord les terres cultivées, puis un espace désert où se trouve un cimetière de chats.

Le petit temple-caverne dans lequel Champollion a reconnu le Spéos Artémidos des Grecs et que les Arabes appellent Stabl Antar, « l'écurie d'Antar », se reconnaît à son portique à deux rangs de piliers inachevés et en partie détruits. Le temple, que les inscriptions appellent « la maison divine de la Vallée », était consacré à la déesse-lionne Pakhet, l'une des déesses que les Grecs identifièrent plus tard avec Artémis. Il a été construit au temps de la reine Hatchepsout alors que Thoutmôsis III était déjà nominalement roi. Après la mort de sa tante, celui-ci fit marteler ses cartouches ; Séthi I en profita pour y graver les siens mais sans mener à terme la décoration du petit temple laissé inachevé par ses fondateurs.

A une grande hauteur **au-dessus de l'entrée**, texte en 42 lignes verticales contenant un long **panégyrique d'Hatchepsout**. La reine, dont les cartouches ont été martelés, y énumère les sanctuaires qu'elle a rebâtis ou agrandis ; il y est fait allusion aux désordres commis dans la Basse-Égypte par les Hyksôs.

Un passage étroit de 3 m de profondeur conduit au sanctuaire de 4 m de côté au fond duquel s'ouvre la niche qui devait contenir la statue divine. Paroi du fond : le linteau de la porte est divisé en deux tableaux : Séthi I offrant les vases à libations à Pakhet.

De chaque côté de la porte, grands tableaux : Séthi I agenouillé entre Amon-Rê assis, la main tendue sur le roi, et la déesse Pakhet à tête de lionne tournée vers lui. — Thoth à tête d'ibis invoque la Grande Ennéade, ici composée de douze dieux avec Montou pour chef. A dr. Séthi recevant de Pakhet la vie émanant des sceptres de la Haute et de la Basse-Égypte. Thoth prononce les formules ordinaires de la bénédiction réservée aux rois. Couloir : Séthi I faisant la libation à Hathor ; le même roi offrant le cynocéphale à la même déesse.

L'intérieur de la chapelle est nu à l'exception de l'encadrement de la niche dont les légendes, en partie martelées, sont au nom de Séthi. L'hiéroglyphe Seth, image du dieu thyphonien, a été martelé partout dans le cartouche du roi Séthi.

Le Spéos Artémidos a été **transformé en église** (nombreux chrismes et graffiti coptes sur la paroi S. du portique) par une colonie de moines, au Ve s. sans doute, installée dans les tombes ptolémaïques qui le précèdent — l'une d'entre elles est ornée d'une croix copte entre deux gazelles — et dans les petites carrières qui dominent à mi-hauteur l'entrée N. du wādī, où l'on peut découvrir une autre modeste église rupestre.

A l'E. du Spéos, le wādī se termine au bout de 2 km sur une barre de rocher entaillée pour le passage d'une voie romaine. A mi-chemin, sur la façade rocheuse N., deux fenêtres régulièrement taillées éclairent un ermitage difficile d'accès. D'où le nom de **vallée des Anachorètes** donné par A. Gayet à ce petit ensemble très évocateur du genre de vie menée dans une laure antique. Noter d'ailleurs que les tombes mêmes de Beni Ḥasan ont abrité également une autre communauté monastique, dont les restaurations récentes ont presque fait disparaître la trace, à l'exception de nombreux graffiti et croix à l'encre rouge ; l'église de cette communauté se trouvait dans la tombe 28, qui garde au plafond et dans la paroi orientale les marques de son abside.

13 - Mallawī

Situation : → it. 10, km 278.

C'est l'une des principales villes de la province de Miniā et, en soi, la plus intéressante. Elle a en effet conservé, malgré son développement, quelques traits caractéristiques des agglomérations semi-rurales de la province égyptienne, notamment les jours de marché : les groupes de femmes enveloppées dans leurs noires abayas, la boucherie de plein air, avec la balance suspendue à la branche d'un arbre et les quartiers de viande à une autre, et qu'un gamin évente patiemment de son chasse-mouches, le marchand de bonnets ronds de feutre, les tas de maïs, de blé ou de fèves de plusieurs mètres de circonférence, les sacs d'épices multicolores, les vieux taxis brinquebalants et amenant, chacun, de la campagne, à grand renfort de coups de klaxon et dans un nuage de poussière, une vingtaine de personnes, qui entassées à l'intérieur, qui assises sur le toit, les ailes, le coffre ou le moteur, ou debout sur les pare-chocs et les marchepieds, une foule grouillante, à la fois affairée et bonhomme.

Dépourvue d'hôtel (mais Miniā n'est qu'à une quarantaine de kilomètres), la ville ne pourra être l'objet que d'une courte halte, le temps d'en goûter l'ambiance et de jeter un coup d'œil sur le singulier bâtiment de son musée. C'est aussi là que l'on quitte la grand-route pour aller visiter Hermopolis (8,5 km N.-O.) et sa nécropole (Tuna el-Gebel; 11 km plus loin) : → chap. 14.

Le **musée** rassemblait, grâce à la situation de Mallawī à proximité de plusieurs villes antiques et nécropoles, diverses pièces intéressantes, principalement d'époque ptolémaïque.

Le musée est fermé, car ses collections doivent rejoindre celles d'Hermopolis et de Tuna el-Gebel dans un musée qui est encore à naître. En voici néanmoins l'inventaire dans son dernier état.

Rez-de-chaussée. — La 1re salle regroupe une **collection de statuettes** de bronze, bois stuqué, albâtre, de dimensions diverses, représentant le dieu Thoth figuré ici sous forme d'ibis; toutes, d'époque ptolémaïque, proviennent de Tuna el-Gebel, la nécropole d'Hermopolis (→ *chap. 14*), où furent également trouvés les petits **sarcophages et** les **momies d'ibis** exposés dans cette salle.

Dans la **2e salle** (hall central), plusieurs vitrines abritent divers objets appartenant au **mobilier funéraire,** vases en terre cuite, albâtre, verre (ép. romaine), amulettes, bijoux, vases canopes, chaouabtis (dont un porte le cartouche d'un Psammétique), des statuettes ou fragments de statues, le tout, ou presque, d'époque ptolémaïque et romaine.

A côté de **masques de momies** d'époque romaine et de sarcophages anthropoïdes, prov. des nécropoles de Tuna el-Gebel, Qūṣiyya et Asyūt (l'un d'eux, en schiste, remonte à l'ép. saïte), vous remarquerez surtout, au fond de la salle, le beau **groupe sculpté de Pépi-Ankh-hor et sa femme** (VIe dyn.) trouvé dans la nécropole de Meir et **trois sarcophages** en bois **du Moyen-Empire** trouvés à Asyūt.

Symétrique de la 1re par rapport au hall central, la **3e salle** est, comme elle, principalement **consacrée au dieu Thoth**, présenté ici sous sa forme de babouin : statuettes diverses, momies et cercueils de singes sacrés, le tout prov. encore de la nécropole d'Hermopolis. Quelques vitrines abritent les statuettes de bronze ou de céramique de diverses autres divinités : Osiris, Isis, Bastet, Khnoum, Oupouaout, etc.

Au **1er étage**, la **4e salle** regroupe différents **objets trouvés dans les tombes** d'époque ptolémaïque et romaine et prov. en majeure partie de Tuna el-Gebel : verrerie, vaisselle en faïence ou en albâtre, figurines et chaouabtis ; papyrus, sceaux et monnaies ; quelques **stèles**, fragments de bas-reliefs, tables d'offrandes ; des lampes à huile, racloirs en silex, couteaux en bronze, instruments divers utilisés pour le tissage. Notez, parmi les **poteries**, de gros vases pansus, en terre cuite, à l'image grimaçante du dieu Bès, et contenant des œufs d'ibis.

Environs

→ Tombes de Bersha. Sur la rive opposée du Nil, en face de Mellawī, la falaise arabique, qui porte ici le nom de **Gebel el-Bersha**, s'entrouve en un ravin, le **wādī Deir en-Nakhl**, abritant la nécropole des seigneurs de la région et datant des XIe et XIIe dyn.

Les dix hypogées qu'on y compte, appelés ordinairement **tombes de Bersha**, entremêlés de cavernes ouvertes à diverses époques, sont situés au coude que forme le versant N. du ravin à son embouchure. Ils ont beaucoup souffert, dès l'Antiquité, de l'exploitation à laquelle toute la vallée a été soumise et, de nos jours, des déprédations des carriers.

Neuf de ces dix tombeaux sont complètement ruinés, et leurs débris informes ont tout juste conservé les noms de leurs possesseurs. Celui qui a été le plus épargné (no 2) est le plus important.

Le **tombeau** no 2 est celui **de Djehoutihotep**, gouverneur de la province sous Amenemhat II et Sésostris II et III.
Le vestibule primitif, précédé de deux colonnes à chapiteaux dactyliformes dont on a retrouvé quelques débris, a été complètement ruiné par des explosions provoquées par les carriers ; de dr. à g. ; — Djehoutihotep, drapé dans un grand manteau qui lui recouvre les bras, participe à une scène de chasse, abrité par des écrans ; — fragment d'une scène de chasse en bateau au bâton de jet.
La chapelle a également beaucoup souffert ; à dr. de la porte : le défunt est purifié, à la manière des rois, tandis qu'on lui apporte des offrandes ; à g., scène analogue, en grande partie ruinée.
Sur la partie supérieure de la paroi O., se trouve une **scène** justement **célèbre** : le défunt, debout à dr., suivi de sa garde, de ses porteurs et de ses enfants assiste au **transport d'une statue colossale** halée sur un traîneau par 172 hommes répartis en quatre doubles files. Une inscription de douze lignes immortalise l'exploit que constituait le transport d'un colosse de ce poids, par terre, sans l'aide de roues.
A l'autre extrémité de la scène (à dr.) était représentée la porte du temple où se rendait le colosse, avec le personnel sorti pour aller à sa rencontre, et la scène ordinaire des préparatifs de sacrifice (abattage, dépeçage, etc.). Ce temple est vraisemblablement le temple funéraire du défunt.
La partie inférieure du tableau se décompose en deux scènes : à g., prise d'oiseaux au filet par le défunt entouré des siens ; au centre et à dr., flottille et troupeaux que contemple le prince assis sous son baldaquin. Les autres parois comportaient des scènes plus classiques : elles sont très endommagées. La statue de la niche a

disparu. Cette tombe et les carrières voisines au N. ont été occupées par des moines, comme à deir Abū Ḥennes (nombreuses croix peintes).

Les neuf **autres tombes** ne contenaient que des thèmes plus habituels ; elles sont dans un état lamentable.

Un peu au N. des tombes s'élève, caché dans une palmeraie, le **deir el-Bersha**, dont l'église date du VIIIe s. avec certaines parties plus anciennes : quelques niches ornées de peintures sont assez intéressantes.

14 - Hermopolis et sa nécropole

Situation : *→ it. 10, km 278.*

L'antique Khmounou, l'Hermopolis des Grecs, jadis capitale du XVe nome de Haute-Égypte, n'est guère plus aujourd'hui qu'un terrain montueux couvert d'herbes épineuses, d'où émergent çà et là un pan de mur, une colonne. Les palmiers mollement courbés par-dessus les blocs renversés, l'eau qui, dans les parties basses, a envahi les tranchées des archéologues, tempèrent à peine, malgré quelques jolis tableaux, son austérité de paysage un peu lunaire.
A défaut de pouvoir vous faire une idée très précise de cette ville ancienne — qui, il y a à peine plus d'un siècle, servit de carrière aux constructeurs de sucreries —, vous pourrez mieux faire connaissance avec ce que fut, à l'époque grecque, sa nécropole. Tuna el-Gebel, à la lisière du désert, vous offrira un étrange spectacle : une tentative, restée sans lendemain, d'associer art égyptien et art grec.

La ville dans l'histoire

Ville d'une très haute antiquité et centre religieux de la plus grande importance, elle fut de bonne heure en possession d'un système religieux très arrêté. Elle dut à cela de ne pas subir, comme les autres sanctuaires d'Égypte, l'influence des doctrines solaires. Elle adorait un dieu lune, Thoth (Hermès), ibis ou singe, assisté des quatre couples initiaux de l'« Ogdoade », d'où le nom de Khmounou « [La cité] des Huit ». La tradition plaçait à Hermopolis le tertre où le soleil parut pour la première fois.

Visite

14A — Hermopolis, 474. 14B — Tuna el-Gebel, 474.

Comptez au minimum 2 heures pour une visite assez rapide des deux sites au départ de ***Mallawī*** *(→ it. 10, km 278), soit près d'une demi-journée si vous avez fait étape à* ***Miniā****. En apportant* ***de Mallawī*** *un repas froid — que vous prendrez au rest-house de Tuna el-Gebel (lequel ne dispose que de boissons) — vous pourrez aisément combiner cette visite avec celle de* ***Tell el-Amarna*** *(→ chap. 15) ou celle de* ***Beni Ḥasan*** *(→ chap. 12) en une excursion de la journée.*
Pour visiter Hermopolis et Tuna el-Gebel, passez par une ***agence de voyages*** *ou joignez-vous à un* ***tour organisé****, car la précarité économique de la région met en péril le touriste individuel.*

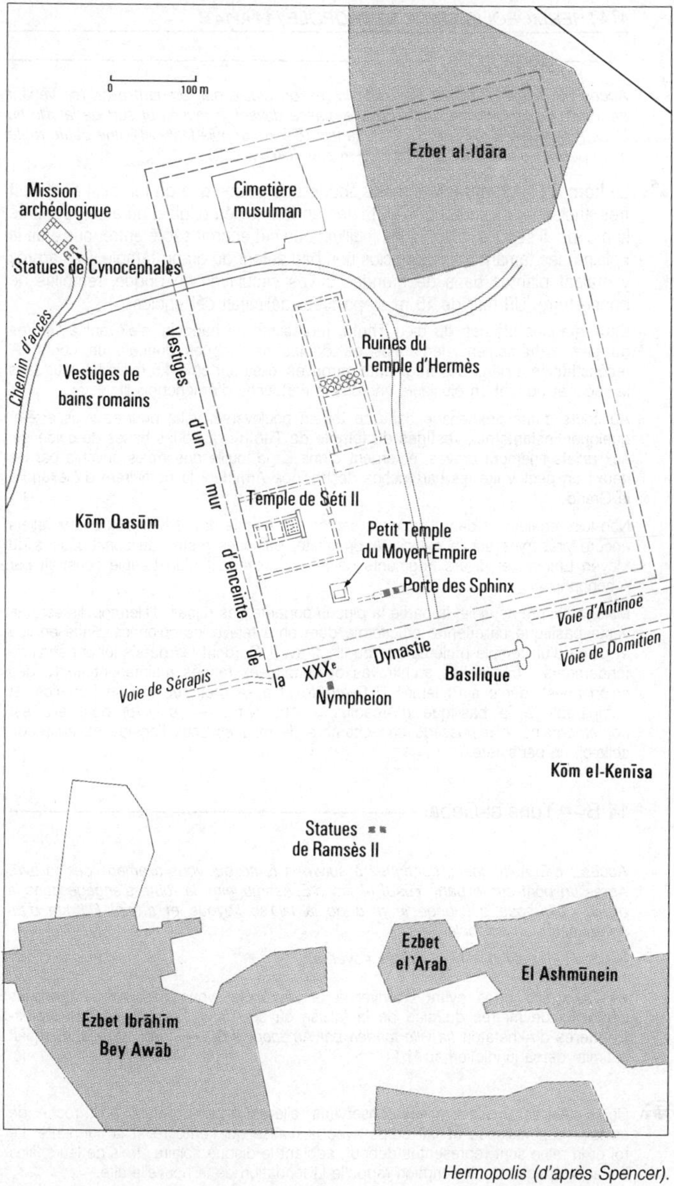

Hermopolis (d'après Spencer).

14 A — Hermopolis

Accès : A Mallawī, suivez tout droit la rue principale qui, prenant à dr. (en venant de Miniā) de la route de Haute-Égypte, passe devant le musée et sort de la ville au N.-O. A la sortie du village d'El-Ashmunein (8,5 km depuis Mallawī), une petite route à dr. permet d'atteindre le kōm, 700 m plus loin.

Le **kōm d'El-Ashmunein** a moins souffert du pillage que du temps. La ville est très ancienne, puisque certains textes en font le lieu originel où aurait été créé le monde. Il semble, d'après les fouilles, que cet endroit sacré entre tous était la «plaine des tamaris», vaste enclos non bâti autour du grand temple. Des arbres y étaient plantés dans de grandes cuves circulaires en brique, remplies de bonne terre. Un mur de 15 m d'épaisseur délimitait cet enclos.

Deux grandes **statues du dieu Thoth**, représenté en babouin, s'élèvent à l'entrée du site. Extrêmement dégradées et, depuis de longues années, en cours de reconstitution à partir des fragments retrouvés, elles ont env. 4,5 m de hauteur sans le socle et portent en plusieurs endroits le cartouche d'Aménophis III.

Au cours d'une promenade dans ce terrain bouleversé, vous pourrez vous arrêter quelques instants aux **vestiges du temple de Thoth** : quelques bases de colonnes, aux reliefs finement gravés, émergent d'une large fouille désormais envahie par les eaux; on peut y lire les cartouches de Philippe Arrhidée, le demi-frère d'Alexandre le Grand.

Non loin, également dans l'enceinte sacrée, un temple de Séthi II, aux beaux reliefs encore préservés sur le pylône. A proximité, quelques restes de constructions du Moyen Empire, et divers fragments de reliefs provenant d'un temple construit par Aménophis IV.

Mais, à l'heure actuelle, la partie la plus importante des ruines d'Hermopolis est une vaste **basilique chrétienne** cruciforme dont on a relevé les colonnes. Bâtie en lieu et place d'un temple ptolémaïque du IIIe s. av. J.-C. (dont les débris lui ont servi de fondements : très riches architraves et chapiteaux rangés maintenant au N. des colonnades), dédié à Ptolémée III Évergète et à sa sœur et épouse Bérénice, et comparable à la basilique d'Arcadius à Abū Mina (→ *p. 416*) dont elle est contemporaine, elle possède une chambre de reliques sous l'abside et, au N. de celle-ci, un baptistère.

14 B — Tuna el-Gebel

Accès : d'El-Ashmunein, continuez à suivre la route qui vous a amené de Mallawī. Après un pont sur le **baḥr Yūsuf** *(4 km d'El-Ashmunein), la route s'engage dans la plaine désertique qui longe le pied de la falaise libyque et atteint (11 km d'El-Ashmunein) la nécropole.*

Visite : t.l.j. de 7 h à 17 h. Entrée payante.

→ Deux kilomètres avant d'arriver à la nécropole, vous passerez à quelques centaines de mètres du pied de la falaise où se trouve la première des **stèles-frontières** d'Akhetaton *(la ville fondée par Aménophis IV; → chap. 15),* qui marquait la limite de sa juridiction au N.-O.

Cette stèle est une des mieux conservées; elle est à peine détachée du rocher de calcaire nummulitique et fait corps avec la masse qui l'entoure et la surmonte. Le roi et la reine sont représentés debout, adorant le disque solaire; trois de leurs filles les accompagnent. L'inscription rappelle la fondation de la nouvelle cité.

Vous arriverez ensuite au petit rest-house *(à dr.)* de **Tuna el-Gebel**. Les tombeaux se trouvent à quelques centaines de mètres au S. et vous pourrez visiter d'abord, à proximité du rest-house, trois **nécropoles d'animaux sacrés** : ce sont d'immenses souterrains où l'on a trouvé en quantité innombrable des momies de singes et surtout d'ibis, animaux sacrés de Thoth.

●•● La **tombe de Pétosiris**, découverte en 1920, date de la fin du IVe s. av. J.-C. et fut construite sans doute sous la direction même de son possesseur pour servir de tombeau de famille. Elle n'est qu'un des monuments les plus marquants d'une immense nécropole dont une bonne partie reste à explorer. Les représentations qui couvrent ses murs témoignent sûrement moins d'une influence de l'art grec sur l'art égyptien, que d'une volonté délibérée de créer un style nouveau associant l'un à l'autre : du résultat, parfois gauche, parfois surprenant, mais toujours intéressant, il se dégage un charme particulier qui atteste que cette tentative presque unique ne fut pas simplement un échec.

On atteint la tombe par un chemin pavé de 20 m de long sur 4 de large à g. duquel s'élève un petit **autel** carré dont les quatre angles se relèvent de manière à former quatre grosses cornes.

La tombe qui, de l'extérieur, se présente comme un petit temple ptolémaïque, se compose de deux parties : un vestibule et une chapelle.

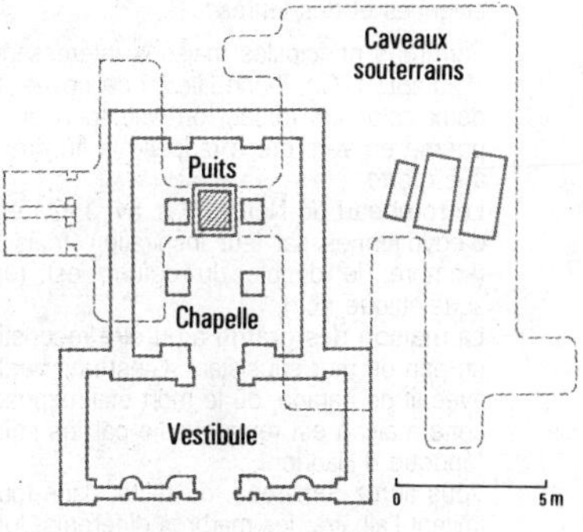

Tombe de Pétosiris (d'après G. Lefebvre).

Le **vestibule** est destiné au culte de Pétosiris lui-même : la décoration est mêlée d'éléments grecs, ou même, dans certains thèmes, nettement hellénisée, tandis que la chapelle, construite plus anciennement, présente des thèmes égyptiens traditionnels, soulignés, il est vrai, par un décor de soubassement purement hellénistique.

La **façade du vestibule** est à quatre colonnes réunies par des murs d'entrecolonnement où Pétosiris est représenté sacrifiant aux dieux de son nome.

Dans le vestibule, ces quatre panneaux seront consacrés aux arts et métiers, travail des métaux, pesée, préparation des onguents, travail du bois (tour, fabrication d'un lit de parade, etc.). Les parois E. et O. sont consacrées à des **scènes agricoles** : à l'E. le labourage et les récoltes du lin et du blé, le battage du blé ; à l'O. les troupeaux, la vendange et la fabrication du vin. Au S., c'est-à-dire face à l'entrée, deux longs **défilés des fils et des filles de Pétosiris** au-dessus de bases qui représentent : à g. de la porte, des apports d'offrandes, à dr. une scène de sacrifice.

La **chapelle**, construite en premier par Pétosiris, est dédiée à son père Djedthothiouefânkh et à son aïeul Djed-Dhoutioufânkh. Dans la chapelle à quatre piliers, nous trouverons des **scènes traitées** davantage **à l'égyptienne** : ce sont des scènes funéraires et mythologiques. Mur E. (à dr.), la procession des funérailles. Mur S., adoration de dieux par Djedthothiouefânkh et Sechou. Mur N., Pétosiris et son frère devant une table d'offrandes. Mur O., Djedthothiouefânkh adorant les divinités diverses. Le puits est fermé. Le cercueil de Pétosiris a été transporté au musée du

Caire (*R.d.C., salle 49),* où l'on pourra admirer les superbes hiéroglyphes de pâte de verre incrustés dans le bois noir de son couvercle.

Les fouilles entreprises depuis 1930 ont révélé, derrière le tombeau de Pétosiris, une véritable « **cité des morts** ». Avec l'habitude des Égyptiens (qui subsiste dans l'Égypte d'aujourd'hui) de visiter les morts et de vivre un peu avec eux, on a là des tombes à plusieurs pièces (comportant même une cuisine) et à étage. Le tombeau n'est alors que la plus belle pièce d'une maison où l'on vient aux jours anniversaires passer quelques heures, une soirée, une nuit et faire au moins un repas.

L'architecture des tombeaux mêle les styles, réunissant dans une même façade le **fruit** des murs égyptiens et le **fronton** grec, les colonnes, la pierre calcaire égyptienne, les portes, les ornements helléniques.

Des rues entières comme celles d'une ville se succèdent. Quelques **tombes** datent d'avant la conquête grecque ; beaucoup d'autres sont de l'époque ptolémaïque et, pourrait-on dire, alexandrine, car cette partie de l'Égypte est encore assez proche du Delta, et il n'est pas impossible que des rapports étroits aient uni Alexandrie, nouvelle capitale intellectuelle, à l'antique cité de Thoth, dieu de l'écriture, des sciences et des lettres.

Parmi les principales maisons intéressantes à visiter, citons le **tombeau d'Isidora** (120 apr. J.-C.), jeune fille morte noyée. Une grande coquille ou conque, posée sur deux colonnes torses, orne le fond du tombeau au-dessus du lit de parade. Un poème en vers grecs rappelle la fin prématurée et les hommages qu'on va rendre à la morte.

Le **tombeau de Neith** (Ier s. av. J.-C.) est décoré de scènes que l'on peut qualifier d'égyptiennes par leur inspiration, mais hellénistiques par le réalisme des images (l'ombre, le double du défunt, est représentée sous forme d'un personnage squelettique noir).

La **maison des graffiti** a pu être reconstituée grâce au plan dessiné qui figurait sur un pan de mur subsistant. C'est une véritable maison avec cuisine, salles, chambre avec lit de parade, où le mort était exposé avant d'être descendu dans son caveau ; cette maison est remarquable par les imitations de marbres et de stucs qui l'ornent (époque d'Hadrien).

Vous aurez remarqué, du reste, dans toute cette nécropole, l'emploi des peintures imitant l'albâtre, les marbres différents, toutes matières semi-précieuses. La tradition veut que ces stucs peints en trompe-l'œil soient l'œuvre d'ouvriers alexandrins.

Au S.-O. de la nécropole, une **balustrade sacrée** délimite un enclos au sol de terre rapportée (auj. couverte par le sable) qui présentait encore les traces d'un jardin de palmiers : il semble qu'on se trouve en présence d'un parc d'élevage d'ibis sacrés. Une grande **sâqiya**, dont subsistent d'importants éléments, l'alimentait en eau : le puits, de construction romaine, a 34 m de profondeur et sa structure rappelle celle du puits de Joseph à la Citadelle du Caire (→ *p. 269*).

15 -Tell el-Amarna

Situation : → *it. 10, km 284.*

Un vaste cirque désertique cerné de falaises et ne s'ouvrant que sur le Nil : Tell el-Amarna est bien le site que l'on imagine convenir à Akhenaton l'idéaliste. Dans cet univers clos, loin des lieux habités, le roi et ses fidèles ont, de façon éphémère, vécu en marge de l'Égypte et de son histoire.

Passé les hameaux d'aujourd'hui et les maigres cultures qui les entourent, vous découvrirez le site d'Amarna à peu près tel que le vit Akhenaton avant d'y bâtir : un endroit « qui n'appartenait ni à un dieu, ni à une déesse, ni à un prince, ni à une princesse », selon les termes mêmes du roi, un lieu redevenu désert après avoir été le théâtre d'une aventure dont l'étrangeté n'a pas fini de susciter commentaires et controverses. Palais et temples n'ont laissé ici que des traces difficilement reconnaissables, et la ville elle-même, Akhetaton « l'Horizon d'Aton », n'offre plus que des « moignons de murs que l'imagination s'essouffle à rebâtir », destruction qui témoigne infiniment moins de la vengeance des hommes que de l'action du temps.

Le roi mort, courtisans et ouvriers repartirent pour Thèbes mais, si les constructions de brique crue qui, pendant les vingt années de l' « épisode amarnien », abritèrent riches ou pauvres, n'ont pas résisté à l'érosion, le domaine des morts, creusé dans le roc, peut témoigner pour elles. Dans ces tombes abandonnées, souvent inachevées, parfois même à peine ébauchées, les sculpteurs ont fixé pour l'éternité ce que furent les jours à *Akhetaton,* ce domaine du soleil aux multiples bras dispensateurs de vie.

Tell el-Amarna dans l'histoire

Les raisons d'un choix. — Les motifs qui déterminèrent Aménophis IV à rompre avec le clergé de Thèbes sont difficiles à discerner aujourd'hui, aucun texte connu n'y faisant allusion. Ils ont pu être d'ordre politique et inspirés par le désir de porter un coup à l'hégémonie des prêtres d'Amon, enrichis par les donations des règnes précédents. Mais il apparaît assez clairement qu'Aménophis IV a voulu se poser aussi en théoricien de dogmes nouveaux.

Une ville éphémère. — En l'an IV de son règne, il abandonna Thèbes et ses dieux. Échangeant son ancien nom pour celui d'Akhenaton, « cela est agréable à Aton », il alla s'établir dans un territoire dépendant du nome du Lièvre, avec son nouveau dieu Aton (le disque), qui n'était en réalité qu'une des formes du dieu héliopolitain Rê. Cette révolution à la fois politique et religieuse eut son contrecoup dans le domaine des arts, le roi intruisant lui-même ceux qui étaient chargés d'affirmer l'esthétique

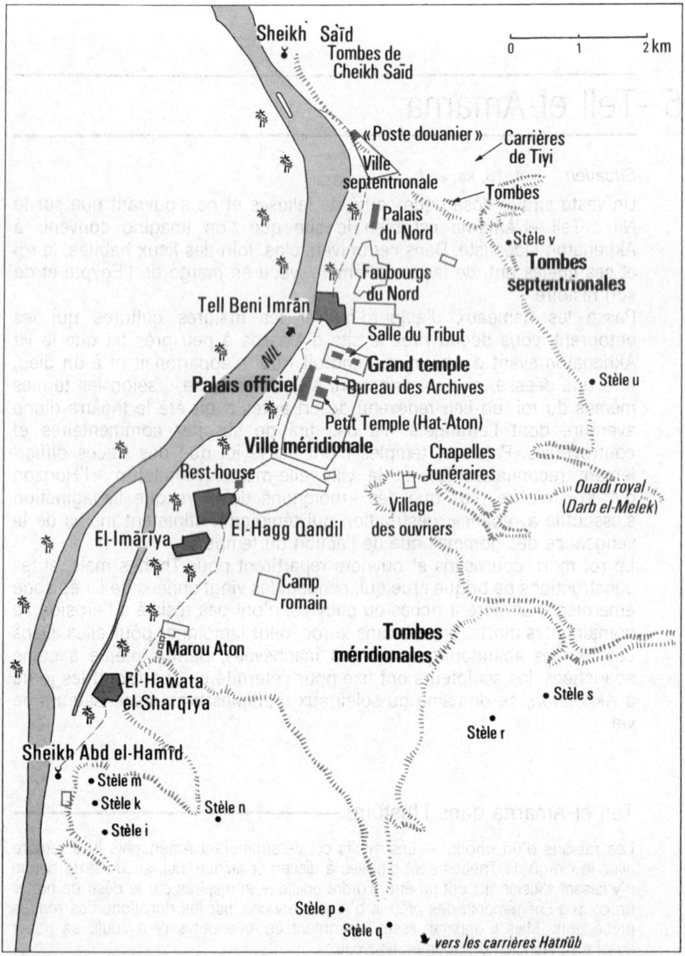

Le site de Tell el-Amarna (d'après Pendlebury).

nouvelle. Sous la conduite d'un certain Baki, sculpteur de Thèbes, des équipes furent improvisées, recrutées sans doute parmi les artistes chevronnés.
La force des traditions séculaires devait toutefois l'emporter : El-Amarna et son dieu ne survécurent guère à Akhenaton, après une existence d'un quart de siècle.

Le site

Le nom de **Tell el-Amarna,** qui tire son origine de la tribu bédouine des Beni Amrān, s'applique auj. à la partie orientale du territoire que le roi Aménophis IV érigea en domaine du dieu Aton et où il bâtit sa nouvelle capitale **Akhetaton.**
Les ruines de la ville d'Akhetaton, qui longent le bord du Nil sur un parcours de 2,5 km au N. de Hagg Qandīl, se composent d'un immense palais, de deux temples et de nombreuses maisons. Mais tout cet ensemble est auj. réduit à l'état de vestiges et d'arasements difficilement reconnaissables pour les non-initiés.
De la ville d'Akhetaton rayonnent un grand nombre de chemins encore très visibles grâce à leurs bordures de pierres. Ces chemins aboutissent à la nécropole ainsi qu'aux stèles-frontières.

La **nécropole** se compose de trois groupes de tombeaux, dont deux sont creusés dans les parois du cirque et dont le troisième occupe le fond d'une large vallée, le Darb el-Melek, qui s'ouvre presque en face de Hagg Qandīl.

Les **stèles-frontières,** qui fixent la délimitation du nome fondé par Akhenaton, sont de grandes inscriptions rupestres, au nombre de 14, d'env. 4 m de haut. Sous le cintre, tableaux représentant la famille royale en adoration devant le disque solaire. Le texte, assez prolixe, contient, au milieu de prières et d'invocations, l'engagement pris par le roi de ne pas franchir les limites de l'État d'Akhetaton.
Trois de ces stèles, situées à Tuna el-Gebel (A; → *chap. 14B*), Derwa (B) et Dilga (F), marquent sur la rive g., à la lisière de la chaîne libyque, les limites N.-O. et S.-O. Celles qui jusqu'à présent ont été découvertes sur la rive dr. sont au nombre de 11.

Ces monuments, mutilés de façon lamentable, sont difficiles à voir en leur ensemble. Les stèles A et B peuvent être visitées en même temps que la nécropole de Tuna; U, sur la rive dr., est assez près des tombes nord pour qu'on puisse la voir en même temps.

Visiter Tell el-Amarna

Une visite très complète du site nécessiterait plus d'une journée mais, à moins d'être accompagné d'un archéologue connaissant bien les lieux, vous n'en tireriez pas un profit proportionnel à votre fatigue. Vous pourrez vous contenter d' ***une bonne demi-journée,*** *ce qui, même avec un court arrêt aux ruines de la ville, vous laissera du temps pour examiner à votre guise les tombes les plus intéressantes.*
Venant de ***Miniā,*** *vous quitterez la route de Haute-Égypte 5 km avant* ***Deir Mawās,*** *soit 49,5 km après Miniā : un panneau indicateur signale la petite route conduisant au bord du Nil que vous traverserez en felouque. En hiver, de l'autre côté, un tracteur avec remorque munie de sièges pourra vous emmener aux tombes (le circuit des tombes N. et S. et des ruines de la ville représente une quinzaine de kilomètres, en plein désert) : comme pour l'excursion de Beni Ḥasan (→ p. 465), renseignez-vous dans les hôtels de Miniā pour savoir si ce tracteur fonctionne, ainsi que pour en connaître les tarifs et ceux de la traversée.*

Visite : *t.l.j. de 7 h à 17 h. Entrée payante.*

TOMBEAUX DE TELL EL-AMARNA

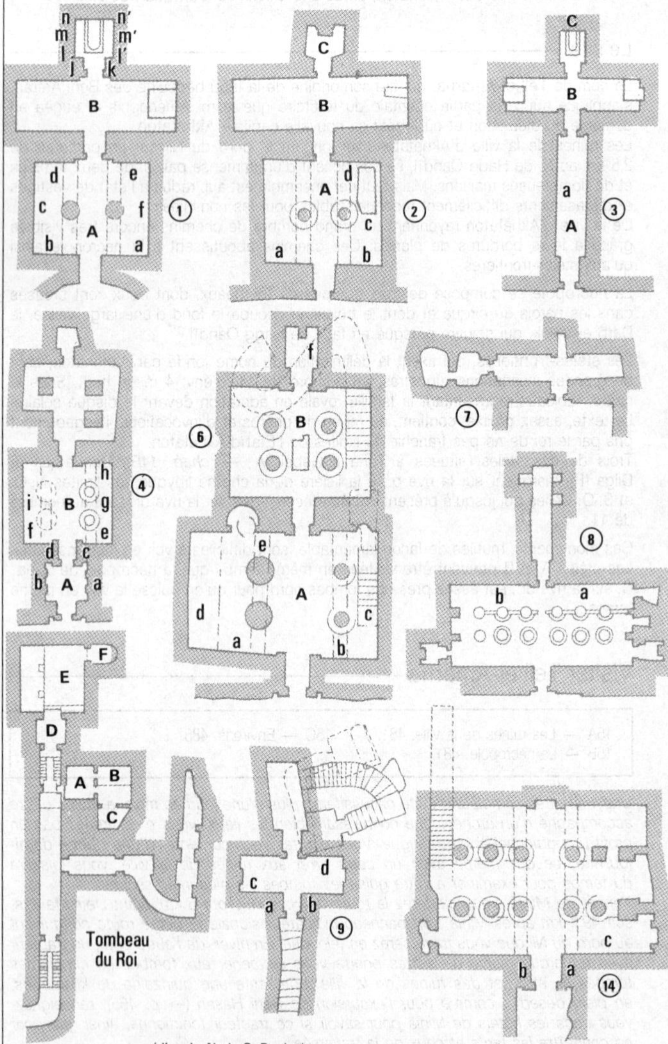

(d'après N. de G. Davies)

15 A — Les ruines de la ville

Le **palais** formait un long rectangle ayant son grand axe dirigé du N. au S. ; il était entouré d'une **double enceinte** en brique ; on y reconnaît les arasements d'un **grand hall**, ou cour découverte entourée jadis de statues colossales du roi et de la reine ; dans l'axe principal, un petit **pavillon** d'où montait une rampe vers la grande colonnade S.
Puis une cour ouverte, plus bas, à laquelle mène aussi une rampe. On rencontre à cet endroit, et coupant l'axe principal N.-S., les traces du **pont** qui menait des bâtiments situés au bord du fleuve au **logis privé du roi**, et cela en passant au-dessus de la principale rue de la ville. De l'autre côté du pont, plus au S. encore, les bâtiments, cours, jardins continuaient. Les **magasins** de brique crue, qui semblent avoir été installés avant l'établissement du plan définitif, sont à l'E.

Le **grand temple** est un vaste rectangle de près de 800 m sur 275 m dont le grand axe est perpendiculaire à celui du palais. Le **sanctuaire** n'occupe, à l'extrémité E., qu'une minime partie de l'aire ; mais, d'après la reproduction qui en est donnée dans la tombe n° 4, il ne différait pas dans ses lignes générales des temples thébains.

Dans l'angle formé **entre le palais et le grand temple** étaient groupées **diverses constructions** séparées par de grandes rues à angle droit ; l'une d'elles, et des plus exiguës, est l'endroit où auraient été découvertes les **tablettes cunéiformes** composant la correspondance des cours orientales avec les rois Aménophis III et IV.

15 B — La nécropole

La visite des tombes est plus intéressante. Les trois groupes de tombes dont se compose la nécropole ont des hypogées du type thébain. Des ruines de la ville d'Akhetaton, en vous dirigeant au N.-E. vers l'embouchure du wādī le plus septentrional, vous atteindrez d'abord les tombeaux du groupe N. Des trois situés au N. de l'embouchure du wādī, seuls deux sont intéressants.

●●● Le ***tombeau** (n° 1) **de Houya,** « chambellan de la reine Tiyi », se compose de trois chambres en enfilade.

Porte d'entrée : sur les parois d'embrasure, litanies et représentation du défunt priant.
Chambre A : le plafond était supporté par deux colonnes fasciculées dont celle de g. seule subsiste.
— **a, b**, tableaux symétriques : la reine mère Tiyi associée au culte d'Akhenaton. En **a**, Tiyi (coiffure d'Hathor) assise à dr. sur un siège d'apparat ; à ses côtés, la petite princesse Baketaton lui tend un plateau ; à g., **Akhenaton et sa femme** ; à leurs côtés les deux autres filles ; offrandes devant chaque groupe. A côté, deux serviteurs saluent le roi ; des personnages sacerdotaux viennent faire l'offrande ; d'autres préparent des mets solides et liquides, pour le **dîner du roi** et de sa famille servi dans la salle à manger du palais et agrémenté de musique : avec tout un concert d'Égyptiens (mandore, harpe, lyre) et d'Asiatiques (grande lyre). Soubassement : un homme poursuit un chacal. En **b**, scène analogue ; au reg. inf. : deux Asiatiques jouent de la lyre à quatre mains.
— **c, retour d'une expédition** : le roi, porté en palanquin, se dirige vers son pavillon (où va avoir lieu la réception des tributs), précédé de ses troupes ; porteurs du tribut (rondelles et anneaux d'or, ancienne forme de la monnaie) ; nègres chargés d'ivoire et de meubles précieux ; Asiatiques à costumes frangés et drapés ; à dr. groupe de petites almées.
— **f, le roi conduit sa mère Tiyi dans la visite du nouveau temple** qu'il a construit pour elle et son père. Statues royales sous le portique. Soubassement : procession comprenant tout le personnel supérieur et subalterne. — **e, décoration de Houya**

en présence du roi dans sa loggia. Au-dessous, **scènes d'atelier** chez le sculpteur Iouty qui peint le portrait de la petite Baketaton ; — dans l'angle **d**, scène semblable, très mutilée. — Porte : litanie, personnages orants tournés vers l'O.

La **chambre B** n'est pas décorée, on y voit encore le puits. — Porte **j-k** : litanies, personnages tournés vers le fond de la niche (vers l'E.).

Chambre du fond : niche de la statue funéraire qui est martelée : **l-l'**, deux jeunes femmes (les sœurs) agenouillées ; au-dessus, amoncellement d'offrandes. — **m**, **offrandes** funéraires, pleurs et pleureuses, l'officiant verse une libation sur les fleurs ; — **m'**, apports de présents ; — **n, n'**, curieuse **représentation du mobilier funéraire** : lit, char, siège avec les sandales et les cannes, etc.

••• Le ***tombeau** n° 2, commencé sous Akhenaton, achevé sous Sémenkhkarê, est au nom d'un certain **Méryrê,** « scribe royal, inspecteur du double trésor, chambellan de Nefertiti ». Même plan que le précédent.

Porte d'entrée : sur les parois d'embrasure, le défunt adorant le soleil levant.
Chambre A : — **a, Akhenaton assis** ; la reine lui verse de l'eau dans une coupe ; à côté, trois jeunes princesses ; au-dessous, concert. — **b, le défunt** (reg. sup.) **reçoit les colliers du roi,** assis dans sa loge traditionnelle, et (rég. inf.) est acclamé par la foule en liesse ; danseuses. Dans la partie supér., noter les groupes d'étrangers, asiatiques, libyens, etc. Sous la loge, prisonniers dessinés en noir et rouge.

— **c**, scène remarquable au centre de la composition : **Akhenaton**, sous son dais avec sa femme et ses filles, **reçoit des délégations étrangères** : **1° des Africains,** la figure peinte en rouge **transportent des briquettes et des rondelles d'or** ; amas d'or dans des coupes et sur des tables ; or en sacs ; on amène des antilopes, une panthère ; on porte des peaux, des plumes, des plantes ; on conduit par un licou des esclaves noirs, hommes et femmes portant leurs enfants dans des hottes ; en bas **réjouissances populaires** pittoresques ; **2° hommage rendu au roi par les peuples de l'Asie** : butin militaire, char, boucliers, etc. ; Asiatiques conduisant des esclaves blanches, des animaux à cornes, un lion d'Asie ; on amène des prisonniers ; char, cheval, vases, étoffes, etc. ; **3°** en bas, sur toute la longueur, une **double procession de personnages** ; le palanquin royal est vide ; la garde, composée de nègres et de Libyens armés alternativement de lances et de bâtons crochus, s'incline dans l'attitude de l'adoration. Offrandes de pièces d'orfèvrerie : les porteurs sont agenouillés, les bras tendus vers le roi. A dr. les chars du roi et de la reine attendent ; soldats et porteurs.

— **d**, scène en partie détruite, de la **décoration du défunt**. Le reste du tombeau (B et C) est fruste.

Les autres tombeaux du groupe N. sont situés de l'autre côté de l'embouchure du wādī, à quelques minutes au S.-E.

••• Le **tombeau** n° 3, qui est celui d'**Ahmès,** « flabellifère à la droite du roi », est inachevé.

Porte d'entrée, parois d'embrasure : hymnes au Soleil.
Chambre A, en **a**, tableaux, aux trois quarts détruits, des **hommages rendus au roi** par le défunt et toutes les troupes. A l'intér. du palais, placé derrière le trône, nombreuses musiciennes exécutant un **concert** dans la cour centrale de l'édifice, et tous les appartements du palais.
Au-dessus, les **magasins** ; devant, les **troupes** : l'infanterie de ligne, armée du bouclier cintré, de la lance et de la hache ; la milice étrangère, dont deux hommes, armés de l'arc, sont coiffés du mortier plat que nous retrouvons porté plus tard par les Hittites. Jolie **ébauche** à l'encre rouge **d'un attelage.** — Nombreux graffiti grecs, un peu partout. Au fond de la niche, statue du défunt.

••• Le ***tombeau** (n° 4) du « flabellifère » **Méryrê,** « grand-prêtre du Disque solaire », est l'un des plus importants. Il se compose de trois chambres dont deux entièrement décorées.

Porte d'entrée, parois d'embrasure : Méryrê adorant le Soleil.
Antichambre A. — En **a** et **b** stèles décorées de bouquets. — Textes sur les autres parois. — Sur l'embrasure **c-d** de la seconde porte, le défunt et sa femme Tenro en prière.
La **chambre B** avait sa couverture supportée par quatre colonnes (deux subsistent encore). — **e**, en haut, le roi, accompagné de la reine et des deux princesses Méritaton et Makétaton, fait le **sacrifice du Soleil.** Au-dessous du Disque la **représentation, unique** dans les monuments égyptiens, **d'un arc-en-ciel** soigneusement dessiné ; au-dessous, chanteurs aveugles jouant de la harpe ; d'autres, rangés derrière leur chef, accompagnent en battant des mains.
— **f**, le roi récompense Méryrê. — **g**, reg. sup., le **sacrifice** accompli par le roi et la reine devant le temple ; les quatre princesses jouent du sistre ; suite du roi, officiers, etc. Reg. inf. : au centre, le roi et la reine, deux princesses et les flabellifères. Méryrê fait faire au roi l'**inspection des magasins du temple** ; dehors, à dr. le port avec, sur la rive, une étable abritant des bœufs, sur la berge, les chars royaux, et sur l'eau, la flotte ; à l'avant du bateau, les matelots saluent ; à l'arrière, **plan descriptif du palais.** — **i**, le roi et la reine se rendent en char au temple du Soleil ; au-dessous, la garde.
Le reste du tombeau est inachevé ; dans la 2e chambre, travail de creusement par échelons successifs qui remplacent un échafaudage.

•*• Le **tombeau** (n° 6) **de Panehesy,** a servi de chapelle aux moines installés dans les tombes voisines, notamment dans la précédente qui possède de nombreux graffiti coptes.

Porte d'entrée ; extérieur : **scènes d'adoration** où figurent les deux naines royales, sur le linteau, à dr. et à g. ; embrasure : à g., scène d'adoration par le couple royal, en haut ; par le défunt, au-dessous ; à dr., scène identique, les naines reparaissent ; le roi et la reine portent des diadèmes composites. **Chambre A** : primitivement quatre colonnes papyriformes (deux subsistent à dr.). Les quatre parois sont décorées de scènes relativement bien conservées : — **a, le couple royal,** dans sa tribune, **confère à Panehesy les colliers d'or** ; charmant groupe des filles du roi, à côté de la tribune sur le rebord de laquelle on lit, discrètement écrit : « Nestor L'Hote, janv. 1839 » ; baptistère copte, au-dessous. — **b**, grande scène d'**hommage aux souverains,** un peu mutilée. — **c** (la paroi est entamée par un escalier conduisant au caveau), belle **scène militaire** : le roi, la reine et leurs filles sur leurs chars galopent au milieu des troupes. — **d, représentation d'un temple** avec toutes ses dépendances : le roi et la reine, montés sur l'autel, célèbrent le culte. — **e**, a servi de baptistère : sur la partie intacte du mur, **scène d'adoration** accomplie par le roi et la reine ; à l'extrémité dr. une **stèle,** très mutilée. Dans l'embrasure de la seconde porte, le défunt, représenté obèse, et sa fille adorant.
La **chambre B** est peu décorée ; au fond, **niche** où la statue du défunt a été martelée ; sur la paroi **f, offrande funéraire** faite au défunt et à sa famille.

Les tombeaux du groupe S. sont à env. 4 km S.

Le **tombeau** (n° 7) **de Parennefer,** « artisan royal, laveur des mains de Sa Majesté », est décoré des mêmes motifs que les tombeaux du groupe N.

Grands bas-reliefs à la façade (adoration du disque solaire par le roi, etc.). Dans le tombeau, la scène de la **décoration du défunt** par le roi et la reine. — La paroi E. est inachevée : un grand tableau est ébauché en noir ; la petite paroi S. aussi : une stèle est dessinée, mais non encore gravée.

•*• Le **tombeau** (n° 8) **de Toutou,** « Chambellan » (?), dont le plan offre un grand caractère architectural, est malheureusement inachevé. Sur la porte, trace d'inscription : noms et titres du personnage ; sur le montant g., le couple royal et trois princesses en adoration devant le disque ; au-dessous, hymne au Soleil.

La **grande salle**, qui mesure 16 m dans son grand axe, a sa voûte supportée par deux rangées de colonnes (six par rangée) ; les colonnes de la rangée postérieure étaient reliées par des murs d'entrecolonnement, sauf dans la travée centrale.
Seul le mur E. est décoré : — **a, Toutou recevant la décoration** du collier devant le roi assis dans sa tribune ; autres scènes de sa carrière militaire, etc. — **b, le défunt rend hommage au roi** assis avec la reine. Il se vante d'être celui qui recevait les étrangers de tous pays qui venaient en Égypte. Les tablettes cunéiformes mentionnent un fonctionnaire égyptien de ce nom. Une colonne porte les traces d'une riche décoration.

●●● Le **tombeau** (nº 9) **de Mâhou** a son entrée en contrebas ; on y accède par quelques marches. De petites dimensions, sur plan cruciforme, mais décoré de tableaux intéressants. Le défunt était commandant de la police militaire de la ville d'Akhetaton. Sur les montants de la porte d'entrée, invocation au disque solaire.

Vestibule : — a, le roi et la reine, suivis de la jeune princesse Méritaton, **en adoration** devant le Soleil ; au-dessous, litanie au Soleil que récite Mâhou agenouillé. — **b,** autre acte d'adoration par le même.
Dans la **salle transversale,** les scènes ordinaires ébauchées et inachevées sont nombreuses : ainsi, la scène où **Mâhou,** décoré de colliers est en adoration devant le Soleil irradiant au-dessus de son temple, est entièrement dessinée, seule la tête de Mâhou est gravée. En **c, le roi à son balcon,** est seul dessiné de toute la scène. **Mâhou** est représenté **dans l'exercice de ses fonctions ;** en **d** remarquer les personnages qui, sur le bord de la route, semblent tendre une corde à nœuds, et font des signaux par le déplacement des nœuds d'une guérite à l'autre. Partout des traces de l'activité de Mâhou : un fortin dans le désert, le tribunal, Mâhou faisant un rapport, etc.
Le caveau de ce tombeau est le seul qui soit terminé de toute la nécropole de Tell el-Amarna, et le seul qui a peut-être été utilisé.

Le **tombeau** nº 14 est celui d'un « flabellifère à la droite du roi », dont **le nom (Mây) a été gratté** intentionnellement ; quoique incomplètement excavé, il a été, suivant l'habitude, livré aux mains du décorateur.

Embrasure de la porte : — **a,** le défunt et le texte de sa litanie ; — **b,** scène d'**adoration du roi,** de la reine et de ses filles. A l'intérieur de la **chambre,** à dr. (c), **esquisse d'un bas-relief** avant la gravure : un palais auquel aboutit un chemin qui, parti d'un embarcadère, traverse un jardin ; représentations de plantes ; bateaux sur le Nil.

●●● Le **tombeau** (nº 25) **d'Aï** est inachevé. Ce personnage, qui était « père divin et flabellifère à la droite du roi », épousa une des parentes royales, Tiyi (la nourrice de la reine Néfertiti), et devint plus tard roi d'Égypte. Le tombeau, commencé du vivant d'Akhenaton, fut abandonné lors de la réaction thébaine qui suivit la mort du roi, et Aï s'en fit préparer un autre à Thèbes, où il fut enseveli.

Sur les montants de la **porte d'entrée,** hymnes au Soleil ; dans l'embrasure, à g., Aï et sa femme en adoration : il est agenouillé, tenant d'une main le flagellum et les attributs de la royauté ; sa femme, Tiyi, également agenouillée, élève les deux bras dans l'attitude de l'adoration ; au-dessus, hymne au Soleil qu'ils sont censés réciter. Au-dessus, le roi et la reine accompagnés de leur suite, récitent une prière au Disque solaire ; à dr., hymne solaire ; au-dessus, Aï et sa femme agenouillés.
La **chambre,** dont le plafond devait être supporté par plusieurs rangées de colonnes,

chacune à chapiteau papyriforme, n'en a que quatre de terminées ; les autres sont dégrossies ou simplement amorcées dans le fond.
Un seul tableau achevé sur la paroi, à g. en entrant : scène bien connue de **distribution de colliers et de pièces d'orfèvrerie** ; les gens d'Aï expriment leur joie par des danses, au 1er plan ; aux 2e et 3e plans, la garde étrangère ; au 4e plan, les scribes hors la porte du palais ; des factionnaires bavardent avec des gamins ; tout cela nous fait participer à la cérémonie où le roi et la reine avec trois de leurs filles dans la loggia, à g., font pleuvoir les colliers sur Aï et sa femme.
A dr., suite des serviteurs d'Aï qui le félicitent à son retour de la cérémonie.
Sur les colonnes, le défunt à petite échelle ; au fond, fausse porte sur le linteau de laquelle est représenté le Disque solaire dardant ses rayons sur deux cartouches d'Aton et ceux du roi et de la reine ; à dr. et à g., le défunt et sa femme agenouillés.

Le ***tombeau du Roi**, découvert en 1892, est situé dans un cul-de-sac que forme le ravin tortueux nommé par les Arabes **Darb el-Melek** et dont l'embouchure est à peu près en face de Hagg Qandīl. Sa distance de ce dernier lieu est d'environ 10 km à vol d'oiseau, 12 en suivant le ravin.

Fermé depuis 1934 et affreusement mutilé, le tombeau royal n'offre plus d'intérêt pour le touriste, et présente pour les archéologues qui veulent à tout prix le voir, les plus grandes difficultés matérielles. Une mission anglaise y a travaillé au début des années 80 pour en préparer la publication.

15 C — Environs

●➜ **1 — Carrières de Hatnūb.** — Le plateau, qui s'élève à 120 m au-dessus du Nil, est sillonné de vallées tortueuses où l'on trouve la trace de plusieurs carrières. La vallée aux nombreuses ramifications qui débouche au milieu du groupe des tombeaux N. a été exploitée sous la XVIIIe et la XIXe dyn. Les filons d'albâtre y sont fréquents : ceux qui se trouvent au S.-E., à 15 km du Nil, ont été exploités dès la IVe dyn. Un peu au S., d'autres carrières semblent avoir eu la préférence sous la XIIe dyn. C'est cet ensemble qui constituerait les carrières d'albâtre de Hatnūb.

●➜ **2 — Sheikh Sa'īd.** — A quelques kilomètres au N. des ruines de la ville d'Akhetaton on aperçoit un éperon rocheux de la chaîne arabique à la base duquel se trouve la **stèle X**, d'Akhenaton, qui marque la limite N. sur la rive dr., du domaine que ce roi avait octroyé à sa nouvelle capitale. Cette stèle X est la plus ancienne et, historiquement, la plus intéressante, parce que Akhenaton y proclame dans un long texte la prise de possession du site de sa nouvelle ville et du domaine de celle-ci. Il y dit aussi que le site n'était pas consacré et qu'il n'en a dépossédé aucun dieu.

Au pied de l'éperon rocheux se trouvent les ruines considérables d'une ville antique. Les fouilles en ont établi le plan : c'est la **banlieue N. de la ville d'Akhetaton**, avec, semble-t-il, le palais de la reine Néfertiti, dans une enceinte de brique crue avec une grande porte.

Un peu plus loin au N., les **tombeaux de Sheikh Sa'īd** (que les habitants de l'endroit ne connaissent guère que sous le nom de **deir Abū Fam**, ou couvent de Saint-Phoibamon, les hypogées, ici comme à Béni Ḥasan et Tell el-Amarna, ayant été occupés par des moines qui aménagèrent la tombe de Ourirni en chapelle) forment dans l'éperon rocheux une série d'excavations ; nombreuses traces d'exploitation moderne.
Ces hypogées sont ceux des princes du nome du Lièvre, qui vivaient sous l'Ancien Empire. Ils sont laissés à l'abandon et abîmés par des graffiti arabes modernes : tombeau du prince Merou (appelé Bebi) commandant du palais de Pépi Mérirê, des princes Ouiou et Téti-ânkh (appelé Imhotep) également investi de la dignité de chef de palais ; ceux de Serefka, appelé par erreur Ourirni I, et de son fils Ourirni.

16 - Asyūt (Assiout)

Situation : → it. 10, km 357.

Asyūt est la plus grande cité de Haute-Égypte, un chef-lieu de gouvernorat, le siège d'une université et une ville de 200 000 hab., s'étendant au bord du Nil que longe une belle promenade ombragée. La région ayant été récemment le théâtre de violents affrontements entre coptes et fondamentalistes musulmans, la ville est sillonnée par des patrouilles militaires. La plupart des monuments sont fermés, et la police ne souhaite pas la présence de touristes, qui peuvent se voir interdire de sortir de leur hôtel. Dans ces conditions, on ne saurait trop conseiller d'éviter cette ville pour visiter des contrées plus calmes...

Asyūt fut la capitale du XIIIe nome de Haute-Égypte. Elle avait pour divinité principale le loup Oupouaout, «le guide des chemins», d'où le nom de Lycopolis, «la ville du loup», que lui donnèrent les Grecs. Au point de vue historique, elle ne paraît avoir joué qu'un rôle secondaire.

Asyūt est la ville natale de Plotin, philosophe néo-platonicien qui vécut au IIIe s. de notre ère.

C'est principalement à l'époque musulmane que l'importance de la ville commença à s'accroître ; l'historien **Abūl Fêda** la cite comme capitale du Sa'īd. Elle dut sa prospérité au commerce des produits du Darfour, dont elle recevait les caravanes ; son marché d'esclaves était l'un des plus considérables d'Égypte.

La ville compte, dans sa population, plus de 40 % de chrétiens (ce qui ne se manifeste guère que lors des grands pèlerinages au deir Doronka) ; elle est cependant un fief de l'intégrisme islamique, comme on l'a vu le 8 oct. 81 où, 2 jours après la mort de Sadate, des heurts violents auraient fait 9 morts parmi les manifestants et 45 dans les forces de l'ordre.

Au N. de la ville, le Nil est barré par un **pont-barrage** construit en 1898-1902 et consolidé en 1933. Long de 833 m et haut de 12,50 m, ce barrage relève de 3,50 m le niveau du fleuve et alimente le canal Ibrāhīmiyya qui irrigue plus de 400 000 ha.

●●● Au S.-O., la falaise libyque se rapproche de la ville en un promontoire percé de plusieurs excavations que l'on aperçoit de loin : la **nécropole des princes d'Asyūt**.

De la gare, suivez, vers le S.-O., la rue Sa'ad Zaghloul qui, à la sortie de la ville, franchit le canal El-Mallah ; tournez à dr. à la sortie du pont et à g. 1,5 km plus loin ; après un second pont, sur le baḥr Sōhāgiyya, la route atteint le pied de la montagne (4,5 km du centre ville) ; la nécropole était encore, au printemps 1986, incluse dans une zone militaire, et sa visite interdite.

A mi-pente se trouve une première plate-forme, devant la **tombe du seigneur Hapidjefa,** prince d'Asyūt au temps de la XIIe dyn., sous le roi Sésostris Ier. Cette

tombe, à laquelle les Arabes donnent aussi le nom de Stabl Antar, « les Ecuries d'Antar », se compose de chambres précédées d'un vestibule ouvert et voûté en forme de porche d'où l'on a une vue étendue sur la ville et la vallée. Le tombeau est inachevé et n'a jamais contenu le corps d'Hapidjefa qui mourut en Nubie.
A la feuillure de la porte de la première chambre (à g. et à dr.), le défunt est dessiné debout, précédé d'un texte très mutilé.
La deuxième chambre est une grande excavation couverte d'un plafond légèrement voûté et conservant les traces de son ancienne ornementation. — Paroi E. : à dr., grande inscription de 64 lignes, se rapportant aux dix clauses d'un contrat passé par le défunt avec diverses catégories de prêtres et tendant à assurer à son Double, sur le revenu de ses donations, le service périodique de l'offrande, à certaines époques de l'année nettement stipulées. Les prêtres chargés de l'exécution du contrat sont : le prêtre du Double, véritable exécuteur testamentaire ; les prêtres astronomes du temple du loup Oupouaout, le stoliste, le chef des prophètes, le grand-prêtre, le chef des anciens de la nécropole et des Bédouins, le sheikh des Bédouins. A g., inscription s'adressant aux visiteurs et contenant le panégyrique du défunt. Au plafond, grecques et rinceaux.
Une porte élevée, entre deux niches, s'ouvre dans la paroi O. et conduit dans la troisième chambre ornée de trois niches. Sur les murs latéraux, le défunt recevant l'offrande ; dans la niche du centre : le défunt et trois femmes respirant des fleurs ; la niche de g. est l'entrée du puits.

Plus haut, sur une seconde plate-forme, s'ouvrent trois autres tombeaux, communiquant par l'intérieur. Encore plus mutilés que le précédent, ces hypogées contiennent les restes d'inscriptions historiques relatives aux guerres de la période héracléopolitaine.

Au pied de la falaise, du côté N., la plaine est parsemée de centaines de petites constructions blanches à coupole : c'est une des **nécropoles musulmanes** les plus étendues d'Égypte.

↔ A 7 km S. de la nécropole des princes d'Asyūt, par une petite route longeant le pied de la falaise, vous pouvez aller voir le **deir Doronka,** très important lieu de pèlerinage copte, vaste et curieuse bâtisse de béton accrochée à flanc de montagne, près de carrières antiques occupées à l'époque chrétienne par les moines, de même que, à 3 km plus au S., les curieuses tombes de **deir Rīfa,** dont deux ont été transformées en églises.

17 - Sōhāg

Situation : → it. 10, km 450,5.

Chef-lieu de gouvernorat, la ville est surtout connue pour sa production de colonnades. C'est de Sōhāg que se détache du Nil le baḥr Sōhāgiyya qui, passant par Asyūt, va rejoindre le baḥr Yūsuf en irriguant les terres situées au pied de la falaise libyque.

A 12 km N.-O (route), à la lisière du désert, se trouvent les deux couvents célèbres qui portent les noms de Couvent Blanc et de Couvent Rouge. Ces couvents, qui sont parmi les plus intéressants de l'Égypte, abritent des familles coptes. Ils s'animent début juillet avec l'arrivée des pèlerins, auxquels on peut se joindre. Aucun problème pour gagner les couvents en taxi. Au Couvent Blanc, restauration toute l'année. La visite des deux couvents est libre.

Le **Couvent Blanc** (deir el-Abiaḍ), connu aussi sous le nom de deir Amba Shenūda, auquel on arrive en premier lieu, a été élevé au IVe s. par Chenouté, le grand prophète et réformateur du cénobitisme, grâce à la généreuse donation du comte Césaire, fils de Candidien, haut personnage de l'administration byzantine. Ce couvent était une mine de manuscrits coptes dont une bonne partie est auj. dispersée dans les collections européennes. Le couvent affecte la forme d'une lourde construction rectangulaire en gros blocs de calcaire blanc provenant des

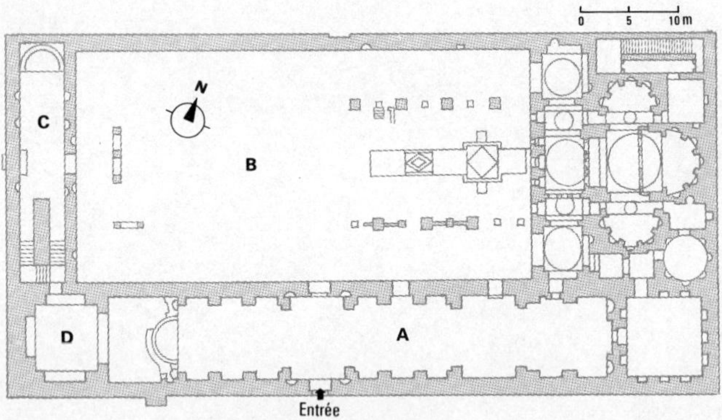

Le Couvent Blanc (d'après H. G. Evers et R. Romero).

ruines voisines d'Athribis. Les murs sont couronnés d'une corniche de style antique et percés de deux rangées de petites fenêtres semblables à des meurtrières, qui plus tard ont été bouchées. Des trois portes primitives, encadrées de granit et surmontées de la gorge antique, une seule, au S., est praticable. Elle s'ouvre dans un hall d'apparat (A), à l'origine surmonté d'appartements. Les cellules de moines et les services communs situés à l'extérieur de l'enceinte ont maintenant disparu.

La **basilique (B)** dans laquelle on pénètre par une porte en regard de l'entrée, remplit le reste de l'enceinte ; sa nef (partiellement encombrée de constructions parasites), comprise jadis entre deux rangées de colonnes qui supportaient les arcs des bas-côtés, se termine à l'E. par un **sanctuaire** de plan carré flanqué de trois chapelles absidales semi-circulaires. Le **heïkal**, qui occupe celle du fond, et les deux chapelles absidales sont décorés de deux ordres de colonnes surmontées d'une voûte en cul-de four où l'on voit encore deux peintures représentant le Christ en majesté et une croix triomphale inscrite dans une mandorle soutenue par des anges, œuvre d'artistes arméniens du XIIe s. Dans les entrecolonnements s'évident des niches sobrement décorées. Toutes les colonnes employées proviennent d'édifices antiques et sont adaptées tant bien que mal.

La nef est dallée de blocs de granit extraits d'un temple du voisinage, comme il est aisé de s'en rendre compte par les hiéroglyphes encore visibles ; il en est de même de la chaire et de son escalier.

A l'extrémité O., le **narthex**, dans lequel s'ouvrait l'entrée primitive de l'église, abrite d'un côté **(C)** une petite chapelle voûtée dont le **heïkal**, en forme d'abside, est décoré de cinq colonnes, et dont les murs latéraux sont ornés de trois niches (cette chapelle est précédée d'un vestibule avec colonnes aux angles) ; de l'autre côté **(D)** se trouve le **baptistère**.

Au S. du monastère, les ruines d'une ville du nom d'**Athribis** avec les débris informes d'un temple dédié à la déesse Sekhmet, d'époque gréco-romaine (cartouches de Ptolemée XII Néos Dionysos et de Germanicus). Le lieu garde encore le nom de Médinet Atrib ou de Médinet Acheich.

A 5 km N. du Couvent Blanc, dans un petit village ombragé de palmiers se trouve le **Couvent Rouge** (deir el-Aḥmar, appelé aussi **deir Amba Bichoï**). Plus petit que le précédent, mais de construction analogue, quoique son mur extérieur de briques l'en distingue, il doit être à peu près son contemporain. L'église, qui est une basilique à trois nefs, présente sur le Couvent Blanc l'avantage d'avoir des colonnes d'un modèle uniforme : chapiteaux très soignés ; beaux spécimens de rinceaux coptes.

→ A 5 km de Sōhāg, sur la rive dr. du Nil (pont) **Akhmīm** est l'ancienne Ipou ou Khemmîn, dont les Grecs ont fait Khemmis ou Panopolis, chef-lieu du IXe nome Panopolite.

Ce fut l'une des villes les plus importantes de la Haute-Égypte, illustrée par le temple du dieu Min, son éponyme, tardivement identifié par les Grecs avec le dieu Pan.

C'est surtout dans la littérature copto-arabe qu'Akhmīm (Chîmm) tient une grande place. Elle nous est représentée comme une ville de mœurs faciles, très attachée aux vieilles coutumes païennes. Elle avait une école de magiciens célèbres. Les moines lui firent une guerre acharnée. Athanase et Chenouté (ce dernier était natif de la ville ou des environs) dirigèrent contre ses temples une croisade iconoclastique des plus violentes et des plus sanglantes. Elle fut aussi le théâtre de persécutions dirigées contre les chrétiens.

La ville actuelle ne manque pas d'un certain caractère. Akhmīm est le principal centre de fabrication des châles de coton frangés et rayés de couleurs vives, dont il est fait grand usage dans toute l'Égypte. Plus récemment, les femmes y ont lancé de la broderie artisanale très recherchée.

18 -Abydos

Situation : → *it. 10, km 498,5.*

A la lisière des cultures et de la plaine désertique, loin du Nil, Abydos est avant tout une nécropole. Contrairement cependant à la nécropole memphite, ce ne sont pas les tombeaux — d'ailleurs mal conservés — des dignitaires locaux qui font aujourd'hui sa renommée, mais les innombrables stèles — dont les musées regorgent — laissées par les gens de passage et les édifices religieux qu'y bâtirent les rois pour perpétuer leur mémoire.

Célèbre dans l'Antiquité pour avoir abrité le tombeau d'Osiris, le dieu des morts, Abydos était un lieu de pèlerinage. Et c'est le mieux conservé de ses ex-voto, le temple de Séthi I, que vous allez visiter. En ce sens, le pèlerinage osirien n'est pas mort tout à fait.

Dans ce somptueux palais funéraire, dont les fins reliefs ont conservé des couleurs d'une parfaite fraîcheur, Osiris en effet règne en maître. Richement paré, entouré d'une cour de quelques divinités faisant, en quelque sorte, partie de sa famille, il emprunte son visage au roi Séthi I qui se trouve ainsi totalement identifié à lui. Rien, dans cet édifice conçu comme une hiératique villégiature, ne rappelle cette population inquiétante du Royaume des morts que l'on rencontre dans les tombes de la Vallée des Rois.

Abydos dans l'histoire

Les origines. — Abydos était une ville d'une étendue moyenne : elle occupait, du hameau d'El-Khirbā au hameau d'El-'Arābā, une très étroite langue de terre resserrée entre le désert et un canal dont on voit encore quelques vestiges. Mais c'est le privilège des villes saintes de persister à travers les siècles sans remplir aucune des conditions qui font les grandes cités. Ses origines, quoique très lointaines, nous semblent moins obscures que celles d'Héliopolis. This, berceau de la monarchie antique, était située sur le bord du Nil, entre Girgā et Balianā, peut-être même au N. de Girgā, à Birbā. Abydos fut à This ce que le plateau de Saqqara fut à Memphis ; cette nécropole historique, l'une des plus anciennes dans le souvenir des hommes, se trouva ainsi remplir, aux yeux des Égyptiens, les principales conditions pour abriter le tombeau d'Osiris.

Un lieu sacré entre tous. — Le mythe osirien, d'origine supposée busirite, trouva un terrain particulièrement favorable à Abydos, et s'y développa. C'est ainsi que le reliquaire d'Osiris, qui était censé contenir la tête du dieu dépecé par son frère ennemi, le dieu Seth, devint le plus saint des tombeaux du dieu des morts, auprès duquel les gens pieux voulurent être inhumés ; mais, pour concilier cette piété avec le désir très naturel à l'homme de reposer dans sa terre natale, on se borna à un

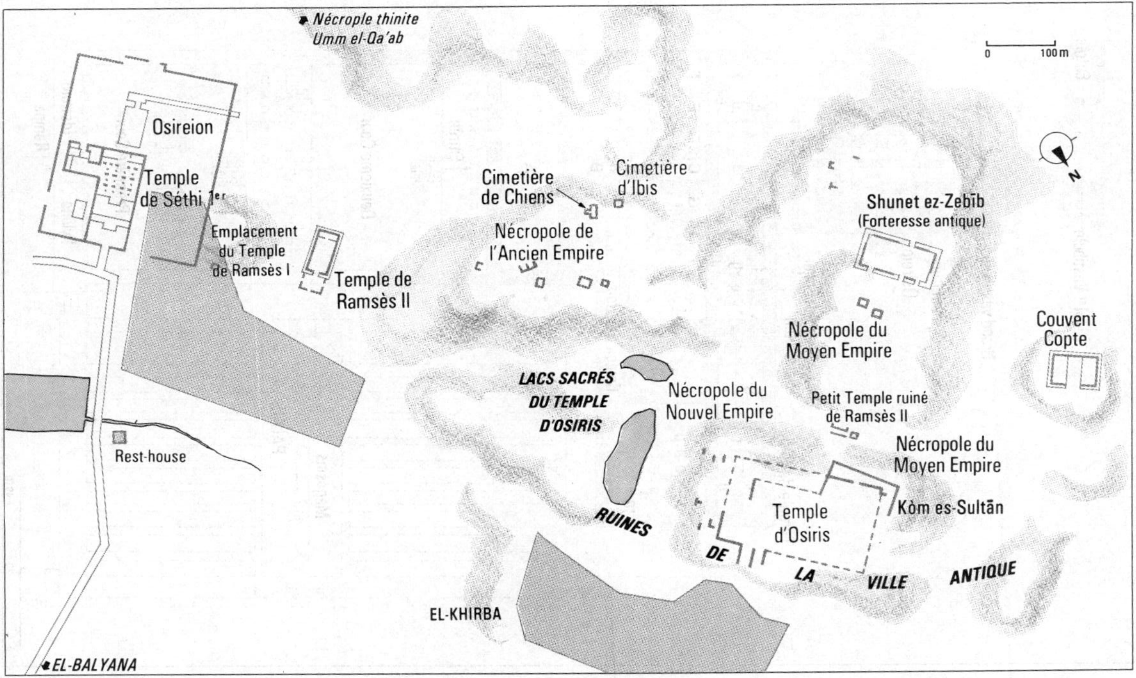
Nécrople thinite
Umm el-Qa'ab
0
100 m
N
Osireion
Temple
de Séthi 1er
Emplacement
du Temple
de Ramsès I
Temple de
Ramsès II
Cimetière
de Chiens
Cimetière
d'Ibis
Nécropole de
l'Ancien Empire
Shunet ez-Zebīb
(Forteresse antique)
Nécropole du
Moyen Empire
Couvent
Copte
LACS SACRÉS
DU TEMPLE
D'OSIRIS
Nécropole du
Nouvel Empire
Petit Temple ruiné
de Ramsès II
Nécropole du
Moyen Empire
Kòm es-Sultān
Temple
d'Osiris
RUINES
DE
LA
VILLE
ANTIQUE
Rest-house
EL-KHIRBA
EL-BALYANA

Abydos

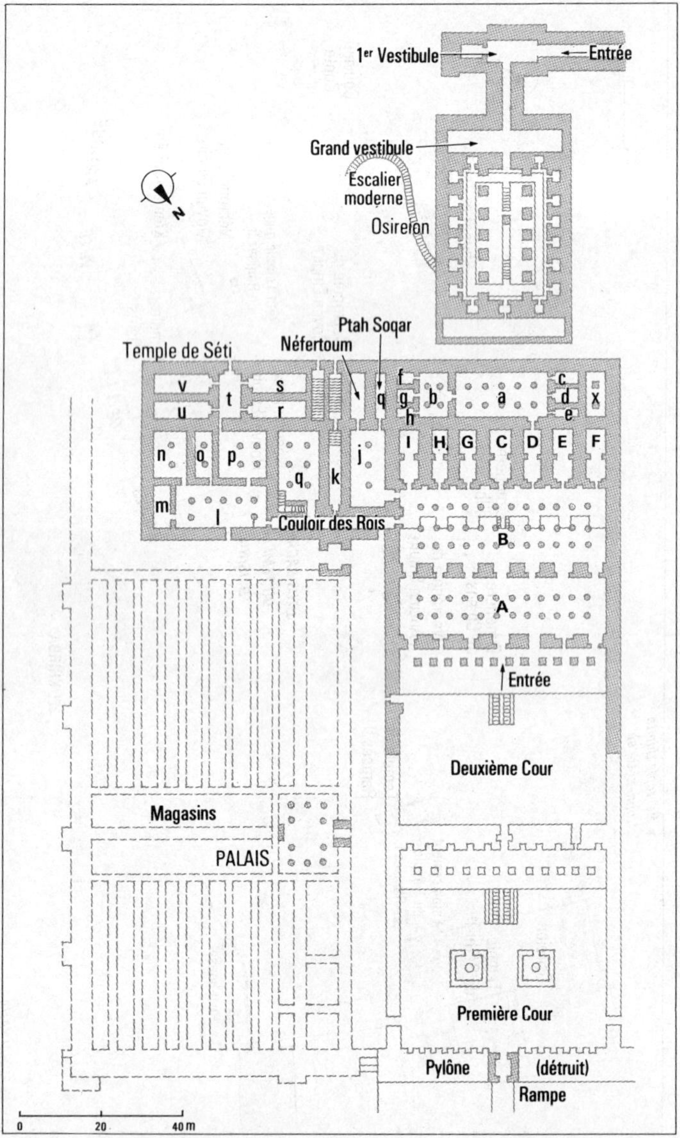

Temple de Séthi 1er (d'après B. Abdel Méguid).

pèlerinage fictif à Abydos ou, plus rarement, à la construction d'un cénotaphe proche de la tombe du dieu.

Les fouilles n'ont apporté aucun ex-voto antérieur à la VIe dyn. A partir de la XIe et de la XIIe dyn., ils ont été si nombreux que les neuf dixièmes au moins des stèles du Moyen Empire que renferment nos musées ont cette provenance.

Sous la XVIIIe et la XIXe dyn., les pèlerinages persistèrent : le temple d'Osiris suffisait à peine à contenir tous les dons. Ramsès Ier y édifia une chapelle ; Séthi Ier, imité par son fils Ramsès II, s'y fit construire un temple funéraire qu'il compléta par un cénotaphe (l'Osiréion).

Le déclin. — Sous les derniers Ramessides et les Grands-Prêtres, entraînée par d'autres préoccupations, la piété officielle s'en détourna quelque peu, et Abydos subit une éclipse jusqu'à l'avènement des Saïtes, époque dès laquelle les stèles réapparaissent en grand nombre et témoignent d'une renaissance de la dévotion osirienne. Mais Abydos touchait à son déclin. Quand Strabon la visita, il ne trouva à admirer que le « Memnonium » de Séthi Ier : il est entièrement muet sur le tombeau d'Osiris et déclare que la ville, après avoir tenu le second rang (après Thèbes), n'est plus qu'une localité de très minime importance.

Le site

Les restes de l'antique **Abydos** comprennent divers monuments de toutes époques s'étendant à la lisière du désert. Mais c'est près du village d'El-ʿArābā el-Madfūna, « les voitures enterrées » — allusion, sans doute, aux images de char royal entrevues sur des blocs émergeant de ruines jadis presque totalement envahies par les sables —, que subsistent les plus importants vestiges : ceux du **cénotaphe de Séthi Ier, temple et Osiréion** (le cénotaphe proprement dit), et **temple de Ramsès II.** Au N.-O. de cet ensemble, près du village d'**El-Khirbā,** les restes peu lisibles d'un **temple d'Osiris,** connus sous le nom de Kōm es-Sulṭan, précèdent un ensemble de **nécropoles** de l'Ancien, du Moyen et du Nouvel Empire, s'étendant jusqu'à une **forteresse archaïque,** le Shūnet ez-Zebib. Beaucoup plus loin se trouvent la **nécropole thinite** d'Umm el-Qa'ab *(à 3 km O., dans le désert)* et **celle,** de la IIIe dyn., de Bêt Khallaf *(env. 20 km N.-O. ; → it. 10, km 480,5).*

Visite des ruines

18A — Le temple de Séthi Ier, 494.
18B — L'Osiréion, 496.
18C — Le temple de Ramsès II, 497.
18D — Autres monuments d'Abydos, 499.
18E — Environs d'Abydos, 499.

Difficiles à voir au passage lors du trajet Miniā-Lūqsor (ou l'inverse), à moins de partir extrêmement tôt et de ne leur accorder qu'un temps assez limité, les ruines d'Abydos feront la plupart du temps l'objet d'une ***excursion de la journée à partir de Lūqsor*** *: vous en profiterez alors pour* ***visiter également Dendara*** *(→ chap. 19) ; 340 km env. A.-R. Vous pourrez prendre le repas froid que vous aurez apporté dans l'un des petits rest-houses qui, à Abydos comme à Dendara, se trouvent à proximité des temples mais ne peuvent servir que des boissons fraîches. Ou mieux, emportez avec vous pique-nique et boisson pour visiter le site : ainsi vous n'aurez pas à ressortir pour prendre le repas.*

Visite *: t.l.j. de 7 h à 17 h. Entrée payante. Se munir d'une lampe de poche.*
Hébergement *: Mekka Hotel, New Palace Hotel.*

18 A — Le temple de Séthi Ier

Le ***temple de Séthi Ier est le « Memnonium » que Strabon qualifie de « palais admirablement bâti ». C'est, en réalité, un splendide ex-voto que le roi Séthi érigea dans le même sentiment que les particuliers lorsqu'ils consacraient une stèle ou une table d'offrande en commémoration de leur pèlerinage au tombeau d'Osiris. Tout fait supposer que, à la mort de ce roi, la construction était achevée à l'exception des piliers de la façade et des cours. Ramsès II, son fils, n'eut à compléter que la décoration qui, du reste, ne fut jamais terminée. Mérenptah, Ramsès III et Ramsès IV gravèrent çà et là leurs cartouches.

Bâti sur une déclivité, il présente cette particularité d'être **prolongé par une aile latérale.** Le gros œuvre est construit en calcaire d'un grain très fin, sur des fondations en grès de 1,30 m de profondeur. Les colonnes, les architraves et les chambranles des portes sont également en grès. On a constaté que les blocs des assises étaient reliés entre eux par des queues d'aronde en bois de sycomore, gravées aux cartouches de Séthi I.

Le temple était **précédé de deux cours et d'un grand pylône** (en grès) ajoutés par Ramsès II, auj. presque complètement ruinés. Des cavités étaient creusées à espaces réguliers pour planter et entretenir des arbres, et pour les bassins d'ablution.

Immédiatement à l'E. des cours, on a mis au jour les vestiges de grandes **constructions en brique** crue (magasins) entourant une petite **salle de réception** où subsistent des socles de trônes et les bases de dix colonnes en calcaire portant des noms de divinités.

Les deux cours sont encore actuellement l'objet de fouilles et le déblaiement du pylône et de la terrasse qui le précédait prouve que la construction initiale était bien de Séthi I.

Les **avant-corps de la première cour** ayant été dégagés, les bas-reliefs qui couvrent les murs sont maintenant visibles dans leur partie inférieure. Ce sont des scènes de bataille, des défilés militaires, et des sacrifices de bœufs énormes et parés de fleurs ; ceux-ci sont au S.-E., c'est-à-dire du côté de la chambre aux sacrifices. On peut lire des cartouches de Ramsès II et, par endroits, de Mérenptah et de Ramsès III.

Le **portique du fond de la seconde cour** sert, dans l'état actuel, de façade au temple ; on y accède par une rampe axiale. Il se compose de douze piliers rectangulaires et d'un mur, primitivement percé de sept portes bouchées après coup par Ramsès II avec des blocs de grès, sauf celle du centre et deux à dr.

La paroi ainsi aveuglée nous montre à dr. les **scènes relatives au culte rendu à Séthi** par son fils Ramsès et conçues d'après les épisodes du mythe osirien et, à g., une grande inscription dédicatoire dans laquelle Ramsès rend compte de ce qu'il a fait pour honorer la mémoire de son père qui vient de mourir. Elle est précédée d'un tableau dans lequel **Ramsès II offre la statuette de Maât à une triade** composée d'Osiris, d'Isis et de Séthi I. L'inscription se compose de 95 lignes et peut se diviser en deux parties correspondant à deux époques différentes du règne de Ramsès II. Dans la première, le roi raconte qu'il fit, l'année de son avènement, le voyage d'Abydos, et fut ému du mauvais état dans lequel se trouvaient les tombes de la nécropole royale : le temple de son père était inachevé : « Les colonnes n'étaient pas dressées sur leurs bases, la statue restait couchée à terre, n'étant pas encore modelée lorsque le roi descendit au tombeau. » Il manda, irrité, son personnel, et donna l'ordre d'achever le monument. Dans la deuxième, tout est terminé ou sur le point de l'être. Ramsès, dans un grand mouvement de lyrisme, célèbre sa piété envers son père.

Sept temples en un seul. — Pénétrant dans l'intérieur par la porte centrale, on est, dès l'abord, frappé du caractère particulier de ce temple : sa division en **sept parties,** qui commence aux sept portes d'entrée et se répète par sept travées dans les deux salles hypostyles (A et B) pour aboutir à sept sanctuaires. Ce sont, si l'on veut, sept temples en un seul (à Kōm Ombo, nous aurons un exemple de la division en deux). Les **sept divinités** auxquelles sont consacrées chacune des divisions sont : au centre, Amon-Rê ; puis, à dr., Osiris, Isis, Horus, et à g. Harmakhis, Ptah et Séthi Ier divinisé.

Deux hypostyles. — Une autre particularité est la présence de deux salles hypostyles faisant absolument double emploi.

La **première** (A) occupe un espace de 52 m sur 11 m. Elle est divisée en sept travées, chaque travée comportant deux rangées de deux colonnes papyriformes monostyles. Le passage ainsi ménagé entre les groupes de quatre colonnes est placé dans l'axe du sanctuaire qui lui correspond. Les **bas-reliefs des fûts représentent Ramsès II devant chacune des sept divinités,** accompagnées de leurs parèdres et formant autant de triades. Les parois sont ornées de grands tableaux ayant trait à ces divinités ; le soubassement porte une liste de nomes avec procession des figures qui les personnifient.

La **deuxième salle (B),** à laquelle on accède par sept portes, possède trois rangées de colonnes : les deux premières rangées, également groupées deux par deux, ont des chapiteaux papyriformes fermés, la dernière, des abaques rectangulaires sans interposition de chapiteau, de manière à réduire la différence de hauteur des fûts, le sol étant ici surélevé d'un degré. La ***décoration** de cette salle, analogue à celle de la précédente, est contemporaine de Séthi I et contraste par sa belle exécution avec celle de l'autre salle, œuvre du temps de Ramsès II.

Les **sept chapelles** C, D, E, F, G, H, I, sont consacrées chacune à une divinité différente, comme on l'a dit plus haut. Elles ont 10,85 m de profondeur, 5,20 m de largeur et sont divisées en deux, dans le sens de la profondeur, par deux pilastres saillants. Elles sont couvertes de fausses voûtes en encorbellement, comme des caveaux d'hypogées.

Leur décoration se compose d'un même ensemble de **trente-six tableaux** conçus sur le même modèle et relatifs aux cérémonies que le roi devait célébrer. Ces ***reliefs** sont sans doute **les plus beaux** qui nous soient parvenus **du Nouvel Empire.**

Chacune de ces chapelles était précédée d'une rampe (celle d'Amon, C, d'un escalier) et était fermée d'une porte à deux vantaux ; à en juger d'après les représentations, chacune a dû contenir la barque du dieu à qui elle était dédiée. Dans le fond, est figurée une stèle dédiée à la divinité. La chapelle de Séthi (G) n'avait sans doute pas de barque et c'est un prêtre particulier au culte royal qui officie devant le pharaon divinisé. Une scène splendide dépeint le ***couronnement du roi** par les deux déesses de Haute et de Basse-Égypte.

La stèle ayant été remplacée par une porte, la **chapelle d'Osiris (D)** communique par le fond, avec une salle (a) de 21 m de long et 10 m de large, divisée en trois nefs par deux rangées de cinq colonnes, et à laquelle s'ajoute une autre salle (b) de même largeur, mais beaucoup moins profonde, ayant quatre colonnes. A l'extrémité N.-O. de la grande salle s'ouvrent trois petites chapelles (c, d, e) ; de même à l'extrémité S.-E. de la petite (f, g, h). La salle (a) est décorée de **tableaux relatifs au mythe osirien** ; les **trois chapelles** sont **dédiées,** l'une, celle du centre, (d) à **Osiris-Séthi,** les deux autres à **Isis** (c) et à **Horus** (d).

La seconde salle hypostyle (B) communique au S.-E. avec le vestibule à trois colonnes (j), où s'ouvrent **deux chapelles** dont l'une, à dr., est consacrée à Ptah-Sokar-Osiris (q), et l'autre, à g., à Néfertoum. Beaux reliefs sans peintures ; noter dans la première chapelle (q), sur le mur g., Isis, sous forme d'oiseau, fécondée par la momie d'Osiris.

L'aile Sud du temple. — A g. de la porte donnant accès au vestibule **J**, un long corridor (25 m) légèrement montant communique avec tout un ensemble de salles. La première qui se présente, à dr., est à six colonnes ; des banquettes courent tout le long des murs : c'était le reposoir des barques de procession.

Le plafond du corridor est décoré d'un semis d'étoiles et de cartouches symétriquement disposés ; un des murs (à dr.) est orné de trois tableaux, et l'autre (à g.) de quatre. A dr. : pendant que son fils récite les formules, **Séthi présente l'encens aux cartouches de soixante-seize pharaons** choisis parmi ceux qui ont régné sur l'Égypte depuis Ménès et enrichi les sanctuaires ; c'est l'une des deux fameuses **tables d'Abydos.**

A dr. et avant la première salle un **escalier (k)** conduisait à la terrasse : vous l'emprunterez pour aller visiter l'Osiréion ; les parois sont décorées de **grands tableaux.** Paroi dr. : Ramsès II et un de ses fils chassent le taureau au lasso, préludant ainsi au sacrifice ; — le Sacrifice ; — Ramsès II traîne la barque de Sokaris devant son père ; — adoration de l'Osiris-Séthi par Ramsès. Paroi g. : Ramsès II conduit quatre veaux différenciés par leurs pelages à son père, auprès de qui est le dieu Khonsou ; — il parcourt l'enceinte du temple ; — il préside à la chasse des oiseaux aquatiques et présente sa capture à Amon et à Mout. Un des tableaux des parois montantes représente Ramsès félicitant son père de la construction du temple et contient un discours de la déesse Séchat debout à l'autre extrémité de la scène.

Les **autres salles** de l'aile S. sont en très mauvais état, et n'avaient pas été achevées. Au fond du corridor une porte mène à l'**abattoir** des bêtes de sacrifice : grande salle **(l)** à sept colonnes. Les murs sont couverts de scènes d'offrandes et de sacrifices de Séthi I à différents dieux. Ces scènes sont presque toutes dessinées et coloriées, sans être encore sculptées ou gravées. Une petite partie seulement a été finie plus tard. Il semble qu'on ait voulu utiliser cet abattoir dès sa construction et que, la décoration ayant été remise à une époque postérieure, on ait, en attendant, colorié les scènes non encore gravées. Une barrière, entre la première colonne et le mur, empêchait que, du corridor du roi, on ne vît l'abattage et le dépeçage des victimes du sacrifice.

C'est dans cette partie du temple que se trouvent des **inscriptions**, en rouge, seuls vestiges de l'établissement des coptes en cet endroit. Les salles **m, n** et **o** ont aussi la décoration de leurs murailles à l'état d'ébauche ; dans la salle **p**, les couleurs sont posées comme dans l'abattoir.

A l'**étage supérieur**, les salles présentent des **dessins inachevés** du temps de Mérenptah.

18 B — L'Osiréion

•*• Le ***cénotaphe de Séthi Ier** ou **Osiréion** est construit dans l'axe du grand temple, et les murs de fond des deux monuments ne sont séparés que par 3,50 m d'écart.

L'Osiréion a été découvert en 1903. Sa disposition générale reproduirait la colline primitive de la création du monde. Érigé par Séthi Ier, il fut achevé sous Mérenptah ; il est construit en calcaire blanc et en grès rougeâtre, le granit rose n'étant utilisé que pour les piliers et quelques chambranles de porte.

L'**entrée** normale est au N.-O. : on suit un **long couloir voûté** de 32 m de long qui avait peut-être été revêtu de dalles de calcaire puis, sans transition, les parois du couloir sont construites en grès. La paroi E. est recouverte des textes du « Livre de ce qu'il y a dans l'Au-delà » et la paroi O. des textes du « Livre des Portes ». Ce couloir continue tout droit sur une longueur de plus de 80 m.

Après une **antichambre** (ou premier vestibule), suivie d'une petite salle, toutes les deux couvertes de textes religieux, un second couloir, à angle droit avec le premier, conduit, en direction N.-E., dans le **grand vestibule**, salle transversale de 20 m sur

6, au toit en dos d'âne et dont la décoration est empruntée au « Livre des Morts ». Au milieu de la paroi N.-E., se trouve une grande porte formant couloir ; les montants en étaient couverts de textes empruntés au « Livre des Morts ».

Le portail franchi, on arrive dans la **salle centrale** (30,50 m sur 20 m), l'Osiréion proprement dit, qui est **conçue comme une île entourée d'un canal.** Aucun pont ne permet d'accéder à cette île. Le canal qui l'entoure est bordé, à l'extérieur, par un mur dans lequel sont aménagées dix-sept niches desservies par un étroit passage, en corniche au-dessus du canal.

Deux escaliers, à chaque extrémité, partent du fond du canal et accèdent à l'île dans l'axe de laquelle le sol est creusé de **deux cavités** qui auraient été destinées à recevoir l'une **le sarcophage**, l'autre **les vases canopes.** Sur chacun des longs côtés de l'île, se dressent cinq énormes **piliers de granit** ; ils soutiennent des architraves sur lesquelles venaient reposer les dalles du plafond si plafond il y eut.

Le monument se termine par une grande salle transversale, de dimensions à peu près semblables à celles du grand vestibule, et dont le **plafond en dos d'âne** porte une merveilleuse gravure en léger relief de *représentations astronomiques : Nout, la déesse du Ciel, la marche du soleil, les levers d'étoiles. Textes divers, entre autres, la règle pour construire une horloge solaire.

18 C — Le temple de Ramsès II

Le ***temple de Ramsès II,** monument que les savants de la Commission d'Égypte avaient pris pour un temple d'Osiris, est simplement un **temple funéraire** que Ramsès II fit élever dans la ville sainte, à l'imitation de son père. Il est en plus **mauvais état** que le monument de Séthi ; aucun des plafonds ne subsiste ; les murs ont perdu leurs assises supérieures. Il est aussi beaucoup plus petit mais traité avec plus de soin qu'en présentent d'ordinaire les constructions du règne de Ramsès II. La façade, tournée au N.-E., est auj. réduite aux basses assises du second pylône, en calcaire mais avec des montants de porte en granit rose. Le mur extérieur N. nous a conservé un exemplaire du **poème de Pentaour,** sur la bataille de Qadech, et le mur extérieur S. une longue inscription dédicatoire, textes (en lignes verticales) malheureusement tronqués, l'un et l'autre, par le sommet.

On entre dans une **cour carrée** dont les faces N. et S. sont bordées de **piliers osiriaques** qui soutiennent le toit d'un **portique.** Le mur de ce portique est décoré de scènes liturgiques exécutées dans un style libre. A dr., en haut, **longue procession** aux détails curieux. On conduit deux gazelles et un taureau orné de fleurs ; des soldats accourent à l'appel de la trompette, précédés de flabellifères et du char royal et suivis par un convoi de prisonniers nègres, libyens et asiatiques. La scène se poursuit de l'autre côté (à g.) : on conduit le « taureau du jour de fête de la divine offrande ». Au-delà de la niche, longue file de porteurs de toutes sortes d'offrandes : d'abord le porteur de la statue royale qu'on encense, puis les porteurs de viandes et de boissons.

La **cérémonie du sacrifice** est représentée sur le mur N. : un prêtre enregistre, un second encense, un troisième salue, le quatrième fait semblant de frapper de la massue les quatre veaux du sacrifice que l'on conduit ainsi qu'une gazelle. Le cortège comprend encore des apports de victuailles comme sur la paroi d'en face.

Le **soubassement du mur de fond** est décoré de la **représentation** conventionnelle **de peuples vaincus** du Nord et du Sud. Sur tout le pourtour, listes des nomes et des domaines personnifiés, et présentant l'offrande à genoux.

A l'O., la cour est surélevée et forme une **terrasse** à laquelle on accède par trois escaliers, un au centre, les deux autres aux angles. Le toit de cette terrasse est soutenu par deux rangées de huit supports dont la première est constituée de **piliers osiriaques** identiques à ceux des autres côtés de la cour ; la seconde est faite de piliers carrés.

On passe de la grande cour dans une enfilade de **deux salles hypostyles** ayant chacune huit piliers rectangulaires en grès aboutissant à un **triple sanctuaire** construit en blocs d'albâtre. Devant le sanctuaire central, une grande **stèle d'albâtre** très ruinée a été remontée sur une banquette. Dans la chapelle, un **groupe** de granit gris à cinq personnages : Amon au centre, Ramsès II et Séthi I aux deux extrémités ; les personnes intermédiaires, reines ou déesses, sont en très mauvais état, surtout celle de g. entre Amon et Ramsès. Les deux salles hypostyles sont flanquées de **chapelles latérales**. Toutes ces dispositions, d'un plan très heureux, étaient décorées de scènes religieuses littéralement décapitées, mais ayant conservé des traces de **couleurs d'une extraordinaire fraîcheur**. Le lourd plafond en granit du sanctuaire, formé d'un énorme monolithe, gît brisé en morceaux. C'est dans l'une des chambres qu'a été découverte, en 1818, la première **table d'Abydos**, actuellement au British Museum.

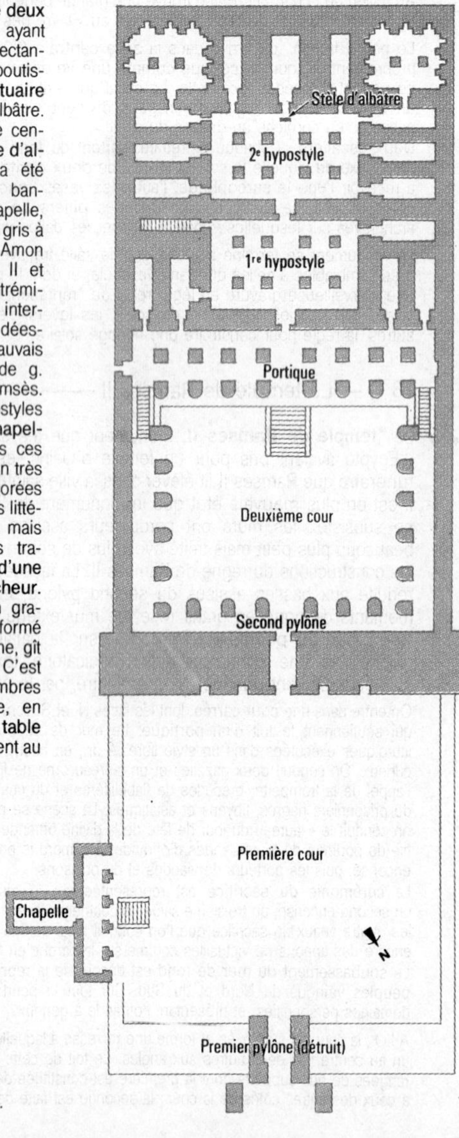

Temple de Ramsès II.

18 D — Autres monuments d'Abydos

Les temples précédemment décrits se trouvaient dans la partie méridionale de la nécropole parmi les tombeaux du Nouvel Empire.

→ En remontant vers le village d'**El-Khirbā**, on laisse à g. un plateau où est située la nécropole de la Première Période Intermédiaire (VIe-XIe dyn.), ou nécropole du Centre.

Plus au N., sur un autre plateau, se trouve la **nécropole du Nord**, occupée par les tombeaux du Moyen Empire. On y voyait de petites pyramides (auj. détruites) en grosses briques crues, couvertes d'un simple crépi au lait de chaux et reposant sur un soubassement rectangulaire revêtu de dalles de calcaire.

Entre la nécropole du N. et le village, s'étend une vaste enceinte de brique crue dans laquelle s'élève un tumulus nommé le **kōm es-Sulṭān**, que Mariette supposait recouvrir le tombeau d'Osiris.

Temple d'Osiris. — L'emplacement du kōm es-Sulṭān forme un petit trapèze situé à l'angle N.-O. de l'aire sur laquelle s'élevait la ville primitive d'Abydos et le sanctuaire d'Osiris.

Les fouilles entreprises sur cet emplacement ont permis de retrouver les traces de temples successifs qui se sont élevés là.

Le premier remonte jusqu'à la limite la plus lointaine de la période historique et au-delà, car si l'un de ces temples peut être considéré comme contemporain des premiers rois thinites, les traces d'un plus ancien s'y sont révélées à un niveau inférieur.

Ils firent place, vers la fin de la Ire dyn., à un troisième qui dura aussi longtemps que les dynasties thinites.

Ce troisième temple fut remplacé à son tour par un nouvel édifice, en brique comme les précédents, au début de la IVe dyn.

Le temple de la IVe dyn. qui succéda au précédent, était d'une architecture plus soignée, d'après les quelques éléments de pierre, seuils de porte, linteaux, qui ont été retrouvés.

Ce temple ne fut pas plus respecté que les autres et le Moyen Empire laissa ses traces dans un temple commencé sous un Mentouhotep ; continué et développé sous Sésostris I (XIIe dyn.) et remanié sous quelques rois de la XIIIe dyn.

La série chronologique des transformations successives du sanctuaire d'Osiris se termine par un temple de la XVIIIe dyn. plus important que le précédent : les rois Aménophis I, Thoutmôsis III, Aménophis III, y prirent part et les dynasties suivantes n'y firent que des additions secondaires. L'examen des inscriptions concordant avec ce que nous savons de l'histoire du culte d'Osiris permet de placer antérieurement à ce dieu, comme divinité éponyme du temple, le dieu Khentamenti avec lequel il se confondit plus tard.

A l'O. du kōm es-Sulṭān, après la nécropole du Nord, une **enceinte** de brique **rectangulaire** enveloppe une seconde enceinte un peu plus élevée. Cette construction, que les Arabes appellent **Shunet ez-Zébib**, est une forteresse ou plutôt l'**enceinte funéraire d'un tombeau royal** de la période thinite.

La nécropole du Moyen et du Nouvel Empire, à 360 m environ à l'O. de la Shunet ez-Zébib, s'éleva sur l'emplacement d'un cimetière primitif qui, dès la XIe dyn., commença à déborder et poursuivit son extension jusqu'à la fin du Nouvel Empire.

18 E — Environs d'Abydos

→ A 3 km O. du temple de Séthi s'étend sur une surface de 800 m une série de monticules couverts de débris de poteries, et qui porte le nom de **Umm el-Qa'ab**, « la Mère aux pots ». C'est la **nécropole de la période thinite**. Sous ces monticules, on a découvert, de 1895 à 1900, un cimetière d'environ 350 tombeaux, parmi lesquels **8 tombeaux royaux** reconnaissables à leurs dimensions ainsi qu'aux objets qui y ont été recueillis.

C'étaient de grandes fosses, rectangulaires, ou approximativement carrées, revêtues intérieurement de brique crue. Le soin apporté à la construction de ces tombes allait parfois jusqu'à les doter d'un pavement de granit rose. Ces tombes avaient toutes été violées ; quelques-unes même offraient des traces irrécusables d'incendie.

●➜ La nécropole royale d'Abydos n'était pas limitée au seul site d'Umm el-Qa'ab mais, comme celle de Memphis, s'échelonnait sur une longue étendue au pied de la chaîne libyque. C'est ainsi qu'à **Bēt Khallāf** (➜ *it. 10, km 480,5*), dans le désert de Girgā, a été découvert en 1900 un **tombeau** au nom du roi **Netjerikhet Djéser** (IIIe dyn.), sorte de mastaba en brique de 85 m de long sur 46 m de large. Une **deuxième tombe** du même type contenait des objets au nom d'un autre roi, de la même époque : **Sanakht.**

19 - Dendara

Situation : → it. 10, km 585.

Isolé à la limite des cultures, le temple de Dendara fait songer à quelque bâtiment échoué, poussé là comme par le ressac du temps. Tandis que, de la cité prospère qui l'entourait jadis, on ne distingue qu'à grand-peine de rares traces, les éboulis de brique crue, les monticules de tessons de poterie donnent, de l'extérieur des sanctuaires, une impression d'abandon.

Gardez-vous des premières impressions. A peine avez-vous franchi le seuil que le bruit de vos pas et les chuchotements de vos compagnons commencent à restituer l'ambiance feutrée qui régnait ici, à faire revivre le va-et-vient des prêtres ; et, guidée par les bas-reliefs, votre imagination ranime pour vous les images de ces fêtes qui rythmaient l'année liturgique. Car, en dépit de la jeunesse — toute relative — de son temple, Dendara est une des plus anciennes cités religieuses d'Égypte. Ici régnait Hathor, l'antique mère des dieux. Ici, également, était inhumé un fragment du corps démembré d'Osiris.

S'assemblant en un prodigieux film pétrifié, les scènes gravées retracent avec précision les différents rituels. Voici la Fête du Nouvel An qui voyait Hathor revivifiée par le soleil levant ; voici la Fête de la Résurrection d'Osiris, symbole du retour des forces divines. Voici des cortèges de prêtres au crâne rasé, vêtus de lin blanc et portant les barques dorées. Voici, dans les mammisis, des chanteurs et des danseurs s'épuisant en transes extatiques pendant que, dans le secret des sanctuaires, des prêtres célèbrent le mystère de la Naissance divine.

Les murs ont bien noirci depuis l'Antiquité, mais il ne fait guère plus sombre que jadis. Progressant dans une ombre qui s'approfondit avec l'approche graduelle du saint des saints, vous mettrez vos pas dans ceux des officiants, guidés seulement par les rais de lumière tombés d'étroites et rares lucarnes. Vous vous arrêterez à des scènes curieuses ou bizarres ; vous en négligerez des dizaines d'autres qui, représentant des personnages affrontés, vous paraîtront toutes identiques : ce sont celles-là pourtant qui revêtaient aux yeux des Égyptiens la signification la plus importante. Sous des aspects chaque fois différents, ces tableaux illustrent l'échange nécessaire qui doit s'établir entre le monde des hommes — représenté par le roi faisant offrande — et les dieux. Ces derniers, en échange des services et des offrandes qu'ils reçoivent, font, en retour, que l'univers puisse subsister dans l'état originel de sa création.

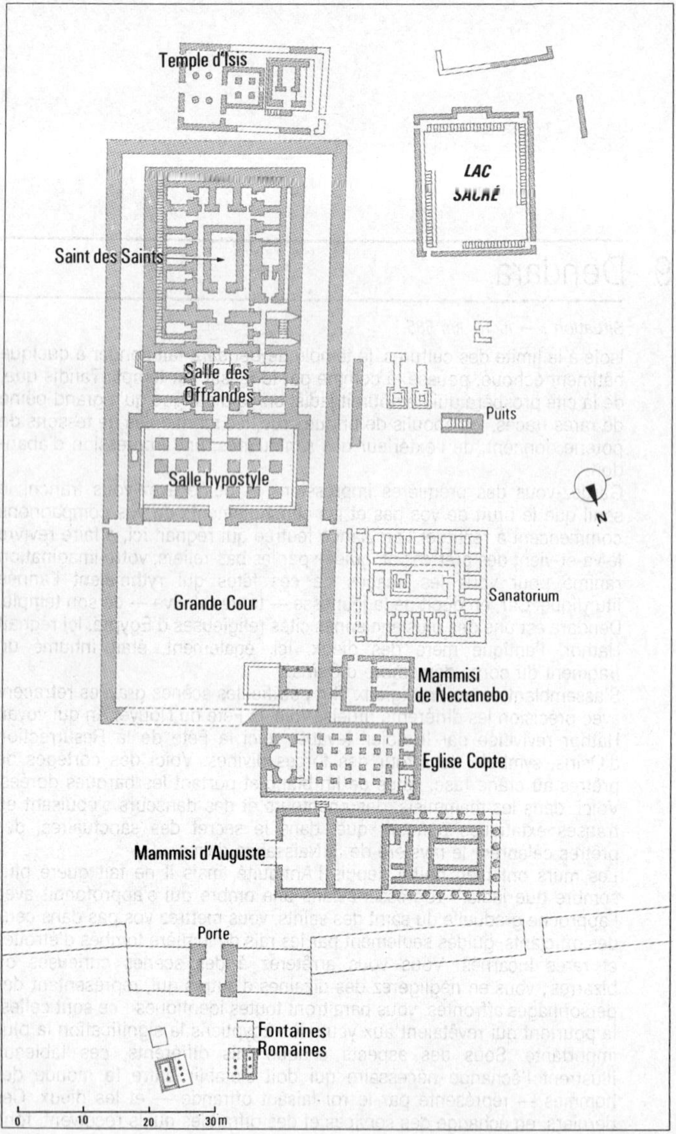
Temple d'Isis
LAC
SACRÉ
Saint des Saints
Salle des
Offrandes
Puits
Salle hypostyle
N
Grande Cour
Sanatorium
Mammisi
de Nectanebo
Eglise Copte
Mammisi d'Auguste
Porte
Fontaines
Romaines
0
10
20
30 m
Dendara

Le site

Les ruines de Tentyris forment, à la lisière des terres cultivées, un parallélogramme dont le plus grand côté, orienté de l'O. à l'E., mesure environ 1 200 m. Parmi les débris d'habitations en brique, dont la plupart ne paraissent pas remonter au-delà de la période copto-arabe, on a relevé les arasements de **trois enceintes de brique crue,** semblables à toutes les enceintes de temples.

Celle de l'E. était consacrée au dieu Ihy, fils d'Hathor ; il n'en subsiste plus guère qu'une porte monumentale en grès que vous apercevrez depuis la terrasse du temple d'Hathor.

La seconde, disparue aujourd'hui, était celle du dieu Horus, parèdre d'Hathor.

Celle de l'O., encore presque intacte, à peu près carrée (280 m x 290 m), est la plus importante. C'est elle qui constitue l'objet de votre visite. La **muraille,** massive et épaisse à la base de 10 à 12 m, atteint dans les parties bien conservées 10 m de haut. L'**entrée principale** regarde le N. La porte, dont la façade extérieure est en grande partie détruite, portait, gravés de ce côté, les cartouches de Domitien et, sur l'autre façade, ceux de Trajan accompagnés des surnoms de Germanicus et de Dacius. Elle est en grès comme l'ensemble des temples de Dendara. On remarque, sous la dalle de couverture, la représentation d'un scarabée ailé.

Un **dromos** conduisait à cette porte et au temple, partant d'un quai d'embarquement qui existait encore à l'époque de l'Expédition d'Égypte et dont il ne reste qu'un tronçon. La partie subsistante du dromos, d'époque romaine, est désaxée. Auprès de la porte, de part et d'autre de la voie d'accès, on voit encore les restes de **deux fontaines.**

Les édifices contenus dans l'enceinte sont : au centre, et dans l'axe de l'entrée, le **grand temple d'Hathor** ; — le **mammisi** (littéralement : maison de l'accouchement) **romain,** à dr. et en entrant, édifice dont l'axe principal est perpendiculaire à celui du grand temple ; une **église copte** puis le **mammisi de Nectanébo I** (Nekhtnebef), parallèle au premier mais éventré par les arasements du mur d'enceinte O. de la cour ; un sanatorium puis le **lac sacré** à l'angle S.-O. de l'enceinte du temple, et enfin le petit **temple d'Isis,** au S. du grand temple.

Visite des temples

*Pour peu qu'en plus de regarder, vous tentiez de revivre en pensée les cérémonies qui s'y déroulaient — n'est-ce pas là son principal intérêt ? —, la visite du temple de Dendara et de ses annexes nécessite un minimum de deux à trois heures, soit une promenade d'***une bonne demi-journée au départ de Lūqsor** *(à 74 km) : vous pourrez facilement la* **combiner en une excursion de la journée avec** *la visite d'***Abydos :** *→ chap. 18. N'oubliez pas, si la chose vous est possible, de vous munir d'une lampe électrique.*

Visite : *t.l.j. de 7 h à 18 h. Entrée payante.*

19 A — Le temple d'Hathor

Le *****temple d'Hathor,** comme le temple d'Edfou, son analogue, est le type accompli des temples ptolémaïques, c'est-à-dire d'édifices d'un grand caractère d'unité.

Comme la presque totalité des temples ptolémaïques le temple est en grès. Si étroite que soit son analogie avec le temple d'Edfu, le temple de **Dendara** offre pourtant avec ce dernier des différences d'autant plus frappantes qu'elles portent sur les dispositions extérieures de l'édifice. Il ne possède pas la cour précédée d'un pylône et flanquée d'un portique, mais seulement (à l'état d'arasements) l'enceinte qui en est en quelque sorte le prolongement autour du temple proprement dit. Il ne comprend par conséquent que le **pronaos** et le **naos.**

Il est orienté, comme il est normal, **perpendiculairement au Nil.** Celui-ci coulant toutefois pratiquement d'E. en O. et non du S. au N. comme presque partout ailleurs, le temple s'ouvre vers le N. et non vers l'E. comme il le faudrait. **Les Égyptiens** ont négligé cette divergence et ont admis, dans les inscriptions qui l'ornent, **que le temple regardait vers un E. théorique.** Ainsi le petit temple d'Isis est-il, par exemple, toujours défini comme se trouvant « du côté occidental » (théorique) du temple d'Hathor alors qu'il est en fait au S. réel de cet édifice. Respectant cette particularité, nous nous référerons toujours, dans la description qui suit, à ces points cardinaux fictifs.

Commencée et peut-être même entièrement construite sous Tibère, la salle hypostyle eut sa décoration poussée au point où nous la voyons aujourd'hui, pendant les années qui suivirent ce règne.
Le temple proprement dit était sensiblement plus ancien. Si l'on fait abstraction de l'extérieur, qui a été décoré sous les Romains, depuis Auguste jusqu'à Néron, on constate que les nombreux tableaux où le roi (et quelquefois le couple royal) est représenté ne comportent que des cartouches vides. Seuls quelques cartouches des tableaux qui se trouvent dans les cryptes souterraines ont conservé le nom des derniers Ptolémées.
Se fondant sur ces maigres données et sur le style des sculptures, on peut considérer l'édifice actuel (moins le pronaos) comme ne remontant pas au-delà du règne de Ptolémée XI : opinion susceptible d'être révisée, le style des inscriptions offrant, à partir d'Évergète I et jusqu'aux derniers des Ptolémées, la plus grande uniformité.
Que le temple actuel n'ait été que la reconstruction d'un édifice infiniment plus ancien, c'est ce que nous apprennent deux inscriptions de la crypte du N.-O. Elles sont relatives à une restauration du temple à l'époque de Thoutmôsis III (XVIIIe dyn.) et mentionnent l'existence du temple au temps de Pépi I Mérirê (VIe dyn.) et de Khéops (IVe dyn.).

Dimensions et structure. — La **salle hypostyle** mesure 42,50 m de large sur 24,80 m de profondeur et le naos 35,20 m de large sur 56,70 m de profondeur. La hauteur respective des terrasses est pour le premier de 18 m et pour le second de 13 m env.
Tandis que la salle hypostyle, qui n'est qu'un grand vestibule ajouté après coup, en est réduite, par sa nature même, à ses éléments simples, le **naos** présente au contraire un ensemble d'une grande complexité : indépendamment des chambres nombreuses qui le composent, il contient encore des **cryptes,** ou chambres aménagées, les unes dans l'épaisseur des murs, les autres dans le sous-sol, la **chapelle du Nouvel-An,** édicule placé dans une cour à la dr. du sanctuaire, et le **tombeau d'Osiris,** bâti sur la terrasse.

L'extérieur du temple. — Après avoir franchi la porte monumentale, prise dans un pylône de brique lié au mur d'enceinte, on pénètre dans la cour où se dresse, au fond, la façade de la salle hypostyle. Celle-ci, avons-nous dit, ne faisait pas originairement partie du temple. Une inscription grecque gravée sur le listel de la corniche que décore le disque solaire ailé, en façade, nous apprend qu'elle fut érigée sous Tibère.

Les **six colonnes à chapiteaux hathoriques** de la façade, divisées, par la porte, en deux groupes qui accusent dès l'extérieur la dualité de l'édifice (dont les parties g. et dr., de part et d'autre de l'axe, sont bien différenciées), sont reliées à peu près à mi-hauteur du fût par des murs d'entrecolonnement. Les façades des chapelles qui coiffent les quatre faces hathoriques de chaque chapiteau, le fût des colonnes, les antes, les panneaux d'entrecolonnement, les deux montants qui encadraient la fermeture du portique, sont décorés de tableaux dans lesquels le roi est en présence de la déesse seule ou accompagnée de son fils. Toutes ces **scènes** sont **relatives à la consécration du temple** par le souverain.

Les **faces latérales du temple** sont décorées de tableaux analogues disposés en quatre registres sous une frise et sur un soubassement représentant l'ordinaire procession des Nils ou des nomes de l'Égypte. La plupart des tableaux portent des cartouches de l'empereur Néron. A la partie supérieure, sur tout le pourtour du temple, des protomes de lions servent de **gargouilles.**

Une colossale **tête d'Hathor**, très détériorée, occupe le centre du mur postérieur. Elle se trouve exactement dans l'axe du temple et à la hauteur de la niche qui contenait, à l'intérieur, une statue de la déesse. Ceux qui voulaient la vénérer mais n'étaient pas admis dans le sanctuaire même, pouvaient ainsi venir faire leurs dévotions tout près d'elle.

Intérieur de la salle hypostyle. — A chacune des six colonnes hathoriques de la façade correspond une file de trois colonnes de même style, de sorte que la disposition hypostyle de cette vaste salle est constituée par deux groupes de douze colonnes, ou de neuf, si l'on fait abstraction de celles de la façade.

Le **plafond** (à 15 m du sol) est divisé en sept travées ou soffites par six architraves. Comme, dans l'idée des Égyptiens, ce plafond représentait le ciel, on l'a décoré de figures astronomiques diverses : vous remarquerez surtout, dans la dernière travée de g., une scène qui réapparaît plusieurs fois dans le temple : **la déesse Nout**, dont le dos, couvert des flots de l'océan céleste, se prolonge tout le long du mur de la salle, met au monde le soleil dont les rayons éclairent le temple de Dendara figuré par un édifice que surmonte une grande tête symbolique d'Hathor.

Les **parois** de la salle sont couvertes de tableaux répartis en registres entre frise et soubassement. Ces tableaux ont généralement trait à la **fondation et à la consécration du temple.**

La **salle d'apparition.** — La 2e salle, qui servait de vestibule au temple, avant la construction de l'hypostyle, a son plafond supporté par six colonnes à chapiteaux dactyliformes surmontés d'un dé hathorique.

C'est là que la déesse, portée dans sa barque, se levait des profondeurs du temple pour sortir en procession.

Les **tableaux** répartis dans les quatre registres qui couvrent les parois ont trait, non au caractère liturgique de la salle, mais aux rites accomplis par le roi lors de la cérémonie de la fondation du temple.

De part et d'autre de cette salle s'ouvrent six petites chambres qui sont des **magasins.**

La **1re à g.** est le **laboratoire** où étaient préparés les baumes et les neuf huiles dont on se servait pour oindre les statues. L'inscription qui orne les montants de la porte, au-dehors et dans la feuillure, n'est qu'une **liste de recettes** pour la préparation de certaines essences ; les tableaux gravés sur le registre inférieur des deux parois latérales représentent le roi, suivi de personnages allégoriques personnifiant les parfums, faisant l'offrande de ces parfums à la déesse Hathor.

La 2e est réservée aux offrandes produites par les domaines du temple.

La 3e est percée d'une porte par laquelle devaient entrer, trois fois par jour, les offrandes solides venant du S.

A dr., dans la 1re salle, se trouvait le **trésor** : Hathor y est adorée, entre autres, comme patronne des régions minières ; la plupart des tableaux représentent le roi lui offrant de riches parures : les personnages qui décorent de chaque côté le soubassement incarnent les treize pays dont les minerais enrichissent le trésor de la déesse.

La 2e salle est percée d'une porte par laquelle, trois fois par jour encore, pénétraient les offrandes liquides venant du N.

La 3e, qui communique par une porte latérale (à g.) avec l'escalier de la terrasse et le couloir qui conduit à la cour du Nouvel-An et à la Ouabit, était vraisemblablement le **magasin** réservé aux cérémonies en relation avec ces deux parties du temple.

La **salle de l'offrande.** — C'est ici que les prêtres disposaient l'offrande sur des autels. Cette salle communique directement avec les deux escaliers conduisant au tombeau d'Osiris et, par l'intermédiaire d'un petit couloir, avec la cour du Nouvel-An. Elle est éclairée par quatre ouvertures prismatiques percées dans son plafond. Dépendant de cette salle, un petit **magasin** devait contenir des offrandes solides et liquides : Hathor y porte le titre de Noubit, « la dorée », maîtresse du blé.

La salle qui suit est la **salle du milieu** ; c'est à proprement parler le **vestibule du sanctuaire** et des chapelles qui l'entourent. Elle est éclairée par des jours percés en haut des deux parois latérales. Le cortège de la fête du Nouvel-An s'y réunissait pour la procession qui devait monter vers les terrasses.

A g., une porte conduit à la **garde-robe** ou **lingerie.**

Le **sanctuaire,** appelé le **grand siège** ou **siège vénérable,** contenait le petit naos ou était enfermée la statue divine et, en avant du naos, la ou les barques sacrées. Le soubassement de la chambre est orné de l'ordinaire **procession des Nils** (quatorze de chaque côté) conduits par le roi et le dieu Ihy. Les décorations dépeignent les différentes phases du rituel qui était ici accompli ; toutefois, pour suivre son déroulement chronologique, il convient de lire ces scènes en regardant alternativement à g. et à dr.

Autour du sanctuaire, un couloir, le « **couloir mystérieux** » dessert, par neuf portes, onze chapelles. Le soubassement de la paroi qui entoure le sanctuaire est décoré d'une **théorie de nomes** de la Haute-Égypte (au S. théorique) et de ceux de la Basse-Égypte (au N. théorique), chaque groupe, de dix-neuf, étant conduit par le roi. Hathor y est chaque fois invoquée sous le nom particulier qu'elle porte dans chacune des provinces.

Les **onze chapelles** sont *(en commençant à g. du sanctuaire)* :
1 — la **chambre du renouvellement des formes,** où Ptah-Taténen est représenté parant la déesse ;
2 — la **Meskhénet**, ou « lieu de l'accouchement », consacrée à la **naissance d'Isis** ; Thoth et Khnoum, suivis du roi et de la reine, présentent du lait à Isis auprès de laquelle se tient Nephthys ;
3 — la **chambre de Sokaris,** lieu du rajeunissement d'Osiris ; dans un des tableaux, Osiris momiforme est assis sur son siège entre Isis et Nephthys ; derrière Isis, Horus, vengeur de son père, foule aux pieds et perce de sa lance l'ennemi d'Osiris (ici, un crocodile) ; derrière Nephthys, les quatre divinités protectrices du nouveau-né : Tefnout, l'ancienne ; Nout, la grande ; Isis, la bonne ; Nephtys, la bienfaisante ;
4 — **Harsomtous** naît dans cette chambre sous forme de serpent primordial ;
5 — le **Per-nou,** ou maison de l'aiguière, a trait à la purification et aux libations d'eau. Hathor y est appelée « celle qui fait monter la crue » ; accès vers 6 ;
6 — le **Château du Sistre** (un des objets sacrés de la déesse) ; la musique du sistre était supposée écarter tout ce qui pouvait être malfaisant ;
7 — le **Per-our,** ou Grande maison, est une chapelle axiale qui devait être la plus importante de toutes puisque sa décoration traite les mêmes thèmes que celle du sanctuaire principal ;
8 — le **Per-néser,** ou Maison de la flamme, dans laquelle Hathor est identifiée à Sekhmet la déesse dangereuse ;

9 — le Trône de Rê ;
10 — la **Demeure de la Ménat** (autre instrument dédié à Hathor) ;
11 — la **Demeure de la Purification**, qui est également la chapelle de Ihy, le fils d'Hathor ; elle est principalement consacrée aux offrandes comestibles.

Les **cryptes.** — Les douze cryptes, **ménagées dans l'épaisseur des murailles** mesurent 1 m environ de larg. sur 2 m de haut., six autres sont souterraines et forment des chapelets de salles reliées par des couloirs. On y arrive soit par des ouvertures pratiquées dans les murs et fermées au moyen de pierres dont la surface visible était décorée comme le reste de la muraille et qu'on descellait toutes les fois qu'il était nécessaire, soit par des trappes dissimulées dans le sol, soit par une dalle mobile. Elles servaient de **dépôt pour des emblèmes ou des ustensiles du culte** d'un caractère mystérieux et sans doute aussi pour l'or, l'argent, l'électrum et les pierres précieuses qui constituaient une grande partie de la richesse du temple. Neuf sont décorées avec la même profusion que le reste du temple.

La seule que l'on puisse actuellement visiter, la crypte n° 4 (qui est aussi la mieux conservée) est ménagée dans le mur postérieur du sous-sol du naos. On y descend par un couloir dans un angle de la 8e chambre.

Les **textes** gravés sur les deux parois du petit escalier, et datés du règne de Ptolémée XIII, contiennent une description de la fête au cours de laquelle le roi et son cortège venaient prendre la barque de la déesse et faisaient sur les terrasses du temple une procession accompagnée de chants et de danses. Une momie de vache a été trouvée dans cette crypte.
Les **représentations** d'objets sacrés ont été réalisées avec un soin tout particulier de la part du sculpteur. Dans la première salle à g., des exemples de très beaux **sistres** hathoriques en or et en ébène, et des **menats** particulièrement ouvragées. Le relief le plus beau se trouve dans la salle du fond : c'est un **faucon** au plumage finement travaillé d'une très belle exécution. Le calcaire employé à cet endroit a donné à la sculpture un grain extrêmement fin.

Cour du Nouvel An et **Ouabit.** — Partant de la **salle du milieu** on accède à l'**antichambre**, ou « **trésor** » spécialement destiné à la fête du Nouvel-An. A g., s'ouvre une porte menant à une cour intérieure, la « **Cour du siège de la Première Fête** » ou « **Cour du Nouvel An** ».
De la cour, un escalier de quelques marches permet de pénétrer dans l'**Ouabit** ou « **Salle Pure** ». **Les rites** qui s'y déroulaient avaient pour but de perpétuer, en le renouvelant, l'ordre cosmique qui avait tiré l'univers du chaos primordial.

Les **escaliers.** — Le jour de la fête du Nouvel An, après la cérémonie de l'habillement, avait lieu une panégyrie sur les terrasses du temple. La procession s'engageait dans l'escalier du Sud. Elle est représentée sur le mur g. montant et sur le mur dr. descendant. Le roi, précédé d'enseignes qui ouvraient le chemin, de prêtres de tous rangs et de personnages masqués, y prend part.
Sur le toit se déroulait alors la **cérémonie de l'Union au Disque**, au cours de laquelle on dévoilait aux rayons du soleil levant la statue de la déesse placée dans un naos portatif.
L'**escalier Nord**, en colimaçon sur plan carré avec un palier à chaque angle, est décoré, lui aussi, avec une procession montante et descendante : pareille à celle de l'escalier S., sauf quelques différences dans les enseignes portées par les treize prêtres. — A l'entresol, petite chambre dont les trois fenêtres donnent sur la cour.

Terrasse : le kiosque. — A l'angle N.-O. de la terrasse se trouve un édicule hypèthre de plan rectangulaire formé de douze colonnes hathoriques, reliées par des panneaux d'entrecolonnement coupés de deux portes tournées vers les escaliers d'accès. Les panneaux sont décorés de scènes d'un caractère tantôt liturgique, tantôt mythologique. Il est probable que la procession s'arrêtait dans cette petite chapelle pour que s'accomplisse l'Union au Disque.

Tombeau d'Osiris. — A l'autre extrémité de la terrasse, longeant le mur du temple à g. et à dr., **deux ensembles de chapelles** s'ouvrent chacun sur une cour. Chacun de ces ensembles est construit à l'aplomb des chapelles entourant la salle d'apparition.
Pour comprendre la signification de ce tombeau, il faut rappeler que Dendara était une des seize villes où était conservée l'une des reliques du corps démembré d'Osiris. Le tombeau qui s'y trouvait était, en même temps qu'un reliquaire, une chapelle où étaient célébrées les cérémonies commémorant sa mort, et le mystère de sa résurrection.
Ensemble Sud. — La **cour**, ou chambre à ciel ouvert, est décorée de **scènes ayant trait aux funérailles du dieu.** A dr., le soubassement représente la procession des prêtres de Basse-Égypte ; à g., celle des prêtres de la Haute-Égypte, parmi lesquels figurent les cinq prêtres du temple de Dendara. Au-dessous se développe un long texte de 150 lignes verticales relatif aux fêtes célébrées pendant le mois de khoïak.

Cette longue inscription, en fait composée de sept « Livres » extraits d'une collection d'écrits relatifs aux fêtes osiriennes du mois de khoïak, nous donne une idée approximative des « mystères d'Osiris ». Outre une liste des villes où ces Mystères étaient pratiqués, le texte nous décrit la façon dont on confectionnait, dans le plus grand secret, l'effigie de sable humide, le moule qui la contenait, et la façon dont on cultivait l'orge qui devait être semé sur cette effigie. Le grain germant sur la figurine devait symboliser la résurrection d'Osiris.
Se déroulant devant un public restreint de prêtres, dans les parties reculées du temple, ces mystères s'apparentaient plus aux mystères grecs qu'à ceux de notre Moyen Age.

La **chambre** qui vient ensuite s'ouvre sur la cour. La partie du plafond décorée d'un **zodiaque circulaire** (le seul de cette espèce) est un moulage de l'original (transporté au Louvre). Sur les murs, scènes relatives à Osiris dans l'Hadès ; extraits du **Livre des Heures.** — La **dernière chambre** contient des scènes où est développé le **mystère de la résurrection** du dieu.
Ensemble Nord. — Dans la **cour**, représentation analogue à ce que nous avons vu dans la cour du S. Le long texte est un livre écrit par le dieu Thoth et traitant des procédés magiques dont Horus usa pour aider à la résurrection de son père, etc.
La **première chambre** (plafond astronomique) nous met en présence de scènes extraites des compositions théologiques relatives à la **description de l'Hadès,** notamment un abrégé du **Livre des Portes de l'Enfer.** — La seconde chambre contient des scènes empruntées au mystère de la résurrection d'Osiris.

Du toit de la salle hypostyle, beaucoup plus élevé, on a une belle vue sur les environs, jusqu'à l'actuelle Qenā de l'autre côté du fleuve. Sur la partie antérieure du parapet à peu près en son milieu, à la hauteur des crampons de fer, graffiti des soldats de Bonaparte.

19 B — Les mammisis

Le **mammisi** (temple de l'accouchement) **de Nectanébo I** (Nekhtnebef) est le plus ancien monument de ce genre conservé en Égypte.

Il comprend des **propylées** qui lui ont été ajoutés à l'époque ptolémaïque. De la **cour** qui les précédait, il ne subsiste qu'une partie du pavage.
Par une grande porte, on pénètre ensuite dans une **sorte de couloir** à colonnes engagées, qui s'ouvrait au S. par deux petites portes latérales. Les tableaux de dr. et de g., au premier entre-colonnement, représentent le roi sortant du palais et se dirigeant vers Ihy et Hathor.
Il faut ensuite franchir le mur d'enceinte du grand temple qui coupe le mammisi juste devant la porte de la **salle des offrandes** ; celle-ci n'a conservé son mur que dans la partie S. Il est décoré de reliefs ptolémaïques médiocres représentant des

offrandes rituelles. Le mur du fond est percé de trois portes. Celle de dr. conduit dans une chapelle non décorée ; celle de g. dans une pièce qui, par un escalier, donne accès au toit.

Celle du milieu, beaucoup plus large, s'ouvre dans la **cella**, entièrement décorée par Nectanébo I. Les **reliefs et inscriptions** où l'on sent une imitation très poussée de la XVIIIe dyn. ont déjà un peu la boursouflure ptolémaïque.

A dr. et en haut on voit Amon entrant dans le temple ; Khnoum criocéphale et Héket à tête de grenouille lui amènent Hathor. Khnoum modèle alors l'enfant sur son tour à potier, tandis qu'Héket accroupie tend vers les narines de ce dernier la croix de vie. Puis Amon donne ses ordres à Khnoum. Enfin le dieu et la déesse sont réunis assis sur un lit orné de têtes de lion. Dans le registre inférieur, l'Ennéade thébaine s'avance en procession vers Amon. Le **mur du fond** contient, en haut, deux représentations de l'enfant allaité par sa mère, une pour la Haute et une pour la Basse-Égypte. Au-dessous, Thoth indique à l'Énnéade que l'enfant sera roi du Double-Pays « car c'est, dit-il, la semence d'un dieu auguste ».

Sur le **mur g.**, on distingue au milieu, bien qu'elle soit abîmée, la **scène de la naissance** : Hathor assise sur une chaise placée sur un lit orné de personnages et d'emblèmes prophylactiques, met au monde son fils, soutenue par Ouadjet, Nekhbet et d'autres divinités. Elle présente ensuite l'enfant à Amon, et l'on voit, près de la porte d'entrée, l'enfant nourri par les vaches divines.

•:• Le **mammisi romain,** situé en avant et à dr. de l'entrée du grand temple, est un édifice du genre périptère, c'est-à-dire entouré d'un portique. Les édifices construits d'après ce principe sont rares en Égypte. Construit probablement par Néron, le mammisi a été décoré par Trajan, Hadrien et Antonin. Les scènes essentielles sont les mêmes que celles du mammisi de Nectanébo.

Le **portique** conserve quatre colonnes et deux piliers d'angle en façade postérieure, cinq sur le côté S. et sept sur le côté N. Les **colonnes** sont du type hathorique végétal, avec cette particularité que le **dé** placé au-dessus du chapiteau campaniforme **est décoré,** au lieu de têtes d'Hathor, **de figures du dieu Bès,** protecteur des parturientes.

Une rampe en pente douce conduit dans une large **avant-cour,** sur le sol de laquelle se trouvent les traces du plan tréflé de ce qui fut sans doute la première église de Dendara. Lorsque les chrétiens se trouvèrent trop à l'étroit dans cette cour de l'édifice, ils construisirent avec les matériaux empruntés à la partie antérieure du mammisi, aujourd'hui rasée, la basilique que l'on voit juste à côté.

Après quelques marches, on entre dans une seconde cour, puis dans l'intérieur du temple, qui comprend un vestibule, ou **salle de l'offrande**, flanqué de trois petits magasins (dans celui de dr. part l'escalier menant à la terrasse) ; un **avant-sanctuaire** occupait toute la largeur du temple tandis qu'au fond s'ouvre, par une large porte, le **sanctuaire** qu'entourent de deux magasins obscurs.

Le mammisi symbolisant, suivant l'expression de Champollion, la demeure céleste où la déesse avait enfanté le troisième personnage de la triade divine, auquel était identifié le roi, il est tout indiqué que la décoration de cet édifice se compose de tableaux qui répètent à satiété les **scènes relatives à la naissance et à l'allaitement du divin enfant.** Dans le sanctuaire, toutes les scènes convergent vers une fausse niche en style de façade de naos, sculptée au centre de la paroi du fond.

L'**église copte,** dont les murs contiennent de nombreux blocs remployés, est située entre les deux mammisis : son ancienneté et la netteté de son plan lui donnent un grand intérêt. Elle s'ouvre par deux portes (une au S. et une au N.) sur un **narthex** qui permettait d'accéder, du côté O., au **baptistère,** encore orné d'une colombe aux ailes déployées, et au toit par un escalier ; du côté E., par trois portes, au vaisseau même de l'église. Celle-ci possédait une large nef centrale et vraisemblablement deux doubles nefs latérales. Le **chœur** est de **plan tréflé** et présente deux chapelles latérales d'équerre, comme dans les églises de rite grec. Cette basilique pourrait dater du Ve s.

19 C — Autres monuments de Dendara

En descendant vers le S. on rencontre des restes de constructions en brique, restes d'un **sanatorium**, puis un **puits** avec son escalier, deux petites **chapelles**, à l'état d'arasements, le **lac sacré**, et enfin le petit **temple d'Isis.**

Le **sanatorium,** avec ses installations de bains, accueillait des malades venus chercher une guérison miraculeuse en buvant de l'eau que l'on avait fait couler sur une statue ou des textes magiques afin de la rendre efficace.

Le **lac sacré** est situé à l'angle S.-O. du temple, un peu plus près de l'enceinte du temple que de la grande enceinte ; il mesure 28 m sur 33 et ses murs sont légèrement incurvés pour résister à la poussée des terres. On voit encore du côté S. la place d'une **estrade,** nécessaire sans doute à la **célébration des mystères osiriaques.** Le lac sacré de Dendara est un des mieux conservés de la Haute-Égypte.

Le **temple d'Isis-Hathor,** situé à l'arrière du grand temple, se compose de deux parties.

L'une, dont il ne reste que des arasements, est axée à l'E. Elle était constituée d'une **cour** précédant une **hypostyle** à quatre colonnes. De là, on accédait à une **deuxième salle,** également à quatre colonnes, mais plus étroite. Au fond, un dégagement permettait d'accéder à un escalier s'élevant latéralement le long de la paroi N. d'un **autre édifice** dont l'axe, comme celui du grand temple, est N.-S. : ces deux axes se trouvent donc être perpendiculaires l'un à l'autre. La seconde partie était consacrée à la **naissance d'Isis,** et la paroi du fond du sanctuaire porte encore les restes d'une scène décrivant cet événement.

Enfin derrière l'enceinte du temple, couvrant une aire de 1 200 m de large sur 600 m de profondeur, s'étend la **nécropole tentyrite,** datant de la fin de l'**Ancien Empire.** Vers l'extrémité O. s'étend un **cimetière ptolémaïque** regorgeant de tombes ; enfin, çà et là, mêlées à toutes les autres, des sépultures d'époque romaine.

20 -Lūqsor et Karnak

La Thèbes antique

Situation : → it. 10, km 651,5.

Au bord d'une route guère plus large qu'une de nos départementales, un grand panneau publicitaire vantant le Son et Lumière vous l'a confirmé : vous arrivez bien à Lūqsor. Viennent alors les maisons, les murs blanchis à la chaux, les jardinets. Ici se dresse une église, là un temple protestant ; sur la façade d'une grosse villa, une plaque de cuivre bien astiquée porte le nom d'une banque, et des heures d'ouverture ; un peu plus loin, des hôtels, et le bazar moderne, petit centre commercial un peu apathique, royaume du sac de cuir ouvragé, de la carte postale et de la fausse antiquité. Telle apparaît d'abord la plus célèbre des anciennes capitales de l'Égypte : une station touristique, à peine égyptienne. Superposée à celle de pierres vénérables émergeant de groupes de visiteurs, c'est l'image un peu décevante que vous risquez, par un séjour trop bref, d'en emporter.

Mais Lūqsor mérite — et offre — bien mieux que cela. Libéré des contraintes, vous découvrirez la promenade de la Corniche du Nil, vous goûterez çà et là le spectacle de l'Égypte provinciale. Oubliez quelques instants les pharaons ; la voile frémissante, des felouques vous attendent pour un tour sur le fleuve aussi tranquille qu'un lac. Hors des « heures de pointe », les temples, enfin, s'offriront. Dans leur silence hiératique, à peine troublé par le cri d'un oiseau, vous vous mesurerez aux enfilades de colonnes, vous participerez en pensée aux processions longuement décrites sur les murs, à moins que vous ne préfériez le belliqueux spectacle de quelque roi vainqueur de ses ennemis. Parce que leur gigantisme et leur complexité défient l'analyse rapide, vous viendrez et reviendrez y flâner, ménageant à chaque jour son lot de découvertes merveilleuses ; y rêver aussi, jusqu'à ce que, le soir venu, un gardien vous invite à quitter les lieux.

Exclu alors du domaine des dieux, vous rejoindrez celui des hommes. A la salle à manger ou au night-club ? A la piscine peut-être, qui n'est pas encore fermée. A deux pas de là aussi, le vieux souk populaire redevient, pour quelques heures, le centre de l'animation ; le temps, pour le marchand de tissus, de vous confectionner une gallabiyya sur mesure.

Thèbes dans l'histoire

Thèbes portait en égyptien les noms d'Ouaset (applicable également à toute la province), ou de Niout, « la Ville » ; à l'époque tardive, ce fut Diospolis Magna. Elle eut pour dieux la triade d'Amon, de Mout et de Khonsou.

Thèbes fut la capitale de l'Empire égyptien pendant la période où il eut le plus d'éclat. Sa grandeur était proverbiale dans l'Orient ; pour Homère, seul le nombre des grains de sable dépassait la quantité des richesses enfermées dans « Thèbes aux Cent Portes ».

Le nom actuel de **Lūqsor** n'est qu'une altération de l'arabe **El-Qusūr** (pl. d'El-Qasr : « le camp ») ; c'est l'héritier direct du nom latin de la ville que les Romains, qui y avaient installé deux camps, nommaient pour cette raison **Castra** (« Les Camps » ; pl. de castrum).

Une origine tardive. — Sous les rois memphites, c'était une petite bourgade de la rive dr. du Nil, révérant peut-être déjà un dieu obscur du nom d'Amon, mais surtout un dieu de la guerre, Montou, dont les temples épars marquaient les limites de son territoire.

Vers la Xe dyn., au moment où faiblissait la puissance des princes d'Héracléopolis qui avaient supplanté depuis plus d'un siècle les rois memphites, celle des petits princes de Thèbes grandit. De gros village qu'elle était jusqu'alors, Thèbes devint, grâce à sa position géographique, un centre d'une certaine importance ; des succès militaires en firent une capitale. Mentouhotep (XIe dyn.) avait pu déjà réunir sous son autorité l'Égypte du Nord à celle du Sud, des bouches du Nil à Éléphantine ; sous la XIIe dyn., tout le cours inférieur du Nil, depuis la seconde cataracte, était conquis. La puissance thébaine était telle que, dans ses plus mauvais jours, quand l'Égypte fut envahie par les Hyksôs, ces Asiatiques durent se borner à l'occupation du Delta, razziant, dans la vallée, les provinces les plus proches, mais ne pouvant fonder rien de durable dans le Sud. Thèbes garda son autonomie et son influence sur les principautés voisines, simples tributaires comme elle. Elle incarne alors l'esprit de résistance nationale.

Mais une gloire sans pareille. — Après deux siècles, elle entre en révolte ouverte, elle chasse les Hyksôs de l'Égypte, elle reprend son rang, elle reconstitue et agrandit son empire par des expéditions tant vers le N. (Asie antérieure) que vers le S. (Nubie). Ce fut l'œuvre de quatre dynasties royales (XVIIe-XXe). L'expulsion des Hyksôs ayant ouvert la route de l'Asie, les pharaons de la XVIIIe dyn. prirent alors l'offensive de ce côté et le mouvement d'expansion commencé au S. de l'Égypte se porta et s'accentua vers l'E.

Belle période de l'histoire d'Égypte, qui dura environ six siècles pendant lesquels Thèbes rayonna d'un éclat sans rival. Les rois de la XVIIIe et de la XIXe dyn. avaient accumulé dans leur capitale un immense butin : ils l'avaient, pour ainsi dire, peuplée de prisonniers de guerre. La situation de Thèbes, non moins que ses victoires, avait fait d'elle alors le plus grand entrepôt du monde. Les marchandises venaient à elle des bords du golfe Persique et de la mer Rouge par la route de Koptos, de l'Afrique inter-tropicale par le Nil, et peut-être de l'extrême Sahara, par les routes du désert et les oasis. Toutes ces ressources furent mises à profit pour élever les splendides constructions qui font encore notre admiration. Le dieu Amon avait donné la victoire aux princes thébains : ceux-ci élevèrent à sa gloire des temples d'une grandeur et d'une richesse incomparables.

Le déclin. — Par le fait de sa position méridionale, Thèbes se trouvait trop éloignée de la région où la souveraineté de ses princes était la plus exposée. Ramsès et ses successeurs se virent donc dans la nécessité de fonder des établissements militaires importants dans le Delta. Plus tard, leurs successeurs durent même très vite céder la place à des dynasties originaires du Delta : les XXIe et XXIIIe sont tanites, la XXIIe bubastite, la XXIVe saïte. Tanis d'abord, la capitale de la XXIe dyn., devint prépondérante mais se vit disputer la première place par Bubastis, puis Saïs.

Malgré l'invasion dite « éthiopienne » qui fonda la XXVe dyn., après avoir conquis et subjugué tout le Sud, et fit de Thèbes sa ville d'élection, celle-ci avait pour toujours perdu la suprématie : toute une Égypte finissait avec elle. Sans défense contre l'armée des Assyriens, lors de leur invasion en Égypte, elle fut pillée par Assarhaddon en 672 av. J.-C., dépouillée de ses statues et d'une grande partie de ses trésors. Quelques années plus tard, en 665, Assourbanipal la pilla à nouveau : cette fois, elle fut saccagée à fond et ses habitants emmenés en esclavage. Ninive avait durement consommé la ruine de Thèbes.

Des souvenirs et des pierres. — Les dynasties suivantes, toutes établies dans le Delta, ne firent pas grand-chose pour la cité qui vécut, dès lors, repliée sur elle-même, cultivant les souvenirs du passé. Au début de l'époque romaine, ce n'est pratiquement plus qu'un ensemble de ruines grandioses que les touristes (déjà) viennent visiter.
A la fin du IVe s., quand Théodose promulgua son édit (392), il y avait longtemps que les temples offraient le spectacle affligeant d'édifices dont le délabrement défiait toute tentative de restauration. Tels quels, ils n'en furent pas moins appréciés par les chrétiens qui y installèrent leur culte et contribuèrent souvent à les dégrader, quand ils s'attaquèrent aux images ou aux gros matériaux pour les accommoder à leur destination nouvelle ; souvent aussi à les conserver, car c'est au crépi dont ils recouvraient les bas-reliefs, dont la seule vue était sacrilège, que beaucoup de ces images ont dû leur salut.

Le site

Une double chaîne de collines enveloppe la plaine à dr. et à g. du fleuve et forme un vaste cirque, où se déployaient l'antique capitale et toute une banlieue de terres cultivées. Mais, tandis que la chaîne libyque détache vers l'E. un éperon montagneux aux parois abruptes qui vient se terminer près de Gourna à 2 km de la rive du fleuve, la **chaîne arabique,** moins accentuée et moins proche, profile à l'E. ses pics aigus, dont les trois principaux, alignés, portent dans la région le nom de «Trois Frères», et descend en longues pentes vers Lūqsor et Karnak.

La **ville de Thèbes** proprement dite s'élevait sur la rive dr. et occupait toutes les terres comprises entre les actuels Lūqsor et Karnak, distants l'un de l'autre d'env. 3 km. Il n'en subsiste aujourd'hui que le **temple de Lūqsor,** un groupe de temples désignés sous le nom de **temples de Karnak,** des restes de la chaussée qui reliait ces deux temples, ainsi que les **temples de Medāmūd, Ṭōd** et **Arment,** sortes de lointaines banlieues.

A l'O., sur la rive g., se trouvait la **nécropole** *(chap. suivant)* comprenant des **hypogées** taillés dans la montagne, des **temples,** qui comptent parmi les plus grands de l'Égypte, et toute une **ville** avec sa population de spécialistes exerçant un emploi ou une industrie en rapport avec la nécropole.

Visiter Thèbes

Une ***bonne vue d'ensemble*** *des temples thébains et de la nécropole (voir le chap. suivant) nécessite un séjour d'au moins* ***quatre jours*** *que vous pourrez utiliser de la manière suivante, en réservant ici ou là quelques heures pour une promenade en felouque à la verdoyante île des Bananes ou une rêverie au soleil couchant dans*

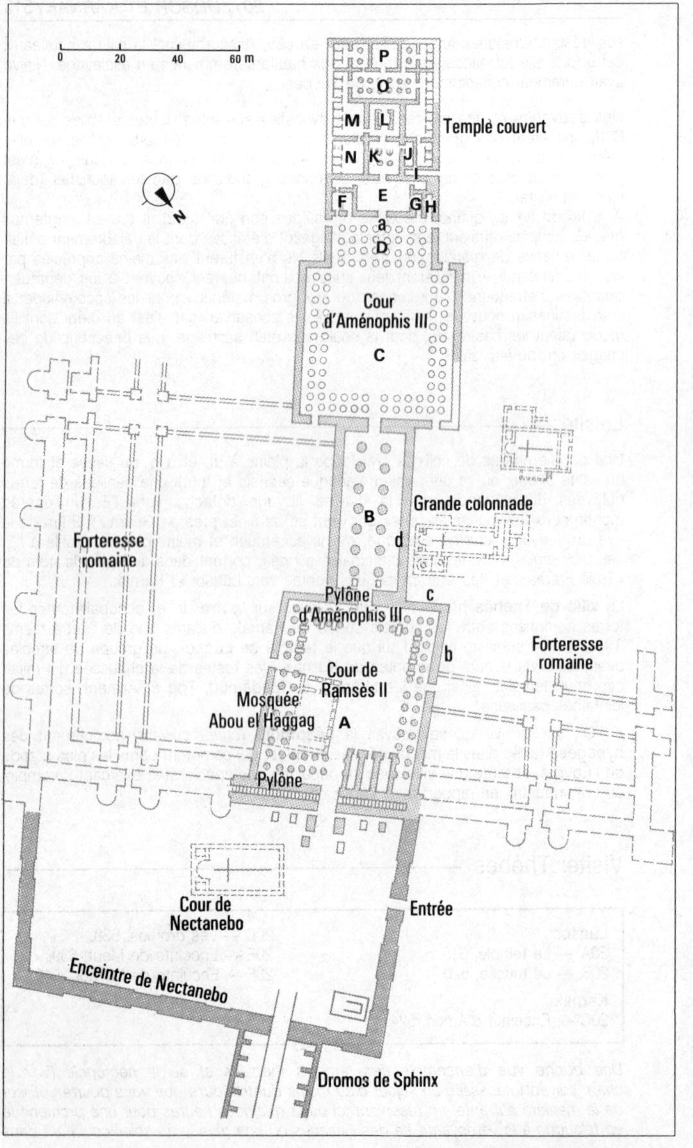

Temple de Lūqsor (d'après J. Leclant)

les ruines du temple de Mout. A noter que les temples de Lūqsor et Karnak sont également ouverts le soir jusqu'à 21 h en hiver, 22 h en été, pour des spectacles son et lumière, ce qui permet d'en découvrir d'autres aspects.
1er jour : — le ***matin****, temple de Karnak ; — l'****après-midi****, temple de Lūqsor et musée. 2e jour : — le* ***matin****, temples et tombeaux de Deir el-Baḥari, nécropoles de l'Assasif, de la Khokhah et de Sheikh 'Abd el-Gurna ; — l'****après-midi****, seconde visite à Karnak. 3e jour : —* ***une journée*** *sur la rive g. : temple de Gourna, vallée des Rois, nécropole de Sheikh 'Abd el-Gurna, Ramesseum. 4e jour : —* ***une journée*** *sur la rive g. : colosses de Memnon, temples de Médinet Habū, nécropole de Deir el-Médina, temple de Deir el-Médina, vallée des Reines.*
*Disposant d'****un peu plus de temps*** *vous pourrez fractionner ces excursions de base, retourner à Karnak, voir plus de tombes à Sheikh 'Abd el-Gurna (l'ensemble des nécropoles civiles en compte plus de quatre cents peintes ou gravées et offrant chacune un intérêt différent), retourner à la vallée des Rois, voir les nécropoles de Qurnet Mura'i et de Dra Abū el-Naga'. Arrangez-vous alors pour faire vos diverses visites à un même temple à des heures différentes, seul moyen de bien voir dans leur ensemble des reliefs nécessitant chacun un éclairage particulier.*
Les excursions à ***Medāmūd*** *(12 km) et* ***Ṭōd*** *(39,5 km) n'exigent chacune que quelques heures (y compris le trajet) : → it. 10, km 647 et km 672,5.*
*Lūqsor est également le meilleur point de départ pour les visites d'****Abydos*** *(chap. 18) et de* ***Dendara*** *(chap. 19) que l'on peut assez facilement regrouper en une excursion d'une seule journée.*
Si vous disposez d'une voiture particulière vous pourrez ***passer sur la rive g. avec votre véhicule*** *par le bac qui relie les deux rives (départs fréquents) ; sur la* ***rive dr., embarcadère*** *non loin du Musée ; sur la* ***rive g.****, près du* ***bac «baladi»*** *qu'utilisent les touristes qui ne voyagent pas en groupe.*

Lūqsor

20 A — Le temple

Le **temple de Lūqsor** est l'un de ceux dont le déblaiement a coûté le plus d'efforts. Entrepris en 1883 par Maspero, continué par ses successeurs, il n'est pas encore complètement achevé aujourd'hui et ne pourra l'être définitivement tant que n'aura pas été résolue la question de la **mosquée Abū el-Haggāg** construite sur un épais massif de remblai occupant l'angle N.-E. de la première cour.
Le temple de Lūqsor, qui n'est, en fait, qu'une dépendance de celui de Karnak, constituait ce que les Égyptiens appelaient le **«Harem méridional d'Amon»**. Il ne servait que pour la procession du dieu Amon qui avait lieu à l'occasion de la nouvelle année, ce qui explique son peu d'étendue par rapport à la superficie du grand temple de Karnak.
Sa longueur totale est de 260 m. La largeur de la cour C est de 55 m, celle de la cour de Ramsès II, de 58 m.
Visite : t.l.j. de 6 h 30 à 22 h, 21 h en hiver. Entrée payante.

Le temple d'Aménophis III. — Le monument n'est, tout au moins dans son état actuel, l'œuvre que de deux grands rois thébains : Aménophis III et Ramsès II. Aménophis, son fondateur, qui dut démolir de fond en comble un temple en grès de la XIIe dyn. (quitte à en utiliser les matériaux), mourut avant de l'avoir vu achevé. Il est très probable que l'architecte en était Amenhotep, fils de Hapou.
Le plan du temple d'Aménophis, très classique et conforme à la tradition de

l'Ancien Empire, comprenait, à quelques détails près, le sanctuaire actuel (E-P) précédé d'une salle hypostyle (D) abritée du côté N. par un pylône, le tout élevé sur un soubassement en prévision de la crue du Nil. Aménophis ajouta ensuite la grande cour (C), entourée sur trois de ses ailes d'un double portique, et reporta le pylône en avant de la cour. Une voie triomphale reliait le temple de Karnak à celui de Lūqsor ; Aménophis la fit aboutir à ce dernier en construisant au N. une salle longue (B), composée d'une double rangée de hautes colonnes (7 et 7), à chapiteaux en forme d'ombelle, haute et large nef fermée au N. par un pylône.

Les autres constructeurs. — Les événements qui firent délaisser Thèbes par le fils et successeur d'Aménophis III ne purent que nuire à son achèvement, et le roi Toutânkhamon, vingt ou trente ans plus tard, se contenta de compléter à dr. et g. la grande nef (B) et de la décorer de reliefs qu'Horemheb, aussitôt après, usurpa.
Ramsès II ajouta une nouvelle cour à portiques (A), plus grande que celle d'Aménophis, et précédée d'un pylône monumental dont l'aspect imposant était rendu encore plus grandiose par deux obélisques et six statues colossales. Toute cette cour est déviée vers l'E., Ramsès II ayant dû respecter le reposoir des barques édifié par Thoutmôsis III sur le chemin menant de Karnak à l'ancien temple. Si l'on ajoute à cela des adjonctions de l'époque éthiopienne et la chapelle de grès (L), transformée sous Alexandre le Grand, on a énuméré toutes les phases de la construction par lesquelles a passé ce magnifique édifice.

Le temple de Lūqsor était relié au temple de Karnak par un long **dromos bordé de sphinx criocéphales** qui suivait à peu près la direction de la grande rue de Karnak, en partie sous la route actuelle : les fouilles ont donné une amorce de plus de 100 m de cette allée (ce sont des sphinx à tête humaine reconstruits à la XXXe dyn.) qui s'ouvrait, par une porte en grès très ruinée, sur une avant-cour en brique crue.

En avant du pylône, les deux **obélisques de Ramsès II** étaient d'une hauteur un peu inégale. Le moins haut, à dr., mesurait, d'après les données de l'ingénieur Lebas, 22,83 m et 2,44 m à la base : c'est celui qui est à Paris. L'autre, placé à g., mesure 25,03 m de hauteur et 2,51 m à la base.
Le socle du plus petit est légèrement plus éloigné du pylône que celui du plus grand afin que la perspective corrige l'écart des hauteurs.

Les deux obélisques furent donnés à la France en 1831 par Muḥammad ʻAlī. Celui de l'O., mieux conservé, fut seul transporté à Paris en 1833, et dressé, le 25 octobre 1836, sur la place de la Concorde par l'ingénieur Lebas. La France, qui était théoriquement propriétaire du second, a renoncé définitivement à ses droits en 1980.

L'obélisque restant est d'une beauté d'exécution vraiment remarquable. Sur chacune des faces, au-dessous du **pyramidion**, revêtu primitivement d'un capuchon métallique (probablement de bronze lamé d'or), est gravé un petit tableau représentant Ramsès II en adoration devant Amon-Rê. Immédiatement au-dessous, trois bandes verticales d'hiéroglyphes merveilleusement gravés et rehaussés de rouge couvrent toute la hauteur du monument. La bande du milieu présente des creux plus profonds que les colonnes latérales. Ces textes ne sont que le protocole amplifié du roi, accompagné d'une formule de louange relative soit à ses constructions, soit à la durée de son règne, soit à ses victoires.
Les deux monolithes reposaient sur des socles dont les faces N. et S. étaient ornées de quatre cynocéphales adorant le Soleil : ceux de la face N. de l'obélisque de g. sont maintenant au Louvre.

Des **six statues colossales** placées sur le front du pylône, les deux qui sont immédiatement à dr. et à g. du portail (granit gris) représentent le roi assis ;

ils ont 15,60 m de haut (socle : 1,05 m ; siège, 2,90 m, personnage 11,65 m dont 5 m pour la tête et la coiffure). A côté du siège est représentée la reine Néfertari ; autour de la base, des territoires conquis sont figurés par des captifs surmontant chacun le nom de leur pays inscrit dans un « cartouche-forteresse ». Des quatre colosses debout, en granit rose, un seul subsiste à dr., très mutilé : à côté du roi est représentée sa fille Méritamon.

Le **pylône,** construit par Ramsès II en appareil irrégulier (anciens matériaux retaillés), présente un front de 65 m de largeur. Il est en mauvais état et n'a échappé à la ruine que grâce à la pression qu'exerçait l'énorme remblai qui maintint longtemps sa base. Sur la façade, quatre grandes rainures verticales (deux sur chaque massif) étaient destinées à recevoir les mâts porteurs de banderoles. L'entrée des tours est à g. ; un premier escalier dans le massif E. conduit à la terrasse du premier étage au-dessus du portail ; de là partent deux escaliers conduisant sur les hautes terrasses des massifs.

Les **scènes** gravées sur le pylône se rapportent à la fameuse **campagne** de l'an V de Ramsès II **contre la confédération syro-hittite.**

Massif O., le camp égyptien, qu'on retrouvera représenté au Ramesseum et à l'intérieur du grand spéos d'Abū Simbel. A g., la scène des espions que le roi fait bâtonner ; le conseil tenu par le roi avec ses officiers.

Massif E., la bataille de Qadech : la bataille principale est représentée à g. du tableau ; les Hittites, au nombre de 10 900, d'après une des légendes de la scène, sont culbutés et mis en fuite ; une vaste mêlée, où les chars des Égyptiens restent pourtant en bon ordre, occupe tout le tableau.

Sous ces tableaux est gravé en bandes verticales le texte hiéroglyphique du poème dit de Pentaour, qui se trouve aussi sur le mur S. du Grand Temple de Karnak et célèbre la vaillance du roi.

Les **côtés du portail** sont ornés de **bas-reliefs du règne de Chabaka** (XXVe dyn.).

La **1re cour (cour de Ramsès II),** parallélogramme obliquant de l'E. à l'O., de 50 m sur 57, était entourée originairement d'une double rangée de colonnes à fûts lisses et à chapiteaux papyriformes fermés ; celle-ci est interrompue derrière le massif O. du pylône par une **chapelle** à trois chambres.

Cette **chapelle** reposoir des barques, construite par Thoutmôsis III, était consacrée aux divinités de la triade thébaine : Amon, Mout et Khonsou, la chambre d'Amon se trouvant comprise entre celle de Mout (à l'O.) et celle de Khonsou (à l'E.) ; comme le pylône, elle a été bâtie à l'aide d'anciens matériaux remployés. C'est sa présence qui contraignit l'architecte à dévier l'axe du temple.

Les petites colonnes, en granit, si fines, qui précèdent la chapelle et portent le cartouche d'un Thoutmôsis, sont d'un tout autre style que les colonnes massives du reste de la cour : elles datent peut-être du Moyen Empire.

Le côté E. de la cour n'a pu être tout à fait déblayé à cause de la mosquée Abū el-Haggag.

Les **murs de la cour** percés à l'E. et à l'O. d'une porte latérale (en tout, quatre, avec les portes N. et S.), sont décorés intérieurement de **scènes religieuses.** Celles du mur S., qui formaient sous Aménophis III et Horemheb la façade du temple, ont été surchargées par Ramsès II et mises à l'unisson du reste de la cour. Le soubassement est encore visible dans l'angle S.-E. De la porte E. à l'ancien pylône, la base du mur est ornée d'une **procession** de figures personnifiant les **districts miniers** apportant au dieu le tribut. Au-dessus (partie E.), une inscription dédicatoire indique les constructions de Ramsès II dans le temple ; partie S. jusqu'au palier de la porte, Ramsès II conduit par des dieux sacrifie à la déesse Séchat, debout derrière un naos (détruit).

Dans l'angle S.-O. (en c sur le plan), grande scène religieuse : l'**inauguration du pylône** représenté avec ses deux obélisques, ses quatre mâts et ses six statues, et vers lequel se rend une procession. Dix-sept fils du roi portant des bouquets ouvrent la marche (le treizième est son successeur, Mérenptah) ; viennent ensuite les animaux du sacrifice, ornés et conduits par des serviteurs ; au-delà de la porte O. cérémonies de purification s'adressant au dieu Min, etc.

Deux grandes statues de granit noir sont placées de part et d'autre de la porte du fond. Ramsès II y est représenté assis, vêtu du pagne : à ses côtés, la reine Néfertari, costumée et coiffée en Hathor. Autour des socles, représentation des peuples vaincus par le roi.

Outre ces deux colosses, **onze statues** debout, d'Aménophis III, usurpées par Ramsès II, sont placées dans les entrecolonnements ; toutes sont en granit rose sauf une, en granit noir. A côté de chaque statue **figure une des épouses du roi, tantôt sculptée, tantôt gravée** de profil sur le tenon qui réunit la jambe g. au pilier dorsal. Sur chacune, Mérenptah, fils et successeur de Ramsès, fit graver son nom près de la jambe g., à la place même où l'on fait habituellement figurer le fils lorsqu'il est représenté près de son père.

Après avoir franchi le **pylône d'Aménophis III,** large de 26 m, et devant lequel Philippe Arrhidée établit une petite porte destinée à réduire l'ouverture trop grande du portail primitif, on entre dans la **colonnade ;** longue de 52 m (les deux murs ne sont pas égaux, à cause de l'obliquité du pylône) sur 20 m de large, celle-ci est composée de **deux rangées de sept colonnes campaniformes** à fût lisse ayant 15,80 m de haut et supportant encore leurs lourdes architraves.

Deux murs limitent ce portique à l'E. et à l'O. Leurs faces internes ont été décorées sous Toutânkhamon et Horemheb de scènes très vivantes décrivant les cérémonies de la célèbre fête d'Opet et les réjouissances qui les accompagnaient.

La procession faisait le tour de la salle ; les scènes représentées, dont, malheureusement, seul le bas est conservé, partent du N.-O. (mur O.) pour arriver à l'angle N.-E. (mur E.) : le voyage des barques processionnelles de la triade thébaine et de pharaon vers le « harem du Sud » est détaillé sur la paroi O., alors que leur retour vers Karnak est décrit sur la paroi E. Le style de ces scènes est excellent, l'**influence d'Amarna** se fait encore sentir, juste assez pour adoucir et éclairer l'uniformité de l'art officiel.

Outre les tableaux au nom d'Aménophis IIII, le roi constructeur, les **colonnes** ont reçu postérieurement d'autres cartouches, ceux d'Horemheb, de Séthi I et de Ramsès II.

A l'entrée, deux **groupes en calcaire** dur très fin, qui portent les cartouches de Ramsès II mais datent visiblement du règne de Toutânkhamon, encadrent la porte (à g., Ramsès et une reine, à dr., un groupe de Ramsès et une reine, et une statue de Ramsès seul).

La **2e cour,** ou **cour d'Aménophis III,** plus large (52 m) que longue (48 m), est entourée sur trois côtés d'un **portique à deux rangs de colonnes** fasciculées papyriformes à chapiteaux fermés. Comme dans la colonnade, les portiques démasqués par la chute des murs du pourtour sont visibles de l'extérieur et contribuent à l'effet de « forêt de colonnes » que produisent les ruines vues du fleuve. Noter, sur les abaques, le nom d'Amon martelé par Akhenaton jusque dans le cartouche de son propre père.

Le sol de cette cour, d'abord à un niveau nettement plus élevé que celui de la colonnade qui la précède et à laquelle elle était reliée par un escalier, fut ramené au niveau de cette dernière au moyen d'une pente et l'escalier fut supprimé.

La **salle hypostyle,** au S. de la cour d'Aménophis, renferme 32 colonnes (4×8) du même type que les précédentes. On y voit gravé le cartouche de Ramsès VI en surcharge sur celui de Ramsès IV. Des fragments d'architrave précédant les deux colonnes du milieu portent les cartouches de Sebekhotep II (XIIIe dyn.) et sont sans doute des remplois.

Le **mur O.**, détruit à hauteur du soubassement, est décoré d'une **procession de nomes**, comme les autres soubassements de la salle.

Sur le **mur E.**, **offrandes** d'Aménophis III, avec des retouches d'époques diverses ; certaines de ces retouches montrent les images des dieux regravées, au début de la XIXe dyn., sur le martelage ordonné par Aménophis IV (Akhenaton).

Les portes latérales sont de Ramsès II. A g. de l'allée centrale, entre les deux dernières colonnes, **autel romain** dédié à l'empereur Constantin.

On entre ensuite dans le **vestibule,** dont le plafond était primitivement supporté par huit colonnes. Il fut transformé en **chapelle de culte impérial** à l'époque romaine ; la porte du fond fut aménagée en niche, et l'ancienne décoration murale, après avoir été systématiquement mutilée, fut recouverte d'un enduit décoré de **peintures représentant des empereurs.** Les anciennes sculptures reparaissent par endroits.

Des petites chambres latérales s'ouvrant les unes sur l'hypostyle, les autres sur le vestibule, ont peut-être été utilisées comme sacristies : F était consacrée à Mout, G à Khonsou, et H à Amon-Min. L'escalier I, détruit, conduisait à la terrasse du temple.

La **chambre d'offrandes** (K), qui fait suite au vestibule et qui a 4 colonnes, est décorée de scènes liturgiques variées : Aménophis y est représenté accomplissant divers rites en l'honneur d'Amon et de Min.

Dans cette chambre, comme dans l'hypostyle, les bases des colonnes ont été coupées pour élargir le passage des barques, à l'époque où on augmenta le nombre de leurs porteurs, sous Ramsès II.

Le **sanctuaire** (L) date de l'époque d'Aménophis III ; mais **le reposoir des barques,** soit qu'il fut détruit, soit pour une autre raison, fut reconstruit par Alexandre et devint une sorte de chapelle, ouverte aux deux extrémités ; les parois de cette chapelle, construite en grès, sont couvertes, tant à l'intérieur qu'à l'extérieur, de représentations d'Alexandre le Grand devant Amon et ses parèdres.

Diverses chambres longent à l'E. le sanctuaire ; l'une d'elles est très intéressante : c'est la **chambre de la naissance d'Aménophis III** (N). Son plafond repose sur trois colonnes fasciculées. La **paroi O.** présente une grande composition (en très mauvais état) où se déroulent (de bas en haut et de g. à dr.) les diverses phases de la **théogamie** ou **conception divine du roi,** à l'imitation de celle d'Hatchepsout à Deir el-Bahari. Plus qu'une légitimation du droit divin du pharaon, reconnu depuis longtemps, c'est l'illustration de l'origine de ce droit par lequel il tient tous ses pouvoirs.

1er registre : la Conception. — On voit d'abord le dieu-potier Khnoum, assisté d'Isis, façonnant au tour Aménophis et son double. — Entretien de Khnoum et d'Amon. — Amon qui, dit la légende, a pris les traits du roi Thoutmôsis IV, s'unit à la reine Moutemouïa. — Entretien d'Amon et de Thoth. — Isis embrassant la reine en présence d'Amon.

2e registre : la Grossesse. — Thoth vient promettre à la reine un fils. — Moutemouïa, visiblement enceinte, est assistée de Khnoum et d'Isis qui lui font respirer le signe de la vie. — Thouéris et Bès, dieux qui président à l'accouchement, et les génies du Nord et du Sud, dans l'attente de l'événement. — Isis présente l'enfant futur à Amon. — Sa destinée se règle tandis qu'il est assis sur les genoux du dieu.

3e **registre : la Naissance.** — L'accouchement a eu lieu, et l'enfant et son double sont allaités par Hathor. Un autre allaitement, par les neuf divinités assistantes, puis l'enfant et son double sont présentés à Amon. Dans le dernier tableau, Aménophis a pris possession de son trône.

Le **mur S.** est consacré à la représentation de l'**avènement du roi.**

Enfin, au fond du temple, la **salle O,** dont le plafond est soutenu par deux rangées de six colonnes, servait de vestibule aux pièces les plus reculées et notamment à la **salle P,** qui était le **Saint des Saints.**

Les parois de ce dernier représentent Horus et Atoum introduisant le roi dans la salle, et le roi en présence d'Amon.

Extérieur du temple

A l'exception du pylône, l'enveloppe extérieure du temple est en grande partie détruite. Cependant, sur le mur O. de la cour de Ramsès II, les assises nous ont conservé par endroits **(b)** deux registres de **scènes militaires** : en bas, la prise de Tounip, dans le Naharina, par les troupes de Ramsès II ; en haut, la prise de Dapour dans le pays des Hittites ; **(c)** prise du fort de Soudana, sur une montagne boisée. Ces scènes militaires se continuent sur le mur O. de la colonnade **(d)** : place démantelée sur une hauteur ; dans le fragment suivant, un cavalier montant en amazone vient annoncer aux troupes l'approche de l'ennemi. — L'extérieur de la cour d'Aménophis a été usurpé sous Ramsès II.

Le soubassement du **sanctuaire** est orné d'une forte corniche : au-dessous, une **inscription dédicatoire** d'Aménophis nous dit qu'il «construisit le temple d'Amon en belle pierre blanche, fit les battants des portes en bois d'acacia incrusté d'or avec des gonds de bronze ; le nom d'Amon y est incrusté en pierres précieuses...». Les parties subsistantes de l'extérieur du sanctuaire sont ornées des ordinaires **tableaux d'offrandes et d'adoration,** non de l'époque d'Aménophis III, mais de Ramsès III, avec des retouches du grand-prêtre Menkheperrê (XXe dyn.) et du roi éthiopien Chabataka (XXVe dyn.).

Dans l'aire du temple, du côté O., on a retrouvé les arasements et quelques colonnes ou fragments de fûts, d'époque romaine, ayant servi plus tard à édifier deux **églises** coptes, ainsi qu'une avenue bordée de constructions chrétiennes, entre autres une grande église.

Du côté E., on a retrouvé un **forum** et les **camps romains** qui ont donné leur nom à Lūqsor, et des constructions romaines bâties avec des blocs de la XVIIIe dyn. qui portaient des textes géographiques.

20 B — Le musée

▣ Mieux peut-être que dans les monuments où la profusion de richesses est telle que le regard ne sait où se fixer, les objets exposés ici témoignent de l'art et de l'histoire de Thèbes, principalement sous la XVIIIe dynastie. En petit nombre, choisis parmi les plus représentatifs, et très soigneusement mis en valeur, ils apportent un superbe complément esthétique à la visite des monuments thébains.

Visite : situé sur la corniche du Nil (plan C1), à 1 km env. du temple de Lūqsor ; ouvert t.l.j. de 9 h à 13 h et de 16 h à 21 h (en hiver) ou de 17 h à 22 h (en été). Entrée payante.

Dans l'entrée, maquette et photos du site de Thèbes. A dr., **tête colossale d'Aménophis III** (granit rose) : l'élégance des traits annonce déjà la plastique amarnienne.

Dans la rotonde, à dr. de l'entrée, tête en bois, partiellement dorée, de la déesse Hathor, trouvée dans le tombeau de Toutânkhamon.
En face de l'entrée, au mur du fond, deux scribes en granit du Moyen Empire encadrent un bloc provenant d'une construction de Mentouhotep II et trouvé à Karnak ; au-dessus, grande tête en granit rose de Sésostris III.
On passe ensuite devant une petite statue (anépigraphe) du Nouvel Empire, en face de laquelle, au pied de la rampe montant à la loggia, une grande stèle de Kamôsis raconte comment ce roi (XVIIe dyn.) chassa les Hyksôs d'Égypte. Un **bloc du temple** construit par **Thoutmôsis III** à Deir el-Baḥari, remarquable portrait du roi, gravé et colorié, précède une petite ****statue** en schiste vert du souverain, trouvée dans la fameuse cachette de Karnak.
Au milieu de la salle, ****statue d'albâtre de Sobek-rê et Aménophis III,** restaurée et usurpée par Ramsès II. Après une statue-cube, vient un des blocs du sanctuaire de la barque qu'avait construit Hatchepsout à Karnak, un petit obélisque de Séthi I, et un second **bloc de calcaire peint du temple de Thoutmôsis III** à Deir el-Bahari, représentant le visage du dieu Amon-Min.
En haut de la rampe qui monte à la loggia, les vitrines abritent des amulettes, des bijoux (vitrines courbes), des sarcophages, du mobilier funéraire, des tables d'offrandes, etc. (vitr. centrales). Noter particulièrement le bouchon de vase canope en albâtre aux traits de la reine Touy, la mère de Ramsès II, et les dépôts de fondation de la XIe dyn., trouvés à Deir el-Baḥari.
A l'extrémité de la loggia, statue (granit noir) d'Amenhotep, fils de Hapou, le célèbre architecte d'Aménophis III, représenté en scribe, et autre bloc du reposoir de la barque d'Hatchepsout où sont très gracieusement dessinés les mouvements de danseurs acrobatiques.
Mais la principale « curiosité » de ce musée — et l'une de ses raisons d'être — est le *****mur de talātāt**[1], paroi complète de 18 m sur 3, provient d'un des temples qu'Akhenaton avait érigé à Thèbes et dont les 283 blocs de grès peint qui le composent ont été extraits du blocage du 9e pylône de Karnak. Ce mur, résultant d'un patient travail de reconstitution, représente d'une part le **roi et la reine rendant hommage à Aton**, et d'autre part les magasins et entrepôts et les quartiers des maisons de prêtres dépendant du temple d'Aton. Les scènes, traitées de manière très vivante, nous apportent quantité de détails inédits sur la façon dont les Égyptiens entreposaient leurs denrées, nourrissaient leur bétail, et éclairent d'un jour nouveau différentes techniques artisanales (travail du cuir, ébénisterie, poterie, etc.). De part et d'autre de la paroi reconstituée, tête d'un pilier osiriaque d'Akhenaton.

Après le buste d'un **colosse osiriaque de Sésostris I,** vous remarquerez quelques **stèles coptes** (VIe-VIIe s.) et, dans le coude de la rampe qui redescend vers le rez-de-chaussée, la partie supérieure d'une **niche** (Ve-VIe s.) provenant d'une église copte des environs.

Une **nouvelle salle** a été ouverte au public en 1984. Située au rez-de-chaussée, à droite du hall d'entrée, on y accède par une antichambre où sont exposées des statues d'ép. romaine ainsi que des photographies et des gravures anciennes des sites de la thébaïde.
Dans l'ensemble, les objets qui sont rassemblés là n'ont pas la qualité de ceux qu'on peut voir dans la partie plus ancienne du Musée. Voir cependant, dans les **vitrines centrales**, une collection de poteries de toutes les ép., une partie des ***dépôts de fondation** du IXe pylône de Karnak, de curieuses petites statuettes en cire d'abeille (Ramsès XI ?), des ouchebtis et leurs coffrets, un beau cartonnage de momie.
Autour de la salle, en tournant dans le sens des aiguilles d'une montre : deux stèles de Basse Époque trouvées au Ramesseum, deux stèles royales de qualité médiocre, un ***lit** et des ***ouchebtis** de Toutânkhamon, deux **talātāt** avec musi-

1. Le mot **talātāt** (plus exactement **thalāthāt**), construit sur la racine « trois », désigne à l'origine une unité de mesure utilisée dans l'architecture islamique. A la suite des ouvriers égyptiens, qui les premiers les baptisèrent ainsi, il est employé par les archéologues pour parler des innombrables blocs de grès décorés caractéristiques des constructions de l'époque amarnienne.

ciennes et danseuses, la statue d'un homme présentant la triade thébaine, une tête royale, un bloc représentant Hatshepsout face à Amon-Rê (la reine est réellement figurée en femme), une tête en grès d'Aménophis I, un *bloc de calcaire** où figurent Ahmosis, Ahmès-Néfertari et un prince qui tient le roi par le doigt, une statue d'Amenemhat III et enfin une tête de Sésostris I en grès coloré.

Karnak

Les temples de Karnak se composent de trois grands ensembles séparés, entourés chacun d'une enceinte en brique crue. Ce sont, du N. au S., l'enceinte de Montou, l'ensemble des édifices du grand temple d'Amon, par la description duquel nous commencerons, et l'enceinte du temple de Mout, reliée au grand temple par une avenue de sphinx.

Accès. — 3 km N. du temple de Lūqsor. Deux itinéraires étant possibles, vous pourrez suivre le premier à l'aller et le second au retour.

*Le **premier itinéraire** longe la **corniche du Nil**, agréable et ombragée, qui passe*

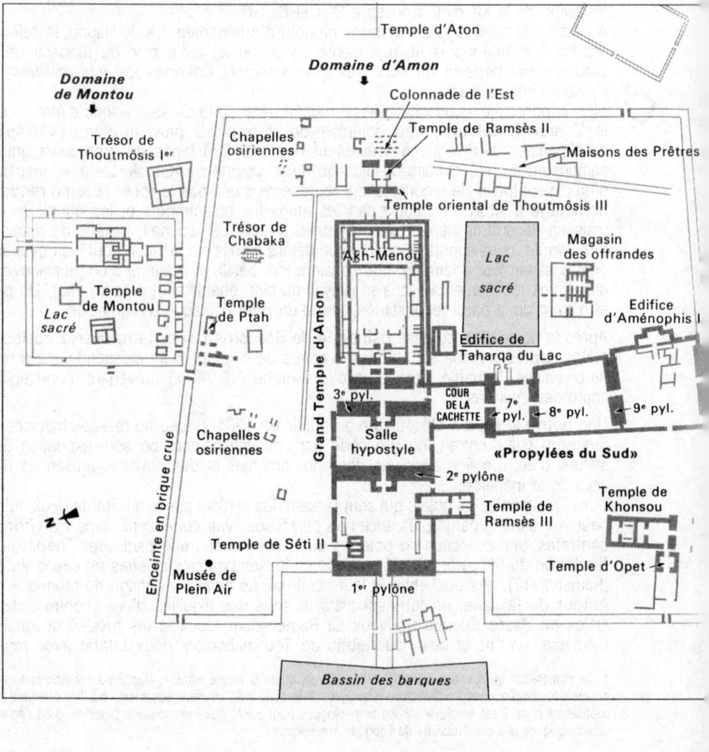

devant le **musée** *(1 km) et l'hôpital. A env. 2,7 km du temple de Lūqsor, une rue perpendiculaire au fleuve, à dr., aboutit bientôt devant l'entrée du grand temple.*
Le ***second itinéraire traverse Lūqsor*** *du S. au N. par la rue du Markaz (rue de Karnak à la sortie de l'agglomération). Après un petit pont sur un canal se détache, à dr., la grande route du Caire. Continuant tout droit on atteint bientôt la partie visible du grand dromos qui reliait le temple de Karnak à celui de Lūqsor, et l'on arrive au portail de Ptolémée III Évergète. De là on peut gagner l'entrée du grand temple en suivant à g. le chemin qui contourne la partie O. de l'enceinte.*

L'itinéraire de la Corniche laisse, à une centaine de mètres en aval de l'endroit où l'on quitte le Nil pour se diriger vers les temples, les habitations des membres du **Centre franco-égyptien de Karnak,** fondé en 1967 pour la conservation, l'étude et la restauration des temples et constituant depuis 1975, pour sa partie française, une mission permanente du CNRS. Les ***bâtiments** *(on ne visite pas)* sont inspirés de l'architecture traditionnelle et font un large usage de la brique crue.

Visite *: t.l.j. de 6 h à 18 h. Entrée payante. Son et lumière à 18 h et 20 h (20 h et 22 h en été).*

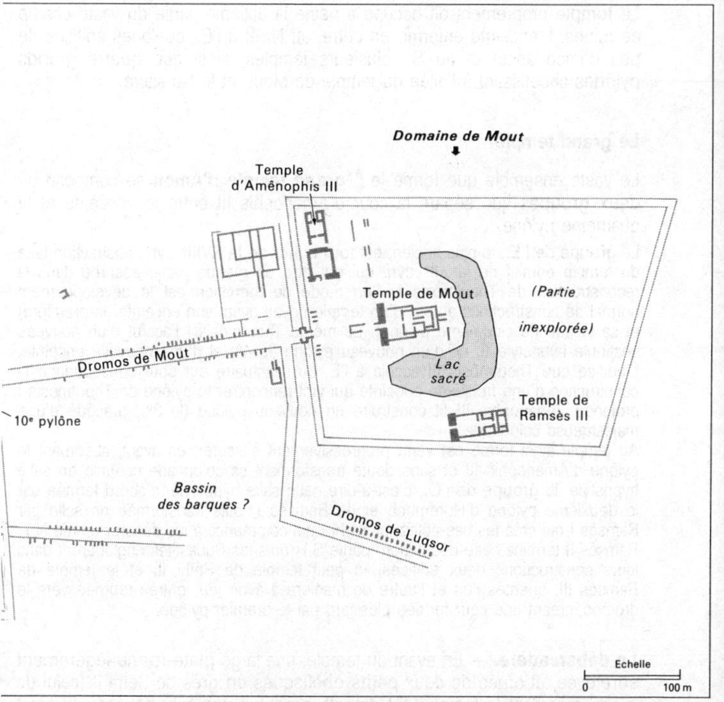

Les temples de Karnak (d'après le plan du Centre Franco-Égyptien)

20 C — Enceinte d'Amon

L'**enceinte du grand temple d'Amon** forme un immense quadrilatère ayant ses quatre côtés à peu près tournés vers les quatre points cardinaux ; nous la supposerons exactement orientée. C'est un mur de brique crue de 8 m d'épaisseur, percé de **huit portes** en pierre, dont quatre dans le prolongement des deux axes du temple. A l'O. et au S., ces portes étaient des **pylônes** (pyl. I et X) ; au N. et à l'E., des portails de grès du type ordinaire ; à ces quatre entrées, il faut joindre celle du temple de Khonsou, celle du temple d'Opet, une au S.-E., qui donnait sans doute accès aux constructions derrière le lac, et une autre au N.-O.

L'**enceinte** mesure dans son pourtour environ 2400 m correspondant aux 12 stades (2397 m) donnés par Diodore pour le plus ancien des quatre temples de Thèbes. Elle a été reconstruite en 1948-1949 au S., entre le 10e et le 1er pylône. Dans l'angle S.-O. de l'enceinte se trouvait la petite agglomération qui a donné son nom au temple. Les travaux ont mis au jour la porte qui s'ouvrait dans cette enceinte dans l'axe du temple d'Opet, construite par un Nectanébo et décorée par un Ptolémée.

Le **temple** proprement dit occupe à peine la dixième partie du vaste champ de ruines. L'enceinte enferme en outre, au N. et à l'E., quelques édifices de peu d'importance, et au S., plusieurs temples, ainsi que **quatre grands pylônes** aboutissant à l'allée du temple de Mout, et le lac sacré.

Le grand temple

Le vaste ensemble que forme le ****grand temple d'Amon** se compose de **deux groupes** que sépare la cour d'Aménophis III entre le troisième et le quatrième pylône.

Le **groupe de l'E.**, le plus ancien, est **tout entier de la XVIIIe dyn.**, abstraction faite du temple primitif de la XIIe dyn. qui dut être en grande partie absorbé dans la reconstruction de Thoutmôsis I. Son mode de formation est le développement normal de constructions autour d'un temple-noyau ayant son enceinte (la première) et sa façade (le cinquième pylône). Le même Thoutmôsis I l'accrut d'un nouveau vestibule hypostyle (i, i'), d'un nouveau pylône (le 4e) et d'une nouvelle enceinte. L'édifice que Thoutmôsis III accola à l'E. du sanctuaire eut pour conséquence la construction d'une troisième enceinte qui vint rencontrer le pylône de Thoutmôsis I prolongé. Aménophis III fit construire un nouveau pylône (le 3e), précédé d'une majestueuse colonnade.

Au temple ainsi formé est venu progressivement s'ajouter, en avant, absorbant le pylône d'Aménophis III et sans doute transformant sa colonnade centrale en salle hypostyle, le **groupe de l'O.**, c'est-à-dire cette salle hypostyle, d'abord fermée par le deuxième pylône d'Horemheb et de Ramsès I, puis transformée en salle par Ramsès I qui créa les bas-côtés, et Séthi I qui commença à les décorer (partie N.) ; Ramsès II termina cette décoration (partie S.) ; puis les Bubastites englobèrent dans leurs constructions deux édifices, le petit temple de Séthi II, et le temple de Ramsès III, orientés l'un et l'autre de manière à avoir leur entrée tournée vers le dromos, créant une cour fermée plus tard par le premier pylône.

Le débarcadère. — En avant du temple, une large **plate-forme légèrement surélevée**, et ornée de deux **petits obélisques en grès** de Séthi II (celui de g., en regardant le temple, est détruit), constitue une **tribune**, face au point d'aboutissement d'un canal dérivé du Nil et qui s'achevait en T. Le bassin terminal ainsi ménagé permettait la manœuvre des barques de fêtes dont l'une, la **barque d'Amon Ouserhat**, atteignait, à l'époque de Ramsès III, 67 m de longueur.

Sur la dr., on a dégagé les restes bien conservés de deux rampes qui descendaient vers l'eau : la plus au N. permettait sans doute de haler la barque et devait servir, à l'occasion, au débarquement de matériaux de construction ; l'autre, de construction plus soignée et portant le cartouche de Taharqa, était une rampe processionnelle. Plus à dr. encore, on a reconstruit un petit **temple-reposoir** élevé par Achoris (XXIXe dyn.)

La tribune est reliée au temple par une **allée de sphinx** criocéphales (20 de chaque côté) portant le cartouche de Ramsès II et précédés de bacs à fleurs. La présence, sous leurs socles, de blocs de remploi au nom de Chechonq atteste d'un réaménagement de cette allée, peut-être sous les Romains.

Le **1er pylône** ou **grand pylône de l'Ouest**, dont la longueur totale est de 113 m et l'épaisseur de 15 m, présente un appareil à refends non layé avec joints verticaux. La pierre n'y a été parée que sur la face O. des montants de la porte. Il est du reste inachevé dans son ensemble, et c'est ce qui explique l'**absence de décoration** figurée ou d'inscription d'aucune sorte sur ses parois ; des amas de briques (peut-être échafaudages) sont encore en place à la façade E. du môle S. (à l'intérieur de la cour).

Sa datation est discutée mais les découvertes récentes permettent de penser qu'il fut édifié par les rois de la XXXe dyn. ou les premiers Ptolémées et laissé inachevé. Les massifs sont des constructions pleines et seuls sont évidés les couloirs correspondant aux baies percées sur la face O., au-dessus des quatre grandes rainures des mâts de fête.
Ces couloirs ne desservent aucune chambre latérale, mais servaient de passage aux poutres qui maintenaient les grands mâts décoratifs. Un escalier droit, ayant son entrée sur le côté N. du massif N. conduit au 1er étage des baies. Le massif S., en meilleur état que le massif N., mesure, sans son couronnement inachevé, environ 30 m de haut. Un escalier extérieur conduit maintenant à la terrasse supérieure du massif N.

La **grande cour,** dans laquelle on entre, est la plus étendue des cours connues des temples égyptiens : elle ne mesure pas moins de 100 m de largeur sur 80 m de profondeur. Ses deux côtés latéraux (N. et S.) sont ornés de portiques.
Le **portique N.** (à g.) est le plus régulier : il présente un front de dix-huit colonnes papyriformes fermées, dépourvues d'inscription, de même que le mur du fond.
Le **portique S.** (à dr.), interrompu par la partie antérieure du temple de Ramsès III, comprend, d'un côté, neuf colonnes et deux piliers d'ante et, de l'autre, deux colonnes et deux piliers d'ante : cette dernière partie a reçu le nom de **portique des Bubastites** (→ *ci-après*).

Au milieu de la cour, et dans l'axe longitudinal de l'édifice, restes d'un **kiosque (B)** gigantesque, autrefois formé de deux rangées de cinq colonnes à chapiteaux papyriformes ouverts et qui servait de reposoir de barque lors des processions.
Il est peu probable que ces colonnes aient jamais été reliées par des architraves : leur distance N.-S. ne le permet pas. La présence d'un plafond de bois, voire d'un simple velum, s'avère elle-même problèmatique.

Les colonnes avaient 21 m de hauteur totale. Une seule est restée debout, à l'extrémité de la rangée de dr.[1].

Les **sculptures** de ces colonnes, dont presque tous les éléments se retrouvent éparpillés à la surface du sol, **portent les légendes du roi Taharqa** (XXVe dyn., « éthiopienne ») dont les cartouches sont surchargés par ceux de Psammétique II. On y lit aussi (sur le dé) le nom de Ptolémée IV Philopator. Ce portique était fermé à la base par des murs d'entrecolonnement gravés sous les Ptolémées, et dont on a retrouvé quelques restes.

Dans la grande cour, **deux rangées de sphinx**, au N. et au S., longent le portique bubastide.

Ces sphinx ont vraisemblablement été relégués là quand furent construits le 1er pylône et la grande cour. Du même modèle que ceux du dromos, ils constituaient une allée partant primitivement de l'entrée de la grande salle hypostyle et sont l'œuvre de Ramsès II.

Le **temple de Séthi II** est situé à l'angle N.-O. de la cour, et tout près du massif N. du grand pylône ; situé, lorsque Séthi le construisit, hors du grand temple, il se trouva plus tard englobé, comme la partie antérieure du temple de Ramsès III, dans l'enceinte de la cour.

Il s'agit d'un **reposoir** destiné aux barques de la triade thébaine ; il se compose de **trois chapelles** et ses murs de grès reposent sur une base de quartzite rose. Ces chapelles étaient consacrées à **Amon** (au centre), **Mout** (à g.) et **Khonsou** (à dr.) ; leurs portes sont également en quartzite. Au fond, des niches étaient consacrées au culte des statues royales.

Le **temple de Ramsès III** a 53 m de long sur 25 m de large. Il présente un plan homogène avec un pylône massif sans chambre ni escalier. Sur la face N. de chacun des massifs, précédés l'un et l'autre d'un colosse de Ramsès III, ce roi immole un groupe de captifs devant Amon ; listes des pays vaincus : en haut, ceux du S. ; en bas, ceux du N. Sur les côtés du pylône, scènes de guerre. Ébrasement de la porte : Amon faisant respirer à Ramsès le signe de vie.

La **cour (a)**, est entourée sur les trois côtés de piliers osiriaques : une inscription dédicatoire court sur l'architrave : elle nous apprend que cet édifice, appelé temple de Ramsès, prince d'Héliopolis (Ramsès III), construit à neuf, était consacré à Amon-Rê.

Portique O. : entre autres scènes, **procession en l'honneur du dieu Mîn** ; à la tête du cortège, le roi prosterné devant le dieu ; les prêtres qui prennent part à cette fête, presque tous porteurs d'étendards, sont représentés avec des détails de physionomie très réalistes ; peut-être sont-ce là d'authentiques portraits.

Le **portique** S., divisé en deux nefs par une rangée de quatre colonnes papyriformes à chapiteaux fermés, donne accès à la **salle hypostyle** (b) dont huit colonnes supportent le plafond. Les parois en sont décorées de diverses scènes d'offrandes.

Le **sanctuaire** ou **chapelle de la barque d'Amon** (c), est flanqué à dr. et à g. de deux chapelles destinées à recevoir les barques sacrées de la déesse Mout et du dieu Khonsou.

Le mur O. du temple est décoré à l'extérieur par la sortie en procession des trois barques divines, que nous avons déjà vue au temple de Lūqsor, et qui est répétée cinq fois à Karnak.

A g. du temple de Ramsès III, dans l'angle S.-E. de la grande cour, s'ouvre une grande porte, seule partie décorée du portique S.

Elle comporte des bas-reliefs et inscriptions qui datent, comme l'ensemble des portiques de la cour, de la XXIIe dyn., d'où le nom de **portique des Bubastites** donné à cet entrecolonnement depuis Champollion.

1. Cette colonne a été démontée complètement, ses fondations refaites, et remontée en 1927-1928, car elle penchait dangereusement et menaçait de s'écrouler ; les autres sont remontées en partie, dans la mesure du possible, avec les blocs trouvés au cours des travaux.

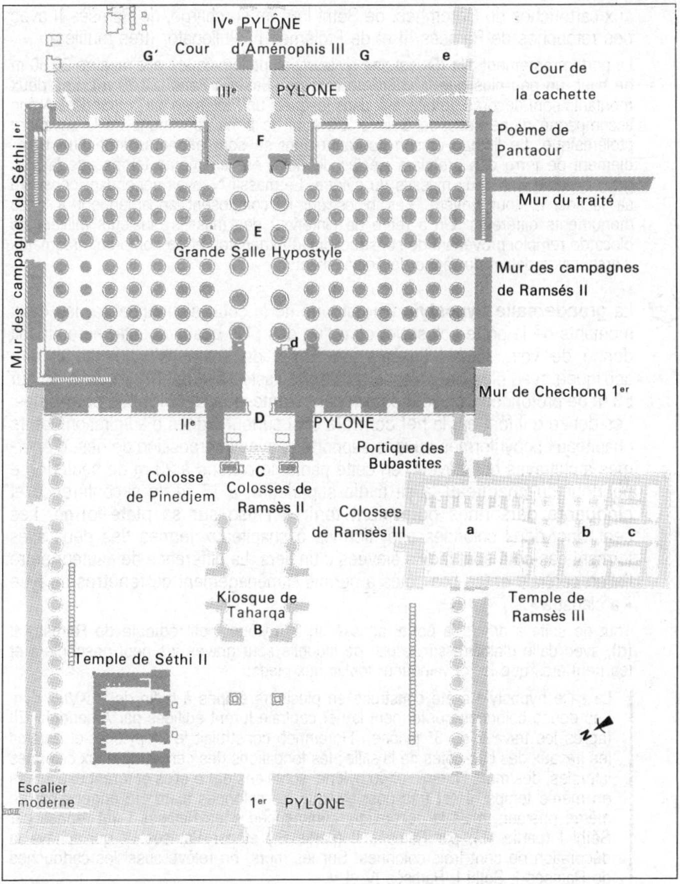

Grand temple d'Amon, moitié O.

Le **2e pylône,** qui forme le fond de la grande cour, est précédé d'une sorte de **vestibule (C)** flanqué de deux **statues colossales** en granit rose au nom **de Ramsès II,** dont une seule (à dr.) est encore sur pied, quoique mutilée. En avant, à g., se dresse un **colosse de Ramsès II** et de sa fille Bentânta; trouvé en plusieurs morceaux dans les ruines du môle N. de ce pylône, il avait été usurpé par Ramsès VI puis Pinedjem; remonté il mesure environ 15 m de haut.

Le **vestibule** (15 m de large sur 7,50 m de prof.) a sa partie antérieure écroulée. Sur les parois des côtés, **scènes d'offrande d'un très beau style** aux cartouches de Horemheb, de Séthi I et, en surcharge, de Ramsès II avec des retouches de Ramsès III et de Ptolémée IV Philopator (très mutilés).

La porte proprement dite (D) est une restauration ptolémaïque : elle mesure 29,50 m de haut, un peu plus que la voûte de l'arc de l'Étoile à Paris (29,20 m). Les deux montants sont décorés de tableaux dans lesquels un Ptolémée fait l'offrande à Amon accompagné d'une seconde divinité. Ce sont de bons spécimens de la sculpture ptolémaïque. Le linteau et son couronnement se sont effondrés lors d'un tremblement de terre des premiers siècles de notre ère en même temps que la plus grande partie des deux massifs du pylône. Le massif N. avait cependant conservé sa façade E. tout entière. Les blocs qui le composent appartiennent à onze monuments différents. On a retiré de l'intérieur des massifs plusieurs milliers de blocs de remploi provenant de constructions d'Akhenaton et de nombreux fragments d'architraves datant du règne de Toutânkhamon.

La **grande salle hypostyle** (E) qui, vue de la cour, s'annonce par les deux montants de la porte colossale, offre l'un des plus beaux spectacles qu'il soit donné de voir. Jamais l'expression « forêt de colonnes » ne saurait être appliquée avec plus de justesse qu'à cette vaste salle de 102 m de large sur 53 m de profondeur, où se dressent **cent trente-quatre colonnes colossales.** Les douze qui forment la **nef centrale** sont surtout dignes d'admiration. Leurs chapiteaux papyriformes ouverts supportent, avec interposition de dés, d'énormes architraves qui élèvent, en cette partie, le plafond à 23 m de hauteur. Le pourtour du **chapiteau,** à sa partie supérieure, a 15 m de circonférence et **cinquante personnes pourraient tenir à l'aise sur sa plate-forme.** Les cent vingt-deux colonnes papyriformes à chapiteaux fermés des deux ailes formant bas-côté sont moins élevées d'un tiers. La différence de hauteur entre l'allée centrale et les bas-côtés a permis l'aménagement de **fenêtres** du type « a claustra ».

Tout de suite à dr. de la porte, adossé au 2e pylône, petit **édicule de Ramsès II (d),** avec dalle d'albâtre sur le plat de laquelle sont gravés les neuf prisonniers et les neuf arcs que le roi vainqueur foulait aux pieds.

La salle hypostyle a été construite en plusieurs étapes à la fin de la XVIIIe dyn. Les douze colonnes qui forment la nef centrale furent édifiées par Aménophis III (après les travaux du 3e pylône). Horemheb construisit le 2e pylône, et entama les travaux des bas-côtés de la salle ; les fondations des cent vingt-deux colonnes latérales, des murs N. et S. et du pylône, sont liées entre elles et furent exécutées en même temps. Il est très possible que les colonnes aient été érigées par ce même pharaon, mais la décoration, commencée sous Ramsès I, fut reprise par Séthi I (partie N.), par Ramsès II (partie S.) et par Ramsès IV qui acheva la décoration de cent trois colonnes. Sur les murs, on relève aussi les cartouches de Ramsès I, Séthi I, Ramsès IV et V.

Les **tableaux** qui décorent l'intérieur de la salle, parois et fûts de colonnes, **ont trait aux honneurs** divins **rendus par le roi aux dieux** de Thèbes, aux processions et aux cérémonies du couronnement.
Les **scènes des colonnes** ont conservé, pour la plupart, des **traces de couleur,** principalement de l'ocre jaune. Cette couleur, assez crue, servait de fond aux reliefs et leur permettait de se détacher avec plus de netteté dans la pénombre qui devait régner dans la salle lorsque les plafonds étaient en place.

Extérieur de l'hypostyle. — La décoration du mur nord (à g.) représente les exploits militaires de Séthi Ier en Syrie et en Palestine (moitié E.) et contre les Libyens et les Hittites (moitié O.). La décoration du mur sud (à dr.) date de son fils Ramsès II et représente la campagne de Palestine (moitié O.) et la **bataille de Qadech** (moitié E.).

Une partie de ce mur, formant paroi S. du massif S. du 2e pylône, c'est-à-dire près de la porte donnant accès au portique des Bubastites, est décoré d'un bas-relief célébrant le triomphe de Chechonq I (le Sésac de la Bible) sur le roi de Juda, Roboam.

Au sortir de la salle hypostyle, le temple forme un ensemble d'une grande complexité : quatre pylônes, de grandeur et surtout de conservation inégales, se succèdent en effet à des intervalles très rapprochés.

Le premier d'entre eux, le **3e pylône,** ferme à l'E. la salle hypostyle, dans laquelle est enclavé son **vestibule (F)** ; il remonte à l'époque d'Aménophis III et a servi de façade au temple jusqu'au règne de Horemheb.

Le blocage du 3e pylône que les travaux du Service des Antiquités ont vidé dans sa plus grande partie, a livré plus de 1 300 blocs décorés appartenant à treize monuments différents ; deux de ces derniers sont complets et reconstruits dans la partie N.-O. de l'enceinte, dans le musée de plein air.

Cour d'Aménophis III (GG'). — La construction du 3e pylône par Aménophis III a eu pour conséquence l'aménagement d'une cour formant un étroit boyau entre ce pylône et celui qui existait précédemment (le 4e). L'effet ainsi produit, lorsque les deux pylônes s'élevaient de toute leur hauteur, devait être encore accentué par la présence de quatre **obélisques** en granit rose.

Deux d'entre eux se trouvaient aux angles du 3e pylône, de part et d'autre de l'entrée. Ils furent érigés par Thoutmôsis III et sont auj. détruits.
Les deux autres furent érigés par Thoutmôsis I à l'entrée du 4e pylône ; **celui du S. subsiste seul** auj. ; il mesure 23 m de haut et pèse 143 tonnes.

L'enceinte extérieure du sanctuaire, qui se prolonge jusqu'au 3e pylône, ferme la cour du côté S. En ce point s'ouvre une **porte (e)**, gravée aux cartouches de Ramsès IX. Du côté N. la cour est actuellement ouverte ; elle devait, dans l'Antiquité, être fermée, encore que l'on ait retrouvé les traces de deux portes de date indéterminée.

Le **4e pylône** fut construit par Thoutmôsis I. Les avancées de l'ébrasement furent gravées sous Thoutmôsis IV. On y retrouve aussi les noms de Séthi II, de Chabaka et d'Alexandre le Grand. Plus petit que le précédent, et plus délabré, **il servait d'entrée au premier temple du Nouvel Empire** qui engloba le vieux temple de la XIIe dyn.
Son **portail (H)**, de 13 m de profondeur sur 4 m de large, donnait accès au **vestibule de Thoutmôsis III** (I, I') et aux **obélisques d'Hatchepsout.**

Cette cour-vestibule (75 m sur 19 m) fut bâtie d'abord par Thoutmôsis I avec des colonnes de bois. Elle fut modifiée à plusieurs reprises sous les règnes suivants, comme on peut s'en rendre compte à une base de colonne qui subsiste d'un ancien plan, du côté S. et à un niveau inférieur.

Des **statues colossales**, alignées le long du mur, sur le pourtour de la cour, figurent le roi en costume de fête Sed.
Deux **obélisques** de granit rose se dressaient à g. et à dr. du centre de cette cour-vestibule. Ils portaient les légendes de la reine Hatchepsout et comptent parmi les plus grands connus en Égypte. Celui du N., le seul qui reste en place, a près de 30 m de haut. La reine les avait fait ériger à l'occasion de son jubilé, en abattant les colonnes anciennes. Ils étaient probablement plaqués d'or pur et un texte gravé à la base de celui du N. précise que les obélisques furent achevés en « l'an 16, le 4e mois de l'été », après 7 mois de travail.
Thoutmôsis III donna son aspect définitif à la salle. Il entoura les obélisques d'un massif de maçonnerie et relia ce dernier au 5e pylône par deux murs percés de portes, le tout constituant une sorte d'antichambre du pylône.

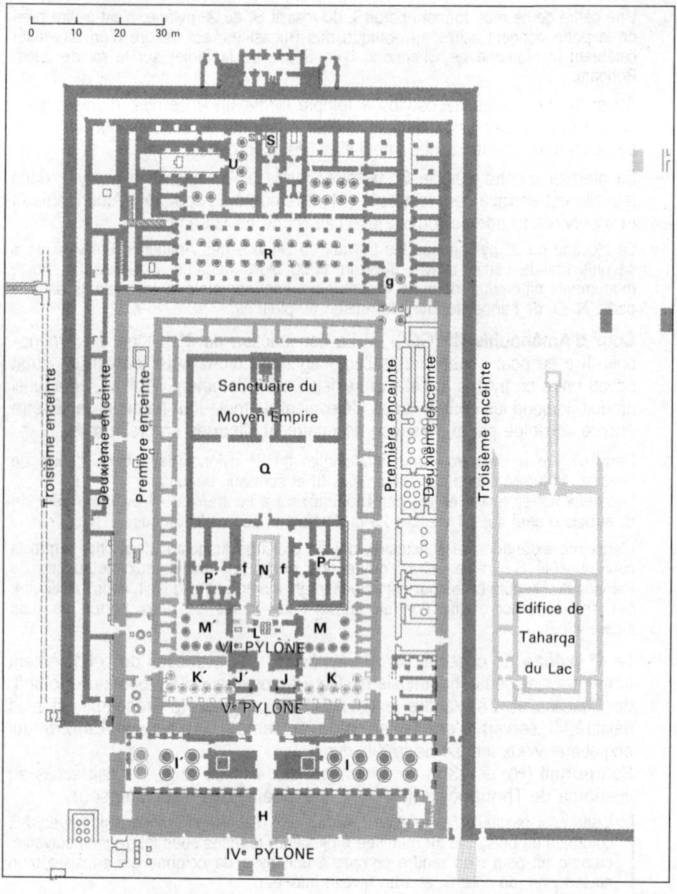

Grand temple d'Amon, moitié E.

Le **5e pylône,** construit comme le précédent par Thoutmôsis I, n'est qu'un amas presque informe de pierres éboulées ; la porte centrale, qui avait en partie subsisté, s'est écroulée pendant l'inondation de 1865.

Primitivement, le pylône donnait accès à une cour péristyle intérieure que Thoutmôsis III modifia entièrement.

Au centre, ce roi éleva, de chaque côté d'une porte de granit, des murs de séparation reliant les 5e et 6e pylônes, ménageant ainsi deux petites salles de part et d'autre de l'axe du temple. Celles de l'E. (J J′) communiquaient, au N. et au S., avec les deux petites salles hypostyles (K K′) contenant primitivement chacune douze colonnes protodoriques, et ornées de piliers osiriaques.

Le **6e pylône,** qui est le dernier et le plus petit, a été **construit par Thoutmôsis III**. Il a perdu la moitié de sa hauteur primitive. On y lit encore d'importants fragments des **listes géographiques**.

La face O. des deux massifs était décorée de la **scène traditionnelle du massacre des vaincus** par le pharaon. Au-dessous sont représentés, disposés symétriquement en plusieurs rangées, toute une série de cartouches crénelés, dits « cartouches-forteresses », appliqués sur de petites figures de captifs dont on ne voit que la tête et les bras liés derrière le dos. Dans ces cartouches sont inscrits les noms des villes et des peuples soumis.
Dans la partie postérieure du pylône, fragments des **Annales de Thoutmôsis III**.

Le 6e pylône franchi, on entre dans la **cour du sanctuaire** de la barque sacrée (L ; 6 m sur 15 m) ; elle est remarquable par ses deux piliers héraldiques en granit, décorés, l'un (côté S.) de la plante symbolique de la Haute-Égypte, l'autre (côté N.) de la plante de la Basse-Égypte. Ils portent les cartouches de Thoutmôsis III.

En avant de la porte N., se dressent à l'O. la statue d'Amon, et à l'E. celle d'Amonet, érigées par Toutânkhamon. Ces statues colossales mesuraient 6 m environ et étaient taillées dans un grès rouge sombre.
Une porte, dans le mur S., donne dans une **cour péristyle (M)** de 7 m sur 10, au fond de laquelle se trouvent plusieurs **cellules** décorées d'un côté des figures et des titres d'Aménophis I et de l'autre de ceux de Thoutmôsis III. La **cour N. (M')**, également péristyle, est aussi de l'époque de Thoutmôsis III ; quatre cellules la bordent au N.

Le **sanctuaire des barques sacrées** (N), construit en granit (d'où les noms d'**appartement** ou **chambre de granit** longtemps en usage) par Philippe Arrhidée, n'est pas le sanctuaire proprement dit. Celui-ci, comprenant la chapelle du dieu et de ses parèdres, était plus à l'E., c'est-à-dire au fond de l'espace libre (Q) qu'entourait le premier mur d'enceinte. Le sanctuaire de Philippe Arrhidée était le **reposoir des barques sacrées** d'Amon, de Mout et de Khonsou.

Il se compose de deux chambres se faisant suite et ouvertes à leurs deux extrémités. Leur plafond s'était écroulé, mais une partie en a pu être reconstituée. Leurs parois ont conservé trace des couleurs appliquées sur les bas-reliefs. A l'extérieur, ceux-ci ont trait à la purification du roi et au transport des barques sacrées.
Au mur S. (extérieur), autre représentation, très complète, de la barque Ouserhat et de la procession qui l'accompagnait.

Le sanctuaire était entouré d'un **couloir (f)**, bâti en grès. Son mur N. a été décoré par la reine Hatchepsout. C'est en avant de ce mur que Thoutmôsis III éleva le **Mur des Annales**, ainsi nommé parce qu'il y fit graver le récit de ses campagnes, la liste de ses butins de guerre et la part qui en revint au temple d'Amon.

De part et d'autre du sanctuaire de la barque, Hatchepsout fit élever un ensemble très complet de salles (**P P'**) ; l'une de celles du N., fermée par une porte en bois, conserve des reliefs peints d'une grande fraîcheur : les images de la reine y ont été martelées avec tant de soin qu'il en reste des silhouettes très précises qui gardent leur sens aux diverses scènes.

Derrière la chambre de granit s'étend l'**espace libre (Q),** où s'élevait jadis le **sanctuaire primitif,** élevé au Moyen Empire.

La restitution de toute cette partie importante de l'édifice est rendue difficile par la quasi-absence d'arasements et même de substructures, mais son existence est attestée, d'une manière indubitable, par la délimitation du premier mur d'enceinte dont les restes ont été retrouvés à 40 m à l'E. du reposoir des barques sacrées.

L'édifice de Thoutmôsis III dont nous allons parler serait lui-même inexplicable à l'emplacement qu'il occupe si, entre lui et le reposoir des barques, ne s'était élevée la partie la plus essentielle du temple, c'est-à-dire le Saint des Saints.

« Salle des Fêtes » (Akh-Menou) **de Thoutmôsis III** (R). — Cet ensemble de constructions s'élevant de l'autre côté du sanctuaire du Moyen Empire forme un tout bien à part.

On accédait à l'Akh-Menou en empruntant le passage qui longeait au S. le mur extérieur de la première enceinte. Après avoir franchi la **porte (g)**, on entrait tout d'abord dans une sorte de **vestibule.**

Sur la dr., une grande ouverture qu'une colonne sépare en deux parties donnait dans un long couloir O.-E., où s'ouvrent neuf magasins. Les deux derniers, au sol surélevé, sont ornés de piliers carrés.

A g. du vestibule d'entrée, une petite antichambre communique avec la salle hypostyle ou « **salle des Fêtes** ». Bien que l'on y pénètre par le S., son axe, comme celui du temple principal, est E.-O.

Cette salle a son plafond supporté par deux rangées de dix colonnes en forme de poteaux de tente et une rangée, formant péristyle, **de 32 piliers rectangulaires,** moins hauts que les colonnes et les rejoignant au moyen d'un petit attique percé d'autant d'ouvertures qu'il y a de travées.

Rien de particulier dans les représentations et les inscriptions de ce vestibule ; sur les côtés des piliers, le roi **Thoutmôsis III** face à face **avec un des dieux** de Thèbes ; sur l'architrave, le type habituel des dédicaces, en très beaux hiéroglyphes. Les chrétiens aménagèrent cette salle en église : quelques piliers portent des traces de peintures du VIe s.

Ce grand vestibule dessert par 14 portes (4 dans le mur E. et 5 au N. et au S.) un ensemble assez considérable de chambres de toutes grandeurs.

Au S.-E. se trouve un ensemble de **salles consacrées à Sokar.** La salle principale (première à dr. quand on regarde le mur E.) a deux rangées de quatre colonnes polygonales à 16 pans. A dr., s'ouvrent trois chapelles et, au fond, trois salles à piliers carrés et au sol surélevé.

Vient ensuite le groupe des **salles solaires.** La plus célèbre de ces salles (S), dans l'axe du temple, en est l'un des sanctuaires.

Communiquant avec elle par une petite porte latérale, une autre chambre **(U)**, connue sous le nom de **jardin botanique,** présente un intérêt tout particulier. Son plafond, auj. écroulé, reposait sur une rangée médiane de 4 colonnes fasciculées encore munies de leur architrave. Les basses assises des murs, encore en place, sont décorées d'une sorte d'herbier composé de **plantes exotiques, entremêlées d'animaux,** le tout rapporté de l'expédition de Syrie en l'an XXV. On voit, comme par les scènes analogues du temple de Deir el-Bahari consacrées au pays de Pount, tout le prix qu'attachaient les rois d'Égypte à l'importation des plantes exotiques qu'on s'efforçait d'acclimater pour l'ornement des jardins.

Dans l'angle N.-E. de la salle des Fêtes, un escalier mène à une sorte de podium adossé au mur N. de l'Akh-Menou et dédié au culte du soleil levant.

Sur le côté N. de la salle des Fêtes s'ouvrent **trois chapelles** très finement gravées de représentations rituelles assez rares : course rituelle du roi devant Amon, couronnement du roi, baptême du roi par divers dieux, courses et chasses rituelles du roi, etc.

Nous ne pouvons décrire l'une après l'autre toutes les chambres qui complètent cette partie de l'édifice et qui contiennent des bas-reliefs exécutés avec la perfection propre à toute la XVIIIe dyn. C'est parmi elles que se trouvait la petite chambre connue sous le nom de **chambre des Ancêtres,** actuellement conservée au musée du Louvre et dont on a replacé ici un moulage. Le roi Thoutmôsis y est représenté faisant l'offrande devant cinquante-sept rois, choisis parmi ses prédécesseurs dont il avait confirmé les bénéfices en faveur du temple. Ce document a été mis à profit, avec les deux tables d'Abydos et la table de Saqqara pour rétablir la chronologie de l'ancienne Égypte.

Adossé au mur oriental de l'Akh-Menou se dresse un **petit temple** constitué d'une **salle large** ornée, en façade, de **six piliers osiriaques** à entrecolonnement et d'un **naos** taillé dans un bloc monumental d'albâtre, au fond duquel on voit deux statues assises se tenant par l'épaule. Deux obélisques d'Hatchepsout, auj. brisés, avaient été érigés devant ce sanctuaire.
De là, on peut atteindre, ménagée dans la partie E. de la grande enceinte de brique crue, la **porte de l'Est**, portail de pierre de 19 m de haut bien conservé et encore couronné de sa corniche, érigée dans l'axe du temple. Ce portail, dont les sculptures sont inachevées, est l'œuvre de **Nectanébo I**. Entre ce portail et le grand temple, et dans le même axe, restes d'un **petit temple de Ramsès II**, tourné à l'E.

C'est au-delà du portail de Nectanébo I et en dehors de l'enceinte, qu'en 1925, pendant les travaux de creusement d'un drain qui devait dégager la salle hypostyle des infiltrations qui la minent, on a trouvé plusieurs piliers-statues d'Aménophis IV-Akhenaton *(musée du Caire, R.d.C., salle 3)* dans le style « amarnien » le plus affirmé qui soit. Ces statues, par leur exagération du caractère qui va jusqu'à la caricature, ne font guère pressentir la délicatesse de l'art des monuments de Tell el-Armana.

Édifices au Nord du grand temple

Sortez du grand temple d'Amon par la porte N. de la salle hypostyle.

Presque en face, se trouvent les restes d'une petite chapelle d'époque saïte ayant son entrée tournée à l'E. C'est la première d'une série de **petites chapelles dédiées à Osiris** par les Divines Adoratrices de la XXVe et de la XXVIe dyn. et bordant le côté O. du chemin, anciennement dallé, qui conduit au temple de Ptah et à l'enceinte de Montou.

●●● Le ***temple de Ptah,** un peu plus à l'E., a son entrée tournée vers l'O. et s'appuie, sur toute sa longueur, contre le grand mur d'enceinte.
Il se décompose de la manière suivante : une 1re porte isolée, aux cartouches de Ptolémée VII ; une 2e porte, aux cartouches de Chabaka ; une 3e porte, faite ou rétablie à l'époque ptolémaïque et copiant le style de la XVIIIe dyn., porte les cartouches de Ptolémée XIII ; une 4e porte, ceux de Chabaka ; une 5e porte, plus étroite, ceux de Ptolémée III Évergète. Cette 5e porte est prolongée par quatre colonnes et des murs d'entrecolonnement qui forment un vestibule, jusqu'à un petit pylône où les cartouches de Thoutmôsis III ont été aussi rétablis à l'époque ptolémaïque, et par où l'on entre vraiment dans le temple. Deux colonnes à seize pans soutiennent le plafond du portique de la cour où se dresse un autel de granit au nom de Thoutmôsis III.
Ptolémée IV Philopator a fait graver un tableau dans cette cour (mur N.) et il en a modifié le plan comme on peut le voir par son mur qui vient cacher un tableau de Thoutmôsis III portant en surcharge les cartouches d'Horemheb.

Le sanctuaire est divisé en trois chapelles, ornées de reliefs originaux de Thoutmôsis III ; les chapelles ont gardé leurs plafonds ; celle de g. est vide ; celle du centre était le saint des saints et garde encore la statue de Ptah assis, malheureusement mutilée. Cette statue, placée directement sous l'étroite lucarne percée dans le plafond s'éclaire comme magiquement, la porte fermée. Mais l'effet est encore plus saisissant dans la chapelle de dr., qui renferme une grande statue de Sekhmet, debout, en granit noir, rétablie dans son sanctuaire et à sa place ancienne.

Ce temple de Ptah, édifice du Moyen Empire reconstruit par Thoutmôsis III, a eu une destinée très rare parmi les monuments du même genre en Égypte. Ses reliefs (des représentations de Thoutmôsis III, détruites ou usurpées plus tard, notamment par Akhenaton) ont été «rétablis» à l'époque ptolémaïque. Une restauration de l'ouvrage et du nom d'un ancien roi, par un autre roi, qui est resté impersonnel et n'a pas imposé ses propres cartouches au monument, est chose insolite en Égypte. Les traits des rois et leurs légendes sont ceux de Thoutmôsis III et de Séthi I et l'exécution trahit la main-d'œuvre ptolémaïque. Il y a même une ou deux inscriptions au nom de Tibère.

Musée. — A quelques dizaines de mètres au N. de la grande cour séparant les deux premiers pylônes, un vaste espace entouré d'une clôture rassemble tous les blocs trouvés au cours des fouilles.

On trouve dans ce musée de plein air, les quelque 1 300 blocs provenant des fondations du 3e pylône, et 319 pierres d'un sanctuaire dont les soubassements et les portes étaient en granit gris, et le reste en quartzite rouge du Moqaṭṭam : c'était ce que les égyptologues désignent du nom de Chapelle Rouge, c'est-à-dire le **sanctuaire de la barque construit par Hatchepsout**, remplacé une première fois par Thoutmôsis III et enfin par Philippe Arrhidée. Il manque environ 120 pierres ; les autres sont classées par assises. La procession de la barque y est figurée avec un grand nombre de reposoirs désignés par leurs noms.

On trouve également au musée un **linteau colossal d'Aménophis I** débité soigneusement lors de sa destruction dans l'Antiquité et reconstitué ; **trois monuments provenant** des fouilles de **Medāmūd** : une porte encastrée dans un mur de brique crue (construite par Sésostris III, décorée intérieurement par Sebekemsaf), deux linteaux et les montants d'une porte (Sésostris III également).

Les deux joyaux de cet ensemble sont deux ***reposoirs.** L'un d'eux a été reconstruit avec des blocs trouvés dans les fondations ou la masse du 3e pylône, sauf un pilier découvert dans les fondations de la salle hypostyle. C'est une sorte de **kiosque,** bâti par Sésostris I sur une terrasse à laquelle on accède par des rampes.

Surnommé **Chapelle Blanche,** il se compose de quatre rangées de quatre piliers, supportant des architraves et un plafond. De petits murs bahuts, à sommets arrondis et d'une hauteur de 80 cm environ, réunissent les piliers. Ces murs bahuts et la base des piliers jusqu'à la même hauteur portent extérieurement, en matière de décoration, la **seule liste géographique du Moyen Empire** découverte jusqu'à ce jour ; cette liste est gravée en creux, ainsi que l'encadrement des deux portes, et l'architrave centrale.
Le reste du monument, piliers intérieurs, face interne des murs bahuts, est gravé en très léger relief, d'**une finesse de gravure en médaille,** et représente uniquement des **scènes d'offrandes à Amon-Min.** Enfin le soubassement porte une table de conversion qui permet de retrouver la valeur qu'avait la coudée dans chacune des provinces.

Le **deuxième reposoir** est d'un plan plus simple que celui de Sésostris I, mais il est en albâtre. Il avait été construit par Aménophis I.

Édifices au Sud du grand temple

Immédiatement au S., dans l'angle des deux axes, se trouve un lac dont a pu reconstruire et reconstituer les murs et les escaliers sur les parties anciennes retrouvées sur tout le périmètre. Ce lac, qui mesurait 120 m sur 77, était le **lac sacré,** indispensable aux navigations rituelles.

Le long du côté S. du lac, une étrange construction renfermait des magasins d'offrandes et une volière pour oiseaux aquatiques. A l'E. de cet édifice se trouvaient des habitations de prêtres dont une a été reconstituée. Plusieurs autres ont malheureusement été détruites lors de la construction de la tribune du spectacle Son et Lumière.

Entre le bassin et le mur S. du grand temple, à côté des ruines d'une petite construction contemporaine de Thoutmôsis III, se trouve l'**édifice de Taharqa-du-Lac,** parallèle et très proche du mur du temple. Il a été édifié à l'aide de blocs de remploi pris par Taharqa dans les constructions de Chabaka, puis usurpé par Psammétique II.

A l'angle N.-O. du lac sacré, entre celui-ci et l'angle S.-O. du temple de Taharqa, s'élève, sur un socle qui fait corps avec lui, un gigantesque **scarabée** de granit élevé par Aménophis III et consacré au dieu solaire Atoum-Khéperrê.
Tout près, les débris et la **pointe de l'obélisque** méridional d'**Hatchepsout**.

Les **« Propylées du Sud ».** — C'est un ensemble de **quatre pylônes** en partie reliés par des murs et **formant autant de portes triomphales** sur la voie sacrée reliant le temple du dieu-père Amon-Rê au temple de la déesse-mère Mout.

Le plus rapproché et le plus ruiné de ces **pylônes** (le **7**e) fait partie des grands remaniements de Thoutmôsis III.

A l'angle N.-O. de la **cour** délimitée par le grand temple, le 7e pylône et les murs E. et O. qui les réunissent, se trouvait la **cachette** où l'on découvrit les statues qui avaient cessé d'être employées dans le temple ; il y avait là 779 statues en pierre, 17 000 environ en bronze et tous les ex-voto depuis l'origine du temple peut-être. La plupart sont au musée du Caire.
Le **mur O.** de la cour porte, sur sa face extérieure, le **texte du traité de paix** avec les Hittites, en l'an XXI de Ramsès II ; le **mur E.** porte à l'intérieur plusieurs textes historiques de Mérenptah, dont une copie de la « stèle d'Israël ».

Par le portail du 7e pylône, encadré, sur la face N. de celui-ci, par plusieurs statues royales, on pénètre dans une nouvelle **cour.**

En avant de la face S. de ce pylône, restes de **deux colosses** (debout) de Thoutmôsis III, en granit rose.
Deux obélisques, dont l'un est maintenant à Istanbul, étaient dressés devant ces colosses ; ils étaient au nom de Thoutmosis III, mais il ne reste que le socle de celui de l'E., usurpé par Ramsès III.

Une porte ouverte dans le mur qui, à l'E., joint ce pylône au suivant donne accès à une petite **chapelle** située entre ce mur et le lac sacré. Cette chapelle en grès, d'ordonnance périptère, est contemporaine des pylônes ; elle possède un sanctuaire d'albâtre au sol de granit. Les murs bahuts entre piliers sont décorés de scènes d'offrandes, portant les cartouches de Ramsès II. Une seconde porte, au S. de la précédente, permet d'aller voir, sur le mur extérieur E. du 8e pylone, les **bas-reliefs du grand-prêtre Rome-Roy** (XXe dyn.), dont la présence sur un pylône royal prouve l'importance grandissante des grands prêtres d'Amon à cette époque déclinante des Ramessides.

Au fond de la cour s'élève le **8e pylône,** construit par Thoutmôsis II et la reine Hatchepsout ; c'est le mieux conservé.

Devant la façade S. du pylône, quatre colosses assis (il y en avait primitivement six). Trois ont pu être identifiés ; ce sont : une fois Aménophis I, deux fois Thoutmôsis II.

Les deux autres pylônes sont d'Horemheb ; de l'avant-dernier il ne reste que deux extrémités ; du dernier, le centre.

9e pylône : quelques tableaux du roi fondateur et de plusieurs des Ramessides ; il était entièrement bâti avec des fragments d'un ancien temple dédié au disque solaire Aton par Aménophis IV-Akhenaton et Toutânkhamon. Les deux môles du pylône, qui étaient prêts de s'écrouler, ont été complètement démontés et vidés, avant d'être reconstruits : leurs massifs ont ainsi livré des milliers et des milliers de **talātāt**, ainsi que les parois monolithes d'une petite **chapelle-reposoir de Sésostris I** et des dépôts de fondation exposés dans la nouvelle salle du musée de Lūqsor.

10e pylône : lui aussi, au moins en partie, construit avec des matériaux empruntés à une chapelle d'Akhenaton. Les quelques tableaux conservés sur la face S. des deux montants sont d'Horemheb, le fondateur.

Dans l'intervalle entre les deux pylônes on voit, engagé dans le mur qui les joint à l'E., un **petit édifice** formé d'une salle hypostyle carrée à 4 rangées de 5 colonnes, et de deux latérales formant chapelle. La façade est constituée d'un long portique à 14 piliers carrés. Ce kiosque, malheureusement très ruiné, date du règne d'Aménophis II.

Le 10e pylône est situé sur la grande muraille elle-même ; de là part **une allée bordée de sphinx** conduisant à la vaste enceinte rectangulaire qui renferme le temple de Mout *(→ ci-après, 20 D).*

••• **Temple de Khonsou.** — Il est précédé d'un superbe **portail ptolémaïque,** encastré dans la grande enceinte en brique crue du temple d'Amon, et que ses proportions, son appareillage, le style de ses figures, font reconnaître tout de suite. Il a été construit par Ptolémée III Évergète.

En deçà de ce portail, à l'intérieur de l'enceinte, une **allée de sphinx,** du règne de l'un des derniers Ramsès, conduisait au temple de Khonsou, dieu lunaire remplissant le rôle du dieu-fils dans la triade thébaine.

Construit par Ramsès III et achevé, dans sa décoration tout au moins, par quelques-uns des Ramessides, entre autres Ramsès IV, et par le roi-prêtre Hérihor, ce temple, formant la transition entre le temple à deux cours (Gurna, Ramesseum, Madinet Habu) et le ptolémaïque tel que nous le connaissons par ceux d'Edfū, de Philae, de Dendara, nous propose une véritable synthèse architecturale.

Il se compose d'une cour (A), précédée d'un pylône, d'une petite salle hypostyle (B), d'une chambre de dépôt pour la barque sacrée (C), d'un avant-sanctuaire ou vestibule (D) et du sanctuaire (E). Après la salle hypostyle, chacune des salles est entourée ou flanquée de chambres accessoires.

Le **pylône** (haut. 16 m) offre à sa partie supérieure deux rainures sur chaque massif pour les mâts porte-banderoles. Les tableaux qui le décorent sont gravés aux noms du grand-prêtre d'Amon **Pinedjem Ier** et de la reine Hent-taoui. La **cour (A),** entourée sur trois côtés de deux rangs de colonnes trapues papyriformes à chapiteaux fermés, est gravée aux cartouches du roi-prêtre Hérihor. Sur les deux parois latérales : Hérihor brûlant l'encens devant les barques sacrées des dieux de la triade thébaine. Paroi O., grande procession des barques sur le fleuve : celle d'Amon est tirée par la barque royale dans laquelle se trouve Hérihor. La procession

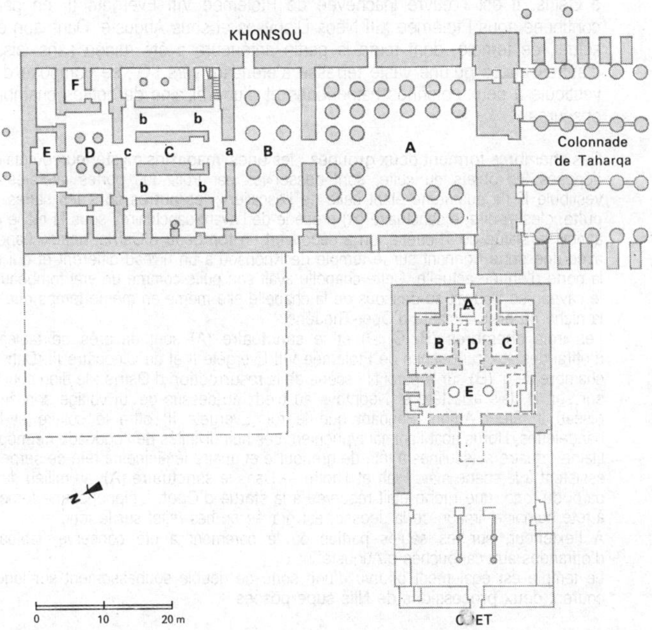

Temples de Khonsou et d'Opet

est égayée par des danses sur tout le registre inférieur. Paroi E. : représentation du deuxième pylône de Karnak.

La **salle hypostyle** (B) a huit colonnes, dont quatre campaniformes formant nef centrale et quatre papyriformes plus petites et formant bas-côtés : sur les colonnes et les parois, scènes d'adoration et d'offrandes à Khonsou et à d'autres divinités par le roi.

La chambre suivante (C), qui ne contenait que la barque sacrée de Khonsou, est ouverte à ses deux extrémités et entourée de couloirs (b, b) desservant des chambres ou **magasins,** ainsi que l'escalier, conduisant à la terrasse supérieure. Dans cette partie de l'édifice, presque tout est gravé aux cartouches de Ramsès IV. Dans l'épaisseur des murs, on reconnaît d'anciens matériaux remployés, notamment avec le cartouche de Thoutmôsis III. — La porte conduisant à l'avant-sanctuaire (c) a été gravée au cartouche d'Évergète II.

L'**avant-sanctuaire** (D), qui a quatre colonnes protodoriques, le **sanctuaire** (E), qui a une niche pour recevoir le naos, et les chambres ou chapelles latérales, sont au nom de Ramsès. — Dans la chambre F, paroi du fond : un tableau aux couleurs bien conservées et représentant Ramsès IV offrant les bouquets à Khonsou dans son naos, tandis que, derrière le pharaon, Hathor présente les eaux lustrales.

●●● Immédiatement à l'O. du temple de Khonsou se dresse le **temple d'Opet** (la mère divine) où fut engendré Osiris, roi des dieux, c'est-à-dire Amon assimilé à Osiris. Il est l'œuvre inachevée de Ptolémée VIII Évergète II, en partie continuée sous Ptolémée XIII Néos Dionysos et sous Auguste. Dans son état actuel, ce temple, dont toute la partie antérieure a été ruinée sans laisser d'autres traces qu'une vaste terrasse s'étendant vers l'O., se compose d'un vestibule à deux colonnes hathoriques et d'une dizaine de petites chambres obscures.

Ces chambres forment deux groupes : les unes, magasins mystérieux où étaient déposés les objets du culte, sont desservies par trois des portes latérales du vestibule E (la quatrième étant celle de l'escalier) ; **les autres sont les salles du culte**, c'est-à-dire le sanctuaire (A) précédé de l'avant-sanctuaire ; sous la niche qui abritait la statue de Thouéris, on a découvert un **tombeau d'Osiris**, petite chapelle avec une porte donnant sur le temple de Khonsou à un niveau différent et qui est la porte d'entrée actuelle. Cette chapelle avait son puits comme un vrai tombeau et le caveau se trouvait au-dessous de la chapelle elle-même en même temps que de la niche où était la statue d'Opet-Thouéris.
Les trois **chambres** (B, C, D) et le **sanctuaire** (A) sont décorés de tableaux d'offrandes aux cartouches de Ptolémée VIII Évergète II et de Cléopâtre III. Dans la chambre de g. (B) sur la paroi N., scène de la **résurrection d'Osiris** : le dieu couché sur son lit, Isis à la tête et Nephthys au pied ; au-dessus de lui voltige son âme, oiseau à tête d'Amon. Pendant que le roi (Évergète II) offre le collyre et les bandelettes, Horus abat l'animal typhonien. Les huit divinités de l'ogdoade hermopolitaine : quatre masculines à tête de grenouille et quatre féminines à tête de serpent, assistent à la scène avec Ptah et Thoth. — Dans le **sanctuaire** (A), au milieu de la paroi du fond, une **niche** était réservée à la **statue d'Opet**. L'hippopotame femelle à tête humaine, image de la déesse, est gravée en bas-relief sur le fond.
A l'extérieur, sur les seules parties où le parement a été conservé, tableaux d'offrandes aux cartouches d'Auguste.
Le temple est également pourvu d'une sorte de double soubassement sur lequel courent **deux processions de Nils superposées.**

20 D — Les dromos

Immédiatement au S. de la grande enceinte de brique crue qui entoure le complexe de constructions constituant le grand temple d'Amon, prennent naissance **deux avenues de sphinx.**
Le plus oriental de ces **dromos** commence au portail du 10ᵉ pylône ; orienté au S., il conduit, au bout de 300 m env., à l'enceinte du temple de Mout *(ci-après),* en laissant à l'E. les ruines d'une petite chapelle à deux chambres et des restes de colonnes aux cartouches du roi éthiopien Tanoutamon. Plus loin, à dr., une cinquantaine de mètres avant d'arriver à l'enceinte du temple de Mout, un reposoir de barque date de la XVIIIᵉ dyn. (Hatchepsout et Thoutmôsis III).
Aussitôt après s'ouvre à dr. une allée latérale qui, longeant la face antérieure de l'enceinte du temple de Mout, va rejoindre le **grand dromos.**
Celui-ci commence devant le portail de Ptolémée III Évergète et **reliait jadis le temple de Karnak à celui de Lūqsor.** D'une largeur totale de 27 m env., il comporte une chaussée de 7 m de large, pavée de grandes dalles et élevée au-dessus du niveau de l'inondation, bordée de chaque côté de sphinx criocéphales tenant entre leurs pattes la statue d'Aménophis III.

20 E — Enceinte de Mout

Vaste trapèze couvrant plus de 10 ha, et dont plus de la moitié reste encore inexplorée, l'enceinte, qui s'ouvre au N. sur le dromos par un portail couvert d'inscriptions et de tableaux de Ptolémée II Philadelphe, abrite le temple de Mout, entièrement ruiné, et deux autres petits temples un peu mieux conservés, le temple d'Aménophis III et le temple de Ramsès III.

A g. de l'entrée de l'enceinte, à l'intérieur, se trouvent trois fragments de la **stèle** d'albâtre dite « **du mariage** », celui de Ramsès II avec une princesse hittite. A côté, débris d'un colosse de granit rose.

••• Le **temple de Mout** se présente en face de la porte, dans son axe ; il est orienté N.-S. et l'on passe entre des fragments de toutes sortes avant d'arriver à une porte soutenue par des piliers sur lesquels s'appuient des images du dieu Bès ; des sphinx criocéphales bordaient l'allée menant au temple ; on les a relégués de part et d'autre de l'entrée.

Le temple de Mout est une construction d'Aménophis III, mais il fut restauré par Ramsès III qui a pris soin de le préciser par une inscription sur la porte. Il fut aussi embelli, ou du moins surchargé de nouveaux reliefs, à l'époque ptolémaïque, comme en témoigne, sur la porte également, une longue inscription qui est un hymne à la déesse Mout.

La statue d'Aménophis III, le fondateur du temple, est restée dans la seconde cour. Tout le temple dont les murs et colonnes sont réduits à quelques assises, est rempli de **statues de la déesse Sekhmet** : la grande cour, où l'on voit les restes d'une colonnade ; la seconde cour, à portique, les chambres du fond, derrière le sanctuaire, toutes les pièces contiennent des statues léontocéphales de Sekhmet debout ou assise. Beaucoup portent le cartouche du roi Aménophis III ; quelques-unes ont été usurpées par Chechonq I. C'est de l'une des cours de ce temple qu'ont été tirées ces nombreuses statues de granit de la déesse à tête de lionne, transportées en Europe depuis le siècle dernier et dont on trouve des spécimens dans tous les musées.

Le temple de Mout est entouré sur trois côtés par un **lac sacré** en forme de fer à cheval.

Le petit **temple d'Aménophis III,** dans l'angle N.-E. de l'enceinte, est orienté O.-E. ; il est **dédié à Amon-Rê** ; on en retrouve facilement le plan : une cour à colonnes, une salle hypostyle, une galerie, un pronaos, le sanctuaire et les petites salles qui l'entourent. Le tout en grès peint est très ruiné ; quelques scènes sont encore visibles, notamment la naissance de l'enfant royal et sa circoncision, dans la cour, au mur N.

Le **temple de Ramsès III,** entre le lac sacré et le mur O. de l'enceinte, est orienté approximativement N.-S. Lui aussi est très ruiné ; le pylône, très délabré aujourd'hui, était précédé de deux statues royales en granit rose. La grande cour avait des piliers osiriaques (seules les bases restent) ; une rampe menait à une salle étroite, à quatre colonnes en une seule rangée, puis à une salle hypostyle, également à quatre colonnes, et au sanctuaire, ces deux derniers entourés de pièces annexes, magasins et sacristies.

Les scènes du **mur O. extérieur** peuvent encore être discernées ; il est décoré de **scènes militaires** célébrant les exploits et les conquêtes du roi en Syrie et en Libye. Le **mur S.** aussi : **offrandes** du roi à des dieux, Ptah et Min, dos à dos au centre du mur.

20 F — Enceinte de Montou

A peu de distance au N. de l'enceinte du grand temple d'Amon se trouvent les restes d'une **autre enceinte de brique crue** renfermant les **ruines d'un temple**, réduit presque à l'état d'arasements, et de plusieurs édicules. Ce sont les arasements de six chapelles d'époque éthiopienne et saïte, précédées chacune d'un portail encastré dans le côté S. de l'enceinte ; leur état de ruine est tel aujourd'hui qu'on a peine à en reconnaître le plan ; ces édicules avaient été pour la plupart bâtis à l'aide d'anciens matériaux retaillés (notamment le plus à l'O.).

•*• Le **temple de Montou,** œuvre d'Aménophis III, est très ruiné. Il est précédé d'un **portail ptolémaïque** encastré dans le mur d'enceinte, et d'où partait, vers le N., une avenue de sphinx, auj. très dégradés. Cette avenue aboutissait à un quai, de la forme de celui du temple d'Amon, qui donnait sur une voie d'eau en communication avec le temple de Médamūd.

A g. et à dr. de l'avenue, le sol recouvre les restes de deux chapelles minuscules. Deux socles en granit rouge supportaient des obélisques d'Aménophis III à l'entrée du temple qui se composait d'une cour à portique, d'une salle hypostyle à quatre rangées de colonnes, d'une salle de barques et de sept sanctuaires. Les obélisques furent englobés par Taharqa dans un kiosque entièrement reconstruit à l'époque ptolémaïque.

Une construction précédée de deux cours s'adosse au chevet du temple de Montou ; c'est un petit **temple de Maât** qui fut le siège du procès d'une bande de voleurs ayant pillé une tombe de la vallée des Reines (fin de la XXe dyn.). L'entrée de ce temple, au côté S. de l'enceinte, est l'œuvre de Nectanébo I.

Dans la partie O. de l'enceinte, restes d'un « **temple haut** » datant de la XXXe dyn. dont on distingue surtout l'escalier et un petit lac sacré. A l'O. et en dehors de l'enceinte de Montou se trouvent des **constructions en brique** et une grande **porte de calcaire** de Thoutmôsis III et d'Aménophis II, transformée ensuite en chapelle indépendante.

La découverte récente, par l'I.F.A.O., à l'E. du temple de Montou, des vestiges d'un **Trésor** (de Thoutmôsis I), monument d'un type jusqu'ici inconnu, laisse présumer l'existence d'un vaste quartier administratif dans ce secteur. Cet édifice englobait un petit complexe religieux (reposoir de barque et sanctuaire), étape sur le parcours d'une procession d'Amon.

21 - La nécropole thébaine

Pour l'avoir aperçue — et sans doute contemplée — depuis l'autre rive, vous connaissez déjà un peu la rive gauche thébaine, ces hautes falaises dorées émergeant d'une frange de palmiers pour servir de socle à une montagne vaguement pyramidale, ces basses collines grêlées de petites ouvertures sombres, et ces portiques, à demi cachés au fond d'un cirque, qui sont ceux de Deir el-Baḥari. Pour l'avoir lu, ou entendu, vous savez que le fleuve qui coule à vos pieds séparait ici, mieux que partout ailleurs, le monde des vivants de ce monde des morts.

Personne n'habitait là-bas. Personne, sauf les ouvriers de la nécropole, ces « Serviteurs de la Place de Vérité » ; leur village, dans le vallon de Deir el-Madina, est l'un des rares témoignages de l'habitat des anciens Égyptiens, et leurs tombes les seules sépultures de gens de condition modeste à être aussi soigneusement aménagées que des tombeaux de princes.

Car, en dehors de celles de ces prolétaires, les tombes qui ont fait la renommée des lieux sont celles de hauts personnages de l'État ; rois, reines et princes, nobles et courtisans, officiers et administrateurs. Au pied des escarpements, ou dans les chaotiques monticules de pierres effritées qui les précèdent, chacun de ces patriciens a, au cours des siècles, cherché un recoin pour sa demeure d'éternité. En contrebas, les temples funéraires, « Châteaux de millions d'années », montent une garde bienveillante aux portes de l'Erèbe. Associés aux dieux, les souverains défunts y recevaient le culte des prêtres et l'hommage des foules.

La curiosité a succédé à la piété, l'admiration à la révérence, et les silencieux pèlerins de jadis ont cédé la place à des volées de touristes fureteurs et enthousiastes. Lointains héritiers des terrassiers, maçons, peintres et sculpteurs de l'Antiquité, des fellahs labourent tranquillement à l'ombre de statues colossales. Leurs frères, leurs cousins, se sont fait guides, âniers, ou gardiens de tombes. D'autres fabriquent des souvenirs — scarabées, ouchebtis, colliers ou stèles — qu'ils tenteront, avec une naïveté qui n'est pas plus désarmante que celle de beaucoup de leurs clients, de faire passer pour antiques. L'hiver venu, certains louent leurs bras aux savants des missions archéologiques. Les maisons de leur village s'égaillent parmi les tombes ; quelques-unes, peut-être, en dissimulent encore, comme ce fut le cas aux siècles passés.

Un domaine des morts bien vivant, en vérité.

Histoire

Aucun des tombeaux connus ne remonte d'une manière certaine à une époque antérieure à la XIe dyn. C'est même à une infime minorité que l'on peut assigner une date aussi lointaine : le plus grand nombre date des siècles où Thèbes fut la capitale incontestée de l'Égypte, c'est-à-dire à la XIe dyn., et de la XVIIIe à la XXe dyn. Au début, vers le XXe s. avant notre ère, alors que Thèbes n'était qu'une bourgade infime, on choisit pour nécropole la colline de Dra Abū el-Naga', la plus rapprochée du fleuve et juste en face de la ville (c.-à-d. Karnak). Aux époques suivantes, les autres collines furent occupées successivement : Sheikh ʿAbd el-Qurna (XVIIIe dyn.). Qurnet Muraʿi et Deir el-Médina (XIXe et XXe). Plus tard, sous les Saïtes, les habitants inhumèrent leurs morts plus près de la plaine et utilisèrent les basses ondulations de l'ʿAsāsīf quand ils ne réutilisèrent pas d'anciennes tombes.

La tombe thébaine

Tombes et temples. — Toutes ces **tombes** sont celles de **prêtres**, de **fonctionnaires** et **d'officiers.** Le menu peuple, à Thèbes comme à Memphis, était enterré plus simplement. Par contre, les **rois** du Nouvel Empire avaient fait choix pour leur demeure d'éternité d'une gorge profonde, derrière la montagne, ainsi séparés des **reines** qui avaient leur sépulture dans un vallon, formé par le dernier cirque au S.-O. de la nécropole.

La **nécropole** thébaine contenait, là même où s'étendent auj. les cultures, des **temples funéraires** destinés au culte des rois, ainsi que tout un ensemble de constructions pour le logement du personnel de la nécropole et formant une véritable **ville.** Il n'en reste que de très rares vestiges.

Les **temples,** construits, comme ceux de la rive E., en pierre, ont beaucoup mieux résisté et plusieurs subsistent auj. à l'état de ruines encore fort imposantes. Ces temples sont : du N. au S. le temple de **Qurna,** les temples de **Deir el-Baḥari,** le **Ramesseum,** le temple de **Deir el-Médina,** et les temples de **Médinet Habu.** Un certain nombre d'édifices complètement ruinés et n'existant plus qu'à l'état d'arasements seront mentionnés dans la description de l'ensemble. A l'un de ces temples appartenaient les deux énormes **colosses de Memnon** qui se dressent auj. isolées dans les terres cultivées, entre le Ramesseum et le temple de Médinet Habu.

Différents types de tombes. — Il y a les **hypogées** creusés sur la déclivité des collines, avec un puits profond qui mène au caveau ; les **tombeaux construits,** qui abritent le caveau dans leur masse : ils sont bâtis dans la plaine et étaient surmontés d'une petite pyramide ; les **tombeaux** de même apparence que ceux-ci, mais **recouvrant un puits** vertical conduisant au caveau souterrain ; les **tombeaux rudimentaires** consistant en une simple fosse que l'on comblait après le dépôt du cercueil ; enfin les **tombeaux** dont les appartements souterrains sont **surmontés de véritables temples.**

Chaque nécropole a son type architectonique particulier, mais nous voudrions dégager ici les traits archéologiques essentiels auxquels se ramènent bon nombre de tombes du Nouvel Empire.

Une évocation de la vie thébaine. — On retrouve sur les murs des tombes thébaines, à quelque nécropole qu'elles appartiennent, le reflet de la vie thébaine, et tout le répertoire des occupations, des travaux, des distractions, des sports.

Les formes des meubles et des ustensiles ont évolué et ne sont plus celles attestées dans les tombes memphites de l'Ancien Empire. Le dénombrement des troupeaux est toujours un élément de contrôle de la richesse rurale, mais les espèces bovines ne sont plus tout à fait les mêmes (des épizooties à différentes époques ont fait disparaître certains types), d'autres animaux apparaissent (le cheval, le porc). Les armes, les instruments de musique ont changé; la mode n'est plus la même, et les grands manteaux à mille plis blancs couvrent, enveloppent, et souvent remplacent, la stricte tunique unie ou brodée des époques memphites.

Une plus grande liberté d'expression. — La tombe thébaine devient plus évocatrice que la tombe memphite, et nous pourrons constater, même dans les thèmes rituels que sont, de tout temps, les funérailles, les adorations aux dieux et aux défunts, bien **plus de souplesse et des épisodes nouveaux.**
Quant aux thèmes de la vie courante, ils se sont transformés et veulent exprimer toutes ses manifestations : les thèmes agricoles fourmillent de traits familiers, presque toutes les professions sont représentées, avec leurs détails les plus caractéristiques. Les figurantes aux banquets, danseuses et musiciennes, s'agitent dans des frémissements de vie de plus en plus marqués, les pleureuses des funérailles étalent leur douleur de commande avec des poses et des cris de plus en plus véhéments.

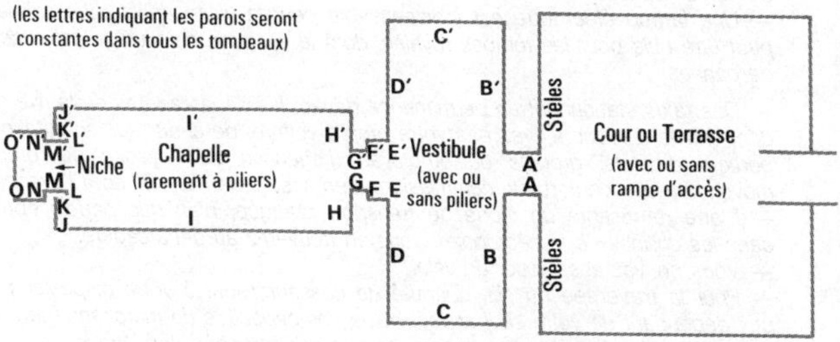

Plan-type d'une tombe thébaine.

La description des tombes. — Plus de quatre cents tombes ont été répertoriées jusqu'à ce jour. Elles sont d'un intérêt très divers et nous insisterons surtout sur le caractère propre de chacune, vous laissant, pour le reste, le soin de découvrir et d'apprécier. Pour faciliter les descriptions, nous nous référerons toujours au plan-type reproduit ici; des lettres y désignent les parois. Pour tous les quartiers de la nécropole, nous ferons précéder le nom du propriétaire de la tombe de son numéro. Chaque tombe est fermée d'une porte dont la clef est entre les mains d'un gardien.

Visiter la nécropole

Quelques conseils :

*— Que vous ayez ou non recours à la compagnie d'un guide, vous ferez bien d'***établir à l'avance votre itinéraire***, de manière à ne négliger aucun monument important sur le parcours. Vous pourrez pour cela vous inspirer de l'emploi du temps proposé au chapitre précédent; tenez compte aussi du fait que la rive g. du Nil dispose de trois rest-houses où l'on peut prendre les repas froids apportés de l'hôtel (à la vallée des Rois et au Ramesseum), voire déjeuner si l'on a prévenu (Cooks rest-house de Deir el-Bahari).*

— Les ***tickets d'entrée*** *aux différents monuments de la rive g.* ***ne sont délivrés qu'au bureau spécial*** *installé au débarcadère touristique; les étudiants et bénéficiaires de réduction s'adresseront à l'Inspectorat du Service des Antiquités, à g. de la route après avoir dépassé les colosses de Memnon (ouv. de 6 h à 16 h). Si la queue est trop longue au guichet, les non-étudiants peuvent aussi prendre leur billet ici (2 tickets à tarif réduit valent 1 ticket plein tarif).*

— Ces tickets ne sont valables que pour la journée et non remboursables en cas de non-utilisation.

— Une ***lampe électrique*** *est indispensable pour la visite des tombes civiles. Elle peut être utile pour les tombes royales, dont le système d'éclairage est susceptible de pannes.*

— Des ***taxis*** *stationnent en permanence devant les débarcadères de la rive g. Il est donc inutile, si vous n'avez pas votre propre voiture, de céder aux sollicitations des portiers d'hôtels, grooms ou employés d'agences de voyages qui proposent, moyennant une confortable commission, d'en assurer la réservation à l'avance.*

*— L'***âne** *représente un mode de transport pratique, bien que parfois éprouvant, dans les collines de la nécropole : vous en trouverez au débarcadère.*

— Vous pouvez aussi louer un vélo.

— Pour la ***traversée du Nil,*** *quantité de passeurs sont à votre disposition, à des prix dépendant de votre seul aspect et de vos capacités de marchandage : comme le «bac touristique», ils vous débarqueront au débarcadère touristique.*

Vous pourrez leur préférer le ***bac populaire*** *(dès 6 h du matin), autrement sympathique, qui part un peu en amont de l'hôtel Savoy et, aboutissant à un appontement situé à quelques centaines de mètres en amont du précédent, est légèrement plus proche des monuments. Pour les tarifs, extrêmement bas, renseignez-vous à l'Office de Tourisme ou, mieux encore, auprès de l'un de ces jeunes «routards» qui savent parcourir le monde pour trois fois rien.*

— La ***visite*** *des différents temples de la vallée des Rois et de l'ensemble du site de Deir el-Médina ne soulève généralement aucun problème en raison de la présence constante d'un ghafir sur les lieux. Il n'en va pas toujours de même dans les nécropoles civiles, où les gardiens sont, lorsqu'on arrive, très souvent occupés à ouvrir les tombes à d'autres touristes : soyez patient.*

— Pour ***photographier*** *ou filmer dans les tombes ou dans les temples, il faut acquitter des droits assez élevés (de 50 livres par jour à 200 livres par heure selon le cas!); se renseigner à l'Inspectorat.*

— A l'heure actuelle, on ne peut visiter qu'une douzaine de tombes royales, une quinzaine de tombes privées à travers les diverses nécropoles civiles et trois tombes dans la vallée des Reines.

Cette situation étant susceptible de variations inopinées, nous décrivons ci-après un assez grand nombre de tombes, sans toutefois pouvoir préciser celles qui seront ouvertes au moment de votre séjour.

— Les ***descriptions de tombes civiles*** *ont été ordonnées selon un plan permettant une visite de proche en proche; si vous éprouvez une difficulté à trouver dans le guide la description d'une tombe devant laquelle vous vous trouvez, consultez l'index alphabétique de fin de volume où, à l'article «Nécropole thébaine — Tombes des nobles», un index numérique de ces tombes vous tirera d'affaire.*

A la bifurcation des deux routes d'accès aux sites (à g. vers le temple de Gurna et la vallée des Rois, tout droit vers les secteurs centre et sud de la nécropole), s'élèvent les maisons de **Gurna el-Gadida** (Nouvelle-Gurna), village dont la construction est aujourd'hui regardée comme une étape historique dans la recherche de solutions aux problèmes du logement dans les pays du tiers monde.

Envisagée dès avant la dernière guerre pour reloger les habitants de Gurna, dont on voulait démolir les maisons dispersées dans la nécropole — notamment dans le but de mettre fin au pillage de celle-ci — la construction du village commença en 1945 mais fut rapidement interrompue à la suite de difficultés rencontrées par ses promoteurs (obscurantisme paysan et hostilités bureaucratiques ne furent pas les moindres). Resté inachevé, endommagé par une des dernières crues du Nil, le village a peu à peu été squatterisé.

Bien que ratée, cette expérience demeure pleine d'enseignements tant sur le plan de l'architecture et de l'urbanisme que sur le plan humain. Pour la première fois en effet, un architecte (Hassan Fathy, cf. Biblio.), refusant l'importation — aussi coûteuse qu'inadaptée — de modèles étrangers apparemment séduisants (surtout parce que considérés comme « plus modernes »), se préoccupait du mode de vie des gens qu'il avait à loger et, adoptant une attitude réellement écologique, étudiait la société paysanne, ses traditions, ses activités, son architecture vernaculaire, pour proposer à ses clients un type d'habitat aussi approprié à leurs besoin qu'aux possibilités locales en matière de construction (main-d'œuvre, matériaux, etc.). Réhabilitant l'usage de la brique crue, retrouvant le mode de construction des « voûtes nubiennes » (les arcs sont constitués de lits obliques de briques, ce qui ne nécessite aucun coffrage), faisant usage de cheminées capteuses d'air (malqaf) associées à des claustra pour assurer une climatisation naturelle, utilisant le savoir-faire de paysans-maçons locaux, il proposait un mode de construction plus facile à mettre en œuvre, infiniment moins cher, pour un résultat plus confortable.

21 A — Le temple de Gurna

Accès : Situé à env. 4 km du débarcadère, ce temple peut constituer une halte sur le chemin de la vallée des Rois.

L'édifice, que les habitants désignent parfois sous le nom de Qaṣr er-Roubaïk, est le temple funéraire de Séthi I que ce prince commença de son vivant et qui fut continué et presque entièrement achevé par son fils et successeur Ramsès II. Il était dédié à Amon-Rê de Thèbes.

Précédé primitivement de **deux cours** successives, ayant chacune leur pylône, et d'un **dromos** bordé de sphinx, dispositions qui sont complètement détruites ou dont il ne reste que d'insignifiantes traces, ce temple présente auj. comme façade un **portique** de 50 m de large soutenu par neuf colonnes (il y en avait dix à l'origine) à fût fasciculé et chapiteau papyriforme.

Les quatre faces du dé des chapiteaux portent les noms de Séthi I. Les **bas-reliefs** qui décorent l'intérieur du portique représentent Séthi I et Ramsès II rendant hommage à la triade thébaine et à plusieurs autres divinités. Le **soubassement** est décoré d'une double procession de dieux Nil, alternativement masculins et féminins, apportant à Ramsès II les produits des nomes du Nord et du Sud qu'ils représentent : les nomes du S. sont à g., ceux du N. à dr.

Trois portes, au fond du portique, donnent accès à l'intérieur du temple et révèlent ainsi dès l'abord sa **division tripartite** dans le sens E.-O. : la partie centrale est dédiée à Amon et au roi ; la partie S. à Amon et à Ramsès I (père du roi) ; la partie N. au dieu Soleil.

La porte centrale (P[1]) ouvre dans une **salle hypostyle** (A), dont le plafond, orné de vautours, repose sur six colonnes à chapiteaux papyriformes. La décoration de cette salle se compose exclusivement des scènes ordinaires d'offrandes où le roi Séthi et son fils Ramsès sont alternativement en présence d'Amon et des dieux de l'Ennéade révérée dans Thèbes. Sur les panneaux en regard des deux dernières colonnes de l'hypostyle, d'un côté (à g.), Ramsès II, sous la forme symbolique d'un enfant debout embrassé par Mout, qui lui donne le sein, de l'autre (à dr.), tableau analogue représentant Séthi allaité par Hathor. De part et d'autre de l'hypostyle, **six petites chambres**, trois à dr., trois à g., sont décorées de scènes d'adoration, d'offrande ou de purification dont le roi officiant est tantôt Séthi I, tantôt Ramsès II.

Après un large **vestibule** (B) s'ouvre le **sanctuaire** (C) ; son plafond reposait sur quatre piliers qui n'ont pas laissé de trace : à g. et à dr., représentation de la barque d'Amon qu'on déposait dans ce sanctuaire.

Toute cette partie du temple ainsi qu'une salle (D) à quatre piliers, flanquée de plusieurs chambres, est très ruinée. Une porte, au fond de chacune des premières petites chambres latérales de la salle hypostyle, met en communication le compartiment médian du temple avec les deux **compartiments latéraux**, desservis en outre par les portes (P[2] et P[3]) qui s'ouvrent sous le portique extérieur.

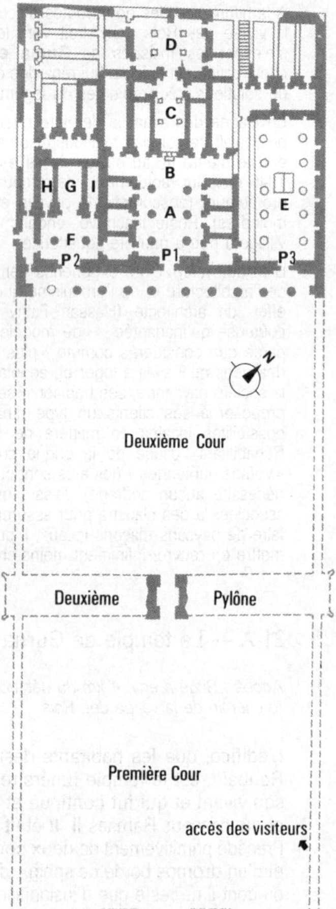

Temple de Séthi Ier à Gurna

La **partie de dr.** comporte une **cour** (E) très profonde (23 m x 14) à deux portiques de cinq colonnes chacun qui ont disparu. Au milieu, autel solaire, comme on en trouve un exemple à Deir el-Bahari ; sur les murailles de la cour, tableaux d'adoration avec les légendes de Ramsès II.

La **partie de g.**, la plus intéressante, se compose d'une petite **salle hypostyle (F)** à deux colonnes et de trois chambres **(G, H, I)**. Cet appartement était consacré par le roi Séthi I à son père Ramsès I. Séthi mourut avant son achèvement et Ramsès II ajouta les sculptures qui ornent l'intérieur et les murs de l'hypostyle. La scène sculptée sur le mur à dr. de la porte, très mutilée, représente, dans le registre inférieur, Ramsès II conduit par le dieu Montou à Amon-Rê derrière lequel se tient Ramsès I. Au-dessus, le même roi est présenté à Amon-Rê par Atoum et Montou, le tout accompagné de légendes rappelant les noms de Ramsès II et de ses deux prédécesseurs. Dans le registre au-dessus de la porte, Ramsès I, assis dans un naos, reçoit les offrandes de son petit-fils Ramsès II. De l'autre côté de la porte, le roi fait offrande à Amon-Rê, Khonsou et Ramsès I. — Dans la chambre du milieu **(G)**, Séthi encense la barque d'Amon.
Un **corridor**, longeant la chapelle de Ramsès I, conduit à un **ensemble de pièces**, presque entièrement ruinées à l'exception de deux chambres. Dans la première, Séthi est représenté en adoration devant plusieurs divinités.

Au S. du temple, un petit **bassin** creusé enserre un espace dallé qui représente, comme à l'Osiréion d'Abydos, la butte primordiale.

●➔ Au N. du temple, de l'autre côté de la route de la vallée des Rois, se trouvait **la plus ancienne nécropole de Thèbes**, celle des princes contemporains des dynasties héracléopolitaines qui finirent par dominer toute l'Égypte et donnèrent le jour à la XIe dyn., la première du Moyen Empire. Appelée **nécropole des Antef** ou nécropole d'Et-Tarif, cette nécropole ruinée, où l'on a retrouvé les restes des tombes d'Antef I, d'Antef II et d'un tombeau de Mentouhotep I, a presque totalement disparu et sa visite ne présente pas d'intérêt pour le touriste.

21 B — La vallée des Rois

Rien de plus étrange au premier aspect que ces longues galeries entièrement sombres dès qu'on s'est avancé de quelques pas, pleines d'une atmosphère lourde et dont les parois révèlent une richesse et une abondance de décorations invraisemblables, si l'on se représente surtout les très sommaires moyens d'éclairage dont les anciens devaient disposer pour l'exécution d'un travail si long et si minutieux. Les hiéroglyphes les plus finement gravés couvrent à profusion les champs où s'enlève, délicatement sculpté et peint d'un coloris très vif, tout un monde de figures. Les scènes qu'elles composent ainsi que leurs légendes couvrent de haut en bas les parois, les piliers, et envahissent parfois la surface même des plafonds. Dans la principale chambre, presque au fond de l'hypogée, se dresse l'énorme sarcophage dans lequel était déposée la momie royale.
Les hypogées se ressemblent tous dans leurs dispositions générales : une porte (arabe : Bāb ; plur., Bibā, d'où le nom de Bibān el mūlūk donné à cet ensemble de tombeaux) taillée verticalement dans le roc donne accès à un long couloir, divisé en trois compartiments par des étranglements successifs, flanqué d'un nombre variable de niches ou chapelles latérales, et aboutissant à une ou plusieurs chambres plus ou moins spacieuses, dont le plafond est supporté par des piliers. Ces couloirs sont toujours en pente : leur longueur dépasse presque toujours 100 m.

Histoire

La nécropole tout entière a été violée dès l'époque pharaonique ; mais ce n'est guère qu'à partir de l'époque ptolémaïque que quelques-uns des hypogées

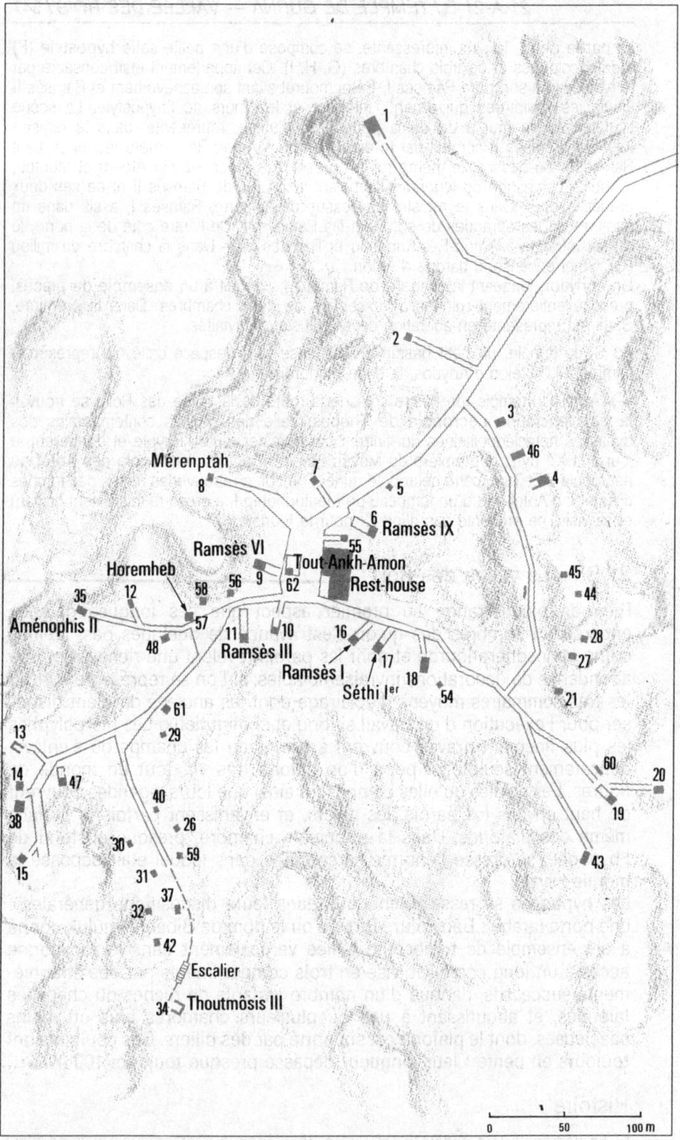

Vallée des Rois (d'après Porter-Moss)

restèrent ouverts à tout venant : outre le témoignage des auteurs classiques, nous en avons la preuve par les inscriptions gravées sur les parois intérieures de plusieurs d'entre eux. Ils étaient l'objet d'une grande curiosité de la part des étrangers de passage qui s'y rendaient accompagnés de guides, comme le font les touristes modernes.

L'expédition de Bonaparte trouva le tombeau d'Aménophis III ; un peu plus tard, celui de Séthi I fut ouvert par Belzoni. Dans les dernières années du XIXe s., Loret découvrit ceux d'Aménophis II et de Thoutmôsis III. Pendant plusieurs années un Américain, Theodore Davis, en ouvrit d'autres, contenant parfois de riches mobiliers : Youya et Touyou, Thoutmôsis I et Hatchepsout, Thoutmôsis IV, Siptah et Taousert, Horemheb. Enfin, Lord Carnarvon assisté de H. Carter entreprit les recherches qui conduisirent à la découverte du tombeau de Toutânkhamon, en 1922.

Le site

La montagne thébaine qui forme, vue du Nil, une puissante barrière aux parois abruptes, masque un réseau de vallées escarpées et désertes, accessibles par une route s'ouvrant dans la chaîne libyque à env. 500 m au N.-O. du temple de Gourna. Laissant à dr. l'ancienne maison de Carter, la route décrit une large courbe pour contourner le pied N.-E. des collines de Dra Abū el-Naga'. Se dirigeant progressivement vers l'O. elle laisse au N., dans des carrières, quelques grottes d'anachorètes. Au bout de 3 km env. la vallée se divise en deux bras, dits vallée de l'Ouest et vallée de l'Est, à l'extrémité desquels se trouvent les **tombeaux des rois.**

La vallée de l'Ouest, ou vallée des Singes, ne contient que quatre tombeaux, dont deux seulement sont déblayés et accessibles au visiteur : ce sont ceux d'Aménophis III et d'Aï.

La vallée de l'Est, la célèbre **vallée des Rois,** en abrite cinquante-huit connus. Inaugurée par la tombe de Thoutmôsis I (creusée par son architecte Ineni dont la tombe, n° 81, se trouve à Sheikh 'Abd el-Gurna), elle fut adoptée par les souverains de la XVIIIe et ceux de la XIXe dynastie.

Les tombes royales

Une caractéristique essentielle. — Les tombes royales diffèrent des tombes civiles, non seulement par leurs dimensions et l'abondance de leur décoration, mais encore, et c'est là l'essentiel, par le caractère même de leur destination et par la nature des scènes et des légendes qui les ornent. La tombe memphite comprenait deux parties essentielles : un caveau et une chapelle. Ces deux éléments, réunis à nouveau dans les tombes civiles, sont scindés dans les tombes royales du Nouvel Empire. La syringe thébaine, en effet, ne représente qu'un seul des éléments constitutifs, le caveau. La chapelle, qui en est distincte, n'est autre que le temple funéraire du roi bâti dans la vallée.

Les thèmes décoratifs. — Tandis que les scènes se rapportant à la vie terrestre du défunt, aux offrandes qui lui étaient dues, figurent sur les parois du temple funéraire, l'hypogée ne comporte que les scènes et légendes mythologiques relatives à la survie de l'âme royale. De là ces étranges représentations du monde infernal qui offrent le plus saisissant contraste avec les riantes images de la vie réelle qu'on a vues représentées dans les tombes des particuliers.

Tout ce fatras apparent n'est que la reproduction intégrale ou abrégée de plusieurs livres, de rédaction plus ou moins ancienne et plus ou moins homogène. Quatre d'entre eux paraissent avoir été de préférence mis à contribution :

Les Litanies du Soleil, qui ont leur place dans les premières sections du corridor et qui sont comme l'introduction des tombeaux, nous donnent la description du dieu Rê, de sa nature, de ses qualités, de ses attributs et de ses transformations au nombre de 75 ; il est indispensable au roi de les connaître et d'en faire l'invocation afin de se confondre, dans l'au-delà, avec Rê.

Le Livre de l'Ouverture de la Bouche (qui occupe, dans le tombeau de Séthi I, les deux derniers couloirs, F-G) décrit le rite à accomplir pour donner à la momie et aux statues-supports du Double le pouvoir de recevoir l'offrande et de s'en nourrir ; cette cérémonie était la cérémonie essentielle des funérailles.

Mais les deux livres qui paraissent le mieux répondre à l'idée dominante, à savoir l'identification du Roi avec le Soleil, et l'association de sa destinée à celle du dieu Rê, et qui nous retracent avec de minutieux détails les péripéties par lesquelles passe le Soleil (et le roi et sa suite), une fois entré dans le monde nocturne, **sont** le **Livre de ce qu'il y a dans l'Hadès** et le **Livre des Portes.**

Les grands textes funéraires. — Les deux livres ci-dessus traduisent deux formes peu différentes de la même conception.

L'autre monde est divisé en 12 domaines qu'arrose le fleuve infernal, dont les deux rives (la g. au-dessus du ruban des eaux, la dr. au-dessous) sont remplies par mille figures bizarres, sortes de démons dont l'imagination des Égyptiens peuplait les régions situées au-delà des limites connues.

Sur le fleuve vogue la barque portant le Soleil mort, transformé en Osiris et représenté comme tel avec la tête de bélier ; son équipage se compose de plusieurs dieux ou génies, le chien Oupouaout, guide des chemins infernaux, le pilote, la déesse Hathor, patronne de la barque, Horus, le matelot et le capitaine. La barque solaire est ordinairement précédée d'une théorie de bons génies de l'Enfer, venus au-devant de Rê. Dans quelques-uns des nomes du monde nocturne, elle est escortée de la flotille des bateaux régionaux portant l'Osiris, seigneur de la région, sous forme de scarabée.

Le texte explicatif de chacun des tableaux donne le nom de chacune des douze provinces nocturnes, le nom de l'Heure de Nuit dont c'est le domaine, le nom de son gardien, les dimensions de son territoire et l'acte accompli ou les paroles prononcées par le Soleil mort dès qu'il y a pénétré, ainsi que les paroles prononcées par les déesses ou génies habitant la région. De plus, la légende a toujours soin d'ajouter que quiconque connaît les noms de tous ces êtres et de toutes ces choses mystérieuses, peut s'identifier au Soleil.

Le Livre des Portes diffère principalement du **Livre de ce qu'il y a dans l'Enfer (Hadès)**, en ce que ce dernier n'y fait pas place au jugement des âmes. De plus, chacune des régions y est envisagée comme un domaine fermé par une sorte de pylône défendu par un serpent et d'autres génies dont il s'agissait de triompher en prononçant la formule appropriée.

Structure et décoration des tombes. — Si les thèmes de la décoration sont sensiblement les mêmes dans tous les tombeaux, ceux-ci n'ont pas nécessairement une structure identique.

Le plan des tombeaux de la XVIIIe dyn. (n°s 34, 35, 38 par exemple) nous montre deux groupes de chambres se coupant à angle droit, ou presque, et séparés par un puits carré très profond. S'il y a encore quelquefois un décrochement dans l'axe des tombeaux à la XIXe dyn. (n° 17) et même à la XXe (n° 11), on peut constater cependant que presque tous tendent vers une ligne rigoureusement droite (n° 8, 19, 6, 9, 10, etc.).

Notons aussi la forme différente des sarcophages, suivant l'époque. A la XVIIIe dyn., le sarcophage est une cuve aux coins arrondis ; mais les derniers souverains de cette époque, Aï, Toutânkhamon, Horemheb, sont ensevelis dans un grand sarcophage rectangulaire, avec les quatre déesses funéraires étendant les bras aux quatre angles. A partir de la XIXe dyn., le sarcophage prend la forme, très stylisée, de la momie qu'il renferme.

Notons enfin que le travail de la décoration des tombes perd en qualité à mesure que l'on avance dans le temps. Les traits nets et précis des premiers tombeaux deviennent plus mous, moins accentués, plus tard. A partir de Ramsès IV, la décadence s'accentue. Ce n'est plus dans la pierre mais sur un stuc facile à tailler que sont gravés les tableaux et hiéroglyphes avant d'être peints d'une main hâtive.

Visiter la vallée des Rois

Visite : t.l.j. de 6 h 30 à 19 h.

A pied ou en voiture? *— La vallée des Rois ne se visite évidemment qu'à pied mais, pour vous y rendre, vous avez le choix entre la route, mentionnée ci-dessus (→ «Le site»), et* ***deux sentiers*** *offrant, sur la région thébaine, une vue admirable : l'un (45 mn) part de* ***Deir el-Bahari,*** *l'autre (env. 1 h) — antique sentier des ouvriers de la nécropole — de* ***Deir el-Médina.***

Quelles tombes voir? *— Les soixante-deux tombeaux que renferment ces vallées ne sont pas tous d'un égal intérêt. Plusieurs sont de simples excavations, inachevées et ruinées (nos 5, 12, 21 par exemple); l'un, également très ruiné (no 13), appartiendrait, d'après l'inscription gravée sur le bandeau, à un fonctionnaire nommé Baï, contemporain du roi Siptah; un autre (no 3) a été creusé par le roi Ramsès III puis abandonné pour le no 11.*
La liste des tombeaux royaux de cette vallée est donc réduite. De cet ensemble, dix seulement méritent une visite complète : ce sont les nos ***6*** *(Ramsès IX),* ***8*** *(Mérenptah),* ***9*** *(Ramsès VI),* ***11*** *(Ramsès III),* ***16*** *(Ramsès I),* ***17*** *(Séthi I),* ***19*** *(Montou-her-Khopechef, mort sans avoir régné),* ***34*** *(Thoutmôsis III),* ***35*** *(Aménophis II),* ***57*** *(Horemheb), auxquels on peut ajouter le no* ***62*** *(Toutânkhamon), plus curieux par le mobilier qu'on y a découvert que par lui-même.*
Tous ne seront pas nécessairement ouverts lors de votre venue.
A l'entrée des tombes, des guides proposeront de vous éclairer; pour un petit bakshish, ils seront une compagnie agréable et utile.

Dans quel ordre? *— De proche en proche, puisque c'est la manière la plus simple et la moins fatigante. Pour vous faciliter la consultation de ce guide, nous décrivons, quant à nous, ces tombes dans l'ordre numérique.*
*Si vous voulez voir les tombeaux dans l'****ordre chronologique****, de manière à mieux juger de l'évolution du plan, des techniques et du style, cet ordre est le suivant :* ***38*** *(Thoutmôsis I),* ***34*** *(Thoutmôsis III),* ***35*** *(Aménophis II),* ***43*** *(Thoutmôsis IV),* ***22*** *(Aménophis III),* ***62*** *(Toutânkhamon),* ***23*** *(Aï),* ***57*** *(Horemheb),* ***16*** *(Ramsès I),* ***17*** *(Séthi I),* ***7*** *(Ramsès II),* ***8*** *(Mérenptah),* ***15*** *(Séthi II),* ***14*** *(Sethnakht),* ***11*** *(Ramsès III),* ***2*** *(Ramsès IV),* ***9*** *(Ramsès VI),* ***1*** *(Ramsès VII),* ***6*** *(Ramsès IX).*
Si vous êtes *vraiment* ***pressé,*** *la visite des trois seuls tombeaux d'Aménophis II (no* ***35****), de Séthi I (no* ***17****) et de Ramsès I (no* ***16****) permet la comparaison entre les plans et les techniques de trois époques différentes.*

1 — Ramsès VII. — Il est en partie décoré d'extraits du Livre des Cavernes; le plafond de la salle du sarcophage offre une représentation astronomique. L'effigie du roi, à l'entrée, est un **véritable portrait,** très caractéristique.

∴ **2 — Ramsès IV.** — Ce tombeau, dont on possède l'ancien plan tracé sur un papyrus qui est au musée de Turin, est de petites dimensions (66 m de long), mais d'une **exécution soignée** : les textes y sont dominants. Il fut employé comme église à partir du Ve s.

Les sections 1 et 2 du **couloir** sont occupées par le texte et les vignettes des Litanies du Soleil; la section 3 par le Livre des Cavernes. — **Vestibule (B)** : plusieurs chapitres du Livre des Morts.
Chambre du sarcophage (C) : plusieurs divisions du Livre des Portes; le plafond est décoré de représentations astronomiques; listes des décans. Le sarcophage de granit mesure 3,30 m sur 2,13 m, et 2,74 m de hauteur; sur le couvercle, le roi entre Isis et Nephthys; sur les côtés de la cuve, scènes de l'Enfer.

La chambre D a ses parois couvertes du texte du Livre des Cavernes ; la petite chambre à g. reproduit dix-sept momies du roi, et celle de dr. vingt-trois. Dans la petite **salle du fond**, sur les parois de dr. et de g., lits funéraires avec coffrets et canopes ; paroi du fond, dieu versant l'eau lustrale. Nombreux graffiti grecs et coptes ; notons le plus important de ceux-ci : deux personnages (à dr. en entrant dans le corridor A) dans une pose d'orants ; l'un d'eux est un martyr « Apa Ammonios ».

6 — Ramsès IX. — Bien que très dégradé, il mérite d'être visité. La chambre du fond est en assez bon état.

La première section du **couloir** (A), sur laquelle s'ouvrent quatre petites chambres non décorées, montre à g. les Litanies du Soleil et un chap. du Livre des Morts, et à dr. le commencement du Livre des Cavernes ; la section suivante (B), décoration analogue ; à g. et à dr., représentations de divinités infernales ; dans la 3e section (C) à g., extrait du Livre de ce qu'il y a dans l'Hadès ; à dr. scènes des Enfers ; la momie du roi est penchée sur une montagne, les bras levés ; les représentations de cette paroi sont des plus étranges.

Les murs du fond de la **salle** D montrent les prêtres à peau de panthère sacrifiant devant la porte qui conduit à la salle à quatre piliers (E). Un dernier **corridor** (F) descend dans une chambre G qui était celle du **sarcophage**, dont on voit encore la trace dans un renfoncement du sol ; elle est décorée de scènes infernales sur les parois et de représentations astronomiques au plafond.

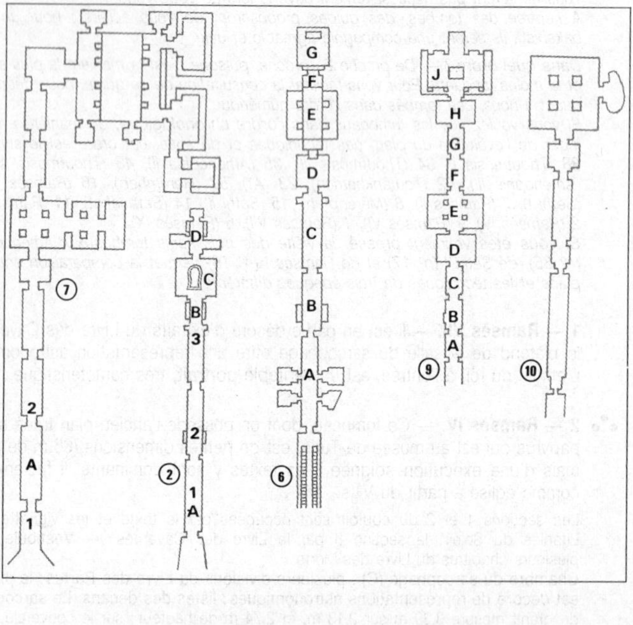

Tombeaux royaux

7 — Ramsès II. — Il est presque entièrement remblayé ; les seules parties visibles sont les parois du premier corridor. Inachevé, il avait déjà été pillé dans l'Antiquité.

8 — Mérenptah. — Il se compose d'un corridor à sections, qui va, en pente descendante assez raide, tout droit vers la chambre du sarcophage.

Le couloir atteint la chambre du sarcophage après avoir traversé une salle assez grande (A), sur laquelle s'ouvre à dr. une salle à piliers (B), puis une salle plus petite (C) qui contient encore le couvercle d'un sarcophage de granit n'ayant pas été utilisé. **Corridor** : fragment du Livre de ce qu'il y a dans l'Hadès (la 4e heure de la Nuit). **Salle A**, le Livre des Portes. **Salle B**, les deux piliers sont ornés des **portraits du roi** en présence de divers dieux. **Salle D**, à piliers, voûtée, dans laquelle on accède par des marches. Le grand **sarcophage du roi est** encore **en place**, avec son couvercle sculpté en granit rose. Les chambres qui flanquent la salle à piliers à dr., à g. et au fond, sont inaccessibles.

9 — Ramsès VI. — Comme on le voit à son plan, **c'est un ancien tombeau** (A-E) **agrandi** de toute la partie comprise au-delà de la salle E. La partie antérieure avait été commencée par Ramsès V ; les savants de l'expédition d'Égypte en 1798 l'appelèrent la « tombe de la métempsycose ».

Le premier **couloir** (A, B, C) est, en grande partie, décoré de la version complète du Livre des Portes (dix pylônes gardés par des serpents) ; plafond astronomique. Le Livre des Portes se continue sur les parois des deux chambres suivantes D et E. Le plafond de cette dernière est décorée de la figuration du ciel diurne et nocturne. Sur les piliers, le roi et divers dieux. Le **couloir** F-G, en pente rapide, contient le Livre de ce qu'il y a dans l'Hadès, et le **vestibule** (H) diverses parties du Livre des Morts.

La dernière **salle** (J) est décorée de scènes astronomiques, la création du disque solaire, quelques chapitres du Livre des Morts et du Livre de la Vache divine. Le sarcophage était encastré dans le sol. — Nombreux graffiti grecs et coptes.

10 — Amenmès, usurpateur du trône à la fin de la XIXe dynastie. — Ce tombeau se compose d'un couloir à trois sections, d'un vestibule, d'une grande chambre à 4 piliers, à dr. de laquelle s'ouvre une petite chambre incomplètement excavée. Amenmès, dont presque tous les cartouches sont martelés, s'y était fait enterrer avec sa mère Takhat et sa femme Baqit-Ournour.

••• **11 — Ramsès III.** — Dit aussi **tombeau des harpistes,** il mesure 125 m de longueur, mais ne descend qu'à la profondeur de 9 à 10 m au-dessous du niveau de la vallée. Il a été en quelque sorte greffé sur un essai inachevé du roi Sethnakht, père de Ramsès III, qui ne poussa ses excavations que jusqu'au corridor (C) et dont les cartouches se voient encore en quelques endroits. Dans le passage à ciel ouvert, en avant de la porte, deux têtes d'Hathor en relief sur les pilastres.

La tombe de Ramsès III a vu se produire les premières grèves de l'Histoire : à plusieurs reprises en effet, les ouvriers chargés de son aménagement cessèrent le travail pour protester notamment contre l'irrégularité du versement de leurs salaires.

Sur les parois des trois sections du **corridor** (A, B, C), les Litanies du Soleil. Plus curieuses sont les scènes représentées dans les **petites chambres latérales** (a-j) qui sont une des plus remarquables particularités de ce tombeau : — a, scènes relatives à la préparation des aliments ; boulangers, bouchers ; — b, barques montant et descendant le Nil ; — c, la chambre des céréales ; le Nil faisant l'offrande de ses produits aux dieux des champs et des grains ; — d, la chambre des armes ; représentations d'armes et d'instruments de guerre variés, épées de toutes espèces, lances, arcs et carquois, casques et cottes de mailles, étendards, chars, etc. ; à dr. en entrant, le taureau Meri sur le lac du Sud, et la vache Hesi sur le lac du Nord ; — e, divinités des nomes et du Nil ; — f, la chambre des meubles et des vases souvent reproduite à cause de l'intérêt qu'elle présente au point de vue des arts industriels de l'ancienne Égypte ; — g, le Double du Roi, puis plusieurs fois répétés, une rame, un taureau, une vache ; — h, le labourage mystique des champs d'Ialou ; — i, deux harpistes (d'où le nom de cette tombe) chantant les louanges du roi devant les dieux Onouris, Chou et Atoum ; — j, les douze formes d'Osiris.

Mur de fond du **corridor (C)** : sacrifices offerts par le roi à des divinités. Ramsès III ne put continuer le creusement du tombeau dans la même direction, à cause de celui d'Amenmès, tout proche, d'où le décrochement à dr., entre C et D.

Corridor (D), le Livre de ce qu'il y a dans l'Hadès (4e et 5e heures). — **Vestibule (E)**, divinités. — **Salle F**, que traverse un passage en pente rapide ; entre les quatre piliers : le Livre des Portes (chap. IV et V), représentation des quatre races humaines que connaissaient les Égyptiens ; la petite **salle latérale G** renferme des **tableaux mythologiques** où le roi joue le principal rôle.

Le **sarcophage** se trouvait dans la salle aux huit piliers **(K)**. La cuve en granit rose est actuellement au musée du Louvre et son couvercle au musée Fitzwilliam de Cambridge. Les autres chambres et couloirs, grossièrement décorés, perdent, par suite de leur dégradation, une grande partie de leur intérêt *(ils ne sont du reste pas éclairés et complètement obstrués par l'éboulement)*.

●•● **14 — Sethnakht.** — C'était primitivement celui de la reine Taousert, femme de Mérenptah-Siptah puis de Séthi II. Il comprenait un triple corridor **(A, B, C)**, trois vestibules **(E, F, H)** et une grande chambre à piliers **(I)**. Sethnakht l'usurpa, l'agrandit d'un double vestibule **(L, M)**, d'une grande chambre **(N)** et fit recouvrir de stuc toutes les représentations de la reine.

Les **portraits** réapparus aujourd'hui se voient **dans le corridor** : la reine y est représentée avec son époux Siptah en adoration devant diverses divinités. Les **traces de surcharge** sont encore très visibles dans ce couloir où l'on voit l'image de Sethnakht empâtée sur celle de la reine ; dans la 2e et la 3e section du corridor **(B et C)**, extraits du Livre des Morts.

Le vestibule **(D)** est orné de divinités funéraires, Osiris, Isis, les quatre génies, etc. — Salle **(E)** : suite du Livre des Morts. — Corridor **(F)** : diverses divinités ; commencement du Livre de l'Ouverture de la Bouche. — Petite salle **(G)**, pilier **Djed** ; Osiris sur son lit funéraire. Dans le corridor suivant (H), suite du Livre de l'Ouverture de la Bouche, la reine (représentation surchargée par Sethnakht) en adoration devant diverses divinités.

Salle aux huit piliers : dans la partie avant la voûte, divers chapitres du Livre de ce qu'il y a dans l'Hadès. Cette chambre n'a pas été achevée pour la reine comme le montrent les représentations de Sethnakht simplement dessinées sur les piliers.

Au-delà de la grande salle, commence la partie propre au roi Sethnakht. Un **corridor** à deux sections **(L, M)**, sur les flancs duquel s'ouvrent deux petites chambres à peine ébauchées (J et K), est décoré d'extraits du Livre des Portes.

Au fond, **grande chambre** à huit piliers qui abrite les **restes du sarcophage** de Sethnakht dont le couvercle est intact. Sur les parois, autres sections du Livre des Portes.

15 — Séthi II. — Il se compose d'un corridor à trois sections, d'un vestibule et d'une salle à quatre piliers au fond de laquelle s'ouvre une petite chambre.

Les cartouches du roi sont en surcharge. Les deux premières sections du corridor sont décorées de la Litanie du Soleil ; la troisième, des vignettes de la 4e heure du Livre de ce qu'il y a dans l'Hadès. — Vestibule : divinités funéraires. — Chambre du sarcophage, diverses parties du Livre de ce qu'il y a dans l'Hadès ; à g. présentations des quatre races ; sur les piliers, dieux des morts. Il ne reste que quelques débris du couvercle du sarcophage.

16 — Ramsès I. — Tombeau assez simple de plan ; un long corridor (A) à pente raide coupé d'escaliers mène directement à la chambre du sarcophage (B). Celle-ci est flanquée de deux petites salles (C et D).

La **salle du sarcophage** est très ornée. Le sarcophage, en granit rose, est en place ; les murs sont couverts de scènes et d'inscriptions : le roi Ramsès I avec des divinités ; fragments du Livre des Portes. Dans la chambre C, représentations des **âmes de Pé et de Nékhen**, Ramsès I officiant devant Atoum-Rê-Khépri, synthèse des trois aspects du dieu solaire ; le roi devant le trône d'Osiris, etc. La salle D est anépigraphe.

*****17 — Séthi I.** — C'est le plus remarquable des grands hypogées royaux de Thèbes. Son niveau s'abaisse brusquement, dès les premiers pas, par un escalier de vingt-sept marches conduisant à un **couloir** (A) d'où repart un nouvel escalier. Le **corridor** (B) auquel il aboutit s'ouvre dans une petite salle

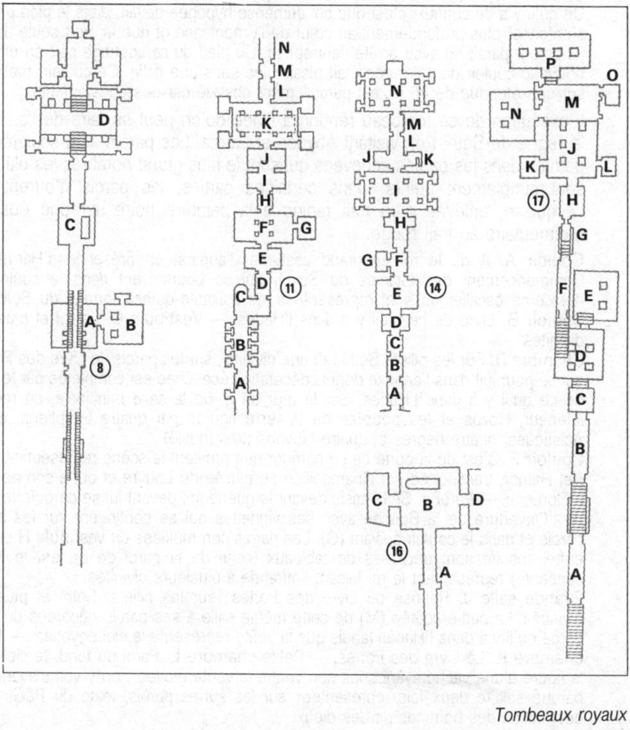

Tombeaux royaux

carrée (C), où se trouve creusé un **puits** destiné à dérouter les recherches. Belzoni, qui découvrit cet hypogée en 1815, remarqua que la paroi qui semblait le fermer à son extrémité était percée d'une petite ouverture de 65 cm de large, mais que cette ouverture n'était qu'une brèche pratiquée après coup pour donner accès à des appartements habilement masqués. Après l'avoir franchie, il se trouva en effet dans une belle **chambre** de 8 m de côté **(D)** ayant son plafond supporté par quatre piliers. A cette salle s'en trouve annexée une deuxième **(E)** de même dimension. Ni l'une ni l'autre ne contiennent le sarcophage, car nous ne sommes encore qu'à mi-chemin des excavations.

Un **escalier latéral**, taillé dans la chambre aux quatre piliers, conduit dans une **nouvelle série de couloirs (F, G, H)** qui aboutit enfin à une **grande salle**, de 8,5 m de côté **(J)**, ayant son plafond supporté par six piliers et ses côtés flanqués de **deux** réduits ou **petites chapelles (K, L.)**. Cette vaste salle n'est pas la dernière; au-delà se trouve encore une **salle voûtée (M)** plus large que profonde; c'est au centre de cette dernière salle que Belzoni découvrit le **sarcophage** royal, un énorme bloc d'albâtre vide de la momie, qui devait être retrouvée 70 ans plus tard à Deir el-Baḥari par Maspero.

Le sarcophage d'albâtre, transporté en Angleterre, fait partie de la collection Soane. Ce qu'il y a de curieux, c'est que cet immense hypogée devait, dans le plan primitif, s'enfoncer plus profondément au cœur de la montagne et que la mort seule de son fondateur paraît en avoir arrêté l'entreprise. Du pied du sarcophage part en effet un nouveau couloir dont l'entrée était dissimulée sous une dalle. Ce couloir, praticable sur une étendue de 46 m, est partiellement obstrué par des éboulements.

L'exécution de ce tombeau répond à l'idée qu'on peut se faire de l'art sous le règne de Séthi I en visitant Abydos et Gurna. Les parois sont sculptées et peintes dans les parties achevées qui sont le plus grand nombre; les plafonds sont simplement peints. Dans certaines parties, les parois n'offrent que l'esquisse, enlevée d'un trait rapide à la peinture noire sur une ébauche rudimentaire au trait rouge.

Couloir A. A g., le roi en grand costume d'apparat en présence d'Harmakhis. Commencement des Litanies du Soleil, qui se poursuivent dans le couloir du deuxième escalier où sont représentées les soixante-quinze formes du Soleil. — **Couloir B.** Livre de ce qu'il y a dans l'Hadès. — **Vestibule C.** Le roi et plusieurs divinités.

Chambre D. Sur les piliers Séthi I et une divinité; sur les parois, le Livre des Portes, qui se poursuit dans l'annexe dont la décoration ébauchée est complétée par le Livre de ce qu'il y a dans l'Hadès. Sur le mur de g. de la salle principale, au registre inférieur, **Horus et les peuples de la terre** figurés par quatre Égyptiens, quatre Asiatiques, quatre nègres et quatre Libyens (très mutilé).

Couloir F. C'est de la porte de ce corridor que provient la scène représentant Séthi I et Hathor, transportée par Champollion au musée du Louvre et qui a son pendant à Florence. — Paroi g. Séthi assis devant le guéridon; devant lui se déroule le Livre de l'Ouverture de la Bouche avec ses vignettes qui se continuent sur les autres parois et dans le couloir suivant **(G)**. Les parois non mutilées du **vestibule H** où l'on entre ensuite sont décorées de tableaux (celui de la paroi de dr. est le mieux conservé) représentant le roi faisant l'offrande à plusieurs divinités.

Grande salle J. Reprise du Livre des Portes; sur les piliers, Séthi et plusieurs divinités. La partie voûtée **(M)** de cette même salle a ses parois décorées du Livre de ce qu'il y a dans l'Hadès tandis que la voûte représente le ciel égyptien. — Petite **chambre K.** Le Livre des Portes. — Petite **chambre L.** Paroi du fond, le ciel sous la figure d'une vache ayant sous son ventre la voûte étoilée : on y voit s'avancer la barque solaire deux fois représentée; sur les autres parois, texte du Récit de la destruction des hommes par les dieux.

Chambre N. Sur les parois, le Livre de ce qu'il y a dans l'Hadès ; sur les piliers, le roi et Osiris, diverses représentations d'Osiris. La petite **chambre O** est la chambre du Djed ou de la **résurrection d'Osiris** ; la décoration en est ruinée. La chambre du fond (P) n'est pas décorée et n'est plus accessible.

19 — Montou-her-Khepechef, prince royal, fils de Ramsès IX. — Tout petit, inachevé. Le grand couloir d'entrée offre des représentations ravissantes de **couleurs,** et de ce **style très fouillé** dans les détails qui est de règle à cette époque.

20 — Reine Hatchepsout. — Très profond avec plus de 200 m de corridor s'enfonçant à près de 100 m sous le sol. La reine avait un premier tombeau, creusé dans un wādī, derrière la vallée des Reines ; celui de la vallée des Rois suivit quand elle régna seule. Il est du reste **inachevé, sans texte ni figure.** Non seulement il contenait le sarcophage de la reine, mais aussi celui de son père Thoutmôsis I *(actuellement au Caire et à Boston).*

22 et **23** *(→ plus loin, vallée de l'Ouest).*

****34 — Thoutmôsis III.** — Ce tombeau est au fond d'une anfractuosité de la montagne se resserrant jusqu'à 1 m de large et élevé à 8 ou 10 m environ au-dessus du sol de la vallée. L'accès en est facilité par une échelle de fer.

On pénètre d'abord dans un **corridor** (A) descendant, avec une pente de 45° vers **deux salles** successives (B et C) puis, interrompant le corridor dans toute sa largeur, se rencontre un **puits** (D) profond de 5 à 6 m. Après le puits, une **grande salle** (E), dont le plafond est soutenu par deux piliers carrés, décorée de peintures ; on y reconnaît un catalogue de **sept cent quarante divinités.**
Dans un angle du sol de la pièce, une large ouverture donne accès à un escalier conduisant dans une vaste **salle** (F) de 15 m sur 9 et soutenue par deux piliers quadrangulaires ; sur ces piliers, **scènes d'allaitement du roi** par l'Isis du Sycomore. Devant Thoutmôsis, sa mère, la reine Isit, ses femmes, et sa fille Néfertari ; les angles de cette **chambre** sont arrondis, ce qui lui donne la **forme d'un gigantesque cartouche** royal. Les parois sont ornées de figures au trait et d'hiéroglyphes cursifs en noir et rouge sur fond gris imitant la couleur d'une feuille de papyrus et contenant un exemplaire du Livre de ce qu'il y a dans l'Hadès. Au fond de la salle, le sarcophage de grès, coloré en rouge, ouvert et vide, repose sur un socle d'albâtre ; son couvercle, brisé, gît sur le sol. La momie de Thoutmôsis III fut découverte à Deir el-Baḥari.
Cette grande salle est flanquée de **quatre petites pièces** aux murailles enduites d'un crépi terreux ; dans G et H, étaient deux cercueils contenant des momies de femmes ; dans les autres étaient divers objets tels que statuettes en bois bitumé, fragments de vases, ossements de victimes, etc.

*****35 — Aménophis II.** — Sa porte, qui s'ouvre au pied d'un rocher à pic, débouche sur un long **couloir** (A) en pente rapide interrompue par plusieurs escaliers, et que barre, comme dans le n° 34, un **puits** (B) large et profond (6 m) qu'il faut franchir pour arriver aux appartements funéraires ; on pénètre alors dans une **première chambre** à deux piliers (C), dont l'entrée avait été murée, comme on a pu s'en rendre compte à deux assises de pierre encore en place, restes du mur détruit par les violateurs. Les parois et le plafond complètement nus et à peine dégrossis portent encore la trace du travail des ouvriers.
D'un angle de la salle, un escalier descend à un nouveau **couloir** (D) qui donne par une porte, autrefois murée, dans une vaste **salle** (E) au plafond

soutenu en son milieu par une rangée de 6 piliers rectangulaires, ornés des images d'Aménophis II en présence de diverses divinités : Osiris, Anubis, Hathor...

Les parois de la salle sont entièrement décorées du texte et des figures du Livre de ce qu'il y a dans l'Hadès, simplement dessiné en noir sur un fond gris jaunâtre : c'est un **immense papyrus déroulé.** Les piliers représentent Aménophis II devant des divinités infernales. Au-dessus de ce dessin monochrome, le plafond est orné d'étoiles jaunes sur fond bleu sombre.

Au-delà des piliers, le sol de la salle s'abaisse, formant une sorte d'alcôve où conduit un escalier de quelques marches, et qui contient le **sarcophage.** Il est en grès, peint d'un enduit rouge et luisant. Son couvercle jonchait le sol de ses débris, parmi toute une série d'objets funéraires jetés en désordre.

La **momie** royale était intacte dans son cercueil au moment de la découverte ; le cou entouré d'une guirlande, portant sur le cœur un petit bouquet de mimosa, elle est restée exposée jusqu'en 1934, époque à laquelle elle fut transférée au Caire.

La grande salle est flanquée de **quatre petites chambres** (F, G, H, I). F et G contenaient des **offrandes** : vases dont les liquides se sont évaporés, pièces de viande, oiseaux momifiés, céréales, etc. ; dans la chambre I gisaient **trois momies** couchées côte à côte ; la chambre est murée maintenant et les momies ont été enlevées ainsi que de nombreuses statues funéraires (ces dernières au musée du Caire). La chambre H dont la porte, presque entièrement murée, n'avait qu'une petite ouverture pratiquée par les voleurs, était occupée par **neuf momies royales** complétant partiellement le dépôt de Deir el-Baḥari et cachées ultérieurement dans ce tombeau pour des raisons analogues.

38 — Thoutmôsis I. — Le plan de ce tombeau, la descente brusque (A), faisant un angle avec l'axe de la deuxième chambre (B), la **salle du sarcophage** (C) en forme de cartouche, tout annonce déjà les tombeaux de la XVIIIᵉ dyn. (34, 35). Ce tombeau est très abîmé, le crépi des murailles qui

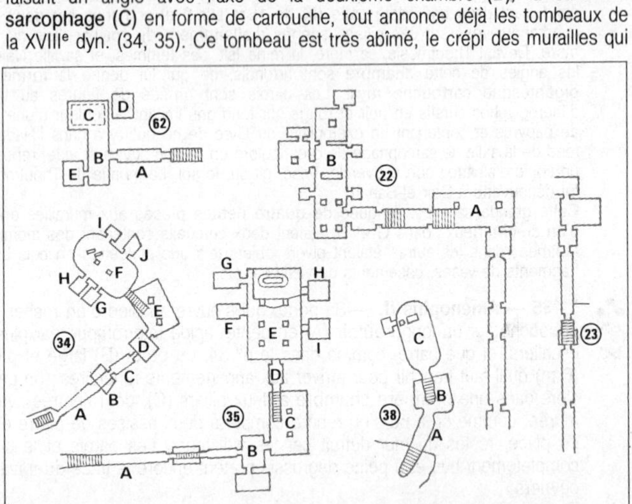

Tombeaux royaux

soutenait le stuc et la peinture a disparu, sans doute à la suite d'infiltration d'eaux pluviales. Seules subsistent, dans la salle B, les **frises de khékérou** multicolores. Le **sarcophage**, en grès rouge, est encore en place. Il est décoré de figures de divinités dont Isis et Nephthys. Ce tombeau est presque inaccessible.

•• **43 — Thoutmôsis IV.** — Ce tombeau garde le même plan coudé interrompu par un puits, qui est l'habitude au commencement de la XVIIIe dyn. Sa visite est assez pénible pour les personnes non entraînées.

Le **couloir** plonge obliquement dans le roc en pente raide; à mi-chemin, il se transforme en un petit escalier très dur, puis reprend sa première inclinaison pour aboutir brusquement au **puits**, de 10 m de côté et de 18 m de profondeur; une passerelle permet de le franchir.
Un premier **vestibule** à deux piliers est **décoré,** sur le haut des parois, **de scènes d'adoration** composées du roi Thoutmôsis IV alternant avec la divinité adorée : Anubis, Osiris, Hathor, etc.; au-dessus, plafond peint en bleu et semé d'étoiles jaunes.
Un nouvel escalier, à g., continué par une nouvelle rampe s'enfonçant dans une direction perpendiculaire à la première, aboutit à un **second vestibule** à deux piliers décoré de la même manière que le précédent.
Un nouveau coude, et c'est la **grande salle** à quatre piliers, continuée par une sorte d'alcôve, aussi haute de plafond, mais avec son sol en contrebas, et flanquée de quatre niches. Le **sarcophage** royal, énorme bloc de calcaire peint en rouge sombre, est encore dans l'alcôve; il est décoré extérieurement des scènes habituelles : les deux yeux mystiques, le roi en adoration devant les divinités funéraires et les quatre fils d'Horus; aux deux extrémités : les déesses Isis et Nephthys les bras écartés en signe de protection. Le couvercle encore en place avait été levé avec précaution, puis reposé pour l'enlèvement de la momie royale, qui a été retrouvée dans le tombeau d'Aménophis II.
Au moment de la découverte, le sol de la grande salle était jonché d'**objets d'offrandes** et du **mobilier funéraire** brisé et présentant le plus grand désordre, témoignant ainsi d'une spoliation qui eut lieu vers la XXe dyn. Un graffito hiératique écrit sur la paroi du 1er vestibule nous apprend que la tombe était déjà en butte aux agressions des spoliateurs vers la fin de la XVIIIe dyn. et l'on dut, l'an VIII du roi Horemheb, procéder au renouvellement de l'habillage de la momie royale. Parmi les objets en partie respectés par les spoliateurs, il faut noter la caisse du magnifique char qui a été transportée au musée du Caire.

47 — Mérenptah-Siptah. — Tombe moyenne, avec les scènes habituelles des mythes funéraires; elle contient encore le sarcophage.

56 — « La tombe d'or », anépigraphe. — Ce tombeau inachevé permet de suivre le travail de décoration. Quelques scènes peintes d'une conservation parfaite.

57 — Horemheb. — Bon style, scènes habituelles de mythologie funéraire. Le sarcophage est encore en place. Inachevé; notez le travail ébauché en rouge, et la mise en place en noir; le réchampissage, etc.; les scribes imagiers sont surpris en plein travail; notez aussi, aux extrémités des parois, les indications topographiques des points cardinaux.

62 — Toutânkhamon. — Découvert le 4 nov. 1922 par Howard Carter, chef de la mission privée de Lord Carnarvon, et ouvert le 26 du même mois, ce tombeau est le seul qui soit parvenu jusqu'à nous dans son intégrité. Ce n'est pas qu'il n'ait, comme tous les autres, tenté les voleurs; il porte les traces

d'une spoliation à la XXe dyn., qui heureusement a pu être découverte aussitôt et n'a guère produit de dommages. Le tombeau fut inventorié par un haut fonctionnaire de la nécropole qui le referma après avoir apposé son sceau sur les entrées, et la répression dut être assez dure, ou les précautions mieux prises désormais, car les voleurs oublièrent le site et respectèrent ce monument, d'autant plus que les déblais de la tombe de Ramsès VI (n° 9) vinrent peu après en recouvrir l'entrée.
C'est ainsi qu'il nous est parvenu intact, et renfermant tout son mobilier funéraire que l'on peut admirer au musée du Caire.

Le tombeau de Toutânkhamon est tout petit; 16 degrés suivis d'un **couloir** (A) en pente rapide mènent dans un **vestibule** (B) de 3,50 x 8,50 m, à dr. duquel se trouve la **chambre du sarcophage** (C), de niveau plus bas et qui mesure seulement 6,50 m x 4 m. Deux petites chambres ou **magasins** (D et E) s'ouvrent l'une dans le vestibule, l'autre dans le caveau.
La **chambre** C est seule décorée, de peintures d'un assez mauvais style mais aux **thèmes rares**, puisqu'elles représentent les **funérailles du roi**, avec le catafalque tiré par les grands personnages de la cour et à l'issue desquelles le roi Aï, son successeur, procède à la cérémonie de l'ouverture de la bouche. On a peine à croire que tous les objets exposés au musée du Caire dans l'immense galerie du 1er étage tenaient dans ces quatre petites pièces; au moment de la découverte tout était entassé. Les grands catafalques de bois et de pièces émaillées avaient été montés pièce à pièce l'un sur l'autre, entourant les trois cercueils; le dernier **sarcophage** est encore en place, au milieu de la chambre : il est en calcaire cristallin, gravé de textes religieux, quatre déesses funéraires aux quatre angles, protégeant le monument de leurs ailes étendues. Il **contient encore la momie du roi** dans le plus grand de ses trois ***cercueils** momiformes.
Les autres pièces sont complètement vidées de leur contenu.

La **vallée de l'Ouest,** ou vallée des Singes (en raison de l'existence dans cette vallée d'une nécropole de singes sacrés), qu'on laisse à dr. lorsqu'on arrive dans la vallée des Rois, renferme **quatre tombeaux** à son extrémité supérieure. Deux de ces tombeaux (les n°s 24 et 25) sont inaccessibles; les deux autres appartiennent, l'un (n° 22) au roi Aménophis III, l'autre (n° 23) au roi Aï, tous deux de la XVIIIe dyn.

22 — Aménophis III. — Le tombeau est en ligne brisée et forme deux coudes à angles droits. **Sa décoration a disparu** en grande partie avec le stuc qui la supportait. Passé le corridor (en trois sections), il faut, comme dans les tombeaux de Thoutmôsis III et d'Aménophis II, franchir un puits pour atteindre le vestibule à partir duquel le tombeau change d'orientation. **La chambre du sarcophage** (B), qui se trouve à l'extrémité de ce couloir, est divisée en deux parties : l'une, plus haute, a son plafond (riche décoration astronomique) supporté par six piliers; l'autre, plus basse, contient les débris du sarcophage.

23 — Aï. — C'est également un tombeau **inachevé**. Un long corridor en pente rapide, un vestibule, puis la chambre du sarcophage, au-delà de laquelle est une petite chambre mal dégrossie.
La **salle du sarcophage** est **décorée de scènes variées**, entre autres d'une scène de chasse aux oiseaux : sur le mur de dr., douze cynocéphales (ceux des douze heures de la nuit du Livre de ce qu'il y a dans l'Hadès) ont fait donner à cet hypogée le nom de Bāb el-Qurūd, « le tombeau des singes ». Le sarcophage en granit rose, en forme de naos, a été reconstitué au musée du Caire.
On remarquera que les scènes peintes sur les parois ont beaucoup d'analogie avec celles du tombeau de Toutânkhamon.

21 C — Nécropole de Dra Abū el-Naga'

Au N.-O. du temple de Gourna s'étendent, jusqu'au pied de la chaîne libyque, les nécropoles de Dra Abū el-Naga', dont les tombes se trouvent, les unes dispersées dans la plaine, les autres creusées dans les basses assises de la montagne. De part et d'autre de la route qui longe le pied des collines, se succédaient en chapelet les tombes des rois et des princes de la XVIIe dyn. dont le dernier, le roi Ahmosis, est le fondateur de la XVIIIe dyn. Enfin, dans les basses assises de la colline se trouve une nécropole de la XVIIIe et de la XIXe dyn. Si nombre des excavations qui la composent sont assez dégradées, il en subsiste beaucoup, ornées de peintures de meilleur style et offrant quantité de motifs intéressants.

Pour en faciliter la **visite** *(lorsqu'elle sera possible), nous diviserons la nécropole de Dra Abū el-Naga' en trois secteurs se succédant d'E. en O. depuis la route de la vallée des Rois jusqu'à l'entrée du cirque de Deir el-Bahari. Le* **premier groupe** *sera constitué par les tombes situées entre la route de la vallée des Rois et les premières maisons de Dra Abū el-Naga'. Le* **deuxième groupe** *comprendra les tombes dispersées dans la partie orientale du village (secteur de la mosquée). Le* **troisième groupe***, enfin, comprend les tombes situées dans la partie occidentale des collines de Dra Abū el-Naga'.*

Premier groupe

Partant du carrefour de la route de la vallée des Rois et de la route qui longe le pied des collines de Dra Abū el-Naga', dirigez-vous au N.-O. vers l'entrée d'un petit wādī conduisant au site du **tombeau d'Ahmès Néfertari***, mère d'Aménophis I. De chaque côté du wādī s'ouvrent plusieurs hypogées.*

154 — Taty, « Sommelier » (Thoutmôsis III). — Petit mais intéressant, car la plupart des scènes, inachevées, révèlent des procédés de mise au carreau différents suivant la nature des motifs.

155 — Antef, « Grand Héraut du Roi » (Hatchepsout, Thoutmôsis III). — Très vaste tombeau comprenant une première salle à piliers, malheureusement très mutilée. En D, apport d'**offrandes** par des hommes et des femmes étrangers ; en I, fragment de **procession funéraire** avec purification de la momie. La stèle est au Louvre.

166 — Ramose, « Surveillant des travaux à Karnak, Inspecteur du cheptel » (XXe dyn.). — Creusé dans un calcaire dur, il est de plan très soigné et admirablement préparé pour la sculpture, ainsi que l'atteste la seule partie exécutée.

255 — Roy, « Scribe royal, Intendant dans les États d'Horemheb et d'Amon » (Horemheb). — De style et de couleurs assez ordinaires, mais admirablement conservé. Ce tombeau vu par Champollion est un des plus anciennement connus de la nécropole.

Scène des funérailles très complète en I, reg. inf. Au reg. sup. adoration, à différents dieux, psychostasie et introduction des défunts près d'Osiris, par Horus, fils d'Isis, après que leur cœur, pesé et justifié, leur a été rendu et pend à leur cou comme une amulette. En I' trois grands panneaux ou Roy et Taouy, sa femme, reçoivent à leur tour **les offrandes** et l'adoration. Une scène agricole en G. Frises bien conservées, joli plafond.

19 — Amenmose, « Premier Prophète d'« Aménophis dans l'Avant-Cour » » (Ramsès I, Séthi I). — Uniquement décoré de motifs religieux où Amenmose affirme son sacerdoce, c'est l'**un des plus raffinés de style** de toutes les nécropoles.

Scènes très rares, comme celle de la **barque Ousirhat** en C, celle du **palanquin d'Aménophis I** en D'; celle de l'**offrande aux morts,** en C'; Amenmose et sa femme sont assis et reçoivent de leurs enfants (les fils sont prêtres du culte de leurs parents) l'offrande d'un bouquet finement composé, pendant qu'une libation d'eau lustrale asperge les personnages et abreuve aussi leurs âmes-oiseaux derrière eux. La fin des funérailles (adieux aux momies), le tombeau bâti dans la montagne, les offrandes à Hathor, déesse de la Nécropole forment le premier reg. de la paroi D; les deux reg. sup. représentent des **scènes religieuses,** notamment les joutes au bâton devant le reliquaire du Roi divinisé et la porte du temple, et l'arrivée au quai de Karnak (dont on voit le pylône orné de mâts) de la barque sacrée qui porte la statue d'Ahmès Néfertari.

165 — Nehemâouy, « Orfèvre et Sculpteur de portraits » (Thoutmôsis IV). — Très intéressant, de style souple et vivant ; l'état d'inachèvement des motifs fait mieux juger la valeur des dessinateurs : remarquer les « repentirs » dans la mise en place des personnages où la couleur est déjà posée, la scène des vendanges et du foulage du raisin, en petites **silhouettes établies d'un seul trait,** le vol des oiseaux au-dessus du fourré de papyrus, et les **essais de couleurs dégradées** sur ce dernier et sur la barque, les jolies teintes dans l'étalage des offrandes, les plis gras du buste de Nehemâouy qui n'a pas craint ce détail réaliste, révélateur d'un âge mûr, et la pose gracieuse de sa fille, nichée au creux du bras de son père.

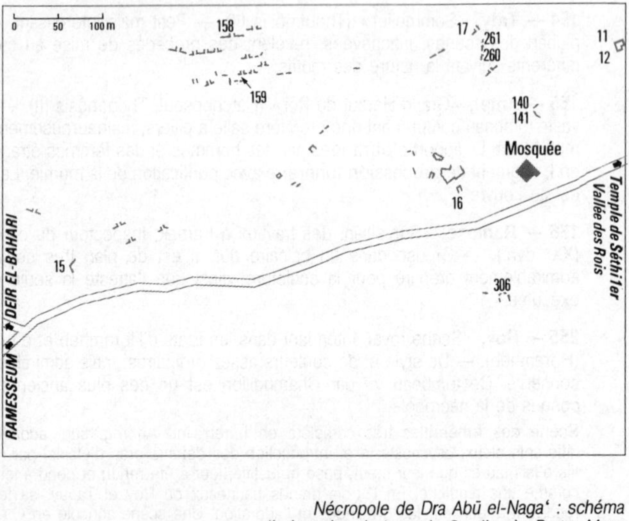

Nécropole de Dra Abū el-Naga' : schéma d'orientation de la partie O., d'après Porter-Moss

11 — Djehouty, « Inspecteur du Trésor, Inspecteur des Travaux » (Hatchepsout, Thoutmôsis III). — Tombeau sculpté d'un très bon style, avec quantité de **beaux hiéroglyphes** ; la **stèle S.** de la cour est intéressante par ses inscriptions en écriture énigmatique, véritables rébus où se plaisaient les vieux scribes ; elle décrit les grands travaux auxquels a présidé le défunt, à Deir el-Bahari, à Karnak, etc.

Second groupe

Prenez comme point de départ la mosquée du village de Dra Abū el-Naga‘.

16 — Panehesy, « Prophète d'« Aménophis dans l'Avant-Cour » » (Ramsès II). — Tombeau de dimensions médiocres, mais intéressant à cause des scènes religieuses.

Le temple de Karnak est représenté deux fois : en D, et en C' ; dans cette dernière paroi, une longue **procession** sort du temple portant, escortant et adorant le grand vase d'Amon, si rarement représenté. En D', le palanquin d'Aménophis I. Au reg. inf. le roi et la reine Ahmès Néfertari sous un naos ; en B et C, reg. inf. les funérailles, reg. sup. les génies du « Livre des Portes » recevant l'offrande de Panehsy et de sa femme.

A l'angle C'B', une très jolie scène des défunts accueillis et sustentés, ainsi que leurs âmes, sous forme d'oiseaux, par la déesse du Sycomore. En B', scènes champêtres avec des détails pittoresques.

La **deuxième chambre** représente les adorations aux défunts. Très enfumée, mais les scènes complètent les thèmes de la première chambre pour faire un tout.

140 — Néferrenpet, peut-être appelé aussi **Kefia,** « Orfèvre et Sculpteur de portraits » (Thoutmôsis III, Aménophis II). — Très petit tombeau.

I, scènes de **banquet** ; I', **funérailles** et aménagement de la tombe ; H et H', scènes de harem, un serviteur fait le lit, une **jeune femme est à sa toilette,** jolis gestes souples, rares dans le dessin égyptien. Notons que Néferrenpet, orfèvre et sculpteur, avait à sa disposition les dessinateurs de son atelier, et qu'un dessin un peu « senti » se trouve souvent dans les tombes de ceux dont c'était la profession de s'occuper d'art.

260 — Ouser, « Scribe, surveillant des Champs Labourés d'Amon » (Thoutmôsis III). — Tout petit, mais ravissant de style et de couleurs.

Pas de première chambre. H, scène de harem ; I, les funérailles, très **grande originalité de mouvements** et de schémas. Plafond bien conservé.

261 — Khâemouaset, « Prêtre d'Aménophis I » (XVIIIe dyn.). — Une seule scène en D' (tout le reste étant préparé, mais non encore décoré).

Très **jolie peinture** de la 1re moitié de la XVIIIe dyn. : les offrandes, les vendanges et la fabrication du vin ; au reg. inf. les cordiers travaillant dans un fourré de papyrus, le déchargement d'un bateau.

17 — Nebamon, « Scribe et Médecin du Roi » (Aménophis II). — Tombeau célèbre en raison de la qualité de Nebamon qui, comme médecin royal, avait une telle réputation que l'on venait le consulter de toutes parts.

En D', nous voyons ainsi **des Syriens,** dans leurs costumes surchargés, venir de leur pays **consulter Nebamon.** Tout le tombeau est d'un joli style.

Au-dessus de la colline de Dra Abū el-Naga‘ se dressait le **deir el-Bakhīt,** un des nombreux monastères de la région, qui avait la particularité de posséder des cellules extérieures au couvent et communiquant avec lui par des galeries souterraines.

Troisième groupe

A environ 250 m O. des tombes précédentes.

158 — Tjanefer, « Troisième Prophète d'Amon » (Ramsès III). — Grand tombeau sculpté de **très beaux reliefs** ; les chambres sont malheureusement détruites ; mais la terrasse, immense, a ses parois couvertes d'inscriptions de beau style, avec des scènes de barques solaires au S.

159 — Râya, « Quatrième Prophète d'Amon » (XIXe dyn.). — Tombeau très abîmé et enfumé, mais avec des détails intéressants.

Notez le plafond, avec un **vol d'oiseaux**, les groupes funéraires de C et C', très pathétiques d'expression. En B : les funérailles ; un des bateaux funéraires a été copié, sur la plinthe, par un enfant ou un apprenti, très sommairement, avec tous ses caractères ; cet essai, qui aurait dû disparaître à la fin du travail, nous montre un peu de la vie de ces ateliers de la nécropole où les croquis d'apprentis voisinent avec ceux des chefs de travaux.

15 — Tetiky, « Fils du Roi, Préfet de la Cité du Sud » (début de la XVIIIe dyn.). — Situé à 250 m S.-O. des tombes précédentes, près de la route, c'est un tombeau voûté, en partie creusé, en partie bâti de briques et de pisé.

Au milieu du plafond, une large bande en ocre jaune strié de rouge imite le bois d'une poutre maîtresse. I, procession funéraire. I', banquet et scènes agricoles. X, la stèle. Des petites chapelles extérieures, s'ouvrant sur la cour, dépendaient de ce tombeau ; l'une d'elles a un joli plafond de vignes très stylisées.

Au pied des collines de Dra Abū el-Naga', à la lisière des terres cultivées, étaient édifiées **plusieurs temples** dont il ne reste que de rares vestiges. En se dirigeant du temple de Gurna vers l'O., on rencontrerait successivement les **traces** d'un **temple du grand-prêtre Nebounenef**, de celui d'**Aménophis I** et de sa mère **Ahmès Néfertari** et, en face du débouché de la vallée menant au cirque de Deir el-Bahari, les arasements du **temple de la vallée d'Hatchepsout** et d'un **temple ramesside** construit sur l'emplacement du **temple de la vallée de Mentouhotep I.**

21 D — Deir el-Baḥari

Deir el-Baḥari, le « Couvent du Nord », doit son nom au monastère chrétien autrefois installé dans le monument d'Hatchepsout. Le nom s'est peu à peu étendu à tout l'ensemble des temples et des tombeaux situés au pied de la montagne dans laquelle ils s'enfoncent et qui domine la plaine à l'O. d'env. 350 m. Ce cirque de Deir el-Baḥari était un site consacré à Hathor, dont on retrouve l'image dans maints tombeaux sous forme d'une vache couronnée des emblèmes de la déesse et surgissant de la Montagne Occidentale derrière laquelle le soleil disparaît chaque soir.

Ce sont les rois de la XIe dyn. qui, après l'unification de l'Égypte sous leur puissance, choisirent le pied de cette montagne pour leur nécropole dont le seul monument important fut le temple, aujourd'hui très ruiné, qu'y fit construire Nebhepetrê Mentouhotep. Ce n'est que cinq siècles plus tard que la reine Hatchepsout allait y fonder un des plus beaux temples que l'Égypte nous ait conservé et auquel le cirque de Deir el-Baḥari doit aujourd'hui son renom.

Le ***temple d'Hatchepsout

Fondé par la reine Hatchepsout pour le service de son Double et du Double de son père Thoutmôsis Ier, le grand temple de Deir el-Baḥari, construit par l'architecte **Senmout**, est, par le choix de son emplacement, les proportions parfaites, le plan unique et les qualités des matériaux et de l'exécution, un des monuments les plus remarquables de l'architecture égyptienne. Une allée montante partait du temple d'accueil, à la lisière des terres cultivées ; bordée de sphinx, elle aboutissait à la grande cour du temple. Ce dernier est un spéos précédé de terrasses disposées en gradins et reliées par deux rampes montantes dans l'axe du sanctuaire ; également taillées dans les basses pentes de la montagne, ces terrasses s'appuient sur des murs de soutènement flanqués de portiques en pierre rapportée.

1re terrasse. — Cette terrasse était bordée de murs bas et larges. Elle est terminée à l'O. par un **portique** à deux rangs de supports, s'adossant au mur de soutènement de la terrasse supérieure, et interrompu par le passage de la

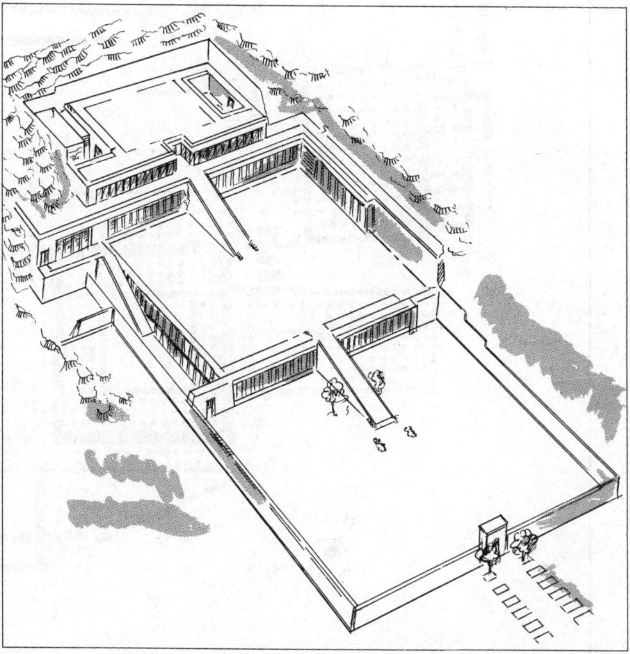

Le temple d'Hatchepsout : reconstitution

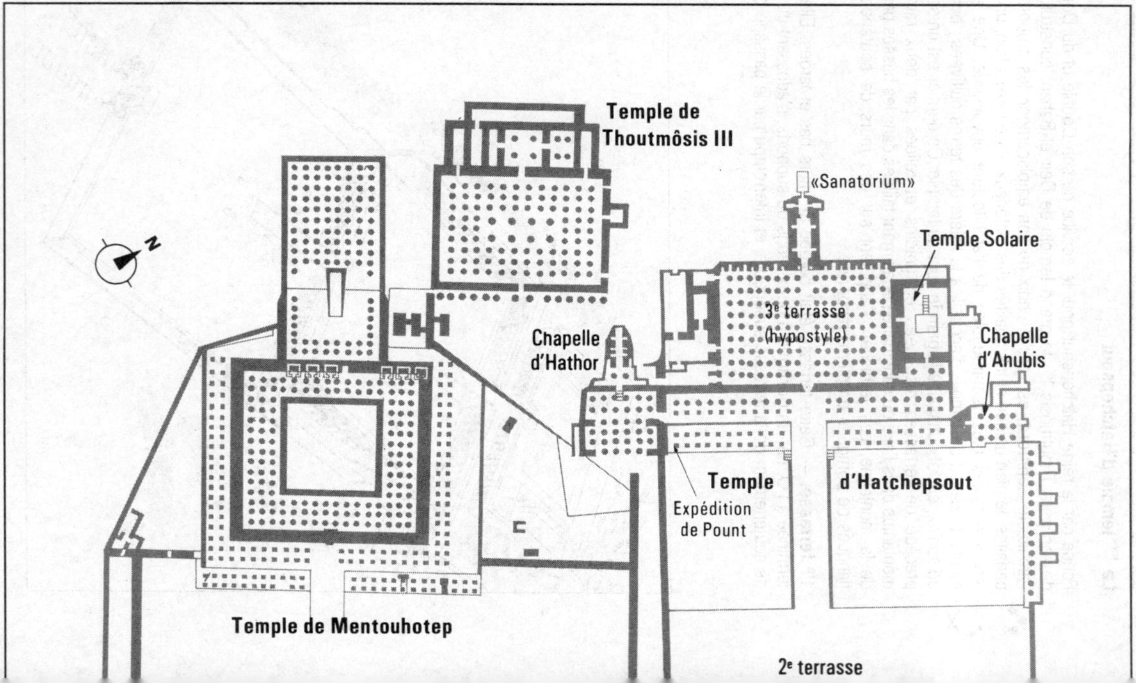
Temple de
Thoutmôsis III
«Sanatorium»
Temple Solaire
3e terrasse
(hypostyle)
Chapelle
d'Hathor
Chapelle
d'Anubis
Temple
d'Hatchepsout
Expédition
de Pount
Temple de Mentouhotep
2e terrasse
N

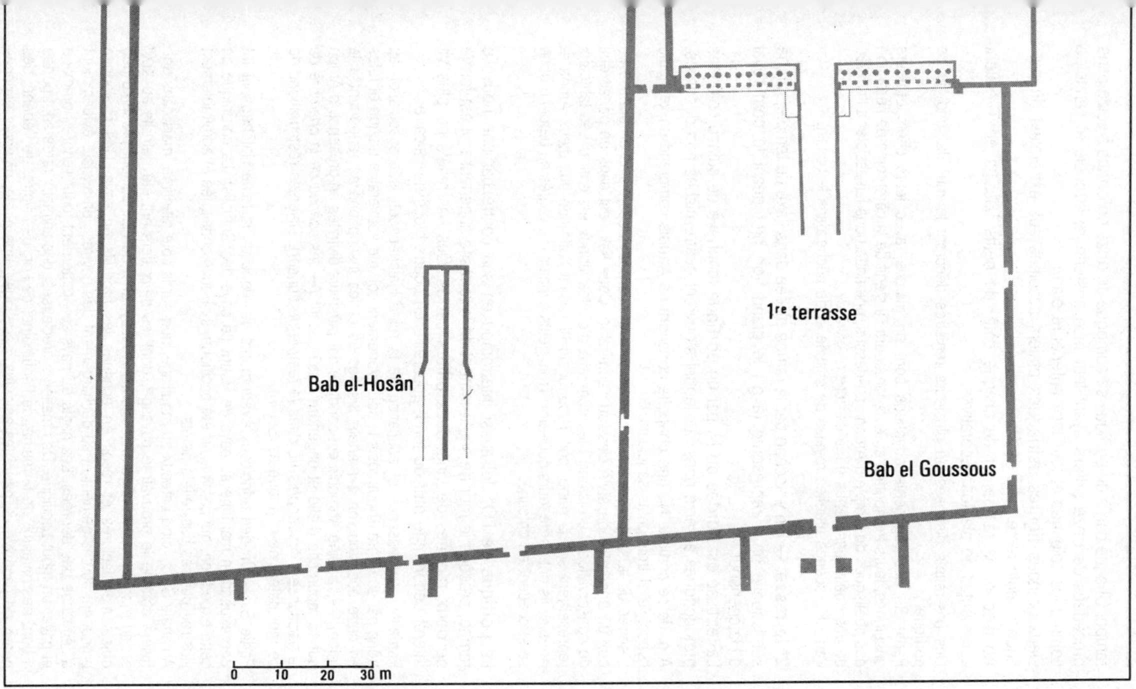
1re terrasse
Bab el Goussous
Bab el-Hosân
0 10 20 30 m

rampe. Chaque partie du portique se compose de **onze colonnes** à seize pans précédées de **onze piliers** ayant leur face postérieure arrondie et cannelée comme les colonnes et leur face antérieure plane.
Deux grandes **figures osiriaques** étaient accolées aux extrémités du portique : seule reste celle du N.
Au pied de la rampe, et de chaque côté, de petits bassins en T étaient agrémentés de plantes décoratives.

Des bas-reliefs disposés en plusieurs registres décorent le mur du fond de ce portique.
Partie S., des régiments égyptiens sont en marche, avec leurs chefs et leurs enseignes, leurs trompettes et leurs tambours ; il s'agit de la cérémonie de l'érection des obélisques du temple d'Amon : au-dessus, une flotte nous fait assister à l'arrivée de ces obélisques venus de la carrière d'Aswān.
Partie N., scènes rituelles royales de chasse et de pêche dans le bassin.

2e terrasse. — On y accède par la rampe placée dans l'axe du temple, rampe sur laquelle on a représenté (à g.) le grand **lion** protégeant le nom royal d'Hatchepsout.
La terrasse est **bordée au N.** par un **portique inachevé** de quinze colonnes protodoriques à seize pans sur lequel s'ouvrent quatre niches non décorées.

A g. de ce portique N., une **chapelle consacrée à Anubis** comprend un vestibule hypostyle et trois petits sanctuaires.
L'entrée de la salle hypostyle s'harmonise avec les portiques voisins et forme avec eux un ensemble de style classique admirable. Cette salle est dans un parfait état de conservation. Le plafond bleu constellé d'étoiles jaunes est entier. Les tableaux représentent soit la reine, soit Thoutmôsis III faisant l'offrande aux dieux Amon et Anubis ; ils ont gardé leurs couleurs. Trois petits sanctuaires voûtés en berceau brisé se succèdent en chicane.

Le **portique de l'O.**, lui aussi interrompu en son centre par une nouvelle rampe, précède le mur de soutènement de la terrasse supérieure ; il est formé de **deux rangées** de vingt-deux **piliers carrés**. Des bas-reliefs du plus vif intérêt décorent le mur du fond, appareillé en beaux blocs de calcaire.

Partie N. — Naissance et éducation de la reine Hatchepsout ; son association au trône par son père Thoutmôsis I ; son avènement comme souveraine unique et fêtes en cette occasion (on a martelé les figures et les inscriptions se rapportant à la reine). — La reine Ahmosis est conduite par plusieurs divinités en présence d'Amon qui se rapproche d'elle et engendre Hatchepsout *(→ les scènes de la chambre de la naissance d'Aménophis III, dans le temple de Lūqsor).* Diverses restaurations de ce mur datent de l'époque de Séthi I.

Partie S. — Un des principaux événements du règne de la reine Hatchepsout fut une expédition maritime au pays de Pount (le pays des Somalis). La chronique de cette expédition, qui paraît avoir été pacifique, se trouve consignée et admirablement illustrée par ces bas-reliefs peints.
A l'angle S.-O., cinq bateaux au mouillage, non sur la côte maritime, mais dans une rivière comme le prouvait le paysage, dont les deux tiers ont été détruits au XIXe s. ; au mur S., types indigènes curieux ; Nehesy, chef de l'expédition, présente des objets manufacturés et reçoit en échange les produits du pays. Des chaloupes procèdent au chargement et au déchargement des navires ; on assiste évidemment à l'échange des denrées. Les natifs du pays se prosternent, pour rendre hommage et payer un tribut pacifique. Des matières précieuses, des animaux rares sont portés à bord des bateaux, de la résine, de l'antimoine, de l'or, de l'ivoire, de l'ébène, des peaux de panthère et, parmi les animaux, des singes, une girafe, diverses espèces de félins, que les Égyptiens domestiquaient et dressaient à la chasse.

La reine du pays de Pount était aussi représentée en deux endroits. Ces images détachées au siècle dernier sont maintenant au musée du Caire *(R.d.C., salle 12)* et remplacées par des moulages. Le complément tout indiqué de cette scène était la procession triomphale du retour au temple d'Amon ; elle occupe une partie du registre supérieur. Là, les produits sont enregistrés par le dieu Thoth lui-même et l'encens mesuré par Hatchepsout en personne. C'est Thoutmôsis III qui le présente dans la grande procession d'Amon. A l'extrémité N., la reine face à face avec Amon : discours d'Hatchepsout et réponse du dieu.

A l'extrémité S. de ce portique se trouve une chapelle d'Hathor, également construite par Hatchepsout. C'est un petit spéos, décoré avec goût, composé d'une **enfilade de chambres** excavées dans la montagne, précédées de **deux salles hypostyles.** La première a des colonnes et des piliers hathoriques, sur deux rangées ; la seconde, séparée de la précédente par une large ouverture munie de quatre colonnes hathoriques à fût circulaire, a des colonnes cannelées à seize pans formant deux rangées. Les chambres sont excavées à des niveaux de plus en plus hauts et communiquent de l'une à l'autre par des marches.

On visite aujourd'hui ce monument en y pénétrant par le temple d'Hatchepsout, mais on y accédait autrefois par une rampe montante, longeant le mur de soutènement (ci-après).

Les bas-reliefs, presque entièrement détruits dans la première hypostyle, se rapportent dans la seconde aux **fêtes célébrées en l'honneur de la déesse.** Défilé des bateaux et des soldats (mur N.), en face (mur S.). Le mur du fond a conservé deux scènes importantes : la course à l'oiseau et la course à la rame. Une scène intéressante aussi est celle de la reine recevant la déesse.

Le **hall** qui vient ensuite a son plafond supporté par deux colonnes protodoriques. Ses parois sont décorées de **scènes d'adoration et d'offrandes** où la reine, dont le cartouche est mutilé, est en présence de plusieurs divinités : Amon, Hathor, Horus, Ourethekaou, etc.

Dans la chambre suivante, flanquée de quatre petites niches, la reine **Hatchepsout fait offrande à la vache Hathor** dans sa barque sacrée ; le jeune dieu Ihy, fils d'Hathor, y est représenté. Autres scènes d'adorations analogues dans la dernière chambre flanquée de deux niches latérales intéressantes par leur voûte en encorbellement.

L'architecte de la chapelle est encore Senmout qui a pris soin, comme dans le temple, de signer son œuvre en se faisant représenter derrière le battant de plusieurs des petites niches du spéos. Dans ces coins très obscurs, invisible, il participait au culte dont les dieux et les rois, pour lesquels il avait œuvré, étaient l'objet.

Le côté S. de la deuxième terrasse est fermé par un long **mur de soutènement** décoré extérieurement de grandes rainures verticales, alternativement surmontées du vautour Nekhbet et de l'uraeus Ouadjet de dimensions colossales. Ce mur formait, avec le mur N. de la grande enceinte du temple de la XIe dyn. *(ci-après),* une sorte de couloir conduisant à la chapelle d'Hathor.

3e terrasse ou **terrasse supérieure.** — Un grand serpent ondule sur le mur bas de la rampe qui conduit au **portique** de la dernière terrasse. Celui-ci était formé d'une rangée de 22 colonnes précédées de piliers osiriaques détruits peu après la mort de la reine par Thoutmôsis III ; certains ont partiellement pu être remontés. Le mur du fond n'a plus que quelques assises, mais le **portail de granit** rose donnant accès à la cour intérieure est presque intact. La **cour,** dans laquelle on pénètre ensuite, a près de 40 m de large sur 26 m de profondeur. Elle est comprise entre **trois groupes de chambres** plus ou moins dégradées et entourée, sur ses quatre côtés, d'une double rangée de colonnes dont il ne reste que de rares vestiges. C'était peut-être, à l'origine, une hypostyle : on a en effet relevé les traces de bases de colonnes sur le pavage.

Les **chambres du S.** constituent l'ensemble **consacré au culte funéraire royal** ; on y entre par une porte percée dans la moitié E. du mur S. de la cour ; le vestibule qui suit donne accès à deux petites pièces (à g.) et (à dr.) à la **chapelle funéraire de Thoutmôsis I**, et à la **chambre d'offrandes d'Hatchepsout**. La reine, en construisant cette chapelle à son père près de la sienne, légitimait ainsi ses droits au trône.

La **chapelle d'Hatchepsout** est une vaste salle creusée dans la montagne puis bâtie ensuite à l'intérieur et voûtée de pierres taillées en encorbellement. Elle conserve encore la **stèle** de la paroi O. et le départ de la voûte ornée de représentations des heures de la nuit, et surtout des **reliefs**, aux murs S. et N., **qui comptent parmi les plus parfaits du temple.** — Les petites parois E. sont consacrées au sacrifice du bœuf et de l'antilope dont les pièces rituelles vont être apportées sur les deux grandes parois S. et N. en longues processions de prêtres se dirigeant vers la stèle de l'O. Les scènes sont travaillées en bas-reliefs peints.

Les chambres du N. sont consacrées au culte du dieu solaire **Horakhty**.

Cet ensemble comprend un **vestibule** au fond duquel se trouve une niche surélevée dédiée à Hatchepsout, représentée, assez exceptionnellement, âgée. Ce vestibule s'ouvre sur une **cour intérieure** au milieu de laquelle est dressé l'**autel solaire** (5 m x 4 m et 1,60 m de hauteur), normal à cette place : on y accède par un escalier de grès à la face O. Les murs de la cour sont en talus et chacun est percé d'une **niche**. Celle du N. (à dr.), la plus importante, est une chapelle où Anubis reçoit le culte de Thoutmôsis I et de sa femme Ahmosis ; elle est complétée par une chambre minuscule où l'on voit le roi et sa mère la reine Senseneb (mur N.), et Hatchepsout et sa mère la reine Ahmosis (mur S.).

La **paroi O.**, fond de ce magnifique décor, est creusée, de chaque côté de la porte du sanctuaire principal, de **neuf niches** où se trouvaient des statues de la reine (quatre grandes pour les statues debout, cinq petites pour les statues assises).

A chaque extrémité de ce mur du fond s'ouvrent des portes menant à des **chapelles consacrées à Amon** : celle de g., au S., était consacrée à Amon et à son double féminin Amonet, divinités purement thébaines ; la présence, dans cette chapelle, de nombreux vases rangés peut faire supposer qu'elle servait de sacristie.

Le **sanctuaire** principal, s'ouvrant au centre de la paroi occidentale, se compose d'une enfilade de trois salles avec des niches latérales pour le dépôt des objets rituels.

L'**entrée** du sanctuaire est encadrée d'une porte de granit aux fins reliefs que masque une double balustrade construite sous les Ptolémées. Les trois chambres dont se compose le sanctuaire sont revêtues de belles dalles de calcaire.

La **première chambre** est voûtée et possède deux niches latérales aux parois S. et N. : c'était le **sanctuaire principal**, le reposoir de la barque. On y voit la reine, le roi Thoutmôsis III et la princesse Néferourê faisant l'**offrande aux rois divinisés** : Thoutmôsis I, Thoutmôsis II, la reine Ahmès (paroi N.). Sur la paroi S., la même princesse et le roi font l'offrande du vin à Amon-Rê. Au-dessous, représentations des jardins (d'Amon ?). Aux murs du fond, de chaque côté de la porte menant à la

deuxième chambre, deux colosses se dressaient, personnification d'Hatchepsout en roi du S. et en roi du N.
La **deuxième chambre,** bien plus petite, est également voûtée et possède deux grandes niches de chaque côté.
La **dernière chambre** a été creusée sous Ptolémée VIII Évergète II ; elle est consacrée au culte de grands personnages divinisés ; Imhotep, l'architecte de Djéser, devenu, dans la dévotion populaire, un sage guérisseur, et Amenhotep, fils de Hapou, l'architecte d'Aménophis III.

Tombeau de Senmout. — A dr. de la longue avenue qui monte au temple d'Hatchepsout, et à quelques dizaines de mètres de l'entrée de la **terrasse inférieure,** se trouve une dépression assez accentuée, creusée de main d'homme : c'était un dépôt d'argile schisteuse exploité au Nouvel Empire comme **carrière,** pour faire les briques qui constituent le gros œuvre de l'avenue.
Le **tombeau de Senmout** (n° **353**), l'un de ses tombeaux plutôt, s'ouvre à l'angle S.-O. de la carrière. Un long couloir étroit, coupé de marches, descend vers l'angle N.-E. de la première terrasse. Aux trois quarts du chemin, à g., s'ouvre une petite chambre anépigraphe pleine de curieuses efflorescences salines. En face de l'entrée de cette chambre, sur le mur, un **croquis** très intéressant **du profil de Senmout lui-même.** Le grand architecte est nommé, et le croquis a toute l'allure d'un portrait.
Plus loin, le couloir débouche dans une **petite chambre,** aux parois finement gravées, avec un plafond astronomique. Les scènes des parois sont peu remarquables, mais le **plafond astronomique** est intéressant par ses représentations des décans et des constellations : Orion, Sothis (Sirius), Jupiter, Saturne, la grande Ourse, l'étoile polaire, etc., et les cercles des 12 mois de l'année (V. L'Osiréion, à Abydos, et la tombe de Séthi I, dans la vallée des Rois).
Les gravures des parois se rapportent à la vie d'outre-tombe de Senmout. La **stèle** est très belle et de proportions bien équilibrées. Sur tous les textes, annotations à l'encre noire du travail des graveurs. Après cette chambre, un escalier s'enfonce plus profondément dans la même direction que le premier corridor, jusqu'à une troisième chambre, suivie elle-même d'un autre escalier qui débouche dans le **caveau.**
Cette dernière partie du tombeau est inachevée et se trouve sous l'angle N.-E. de la terrasse inférieure du temple. Senmout avait bien calculé pour reposer dans l'aire du temple de sa souveraine. Quelque événement l'empêcha toutefois de le finir et de l'occuper, et il fut enterré dans le tombeau qu'il avait autrefois fait à Cheikh Abd el-Gourna.

Le temple de Mentouhotep I

●●● Délaissant le tombeau qu'il avait commencé de se faire creuser auprès de ses prédécesseurs dans la nécropole d'El-Tarif *(p. 547),* Nebhepetrê Mentouhotep I fut le premier pharaon, plus de cinq siècles avant Hatchepsout, à choisir le site de Deir el-Bahari pour y construire son tombeau. S'il est encore assez proche, par sa conception générale, du mode de sépulture de l'Ancien Empire (tombeau et temple réunis en un même complexe funéraire), le tombeau de Mentouhotep annonce déjà, par certains détails, les tombeaux royaux du Nouvel Empire. C'est ainsi que le caveau royal, au lieu de se trouver dans (ou sous) une pyramide, se niche au fond d'une profonde syringe creusée dans la montagne. Les rois de la XIIe dyn. (Sésostris et Amenemhat) suivront, quant à eux, la tradition memphite qui se perpétuera, avec quelques variantes, jusqu'à la fin de la XVIIe dyn.

Tel qu'il est, le temple de Mentouhotep est **à la fois temple et centre de nécropole.** Non seulement des princesses et de nombreux familiers y sont enterrés dans l'enceinte même (28 tombeaux retrouvés jusqu'à présent), mais les grands dignitaires du royaume à cette époque ont établi leurs hypogées dans la paroi N. du cirque, ou sur les pentes entre le temple et la montagne ; il est probable qu'une grande partie de cette nécropole disparut sous les travaux d'Hatchepsout, à la XVIIIe dyn.

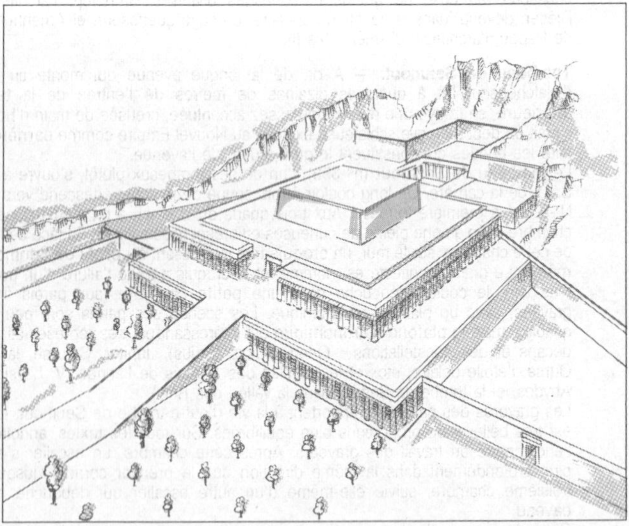

Temple de Mentouhotep : reconstitution d'après B. Arnold

Le temple de Mentouhotep I était précédé d'une **vaste esplanade,** à laquelle on arrivait de la plaine par une **avenue** de près d'un kilomètre, bordée de deux murs de pierre et montant du temple d'accueil. Dans cette esplanade, des trous remplis de terreau étaient ménagés pour des arbres disposés en rangées ; les arbres des deux rangées bordant l'avenue ombrageaient chacun une grande statue royale en grès.

Vers le centre de cette cour et un peu au N. de son axe longitudinal, une grande **fosse,** connue sous le nom de **Bāb el-Hosān,** marque l'entrée d'une longue galerie s'enfonçant obliquement dans le sol. Cette galerie aboutit, env. 150 m plus loin, à un caveau spacieux constituant le **cénotaphe** du roi et situé exactement à l'aplomb du mastaba qui surmontait le temple : Carter y a trouvé la massive statue de grès représentant le roi assis vêtu du costume jubilaire et coiffé de la couronne rouge de Basse-Égypte, que vous pourrez voir au musée du Caire *(R.d.C., salle 26).*

A l'extrémité O. de la cour s'élevait une **double colonnade** à piliers carrés de grès supportant la grande terrasse, à laquelle on accédait par une large rampe. La **rampe** est exactement dans l'axe du temple mais non au milieu de la colonnade, longue de treize piliers dans sa partie N. et de dix seulement dans sa partie S.

La **grande terrasse,** partie construite et partie excavée dans le rocher, supportait toutes les constructions du temple.

D'abord, en avant, un grand **déambulatoire,** de deux rangées de piliers hexagonaux, entourait sur les trois côtés S., E. et N. l'enceinte du mastaba. Au-delà de ce déambulatoire, limité par un mur de 2,50 m d'épaisseur, un **second déambulatoire** entourait totalement le socle du mastaba ; à trois rangées de piliers octogonaux sur les côtés S., E. et N., ce déambulatoire n'en comporte que deux sur le côté O. où il forme **vestibule** pour entrer dans le temple proprement dit. Chacun des déambulatoires était recouvert d'une terrasse, celle qui recouvrait le déambulatoire extérieur étant un peu plus basse que l'autre.

Au mur O. du vestibule, de part et d'autre de la porte (légèrement décalée vers le N.), **six grandes niches** calcaires sont les chapelles des tombeaux de reines ou de princesses, construites avant cette partie du temple et incorporées par la suite dans sa superstructure. C'est de là que proviennent les beaux sarcophages de Kaouit et d'Âachyt exposés au musée du Caire *(1er ét., salle 48).*

En arrière de ces constructions une **cour** péristyle précédait une **salle hypostyle** s'enfonçant au creux de la montagne. Une chapelle construite au fond y protégeait une **niche,** creusée dans le rocher, contenant une statue du roi. Au milieu de la cour se trouve l'entrée d'un long couloir descendant qui mène au **tombeau de Mentouhotep I** : on n'y a retrouvé que son sarcophage.

Le temple de Thoutmôsis III

Sur un épaulement de terrain, s'élevant entre la terrasse supérieure du temple d'Hatchepsout et le temple de Mentouhotep, s'étendent les ruines du temple construit par Thoutmôsis III, découvertes en 1962 par la mission polonaise qui restaure le temple d'Hatshepsout.

Outre des statues et de très beaux blocs de calcaire portant des bas-reliefs finement sculptés et ayant conservé une extraordinaire fraîcheur de coloris *(vous pourrez en voir deux au musée de Lūqsor),* on y a trouvé de nombreuses inscriptions à l'encre laissées, sur les fûts des colonnes, par les pèlerins qui, jusqu'à l'époque ramesside, venaient y rendre un culte à Hathor.

Tombes et autres monuments de Deir el-Baḥari

Au N. du temple d'Hatchepsout se trouvent les **tombeaux** de plusieurs **hauts fonctionnaires de la XIe dyn.**

Au S.-O. de Deir el-Baḥari, la falaise thébaine forme une série de cirques successifs qu'on a pris l'habitude de désigner sous les noms de première, seconde et troisième vallée.

Dans la **première vallée** subsistent de rares **traces d'un temple funéraire** qu'avaient commencé à construire les rois Mentouhotep II et III. Au N., dans l'éperon rocheux qui sépare cette vallée du cirque de Deir el-Bahari, se trouve le puits, aujourd'hui comblé, qui servait d'entrée à la **cachette des momies royales** découverte par Maspero en 1881.

Un **puits** de 11,50 m de profondeur sur 2 m de largeur aboutissait, par une ouverture pratiquée dans sa paroi O., à un **couloir** de 1,40 m de large sur 1,80 m de haut, et après un parcours de 7,40 m, se dirigeait vers le N. sur une étendue de 60 m. Vers le milieu, une galerie latérale très courte débouchait dans une **chambre oblongue** de 8 m de long.

Couloir et chambre présentèrent, dès qu'on y pénétra, le spectacle d'une **profusion de sarcophages et d'objets funéraires** abandonnés dans le plus grand désordre.

La précieuse trouvaille comprenait une momie royale de la XVIIe dyn., cinq de la XVIIIe dyn., trois de la XIXe, deux de la XXe et deux de la XXIe, sans compter les momies de reines et de princesses contemporaines de ces diverses époques et les restes d'un mobilier funéraire très important. Toutes ces momies avaient été rassemblées là par Pinedjem et ses successeurs (XXIe dyn.) pour échapper au pillage auquel, dès cette époque, avaient été soumises bon nombre de sépultures ; elles sont aujourd'hui au musée Égyptien.

Plus au S. encore, dans la paroi rocheuse de la **seconde vallée**, se trouve le **tombeau (280) de Meketrê**, « intendant en chef et chancelier de Mentouhotep I », intéressant par sa date et sa situation mais surtout par les admirables « **modèles** » que Winlock y a trouvés en 1920 et que se sont partagés le Metropolitan Museum de New York et le musée du Caire *(1er ét., salle 27).*

21 E — Nécropoles de l'‘Asāsīf et d'el-Khōkha

A g. de l'avenue menant aux temples de Deir el-Baḥari s'allonge une plaine vallonnée limitée au S. par les collines de Sheikh ‘Abd el-Gurna, parsemée de tombes, pour la plupart des XXVe et XXVIe dyn. : c'est l'‘Asāsīf.

Les **hypogées**, creusés dans les parties les plus basses de la colline et même en terrain complètement plat, **offrent une physionomie très distincte des autres** tombes thébaines.

Un escalier avec son entrée monumentale descendait dans une **cour** creusée à 3 ou 4 m de profondeur et de bonnes dimensions (25 à 30 m de long sur 12 à 20 m de large). Les murs, revêtus de pierre ou de brique, crépis au lait de chaux et

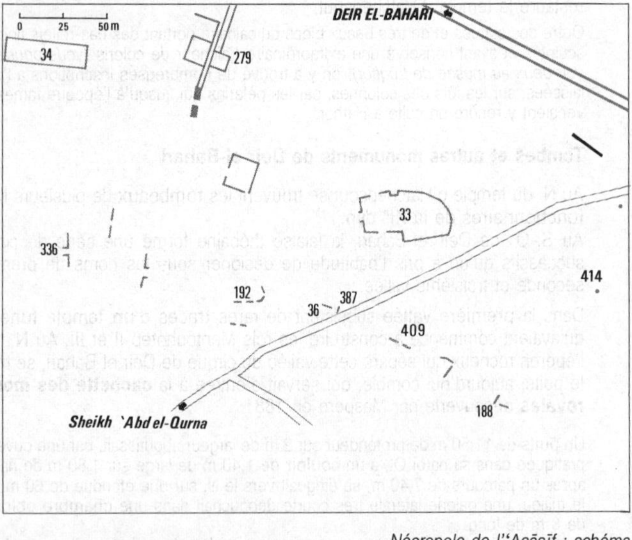

Nécropole de l'‘Asāsīf : schéma d'orientation d'après Porter-Moss

recouverts de peintures, n'y forment plus auj. que des amas de décombres. Sur l'un des côtés, une porte en forme de pylône est décorée des portraits et légendes du défunt, et donne accès aux parties souterraines du tombeau, consistant en une suite de chambres et de salles reliées par une galerie continue : dans quelques tombeaux, ces parties souterraines sont à l'état rudimentaire et consistent simplement en un couloir aboutissant à une chambre unique.

Au S.-E., l'entrée de la vallée est barrée par le petit monticule d'El-Khōkha dont les tombeaux sont du type « tombe thébaine » que nous connaissons déjà. Cette nécropole n'est que la suite à l'E. de la nécropole de Sheikh 'Abd el-Gurna.

Partez de l'avenue d'Hatchepsout, à 250 m env. de la bifurcation du chemin menant à la maison du Metropolitan Museum.

∴ ***279 — Pabasa,** « Grand Majordome de la Divine Adoratrice Nitocris » (Psammétique I). — Grand et beau tombeau récemment restauré auquel on accède par un long escalier; on pénètre d'abord dans une salle où, face à l'entrée, on remarquera une belle représentation du défunt (sous le siège de celui-ci, notez le joli détail de la gazelle tenant une fleur de lotus dans la bouche), puis dans une cour à six piliers, formant de chaque côté deux galeries couvertes de textes. Sur le second pilier de g., une curieuse **scène d'apiculture**. La deuxième cour est couverte, elle est aussi à deux rangées de piliers ; la nef centrale est continuée par une niche.

De chaque côté de la cour ouverte, **plusieurs chambres** dont la principale, à g. de la niche, commande d'autres pièces, et la galerie descendante qui mène au caveau. Textes, très finement gravés en beaux hiéroglyphes, peu de scènes à personnages. Dans ces dernières, joli **style archaïsant** des figures, et proportions très élégantes : les personnages sont établis sur une mesure de huit têtes dans la hauteur totale.

∴ ***34 — Montouemhat,** « Quatrième Prophète d'Amon, Prince de la Ville » (Taharqa-Psammétique I). — C'est l'**un des plus vastes** tombeaux de la nécropole. Entouré primitivement d'une enceinte en brique crue s'ouvrant au N. par un large portail, c'est un véritable « palais funéraire » composé de deux grandes cours à ciel ouvert et de nombreuses pièces souterraines. Le Service des Antiquités a entrepris (hiver 84-85) d'en terminer le dégagement, et la tombe sera probablement ouverte au public après restauration.

366 — Djar, « Gardien du Harem royal » (Mentouhotep I). — Ce tombeau qui, par sa date, est à rattacher aux tombes de Deir el-Bahari, renferme de curieuses **représentations des funérailles** (la scène dans la maison, avant le départ du corps).

∴ ***192 — Khérouef,** appelé aussi **Senââ,** « Intendant de la Grande Épouse Royale Tiyi » (Aménophis III et IV). — Le tombeau de Khérouef est immense mais seule la paroi O. de la grande cour est intéressante ; les deux séries de scènes de chaque côté de la porte ont un sens obscur.

Partie S. : 11,50 m x 3,75 m. — Un grand baldaquin embrasse toute la hauteur de la paroi : il est double. On y voit **le roi, Hathor et la reine Tiyi** ; le roi et la déesse sont assis, la reine debout. Le fauteuil du roi est bas et l'accotement représente une image de vautour aux ailes déployées ; son costume est le vêtement de fête. Il pose les pieds sur un tabouret en forme de corbeille. A la base deux files de rékhyt en vis-à-vis et des plantes héraldiques. Devant les divinités, tables d'offrandes portant des colliers ousekh et des poissons. La scène se divise ensuite en deux grands registres eux-mêmes subdivisés en deux sous-registres.

1er reg. : quatre groupes de femmes font les libations. 1er sous-reg. : danseuses, musiciennes et « rythmeuses ». **Danses** étranges et échevelées. Un homme conduit d'autres danseuses et trois personnages masculins, gras et lourds (lutteurs ou « boxeurs »), le premier à masque d'animal. 2e sous-reg. : danses très animées derrière un tout petit naos d'où s'échappent un veau gambadant, un singe debout et une oie volant.
3e reg., très effacé mais nous laissant voir pourtant, devant un grand texte de dix lignes, le roi et la reine marchant vers la g. Précédé de personnages officiels, le couple royal s'avance vers une grande barque tirée par vingt personnages : c'est le 3e sous-reg. 4e sous-reg. : des porteuses d'offrandes et des joueuses de sistre s'avancent vers la barque, qui supporte un naos abritant une statue du roi. Le signe du ciel surmonte toute la scène, sur une frise de khékérou.

Partie N. : 10 m x 3,30 m. — Un baldaquin surmonté du signe du ciel abrite le couple royal. Le roi est coiffé du casque et vêtu de la longue robe à manches courtes ; son siège est le même que celui de la paroi S. Mais, ici, la reine est assise sur un fauteuil très orné, avec le lion piétinant les ennemis du pays sur les accoudoirs et, sous le siège, les prisonnières asiatiques liées dos à dos. La base de l'édicule représente ici les symboles des neuf villes prises. Devant ce pavillon **Khérouef offre à son roi et à la reine,** dont il était l'intendant, de **riches colliers et une coupe** ciselée.
Un petit reg. inférieur s'étend même sous le dais royal où neuf personnages inclinés sont sans doute des courtisans. Plus loin, trois barques plates, chargées d'offrandes, naviguent dans les marais du Delta. Aux 2e et 3e reg. thèmes de danses, musique et mouvements violents. Danses un peu plus ordonnées. Personnages masculins qui se livrent à l'escrime au bâton et la lutte aux poings.
Danses, luttes, offrandes, ont pour cause la **fête de l'érection du Djed,** qui se déroule au dernier reg., le plus important de la paroi ; deux épisodes sont réunis sous le même signe du ciel : un immense Djed est dressé sur un socle, le roi lui-même participe au travail. Des personnages saluent le roi, des joueuses de sistre rythment la cérémonie ; le Djed, humanisé, avec des yeux, la coiffure d'Amon, les attributs et le costume d'Osiris-momie, dressé dans un naos léger ; au sol, profusion d'offrandes.
Les scènes des deux parois convergent vers ce symbole. Art très délicat de transition, finesse merveilleuse de la gravure.

****36 — Aba,** « Chambellan de la Divine Adoratrice Nitocris » (Psammétique I). — Tombeau assez bien conservé.

Par un escalier latéral, on arrive dans une **première chambre** au fond de laquelle est représenté le défunt avec la liste d'offrandes. A dr. de la porte, **Aba en présence du dieu Rê-Harmakhis ;** à g. le même recevant l'offrande. Sur la paroi opposée scène analogue en plusieurs registres : on apporte au défunt les produits de ses domaines.
La **chambre suivante** avait son plafond supporté par deux piliers. A g. le banquet, avec scènes de chant et de danses, et la préparation du mobilier funéraire. Textes rituels.
Dans la **pièce suivante,** sorte de cour couverte, quelques restes de scènes et d'inscriptions : à g. et à dr. en entrant le défunt et sa mère recevant l'offrande. Les deux grandes parois sont décorées, l'une de scènes d'offrandes, l'autre d'un tableau où l'on voit, d'une part, le défunt assistant à la chasse et à la moisson, d'autre part, ses **funérailles** et le **convoi funèbre** se déroulant en plusieurs registres.
La **salle à six colonnes,** dans laquelle on pénètre ensuite et qui donne accès à une série de **sept chambres,** est inachevée ; les autres sont sans inscription.

409 — Samout, surnommé **Kyky,** « Scribe comptable du bétail d'Amon et de tous les dieux de Thèbes » (Ramsès II). — Tombe ramesside typique découverte en 1959 en nettoyant les abords de la tombe de Khérouef (192).

A l'extérieur deux stèles de part et d'autre de l'entrée. Sur les jambages de la porte, le défunt adorant le soleil levant (A) ou récitant un hymne à Osiris (A'). Le reg. sup. des parois B, C et D est, pour l'égyptologue sinon pour le touriste, la partie la plus intéressante de la tombe : gravé en écriture rétrograde (sens de lecture des signes d'une colonne inverse du sens de lecture des colonnes), on peut y lire un important **texte biographique et juridique**, acte, dont l'interprétation n'est pas toujours aisée, par lequel le défunt lègue ses biens au temple de Mout plutôt qu'à sa famille. En B', double rangée de gardiens de portes, au-dessus du décompte du bétail, activité professionnelle de Samout ; en C', banquet funéraire et suite des funérailles qui commencent au reg. inf. de la paroi D', sous une scène où l'on voit le défunt et sa femme introduits auprès d'Osiris, avant la pesée de l'âme. La seconde pièce, d'où l'on accédait au caveau, est inachevée : en H, sous forme d'esquisse, érection du pilier-**djed** ; en I, momie et pleureuses. Dans la niche du fond, restes de quatre statues.

188 — Parennéfer, « Majordome royal aux Mains Pures et Intendant » (Aménophis IV). — De très beau plan, dont seul le vestibule subsiste, ce tombeau date de l'époque du schisme religieux d'Akhenaton dont il porte la trace ; tous les cartouches royaux ont été martelés.

En D, sans doute la préparation à la cérémonie de la collation des colliers d'or ; en B, travaux agricoles. Travail de sculpture en léger relief.

***39 — Pouyemrê,** « Second Prophète d'Amon » (Thoutmôsis III). — Tombeau de plan développé et de style classique.

Six belles **stèles** gravées dans le fond de la cour ; le tombeau tout entier, du reste, est sculpté très finement. Beaucoup de textes. B, arts et métiers, avec fabrication des chars et des arcs, travail des métaux (fabrication de la vaisselle de métal), des bijoux (percement des perles), de la pierre dure (creusement des vases). D, banquet,

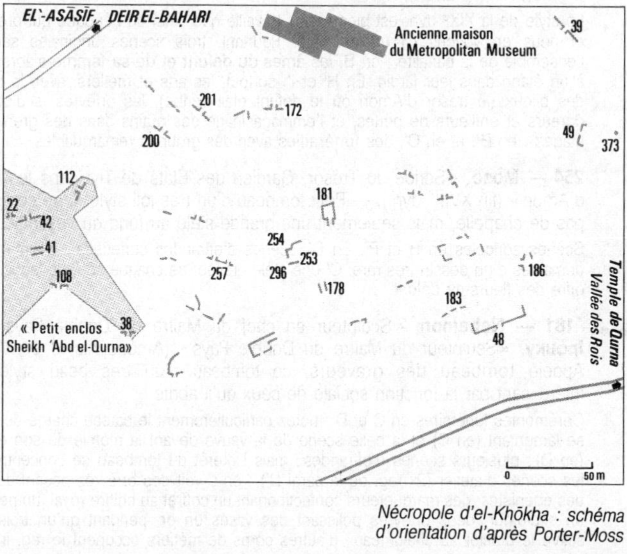

Nécropole d'el-Khōkha : schéma d'orientation d'après Porter-Moss

comptabilité du trésor d'Amon. B', pêche et préparation des poissons, chasse au filet, troupeaux de volatiles, vendange, préparation du vin. D', pesage et mesurage des anneaux d'or, réception des produits des oasis. Chacune des petites chapelles est à elle seule un monument complet. Dans la **chapelle** voûtée (à dr.), scène de funérailles très curieuse.

49 — Néferhotep, « Chef des Scribes d'Amon » (Aï ?). — Classique par son plan à deux chambres, c'est un tombeau très vaste et d'un très beau style.

B', **funérailles** très complètes avec les bateaux de pleureuses. **Scènes** remarquables **de la vie du défunt** et de sa femme en I', où l'on voit aussi des opérations de **recensement des esclaves.**

414 — Ânkh-Hor, « Grand Intendant de la Divine Adoratrice Nitocris » (XXVIe dyn.). Tombeau typique de l'époque saïte, admirablement fouillé et restauré par l'Osterreichisches Archäologisches Institut entre 1971 et 1981, mais dont la visite peut être décevante pour le visiteur non averti.

∴ ***48 — Amenemhat,** appelé aussi **Sourer,** « Intendant en chef, Conseiller du Roi, Inspecteur du Cheptel d'Amon » (Aménophis III). — De plan grandiose, ce tombeau, dont les plafonds sont soutenus par 70 piliers, est malheureusement très abîmé.

En C, la déesse Rénénoutet berçant Néper, le dieu du grain, est adorée par Aménophis III. En D et en D' deux scènes opposées du roi assis sur son trône, foulant aux pieds les peuples subjugués et les Neuf Arcs. L'intérêt de ce tombeau réside surtout dans son plan et dans la belle technique de ses reliefs.

∴ ***178 — Néferrenpet,** appelé aussi **Kenro,** « Scribe du Trésor dans les États d'Amon-Rê » (Ramsès II).

Le style de la XIXe dyn. est bien moins travaillé que celui de l'époque qui précède et nous en voyons ici un exemple. Pourtant, trois scènes originales sauvent l'ensemble de la banalité : en B, **les âmes du défunt et de sa femme** s'abreuvant à un étang dans leur jardin. En H' et I', surtout, les arts et métiers, avec le travail des bijoux (le trésor d'Amon où le défunt était scribe), les orfèvres, sculpteurs, doreurs et enfileurs de perles, et l'emmagasinage des grains dans des greniers à étages : en B', et en C', des **funérailles** avec des groupes remarquables.

254 — Mose, « Scribe du Trésor, Gardien des États de Tiyi dans les États d'Amon » (fin XVIIIe dyn.). — Petit tombeau d'un très joli style. Il ne comporte pas de chapelle, mais seulement une grande stèle au fond du vestibule.

Scènes agricoles en B et B'. En D', scènes d'offrandes curieuses : bâtiments et domaines d'un dessin très rare. C' une stèle gravée, de chaque côté de laquelle on offre des fleurs au défunt.

∴ ***181 — Nebamon,** « Sculpteur en chef du Maître du Double Pays », et **Ipouky,** « Sculpteur du Maître du Double Pays » (Aménophis III et IV). — Appelé **tombeau des graveurs,** ce tombeau d'un très beau style est intéressant par la fonction sociale de ceux qu'il abrite.

Cérémonies funéraires en C et D : notez particulièrement le bateau chargé de gens se lamentant (en C) et la belle scène de la veuve devant la momie de son époux (en D) ; plusieurs scènes d'offrandes ; mais l'intérêt du tombeau se concentre sur les scènes d'atelier (2e reg. de la paroi B') : on y voit des orfèvres pesant de l'or, des ébénistes, des marqueteurs confectionnant un coffret au chiffre royal, un peintre, un sculpteur, deux orfèvres polissant des vases en or, pendant qu'un troisième active le brasier au chalumeau ; d'autres corps de métiers occupent le reg. inf. en partie détruit, entre autres un ébéniste, tournant du bois au moyen d'un archet, un potier forant un vase d'albâtre, un cartonnier fabriquant un pectoral de momie. Le défunt, non nommé, assiste à ces scènes variées.

21 F — Nécropole de Sheikh 'Abd el-Gurna

La nécropole de Sheikh 'Abd el-Gurna est située sur la colline qui s'élève par étages successifs coupés en pans abrupts derrière le Ramesseum, immédiatement à l'O. du monticule d'el-Khōkha (ci-dessus). Les parois de cette colline sont criblées d'hypogées dont les ouvertures se détachent vigoureusement en sombre sur le fond clair du rocher. Plusieurs constructions disséminées au milieu des tombes fournissent des points d'orientation.

Les tombes

La colline de Sheikh 'Abd el-Gurna est principalement le **cimetière des hauts fonctionnaires thébains de la XVIIIe dyn.**
Les tombeaux sont à vestibule ouvert ou à vestibule fermé, mais ne diffèrent que par ce détail : nous les décrirons ensemble.

La **porte**, surmontée d'un pyramidion, tournée vers le levant et fermée d'un vantail mobile qui a partout disparu, était précédée d'une petite **plate-forme** où l'on entretenait quelques plantations destinées à l'accomplissement de certaines cérémonies funéraires; dans les tombeaux ouverts, la **façade** est percée de plusieurs baies très rapprochées et simplement séparées par des piliers. Il n'y a pas à proprement parler de porte, et le tombeau est ouvert à tout venant. Ce sont en général les plus grands qui sont ainsi creusés et la plate-forme est une véritable **terrasse** ou une cour suivant qu'ils sont établis à flanc de colline ou en plaine. Cette plate-forme porte très souvent des stèles biographiques du défunt.

Le **vestibule**, beaucoup plus large que profond, a, suivant ses dimensions, son plafond soutenu ou non par des piliers. Aux deux **extrémités N. et S.**, les deux petites parois sont couvertes d'une **stèle**; celle du N. est purement funéraire, celle du S. a un caractère biographique souvent marqué : on y retrouve tout le cursus honorum du défunt. Les autres parois du vestibule sont décorées de tableaux représentant le défunt dans l'exercice de ses fonctions ou de ses occupations.

Au vestibule aboutit perpendiculairement un **couloir**, dans l'axe de la porte d'entrée, terminé à son extrémité opposée par une **niche** où siègent les **statues du défunt et de ses proches**. Les parois du couloir sont consacrées à la représentation de la cérémonie des funérailles et du festin funèbre, plus ou moins détaillée selon l'étendue de l'espace à couvrir. Quelquefois les scènes de la vie officielle et domestique débordent du vestibule dans le couloir.

Visiter la nécropole

On peut diviser la nécropole en trois secteurs d'inégale importance numérique. Un ***premier secteur*** *est constitué par l'ensemble des tombes situées à l'E. du chemin menant de Deir el-Baḥari à la route qui longe du N.-E. au S.-O. le pied des collines thébaines et permettant d'accéder, à quelques centaines de mètres au S., au Ramesseum. La plupart de ces tombes forment un groupe qui a été entouré d'un mur bas en pierres sèches et que l'on désigne sous le nom de* ***petit enclos*** *ou* ***enclos inférieur.***
A l'O. du petit enclos, le ***grand enclos,*** *ou* ***enclos supérieur,*** *escalade les pentes, au-dessus des maisons, pour enserrer le plus de tombes possible. Au S. du grand enclos, dispersés dans le* ***village,*** *se trouvent également un grand nombre de tombes constituant le troisième secteur de cette vaste nécropole.*

Tombes du petit enclos

106 — Paser, « Gouverneur de la ville et Vizir » (Séthi I, Ramsès II). — Magnifique tombeau sculpté très délabré : la cour a conservé ses stèles, à la paroi O. En A, adoration du soleil à son lever (le tombeau est orienté régulièrement, l'entrée à l'Est).

Le vestibule, à piliers, est consacré aux mythes religieux et funéraires ; en B, cependant, arts et métiers, et don des colliers au défunt. En D, un naos à colonnes papyriformes avec Anubis préparant la momie. La chapelle, à piliers, est détruite (sauf le plafond).

109 — Min, « Préfet de This, Surveillant des Prophètes d'Onouris » (Thoutmôsis III). — Tombeau de plan irrégulier : la chapelle avec les statues est à l'angle N.-O. du vestibule à piliers.

La paroi B, est très intéressante par plusieurs scènes dont la construction de barques sacrées, la visite de Min à ses jardins de palmiers et de sycomores avec la pièce

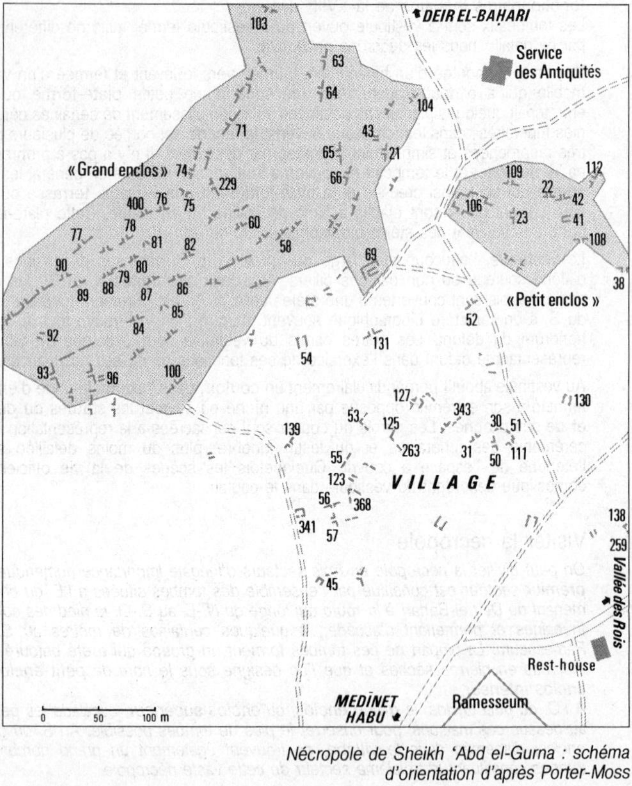

Nécropole de Sheikh 'Abd el-Gurna : schéma d'orientation d'après Porter-Moss

d'eau où nagent des poissons, et la leçon de tir à l'arc au jeune prince royal, le futur Aménophis II, que du reste, un peu plus loin sur la paroi, Min tient sur ses genoux. En B', la chasse aux oiseaux.

23 — Tjay, également appelé **To,** « Scribe royal des Dépêches du Maître du Double Pays » (Mérenptah). — Très beau tombeau sculpté.

La **cour** en est conservée en partie et possède sur son mur E. (partie S.) une grande **représentation du bureau de Tjay,** haut fonctionnaire, peut-être ministre, dirigeant ce qui était sans doute le « ministère des Affaires étrangères » à la XIXe dyn. **Tjay,** du reste, reçoit la récompense de ses bons et loyaux services : dans le vestibule, en **B**, distribution des colliers d'or.
De l'autre côté de la porte, en **B'**, il rend un culte au roi Aménophis I et à sa mère la reine Ahmès Néfertari, très honorés dans la nécropole et dont les statues se dressent au fond de la dernière niche centrale entre les statues de **Tjay** et de sa femme.
En **D**, au-dessus d'une petite niche de granit, Mérenptah, faisant des offrandes devant la barque d'Amon. Le sarcophage, extrait du puits, est resté dans la chambre du fond.

22 — Ouah, « Sommelier du Roi » (Thoutmôsis III). — Très joli tombeau partiellement usurpé par **Mery[amon]**, « Fils Aîné du Roi ». Le style, les couleurs et le dessin sont également soignés.

Ouah étant majordome ou sommelier, on retrouve dans son tombeau les représentations des fêtes qu'il avait, sa vie durant, préparées et organisées : les banquets, avec accompagnement de musique et de danses, occupent la moitié des parois (B' D' et D,), la chasse et la pêche sont en C'; le reste du tombeau n'offre que des apports d'offrandes, le sacrifice, et une scène en B où un serviteur infidèle ou distrait reçoit un châtiment.

42 — Amenmose, « Capitaine des troupes, Représentant du Roi dans le Double Pays de Retenou » (Thoutmôsis III, Aménophis II). — Bon style classique. Le chef d'armée et gouverneur des Pays de Retenou a fait représenter sur les murs de sa tombe ses occupations (en **D**, apport de tributs par les Asiatiques qu'il présente au roi) et ses hauts faits (en **C**, attaque et **conquête d'une forteresse** syrienne). Dans toute cette tombe de soldat la couleur rouge domine.

112 — Menkhéperrêseneb, « Premier Prophète d'Amon » (Thoutmôsis III), auquel appartient également la tombe **86.** — Tombeau sculpté, inachevé et usurpé par **Âachefitemouaset,** « Prophète d'Amon », (ramesside), qui fit continuer le travail en peintures qu'il laissa aussi inachevées. Le style de la partie sculptée est plus heureux que celui des peintures. En **D**, un banquet.

38 — Djéserkarêseneb, « Scribe, Comptable du grain dans les greniers des Offrandes divines d'Amon » (Thoutmôsis IV). — Joli tombeau bien conservé, avec des couleurs très franches.

B et B', les offrandes ; en B' très nette et très habile pose des couleurs ; dans une scène inachevée en C, le défunt préside aux divers travaux des champs ; dans le reg. intermédiaire il fait l'offrande à la déesse Rénénoutet, dame des greniers, sous sa forme de serpent. D', le banquet funéraire, délicieux tableau, malgré son exécution hâtive : à g., le défunt et sa femme, Ouadjrenpet, assis et respirant des fleurs, devant les convives du banquet que de jeunes esclaves parent et servent, et un groupe de musiciennes : harpiste, joueuse de théorbe, flûtiste, cithariste, danseuse ; trois chanteuses, accroupies, scandent les chants en battant des mains.

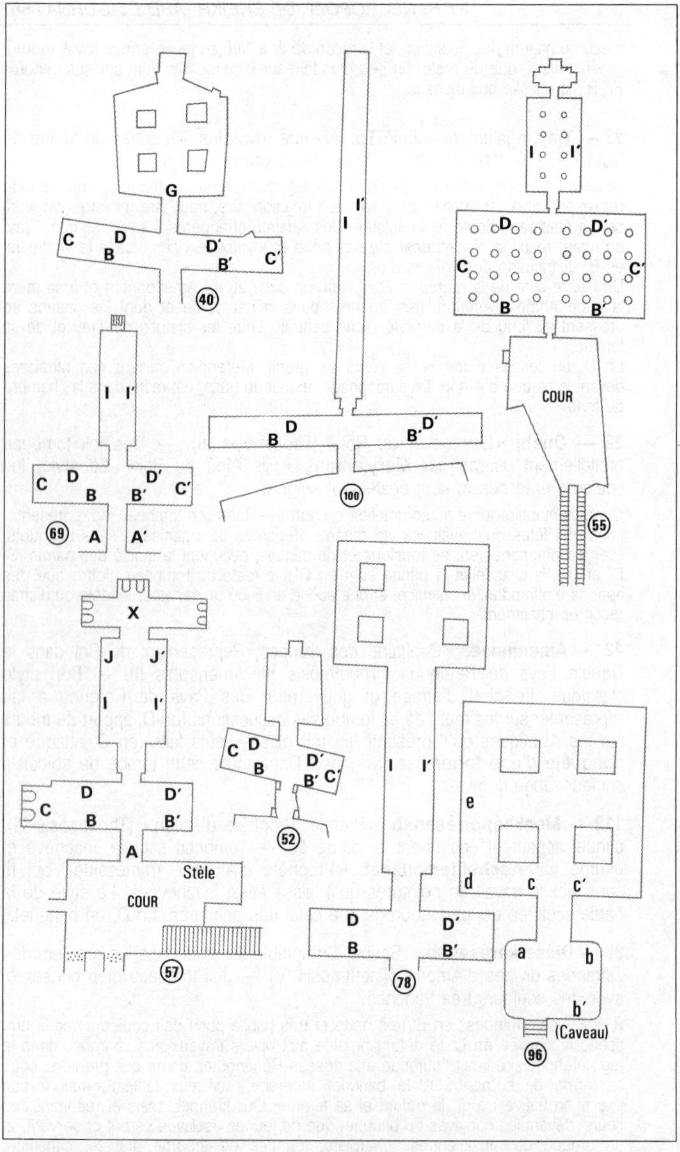

Nécropole thébaine : quelques tombes civiles

Quittant le petit enclos, reprenez la direction de l'O. pour aller visiter l'enclos supérieur. Au passage, ne manquez pas, près du chemin, l'un des tombeaux les plus célèbres de la nécropole.

*****52 — Nakht,** « Scribe, Astronome d'Amon » (Thoutmôsis IV). — C'est l'un des tombeaux les mieux conservés. De dimensions et d'exécution moyennes, il est le type achevé d'un tombeau de la XVIIIe dyn. Le vestibule, qui seul a été décoré, n'offre, dans les scènes représentées, aucune allusion aux fonctions de ce personnage, qui était astronome (titre moins fréquent que celui de prêtre horaire) du service d'Amon. Sa femme était chanteuse d'Amon. Le nom d'Amon a été gratté systématiquement dans les inscriptions où il se trouvait, à l'époque d'Akhenaton. → *plan p. 582.*

Plafond décoré d'ornements chevronnés d'un joli effet, mais les bandes d'encadrement destinées à recevoir des inscriptions sont restées vides. Deux tableaux nous retracent des scènes de la vie rustique ; en B, c'est la culture des céréales : en bas, dans la plaine arrosée par les sinuosités d'un petit canal, Nakht assiste, de son kiosque, au labourage qu'exécutent, près de lui, deux charrues attelées de bœufs, tandis qu'au loin, deux paysans brisent la croûte du limon durci par la sécheresse pour le rendre plus propre à recevoir le grain que répand un troisième : au-delà de la rigole, on pioche, on sème, on ébranche un arbre. — En haut, le défunt, assis sous son kiosque, devant les scènes de la moisson. Regardant la porte, le même personnage, accompagné de sa femme (l'un et l'autre de grandes dimensions), répand la libation sur l'offrande amoncelée, tandis qu'on dépèce la victime à ses pieds.

En D', la pêche, la chasse, la vendange dans les terres du Nord. Le défunt avait sans doute, comme la plupart des gens de sa condition, un domaine dans le Delta. En C, la stèle ; huit serviteurs et deux jeunes femmes personnifiant Hathor dans son rôle de déesse du Sycomore présentent des offrandes comestibles. Paroi C', tableau à deux registres : offrandes de mets et de fleurs apportées au couple défunt. — En B', l'offrande au dieu faite par le défunt et sa femme, à leur propre intention (les trois registres des serviteurs qui apportent l'offrande sont inachevés) ; en D, le banquet funèbre, avec des musiciennes, des danseuses, un harpiste aveugle. Sous la chaise de la dame **détail amusant** d'un chat qui dévore un poisson.

Tombes du grand enclos

*****69 — Menna,** « Scribe du Cadastre du Maître du Double Pays de Haute et Basse-Égypte » (Thoutmôsis IV). — Très bien conservé, c'est également l'un des tombeaux les plus visités. Les couleurs y sont fraîches et jolies. Les scènes y sont bien à leurs places rituelles, si bien que le tombeau de Menna pourrait également être pris comme spécimen d'un tombeau thébain à la XVIIIe dyn. → *plan p. 582.*

En A et A', adoration au soleil levant. En C, adoration devant Osiris-Ounnéfer dans son naos, par Menna, sa femme et des serviteurs portant des offrandes ; en C', personnages en prière devant une stèle. — En B, les **travaux agricoles**, la comptabilité de la récolte et des grains ; des scribes surveillent, palette au poing, les ouvriers qui, à l'aide d'une corde, mesurent la surface d'un champ de blé (arpentage) ; à un autre reg. Menna assiste au fauchage du blé ; quantité de détails pittoresques animent ces scènes. En B', long défilé des fils et des filles de Menna ; en dessous, un sacrifice.

En D (très mutilé), concert ; en D', offrandes. En I, funérailles très complètes, avec scène de psychostasie en présence d'Osiris ; en I', très belle scène de pêche et de chasse aux oiseaux dans les marais (nombreux détails pittoresques) et scènes funéraires dont le pèlerinage à Abydos.

En B′, la trace d'une usurpation : Menna utilisa un ancien tombeau plus petit que celui qu'il se construisait. Menna ne fut du reste pas mieux traité par ses successeurs puisque en I, dans la scène de la pesée du cœur, la balance a été rendue magiquement inutilisable pour le cœur des défunts.

65 — Nebamon, « Scribe des Comptes royaux en Présence du Roi, Inspecteur des greniers » (Hatchepsout). — Tombeau usurpé par **Iymiseba,** « Chef de l'Autel, Chef des scribes du Temple d'Amon » (Ramsès IX).
Il se compose d'un vestibule à six colonnes cannelées et d'une chapelle longue se terminant par un puits.

Les peintures sont exécutées sur un stucage épais couvrant les reliefs de la décoration ancienne ; elles représentent des processions et autres cérémonies du culte d'Amon, l'encensement des barques sacrées, l'ordinaire scène des offrandes. Plusieurs prêtres sont nommés, à côté d'Iymiseba. En B′, traces nettes de l'usurpation ; en B, **représentation d'un fort.**
Le vestibule est divisé par six piliers en cinq nefs : les quatre nefs latérales sont surmontées de plafonds décoratifs, mais la nef centrale a un plafond astronomique.
Le tombeau d'Iymiseba, immense, produit une impression de grandeur et de somptuosité qu'augmentent encore les dimensions inusitées des personnages et le luxe des détails. Les proportions des personnages sont minces et allongées : Iymiseba vivait à la fin de la XXe dyn. et le style de son tombeau nous donne une transition entre le style du Nouvel Empire et celui de basse époque, dont nous avons vu des exemples ailleurs dans la nécropole.

75 — Amenhotep-Si-se, « Deuxième Prophète d'Amon » (Thoutmôsis IV).

En B, les arts et les métiers (travail du métal) et culture ; en B′, le banquet. En D, nomenclature des objets envoyés au temple d'Amon, comme présents ou tribut (inachevé). En D′, le temple d'Amon lui-même est représenté, par ses statues colossales, devant le pylône orné de mâts ; une procession de chanteuses d'Amon accueille Amenhotep-Si-se et sa femme. En I′, procession funéraire. B, B′ et D, les différentes phases de l'établissement des frises.

••• ***78 — Horemheb,** « Scribe royal, Scribe des Recrues » (Thoutmôsis III-Aménophis III). — Tombeau de dimensions moyennes, l'un des plus intéressants par la beauté des peintures qui, déjà très mutilées, ont récemment souffert des pillards. Horemheb, seigneur héréditaire et personnage de cour, commença sa carrière sous Thoutmôsis III et la termina sous Aménophis III. → *plan p. 582.*

B, tableau très dégradé représentant le banquet funèbre : A dr. B′, scène analogue mieux conservée. Assis sur un simple tabouret à côté de sa mère, la dame Iset, qui occupe un fauteuil, le défunt tient embrassée sur ses genoux la petite princesse Amenemipet qualifiée de fille royale.
D, Thoutmôsis III reçoit l'hommage du défunt, qui lui présente un riche bouquet, tandis que les frères de ce dernier s'avancent les bras chargés de fruits et d'oiseaux, le dernier conduisant en laisse un bœuf prodigieusement gras, etc. Le champ réservé au-dessus et à côté de cette scène est occupé par une série de petits registres où sont détaillées les opérations du **recrutement militaire,** auxquelles présidait le défunt en sa qualité de « Chef de tous les scribes de l'infanterie ». — D′, scène analogue, très endommagée : registre supérieur, des hommes conduisant des chevaux, épisode de la carrière du défunt qui était aussi « Préposé aux chevaux » ou, si l'on veut, directeur des haras. Au-dessous, les peuples étrangers apportent le tribut au roi. Dans le nombre, un groupe de nègres joyeux exécutent une « fantasia ».
La paroi I, bien conservée, offre trois scènes distinctes : la première est le convoi funèbre, détaillé avec soin ; le transport des objets qu'on devait enfermer dans le

caveau, instructif par sa variété ; la deuxième, ruinée, à l'exception de la légende, représentait le double d'Horemheb recevant l'offrande ; la troisième est la « psychostasie » ou pesée du cœur du défunt devant les juges infernaux et en présence d'Osiris, assis sur son trône. — La paroi I', très endommagée, est une grande scène de pêche et de chasse aux oiseaux dans le marais, puis l'offrande dressée devant Horemheb et sa sœur-épouse Itjouy et, finalement, le sacrifice funéraire.

***81 — Ineni,** « Surveillant des Greniers d'Amon » (Aménophis I-Thoutmôsis III). — Très beau plan à vestibule ouvert (les entre-piliers sont aujourd'hui comblés).

En B et B' (piliers), la chasse au désert, le jardin et la maison du défunt, avec son mur d'enceinte à la crête ondulée, ses deux étages et ses pigeonniers, ses plantations et son petit étang, la moisson, la pêche ; C et C', les stèles ; D, le trésor du temple d'Amon, les tributs étrangers ; D', chasse et pêche sur l'eau, offrandes d'animaux au défunt : grues, ânes et ânons, chèvres et porcs ; des ânes braient, deux béliers se battent.
En I, procession funéraire, et un domaine avec des arbres et des étangs. I' offrandes et funérailles. La niche, très sombre, contient quatre statues ; sur les murs, des offrandes et les titres du défunt. En K, chien blanc assis.

90 — Nebamon, « Porte-étendard de l' « Aimée d'Amon » » (= la barque sacrée), « Capitaine des Troupes de police à l'Ouest de Thèbes » (Thoutmôsis IV, Aménophis III). — Beau tombeau classique.

B, B', concert, offrandes, sacrifice. C, la barque d'Amon (très mutilée) dont le défunt était porte-étendard. D, soldats, et D', Nebamon portant l'enseigne de la barque d'Amon, des troupes, des chevaux, des troupeaux avec une scène d'étrillage et, en haut, bassin et jardins ; représentation de la maison à un étage avec les cônes de captation des vents et deux palmiers sur la terrasse. C' la stèle comme à l'accoutumée. Plafond intéressant.

92 — Souemniout, « Sommelier royal aux Mains pures » (Aménophis II). — Tombeau très intéressant parce que les scènes sont restées inachevées, à différentes étapes du travail de décoration.

****93 — Kenamon,** « Intendant en chef du Roi » (Aménophis II). — L'un des plus beaux tombeaux de la colline. Vestibule à dix piliers et chambres funéraires à huit piliers. Détérioré dès l'époque de la persécution des partisans du culte d'Amon.

Une intéressante **cérémonie religieuse** en B'. En D, grand tableau représentant le roi Aménophis II recevant à l'occasion du nouvel an des présents, tels que chars, meubles, sphinx et statues royales, la plupart à son nom, l'une au nom de la reine Meritamen. Les piliers sont consacrés à la préparation des offrandes de nourriture. En I', scène de chasse. Une grande salle à piliers remplace la niche ; les murs sont couverts d'offrandes des défunts aux dieux, ou aux défunts par leurs survivants.

****96 — Sennéfer,** « Maire de la Cité du Sud » (Aménophis II). — Le **caveau,** découvert avant la chapelle et désigné sous le nom de **tombeau des vignes,** est situé au bas d'un escalier (43 marches) taillé dans le roc et aboutissant à une antichambre ; vient ensuite une salle carrée avec quatre piliers. → *plan p. 582.*

L'**antichambre** est une petite pièce basse qui frappe immédiatement par la décoration de son plafond : un berceau de vigne chargé de grappes noires placées de façon à tirer le meilleur parti des irrégularités de la roche. En a : l'offrande au défunt, le seigneur Sennéfer, chef du district Sud, administrateur des greniers et des troupeaux d'Amon, par sa fille Mouttaoui, chanteuse d'Amon ; dix prêtres prennent part à la cérémonie. — Les deux parois b et b' forment un développement continu décoré également d'une scène d'offrande : Sennéfer, debout à dr. de la scène, semble diriger l'apport du mobilier funéraire dans sa tombe et par devant la représentation de son Double que tient embrassé sa fille Mouttaoui. — De chaque côté de la porte (c et c') Sennefer et sa femme, la nourrice royale Senetnefret, faisant l'offrande aux dieux.

La **chambre** porte des traces de matériaux réemployés et de remaniements. La voûte est divisée par de longues bandes décorées de chevrons et de croisillons, sauf à dr. et au fond, où réapparaît la vigne avec ses grappes noires. A g. en entrant (d) le défunt et sa femme, d'abord assis dans le repos de la tombe, puis debout et « sortant de terre pour voir le soleil dans le cours de chaque jour ». Sur la paroi voisine (e), très mutilée, la cérémonie funèbre.

***100 — Rekhmirê.** « Gouverneur de la Ville et Vizir » (Thoutmôsis III, Aménophis II). — Quoique dégradé en plusieurs endroits, c'est un des mieux conservés et le plus complet des grands tombeaux civils de la XVIIIe dyn. → *plan p. 582.*

Vestibule. — Parois B' et D' : scènes agricoles ; le défunt inspecte et administre ses propriétés. — Paroi B, le défunt, dont l'image a disparu, donne audience à des subordonnés. — La **paroi** D est décorée de scènes d'un grand intérêt ; c'est l'**apport du tribut par les peuples étrangers** : cérémonie dont la haute direction rentrait dans les attributions du gouverneur de Thèbes. Ces nations se distinguent en cinq groupes.

Le premier comprend les **envoyés du pays de Pount** (les Somalis) : ils apportent de l'ébène, de l'ivoire, des plumes d'autruches, des léopards, des singes, des peaux, des fruits séchés, un arbrisseau ; ils portent un vêtement court.

Le second groupe est celui des **gens du pays de Kéfti** (Crétois ?) : cheveux frisés au sommet de la tête, longues tresses sur la poitrine et dans le dos, vêtus d'un pagne brodé et chaussés de sandales, leurs jambes protégées par des lanières de cuir ou des jambières ; ils portent des coupes, des vases de formes variées, des pièces d'orfèvrerie.

Les **nègres de Kouch** forment le troisième groupe : vêtus d'un petit pagne en peau de panthère. Leurs offrandes sont de l'ébène, de l'ivoire, des peaux, des œufs d'autruches, des plumes, des minéraux précieux, de l'or en anneaux. Ils conduisent des animaux vivants : un léopard, des singes, une girafe, des chiens, des bœufs à longues cornes.

Le quatrième groupe est celui des **Retenou** (Syriens du N. et Assyriens), portant les cheveux longs ou courts, vêtus de la robe courte à manches collantes, chargés d'offrandes très diverses (armes, char, pièces d'orfèvrerie, amphores contenant des liquides) sans compter les animaux qui'ils conduisent (deux chevaux, un ours et un éléphant).

Le cinquième groupe est celui des étrangers de divers pays : notamment des femmes noires menant leurs enfants par la main, les portant sur l'épaule ou dans une hotte. Dans chacune de ces scènes les scribes enregistrent les rentrées.

Chapelle. — Son plafond forme un plan incliné qui s'élève en s'enfonçant dans la montagne ; les deux parois latérales sont divisées chacune en trois grands tableaux dans lesquels l'action se déroule en plusieurs registres.

Paroi I, tableau 1 : Rekhmirê, de taille colossale, dirige l'approvisionnement des magasins en organisant les distributions de vivres aux travailleurs du temple d'Amon. — Tableau 2 : Rekhmirê, préside aux travaux exécutés pour le temple d'Amon. Tous les corps de métiers opèrent côte à côte, les ouvriers du cuir, les ébénistes et sculpteurs sur bois, les orfèvres, les maçons. Ceux-ci occupent le dernier des registres non dégradés : on les voit, à g., fabriquer les briques avec le limon desséché qu'on bêche et qu'on mouille avec l'eau prise dans un petit étang. Les briques sont moulées et rangées, puis transportées à pied-d'œuvre au moyen de palanches : elles sont employées à la construction d'un plan incliné qui s'appuie contre le mur du temple et sert d'échafaudage. Ce n'est pas que l'échafaudage ait été ignoré des Égyptiens ; la preuve s'en trouve immédiatement au-dessous : des sculpteurs s'en servaient pour l'exécution des statues colossales. — Tableau 3. Les funérailles ; en bas, le convoi funèbre se rendant du Nil à la nécropole : en haut, l'accomplissement de la cérémonie.

En haut et au fond de la niche X était la stèle, actuellement au Louvre.

Paroi I'. — Le tableau 4 représente, dans son état actuel, deux bateaux dont l'un vogue à pleine voile ; la légende nous apprend qu'il s'agit d'un voyage que fait Rekhmirê pour aller recevoir d'Aménophis II la décoration des colliers d'or. — Le tableau 5 représente un grand banquet accompagné de musique auquel assistent les fils et les filles de Rekhmirê et que celui-ci préside du haut de son siège ; auprès de lui sa femme Mérit. C'est le banquet funèbre, qui précédait la séparation du mort et des survivants. Les convives sont accroupis par petits groupes sur des nattes, les hommes étant séparés des femmes ; des esclaves les parent de fleurs et de colliers et leur servent les mets. — Le tableau 6 n'est autre que la reproduction des vignettes du Livre de l'Ouverture de la Bouche.

∴ ***85 — Amenemheb** dit **Mahou,** « Lieutenant-commandant des Soldats » (Thoutmôsis III, Aménophis II.) — Tombeau de plan très large, insolite par sa disposition ; la première chambre est divisée en deux nefs par une rangée de quatre piliers carrés, compris entre deux pilastres d'ante, 11 m sur 4,50 m ; l'entrée du puits s'y trouve à l'angle N.-O. **(D'-C')**. Le nom d'Amon a été martelé sous Akhenaton.

La première salle est à piliers. I et I' se creusent en chambres latérales, **scènes rares** et intéressantes, mais style assez lourd. Au-dessus des deux piliers centraux (à contre-jour) curieuse scène de **chasse à l'hyène dans un paysage plein de fleurs.** Sur les piliers, textes et orants devant Aménophis II, Thoutmôsis III, Ounnéfer, etc. ; C', la stèle.

En B, Amenemheb assiste à la distribution de vivres aux troupes. D' la biographie du défunt devant le roi Thoutmôsis III assis sous un dais. I^1, inspection du mobilier funéraire offert par le Roi, I^2, funérailles, I^3, chasse au harpon, I^4, adoration à Osiris et suite des funérailles, I' offrandes.

87 — Minnakht, « Surveillant des Greniers de Haute et Basse-Égypte, Surveillant des chevaux du Maître du Doule-Pays, Scribe royal » (Thoutmôsis III). — Tombeau très ruiné, où seule la niche, creusée ici en forme de chambre, a conservé des tableaux représentant l'offrande et les préparatifs du sacrifice. La scène se passe en plein air, l'autel est dressé dans un jardin planté de perséas et de palmiers sous lesquels se déroulent les funérailles.

86 — Menkhéperrêseneb, « Premier Prophète d'Amon » (Thoutmôsis III), qui s'était d'abord fait creuser le tombeau n° 112 (dans le petit enclos). — Tombeau complètement ruiné sur la moitié de son étendue.

En B, le défunt reçoit les offrandes ; en B', il inspecte les travaux du temple d'Amon. Un tableau en plusieurs registres nous fait assister à divers travaux ; le cuir, le bois, les métaux. En C', le défunt, debout, reçoit les arrivages de l'or. Un scribe enregistre les pesées d'anneaux d'or : au-dessous on en opère le transport sous l'œil des surveillants ; plus bas, les chefs de la police du désert qui ont protégé les convois, viennent faire leur rapport. D', scènes de l'apport des tributs par les princes des pays étrangers.

∴ ***82 — Amenemhat,** « Scribe et Comptable du grain d'Amon, Intendant du Vizir » (Thoutmôsis III). — C'est l'un des rares tombeaux possédant un caveau décoré ; très joli style, remarquable de finesse.

En D' fête du Nouvel An : au reg. inf. troupeaux, taureaux se battant. D', chasse dans les marais; 1° aux oiseaux; 2° à l'hippopotame. Plafonds décoratifs. I' funérailles : I', concert et banquet. **La niche est creusée en chambre,** avec des scènes d'offrandes, des textes biographiques, et un plafond à motifs décoratifs. Les murs du caveau sont couverts de textes funéraires et de proscynèmes au nom d'Amenemhat et de ses enfants, ainsi que de sa femme Beketamon.

60 — Antefoqer, « Gouverneur de la Ville et Vizir » (Sésostris I) et sa mère **Senet,** « Prophétesse d'Hathor ». — Tombeau très important par son style archaïque ; c'est en effet un des plus anciens de la nécropole, le seul de la XIIe dyn.

La chapelle est très profonde (21 m de long). En I, les funérailles rituelles ; danse curieuse des Moou. En I' chasse au désert, pêche, chasse aux oiseaux, offrandes, et leur préparation (boucherie, cuisine, boulangerie et brasserie). A l'entrée, un très beau **montant de porte gravé.** Danseuses en I. Plafond aux très jolies couleurs.

Tombes du village

54 — Houy, « Sculpteur d'Amon » (Thoutmôsis IV, Aménophis III). — Tombeau usurpé par **Kenro,** « Prêtre, Chef des magasins de Khonsou », au début de la XIXe dyn. et intéressant par les traces de l'usurpation commise.

Le tombeau n'était pas tout à fait achevé quand Houy y fut déposé, la scène ébauchée en C, sous la **stèle en imitation de granit** rose, le prouve. Quand il fut repris et aménagé pour Kenro, on négligea de finir les thèmes laissés inachevés, par contre on effaça brutalement certains détails pour les remplacer par d'autres plus en rapport avec les goûts du nouveau destinataire, ou de tendances un peu différentes. En C, de chaque côté de la stèle, des brûleurs d'encens ainsi ajoutés sur les thèmes anciens, et en B, un tout petit naos très mal dessiné et laissé inachevé au milieu de la scène des funérailles qui est terminée et d'un tout autre style.

*****57 — Khâemhat,** dit **Mahou,** « Scribe royal, Inspecteur des greniers de Haute et Basse-Égypte » (Aménophis III). — Tombeau sculpté, situé au fond d'une cour commune entre lui et d'autres tombeaux de la même époque. La niche est profondément creusée en chambre et contient six statues du défunt, de sa femme Tiyi et d'autres parents ; une dernière petite chambre s'ouvre tout au fond près de l'angle N.-O., et conduit au caveau. → *plan p. 582.*

Le tombeau de Khâemhat est d'un **très beau style** et de **thèmes très rares.** Les scènes habituelles et les scènes à sens mystérieux alternent.
Dans la **cour,** au pied de l'escalier de descente, stèle de l'ouverture de la bouche. En A, Khâemhat, les bras levés, adore le soleil et prononce une litanie dont le texte est gravé autour de lui. En B et B', le défunt, en costume d'apparat, dans l'attitude du sacrifice : il présente d'une main un brasier simulant un petit autel et supportant des oies, et de l'autre un vase d'où semble s'échapper le liquide purificateur ; de plus en B, quatre registres de scènes de la vie des champs. En C, niche avec deux statues assises de Khâemhat et de son parent Imhotep, dont la tombe est voisine (n° 102, inaccessible). En D, le défunt présente ses comptes au roi Aménophis III, assis sous un dais, tandis qu'on amène du bétail. En D', scène de cérémonie d'audience royale. Le plafond est décoré de damiers encadrés et coupés de bandes de hiéroglyphes.
La **chapelle** est voûtée ; les murs en sont en partie détruits et contenaient les scènes mystiques. En I', purification du défunt, voyage d'Abydos ; I, funérailles et Osiris sous un dais, vie d'outre-tombe. Un long **texte cryptographique** accompagne ces représentations. D'autres textes tirés, comme celui-ci, du Livre des Morts, sont reproduits de chaque côté de la porte de la niche (J et J'). Dans la **niche** du fond,

creusée jusqu'à être une chambre, les statues du défunt et de ses parents, en trois groupes. Au fond (paroi X), un personnage fait l'offrande aux Doubles de Khâemhat et d'Imhotep.

*__56 — Ouserhat,__ « Scribe royal » (Aménophis II). — Tombeau bien conservé dont les peintures, à dominante rose et verte, sont d'un joli style, ainsi que les plafonds.

Thèmes habituels, bien établis. En D, apports d'offrandes (colliers et bouquets) des enfants à leurs parents défunts (noter sous le siège de ces derniers, un miroir doré et un singe). En D', une amusante scène épisodique rompt la monotonie des inspections : un barbier rase les gens dans un jardin ; des clients attendent leur tour, assis sur des tabourets, ou se sont endormis à l'ombre d'un arbre. En I, chasse bien composée et très vivante où l'on voit __Ouserhat__, debout sur un char, __tirer à l'arc sur les animaux du désert__ : gazelles, hyènes, lièvres, renards et autruches. Noter la sûreté de trait avec laquelle le peintre a traduit la fuite d'un lièvre ou l'agonie d'un renard. A côté, pêche et chasse aux oiseaux dans les marais.

***__55 — Ramose,__ « Gouverneur de la Ville et Vizir » (Aménophis IV). — Splendide tombeau, sculpté dans sa plus grande partie. — Ramose étant vizir sous Aménophis IV, dut abandonner sa tombe inachevée pour s'en faire exécuter une autre dans la nouvelle capitale après l'abandon de Thèbes par le roi hérétique. Cette autre tombe, qui devrait être à Tell el-Amarna, si elle existe, n'a pas été retrouvée. → *plan p. 582.*

La cour et la salle hypostyle sont seules décorées, le tombeau étant inachevé ; le style se ressent des perturbations politico-religieuses : maints personnages sont déjà « armaniens » tandis que d'autres sont représentés encore suivant des règles et des proportions classiques. Quelques belles scènes peintes (la procession funéraire très détaillée en C). Les autres parois de la salle et du passage descendant au caveau sont sculptées ou préparées pour la sculpture.

En B et B', banquet, avec les hôtes assis deux par deux. En D, Ramose apporte une offrande florale au roi Aménophis IV assis sous un dais auprès de la déesse Maât ; le personnage de Ramose est inachevé ; le roi et la déesse sont représentés en « style classique ».

En D', au contraire, le roi et la reine sont réalistes, « style amarnien » assistant à l'octroi des colliers au défunt ; la scène tout entière est dessinée mais non encore gravée ; elle représente toutes les phases de la cérémonie de la décoration dont Ramose est le héros : on le voit s'offrir aux acclamations de ses serviteurs, et recevoir les compliments de ses pairs et des ambassadeurs étrangers ; tout à l'extrémité N., dessin d'un petit temple solaire atonien.

__31 — Khonsou,__ « Premier Prophète de Menkhéperrê » (=Thoutmôsis III) (Ramsès II). — Tombeau très intéressant pour l'histoire des rites religieux sous la XIXe dyn.

En B et C scènes de lutte assez rares. En D, pylône d'un temple ; en C', processions des barques sacrées ; entre les deux parties de la tombe, plafond animé de papillons, de criquets, d'oiseaux volant autour de leurs nids.

*__51 — Ouserhat,__ dit __Néferhebef,__ « Premier Prophète du ka royal de Thoutmôsis I » (Séthi I). — Très joli tombeau du style somptueux, mais peu original, de la XIXe dyn. ; la cour extérieure est encore visible, mais la grande salle à piliers n'a pas été décorée.

Dans la première chambre, en C', le défunt, sa mère et sa femme assis sous le sycomore où, accompagnés de leurs oiseaux-âmes, ils sont nourris et désaltérés par la déesse de l'arbre ; beaux groupes de pleureuses sur la paroi D'. En D, procession de la statue de Thoutmôsis.

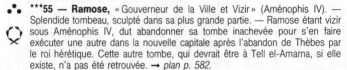

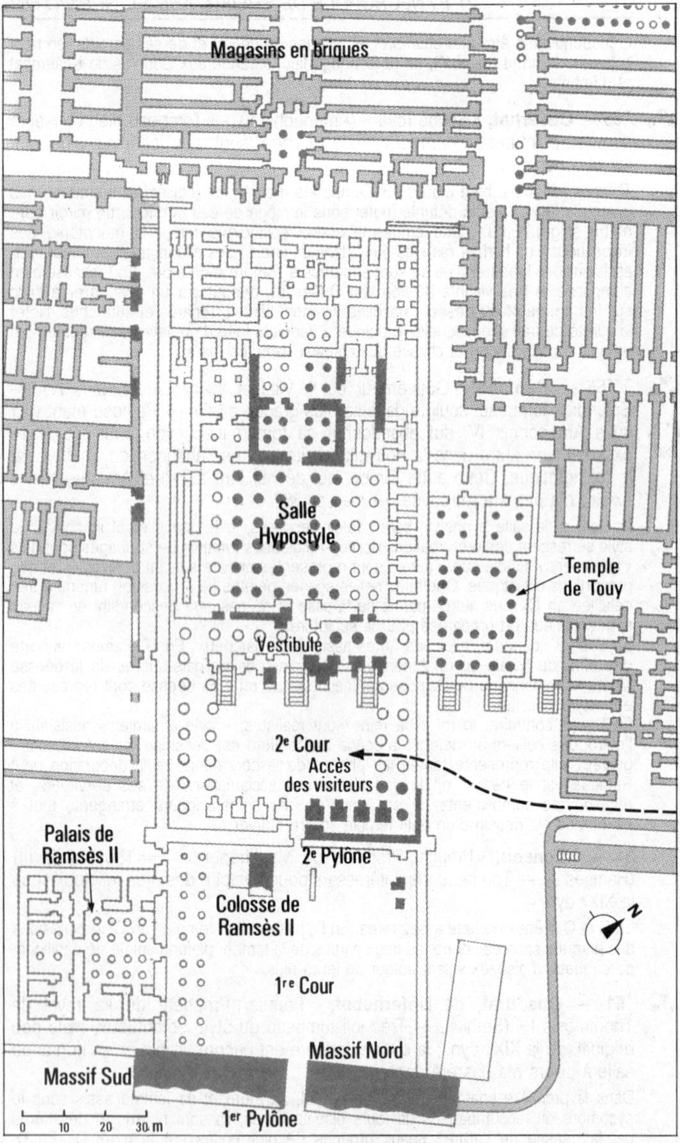
Magasins en briques
Salle Hypostyle
Temple de Touy
Vestibule
2e Cour
Accès des visiteurs
2e Pylône
Palais de Ramsès II
Colosse de Ramsès II
1re Cour
Massif Nord
Massif Sud
1er Pylône
0
10
20
30 m
N

Ramesseum

De l'autre côté de la route se trouvent encore quelques tombes ; vous pourrez aller voir les deux suivantes :

138 — Nedjemger, « Inspecteur des Jardins » (du Ramesseum) dans les États d'Amon » (Ramsès II). — Joli tombeau de bon style.

Paroi B : au registre sup., l'offrande à des dieux en forme de stèles singulières surmontées d'emblèmes bizarres : deux uraeus encadrant un œil d'Horus, quatre plumes dressées, etc. ; au registre inférieur, un jardin derrière le temple (représenté par son pylône) avec un canal, des arbres, et un chadouf, analogue à ceux qu'on peut voir au bord du Nil et des canaux, pour élever l'eau. En C', jolie scène de la déesse-arbre offrant des mets à Nedjemger.

259 — Hory, « Scribe de tous les monuments de l'État d'Amon et Chef des dessinateurs dans la maison de l'Or des États d'Amon » (ramesside). — Tombeau très abîmé mais de style original fourmillant de détails rares.

Nous voyons tout de suite dans cette tombe, par le choix des motifs, par l'exécution soignée et souple, plus de fantaisie que dans les autres.
Bandes d'hiéroglyphes (entre les deux registres, sous la frise, au plafond), frises florales en B', à têtes d'Horus stylisées au-dessus de la niche en D.

21 G — Ramesseum et ruines voisines

Le Ramesseum, ainsi nommé depuis le siècle dernier, est le temple funéraire de Ramsès II. Il s'élève à env. 500 m au S.-E. de la colline de Cheikh Abd el-Gourna, à la lisière des terres cultivées. C'est une magnifique construction, aujourd'hui très ruinée mais ayant grandement émerveillé les anciens, comme on s'en rend compte, par exemple, par la fameuse description du tombeau d'Osymandias[1] due à Diodore.
Il se compose de deux vastes cours ayant chacune son pylône, d'une grande salle hypostyle ou salle des apparitions, de trois salles hypostyles plus petites et d'un sanctuaire à quatre colonnes : autour de ces diverses chambres à colonnes, une série de petites chambres et de cryptes.

Le **1er pylône** (larg. 68 m) est encore en partie debout mais très dégradé. La face interne, découronnée de ses assises supérieures, offre dans ses parties conservées une vaste surface décorée de scènes militaires que l'on peut mieux voir lorsque la lumière devient frisante. Il s'agit de deux campagnes de Ramsès II contre les Hittites et les Syriens confédérés en l'an V et l'an VIII. La première, qui constitue également le sujet de la décoration du pylône de Lūqsor, d'une partie de l'extérieur du mur S. de la salle hypostyle de Karnak et de la paroi N. du pronaos du temple d'Abū Simbel, est connue sous le nom de **bataille de Qadech** : elle sert de thème au fameux poème de Pentaour.

Massif N. : Représentation des forteresses syriennes (on en compte 16, dont 2 fragmentaires dans l'état actuel) prises par Sa Majesté en l'an VIII, dit une courte légende qui se trouve sur chacune d'elle et qui se termine par leur nom. Devant chacune de ces forteresses, un groupe de trois captifs, ligotés et bâtonnés par un Égyptien, donne le sens de cette scène.

Au milieu : tableau représentant à la fois l'armée égyptienne en marche, le camp et le combat. Le camp forme le centre du tableau. Retranchés dans un carré palissadé

1. Forme grécisée d'Ousermaâtré, prénom de Ramsès II.

avec les boucliers, les Égyptiens vaquent aux nombreuses occupations de la vie de camp : cuisine en plein vent, soins donnés aux montures, piquets de garde et autres corvées ; un dessin sommaire y figure la tente royale. A dr., à g. et au-dessous du camp, l'infanterie en marche encadre deux escadrons de chars ; au-dessus, une véritable mêlée de chars et de fantassins dans laquelle les Hittites ont visiblement le dessous.

A dr. : **Ramsès II,** trônant sur un tabouret aux armes royales, et entouré de ses porte-éventails et de ses flabellifères, tandis que son char et son écuyer l'attendent, harangue les chefs de l'armée et leur reproche de l'avoir abandonné pendant l'action. Au-dessous, des soldats égyptiens bâtonnent les espions ennemis. Tout le champ qui s'étend au-dessus du tableau est occupé par un texte de 25 lignes contenant un récit sommaire de l'événement.

Massif S. : — A dr., Ramsès II, sur son char, à la tête de ses escadrons, poursuit les Hittites, dont les derniers rangs sont en complète déroute. Les habitants de Qadech, entourant le char du roi des Hittites, s'avancent vers Ramsès, prêts à se soumettre. Sous le char de Ramsès, coule l'Oronte où roulent les chars et les cadavres de l'ennemi ; les chars qui ont échappé au massacre galopent vers la ville où l'infanterie s'est retranchée.

A g., les escadrons hittites chargent dans la direction de la ville. Sur les deux montants de la porte (même face), d'un côté le roi armé de la hache et saisissant par leur chevelure un groupe de captifs, « les chefs des pays du Sud et du Nord » ; de l'autre, le roi, appuyé sur son sceptre, « surgissant comme Rê du sanctuaire qui est dans le temple » ; les porte-éventails et les flabellifères l'acclament.

La **1re cour,** à peu près carrée (56 m de large sur 52), est très ruinée. Elle était limitée au S. par une double rangée de colonnes servant de portique au **palais,** au N. par une rangée de piliers osiriaques, à l'O. par le 2e pylône. En avant du 2e pylône, presque entièrement ruiné, et à g. du portail, une **statue colossale de Ramsès** en syénite représentait le roi assis ; ses débris couvrent tout un côté de la cour ; le piédestal seul est resté en place. On a calculé que la statue entière, haute de plus de 17 m, devait peser plus de mille tonnes : la largeur du visage d'une oreille à l'autre devait être de plus de 2 m, celle de la poitrine d'une épaule à l'autre de plus de 7 m.

Le **second pylône** est presque entièrement détruit.
Sur la **face intérieure du massif N.** (le seul encore en partie conservé), sont représentées **deux grandes scènes.** La plus basse reproduit l'épisode déjà décrit du **combat contre les Hittites devant Qadech.** Ramsès, debout sur un char, lancé au galop à travers les cadavres qui jonchent les bords de la rivière, les rênes attachées à sa ceinture, bande son arc et fait pleuvoir ses flèches sur l'ennemi. Déjà Garbatousa, l'écuyer du roi des Hittites, Rabsoun, le chef des fantassins, et d'autres chefs dont les noms sont donnés, ont été percés de ses flèches. La rivière s'élargit et décrit un coude un peu avant d'entourer les murs de Qadech. Dans cette partie, les eaux charrient des masses de cadavres. Les ennemis s'efforcent de sauver quelques-uns des noyés ; sur l'autre rive, des soldats qui viennent de sauver un de leurs chefs le suspendent par les pieds, la tête en bas, pour lui faire rendre l'eau qui l'a suffoqué.

La scène supérieure représente une **fête agricole,** célébrée en l'honneur du dieu Mîn. A dr., le roi coupe avec une faucille une gerbe pour l'offrir au dieu. Devant lui, le taureau blanc, animal sacré du dieu, auquel le prêtre offre la gerbe ; la reine Néfertari assiste à la scène.
Séparé de ce tableau par un texte contenant une prière au dieu Mîn, un autre représente la **panégyrie en l'honneur du dieu.** Le roi est à dr., tourné vers les deux emblèmes du dieu, devant lesquels trois prêtres accomplissent un rite.

L'officiant, qui préside à la cérémonie, tenant à la main son rouleau de papyrus, dit : « Lâchez les oies ! » Les quatre oies qui portent les noms des quatre fils d'Horus, doivent, selon l'invocation du prêtre, voler vers les quatre points cardinaux et dire aux dieux du Midi, du Nord, de l'Orient et de l'Occident : « Horus, fils d'Osiris, a pris la double couronne ! Le roi Ramsès II a pris la double couronne ! ». Deux prêtres agitent chacun une lanière, probablement pour chasser les quatre oies. La procession s'avance sur deux sous-registres, un prêtre après l'autre, chacun portant sur ses épaules l'image d'un ancien roi, soit 14 au total, comprenant l'antique Ménès, un Mentouhotep de la XIe dyn., les rois de la XVIIIe, moins la reine Hatchepsout et les « hérétiques », enfin Ramsès I, Séthi I et Ramsès II lui-même.

La face interne du pylône est bordée d'une rangée de huit **piliers osiriaques.**

D'autres **piliers semblables** se dressent à l'O. de la **2e cour** et sont doublés par une rangée de dix **colonnes papyriformes** monostyles. Le **portique** était surélevé par rapport au niveau de la cour et l'on y accédait par trois escaliers. Dans les intervalles, entre les trois perrons conduisant au portique O., **restes de deux autres colosses** royaux (l'un en granit noir, l'autre en granit noir et rose), dont une très belle tête, magnifique portrait de Ramsès II.

La **salle hypostyle,** où l'on pénètre ensuite par les débris de trois portes en granit noir, mesure 41 m de large sur 31 m de profondeur. Les murs latéraux n'existent plus. Une **nef centrale** formée par deux rangées de 6 colonnes à chapiteaux campaniformes traverse la salle de porte à porte ; au N. et au S., trois rangées de 6 colonnes à chapiteaux papyriformes d'un diamètre moins fort et moins haut forment les bas-côtés. De ces 48 colonnes, 29 sont encore debout : elles sont décorées de tableaux représentant Ramsès et diverses divinités et portent encore une partie des plafonds, qui étaient peints en bleu constellé d'étoiles jaunes. Sur le mur E., au S. de la porte centrale, autre tableau militaire représentant le siège et la prise d'une forterese hittite. — Le soubassement du mur O. de chaque côté de la porte, est décoré d'une **double procession** représentant les **fils et filles de Ramsès** rangés par ordre de primogéniture : son successeur sur le trône, Mérenptah, est le 13e.

Des chambres qui formaient le fond de l'édifice, il ne reste que **deux vestibules hypostyles,** ayant chacun son plafond supporté par huit colonnes.
Le premier a son plafond décoré de tableaux astronomiques, avec les divinités des constellations principales, des étoiles, des décans, etc. ; aux murs, des tableaux représentent, à l'E., le transport de la barque d'Amon, à l'O., l'arbre symbolisant la vigueur et la durée de la race royale : les dieux Atoum à g., Thoth à dr., et la déesse Séchat au centre, inscrivent le cartouche royal sur les fruits.

Quatre colonnes de la chambre suivante subsistent. Les tableaux visibles sur les trois murs encore debout n'offrent rien de particulier.

La plus grande partie des constructions en briques appareillées en voûtes sont les dépendances du Ramesseum, comme on a pu s'en rendre compte par les empreintes des cartouches de Ramsès II sur les briques : on y a trouvé des débris de jarres contenant les vins et autres liquides employés dans le culte de ce roi.
Les dernières découvertes ont affirmé l'importance de ces dépendances qui s'étendent de trois côtés (N., O. et S.), et enserrent la masse du temple jusqu'à l'enceinte ; sans doute bâties au-dessus de ruines d'un temple antérieur, elles abritaient, entre autres services, une **école de scribes** ; des ostraca et des papyrus y ont été retrouvés.

21 H — Nécropole de Qurnet Mura'i

Le premier éperon rocheux que l'on rencontre en se dirigeant au S.-O. du Ramesseum, et qui porte le nom de Qurnet Mura'i, contient un grand nombre d'excavations, pour la plupart moins anciennes que celles de Sheikh 'Abd el-Gurna, mais infiniment plus dégradées. Ces tombes sont très petites et, comme beaucoup d'autres de la nécropole thébaine, elles sont décorées de peintures exécutées sur simple crépi, la nature friable de la roche n'ayant pas permis de la sculpter.

273 — Sayemitef, «Scribe des États de son Maître» (ramesside). — Petit tombeau avec des détails uniques dans les scènes rituelles.

Noter en A', un dessin ébauché sur un autre ; deux thèmes se superposent et prouvent peut-être une usurpation ou un remaniement important ; en B', un prêtre noir, dans une **scène d'adoration à la déesse Sekhmet**. En D, enfin, une très jolie scène de **défunts agenouillés** à côté du bassin sacré où s'abreuvent leurs oiseaux-âmes.

****40 — Amenhotep,** plus connu sous son second nom de **Houy,** «Vice-roi de Kouch, Gouverneur des pays du Sud» (Aménophis IV, Toutânkhamon). — Déjà très endommagé à l'époque où le virent Champollion et Wilkinson, ce tombeau a encore longtemps subi les outrages auxquels furent exposés les tombeaux utilisés comme habitation jusqu'au début de ce siècle. Seule la première salle est décorée. → *plan p. 582.*

Les plafonds sont bien conservés : on y lit les noms et titres de Houy-Amenhotep. En B, le défunt assis ; devant lui, barques dont l'une remonte, et l'autre redescend le Nil. Des officiers et des serviteurs lui apportent des offrandes, entre autres objets des miroirs. Le défunt assiste à la pesée de l'or. Les noms de quelques fonctionnaires sont donnés, entre autres celui du scribe de l'or Néferouhor : plus loin, remorquage d'une barque. — Au tournant, en C, fausse porte : au-dessus, le défunt fait l'offrande à Osiris et à Anubis.

La paroi D est particulièrement intéressante : le roi Toutânkhamon sous son dais assiste à l'apport de tous les trésors des pays du Sud que dirige Houy ; représentation curieuse d'un village africain planté de palmiers-doum. — La paroi D' est très mutilée ; on y voit le même roi recevant le tribut des pays du Nord. La fausse porte en C' nous montre le défunt recevant l'offrande. — Sur la paroi B', Houy introduit par le ministre du Trésor auprès du roi, et accompagné des gens de sa suite courbés par le respect, reçoit du roi le gouvernement des pays du Sud et en est félicité par les subalternes. En G, Osiris assis, et un long texte.

****278 — Amenemheb,** «Berger d'Amon-Rê» (ramesside).

En B et C, funérailles, seulement dessinées, en gris sur le pisé gris. — Notez la technique, les couleurs employées, très différentes de ce que nous connaissons aux époques antérieures. En D, adoration à la vache Hathor, protectrice de la nécropole ; en D', très jolies scènes des **offrandes à Osiris** ; quatre grandes barques funéraires au 1er reg.

****277 — Amenemenet,** «Père Divin de la maison d'Aménophis III» (ramesside). — Tombeau contenant des scènes très rares.

En B, longue **procession de statues de bois,** peintes en noir, d'Aménophis III et de la reine Tiyi, traînées par un cortège de prêtres. La procession se dirige (en C) vers un bassin où les statues seront posées dans un naos, sur une barque traînée par une autre barque : il s'agit de la sortie du temple des statues et de leur promenade sur le lac sacré.

Une deuxième scène représente, en D, la vache Hathor, accompagnée des souverains protecteurs de la nécropole, tous adorés par le défunt.

La troisième scène, la plus curieuse, nous fait assister, après les funérailles très complètes (aménagement de la tombe, offrandes, adieux aux momies, etc.) à l'acte ultime de ces funérailles, en D, la descente de la momie dans le caveau tout proche : cette scène est jusqu'à présent unique dans la nécropole. En B', C', D', autres scènes de culte.

Au sommet de la colline de Qurnet Mura'i, vestiges d'un couvent copte.

21 I — Village, nécropole et temple de Deir el-Médina

Entre la colline de Qurnet Mura'i et la falaise thébaine, au S.-O. de Sheikh 'Abd el-Qurnā, une petite vallée abrite les restes d'un village habité jadis par les ouvriers de la vallée des Rois. Sur le flanc de la colline s'étagent des rangées de tombes, principalement des XIXe et XXe dyn., tandis qu'au N.-E. du village, sur le chemin des nécropoles civiles, une sorte de col est occupé par un petit temple d'époque ptolémaïque.

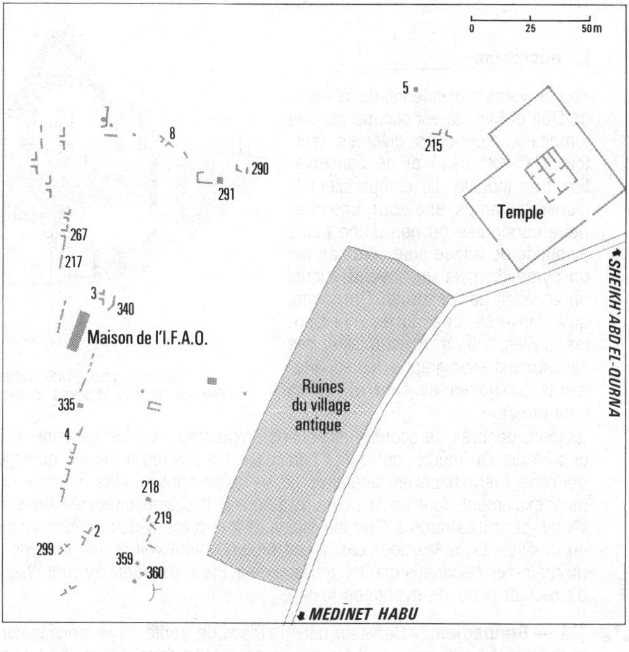

Deir el-Médina : schéma d'orientation d'après Porter-Moss

Le village

Dès la XVIIIe dyn. vivait là « l'Équipe de la Tombe », c'est-à-dire toute une population de carriers, de maçons, de graveurs, de sculpteurs et de peintres, tous travailleurs de la nécropole royale, à laquelle un sentier les conduisait directement, en escaladant les crêtes de Deir el-Baḥari dans la partie S., la plus accessible (1 300 m env., en ligne presque droite).

Entourées d'une **enceinte** qui fut fondée par Thoutmosis I, puis agrandie et remaniée plusieurs fois par la suite, **les maisons du village** sont entassées les unes contre les autres de part et d'autre d'une rue principale orientée N.-S. : demeures très simples de travailleurs modestes, elles sont très petites ; la plus grande pièce est la **pièce d'entrée** qui contient une sorte de tribune d'environ 2 m sur 1,20 m à 90 cm du sol, à laquelle on montait par trois ou quatre marches ; une **seconde chambre,** plus petite, et une **cuisine,** composaient toute la maison ; quelques départs d'escaliers prouvent l'existence de **caves** ou de **terrasses,** mais toutes les habitations n'en possèdent pas. Les maisons étaient bâties en brique séchée, les murs intérieurs crépis et blanchis à la chaux. Quelques-unes (très peu) étaient décorées de peintures malheureusement très endommagées ; une des principales est celle de Sennedjem.

La nécropole

Tout le versant occidental de la vallée de Deir el-Médina est occupé par des tombeaux d'époques diverses (surtout XIXe-XXe dyn.) et de conservation très inégale. Ils comportaient la plupart du temps, une **cour**, une **chapelle** surmontée ou non d'une petite pyramide de brique crue sommée par un pyramidion, et un **caveau** auquel on accédait par un **puits.** On notera, qu'à l'inverse des autres nécropoles civiles, où la quasi-totalité des caveaux est anépigraphe, les appartements funéraires de Deir el-Madina sont presque toujours décorés de scènes religieuses empruntées le plus souvent au Livre des Morts. De même, autre trait particulier, les scènes de la vie quotidienne qui ornent les chapelles funéraires de ce qu'on appelle « les nobles » et qui, paradoxalement, font de la peinture funéraire thébaine quelque chose de si vivant, sont très rares à Deir el-Madina et font place à des scènes cultuelles ou rituelles. Dans les deux cas, il faut probablement voir là une influence des programmes décoratifs que les artisans de la Place de Vérité avaient l'habitude d'exécuter dans les hypogées royaux.

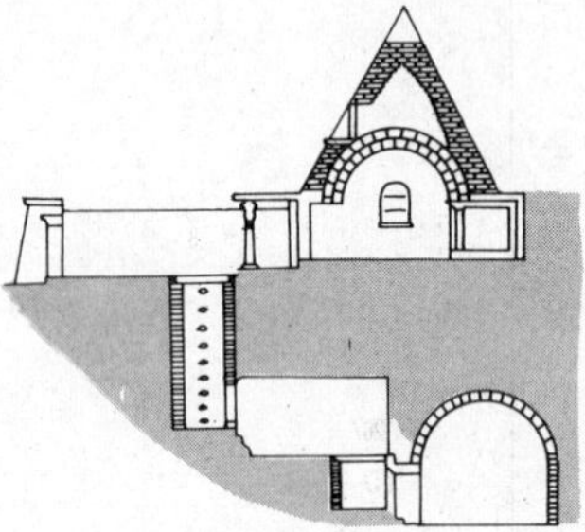

Coupe-type d'une tombe de Deir el-Médina, d'après B. Bruyère

1 — **Sennedjem, « Serviteur dans la Place de Vérité » (= fonctionnaire de la nécropole ; XIXe dyn.). — La chapelle, aménagée dans le massif d'une petite pyramide de brique crue, est très ruinée et l'on ne visite que le caveau, découvert intact en 1886 *(→ mobilier au musée du Caire, 1er ét., salle 17).*

Mur N. (large panneau en face de l'entrée), Osiris gainé de blanc, la face et les mains vertes, dans un naos à fond blanc; Sennedjem agenouillé devant lui; de chaque côté Anubis, à dr. préparant la momie, à g. conduisant le défunt. Mur E., image des champs d'Ialou, très complète. Mur O., Sennedjem et sa femme adorent un naos qui abrite douze divinités. Mur S., à dr., la momie veillée par Isis et Nephthys, sous forme d'oiseaux; à g., divinités dans leurs naos rituels; au reg. inf., les membres de la famille assis.
Beau plafond dont les caissons portent des vignettes de chapitres du Livre des Morts; notez dans le coin N.-E. le couple des défunts désaltérés et nourris par Nout, dont le corps se confond avec le tronc du sycomore dont elle est la déesse.

****359 — Inherkhâou,** «Chef d'Équipe du Maître du Double-Pays dans la Place de Vérité» (Ramsès III, Ramsès IV). — Belle tombe d'un style très particulier où l'on sent peut-être plus la «main» d'un artiste que l'art d'une époque (la XXe dyn.) Elle fut découverte au siècle dernier par Lepsius, qui emporta un fragment de paroi à Berlin, puis reperdue avant d'être retrouvée par Bruyère.

Le caveau comporte **deux salles voûtées.** La première, en assez mauvais état, est surtout remarquable par son beau plafond à huit caissons de motifs variés (notez les lucarnes). Sur la paroi, à dr. de l'entrée, restes d'une double rangée de souverains et de princes divinisés parmi lesquels, au reg. inf., il semble que figurait aussi **Amenhotep,** fils de Hapou. Au-dessus du passage conduisant à l'autre pièce du caveau, jolie représentation du **défunt** qui, officiant à tête rasée, **offre des volailles** sur des autels à feu.
Les parois de la seconde salle sont décorées d'une trentaine de scènes vivement colorées (17 à g., 14 à dr.), réparties sur trois registres de chaque côté. Ce sont presque toujours les vignettes d'autant de chapitres du Livre des Morts : il est frappant de voir que l'image a presque complètement remplacé le texte qu'elle devait illustrer, la formule se réduisant la plupart du temps à son titre. Notez, à g., **le défunt adorant le phénix** ou le faucon d'or, le chat d'Héliopolis tuant Apopis, et, au reg. inf., le harpiste aveugle psalmodiant son fameux chant; à dr., le défunt adorant les lions de l'horizon (Hier et Demain) ou quatre chacals noirs et enfin, au reg. inf., le groupe familial d'Inherkhâou, de sa femme et de leurs petits-enfants.

***2 — Khâbekhenet,** «Serviteur dans la Place de Vérité» (Ramsès II). — Tombeau intéressant car il nous donne la chapelle complète et classique, quoique de style médiocre, et le caveau.

La **chapelle** était connue depuis plus d'un siècle et les scènes principales détachées et transportées au musée de Berlin; il reste peu de chose en place : en B, représentation d'une **avenue de criosphinx : B', procession de la statue d'Aménophis I** en palanquin. Deux groupes de statues de chaque côté de la porte. En X, deux groupes de statues entourant une vache Hathor.
Le **caveau** fut découvert seulement en 1917, avec son entrée séparée (ce qui a fait hésiter quelque temps à le reconnaître comme étant le caveau du tombeau de Khâbekhenet). Scènes funéraires dont la plus curieuse est, à la paroi S., l'embaumement par Anubis d'un gros poisson qui tient la place de la momie. A la paroi N., c'est l'embaumement classique. Parois N.-O. et S.-O., scènes d'adoration à des dieux dans des naos. Aux parois N. et S., les figures d'Isis et Nephthys ailées et agenouillées forment un motif décoratif pour combler l'espace entre les tableaux des parois et l'arc de la voûte. Scènes mythologiques à la voûte.

***3 — Pached,** «Serviteur dans la Place de Vérité à l'Ouest de Thèbes» (ramesside). — Scènes funéraires habituelles dans le caveau; à droite de l'entrée, noter une scène très fraîche de couleurs : Pached se désaltérant sous un grand palmier-doum.

***217 — Ipouy,** « Sculpteur » (Ramsès II). — Assez grande chapelle où les scènes de la vie quotidienne fourmillent de détails pittoresques.

B, construction de bateaux, scène de blanchissage ou teinturerie ; B', scènes agricoles : chèvres et chevreaux (jolies attitudes, une tête de face), vendange, pêche, moisson, marché, retour de la chasse au désert, etc. En C, banquet funéraire. En C', grande scène de la préparation du mobilier funéraire ; sarcophages, bustes funéraires, cercueils, objets votifs, etc. (notez l'épisode de l'oculiste qui vient enduire de collyre les paupières d'un ouvrier). Nous sommes dans la tombe d'un sculpteur et il se pourrait que ces scènes aient été inspirées de l'atelier d'Ipouy lui-même.

5 — Néferâbet, « Serviteur dans la Place de Vérité à l'Ouest de Thèbes » (ramesside). — Petit tombeau à pyramide dont seul le caveau subsiste en bon état.

Deux salles aux parois couvertes de scènes mystiques où l'on remarquera, dans la 1re salle, deux longues théories d'orants (les membres de la famille de Néferâbet) marchant vers le N. ; à l'O. ils adorent Horakhty, à l'E., Hathor ; **2e salle,** les parois sont divisées en panneaux, la voûte aussi, mêmes scènes d'adoration à des dieux funéraires. Au S.-O. de la voûte, curieuse scène de purification du défunt par Horus et Thoth, représentant les deux Égyptes (N. et S.). Au N., les sarcophages des défunts représentés côte à côte (ce qui fait qu'on aperçoit du second que son contour supérieur) entourés de signes d'éternité.

Le temple

C'est un joli spécimen de l'architecture égyptienne sous les Ptolémées ; c'est surtout l'**unique exemple d'un temple ayant conservé à peu près toutes ses dépendances**, c'est-à-dire son mur d'enceinte et ses magasins. Cet état de conservation, il le doit au fait que, parfaitement adapté aux besoins des moines chrétiens, il fut employé tel quel par eux comme habitation (d'où son nom de Deir el-Médina, « le couvent de la ville »), sans avoir eu à souffrir d'autres dommages que la mutilation inévitable de quelques bas-reliefs.

Fondé par Ptolémée IV Philopator et consacré aux déesses de la nécropole, Hathor et Maât, et aussi aux grands personnages divinisés Imhotep et Amenhotep fils de Hapou, il a été continué sous Ptolémée VI Philométor et Ptolémée VIII Évergète II ; sa décoration, reprise sous Ptolémée XII, est restée néanmoins inachevée.

Franchissant un **portail** en grès gravé aux cartouches de Néos Dionysos (scènes d'adoration à plusieurs divinités), on pénètre dans une **cour** mesurant 48 m sur 50, s'adossant presque à la montagne, et dont le mur d'enceinte est formé d'assises en briques crues légèrement infléchies, selon le procédé courant des Égyptiens. À dr., restes d'anciennes chambres faisant partie des communs de l'édifice ; à g., une petite porte de sortie.

Le **temple,** qui n'est pas exactement au milieu de la cour, est un petit édifice en grès de 15 m de profondeur sur 9 m de large, comprenant une petite salle hypostyle, un pronaos et trois petites chapelles.

La **façade nue,** mais couverte de graffitis grecs et coptes, a sa **porte** dans l'axe du portail d'enceinte ; les cartouches des scènes d'adoration y sont mutilés.
La **salle hypostyle** dont le plafond, en partie disparu, était supporté par deux colonnes à chapiteaux composites, n'a pas été décorée.
Vient ensuite un **pronaos** séparé de la première salle par deux murs d'entre-colonnement qui relient deux piliers hathoriques, encadrés par les symboles héraldiques de la Haute et de la Basse-Égypte, à deux jolies colonnes à chapiteaux

composites, sur lesquelles figurent, au-dessus des entrecolonnements, Imhotep (à g.) et Amenhotep fils de Hapou (à dr.) divinisés. Ce pronaos est décoré de **scènes d'adoration** où l'on voit Ptolémée VI Philométor en présence de diverses divinités; sur l'architrave du portique, représentation des Quatre Vents. A g., un **escalier** qu'éclaire une fenêtre très élégante, divisée en quatre compartiments par trois colonnettes, conduisait à la terrasse; à dr., le roi brûle l'encens devant la vache Hathor, sur sa barque qu'abrite un dais richement décoré.

La **chapelle centrale,** dont la porte est surmontée de 7 têtes d'Hathor, est décorée de **scènes d'offrandes** où les rois représentés sont Philopator, puis Évergète II et Cléopâtre; intérieurement, sur le linteau de la porte, les Quatre Singes d'Hermopolis, deux fois représentés en adoration devant le scarabée et, sur les côtés, quatre divinités à tête de taureau devant une table d'offrandes : les deux de dr. sont Apis et Mnévis.

La **chapelle de dr.** est également décorée de **scènes d'offrandes,** où l'on voit Ptolémée IV Philopator en présence de plusieurs divinités. Au-dessus de la porte, Sahou (Orion), et Sothis (Sirius) sous la forme d'une vache.

La **chapelle de g.** a son **caractère funéraire** bien marqué par la **scène du jugement de l'âme** représentée sur la paroi O. La scène est très complète, comme on la trouve sur les papyrus ou dans les tombes. Sa présence dans un temple s'explique par le fait que ce temple est dédié en partie à deux mortels divinisés et à Maât. Sur la paroi opposée, **Ptolémée VIII Évergète II offre l'encens** au dieu Anubis vêtu d'un curieux manteau à franges et tenant le disque vert (le Soleil mort), à Min ithyphallique et à la barque de Sokaris. Sur le linteau de la porte, Osiris, sous la forme du bélier à quatre têtes, entre quatre déesses, Hathor, Maât à g., Isis et Nephthys à dr. Sur les montants, le roi et les Ames de Nékhen d'un côté, le même et les Ames de Pé de l'autre, poussant les acclamations que doit entendre le Soleil lorsqu'il apparaît sur sa barque.

Sur le côté g. s'appuie contre le temple une **salle voûtée** en brique qui paraît avoir servi de **magasin.**

•→ Dépassant le temple, vous pouvez aller voir, à env. 200 m N.-E., ce que les égyptologues appellent **«le grand puits»,** énorme cratère de 42 m de profondeur.

Circulaire d'abord (35 m de diamètre), carrée ensuite (12 m de côté), cette excavation possédait un escalier antique qui a été retrouvé au cours des fouilles. On a recueilli au fond quantité d'**ostraca,** écrits ou figurés (plus de cinq mille), **tous ramessides,** de la XIXe ou de la XXe dyn., précieux pour l'histoire de la langue et de la population, et quelques objets de céramique. Il n'y avait aucun document d'une autre époque.

21 J — La vallée des Reines

La vallée qui abrite les tombeaux des Reines, communément appelée Bibān el-Harim ou Bibān es-Sulṭānāt, est un défilé s'enfonçant dans la chaîne libyque à env. 1 500 m au S.-O. de la vallée des Rois.

On connaît aujourd'hui près de 80 tombes mais l'étude exhaustive de la vallée, entreprise il y a quelques années, en révélera peut-être d'autres. Elles sont loin de présenter toutes le même intérêt; beaucoup sont inachevées, d'autres sont très dégradées, et leurs parois noircies portent parfois même des traces d'incendie. Mais celles qui ont été finies et que le temps a préservées offrent des peintures aux coloris frais et aux détails soignés, dans le style conventionnel de la fin du Nouvel Empire (elles sont presque toutes de la XIXe ou de la XXe dynastie).

Visite : t.l.j. de 6 h 30 à 19 h.

Peu avant d'arriver à la vallée, on passe devant quelques **stèles commémoratives des campagnes de Ramsès III** ; le roi est représenté sur chaque stèle, en présence de divinités funéraires ou du dieu Amon.
Sur des rochers, çà et là, quelques inscriptions de la XIXe et de la XXe dyn. contiennent des formules d'adoration aux dieux des morts : Osiris, Anubis, etc.

42 — Pra-her-Oumenef, fils de Ramsès III.

En même temps que les reines, la vallée abrite les sépultures des fils de rois morts dans l'enfance. Ramsès III n'a pas moins de quatre fils enterrés dans cette nécropole : les jeunes princes y sont représentés plus petits de taille que les adultes, mais avec les mêmes proportions, selon l'habitude du dessin égyptien. Ce tombeau est décoré de la figure du jeune prince le plus souvent avec le roi, quelquefois seul, et quelquefois avec le roi et la reine, devant des divinités : Ptah, Merséger, Geb, Osiris, Maât, etc.

44 — Khâemouaset, fils de Ramsès III. — Le plan de ce tombeau est celui d'une **tombe royale en réduction** ; deux corridors successifs mènent à une petite salle qui en commande deux autres ; reliefs coloriés admirablement conservés : scènes d'adoration aux divinités par le jeune prince défunt et le roi ; dans les deux **chambres latérales** du premier corridor, **le jeune prince est seul pour faire l'offrande** aux dieux ; sur les parois du second corridor, il est accompagné du roi Ramsès III qui le présente aux divinités gardiennes des régions infernales.

52 — Reine Tjiti, probablement épouse de l'un des Ramsès de la XXe dyn. — Ce tombeau est assez bien conservé ; il se compose d'un couloir précédant une grande chambre et de trois petites chambres, disposées sur plan cruciforme. La décoration y est en relief sur le calcaire de la roche ; les couleurs, posées sur un stuc très léger, y ont souffert, principalement dans le couloir qui a longtemps servi d'abri aux âniers.

Couloir. De chaque côté, la déesse Maât agenouillée et ouvrant ses bras ailés ; **la reine Tjiti** porte la tresse de l'enfance (peut-être est-elle morte avant l'avènement de son mari au trône), elle **adore plusieurs divinités,** Ptah dans son naos, Harmakhis à g., Thoth et Atoum à dr., puis les quatre génies funéraires, deux à g. et deux à dr., enfin Isis (à g.) et Nephthys (à dr.). La reine est peinte avec des chairs roses ; vêtue d'une robe transparente, elle est coiffée d'un diadème d'apparat.
Première chambre. Avant d'entrer, les déesses Neith (g.) et Selqît (dr.) ; aux parois : dieux et déesses ; paroi du fond, la **reine offrant** d'un côté **les sistres** et de l'autre **les emblèmes** de l'Égypte du Sud et du Nord aux quatre génies funéraires.
Chambre de dr., paroi du fond : la reine s'avançant vers l'Amentit, montagne en avant de laquelle est placée la vache Hathor sur son socle ; **la reine fait l'offrande** à cette déesse également représentée avec ses traits féminins dans son arbre sacré ; sur les autres parois, divinités funéraires.
Chambre du fond, sur les parois N.-E. et S.-O. divinités disposées en deux registres ; devant chacune est déposée l'offrande qu'elles reçoivent pour en faire part au mort ; la paroi du fond représente Osiris assis entre Neith et Selqît à dr. ; Nephthys et Thoth à g.
Chambre de g., qui contient le **puits** : à g. et à dr., **la reine faisant l'offrande aux quatres génies funéraires** ; la paroi du fond est entièrement ruinée.

●●● ***55 — Amon-her-Khepechef,** fils de Ramsès III. — La décoration de ce tombeau est d'une remarquable intensité de couleurs.

La **première salle** nous montre **le jeune prince** défunt, accompagné par son père dans la plupart des scènes, **devant différentes divinités** : Thoth, Ptah, les divinités protectrices des canopes : Amset, Hapi, Douamoutef, Qébehsénouf. La chambre suivante est décorée entièrement de motifs empruntés au Livre des Portes. Les salles latérales sont fermées; elles n'étaient pas décorées. La chambre du fond contient encore le sarcophage de granit et une petite vitrine abritant les restes d'un enfant né avant terme.

66 — **Reine Néfertari, femme de Ramsès II. — C'est le plus beau tombeau de cette nécropole. Le plan en est plus compliqué que celui des autres tombes de reines : c'est presque celui d'une tombe de roi.

Ce tombeau est fermé en vue d'une restauration complète car des infiltrations d'eaux souterraines et des mouvements de terrain compromettaient gravement sa bonne conservation.

Les scènes en relief peint sont d'un style conventionnel mais très soigné. Le plafond est un ciel étoilé.

On descend dans la **première salle** par un large escalier à rampe centrale. Cette salle est entourée en partie d'une **banquette destinée à recevoir les offrandes**; au-dessus de cette banquette, le texte du chapitre XVII du Livre des Morts est surmonté par la longue «vignette» qui l'illustre, **succession d'images aux vives couleurs** : la reine jouant au zenet sous un baldaquin, la reine sous la forme d'un oiseau-âme à tête humaine adorant le soleil qui apparaît entre les lions Hier et Demain, le grand héron cendré du benou de Rê («l'âme» du Soleil dont les Grecs ont fait le Phénix), la momie pleurée par Isis et Nephtys sous forme de faucons...

Dans la partie qui précède la 2e chambre les parois représentent encore **la reine avec différents dieux** : Osiris, à qui elle offre une image de Maât, Horakhty et la déesse de l'Amentit qu'elle implore, Isis qu'elle précède pour se présenter à Khépri,

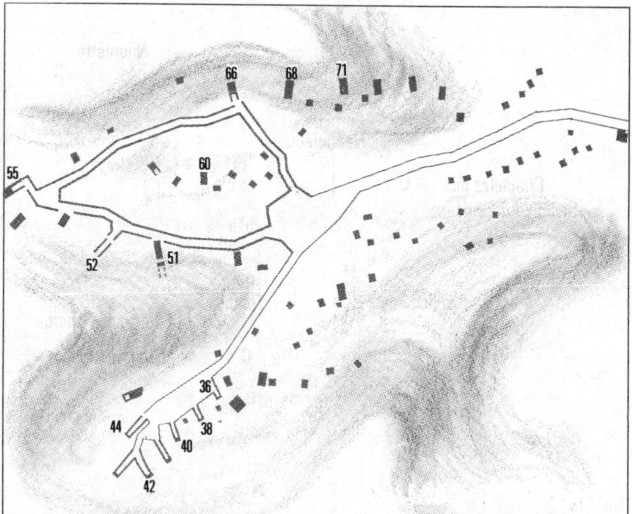

Vallée des Reines

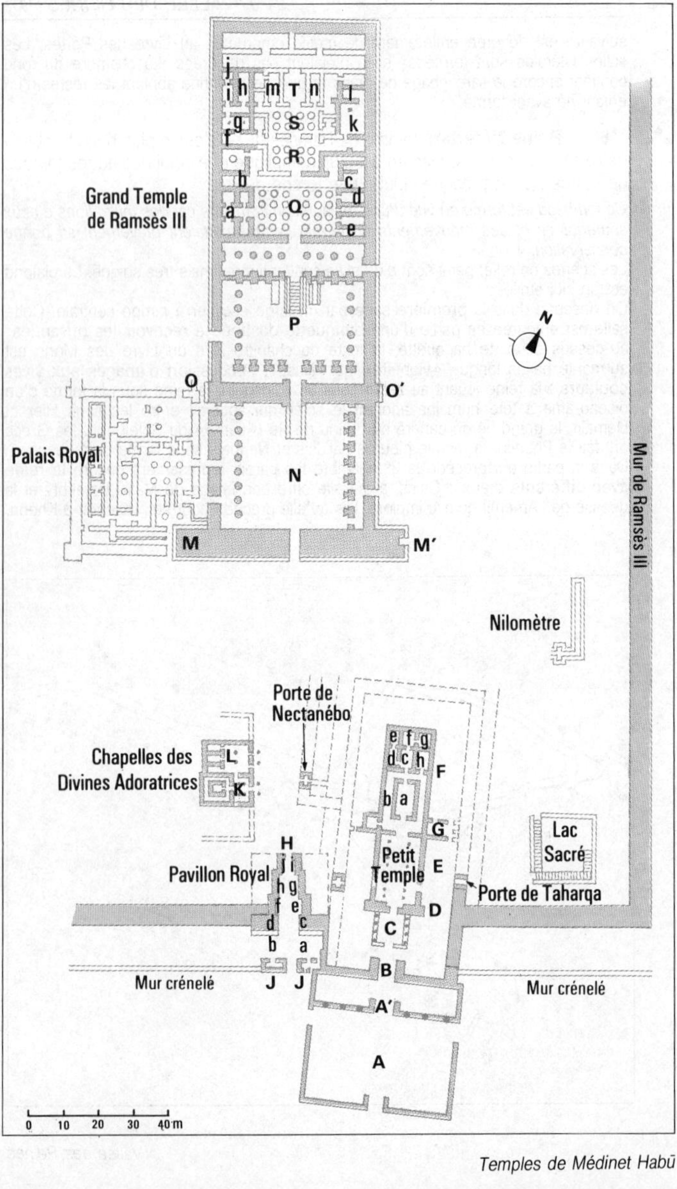

Temples de Médinet Habū

le dieu-scarabée, une des personnifications du soleil, Selqît seule sur un petit panneau, au N.

La **deuxième chambre** est ornée de ces mêmes thèmes mythologiques : des **représentations de dieux, soit seuls, soit avec la reine** qui les adore (Atoum et Osiris, Geb, les sept vaches célestes et le taureau sacré) ou leur fait offrande (la reine présentant à Thoth un écritoire, offrant des étoffes à Ptah). Mêmes scènes encore sur les parois de l'**escalier** qui mène de la première salle à la troisième, sur l'architrave de la porte, la déesse Maât déployant ses larges ailes.

Cette **troisième salle,** à quatre piliers, renferme le **sarcophage de la Reine** ; les parois la représentent priant devant les gardiens des « portes ». Les quatre piliers représentent aussi des divinités que la reine adore, le prêtre des morts vêtu de la peau de panthère, et Osiris, le dieu des morts. Les trois petites chambres qui s'ouvrent sur la grande salle sont en très mauvais état.

21 K — Temples et ruines de Médinet Habū

Au S. de la nécropole thébaine et à 1 500 m environ au S.-O. du Ramesseum, se dresse, non loin de la colline de Qurnet Mura'i, l'ensemble de ruines le plus considérable après celui de Karnak. Il tire son nom, Médinet Habū, d'une petite ville d'époque chrétienne (mentionnée dans les documents coptes sous le nom de Djémé) qui s'élevait en grande partie dans l'enceinte même du temple et dont la population se réfugia plus au S., notamment à Esna, au moment de l'invasion arabe.

Médinet Habū dans l'histoire

Médinet Habū, entièrement désert depuis, n'était plus pour les fellah qu'une carrière d'où la pierre s'extrayait toute taillée et qu'un gisement de sebakh. Depuis, les fouilles successives ont permis de dégager le temple et d'explorer l'intérieur de l'enceinte.

Toute la partie S.-O. de celle-ci a livré le plan des palais successifs que les pharaons ont habités. Il y a les traces de trois plans différents. Les murs du plus récent ont été remontés à 1,50 m environ.

A côté du palais, toute une ville s'étendait, pour le personnel du temple et de la demeure royale : il ne reste sur le sol que des traces qui en donnent le plan. On a retrouvé pourtant, parmi les maisons, celle de Boutehamon, l'inspecteur de la nécropole royale sous la XXIe dyn. au moment du procès des violateurs de tombes.

De l'autre côté de l'enceinte du temple s'éleva plus tard la ville copte de Djémé qui fut florissante aux VIIe et VIIIe s. Les papyrus qui y furent découverts donnèrent des renseignements précieux sur la conquête arabe et ses premières institutions.

Le site

Médinet Habū comprend d'une manière générale deux groupes d'édifices principaux : le **temple des Thoutmôsis ; le « pavillon Royal »** et le **temple de Ramsès III.** Aucun de ces deux groupes ne peut être considéré comme l'œuvre d'une seule et même époque ; d'importantes annexes, au contraire, dans l'un et l'autre, portent des dates très postérieures à celles des édifices principaux.

L'ensemble des constructions de Médinet Habū est entouré d'une épaisse **muraille de brique crue,** datant de Ramsès III ; elle subsiste dans sa plus grande partie. Ouverte au niveau du temple des Thoutmôsis pour laisser la place à diverses constructions ajoutées à ce temple à partir du règne de Chabaka jusqu'à l'époque romaine, elle est doublée au S. d'un **mur crénelé** également interrompu par l'avancée des constructions de Basse-Époque.

Le pavillon Royal de Ramsès III

Constituant l'entrée principale dans la grande enceinte de Ramsès III, cet édifice porte un nom qui n'est plus guère usité aujourd'hui que par la force de l'habitude. Si, en effet, on le considéra longtemps comme le type unique qui nous eût été conservé de l'architecture civile égyptienne, on s'accorde aujourd'hui à y reconnaître en réalité une **porte d'entrée triomphale, d'un caractère tout militaire** et imité des forteresses asiatiques dont Ramsès III avait fait le siège.

Avec ses étages percés de petites fenêtres, son couronnement crénelé, sa porte centrale, dont l'ébrasement forme des redans, et l'espèce de poterne s'ouvrant entre deux tours basses également crénelées (**J-J.**) qui semblent garder le mur extérieur, cet édifice, ou **Migdol**, rappelle les citadelles représentées dans les scènes de batailles dont le grand temple de Ramsès III offre de notables exemples. Le caractère franchement militaire du pavillon est encore accentué par deux séries de captifs des peuples du Nord et du Sud sculptés en relief au-dessus du talus et symbolisant les victoires du pharaon.

Les fouilles ont permis de découvrir une autre construction du même genre, à l'extrémité O. de l'enceinte, mais à l'état de vestiges. Celle du S.-E., bien conservée, est seule intéressante pour le touriste.

Corps de garde (J-J'). — A dr., et à l'extérieur : **le roi offrant l'encens à Amon** ; sur les côtés de la porte, son successeur Ramsès IV offrant des bouquets de fleurs au même dieu ; à g. : Ramsès III et diverses divinités ; plusieurs inscriptions aux cartouches de Ramsès IV.

Forteresse (I). — Les deux tours avaient primitivement 22 m de haut. Le mur de la façade est construit en talus ; au bas, une banquette sur laquelle reposaient à l'origine des statues colossales auj. détruites.

Aile dr. (a), le **sacrifice des captifs** au dieu Harmakhis accompli par le roi Ramsès III ; au-dessous, les captifs sont personnifiés par les sept chefs des peuples vaincus (le 7e est masqué par une construction postérieure). — **Aile g. (b)** : scène symétrique où le roi, cette fois, est face à Amon-Rê qui, comme Harmakhis, lui tend le cimeterre Khepech.

La division de la construction en plusieurs étages est accusée, à l'extérieur, par de petites fenêtres avec balcons et de fausses fenêtres en panneaux dont le rebord repose sur des bustes de captifs en guise de consoles.

c, Ramsès III conduit au dieu Amon **deux files de prisonniers** ; au-dessus, il offre l'encens et la libation à Seth, qui a été martelé, et à une déesse ; **d**, scène analogue, en haut, Ramsès III offrant à Amon-Rê, figuré à tête de faucon, et à Maât une statuette d'Amon ; des deux côtés, légendes des Ramsès III, IV, VI, ces dernières en surcharge.

e, Ramsès III offrant, en bas, des fleurs à Amon et à Tefnout et, au-dessus, le vin à Atoum et à une déesse ; **f**, le même roi offre, en bas, la Vérité à Ptah et à Sekhmet de Memphis, et en haut, l'encens et la libation à Thoth et à Séchat d'Hermopolis. Les deux statues en granit noir de Sekhmet placées là ont été trouvées hors du temple.

g, le roi conduit en présence d'Amon, par Montou et Atoum ; **h**, le roi conduit en présence d'Amon, par Mout, reçoit la couronne, tandis que Thoth coche les années du règne sur la tige de roseau.

Au-dessus de ces fenêtres, le disque ailé et, sur les côtés, les génies rekhit agenouillés ; entre les deux fenêtres, Ouadjet. **De chaque côté de la porte,** de même que sur les jambages et dans l'embrasure, **le roi et diverses divinités.** Le soffite de la porte est décoré de vautours planants qui alternent avec les cartouches royaux.

Façade intérieure (H) : le roi conduisant les captifs au dieu Amon ; à g. il en amène deux files, enchaînés ; à dr. il les saisit par les cheveux pour les assommer.

Intérieur de la forteresse. — L'édifice, dans son état actuel, n'est que le **noyau d'une construction carrée en brique crue** aujourd'hui détruite. C'est dans cette construction, qui contenait **plusieurs chambres** au 1er et au 2e étage, et peut-être même au rez-de-chaussée, que se trouvaient les escaliers conduisant aux deux étages supérieurs. On parvenait au premier étage par un escalier moderne à l'extérieur de la tour S. Le deuxième étage n'est pas accessible. Ces chambres étaient décorées de **scènes de harem** (le roi assis parmi ses femmes), visibles sur les parois encore existantes et dont quelques-unes peuvent être vues d'en bas. Grâce à leur hauteur qui les mettait à l'abri des mutilations, elles ont pu nous parvenir dans un bon état de conservation.

Les chapelles des Divines Adoratrices

•*• Composé en réalité de **deux édicules (K, L) accotés** l'un à l'autre, cet ensemble contient les chapelles funéraires de reines ou de princesses des XXVe et XXVIe dyn., Divines Adoratrices d'Amon.

Le plus méridional **(K)**, qui est le **temple d'Aménardis l'Ancienne**, fille du roi de Napata Kachta, se compose d'un pronaos ou **cour à portique**, dont les quatre colonnes sont auj. détruites, et d'un **sanctuaire** entouré d'un corridor.

Les **tableaux d'offrandes** de la **façade** nous montrent Aménardis en présence d'Amon et Hathor et d'Amon et Mout, et la même princesse assise devant la table d'offrandes.

A l'**intérieur du pronaos**, une autre Divine Adoratrice, Chepenoupet II, est représentée rendant le culte à Aménardis.

Le **corridor** est décoré de **scènes rituelles** empruntées à divers rituels, notamment le Livre de l'ouverture de la Bouche, et de scènes comportant une liste d'offrandes ; c'est Chepenoupet II qui rend le culte à Aménardis.

Le **sanctuaire**, qui est voûté **(le plus ancien exemple de voûte en pierres appareillées)**, est orné de scènes où Aménardis est représentée recevant l'offrande.

L'autre édicule **(L)**, qui a, par suite de remaniements, **deux entrées** en façade, se compose d'une **cour** desservant **trois chapelles** ; celle du centre appartient à la princesse Chepenoupet II, fille de Piānkhi, celle de dr., qui est très ruinée, à la reine Mehetenousekhet, femme de Psammétique I (qui n'était pas Divine Adoratrice), celle de g. à la princesse Nitocris, leur fille. La décoration de ces trois chapelles et de la cour se compose d'**inscriptions généalogiques** et de **scènes d'offrandes.**

Les **textes** gravés à l'intérieur de ces monuments comprennent de nombreuses formules provenant des textes des Pyramides et des textes des Sarcophages.

•*• Le temple des Thoutmôsis

La caractéristique de cet édifice, comme de tous les temples de la XVIIIe dyn., est l'**élégance.** Il est très petit, comparé surtout au monument de Ramsès III, mais bien proportionné et conçu sur un plan ingénieux.

Il se compose en effet d'un **sanctuaire** en forme de cella **(a)** avec ordonnance périptère, c'est-à-dire entouré d'une **galerie** extérieure **(b)**, s'appuyant au N. sur un massif de six petites **chambres (c-h)**, le tout élevé sur un stylobate de 0,77 m de haut. La galerie est à murs-bahuts qui laissent de larges ouvertures-fenêtres ; **quatre piliers**, irrégulièrement disposés, soutiennent le toit.

Deux chambres latérales donnent à cet ensemble, précédé d'une **cour (E)** et d'un **pylône (D)**, la forme de croix latine. Cette cour, longue de 19 m, bien que gravée sous les Ptolémées, leur est antérieure puisque son pylône est daté du roi kouchite Taharqa (XXVe dyn.) et qu'une de ses portes latérales est datée de la XXVIe dyn. En avant de cette cour, Achoris (XXIXe dyn.) ajouta un avant-corps pour le culte d'Amon et des huit dieux hermopolitains, que Nectanébo I, un des derniers pharaons, compléta en une chapelle **(C)** comme celle qu'il construisit à Philæ.

Ce temple remonte à Aménophis I ; il fut continué sous Thoutmôsis I puis considérablement agrandi sous son successeur Thoutmôsis II. Le règne de ce prince fut si court que l'on ne voit pas en Égypte d'édifice qu'il ait complètement achevé ; on ne rencontre que bien rarement sur les murs d'un temple son cartouche sans celui de sa demi-sœur et épouse Maâtkarê Hatchepsout ou celui de son fils Thoutmôsis III ; le petit temple de Médinet Habū ne fait pas exception à la règle : il porte les cartouches d'Hatchepsout et de Thoutmôsis III.
Le temple avait son enceinte propre, dont on retrouve des traces à l'O. et au N. où elle croise le tracé du nilomètre. Elle fut plus tard comprise dans la grande enceinte du temple de Ramsès III qu'elle venait couper au S. Une entrée spéciale et monumentale lui fut réservée, composée d'un grand pylône (B) élevé par Ptolémée IX Sôter II (Lathyre) et Ptolémée XII Néos Dionysos en avant duquel Antonin le Pieux construisit une sorte d'avant-corps à ciel ouvert (A') précédé lui-même d'une cour (A). Ces nombreuses additions d'époques diverses, mais où la main-d'œuvre d'époque romaine domine, nous montrent que pendant plus de quinze siècles le sanctuaire fondé par Aménophis I fut en honneur.

La **cour romaine (A)**, de 39,60 m sur 25,40 m, est construite en matériaux de remploi. Les trois murs de l'O., de l'E. et du S. n'ont d'autres décorations que leur corniche ; sur les portes de l'O. et du S., les cartouches d'Antonin ; le mur du S. est formé d'une rangée de **colonnes reliées par des entrecolonnements** ; les deux colonnes du centre ont seules leur fût complet et leur chapiteau.
Franchissant le **portique (A')** on atteint le **pylône ptolémaïque** (B ; 38 m de front sur 12,50 m de haut), décoré de scènes d'offrandes aux noms de Lathyre et d'Aulète.
La **colonnade de Nectanébo I (C)** est ainsi décorée : de chaque côté de la porte, massacre des captifs ; en bas, procession de nomes ; sur les colonnes et dans les entrecolonnements, scènes d'offrandes et de la purification du roi au moment de son entrée dans le temple.
Le **pylône de Chabaka** (D ; 16,20 m de larg.), usurpé par Taharqa qui fit marteler les cartouches du fondateur, a été plus tard continué dans sa décoration par Nectanébo I (côté E. de la porte) avec des retouches de Ptolémée IX Sôter II. Sur le revers du pylône, deux grandes scènes représentant le massacre des vaincus par Taharqa et la soumission des peuples au même roi par le dieu Amon.
La **4e cour (E)**, qui fut aménagée probablement sous les derniers Ptolémées pour relier les pylônes de Chabaka au temple des Thoutmôsis, porte encore sur son dallage la trace de deux rangées de huit colonnes chacune ; ses murs n'ont d'autre décoration que celle des deux portes de granit rose, consistant en inscriptions commémoratives au nom du prêtre d'Amon Padiaménémopé.

Le **péristyle (b)** achevé sous Thoutmôsis III, a été réparé plus tard sous Horemheb, Séthi I et Amenmès ; la porte a été décorée par Ptolémée VIII Évergète II et Cléopâtre. Sur les piliers, le roi Thoutmôsis III en présence d'une divinité ; sur les murs de la cella, en façade, **Amon faisant respirer à Thoutmôsis III le signe de vie** ; inscription de l'an XI de Mérenptah (deux lignes d'hiéroglyphes bleus) contenant un décret religieux de ce roi, et sur les côtés, scènes empruntées au rituel de la fondation des temples (N.) et relatives à la consécration du temple à Amon (S.).
L'intérieur de la cella (a) est décoré de scènes liturgiques où Hatchepsout et le roi Thoutmôsis III accomplissent divers rites en présence de plusieurs dieux notamment Amon sous sa forme d'Amon-Rê et de Mîn et Mout ; quelques retouches ptolémaïques, principalement aux deux portes.

Des **six chambres du fond**, cinq **(c-g)** sont en communication (entrée par la porte centrale), la sixième **(h)**, à dr., est isolée. Elles sont toutes décorées de scènes d'offrandes à peine visibles dans l'obscurité.
Dans la chapelle centrale du fond ou **sanctuaire (f)**, cartouches des trois Thoutmôsis (I, II et III) ; dans celle de dr. **(g), naos en granit rose** sans inscription et inachevé. Ce naos, de la XXXe dyn., fut introduit au moyen d'une brèche pratiquée dans le mur du fond. On voit, en effet, sur la partie postérieure du mur, les chiffres de repérage pour la remise en place des pierres ; les divinités adorées sont, dans ces chambres, Amon et Mîn.
Chambre d'Achoris (G) : on y voit les cartouches de ce roi sur les montants de la porte ; inscriptions démotiques, traces de peintures coptes très effacées, montrant que cette chambre avait été transformée en chapelle par les premiers chrétiens.
A l'extérieur, la corniche du soubassement porte le protocole de Ramsès III (qui a usurpé d'ailleurs la plus grande partie des surfaces nues de l'extérieur) et une inscription du grand-prêtre d'Amon Pinedjem relative à une restauration de l'édifice.

••• Le temple de Ramsès III

Ce temple est un des édifices les plus importants de l'architecture religieuse thébaine, non seulement par le caractère vraiment grandiose de ses proportions, mais encore par l'unité de son plan. On se rend compte à première vue qu'il résulte d'une conception unique, qu'il a pu être terminé pendant le règne de celui qui en a entrepris la construction et qu'il a été respecté par tous ceux qui l'ont suivi, du moins jusqu'aux édits de Théodose (dernier quart du IVe s.), car, à partir de ce moment, il subit toutes les vicissitudes par lesquelles ont passé la plupart des temples païens. Les chrétiens y installèrent dans la deuxième cour **(P)** une basilique, détruite ensuite par les Arabes puis par le Service des Antiquités.
Ce temple, influencé par le Ramesseum (on sait que Ramsès III avait pris Ramsès II pour modèle), se compose de deux **cours (N, P)** consécutives à **portiques** avec piliers osiriaques, précédées chacune d'un **pylône** et d'un **naos** qui renferme **trois** salles **hypostyles** et le **sanctuaire**, le tout disposé en file et entouré de chapelles.

Le **1er pylône** (M, M') présente un front de 63 m de large et de 22 m de haut (le massif M' n'a que 19 m). Il est orné des **représentations guerrières** usitées en pareil cas et se rapportant aux victoires sur les peuples confédérés de la Méditerranée (an VIII).

Massif S.-O. (M). Ramsès III, coiffé de la double couronne, sacrifie les captifs devant Amon qui lui tend le glaive khepech. D'autres captifs sont aux mains d'Amon. Dans l'intervalle est gravé le long **discours tenu au roi par le dieu** et qui contient l'éloge de la vaillance et des victoires du souverain. Au-dessous, liste des pays vaincus.
Massif N.-E. (M'). Décoration à peu près identique : le roi, coiffé de la couronne de Basse-Égypte, est cette fois face à Rê-Horakhty ; entre les rainures des mâts, inscription de l'an XI de Ramsès III vantant la vaillance royale contre des envahisseurs. Dans la liste des captifs, par suite d'une erreur, **les cartouches contiennent des noms de peuplades africaines tandis que les captifs** qui les représentent **sont des Asiatiques.** Quelques surcharges de Ramsès IV dans l'inscription au-dessous. Dans la feuillure de la porte, deux inscriptions du grand-prêtre Pinedjem. Le dallage est creusé de profondes ornières par le passage des chars.

La **première cour** (N), mesurant 34 m de long sur 32 de large, est bordée au N.-E. (à dr.) par une galerie formée de sept piliers osiriaques représentant le roi Ramsès III et au S.-O. (à g.) par un portique de huit colonnes à chapiteaux campaniformes : piliers et colonnes sont compris entre deux pilastres d'ante.

La **face postérieure du grand pylône** est ainsi décorée : la **porte** est entourée de motifs religieux et ne comprend que des tableaux qui mettent le roi en présence de ses dieux protecteurs.

Le mur du **massif S.-O. (M)** a sa partie inf. couverte par une scène militaire. Le roi, à la tête de sa garde mercenaire (Shardanes et Tehenou), met en déroute les Libyens. On assiste à un massacre.

Le mur du **massif N.-E. (M')** représente la scène du triomphe : le roi, dans sa tribune d'apparat au milieu de sa cour, annonce pompeusement sa victoire et provoque ainsi les adresses admiratives usitées en pareil cas, tandis que défilent les captifs dont, à côté, on dénombre les langues coupées.

Le mur du fond du **portique de droite** est couvert de tableaux disposés en deux registres : ceux du registre supérieur sont religieux : le roi y fait l'offrande à diverses divinités ; ceux du registre inférieur sont consacrés à des épisodes militaires.

Le mur du fond du **portique de gauche** était la **façade du** palais royal. Ce palais communiquait avec le temple par trois portes et une tribune-balcon — la « Fenêtre de l'Apparition » — élevée de deux mètres et s'ouvrant au milieu du mur. Du palais royal, un escalier montait à cette tribune d'où le roi pouvait suivre les cortèges se déroulant dans la cour. La paroi est divisée en trois panneaux également décorés de **scènes à caractère martial.**

A g., défilé de l'infanterie de Ramsès III ; au centre de chaque côté de la tribune, scène du massacre des captifs ; à dr., scène de manège et de dressage de chevaux, et de luttes, où l'on reconnaîtra des mouvements analogues à ceux du judo.

Le **2e pylône** (O, O') n'a que 16 m de hauteur. Sa façade, qui forme le fond de la première cour, est aussi consacrée aux exploits militaires de Ramsès III. Le long texte de 38 lignes gravé sur le massif N.-E. **(O')** est particulièrement intéressant à ce point de vue.

Le **portail** du 2e pylône a un encadrement en granit rose et noir : scènes d'offrandes ordinaires : il est précédé d'une rampe de plus de 9 m de long qui était flanquée de chaque côté d'une statue colossale dont on a trouvé, jadis, les traces sur le dallage.

La **2e cour** (P), qui mesure 38 m sur 41 m, est d'un meilleur effet que la précédente. Elle est bordée, au revers du pylône et au fond, par des portiques de huit piliers osiriaques chacun, et sur les flancs, par des portiques de cinq colonnes à chapiteaux fermés. D'importantes traces de couleurs se voient encore sur les colonnes, les plafonds et les bas-reliefs des quatre portiques. Les piliers osiriaques (les Osiris sont détruits, sauf deux au N.) et les colonnes des portiques sont ornés de tableaux représentant le roi en présence de diverses divinités.

La décoration des murs de fond de chacun des portiques forme une **double série de représentations.**

La **première série** commence à g. en entrant puis se poursuit sur le mur latéral jusqu'au portique du fond. Elle est **militaire** dans sa partie inférieure et **religieuse** dans la supérieure : (en commençant à la porte du pylône) : Ramsès en présence d'Amon ; — bataille contre les confédérés ; — dénombrement des mains et des sexes coupés ; — retour triomphal du roi avec ses troupes et ses captifs qu'il tient lui-même en laisse ; — offrande des captifs, tableau accompagné d'un long texte daté de l'an V et contenant l'éloge de la vaillance du roi.

Les deux registres religieux reproduisent les cérémonies de la fête de Sokaris avec la procession et l'adoration de la barque de ce dieu.

La **deuxième série** commence sur le mur latéral de dr., au fond de la cour, à l'angle du portique, puis revient jusqu'à la porte du 2ᵉ pylône.
Elle représente en bas l'**adoration et** la **procession de la barque** de la triade thébaine, et en haut la **sortie du dieu Mîn** en six tableaux : départ du palais royal, arrivée du roi au sanctuaire, procession de l'image de Mîn précédée du taureau blanc, envol d'oiseaux aux quatre points cardinaux, sectionnement de la gerbe de blé, offrandes à Amon-Mîn.

Le **portique du fond,** auquel on accède par 16 marches formant une rampe très douce de 8,60 m flanquée de deux colosses auj. disparus, offre cette particularité que la rangée de piliers y précède une rangée d'autant de colonnes papyriformes.
Le mur est décoré de **scènes d'offrandes,** tandis qu'au-dessus du soubassement sont représentés (comme au Ramesseum pour les fils de Ramsès II) les fils de Ramsès III; ceux d'entre eux qui ont régné ont ajouté ultérieurement leurs cartouches; ce sont : Ramsès IV, Ramsès VI, Ramsès VII, Ramsès VIII.

La porte, dont les montants et les parois d'embrasure sont ornés de tableaux, mène dans la **grande salle hypostyle** (Q) qui a 26,45 m de largeur sur 18,95 m de profondeur.
Des vingt-quatre colonnes qui en supportaient le plafond, il ne reste plus que les basses assises des fûts. A partir de cette salle, le temple est très ruiné, ayant été exploité comme une carrière.
Cinq salles **(a)** situées au S.-O. de la salle hypostyle, étaient réservées au Trésor, comme il est aisé de s'en rendre compte par les scènes représentées : **offrandes de Ramsès III à Amon** de vases précieux, de coffrets à couvercles travaillés en forme de roi ou d'animaux sacrés, de pierres précieuses dans des sachets, d'instruments de musique ou de bijoux en métaux précieux, de monceaux d'or, etc.
A côté, la chapelle **b** (fermée par une grille) est consacrée à Ramsès II divinisé. Du côté opposé, **c** est la **chapelle des offrandes, d,** celle de Ptah-Sokar-Osiris, et **e,** à l'angle N.-E., celle de Ramsès III divinisé.

La **2ᵉ salle hypostyle** (R) commande, elle aussi, un certain nombre de chambres.

Au S.-O., la **chapelle royale (f)** donne accès, par une chambre à deux colonnes **(g)**, à un groupe de petites chambres, dont l'une **(h)** a sa voûte décorée de représentations astronomiques, et les deux autres offrent, l'une **(i)** une représentation des Champs Élysées égyptiens (au mur de dr.) où le roi travaille, et l'autre **(j)** les sept vaches couchées (au mur de g.) du Livre des Morts. Cette dernière est la chapelle de Ramsès III. Du côté opposé, une cour **(k)** conduit à une chapelle **(i)**, temple de Rê-Harmakhis.

La **3ᵉ salle hypostyle** (S) donne accès au **sanctuaire** central **(T)** dont le plafond était soutenu par quatre piliers; ouvert en avant et en arrière, il présente les caractéristiques d'un **reposoir de barque.** Il est flanqué de **chapelles de Mout (m) et de Khonsou (n),** où se trouvent deux groupes : le roi et Thoth, le roi et Maât. La plupart de ces chambres ont des cryptes masquées dans l'épaisseur de leurs fondations; à l'époque saïte, elles furent utilisées comme sépultures. Quant aux terrasses, elles étaient à trois niveaux différents.

L'extérieur du temple. — Les tableaux gravés sur les murs extérieurs ne présentent pas un intérêt moindre que les autres. On peut y suivre l'**énumération des campagnes du roi** pendant sept années consécutives.
Côté S.-O. — Au revers du pylône **scènes de chasse** à l'âne sauvage, au bouquetin et, en bas, au taureau sauvage dans les marais. Viennent ensuite trois tableaux

relatifs à une **expédition de Ramsès III** dans la région du Haut-Nil, puis trois tableaux qui ne sont que le commencement de la longue épopée qui se développe sur les murs suivants. Après avoir reçu des dieux ses armes et les enseignes sacrées, le roi lève le camp. A côté de ces scènes il convient de citer la longue **procession des prêtres** apportant des offrandes et surtout le **grand calendrier religieux** destiné à fixer les jours des diverses fêtes qu'il importait de célébrer dans le temple (à l'extrémité du mur).

Côté N.-E. — Entre autres scènes, le 8e tableau est l'un des plus intéressants : il nous fait assister au fameux **combat naval** livré **entre les Égyptiens et la flotte des confédérés** ; l'artiste s'y est attaché à caractériser les types des divers peuples et la forme spéciale des bateaux. Viennent ensuite les tableaux ordinaires par lesquels se terminent les grandes représentations militaires : le roi vantant sa victoire devant les chefs, et sacrifiant les captifs aux dieux. — La partie du mur comprise entre les deux pylônes, ainsi que le mur de revers du grand pylône, offrent d'autres scènes militaires : il s'agit de combats tantôt contre les Syriens, tantôt contre les Libyens.

A une cinquantaine de mètres à l'E. du premier pylône du temple de Ramsès III subsiste un **nilomètre**, qui se compose d'une petite chambre servant d'entrée à un corridor coudé, creusé en escalier jusqu'à 20 m de profondeur : aucune cote n'y est inscrite ; les seuls cartouches qui y sont gravés sont ceux de Nectanébo.

Enfin, au S.-E. du nilomètre, dans l'angle de l'enceinte, se trouve le **lac sacré**, petit bassin carré d'une vingtaine de mètres de côté, pourvu de deux escaliers.

Autres monuments de Médinet Habū

➜ A 200 m, au S.-O. de l'enceinte des temples de Médinet Habū, subsistent les ruines d'un **petit temple de Thoth**, d'époque ptolémaïque, connu sous le nom de **Qaṣr el-'Agūz** et composé de trois petites salles en enfilade. Ptolémée VIII Évergète II y est représenté faisant l'offrande à quatre de ses prédécesseurs, Sôter, Philadelphe, Philopator et Épiphane, respectivement Ptolémée I, II, IV et V.

➜ Vis-à-vis, et à une petite distance de ce temple, s'élèvent les vestiges d'une enceinte rectangulaire de 2 256 m de long, du N.-E. au S.-O., et de 927 m de large. C'est le **Birket Habū**, ancien **lac de plaisance d'un palais d'Aménophis III**, situé à 1 km à l'O. du qaṣr el-'Agūz.

Ce palais, situé au lieu-dit Malgatta, ainsi que la ville qui s'était édifiée près de lui, complètement détruits, n'ont guère livré que leur plan. Cependant quelques restes de pavements de revêtements peints analogues à ceux de Tell el-Amarna ont été transportés aux musées du Caire et de New York.

➜ A env. 2 km O. de Médinet Habū, on voit encore les restes d'un **petit temple d'Isis** d'époque romaine dont les légendes sont aux noms d'Hadrien et d'Antonin ; il provient du remaniement d'un petit édifice un peu moins récent dont le pylône est aux noms d'Othon, de Vespasien et de Domitien. Le site est appelé aujourd'hui Deir esh-Sheluit. Les Coptes s'y installèrent et y fondèrent un monastère, le deir es-Kibli.

21 L — Colosses de Memnon

Ces deux célèbres colosses se dressent face à l'E., dans les terres cultivées, mais à proximité du désert. Ils flanquaient jadis l'entrée du

monumental temple funéraire d'Aménophis III construit par Amenhotep, fils de Hapou ; l'on sait que le fameux architecte, dont la Basse Époque a fait un dieu, avait fait venir de la Montagne Rouge (l'actuel Gebel el-Ahmar, près du Caire) les blocs monolithes de quartzite dans lesquels ils furent taillés. Du plus loin qu'on peut apercevoir le pied de la Montagne des Morts, on les distingue aussi nettement que les pylônes des plus grands temples.

Leurs dimensions valent la peine d'être retenues. La hauteur des figures est de 16,60 m, mais elle est en plus exhaussée par un socle de 2,30 m. Les pieds des personnages dépassent 3 m de long.

Ils représentent, l'un et l'autre, **le roi Aménophis III**, coiffé du némès et assis dans la pose consacrée, les mains sur les genoux. De chaque côté du siège — le trône antique, dont les flancs sont décorés de deux Nils du Nord et du Sud — se dresse une figure de femme de taille infiniment moins grande, celle de la mère du roi, la reine Moutemouia, et celle de sa femme, la reine Tiyi.

Le mieux conservé des deux colosses est celui du S. Bien que mutilé, il a encore un aspect homogène. Celui du N., au contraire, révèle d'importantes traces de restauration. La partie supérieure du corps, au-dessus de la ceinture, y est formée d'assises superposées qui ne sont pas de la même matière que la partie inférieure.

En arrière des colosses, au lieu-dit **Kom el Ḥetān, ne subsiste presque rien du temple** dont les deux statues précédaient l'entrée. On y voit surtout une immense **stèle en grès** contenant l'acte de consécration du temple à Amon par le roi ; le reste se compose d'informes débris, le monument ayant servi de carrière dès l'époque de Mérenptah, comme le prouvent de nombreux blocs de remploi épars dans les ruines du temple funéraire de ce dernier (c'était le cas, entre autres, de la fameuse « stèle d'Israël »), dont une face porte un texte au nom d'Aménophis III).

Des pierres qui chantent. — C'est vraisemblablement lors du tremblement de terre de l'an 27 av. J.-C. que le colosse N. reçut un choc terrible dans toute sa partie supérieure et que, selon le témoignage de Strabon, il s'écroula jusqu'à la ceinture. Il se produisit à partir de ce moment un phénomène curieux mais dont on a observé d'autres exemples : lorsque, après l'humidité de la nuit, la pierre du monument écroulé commençait à s'échauffer aux premiers rayons du soleil, elle rendait un son musical, que Pausanias a comparé à celui que donne le pincement d'une corde de cithare et qui lui valut d'être identifié par les Grecs à Memnon, saluant plaintivement sa mère l'Aurore : pour être précis on devrait donc n'appliquer l'expression « colosse de Memnon », au singulier, qu'à la statue la plus septentrionale, l'autre n'ayant jamais émis aucun son.

On conçoit le haut degré d'attraction que put exercer, de ce seul fait, un monument déjà célèbre. Dans le mythe homérique, le fils d'Eos était tombé sous les coups d'Achille qui avait vengé la mort d'Antiloque, fils de Nestor. On en vint à imaginer que son corps revenait à la vie chaque matin à la vue de sa mère lorsqu'elle répandait sur lui les caresses de ses rayons.

Les étrangers, grecs ou romains, avides de merveilleux, allèrent visiter la statue vocale, et ce pèlerinage devint une véritable mode. De nombreuses inscriptions, dont la plus ancienne date de 20 de notre ère et la majorité, du règne d'Hadrien, gardent le souvenir de ces passages. La poésie s'en mêla et c'est ainsi qu'il nous est donné de lire encore sur les jambes du colosse des vers agréablement tournés tels que les quatre épigrammes datés qu'y laissa la « pieuse » Julia Balbilla, la poétesse de cour qui accompagnait Hadrien et l'impératrice Sabine lors de leur visite de novembre 130 ; Septime Sévère, jaloux de faire mieux, donna l'ordre de restaurer le monument qui, à partir de ce moment, perdit la voix.

22 - Esnā

Situation : → it. 10, km 705.

Sur la rive g. du Nil, reliée à la route de Haute-Égypte par un pont-barrage, Esnā est une sorte de gros village, une de ces opulentes petites agglomérations agricoles égrenées tout le long du fleuve. Son histoire — ce qu'on en connaît — n'offre pas de fait saillant. Elle fut, dans l'Antiquité, capitale d'un nome de Haute-Égypte, et l'on y vénérait un poisson sacré, le Latès, qui est à l'origine du nom donné par les Grecs à la cité : Latopolis. Plus tard, beaucoup plus tard, elle connut, à l'échelle provinciale, une certaine prospérité : c'était un des entrepôts vers lesquels se dirigeaient les caravanes venant du Sennār, à quarante jours de marche.

Hormis les restes d'un **temple** d'époque gréco-romaine consacré à Khnoum, la ville n'offre pas d'attrait particulier.

Le barrage, sur lequel on passe pour atteindre la ville, a 875 m de long. Construit de 1906 à 1909 et renforcé en 1945, il permet d'irriguer 71 500 ha dans la province de Qéna.

***La visite** du temple (t.l.j. de 6 h à 17 h 30, 18 h 30 en été) est rapide et ne vous demandera, à partir de la rive dr., guère plus d'une bonne **demi-heure** (le matin, de préférence, pour bénéficier de l'orientation à l'E. de l'édifice), soit un court détour lors d'une excursion à Edfou depuis Lūqsor ou de l'étape Lūqsor-Aswān.*

Passé le Nil et quelques maisons, vous atteindrez facilement le temple en prenant à g. à la sortie du pont sur le canal qui marque véritablement l'entrée dans la ville. La rue vient bientôt longer le Nil et forme quai d'où, en prenant à dr. une ruelle (à 1 km du pont ; suivez cette ruelle à pied), vous arriverez directement au temple (150 m env. du quai). Entrée payante, billetterie au niveau du pont.

Ce qui reste du **temple de Khnoum,** construit à l'emplacement d'un sanctuaire de la XVIIIe dyn. qui avait été remanié à l'époque saïte, occupe le fond d'une large excavation de 9 m de profondeur, le sol de la ville s'étant, au cours des siècles, progressivement exhaussé autour de lui au point que ses chapiteaux dépassent à peine le niveau de la rue voisine.

La grande ****salle hypostyle** (33 m × 16,5 m), seule partie subsistant de l'ancien temple, est peut-être le plus beau témoignage de l'architecture gréco-romaine d'Égypte ; l'harmonie qui se dégage de ses proportions fait oublier la médiocrité d'une décoration surabondante qui paraît d'ailleurs moins lourde depuis que la couche noire qui en masquait les couleurs a été enlevée.

Vingt-quatre colonnes, intégralement conservées, supportent les énormes architraves sur lesquelles repose le plafond décoré de **scènes astronomiques** où figure le calendrier des fêtes et où apparaissent même quelques signes du zodiaque (travée méridionale). Les colonnes, dont les très beaux chapiteaux composites sont tous différents les uns des autres, sont hautes de 13,30 m, et celles du premier rang sont reliées, trois d'un côté, trois de l'autre, par des murs d'entrecolonnement.

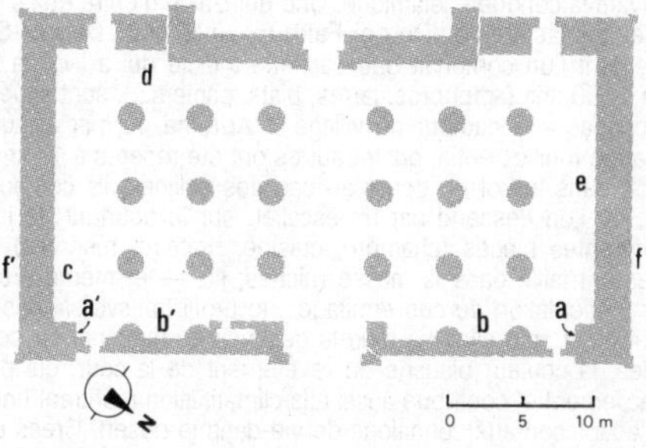

Temple d'Esnā (d'après S. Sauneron)

La **partie centrale du mur du fond,** qui est en fait la façade du temple ptolémaïque, est tout ce qui reste de visible du monument qui, avant l'époque romaine, avait remplacé des édifices du Nouvel Empire, la partie postérieure du temple et le sanctuaire dormant peut-être encore sous la ville. On peut y lire les **cartouches de Ptolémée VI Philométor et de Ptolémée VIII Évergète II,** alors que l'hypostyle a été commencée sous Tibère comme nous l'apprend l'inscription dédicatoire de la frise ; elle fut continuée sous Claude et Vespasien alors que deux autres sanctuaires importants, qui ont complètement disparu (l'un d'eux existait encore au moment de l'Expédition d'Égypte), étaient construits au N. de la ville. La décoration a été poursuivie au cours du IIe s. pour être achevée au milieu du IIIe s. : c'est en effet du règne de Decius que date l'inscription la plus récente (d). Ces textes, qui sont les derniers de l'Égypte païenne, et les **scènes purement religieuses** qu'ils accompagnent, nous apprennent qu'Esnā adorait deux aspects du dieu créateur, parfois confondus en un seul être divin androgyne : Khnoum, le bélier qui façonna les espèces vivantes sur son tour de potier, et Neith, l'antique déesse de Saïs que les Grecs identifièrent à Athena. A côté d'eux se rencontrent aussi Nebtou, « la maîtresse de la Campagne », et Menhyt, une déesse lionne, toutes les deux épouses de Khnoum, auxquelles tiennent compagnie le dieu-fils Héqa, le crocodile Chemanefer et Tithoès, le lion à tête humaine. Les **textes,** dont les plus longs et les plus importants datent de Domitien, Trajan et Hadrien, frappent par leur abondance : l'étude de ces hymnes, de ces rituels et de ces récits de la création du monde nous a fait connaître la théologie d'Esnā et a permis de reconstituer dans le détail la vie religieuse de son temple, aux derniers siècles du paganisme.

Notez particulièrement : les **hymnes cryptographiques** écrits avec les seuls signes du **crocodile** (a) et du **bélier** (a') que l'absence de déterminatifs ne permet pas de lire complètement ; les scènes de fondation du temple : l'**alignement des piquets** selon des données astronomiques (b) et, à côté du magasin où étaient conservés les ustensiles cultuels, la **coulée du sable** (b') ; le reflet des luttes fratricides qui opposèrent les fils de Septime Sévère et Julia Domna, dans les scènes familiales (c) du voyage en Égypte de 199, où l'image de Géta fut martelée après son assassinat par Caracalla ; au **mur N.** (e), l'important rite de magie protectrice où l'on voit les dieux et le roi capturer dans un filet les ennemis de l'Égypte mêlés aux

poissons et aux oiseaux des marais ; enfin, **à l'extérieur**, le **massacre rituel** des peuples du Sud par Domitien (f) et des peuples du Nord par Trajan (f').
Sur la terrasse du temple, noms de soldats de l'armée de Desaix.

●➔ A 5 km O. puis à 7 km S. dans le désert, l'IFAO a étudié, entre 1967 et 1974, deux groupes d'**ermitages souterrains** occupés aux environs des années 550-630, juste avant la conquête islamique. Une quinzaine d'entre eux s'échelonnent sur 7 km entre les monastères du **Deir el-Fakhury** au N. et du **Deir es-Shohada'** au S. ; trois autres, dont l'un contenait une cachette intacte qui a livré la **réserve d'un ermite** d'il y a 1 400 ans (amphores, jarres, plats, paniers...), sont situés au S.-S.-E. du Deir es-Shohada', à la hauteur du village d''**Adaïma** où, par ailleurs, un **site préhistorique** a été fouillé ; enfin, quatre autres ont été repérés à 12 km au S. Creusés, pour certains, dans le sol en pente au bas des collines, ils comportent une cour à ciel ouvert, où l'on descend par un escalier, sur le pourtour de laquelle sont réparties les différentes pièces (chambre, cuisine, oratoire, réserves), dont le mobilier est entièrement taillé dans la masse (niches, lits — et même oreillers —, banquettes, fours). L'orientation de ces ermitages, le profil transversal des fenêtres, le système de ventilation naturelle, les murets destinés à empêcher l'accès des petits animaux nuisibles, la couleur blanche du revêtement de la cour, qui permet de les repérer plus facilement et contribue aussi à la climatisation montrent une science très grande dans l'adaptation aux conditions de vie dans le désert. Créés de toute pièce et non aménagés dans un local préexistant, ils fournissent des enseignements précieux sur le mode de vie des membres d'une laure d'Égypte à cette époque (ils ont tous été réensablés par mesure de protection).

●➔ A 14,5 km au S. d'Esnā, en plein centre du village de **Komir**, sur la rive E. du canal er-Ramady, des fouilles ont révélé l'existence d'un **temple** là où, en 1941, un paysan avait trouvé quelques blocs inscrits dans le sous-sol de sa maison. Après expropriation de plusieurs habitations, le monument, qui est conservé sur une hauteur de 2 ou 3 assises, a été partiellement dégagé en 1976 et 1979 : il s'agit de l'un de ces nombreux sanctuaires (on sait qu'il devait y en avoir une centaine de grande taille) qui furent construits dans toute l'Égypte à l'**époque gréco-romaine**. En attendant de nouvelles expropriations, seule la partie postérieure du temple a été mise au jour pour l'instant : on peut y lire les **cartouches d'Antonin le Pieux**, au nom de qui ont été gravés deux hymnes à Anoukis et à Nephthys, à l'extérieur du mur arrière du monument.

23 - El-Kāb

Situation : → it. 10, km 737.

Au bord de la route de Haute-Égypte, à moins de vingt kilomètres au nord d'Edfou, un haut mur de brique surgit soudain du sol, énorme sentinelle de l'étroite frange de cultures qui sépare la route du fleuve. C'est l'ancienne Nékheb, la ville de la déesse Nekhbet, incarnée dans le vautour blanc, divinité tutélaire de la Haute-Égypte. De cette métropole religieuse, dont l'importance est attestée à toutes les époques de l'histoire antique du pays, ne subsiste, à l'intérieur des remparts, que peu de choses : les restes, réduits à quelques assises de pierre, des temples qui furent élevés pour le culte de Nekhbet. Autour de l'ancienne ville, la chaîne libyque s'écarte du fleuve, enveloppant un large cirque qui se resserre à l'E. en un wādī sauvage. Parmi les rocs éboulés, quelques tombes, des graffiti et de petits sanctuaires n'y témoignent guère mieux d'un passé qui fut pourtant glorieux.

El-Kāb est la grande ville religieuse de la période des rois de l'époque archaïque. Sa renommée n'a guère subi de fléchissement à travers toute l'histoire de l'Égypte. Une des attributions de Nekhbet était de présider aux accouchements, en vertu même de son rôle de mère du soleil au moment de la création du monde. Aussi les Grecs l'identifièrent-ils à leur Séléné Eilithya (d'où le nom d'Eileithyaspolis donné à la ville), et les Romains à leur Lucina. De nombreux textes l'assimilent par ailleurs à Hathor.

Visiter El Kāb

23 A — Ruines de la ville, 615.
23 B — La nécropole, 617.
23 C — Autres vestiges, 618.

Les ruines d'El-Kāb sont généralement délaissées par le tourisme de groupe mais, si vous êtes seul, et suivant l'intérêt que vous portez à l'Égypte ancienne, l'arrêt que vous y ferez en cours de route pourra varier entre quelques minutes (pour la ville seule) et une ou deux heures (si vous voulez voir aussi les monuments les plus éloignés).

23 A — Les ruines de la ville

L'**enceinte** de l'ancienne ville forme un carré de 530 m de côté ; l'angle S.-O. en a disparu, détruit par le Nil qui coule tout près. Les murailles, épaisses de 12 m, sont hautes de 6 m sur la plus grande partie de leur étendue ; trois des

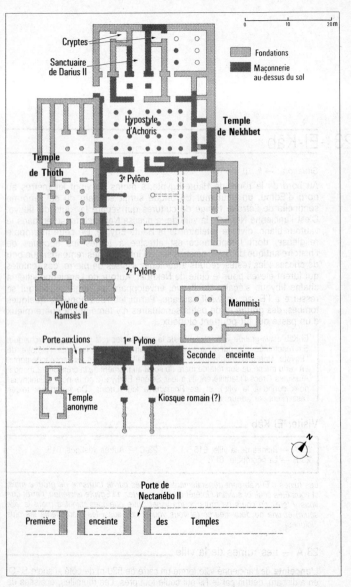

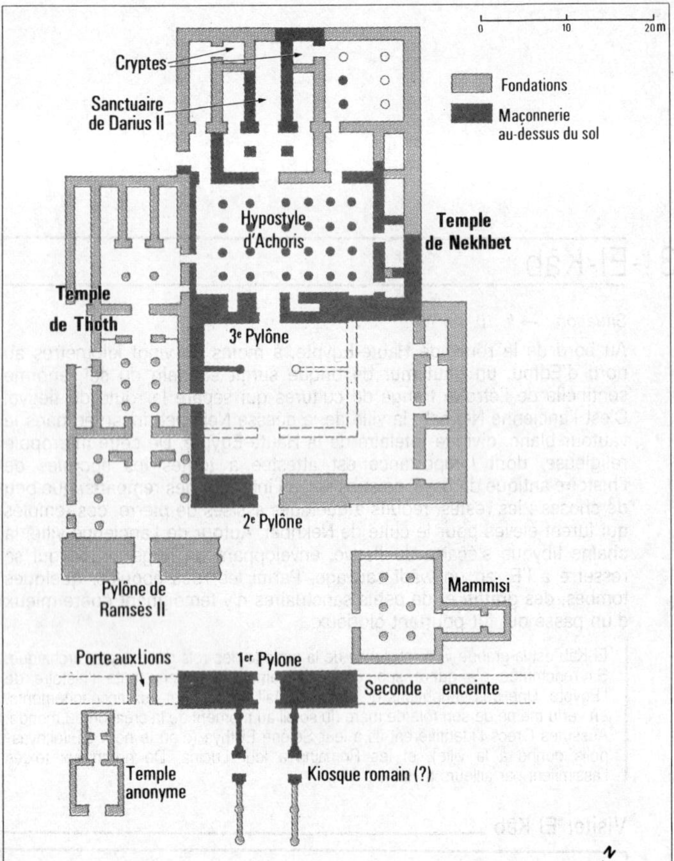

0
10
20 m
Cryptes
Sanctuaire de Darius II
Fondations
Maçonnerie au-dessus du sol
Hypostyle d'Achoris
Temple de Nekhbet
Temple de Thoth
3e Pylône
2e Pylône
Pylône de Ramsès II
Mammisi
Porte aux Lions
1er Pylone
Seconde enceinte
Temple anonyme
Kiosque romain (?)
N
Porte de Nectanébo II
Première enceinte des Temples

Temples d'El-Kāb, d'après J. Stiénon

murs (N., E. et S.) sont percés de porte. Près de ces entrées se trouvent des rampes qui donnent accès, de l'intérieur, au sommet de la muraille.

On a beaucoup discuté sur la date de cette enceinte mais, le plus souvent, on la fait remonter à la XXXe dyn. A la partie N., elle est bâtie sur un cimetière de l'Ancien Empire qu'elle coupe en deux parties.
Il semble que la ville primitive ait été enfermée dans une double enceinte de forme ovale, dont on retrouve le parcours au N. des temples. Le mur O. de la grande enceinte a coupé cette double muraille en un point au N.-O.

Les ruines de la ville ont été tellement ravagées par les chercheurs de sebakh, au cours du XIXe s., qu'on ne reconnaît plus les **maisons** qu'aux monceaux de fragments de poteries, défoncés d'innombrables cavités. Ces destructeurs modernes ont atteint le niveau protodynastique où l'on a découvert, disposés autour d'une cour, plusieurs silos à grain.
Les **temples** occupaient, à la partie S.-O. de la grande enceinte, l'emplacement d'une colline primitive recouverte par des édifices religieux rebâtis après chaque destruction. Les temples les plus récents ont été démolis à l'époque moderne, à peu près jusqu'aux dallages.

L'examen du terrain permet de reconnaître un ensemble composé de **deux édifices principaux** : à l'E., le **grand temple de Nekhbet** élevé sous Thoutmôsis III et reconstruit de la XXVIe à la XXXe dyn., auquel est accolé, à l'O., le **temple du dieu Thoth** qui apparaît ici comme l'époux de la déesse. Ce temple de Thoth est, en majeure partie, de Ramsès II, mais sa construction remonte à Aménophis II. Devant le pylône du grand temple se trouvaient un vestibule et des statues colossales d'époque romaine. Entre le pylône et la cour du grand temple, on reconnaît, sur le côté, le **mammisi** *(V. mammisi du temple de Dendara).*
Vers l'E., au fond d'un grand cratère, les restes du **lac sacré**. Vers le S. deux portes conduisaient à une allée qui rejoint un quai sur le Nil. A la face O., regardant le fleuve, une autre porte flanquée de deux massifs renforcés en manière de pylône.
A la partie S.-O. du témenos, un village a été bâti à l'époque gréco-romaine, peut-être en même temps qu'on établissait un temple au phénix, sur une plate-forme, à l'E.

23 B — La nécropole

Situation *: tout près de la route à env. 600 m N. de l'enceinte. Les tombes qui, depuis janvier 85, sont rouvertes au public, sont excavées dans le versant S. d'un monticule et peuvent être atteintes par une rampe sans difficulté.*

Les tombes appartiennent pour la plupart aux familles princières de Nekheb, qui vivaient à la fin du Moyen Empire et pendant les premières années de la XVIIIe dyn., c'est-à-dire pendant une période qui correspond en partie à la domination des Hyksôs.

Le **tombeau d'Ahmôsis,** « fils d'Abana, Chef des nautoniers » (no 5), se compose de deux chambres dont la principale est voûtée et s'ouvre au-dehors. Sur le mur de dr., Ahmôsis et son petit-fils Paheri ; devant eux, la fameuse **inscription historique** dont l'intérêt est considérable puisqu'elle a trait aux opérations militaires qui aboutirent à l'expulsion des Hyksôs.

Après plusieurs combats et plusieurs sièges où la bravoure d'Ahmôsis fut récompensée de nombreux colliers d'or, la forteresse d'Avaris est prise et les Hyksôs sont expulsés en l'an VI du règne d'Ahmôsis, son homonyme, le roi de Thèbes, qui fut le fondateur de la XVIIIe dyn. Le brave chef des nautoniers vécut jusque sous le règne de Thoutmôsis I et put ainsi prendre part à trois expéditions au Soudan.

Le **tombeau de Paheri,** « petit-fils d'Ahmôsis, Préfet de Nékheb » (nº 3), situé à dr. et au-dessus du précédent, est reconnaissable à sa large ouverture précédée d'une plate-forme. La chambre voûtée, dans laquelle on entre, est couverte de **scènes de la vie quotidienne** convenablement conservées. C'est le plus intéressant de la nécropole.

Paroi O. (à g.) : le défunt préside aux **travaux agricoles** ; culture du blé depuis le labourage et les semailles jusqu'à l'engrangement ; la récolte du lin et le rouissage ; en bas, représentation détaillée du bétail. Plus loin, scènes de la **vie de famille** : le défunt tient sur ses genoux un jeune prince, Ouadjmès, deuxième fils du roi Ahmôsis, dont il est le précepteur ; il est aussi représenté dans un kiosque en compagnie de sa femme, et surveillant la **chasse aux oiseaux,** la **pêche** et la **vendange,** inspectant les troupeaux (parmi les animaux, des porcs, rarement représentés), contrôlant la pesée de l'or, l'embarquement des céréales sur des bateaux. Après ces scènes champêtres, les cérémonies des **funérailles de Paheri.**
Au mur de dr. **(mur E.),** le défunt et sa femme participent au repas que leur offre leur fils, jouant le rôle de prêtre ; en face d'eux, un tableau de plusieurs générations des membres de la famille assistant à un **banquet** « faisant un jour heureux », ce qui entraîne des représentations de musiciennes, joueuses de harpe ou de flûte.
La vaste **niche** du fond est occupée par les statues du défunt, de sa femme et de sa mère. Elle est encadrée par une longue inscription à caractère semi-biographique qui exprime, parfois éloquemment, les idées des Égyptiens de l'époque sur le bonheur d'outre-tombe. La chambre a un plafond décoré creusé en voûte aux couleurs bien conservées.

Le **tombeau d'Ahmôsis,** dit Pennekhbet (nº 2), « Gardien du sceau royal », contient des textes historiques des premiers rois du Nouvel Empire, d'Ahmôsis à Thoutmôsis III.
Deux autres tombes sont visitables, celles de **Renni** (début XVIIIᵉ dyn.) et celle de **Setaou** (XXᵉ dyn.).

23 C — Autres vestiges d'El-Kāb

A 2,5 km de l'enceinte, presque exactement dans l'axe de la porte E., se trouve un **hémispéos de Ptolémée VIII Évergète II,** remanié par ses successeurs Ptolémée IX Sôter II et Ptolémée X Alexandre I, qui n'est peut-être que la transformation d'un sanctuaire ancien creusé dans la montagne.

On y accède par un escalier taillé dans le rocher. Un 1ᵉʳ vestibule, formé d'une colonnade avec murs d'entrecolonnement, conduisait dans un second vestibule, plus petit mais de même style, qui précédait immédiatement une chambre excavée dans le roc, toute petite et peinte. A l'entrée de l'hémispéos, une stèle de Ramsès II, taillée dans le rocher, représente le roi devant Nekhbet et Rê-Horakhty.

Non loin, restes d'une **chapelle isolée** de l'époque de Ramsès II (très ruinée) que les Égyptiens appellent El-Ḥammam ; elle a été construite par Setaou, vice-roi de Kouch, et a été dédiée à Nekhbet, Thoth et Horus.

En suivant, vers l'E., le pied de la montagne, on passe à proximité de **rochers couverts d'inscriptions.**

Les inscriptions entremêlées de dessins de toutes espèces, animaux, bateaux, etc., sont d'époques très diverses ; les inscriptions démotiques y côtoient celles, plus nombreuses, de l'Ancien Empire. Assez loin au S., un rocher isolé également couvert de textes porte le nom arabe de Borg el-Hammam.
Encore plus à l'E., au fond du wādī (1 500 m du spéos ptolémaïque), se trouve un petit **temple d'Aménophis III.** C'est une sorte de chapelle qui semble avoir servi

de reposoir à la barque de Nekhbet lorsque celle-ci visitait la vallée qui lui était consacrée.

Un vestibule à portique d'époque incertaine, ayant sa façade tournée dans la direction de la ville, précède une chambre dont le plafond repose sur quatre piliers hathoriques à seize pans. Les inscriptions, les noms des divinités ainsi que les images de celles-ci ont été l'objet de mutilations de la part d'Aménophis IV et de restaurations de Séthi I.

●➜ Sur la rive opposée du Nil, en face d'El-Kāb, le Kōm el-Aḥmar, la « Butte rouge », marque l'emplacement de l'antique **Hiéraconpolis**, la **Nékhen** des Égyptiens, capitale de la Haute-Égypte à l'époque protodynastique. Les fouilles y ont livré des documents de diverses époques et notamment la célèbre « Palette de Narmer ».

A env. 5 km N. du Kōm el-Aḥmar, restes d'une petite pyramide de calcaire dite **pyramide d'El-Kūlā**. De plan carré, mesurant env. 18 m de côté, c'est une pyramide à trois degrés dont le noyau seul subsiste, sur une hauteur de 8 m env. ; on n'a pas pu retrouver l'entrée de ses souterrains. Orientée vers les quatre points cardinaux par ses angles (et non, comme d'habitude, par les faces), la pyramide pourrait dater de la IIIe dyn.

24 -Edfou (Idfū)

Situation : → it. 10, km 755.

Ancienne capitale d'un nome de Haute-Égypte, connue des Grecs sous le nom d'Apollinopolis Magna, la petite ville d'Edfou doit avant tout sa célébrité au fait de posséder le temple le mieux conservé qui soit en Égypte. Et, même si celui-ci doit son excellent état de conservation à sa relative jeunesse, il ne représente pas moins l'archétype du temple égyptien, succession de pièces de plus en plus obscures et de plus en plus petites, progression symbolique et graduelle vers le secret du sanctuaire. Sa situation en pleine ville, comme jadis, renforce ce caractère exemplaire, et c'est à l'ombre de ses pylônes ou en déambulant dans l'enfilade de ses salles que vous pourrez le mieux évoquer en pensée ce qu'était un temple et quelle vie l'animait.

Par rapport aux fidèles du passé, vous jouirez même d'un passe-droit : celui de pouvoir y pénétrer, prérogative alors réservée aux seuls prêtres, hauts dignitaires ou rois. Le temple, en effet, n'est pas un lieu de réunion mais la maison d'un dieu et, entassée tant bien que mal sur le mur d'enceinte aujourd'hui disparu, la foule ne suivait que de loin, lors des grandes fêtes religieuses, les cérémonies qui se déroulaient dans ces lieux interdits. On n'a guère de peine à l'imaginer, bruyante et joyeuse, saluant dans l'allégresse la sortie en procession d'Horus allant au-devant de son épouse Hathor de Dendara pour la fête de la « Bonne Rencontre », ou retenant son souffle en guettant, sur le toit du temple, le moment de l'ouverture du tabernacle et de l'« Union au disque ». Le rituel en est gravé sur les murs, comme le sont les recettes de parfums et d'onguents employés pour le culte ou tous ces vieux écrits sacrés qui nous ont tant appris sur la pensée religieuse de l'époque et font d'Edfou une véritable « Bible de pierre ».

Le temple d'Edfou s'élève sur l'emplacement d'un sanctuaire très ancien qui existait encore sous Thoutmôsis III, mais les textes nous apprennent que les cérémonies de la fondation du temple eurent lieu le 7 épiphi de l'an X de Ptolémée III Évergète I, c'est-à-dire le 23 août 237 av. J.-C. Une inscription du corridor, à l'arrière du naos, précise que l'architecte mythique du temple n'était autre qu'« Imhotep le grand, fils de Ptah », le légendaire conseiller de Djéser, constructeur de la pyramide à degrés de Saqqara.

Le naos, une partie du pronaos et, en général, toute la partie N. du temple, principalement les petites chambres latérales, furent continués et achevés sous Ptolémée IV Philopator, qui décora aussi toute la deuxième salle hypostyle. L'activité édificatrice, qui est une des caractéristiques du règne de Ptolémée VIII Évergète II, est sensible à Edfou ; les travaux furent très avancés. La première

salle hypostyle (A), commencée sous Ptolémée VI Philométor, son prédécesseur, la cour et un portique, le couloir d'enceinte vinrent s'ajouter au temple. Le grand pylône fut vraisemblablement amorcé.
Mais toute cette partie de l'œuvre de Ptolémée VIII Évergète II était trop importante pour être menée à terme durant son règne ; elle ne le fut que sous ceux de Ptolémée XI Alexandre II (couloir ext.) et de Ptolémée XII Néos Dionysos (cour et pylône). C'est sous le règne de ce dernier, le 1er khoïak de l'an 25 (c'est-à-dire le 5 décembre 57 av. J.-C.), que furent posées les portes du temple : la durée de cette belle entreprise fut donc, par suite d'interruptions, de près de 188 ans ; elle eut du moins l'avantage de ne pas rester inachevée.

Visiter le temple

A mi-chemin entre Lūqsor et Aswān, distantes chacune d'une centaine de kilomètres, le temple d'Edfou peut constituer une étape sur le chemin de l'une à l'autre aussi bien qu'un but d'excursion depuis ces deux villes ; outre une **rest-house** *(boissons seulement), agréablement ombragée, dans l'enceinte même du temple, Edfou dispose en effet d'un* **restaurant** *(à la gare).*
Détailler les bas-reliefs pourra vous demander **deux heures,** *temps que vous pourrez réduire de moitié si vous êtes vraiment pressé.*

Le ****temple d'Horus** offre l'illusion d'un monument de construction récente. N'était la solitude qui règne dans ses cours et sous ses portiques et la nudité des chambres, on pourrait presque se croire au temps où l'on venait de tous les points de l'Égypte adorer le dieu Horus dont le symbole, le disque solaire aux grandes ailes de faucon, était en honneur dans tous les sanctuaires.

Visite : t.l.j. de 6 h à 18 h en été, de 7 h à 16 h en hiver. Entrée payante.

Il est orienté au S. C'est, du point de vue des dimensions, le temple le plus important d'Égypte après Karnak. Sa longueur est de 137 m ; son pylône présente un front de 79 m de large et de 36 m de hauteur.
La décoration du temple d'Edfou peut passer pour la décoration typique des temples ptolémaïques ; son caractère est exclusivement religieux et mythologique.
Les temples ptolémaïques et le temple d'Edfou en particulier ont aussi l'avantage de présenter un plan d'une parfaite clarté. On ne saurait en imaginer un plus harmonieux et plus logique que celui du temple d'Edfou. Une grande **cour (G)** entourée, sur trois côtés, d'un portique s'appuyant au **pylône, deux** salles **hypostyles** (A et B), deux **vestibules** (C et D), un **sanctuaire (E)** et sa ceinture de **chapelles (k-m),** le tout compris dans un beau **mur d'enceinte** (en grès comme le reste) qui se rattache directement au pylône et enserre si étroitement le temple que l'intervalle (F, F) laissé entre eux a l'aspect d'un long couloir.

Les deux tours du **pylône,** précédé de **deux faucons de granit noir,** sont divisées en quatre étages de chambres éclairées par d'étroites fenêtres et desservies par un escalier de cent quarante-cinq marches permettant d'atteindre la terrasse, d'où l'on jouit d'un remarquable panorama. Dans les chambres supérieures, graffiti des soldats de Bonaparte et de Desaix.

Sur la face extérieure de chacun des massifs du pylône, Ptolémée XII Néos Dionysos sacrifie des captifs devant Horus et Hathor. Les noms des peuples vaincus sont les Anou, les Chaï, les Mentou, les Fenekhou, les Grecs, les Tamahou, les Retennou, les Bétenou (Bithyniens), les Takou (Taoques), etc.

La **cour** (G) est entourée d'une colonnade sur trois côtés ; chacun des chapiteaux dans chaque aile diffère de son voisin mais se reproduit dans la colonne correspondante de l'aile opposée.

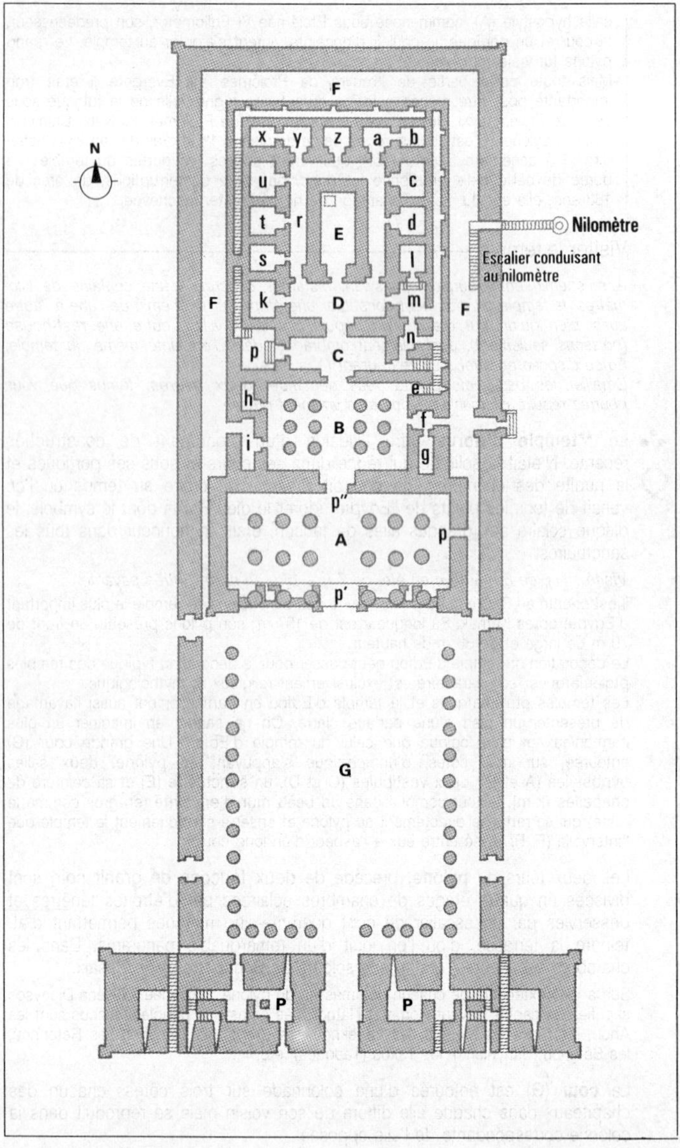

N
F
x
y
z
a
b
u
c
t
r
d
E
Nilomètre
s
l
Escalier conduisant au nilomètre
k
D
m
F
F
n
p
C
e
h
f
B
i
g
p″
p
A
p′
G
P
P

Des travaux de réfection du dallage viennent de révéler que celui-ci était entièrement fait de blocs provenant de monuments antérieurs qui ont été réutilisés, leur face inscrite ou décorée enfouie dans le sol : au hasard des textes ou des scènes rituelles parfois encore très colorées, on peut y lire le nom de Sekhemrêsementaoui, roi peu connu de la XVIIe dyn., aussi bien que celui, beaucoup moins rare, de Neferibrê (Psammétique II) sur des blocs où le troisième souverain de la XXVIe dyn. semble bien avoir mis son nom à la place de celui d'un roi de la XXVe dyn. dite « éthiopienne ».

Le **pronaos** (A), ou première salle hypostyle, a son plafond supporté par une **double rangée de six colonnes**, précédée de six colonnes plus minces réunies, jusqu'à mi-hauteur, par un mur d'entrecolonnement. La partie supérieure de l'entrecolonnement forme ainsi de hautes et larges baies qui laissent pénétrer la lumière dans la salle, tout en l'isolant de la cour.
En avant de la porte, à g., célèbre **statue du faucon d'Horus**, coiffé de la double couronne.

La décoration intérieure se compose d'une infinité de **scènes d'offrandes** distribuées en registres. Sur les montants de la porte, représentations astronomiques consistant en longues files de divinités sidérales réparties dans le cadre des heures et des divisions du mois. — De chaque côté de l'entrée, deux petites chambres ; celle de l'O. est nommée Per-douat, « la maison du matin » : c'est là que les prêtres se purifiaient avant d'officier ; celle de l'E. était la **bibliothèque** et porte sur ses murs un catalogue des livres liturgiques qui y étaient conservés dans des coffres.

La deuxième **salle hypostyle** (B), appelée **Hayt**, a son plafond supporté par douze colonnes ; elle communique avec le couloir intérieur à l'O. par la chambre **(i)** dont la porte était celle « des offrandes sèches », et à l'E. par la chambre **(f)** dont la porte était celle « des offrandes liquides » ; cette dernière communique aussi avec une autre petite chambre **(g)** où l'on remarque sur le soubassement la procession des districts miniers tributaires de l'Égypte ; la chambre **(h)** est le laboratoire : on lit sur les murs de longues formules relatives aux ingrédients, parfums ou onguents, employés dans les cérémonies.

La **chambre des offrandes** (C), **Ousekhet hotep**, communique avec les terrasses par un escalier *(p ; à g.)*, tandis qu'un autre (à dr.), qui a deux entrées *(l'une dans la salle C, l'autre à l'angle N.-E. de la salle B)*, conduit à plusieurs étages de chambres et de couloirs étroits.

La **chambre centrale** (D) communique à g. avec la chapelle du dieu Min **(k)** et à dr. avec une petite cour **(m)**, au fond de laquelle s'ouvre une chapelle surélevée de quelques marches **(l)** où paraît s'être faite, en diverses cérémonies, la vêture du dieu, avant la grande procession de l'ouverture de l'année, entre autres.

Le **sanctuaire** (E) contient encore son ***naos**, superbe monolithe de granit gris de 4 m de haut qui est, nous disent les inscriptions, l'œuvre de Nectanébo II et qui, par conséquent, provient de l'ancien temple. Le soubassement du mur extér. du sanctuaire nous fournit la liste des nomes de la Haute et de la Basse-Égypte.

Les **dix chambres** qui s'ouvrent sur le couloir autour du sanctuaire ont chacune leur nom gravé sur une partie du soubassement de l'extér. du temple, avec les dimensions de la chambre en coudées et subdivisions de coudées. La première **(s)** à g. était ainsi **« la chambre des étoffes »**, la troisième **(u)** s'appelait **« le tombeau »** ; les chambres **x** et **y** forment un ensemble consacré à Sokaris ; avec la chambre **u**, elles constituent à proprement parler le temple Osirien, et correspondent aux chapelles des terrasses du temple de Dendara. La chambre **x** contient un texte qui jette un jour nouveau sur le culte d'Osiris mort, c'est-à-dire de Sokaris ou de Khentamenti, confondus à cette époque.

La **chambre médiane (z)** s'appelait « **le berceau** », ou peut-être « **la forge** », selon une tradition se rattachant à la formation du culte d'Hor de Béhédet (Edfou) : on y conservait certains emblèmes, notamment le sistre d'or (emblème d'Hathor). On y a placé, sur un autel, une reconstitution de barque de procession avec son tabernacle.
Venait ensuite une chambre **(a)** qui s'ouvre sur une arrière-chambre **(b)** ; elles sont consacrées toutes deux au dieu Khonsou : la première porte le nom de « **chambre de la jambe** ». — Les dernières chambres **(c** et **d)** étaient celles de Rê et d'une triade vengeresse qui brûle les ennemis des dieux et du roi : Menhyt, déesse à tête de lionne, Nekhbet, la déesse du Sud, et Nephthys, « qui lance la flamme ». Certaines de ces chambres donnent accès à des cryptes, non décorées.

Les parois du **grand couloir (F)** et le **mur extérieur** sont couverts d'inscriptions et de tableaux. — Nous citerons celle de la paroi E. du mur extérieur qui contient la description de la fête de la pose de la première pierre : les grands reliefs qui relatent les victoires que Horus remporta sur les ennemis de son père *(face intérieure du mur O. de l'enceinte)* et les légendes étendues qui les accompagnent : incantations rituelles ou peut-être textes dramatiques ; ces scènes seraient ainsi un scénario ou même une tragédie, rappel de ce qui était joué dans le temple même ; un hymne à Mout *(paroi N. du même mur)* ; le texte de la naissance d'Horus *(soubassement de la face intér. du mur E. de l'enceinte),* voisin d'une longue et très importante liste des produits minéraux et végétaux des pays voisins de l'Égypte ; inscription à l'angle N.-E. du mur extérieur, de Ptolémée XI Alexandre II, relative à une donation de terres faite au temple, où sont rappelés les noms des deux Nectanébo et de Darius ; le détail du culte d'Horus, au temps des Ptolémées : le service régulier, solennel, matin, midi, soir, décade, lune, mois, et le service des rites spéciaux des grandes fêtes ; le calendrier d'Horus est gravé à la porte N.-O. de la cour. A certains endroits, textes rappelant au clergé sa mission et ses devoirs, pureté physique et morale.
Dans le grand couloir, côté E., un escalier appuyé contre la paroi extérieure conduit à un **nilomètre,** autrefois accessible aussi de l'extérieur.

•:• Le **petit temple** ou **mammisi,** à g. avant d'entrer dans le grand temple, a été construit par Ptolémée VIII Évergète II et décoré par Ptolémée IX Sôter II. Cet édicule, relativement détérioré, se compose d'un vestibule flanqué de deux petites chambres et d'un sanctuaire, le tout entouré d'un péristyle, disposition adoptée pour d'autres mammisis ; les **chapiteaux** des piliers du **portique,** tous différents, sont surmontés de dés aux faces ornées de têtes de Bès, divinité qui jouait un rôle dans l'accouchement. Les scènes de l'intérieur se rapportent à la naissance d'Horus que l'on voit aussi allaité par Hathor de Dendara, tandis que les sept Hathor font de la musique.

Une petite **avant-cour,** devant le mammisi, est entourée de colonnes sur le fût desquelles sont encore représentés des dieux musiciens.
Les chrétiens établirent une église dans le vestibule, mais respectèrent les grandes salles.

A l'O. du grand temple, un monticule de décombres marque l'emplacement de la **ville ancienne.**

→ Le contrefort qui se détache de la chaîne libyque *(5 km O. d'Edfou)* contient la **nécropole des princes d'Edfou,** comprenant une soixantaine de tombes de diverses époques.

25 - Kōm Ombo

Situation : → it. 10, km 817.

A la lisière de la ville, et pourtant déjà en plein milieu des champs, se dressant au sommet d'un monticule dominant le Nil d'une quinzaine de mètres, le temple de Kōm Ombo offre l'aspect, rare en Égypte, d'une sorte d'acropole. La découpure de ses ruines, les couleurs opposées de la dune de sable à laquelle il s'adosse, du ciel et des cultures, l'ample mouvement du fleuve qui fait devant lui un coude comme on esquisse une révérence, tout concourt à doter ce temple d'un cadre et d'un caractère qui frappent l'imagination.

Construit à l'époque ptolémaïque, le temple a remplacé, comme à Dendara et à Edfou, un ancien sanctuaire de proportions moindres. Celui-ci datait de l'époque de Thoutmôsis III et les seuls restes qu'on en ait relevés se bornent à un montant de porte en pierre gravé au nom du roi Aménophis Ier et à une porte d'enceinte en granit gravée au nom de Thoutmôsis III.

Visiter le temple

A 3 km seulement de la grand-route (→ it. 10, au km 817), à laquelle le relie un chemin asphalté, le temple de Kōm Ombo est d'accès facile. Si vous ne pouvez y faire halte en allant (ou en revenant) à Aswān, vous trouverez sans peine, à Aswān même, des taxis pouvant vous y conduire pour une excursion de la demi-journée, voire une journée si vous prolongez cette excursion jusqu'à Edfou. La visite du temple lui-même ne vous prendra guère plus d'une heure.

***Visite** : t.l.j. de 8 h à 16 h. Entrée payante.*

Le ***temple de Sobek et Haroéris** présente un plan sensiblement identique à celui du temple d'Edfou : une cour, deux salles hypostyles dont l'une forme le pronaos, trois vestibules (au lieu des deux d'Edfou) et le sanctuaire, toutes ces pièces se succédant en enfilade.

Là s'arrête la ressemblance : en effet, les petites chambres du sanctuaire sont disposées de façon diverse dans les deux temples : Kōm Ombo a **deux couloirs mystérieux** formant une double ceinture autour du temple, tandis qu'Edfou n'en a qu'un ; enfin la différence essentielle avec la presque totalité des temples de l'Égypte, c'est que **le temple de Kōm Ombo est double**. Au lieu d'avoir une entrée unique en façade, il en a deux et chacune de ces entrées est en correspondance exacte avec une double série de portes se prolongeant d'un bout à l'autre de l'édifice selon deux axes parallèles. La raison de cette anomalie apparente est que l'édifice est dédié simultanément à **deux divinités** bien distinctes : Haroéris à tête de faucon (Horus le Grand) et Sobek le crocodile.

Bien que le temple affecte dans sa disposition générale ce caractère binaire et que chacune des deux parties ait été dédiée plus particulièrement à une seule des deux divinités, **l'association des deux cultes est bien visible.** D'abord l'édifice n'est pas segmenté en deux corps isolés par une paroi continue. À l'exception des sanctuaires qui sont deux, les trois vestibules, les salles hypostyles et la cour sont des parties communes ; en outre, dans la partie N. consacrée à Haroéris, Sobek et ses parèdres reçoivent les mêmes honneurs que la triade d'Haroéris dans la partie S. dédiée à Sobek.

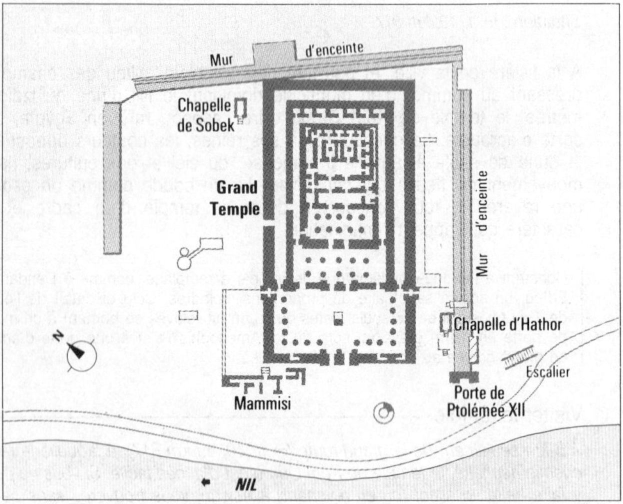

Temple de Kōm Ombo

Pylône. Mur du massif dr. (le massif g. a été détruit) : l'empereur Domitien et un cycle de divinités faisant l'offrande à la triade de Sobek.

Cour. Au milieu, traces d'un **autel** flanqué de deux auges de granit encastrées dans le sol. Les murs latéraux et le portique sont réduits à l'état d'arasements ; la paroi extérieure du pronaos (ou 1re salle hypostyle), ornée d'inscriptions et de figures au nom de Tibère, est percée d'une **double porte** : de chaque côté, le roi Ptolémée XIII Néos Dionysos purifié par Horus et Thoth en présence de Sobek à dr. et d'Haroéris à g.

Pronaos (ou 1re salle hypostyle). Plafond orné de **scènes astronomiques** inachevées (sous les soffites) ; colonnes fasciculées à chapiteaux campaniformes dont les fûts sont gravés au nom de Ptolémée XII Néos Dionysos (**scènes** ordinaires **d'offrandes** à diverses divinités) ; les parois de la salle sont ornées de scènes rituelles relatives à la lustration du roi, à la consécration du temple aux deux triades par le roi ; les scènes sont au nom de Ptolémée VIII Évergète II et de Cléopâtre II sur le mur E., et au nom de Ptolémée XII Néos Dionysos sur le mur O.

2e salle hypostyle. Les parois sont ornées de scènes d'offrandes, au nom de Ptolémée VI Philométor du côté E., et au nom de Ptolémée VIII Évergète II sur les autres côtés. Les trois chambres qui précèdent les sanctuaires sont décorées de scènes d'offrandes aux cartouches de Ptolémée VI Philométor.

Sanctuaires. Décoration analogue sur la façade. — Le bandeau de la porte du sanctuaire de g. porte l'**inscription dédicatoire** presque complète : le nom de Ptolémée manque, mais on y voit celui de Cléopâtre.
Couloir intérieur g. : apport d'offrandes par les dieux Nils et des personnifications de territoires agricoles (le haut de certains corps manque) ; sur le côté N., cartouches de Néron et de Vespasien.

Les **petites salles**, sur le côté N.-E. du couloir, sont décorées de scènes d'offrandes pour la plupart inachevées qui montrent toutes les étapes du travail et les techniques employées : dans celle du côté S., cartouches de Ptolémée XIII Néos Dionysos. — Couloir extérieur, paroi E. : cartouches d'Antonin le Pieux et de Lucius Verus, de Commode, de Macrin et de Diaduménien. Sur la face interne du 2e mur, près de l'angle N., représentation d'un groupe d'instruments de chirurgie.

Le **mammisi,** situé en avant et à g. de l'entrée du grand temple, œuvre de Ptolémée VIII Évergète II, a été en grande partie emporté par le Nil.
Mieux conservée est la petite **chapelle d'Hathor**, au S. de la cour du grand temple, qui présente quelques tableaux d'offrandes ; une inscription grecque nous apprend que cette chapelle fut décorée, l'an VII de Domitien, en l'honneur d'Aphrodite par Pétronia et ses enfants.
Dans l'angle formé par le mur N.-O. du temple et le mammisi, différentes constructions dont un ensemble de **puits.**
Au N. du temple de Kōm Ombo, quelques ruines coptes, et un petit temple de Caracalla dédié à Sobek.

26 - Assouan (Aswān)

Situation : → it. 10, km 860.

Déjà, la route vous avait un peu préparé. De chaque côté du fleuve, serrant de plus en plus les berges, n'y tolérant ici qu'un champ aux dimensions de jardin, là quelques touffes de palmiers, les deux falaises s'étaient, depuis quelques kilomètres, rapprochées l'une de l'autre, semblant annoncer la fin de la Vallée. Les voici brusquement qui s'entrouvent, comme pour mieux clore par un cirque magistral le longiligne paysage égyptien.

Pour la première fois dans cette lente remontée vers la source, votre regard embrasse un monde fermé. A droite, barrant l'Occident, une montagne de sable et de rocs brunis, comme calcinés par un soleil sans faiblesse. A gauche, développant l'amphithéâtre d'une majestueuse corniche, la façade moderne de la ville. Au centre enfin, l'ondoyante île Éléphantine, semblant flotter sur un Nil plus lac que fleuve et venu d'on ne sait où. A poursuivre la comparaison de l'Égypte fertile avec une fleur, on pourrait dire qu'Assouan en figure le bulbe nourricier. Pour les Anciens déjà, le pays semblait s'arrêter là, au S. de la ville, à ce défilé chaotique, cette cataracte où, croyait-on, naissait la crue, source de fertilité.

Une porte donc. Au-delà s'étendait la Nubie, possession égyptienne, mais non Égypte même ; un lac la recouvre à présent, désert de liquide flanqué de déserts de cailloux, linceul d'un pays mais réserve d'énergie et espoir du cultivateur. Plus loin encore, le Soudan, qui fut Kouch ou Éthiopie, pays des hommes noirs et des femmes vêtues de blanc, et d'où viennent, depuis plus de cinquante siècles, les caravanes apportant ces épices enivrantes dont les tas colorés couvrent les éventaires du souk. Sans doute déjà, profitant des missions qui les amenaient ici pour surveiller le travail dans les célèbres carrières de granit, les fonctionnaires de l'Égypte ancienne devaient-ils s'approvisionner comme vous en produits exotiques. Mais eurent-ils, ces agents de l'État, ces princes explorateurs envoyés par le roi pour ouvrir les routes du Sud, le loisir de s'abandonner, comme vous, à la détente ? L'admirable sérénité du ciel, la merveilleuse douceur du climat hivernal, un paysage d'une tranquille majesté, vous feront pour un temps oublier barrages et usines, inondation et temples sauvés des eaux.

Assouan dans l'histoire

Une double ville. — La ville d'Assouan, la Syène des auteurs classiques, n'était à l'origine que le marché de l'île Éléphantine. Celle-ci, de son nom égyptien Abou, qui

a le même sens (l'île des Éléphants), fut sous les pharaons la capitale du 1er nome de Haute-Égypte.
Éléphantine avait pour elle le nilomètre et le temple consacré à Khnoum ; elle était de plus la résidence du prince héréditaire, chef de la province. Ses magnifiques jardins, la beauté de son site, l'antiquité de son sanctuaire faisaient d'elle un quartier aristocratique, tandis que la future Syène était plutôt le port et la ville de travail.

Géologie et géodésie. — Ses carrières, d'où l'on extrayait ce granit rouge connu sous le nom de syénite[1], étaient le gisement de granit le plus exploité pendant l'Antiquité : il fournissait les blocs dans lesquels étaient taillés les obélisques, les grands naos monolithiques, les colosses, etc. Ces carrières étaient encore en pleine activité à l'époque romaine. La syénite y était alors recherchée non seulement pour l'Égypte, mais pour le reste de l'empire.
Syène eut à cette époque une célébrité d'un autre genre : on y montrait un puits dont les parois étaient éclairées verticalement par les rayons du soleil le jour du solstice d'été, en raison de sa position dans le voisinage de la ligne du tropique. On la considérait alors comme placée exactement sous le tropique du Cancer (elle en est en fait à 37'23" N.) et cette opinion la fit choisir par Ératosthène comme point de départ de sa mesure de la circonférence terrestre (230 av. J.-C.).

La porte de l'Afrique. — La ville était aussi un point stratégique important commandant, par la surveillance de la cataracte et des routes qui y aboutissaient, le commerce par le fleuve et celui des caravanes du désert. De tout temps, l'administration des pharaons y entretint une garnison importante de soldats nationaux ou de mercenaires. Au VIe s. av. J.-C. il y avait même une colonie militaire juive, avec son temple dédié à Jéhovah ; on a retrouvé au S. d'Éléphantine des papyrus araméens de l'époque perse qui l'attestent.
C'est à Syène que, suivant une tradition, le poète satirique latin Juvénal aurait été envoyé en disgrâce par Trajan pour y prendre le commandement d'une cohorte ; mais sa connaissance de l'endroit, qu'il exprime dans une satire bien connue, pourrait bien n'être que livresque et la tradition n'aurait aucun fondement historique.

Heurs et malheurs. — La Syène des Romains occupait la partie S.-O. de la ville actuelle, entre le Nil et les rochers. Ayant eu fort à souffrir des incursions des Blemmyes (VIIIe-IXe s.) et, plus tard, d'une peste très meurtrière qui y fit périr, selon les chroniqueurs arabes, plus de 20 000 hab., elle fut abandonnée par sa population qui se réfugia dans les quartiers plus élevés bâtis par les sarrasins.
Mais la ville nouvelle ne fut pas moins éprouvée que l'ancienne. Après une période de prospérité qui fut peut-être la plus florissante depuis la conquête arabe, Assouan eut à souffrir sa part, non la moindre, des troubles qui suivirent l'extinction de la dynastie fatimide. Prise et reprise tantôt par les Quenous ou Barbara de la Basse-Nubie, tantôt par les Haouârah de la Haute-Égypte, elle n'offrit bientôt plus que des ruines. Elle ne reprit un peu de vie qu'au temps où Sélim, après la conquête de l'Égypte (1517), y plaça une garnison turque.

Visiter Assouan

1. Le terme de syénite, employé par les Romains à partir du Ier s. av. J.-C., est réservé maintenant à une autre roche.

***Deux jours,** bien remplis, peuvent suffire, **si vous êtes pressé,** pour visiter Assouan : **une matinée** sera occupée par l'excursion (en avion) **à Abū Simbel** (→ chap. 27 D), **une autre** par une promenade en felouque aux **îles** (26 B) **et** aux monuments de la **rive g.** (26 C), les deux **après-midi** étant réservés **l'un pour** une promenade dans **la ville** et le souk (26 A), **l'autre pour** une excursion en voiture aux anciennes **carrières,** aux **barrages** (26 D) et au temple reconstruit de Kalabsha (→ chap. 27 A), sans oublier une promenade en barque aux temples de **Philæ** (26 E) théâtre, le soir, d'un spectacle Son et Lumière en six langues.*

26 A — La ville moderne

On chercherait vainement, aujourd'hui, le fameux puits de Syène. De son passé, Assouan, la ville de la rive dr., n'a en effet conservé que fort peu de chose : quelques pierres gravées, remployées çà et là dans des maisons de la ville, de vagues débris d'un quai romain encastrés dans le quai moderne, en face du Grand-Hôtel. Plus intéressantes, surtout en raison du cadre qui les entoure, sont les **inscriptions gravées sur les rochers** de la petite colline dite Qaṣr el-Moulaḥ, auj. aménagée en jardin public, à l'orée de la zone des grands hôtels.

Dans le même secteur, un **petit temple ptolémaïque** inachevé, consacré à Isis, ne mérite qu'une rapide visite.

Situé maintenant au fond d'une sorte d'entonnoir, tellement le sol environnant s'est exhaussé, le temple se compose simplement d'un pronaos, au plafond reposant sur deux gros piliers carrés, donnant accès à trois chapelles.

La décoration, quasi illisible en raison de la poussière et des déjections de chauves-souris, est faite des habituelles scènes d'offrandes. Outre les supports pour les barques sacrées, le temple abrite quelques restes lapidaires de diverses époques.

Mais le principal intérêt de la ville réside surtout dans son **marché.** Parallèle à la Corniche et à une centaine de mètres de celle-ci, la longue shāri' (rue) es-Sūq traverse le centre dans toute sa longueur, jusqu'à la gare. Vous vous y fondrez dans la foule, déambulant d'éventaire en éventaire parmi les amoncellements de fruits et de légumes, de vanneries et de poteries, de cuirs et d'épices voisinant avec la bimbeloterie « touristique » fabriquée au Caire. Lourds coquillages de la mer Rouge, grands lézards ou crocodiles empaillés, ivoire et ébène sculptés vous y offriront une profusion de souvenirs déjà plus africains qu'égyptiens. Mais peut-être préférerez-vous acheter de ces fleurs séchées du Soudan ou de Haute-Égypte dont l'infusion donne le délicieux **carcadé,** rouge comme le rubis (il s'agit d'une espèce d'hibiscus), apaisant comme un nectar...

26 B — Éléphantine

Longue de 1 500 m et large de 500 dans sa partie S., couverte de jardins et de bouquets de palmiers au pied desquels se blotissent **deux villages nubiens** sur qui plane l'ombre menaçante d'un « aménagement touristique » — l'hôtel déjà construit n'en est que la première phase —, l'île Éléphantine, site primitif de la ville, ne conserve de celle-ci que des restes qui, dans tout autre décor, n'attireraient guère l'attention.

Débarquant sur la plage E. de l'île, face à la ville, vous visiterez en premier le
■ **musée,** toujours installé depuis 1912 dans l'ancienne villa de l'ingénieur qui

construisit le premier barrage en attendant la création du grand musée d'antiquités nubiennes que l'organisme égyptien des antiquités a en projet. On y a groupé une collection d'objets trouvés à Assouan, dans les environs et en Basse-Nubie, et qui offrent, malgré une similitude de forme et de style, quelques différences avec les monuments de l'Égypte plus septentrionale.

Visite : t.l.j. de 8 h 30 à 18 h. Entrée payante; bakshish pour visiter le jardin.

Sous le **péristyle** ont été groupés les objets volumineux, statues, stèles, fragments lapidaires divers; à remarquer surtout un torse de femme drapée à la romaine, des sarcophages en terre cuite et en calcaire d'époque romaine, deux torses, en granit rose, de statues d'Osiris assis.

Dans le **vestibule, momie de bélier dans un sarcophage doré,** prov. de la nécropole d'Éléphantine, et **trois** belles **statues** de granit noir de gouverneurs ou nomarques d'Éléphantine sous la XIIe dyn.; la plus intéressante est celle de Sarenpout *(dont vous pourrez visiter la tombe, nº 31, → ci-après, 26C) :* ses cheveux et la musculature sont traités par le sculpteur avec un grand souci du détail. Quelques tables d'offrandes du Moyen-Empire.

Salle 1 *(à g. du vestibule, au-delà de la salle 2).* — Elle est consacrée aux **époques prédynastiques** et abrite de la poterie, décorée ou non, de petits **vases** en albâtre, des objets usuels et outils en os, corne et silex, des bijoux, des **amulettes.** Les ***palettes de schiste** sont de même style que celles des autres parties de l'Égypte, mais une d'entre elles est en forme de rhinocéros, un des peignes est décoré de deux girafes, une grande et une petite; or le rhinocéros était inconnu en Égypte et la girafe n'y était connue que comme une curiosité d'importation; les amulettes en forme de scorpion abondent.

Salle 2. — Consacrée à **l'Ancien Empire,** elle renferme divers objets des époques les plus reculées, haches en pierre polie, objets en bronze et **vaisselle de pierre** dure, dont un bol en porphyre de la première dynastie. A côté d'objets d'aspect égyptien, notez aussi des colliers de coquilles, des œufs d'autruche gravés et des vases dont le décor rappelle la vannerie purement africaine.

Salle 3 *(à dr. du vestibule).* — Au **Moyen** et au **Nouvel Empire,** la ressemblance avec les objets thébains est plus accentuée, cependant les petits vases noirs ou rouges polis sont semblables (forme et décors) aux calebasses que les enfants nubiens proposent auj. lors des haltes du train, entre Wādī-Halfa et Khartoum.
Dans la petite vitrine, au milieu de colliers, bijoux et amulettes, une petite **stèle** provenant du wādī Sabū porte l'entaille de deux Amon béliers entièrement zoomorphes. Collection de miroirs et de couteaux en bronze.

Salle 4. — Consacrée à la **Basse Époque,** elle contient des objets méroïtiques trouvés en Basse-Nubie; les amulettes sont de forme grossière et d'un bleu violent. Vases de Nubie d'époque chrétienne (IVe s.). Encensoir de l'église d'El-Madīk (Nubie), en bronze, et résille de momie d'époque byzantine en perles; joli vase en verre blanc, d'époque méroïtique; momies.

Un très agréable **jardin** entoure le musée. On y a déposé divers fragments extraits des fouilles entreprises dans les anciens temples de l'île. On peut voir ainsi des blocs du beau style de la XVIIIe dyn., en majorité de l'époque de Thoutmôsis III dont on peut lire les cartouches et retrouver le profil en maints endroits, sur un débris de linteau, sur des blocs où le roi est devant Amon-Rê ou Anoukis, sur un autre où ses cartouches lient les plantes héraldiques des deux Égyptes. Puis une statue de granit noir de la reine Hatchepsout et les tambours de colonnes à pans.

Du musée, vous pourrez ensuite gagner, à quelques dizaines de mètres au S., les constructions bordant la rive du fleuve.

Les restes des **quais** sont fort importants du côté qui regarde Assouan. Les assises inférieures sont d'époque pharaonique ; les autres d'époque romaine, faites de matériaux provenant d'édifices plus anciens et portant plusieurs cartouches de rois de la XVIIIe dyn.

Le célèbre **nilomètre** (miqyās) décrit par Strabon est compris dans les constructions du quai au S.-E. de l'île. Un escalier coudé par un large palier et comprenant en tout 90 marches y plonge dans le fleuve. Sur les parois de cet escalier, des échelles graduées servaient à mesurer la crue ; on y lit aussi des inscriptions où sont notées plusieurs crues remarquables depuis le règne d'Auguste jusqu'à celui de Septime Sévère. Une échelle graduée en mesures arabes y a été ajoutée en 1870.

En continuant à suivre vers le S. la rive du Nil vous atteindrez bientôt, sur la dr., un monticule de décombres qui marque l'emplacement de la ville antique.

Comme bien d'autres sites en Égypte, celui-ci a beaucoup souffert des débuts de l'industrialisation du pays dans les premières années du siècle dernier : des monuments que les savants et les soldats de Bonaparte virent parfois en parfait état de conservation à la fin du XVIIIe s. avaient intégralement disparu dans les fours à chaux trente ans plus tard ; ce fut le cas, en particulier, d'un très beau temple périptère construit par Aménophis III et dont Champollion ne vit plus une pierre debout en décembre 1828. Les fouilles dégagent peu à peu les restes des sanctuaires de l'ancienne ville.

Du grand **temple de Khnoum,** commencé sous Nectanébo II et continué par les Ptolémées et les Romains — et à la construction duquel furent remployés des blocs sculptés du Nouvel Empire — ne subsiste auj. qu'un **vaste espace dallé** où quelques restes de colonnes en grès stuqué permettent de reconnaître l'emplacement de la **cour** et, en arrière, d'une **salle hypostyle.** Au fond de celle-ci, ouvrant sur ce qui fut les salles précédant le sanctuaire, grande **porte en granit** avec des scènes d'offrandes à l'effigie et aux cartouches d'Alexandre Aegos, le fils du conquérant macédonien, qui, pourtant, ne vint jamais en Égypte.
En arrière, grand **naos de granit** gris, renversé et brisé, à l'intérieur duquel une scène d'adoration du roi Nectanébo II devant Khnoum est ébauchée au trait rouge. On a, dans ce temple, trouvé plusieurs **tombes de béliers sacrés** (images de Khnoum) ; les cuves sont encore en place. Tout autour, restes, bien dégagés, de constructions en brique crue.

A dr. du temple et en contrebas, à peu près au niveau de l'hypostyle, les fouilles ont permis de mettre au jour les **traces du temple dédié** à la déesse **Satis, l'épouse de Khnoum,** par Thoutmôsis III ; quantité de blocs, remployés dans la construction du temple de Khnoum, en ont été retrouvés et l'on projette de le reconstruire partiellement.

A une vingtaine de mètres au N.-O., on a également mis au jour un monument très curieux : le petit **temple de Heqa-ib,** nomarque d'Aswān ou d'Éléphantine vers la fin de l'Ancien Empire ou la Première Période Intermédiaire. Ce monument, élevé par les successeurs de Heqa-ib pour le déifier, se compose de plusieurs petites chapelles-naos, bâties en grès nubien et disposées autour d'une cour à ciel ouvert limitée par une enceinte de briques crues. Chacune de ces toutes petites chapelles contenait une ou deux statues, dont celle de Heqa-ib.

A la pointe S. de l'île, vous pourrez voir enfin une petite **chapelle ptolémaïque,** entièrement reconstituée en brique, où l'on a replacé divers fragments architecturaux provenant d'un petit sanctuaire retrouvé dans les fondations du temple de Kalabsha lors de son démontage (→ *ci-après 27 A*).

L'***île des Fleurs,** Gezīra Nabatāt, plus connue sous son ancien nom d'**île Kitchener**, n'est qu'à quelques coups de rame d'Éléphantine. Aménagée en un jardin botanique où prospèrent toutes sortes d'essences tropicales, aussi bien asiatiques qu'africaines, elle vous offrira, dans une symphonie de couleurs, de parfums et de chants d'oiseaux, d'agréables moments de rêve.

26 C — La rive gauche

Sur la rive g. du Nil, Gharbī Aswān, «Aswān de l'Ouest», occupe la partie N. de la colline du Qubbāt el-Hawā, en face de la pointe N. de l'île Éléphantine. C'est là, à flanc de montagne, que sont creusés les **hypogées des princes d'Éléphantine,** contemporains, pour la plupart, des dernières dynasties de l'Ancien Empire. Accessibles jadis au moyen de longs escaliers antiques coupés longitudinalement par une glissière destinée à l'ascension des sarcophages et des offrandes, ces tombeaux sont au nombre d'une quarantaine, disposés en deux rangées, la rangée inférieure comprenant des tombes moins importantes et moins nombreuses que celles de la rangée supérieure.

***Visite des hypogées** : t.l.j. de 8 h à 17 h. Entrée payante.*

Envahis par le sable, les escaliers antiques ne permettent pas une ascension aisée. Vous atteindrez plus facilement les tombes en abordant un peu plus au N., là où, la falaise s'écartant du Nil, la pente est un peu moins forte.
Les tombes sont décrites dans l'ordre numérique.

25 — Mekhou. C'est une vaste salle dont le plafond est supporté par trois rangées transversales de six colonnes inachevées; quelques-unes sont reprises et retaillées par la base, jusqu'à une certaine hauteur.

Entre les deux colonnes de la rangée centrale, c'est-à-dire dans l'axe de la porte, **table d'offrandes** à trois pieds; au fond, sorte de cellule ou de niche surélevée; deux autres niches, ou serdābs, sont creusées, l'une dans la paroi N., l'autre dans la paroi S. La décoration de ce tombeau consiste en **petits tableaux disséminés** : ils représentent l'apport de l'offrande, le labour; le défunt y est qualifié de prince héréditaire et d'autres titres parmi lesquels celui d'Ami Unique.

Ce tombeau communique au N. avec le **(26) tombeau de Sabni,** fils de Mekhou, dont l'entrée principale est une baie coupée d'une traverse cylindrique dans sa partie supérieure.

De part et d'autre de la porte, restes d'un intéressant texte biographique dans lequel Sabni raconte comment, son père étant mort au cours d'une expédition dans le Sud, il envoya chercher son corps pour qu'il puisse être momifié.

La chapelle, plus large que profonde, est divisée transversalement en trois nefs par deux rangées de six piliers. A g., en face de l'entrée, **scène de pêche et chasse aux oiseaux dans les marais** : le défunt, seigneur héréditaire chargé de hautes fonctions sous le règne de Pépi II, y est représenté avec ses filles.

•*• **31 — Sarenpout II,** «Supérieur des prophètes de Khnoum» (Amenemhat II, XIIe dyn.). — Ce tombeau comprend : 1° une première chambre, avec six piliers; — 2° un couloir flanqué de trois niches de chaque côté, contenant chacune une **statue momiforme du défunt** qui est aussi représenté en costume d'apparat, suivi de son fils, dans une peinture à l'entrée du couloir; — 3° une petite chambre carrée avec quatre piliers, ornés chacun, sur la face regardant la travée centrale, de l'image du défunt; — 4° une niche, ornée de tableaux représentant au fond le défunt recevant l'offrande de son fils; à g., les mêmes, plus la femme de Sarenpout qui était prêtresse d'Hathor; à dr. le défunt et sa mère, également prêtresse d'Hathor, recevant l'offrande.

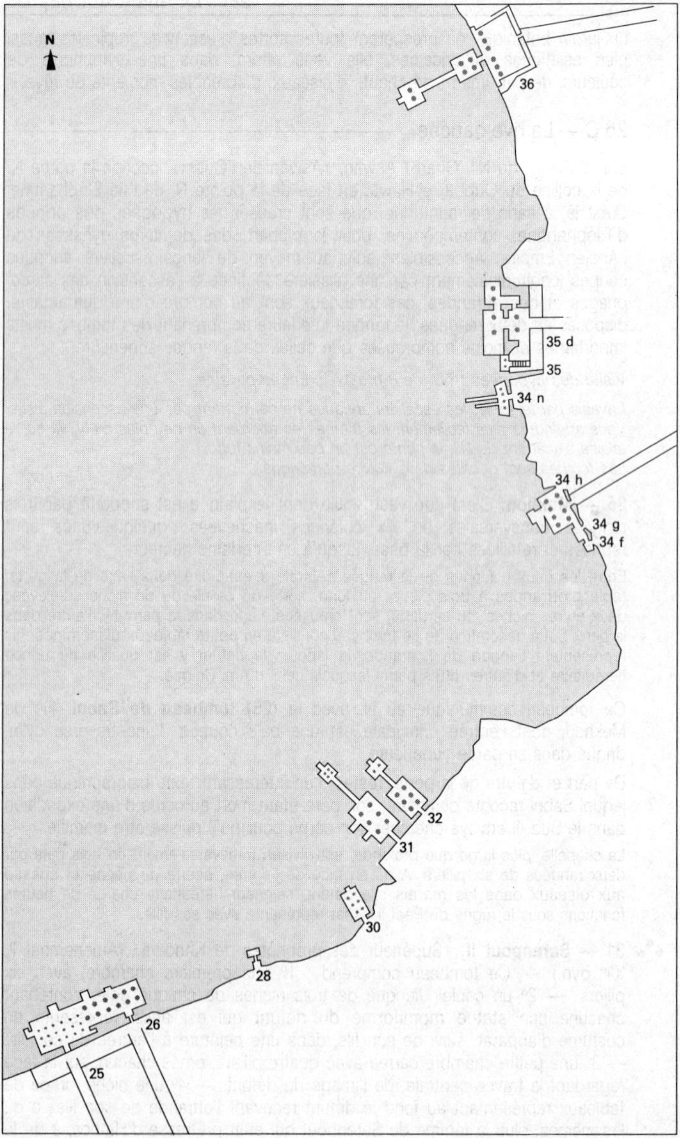

Assouan : tombes de la rive g.

Les piliers et les parois de la première chambre, admirablement dressés, portent des traits horizontaux alternativement noirs, gris, jaunes et rouges, **imitation** manifeste **des stries** parallèles **du rocher** où sont creusées les tombes, comme sur les parois de la cour extérieure ; il semble que pour garder le caractère de ces stries dans un endroit obscur où l'on aurait mal distingué les stries naturelles, les décorateurs des tombes aient par endroits ravivé et exagéré par la peinture cette caractéristique.

34 h — Khounès « Chancelier du Roi de Basse-Égypte » (VIe dyn.). — Ce tombeau, qui communique à g. avec deux petits tombeaux (34 f et 34 g), se compose d'une chapelle à huit piliers, d'un couloir, d'une chambre funéraire et de plusieurs pièces accessoires. Quelques parois de la chapelle, protégées par le crépi dont les Coptes (qui avaient fait de la tombe un monastère) les avaient recouvertes, offrent encore des fragments de scènes de la vie quotidienne et des rites du sacrifice. Quelques graffiti des soldats de 1799.

De la tombe de Khounès, un escalier conduit à celle de **Setka**, l'une des plus curieuses de la nécropole. Ses peintures, dégradées mais ayant conservé une grande fraîcheur de coloris, le style de la décoration, d'une certaine maladresse, apportent un des rares témoignages que l'on possède sur l'art pendant la **Première Période Intermédiaire.**

34 n — Herkhouf. — Une salle à quatre piliers, non décorée à l'intérieur, mais avec des textes gravés à l'extérieur, de chaque côté de la porte. De là part un long couloir de section carrée menant au caveau.

Ces textes dont l'importance a été signalée par plusieurs études contiennent sous forme de biographie le **récit de trois expéditions** que le défunt entreprit, en compagnie de son père, dans la Basse et la Haute-Nubie pour le roi Mérenrê. Des tribus se soumirent sans résistance et comblèrent Herkhouf de présents. A dr. de l'inscription qui encadre la porte est gravé un rescrit du roi Pépi II (successeur de Mérenrê) félicitant vivement Herkhouf du succès de sa troisième mission dont le résultat le plus apprécié du roi qui, à l'époque, était encore un enfant, semble avoir été la prise d'un nain. La lettre royale insiste même sur les précautions à prendre pour que le nain arrive à bon port. Nous apprenons par le même texte qu'on gardait le souvenir d'un nain semblable, amené en Égypte sous le règne de Djedkarê-Isési.

35 d — Heqa-ib « Gouverneur d'Éléphantine » (VIe dyn.). — Tombeau intéressant parce que l'on connaît aussi un temple élevé à la mémoire de Heqa-ib dans l'île Éléphantine.

Ce tombeau est de plan irrégulier : il se compose d'une grande cour avec un vestibule très haut fermé par une baie ; deux piliers coniques, très hauts, engagés dans une sorte d'ante, flanquent cette baie : c'est la porte qui donne accès au tombeau. Celui-ci est tout petit avec deux piliers détachés de la masse, mais réunis par un mur bâti et blanchi à la chaux.

Quelques scènes, gravées çà et là, sont d'un style assez médiocre. Une scène ébauchée à la partie N. du mur E. (à dr. de la porte) nous montre les étapes du travail de décoration. A g., d'autres portes, flanquées de deux obélisques, mènent dans d'autres tombeaux, notamment celui de Sabni II, fils de Heqa-ib.
L'intérêt de ce tombeau résidait dans la quantité de **stèles**, dédiées à Heqa-ib, qui encombraient littéralement la cour d'entrée lors de la découverte : il y en avait une soixantaine entassées les unes sur les autres, comme une foule qui se presse au passage d'un être vénéré ; la plupart ont été déposées au musée.

36 — Sarenpout I, « Supérieur des prophètes de Satis » (XIIe dyn.). — Plus grand et mieux décoré que les autres, ce tombeau est précédé d'une avant-cour à laquelle on accédait par un ***portail** en calcaire dont subsistent les jambages finement sculptés et au fond de laquelle un portique à six piliers formait façade. Le plafond est auj. écroulé de même que les piliers ; le mur de fond du portique est entièrement décoré d'inscriptions qui encadrent la porte et de **portraits du défunt**. A g. de la porte, scène rustique : à dr., le défunt dans son harem.

La chambre à quatre piliers dans laquelle on pénètre ensuite était décorée, parois et piliers, de tableaux et de textes bien exécutés sur enduit, mais malheureusement très endommagés. On reconnaît, au bas du mur et dans tout le pourtour, des restes de scènes nautiques ; sur les piliers, des scènes très effacées de la vie de ces grands féodaux.

Beaucoup plus au S., en face de l'extrémité méridionale de l'île Éléphantine, s'ouvre un vallon conduisant (1 km du Nil ; 20 mn de marche) au monastère de Saint-Siméon :

A dr., sur un monticule dominant le Nil et les îles, s'élève le **mausolée de l'Aga Khan** (1877-1957), chef religieux suprême d'une secte musulmane ismaélienne comprenant env. 4 millions de fidèles, surtout au Pakistan.

Précédé d'un perron de quelques marches, c'est un édifice rectangulaire en grès rose, sobre de style, surmonté d'une petite coupole, et auquel on accède par un chemin dallé. Sous la coupole, l'Aga Khan repose sous une dalle de **marbre blanc**, orné d'inscriptions coraniques finement sculptées (fermé lundi).

En contrebas, villa « Nūr es-Salam », résidence d'hiver de la Bégum.

Le **monastère de Saint-Siméon** (deir Amba Sama'ān), qui est l'un des plus grands d'Égypte et dont les ruines offrent encore un caractère très imposant, est entouré de hautes murailles (6 à 7 m) dont les basses assises sont en pierre et le reste en brique crue. Cette **enceinte**, flanquée de tours et d'échauguettes, affecte la forme d'un trapèze orienté dans son grand axe N.-S. ; elle est divisée intérieurement en trois cours aussi régulières que le permet le sol accidenté de la montagne. Il est assez difficile de retrouver l'affectation de tous les édifices et parties d'édifices qui s'élèvent dans ces trois cours. On y voit en effet **quatre principaux bâtiments**, sans compter les chambres ou casemates adossées au mur d'enceinte.

On reconnaît toutefois dans l'**édifice N.** le bâtiment essentiel contenant, au rez-de-chaussée, un grand nombre de **petites chambres** taillées dans le roc, aux deux étages supérieurs, un grand couloir desservant de larges **cellules** de six ou huit lits, et à l'angle N.-O., le **réfectoire**. Les peintures de l'étage, une Vierge assise au milieu d'anges et de saints, un St Georges à cheval au tympan d'une des extrémités de la salle ne sont plus visibles, l'étage étant maintenant inaccessible.

Dans la **cour de l'E.**, presque en face de la poterne par laquelle on est entré, se trouve l'**église conventuelle** orientée d'E. en O. avec son narthex, ses bas-côtés (dont les colonnes ont été renversées), et son heikal formé de trois niches : il était primitivement décoré de saints nimbés d'or, sur lesquels a été étendu un crépi portant comme décoration **vingt-quatre personnages** assis dont chacun est désigné par une des lettres de l'alphabet copte ; sur la voûte de la niche centrale, le Christ assis au milieu des anges. — **Dans une chapelle** creusée dans le roc, un registre de **saints peints sur trois parois** ; on compte dix-huit personnages encore visibles (peintures du IXe s.). Le plafond de cette chapelle est orné de tableaux représentant des têtes de saints combinés avec un décor polygonal garni de méandres. La **cour S.** devait être le **domaine de l'économe**, car la partie S. est divisée en plusieurs petites chambres dont l'une contient des meules en granit, brisées, qui annoncent une **meunerie** et une **boulangerie**. Tours rondes sur les points faibles de l'enceinte, ce qui ne se retrouve dans aucune forteresse égyptienne. Inscriptions coptes et arabes en grand nombre. L'inscription arabe la plus ancienne est datée de la fin du XIIIe s. et nous permet de déduire qu'au moins dès cette époque le couvent était abandonné par les moines, bien qu'une inscription copte de 1318 semble infirmer cette hypothèse ; mais il ne s'agit là, sans doute, que d'un visiteur, comme il y en eut beaucoup par la suite.

A quelque distance au N.-O. du monastère *(env. 3 h de marche aller et retour),* **anciennes carrières de grès** avec un obélisque inachevé de Séthi I.

26 D — Carrières, cataracte et barrages

Quittez la ville au S. par la route du barrage ancien qui longe bientôt à g. **l'ancien cimetière fatimide** *(accès jusqu'à 20 h 30, payant).*

Un certain nombre de pierres tombales portant des inscriptions kufiques et remontant jusqu'au IIe s. de l'Hégire en ont été recueillies et transportées au musée d'Art islamique du Caire. Les tombes couvertes d'une coupole sont celles des riches personnages ou des cheikhs ; sur la hauteur s'élèvent quelques mosquées funéraires, véritables cénotaphes, à la mémoire des saints les plus vénérés de l'Islam.

A 1 km env. de la ville, aussitôt après le cimetière, une petite route asphaltée conduit à g. à l'**obélisque inachevé,** long de près de 42 m (et d'un poids estimé à 1 197 tonnes), dont la taille semble avoir été abandonnée à cause d'une fêlure dans le granit et qui, s'il avait pu être extrait de la carrière, aurait été, de très loin, le plus grand obélisque connu, bien avant celui d'Hatshepsout qui pointe encore ses presque 30 m de hauteur dans le ciel de Karnak.

Tout autour se développent les anciennes carrières avec leurs rochers creusés d'entailles régulièrement espacées.

Elles montrent le procédé employé par les Égyptiens pour l'extraction des blocs. Ces entailles, qui délimitaient la surface à extraire, recevaient des coins de bois qui étaient ensuite mouillés. Le bois en gonflant faisait éclater le bloc aux endroits délimités et l'on obtenait de cette façon des surfaces épannelées presque prêtes au polissage.

Revenez à la route et continuez à la suivre vers le S.

5 km : A dr., en contrebas, petit village, créé jadis pour le personnel du barrage.

Le **barrage** (es-sadd, « la digue », ou el-khazzān, « le réservoir »), long de 1 962 m, fut élevé, dans son premier état, entre 1898 et 1902. Construit en blocs de granit des carrières proches, il mesurait 27 m à la base et sa hauteur était de 30,5 m.

Le barrage opérait une retenue d'eau de 20 m de haut qui transformait la région en amont en un réservoir d'une capacité d'un milliard de m^{3} d'eau. Au point de vue de l'irrigation, l'expérience s'avéra tout de suite insuffisante, et le barrage dut être renforcé de 5 m et exhaussé d'autant de 1907 à 1912 ; cette première surélévation ayant à son tour été jugée encore insuffisante, de nouveaux travaux entrepris de 1929 à 1934 portèrent à 41,5 m la hauteur du barrage et la retenue d'eau à 5 milliards de m^{3}, noyant déjà la Nubie sur 295 km en amont.

Avant la construction du Haut-Barrage, les vannes étaient ouvertes peu après le solstice d'été, au moment de la crue, de façon à laisser l'eau limoneuse couler et inonder le pays en le fertilisant. A la fin de la crue, elles étaient refermées, et les eaux retenues en amont. A partir du printemps, quand l'Égypte commence à manquer d'eau, le bassin d'Assouan agissait alors comme réserve d'eau pour l'irrigation du pays.

Une usine hydroélectrique est située sur la rive g.

La **première cataracte,** comme d'ailleurs les cinq autres du Nil, n'était qu'une suite de rapides, de tourbillons et de remous déterminés par les rochers et les îlots qui en obstruent le cours sur quelques kilomètres en amont d'Éléphantine. La construction du barrage a beaucoup modifié l'aspect du fleuve, et la visite des îles en aval reste seule possible.

Le fleuve, en aval du barrage, a gardé son caractère ancien de rapides bouillonnants parmi les rochers. De cet archipel de petits îlots granitiques, le plus intéressant est l'**île de Sehel**, où subsistent de rares vestiges de deux petits temples, dont l'un de la XVIIIe dyn. (Aménophis II) et l'autre du règne de Ptolémée IV Philopator. Les **rochers** sont **couverts de graffiti** et **d'inscriptions** dont le nombre dépasse deux cents et dont les plus anciennes remontent à la VIe dyn.

L'une d'entre elles jouit d'une certaine célébrité : c'est la stèle dite « de la famine ». Gravée à l'époque ptolémaïque, elle raconte qu'au temps du roi Djéser une famine qui dura sept ans, par suite de l'insuffisance de la crue, ne prit fin que grâce à une inondation obtenue du dieu Khnoum par les prières du roi. C'est à ce texte que nous devons l'identification du roi Djéser avec le roi constructeur de la pyramide à degrés de Saqqara.

Après la traversée du barrage, la route s'élève par une large courbe sur les escarpements de la rive g. puis, s'orientant au S., traverse pendant plusieurs kilomètres une zone désertique avant d'atteindre l'agglomération créée lors de la construction du Haut-Barrage et que domine le haut monument commémoratif — une fleur de lotus stylisée — élevé par les constructeurs.

Le **Haut-Barrage (Sadd el-'Ālī)** est un ouvrage colossal et **l'une des principales réalisations mondiales dans ce domaine.** Du type barrage-poids, car l'épaisseur des alluvions (200 m) du Nil rendait impossible l'ancrage d'un barrage-voûte, c'est une véritable montagne artificielle de roc et de sable. Ses dimensions sont impressionnantes : épaisseur à la base, 980 m ; épaisseur au sommet, 40 m ; longueur au sommet, 3600 m ; hauteur, 111 m ; volume, 42,7 millions de mètres cubes, soit dix-sept fois celui de la grande pyramide ou plus de la moitié de ce qui avait été enlevé lors du creusement du canal de Suez.

Sur la rive droite, le **canal de dérivation,** long au total de 1 950 m, profond de 80 m et d'une largeur pouvant atteindre 200 m, soit un volume excavé égal à quatre fois celui de la grande pyramide, a été creusé dans le granit pour permettre aux eaux du Nil d'alimenter la centrale hydroélectrique comprenant 12 turbines, de fabrication française, d'une puissance totale de 2100000 kW. Ce canal peut, en cas de nécessité, évacuer jusqu'à 11000 m^3/sec., ce qui le place, à ce point de vue, au premier rang dans le monde.
Le lac artificiel, ou **lac Nasser,** est, par la capacité de sa retenue — 157 milliards de mètres cubes —, le second du monde après celui de Kariba, sur le Zambèze. Long de **500** km env., dont **150** km en territoire soudanais, il présente une largeur moyenne de **10** km pouvant, à certains endroits, atteindre **30** km. Cote maximale des eaux en amont du barrage : 182 m au-dessus du niveau de la mer (cote des eaux en aval : 111 m).

Le barrage : pourquoi et comment

Urgence d'une solution. — Le drame de l'Égypte apparaît à l'énoncé de quelques chiffres : sur 900000 km^2 de superficie totale, l'Égypte ne compte qu'env.

38 700 km^2 de terres actuellement cultivables, c'est-à-dire un peu plus de 4 % de son territoire, tandis que, dans le même temps, elle souffre d'un taux excessivement élevé de croissance démographique : les 19 millions d'Égyptiens de 1947 sont devenus plus de 48 millions en 1985 et la population s'accroît de 1 200 000 unités chaque année. Si, par exemple, l'on rapporte la superficie de **terre cultivable** au nombre d'habitants, on constate que **chaque Égyptien dispose aujourd'hui d'environ 10 ares** alors qu'il disposait de 1,10 ha à l'époque de Bonaparte.
C'est là l'aspect le plus frappant du problème : il en est d'autres, telle l'annuelle **crue** « bienfaitrice » susceptible en fait de variations pouvant entraîner des catastrophes : trop faible, elle provoquait la famine ; trop forte, elle risquait de produire des dégâts considérables aux cultures, aux biens et aux hommes. Enfin, le pays est trop peu industrialisé et ne possède que de faibles capacités de production.

Les avantages du barrage. — Ils apparaissent dès lors avec plus de netteté :
— **accroissement prévu** de 800 000 ha de la superficie **des terres cultivables,** soit un peu plus de 20 % ; mais l'on n'a, jusqu'à présent, gagné en fait que 210 000 ha ;
— dans les terres actuellement cultivables, **assurance de disposer** chaque année **de 400 000 ha de rizières** alors que cette superficie variait, suivant le niveau du fleuve, entre 160 000 et 355 000 ha ;
— **production** annuelle de 10 à 12 milliards de kWh **d'énergie électrique** (5 fois la production de Donzère-Mondragon), permettant l'implantation à Nag' Hammādī d'une usine d'aluminium, fonctionnant à partir d'importation de bauxite, et à Helwān d'une aciérie utilisant les minerais de fer découverts dans la région ;
— **régularisation de l'irrigation** permettant d'obtenir de meilleurs rendements (en son absence l'Égypte aurait, en 1972, subi une grave sécheresse, en 1975 une crue dévastatrice et de nouveau en 1984, une sécheresse) ;
— **stabilisation du niveau du fleuve,** autorisant une navigabilité permanente.

Les inconvénients. — En dehors de la **perte du patrimoine culturel** provoquée par l'engloutissement de la Basse-Nubie, ils sont, en regard de ses avantages, assez faibles : sur le plan agricole, c'est la **perte du limon fertilisateur** : elle est en fait peu importante (7 kg d'azote par ha) et peut être facilement compensée par l'utilisation d'engrais.
Sur le plan humain surtout, c'est la nécessité de **déplacer une population** d'env. 60 000 personnes : le problème perd de son acuité lorsque l'on considère que, par suite de la montée des eaux, pourtant faible, due à l'ancien barrage, les terres cultivables de la Basse-Nubie n'émergeaient plus que deux mois par an, le temps de procéder à une maigre récolte permettant aux femmes et aux enfants de survivre, tandis que les hommes devaient périodiquement émigrer en Basse-Égypte pour tenter d'y trouver du travail.

Au passif du barrage, il faut aussi porter certaines conséquences fâcheuses qui n'avaient pas toujours été prévues et qu'on ne mesurera qu'à long terme. C'est, par exemple, l'augmentation de la salinité des basses terres du Delta, à laquelle on ne pourra remédier que par d'importants travaux d'irrigation et de drainage. C'est aussi, par la disparition du brusque flot d'eau douce et limoneuse qui se déversait périodiquement en mer, une modification du milieu écologique méditerranéen dans un large secteur autour du Delta : d'où des pertes pour la pêche et la remontée, par le canal de Suez, d'espèces prédatrices venues de mer Rouge ; l'apparition récente de requins en Méditerranée en serait l'aspect le plus spectaculaire. Plus gravement c'est, si l'on n'y prend garde, le risque de recul de la côte du Delta par suite de l'absence des 150 millions de t de sédiments qui compensaient jusque-là l'érosion marine : en certains points du littoral de Rosette, la mer a déjà repris plusieurs dizaines de mètres et, près de Damiette, des maisons ont été emportées par la houle.

La construction. — L'étude du projet, confiée d'abord à deux firmes allemandes fut, à la suite du refus de participation financière des puissances occidentales, concédée à l'Union soviétique. Les études préliminaires, entreprises en 1955, aboutirent en **janvier 1960** à l'**ouverture du chantier**, et le **14 mai 1964**, une cérémonie solennelle marquait l'**entrée des eaux du Nil**, définitivement barré, dans le canal de dérivation. La mise en eau totale de la retenue prit fin en 1972. 35 000 personnes s'étaient relayées nuit et jour pour mener à bien cette immense tâche dans laquelle près de 300 ont laissé la vie.

Fonctionnement. — Le débit annuel du Nil est de 84 milliards de mètres cubes (dont 54 milliards dus au Nil Bleu et 26 milliards fournis par le Nil Blanc) mais peut varier suivant l'intensité de la crue, entre 48 (1813) et 150 milliards de mètres cubes (1880). Le barrage sert donc, par le volume des eaux emmagasinées, à **régulariser le débit** du fleuve. Sur les 157 milliards de mètres cubes qui représentent sa capacité totale, 30 milliards seront comblés par les dépôts de limon (en 500 ans), 37 milliards constitueront une place réservée à l'excédent éventuel d'une crue anormale, 6 milliards s'évaporent et 84 milliards, le débit normal du fleuve, sont répartis à raison de 55,5 milliards pour la R. A. E. et 18,5 milliards pour le Soudan.

Une route directe permet, sur la rive dr., de regagner directement Assouan.

Quelques kilomètres avant la ville, elle laisse à g. la partie méridionale des anciennes carrières.

On y voit encore deux cuves de sarcophages inachevées, plus loin un colosse royal, que le sable finit de recouvrir, et un grand bloc taillé régulièrement. Sur un rocher, une inscription d'Aménophis III présentait un intérêt capital : l'auteur de l'inscription s'était représenté et avait signé son nom, fait très rare dans les actes des scribes imagiers ; malheureusement, le nom et le personnage ont été martelés. On y remarque surtout une **statue colossale d'Osiris**, inachevée, que les Arabes surnomment « Ramsès ». La statue est couchée, à demi ensevelie dans le sable.

Un peu plus loin, la route longe le **combinat industriel de Kima**, alimenté en énergie par le Haut-Barrage, énorme unité de production d'engrais azotés (plus de 300 000 t/an).

26 E — Temples de Philæ

Soixante ans avant Abū Simbel, Philæ avait déjà attiré les regards du monde sur la Basse-Nubie. Déjà il s'agissait d'un barrage et déjà l'un des ensembles monumentaux les plus admirables qui soient allait disparaître sous les flots, noyé par les nécessités du progrès. Point encore d'Unesco et point de campagne internationale ; on accepta le mal nécessaire et Pierre Loti ne put que pleurer poétiquement la « Mort de Philæ ». Mais Philæ réapparaissait deux mois par an, en août et septembre, lorsqu'on vidait le réservoir, laissant à l'île le temps de se couvrir de fleurs et de recevoir quelques touristes.
Loin de rendre la « perle de l'Égypte » à ses admirateurs, le Haut-Barrage, pourtant situé en amont, risquait d'en précipiter la ruine. Engloutis en permanence, érodés par des variations quotidiennes du niveau de l'eau, les temples de Philæ étaient, cette fois, définitivement condamnés. Plusieurs solutions furent alors étudiées entre lesquelles le gouvernement égyptien choisit de déplacer, avec l'aide de l'Unesco, l'ensemble des édifices sur l'île d'Agilka, située à 300 m de Philæ et perpétuellement hors de l'eau.

Cette opération gigantesque a duré 8 ans, de 1972 à 1980. Dans un premier temps, il a fallu isoler les monuments par un batardeau long de 850 m, haut de 15 m et large de 2 m tandis que l'on modelait l'îlot d'Agilka pour y recréer la topographie de Philæ. La seconde phase, à l'inverse d'Abū Simbel qu'il a fallu découper (→ *chap. 27D*), consista à démonter les temples, numéroter chaque bloc, les transporter et les remonter sur le nouveau site.

Les monuments connus de l'île ne remontent guère au-delà de la XXXe dyn. et seuls quelques remplois attestent la présence des rois saïtes. La véritable période d'apogée pour Philæ fut le Ier siècle de notre ère. C'est alors que l'île, débarrassée d'une grande partie des maisons qui l'encombraient et qui gênaient les abords du temple, s'enrichit d'un dromos à deux portiques dont l'un — celui de l'E. — nous est parvenu encore inachevé.
Le culte d'Isis se maintint longtemps à Philæ. Les Blemmyes établis en Nubie et devenus égyptiens de religion et de mœurs l'avaient adopté. Vers le milieu du Ve s., leurs ravages devinrent si terribles que, pour acheter la paix, le gouverneur de la Thébaïde, Maximin, conclut avec eux une trêve de cent ans aux termes de laquelle ils pouvaient se rendre sans obstacle au temple d'Isis, en enlever, pour un temps déterminé, les statues de la déesse, les transporter chez eux pour en obtenir les oracles, puis les ramener intactes.
Par la suite, Justinien envoya les troupes de Byzance commandées par Narsès Kamsarakan, fit fermer le temple et développa l'évangélisation de la Nubie; vers 535, l'évêque Théodore plaça le temple d'Isis, converti en église, sous le patronage de saint Étienne. Deux églises coptes furent construites plus tard vers la pointe N.-E. de l'île, là où dut surtout s'étendre ce que le rhéteur Aristide, qui visita l'Égypte au IIe s. de notre ère, appela la ville de Philæ.

Visite de Philæ

***Pour vous rendre à Philæ,** vous suivrez, au départ d'Aswān, la route de l'ancien barrage (→ le début de l'it. 26D) un peu avant lequel vous bifurquerez à g. Quittant un peu plus loin cette route (qui rejoint celle du Sadd el-'Ālī), vous prendrez à dr. une piste menant à une crique où une barque à moteur attend les touristes.*
Les bateaux accostent au S. du temple, vers l'ancien barrage, d'où des barques peuvent vous conduire à Philæ. En taxi (depuis n'importe quel hôtel), l'arrivée est plus directe.

***Visite :** t.l.j. de 7 h à 18 h. Entrée payante. Son et lumière (quelquefois en français) à 18 h, 19 h 30 et 20 h 30.*

A l'extrémité S.-O. de l'île, le **pavillon de Nectanébo I,** édicule du même type que celui qui se trouve sur la terrasse du temple de Dendara, est formé d'un portique rectangulaire comprenant 14 (primitivement 18) colonnes campaniformes à dé hathorique dont 7 (auj. 6) sur chacun des grands côtés.

A côté s'élevait un petit **temple d'Arensnouphis,** construit dans la première moitié du IIIe s. par Ptolémée IV Philopator et le roi nubien Ergamène, et qui présentait aussi les cartouches de l'empereur Tibère.

Répondant au **portique** inachevé qui borde à l'E. le **dromos,** le **portique O.** s'élève sur le bord de la terrasse dominant le fleuve. Il compte 32 (auj. 31) colonnes avec chapiteaux variés. Le plafond, formé de larges dalles, a conservé des traces de sa décoration étoilée; les colonnes et le mur du fond sont couverts de scènes d'offrandes aux cartouches d'Auguste, constructeur du portique, de Tibère, de Caligula, de Claude et de Néron. Entre la douzième et la treizième colonne, un escalier descend à une poterne qui débouche sur le rivage.

••• Le **temple d'Isis** élève au fond du dromos son **premier pylône,** large de 37 m sur 18 m de haut. Les deux massifs entre lesquels s'encastre un portail orné de tableaux aux cartouches de Nectanébo I sont décorés sur la face

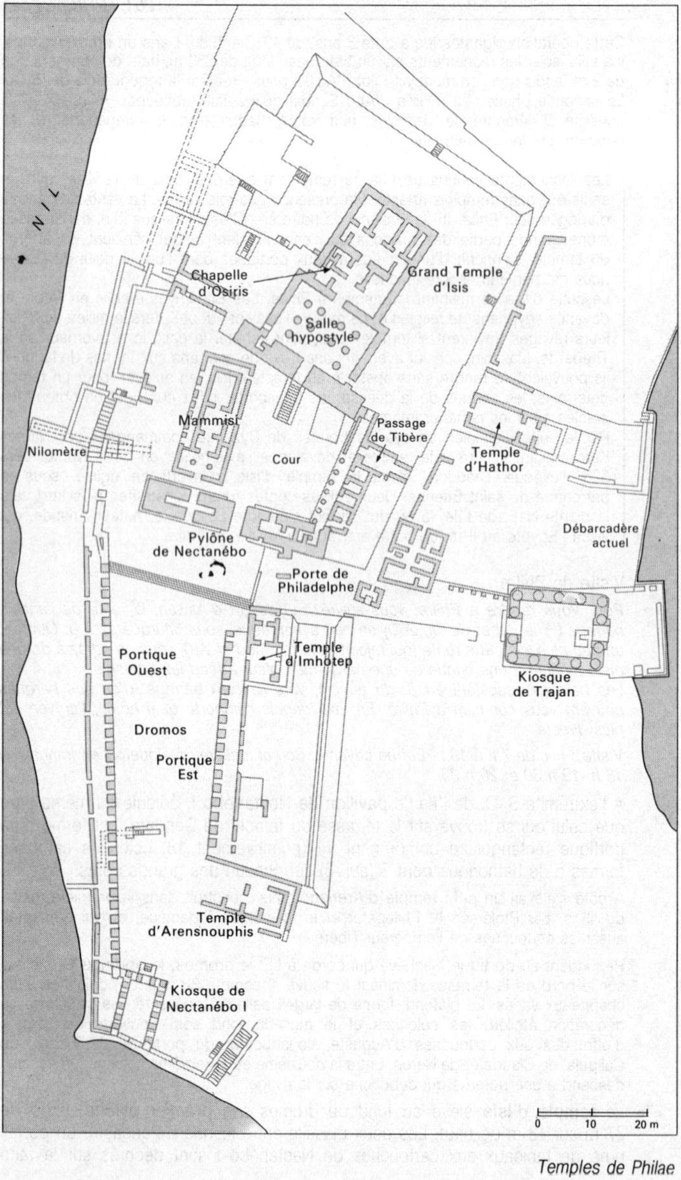
NIL
Chapelle d'Osiris
Grand Temple d'Isis
Salle hypostyle
Mammisi
Passage de Tibère
Temple d'Hathor
Nilomètre
Cour
Pylône de Nectanébo
Débarcadère actuel
Porte de Philadelphe
Temple d'Imhotep
Portique Ouest
Kiosque de Trajan
Dromos
Portique Est
Temple d'Arensnouphis
Kiosque de Nectanébo I
0
10
20 m

Temples de Philae

principale de la grande **scène traditionnelle du massacre des captifs** : le roi accomplissant le sacrifice est ici Ptolémée XII Néos Dionysos, et les divinités auxquelles il s'adresse sont Isis, Horus d'Edfū et Hathor. Les tableaux supérieurs sont au nom du même pharaon ; le soubassement est orné d'une procession des nomes.

En avant du pylône s'élevaient deux petits obélisques du règne de Ptolémée VIII Évergète II et deux lions en granit, très mutilés.
Une porte secondaire, qui s'ouvre dans le massif O. (à dr.) et qui dessert deux petites salles obscures, conduit au mammisi. La **porte centrale**, décorée intérieurement d'un côté (E.) d'un tableau d'offrandes, porte sur le côté opposé (O.) une inscription commémorative de l'expédition française.

Dans la **cour** du temple, sur la façade N. du massif E. du pylône, s'ouvre une porte donnant accès à une petite chambre dont la décoration, composée de tableaux, est inachevée ; plus à g. se trouve l'entrée de l'escalier conduisant au sommet du pylône.
Les trois autres côtés de la cour sont formés au N. par le 2e pylône, à l'O. par l'une des façades latérales du mammisi et à l'E. par l'**édifice à portique** servant d'annexe ou de sacristie. Un portique de dix colonnes y donne accès à **six chambres.**

La **1re**, près du 1er pylône, renferme un escalier conduisant à plusieurs chambres supérieures et à la terrasse ; la **3e** contient une longue **inscription méroïtique** et un **graffito** représentant une procession de personnages portant des palmes ; la **5e** contenait la **bibliothèque** et était sous la protection du dieu Thoth et de la déesse Séchat ; la 6e forme un large passage engagé par sa partie E. dans le mur en brique de l'enceinte ; les tableaux qui la décorent sont aux cartouches de Tibère, tandis que le reste de l'édifice porte ceux de Néos Dionysos.

••• Le **mammisi** est un joli édifice d'ordonnance périptère comprenant trois chambres en enfilade précédées d'un pronaos. On y adorait Isis l'Ancienne, mère d'Hathor, et les tableaux qu'on y voit ont trait à la naissance, à l'enfance et à l'éducation d'Horus. Fondé par Évergète II, il fut continué dans sa décoration sous Néos Dionysos et achevé sous le règne de Tibère.
En haut et à l'extérieur de la paroi E. du pronaos ont été copiées deux inscriptions bilingues (en caractères hiéroglyphiques et démotiques) de Ptolémée V Épiphane, **dont l'une est la reproduction du décret** bilingue **gravé sur la** célèbre **pierre de Rosette** ; elles sont malheureusement entrecoupées par les bas-reliefs qu'y a fait graver par la suite Néos Dionysos.

Le **2e pylône** du temple d'Isis (30 m de large sur 14 m de haut), qui n'est pas parallèle au premier, est orné, en façade, de la double **scène du massacre** dont le héros est encore Néos Dionysos.
Dans le massif de dr. (E), un énorme bloc de rocher qui faisait saillie n'a pas été rasé au niveau de l'assiette du temple ; on l'a scié verticalement à l'aplomb du mur extérieur ; il a l'aspect d'une stèle de granit parfaitement encastrée et on y a gravé une inscription commémorant une donation de terrain faite au temple d'Isis par Ptolémée VI Philométor en l'an XXIV de son règne. En avant de la stèle, arasements d'une petite chapelle gravée aux cartouches de Domitien. Trajan et Hadrien.

Le portail du pylône (tableaux aux cartouches d'Évergète II), que précède un perron, donne accès au **pronaos,** hypostyle à dix colonnes ayant conservé quelques traces de couleurs.

Au **plafond** sont représentés, dans la travée centrale, les vautours symboliques de la Haute et de la Basse-Égypte; dans les quatre travées latérales, des barques solaires et des représentations astronomiques.
Sur des **architraves,** représentations des heures. Ces diverses scènes ainsi que les tableaux d'offrandes et les quelques compositions mythologiques qui décorent les murs et les colonnes du pronaos, sont du règne d'Évergète II. A l'époque chrétienne, le pronaos, comme il est encore aisé de s'en rendre compte, fut converti en église; cette transformation est l'œuvre de l'évêque Théodore (vers 553).

Le **sanctuaire** comprend douze chambres et une crypte; elles sont toutes décorées de tableaux d'offrandes et de scènes liturgiques; les cartouches sont ceux de Philadelphe. On remarquera à dr. la **Cour des Offrandes,** où le roi est représenté brûlant l'encens et faisant la libation en l'honneur d'Isis devant un amoncellement d'offrandes de toute nature.

A g., un escalier monte, sur la terrasse du sanctuaire, à la **chapelle funéraire d'Osiris,** qui se compose d'un vestibule et d'une chambre.

Les scènes représentées dans le vestibule ont trait à l'embaumement d'Osiris (mur N.), au culte que rendent les dieux à son âme et à sa momie (murs E. et O.). Celles qui couvrent les quatre parois de la chapelle proprement dite contiennent sur les deux longs côtés (murs E. et O.) l'offrande faite par l'empereur (cartouche non gravé) aux dieux d'Hermopolis et d'Héliopolis, ainsi qu'aux divinités du cycle osirien et, sur les deux petits côtés (S. et N.), les scènes relatives à la mort, l'embaumement, les funérailles, le culte rendu à la momie, les opérations magiques nécessaires à la résurrection et finalement la résurrection d'Osiris.
Le **saint des saints,** flanqué de deux chapelles encore plus obscures, possède encore un naos en granit.

L'**extérieur du temple d'Isis** est couvert de tableaux d'offrandes gravés sous Auguste (pourtour du sanctuaire) et Tibère (hypostyle).

A l'O. du temple d'Isis et regardant la face latérale du 2e pylône, très intéressant **édicule de l'époque des Antonins,** connu sous le nom de « Porte d'Hadrien et Marc-Aurèle ». Les ruines actuelles présentent un reste de mur percé d'une porte s'ouvrant jadis en face de l'île de Biga *(celle-ci se trouve maintenant au S.)* et auquel s'adosse une chambre dont les deux parois latérales (N. et S.) sont à demi ruinées et dont la paroi E. a disparu. Un peu au S. se trouve un **nilomètre** situé à peu près au centre du quai de l'O. *(escalier souterrain en face du pronaos du mammisi).*

L'orientation passée du petit édifice des Antonins, face à Biga, explique probablement la présence d'une scène fameuse qui, gravée sur la paroi N., à l'intérieur de la porte, représente le dieu androgyne de la crue dans son « antre ». Hapi, agenouillé dans une caverne dominée par des rochers et entourée d'un serpent lové sur lui-même, tient deux vases qui laissent échapper le flot nourricier : à l'époque gréco-romaine, c'est en effet « au pied de la montagne élevée de Biga » que la tradition situait la source mythique du Nil du Sud par opposition à celle du Nil du Nord que l'on plaçait un peu en amont du Vieux Caire actuel.

A l'E. du temple d'Isis, petit temple d'Hathor (« l'Enclos de l'appel »), construit par Ptolémée VI Philométor et repris dans sa décoration intérieure sous Auguste; les colonnes sont décorées de bas-reliefs et de textes en rapport avec la décoration des mammisis : dieux nains (Bès) jouant de la harpe et du tambourin, prêtre jouant de la double flûte, singe jouant du luth.

Le pavillon, ou **kiosque de Trajan,** vers le S.-E., sorte de reposoir et d'embarcadère, semble avoir été destiné, comme l'édicule de Nectanébo I, à faciliter l'accomplissement de certains rites lorsque la procession de la déesse atteignait la rive, soit en quittant, soit en regagnant son île. Ce charmant édifice est formé d'un portique de quatorze colonnes à chapiteaux campaniformes dont les fûts sont reliés, sauf aux deux portes E. et O., par des murs d'entrecolonnement avec assises à peine dégrossies : deux de ces murs, à l'intérieur, ont seuls reçu leur décoration consistant en tableaux d'offrandes dont les divinités sont, d'une part, Osiris et Isis, et d'autre part, Isis et Horus, tandis que le roi officiant est l'empereur Trajan. Ce pavillon avait un toit cintré, en bois.

➜ Au S. de Philæ-Agilka, l'**île de Biga,** partiellement submergée, est le lieu de l'Abaton, où Osiris dort de son sommeil éternel, territoire interdit où nul homme ne doit poser le pied. Nombreuses inscriptions dont quelques-unes remontent jusqu'à la XIIe dyn., et débris d'un temple d'époque ptolémaïque (Ptolémée III Évergète I), converti plus tard en église, près duquel subsistent deux statues fragmentaires d'Aménophis II et de Thoutmôsis III ; du côté E. on trouve aussi une stèle et un monolithe de granit portant le nom de Psammétique II.

27 - La Basse-Nubie

La Basse-Nubie était la région de la vallée du Nil comprise entre la première et la seconde cataracte. Elle est aujourd'hui totalement engloutie sous les eaux du lac Nasser.
Ses caractères physiques étaient sensiblement les mêmes que ceux de la région comprise entre le gébel Silsila et Philæ : de hautes berges, couvertes de maigres cultures (la fève et le lupin), bordées elles-mêmes d'une double muraille de grès calcinés, et, par intervalle, de granit (Aswān, Kalābsha, Wādī Halfa). De nombreux wādīs sillonnaient les deux plateaux de plus en plus bas que forment les chaînes libyque et arabique, tantôt très étroits et envahis par de fortes coulées de sable qui tranchent nettement sur la croûte sombre de la roche (les Arabes leur donnent le nom de Khor), tantôt si larges, à leur embouchure, que la plaine ainsi formée fut de bonne heure mise à profit pour la culture et donna asile à des villages.
Déjà rebâtis plus haut que l'inondation artificielle résultant du premier barrage d'Aswān, ils ont été totalement abandonnés et détruits par la montée des eaux due au Haut-Barrage. Les populations ont été transférées, à partir de 1963, dans de nouveaux villages construits à leur intention près d'Esna et de Kōm Ombo.
La Basse-Nubie n'existe plus. Seuls, désormais, les temples reconstruits sur les berges désertiques du lac artificiel témoignent de son ancienne existence.

La Basse-Nubie dans l'histoire

Le pays des Noirs. — La Nubie, qui tire son nom des Nubæ, grande tribu libyenne, maîtresse, au temps de Strabon, du territoire compris dans la boucle de Bayouda, formait la partie de la vaste région africaine orientale que les auteurs anciens appelaient Éthiopie ou pays des Noirs et que les textes égyptiens appelaient pays de Kouch.
Autrefois, aux temps préhistoriques, il semble qu'une même civilisation florissait sur tout le cours du Nil. Mais déjà vers la fondation de l'unité égyptienne (IVe millénaire avant J.-C.) des différences s'établissaient entre l'Égypte proprement dite et le pays au S. de la première cataracte. Sous la VIe dyn., la Basse-Nubie était occupée par des peuplades semi-nomades. Leurs razzias sur les territoires cultivés de la seigneurie d'Éléphantine provoquèrent de fréquentes répressions.

Une assimilation progressive. — Les rois de la XIIe dyn. depuis Amenemhat I jusqu'à Sésostris III se rendirent complètement maîtres du pays et l'annexèrent à l'Égypte. La civilisation égyptienne y pénétra et dut y opérer une transformation assez grande, pour rendre possibles des unions entre familles égyptiennes et nubiennes.

C'est pendant cette longue période d'assimilation que la Nubie fut couverte de temples sur les murs desquels étaient représentés les dieux locaux (Dédoun, Anoukis) à côté des dieux égyptiens. A Abū Simbel, Gerf Ḥusayn, Derr, etc., les dieux de Thèbes, de Memphis, d'Héliopolis, d'Hermopolis, voisinaient avec les dieux nubiens.

Le royaume des prêtres. — Dès le début de la XVIIIe dyn., elle fut administrée par un haut fonctionnaire qui portait le titre de «Fils royal de Kouch». La Nubie, ainsi devenue dépendance de Thèbes, partagea sa fortune : comme à Thèbes, le pouvoir des grands-prêtres y supplanta celui des derniers Ramessides. Aussi devint-elle le refuge de ces usurpateurs, lorsqu'ils furent à leur tour expulsés de leur capitale.

Ils en firent un royaume indépendant, avec Napata pour capitale, royaume qui devint assez fort pour profiter de l'affaiblissement croissant de son ancienne métropole et la conquérir à son tour. C'est ainsi que le roi de Napata, Pi(ânkh)y Meriamon, s'empara de tout le pays et fonda la 1re dyn. éthiopienne (XXVe dyn.). Nous ne reviendrons pas ici sur ces dynasties dont l'histoire se confond avec celle de l'Égypte.

La Basse-Nubie annexée. — Mais, tandis que le royaume de Napata, bientôt replié sur lui-même, connaissait son propre destin, la Basse-Nubie tomba dans l'abandon ; seul, le pays appelé plus tard Dodécaschène (parce qu'il mesurait 12 schènes ou 360 stades d'étendue), c'est-à-dire la partie comprise entre Philæ et Takompso, réuni définitivement à l'Égypte par Psammétique I, profita plus tard de la bonne administration des Grecs et des Romains. La plupart des anciens temples ruinés furent restaurés et agrandis, d'autres complètement reconstruits.

Une zone tampon. — Pendant la durée de la domination romaine jusqu'au règne de Dioclétien, le Dodécaschène avait formé une sorte de zone-frontière de l'empire, désignée sous le nom de Collimitium.

Strabon nous apprend que les peuplades campées au S. et probablement dans les déserts à l'E. et à l'O. de cette zone sont les Troglodytes, les Blemmyes, les Nubæ et les Mégabares.

Trente mille Éthiopiens commandés par la reine Candace purent s'emparer par surprise de Philæ, de Syène et d'Éléphantine, et emporter comme trophées les statues impériales. Une expédition dirigée par le préfet Pétronius en vint à bout et la reine Candace, battue à Pselkhis, puis à Premnis et enfin poursuivie jusque dans Napata, dut se réfugier, après la prise de sa capitale, dans une île au S., qui était peut-être Méroé.

Les incursions de Blemmyes, la peuplade la plus guerrière, et les répressions qu'elles s'attirèrent des forces romaines cantonnées dans les cinq camps (Primis, Pselkhis, Kerkis, Talmis et Taphis) du Collimitium, sont les seuls faits saillants des temps qui suivirent.

Les derniers adorateurs d'Isis. — A la fin du IIIe s., Dioclétien, jugeant trop onéreuse l'occupation de ce territoire, l'abandonna à la tribu des Nobades qu'il fit venir de la Grande-Oasis, et rappela ses troupes à Syène. Philæ et la route qui va du Nil jusqu'à Syène furent fortifiées.

Comme toutes les populations en contact avec l'Égypte et le royaume éthiopien de Napata, les Blemmyes avaient adopté la religion égyptienne. Isis, qui était particulièrement vénérée dans toute la Nubie, était leur principale déesse. Ils l'adorèrent dans son temple de Philæ où ils étaient admis avec les Égyptiens ; Dioclétien y toléra leur présence : l'édit de Théodose, qui resta lettre morte à Philæ, ne put ainsi les en chasser. Ils s'étaient d'ailleurs si fortement établis dans le pays qu'ils purent ravager, à divers reprises, sans être inquiétés, toute la Thébaïde, et réduire l'empereur

Marcien à leur accorder en 451 une trêve de cent ans. Mais, au siècle suivant (vers 550), ils eurent des démêlés avec les Nobades, qui étaient chrétiens, et furent vaincus par leur roi Silko.
Quelques années plus tard, leurs prêtres furent expulsés du temple de Philæ par Narsès, le général de Justinien, et la Nubie devint complètement chrétienne.

La conquête arabe. — Conquise en l'an 20 de l'hégire par ʻAmr ibn al-ʻĀṣ et soumise au tribut, la Nubie ne put s'affranchir que par intermittence du joug des califes, et s'attira de sanglantes répressions qui hâtèrent sa ruine. Le frère de Saladin, Shams ad-Dawla, s'empara en 1173 de la citadelle d'Ibrim, pilla le trésor de l'église et soumit l'évêque à la torture. Mais ce ne fut guère qu'à la suite de l'expédition de l'émir Shams ed-Dīn as-Sonqor, un siècle plus tard, que la Basse-Nubie, occupée par les Arabes, fut peu à peu contrainte d'embrasser l'islam.
Complètement appauvrie et incapable de toute résistance, elle ne connut d'autres vicissitudes que d'obéir tour à tour aux sultans du Sennâr et aux mamlouks de l'Égypte. Lorsqu'elle fut définitivement annexée à l'Égypte par Ismaïl pacha lors de la grande expédition de 1821, elle n'était plus, depuis longtemps, qu'une simple route commerciale ou militaire reliant l'Égypte aux régions fertiles du Haut-Nil.

Le sauvetage des temples

L'émotion soulevée dans le monde par la décision de l'Égypte de construire un barrage, dont la première conséquence serait la disparition de la Basse-Nubie, aboutit, le 8 mars 1960, à l'appel solennel à la solidarité mondiale lancé par l'**Unesco** pour la sauvegarde de ses monuments.
Les premiers projets de sauvegarde remontent en fait à 1959, lorsque furent étudiées les possibilités de sauvetage d'Abū Simbel, le plus connu des temples nubiens condamnés, aujourd'hui à lui seul symbole de tous les monuments sauvés.
La même année, l'**Institut Géographique National** (France) qui, depuis 1955, travaillait au relevé photogrammétrique des temples nubiens, commençait, suivant le même procédé, à dresser une carte de la Nubie au 1/10 000e.

L'appel de l'Unesco, donnant au problème une dimension mondiale, allait susciter la somme de concours financiers et scientifiques que réclamait l'ampleur de la tâche à accomplir. Malgré la notoriété de ses temples, la Nubie n'avait en effet été qu'insuffisamment fouillée, et il fallait, avant que l'eau ne montât, arracher au sol nubien tous les renseignements qu'il celait encore. C'est aujourd'hui chose faite et, si **les découvertes faites de 1960 à 1965** n'ont pas revêtu l'aspect spectaculaire de la découverte du tombeau de Toutânkhamon, elles n'en constituent pas moins une moisson d'une immense richesse. Grâce à un « ratissage » méthodique du sol nubien, c'est toute l'histoire de la Basse-Nubie, de l'époque paléolithique jusqu'à la période médiévale, qui a pu être précisée.

Les quatorze temples et monuments réédifiés, puisque aucun n'a pu être protégé in situ, ont été groupés en quatre zones et, autant qu'il était possible, rétablis dans un milieu analogue à celui de leur origine. C'est ainsi que l'on trouve maintenant :
— **à 1 km S. du Haut-Barrage**, sur la rive g. du lac, les temples de Kalābsha, Qertāsi et Beit el-Wālī.
— **au nouveau site de Sebūʻ** (env. 2 km N.-O. de l'ancien site), les temples de Wādī es-Sebūʻ, Dakka et Maḥarraqa.
— **au nouveau site d'Amada** (2,6 km N. de l'ancien site), les temples d'Amada et de Derr et le tombeau de Pennout, anciennement à ʻAniba.
— **au nouveau site d'Abū Simbel** (200 m de l'ancien site), les temples d'Abū Simbel et Abū Oda et la niche du tombeau de Pasar provenant du gébel Shams.

Enfin, quatre temples sauvés ont été donnés par l'Égypte à des pays étrangers, à titre de reconnaissance pour l'aide apportée dans les travaux de sauvegarde. Ce sont :

— le spéos d'El-lesiyya, remonté en mai 1967 au musée de Turin.
— le temple de Dābōd, donné à l'Espagne et reconstruit sur une place de Madrid.
— le temple de Tiffā, donné aux Pays-Bas et qui occupe une ancienne cour intérieure du Musée de Leyde.
— Le temple de Dendūr, donné aux États-Unis et pour lequel une aile spéciale a été construite au Metropolitan Museum à New York.

D'autres monuments importants n'ont pu être sauvés, tel le temple de Gerf Ḥusayn, excavé dans la montagne; seuls les éléments de sculpture et les bas-reliefs en ont été détachés pour être installés dans les musées.

Visite des temples reconstruits

27A — Temples de Kalabsha, 649.
27B — Temples de Wādī es-Sebū', 652.
27 C — Temples d'Amada, 654.
27 D — Temples d'Abū Simbel, 656.

*A l'exception du **temple de Kalabsha,** que sa situation près du Haut-Barrage rend facilement accessible, et d'**Abū Simbel,** relié à Aswān par un service aérien régulier, les autres temples de Basse-Nubie ne peuvent s'atteindre que par bateau. Rien, cependant, n'est actuellement organisé et les bateaux faisant l'excursion d'Abū Simbel n'ont pas, compte tenu de la distance, le temps de s'y arrêter.*
***L'excursion à Abū Simbel,** effectuée **au moyen du bateau,** est peu coûteuse mais **longue** (une journée pour le seul voyage aller; → Carnet d'adresses).*
*Beaucoup **plus rapide** (n'oubliez pas votre passeport), le **voyage par avion** ne vous accordera guère de temps si vous voulez faire l'aller et retour dans la journée. Un petit **hôtel** confortable, en principe ouvert en hiver (renseignez-vous, à Aswān, à l'Office de Tourisme ou à l'hôtel New-Cataract), **offre** maintenant **la possibilité de s'arrêter** au moins une journée, temps alors suffisant.*
*Enfin une **route** récente permet de se rendre à Abū Simbel en **autobus** luxueux, qui couvre les 280 km en 3 h, ou en taxi privé (très cher) ou collectif. Pour utiliser une **voiture personnelle,** demander une autorisation à la police des frontières en présentant les photocopies des passeports et des papiers de la voiture (prévoir l'essence pour le voyage du retour).*
Il est aisé d'organiser la visite depuis les hôtels ou le centre d'information touristique.

27 A — Temples de Kalabsha

***Situation** : 1 km S. du Haut-Barrage, sur la rive g. du lac.*
***Visite** : t.l.j. de 8 h à 16 h. Entrée payante.*

••• Le **temple de Mandoulis,** long de 71,60 m et large de 35,50 m, est l'un des plus grands de Nubie après ceux d'Abū Simbel.
Le temple était une reconstruction d'époque romaine sur l'emplacement d'un ancien édifice fondé par Aménophis II qui est représenté faisant la libation aux dieux de Talmis sur l'un des tableaux du mur O. du pronaos. Un **quai** d'environ 30 m de long sur 8 m de large forme ses abords du côté du lac. De là, on accède au temple par un escalier de vingt marches établi dans le grand axe de l'édifice.

Il était autrefois situé à Kalabsha, l'anc. Talmis, principale ville du Dodécaschène, à env. 40 km S. du site actuel. Les travaux de démontage et de reconstruction ont été financés par l'Allemagne fédérale.

Le **pylône,** dont une partie du couronnement a disparu, n'est pas placé parallèlement à la façade du temple, mais dévie légèrement. Il contient des chambres et des escaliers : ceux du massif N. permettent de monter au sommet d'où l'on jouit d'un beau panorama sur le lac, le barrage et le désert environnant.

La **cour** dallée, profonde d'une vingtaine de mètres, dans laquelle on pénètre, était entourée, comme à Edfou, d'un **portique sur trois côtés.** Détruit lors d'un tremblement de terre, le portique a été partiellement reconstruit (ailes N. et S.) lors du remontage du temple.
Dans chacun des murs à dr. et à g. de la cour sont aménagées quatre chambres très étroites.

Le **pronaos** avait son plafond supporté par douze colonnes à chapiteaux campaniformes richement décorés de motifs végétaux. De chacune des deux rangées intérieures il ne restait qu'une colonne debout ; parmi les autres, quatre ont été reconstruites ; la rangée extérieure est conservée ; quatre panneaux d'entrecolonnement relient les colonnes à mi-hauteur.

La colonne à dr. de l'entrée porte un long texte en **écriture méroïtique,** non encore déchiffrée mais très probablement version d'un décret du roi Silko, gravé en mauvais grec sur le panneau d'entrecolonnement voisin.
D'autres inscriptions se voient à côté, notamment un **décret en grec** d'Aurelius Bésarion, commandant militaire d'Ombos, vers 250 apr. J.-C., ordonnant d'expulser, dans les quinze jours, les porcs de la ville de Talmis pour des motifs religieux.
L'**intérieur du pronaos,** dont le plafond s'est écroulé, est décoré de scènes d'offrandes et d'adoration dans lesquelles les principales divinités sont : Min, Khnoum, Harmakhis et Mandoulis, le dieu local.

Le **naos,** transformé en église vers la fin du IVe s., se compose de **trois chambres successives** ayant chacune leur plafond primitivement supporté par deux colonnes ; les plafonds, disparus, ont été remplacés par une dalle de ciment.

Dans la **première chambre,** un **escalier** qui s'ouvre dans la paroi S. mène sur la terrasse ; la **deuxième** est flanquée d'une **crypte** du même côté S. ; la **troisième,** qui est le **sanctuaire,** se distingue des autres par la fraîcheur de couleur de ses sculptures murales.
Ces trois chambres ne portent d'autre décoration que les tableaux ordinaires dans lesquels l'empereur, qui est Auguste, fait l'offrande et l'acte d'adoration à une série de divinités parmi lesquelles le dieu éponyme Mandoulis ou Malouli, à tête humaine et coiffé d'un grand diadème composite.

Le temple était entouré de **deux enceintes** se rejoignant au pylône : une enceinte intérieure en pierre, une enceinte extérieure en brique.
Seule l'enceinte en pierre a été conservée, formant, autour du sanctuaire, une sorte de déambulatoire ; dans la partie S. de celui-ci, restes d'un **nilomètre** assez bien conservé.
L'enceinte en brique doublait extérieurement l'enceinte de pierre à une dizaine de mètres de celle-ci et s'appuyait, à l'O., à la masse rocheuse. Dans l'angle N.-E., près du pylône du temple, restes d'une petite **chapelle.** En arrière du temple, près de son angle S.-O., petit **mammisi,** creusé dans le rocher, et précédé d'un petit péristyle à colonnes inachevé ; les reliefs de la porte du spéos ont été remplacés par un moulage.

A une courte distance au S. du temple, se trouve le petit **temple** reconstruit **de Qerṭāsi** qui se dresse comme un belvédère sur une légère élévation. Ce kiosque, dont il ne reste que quatre colonnes à chapiteaux composites reliées par des murs d'entrecolonnement et un portail à deux piliers hathoriques, était de même type que le petit kiosque de Philæ.

Avant son remontage, l'intérieur était rempli de colonnes et de chapiteaux tombés les uns sur les autres et qui sont aujourd'hui déposés à côté. De la couverture du kiosque ne subsiste qu'une longue architrave monolithique. Çà et là, sur l'appareillage, inscriptions démotiques, grecques et coptes. Le sauvetage du temple, qui se trouvait à env. 30 km S. du site actuel, a été réalisé par le Service des Antiquités.

Au N.-O. du temple de Kalābsha, un chemin conduit au petit **temple de Beit el-Wālī,** « la maison du Saint », petit spéos creusé dans la montagne, à l'époque de Ramsès II, et reconstruit ici en même temps que le temple de Mandoulis.

> Le temple de Beit el-Wālī se trouvait jadis à 1 500 m N. du temple de Kalābsha, soit env. 40 km du site actuel. Il a été déplacé par les soins du Service des Antiquités grâce à des capitaux américains.

Il comprend deux chambres, le sanctuaire et son vestibule, dont le plafond est supporté par deux colonnes cannelées ; et il est précédé d'une cour découverte **dont les murailles sont sculptées de scènes militaires** rappelant les victoires de Ramsès II sur les peuples de l'Asie, les Libyens et les Noirs.

A dr., c'est-à-dire du côté N., **scènes relatives à la campagne contre les Tehenou ou Libyens et les Asiatiques.** 1° Le roi, trônant sous son dais, un lion à ses pieds, assiste à l'arrivée des prisonniers que lui amène son fils, Amon-her-Khopechef, tandis que des officiers (au-dessous) viennent lui présenter leurs hommages ; 2° le roi frappant un

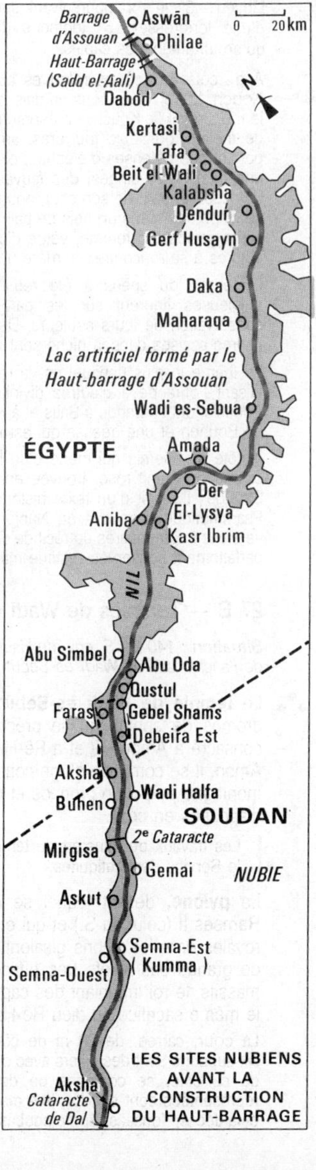

Libyen ; 3º le roi poursuivant sur son char les Asiatiques en fuite ; 4º attaque d'une forteresse ; 5º triomphe du roi foulant aux pieds les vaincus, tandis qu'on lui amène les captifs.

A g., côté S., **scènes relatives aux guerres contre les Éthiopiens ou gens du Kouch.** Le roi, assis sous un dais, assiste à l'apport du tribut. Des officiers escortant le « Fils royal de Kouch », présentent le butin de la campagne, consistant en anneaux de métaux précieux, fourrures, armes, sièges, tandis qu'une députation s'avance portant des défenses d'éléphant et amenant des gazelles, des bœufs, une antilope, une girafe, des singes, des fauves, etc. Suit le tableau d'un combat dans lequel Ramsès, du haut de son char, poursuit de ses flèches l'ennemi en fuite ; les nègres se dispersent dans un bois de palmiers doum. Un nègre blessé est ramené par ses compagnons ; sa femme, vêtue d'une courte tunique, et ses deux enfants courent éplorés à sa rencontre ; derrière un arbre, une femme accroupie fait la cuisine.

L'intérieur du spéos a été remanié à l'époque chrétienne : diverses scènes religieuses figurent sur les parois du vestibule, remarquables surtout par la conservation de leurs couleurs. De même dans le sanctuaire où pourtant les trois figures assises dans la niche sont mutilées au point d'être méconnaissables.

Le thème le plus habituel est la représentation du roi, accompagné d'une divinité, faisant l'offrande à d'autres divinités. Ainsi dans le vestibule, paroi N., le roi et Anoukis font l'offrande à Satis et à Khnoum ; paroi S., Isis et le roi sont devant Horus de Bouhen et une déesse qui est nommée Isis et a tous les caractères de Selkis.

A côté du chemin qui mène d'un temple à l'autre a été dressée une grande stèle cintrée de granit rose, trouvée en 1964 au cours de terrassements pour le Haut-Barrage ; il s'agit d'un texte historique relatant l'importante expédition militaire que Psammétique II envoya en Nubie en l'an 3 de son règne : on connaissait deux versions fragmentaires du récit de cette « campagne nubienne », que cette inscription parfaitement conservée restitue maintenant en entier.

27 B — Temples de Wādī es-Sebū'

***Situation** : 140 km S. env. du Haut-Barrage, sur la rive g. du lac, à env. 2 km N.-O. de l'ancien site de Wādī es-Sebū'.*

Le **temple de Wādī es-Sebū'** (« la vallée des Lions ») doit son nom au dromos de sphinx qui le précède. C'est un édifice du genre hémispéos, consacré à Amon-Rê et à Rê-Harmakhis et appelé dans les inscriptions Per-Amon. Il se compose d'une cour précédée d'un pylône, bâtis en dehors de la montagne puis d'un pronaos et d'un petit vestibule desservant des chambres disposées en croix.

> Les travaux de transfert du temple, financés par les USA, ont été effectués par le Service des Antiquités.

Le **pylône,** devant lequel se dresse encore **un des deux colosses de Ramsès II** (celui du S.) et qui était en outre précédé de quatre autres statues royales dont les débris gisaient près de sa base, est décoré extérieurement de grands bas-reliefs très effacés dans lesquels on reconnaît, sur l'un des massifs, le roi immolant des captifs au dieu Amon et, sur l'autre, le roi faisant le même sacrifice au dieu Rê-Harmakhis.

La **cour,** carrée, de 20 m de côté, est bordée de **portiques latéraux** dont les six supports sont des piliers avec colosses royaux adossés. La décoration du pylône, de ce côté, se compose de deux grands tableaux d'offrandes : les divinités représentées sont sur l'un des massifs Amon-Rê et Mout, et sur l'autre Harmakhis et la déesse Iousaâs. Sur le soubassement des murs du portique est figurée, comme au Ramesseum, la procession des enfants du roi dont les noms sont donnés; les trois fils représentés portent le flabellum; les cinquante filles, le sistre.

Le plafond du **pronaos** est supporté par douze piliers. Cette salle ainsi que les suivantes ont leurs parois couvertes de scènes d'offrandes.
La chambre centrale du fond, ou **sanctuaire**, dans laquelle se trouve la niche contenant les trois divinités du temple (Ramsès II entre Amon et Rê-Harmakhis, en haut-relief très mutilé), avait été transformée en chapelle à l'époque chrétienne : on y voit encore une image de saint Pierre peinte sur le badigeon. Notez, du côté g. du sanctuaire, une petite chambre d'offrandes dont le linteau de porte représente le roi, sous forme d'un sphinx, de chaque côté de son cartouche surmonté des plumes d'Amon.

Le **temple de Dakka,** consacré à Thoth, dieu de Pnoubs, est orienté vers le N, ce qui n'est le cas d'aucun autre temple de Nubie.

Le démontage, le transport et le remontage de ce temple et du suivant ont été assurés par le Service des Antiquités.
Il était jadis situé, ainsi que son nom l'indique, à Dakka (40 km N. env. du site actuel), village marquant l'emplacement de la Pselkhis des Grecs et où le préfet Petronius battit les troupes de la reine Candace en 23 apr. J.-C.

Commencé au temps de Ptolémée I Philadelphe par le roi d'Éthiopie Ergamène (Arkamoun), sur l'emplacement d'un anc. monument de la XIIe dyn. et du Nouvel Empire (on a trouvé des matériaux remployés aux cartouches d'Amenemhat I, de Thoutmôsis III et de Séthi I), il fut continué sous plusieurs Ptolémées et laissé inachevé par Auguste qui en décora certaines parties.

Le **pylône** tourné vers le N. est intact mais sans sculpture si ce n'est dans les deux parois de la porte; à g., deux tableaux dont l'un représente le roi faisant l'offrande à Thoth accompagné des déesses Tefnout et Hathor et l'autre le roi faisant l'offrande à Isis. Deux petites portes percées sur la face S. conduisent aux escaliers intérieurs du pylône desservant **trois étages de chambres** et les **deux terrasses.**
Dans l'embrasure de la porte, à l'intérieur des tours et jusque dans les escaliers, nombreuses **inscriptions démotiques et grecques.**
On voit encore contre les faces E. et O. du pylône les **restes du grand mur d'enceinte.** Une seconde enceinte beaucoup plus petite venait buter contre les flancs du pronaos. Le temple proprement dit, de proportions très réduites, se compose de ce pronaos et de trois chambres principales placées en enfilade.

Le **pronaos,** dont la façade est un portique à deux colonnes (in antis) avec murs d'entrecolonnement, est, comme nous l'apprend l'inscription dédicatoire en grec gravée sur la frise, l'œuvre de Ptolémée VIII Évergète II. **Ce roi est représenté**, sur les jambages de la porte, **faisant** à dr. et à g. **l'offrande aux divinités** du temple. Les parois latérales du pronaos, gravées aux mêmes cartouches, offrent des scènes du même ordre en fort mauvais état. La paroi du fond, ancienne façade du petit temple d'Ergamène, amplifié sous Ptolémée IV Philopator, n'a été décorée qu'à l'époque d'Auguste. Les tableaux qui décorent la porte sont au nom de l'un ou l'autre de ces deux souverains.

Le **vestibule**, ancien pronaos du sanctuaire d'Ergamène, n'est décoré que sur une paroi; une petite porte au S.-O. donne accès à l'escalier de la terrasse, tandis que la porte du milieu, gravée aux cartouches d'Ergamène, s'ouvre dans le premier sanctuaire.
A l'époque d'Auguste, fut ajouté au temple le **sanctuaire actuel** (deuxième sanctuaire), où les cartouches de cet empereur se voient sur les jambages de la porte, tandis que les parois ont été gravées à une époque ultérieure; la petite

chambre latérale au N.-E. et l'escalier font également partie des remaniements de cette époque.

•• Le **temple de Maharraqa,** jadis situé à env. 10 km S. du précédent, est d'époque romaine ; resté inachevé, il est maintenant **réduit à une salle hypostyle** mesurant 12 m de large sur 15 m de profondeur. La porte principale est tournée vers le lac. Cette salle, non décorée à l'extérieur, présente intérieurement un portique régnant sur trois de ses faces, tandis qu'à l'un des angles un escalier en spirale conduit à la terrasse. L'édifice était consacré à Sérapis et à Isis, comme nous l'apprennent plusieurs inscriptions démotiques ou grecques.

27 C — Temples d'Amada

Situation : 180 km S. env. du Haut-Barrage, sur la rive g. du lac à 2 600 m N. de l'ancien site d'Amada.

•• Le petit **temple d'Amada,** bien conservé, compte parmi les plus intéressants de Nubie : le plan en est très homogène, l'appareil soigné, les sculptures fines. De nombreuses traces de peinture subsistent dans les hiéroglyphes et les détails des figures.

La fondation du temple appartient à Thoutmôsis III et à Aménophis II dont les tableaux alternent dans presque toutes les parties de l'édifice, y compris la petite colonnade protodorique qui faisait partie du plan primitif. Les colonnes qui la composent sont cannelées à vingt-quatre pans légèrement creusés. Thoutmôsis IV ajouta le portique ou salle hypostyle de douze piliers dont les files latérales sont reliées par des murs d'entrecolonnement : sur ces piliers et ces murs d'entrecolonnement figurent les cartouches de ce prince. Enfin, Séthi I plaça en avant de la salle hypostyle un pylône dont il ne reste que la porte.

Dans les premiers siècles du christianisme le temple fut transformé en église et l'on voit encore sur la terrasse les ruines d'une coupole en brique crue, construite par les Coptes.

Le transfert du temple d'Amada constitue une prouesse technique : celui-ci a été déplacé d'un seul bloc, sur une distance de 2 600 m et une dénivellation de 65 m. La fragilité des peintures et des sculptures qui l'ornent, intactes après trente siècles, interdisaient en effet tout démontage. Le temple a donc été littéralement « empaqueté » et, cerclé d'acier et de béton pour conserver sa rigidité, déplacé sur une triple voie ferrée construite à cet effet. Travail et capitaux français. Le petit pronaos a été démonté et déplacé par le Service des Antiquités.

Le temple a 9 m de largeur sur 22 m de profondeur et seulement 4,38 m de hauteur. Le **portique** qui le précède est formé par douze piliers carrés disposés en trois travées, et au fond par une rangée de quatre colonnes protodoriques.

On pénètre dans un vestibule étroit, mais régnant sur toute la largeur du temple. De là, trois portes donnent accès dans le sanctuaire et dans deux chapelles latérales suivies chacune d'une chambre plus petite.

Au fond du sanctuaire, grande **stèle** historique datée de l'an III du règne d'Aménophis II, mentionnant les travaux exécutés dans le temple commencé par Thoutmôsis III, et la campagne de ce prince en Asie. Sur les parois de la chapelle N., **représentations des cérémonies de la fondation et de la consécration du temple** par les rois Thoutmôsis III et Aménophis II ; les tableaux de la chapelle S. ne présentent que des scènes d'offrandes.

Le **temple de Derr,** consacré à Amon-Rê, était entièrement excavé dans une colline ; on y entre par trois portes, dont deux, modernes, sont grossièrement taillées. Le temple, qui s'enfonce à 33 m de profondeur, a servi d'église à l'époque copte.

Datant de l'époque de Ramsès II, ce temple était primitivement situé à 11 km S. du site actuel. Il a été découpé et remonté par le Service des Antiquités.

Le **pronaos,** ou **salle hypostyle,** avait **douze piliers carrés** disposés en trois rangées ; les deux premières rangées, de même que la façade, sont détruites et ne montent qu'à hauteur d'appui ; la troisième rangée servait d'appui à quatre statues colossales très grossières, complètement mutilées dans leur partie supérieure : les trois autres faces de ces quatre piliers sont chacune décorées de scènes d'offrandes ; Ramsès II y est en présence d'une divinité qui varie d'un tableau à l'autre.

Le reste de la **paroi intérieure,** à g. en entrant, porte les débris du registre inférieur d'une scène militaire : un char suivi d'un cortège de captifs. Les scènes plus ou moins conservées des parois N. et S. représentent également le thème ordinaire des **tableaux militaires** : le char royal poursuivant l'ennemi, le retour triomphal, l'offrande des captifs aux dieux ; leur immolation est représentée sur le mur du fond.

Le **vestibule** est soutenu par six piliers en deux rangées parallèles au grand axe du spéos. Aspect grossier ; rares traces de peintures, le crépi blanc seul a persisté, piqueté par les chauves-souris.

A g. de la porte en entrant : le roi conduit par Atoum et Harsiésis à Harmakhis, le dieu du temple, qui a pour compagne Hathor.
Mur N., 1° le roi présente les bouquets devant la barque sacrée portée par les prêtres. Le transport est dirigé par un prêtre vêtu de la peau de panthère, et dominant les porteurs de la tête ; 2° le roi offre le vin à Amon-Rê, « taureau de sa mère », sous les traits et dans l'attitude de Min ; 3° Ramsès II devant l'arbre qui symbolise la force et la durée de sa race, la main tendue vers Ptah et Sekhmet qui lui accordent la durée du soleil et les panégyries. Derrière le roi, Thoth compte avec le calame les pousses de la tige, emblème des milliers d'années.
Mur S., deux tableaux représentant des scènes analogues.
Le **mur du fond** est percé de trois portes s'ouvrant dans le **sanctuaire** et dans deux chapelles latérales. Les statues assises placées au fond du sanctuaire sont très mutilées. Champollion y a autrefois reconnu Amon-Rê ayant à sa dr. Ptah et à sa g. Ramsès et Rê-Harmakhis.

Le **tombeau de Pennout,** excavé dans le rocher, présente, en raison de son état de conservation, un réel intérêt.

Le tombeau de Pennout, primitivement situé à **'Anība** *(40 km S. du site actuel),* a été découpé et déplacé par le Service des Antiquités, grâce à la contribution financière des États-Unis.

A g. de l'entrée, qui s'ouvre vers le S., Pennout, gouverneur du pays de l'Ouaouat sous le règne de Ramsès VI, et sa femme, sont dans l'attitude de la prière.
Paroi O., scène des funérailles et, au-dessus, scène du jugement des âmes. La **paroi N.** (au fond) est percée d'une **niche** profonde dans laquelle sont assises **trois statues** mutilées ; scènes d'adoration dans lesquelles le défunt, seul ou accompagné de sa femme et de ses enfants, rend le culte à diverses divinités.
Les tableaux de la **paroi E.** sont d'ordre biographique. Le fils royal de Kouch annonce au roi Ramsès VI que Pennout a rendu au roi la possession des territoires qu'il a conquis sur les peuples du Sud.
Un long texte sur la **paroi S.,** à dr. de l'entrée, célèbre la donation de territoires pour le service du culte des trois statues royales dans la ville de Miâm (dont le temple est arasé).

27 D — Temples d'Abū Simbel

Situation : 270 km S. env. du Haut-Barrage, sur la rive g. du lac, à 200 m O. et 64 m au-dessus du site primitif.
Visite : t.l.j. de 6 h à 17 h. Entrée payante (chère).

La célébrité des temples d'Abū Simbel a fait de leur reconstruction le symbole de la sauvegarde de l'ensemble des temples nubiens. Plus qu'à tout autre lieu, en effet, c'est à Abū Simbel que la campagne lancée par l'Unesco en 1960 doit son immense retentissement. Célèbres et pourtant méconnus. Combien étaient venus jusqu'à ce bastion avancé de la civilisation pharaonique? Combien avaient pu se payer le luxe du long voyage jusqu'à cet Ibsamboul où deux temples fabuleux marquaient la frontière du pays où les rois s'identifient aux dieux? Grâces sont enfin rendues à Ramsès II au travers de l'orgueilleux témoignage de sa puissance. Mais pourquoi aura-t-il fallu cette menace de mort pour que, l'avion et le bateau aidant, les spéos d'Abū Simbel connaissent enfin l'admiration des foules?

Le sauvetage

Plusieurs projets furent successivement avancés : conserver les temples *in situ* en les protégeant par une digue, élever les temples au moyen de vérins, ou par flottaison, en les enfermant dans de gigantesques caissons. Le choix, finalement, se porta sur la plus simple — quoique risquée — et la moins coûteuse des solutions : **découper et transporter**, morceau par morceau, les deux temples au sommet même de la falaise dans laquelle ils avaient été creusés.

L'opération a été effectuée en **six phases** :
— 1° : **Dégagement des temples**, en arasant les collines qui les surmontaient (30 m au-dessus du grand temple; 40 m au-dessus du petit temple), et creusement de ces collines jusqu'à 80 cm des plafonds des temples, ce qui revenait à déplacer 300 000 t de rochers, tout cela sans utiliser d'explosifs qui eussent risqué d'endommager les temples.
— 2° : Dans le même temps, **construction d'un batardeau** de 360 m de longueur et 25 m de hauteur, destiné à contenir la montée des eaux pendant le découpage et l'enlèvement des temples.
— 3° : **Découpage des deux temples** en 1 036 blocs d'un poids pouvant atteindre 30 t; ce fut la phase la plus délicate, la friabilité du grès étant telle qu'il fallut le renforcer par des injections de résines synthétiques, traiter les surfaces à l'endroit où elles devaient être découpées afin d'éviter que la pierre ne s'effritât sous la scie, enfin procéder au sciage manuel de certaines parties particulièrement fragiles.
— 4° : Numérotage et **transfert de blocs** (11 500 t pour le grand temple; 3 500 t pour le petit temple), qui furent ensuite entreposés en attendant la fin des opérations de découpage.
— 5° : **Remontage des temples**, par la fixation des blocs sur une superstructure en béton, en respectant leur orientation et leurs positions respectives.
— 6° : **Reconstitution**, aussi fidèle que possible, **du cadre primitif**, par l'érection de voûtes de béton destinées à supporter un revêtement rocheux semblable à celui qui entourait les temples.

Commencés à la fin de l'année 1963, les travaux aboutissaient, en janvier 1966, à la pose de la première pierre d'Abū Simbel sur son nouveau site; l'inauguration a eu lieu le 22 septembre 1968, mais les travaux de finition (colmatage des traits de scie, etc.) ne furent achevés qu'en 1972.
Près de 900 personnes ont travaillé pendant six ans à ce sauvetage.

Le ***grand temple, le plus au S., était creusé dans un éperon de la chaîne libyque. Cette pointe, aplanie et taillée à pic sur 33 m de hauteur avec 38 m de largeur et 63 m de profondeur, a été décorée en façade de naos, et **quatre grands colosses**, également taillés dans le rocher, y sont adossés. Cet ensemble, d'une grande simplicité et d'un effet saisissant, est traité dans le détail avec un soin qui ne se dément pas.

La façade est encadrée d'un tore que surmonte une corniche décorée des cartouches royaux flanqués d'uræus ; au-dessus, **en guise de couronnement, vingt-deux cynocéphales** assis, en haut-relief, et mesurant 2,30 m de hauteur environ. Au-dessous du tore est gravé, en manière de dédicace, le protocole du roi, de dr. à g. et de g. à dr., symétriquement.

Au-dessus du portail, dans une niche, figure colossale en haut-relief du dieu Rê, à tête d'épervier ; de chaque côté, bas-reliefs représentant le roi tourné vers la niche et adorant.

En avant du temple, une **balustrade** forme le rebord de la terrasse ; elle était couronnée d'une gorge et d'un bandeau portant l'inscription dédicatoire ; ce soubassement représente du côté S. des nègres agenouillés devant une table d'offrande et les mains tendues en adoration vers l'entrée du temple. L'autre côté de la balustrade (N.) représente une série analogue de captifs septentrionaux.

Un escalier à marches très douces donne accès à la terrasse.

Cette pente va rester la même dans tout le plan du temple ; le sol se relève, de façon très sensible, à mesure que l'on avance vers le sanctuaire. En même temps, les plafonds sont de moins en moins hauts. Cette règle d'architecture égyptienne de diminuer le volume des pièces (dans les trois dimensions) à mesure qu'on approche du sanctuaire, est plus nettement affirmée à Abū Simbel que partout ailleurs.

Les **quatre colosses** de la façade représentent Ramsès II, assis, coiffé du némès que surmonte le pschent, les deux mains placées sur les cuisses, le visage souriant : sa longue barbe postiche descend sur la poitrine que recouvrent les deux pans du némès et le large collier ; au-dessous, un pectoral gravé au premier cartouche (nom d'intronisation) du roi. Les bras sont cerclés de bracelets garnis également du cartouche royal.

A dr. et à g. de chaque colosse, en avant des côtés du siège, **d'autres figures**, de proportions plus réduites, représentent : à g. et à dr. du colosse 1 (au S.), ses deux filles, les princesses Nebettaoui et Bentanat : devant lui, un prince non nommé ; à g. et à dr. du colosse 2, la reine Touy, sa mère, et la reine Néfertari, sa femme ; devant lui le prince Amon her-Khopechef. A dr. et à g. du colosse 3, deux statues de la reine Néfertari ; à dr. du colosse du N., 4, la princesse Méritamon, fille du roi ; devant ces deux colosses les figures du prince Ramessou et d'un autre prince. Sur les flancs du siège, représentations de captifs du S. sur les sièges des colosses S., du N. sur ceux des colosses N.

La hauteur des colosses, de la plante du pied à l'extrémité du pschent, est de 20 m environ, c'est-à-dire supérieure à celle des colosses de Memnon ; le front 0,59 m, le nez 0,98 m, l'oreille 1,06 m, l'œil 0,84 m, la bouche 1,10 m, la largeur de la face d'une oreille à l'autre, 4,17 m, la main 2,64 m.

Malgré ces dimensions dont les proportions sont d'ailleurs parfaitement observées, les colosses sont admirables par la beauté expressive des visages et la perfection de l'exécution. Des quatre colosses, trois sont bien conservés ; celui qui est placé à g. de la porte d'entrée est brisé à la hauteur des genoux et les restes de sa tête et de son torse sont sur le sol.

En les examinant de près, on remarque un certain nombre d'**inscriptions** en plusieurs langues, gravées après coup par des voyageurs anciens. Celles du colosse dégradé sont surtout intéressantes ; c'est d'abord une inscription en grec archaïque, tracée vers l'an 668 av. J.-C. par des soldats grecs, probablement ceux que Psammétique I envoya à la poursuite de soldats égyptiens fugitifs.
Sur les socles des trônes des colosses 2 et 3, de chaque côté de l'entrée, une représentation des dieux Nil liant les plantes héraldiques de la Haute et de la Basse-Égypte pour symboliser la réunion des deux pays.

Du **côté S. de la façade** sont gravées **trois stèles** : la 1re, entre le colosse S. et le mur de l'avant-cour (x) et dont la vignette représente le roi en adoration devant Amon, Harmakhis et Horus, contient une glorification des exploits militaires du roi ; — la 2e, sur la paroi de l'avánt-cour (y), est le proscynème d'un fonctionnaire à Amon-Rê ; — la 3e, un peu en avant (z), un texte long de 41 lignes, daté de l'an XXXIV du règne de Ramsès II : le tableau qui en occupe le sommet représente Ramsès II assis entre Amon-Rê et Ptah-Tatenen, tandis que s'avance vers lui la princesse Maâhorneferourê suivie du roi des Hittites, son père. On sait que Ramsès épousa cette princesse, à la suite d'un traité conclu avec son père. Le texte de l'inscription expose les circonstances dans lesquelles eut lieu le mariage.

Au N., entre le 4e colosse et le rocher, **inscription** commémorative de Ramsès II avec un tableau du roi devant Rê-Horakhty. A la paroi N. de cet espace, à g. de la porte de la petite cour, une inscription de Siptah, encensant des divinités. Cette inscription est, avec une inscription de Mérenptah, la seule marque d'un roi autre que Ramsès II à Abū Simbel.
La petite **cour ouverte** qui continue au N. la grande terrasse est un monument bizarre, **consacré par Ramsès II, au culte du soleil.** L'entrée forme une sorte de pylône, et la cour, très exiguë et à ciel ouvert, contient deux piédestaux à corniches creusées. Ces monuments ont beaucoup perdu de leur intérêt depuis qu'on a transporté au musée du Caire les images divines qui les surmontaient : sur celui du S. quatre cynocéphales adorant ; sur celui du N. un petit naos contenant un scarabée et un cynocéphale (images du dieu soleil Khépri et du dieu lune Thoth). Au mur N. de la cour, une représentation de la barque solaire, avec le sacrifice du roi à Rê-Horakhty.

Sur le linteau de la **porte d'entrée, le roi fait l'offrande** à g. devant Amon Rê et Mout et à dr. devant Rê-Harmakhis et la déesse à tête de lionne, Ourethekaou.

Dans la feuillure de la porte, à dr., débris d'inscription contenant six fois le protocole royal abrégé précédé des noms divins : Montou, Atoum, Rê Harmakhis, Amon, dont le roi se dit l'aîné ou le fils ; à g. Ramsès, casqué, offre l'encens et la libation à un dieu en partie effacé. La face intérieure de la porte, linteaux et montants, est décorée de tableaux d'offrandes, où le roi est en présence de ses dieux favoris.

Le **pronaos** (A) est une salle de 18 m de profondeur, 16,70 m de largeur, dont le plafond repose sur **huit piliers osiriaques.** Les colosses qui s'y adossent, et qui représentent indistinctement le roi-dieu Osiris sous les traits de Ramsès II, ont près de 10 m de haut. Ceux du S. (à g.) portent la couronne de Haute-Égypte, ceux du N. (à dr.) la double couronne (pschent). Sur les autres faces de chaque pilier sont gravés des tableaux d'offrandes à deux personnages, le roi et un dieu qui est Rê, ou Amon, ou Khnoum ou Hathor, etc. Le **plafond** de la nef centrale est décoré de vautours aux ailes déployées alternant avec les légendes royales. Le reste des plafonds est peint ; aucune gravure dans les nefs latérales où il y a des plafonds étoilés.
Les parois sont décorées de grandes **scènes militaires** qui sont comme l'épopée des guerres de Ramsès II.

Paroi a. — **Le roi immole un groupe de captifs** du Nord au dieu Harmakhis ; soubass. : neuf princesses, filles du roi, présentant le sistre. Vous remarquerez, au-dessous de ce tableau, quelques signes qui sont sans doute la signature de son auteur.

Paroi b. — Grande **scène militaire** représentant les diverses phases de la **bataille de Qadech**, dans la campagne de l'an V contre les Hittites ; c'est le sujet traité dans le poème de Pentaour.

Cette scène est complexe et l'action se divise en deux grandes zones principales ; dans la zone inférieure, trois tableaux en plusieurs registres : 1° le roi sur son trône tenant conseil de guerre avec ses officiers ; son char, sa garde où l'on distingue des Shardanes coiffés d'un casque surmonté du croissant ; on bâtonne les deux espions du roi des Hittites pour leur arracher des aveux ; 2° le camp égyptien entouré d'une palissade de boucliers ; dans le grand rectangle ainsi délimité des groupes de chevaux dételés, de soldats vaquant aux diverses besognes du cantonnement, cuisine, corvée de l'eau et du fourrage, patrouilles, etc. ; 3° départ des troupes : l'infanterie, armée du bouclier et de la lance, étant encadrée du train des chars. La zone supérieure nous fait assister à l'action engagée. Au centre, la place de Qadech entourée par les eaux de l'Oronte ; à g. le roi sur son char décime de ses flèches l'ennemi qui l'avait attiré dans une embuscade ; au-dessous, grand engagement de cavalerie occupant toute une bande intermédiaire du tableau ; les Hittites sont à dr., l'action occupe même une partie du registre inférieur au N.-E. En haut, et près de ce même angle N.-E., on assiste à la fin de la bataille : le roi, debout sur son char, préside à l'arrivée d'un convoi de prisonniers et au dénombrement des mains et des sexes coupés.

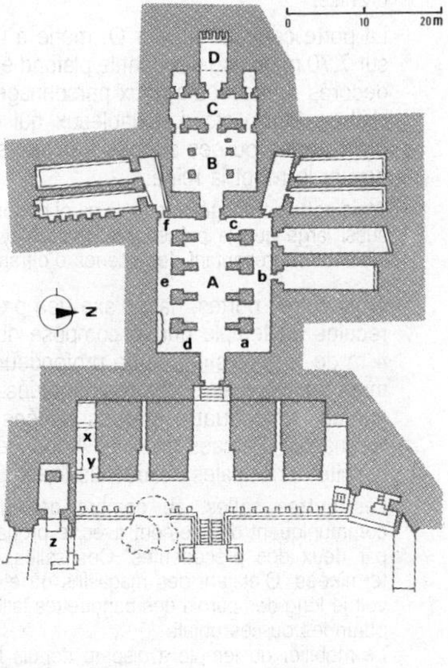

Grand temple d'Abū Simbel

Paroi c. — **Le roi conduit un groupe de prisonniers** de guerre à une triade divine composée de Rê-Harmakhis, une déesse léontocéphale et, au centre, le roi lui-même divinisé.

Paroi d. — Symétrique à la paroi a ; **Ramsès immole un groupe de captifs** de toutes races au dieu Amon Rê. Le soubassement représente une théorie de huit fils royaux s'avançant, le flabellum d'une main, l'autre dans le geste de l'adoration.

Paroi e. — Deux grands registres. Le **registre supérieur** se subdivise en cinq tableaux représentant des **scènes d'offrandes** où le roi est en présence de diverses divinités.

Le **registre inférieur** se subdivise en trois tableaux consacrés à des **scènes de guerre** : au centre, le roi combattant à pied contre un Hittite qu'il saisit de la main g. tandis qu'il brandit de l'autre sa lance, est très remarquable. Sur le tableau de g., attaque d'une forteresse syrienne ; le roi suivi de trois de ses fils, chargeant en tête de ses troupes, est très véhément ; le mouvement a été cherché par le sculpteur, pour être aussi expressif que possible ; noter le repentir qui a fait dessiner et sculpter de nouveau le bras et l'arc du roi.

Paroi f. — Le roi, au retour de la guerre, **conduit des captifs devant une triade** composée d'Amon, de Mout, et d'un troisième dieu, qui n'est autre que le roi divinisé.

La porte centrale du mur O. mène à un **vestibule** (B) de 11,20 m de long sur 7,70 m de large et dont le plafond est soutenu par quatre gros piliers carrés décorés de scènes à deux personnages ; le roi embrassé par Anoukis, Satis, Hathor, Mout, etc. Les tableaux qui décorent les parois sont des **scènes d'offrandes** ou des **scènes liturgiques**, telles que le transport de la barque devant le roi et la reine.

Trois portes ménagées dans la paroi du fond conduisent dans une troisième salle (C) aussi large que la précédente, mais n'ayant que 3,20 m de profondeur, ornée de tableaux représentant des scènes d'offrandes et d'adoration.

Trois autres portes, dans l'axe des précédentes, ouvrent sur la partie la plus reculée du temple qui se compose du **sanctuaire** (D), au centre, mesurant 4 m de largeur sur 7 m de profondeur, et de **deux chapelles latérales**. Les murs du sanctuaire sont très dégradés. Au milieu se dresse un autel ; au fond, sur un banc, **quatre statues taillées à même dans le rocher** ; ce sont : Harmakhis, Ramsès divinisé, Amon-Rê et Ptah, c'est-à-dire le roi et les trois divinités principales auxquelles le temple était consacré.

Les **autres salles**, au nombre de huit, sont disposées latéralement ; quatre communiquent directement avec le pronaos (A), les quatre autres sont desservies par deux des précédentes. Ces salles, étroites et basses, n'ont pas été toutes terminées. C'étaient des magasins où étaient conservés les objets du culte ; on y voit le long des parois des banquettes taillées dans le roc, destinées à supporter les offrandes ou ces objets.
Le mobilier du temple a disparu depuis longtemps. Le temple est vide ; seule est restée la grande stèle commémorative, entre les deux derniers piliers, dans la salle A ; cette stèle, datée de la 35e année de Ramsès II, énumère la liste des édifices que le roi a érigés au dieu Ptah de Memphis.

Immédiatement au S. du grand temple, une petite **chapelle taillée dans le rocher** et mesurant 4,40 m de large sur 7,17 m de profondeur, avec 3,92 m de hauteur à l'aplomb du milieu du plafond en dos d'âne, avait été consacrée au dieu Thoth par le roi Ramsès. Plus au S. **cinq stèles** gravées sur le roc ; l'une de ces stèles est du règne de Séthi II ; une autre, au nom d'un fils royal de Kouch, nommé Setaou, est datée de l'an XXXVIII de Ramsès II.

Au N. du temple, derrière le grand mur de brique crue qui limite la cour, une porte dans le rocher permet de pénétrer à l'**intérieur de la montagne**, reconstituée autour du temple sur une gigantesque voûte de béton, et de mieux appréhender la prouesse technique du sauvetage.

Le ****temple d'Hathor** ou, comme on l'appelle d'ordinaire, le **petit temple**, est situé à une courte distance au N. du précédent. Entièrement excavé, comme lui, dans la falaise, il tourne vers l'E. sa façade formée de sept contreforts inclinés en talus et surmontés d'une frise. Le contrefort du centre, le plus massif, est percé au bas d'une porte qui est l'entrée du temple.

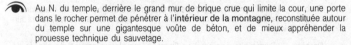

Les intervalles évidés entre les contreforts servent de niches à **six colosses** de près de 10 m de haut, taillés en haut-relief également dans le roc. Ceux qui sont placés aux extrémités représentent Ramsès II debout et coiffé, soit du némès surmonté du disque solaire et des plumes (côté N.), soit de la couronne de Haute-Égypte (côté S.) ; ceux qui sont placés de part et d'autre de la porte, et auxquels le sculpteur semble être parvenu à donner une attitude plus « figée », ne sont pas des évocations directes du roi mais, en fait, de deux de ses **statues divinisées** qui le montrent coiffé du pschent (à dr.) ou de la couronne blanche (à g.) ; **les deux derniers**, qui occupent ainsi, du côté N. et du côté S., les places intermédiaires, **représentent la reine** Néfertari, épouse du roi, dans le costume d'Hathor. De chaque côté des colosses du roi, et montant seulement à hauteur des genoux, figures en haut-relief représentant des fils royaux ; de même, de chaque côté des colosses de la reine, figures de même dimension représentant des filles royales.

Une grande inscription dédicatoire, reproduite avec des variantes, couvre systématiquement de ses gros hiéroglyphes les murs des contreforts. Des légendes royales s'étalent pareillement sur la frise et sur le tympan qui règne au-dessus de la porte. Celle-ci est décorée, de son côté, d'un linteau divisé en deux **tableaux d'offrandes** et de deux montants avec les cartouches royaux. Dans la feuillure, d'un côté le roi offre les bandelettes à Hathor, dame d'Ibchek, et un objet, auj. effacé, à Isis.

L'intérieur comprend un **pronaos,** à peu près carré (A ; 10,80 m de prof. sur 11 m de larg.) dont le plafond est supporté par **six piliers hathoriques** disposés en deux rangées longitudinales, et hauts de 3,20 m ; au-dessous de la tête d'Hathor sont gravées verticalement sur chacun d'eux les légendes du roi et de la reine, séparées par la formule d'adoration royale aux six déesses, Hathor, Anoukis, Ourethekaou, Isis, Satis et Mout.

Les **parois,** à dr. et à g. de la porte, représentent **le roi abattant un captif** du Nord devant Amon-Rê tandis que la reine Néfertari assiste à ce sacrifice.

Les **parois N. et S.** sont décorées de **quatre grands tableaux d'offrandes** ; le roi en est trois fois le héros, la reine une fois à chaque paroi : au S. elle fait l'offrande à Anoukis, au N. à Hathor.

La paroi O. est divisée par ses trois portes en deux tableaux consacrés à la reine faisant l'offrande d'un côté à Mout, de l'autre à Hathor.

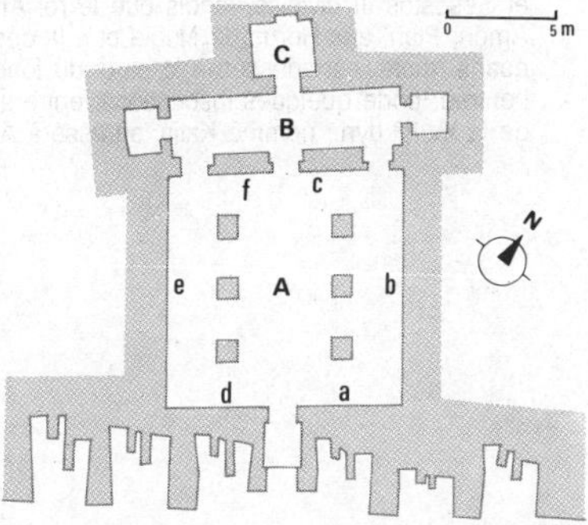

Ces trois portes donnent accès dans un large mais peu profond **vestibule** (B) flanqué à ses deux extrémités N. et S. de deux chambres non décorées et au fond duquel s'ouvre le **sanctuaire** (C).

Les tableaux du vestibule et du sanctuaire sont les ordinaires scènes d'offrandes dans lesquelles le roi ou la reine est en présence des dieux adorés dans le temple.

Au fond du sanctuaire, la vache Hathor, entre deux piliers hathoriques, est vue de face, sortant de la roche, ayant devant son poitrail la statue du roi, tandis que sur la paroi N. le roi brûle l'encens devant le roi et la reine divinisés et que sur la paroi S. la reine fait la même cérémonie devant les déesses Mout et Hathor.

Sur un rocher, un peu au N. du petit temple, **stèles historiques ou religieuses** gravées ; toutes sont de l'époque de Ramsès II, sauf la plus septentrionale, qui est de Mérenptah.

•*• A proximité des temples d'Abū Simbel doit être reconstruit le petit **spéos d'Abū Oda,** jadis situé à env. 1 km S. d'Abū Simbel, sur la rive dr. du Nil.

Ce temple se compose d'un vestibule au plafond supporté par quatre colonnes fasciculées, de deux chambres latérales et d'un sanctuaire un peu surélevé auquel on accède par plusieurs degrés.
Les **peintures** de la chambre principale sont religieuses et représentent le roi **Horemheb devant diverses divinités.** Paroi O., à dr. ; le roi conduit par Seth et Horus ; à g., allaité par la déesse Anoukis. — Paroi N., il est en présence de Thoth et des quatre Horus vénérés en Nubie ; l'Horus de Baki, celui de Bouhen, celui de Qensi et celui de Miâm.
Le temple a été converti en église chrétienne, comme on le voit encore à une représentation de **St Georges terrassant le dragon,** peinte sur la paroi S. ainsi qu'une du **Christ** sur le plafond. Quelques inscriptions coptes çà et là sur les parois, et dont l'une (paroi S. du sanctuaire), quoique gravée en caractères coptes, appartient à une langue ignorée et que Lepsius supposait être le méroïtique d'époque chrétienne.

•*• Tout près, on doit également remonter la niche du **tombeau** (jadis situé dans les rochers du gébel Shams à env. 5 km S. du site actuel, sur la rive dr.), **d'un personnage nommé Paser,** gouverneur de l'Éthiopie sous le pharaon Aï.

Le défunt et le roi y sont l'un et l'autre **représentés,** le premier faisant ses dévotions à la déesse Anoukis, et, dans un autre tableau, aux dieux Anubis, Sobek et Sésostris III divinisé, tandis que le roi Aï fait, de son côté, la libation aux dieux Amon, Ptah, aux Horus de Nubie et à la déesse Satis. Une statue assise, aux trois quarts fruste, est adossée à la paroi du fond. La paroi extér. du tombeau, à dr. de l'entrée, porte quelques inscriptions, entre autres le proscynème d'un fonctionnaire de la XVIIIe dyn., nommé Katja, adressé à Anoukis et aux autres divinités.

28 - Les oasis du désert libyque

Le désert occidental ou libyque, dont les dernières ondulations viennent mourir dans la vallée du Nil, n'est que le prolongement du Sahara et en a tous les caractères de stérilité absolue coupée d'oasis fertiles. Celles-ci se trouvent au fond de dépressions égrenées en chapelet depuis la Haute-Égypte jusqu'à la dépression de Qattara, sortes de cuvettes à peine élevées au-dessus du niveau de la mer et dont le fond effleure presque les couches géologiques gréseuses et imperméables qui retiennent l'eau. Cette eau jaillit soit par des sources naturelles, soit par des puits artésiens naturels ou creusés par l'homme. Au N., le désert arrive jusqu'à la mer qui borde une côte généralement basse et peu hospitalière, où une étroite bande de terre accepte, par endroits, quelques maigres cultures. Tout au long du rivage s'étendent d'immenses plages au sable pulvérulent et d'une éclatante blancheur.
Les quatre oasis occidentales de Baharīyya, Farāfra, Dākhla et Khārga forment un chapelet qui dessine une sorte d'immense arc de cercle matérialisé maintenant par une bonne route asphaltée.
Une cinquième oasis, celle de Siwa, est située près de la frontière libyenne, à l'extrémité occidentale de la dépression de Qattara.

Visiter les oasis

La visite de l'une ou l'autre de ces oasis n'entre pas dans le cadre habituel du voyage en Égypte. On est loin, ici, de l'Égypte touristique, celle des temples, des pyramides ou des mosquées ; le monde oasien est un monde différent, ce qui ne veut pas dire inintéressant, mais dont l'intérêt dépend, bien plus qu'ailleurs, de considérations ou de goûts personnels.
Mise à part celle de Khārga, les oasis n'offrent, sur le plan de l'hébergement et de la nourriture, que des ***ressources d'une extrême rusticité****. De ce point de vue aussi le voyage est différent ; se rapprochant davantage de l'expédition, il nécessitera dans certains cas certaines autorisations, un véhicule robuste et en bon état ainsi que de larges provisions d'essence (pour Farāfra, prévoir le retour), d'eau et... de bouche. Renseignez-vous à l'Automobile-Club d'Égypte.*
A noter que les unes et les autres sont parfois le but d'excursions organisées par certaines agences de voyages du Caire.

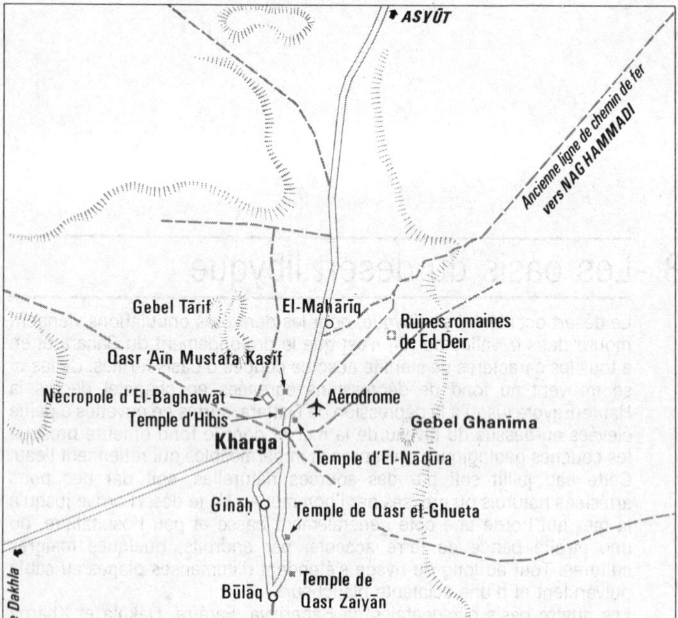
ASYŪT
Ancienne ligne de chemin de fer
vers NAG HAMMADI
Gebel Tārif
El-Mahārīq
Ruines romaines
de Ed-Deir
Qasr 'Aïn Mustafa Kasīf
Nécropole d'El-Baghawāt
Aérodrome
Temple d'Hibis
Gebel Ghanīma
Kharga
Temple d'El-Nādūra
Gināḥ
Temple de Qasr el-Ghueta
vers l'Oasis de Dakhla
Temple de
Qasr Zaiyān
Būlāq
Bārīs
Ez. el-Maks el-Bahari
Temple
Ez. el-Maks el-Qibli
Ez. Dūsh
(d'après J. Ball)
Routes
Pistes
0
20 km
Oasis de Khārga

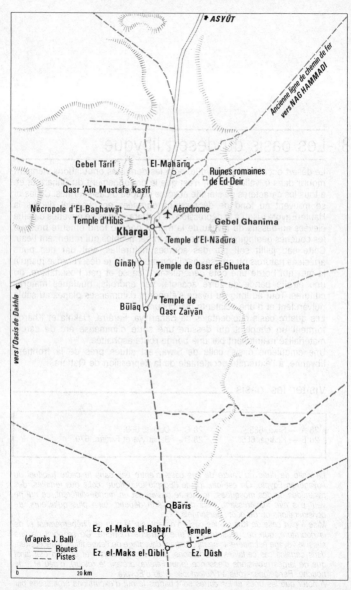

Khārga et Dākhla, depuis longtemps reliées à Asyūt par une route et dotées d'un petit équipement hôtelier, sont les plus accessibles ; vous pourrez leur consacrer un minimum de **quatre jours** *(au départ de Miniā, seule étape possible avant Asyūt) : un jour pour le voyage aller (338 km de Miniā à Khārga) et une première visite de Khārga, un autre pour achever la visite de Khārga et faire le trajet Khārga-Dākhla, un troisième pour la visite de Dākhla, et le dernier pour le retour.*

La route ayant fini par joindre Dākhla à Farāfra, il est maintenant possible, en prenant quelques précautions, de visiter les quatre oasis occidentales l'une à la suite de l'autre, soit dans le sens Baharīyya-Khārga, soit dans le sens Khārga-Baharīyya. Dans le premier cas, en quittant Le Caire, tourner à droite à 5,8 km du début de la route désertique conduisant au Fayyūm (→ it. 3A) ; dans le second cas, quitter la route de Haute-Égypte en tournant à droite au km 351, à la hauteur de Manqabād (→ it. 10) ; autorisation de route à prendre soit à Baharīyya, soit à Mūt (Dākhla).

28 A — Siwa

Route : 302 km S.-O. de Mersa-Matruh ; 593 km d'Alexandrie. — Bonne route asphaltée jusqu'à l'oasis même.

Autocars : une liaison quotidienne dans chaque sens avec Mersa-Matruh et correspondance pour Alexandrie. Trajet Siwa-Mersa-Matruh en 8 h. Renseignements à l'Office de Tourisme d'Alexandrie.

Visite : en trois jours, voyage compris, depuis Mersa-Matruh.

Siwa, centre principal de l'oasis, situé à 14 m au-dessous du niveau de la mer, se compose de deux parties distinctes auxquelles se rattachent de petites oasis. La population totale compte environ 15 000 hab. qui savent l'arabe, mais parlent plus volontiers le siwi, dialecte d'origine berbère.

L'oasis possède de nombreux lacs et une grande quantité de sources ; la plupart de celles-ci sont potables, d'autres possèdent des qualités thermales et sont employées pour le traitement de certaines maladies. La principale ressource est la culture des arbres fruitiers (dattes, olives). Ces cultures sont très surveillées, et leur irrigation est l'objet de soins attentifs ; les droits des propriétaires sont strictement réservés et respectés.

Il ne reste pas grand-chose du **temple** où l'on venait consulter l'oracle de Jupiter Amon ; on s'accorde à le retrouver dans le **temple d'Aguermi** (village à l'E. de Siwa) où il est débordé par les maisons. Un autre temple, presque détruit, à **Oumbeida**, et quelques hypogées de Basse-Époque, dans le **gébel Mūssaberīn,** ne sont intéressants que par les souvenirs historiques qu'ils évoquent. Siwa est surtout attachante par la beauté du pays, splendide jardin autour de sources fraîches.

28 B — Khārga

Route : 228 km S. d'Asyūt. Bonne route (attention cependant aux brusques virages derrière les dos-d'âne).

Autocars : liaisons quotidiennes dans chaque sens avec Le Caire via Asyūt. Correspondance avec le train Le Caire-Haute-Égypte. Trajet en 4 h env. Départ de la gare d'Asyūt.

Avion : certains vols d'Egyptair reliant Le Caire à la Haute-Égypte s'arrêtent à l'aéroport de Khārga.

Visite des sites archéologiques : le recours à un guide de l'Office de Tourisme est en principe obligatoire pour les sites éloignés de l'oasis. Les monuments proches de la palmeraie se visitent librement. Attention : certains sites ferment vers 17 h.

L'**oasis de Khārga** présente l'aspect d'une large vallée s'étendant du N. au S. sur une centaine de kilomètres pour une largeur variant de 20 à 50 km. Bien que située à 228 km au S. d'Asyūt, à la même latitude qu'Esna, elle n'est en fait séparée de la vallée du Nil, dans sa partie septentrionale, que par env. 150 km de désert.

La première mention qu'on trouve de l'oasis est dans Hérodote qui semble donner à la capitale ce nom même d'Oasis ; il ajoute que ce lieu s'appelle en grec île des Bienheureux. Un comptoir y avait été établi par les Samiens dès le temps de Psammétique. Une armée de Cambyse y pénétra et périt dans les sables après l'avoir dépassée. Les rois perses, pendant leur domination en Égypte, les Ptolémées et les empereurs romains inscrivirent leurs noms sur ses temples. Devenue lieu d'exil, elle reçut en 435 l'évêque schismatique Nestorius déposé par l'empereur Théodose II après que sa doctrine eut été condamnée au concile d'Éphèse (431) ; l'évêque y mourut en 451.

La ville de **Khārga,** l'ancienne Hibis des Grecs, est située dans la partie N. de l'oasis. C'est une cité nouvelle, totalement dénuée d'attraits et constituée d'immeubles de deux ou trois étages séparés par de larges espaces en cours d'urbanisation et dont l'ancienne ville indigène, agglomération aux ruelles étroites, quelquefois couvertes comme dans les anciens souks, n'occupe qu'une faible partie au S.-E. Un nouveau musée doit rassembler diverses trouvailles faites dans les oasis, notamment des stèles de Pépi I découvertes à Dākhla, des objets des fouilles de Dūsh et des autres sites antiques des oasis.

Cette cité en cours d'édification est la capitale de la **Nouvelle Vallée.**

Le projet de **Nouvelle Vallée,** très ambitieux, concerne les quatre grandes oasis de Khārga, Dākhla, Farāfra et Baharīyya dont les sols sont de nature généralement argileuse et recèlent, à faible profondeur, une nappe d'eau d'une certaine importance.

Ce projet vit le jour en 1959 : ce furent d'abord des relevés aériens, qui permirent une classification du sol, aussitôt vérifiée sur le terrain même par un arpentage géologique précis et un échantillonnage détaillé des surfaces explorées ; puis la détermination des plantations les plus adaptées à chaque type de terrain ; enfin le choix des emplacements de puits et l'étude des tracés des canaux d'irrigation et de drainage.
Aux 3 000 sources ou puits, d'une profondeur de 30 à 80 m, qui alimentaient déjà l'ensemble des oasis, les techniciens de l'Organisme ont ajouté 330 puits forés à des profondeurs variant entre 400 et 1 500 m et produisant de 4 000 à 14 000 m^3 par jour. Plus de **trois millions d'hectares ont été reconnus utilisables** pour l'agriculture (soit presque autant que la superficie actuellement cultivable de l'Égypte) **sous réserve de trouver suffisamment d'eau** et, parmi eux, 14 000 ha sont déjà entrés en exploitation permettant ainsi de vérifier sans délai le degré d'exactitude des prévisions.
De petites industries ont été installées (conditionnement de dattes ; minoteries ; ateliers de céramique et de tapis ; briqueterie ; fabrique de conduites en ciment pour l'irrigation et le drainage, etc.) et plusieurs nouveaux villages ont été construits pour accueillir les immigrants venus de régions surpeuplées de la vallée du Nil ; à ceux-ci, l'on a distribué de la terre à raison de 2 ha env. par famille, ainsi qu'une maison, une vache, un âne et une petite basse-cour.

Compte tenu des employés de l'Organisme, du gouvernement et des sociétés d'exploitation, les **populations des oasis** de Khārga et Dākhla sont auj. respectivement de 26 000 et 35 000 hab. dont 2 000 immigrants. Elle aurait dû s'accroître encore mais les opérations de mise en valeur progressive de terres arables sont maintenant au point mort.

A 2,5 km N.-O. du centre de Khārga, à g. de la route d'Asyūt, se trouve l'ancien **temple d'Hibis**, le plus important et le mieux conservé des temples égyptiens des oasis ; il a été déblayé et restauré au début du siècle, mais menacé par les infiltrations d'eau, il est actuellement entouré d'étayages de bois.

Le temple mesure env. 42 m sur 20 m et 9 m de hauteur ; il est orienté O.-E. Dédié à l'Amon thébain, il fut bâti au temps de Darius dont le cartouche est reproduit en maint endroit, avec le désir de continuer la tradition saïte. C'est à peu près le seul monument de la période perse. Accru et embelli sous Nectanébo II, il fut complété encore par les Ptolémées et les Romains.

Une longue **inscription** grecque au nom de l'empereur Galba est gravée au vantail dr. de la deuxième porte du pylône extérieur ; datée de la 2e année du règne, elle compte 66 lignes. Ce pylône est le plus avancé d'une suite d'autres pylônes, distants de 15 à 24 m et qui séparent les différentes parties du temple : la **cour de Nectanébo**, le **vestibule** ou pronaos, une **salle hypostyle** de douze colonnes, et le **sanctuaire**. Les restes d'une petite cour à portique s'étendent à côté de la cour.

Le **décor sculpté** du sanctuaire, parfois très curieux, offre, sous la forme d'un inventaire théologique, un véritable résumé du panthéon égyptien. Remarquez dans une petite chapelle, à dr. du Saint des Saints, la représentation de Khnoum façonnant la figure du roi sur son tour et, au mur N.-E. de la salle hypostyle, une curieuse image de Seth représenté ailé, avec une tête de faucon, coiffé de la double couronne royale et dans l'attitude du roi vainqueur perçant de sa lance le démon Apopis, son éternel et indestructible ennemi. Seth avait en effet, avant d'être considéré comme un être malfaisant, été honoré comme protecteur de la fertilité des oasis.

L'ancienne ville s'étendait au N. du grand temple. Plus au N. encore, à l'endroit appelé aujourd'hui **Bagawāt**, s'étend une **nécropole chrétienne**, comprenant plusieurs centaines de tombes en brique crue, avec pilastres et niches.

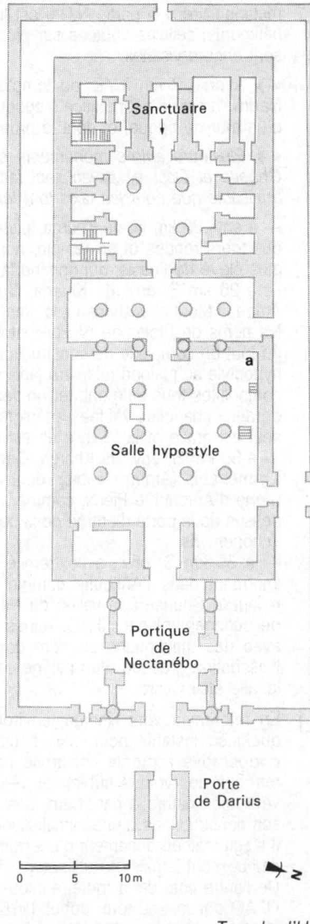

Temple d'Hibis

Construites à l'époque de l'hérésie de Nestorius, les tombes se composent chacune d'**une chambre surmontée d'une coupole**; l'abside est apparente à l'extérieur et décorée de peintures à l'intérieur; quelques chapelles sont précédées d'une antichambre; deux mausolées possèdent des **peintures remarquables** du Ve s. représentant, dans la coupole du no 30, l'Exode avec d'autres scènes bibliques, et dans celle du no 80 les personnages allégoriques de la Paix, de la Justice et de la Prière entre lesquels sont intercalés Adam et Ève, l'arche de Noé, le sacrifice d'Abraham, Daniel dans la fosse aux lions et enfin Paul et Thècle.
Une église se trouvait au centre de la nécropole; un peu partout, inscriptions coptes, puis arabes; dessins de croix ansée, symbole de vie.

•➔ A 1 km au N. de la nécropole, s'élevait le **couvent** chrétien, **fortifié**, le **Qaṣr Aïn Musṭafa Kāschif**, grande construction en brique protégée par un gros donjon rectangulaire à la partie N. où est la porte. Dans la partie O. se trouvent les vieux bâtiments, cellules voûtées sur plusieurs étages; à l'E., le réfectoire et la chapelle sont encore visibles.

•➔ A env. 2 km à l'E. du temple d'Hibis, sur une petite colline, le **temple de Nadoura** est un petit édifice d'époque romaine (Hadrien et Antonin le Pieux) entouré d'un mur de brique, et dont le pronaos est assez bien conservé.

•➔ *Plusieurs autres monuments sont dispersés dans l'oasis; ceux de Qaṣr el-Ghueita et Qaṣr ez-Zayān sont facilement accessibles; plus au S., la piste n'est praticable que pour les taxis tout terrain de Khārga.*

— à env. 32 km N. de Khārga (piste), **fort romain de Ed-Deir (fin IIIe-IVe s.)** avec des tours rondes et un temple, non loin (3 km) du **gébel Ghenneima**, le point le plus élevé de l'oasis, qui domine la campagne et le désert.
— à 25 km S. env. de Khārga, **Qaṣr el-Ghueita**, où l'on voit un **temple** dédié à Amon, à Mout et à Khonsou, la grande triade thébaine, et dont les inscriptions portent les noms de Ptolémée IV Philopator, Ptolémée VIII Évergète II et Lathyre. Entouré de tout un complexe de constructions en brique crue, le temple a conservé sa salle hypostyle au plafond (disparu) jadis soutenu par quatre belles colonnes à chapiteaux composites tous différents et un vestibule précédant le sanctuaire. Celui-ci, flanqué de deux chapelles voûtées anépigraphes, est entièrement peint et dessiné. Le fond seul est gravé mais le style en est médiocre et l'ensemble est très dégradé.
— à 30 km S. env. de Khārga, **Qaṣr ez-Zayān**, avec les ruines d'un **temple** dédié à Aménébis (Amon d'Hibis), dont le portique fut reconstruit dans la 3e année du règne d'Antonin le Pieux, comme on le voit par une inscription grecque gravée au-dessus de la porte d'entrée de la cour du sanctuaire; le nom de l'ancienne ville était Tchônemyris.
— à 85 km S. env., à l'extrémité sud de l'oasis (piste), **Tell Dūsh** joua un rôle important dans l'Antiquité comme place forte frontalière au carrefour des pistes reliant le Soudan à la vallée du Nil; enclos dans la forteresse du IVe s., en cours de dégagement par l'IFAO, ruines d'un **temple** consacré à Isis et Osiris-Sérapis, avec des inscriptions au nom de Domitien et d'Hadrien, et forteresse; d'après l'inscription grecque d'un pylône construit dans la 19e année de Trajan, le nom de la ville était Cysis.

☐ En retournant vers Khārga, environ à 2 km au N. de Baris, on pourra s'arrêter quelques instants pour voir, à gauche de la route, les beaux bâtiments de la **coopérative agricole** construite par Ḥassan Fathy qui y a généralisé le principe retrouvé des voûtes nubiennes *(➔ Nouvelle Gurna, chap. 21)* et qui, grâce à une ventilation naturelle par cheminées capteuses d'air, doubles toits et claustra, a doté ses constructions d'une climatisation naturelle, permanente et efficace.
Il s'agit malheureusement d'une ruine moderne, car les bâtiments, éloignés du point d'eau, n'ont jamais été utilisés par les habitants de Baris.
De l'autre côté de la route, au lieu-dit **Shams ed-Dīn**, les archéologues français de l'IFAO ont mis au jour, début 1976, les **restes d'une église** de la fin du IVe s., la plus ancienne de date certaine jusqu'à présent découverte en Égypte.

28 C — Dākhla

Route : 190 km de Khārga. Bonne route.
Autocars : liaison quotidienne dans chaque sens avec Khārga et Le Caire. Trajet en 3 h 30 env.

La route quitte Khārga au S.-O. de l'agglomération.
4 km : **Qaṣr 'Aïn es-Sanṭ,** «le château de la fontaine de l'acacia»; un peu plus loin, quelques vestiges de constructions romaines.
Quittant la dépression de Khārga, la route traverse pendant 40 km une plaine gréseuse.
80 km (env.) : tombe d'un sheikh Ismaïl; à env. 35 km N. on a récemment découvert dans les ondulations du gébel Abū Tartūr (540 m), un gisement de phosphates dont les réserves sont estimées à 1 milliard de tonnes.
La route prend progressivement la direction N.-O. — Par un ravin escarpé, elle monte sur un vaste plateau d'où elle redescend dans une gorge herbeuse.
147 km : **Tenida,** gros village, à l'entrée de l'oasis; beau **cimetière musulman,** remarquable par les structures en brique crue des tombes.

L'**oasis de Dākhla,** qui porte les noms de **el-Wāḥāt ed-Dākhla,** «l'oasis Intérieure», et de **el-Wāḥāt el-Gharbī,** «l'oasis occidentale», est la plus grande et la plus peuplée des oasis; elle s'étend sur 24 km du N. au S. et sur 45 km de l'E. à l'O. Elle comprend dix localités toutes reliées entre elles par des pistes. L'oasis est fertile et possède de nombreuses sources. La qualité des dattes, des mangues et des abricots est excellente. Ses nombreuses ruines attestent qu'elle avait, autrefois, de l'importance. Sa population totale est aujourd'hui d'environ 150000 habitants.

153 km : **'Ezbet Bashandi,** pittoresque petit village aux maisons roses, dont certaines sont construites sur les pans de murs de pierre qui ont appartenu à d'anciennes tombes romaines. Une de ces tombes, celle d'un dénommé Qetynous, est encore suffisamment bien conservée pour être visitée.
158 km : Le village de **Balāt** occupe l'emplacement du site le plus ancien de l'oasis : on y a retrouvé des habitats néolithiques.
Un peu avant d'arriver au village, à 1 km environ, à droite de la route, se trouvent les ruines datant de la fin de l'Ancien Empire qui sont celles de l'ancienne capitale et de sa nécropole. Celle-ci, au lieu-dit Qila' ed-Dabba, est reconnaissable à ses immenses mastabas aux superstructures en brique crue dont l'un était la tombe, inviolée, de Medounefer, gouverneur des oasis sous le règne de Pépi II (VIe dyn.); le sarcophage et l'abondant mobilier funéraire furent mis au jour en 1979 par l'I.F.A.O. L'étendue du site urbain de **'Ayn Asil,** dont divers bâtiments et une partie de l'enceinte ont été dégagés, montre l'importance de l'implantation égyptienne dans les oasis dès l'Ancien Empire.
178 km : **Sment el-Kharab,** avec un tout petit lac, jadis plus étendu, près du site d'une grande ville romaine et byzantine.
190 km : **Mūt,** actuelle capitale de l'oasis. C'est ici que l'on a trouvé les deux fameuses stèles dites de Dākhla qui prouvent qu'à l'époque libyenne la capitale de l'oasis s'était déplacée à cet endroit.

↔ A 30 km N., **El-Qaṣr,** qui fut sans doute, au Moyen Age, la principale localité de l'oasis, a conservé en grande partie son caractère médiéval et mérite, à ce titre, d'être visitée. Le quartier ancien, désaffecté, est parcouru de ruelles ombragées ponctuées de portes massives que l'on fermait jadis la nuit. Par ces ruelles, on accède à la citadelle ruinée qui protégeait la ville. Deux montants de porte inscrits qui ont été remployés in situ témoignent de l'existence d'un temple de Thoth, à l'époque romaine.

A 6 km O.-S.-O. d'El-Qaṣr, **Qāret el-Muzawwaqa,** où l'on peut visiter des tombes décorées de l'époque romaine ; les peintures, très bien conservées, aux couleurs vives, montrent ce qu'était devenu le « style égyptien » à cette époque : on verra surtout les tombes de Pétosiris et de Pétubastis, toutes les deux remarquables par les zodiaques de leurs plafonds. Non loin, **Amheida** est un site important d'époque romaine. — Un peu plus loin encore (13 km d'El-Qaṣr), au milieu des ruines d'une ville, se trouvent les restes d'un **temple** d'époque romaine consacré à Amon et à Amonet. Le monument, connu sous le nom de **Deir el-Ḥagar,** « le couvent de pierre », porte des légendes hiéroglyphiques aux noms de Néron, Vespasien et Titus. Il est bâti en grès et comprend une salle hypostyle, un vestibule et trois chapelles. Il est entouré d'un mur d'enceinte de brique crue, de 70 m sur 39 m, dont l'entrée est un pylône ; entre celui-ci et le temple lui-même, des alignements de bases de colonnes stuquées attestent que l'ensemble fut transformé en basilique. Non loin du temple, **source sulfureuse** chaude vraisemblablement déjà utilisée par les Romains.

28 D — Baharīyya et Farāfra

Situation : — 334 km du Caire pour Baharīyya, 504 km pour Farāfra. Route, de construction nouvelle (mais par endroits déjà dégradée), que le vent recouvre parfois de sable quand ce n'est pas de véritables dunes. Elle s'embranche à dr., à 5,8 km du début de la route qui mène au Fayyūm par le désert (→ it. 3 A). Pas de poste d'essence à Farāfra.

L'**oasis de Bahariyya** (El-wāhāt el-Bahariyya, oasis du Nord), ou encore **El-wāhāt el-Behnésa,** était appelée à l'époque romaine la **Petite Oasis,** par opposition à celle de Khārga ; elle est située dans un site montagneux et pittoresque non loin duquel on exploite un gisement de minerai de fer.
La population, d'environ 10 000 hab., se répartit entre quatre villages : **Zabū, Mariyya,** El-Qaṣr et Bouïtti, le principal, qui offre le charme de ses ruelles étroites où se cachent de jolies maisons peintes.

Il n'y a qu'une petite ruine près de Zabū et les restes d'une jolie construction romaine, d'ordre dorique, près d'El-Qaṣr, « le Château », qui lui doit son nom. Au cours de travaux, le Service des Antiquités a fouillé les **ruines de trois temples** de la XXVIe dyn., tous utilisés à l'époque chrétienne, et plusieurs tombeaux. Les temples ont donné quelques bas-reliefs intéressants : dans le plus important, le roi Amasis rend un culte aux divinités de l'Égypte associées aux divinités particulières aux oasis. Dans un autre temple, un bas-relief figure les rites de la résurrection d'Osiris. Un quatrième temple a été étudié dans la région d'El-Qaṣr, et un cinquième, au centre du village de Bouïtti.

L'oasis possède, notamment à El-Qaṣr et à Bouïtti, des sources d'eau chaude ; à Zabū, l'eau sort à une température d'env. 26 °C ; sans varier sensiblement, elle paraît chaude ou froide au toucher, suivant la température extérieure. **L'oasis exporte** surtout **des dattes.** A l'aide d'incisions pratiquées sur le dattier au moment où la sève monte, les habitants se procurent une boisson qu'ils aiment beaucoup et qui a le goût du vin nouveau avec la saveur du cidre. Climat peu sain en été.

→ Sur la route de Farāfra, à 40 km du village de Bouïtti, une dérivation qui conduit au village d'El-Hayz permet d'atteindre, sur la dr., les ruines imposantes d'un important **camp romain** et d'une riche demeure, et, de l'autre côté de la route, une

église copte du Ve-VIe s., assez bien conservée, centre vraisemblable d'un pèlerinage à St-Georges très fréquenté jusqu'au XIIIe s.

Farāfra, oasis d'environ 1 000 hab., est située au milieu d'une immense plaine et non dans une dépression comme la majorité des oasis ; elle est entourée d'une muraille fortifiée. On n'y trouve que des ressources extrêmement modestes ; mais des prospecteurs de pétrole sont venus dont la simple présence a fait naître bien des rêves dans ces lieux d'une extrême pauvreté. La route continue vers **Dākhla,** distante d'environ 300 km.

29 - La mer Rouge

Plus pittoresque que la côte méditerranéenne, la côte de la mer Rouge, bien que presque aussi déshéritée, avait vu, un peu avant la guerre de 1967, un important mouvement touristique se dessiner. L'amélioration de la qualité de la route, la construction de quelques hôtels y avaient rendu faciles l'accès et le séjour des touristes amateurs de pêche sous-marine. Les dix dernières années ont confirmé la tendance au tourisme balnéaire : le littoral s'est équipé d'hôtels, bars, discothèques, piscines de mer, marinas, etc. On trouvera encore quelques criques préservées, d'accès difficile, mais gratifiantes.

Les routes qui vont du Nil à la mer Rouge, délaissées depuis le creusement du canal de Suez, étaient, dès la plus haute Antiquité, les grandes voies du commerce égyptien avec l'Arabie, la côte africaine de la mer Rouge et les colonies minières du Sinaï. Elles desservaient les grandes carrières qui fournissaient les matériaux aux constructions de Thèbes et de la Haute-Égypte ; par elles on allait au Pount (Arabie méridionale et côte des Somalis), merveilleux pays des épices et des parfums. Elles avaient pour point de départ Coptos (Qifṭ) et conduisaient aux ports de Myos Hormos (Abū Shar el-Kibli), auj. ensablé, Leukos Limen (Qoṣeyr) et Bérénice.

Tourisme en mer Rouge

En dehors des deux **couvents de Saint-Antoine et de Saint-Paul,** *la côte de la mer Rouge n'offre rien qui, à proprement parler, se visite : le temps que vous y passerez dépend de vos goûts pour la* **baignade et le farniente sur les plages,** *lorsque celles-ci auront été déminées et débarrassées du pétrole qui les souille. En dehors de Hūrgada, où se sont établis un hôtel Sheraton et un village du Club Méditerranée, cela ne semble malheureusement pas faire partie des plans d'aménagement immédiat puisque la petite station d'Aïn Sokhna, près de Suez, où se trouvait un bon hôtel, a pratiquement été rayée du patrimoine balnéaire pour devenir un terminal pétrolier. Il est impératif — des accidents viennent malheureusement le rappeler de temps en temps — d'***éviter les plages solitaires** *(surtout ne jamais franchir les barbelés lorsqu'il y en a), même si les fonds de la mer Rouge recèlent une faune et une flore d'une indicible beauté. Ailleurs, on se méfiera évidemment des requins, mais bien davantage encore des poissons-pierres (se confondant avec les galets mais hérissés d'épines), des cônes (coquillages dotés d'une lancette venimeuse) et des coraux (certains sont terriblement urticants).*

*Pour la **visite des seuls couvents,** comptez **trois jours** à partir du Caire. Un jour pour aller au couvent de Saint-Antoine, un autre pour le visiter, aller au couvent de Saint-Paul et également le visiter, un dernier pour le retour au Caire. Une réserve d'essence pour le retour est indispensable ainsi que des provisions de bouche, le rest-house ne pouvant offrir que l'hébergement.*

29 A — Du Nil à la mer Rouge

***Routes** : il existe actuellement cinq routes reliant la vallée du Nil à la côte de la mer Rouge. Ce sont, du N. au S., la route du Caire à Suez (→ it. 9 A), la route d'El-Koreimat à Ras Zafarana, bonne dans l'ensemble et longue de 165 km, la route de Qenā à Port-Safaga, très bonne et longue de 160 km, la route de Qifṭ à Qoṣeyr (la «route isthmique» des Anciens), de qualité moyenne et longue de 200 km, enfin la route d'Edfou à Mersa-Alam, également bonne et longue de 230 km.*

29 A 1 - Du Caire à Ras Zafarana par El-Koreimat

Quittez Le Caire par la route d'Ḥelwān. Laissant la ville sur la g., continuez à suivre la route qui remonte la vallée du Nil sur la rive dr. — 56,5 km : **Es-Saff.**
75 km : **Aṭfīh**, village à l'E. duquel un vaste et pittoresque cimetière musulman occupe les décombres qui signalent l'emplacement de l'antique **Aphroditopolis**, ville de la déesse Hathor.
89 km : **El-Koreimat**, où la route quitte la vallée pour s'engager dans le désert arabique.
221 km : Une pancarte bleue, à dr. de la route, signale la piste en terre conduisant, 14 km plus loin, au couvent de Saint-Antoine.

✝ Le **couvent de Saint-Antoine,** ou **deir Mar Antonios,** se compose d'un ensemble de constructions irrégulières, au centre desquelles s'élance une tour carrée, massive jusqu'à la porte qui est d'une hauteur de près de 6 m, et contenant plusieur chapelles dont l'une est dédiée à saint Michel, l'autre à saint Antoine. Le couvent est le plus ancien d'Égypte.

***Visite** : t.l.j. de 9 h à 17 h. Possibilité de séjour pour les hommes : renseignements auprès du patriarcat copte orthodoxe du Caire* (☏ [02] 82-58-63).

Les moines réfugiés ou retirés dans le désert arabique ne furent pas tout de suite réunis en communautés, et si saint Antoine vécut et mourut au lieu où s'étend le couvent qui porte son nom, ce ne fut pas lui qui le fonda, mais ses disciples qui avaient reçu son enseignement et enseveli sa dépouille mortelle. Il ne reste aucune trace des premiers habitats certainement très modestes qu'ils occupèrent en menant une vie strictement érémitique. Le monastère constitué sous un supérieur n'apparaît dans l'histoire qu'au tout début du VIIe s., il s'est développé autour de la première église consacrée à saint Antoine et devint peu à peu le village-oasis actuel, avec son donjon près de l'église principale (la plus ancienne), les églises, les chapelles, les groupes de cellules, les jardins, et la grande muraille qui enserre le tout, y compris la source nécessaire à la vie du couvent.
L'éloignement dans le désert empêcha les moines du désert arabique d'être troublés par la conquête arabe et l'installation de l'islam dans le pays, et la vie intellectuelle fut prospère du XIIe au XVe s. La bibliothèque s'enrichit de manuscrits et de traductions d'écrits sacrés (de copte en arabe) et les bâtiments conventuels furent décorés de fresques.
Mais en 1484 (ou 1493) des domestiques musulmans pillèrent le couvent qui resta désert jusqu'au milieu du XVIe s. et ne retrouva jamais sa prospérité.

Les moines sont actuellement une trentaine et les bâtiments enclos dans l'enceinte de près de 12 m de haut forment un vrai village avec les cellules, les moulins à farine et à huile, les fours de boulanger, le réfectoire, et les chapelles groupées autour de l'église.

L'**église** (20 m sur 6) a un narthex carré, un chœur, carré aussi (surmontés tous deux d'une coupole) et un sanctuaire précédé d'un vestibule et flanqué de deux petites chapelles. Une autre chapelle s'ouvre à droite du narthex, décoré d'une belle peinture du Christ en gloire entouré de la Vierge et de St Jean-Baptiste.

Les murs de celui-ci ainsi que le **chœur** sont ornés de **fresques** (refaites au XIIIe s.) : saints cavaliers aux couleurs vives, ascètes, ermites et docteurs en couleurs sombres. L'**arcade** qui mène au sanctuaire est ornée de belles représentations (Xe s.) des archanges Michel et Gabriel ; dans le sanctuaire, les murs trop noircis par le temps ne laissent plus voir la décoration qui devait être fort belle. On voit mieux dans les petites chapelles adventices les figures des premiers patriarches d'Alexandrie ; Marc l'Évangéliste, Pierre, Athanase (le successeur d'Alexandre et son secrétaire au concile de Nicée), Théphile, Cyrille, Dioscore, etc. (XIe au XIIIe s.).

Dans l'escarpement de la montagne, au-dessus du couvent, on montre la maghāra (caverne) de St Antoine, large fissure dans le rocher.

Au-delà du km 221, la route descend dans un wādī séparant le plateau de Galala Nord (1 170 m) du plateau de Galala Sud (1 470 m).
254 km : **Ras Zafarana** : → *ci-après it. 29 B, au km 130.*

29 A 2 - De Qenā à Port-Safaga

Autobus : deux services quotidiens.

En sortant de Qénā par le N. prenez aussitôt à dr. — 12 km : A g. s'embranche une piste qui rejoint la mer Rouge par les carrières de porphyre. — 38 km : **Bir ez-Zreiya**. — 80 km : **Bir Farukia**. — La route s'avance dans le **gébel Abū Furad** (1 037 m) et le **gébel Nagura** (883 m). — 143 km : **Wādī Barud**.
160 km : **Port-Safaga**, → *ci-après, it. 29 B, au km 460.*

29 A 3 - De Qifṭ à Qoṣeyr

Quittant la vallée du Nil, la route se dirige nettement vers l'E. et traverse un désert monotone mais où l'on observe parfois des mirages. — 15 km : **Higaza**.
45 km : **El-Lakeita**, dans une petite oasis, jadis deuxième étape des caravanes. Sur une citerne, on voit les vestiges d'une inscription grecque, avec le nom de Tibère.
La plaine se rétrécit et la route pénètre dans une vallée. On ne tarde pas à y rencontrer le premier des huit hydreumata, ou stations d'approvisionnement d'eau qu'avaient établies les Romains dans cette région.
62 km : **Qaṣr el-Benāt** ou « Château des Filles », construction rectangulaire de 38 m de long sur 31 m de large, entouré d'un mur ; en face, sur un rocher, figurent de nombreuses inscriptions grecques, coptes, arabes, hymiarites et sinaïtiques. — Plus loin encore (83 km) à l'entrée d'un défilé tortueux, autres inscriptions plus anciennes (l'une au nom d'Aménophis IV) sur un rocher, le gébel Abū Kua.

On a bientôt le spectacle de montagnes de grès, ou de pierres sombres comme la diorite, s'élevant jusqu'à 1 300 m ; ce sont les ramifications du **gébel Ḥammāmāt**, dans lequel s'ouvre le **wādī** du même nom, qui était la vallée de Rohannou des Égyptiens.

Cette vallée a des **carrières de brèche verte.** La partie de la vallée où elles se trouvent est appelée le wādī Fakhari, en raison des débris de poteries (fakhari) qu'on peut y trouver, et qui proviennent des anciens villages d'ouvriers, très importants autrefois. Des stations préhistoriques intéressantes ont été trouvées à partir de 1949 à Lakeita et dans l'oasis même.

92 km : **Bir Ḥammāmāt,** au milieu du wādī, est encore un centre de bédouins Ababdèh.

De ce wādī est sortie la plus grande partie des pierres dures employées à Thèbes et dans la Haute-Égypte ; avec des périodes de plus ou moins grande activité, ces carrières ont été exploitées de l'Ancien Empire à la très basse Époque. Les inscriptions y abondent : on y relève les noms de Pépi, Mentouhotep, Sésostris, Amenemhat III, Séthi, Ramsès, Chabaka, Psammétique, Amasis, Cambyse, Darius, Xerxès, Artaxerxès, Nectanébo. Il reste les ruines d'un petit temple égyptien du temps de Ptolémée VIII Évergète II. Mais la plus ancienne inscription est celle de Djedkarê Isési, qui prouve que les **carrières étaient déjà exploitées à la Ve dyn.**

Le wādī Hammamat est jalonné de puits et se continue vers la côte par le wādī Abū Sirān et le wādī Ressafa. — 108 km : **Bir Fawakeir** où s'embranche une piste qui conduit (20 km N.) aux mines d'or d'Attala. — 156 km : **Bir Seyala.** — 162 km : A g. s'embranche une piste qui rejoint (90 km env., N.) Port-Safaga (ci-dessus). — 180 km : **Bir Beida.**
200 km : **Qoṣeyr,** → *ci-après, it. 29 B, au km 545.*

29 A 4 - D'Edfou à Mersa-Alam

La route part d'Edfou-gare, sur la rive dr. du Nil.
20 km : **Bir Abbad,** dans le wādī Mia ; restes d'une ancienne station, avec signes d'ouvriers carriers sur quelques pierres.
50 km : A 1 km à dr. de la route, petit **temple de Séthi Ier,** au milieu du wādī Mia, à moitié creusé dans le roc, découvert par Cailliaud en 1816.

Dédié à Amon, ce temple est un **hémispéos précédé d'un portique** de colonnes papyriformes à chapiteaux fermés. Sur les murs de la première chambre sont gravées trois inscriptions, dont l'une nous apprend que le roi Séthi Ier choisit ce lieu et y établit, l'an IX de son règne, une citerne pour remplacer les anciens puits desséchés ; nombreux graffiti sur les rochers. **Trois stèles** gravées un peu à l'E. du temple, dont l'une représente la déesse Aâsith (forme d'Astarté) montée sur un cheval, armée du bouclier et de la lance ; la deuxième commémore le creusement de la citerne, la troisième a été consacrée par Iouny, vice-roi de Nubie, qui rend hommage à Séthi Ier : un peu au-dessus de ces trois stèles, des **rochers** portent des **représentations** grossières de gazelles, des graffiti grecs et une inscription du temps d'Aménophis III.

60 km : **Bir Kanayis,** où s'embranche une piste vers le mont Midrik. — 72 km : **Abū Rihal.** — 110 km : **Mines de Baramia** et jonction d'une route qui conduit au bord de la mer Rouge, à env. 70 km S. de Qoṣeyr. — 124 km : **Wādī Harf,** piste vers le mont Hafafit. — 140 km : **Wādī Yatīma,** piste vers le mont Yatīma (847 m). — 196 km : **Gébel Nugrūs,** une piste conduit dans la montagne (1 504 m). — 210 km : Jonction à dr. de la piste conduisant aux mines d'or de Soukari.
230 km : **Mersa-Alam,** → *ci-après, it. 29 B, au km 690.*

29 B — La côte de la mer Rouge

Route : 835 km de Suez à Bérénice. Assez médiocre pendant les 50 premiers kilomètres, elle est meilleure ensuite. Aucun problème (en principe) de ravitaillement en carburant jusqu'à Qoṣeyr. Renseignez-vous à l'Automobile-Club d'Égypte, au Caire.

Autobus : 1 service quotidien pour Hūrgada ; trajet en 8 h env.

Quittant Suez, la route longe le pied du **gébel Ataqa.**

Plus loin, elle passe à proximité des anciennes carrières de la Compagnie du Canal et (11 km) du petit port d'**Aubia** qui joua un rôle important au cours de la Deuxième Guerre mondiale. — 31 km : **Ras Ghuba.** — 41 km : **Bir Odeib.** — 45 km : **Ghabet el-Bos,** au pied des monts Galala du Nord ; quelques habitations et champ d'expérimentation du service d'horticulture. La route côtoie le rivage, franchit des wādīs sans importance qui débouchent brusquement des hauteurs abruptes ; quelques rares tamaris.

55 km : **'Aïn Sokhna,** où s'élèvent les grands réservoirs alimentant le « Sumed » (Suez-Méditerranée), oléoduc assurant le transport du brut de la mer Rouge vers Alexandrie.

La route, de meilleure qualité, pittoresque mais très sinueuse, est assez étroite, à pic au-dessus de la mer. Méfiez-vous des virages et conduisez avec prudence.

95 km : **Ras Abū Darag,** phare.

130 km : **Ras Zafarana,** petit port sur le cap du même nom, au débouché du wādī Araba que suit la route menant au couvent de Saint-Antoine et au Caire *(→ ci-dessus, it. 29 A).*

135 km : **Mersa-Thehmet.**

155 km : Bifurcation (poteau indicateur) où s'embranche à dr. la piste du couvent de Saint-Paul *(détour de 22 km aller et retour).*

La piste suit une croupe pierreuse un peu ondulée puis s'engage dans le lit du wādī el-Deir et monte jusqu'au couvent.

Le **couvent de Saint-Paul,** ou **deir Mar Boulos,** ressemble beaucoup à celui de Saint-Antoine *(mêmes conditions de visite).* Il est situé plus près de la mer Rouge, mais au fond d'une espèce de cirque montagneux d'où l'on aperçoit la montagne de Moïse au Sinaï.

Il est plus petit que le couvent Saint-Antoine, plus pauvre aussi, et a été fondé à peu près en même temps et pour les mêmes raisons. Il a été moins remanié et a gardé un **aspect plus primitif** dans ses murs qui datent du Moyen Age et son **donjon carré** autour duquel se groupent les bâtiments conventuels, et d'abord l'**église Saint-Paul,** embrassant la grotte du saint, l'**église Saint-Mercure,** en partie au-dessus, et une chapelle, nettement sur le toit de l'église Saint-Paul, tant les sanctuaires voulaient se presser autour du lieu consacré par les méditations du saint pendant sa vie érémitique.

> Ce saint, dont le personnage a été magnifié par la légende, ne nous est connu que par un récit écrit par saint Jérôme vers 374-379 et déjà controversé à cette époque : né en Thébaïde en 228, Paul se serait fait ermite en 249 pour échapper aux persécutions et serait mort en 342 (à 113 ans), n'ayant vécu que grâce au demi-pain miraculeux que lui apportait chaque jour, pendant 60 ans, un corbeau.

Malheureusement, de **fâcheuses restaurations** (début du XVIIIe s.) nous privent du décor de l'église. Il n'en faut noter que la place et le motif des représentations ;

celles-ci étaient intéressantes. Les saints cavaliers si vénérés dans l'église copte (St Georges, St Théodore, St Michel Archange), représentés ici à la coupole qui domine l'escalier d'accès, pourfendent non pas des dragons, mais des diables, qu'on ne voit nulle part ailleurs dans l'iconographie copte. A la nef : St Paul entre des lions, St Antoine, des archanges, la Vierge, etc. Au sanctuaire enfin, le Christ entouré des animaux évangéliques, des anges et des vieillards de l'Apocalypse.
Il serait souhaitable qu'un travail soigneux soit entrepris pour restituer les motifs dans leur aspect ancien et faire disparaître la restauration abusive du moine du XVIIIe s. qui avouait « ne pas savoir peindre ».

La route, désormais meilleure, continue à suivre le golfe de Suez.
235 km : **Ras Gharib,** à proximité de puits de pétrole (511 000 t/an). Au S.-O. se profile la masse du **gébel Gharīb** (1 740 m).
267 km : **Ras Shukheir,** auprès d'autres puits produisant 2,6 millions de t/an ; la route s'éloigne de la mer et coupe un promontoire rocheux.
329 km : A g., **Ras Gemsa,** sur un cap avancé qui marque la fin du golfe de Suez, en face de petites îles et de l'extrémité de la péninsule du Sinaï.
384 km : **Abū Shar el-Kibli,** petit port aujourd'hui ensablé, près des ruines de l'antique Myos Hormos.

A dr. s'embranche une piste difficile qui rejoint (200 km env.) Qénā, sur la rive dr. du Nil. Se dirigeant au S.-O. la piste passe (vers 50 km) au pied du **gébel Dokhen** (mont de la Fumée), l'ancien **mons Porphyrites,** avec des carrières de porphyre exploitées par les Romains et les ruines d'un temple du temps de Trajan et d'Hadrien. Plus loin, station romaine de Fons Trajanus. — Plus loin encore, au pied du **gébel Fatira,** le mons Claudianus des Romains, carrières dites **Um Digal,** « mère des colonnes », exploitées à l'époque romaine par une colonie pénitentiaire.

395 km : **El-Ghardaka,** connue aussi sous le nom de **Hūrgada,** petite station balnéaire et centre de pêche sous-marine. Puits de pétrole.
La côte de la mer Rouge est sauvage et les montagnes hautes, près du rivage, sont très pittoresques. L'eau de la mer, encore plus transparente que celle de la Méditerranée, laisse apercevoir les méduses et les poissons aux formes bizarres que les Égyptiens avaient déjà notés dans leurs expéditions vers ces rivages (cf. temple de Deir el-Baḥari).
Suivant toujours le rivage, la route passe au pied des contreforṭs de **gébel Shayeb.**

460 km : **Port-Safaga,** petit port et belle plage avec de jolis coquillages. Phosphates. Un îlot au large, devant le port, indique une côte très découpée.

545 km : **Qoṣeyr** ville de 3 000 hab. env., petit port sur la mer Rouge et centre d'extraction de phosphates.
La ville est située sur une anse : un banc de corail s'étend au loin de l'E. à l'O. devant son port. Elle servait de point d'attache à Djeddah, où elle envoyait autrefois les blés de la Haute-Égypte, avant l'ouverture du canal de Suez et l'établissement des chemins de fer. Un petit fort bâti par le sultan Sélîm domine la ville.

625 km : **Mersa Umbarek,** petit port à l'entrée du wādī du même nom et à 7 km des mines d'or de **Um Rus.** C'est la station de **Nekhesia** de Ptolémée.

690 km : **Mersa-Alam,** petit village de pêcheurs.

→ Au-delà de Mersa-Alam, on peut continuer (autorisation nécessaire) jusqu'à (835 km) **Bérénice,** petit village fondé vers 275 av. J.-C. par Ptolémée II Philadelphe qui lui donna le nom de sa mère et qui ouvrit la première route (auj. abandonnée) de Coptos (auj. Qifṭ) à Bérénice. Ce fut un des ports par lesquels ce roi accrut l'activité de la mer Rouge : station uniquement commerciale, il se maintint 400 à 500 ans, concurremment avec Myos Hormos.

Il est situé au fond d'une baie assez allongée, à la hauteur d'Aswān. Au milieu des ruines s'élève **un petit temple** déblayé en 1873 : il a beaucoup souffert du temps. Il mesurait 9,50 m de profondeur ; la cella, entourée de chambres, a 4,26 m sur 3,23 m. Les représentations ou inscriptions y sont rares : on remarque l'empereur Tibère, faisant l'offrande au dieu Min ; dans une autre scène, à la façade, l'offrande est faite à la déesse de la mine verte (les mines d'émeraude avaient leur déesse tutélaire).

L'ancien port est à cinq minutes de Bérénice.

Les **mines d'émeraude**, autrefois célèbres, sont situées dans **le wādī Sakâit** ; il y a eu aussi des exploitations dans le gébel Zabāra, vers le N.-E. de Sakāit. Ces mines furent connues des anciens Égyptiens, aussi bien que des califes et des sultans mamlouks. Muḥammad-'Ali voulut en faire reprendre l'exploitation, mais elle fut bientôt abandonnée. Il y a, près de Sakāit, un **petit temple ptolémaïque** creusé dans le roc, avec quelques inscriptions grecques, dont l'une nomme le dieu Sérapis et la déesse Isis.

30 - Le Sinaï

La péninsule sinaïtique se rattache géologiquement au désert arabique dont elle serait le prolongement sans la cassure du golfe de Suez, entre le plateau de Galala et le plateau de Tih. Tout naturellement, cette configuration a englobé le Sinaï dans l'histoire de l'Égypte. Les ressources minières, cuivre et gemmes semi-précieuses dérivées du cuivre ont attiré l'attention des pharaons à toutes les époques, et ils ont presque toujours réussi à garder la péninsule sous leur influence, sinon sous leur autorité. Le territoire est aujourd'hui partagé par plusieurs tribus bédouines, et compterait 50 000 âmes en incluant les stations balnéaires.

Ce n'est pas, pourtant, la trace des anciennes exploitations pharaoniques qui attire le plus les visiteurs, mais un couvent, établi dans un lieu triplement saint, au pied de deux montagnes jumelles : sur l'une, Moïse reçut les Tables de la Loi ; sur l'autre, des anges déposèrent le corps martyrisé de sainte Catherine d'Alexandrie.

Excursion au couvent

Comptez au minimum ***deux jours*** *pour faire l'excursion au couvent (dont on ne visite que l'église : → p. 683) depuis Suez. Hébergement possible au couvent. Une approche plus poussée du Sinaï réclame* ***une semaine.*** *Contrôle des passeports et des papiers de voiture au passage du tunnel.*

Route *: 327 km depuis Suez. Tous services depuis Suez, Le Caire, Alexandrie.*
Avions *: services réguliers desservant l'aéroport international de Sharm el-Sheikh.*
Bateaux *: depuis la Jordanie et l'Arabie Saoudite.*

On entre dans la péninsule du Sinaï par le **tunnel du martyr Aḥmed Hamdi** dont la rampe d'accès est raccordée à la route Suez-Ismā'īlīyya à 17 km N. de Suez.

Le tunnel, d'un diamètre intérieur de 10,4 m, a une longueur de 1,640 km et passe sous le canal de Suez à 51 m de profondeur ; la longueur totale de l'ouvrage, avec rampes d'accès, est de 4,2 km. Son nom est celui d'un général du génie, tombé dans les environs lors de la guerre d'octobre 1973.

Sortant du tunnel, la route rejoint celle de la rive E. du canal : prenez à dr.

24 km (de Suez) : à g. s'embranche la route du col de Mitla, vers El-Arish (à 226 km N.-E.).

37 km : **Es Shatt**, en face de Port-Tawfiq. La route se dirige au S.-E., longeant de plus ou moins près la côte orientale du golfe de Suez.

45 km : à dr., une courte piste conduit aux **Sources de Moïse.**

L'oasis d'**'Ayoûn Mūsa** (les Sources de Moïse) a près d'un kilomètre de tour. Son sol, mélange de sable et d'argile, est planté de tamaris et de palmiers. Les sources sont de simples trous de 2 à 3 m de diamètre. L'une d'entre elles a été consolidée anciennement par un travail de maçonnerie. Lors de l'Expédition d'Égypte, elles attirèrent l'attention de Bonaparte qui crut y reconnaître une ancienne aiguade établie pour le ravitaillement des flottes vénitiennes. L'eau des sources, très saumâtre, n'est employée qu'à l'arrosage des jardins.
La plus grande source, qui est la plus méridionale, serait celle que Moïse a rendue potable en y jetant un morceau de bois.

S'éloignant de la côte, la route laisse à dr. le Ras Misalla et court au pied d'ondulations montagneuses en traversant plusieurs wādīs.
72 km : **Sudr** (champs pétroliers).
80 km : on laisse à g. une route remontant le wādī Sudr puis (85 km), à dr., une autre se rapprochant de la côte pour desservir les champs pétroliers du **Ras Matarma.**
La route, que longe un oléoduc, s'engage bientôt dans une large vallée, puis débouche dans celle du **wādī Gharandel,** bordée de hautes falaises crayeuses.
A l'époque romaine, le nom de Sinus Gharandrâ était quelquefois donné au fond du golfe de Suez. Le wādī Gharandel a des sources et un ruisseau mais l'eau en est désagréable, comme pour toutes celles de la région.

127 km : route à dr. pour les carrières de gypse d'El-Gharandel et les sources dites **Ḥammām fara'ūn mal'ūn** (bains du pharaon maudit) qui doivent leur nom à une légende arabe qui en fait le lieu de la destruction de l'armée égyptienne à la poursuite des Hébreux. La route d'Abū Zenīma contourne quant à elle, par l'E., le **gébel Ḥammām fara'ūn,** grand rocher de calcaire cristallin qui s'élève au bord de la mer à près de 500 m de hauteur.
A l'E., le gébel el-Tih est maintenant doublé d'un large contrefort, le **gébel Nutah,** qui découpe de ses ramifications les wādīs que la piste traverse : wādīs Zenna, Useit, avec un peu de végétation, Kueisa (la belle vallée), Et-Thal, très raviné et peu boisé, Shebeika qui, réuni au wādī Homr, forme le wādī Ṭayyeba (la vallée agréable) et que la route suit sur 10 km env. pour gagner la mer.

164 km : **Abū Zenima,** à l'abri du **Ras Abū Zenima,** est un des meilleurs petits ports de la côte et devait déjà une certaine importance, avant le pétrole, à ce qu'il desservait les mines de manganèse toutes proches. C'est un des points les plus remarquables du golfe de Suez.
166 km : route goudronnée en mauvais état pour le **temple** de **Serabit el-Khadem.** Après 35 km, fin de l'asphalte, à la hauteur d'un gros rocher en forme de sphinx ; prendre sur la g., en direction de l'E. le wādī Serabit que l'on remontera sur 11 km en se faisant accompagner d'un ghafir *(voitures à quatre roues motrices obligatoires),* puis terminer à pied en suivant l'itinéraire fléché *(de 45 mn à 1 h d'escalade).*
Le petit temple de Serabit el-Khadem, en partie creusé dans le rocher, étire son plan curieux sur un plateau dominant un paysage grandiose. Consacré à Hathor, Dame de la turquoise, il contient quantité de stèles et de pierres dressées laissées là, comme les ex-voto des chapelles rupestres d'Hathor et de Sopdou, par ceux qui vinrent, du Moyen au Nouvel Empire, pour exploiter les mines de la région.

Après Abū Zenima la route, contournant le haut promontoire calcaire du gébel El-Nokhl, suit le rivage de très près.
172 km : au bord de la mer, site de l'ancien port de **Markha** où les Égyptiens embarquaient les minerais de **Maghara** vers 1500 av. J.-C.

189 km : **Abū Rodeis**, au milieu des champs pétroliers ; à l'E. s'embranche une piste pour les mines de turquoise du wādī Sidra.
209 km : à dr. s'embranche une route qui continue à longer le rivage en direction des champs pétroliers d'El Bilaiyīm et Abū Durba ; prenez à g. la route d'Et-Tur.
221 km : quittant la côte, on prend à g. la route remontant le **wādī Ferān**, la plus grande des vallées sinaïtiques, au pied du massif du gébel Serbal que la piste contourne par la petite **oasis d'El-Kheswua**, bassin d'alluvions qui garde, au milieu des montagnes, toute la fertilité des anciens lacs desséchés.
243 km : à g. débouche la piste venant d'Abū Rodeis (à 42 km) par le wādī Sidra et le wādī Mokattab (la vallée écrite), qui doit son nom aux inscriptions dont certains rochers sont couverts ; ces inscriptions ne sont pas très anciennes : la plupart sont écrites dans un dialecte nabatéen et datent du IIe, IIIe ou IVe s. de notre ère.

→ **Excursion aux mines de turquoise du wādī Maghara** : remonter d'abord le wādī Mokattab (en serrant de près la paroi rocheuse sur la g.), puis le wādī Sidra pour atteindre, après 14 km *(voitures à quatre roues motrices obligatoires)*, les mines.
Maghara (mine, souterrain) est le nom générique qui pourrait s'appliquer à toutes les mines du Sinaï. Celles-ci sont essentiellement des mines de turquoise, exploitées dès l'Antiquité, où les stèles historiques abondent, portant le nom de tous les rois, particulièrement Snéfrou et Khéops, qui y ont fait exécuter des travaux. La stèle de ce dernier est près de l'entrée de la mine ; sur d'autres stèles on retrouve les noms de plusieurs pharaons de la Ve et de la VIe dyn.

Les mines sont perdues pour l'Égypte à la fin de l'Ancien Empire, mais les pharaons de la XIIe dyn. reconquièrent le territoire du Sinaï et inscrivent leurs noms sur des stèles commémoratives. Des inscriptions mentionnent aussi Hatchepsout, Thoutmôsis III et d'autres pharaons du Nouvel Empire jusqu'à Ramsès III.

Les **mines de turquoise** étaient uniquement creusées, comme le révèlent les marques d'outils visibles sur les parois, avec des outils de silex ; pourtant on a retrouvé sur le sol des chantiers, non seulement des silex mais des fragments de bois, des éclats de pierre ou des morceaux de métal qui ont permis de reconstituer la technique des travaux d'extraction.
Le **village des mineurs** était sur un plateau, à mi-côte d'une haute colline circulaire, très abrupte, non loin de la mine. Il semble qu'on ait voulu le protéger contre le brigandage, d'autant plus qu'une double muraille, allant du village à la mine, était peut-être bâtie dans ce même but de protection. On a trouvé dans les vestiges du village de nombreux fragments de poterie, d'outils de silex, même des morceaux de verre et des grains de colliers, restes des habitats successifs.
C'est de là que viennent aussi les fameuses inscriptions protosémitiques dites « du Sinaï ». La plupart des inscriptions historiques ont été transportées au Caire, à l'abri de l'anéantissement. Parmi celles qui sont restées en place, noter, très haut placée, la stèle du roi Sekhemkhet, de la IIIe dyn.
Les wādīs qui s'enchevêtrent dans ce nœud de montagnes portent en grand nombre des **inscriptions pharaoniques**, comme le **wādī Tonèh** et le **wādī Kéna**, près du wādī Maghara, ou des **scories**, traces du travail de fonderie, comme le **wādī Nash**, à 12 km N.-O. du **Serabit el-Khadem**.

265 km : **Oasis de Ferān** s'allongeant sur près de 4 km ; les huttes de terre sèche, cachées dans les jardins, sont construites à l'ombre de palmiers et tamaris. Les Bédouins cultivent du maïs, du blé et de l'orge mais les dattes constituent la principale récolte. A l'entrée de la palmeraie, **ermitage** dépendant du couvent de Sainte-Catherine.

Le gébel Tahūna domine l'oasis ; c'est là, suivant la tradition, que Moïse se tenait en prière pendant le combat opposant les Amalécites aux Israélites. La ville de Feran, mentionnée déjà au IIe s., fut un siège épiscopal au IVe s. ; les musulmans chassèrent les moines et le monastère, construit sur un rocher isolé, tomba en ruine au VIIe s.

Au XIIe s. Ferān connut un nouveau moment de célébrité de courte durée ; la ville, entourée d'un mur d'enceinte, possédait alors une cathédrale et deux églises dont on peut encore voir quelques ruines.

La route traverse l'oasis dans toute sa longueur, passe ensuite dans le **défilé d'El-Boueid,** entrée orientale du wādī Feran, bordé de dépôts lacustres, laisse à g. (272 km) le wādī el-Akhḍar, puis s'engage dans le **wādī es-Sheikh** (à g.,) laissant le wādī Solaf à dr.

307 km : la piste s'engage dans la gorge d'**El-Watia,** coupant les falaises de granit rouge d'une hauteur atteignant 300 m. Au-delà, la vallée s'élargit pour former la **plaine d'Er-Rahah,** où la tradition place le campement des Israélites.

313 km : A g., **tombeau de Nébi Salèh,** et cimetière bédouin où ont lieu tous les ans de grands pèlerinages.

325 km : à g., **mosquée du sheikh Harūn** et petite **chapelle dite du Veau d'Or,** sur un monticule que l'on contourne pour prendre à g., laissant en face la piste qui conduit au monastère des Saints-Apôtres.

La route, très bonne, continue vers Noueiba en descendant vers le golfe d'Aqaba par un des plus beaux wādīs de la péninsule.

327 km (de Suez) : ****Couvent Sainte-Catherine,** situé à 1 570 m d'alt. au fond d'une étroite vallée. L'ensemble a l'aspect d'une forteresse formant un rectangle de 84 m de long sur 74 m de large. La **muraille** qui l'entoure date en partie de l'époque de la **fondation par l'empereur Justinien** (527) mais a été refaite ou réparée à plusieurs reprises ; sa hauteur varie entre 12 et 15 m suivant la configuration de la vallée ; l'épaisseur atteint 1,65 m. Ces murs, orientés de façon à présenter un angle à chaque point cardinal, sont construits en granit et percés de meurtrières. L'angle E. est protégé par une grosse tour dite **« tour de Kléber ».** Le mur S.-O. est à peu près intact mais les autres sont des restaurations, dont une des dernières date de l'expédition française de Kléber qui, en 1801, fit rebâtir le mur N.-E. La porte d'entrée a été ouverte dans le mur N.-O. et a rendu inutile l'ascenseur à poulie, célèbre depuis le Moyen Age ; celui-ci permettait seul l'entrée du couvent et servait à élever les provisions des moines ainsi qu'à donner quelque nourriture aux nomades qui venaient se grouper au bas de la muraille.

Le couvent se compose de **constructions de différentes époques,** enchevêtrées les unes dans les autres et séparées par un dédale de couloirs, voûtés ou à l'air libre, et de petites cours, quelques-unes ornées de cyprès, d'arbustes, de fleurs et même de vignes en espaliers. Des chapelles représentaient autrefois les différentes confessions. La religion d'État y est affirmée par la présence d'une **mosquée** construite au Xe s. devant la façade de l'église.

Visite : de 9 h au coucher du soleil ; fermé les vendredis, dimanches et jours de fêtes religieuses.

L'**église,** de style byzantin, est un véritable musée. Par une belle porte de l'époque fatimide (XIe s.), à dessins orientaux, on pénètre dans le narthex où s'ouvre une seconde ***porte byzantine** du VIe s.

Sur les murs du narthex un choix d'**icônes** de toutes les époques donne une idée de la richesse inouïe de la **pinacothèque** du couvent, une des premières du monde dans ce domaine. Noter en particulier, parmi les plus anciennes, un ***Saint Pierre** et un ****Christ,** encore très proches des portraits du Fayyūm.

L'église a **trois nefs** séparées par douze colonnes de granit. La nef centrale seule a une abside ; chacune des deux autres se termine par un mur droit percé d'une porte qui conduit à une chapelle. Une grande **mosaïque de la Transfiguration** domine le maître-autel. La scène de Jésus entouré de Jacques, de Pierre et des personnages de la Transfiguration est encadrée par les portraits des Apôtres au-dessus, des prophètes au-dessous.
A g. de la porte d'entrée, belle image de **Sainte Catherine d'Alexandrie,** peinture à la détrempe sur bois stuqué (art catalan du XIVe s.).
Dans la **voûte de la nef centrale,** deux curieuses découpures représentent le soleil et ses rayons, la lune à son premier quartier ; ces figures sont orientées et inclinées de telle sorte que le soleil et la lune les traversent le 25 mars (calendrier Julien) et viennent éclairer l'autel.
Quantité de **lampes** d'argent et d'**icônes** à caractère byzantin sont accrochées aux murs ; on remarque une effigie de l'empereur Justinien, le fondateur du couvent, et de l'impératrice Théodora, sa femme, ainsi qu'une profusion de lampes russes en argent et en or, de grands candélabres de Nuremberg avec des cierges ouvragés.
A dr. du chœur, châsse de sainte Catherine, don du tsar Alexandre en 1860 ; à côté, autre châsse (de la même sainte, en bronze et argent), don des Grecs de Russie en 1891. La **châsse-sarcophage** qui renferme le corps de la sainte est plus petite et se trouve tout à fait à dr. du chœur.
L'**abside** est en marbre d'Éphèse, avec un autel syrien de Damas, en nacre et écaille ; la balustrade est en albâtre.

Ici s'arrête, en 1996, la partie visitable : on ne peut plus, désormais, voir la chapelle du Buisson ardent, ni le trésor et le musée, ni la bibliothèque.

Derrière l'abside, en passant par une petite chapelle à dr., on pénètre dans la **chapelle du Buisson ardent,** richement décorée de faïence arabe bleue ; elle occupe, dit-on, l'emplacement exact où le prophète Moïse a vu le buisson qui brûlait sans se consumer et a entendu la voix de Dieu. C'est le lieu le plus saint de toute la péninsule et les visiteurs n'y sont admis que déchaussés.
Le pavement de l'église est une mosaïque arabe de marbre et de porphyre agencée en motifs géométriques.

L'église possède une cloche pour appeler les moines aux offices, mais cette cloche ne sonne qu'après qu'a retenti le **cymandre,** planche de bois frappée d'un maillet et qui était l'ancien mode d'appel à la prière ; le cymandre, d'abord en bois, fut ensuite en fer, puis les moines installèrent une cloche, mais l'ancien appel reste en usage avant l'appel de la cloche, à 5 h du matin.

▣ Le **trésor,** joyau du monastère, se trouve dans un **musée,** au 3e étage des nouveaux bâtiments. On y retrouve les traces de la générosité des chrétiens qui ont tour à tour enrichi le couvent : calices russes (nos 92 et 93), ceintures de soie grecques (nos 99 et 100), calice à couvercle (no 96), chandeliers (nos 101 et 103), nappes d'autel, chasubles brodées d'or, croix et crosses d'évêques, étoles, tous objets dons de patriarches ou de pieuses communautés. ***Calice** d'argent et vermeil, aux armes de France, haut de 21 cm, offert par le roi Charles VI (no 95), etc.
Remarquez (vitr. 14) l'échelle des âmes montant au ciel, avec les réprouvés

précipités à terre par les démons. Dans de grandes vitrines hautes, chasubles et étoles. Quantité d'**icônes anciennes,** peintes et pyrogravées (vitr. 3). Broderies byzantines, fond de chœur avec le Christ en croix et deux saints adorant (vitr. 2). Vitr. 4, 5, 6 : croix pectorales (une en cristal de roche), boucles de ceinture, croix et mitres d'évêques et de patriarches. Remarquez aussi les émaux limousins (vitr. 7) et les grands cahiers byzantins (vitr. 9).

La **bibliothèque,** outre de nombreux volumes, contient 3500 manuscrits dont 2250 manuscrits grecs et 600 manuscrits arabes, les autres en syriaque, arménien géorgien, copte et slave. Cette remarquable **collection de manuscrits** est **considérée comme la seconde au monde,** après celle de la bibliothèque du Vatican. C'est de là que vient le fameux manuscrit de la Bible du IVe s. qui porte le nom de Codex Sinaïticus (auj. au British Museum). Les moines montrent plusieurs ***manuscrits,** finement enluminés, et des chartes de liberté ou firmans accordés en faveur des moines de Sainte-Catherine (l'un d'entre eux est signé de la main de Bonaparte).

Le monastère renferme aussi d'autres monuments qui ont leur intérêt, entre autres l'**ancien réfectoire,** construit avec les premiers bâtiments du couvent, aujourd'hui refait ; c'est une longue salle voûtée de 17 m de long, soutenue par des arcades. Sur les murs, fresques du Jugement dernier, de 1573, et Apparition de la Trinité à Abraham, de 1577 ; les noms des pèlerins européens venus au Sinaï du XIVe au XVIIIe s. sont également gravés sur les murs. A noter surtout les vieilles tables aux panneaux sculptés.

Plusieurs puits alimentent le couvent mais on utilise surtout l'eau de la **fontaine de Moïse,** située près de l'église.

Le **jardin** s'étend du côté N.-O., sur la pente de la vallée, et constitue un verger splendide, entouré de hauts cyprès. Le contraste est saisissant de voir, au milieu de cette végétation, le petit pavillon du **charnier,** composé de deux cryptes dont l'une reçoit les ossements des prêtres, l'autre ceux des frères, après que les corps ont séjourné plusieurs années dans un petit cimetière pour s'y désagréger. Les squelettes des archevêques sont les seuls qui soient gardés entiers, dans des coffres individuels suivant la règle de tous les couvents orthodoxes. Un squelette est assis, revêtu d'une robe de bure. C'est celui d'un pieux ermite découvert ainsi, mort à son ermitage.

Les moines grecs-orthodoxes de Sainte-Catherine, dont l'assemblée constitue une église autocéphale, élisent l'archevêque du Sinaï ; il réside nominalement au couvent, mais il y est effectivement remplacé par le supérieur et réside le plus souvent au Caire. Le couvent possède hors la péninsule de grands domaines (notamment dans les îles grecques, à Chypre, en Crète, etc.) qui lui assurent les revenus nécessaires à son entretien.

Les montagnes saintes. — Le nom de **Sinaï** désigne l'ensemble du massif où les Hébreux campèrent. Chaque cime a son histoire et ses souvenirs. Les excursions sont innombrables mais nous nous bornerons ici à décrire les plus proches du couvent ; elles se font à pied ou (en partie) à dos de chameau. Un moine accompagne les groupes et procure les montures ; le chamelier accompagne également les touristes. Il est recommandé d'entreprendre toujours les excursions le matin.

1 — Gébel Mūsa ou **mont Moïse.** — Le mont Moïse, appelé aussi la « Sainte Cime », est considéré comme **le vrai Sinaï des Écritures,** où le prophète Moïse reçut de Dieu les Tables de la Loi. Il s'élève au S. du couvent, à 2285 m d'alt.

L'ascension est un peu longue (3 h env.) mais nullement impraticable à des touristes un peu entraînés à la marche. Deux chemins y conduisent. Nous conseillons de prendre au départ la piste chamelière en utilisant une monture jusqu'aux degrés qui escaladent la dernière partie de la montagne. Au retour on peut descendre entièrement par un escalier de 3000 marches taillées par les moines dans le granit d'une gorge qui aboutit directement au couvent.

Par la piste. — On sort du couvent en partant vers l'E. et le fond de la vallée. La piste, établie vers 1850, monte en zigzagant dans le wādī Shūabi. Après **30 mn** env., on laisse à g. la piste qui conduit au sommet du **gébel Moneiga** (1854 m) couronné d'une petite chapelle blanche que l'on voit très bien du couvent. La piste devient plus raide et la vue étendue. En **1 h** env. on arrive à une plate-forme où on quitte les montures. Le chemin de dr. conduit à l'**amphithéâtre des soixante-dix Anciens** où se trouve l'**ermitage de Saint-Étienne** entouré d'un jardin planté de cyprès (ci-après). A g. commence la montée de l'escalier (734 marches) aménagé dans la paroi de la montagne de granit rose.

Le **sommet du mont Moïse** offre un magnifique panorama sur la péninsule du Sinaï jusqu'au golfe de ʻAqaba (E.) dont les plages (non minées) bordent des eaux beaucoup moins polluées que celles du golfe de Suez et présentent d'admirables massifs de coraux. Au S.-O. la vue est bornée par le gébel Katharin (ci-après, **2**).
Sur l'étroite plate-forme qui couronne le mont, une petite chapelle avait été construite en 363. L'empereur Justinien, vers 530, la fit démolir pour la remplacer par une grande église dont il reste quelques ruines. La **chapelle** actuelle a été bâtie en 1934 avec les matériaux de l'ancien sanctuaire. A côté, ruines d'une petite mosquée sous laquelle une grotte carrée a servi, dit-on, de refuge à Moïse.

Par les escaliers (3000 marches). — On sort du couvent par le S. et on s'engage aussitôt dans un étroit couloir qui escalade la montagne. En **30 mn** on atteint la source fraîche dite «**fontaine de Moïse**» où, dit-on, le prophète menait boire les troupeaux. A **15 mn** de là, on passe près de la petite **chapelle de la Vierge** ; plus haut, les escaliers sont bordés par deux arcs en maçonnerie : la «**porte de la confession**» et la «**porte de Saint-Étienne**» ; on ne les franchissait pas autrefois sans avoir purifié son âme.
Plus haut encore (2300 marches depuis le couvent) on arrive à l'**amphithéâtre des soixante-dix Anciens d'Israël**, bordé de montagnes de granit rose. Au centre un grand rocher plat passe pour être la place où s'arrêtèrent Moïse, Aaron et les soixante-dix Anciens d'Israël. L'**ermitage de Saint-Étienne** est entouré d'un jardin avec des cyprès et une source, à 2100 m d'alt. A côté, deux petites **chapelles** sont dédiées l'une à Moïse, l'autre à Élie.
On continue un sentier vers la g. et on retrouve un peu plus loin l'escalier des 734 degrés (ci-dessus) qui aboutit au sommet du mont Moïse.

2 — Gébel Katharin. — Le gébel Katharin, ou **montagne Sainte-Catherine**, est situé au S.-O. du couvent, à 2637 m d'alt. C'est là que le corps de Ste Catherine, martyrisée à Alexandrie, aurait été transporté par les anges. Les moines qui le découvrirent descendirent le corps au couvent où il repose dans une châsse.

L'excursion, qui demande 5 h de montée, est assez facile pour les touristes entraînés à la marche en montagne ; le chemin est bien tracé. (Il est nécessaire d'être accompagné par un militaire.) On peut faire la première partie en voiture en allant du couvent au carrefour de pistes près de la mosquée du cheikh Harūn, sur la piste d'accès ; prendre à g. dans la plaine d'El-Melga. La piste est carrossable jusqu'au monastère des Saints-Apôtres (deir er-Ribwa), dépendance du couvent Sainte-Catherine. On trouve là des chameaux (en s'adressant aux moines la veille de l'excursion).

La piste commence par une pente très douce dans une vallée très verdoyante. On passe près d'un gros bloc de granit rose (3,5 m de haut) appelé «**pierre de Moïse**». A 2 km env. on arrive au **couvent des Quarante-Martyrs** (deir el-Arbaʻīn) établi en souvenir de quarante moines massacrés en cet endroit par des Bédouins ; il est bâti au milieu du wādī Lega et dépend toujours du couvent Sainte-Catherine. Le jardin, plein de fraîcheur, est planté d'oliviers et d'arbres fruitiers. De là, à dos de chameau, on suit la piste qui tourne à dr. et traverse le wādī, puis la montée plus raide commence ; plus loin on côtoie une gorge profonde et on atteint, à 2000 m d'alt., le bir el-Shenar ou puits des Perdrix. Le sentier s'élève en lacets serrés, la vue est magnifique, en arrière on découvre le gébel Mūsa (ci-dessus, **1**).

À 2200 m d'alt. on passe sur un autre versant et l'on découvre le **sommet du gébel Katharin** couronné par une petite chapelle. Au col qui relie le gébel Katharin au gébel Zebir, on abandonne les chameaux et l'on escalade la dernière partie par des marches taillées dans la montagne.

De la petite terrasse (2637 m) qui précède la chapelle-refuge, la vue est grandiose et plus vaste encore que du mont Moïse. On aperçoit le golfe de Suez à l'O., le golfe de 'Aqaba à l'E., au S. la mer Rouge et tous les sommets du Sinaï dont le gébel Katharin est le point culminant. Dans la **chapelle** le moine-guide montre la place, recouverte d'un tapis qu'il écarte, où fut trouvé le corps de Ste Catherine. Les deux petites pièces basses qui précèdent cette chapelle servent de refuge aux touristes qui peuvent y passer la nuit *(se munir de sacs de couchage ou de couvertures, et demander l'autorisation au couvent).* Le spectacle est magnifique au lever du jour et au coucher du soleil.

La descente du gébel Katharin se fait à pied en 3 h 30 jusqu'au couvent des Quarante-Martyrs.

Carnet d'adresses

Signes conventionnels touristiques et hôteliers

Les signes conventionnels ci-dessous sont utilisés dans l'ensemble des Guides Bleus pour les renseignements touristiques et hôteliers ; ils ne figurent donc pas tous nécessairement dans cet ouvrage.

- Office du Tourisme, informations touristiques.
- Aéroports, compagnies aériennes.
- Ports, compagnies maritimes.
- Gares, réservation et renseignements.
- Tramways, trolleybus.
- Autobus.
- Renseignements concernant l'automobile : location, taxis, garages.
- ⊠ Code postal, poste et télécommunications.
- Camping, caravaning.

Classification des hôtels :

- ¶¶¶¶¶ **Luxe**
- ¶¶¶¶ **Très bon hôtel**
- ¶¶¶ **Moyen**
- ¶¶ **Simple**
- ¶ **Modeste**

- **Téléphone de l'établissement.**
- **Restaurant.**
- * **Cuisine remarquable.**

- Chauffage central.
- Air climatisé.
- Ascenseur.
- Salle de bains ou douche.
- Téléphone dans les chambres.
- Télévision dans les chambres.
- Service d'autocar privé.
- Jardin.
- Parc.
- Piscine.
- Plage privée ou publique.
- Tennis.
- Golf 9 trous.
- Golf 18 trous.
- Equitation.
- Garage de l'hôtel.
- Parking.

Carnet d'adresses

ABŪQĪR ✆ 035

→ *aussi Alexandrie.*

Hôtel :

¶ *Abu Kir,* 30 sh. Gawhar el-Caïd (✆ 86-50-00), 30 ch. ✕

Village touristique :

84 bungalows de 1 ch. (2 lits de 2 personnes) avec cuisine et salle de bains. Renseignements et réservations : 10, sh. Maḥmūd Azmi, à Alexandrie.

✕ Restaurant :

¶¶ *Zephyrion* (sur le rivage ; spécialités de poissons et crustacés ; ✆ 86-07-58).

ABŪ SIMBEL ✆ 097

Passeport indispensable

Hôtel :

¶¶¶¶ *Néfertari* (entre l'aéroport et les temples), 122 ch., 30 ch. à 2 lits avec salle de bains ✕ ▦ ☎ ▭ ⟋ ; demi-pension exigée ; ouv. d'oct. à fin avril (✆ 31-64-02/03 ; fax 31-64-04). Renseignements et réservations aux agences Misr Travel.

Bateaux : telle liaison assurée à un moment donné peut très bien ne plus fonctionner quelque temps après ; service peu pratique, long et coûteux ; en attendant l'éventuelle installation d'un service fiable et régulier, le mieux est d'envisager un autre mode de transport. On peut néanmoins se renseigner au bureau Nile Navigation, à côté de l'Office de tourisme d'Aswān.

Avions : Services quotidiens depuis Le Caire (2 h 10, avec escale à Aswān) et Aswān (25 mn). Renseignements aux agences *Egyptair.*

Prévoir de la monnaie pour le règlement d'une taxe demandée entre l'aéroport et le site (transfert en car). L'entrée des temples est payante.

Conseil : réservez très à l'avance vos places d'avion. Sachez que l'on ne vous accorde que 2 h pour vous rendre sur le site, le découvrir et regagner l'aéroport. La visite guidée s'effectue en conséquence... à un rythme effréné. Si vous souhaitez examiner tout à loisir les temples, n'hésitez pas à passer la nuit sur place.

Autocars : l'ouverture d'une nouvelle route a mis Abū Simbel à 3 h 30 d'Aswān. Réserver.

ABYDOS

Hébergement :

Osiris Park, camping (tente plus lit) très bon marché mais peu confortable, à 250 m avant le temple de Séthi. ✕

Wadi Melouk Hotel, à Al-Balyana. Qualité médiocre mais service basique : peut dépanner pour une nuit.

Rest-house, avec un peu de verdure, 250 m avant d'arriver au temple de Séthi.

Petit restaurant (menu unique kebab, riz, salade) à 500 m à gauche avant d'entrer dans le temple de Séthi Ier, puis sur la dr.

'AGAMI ✆ 035

→ *aussi Alexandrie.*

Hôtels :

¶¶¶ *Hannoville,* (✆ 430-32-58/430-31-38), 157 ch. ✕ ▭ ☎ ≋

¶¶¶ *Kasr el-Agami* (✆ 430-03-86), 56 ch. 30 ▭ ✕ ≋ bar, night-club.

¶¶¶ *Summer Moon* (✆ 433-08-34, 433-03-67), 96 ch. 96 ▭ ✕ ≋

¶ *Costa Blanca* (✆ 430-31-12), 36 ch. 6 ▭ ✕ ≋

Possibilité de location de maisons.

Restaurant :
Piccolina (simple mais bon marché).

Accès par autobus : n°s 750 et 755, midan Sa'd Zaghlūl à Alexandrie.

Vous pouvez aussi vous y rendre en taxi, mais demandez au chauffeur qu'il vienne vous chercher à une heure convenue ; vous risqueriez sinon de ne pas trouver une voiture libre.

ALEXANDRIE ☎ 03

→ *aussi Abūqīr, 'Agami, Ma'mūra.*

Renseignements touristiques :
Bureau d'information du ministère du Tourisme, midan Sa'd-Zaghlūl (Pl. B4 ; ☎ 480-76-11) ; sh. Nébi-Daniel (☎ 480-79-85) ; à l'aéroport (☎ 425-87-64) ; à la gare ferroviaire (☎ 480-34-94) ; à la gare maritime (☎ 492-59-86).

Police touristique : au bureau d'information, midan Sa'd-Zaghlūl (☎ 480-76-11), ouv. 8 h-18 h, 9 h-14 h pendant le ramaḍān. A Muntaza (☎ 86-38-04).

Bureau des passeports (enregistrement) : 28, sh. Talaat-Harb (☎ 80-86-99).

Hôtels :

Près du centre :

¶¶¶¶ *Alexandria,* 23, midan El-Nasr (Pl. B3 ; ☎ 483-76-94/97 ; fax 482-31-13), 103 ch.

¶¶¶¶ *Pullman-Cecil* (Pl. 1, B4), 16, midan Sa'd-Zaghlūl (☎ 483-48-56, 483-71-73 ; fax 483-64-01), 86 ch. bar, coiffeur, change, casino, comptoir Avis ; le plus ancien palace d'Alexandrie (conserve encore bien des charmes) ; position centrale privilégiée, chambres avec balcon et vue superbe sur la mer ; mais ses dorures ont passablement terni sous le poids des ans.

¶¶¶¶ *Pullman Romance Egotel,* 303, sh. El-Gaysh (☎ 587-65-08 ; fax 587-05-26), 63 ch.

¶¶¶¶ *Windsor,* 17, sh. El-Shohada (Pl. 2, B4 ; ☎ 80-87-00, 80-81-23 ; fax 80-90-90), 54 ch. bar, change, night-club ; demi-pension obligatoire de la mi-juin à la mi-septembre ; une partie de l'hôtel donne sur la mer. Ce jumeau (par l'âge) du Cecil est notablement surclassé ; les prix, heureusement, ne sont pas fonction des étoiles.

¶¶¶ *Amon,* 32, midan El-Nasr (Pl. B3 ; ☎ 80-71-31, 81-82-39/28 ; fax 80-71-31), 120 ch.

¶¶¶ *Metropole,* 52, sh. Sa'd-Zaghlūl (Pl. 3, B4 ; ☎ 482-14-66/67 ; fax 482-20-40), 82 ch. bar ; demi-pension obligatoire l'été. Vieil établissement rénové ; prix doux.

¶¶¶ *Sémiramis,* 80, sh. El-Gaysh (Pl. B4 ; ☎ 482-68-37), 64 ch.

¶¶ *New Admiral,* 24, sh. Amin-Fikry (Pl. B5 ; ☎ 430-30-38 ; télex 54-320, 44 ch. bar, night-club au dernier étage : les chambres situées en-dessous en pâtissent.

¶¶ *New Capri,* au coin de midan Sa'd-Zaghlūl, au-dessus de l'Office de Tourisme (Pl. B4 ; ☎ 80-93-10, 80-97-03), entrée 23, sh. el-Mina el-Sharqiya ; 8e étage (jusqu'au 7e) ; convenable pour sa catégorie.

¶ *Ailema,* 21, sh. Amin-Fikry (Pl. B5 ; ☎ 482-70-11), 38 ch. ; demi-pension obligatoire l'été ; très simple.

¶ *Hyde Park,* 21, sh. Amin-Fikry (Pl. B5 ; ☎ 483-56-67) ; dans le même immeuble que le précédent ; spartiate mais propre.

¶ *Le Roy,* 25, sh. Talaat-Harb (Pl. B-C4 ; ☎ 483-34-39), 65 ch. 30 bar avec vue sur la mer.

¶ *Picadilly,* 11, sh. Nébi-Daniel (Pl. B-C4 ; ☎ 493-48-02), 32 ch.

Sur la Corniche :
Si vous habitez l'un des trois hôtels de Muntaza, n'oubliez pas de demander à la réception une carte vous dispensant d'acquitter le péage à l'entrée du domaine.

¶¶¶¶¶ *Sheraton,* à Muntaza (☎ 548-05-50, 548-12-20 ; fax 540-13-31), 300 ch. 2 bar, construit en 1981 ; moderne, confortable et bien tenu, toutes les qualités de la chaîne.

¶¶¶¶¶ *Ramada Renaissance,* 544 sh. El-Gaysh, à Sidi Bishr (☎ 549-09-35, 548-39-37 ; fax 549-76-90), 171 ch. 3 bar, boutiques, discothèque, change, night-club, secrétariat, coiffeur. Ouvert en 1984 sur le front de mer, le dernier-né des palaces d'Alexandrie.

¶¶¶¶¶ *Helman Palestine,* dans le parc de Muntaza (☎ 547-40-33, 547-35-00 ; fax 547-33-78), 210 ch. 2 dont un snack bar, coiffeur, boutiques, change, night-club, casino (Egyptian Hotels). Construit il y a une vingtaine d'années au bord d'une crique agréable dont l'eau manque de limpidité.

¶¶¶¶ *Landmark,* 163, sh. Abdel-Salam-Aref, à San Stefano (✆ 588-05-00, 587-78-51 ; fax 588-05-15), 150 ch. ✂ 🛁

¶¶¶¶ *Plaza,* 394, sh. El-Gaysh, à Glymenopoulo (✆ 587-87-14/15/16 ; fax 587-53-99), 180 ch. ✂ 🛁

¶¶¶ *Kaoud Sporting,* 133, sh. El-Gaysh, à Sporting (✆ 85-10-08, 85-45-13 ; télex 54-078), 100 ch. 100 🛁 2 ✂ ▦ ⇅ ☎ 📺 Ouvert en 1984.

¶¶¶ *San Giovanni,* 205 sh. El-Gaysh, à Stanley (✆ 546-77-74/75 ; fax 546-44-08), 30 ch. 🛁 2 ✂ ▦ ⇅ ☎ 📺 ≋ Ⓟ bar, boutique, night-club, change ; construit du bon côté de l'avenue de corniche, il donne directement sur la mer ; la table compte parmi les meilleures de la ville.

¶¶¶ *El-Haram,* 162, sh. El-Gaysh, à Cléopatra (✆ 546-40-59, 546-39-84 ; fax 546-45-78), 221 ch. ✂ 🛁

¶¶¶ *Mecca,* 44, sh. El-Gaysh, à Camp de César (Pl. A4 ; ✆ 597-39-25 ; fax 596-99-35), 110 ch. ✂ 🛁

Auberge de Jeunesse :
13, sh. Port-Sa'īd, Chatby (Pl. B6 ; ✆ 75-459, 75-596), 50 lits. Accès de midan Sa'd-Zaghlūl par le tram jusqu'à Chatby ou le bus 24. Assez sale. Fermée de 10 h à 14 h. Non loin de là, le Collège Saint-Marc offre, en été, la possibilité d'utiliser ses dortoirs.

✂ Restaurants :

¶¶¶¶ **Santa Lucia,* 40, sh. Safiya-Zaghlūl (Pl. B4-5 ; ✆ 482-03-32, 482-42-40). Un cadre d'auberge française un peu cossue ; très cher mais plutôt bon ; excellent poisson.

¶¶¶ *Le Trianon,* midan Sa'd Zaghlūl (✆ 482-09-73/86). Piano d'ambiance, viande de qualité, spécialités orientales et très bonnes pâtisseries.

¶¶¶ *L'Union,* 1, rue de l'Ancienne Bourse (Pl. B4 ; ✆ 80-53-13). Cuisine française.

¶¶ *El-Ikhlass,* sh. Safiya-Zaghlūl (Pl. B5 ; ✆ 482-44-34) ; cuisine orientale et française.

¶¶ *Pastroudis,* 39, sh. Gamal Abd el-Nasser (Pl. B5 ; ✆ 492-96-09). Bonnes salades. Connu aussi comme pâtisserie.

¶¶ *Nassar,* 145, sh. 26-Yolyo (✆ 80-53-70) ; spécialité de poissons et crustacés grillés.

¶¶ *Darwish,* sur la Corniche, à proximité de midan Sa'd Zaghlūl (✆ 28-938) ; poissons et crustacés.

¶ *Elite,* 43, sh. Safiya Zaghlūl (✆ 482-35-92). Cuisine grecque et égyptienne, terrasse couverte.

¶ *La Taberna,* midan Sa'd Zaghlūl ; cuisine grecque.

Calithea, midan Sa'd Zaghlūl, à l'E. au coin d'une petite rue ; le décor ne paie pas de mine.

Chez Athineos, 21, midan Sa'd Zaghlūl (✆ 482-04-21). Bonne cuisine libanaise ; vue sur la baie.

Chez Gaby, 22, av. Gamal 'Abd el-Nasser ; pizzeria.

Pâtisseries :

Asteria, sh. Safiya-Zaghlūl, à côté du restaurant Santa Lucia (Pl. B4-5 ; ✆ 22-293), agréable salon de thé et snack-pizzeria.

Délices, 29 sh. Sa'd-Zaghlūl (Pl. B4).

Banques :

Banque Nationale d'Égypte, 9 et 26 sh. Ṣalaḥ-Salem, 1 sh. Maḥmūd-Azmi.

Banque d'Alexandrie, 6 sh. Ṣalaḥ-Salem, 23 sh. Talaat-Harb, 59 sh. Sa'd-Zaghlūl.

Banque Misr, 9, 18 et 21 sh. Talaat-Harb, 32 sh. Ṣalaḥ-Salem, 13 sh. Ahmed-Orabi, 7 sh. Sésostris.

Banque du Caire : 16 sh. Sésostris. 5 sh. Ṣalaḥ-Salem.

Banques françaises :

Banque de Commerce, ✆ 483-42-55.

Crédit Commercial, ✆ 482-47-24.

✉ Poste : sh. el-Bosta, près de midan Orabi (Pl. B4).

Agences de voyages :

Misr Travel and Shipping, 33 sh. Ṣalaḥ-Salem (✆ 80-96-17) et 28 sh. Sa'd-Zaghlūl (✆ 80-87-76).

Eastmar, 16, sh. Ṣalaḥ-Salem (✆ 80-81-30).

American Express, 26, sh. Gamal Abd-el-Nasser (✆ 483-00-84, 483-12-75).

Thomas Cook and Son, 15 midan Sa'd Zaghlūl (✆ 482-78-30 ; fax 483-40-73).

🚗 Location de voitures :

Avis, à l'hôtel Cecil (✆ 80-70-55) ; *Boudy Car,* à Sporting (près de la station du tram ; ✆ 84-58-17) ; *Budget,* 59, sh. El-Gaysh, à Ibrahimiya (✆ 597-12-73).

Avec chauffeur : *Alex Limousine,* 25, sh. Talaat-Harb (☎ 80-65-02, 80-65-57 ; télex 54-388).

Compagnies aériennes : *Egyptair,* 19, mid. Sa'd-Zaghlūl (☎ 482-57-01, 482-59-37) ; à l'aéroport (☎ 421-84-64, 422-78-18).

Air France, 22, sh. Ṣalaḥ-Salem (☎ 80-20-86, 80-70-61).

Alitalia, 20 sh. Maḥmūd Azmi (☎ 482-17-15) ; à l'aéroport (☎ 483-08-47).

Sabena, 6 sh. Talaat-Harb (☎ 80-85-64).

Swissair, 22, sh. Maḥmūd-Azmi (☎ 80-23-09, 80-85-74).

Aéroport : à Nuzha au S. de la ville, près du lac Maryūt (7 km du centre). Liaison quotidienne avec Le Caire (45 mn).

Compagnies maritimes :

Egypto Express, 71, tariq Al-Hurriya.

Menatour, midan Sa'd-Zaghlūl (☎ 80-96-76).

Nasco, sh. Nébi-Daniel (☎ 483-00-50).

Chemins de fer : *gare* (Pl. E3), mid. El-Gumhuriyya (☎ 23-207 ; 21-133).

Autocars : pour Le Caire, par la route du désert ou celle du Delta, et pour Mersa-Matruh, Abūqīr, Siwa et Suez : départ pl. Sa'd-Zaghlūl.

Shopping : tapis anciens *chez Victor Messadi,* 63 rue Nébi-Daniel ; tissus au *Salon Vert,* rue Ṣalaḥ-Salem et *chez Hanneaux,* rue Attarīne ; antiquités, brocante, artisanat dans les boutiques du « marché aux puces », rue Masgid el-Attarīn (Pl. C4).

Night-clubs : aux principaux hôtels, au restaurant Santa Lucia et au palais de Muntaza. Salles de jeux (roulette, black-jack, etc.) à l'hôtel Cecil et au palais de Muntaza.

Sports : en dehors des possibilités offertes par certains hôtels, nécessité d'adhérer temporairement à l'un des clubs suivants : *Sporting-club d'Alexandrie* (tennis, bowling, croquet, squash, piscine, golf), *Smouha-club,* (tennis, squash) ou *Yacht-club* (à Anfushi ; ski nautique).

Cultes : — *catholique : église Sainte-Catherine,* pl. Sainte-Catherine (Pl. C4), *église Saint-François,* 3 sh. Zein-el-Abdin ; — *anglican : église de Tous-les-Saints,* à Stanley ; — *protestant : temple,* 15 sh. el-Bosta. Diverses églises *grecque, catholique, arménienne, copte, maronite, orthodoxe, et synagogue* rue Nébi-Daniel.

Spectacles, concerts : les programmes paraissent dans la presse ainsi que dans le bulletin bimensuel *« Alexandria Night and Day »,* distribué gratuitement dans les principaux hôtels, les agences de voyages et à l'Office de Tourisme ; vous y trouverez également les adresses des cinémas.

Conservatoire d'Alexandrie, 90 sh. Gamal Abd el-Nasser.

Théâtre Sayed-Darwiche, 1 sh. Gamal Abd el-Nasser.

Théâtre Baloon, sh. El-Gaysh.

L'Atelier, 6 sh. Victor-Bassili.

Concerts également au *Musée des Beaux-Arts,* sh. Menascé (Pl. C5), et dans certains centres culturels.

Centres culturels : *Allemand,* 10 sh. Ptolémées (☎ 493-98-70) ; — *Britannique,* 9 sh. Ptolémées (☎ 481-01-99, 482-98-90) ; — *Espagnol,* 101 sh. Gamal Abd el-Nasser (☎ 422-02-14) ; — *Français,* 30 sh. Nébi-Daniel (☎ 492-08-04) ; — *Grec,* 9 sh. Sinadino à Sôter ; — *Italien,* pl. Sa'd Zaghlūl (☎ 482-02-58).

Consulats :

Allemagne, 5, sh. Mena Rouchdi (☎ 545-70-25).

France, 2, pl. Orabi (Pl. 4, B4 ; ☎ 482-79-50). Ouv. 8 h 30-14 h, fermé ven.

Royaume-Uni, 3 sh. Mena Rouchdi (☎ 546-70-01/02).

U.S.A., 110, sh. Gamal Abd el-Nasser (Pl. 6, B5 ; ☎ 482-19-11).

Urgences : police-secours (☎ 122) ; hôpitaux (☎ 123) ; hôpital de l'Université à Chatby ; hôpital italien, à Hadra ; hôpital Gamāl 'Abd el-Nasīr.

ASWĀN ☎ 097

Renseignements touristiques et police du tourisme : *Office du Tourisme,* deux blocs au N. de l'hôtel Abū Simbel, Corniche (☎ 32-32-97).

Hôtels :

La capacité hôtelière d'Aswān ne permet pas de faire face au raz de marée touristique de l'hiver. Il est impératif que vous confirmiez et reconfirmiez la réservation de votre chambre. En été, choisissez un hôtel avec air conditionné, ou vous risqueriez d'étouffer.

¶¶¶¶¶ *Aswān-Oberoi* (Pl. C2), dans l'île Éléphantine (✆ 31-46-66/67/68 ; fax 32-34-85), 244 ch. ⊟ ▥ ✂ dont un snack-bar au sommet de la tour ▦ ◫ ☏ ❀ ⊡ ⚲ ✈ Ⓟ bars, boutiques, coiffeur, night-club, change, bac gratuit. Confort parfait et vue superbe font oublier l'aspect extérieur.

¶¶¶¶¶ *Cataract* (Pl. D1), (✆ 31-60-00/02/04 ; fax 31-60-11), 136 ch. ⊟ ✂ ▦ ◫ ☏ Ⓟ bars, boutique, coiffeur, night-club, change, ❀ et ≙ communs avec le suivant. Vieux palace de style pseudo-mauresque rénové en 1982 pour gagner en confort moderne ce qu'il perdait en dorures. Bien intégré au site ; vue superbe.

¶¶¶¶¶ *New-Cataract* (Pl. D1), au S. de la ville et un peu en dehors de l'agglomération, sur un promontoire rocheux au-dessus du fleuve (✆ 31-60-00/01/02 ; fax 31-60-11), 144 ch. 144 ⊟ ✂ ▦ ☏ ❀ ⊡ Ⓟ bar, night-club, change (PLM Azur). Frère cadet du précédent ; moderne et un peu froid ; essayez d'obtenir une chambre donnant sur le Nil.

¶¶¶¶¶ *Isis Island* (✆ 31-74-00/01/02 ; fax 31-74-05), 387 ch.

¶¶¶¶ *Isis,* sur la Corniche (✆ 31-51-00, 31-52-00, 31-53-00 ; fax 31-55-00), 100 ch.

¶¶¶¶ *Kalabsha* (Pl. D1), derrière le New-Cataract, mais sur un promontoire : le confort des chambres est inégal (✆ 32-29-99, 32-26-66 ; fax 32-59-74), ⊟ ✂ ▦ ◫ ☏ ❀ bar.

¶¶¶ *Amun* (Pl. D1), sur la petite île du même nom ; accès par barque à moteur partant de l'embarcadère à côté de l'hôtel Kalabsha ; calme, récemment rénové, très bien situé (✆ 31-38-00/50 ; fax 31-38-50), 56 ch. ⊟ ✂ ▦ ☏ ❀ bar, night-club (géré par le Club Méditerranée).

¶¶¶ *Cleopatra,* sh. Sa'd Zaghlūl (✆ 32-40-01 ; fax 31-40-02), 130 ch. ⊟ ✂

¶¶ *Abū Simbel* (Pl. C2), sur la Corniche (✆ 32-28-88 ; télex 23-602), 66 ch. 66 ⊟ ✂ ▦ dans 33 ch. ☏ ◫ bar, night-club en hiver.

¶¶ *Hapy,* sh. el-Suq (Pl. C2 ; ✆ 32-20-28 ; télex 23-602), 60 ch. ⊟ ✂ ▦ dans quelques ch. Bien tenu, bonne cuisine : le meilleur de sa catégorie.

¶¶ *Horus,* corniche du Nil (✆ 32-33-23), 68 ch.

¶¶ *Ramsès Hotel,* à deux pas de la gare, grand immeuble moderne (✆ 32-40-00, 32-41-19), 112 ch.

¶ *Hathor,* sur la Corniche (Pl. B2 ; ✆ 32-25-90), 65 ch. ⊟ ✂ simple et propre.

¶ *El Salam,* sh. Shawarbi (Pl. B2 ; ✆ 32-26-51), 70 ch. ⊟ ✂ récemment rénové.

¶ *Abū Shieleb,* sh. Abbas Farid (✆ 32-30-51), 20 ch. ✂

A noter, enfin, dans le quartier de la gare (Pl. B3), 2 petits établissements modestes, mais bon marché :

Aswan Palace (à gauche en sortant de la gare, à l'entrée du bazar), et *Mena* (✆ 32-43-88) ; ✂ ▦ ⊟

Tut Amun Village, en dehors de l'agglomération.

Auberge de Jeunesse, sur la Corniche, en face du Gouvernorat (Pl. B2 ; ✆ 32-23-13), 96 lits.

Rosewan, sh. el-Shahid Kamal Nur el-Dīn (✆ 32-22-97, 32-44-97). 27 ch. ⊟ ✂

⛺ **Camping** : emplacement réservé au carrefour de la route de l'obélisque inachevé (Pl. D2) ; pas d'ombre.

✂ **Restaurants** : essentiellement les salles à manger des hôtels. Restaurant de l'Aswān-Oberoi : excellent et très cher. Ceux des petits hôtels Philae (poissons), Hapy et Abū Shieleb (poissons) ne sont pas moins excellents dans leur catégorie.

¶¶ *Aswan Moon,* sur la Corniche (✆ 32-61-08) ; plats orientaux et jus de fruits, ambiance mélancolique.

Panorama, corniche du Nil (✆ 32-61-69). En terrasse sur le Nil, sert des plats égyptiens à midi et le soir, petit déjeuner le matin ; atmosphère sympathique.

Restaurants bon marché :

El-Nil (sur la Corniche, entre les hôtels Abū Simbel et Grand Hôtel ; Pl. C2), où les routards viennent déguster des pigeons farcis ;

El-Shati (en face de l'hôtel Philae), connu pour son poisson ;

Mona Lisa, à la terrasse duquel on se fait servir un shish-kebab.

Bistrots accueillants dans la rue menant à la gare.

☒ **Poste** : sur la Corniche, à côté de l'hôtel Abū Simbel.

Banques :
Banque Nationale d'Égypte, au bazar touristique.
Banque d'Alexandrie, à côté de la poste.
Bureaux de change dans les principaux hôtels.

Agences de voyages :
American Express, hôtel Cataract (☎ 76-27-58).
Misr Travel, au bazar touristique (☎ 23-23, 22-47).
Eastmar, sur la Corniche (☎ 37-87).
Wagons-lits/Cook, au Grand Hôtel (☎ 22-28).

Compagnie aérienne :
Egyptair, sur la Corniche (Pl. D2, ☎ 32-24-00, 32-27-36). Dès votre arrivée, reconfirmez votre place d'avion pour Abū Simbel.

Cultes : — *catholique romain :* chapelle sur la Corniche, non loin de l'hôtel Abū Simbel ; — *réformé :* chapelle de la mission évangélique allemande, près du Grand Hôtel.

Gare : à l'extrémité N. de la ville (Pl. B3 ; ☎ 32-20-07) ; réserv. de wagons-lits (☎ 32-21-24).

Gare routière : sh. Abbal El-Tahrir, presque en face de l'Office du Tourisme (Pl. B2).

Aéroport : à 15 km S.-O. de la ville dans le désert près du Haut-Barrage. Services pour Lūqsor (30 mn), Le Caire (1 h 15 en vol direct à 2 h 15) et Abū Simbel (40 mn) — liaison par autocar entre l'aéroport et l'agence Egyptair au départ et à l'arrivée de chaque avion (☎ 32-20-62, 32-23-64).

Bateaux : les bateaux effectuant la croisière du Nil accostent un peu au N. du Grand Hôtel ; → chap. « L'Égypte touristique ». Le bateau qui remonte le lac Nasser jusque Wādī Halfa part d'un embarcadère situé en amont du Haut-Barrage tout comme celui effectuant l'excursion à Abū Simbel, lorsqu'il fonctionne ; renseignements à l'Office du Tourisme à l'hôtel New-Cataract.

Achats : au souq : épices, cotonnades, paniers aux teintes vertes ou violettes, sacoches de chameaux, cuir, crocodile, lézard ; marchandage difficile.

Marché : tous les jeudis matin (à environ 1 500 m du New-Cataract, au N.-E.). A proximité, village de Bicharis (anciens caravaniers) : pas de photo.

ASYŪT ☎ 088

Hôtels :
¶¶¶ *Badr Hotel,* sh. El-Tallaga (☎ 32-98-11/12 ; fax 32-28-20), 44 ch.
¶¶¶ *Reem,* sh. El-Nahda (☎ 31-14-21/22/23 ; fax 31-14-24), 40 ch.
Auberge de Jeunesse, bloc 503 à El-Walidea (40 lits).

BAHARĪYYA [Oasis de] ☎ 010

Hôtel :
¶ *Alpenblick,* El-Bawiti (☎ 14-404, [18] 20-07-90), 22 ch.
Rest-house à Būītti.

BALTIM ☎ 047

Hôtels :
Petits établissements de bord de mer, assez modestes et ouverts seulement en été :
¶ *Baltim Beach* (☎ 50-15-41), 30 ch.
¶ *Cleopatra Touristic,* 28 ch.

Autocars directs de et pour Le Caire.

LE CAIRE ☎ 02

→ *aussi Giza.*

Renseignements touristiques :
Bureau d'information du ministère du Tourisme : 5, sh. Adly (Plan du centre C1 ; ☎ 391-34-54) ; bureaux annexes à l'aéroport (☎ 245-44-00), à la gare ferroviaire (☎ 764-22-14) et près des Pyramides (☎ 385-02-59). — *Automobile-club d'Égypte,* 10, sh. Kasr el-Nil (Plan du centre B2 ; ☎ 574-34-18).

Police touristique : Misr Travel Building (☎ 82-35-10, 82-48-58).

Enregistrement, service des passeports : building de la Mogamma (plan du centre, A3), au S. de la mīdān et-Taḥrīr ; bureaux 9 et 10, 1er étage.

Hôtels :
Rive dr. du Nil, autour du centre :
¶¶¶¶¶ *Méridien* (Plan couleurs 29, D2 ; ☎ 362-17-17 ; fax 362-19-27), 264 ch.

4 ✂ dont un restaurant oriental (Kasr el-Rachid ; le meilleur du Caire) et une cafétéria ▦ ▣ ☎ Ⓟ 2 ⛆ bars, night-club, discothèque, boutiques, sauna, coiffeur, location de voitures, baby-sitting, change, casino. Chambres spacieuses, toutes avec balcon sur le Nil, et parfaitement orientées : vue remarquable sur l'ensemble de la ville. Proche du centre mais à l'écart de l'agitation de celui-ci.

¶¶¶¶¶ *Hilton Ramsès* (Plan du centre 3, A1), corniche du Nil (✆ 77-74-44 ; fax 75-71-52), 838 ch. ⌂ 4 ✂ ▦ ⊞ ☎ ▣ ⛆ bar, night-club, boutique, sauna, coiffeur, change, etc. Immense caravansérail moderne, le dernier-né de la chaîne ; symétrique du précédent par rapport au centre, offre une très belle vue sur la cité.

¶¶¶¶¶ *Intercontinental-Semiramis* (Plan du centre 4, A3), sur la Corniche. (✆ 355-71-71 ; fax 356-30-20), 840 ch. 840 ⌂ ✂ ouvert en 1986.

¶¶¶¶¶ *Nile Hilton* (Plan couleurs 1, C2 ; plan du centre A2), mīdān et-Taḥrīr (✆ 578-04-44, 578-06-66 ; fax 578-04-75), 434 ch. ⌂ 4 ✂ dont un snack-bar et une pizzeria ▦ ⊞ ☎ ▣ sur demande ⚲ ⛆ bars, night-club, boutiques, coiffeur, casino, change. Le premier des grands hôtels internationaux à avoir été construit au Caire, avec vue splendide sur le Nil, bénéficie d'une situation privilégiée au cœur du Caire touristique ; très agréable piscine ; vieille brasserie belge (La Taverne du Champ-de-Mars) transportée morceau par morceau de Bruxelles aux bords du Nil.

¶¶¶¶¶ *Shepheard's* (Plan du centre 5, A3), corniche du Nil (✆ 355-38-00, 355-39-00 ; fax 355-72-84), 290 ch. ⌂ ✂ ▦ ⊞ ☎ ▣ bars, night-club, boutiques, casino, change. Imitation modernisée du style colonial d'avant-guerre. Chambres spacieuses mais l'établissement, d'une manière générale, n'est pas à la hauteur de son classement officiel.

¶¶¶ *Cleopatra* (Plan du centre 10, B2), mīdān et-Taḥrīr (✆ 57-99-00/23 ; fax 575-98-07), 84 ch. 84 ⌂ ✂ ▦ ⊞ ☎ bar, change (Egyptian Hotels). Réunit les avantages et les inconvénients (bruit) de sa situation centrale.

¶¶¶ *Cosmopolitan* (Plan du centre 21, B2), 1, sh. Ibn Ta'leb (✆ 392-38-45, 392-75-22 ; fax 393-35-31), 84 ch. 84 ⌂ ✂ ⊞ ☎ ▣ sur demande, bar, change ; conserve, par son architecture, le charme relatif des hôtels du début du siècle.

¶¶ *Lotus* (Plan du centre 18, B2), 12, sh. Tala't Ḥarb, au 7e étage (✆ 75-09-66 ; fax 592-16-21), 50 ch. ✂ ⊞ ⌂ ☎ bar ; ▦ dans quelques chambres.

¶ *Garden City House,* 23, sh. Gamal ed-Dīn Ṣalāḥ, à Garden City, en face de l'Intercontinental (plan du centre A3 ; ✆ 354-41-26, 354-84-00), 38 ch. ✂ Une bonne ambiance de pension de famille lui vaut d'être souvent complet : réserver.

¶ *des Roses,* 33, sh. Tala't-Ḥarb (plan du centre B1 ; ✆ 393-80-22), 32 ch. ⌂ ✂

Rive dr. du Nil, de l'Opéra à la gare :

¶¶¶ *Atlas* (Plan du centre 28, C2), sh. Mohamed Roushdy (✆ 391-83-11 ; fax 391-81-83), 100 ch. ⌂ ✂ ▦ ⊞ ☎ bar, boutique, night-club (en hiver), ▣ sur demande ; plus propre à l'intérieur qu'à l'extérieur. Bonne situation à proximité des vieux quartiers.

¶¶¶ *Windsor* (Plan du centre 24, C1), 19, sh. Alfy (✆ 591-52-77, 591-58-10 ; fax 92-16-21), 55 ch., en partie avec ▦ et ⌂ ✂ calme et propre.

¶¶ *Ommayad* (Plan du centre 25, C1), 22, sh. 26-Yolyo (✆ 75-50-44, 75-53-41), 72 ch. ✂ ⌂ bar ; modeste.

Dans l'île de Gezira :

¶¶¶¶¶ *Marriott* (Plan couleurs 33, B2), sh. Saray el-Gezira (✆ 340-88-88 ; fax 340-66-67), 1 250 ch. 1 250 ⌂ ▦ ⊞ ☎ ▣ 🚘 ⛯ 2 ⛆ ⚲ Ⓟ bars, boutiques, night-club, discothèque, plusieurs restaurants et coffee-shops. Installé dans le palais construit en 1869 par Isma-'il Pasha pour héberger l'impératrice Eugénie à l'occasion de l'inauguration du canal de Suez. Somptueusement rénové, le palais est flanqué de deux tours de 20 étages abritant les chambres ; d'autres chambres donnant plus directement sur le jardin et la piscine se répartissent sur les trois étages d'un bâtiment incurvé reliant les deux tours.

¶¶¶¶¶ *Sheraton-Gezira* (Plan couleurs 46, D2), à la pointe S. de l'île (✆ 341-15-55, 341-13-33 ; fax 340-50-56), 586 ch. ⌂

bars, boutiques, night-clubs, sauna, plusieurs ✂ dont El-Samar (restaurant oriental) et un coffee-shop. Le plus récent fleuron égyptien de la chaîne.

¶¶¶¶ *Safir el-Zamalek,* 21 sh. Muḥammad Mazhar (☎ 342-00-55, 342-11-80; fax 342-12-02), 104 ch. ✂

¶¶¶¶ *Flamenco,* sh. el-Gezira el Wosta (☎ 340-08-15/16/18; fax 340-08-19), 157 ch. ✂

¶¶¶ *New President* (Plan couleurs 47, A1), 22, sh. Taha-Husayn, à Zamalek (☎ 341-31-95, 340-06-52; fax 341-17-52), 30 ch. ✂ bar-restaurant panoramique; excentré mais calme, moderne et bien entretenu.

¶¶¶ *El-Borg Arc-en-ciel* (Plan couleurs 31, C2), sh. Saray el-Gezira (☎ 340-09-78, 340-34-01; fax 340-34-01), 75 ch. 75 ✂ bar, boutique, night-club, change (Egyptian Hotels), confort, tenue et prix moyens.

¶¶¶ *Longchamp* (Plan couleurs 39, B1), sh. Isma'īl Muḥammad, à Zamalek (☎ 340-23-11/12), 24 ch. 24 ✂ discothèque; vieillot mais propre.

¶¶¶ *Horus House,* dans le même immeuble que le précédent (☎ 340-39-77, 341-06-94; fax 340-31-82), 35 ch. ✂

Rive g. du Nil : Dokki.

¶¶¶¶¶ *Sheraton* (Plan couleurs 30, D1), midan Kubry el-Gala' (☎ 348-86-00, 348-87-00; fax 348-90-51), 660 ch. 3 ✂ dont une cafétéria bars, night-club, boutiques, coiffeur, casino, change. Excellent établissement; assez bonne table.

¶¶¶¶¶ *Safir* (Plan couleurs, D1), midan el-Misaha (☎ 348-24-24, 348-28-28; fax 360-84-53), 280 ch. 280 coffee-shop ✂ 3 bars, sauna, gymnase, boutiques, change, location de voitures. Ouvert en 1985 au cœur d'un quartier résidentiel.

¶¶¶ *Concorde,* 146, sh. el-Taḥrīr (Plan couleurs D1; ☎ 70-87-51, 71-72-61; fax 71-70-33), 72 ch. ✂ et sur demande, bar. Établissement récent et moderne, très bien tenu. Très bon rapport qualité/prix.

¶¶¶ *Tonsi,* 143, sh. el-Taḥrīr (Plan couleurs D1; ☎ 348-46-00, 348-72-31), 37 ch. 37 ✂ bar.

¶¶¶ *Pharao's,* 12, sh. Lotfi Hassuna (Plan couleurs C1; ☎ 361-08-71/72/73; fax 361-08-74), 102 ch. bar, cafétéria, night-club.

¶¶¶ *Indiana* (Plan couleurs 35, C1), sh. el-Saraya (☎ 349-37-74; fax 360-79-47), 115 ch. ✂ (cuisine italienne et orientale) mini-bars, coffee-shop.

Rive g. du Nil : Muhandessin, 'Aguza.

¶¶¶¶ *Atlas Zamalek,* 20, sh. Gam'at el-Dowal el Arabīya (hors plan B1; ☎ 346-41-75; fax 347-69-58), 74 ch. 3 ✂ dont un coffee-shop, 3 bars, discothèque, sauna, boutiques.

¶¶¶ *Sheherazade* (Plan couleurs 37, B1), 182, sh. el-Nil (☎ 346-13-26, 346-06-34; fax 346-06-34), 182 ch. ✂ bar, boutique, change (Egyptian Hotels). La qualité des prestations n'est pas à la hauteur de la catégorie, ce que compensent des prix raisonnables.

¶¶¶ *Rehab,* 4, sh. el-Fawaka (hors plan B1; ☎ 70-31-12, 70-35-59; fax 360-83-07). 74 ch. 74 ✂ bar.

Dans l'île de Roda :

¶¶¶¶¶ *Méridien,* → *Rive dr., autour du centre.*

¶¶¶¶ *Manyal Palace,* en bungalows dans le jardin tropical du Palais Manyal (Plan couleurs 32, D-E2; ☎ 364-45-24, 364-60-14; fax 363-17-37), 180 ch. 180 2★✂ boutique (Hôtel-Club du Club Méditerranée, accessible aux hôtes de passage dans la limite des places disponibles; le restaurant, une des meilleures tables du Caire, ne pourra en principe vous accueillir que si vous êtes invité par un résident).

¶¶¶ *Arabia,* 31, sh. 'Abd al-Aziz al-Sa'ud (Plan couleurs E2; ☎ 84-14-44, 84-12-85), 40 ch. ✂ bar.

Hors des quartiers centraux :

¶¶¶¶¶ *Pullman Maadi Towers,* sur la corniche du Nil (rive dr.), à l'entrée de la ville de Maadi (10 km du centre; ☎ 350-60-92/93, fax 351-84-49), 173 ch. 2 ✂ bars; le dernier-né (1989) de la chaîne, à l'écart de l'agitation.

¶¶¶¶ *Bel Air,* sur le plateau de Muqattam (hors plan couleurs E5; ☎ 506-09-11/17; fax 506-28-16), 276 ch. réparties en 16 petits bâtiments au milieu d'un parc de 3 ha, bar, snack-bar, coffee-shop, pour le centre-ville, night-club, boutiques. Récent et très confortable, à l'écart du bruit et de la poussière, mais un peu isolé.

¶¶ *El-Husayn* (Plan B3-4, p. 286), au cœur du Khān al-Khalīlī (✆ 91-86-64, 91-80-89), 55 ch. en partie avec

Vers l'aéroport :

¶¶¶¶¶ *Mövenpick Heliopolis,* en face de l'aérogare (✆ 291-94-00, 247-00-77 ; fax 66-73-74), 412 ch. 412 2 coffee-shop, boutiques, night-club, bars, change gratuit pour le centre-ville ; tous services pour hommes d'affaires y compris transferts rapides par hélicoptères. Parfaitement insonorisé, fonctionnel, doté d'une très bonne table, cumule les avantages de la proximité de l'aéroport avec celui d'être à 10 minutes du centre-ville (Concorde).

¶¶¶¶¶ *Méridien Héliopolis,* 51, sh. el-Oruba (✆ 290-50-55, 290-18-19 ; fax 291-85-91), 302 ch. 302 plusieurs coffee-shop, boutiques

¶¶¶¶¶ *Sheraton Héliopolis,* route de l'aéroport (sh. el-Oruba), env. 2 km avant celui-ci (✆ 290-20-27/37 ; fax 290-40-61), 633 ch. 633 plusieurs coffee-shop (spécialités allemandes, françaises, italiennes et viennoises) gratuit pour le centre-ville, boutiques, night-club.

¶¶¶¶¶ *El-Salam Swissotel Cairo,* 61, sh. 'Abdul Hamid Badawy, à Héliopolis (✆ 245-51-55, 245-21-55 ; fax 245-57-55), 328 ch. 328 2 coffee-shop, bars terrasse, sauna, coiffeur, discothèque, cinéma, boutiques. Hôtel bien équipé et récent, construit dans une zone résidentielle à 4 km de l'aéroport.

¶¶¶¶¶ *Sonesta,* sh. el-Tayaran, à Medinet Nasr (✆ 262-81-11, 261-71-00 ; fax 263-57-31), 209 ch. 209 2 bar, sauna, discothèque, boutique, change.

¶¶¶¶ *Novotel,* en face de l'aérogare (✆ 291-85-77 ; fax 291-47-94), 203 ch. 203 2 bars, change. Fonctionnel et destiné à une clientèle d'hommes d'affaires avec assez d'attraits pour être une bonne étape touristique.

¶¶¶¶ *Baron,* à proximité de l'av. el-Oroba, à Héliopolis (✆ 291-57-57, 291-24-67/68 ; fax 290-70-77), 126 ch.

¶¶¶ *Transit Airport,* à l'aéroport (✆ 66-60-74 ; fax 244-10-03), 50 ch. certaines sans Géré par Egyptair.

¶¶¶ *Egyptel,* 93, sh. el-Marghany, non loin de l'aéroport (✆ 290-25-15/16 ; fax 290-70-91), 78 ch. pizzeria, bars, boutiques.

Appartements meublés : s'adresser à l'agence *Misr Travel.*

Auberges de Jeunesse : — ***villa Koh-i-noor,*** 8, sh. Shukry au début de la route des Pyramides (Giza ; plan couleurs F1 ; 45 lits ; ✆ 89-54-80). Sur la route du Fayyūm au km 2 (70 lits ; ✆ 89-71-39). — ***YMCA,*** 72, sh. El-Gumhuriyya, non loin de la gare (Plan couleurs B3).

Hôtels bon marché : certains établissements, pour la plupart assez modestes, accordent des réductions aux jeunes, en principe en groupes constitués d'au moins 10 personnes (parfois aussi aux individuels), par exemple les hôtels *Sheherazade* et *Ommayad.* On pourra également trouver un gîte convenable dans les hôtels suivants :

¶¶¶ *Carlton,* 21, sh. 26-Yolyo (Plan du centre C1 ; ✆ 75-51-81, 75-50-22 ; fax 75-53-23), 60 ch.

¶¶ *Green Valley,* 33, sh. Abdel Khalek Sarwet Pasha (✆ 393-63-17, 393-61-88), 28 ch. ; deux qualités rares : propreté de l'établissement, probité de l'hôtelier.

¶¶ *Tulip,* 3 pl. Talaat-Harb (Plan du centre B2 ; ✆ 392-38-84, 392-27-04), 20 ch.

¶ *Kasr el-Nil,* 32, sh. Qaṣr el-Nil (Plan du centre B2 ; ✆ 75-84-37), 62 ch.

¶ *Nitocrisse,* sh. 26-Yolyo à l'angle de la rue Muḥammad Bey Farid (Plan du centre C1, ✆ 91-51-66, 91-57-38), 45 ch.

Restaurants :

Cuisine internationale ou européenne :

¶¶¶¶¶ ★*La Palme d'Or,* à l'hôtel Méridien.

¶¶¶¶¶ *Aladin,* à l'hôtel Sheraton.

¶¶¶¶¶ *El Nil,* à l'hôtel Hilton.

¶¶¶¶ ★*Le Château,* sh. el-Nil, à Giza (Plan couleurs 45, E1 ; ✆ 348-62-70) ; très bon, très chic (cravate obligatoire) et assez cher ; géré par Swissair.

¶¶¶¶ ★*Caroll* (Plan du centre 13, B2), 12, sh. Qaṣr el-Nil (✆ 74-64-34).

¶¶¶ *Estoril (Plan du centre 17, B2), 12, sh. Talaat-Harb (☎ 574-31-02). Vieille et solide maison, clientèle d'habitués.
¶¶¶ *Café Fontana,* à l'hôtel Méridien.
¶¶¶ *Arrous el-Nil,* à l'hôtel Sheraton.
¶¶¶ *Paprika* (Plan du centre 2, A1), 1128, corniche du Nil (☎ 74-97-44).
¶ *Ibis Café,* à l'hôtel Hilton.

Cuisine orientale :

¶¶¶¶¶ **Kasr el-Rachid,* à l'hôtel Méridien (le meilleur restaurant oriental du Caire ; gigantesque buffet, chaque soir, permettant de goûter aux différentes spécialités égyptiennes).
¶¶¶¶¶ *Le Grillon* (Pl. du centre 19, B2) dans le passage 12, sh. Qaṣr el-Nil (☎ 574-31-14).
¶¶¶ **Arabesque* (Pl. 11, B2), 6, sh. Qaṣr el-Nil (☎ 574-86-77) ; hors-d'œuvre libanais ; spécialités égyptiennes. Beau décor oriental ; exposition de peinture moderne.
¶¶¶ *Chez Hatti,* derrière l'office de Tourisme (Pl. du centre C1). Beau décor oriental.
¶¶¶ *Taverna,* rue Alfy (spécialités grecques).
¶¶ *Abou Shakra,* 69, sh. Qaṣr el-Eini (☎ 84-88-11), excellent kebab.
¶¶ *El Chimi,* pl. Orabi (☎ 55-345) ; spécialité de fatta à la méloukhia et au poulet.
¶¶ *Hag Mahmoud el Samak,* sh. 'Abd el-Aziz ; spécialité de poissons et de crevettes. Assez cher.
¶ *El Dahan,* à côté de la mosquée El-Azhar.
¶ *Felfela* (Plan du centre 20, B2 ; ☎ 74-05-21), 15, sh. Hoda Sharawi ; décor ultra-rustique de restaurant de plein air ; cuisine égyptienne (foul, tamia, pigeons farcis, etc.).
Afetiria Felfela (fast-food ; sandwicherie du Felfela), 15, sh. Talaat-Harb.

Hors du centre :

¶¶¶ **Andréa,* non loin des Pyramides sur la route d'Abū Rawāsh (☎ 85-11-33) ; spécialité de poulet au barbecue.
¶¶¶ *La Ferme,* en face du précédent, sur la rive opposée du canal (☎ 85-18-70) ; spécialité d'agneau grillé.
¶¶¶ *Sea Horse,* au bord du Nil, sur la route de Ma'ādī (☎ 98-84-99) ; très beau cadre ; spécialité de poissons et crevettes grillés et de kebab de poisson. Attention, ouv. seulement 12 h 30-13 h 30.
¶¶¶ *Vue des Pyramides,* au carrefour de la route des Pyramides et de la route d'Alexandrie (☎ 88-65-82) ; jardin ; bon choix de poissons.
¶¶ *Casino des Pigeons,* à côté du pont Abbas à Giza (☎ 89-62-99) ; pigeons grillés.
¶¶ *Felfela Village,* à côté de *La Ferme* (☎ 383-05-74) : cadre agréable, spécialités égyptiennes. Fermé le soir. Spectacle les vendredis et dimanches après-midi.
¶¶ *Sakkara Nest,* sur la route de Saqqara ; beau jardin.

Restaurants flottants :

¶¶¶ *Le Pacha 1901,* sur l'île de Gezira (☎ 340-67-30), reste à quai.
¶¶¶ *MS Aquarius,* sur la Corniche, à côté de l'hôtel Shepheard's (☎ 354-31-98). Premier repas à 20 h 15, deux heures de croisière ; prix abordable, nourriture correcte.

Pâtisseries, salons de thé :

Groppi, mid. Talaat-Harb (Plan du centre 14, B2) et en face de l'Office de Tourisme (Plan du centre C1).
A l'Américaine, sh. Talaat-Harb, à l'angle de la sh. 26-Yolyo (Plan du centre B-C1).
Lappas, 17, sh. Qaṣr el-Nil, près de la place Talaat-Harb (Plan du centre B2).

Banques : bureaux de change ouverts en permanence aux hôtels Méridien, Hilton et Sheraton, à l'aéroport et à l'agence American Express. Vous ne trouverez ci-dessous que quelques succursales des principales banques.
Banque Centrale d'Égypte, 31, sh. Qaṣr el-Nil (Plan du centre 23, C2).
Banque Nationale d'Égypte, 24, sh. Sharif (Plan du centre C1 ; la seule où l'on puisse changer les Eurochèques).
Banque du Caire, 22, sh. Adly (Plan du centre 26, C1).
Banque d'Alexandrie, 49, sh. Qaṣr el-Nil (Plan du centre C1).
Banque Misr, 151, sh. Muḥammad-Bey Farid (Plan du centre C2).

Banques françaises :
B.N.P., 4, sh. America El Latineya (Plan du centre A3 ; ☎ 354-15-34).
Crédit Lyonnais, 3, sh. Manshet el-Kataba, à côté du consulat de France (Plan du centre B1 ; ☎ 337-96-08).
Société Générale (☎ 393-23-46).

☒ Poste : mid. El-Ataba el-Khadra (Plan du centre D1), le bureau télégraphique et téléphonique, ouvert en permanence, est en face.

Urgences : *Ambulance,* ☎ 123 ou 77-01-23, 77-02-30. — *Police,* ☎ 122 ou 13 (central) ou 75-79-87. — *Police touristique,* ☎ 126. — *Pompiers,* ☎ 125.

Hôpitaux : *Hôpital anglo-américain,* Gezira (☎ 340-61-62/63/64/65). — *As Salam International Hospital,* sur la Corniche, ouv. 24 h/24 (☎ 363-21-95). — *Centre médical du Caire,* à Héliopolis (☎ 258-05-25).

Pharmacies (services de nuit) : *Isaaf,* sh. 26-Yolyo (☎ 74-33-69). — *Zamalek,* ☎ 340-24-06. — *New Pharmacy,* à Ma'ādī (☎ 350-84-04). — *Maqsoud,* à Héliopolis, 29, sh. Mahmoud Shafiq (☎ 245-39-18).

Agences de voyages : très nombreuses; nous n'indiquons ici que les principales.

American Express, 15, sh. Qaṣr el-Nil (Plan du centre 16, B2; ☎ 75-04-26), comptoirs aux hôtels Nile Hilton (☎ 76-58-10, 76-43-42), Méridien (☎ 290-91-57/58) et Sheraton (☎ 348-89-37), et à l'aéroport (☎ 67-08-95).

Eastmar, 13, sh. Qaṣr el-Nil (Plan du centre 15, B2; ☎ 57-50-24/69, 574-50-34; fax 76-93-60).

Misr Travel, 1, sh. Talaat-Harb (Plan du centre 6, B2; ☎ 82-47-59; télex 92-035) ou 43, sh. Qaṣr el-Nil.

Thomas Cook, 4 agences au Caire, dont une au 17, sh. Mahmud-Basiuny (☎ 574-71-83; fax 76-27-50).

Trans Egypt Travel, 37, sh. Qaṣr el-Nil (☎ 390-66-44, 391-81-10; fax 391-44-04).

Cairo International, au Caire (☎ 291-14-90/91, fax 290-45-34); à Aswān (☎ [097] 31-68-43); à Lūqsor (☎ [095] 37-85-33).

✈ Compagnies aériennes :

Air France, 2, mid. Talaat-Harb (Plan du centre B2; ☎ 574-33-00), à l'hôtel Méridien (☎ 84-54-44) et à l'aéroport (☎ 96-50-28). Réservations : ☎ 74-34-63.

Air Sinaï, à l'hôtel Nile Hilton (☎ 76-09-48, 77-29-42).

Alitalia, à l'hôtel Nile Hilton (☎ 574-09-84) et à l'aéroport (☎ 483-08-47).

Egyptair, à l'aéroport (☎ 244-14-60); — mīdān et-Taḥrīr (☎ 354-24-66); — 12, Qaṣr el-Nil (☎ 75-06-00); — hôtel Hilton, mīdān et-Taḥrīr (☎ 74-73-22, 75-98-06); — hôtel Sheraton (☎ 348-86-30); — à Shubra, Aga khan Building, tour n° 13 (☎ 221-90-71/72/73/74/75); — à Héliopolis, 22, sh. Ibrahim el-Lakami (☎ 66-03-99, 66-85-52, 66-43-05).

Sabena, sh. Mariette (Plan du centre A2; ☎ 75-11-94, 77-71-25).

Saudi Arabian Airlines, 5, sh. Qaṣr el-Nil (☎ 77-70-33/88, 77-74-54, 77-72-16).

Swissair, 22, sh. Qaṣr el-Nil (Plan du centre 22, B2; ☎ 393-79-55, 392-15-66).

British Airways, 1, sh. 'Abdel Salaam Aaref (Plan du centre 9, B2; ☎ 578-07-43/44/45/46; fax 578-07-39).

Lufthansa, 9, sh. Talaat-Harb (Plan du centre 8, B2; ☎ 393-30-15, 393-73-66).

✈ Aéroport : *Aéroport international du Caire,* à Héliopolis, 20 km N.-E. du centre (→ Plan couleurs sortie en C5). Renseignements par ☎ 291-42-88/99. Terminal 1 : vols intérieurs et Egyptair (toutes destinations); terminal 2 : vols internationaux et compagnies étrangères. Liaison par cars avec la place de l'Opéra et mīdān et-Taḥrīr (bus 400 pour le terminal 1, 422 pour le terminal 2), avec mīdān Giza (bus 949 pour les deux terminaux). Attention, route très encombrée : le trajet centre-ville-aéroport prend souvent une heure.

Compagnie maritime :

Menatour, 14, sh. Talaat-Harb (☎ 74-08-64).

Croisières sur le Nil : *Eastmar Services* et *Trans Egypt Travel* (→ rubrique Agences de voyages).

Chemins de fer : *gare principale* (Plan couleurs B3) midan Ramsès (ex-midan el-Mahatta) pour les lignes du Delta et de Haute-Égypte; — *gare de Pont-Limoun,* à dr. de la gare principale, pour Suez et la banlieue N.-E.

Autocars : trois compagnies se partagent les destinations : *West Delta, Arab Union Transport* et *Middle Delta Bus & Co.*

Pour Alexandrie, la côte méditerranéenne et le Delta, départ de l'aéroport, d'Héliopolis, de mīdān et-Taḥrīr et mīdān Ulali.

Pour la Basse-Égypte, départ d'Ahmed Hilmi Station ou de mīdān Abdel Minnim Ryadh ; également minibus et taxi-service.

Pour le Sinaï, Suez, Port-Sa'īd, départ mīdān Abbassiya ; 6 bus par jour pour Sharm el-Sheikh ; également minibus et taxi-service.

Vers le Fayyūm et les oasis de l'Ouest, départ sh. el-Azhar ; également minibus et taxi-service.

Pour Israël et la Libye, contacter une agence de voyages.

Pour la Citadelle : bus nº 173 ou minibus nº 54 depuis mīdān et-Taḥrīr ; nº 174, de Ramses Square ; nº 905 depuis Giza ou les Pyramides ; minibus nº 57, de mīdān Aqaba.

Pour Le Vieux-Caire, bus nº 951.

Pour l'aéroport, → *Aéroport.*

Taxis : → chap. « Votre séjour ». Pour des excursions on peut réserver un taxi auprès de *Limousine Misr,* à l'Agence *Misr Travel.*

Taxis collectifs : près de la gare principale Ramsès.

Sports : en dehors des possibilités offertes par certains hôtels, nécessité d'adhérer temporairement à un club.

Guezira Sporting Club (Plan couleurs B1-2), à Gezira (tennis, piscine, golf, ☎ 80-60-00).

Al Shams Club, à Héliopolis (tennis, équitation ; ☎ 87-59-20).

Al Foroussia Club, à Zamalek (équitation ; ☎ 80-56-90).

Al Ahly Sporting Club, à Gezira (tennis, piscine).

Promenades en felouque : au pied des hôtels Méridien et El-Borg.

Night-clubs : en dehors de ceux des grands hôtels, ils se trouvent presque tous sur la Route des Pyramides (Plan d'ensemble, sortie en A6). Parmi les autres, citons :

Omar Khayam, dans une péniche amarrée au pied de la rue Saray el-Gezira près du pont du 26-Juillet (☎ 80-85-53).

After 8, 6 sh. Qaṣr el-Nil.

La Lanterne, sur la route du restaurant Andréa (☎ 85-24-42).

Spectacles : les programmes paraissent dans la presse quotidienne ainsi que dans le bulletin bimensuel *Caire by night and day* distribué gratuitement dans les hôtels, agences de voyages et à l'Office de Tourisme, vous y trouverez également la liste complète des cinémas, théâtres, centres culturels, etc.

Location de voitures :

Avis, 16, sh. Maamal el-Suqar, à Garden City (Plan couleurs D2 ; ☎ 354-74-00 ; fax 356-24-64) ; aux hôtels Méridien, Nile Hilton, Sheraton, Sheraton-Héliopolis, Jolie Ville (→ Giza) et à l'aéroport (☎ 291-02-23).

Bita, 15, sh. Mahmud Basiuny (Plan du centre B2 ; ☎ 75-31-30).

Budget, 5, sh. el-Maqrizi, à Zamalek (Plan couleurs A1 ; ☎ 340-00-70 ; télex 94-272) ; à l'hôtel Semiramis (☎ 355-71-71), au Ramsès Hilton (☎ 75-80-00), à l'aéroport (☎ 291-42-66).

Hertz, 15, sh. Nabatat, à Garden City (plan couleurs D2 ; ☎ 347-41-72).

Casinos de jeux : aux hôtels Hilton, Shepheard's, Méridien, Sheraton, Marriott, etc.

Cultes : — *catholique latin :* église Saint-Joseph (Plan du centre C2), sh. Muḥammed Bey Farid, église Saint-Marc, à Shubrā ; — *catholique grec :* église de la Résurrection, à Faggala, église Sainte-Marie-de-la-Paix, à Garden City ; — *maronite :* église Saint-Georges, à Shubrā ; — *catholique arménien :* église Sainte-Thérèse, à Héliopolis ; — *évangélique :* église Saint-André, 38, sh. 26-Yolyo ; — *synagogue :* sh. Adly.

Expositions temporaires, centres culturels :

Institut culturel Italien, 3, sh. Sheikh el-Marsafi, à Zamalek (☎ 340-87-91).

Goethe Institut : 5, sh. Abdel Salam Aaref (☎ 75-98-77).

L'Atelier du Caire : sh. Karim el-Dawla.

Centre culturel hispanique : ☎ 354-76-79, 66-32-41.

Centre culturel français : sh. Sheikh Aly Yussef, à Mounira (expositions, films, représentations théâtrales, groupes folkloriques, etc.).

Ambassades :

Allemagne : à Zamalek (☎ 341-00-15 ; fax 341-05-30).

Belgique : 20, sh. El Shinnaoui, à Garden City (☎ 35-47-94/95/96 ; fax 354-31-47).

France : 29, sh. Giza (☎ 570-39-16/20 ; fax 571-02-76).

Canada : 6, sh. Muḥammad Fahmi el-Sayed, à Garden City (☎ 354-31-10/19 ; fax 356-35-48).
Grèce : à Garden City (☎ 355-10-74 ; fax 356-39-03).
Italie : à Garden City (☎ 354-31-94 ; fax 354-06-58).
Libye : 7, sh. Saleh Ayyūb, à Zamalek (☎ 340-18-64, 340-54-39).
Royaume-Uni, à Garden City (Plan du centre A3 ; ☎ 354-08-52).
Soudan : 2, sh. El-Ibrahimia, à Garden City (☎ 354-96-61, 354-56-58, 354-50-43).
Suisse : 10, sh. Abdel Khalek Sarwat Pasha (Plan du centre 24, B1 ; ☎ 575-81-33 ; fax 574-52-36).
U.S.A. à Garden City (Plan du centre A3 ; ☎ 355-73-71, 354-82-11).

COUVENT de SAINT-PAUL

Hébergement : au couvent (hommes uniquement) ou au rest-house voisin ; apporter sa nourriture ; si vous logez au couvent (autorisation à demander au patriarcat orthodoxe), n'oubliez pas de faire une offrande.

COUVENT de STE-CATHERINE ☎ 062

Hôtels :
¶¶¶¶ *Sainte-Catherine* (☎ 77-02-21, 77-04-56 ; fax 77-02-21), 100 ch. ✂
¶¶ *El-Salam* (☎ 245-27-46 ; télex 92-634), 35 ch. ✂
Autocars : de et pour Le Caire (via Nuweiba : départ du Caire, mīdān el-Abbasiya, nombreux minibus ; à Nuweiba, taxi-service) ou Suez.
Liaisons assurées par *Air Sinaï* t.l.j. avec Sharm el-Sheikh (renseignements : Egyptair).

DAHAB ☎ 062

Hôtels :
¶¶¶¶ *PLM Azur Holiday Village*, P.O. Box 23 (☎ 64-03-03/04/05 ; fax 77-07-88), 141 ch.
Gulf Hotel (☎ 64-01-47, 64-04-60), 21 ch.
Laguna Village (☎ 64-03-50/51/52 ; fax 64-06-51), 45 ch.

DAKHLA [Oasis de] ☎ 088

Hôtels :
¶ *Mobarez Tourist Hotel*, 2, sh. El-Tharwa/El-Khadraa (☎ 94-15-24), 27 ch.
Nasr Hotel, à Sheikh el-Wali (4 km de Mut, ☎ 94-07-77), sympathique pension près d'une noria et d'une source chaude.
Rest-house, 20 lits. ✂

EDFOU (Idfū)

✂ Restaurant :
Buffet de la gare, sur la rive dr. (☎ 25 à Idfū-Sharq) ; peut, pour les groupes, servir des repas au rest-house du temple (prévenir à l'avance).
Cars pour Lūqsor et pour Aswān.

EL-'ALAMEIN ☎ 03

Hôtels :
¶¶¶¶ *Alamein Hotel*, à Sidi 'Abd er-Raḥmān, El-Dabaa Center (☎ 492-12-28/29 ; fax 492-12-32), 209 ch.
¶¶ *Rest-house*, 8 ch. (55 lits), renseignements auprès du ministère du Tourisme (☎ 430-27-85, 430-16-49 ; télex 54-497).
Trois liaisons par jour (7 h 30, 9 h 30, 11 h) au départ d'Alexandrie (midan Sa'd-Zaghlūl). Durée : environ 3 h.
Trois liaisons par jour pour Alexandrie et Mersa-Matruh.

EL-ARISH ☎ 068

Hôtels :
¶¶¶¶¶ *Oberoi El-Arish*, sh. El-Fateh (☎ 35-13-21/22/27 ; fax 35-23-52), 226 ch. ✂
¶¶¶ *Sinaï Beach* (☎ 34-17-13), 24 ch. 24 ✂
¶¶¶ *Sinaï Sun* (☎ 34-18-55), 54 ch. 54 ✂
Liaisons assurées par *Air Sinaï* à partir du Caire les mardis et dimanches.

FAYYŪM ☎ 084

Hôtels :
¶¶¶¶ *Auberge Fayoum*, au bord du lac Qarun (☎ 350-23-56, 70-00-02 ; fax

70-07-30), 77 ch. ❄ ▦ 📺 ☏ ✂ 3 🎾 2 🏊 ⚘ ✈ Ⓟ bars, sauna, massage, gymnase, 2 courts de squash, sports nautiques. La seule implantation hôtelière de qualité dans cette région méconnue. Ouvert en 1984.

¶¶¶ *Panorama Shakshuk,* également au bord du lac Qarum (☎ 70-13-14; fax 70-17-57), 30 ch. ❄ ✂

GAMASA ☎ 050

Hôtels :

¶¶¶ *Amun,* El-Souk Area (☎ 76), 82 ch. ❄ ✂

¶¶ *Beau Rivage* (☎ 76-02-68/69), 76 ch. ✂

GIZA ☎ 02

→ *aussi Le Caire.*

Police touristique : ☎ 85-02-59.

Hôtels :

¶¶¶¶¶ *Jolie Ville Mövenpick,* route d'Alexandrie (☎ 385-25-55, 385-26-66; fax 383-50-06), 248 ch. en bungalows.

¶¶¶¶¶ *Mena House Oberoi,* au pied des Pyramides (☎ 383-32-22, 383-34-44; fax 383-77-77), 523 ch. ❄ 5 ✂ ▦ ☏ 📺 ⚘ 🚗 gratuit pour centre-ville 🏊 🎾 ⛳ ✈ Ⓟ bars, night-club, discothèque, boutiques, coiffeur, change. Superbe spécimen d'architecture coloniale, l'ancien Mena House où descendait W. Churchill a été entièrement rénové dans les années 1970 et doté d'une annexe ultra-moderne. Très confortable et merveilleusement situé.

¶¶¶¶¶ *Siag Pyramides,* route de Saqqara (☎ 385-60-22, 385-30-05; fax 384-08-74), 352 ch. ❄ ☏ 📺 ▦ 🚗 ⚘ 🏊 ⛳ ✈ Ⓟ plusieurs ✂ dont un restaurant libanais et un coffee-shop, bars, discothèque, night-club, sauna, boutiques, change. A moins d'un kilomètre des Pyramides, récent et parfaitement équipé; service facilement débordé.

¶¶¶¶¶ *Ramada Renaissance,* → *Alexandrie, sur la Corniche.*

¶¶¶¶ *Holiday Sphinx,* route d'Alexandrie (☎ 85-47-00; télex 93-775), 182 ch.

¶¶¶¶ *Oasis,* route d'Alexandrie (☎ 383-17-77, 383-27-77; fax 383-09-16), 260 ch. ❄ ▦ ☏ ⚘ 🏊 ✂

¶¶¶¶ *Green Pyramids,* sh. Helmeyt al-Ahram (☎ 53-76-19, 53-72-16; fax 53-72-32), 82 ch. ❄ ▦ ☏ ✂

¶¶¶ *Pyramids,* 198, route des Pyramides (☎ 383-51-00, 383-54-00, 383-59-00; fax 383-49-74), 84 ch. 84 ❄ ☏ 📺 mini-bars ✂ bar, discothèque. Assez agréable.

¶¶ *Sand,* route des Pyramides (☎ 85-24-94, 85-51-48; télex 93-482), 88 ch.; récent mais mal entretenu.

¶¶ *Saint-Georges,* 7, sh. Radwan Ibn el-Tabib, au centre de Giza, près du Zoo (Plan couleurs E1; ☎ 572-15-80, 572-46-49; fax 73-41-54), 82 ch. 82 ❄ ☏ ✂ bar.

Son et Lumière des Pyramides : à 19 h 30 et 20 h 30 en été, 18 h 30 et 19 h 30 en hiver; en principe en langue française, le dimanche et le mardi (1re séance), les lundis, mercredis et vendredis (2e séance); en anglais, les lundis, mercredis, vendredis et samedis (1re séance), le jeudi (2e séance). Les horaires exacts sont publiés dans la presse. Durée : 50 mn. Renseignements à l'Office de Tourisme des Pyramides (☎ 385-28-80, 385-73-20).

Artisanat, souvenirs :

Musée de la poterie, route de Saqqara, à 3 km des Pyramides. Ouv. de 9 h à 17 h.

Centre de sculpture de verre, route de Saqqara, à 5 km des Pyramides. Ouv. de 9 h à 17 h.

El-Mashrabiya, sur la route longeant le canal Maryūtīya, à 2 km des Pyramides. Ouv. de 9 h à 17 h.

🚗 **Location de voitures** : *Avis,* à l'hôtel Jolie Ville.

HŪRGADA ☎ 065

Hôtels :

¶¶¶¶ *Sheraton,* à quelques km au S. (☎ 44-20-00/01/02; fax 44-23-33), 116 ch. ❄ ✂ ▦ ⇅ ☏ 🏊 ⛵ Ⓟ location de matériel de plongée, bar, boutique, discothèque, change.

¶¶¶¶ *Magawish,* village-club du Club Méditerranée, en principe non accessible aux touristes de passage (☎ 44-26-20/21/22; fax 44-27-59), 326 ch. en bungalows ❄ ✂ ▦ ☏ 🏊 🎾 bar, discothèque. Tous sports nautiques (matériel de plongée). Excursion en mer en «aquascope» (bateau avec hublots permettant de voir le fond de la mer).

¶¶ *Moon Valley Tourist Bungalows,* sh. New Sheraton, à côté de l'hôtel Sheraton (☎ 44-28-11), 30 ch. ✂

Rest-house très simple à l'entrée de la ville en venant de Suez.

Cars pour Suez.
Bus pour Le Caire (arrêt à Suez) le matin (avec et sans air conditionné), minibus et taxi-service en permanence.
Bus à air conditionné pour Lūqsor et Aswān, liaison assurée par Misr Travel.

Aéroport à 10 km de la ville. Vols quotidiens de et pour Le Caire (50 mn), en saison liaison avec Sharm el-Sheikh.

ISMĀ'ĪLLĪYYA ✆ 064

Hôtels :

¶¶¶¶ *Forsan Island,* sur l'île du même nom (✆ 76-53-22, 76-88-02 ; fax 22-22-20), 152 ch. 3 bar, boutiques, coiffeur, night-club, change, bac gratuit (PLM Azur).

¶¶ *Crocodile Inn,* 179, sh. Sa'd Zaghlūl (✆ 22-27-24, 22-43-77), 39 ch.

¶¶ *El-Salam,* sh. El-Gaysh (✆ 32-44-01, 22-07-75), 50 ch.

¶¶ *Nefertari,* 41, sh. Sultan Ḥusayn (✆ 22-28-22), 32 ch. bar, discothèque.

¶ *El-Massaferin,* 22, sh. Orabi (✆ 22-83-04), 25 ch.

Agence de voyages :
Mena Tours, 12, sh. El-Sawra (✆ 93-61).

Cars pour le Caire (2 h 30), Suez et Port-Sa'īd.

Trains pour Le Caire (2 h 45) et Port-Sa'īd.

KAFR EL-SHEIKH

Hôtel :
Salam, en étage (le r.d.c. est une petite mosquée). Tenu par une société islamique de bienfaisance ; modeste mais très propre.

KHĀRGA [Oasis de] ✆ 088

Hôtels :

¶¶ *El-Kharga* (télex 93-766), 30 ch.

¶¶ *Hamadalla* (✆ 90-06-38 ; fax 90-50-17), 54 ch.

LŪQSOR ✆ 095

Renseignements touristiques : *Office du Tourisme,* au bazar touristique (plan D3, ✆ 38-22-15).

Police touristique : à côté de l'Office du Tourisme et au débarcadère rive g. (✆ 38-22-15).

Service des passeports : en face de l'hôtel Isis, ouv. tous les matins sauf vendredi.

Hôtels :

¶¶¶¶¶ *Jolie-Ville-Mövenpick,* à 7,5 km de la ville (✆ 37-48-55, 37-49-37/38 ; fax 37-49-36), 334 ch. en bungalows disséminés dans la verdure gratuit pour le centre ville bars, boutiques, change ; la qualité suisse au bord du Nil : propreté, diligence et compétence du personnel.

¶¶¶¶¶ *Isis* (plan 3, D2), sh. Khaled ibn el-Walid (✆ 37-27-50, 37-33-66 ; fax 37-29-23), 516 ch. 2 bar, night-club, boutique, change. Un des plus récents hôtels de Lūqsor mais l'entretien et le service ne semblent pas à la hauteur.

¶¶¶¶¶ *Sheraton Luxor* (✆ 37-45-44, 37-44-72 ; fax 37-49-41), 298 ch.

¶¶¶¶¶ *Hilton* (✆ 37-49-33 ; fax 37-65-71), 261 ch.

¶¶¶¶ *Winter Palace* (plan 1, D3), sur la Corniche (✆ 38-04-22/23/25 ; fax 37-40-87), 246 ch. Une longue terrasse sous laquelle s'abritent des boutiques, un escalier à double révolution, une façade rose : un saut de 60 ans en arrière, sauf pour le confort, remis au goût du jour. Plafonds hauts et larges couloirs, le décor, même s'il s'est un peu affadi, a gardé les proportions d'avant-guerre : un charme certain. Le restaurant, le jardin (fort agréable), la piscine, le night-club et les boutiques sont communs avec le New-Winter.

¶¶¶¶ *New-Winter Palace.* Construit il y a un peu plus de vingt ans à côté du précédent, avec lequel il constitue en fait un établissement unique, c'est un beau bâtiment. 144 ch. 144 mais l'intendance ne suit pas. décevant, bar, night-club (en hiver), boutique, change, demi-pension obligatoire (Egyptian Hotels).

¶¶¶¶ *Novotel Évasion,* sh. Khaled ibn el-Waleed (✆ 58-09-25; fax 58-09-72), 145 ch.

¶¶¶¶ *Etap-Karnak* (plan 2, C3), sur la Corniche (✆ 37-49-44; fax 37-49-12), 306 ch., dont certaines en bungalows 🛁 ▦ ◫ ☎ ▣ ✿ 5 ✕ dont un coffee-shop et un grill au bord de la piscine, bars, night-club, coiffeur, change, boutiques. Moderne, confortable, bien tenu et offrant une bonne table (PLM Azur).

¶¶¶¶ *Luxor Wena* (plan 4, D3), sh. el-Lokanda, à côté du bazar touristique et du temple (✆ 58-00-18, 58-06-21/22; fax 58-06-23), 86 ch. 🛁 ▦ ◫ ✿ ◳

¶¶¶¶ *Egotel* (✆ 37-35-21, 37-33-21, 37-00-50; fax 37-00-51), 89 ch. 🛁 ▦ ◫ ☎ ▣ ✕ ◳ bar Ⓟ Récent et excellent; le classement officiel doit être un accident (PLM Azur).

¶¶¶ *Savoy* (plan 5, C3) sur la Corniche (✆ 38-05-22/23/24; fax 381-47-21), 108 ch. 78 🛁 ✕ ▦ ☎ ✿ bar, boutiques (Egyptian Hotels). Relativement bon marché.

¶¶¶ *Emilio,* sh. Yūsūf Ḥasan (plan D3; ✆ 37-35-70, 37-48-84; fax 37-48-84), 48 ch. 🛁 ✕

¶¶¶ *Philippe* (plan 8, C3), sh. Dr. Labib Habashy (✆ 37-22-84, 37-36-04; fax 58-00-60), 40 ch. 40 🛁 ▦ ◫ ✕ bar.

¶¶¶ *New Windsor* (plan 6, C3), dans une impasse donnant sh. Nefertari (✆ 37-43-06, 38-55-47; fax 37-34-47), 40 ch. 🛁 ▦ ☎ ◫ ✕ petit ✿ Calme, moderne et bien situé.

¶¶ *Santa Maria* (plan 10, D3), sh. Television (✆ 37-26-03, 37-33-72), 48 ch. 48 🛁 ▦ ✕ bar. Un peu excentré mais propre et sympathique.

¶¶ *Mina Palace* (plan 7, C3), sur la Corniche (✆ 37-20-74), 40 ch. 40 🛁 ▦ ◫ ☎ 2 ✕ dont une cafétéria, bar, service en terrasse; agréablement situé à deux pas du temple.

¶¶ *Ramosa* (plan 9, D3), sh. Sa'd-Zaghlūl (✆ 38-16-70, 37-22-70; fax 38-16-70), 51 ch. 🛁 ▦ ☎ ◫ ✕ bar en terrasse sur le toit.

¶¶ *El-Nil* (plan 12, C3), sh. Dr. Labib Habashy (✆ 37-28-59, 37-23-34), 48 ch. 🛁 ▦ ◫ ✕ Les cabines de douches qui équipent habituellement les hôtels de cette catégorie (et ceux de la catégorie supérieure) font ici place à de vraies baignoires; mais l'eau chaude est en quantité limitée.

¶¶ *Horus* (plan 13, C3), sh. Ma'bad el-Karnak (✆ 37-21-65), 25 ch. 12 🛁 ✕ bar. A deux pas du souq.

¶¶ *Saint-Catreen* (*sic*; plan 19, C4), sh. Ahmes (✆ 37-26-84, 37-41-95; fax 372-62-84), 50 ch. 🛁 ✕ ventilateurs ☎

Hôtels bon marché :

¶ *Pyramides* (plan 18, D3), sh. Yūsūf Ḥasan (✆ 37-32-43), 18 ch. 🛁 ventilateurs ✕ Assez bon rapport qualité/prix.

¶ *Sphinx* (plan 16, D3), sh. Yūsūf Ḥasan (✆ 37-32-43), 33 ch.

¶ *Venus* (plan 17, D3), sh. Yūsūf Ḥasan (✆ 37-26-25), 25 ch. 16 🛁 ✕ ▦ prévu.

Lotus (plan 20, D3).

New Karnak, en face de la gare, le plus connu.

Amoun, presque en face du Ramoza.

Sur la rive g., deux petits hôtels très simples offrent le gros avantage de leur proximité des nécropoles. L'inconfort est compensé par la sympathie de l'accueil, le charme et l'intérêt d'une atmosphère plus authentiquement égyptienne.

Abou-Hôtel, à Médinet-Habū (très bonne cuisine).

Mersam-Hôtel, ou hôtel du Sheikh 'Ali en face du Service des Antiquités; un hôtel sans nom, en face des Colosses de Memmon.

⛺ **Camping,** en face de l'Auberge de Jeunesse (ci-après).

Auberge de Jeunesse, sh. Ma'bad el-Karnak (plan B4; 257 lits).

✕ **Restaurants** : en dehors des hôtels, il n'existe que de petits établissements, la plupart sur la Corniche ou dans le quartier de la gare.

¶¶¶¶ *Le Lotus,* amarré au Novotel (✆ 58-09-25) : dîner-croisière avec spectacle à bord.

¶¶¶ *1886 Restaurant et Royal Bar,* au Winter Palace Hotel (✆ 58-04-22); élégant et luxueux, sur la rive du Nil.

¶¶ *La Mamma,* hôtel Sheraton; bon restaurant italien.

Amoun Restaurant, sh. al-Karnak : bonne cuisine basique et propre.

Marhaba, en terrasse au-dessus du bazar touristique; cuisine honnête (pigeons, brochettes) et belle vue.

New Karnak Restaurant, à côté de l'hôtel du même nom; bons plats bon marché.

Salt & Bread Cafeteria, à côté de la gare ; salades et poulet à petits prix.

Toutânkhamon, au débarcadère de la rive gauche : une des meilleures adresses de Lūqsor pour l'amabilité de son propriétaire et la qualité de sa cuisine pourtant simple.

Sur la rive g. :

Trois **«rest-houses»,** où il faut apporter son repas : dans la vallée des Rois, au Ramasseum et à Deir el-Baḥari ; il suffira de demander la veille à votre hôtel de vous préparer un panier pique-nique ; le rest-house de Deir el-Baḥari fonctionne comme restaurant.

Village de vacances : *Club Méditerranée (Akhetaton Village),* à quelques centaines de mètres du temple de Lūqsor (plan D2 ; ☎ 38-08-50, 38-09-14 ; fax 38-08-79). N'est, en principe, pas accessible aux touristes de passage. 144 ch. night-club.

Banques : bureaux de change aux principaux hôtels et à la *Banque Nationale d'Égypte,* sur la Corniche, au S. du Winter Palace (plan D2-3), à la *Banque Misr,* à l'angle de la rue Nefertiti (plan C3), à la *Banque d'Alexandrie,* à 20 m de la précédente, sur la sh. Ma'bad el-Karnak.

Agences de voyages, pour la plupart dans les arcades du Winter Palace et au bazar touristique. — *American Express* (☎ 38-28-62) ; — *Thomas Cook* (New Winter Palace, ☎ 38-24-02).

Poste : sh. Sa'd-Zaghlūl (plan D3). Vente de timbres et boîtes au lettres dans tous les hôtels. Bureau téléphonique dans les arcades du Winter Palace.

Hôpital : sur la Corniche, près du musée.

Gare : au S.-E. de la ville (plan D3). Bureau de réservation wagon-lits.

Gare routière : sh. Television (plan D3).

Compagnie aérienne : *Egyptair,* arcades du Winter Palace (☎ 58-05-80/81/82/83/84).

Aéroport : à 9 km E.-S.-E. dans le désert. Service quotidien pour Le Caire (1 h 05), Aswān (30 mn). Navette au départ et à l'arrivée de chaque vol.

Location de vélos : nombreux loueurs dont un à côté de l'hôtel Horus et un autre (Ahmed Kamel Amin) à côté de l'hôtel Dina. N'oubliez pas de bien faire régler la hauteur de votre selle.

Son et lumière de Karnak : durée 1 h 30, séances à 18 h et 20 h en hiver, 20 h et 22 h en été. Lundi : anglais, français ; mardi : anglais, français ; mercredi : anglais ; jeudi : anglais ; vendredi : anglais, français ; samedi : anglais, français ; dimanche : français. Faites-vous confirmer ces jours et heures lors de votre arrivée.

Shopping, souvenirs : au bazar touristique, voir surtout la boutique vendant les productions artisanales de Garagos. Pour le reste, choix immense ou très restreint selon que l'on accepte n'importe quoi ou que l'on cherche un objet de qualité. Possibilité de se faire faire, en 24 h, une galabeya sur mesure : choisissez votre tissu mais ne payez, si possible, rien d'avance. Même si vous n'êtes pas acquéreur, allez voir le marché aux chameaux, en bordure E. de la ville (mardi matin).

MADĪNET EL-FAYYŪM ☎ 084

Office du Tourisme, sh. El-Hurrīyya. — **Police touristique,** centre ville.

Hôtel :

Montazah, 2, rue Ismaïl el-Mediani (☎ 32-46-33).

Autres établissements très modestes.

Auberge de Jeunesse : 40 lits (☎ 36-82).

MA'MŪRA ☎ 035

→ *aussi Alexandrie et Abūqīr.*

Entrée payante sur le domaine.

Hôtel :

¶¶¶¶¶ *Maamoura Palace* (☎ 547-31-08, 547-33-83, 547-34-50 ; fax 547-31-08), 80 ch. sur demande à 200 m bar, night-club, coiffeur.

Appartements meublés : s'adresser à Misr Travel Agency à Alexandrie.

Accès par autobus, minibus et taxi-service au départ de midan Sa'd Zaghlūl, à Alexandrie ; puis 15 mn à pied pour atteindre la plage.

En taxi, n'oubliez pas, pour retourner à Alexandrie, de demander au chauffeur du taxi de venir vous prendre à une heure déterminée.

MANSURA ✆ 050

Hôtels :

¶¶ *Cleopatra Touristic* (✆ 34-12-34, 34-67-89), 50 ch. ⊟ ✕

Egyptair, sur la rive g., à Talkha, 5, sh. Ṣalaḥ-Salem.

Marshall Hotel, pl. Om Kalsoum (✆ 32-43-80, 32-79-89 ; fax 32-25-08), 57 ch.

MERSA-MATRUH ✆ 03

Hôtels :

¶¶¶ *Beau Site* (sur la plage du Lido), sh. El-Shatek (✆ 93-40-11/12, 93-20-66 ; fax 93-33-19), 139 ch. ⊟ bar ✕ ▦ ☏ 📺 ⛱ 🅿 night-club. Réservation possible au Caire (✆ [02] 259-94-80).

¶¶¶ *Negresco,* sur la Corniche (✆ 93-44-91/92), 68 ch. ✕

¶¶¶ *Rommel House,* sh. Gala'a (✆ 93-54-66), 60 ch. ✕

¶¶¶ *Semiramis,* sur la Corniche (✆ 93-40-91), 64 ch. ✕

¶¶¶ *Riviera Palace,* pl. du Marché (✆ 93-30-45, 93-51-36), 32 ch. ✕

¶¶ *Arouss el-Bahr,* sur la Corniche (✆ 93-24-19/20), 54 ch. ⊟ ✕ demi-pension obligatoire. Le restaurant est transformé en night-club le soir : attention aux chambres placées au-dessus de celui-ci.

¶¶ *Rim,* sur la Corniche (✆ 93-36-05), 56 ch. ✕

El-Alameer, sh. Alexandria ; très propre.

El-Ghazala, très propre.

Auberge de Jeunesse : route de Salum (✆ 23-31), 30 lits. Très bien tenue, mais pas d'eau courante.

✕ Restaurants :

Missofiya Sons Restaurant, sh. Alexandria.

Panayotis, sh. Alexandria. Cuisine grecque.

Agence de voyages : agence Matrūh (✆ 23-84). Possibilité d'excursions dans le désert.

MINIA ✆ 086

Hôtels :

¶¶¶¶ *Néfertiti,* sur la corniche du Nil. (✆ 33-15-15/16 ; fax 32-64-67), 96 ch. dont 24 en bungalows, 96 ⊟ ▦ ☏ ❀ ⊡ ⚲ 🅿 3 ✕ Ouvert en 1986 : le confort, enfin, en Moyenne-Égypte, pour la découverte de lieux injustement méconnus (PLM Azur).

¶¶ *Lotus,* 1 sh. Port-Sa'īd, à 200 m au N. de la gare (✆ 32-45-00/41/45 ; fax 32-45-76), 42 ch. ⊟ ✕

¶¶ *El-Shatee,* 31, sh. el-Gumhurriyya (✆ 32-23-07, 32-31-17), 32 ch. ✕

¶ *Ibn Khasib,* 5, sh. Ragheb, derrière l'hôtel Savoy (✆ 32-45-35, 32-35-13), 20 ch. ⊟ ✕ ❀

Nile Palace, sur la place centrale (✆ 32-40-71/21), 31 ch. 4 ⊟ ☏ ✕

Savoy (✆ 32-32-70), 35 ch. 3 ⊟ ✕

Banque : — d'*Alexandrie,* sur le quai.

NAG' ḤAMMĀDI ✆ 096

Hôtel :

¶¶¶ *Aluminium,* à 8 km, dans l'enceinte des installations industrielles d'Egplum (✆ 58-13-20), 73 ch. ✕

NUWEIBA ✆ 086

Hôtels :

¶¶¶¶ *Hilton* (✆ 52-03-20/21/22 ; fax 52-03-27), 200 ch.

¶¶¶ *El-Salem Touristic Village* (✆ 50-04-40/41/42 ; fax 50-04-40), 63 ch. et 26 bungalows.

¶¶¶ *El-Sayadeen Touristic Village* (✆ 52-03-40/41), 99 ch.

¶¶¶ *Helman Hotel* (✆ 50-04-02/03/04 ; fax 76-88-32), 130 ch.

¶¶ *Baracuda Hotel* (✆ 52-03-00/01 ; fax 76-22-98), 24 ch.

¶¶ *El-Waha Touristic Village* (✆ 50-04-20/21 ; fax 385-59-86), 38 ch.

Agence de voyages : *Cairo International,* ✆ 50-01-25.

PORT-SAFAGA ✆ 065

Hôtels :

¶¶¶¶ *Chams Safaga* (✆ 45-17-81/82/83 ; fax 45-17-80), 232 ch. et bungalows.

¶¶¶¶ *Menaville,* sur la route de Hūrgada (✆ 45-17-61/62/63), 158 ch. en chalets et cabanes, climatisées avec salles de bain. Ce nouvel hôtel du centre touristique propose un centre de gymnastique, des courts de tennis, des cours de plongée sous-marine, une aire de jeux pour les enfants...

¶¶¶¶ *Safaga Paradise Village* (☎ 45-16-31; fax 45-16-30), 198 ch.

¶¶ *Cleopatra* (☎ 45-15-44), 51 ch.

PORT-SA'ĪD ☎ 066

Renseignements touristiques : sh. Palestine (☎ 22-38-68).

Police touristique : même adresse, fermée le vendredi.

Hôtels :

¶¶¶¶¶ *Helman Port Sa'īd,* sur la Corniche (☎ 32-08-90/91/92; fax 32-37-62), 203 ch. mini-bars bar-discothèque ; à deux pas du centre ville et de la zone franche.

¶¶¶ *Holiday,* sh. El-Gumhurriyya (☎ 22-07-11/13/14; fax 22-07-10), 81 ch. (petites), 81 bar en supplément :

¶¶¶ *New Regent,* 27, sh. El-Gumhurriyya (☎ 22-38-02, 23-50-00; fax 22-48-91), 36 ch.

¶¶¶ *Palace,* 19, sh. El-Nakhila (☎ 23-94-50/90; fax 23-94-64), 72 ch.

¶¶ *Abū Simbel,* sh. El-Gumhurriyya (☎ 22-11-50, 22-15-95, 22-33-71), 45 ch. 45

¶¶ *Crystal,* 2, sh. Muḥamed Maḥmūd (☎ 22-29-61, 22-27-47; télex 53-159), 70 ch.

¶¶ *Riviera,* 30, sh. Ramsès (☎ 22-88-36, 22-82-87), 48 ch.

Auberge de Jeunesse : sur la Corniche, en face du stade (280 lits; ☎ 32-02).

Restaurants :

Cléopâtre, sur la Corniche, face à la mer : fruits de mer.

Sea Horse, sur la Corniche, face à la mer : spécialité de poissons.

Chemins de fer : trains pour Ismā'īlīyya et Le Caire (4 h 15).

Cars pour Ismā'īlīyya, Le Caire (4 h) et Suez.

Egyptair, 39, sh. El-Gumhurriyya (☎ 22-28-71, 22-09-21).

Compagnie maritime : *Nascotour,* 28, rue de la Palestine (☎ 32-95-00).

Poste : rue El-Gumhurriyya.

Banques : succursales des principales banques égyptiennes dans la rue El-Gumhurriyya.

Consulat :

France, 14, sh. 23-Yolyo (☎ 22-38-60).

Agences de voyages :

Nasco, 28, rue de la Palestine (☎ 35-95-00).

Port-Sa'īd Travel, corniche du Nil (☎ 32-98-34; fax 32-98-10).

QARŪN [Lac] → Fayyūm

RA'S EL-BARR ☎ 057

Hôtels :

¶ *Marine Fouad el-Bahr,* 51st St. (☎ 52-81-75, ou au Caire [02] 269-30-11), 45 ch.

¶ *Marine Fouad el-Nil,* 1, sh. El-Mohagza (☎ 52-80-06), 49 ch.

¶ *Marine Ras el-Bahr,* 4, sh. El-Mohagza (☎ 52-87-28), 32 ch.

Cars : pour Damiette et Le Caire.

RAS SUDR ☎ 062

Hôtels :

¶¶¶¶ *Moon Beach Resort,* au km 98 d'El-Tor Road (☎ 291-50-23; fax 290-02-74), 52 ch.

¶¶¶ *Sudr Beach Inn Tourist Village* (☎ 77-07-52, 282-81-13; fax 77-07-52), 20 ch.

¶¶ *Daghosh Land Village* (☎ 77-70-49, 60-58-84), 60 ch.

SHARM EL-SHEIKH ☎ 062

Hôtels :

¶¶¶¶¶ *Mövenpick,* à Naama (☎ 60-01-00/01/02; fax 60-01-11), 276 ch.

¶¶¶¶ *Hilton Residence* (☎ 578-00-47/48; fax 60-02-66), 106 ch.

¶¶¶ *Cliff Top Hotel* (☎ 77-04-48; fax 392-22-28), 30 ch.

¶¶¶ *Marina,* à Naama (☎ 76-83-85; télex 94-002), 148 ch. Possibilité de louer des bungalows.

¶ *Aqua Marina* (☎ 70-474; même télex), 52 ch.

Auberge de Jeunesse : propre, air climatisé.

Restaurants : établissements à 2 et 3 étoiles dans les hôtels de Naama; poissons et viandes grillés au menu.

Bateaux : liaison par ferry avec Hūrgada (départ à 10 h 30) sauf vendredi, achat des billets dans les hôtels; bateau rapide pour Aqaba, se renseigner sur place.

🚌 Liaison Le Caire - Sharm el-Sheikh (env. 8 h) 2 fois par jour. Départ à 7 h et 10 h au Sinaï Terminal, à el-Abbasiya, quartier N.-E. du Caire. Bus pour le couvent Sainte-Catherine, avec changement à Feran.

✈ Liaisons quotidiennes avec Le Caire et Hūrgada ; réserver longtemps à l'avance.

Tour-opérateur : l'agence *Cairo International* est spécialisée dans les raids en 4 × 4, les trekkings dans le désert et la montagne du Sinaï (à Nuweiba ☏ [086] 50-01-25, 52-02-64 ; au Caire ☏ [02] 291-14-90, 290-63-43).

Enregistrement : au bureau de police (débarcadère) ou dans tous les hôtels.

SIDI 'ABD ER-RAḤMĀN ☏ 03

→ *El-'Alamein.*

🚂 Trois liaisons par jour de et pour Alexandrie.

🚌 Arrêt sur la ligne Alexandrie - Mersa-Matruh.

🚐 **Taxis collectifs** d'Alexandrie à Mersa-Matruh. Pour le prix de ce voyage, le chauffeur vous arrêtera à l'hôtel. Convenir avec lui du retour.

SIDI KHREIR ☏ 035

Village touristique : 20 chalets à louer (60 lits ; ☏ 15), restaurant, bar 🍽 Emplacement de camping. Renseignements à Alexandrie, 8, rue Talaat-Harb (☏ [03] 80-90-77, 80-95-42) ou 10, rue Maḥmūd Azmi.

SŌHĀG

Auberge de Jeunesse, 5 sh. Port-Sa'īd ; 30 lits. Cafétéria avec jardin à proximité de la grand-place.

SUEZ ☏ 062

ℹ️ **Office de Tourisme** et police touristique : 16, sh. El-Shohada (☏ 22-11-41) ; à Port-Tawfiq (☏ 22-35-89).

Hôtels :
▲▲▲ *Red Sea*, 13, sh. Riad, à Port-Tawfiq, belle vue sur le golfe (☏ 22-33-34/35 ; fax 22-77-61), 81 ch. 🍽✕

▲▲▲ *Summer Palace*, à Port-Tawfiq (☏ 22-44-75, 22-54-34 ; fax 32-19-44), 90 ch. 🍽✕

▲▲ *Bel Air*, sh. Salah ed-Din (☏ 22-32-11 ; fax 22-57-81), 35 ch. 🍽 bar ✕ Très modeste.

▲▲ *White House*, 322, sh. El-Gaysh (☏ 22-75-99 ; télex 66-102), 46 ch., mal tenu.

▲ *Misr Palace*, 2, sh. Sa'd Zaghlūl (☏ 22-30-31), 30 ch. 🍽✕
El-Madena, face à l'hôtel White House : correct et propre.

Auberge de Jeunesse, sh. El-Hurriyya (☏ 31-45), 100 lits ; pour ne pas coucher dans la rue.

🚂 **Chemin de fer** : train pour Le Caire (env. 3 h).

🚌 **Cars** pour Le Caire (2 h), Hūrgada, Sharm el-Sheikh et Sainte-Catherine.

TABA ☏ 062

Hôtels :
▲▲▲▲▲ *Hilton*, sur la plage (☏ 578-36-20 ; fax 578-70-44), 326 ch.
▲▲ *Salah ad-Din*, sur la route de Nuweiba (☏ 53-03-40/41/42 ; fax 53-03-43), 62 ch.

Agence de voyages : *Cairo International*, ☏ 53-02-09/64/65.

ṬANṬĀ ☏ 040

Hôtel :
▲▲▲ *Arafa*, midan El-Mahatta (☏ 33-69-52/53, 33-18-00), 40 ch. 🍽✕

WĀDĪ NATRŪN

Hébergement :
▲▲▲ *Rest-house* (☏ 85-07-09 ; télex 20-721), 15 ch. ✕ A mi-chemin de la route Le Caire-Alexandrie.
Séjour au monastère : pour les hommes uniquement, pour une nuit ou plus. Renseignements : *Monastries Cairo Residence*, ☏ [02] 92-44-48.

🚌 **Service de car** : 2 fois par jour Le Caire-Alexandrie avec arrêt au rest-house. De là, possibilité d'atteindre les couvents (taxis).

Index

Alexandrie : nom de lieu; *Bérénice :* nom de personnage; Caravansérail : mot clé.

Imprimé en France par Hérissey, Évreux – N° 74604
Dépôt légal : 8295-11-96 - Collection n° 01 - Édition : n° 01
ISBN 2.01.242.6115
24/2611/2

	Époques	Ire dyn.	Narmer
3000	préthinite	IIe dyn.	Aha
2900	et thinite		
2800			
2700		IIIe dyn.	Djéser
2600	Ancien	IVe dyn.	Khéops
2500	Empire		
2400			
2300		VIe dyn	Pépi II
2200			
2100			
2000	Moyen		
1900	Empire	XIIe dyn.	Amenemhat III (1842-1797)
1800			
1700			Invasion des Hyksôs ; introductions en Égypte
1600			
1500		XVIIIe dyn. (1580-1314)	Hatchepsout (1505-1484) ; Thoutmôsis III (148
1400	Nouvel		Aménophis IV - Akhnaton (1372-1354) et Néf
1300	Empire	XIXe dyn. (1314-1200)	Ramsès II (1298-1235) ; reine Néfertari
1200			
1100			
1000			
900			
800		XXVe dyn. (751-655)	Piânkhi (751-716)
700			
600		XXVIe dyn. (666-524)	Amasīs (568-526)
500			
400			Dominations perses (524-405 et 342-333)
300	Égypte	Dynastie lagide	Alexandre le Grand (333-323)
200	grecque	(331-30)	Les Ptolémées (306-30)
100			Cléopâtre (51-30)
0			La Sainte Famille
100	Égypte		Hadrien (117-138)
200	romaine		
300			Théodose (379-395)
400	Égypte		
500	byzantine		
600			Conquête arabe (639) —
700		Omeyyades (661-750)	
800		'Abbassides (750-870)	Hārūn ar-Rashīd (786-803)
900	Le temps		
1000	des califes	Fatimides (969-1071)	
1100		Ayyūbides (1171-1250)	Saladin (1174-1193)
1200			Qalawūn (1270-1290) — Sa
1300			
1400	Les Mamlouks		Qāytbāy (1468-1495)
1500			Conquête turque (1517) —
1600	Égypte		
1700	ottomane		
1800			Muḥammed 'Ali (1805-1849)
1900		La République (1953)	Nasser (1952-1970)